华东政法大学

建校六十周年 《法学》创刊五十六周年文丛

总主编/何勤华 杜志淳

# 法学的历史

第13卷

诉讼法卷

1981年-2011年

主 编/杜志淳

副主编/王俊民 洪冬英

法律出版社
LAW PRESS·CHINA

## 华东政法大学建校60周年《法学》创刊56周年文丛编委会

# 主 编 简 介

## 杜志淳

1954年9月生，上海人。华东政法大学党委书记，教授、博士研究生导师，享受国务院政府特殊津贴。

长期从事司法鉴定、司法制度教学和研究，先后主持完成《司法鉴定质量控制研究》等国家和省部级科研项目。出版《司法鉴定机构质量体系文件》等著作和教材，发表论文数十篇。

曾任司法部司法鉴定科学技术研究所党委书记、所长，研究员。现兼任中国合格评定国家认可委员会实验室认可评审员、检查机构认可评审员、中国合格评定国家认可委员会实验室技术委员会法庭科学专业委员会顾问、司法部司法鉴定特聘专家、卫生部突发事件卫生应急专家咨询委员会委员等职务。

# 副 主 编 简 介

## 王俊民

华东政法大学教授，华东政法大学律师事务研究所主任、诉讼法研究中心副主任。兼任上海市人事局、司法局律师与公证员高级职称评审委员会学科组长、主任委员，中华全国律师协会规划与规则委员会委员。

从事刑诉法学、证据法学、司法制度、律师制度教学。近年来在《法学》、《政治与法律》等期刊发表论文多篇，出版专著《辩护律师庭审举证质证发问原理与方法》（2012年上海人民出版社），编《律师事务所管理与律师业务流程管理》。

## 洪冬英

1969年12月生，浙江桐乡人。法学博士、中国人民大学法学院博士后研究人员，澳大利亚悉尼大学法学院访问学者。现为华东政法大学法律学院副教授，曾挂职上海市人民政府法制办公室、上海市人民检察院二分院。

从事民事诉讼法学研究与教学。在法学类核心期刊发表文章10多篇，出版专著《当代中国调解制度变迁研究》，主编《民事诉讼法学》。

# 解放思想是法学进步的原动力
# （代总序）

1981年11月，由华东政法大学主办的《法学》复刊了。它的复刊，源自1978年午底的那场解放思想运动。

回顾新中国60多年的历史，我们可以清楚地看到，我们国家的发展，大体可以30年为时段分为前后两个阶段。前30年，我们党在治理国家的指导思想方面，出现了“左”的倾向。从“批武训传”、批俞平伯的红楼梦研究、批胡风“反革命集团”到1957年“反右”运动扩大化、1962年提出“以阶级斗争为纲”，直至1966年爆发“文化大革命”，“左”的思想不断升级，最终导致国民经济濒于崩溃、各项建设事业停滞、学术（包括法学）陷入一片沙漠状态。

1978年年底，中国共产党召开了十一届三中全会，实行改革开放之国策，社会各界解放思想，因而改变了整个中国的面貌，也迎来了法学研究的春天，导致了《法学》的复刊。自那时以来，我们也已经走过了整整30年。在这30年中，《法学》在上级部门的领导下，通过全体办刊人的持续努力，紧贴时代发展的脉搏，跟踪社会发展的前沿，及时回应法律界所遇到的热点和难点问题，发表了一大批高水平的作品，对我国的立法、执法和司法实践形成了重要的理论支持，在学术界乃至全社会产生了巨大影响力，推动了改革开放以后中国法律和法学的进步与繁荣。

在回顾总结《法学》30年历程，探索法学理论与法律实践互动之规律时，我们感受最深的一点就是，解放思想是法学进步、繁荣的原动力，没有中国的改革开放和解放思想，就没有中国法律和法学的今天，更没有《法学》的今天。

## 一

关于解放思想，邓小平同志有一个定义，就是“解放思想是指在马克思主义指导下打破习惯势力和主观偏见的束缚，研究新情况，解决新问题”。[①] 这个定义，包含了三个要素：（1）马克思主义的指导，讲的是政治立场和认识论、方法

① 《邓小平文选》（第2卷），人民出版社1994年第2版，第279页。

论;(2)打破习惯势力和主观偏见的束缚,这既包括政治体制上的,也涉及其他各个领域里的;(3)研究新情况、解决新问题,就是要跟上社会发展的步伐,与时俱进。因此,在某种意义上可以说,解放思想的精神实质就在于:一是说真话;二是实事求是;三是不唯书、不唯上;四是打破不合理的偏见和传统;五是在理念、观点和制度上创新。

30年来,《法学》就是贯彻了这一精神,解放思想,不断进步。其中,冲破政治上习惯势力和主观偏见的束缚,提高法学研究在我国政治体制改革中的贡献度,是《法学》首先关注的重点。众所周知,法律与政治紧密相关,法学研究也与社会的政治决策息息相关。要使法学研究对同时代的乃至以后的政治决策有所贡献,必须解放思想。换言之,法学研究在推动社会政治体制改革、回应社会重大政治问题时,如能解放思想、提出有真知灼见的建言建策,就会大大彰显法学研究的贡献。1982年春天,当我国立法机关将宪法草案提交全国人民讨论时,《法学》月刊社就召集各方面专家,就其内容进行广泛讨论,参与者有徐盼秋、潘念之、肖蔚云、高恭佑、浦增元、孔令望、陈云生、胡土贵、周天平等众多法学界知名人士。各位专家学者解放思想,破除禁忌,充分讨论,各抒己见。《法学》在第6期、第7期连续刊登了他们的建言建策,对我国宪法内容的确定产生了很大的影响。

1982年9月1~11日,中国共产党第十二次全国代表大会召开,大会通过的新党章明确规定:"党必须在宪法和法律的范围内活动。"但是,如何理解和执行党章的这一规定,许多党员甚至党的领导干部对此还存在许多疑问。当时,许多领导都曾提出了"到底是法大,还是党委大"的疑问;也有领导认为,规定党必须在宪法和法律范围内活动,就会束缚自己的手脚,妨碍开创新局面。针对党的十二大召开后社会上和党内存在的这些想法,《法学》1982年第11期刊登了楚云飞的文章《在宪法和法律范围内活动是党的一项重要原则》,系统阐述了党章这一规定的法埋基础,强调我们必须解放思想,充分认识这一规定对推进我们执政党的建设和推动我国社会主义法制发展,全面开创社会主义现代化建设新局面的极其重要意义。

随着1992年10月12~18日党的十四大提出建设社会主义市场经济的改革目标后,我国市场经济发展迅速,宪法的许多规定就显得落后于客观形势的发展了,但是,真的要提出修宪的主张,在当时还是存在一定风险的。《法学》就在这一点上,以极大的理论勇气,于1992年第12期,以纪念宪法诞生10周年为契机,发表了评论员文章《修宪:市场经济发展的必然要求》。该文指出,修宪问题,无论从宪法学抑或法理学角度来看,应属技术性问题。然而,由于特定的历史条件，重提修宪问题，就不能不在某种程度上引起人们的高度警觉和重视。但是，社会主义市场经济的发展，出现了众多宪法上没有规定的事项。例如，“随着改革开放的不断发展，出现了多种经济形式并存的局面，特别是许多合营、合资、私营企业的出现，能否对这些经济形式进行保护，关系到改革开放能否向纵深发展的问题，而宪法对此并未规定”。同时，改革开放需要合法地出租、转让土地，而这一点也是宪法禁止的。因此，在适应社会主义经济发展和改革开放的历史要求下，1988 年，我们就对宪法进行了修改，允许私营经济形态的存在，以及取消了对土地出租和转让的禁令。现在，改革开放的进程和社会的发展，又次需要我们对宪法做更大范围的、更大规模的修改，我们应当与时俱进，完成这一历史使命。在发表评论员文章的同时，这一期还刊登了孙潮、戚渊的《论确立市场经济的宪法地位》、李伟的《宪法权威论》、李步云的《不断完善中国人权的保障体系》等文章，对修宪涉及的各个领域的一些重要问题作了阐述。《法学》的这些文章，虽然发表在邓小平同志 1992 年南方讲话之后，但此时在我国，修宪问题还是一个禁区，因此，发表上述言论还是冒了一定政治风险的。

在法理学领域，关于法的定义这一核心问题，在新中国成立的前 30 年，基本上是“阶级斗争论”、“阶级意志论”一统天下。要冲破这一禁区，必须鼓足勇气，在法学理论上来一个大胆的突破。而在这方面，《法学》也走在了全国研究的前列。1986 年，《法学》在第 1 期《新年寄语慰读者》中，率先提出：“科学是没有禁区的，有禁区就不会有发展和深入。法学研究也是如此。”“近年来，我国法制建设和法学研究的现状表明，法学理论的研究正面临着改革和挑战，无论在内容和方法上都亟须有新的突破。”“我们认为，无论是基础法学还是应用法学的研究，都应该把焦点对准现实中涌现出来的或者是历史上没有解决的问题，应该重视和倡导‘问题法学’的研究。”

同期刊登的《中国法制报》政治评论部主任张宗厚的《对法的三个基本概念的质疑》一文，对现行的法的定义中三个核心命题——“法律是阶级社会特有的现象”、“统治阶级意志论”和“阶级性是法的唯一属性”进行了质疑，提出了不同观点，并予以系统阐述。同期还刊登了陈浩然的《对“质疑”的质疑》一文，与张宗厚文中的观点进行了讨论和争辩。《法学》1986 年的《新年寄语慰读者》和张宗厚、陈浩然文章的发表，在我国法学界激起了巨大的冲击波，给我们的思想以极大的震撼。因为直到 20 世纪 80 年代中期，上述从苏联引进的关于法的定义的三个核心命题，是我们熟悉并认为是天经地义的，几乎从未有人提出质疑。而张宗厚的文章则颠覆了我们的传统法学观，其震动不能说不大。而陈浩然的文章，虽然是对张宗厚观点的反质疑，阐述的力度相对小一些，但陈文给学术界带来的推进学术研究“百花齐放、百家争鸣”的贡献，则有目共睹。

在法学研究发展中，一直让我们法律人纠结的就是政治与法律的关系问题。而在阐述法律与政治之关系时，思想最为解放的文章，就是陈鹏生在《法学》1987年第1期发表的《没有法律的政治是危险的政治——法学研究的反思》一文。文中指出：“本来，政治和法律都是上层建筑的组成部分，相互作用，共同为自己的基础服务，是马克思主义的常理。但是，由于高度集权思想的影响，政治被强调到可以冲击，甚至代替一切的荒谬地步。政治与法律相互作用的关系，变成政治决定法律的关系。而按照‘左’的一套理论的逻辑推导，政治就是阶级斗争，阶级斗争就是敌我矛盾。于是服务于并决定于政治的法律，就只能是以阶级性作为自己的唯一的质的规定性，以‘阶级斗争的工具’作为自己的唯一职能了。以法作为自己研究对象的法学，当然也只能是‘阶级斗争’的[学问了]。”

作者认为，这种理论的后果，一方面，使法律失去了自己的独立性，唯政治需要决定自己的兴废存亡：政治安定时，法律成为民主的点缀；政治严峻时，一言可以废法，实际上是以“人治”代替了“法治”。另一方面，也把法律与阶级斗争捆在了一起，使法律与政治一起成为学术讨论和争鸣的禁区，“一旦涉及，就‘以言治罪’，出现‘文笔贾祸’，法学研究也就不复存在”。作者进一步指出：“我们的民主，首先是制度，然后才是干部的思想作风。否则民主就会随领导的喜怒哀乐而变样。因此，要政治民主化，就应该依靠法律制度，保障民主不会因领导人的改变而改变，也不能因领导注意力的转移而改变。我们的法学家，应该通过对法制建设深刻的历史反思，从理论上令人信服地告诉人们千万不要忘记一条历史教训：政治离不开法律，没有法律的政治，是危险的政治、灾难的政治。”因此，为了防止这一点，我们必须研究如何通过法律来保障公民权利义务一致性原则的确立和实施，以及这种意识的形成。

应该说，作者关于“没有法律的政治就是危险的政治、灾难的政治”的观点，不仅是对中国“重政治，轻法律”，崇尚“人治”，轻视“法治”之传统的深刻揭示和批判，而且也阐明了理顺法律与政治的关系，对防止历史悲剧的再次发生、建设社会主义法治的重要意义。应该说，在当时的环境下，没有思想的解放，是不可能有如此大的理论勇气提出这么尖锐和鲜明观点的。①

① 就在此文发表两年前，谢次昌在“论政治与法律的关系”一文中，还强调“政治与法律相比，政治总是处于主导地位，法律的制定和实施必须服从政治的需要”，载《法学》1985年第5期。

## 二

解放思想也促进了法学研究在我国经济体制改革中推动作用的发挥。1982年中期，随着我国改革开放的深入，社会主义经济体制转型，经济领域犯罪日益增多且形态各异，尤其是许多正常的经济活动和犯罪行为容易混淆，这对我国的法学理论研究和定罪量刑等都提出了严峻挑战。《法学》解放思想，敢于打破常规，使法学研究及其对司法实践的指导走在了全国的研究前沿。《法学》1982 年第 7 期刊登的一组关于"职工受外单位聘用接受高额报酬是否构成犯罪"的讨论文章，就是突出的一例。

当时，随着打击经济领域犯罪的深入展开，不少单位和群众对一些在职的或退休的职工受外单位聘请、接受高额报酬的行为，向有关机关举发。当时政法机关内部对这类行为到底是否属于犯罪产生了很大分歧。而这种分歧，在 1982 年春上海某区人民法院受理检察机关诉上海某国营工厂的技术人员王某受贿①一案中获得了集中体现。从 1980 年起，王某私下接受外单位（自己的家乡奉贤县钱桥公社橡胶塑料厂）的委托，在业余时间，利用本单位的设备，从事产品试制并获成功。由此给钱桥公社橡胶塑料厂带来了巨大利润，王某也从该厂获取报酬 3800 余元。检察机关认为王某的行为已构成受贿罪，依照《刑法》第 185 条规定，予以公诉，要求惩处。在审判机关内部，有认为该定受贿罪的，有认为该定贪污罪的，有认为该定投机倒把罪的，有认为该定破坏经济秩序罪的，也有认为不该定罪的，等等，不一而足。《法学》抓住这一典型案例，组织专家进行深入讨论，最后一致认为，王某的行为虽有瑕疵，犯有错误，但还未构成犯罪，不该定刑。特别是，在改革开放的大背景下，为加快社会主义现代化建设事业，法律必须引导广大技术人员发挥自己的专长，多为国家做出贡献。而在此过程中，他们的劳动必须得到尊重，必须获得报酬，这不仅不是犯罪，而且是法律应该鼓励的行为。《法学》所发表的专家意见受到了司法机关的重视，不仅王某最终没有被定罪，而且对以后一些在职的或退休的职工受外单位聘请、接受高额报酬行为的评价也发生了良性变化。②

---

① 根据《法学》1983 年第 3 期发表的龚介民的"重视韩琨案件中的法律与政策问题"和张传桢、铁犁的"韩琨案功与罪之争"，载郭道晖、李步云、郝铁川主编：《中国当代法学争鸣实录》，湖南人民出版社 1998 年版，第 285 页。王某的真名是韩琨，上海橡胶制品研究所助理工程师。

② 之后，《法学》还接连讨论了刘亨年、戴振祥等有罪还是无罪的案件。参见《法学》1987 年第 7 ~ 11 期、1988 年第 10 ~ 12 期。

当然,《法学》在经济领域发表学术观点,并有力地冲击了传统法律观点、推动了我国社会主义市场经济体制确立的最有影响力的文章是曹建明、钱富兴、顾长浩、李朝兴所写的《外商租用土地与经营房产业的理论与实践》。[①] 该文指出:"土地是一种重要资源,也是利用外资、引进技术、进行生产和经营活动的基本条件。""因此,发挥土地经济杠杆在对外开放中的积极作用,实行出租土地给外商从事综合性经济活动,并允许外商在我国购买和经营房产的政策,将涉及我国对外开放中土地和房产两个方面的法律问题,而其中地产业的问题又是最为关键的。""外商租用土地和经营房产业,可在相当的程度上解决开放城市建设资金不足、外汇不平衡的困难。"

文章接着阐述:实行出租土地给外商以及允许外商在我国购买和经营房产的政策,在目前还是一个非常复杂和严重的问题,比如,允许外商租用开放城市的土地,"是否会重演帝国主义在半殖民地旧中国建立租界的悲剧"?作者认为,不会。因为"在对外开放中出租土地给外国投资者,与帝国主义在旧中国的租界是有本质区别的":不仅性质不同,前者是经济活动范围的概念,后者是政治主权的概念,而且产生的原因和条件也不同。作者接着进一步就外商租用我国土地问题的理论依据和法律依据进行分析。比如,出租土地的法律行为并不违背马克思主义的基本理论,也不违反我国的宪法和法律;各国关于外国人租用本国土地的法律制度及其在我国的实践;外商租用土地、经营房产与开放城市经济发展战略的协调;外商租用土地和经营房产业的法规及其协调;等等。

文章刊登后,在全国引起了很大反响。虽然也有一些不同的观点,认为文章提出的主张违反了我国1982年《宪法》第10条关于"任何组织或者个人不得侵占、买卖、出租或者以其他形式非法转让土地"的规定(因为此时宪法尚未修改),因而是违宪的。[②] 但大多数学者对文章的观点表示理解、支持和赞赏,认为文章回应了我国改革开放带来的引进外资、迅速发展我国市场经济的实践所提出的实际法律问题,具有重大理论指导意义。1988年宪法修改,吸收了文章提出的观点,取消了出租和转让土地的禁止条款。文章发表以来,我国经济发展的实践证明了该文的正确以及它的强大生命力,也证明了《法学》思想的解放以及非常的理论勇气和远见卓识。

---

① 参见《法学》1986年第7期。

② 实际上,文章本身已经回答了出租土地给外商是否违宪的问题,文章认为,《宪法》第10条并没有禁止"国家"出租土地的行为,只禁止了组织和个人;当时已颁布实施的《中外合资经营企业法》中已经规定了允许出租土地给外商。

## 三

解放思想也促进了法学学术的进步与繁荣。学术的进步与繁荣，最为重要的就是营造一个有利于学术讨论与学术争鸣的环境和氛围。而这种环境和氛围的形成，必须是在解放思想的前提下，能够说真话，实事求是，不唯书、不唯上，打破不合理的偏见和传统，在理念、观点和制度上创新。在这方面，复刊后的《法学》做得非常好。

比如，在1981年的复刊号上，就发表了华东政法学院院长徐盼秋的《关于社会主义法律与客观规律》一文。在文中，作者解放思想、实事求是，一层一层地分析批判了以往片面夸大意志的作用，要人治，不要法治，权大于法，以言代法等不顾社会发展客观规律的错误观点，明确指出，"利用客观规律来造福于国家和人民是社会主义法律的光荣任务"，但我们"要利用客观规律，必须首先掌握客观规律"。作者认为："社会主义法律必须反映客观规律，但是它并不等于客观规律。""客观世界是不可穷尽的，人们对于客观世界的认识也永远没有完结。所以，人们只能随着对客观规律认识的发展来不断完善社会主义法制。"作者最后指出，社会主义法律，作为社会主义社会上层建筑的一部分，它对客观规律的反映，与上层建筑的其他部分相比，具有自己的突出特点：社会主义法律对客观规律的反映不是以原理、定律等科学理论的形式，而是以法律条文的形式使其规范化；被社会主义法律所反映的客观规律，有国家强制力的保障，这使它本来就具有的客观必然性更加强化，能够加速这种客观必然性的实现；法律对客观规律的反映具有稳定性和严肃性，如果能够坚持以法治国，国家就会以更加符合客观规律的方式获得迅速发展。

与徐盼秋的文章相呼应，《法学》1982年第5期发表了余先予的《论法律自身发展的客观规律》一文，该文将社会主义法律与客观规律的学术探讨进一步引向深入。余文指出："法律自身发展规律的问题，与法律表现客观规律的问题，是两个不同范畴的问题。前者是指法律这种客观的社会现象的自身发展受哪些客观规律的支配；后者是指法律这种客观事物与其他客观事物之间的关系。为了更好地完善我们的社会主义法制，我们不仅要研究法律与其表现的客观规律之间的关系，而且也要研究法律自身发展的客观规律，使我们的法律既符合客观形势所提出的要求，紧密地为解决党和国家所面临的各项任务服务，又符合法律自身发展的要求，建立完备的社会主义法律体系，真正担当起社会主义时代的历史所赋予法律的任务。"

那么,纵观数千年法律发展的历史,它有哪些规律呢?余先予教授认为,法律自身发展的规律,主要有五个方面:第一,法律制度本身是一种社会的客观存在,它源于物质生活关系,受社会经济条件制约,不是什么人想要就要、想不要就可以不要的东西,也不是可以随心所欲地"创造"的东西。第二,法律都具有鲜明的阶级性,它是取得胜利、掌握政权的阶级意志的体现,是建立和维护有利于统治阶级的社会制度和社会秩序强而有力的杠杆。第三,法律由国家机关制定或认可,以国家强制力为后盾,对全社会具有普遍约束力。第四,法律以肯定的明确的行为规范的形式,给予法律关系的当事人以权利和义务,规定他们可以做什么,不可以做什么。第五,法律制定出来就必须执行,在现实生活中兑现,务求做到有法必依,执法必严,违法必究。

又如,比较法研究,包括法系理论,在新中国成立的前30年,是一个遭受批判的领域,也几乎是一个被人们所遗忘的领域。直至改革开放之后的20世纪80年代初,比较法研究和法系理论依旧被认为是资产阶级的学术观点,是西方资本主义的研究领域。在此时,《法学》解放思想,冲破上述认识的樊笼,在全国率先提出比较法和法系的问题,在王召棠、陈鹏生的《社会主义中国法系初探》① 和王召棠、张传桢、陈鹏生的《对中国式社会主义法律体系的探讨》②等文章中,作者旗帜鲜明地提出:"法系不应是资产阶级法学的专用语,而应是整个法学领域中应该着重研究的一个课题。"建立中国社会主义法系,必须肃清重刑轻民的历史影响,必须正确地处理好政治与法律的关系,肃清以政治代替法律、冲击法律的思想影响。应该说,这些观点不仅在当时,即使在目前,也是一种解放思想的观点。

再如,虽然我国于1982年12月通过了新中国的第四部宪法,但宪法理论的研究并没有很好地展开,这当中,除了人们还没有从1966~1976年10年"文化大革命"的噩梦中清醒过来,我国在言论自由方面还没有确立很明确的法治原则(对此,骆伟雄的《言论自由的若干法律问题》一文③有很好的分析)之外,宪法学研究者不能解放思想、缺乏理论勇气也是一个重要原因。对此,我国著名的比较宪法学家龚祥瑞的《中国需要什么样的宪法理论》④一文,勇开先河。龚文认为,宪法意识是从"权力必须受到限制"这个思想出发的。各国宪法规定的限制权力的表现形式可能有所不同,但立宪政府的一个共同信念,就是政府权力不

① 载《法学》1982年第2期。
② 载《法学》1983年第5期。
③ 载《法学》1989年第2期。
④ 载《法学》1989年第4期。

能无限。而宪法就是授予和限制权力的根本法，它规定了立法、行政和司法机关的职责以及彼此的监督和制约，规定了对公民权利的保障，这就是现代宪法的由来。因此，“宪法是治国之法，治官之法，是从崇尚个性解放，保护私有财产，保护人身、言论出版等自由，遏制暴政、苛政，保障公民利益出发的”。“针对权力的先定性和腐化性、侵略性，人们就要用宪法与行政法来约束它、管制它，使之分别由不同主体行使，并置于人民监督之下，这才是我们重新开始要做的。”作者最后指出：“宪法是保护人民利益的根本大法。我们要研究人性中残酷的一面、人间的疾苦的一面，忠诚地以人类追求正义的精神而不懈地积累、更新如何预防权力被人类弱点所滥用的根源、技术和方法，重新开始宪法理论问题的研究。”

重读20多年前文章中这些即使在现在看来思想也是非常解放的观点，我们不得不佩服作者的理论勇气，也不得不佩服《法学》思想的解放。我们认为，龚文的上述观点，对新中国宪法学的研究一定具有长时间的理论指导力和学术影响力。

又如，就我国改革开放之后几次大的法学学术理论探讨，关于开展法学基本理论研究、关于开展社会主义法律体系的讨论、关于社会主义法的本质、法哲学的内涵和价值、①法的阶级性与社会性、宪法司法化、复员军人进法院、“坦白从宽，抗拒从严”的质疑、“婚内强奸”的讨论、法制建设协调发展、②罪刑法定与罪刑相适应的原则、③关于“廉政建设的法律思考”、法学的现状与发展、著名学者论依法治国、“克隆人”与法律、社会主义法的精神、④创新和繁荣法学理论笔谈、⑤《物权法》草案是否“违宪”、检察监督权之探讨、“双规”的合宪性等，《法学》的研讨也都是走在全国前列的。如关于中国社会主义法的体系的讨论，曾

---

① 如傅季重：“法律哲学研究的对象及其任务”，载《法学》1982年第3期；公丕祥：“也谈重视法哲学的研究”，载《法学》1983年第4期。

② 详细参见《法学》1984年第5~10期、第12期所发文章。

③ 罗平：“同名数罪，毋须并罚”，载《法学》1982年第10期；邹涛：“关于同种数罪及并罚问题”，载《法学》1983年第4期；魏皓奔：“也谈‘罪刑适应’”，载《法学》1983年第7期。

④ 郭道晖在《法学》1994年第10期发表了“社会主义自由——当代社会主义法的精神”，从孟德斯鸠的著作《论法的精神》一书中的思想，谈了“法的精神”的科学含义以及社会主义法的精神的问题。张光博在《法学》1995年第5期上发表了“法的精神与法律精神论略——与郭道晖同志商榷”。郭道晖在《法学》1995年第6期上再发“再论社会主义法的时代精神——答张光博教授”一文，展开了激烈的思想交锋，引起了法学界的关注。

⑤ 参见《法学》1987年第1期至1988年第8期。其中，有些文章探讨的问题在当时都是非常前沿和大胆的，如夏之的“对‘马克思主义法学’提法的商榷”，魏皓奔的“社会主义社会同样产生犯罪”（当时许多人都认为只有资本主义才是产生犯罪的“温床”），崔敏的“客观性也是法的本质属性”，周叶中的“宪法实施：宪法学研究的一个重要课题”，舒国滢的“对法概念之争的思考”，吴家如的“法学研究应从适应型向创造型转变”，杨海坤的“对建立我国行政诉讼制度的思考”，等等。

经是改革开放初期我国法学界热议的课题,《法学》于 1983 年 4 月 21 ~ 29 日联合中国社科院法学所,在上海率先举办了关于法律体系和法学体系的专题研讨会。当时的一些法理学大家,如吴大英、沈宗灵、刘瀚、齐乃宽、王传生、陈汉章、余先予积极参加,撰文发言,有力地推动了中国社会主义法律体系和法学体系的形成。

尤其是从 1997 年起,《法学》在当时的主编郝铁川教授的主持下,连续刊登了一组"建国以来法学界重大事件研究"的文章,其中有《对新中国摧毁旧法制的历史反思》、《"刀把子"风波记》、《无罪推定在新中国的命运》、《1957 年错批杨兆龙的"法律继承论"纪实》、《关于 80 年代"法的社会性和阶级性问题"大论战》、《关于前苏联法对中国法制建设的影响》、《人权禁区是怎样突破的》、《人权研究中的一场风波》、《一场有缺陷的司法改革》、[1]《"再为司法独立鼓与呼"一文的风波》、《"法权"还是"权利"之争》、《从"法制"到"法治"二十年改一字》、《新中国第一次法理讨论会的回忆与思考》、《五十年代〈法学〉是为何被迫停刊的》、《1996 年"晓南"风波纪实》、《1957 年的王造时》、《关于更改反革命罪名的风波》、《死刑的限制与扩张之争》、《正当防卫立法的进展与缺憾》、《我们是怎样逐步实现"罪刑法定"的》等。这些文章,后来结集为《当代中国法学争鸣实录》一书,[2]在湖南人民出版社出版,在法学界引起了很大的反响。

最后,《法学》还非常重视对实务法律问题以及重大疑难案件展开学术研讨,直面社会现实对法学研究提出的要求,并给予法律实践以指导。这方面的例子非常多,如 1997 年对"碧纯"水侵权案件的研讨,1999 年对"枫叶"诉"鳄鱼"不正当竞争案件的研讨,2000 年对全国首例老虎袭人致死案件的研讨,对 2001 年綦江彩虹桥垮塌案件的讨论,2001 年深圳中级法院审理之中国首例贞操损害赔偿案件的研讨,对 2002 年"陆来富案件"的研讨,2003 年对"孙志刚案件"的研讨,对 2005 年"圆明园环评事件"的研讨,2008 年年初关于"许霆案"、"孕妇死亡案"、"彭宇案"的讨论,2009 年对"杨佳袭警案"、"齐玉苓案"的热议,等等。与此同时,《法学》也积极参与我国的立法活动,组织专家学者就各项法律草案进行学术研讨,对立法活动建言建策。其中最主要的有《立法法》、《行政处罚法》、

① 主要指 1952 年的司法改革运动。这场运动的结果:一是将 6000 多名旧法人员从我们的审判队伍中全部剔除了出去;二是将"法律面前人人平等"、"司法独立"、"法不溯及既往"、"尊重诉讼程序"等观点全部认定为"旧法观点"而予以彻底批判;三是用马克思主义和毛泽东思想的国家观和法学观武装我们的司法干部。详细参见何勤华:"论新中国法和法学的起步——以'废除国民党六法全书'与'司法改革运动'为线索",载《中国法学》2009 年第 4 期。

② 郭道晖、李步云、郝铁川主编:《当代中国法学争鸣实录》,湖南人民出版社 1998 年版。

《行政复议法》、《行政许可法》、《公务员法》、《公司法》、《物权法》、《劳动合同法》、《刑法(修正案)》、《刑事诉讼法》、《国家反腐败法》、《能源法》、《水污染防治法》、《反垄断法》、《政府采购法》、《监督法》、《罢工法》等。从而为我国新时期的立法、加快形成社会主义法律体系做出了贡献。

## 四

《法学》复刊30年的历史证明,一本杂志的进步需要解放思想,一门学术的进步也需要思想解放。这一点不仅仅是《法学》复刊30年的经验和教训,也是它之前的历史透视出来的经验和教训。

《法学》创刊于1956年6月15日。当时,正是中华人民共和国第一部宪法1954年宪法颁布实施、全国法制建设形势一片大好之时,《法学》(1956年创刊号及后面两期刊名为《华东政法学报》)应运而生。从其诞生的第一天开始,它就宣称要解放思想,鼓励学术创新,展开"百家争鸣"。其发刊词称:"'百家争鸣'是推进学术思想的重要精神。不奖励自由思想,不展开自由讨论,没有批评和自我批评,学术上就不会有进步,不会有新生力量。《华东政法学报》将充分体现'百家争鸣'的精神,重视有独立劳动和首创精神的作品,重视'问难析疑、求同存异'的学术争论。"①

正是在上述解放思想的指导方针下,《法学》在其创刊至1958年9月16日被迫停刊,这不到3年的时间内,发表了一批解放思想、极富学术创造力的好文章,如梅泽濬的《哲学上的因果关系及其在刑法中的运用》、②李良的《"百家争鸣"和法律科学》、③刘焕文的《在"百家争鸣"中谈旧法思想》、④杨兆龙的《法律的阶级性和继承性》、⑤孙晓楼的《关于中国法学遗产问题的看法》、⑥黄道的《略论刑事诉讼中的无罪推定原则》、⑦张光博的《关于"公民在法律上一律平等"的

① 载《华东政法学报》1956年第1期。
② 同上。
③ 载《华东政法学报》1956年第2期。
④ 同上。
⑤ 载《华东政法学报》1956年第3期。
⑥ 同上。
⑦ 载《法学》1957年第2期。

意义》、[①]李光灿的《论共犯》、[②]丘日庆的《现阶段国际法的体系》、[③]刘家骥的《谈谈双重国籍问题》、[④]叔思的《对建立我国刑法分则体系的一些意见》、[⑤]董敬之等的《谈重婚与通奸》[⑥]等。但到1957年夏天"反右"运动开始、法学界的思想受到禁锢以后,《法学》上也就再没有刊登什么好文章了,甚至登出了黄道被迫写的批判自己无罪推定观点的检讨文章,而中国此时的法制建设和法学研究也基本上处于停顿状态。

法学的历史是这样,其他学科的历史也一样,甚至世界上所有国家的情况都一样。在古代罗马,随着公元426年《学说引证法》(Lex Citationum)的出台,盖尤斯(Gaius,约130~180年)、乌尔比安(D. Ulpianus,约170~228年)、帕比尼安(A. Papinianus,约140~212年)等五大法学家被授予法律解答权(jus responddendi),他们五人的学说观点被认可具有法律效力,而其他法学家则不具有这种权力。百家争鸣的学术环境不再存在时,罗马法学也就失去了学术创造力,日益走向衰弱。中世纪意大利的注释法学派、法国的人文主义法学派、近代欧洲的私法注释学派、第二次世界大战之前的日本民主主义宪法学说等,其走向衰落的重要原因之一,也都是促成这些学派和学说兴盛的解放思想运动日渐衰微。

因此,解放思想是法学进步的原动力:解放思想营造了法学研究领域讲事实、摆道理、说真话这么一种"百花齐放"、"百家争鸣"的环境和氛围,激发了法学研究创造力的勃发,带动了法学方法论的创新,也改变了法学研究的整个面貌。更进一步说,解放思想是法学进步和繁荣的灵魂。应该认识到,在现代社会,包括法学研究在内的科学研究,与现代化生产劳动有着巨大的差异。

一方面,现代化生产劳动(不管是工业生产还是农业劳动)具有重复性,尤其是商业化生产、流水线作业,重复(复制)是其基本特征;而科学研究就不同,它不具有上述特性,它需要每一个项目、每一个专题、每一个观点的创新。如果科学研究不能摆脱重复性,那就是复制,就是模仿,甚至是抄袭,这样的科学研究就没有了原创价值。

---

① 载《法学》1957年第2期。
② 载《法学》1957年第2~3期。
③ 载《法学》1957年第3期。
④ 同上。
⑤ 同上。
⑥ 载《法学》1957年第4期。

另一方面，现代化生产劳动，一般具有集团性、流水作业的性质，这样，才能节约成本，最大限度地利用有限的资源，才具有商业竞争力；而科学研究（尤其是文科研究）不具有这一属性，每一个人大脑里的构思、想法，其他人是无法精确揣摩，也是无法取代的，它完全是个人思考的产物，具有个性化（包括由此带来的多元化）的特征。有没有个性化，是检验学术和科技有没有生命力的首要指标。

因此，科学研究需要解放思想（这么说，并不是否定生产劳动也需要解放思想，而是强调科学研究对解放思想更加具有依赖性，美国苹果公司创始人乔布斯是一个最好的例子），解放思想是科学研究的灵魂，科学研究与解放思想之间的紧密关联，是科学研究发展的规律之一。作为科学研究之重要组成部分的法学研究，当然也无法摆脱，而只能遵循这一规律，《法学》创刊55 年、复刊30 年的历程已清楚地表明了这一规律。其结论很清楚：遵守这一规律，法学就进步，就繁荣；违背这一规律，法学就退步，就衰微。

《法学》复刊的历史还证明，一个国家、一个民族的进步，也需要解放思想。改革开放 30 多年我国社会主义各项建设事业的艰难而辉煌的历程表明，什么时候我们的思想解放了，实事求是了，注重理念、观点和制度上的创新了，敢于打破不合理的偏见和传统了，我们的事业就进步；反之，我们的事业就受挫。《法学》复刊 30 年的历史，只是我们国家改革开放 30 多年历史发展的一个缩影而已。

本文刊登于 2011 年第 11 期《法学》，当时是为纪念《法学》复刊 30 周年而撰写。此次作为“法学的历史”丛书的代总序，除个别字词之外，没有做大的修改补充。编辑本丛书，基本目的在于纪念华东政法大学成立 60 周年，以及《法学》创刊 56 周年，希望通过本丛书，将《法学》（1956 年出版的 3 期称《华东政法学报》）刊登的有影响的文章保存下来，以真实地记录《法学》，更广范围地说也包括了中国法学所走过的曲折道路，了解新中国 50 多年法学发展的真实面貌，以为中国法学今天的发展繁荣提供历史借鉴。正是基于这一目的，我们在编辑时，对 1981 年复刊以来的各期，主要是选出比较重要的文章，而对 1956 ~ 1958 年所出的 18 期（1956 年《华东政法学报》共 3 期，1957 年《法学》全年共 6 期，1958 年《法学》1 ~ 9 月共 9 期）文章，全文收入，未作删节和修改，以尊重历史真实。

本丛书的出版，得到了法律出版社社长黄闽、财税出版分社社长沈小英以及各位责任编辑的全力支持和帮助。在此，谨表示我们诚挚的谢意。本丛书规模宏大，参与编辑勘校人员众多，错误和疏漏在所难免，对此我们将承担全部责任，也希望广大读者能予以谅解。

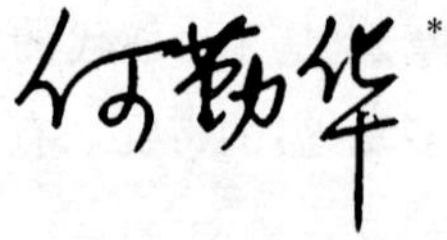 *

于华东政法大学

2012 年 8 月 1 日



* 华东政法大学校长，教授、博士生导师，法学博士。

# 目录

## 刑事诉讼法学

### 1982 年



### 1983 年



### 1985 年



### 1987 年

## 2000年



## 2001年



## 2003年



## 2004年

## 2005 年



## 2006 年



## 2007 年



## 2008 年

## 2009 年



## 2010 年



## 2011 年

# 民事诉讼法学

## 1982 年



## 1983 年



## 1984 年

## 1985 年



## 1990 年



## 1991 年



## 1996 年



## 1997 年

## 1998年



## 1999年



## 2000年



## 2001年



## 2002年



## 2004年

## 2005 年



## 2006 年



## 2007 年



## 2008 年



## 2009 年

# 2011年

# 刑事诉讼法学

# 1982 年

# 严格掌握逮捕人犯的条件

任大钦*

“一定要严格掌握逮捕人犯的条件”,这是一句老话,但至今仍有不同的理解。例如,有的说:“从严从速打击经济罪犯就该多捕点人,以便早些打开局面。”又有的说:“只要够判刑,逮捕就不会错。”个别的把逮捕当成一种刑罚,动辄就说:“他的罪就该逮捕处理”,等等。看来,要正确理解这句老话,还需进一步学习有关政策和法律。

逮捕,是限制人身自由并予以羁押的一种强制措施。我国《刑事诉讼法》第40条规定:“对主要犯罪事实已经查清,可能判处徒刑以上刑罚的人犯,采取取保候审、监视居住等方法,尚不足以防止发生社会危害性,而有逮捕必要的,应即依法逮捕。对应当逮捕的人犯,如果患有严重疾病,或者是正在怀孕、哺乳自己婴儿的妇女,可以采用取保候审或者监视居住的办法。”这一法律规定明确指出,逮捕是强制措施中最严厉的一种,而不是法律规定的必经刑事诉讼程序,更不是一种刑罚。逮捕人犯必须具备三个条件,即“主要犯罪事实已经查清”,是指所要逮捕的人犯的行为确实触犯了刑律,即构成了犯罪,而不是犯了错误。也就是说,经过查证,犯罪的证据确实、充分。因此,要严格划清罪与非罪的界限。只有构成犯罪才具备逮捕的第一个条件。“可能判处徒刑以上刑罚”,即只有那些既触犯刑律,罪行又比较严重,可能判处徒刑以上的人犯,才具备逮捕的第二个条件。“有逮捕必要的”,是指已具备上述第一、第二两个条件,如采取取保候审、监视居住的措施,还不足以防止发生社会危险性,才具备了逮捕的第三个条件。这三个条件是不能分割的整体,只有同时具备这三个条件的人犯才能依法逮捕。因此,(1)不能认为具备了第一、第二两个条件就非捕不可,还要全面掌握有无逮捕必要这一条,否则就会失掉强制措施的严肃性,甚至影响办案质量;(2)不能把逮捕当做刑事诉讼活动的必经程序,否则就会把凡是需要追究刑事责任的人犯都逮捕起来,或者对凡是不捕的,都不起诉,不判刑,出现放纵罪犯的现象;(3)不要把逮捕当做一种惩办手段,搞“以捕代惩”,违反法律规定。同时,坚持“专人审查,集体讨论,检察长决定”的办案制度。对一些有争议的问题和

* 作者单位不详。

案情重大、涉及面广、社会影响大的案件，应当提交检察委员会讨论决定，以避免漏捕错捕的发生。

为了切实保证公民权利不受侵犯，法律又规定，除了人民法院可以在一定情况下决定捕人外，只有人民检察院才有批准逮捕权，其他任何机关、团体和个人都无权决定和批准捕人。即使是公安机关侦查的案件，需要对人犯采取逮捕这一强制措施时，也必须提请检察机关审查，决定是否逮捕。检察机关接到公安机关提请批准逮捕人犯的案件后，必须严格按照法律规定的条件和时限，认真进行审查，作出批准逮捕，不批准逮捕，或者退回公安机关补充侦查的决定。如果公安机关认为检察机关批捕有错误，可以要求复议，如果没被接受，可以向上一级检察机关提请复核。由此看出，由检察机关审查批准逮捕，或者不批准逮捕的意义在于：一方面，对于符合法律规定逮捕条件的被告人采取必要的强制措施，及时打击犯罪活动，保障案件继续深入侦查；另一方面，又可以防止把不符合法律规定的人逮捕起来，避免不该逮捕而施行逮捕的情况发生。检察机关如通过批捕工作，发现公安机关的侦查活动中有违法情况，应及时提出纠正以保障被告人的诉讼权利。

检察机关是人民民主专政工具之一，又是国家的法律监督机关。它的重要职责是保证国家法律能全面地、正确地施行。对国家法律规定的逮捕人犯的条件，必须严格掌握，注意防止“左”、“右”思想的干扰。例如，在当前，不要因为打击经济领域中的严重犯罪活动是阶级斗争在经济领域内的重要表现，就误认为阶级斗争在经济领域内“已经激化了”，以致混淆经济犯罪同工作失误、经济上的不正之风的界限，以及走私贩私、贪污受贿、投机诈骗同实行对外开放、对内搞活经济政策中由于某些制度、办法不完善而发生问题的界限，把错误当成犯罪，把轻罪当成重罪，不区别首犯、主犯、从犯，不区别偶犯与惯犯，不区别坦白认罪与否，把一些不该逮捕的人逮捕了起来。这样做，显然是不对的。个别地方、个别人怕批评“搞得不力”，要求多捕点人，“打开局面”，“防右”。对这种思想要作分析。什么叫右，毛泽东同志说，右就是“落在时代的后面，落在当前情况的后面，缺乏斗争性”。该捕不捕，放纵了犯罪分子，在一定情形下是右的表现，但是不该捕或者可捕可不捕的人捕了，说是为了防右，这是错误的。不能简单地以捕人多少来判断右与不右的问题，而是看该捕不该捕。正确的是有“左”就反“左”，有右就反右，有什么问题就注意解决什么问题。既不能老是站在“左”的立场反右，降低捕人规格，失掉法律尊严，又不能消极吸取平反冤假错案的教训，束手束脚，看不到犯罪分子的现行破坏，该捕不捕。也要注意有个别的人对斗争形势实际情况不作具体分析，看风行事，人家刮风，他就下雨，人家下雨，他就打雷,不实事求是,出现新的冤假错案。

按法律规定的条件逮捕人犯,有的同志对此有顾虑,怕人家说是“不跟形势,单纯法律观点”。诚然,形势决定方针政策,方针政策决定法律。执行法律,必须考虑形势的需要,必须以党的方针政策为指导,防止脱离政治的片面的法律观点。但法律是政策的具体化、条文化,是保证方针政策贯彻的,如果有法不依,要贯彻方针政策也难。因此,必须根据犯罪事实、犯罪性质、犯罪情节对社会危害程度,遵照可捕可不捕的不捕的原则,区别对待捕与不捕。这不仅是一个依法不依法办事的问题,而且是一个贯彻不贯彻党的刑事政策问题。如果把逮捕当成一种刑罚,任意多捕,那就会扩大打击面,损害党和人民的利益,这就是犯了错误。在一定情况下,甚至是犯了严重错误。所以,要丢掉私心杂念,要以党的政策和人民的利益为重,才能做一个刚正不阿,执法如山的检察干部。

(1982年第10期)

# 1983年

# 据理辩护不是抗拒

陈建国[*]　方成志[**]



辩护与抗拒是两个截然不同的概念，不能混为一谈。辩护是指被告根据事实和法律对控诉的内容进行申述、辩解；抗拒是指被告对自己所犯的罪行进行掩盖、狡辩和抵赖。前者是国家宪法授予公民在刑事诉讼中应享受的权利，后者则为我国刑事政策规定应予从严惩处的情节。

"十年动乱"时期，法制破坏殆尽，林彪、"四人帮"一伙总是以"抗拒"的罪名来挟制公民，不许据理辩护。公民只要对所指控的"罪责"进行辩解，便被加以"态度不老实"、"抗拒交代"等莫须有的罪名，滥施刑罚，造成了大批冤假错案，这是我们应记取的沉痛教训。"四人帮"粉碎后，经过拨乱反正，"左"的路线虽然得到了纠正，但它的影响还存在，某些同志在办理刑事案件中往往有意无意地把被告的合法辩护看做"抗拒交代"，特别是对被告的翻供，以及对被告所作的与鉴定结论或勘验报告不符的辩解，轻易、简单地认为被告的态度不老实、抗拒，对其辩解不予认真考虑与分析研究。固然，被告翻供以及被告所作的与鉴定结论或勘验报告不符的辩解，有的确是为了抵赖罪行，抗拒交代，但也不能一概而论。如有个强奸案，被告被女方控告曾窜到她房中对她进行强奸，因女方呼喊同床女伴，强奸未遂。女方告发后即服毒自杀，经抢救脱险。在侦查阶段，被告迫于周围的压力和不明党的政策，起初承认，到法院后又翻了供，说是冤枉了。审判人员没有轻易下结论，经过深入调查，查明：女方与另一男青年有不正当关系，那天晚上这个男青年窜到女方房中被女方同床女伴发现，该青年为了掩盖自己的不轨行为，就指使女方诬告被告要强奸她；并假装服毒自杀。后来，法院宣告被告无罪，判处诬告陷害他人的罪犯以应有的刑罚。

有些审判人员之所以不能认真听取被告人的辩解，特别是不能容忍被告人翻供，往往出于这样几个原因：

1. 没有牢固地确立重证据、不轻信口供的观念，习惯于根据口供定案，被告人一翻供，心中就没有底。

2. 先入为主，对案件在审判前就有了定论。一旦有与定论不同的意见，就

---

* 作者单位不详。

** 作者单位不详。

听不进去。

3. 对辩护制度缺乏应有的认识。控诉和辩护是对立统一的两个方面，不但要认真听取控诉方的控诉根据和理由，也要认真听取被告方的辩解根据和理由。只有这样，才有助于全面查清事实真相，作出公正判决，达到正确、合法、及时地打击犯罪、保护人民的目的。

辩护的基础是事实和法律。我国法律把辩护作为一项制度规定下来，是切实保护公民的合法权益，体现了我国诉讼制度的民主性，以及人民法院办理案件的实事求是精神。有人认为，实行辩护，会让被告或其辩护人从办案中挑剔一些毛病。其实，即使是挑剔毛病，指出症结所在，这对于搞清事实真相、正确运用法律也没有什么不利。

抗拒则不同。抗拒的实质在于掩盖事实、逃避法律制裁，表现的形式往往是销毁罪证，互相串供，订立攻守同盟，捏造事实，嫁祸于人，以及百般狡赖，拒不认罪，等等。它与据理辩护根本不同，绝不能把据理辩护看做抗拒。

辩护制度是社会主义民主的重要内容之一。实行辩护制度不仅有助于司法人员查明事实真相，正确运用法律，而且是保护公民的人身权利、民主权利和其他权利不受侵犯的极为重要的一个方面。司法人员只有从政治高度来认识辩护制度的重要性，才能消除“左”的思想残余，正确执行刑事诉讼法。

（1983 年第 5 期）

# 1985 年

# 刑事被告人在侦查阶段可委托律师辩护的建议

杜建人*



我国《刑事诉讼法》第8条规定：被告人有权获得辩护，人民法院有义务保证被告人获得辩护；第110条第2项又规定，人民法院决定开庭审判后，应当将起诉书副本至迟在开庭前7日送达被告人，"并且告知被告人可以委托辩护人"。从以上条文中不难看出，刑事被告人只有到审判阶段才有权利委托辩护人辩护，而在侦查阶段是不能委托他人为其辩护的，在司法实践中也一直是这样做的。但是笔者认为从法制建设进一步完善的需要出发，似以规定允许刑事被告人在侦查阶段委托律师辩护条文为宜。

《中国法制报》1984年8月15日第3版上有这样一个报道：监利县人瞿某因"参与"洪湖县邓××等人的"轮奸"集团而被县公安局逮捕，但瞿某拒不承认有犯罪行为。此案后经查实，原是邓××无法忍受皮肉痛苦编造出来的，而所谓的"被害妇女"起先也不肯承认，又对其威胁引诱致使"被害妇女"也做了假的陈述。同时对另外几个人审讯时，也采取同样策略的讯问，使他们也做了假交代，就这样硬是造出了一个轮奸集团。类似这样的情况，虽然不多，但在预审阶段搞逼、供、信，剥夺被告人辩护权的事是确实存在的，而且并未引起足够的重视。因此，如果允许被告人在侦查阶段就委托律师为其辩护，那么这样严重的后果就可能不会发生，因为被告人会将真相告诉律师，通过调查研究，律师就能及时向有关部门反映，以避免错案产生。

在侦查阶段允许刑事被告人委托律师辩护的意义不仅限于防止错案，更重要的一点是，它也可以起到配合公安机关工作的作用。常常有些被告人由于不懂法律而认为公安局错抓他了。这时律师就可以对其进行法律知识的教育，促使他认罪服法，由于律师系被告人自己委托的，因此做教育工作的效果可能要好一些。又有些被告人在预审中因为有各种顾虑，不敢或者不肯真诚坦白，律师同样可以对他们晓以大义，说服他们走坦白从宽道路。有些被告人确实是无罪或者罪轻的，但怕辩解后被说成狡辩而重判，因而也不敢说真话，如果委托了律师

---

* 作者单位不详。

辩护,就可以澄清真相,保证无罪的人不受追究,罪轻的人不受重判。总之,侦查阶段允许被告人委托律师辩护是有益而无弊的。

在侦查阶段允许被告人委托律师辩护是否会影响被告人彻底坦白交代呢?回答是不会影响的。确实有些被告人委托律师辩护是希望通过律师帮助他狡辩和开脱罪责,但我国律师是国家的法律工作者,是不会违背人民利益去为罪犯开脱罪责的,对于拒不坦白交代罪行又要律师为其狡辩的被告人,律师可以依法拒绝为其辩护。

同样在侦查阶段允许被告人委托律师辩护是否会影响到案件的审理呢?回答也是不会的。虽然由于案件在预审期间,有些情况还未搞清,要求严格防止泄露机密。但律师作为国家的法律工作者是有义务保守国家机密的,他所处的地位和被告人的亲属及其他公民不同,因此只要规定在侦查阶段委托他人辩护仅限于委托律师,一般来说是不会影响案件审理的。

律师在侦查阶段担任被告人的辩护人同审判阶段担任辩护人当然应有所不同,如律师不一定参加预审等。但律师的权利和审判阶段应无什么大的差异,如会见被告人及与其通信,为被告人撰辩护状,必要时做些调查等。律师在侦查阶段担任辩护人后,在一审期间可以继续担任辩护人。

从目前国外的情况来看,有些国家如法国、西德、日本等都规定,被告人不仅在庭审阶段可以委托律师,而且在整个诉讼过程中包括侦查、预审阶段都可委托律师进行辩护。一部分东欧国家,如罗马尼亚、匈牙利也允许刑事被告人在预审期间可以委托律师辩护。

当然笔者的意见仅是一个建议,希望能够引起立法部门的重视,同时更希望能听到不同意见,以收抛砖引玉之效。

(1985年第2期)

# 刑事上诉案不宜采取书面审的方式

邱国庆*

刑事诉讼中的上诉审的审理方式，是指二审法院接受上诉人或人民检察院不服一审法院的判决或裁定而提出上诉或抗诉后，对本案进行审理所采用的形式。

二审审理方式是否科学、合法，关系到能否正确执行刑事诉讼法，确保案件实体审理的客观、实在，不枉不纵，保护当事人的合法权益，惩罚犯罪分子。因此，审理方式绝不仅仅是一个形式问题。

## 一、二审的作用十分重要

二审审理方式的重要性是由二审的任务决定的。我国刑事诉讼中二审的任务是，就原判认定的事实和适用法律是否正确，以及诉讼程序是否合理，进行全面的审查，正确的予以维持，错误的予以纠正，对下级法院的审判工作进行监督和指导。

我国实行两审终审制，上诉审一般都是终局审决，对整个案件的处理起着决定性的作用。因此要经受得起事实和历史的检验，要对法律负责、历史负责。而一定的审理方式又是为一定的审判任务服务的，上诉审的审理采用何种方式应根据刑事诉讼的任务，应从如何正确审查监督一审判决等方面全面进行考虑。

## 二、书面审的弊端

目前在我国司法实践中，二审存在直接审理和书面审理两种方式。书面审理是常用的方式之一。所谓书面审，就是不传唤当事人，不通知证人、鉴定人等到庭，不进行法庭调查和法庭辩论，只根据一审的案卷材料进行审理，径行裁判。这种方式一般认为结案迅速，审理及时，避免浪费。但是，这种审判方式却有其不能弥补的缺陷和不能克服的弊病。

---

* 作者单位不详。

首先,这在诉讼法上没有根据。《刑事诉讼法》第141条规定:"第二审人民法院审判上诉或者抗诉案件的程序,除了本章已有规定的以外,参照第一审程序的规定进行。"诉讼法上根本不存在书面审。有的同志说,二审程序中也没有规定不准用书面审。笔者认为,这种意见值得商榷。既然诉讼法已规定二审程序参照一审进行,那么应该维护法律的严肃性。二审程序除直接审理外,诸如书面审或其他形式都应视为没有法律根据。

其次,书面审理还违反我国宪法原则。《宪法》第125条明文规定:"人民法院审理案件,除法律规定的特别情况外,一律公开进行。被告人有权获得辩护。"上述《宪法》规定,对人民法院的整个审判工作具有指导意义。二审采用书面审,一方面,因为不传唤当事人到庭,不进行法庭调查和法庭辩论,剥夺了被告人在二审阶段的辩护权;另一方面,书面审仅根据案卷材料来进行审理,不可能公开进行。我们不能认为一审已实行了公开审判,进行了法庭辩论,二审就可以不搞,因为公开审判和保护被告人的辩护权,是贯穿于整个刑事审判工作始终的原则。

最后,书面审违反了实事求是的办案原则。实事求是,重证据,重调查研究,是社会主义国家司法机关办理刑事案件的基本准则和工作作风。在二审中要坚持传唤当事人到庭,或者自己走出去调查研究,对证据作出客观科学的评价,确定其与犯罪事实的因果联系,以作为裁判的依据。可是,采用书面审不作法庭调查,更不作实地调查,只是从案卷到案卷,从书面到书面进行审理,无法当面核实证据,无法听取当事人的陈述,这种做法与实事求是的原则是不相容的,书面审理在理论上不符合刑事诉讼法的基本原则、原理,在实践中也是有害的。第一,由于不做直接的调查研究,只凭案卷进行审理,如果一审事实有错的话,二审就有可能重犯一审的错误。司法部早在1956年4月曾就上诉审形式问题向全国中级以上人民法院发出通知,指出:"上诉审不作实体审的这项经验带有若干片面性、危险性……有些事实不明或证据不足的案件,并不是光靠审阅案卷就能发现的。如果上诉审完全不做事实审,就易于产生在事实不清的情况下作出不适当的判决或裁定……总之,要求上诉审这一关必须把事实完全搞清楚,然后依法判决。否则,上诉审将有流于形式的危险。"司法部这一通知明确地指出仅凭案卷进行审理,可能出现冤、假、错案,并且要求各地不要再采用书面审,这是完全正确的。第二,由于不与当事人特别是与被告人见面,被告人无法行使辩护权和申请回避权,在宣判前他无法知道二审法院由谁审理以及判决的依据,甚至对二审法院是否认真审理也会产生疑问,对二审作出的判决或裁定也就难以信服。这样不利于被告人认罪服法,不利于改造教育犯罪人,同时也有损于法院的威望。第三,不利于进行法制宣传教育,不利于接受人民群众对审判工作的监督。人民群众往往对一桩案件的结果很关心,而书面审理不与群众见面,群众只知其始,不晓其终,或者虽知其最终判决,却不知其理由和依据,这样不利于进行法制宣传教育,同时也失去群众对审判工作的监督。第四,容易助长司法工作人员的主观主义、官僚主义。第五,书面审排除了检察机关对二审的监督职权。

## 三、造成书面审的原因

通过以上分析,可以看出书面审理的弊端很大。那么,为什么在实践中还存在书面审呢?(1)是历史的遗留。解放后一段时间,一些地方采用书面审,而且被当做一项经验推广。后来虽然司法部通知不宜再行书面审,但其影响仍未消除。(2)因为国外存在书面审,有些同志不顾我国实际情况,盲目照搬。其实,采用书面审的国家,有所谓事实审与法律审之分,法律上对之都有明文规定,在制度上,他们实行三审终审制。而我国的刑事诉讼制度与之是不相同的。我国刑事诉讼法规定,第二审人民法院应当就第一审判决认定的事实和适用法律进行全面审查,不受上诉或者抗诉范围的限制。这是我国审判实践经验的总结,也是我国第二审程序的特点。在审级上,我们采取两审终审制,决定了二审必须更加慎重,只有采取直接全面的方式方能保证案件的质量。(3)少数司法人员缺乏责任感,不愿意走出去,不愿意和当事人见面。当然也存在一些客观原因,如边远省份地区辽阔,交通不便等。

## 四、上诉审应采取直接审

上面对书面审理的弊端及其形成的原因作了粗略的分析,现在再来看审理上诉案的另一种方式——直接审理。

直接审就是按照与一审基本相同的形式进行审理,它与书面审比较,有许多优点。它让当事人直接参加二审的诉讼活动,保护了被告人的辩护权,它依据《刑事诉讼法》第141条,在法律上有根据,它可以避免办案人员因局限于书面案卷或主观片面性所造成的错误,使案件能得到公正的处理,对上诉有理的案件可以及时纠正原判的错误,保护公民的合法权利,它对被告人当面审讯,可促使有罪的人认罪服法,接受教育改造,它将审判视做公之于众,便于扩大法制宣传,有利于人民群众监督,也有利于检察机关行使监督职权。总之,直接审理具有科学性、客观性、真实性等特点。我们不应以直接审理“不及时”、“造成浪费”等由加以否定。我国实行四级两审制，这本身就是考虑到了及时审理和避免浪费的要求。而那种靠主观臆断形成的“及时”和“节省”，势必造成更大的浪费和更不及时。粉碎“四人帮”后，我们花了大量人力物力平反各种冤假错案就是有力的证明。

通过以上对上诉审的两种审理方式的对比分析，可以得出以下结论：书面审应予摒弃，而代之以直接审。

在废除书面审后，开庭审理确有困难的，在确保实事求是的前提下，可不在二审法院内开庭审理，而采用“马锡五审判方式”，携卷下乡，直接找当事人、证人，查清事实，核实证据，就地调查，就地审判。在集中打击刑事犯罪分子、案件较多的情况下，上级法院可以派出工作组到基层审理上诉案。这种变通办法是按照《刑事诉讼法》关于二审参照一审程序的规定，根据实际情况灵活机动地执行的一种形式。

（1985 年第 10 期）

# 1987 年

# 论改革免于起诉制度

汪纲翔*



免诉制度是一定历史条件的产物，在新的条件下产生了种种弊端。作者提出了改革的设想和建议。免予起诉制度，是我国在一定的具体历史条件下的产物。实践证明，它虽然有一定的积极作用，但也有不少弊端。笔者试对改革免诉制度问题进行试探，以期抛砖引玉。

## 一、免诉制度是适应一定历史条件的产物

免诉制度是我国刑事诉讼实践中的一项创举。是为了适应在一定历史条件下有利于和犯罪行为作斗争的产物。

早在1954年颁布的《中华人民共和国人民检察院组织法》第11条规定："公安机关提起的刑事案件，侦查终结后，认为需要起诉的，应该依照法律的规定移送人民检察院审查，决定起诉或者不起诉。"当时和在此以前的立法中并无免予起诉的规定。

1956年4月25日，全国人大常委会通过了《关于处理在押日本侵略中国战争中战争犯罪分子的决定》。该决定规定："对于次要的或者悔罪表现较好的日本战争犯罪分子，可以从宽处理，免予起诉。"这是我国法律第一次赋予检察机关具有免诉的决定权。嗣后，各级人民检察院在处理历史反革命以及其他刑事案件中，也根据这一精神适用免诉制度。

从当时的历史条件来看，首先，日本国内的情况已起了变化，对于一批日本侵略中国的战争犯罪分子已关押多年，通过改造已有成效，对其中"次要的或者悔罪表现较好的日本战争犯罪分子"予以免诉的从宽处理，不再经过审判适用刑罚，这对化消极因素为积极因素，维护世界和平，加强各国人民间的团结是有利的。其次，在当时的肃反运动中，我国各地清理出一批反革命分子，这些人在历史上犯了罪，理应得到惩处。但有的人罪行较轻，有的悔罪态度比较好，有的有立功或立大功的表现，对这批人如果都要进行拘捕审判，似无必要。采取免诉

---

* 作者单位不详。

决定而终止诉讼,这对分化瓦解反革命集团、调动积极因素和简化诉讼程序,都是有利的。

上述两种对象,具有历史性、成批性、次要性和悔罪性的特点,对他们采取免诉处理,是利大于弊的,应予肯定。从此以后,全国各检察机关也将免诉制度广泛适用于那些罪行轻微、悔罪较好的刑事案犯,也起了一定的积极作用。“十年内乱”期间,检察机关被“砸烂”,自然不存在免诉问题。粉碎“四人帮”后,我国第一部《刑事诉讼法》第101条规定:“依照刑法规定不需要判处刑罚或者免除刑罚的,人民检察院可以免予起诉。”所谓“不需要判处刑罚”,是指刑法规定的犯罪情节轻微的一种情况。所谓“免除刑罚”,是指刑法所规定的预备犯、中止犯、从犯、胁从犯,聋哑人或盲人犯罪,防卫过当或紧急避险超过必要限度造成不应有的危害的,犯罪较轻并能自首,或者犯罪较重但在自首后有立功表现的,在中华人民共和国领域外犯罪,依照我国刑法规定应负刑事责任,但在外国已受到过刑事处罚的几种情况。这是我国在新的历史条件下对免诉制度的肯定,从而使它成为我国刑事诉讼中一项重要的诉讼制度。

## 二、免诉制度在新的历史条件下的种种弊端

我国刑事诉讼法既对免诉制度及其适用范围、诉讼程序和诉讼期限作出了具体规定,从法制观点来说,无疑应该严格依法执行。但实践是检验真理的唯一标准,在新的历史条件下,根据司法实践的经验,免诉制度已经出现了种种弊端。

第一,和“职权原则”不相吻合。《刑事诉讼法》第3条规定:“……批准逮捕和检察(包括侦查)、提起公诉,由人民检察院负责。审判由人民法院负责……”这是“职权原则”在法律上的规定。在这里,免诉到底应归属于何种职权则是含糊的。众所公认,罪与非罪、此罪与彼罪、一罪与数罪、罪重与罪轻的决断权依法应由人民法院负责,这是职权分工的要求。而免诉是一种有罪决定,其性质与法律后果,相当于人民法院经过审理以后所作的免除刑罚的判决。采取免诉制度,几乎等于人民检察院享有法律监督的职权又兼行“审判”的职权。而把这两种职权集中于一个机关,容易产生失去制约的弊端。譬如说,有些案件由检察机关提起公诉之后,人民法院在审查中认为事实不清,证据不足,发回重新补充侦查。但证据收集不到和事实一时难以查清则是常事,为了图“省事”或者维护“威信”,做免诉处理。再如,对某些共犯案件,检察机关有权对其中有的共犯提起公诉,有的做免诉处理。如果人民法院认为做免诉处理失之轻纵,要求补充起诉,但最后的决断权在检察机关,人民法院也无权制约。尤其是对那些已被批准

逮捕的被告人，查无实据，免诉往往成了“下台阶”的梯子、“解决疑难”的手段，公安机关、人民法院均不能制约。凡此种种，都是不符合法律要求的。

第二，被告人、被害人的诉讼权利得不到充分的保障。《宪法》规定：“被告人有权获得辩护”。《刑事诉讼法》规定：“被告人有权获得辩护，人民法院有义务保证被告人获得辩护。”被告人当然可以自行辩护，但对因失去自由无法收集有利于自己的证据的人、聋哑人或盲人、未成年人等，委托辩护人十分必要。而根据我国辩护制度的规定，被告人只有在审判阶段才能委托辩护人。免诉是有罪决定，但却不能请辩护人，实际上限制了被告人的诉讼权利。免诉决定宣布以后，被告人或被害人虽然依法在 7 天之内可向人民检察院申诉，可这不同于上诉可以引起二审程序，也不同于审判监督程序中的申诉可以引起再审，而是“一审”定终身。而且免诉的“申诉”，引起上级检察机关的“复查”，应采取何种诉讼程序或形式、诉讼期限有多长，法律并无明确的规定，因此“走过场”也在所难免。

第三，附带民事诉讼得不到妥善处理。作为免诉处理的刑事案件，由于被告人的犯罪行为直接给被害人造成物质损失的，有的由检察机关调解解决，有的调处不成就强制作出处理决定，也有的干脆将物质损害赔偿部分移送给法院民庭按民诉程序处理。笔者认为，这种损害赔偿依法应属附带民事诉讼，理应由人民法院在审理案件的同时一并审理。这样做，双方当事人可以举证、辩论，可以委托诉讼代理人帮助诉讼，如果不服一审裁判，也可以上诉，如果认为终审裁判有错误，还可以申诉。而免诉中的附带民事诉讼，当事人既不能委托诉讼代理人，也不能上诉和审判监督意义上的申诉，辩论和举证也受到限制，基本上也是“一审”定局，也没有专门机关进行制约。

上述主要弊端的产生，根本原因不在于办案人员，而在于免诉制度本身。因此，探索改革免诉制度，就显得十分重要。

## 三、改革免诉制度的设想和建议

怎样改革和完善免诉制度，是一个相当复杂的问题，下面只是笔者的一些粗浅的设想和建议。

第一，在《刑事诉讼法》没有修改和补充之前，应该依法认真掌握免诉条件，严格控制免诉的适用范围。对那些罪与非罪界限不清的，应该严格根据事实和法律办事，既不能对无罪者做免诉处理，也不能对那些有罪的人，为了图“省事”或者仅考虑其态度而做免诉处理。

第二，要在现行立法规定的情况下，进一步妥善地执行免诉制度。如前所述，因免诉决定相当于判决，所以检察机关在处理免诉案件时，做法上应尽可能“参照”一审程序、二审程序和审判监督程序办事。譬如说，免诉的被告人不可以请律师辅助他辩护，检察人员应自觉深入调查研究，广泛听取“社会辩护人”的意见，没有法庭质证、辩论，检察人员可以听取一些“专家”的意见和被告、被害人的陈述，免诉的申诉相当于上诉，检察人员应尽可能“参照”二审程序的精神，严肃、慎重地对待，免诉申诉之后，也应允许他提起类似审判监督程序中申诉的免诉申诉。笔者认为，这样办对发扬诉讼民主，提高办案质量是有利的。

第三，在案件进一步成熟之后，建议在立法中取消免诉制度。因为免诉制度涉及罪与刑的决断问题，根据“职权原则”，从法理上来说这种职权应由人民法院独立行使。

（1987 年第 9 期）

# 1990 年

# “未审先判”必须克服

熊继前*

当前,法院在办理案件过程中,还较普遍地存在执行刑事诉讼法有关程序不够严格,过去的某些习惯做法还相当流行的现象,“未审先判”就是突出表现之一。

“未审先判”,这里的“审”,是指人民法院依法开庭审理案件的诉讼活动。它包括宣告开庭、法庭调查、法庭辩论以及被告人最后陈述等程序,其任务是查明案件事实,查实用以证明案件事实的各种证据。这里的“判”,是指人民法院对刑事案件的处理决定,其内容包括确定被告人是否应负刑事责任,是否要给予刑罚处罚,给予何种刑罚处罚;如果是处以有期徒刑、拘役等有时限的刑种,还要确定具体的刑期。所谓“未审先判”,就是指人民法院受理案件后,不论案件繁简难易,审判人员在审阅诉讼卷宗材料、分析案情事实,以及初步鉴别证据的基础上,提出处理意见,经庭长或庭务会议的讨论,先由庭长呈报院长,再由院长召开审判委员会讨论决定,然后由合议庭组织开庭对案件进行审判。当然,合议庭所作的判决必须贯彻审判委员会对案件所作的处理决定。

我国《刑事诉讼法》第112条至第118条规定了法庭审理的程序。第120条又规定:“在被告人最后陈述后,审判长宣布休庭,合议庭进行评议,根据已经查明的事实、证据和有关的法律规定,作出被告人有罪或者无罪、犯的什么罪、适用什么刑罚或者免除刑罚的判决”。“未审先判”的做法,不仅违背了《刑事诉讼法》的上述规定,而且也不符合认识论的规律。法庭审理是逐件审查案件的事实和证据,经过公诉人、被害人、被告人和辩护人双方的询问、质证、辩论,法庭充分听取双方的意见,才能全面掌握案情,作出正确的判决。如果案件未经审理,仅根据起诉卷宗材料和承办人员的初步判断,简单汇报的案情,就对案件讨论出处理意见,难免不符合客观实际情况。如果不开庭也能对案件作出正确处理,那么开庭审理的法律规定还有什么意义呢?根据我国《刑事诉讼法》的规定,人民法院第一审审判案件的程序应该是:先由合议庭开庭审理,根据审理的情况(经法庭审理查明的事实和核实的证据)进行评议,并形成合议庭的决议,将合议庭

---

* 作者单位不详。

对案件的处理意见报请庭长、院长审查，经同意后正式宣判，院长认为属于重大疑难的案件，或者院长不同意合议庭的意见，应提交审判委员会讨论决定，再由合议庭进行宣判。法庭审理是在案件有关各方参加下，三头六面对案，是人民法院综合审查案情、确定案件的事实和证据的基本形式，只有经过对案件依法进行认真的审理，才有可能形成正确的判决，而"未审先判"的做法，往往是造成错判的根源，是极其有害的。

第一，不利于调动审判人员的积极性。由于在开庭审理之前，审判委员会对案件处理已有定论，使严肃的庭审活动成为"走过场"，审判人员根本不需要去研究庭审艺术，提高审判质量。由于"未审先判"人为地把"审"与"判"分离开来，"审"对于"判"已经毫无意义了，有的审判员不满地说，"在法庭上我是审判长，对陪审员是传达员，宣告判决是执行员"。这样，审判人员只是"例行公事"，挫伤了他们的积极性和责任心，伴随而来的是他们对审判委员会的依赖性。

第二，不利于调动检察人员的积极性。以公诉人身份出席法庭的检察人员，任务是很繁重的。一方面要阐明起诉的理由和根据，反驳对方的狡辩，支持公诉，协助法庭查明案件事实；另一方面又要严格监督审判活动，保证其合法性，保证公正判决的实现。由于"未审先判"，使公诉人在法庭的活动失去了意义，因此检察人员出庭也不过是做个样子，有的检察人员为此而拒绝出庭支持公诉。

第三，不能充分发挥辩护制度的积极作用。由于"未审先判"，辩护律师意见得不到应有的重视，对控告方面起不到应有的制约作用。辩护律师认真对案情进行调查研究，认真分析案情，提出中肯的辩护理由和根据，以及出席法庭进行诉讼活动，往往成为徒劳，这也就挫伤了他们的积极性。

第四，由于"未审先判"，控告的理由和根据得不到严格的审查核实，中肯的辩护意见不被采纳，甚至连听都不认真听，无法"兼听"，因而也就不可能准确查明案件事实，也就不可能为正确适用法律创造条件，准确打击犯罪，保护无罪人不受刑事追究的刑事诉讼法的任务也就难以实现。

"未审先判"是一种习惯，系司法实践中长期遗留下来的。早在革命战争时期各革命根据地的审判机关就已实行。新中国成立之后，这种做法仍然沿用，这在当时法律不够健全，主要靠政策办案，审判人员多未经过专门训练，又无系统经验借鉴的情况下，对于加强对审判工作的领导，严格执行政策，保证办案质量，发挥人民法院的职能作用，曾起过积极作用。但是，随着我国社会主义法制建设的发展，我国制定了第一部《刑事诉讼法》，它不仅借鉴了历史的和外国的有益经验,而且充分地总结了我国人民法院审判刑事案件的正反两个方面的经验,具体地规定了审理案件的程序。“未审先判”的做法,是与《刑事诉讼法》规定的审判程序相违背的。客观上已成为依法办事和加强社会主义法制建设的严重障碍,必须认真加以克服。

（1990 年第 4 期）

# 1993 年

# 我国刑事诉讼中退查制度的完善

叶 青* 王 强**



关于退查制度的具体内容，我国《刑事诉讼法》第47条、99条、108条、123条以及全国人大常委会《关于刑事案件办案期限的补充规定》第7条等作了规定。但司法实践表明，这些立法规定尚有不少的缺陷，致使具体执行中意见分歧较大，并且较难切实贯彻。分析现行退查制度的主要缺陷有：

1. 缺乏具体的退查条件的规定。在何种情况下可以退查，退查的具体条件是什么，除了《刑事诉讼法》第108条把人民法院在审判阶段的退查条件规定为"主要事实不清、证据不足"，其他均无明确规定，特别是对在实践中运用较多的检察院审查起诉阶段的退查，《刑事诉讼法》只笼统地规定为："对于需要补充侦查的，可以自行侦查，也可以退回公安机关补充侦查。"何为"需要"，没有确切的具体内容，使检察机关在此问题上随意性很大，滥用退查手段。特别在检察机关积案较多，办案任务较重的情况下，为了减轻阶段性工作压力，缓解工作紧张程度，退查便成为一种"最佳选择"，影响案件及时起诉和审判。

2. 缺乏对退查手续的规定。人民法院和人民检察院对需要退查的案件，应由谁来提出，由哪一级机构和主管领导审核、批准，以什么名义退查，应履行哪些相应的法律手段，等等，法律未对此作出规定。实践中，一般是先由承办人提出意见，然后业务部门领导审查，院领导批准，以院的名义退查。退查时制作《退回补充侦查决定书》，并附有退查提纲。由于法律对退查手续没有统一明确规定，尽管口述做法尚为流行，但难以成为被普遍遵守的具有法律意义的规范程序。特别是在退查所涉及的有关部门之间发生争议的情况下，由于双方都要朝着对各自有利的方面去解释，因而这种习惯做法的有效性将可能被其中一方或双方所否认，将会形成无所适从的局面。

3. 缺乏对退查次数的规定。由于法律对退查次数未作出限制，在实践中往往出现这样的不良做法：当案件在法定期限内不能结束时，办案单位往往互相协商，利用现有规定的空白，采用多次单纯履行退查手续，不移送案卷材料，互借办案时间的办法，超时限办案，从而形式上合法，掩盖实质上的违法。对个别上下

---

* 作者单位：华东政法学院（现华东政法大学）。

** 作者单位：江苏省公安厅。

左右争议,难以认定处理的疑难复杂案件,有的办案单位为了推卸责任,也采取反复“退查”的办法,使案件在有关部门之间往返“旅行”,久拖不决,被告人被长期非法羁押。

4. 缺乏解决退查争议事宜的程序规定。退查涉及公、检、法三个部门,在实际执行过程中相互之间难免发生争议。争议的发生有的是由于对案件事实、证据本身有不同看法(实体争议),有的是由于退查手续方面的问题(程序争议),还有的是因为对有关规定的理解认识不够一致(认识争议),等等。有争议,就应当有解决的程序。我国《刑事诉讼法》对因不批捕、不诉、免诉等引起的争议,规定了复议复核的解决程序,实践中也较为可行。但对退查引起的争议如何解决,却无相应规定。

5. 缺乏完善的补查期限的规定。《刑事诉讼法》和全国人大常委会《关于刑事案件办案期限的补充规定》对审查起诉阶段和审判阶段退查的补查期限均规定为1个月,但对审查批捕阶段退查的补查期限却无法律规定。实践中,有的长达几个月才能补查完毕,甚至退而不查,不了了之,影响对案件的查处。另外,人大《关于刑事案件办案期限的补充规定》规定,人民法院退回补充侦查的案件,补查完毕移送人民法院后,人民法院重新计算审理期限。而人民检察院退给公安机关补充侦查的案件,补查完毕移送人民检察院后,人民检察院可否重新计算审理期限,法律却没有规定。尽管最高人民检察院的高检发(研)24号文件对此作出了肯定性的“答复”,但它毕竟只是检察院的“一家之言”,其权威性、效力性难以得到公、法两家的认可。

6. 对补查机关的规定不明确。《刑事诉讼法》第99条第1项规定:“人民检察院审查案件,对于需要补充侦查的,可以自行侦查,也可以退回公安机关补充侦查。”应当指出,该条无论从立法技术还是从实践效果来看,都不甚理想。也许立法者的本意是想通过该条规定,更好地体现公安机关与检察机关相互配合和制约的原则,避免检察机关坐堂问案,关门办案等不良作风。但实际上,它却成了一些检察机关少数办案人员推卸责任和麻烦,滥施退查的合法理由。尤其是已由检察机关公诉至法院,法院退回检察院补充侦查的案件,多数情况下,检察机关也是再把案件“原封不动”退回公安机关。而对这样的案件,公安机关往往又不愿接受。理由很简单,既然案件已诉至法院,至少说明你检察机关已经审查起诉案件事实清楚,证据充分。如果仅仅是因为法院以事实不清,证据不足为由退查,检察机关再以相同理由把案件退给公安机关,那么对检察机关来说,起码会给人留下两点不良印象:一是缺乏主见,人云亦云;二是做“二传手”,无所事事。针对上述情况,有必要对我国刑事诉讼中现行的退查制度作相应的补充修改,使之臻于完善。在此,笔者试拟有关退查制度的修改成补充条文如下,供立法机关参考。

1. 增补关于退查的具体条件的规定。建议条文:“案件具有下列情形之一的,人民检察院或人民法院可以退回补充侦查:(1)案件主要事实不清,证据不足(为方便掌握,可发布司法解释对此作进一步说明)的;(2)遗漏重大犯罪事实或同案犯的;(3)需要采取专门侦查手段进行侦查的;(4)侦查违反程序规定或程序不完备,可能影响其客观、公正进行的情况。案件具有下列情形之一的,不应退查:(1)主要犯罪事实清楚,证据确实充分,次要罪行某些情节不清,但不影响定罪量刑的;(2)犯罪事实清楚,证据确实充分,只是在适用法律方面有不同意见的;(3)由于多种原因,某些事实确已无法查清且在案卷材料中已有说明的;(4)同案犯在逃,但在押犯的犯罪事实已查清,并有确凿证据,应当依法先行起诉或审判的;(5)在审判阶段,被害人提出附带民事诉讼,自诉部分事实不清的。”

2. 增补关于退查手续的规定。建议条文:“人民法院或人民检察院对需要退查的案件,应当先由承办人提出意见,业务部门领导审查同意,然后报院领导审核批准,以院的名义退查。退查应制作《退回补充侦查决定书》,并附详细的退查提纲,连同案件材料,一并退回补充侦查单位。”“公安机关或人民检察院对合理的退查案件,应当接受,并按照退查提纲的要求,在规定期限内补充侦查完毕。补查完毕,应制作《补充侦查报告书》,连同案件材料一并送原退查单位。认为需要将案件撤回作其他处理的,应征求退查单位的意见,并将处理结果通知原退查单位。”

3. 增补退查次数的规定。建议条文:“同一案件在同一阶段的退查一般不超过两次。确需再次退查的,可报上一级人民法院或人民检察院审核批准,增加一次。”

4. 增补解决退查争议的程序规定。建议条文:“公安机关对同级人民检察院的退查有异议时,可以提请复议。如同级人民检察院维持原决定,公安机关可向上一级人民检察院提请复核。对上一级人民检察院复核后作出的决定,公安机关应当执行。人民检察院对同级人民法院的退查决定有异议时,可采取上述同样方法解决。”

5. 完善退查期限的规定。(1)增补审查批捕阶段退查的补查期限。建议在《刑事诉讼法》第47条中补充规定:“对提请批准逮捕被检察院退回补充侦查的案件,公安机关应当在一个月内补查完毕。”(2)明确规定:“公安机关补充侦查后移送人民检察院的案件,人民检察院重新计算审理期限。”

6. 明确规定补查机关。建议条文:“人民检察院退查的案件,由公安机关补充侦查,人民法院退查的案件,由人民检察院补充侦查。如果确属遗漏重大罪行或同案犯,需要采取专门手段进行侦查的,也可以退回公安机关补充侦查。”

(1993年第3期)

# 强制医疗诉讼程序初探

刘 文*



在我国，由于各方面的原因，近年来，精神病患病率和复发率都呈上升的趋势，精神病人实施严重危害社会的案件增多，在一定程度上加剧了社会治安形势的恶化，这一状况，也已引起法学界和精神医学界的密切注视。如何尽快地摆脱精神病魔的困扰，这是摆在我们面前的又一个急需解决的问题。从国外的情况来看，不少国家在其刑诉法典中都规定有对精神病人的强制医疗诉讼程序，而且在客观上成效显著，这不仅有效地保护了精神病人应享有的医疗疾病的权利，而且维护了社会治安秩序的稳定。笔者认为，这一措施应当合理地引进到我国的法律机制中来。对强制医疗诉讼程序的性质、它的适用对象和如何正确适用等进行深入研究，具有重要意义，本文将就这些问题略作探讨。

## 一、强制医疗诉讼程序的性质

所谓强制医疗诉讼程序，即是对精神病人实行强制医疗措施所采取的诉讼程序，它是指国家司法机关依照法定的程序，确定是否对特定精神病人实行强制医疗的诉讼活动的总称。强制医疗诉讼程序已经超越了一般意义上的“诉讼”的含义，它是按刑事诉讼规则进行的一种特别刑事法律程序。它在形式上类似于一般刑事诉讼程序，但在本质上却与一般刑事诉讼程序有很大的差异。其目的不是解决被告人的刑事责任问题，而是确定是否对精神病人实行强制医疗措施。从诉讼任务的角度来看，它也不是为了惩罚犯罪分子，保障无罪的不受刑事追究，而是为了防止精神病人实施对社会具有危害性的刑事行为，同时对他的精神病进行医治，并使他适应社会生活。强制医疗诉讼程序是一种涉及限制公民人身自由的特别诉讼程序，只有国家司法机关才有权适用，其他任何机关、团体、企事业单位和公民个人均无权适用。由于强制医疗诉讼程序涉及对精神病人进行鉴定和治疗等医学专门问题，因此精神卫生医疗机构在强制医疗诉讼程序中应协助司法机关进行必要的鉴定，认真执行强制医疗裁决是他们的职责与义务。

---

* 作者单位：苏州大学法学院。

## 二、强制医疗诉讼程序适用的对象

根据我国《刑法》第15条有关精神病人刑事责任能力的规定以及我国目前的司法实践状况，参照国外的刑事诉讼立法，笔者认为，我国的强制医疗诉讼程序主要适用于下列几种精神病患者：

1. 实施危害行为时无责任能力，至诉讼时精神仍未恢复正常者。刑事责任能力是犯罪主体承担刑事责任的前提条件之一。如果某人在实施危害社会的行为时，因患精神病而处于不能控制自己行为的无责任能力状态，则不应承担刑事责任和受到刑罚处罚。但如果到诉讼时期仍未恢复正常，则其精神状态决定了他还有可能再次实施危害社会的行为，对社会仍然存在潜在的威胁，因此必须对他实行强制医疗才能消除对社会的危险。当然，行为人在实施危害社会行为时无责任能力，但后来精神恢复了正常，具备了辨认和控制自己行为能力，则不发生强制医疗的问题。

2. 实施危害行为时精神正常，诉讼时患精神病者。被告人是诉讼当事人之一，在诉讼过程中享有广泛的权利。如认为侦查、检察、审判人员以及其他有关人员与本案有利害关系，可能影响公正处理案件时，有权申请回避，在法庭辩论阶段，他有权反驳指控，自我辩护；法庭审理最后阶段，他有权作最后陈述。这些权利的行使都是通过言语表达出来的，如果被告人实施危害行为时精神正常，而到诉讼时患有精神病，则被告人的精神状态势必影响其参与正常的诉讼活动，不能充分地行使自己的诉讼权利，也不能通过诉讼活动教育他认罪服法，悔过自新。从另一个角度来分析，一般的刑事诉讼，从结果上来说，无非会出现两种截然相反的情况。如果被告人有罪，则可能受到刑事处分，但如果被告人此时患有精神病，对其实施刑罚是不妥当的，不利于其精神上的恢复。因此，当确认被告人无诉讼行为能力时，一般刑事诉讼程序应当中止进行。但对此类在诉讼中患有精神病的人，如果放任自流，则很可能发生逃跑、自杀，甚至继续危害社会等后果，因此必须对其采取强制性医疗措施，如果被告人无罪，按正常的诉讼程序，被告人应获无罪释放，但对患有精神病的被告人，如不加以一定限制，则其获释后，仍有再度实施危害社会行为的可能，因而也必须实行强制医疗。

3. 服刑期间以及刑期届满即将释放者中的精神病患者。刑罚的目的表现在两个方面，一是一般预防；二是特殊预防。就特殊预防而言，就是要通过刑罚教育罪犯，改造罪犯，促使其痛改前非，不致再危害社会，并成为自食其力的新人。如果罪犯在服刑期间患有精神病，则由于其失去辨别是非的能力，不能很好地接受惩罚和教育,不能认识到自己的犯罪行为所具有的社会危害性;另外,由于他不能控制自己的行为,因而在服刑期间,就有实施社会危害的可能性,必须予以强制医疗;对于即将释放的精神病患者,如不予强制医疗,则其获释后,就有可能危害社会和公共利益,造成损害,因而也必须给予强制医疗。

## 三、强制医疗诉讼的具体程序

强制医疗诉讼的目的在于确定是否要对某一行为人采用强制医疗措施,从国外的刑诉立法来看,一般都对此程序规定得较为复杂。我国应如何规定这一诉讼程序?笔者认为必须具有我们自己的特色,充分考虑我国的司法活动现状。一方面,不能过于复杂,因为强制医疗诉讼案件并不涉及对行为人的定罪科刑问题,规定得过于复杂,则使诉讼程序繁冗拖沓,有悖于诉讼的及时性原则;另一方面,也不能过于简单,否则就虚化了强制医疗诉讼程序,使这一程序的规定流于形式,起不到实质性的作用。具体来说,强制医疗诉讼程序包括诉讼的提起、立案受理、调查、执行等几个阶段。下面将这几个阶段分别阐述:

1. 强制医疗诉讼程序的提起。强制医疗诉讼案件并不是为了追究精神病行为人的刑事责任,而是为了确定是否对该行为人采用强制医疗措施,因而这类案件不存在起诉问题,只能以提起申请的方式开始。那么由谁来承担提出申请的任务?笔者认为,可参照我国民事诉讼法关于认定公民无民事行为能力的有关规定,即由精神病行为人所在单位的代表、其法定代理人、近亲属或者其他利害关系人负责提出申请。申请应该采用书面的形式,形成申请意见书,主要内容应包括申请对行为人实行强制医疗的事实和依据。

2. 立案受理。立案是强制医疗诉讼程序正式开始的标志,不经过立案,就不能进入调查、审判、执行等以后的诉讼阶段。至于强制医疗诉讼案件的主体,笔者认为宜由人民法院来担当,这是与它在刑事诉讼中的职能及地位相适应的。因为强制医疗诉讼案件的核心和关键问题是确认行为人有无刑事责任能力,一般通过一定范围的调查活动以及司法精神病医生的鉴定,就可以查清案件基本事实,据以认定。人民法院接受精神病行为人所在单位或其法定代理人、近亲属及其他利害关系人的申请或是在自己的工作过程中,如果发现了精神病人实施了危害社会的行为或是发现了对社会有现实危险性的精神病患者,应及时予以立案。立案时,应制作立案决定书。立案后,为保障社会和公众的利益,保证精神病人本人的安全以及顺利地进行调查(包括司法精神病鉴定)的需要,在必要的时候,可以对精神病人采取临时性的看管和防护措施。

3. 调查。案件经立案后，即进入调查阶段，强制医疗讼讼案件调查的内容大致包括以下几个方面：(1)实施危害社会行为的时间、地点、方法和其他情况；(2)危害行为是不是这个人实施的；(3)实施危害行为的人在实施前和实施后的表现；(4)危害行为造成损害的性质和程度；(5)实施危害行为的人过去是否患有精神病以及在实施危害行为时和案件调查时所患精神病的程度和性质。调查时可以采用讯问行为人、询问被害人以及有关证人的方法，造成人身伤亡和物质损失的，必要时还必须进行勘验检查和鉴定。由于强制医疗诉讼程序的最终目的在于对实施危害社会行为的精神病人适用强制医疗措施，因此，鉴定行为人在实施危害行为时及诉讼进行时是否为精神病患者，是否具备刑事责任能力就成了调查阶段的核心任务，这是不可或缺的一环。

4. 审判。人民法院经过广泛的调查，在查清案件事实，并对行为人在实施危害行为时的精神状态进行鉴定后，如果确认不存在妨碍法庭审理的情况，即可决定开庭审理案件并进行必要的庭审准备工作。庭审可参照一般刑事诉讼案件的庭审过程进行，但以下几点必须引起注意：

(1)关于合议庭的组成。人民法院审理案件，一般以合议庭的形式进行，合议庭的组成目前有两种：一种是由审判员单独组成合议庭；另一种是由审判员和人民陪审员共同组成合议庭进行。笔者认为，对于强制医疗案件，应当由审判员和人民陪审员共同组成合议庭，而且这些陪审员应尽量选择精神疾病方面的专家、学者或医生。因为强制医疗措施的适用，不仅是法律问题，还涉及精神病学、心理学等方面。聘请有关专家、学者和医生参加合议庭审理案件，就可以把他们的专门知识及医疗实践经验同审判工作结合起来，为查明精神病人实施危害社会的事实及原因，研究对精神病人采取有针对性的治疗和防护措施提供了可靠保障。从目前的实际情况来看，对这类人民陪审员可以通过各卫生部门、精神病防治机构以及民政部门选择并且最好相对固定。这样经过一段时间，他们在审判业务方面也会有较大的提高，更能充分地发挥他们在强制医疗诉讼案件中的陪审作用。

(2)必要时可进行缺席审理。在强制医疗诉讼案件中，由于行为人患精神病或精神严重障碍，通常失去理解或辨认自己行为的能力，特别是处于精神病发作期的病人，如果让他们出庭，则很有可能在法庭审理过程中，发生吵闹、吼叫、打骂以及其他意想不到的事件，为照顾精神病行为人的本人健康，同时不影响法庭审理的正常进行，必要时可以缺席审理。

(3)必须有行为人的法定代理人参加。由于精神病行为人不能辨别是非，不能正确表达，甚至不能出庭参加诉讼，因而会直接影响其行使法定的诉讼权利，所以法定代理人必须参与诉讼，以维护他的合法权益并进行必要的监护。如果法定代理人之间互相推诿，不负责任，人民法院有权指定，被指定的代理人必须参加诉讼，不得推诿或拒绝。

（4）案件不应公开审理。因为在这类案件中，被审理人实施危害社会的行为不是出于故意或过失，而是由于缺乏辨别和控制自身行为的能力。对这类案件的调查又多涉及行为人的个人经历、家庭状况，甚至某些隐私，如果公开审理，会给行为人带来不良的影响，不利于将来病愈后重返社会。法庭经审理后，如果确认行为人在实施危害社会行为时无责任能力或在犯罪后患精神病而丧失应诉能力，应裁定对行为人采用强制医疗措施。

5. 执行。就我国目前的情况而言，执行主要应将精神病行为人遣送到公安机关开设的精神病管治院或精神病医院进行监管和强制医疗。由于被强制医疗的行为人一般都实施过危害社会的行为，病情相对比较严重，所以在执行时，要注意把这类病人和那些病情轻微、自愿入院治疗的病人分开来居住和治疗。至于应否确定一个明确的执行期限，笔者是持否定态度的。因为精神病人能否恢复正常完全取决于病的性质、治疗方法以及许多其他方面的因素，很难确定一个具体的期限。如果确定了执行期限而到期又不能治愈即获释放就失去了强制医疗的真实意义。只有当精神病行为人已恢复健康或健康状况已发生变化以至于继续执行强制医疗措施已没有必要的情况下，方可撤销或变更强制医疗措施。

（1993年第11期）

# 1997 年

# 检察官该不该起立

## ——对庭审仪式的一种思考

龙宗智*



最高人民法院关于刑事案件开庭审理的规定要求法官入庭时,全体在场人员应当起立。起立是一种仪式,表示对法官的尊重并向法官致礼。然而这种仪式化的行为却受到检察官员的普遍的心理抵触和不配合,有些地方甚至因此而引起审、检冲突以致妨碍案件的审理。这从表面上看似乎有些意气用事,但究其深层,却有制度、文化和社会的因素在起作用,也反映出一种仪式缺乏某些支撑点。

庭审伊始,法官驾临,全体在场人员起立致敬可以说是表示尊重并服从审判权威的必要仪式。从法理上看,所谓"诉讼",是在一定社会冲突的基础上当事人要求法院裁决其争端的过程和行为。在控、辩、审"三方组合"的诉讼结构即"三角结构"中,审判法官超越诉、辩方而居于结构顶端,它因裁判职能和地位,对诉讼过程具有权威性影响和决定性作用。这种"至上性"不仅体现在审判最终决定起诉与辩护的命运,而且体现于法官在审判过程中的诉讼指挥作用,同时还体现于审判方对整个诉讼过程的影响包括评判控方和辩方的诉讼行为,从而规范双方的活动,因此,"司法至上"应是三角形诉讼结构的题中应有之义。这种至上性体现于诉讼仪式上,就是全部其他诉讼参与者对法官崇高权威的尊敬。而且起立致敬这类仪式化行为,也是对在场者的一种提示,告诫他们尊重法官的权威,服从法庭的指挥。综观各国,向法官起立致敬是一种较普遍的法庭仪式,中国的司法,包括刑事司法,仍用控审分离、诉辩对抗、法官裁断这样一种现代诉讼的基本结构,因此在庭审仪式上借鉴他国做法,似乎并无不妥。

然而,任何一种仪式,作为在特定场合下扮演的具有象征意义的一套标准化的行为,必须要有一定的制度或习惯的支撑,同时应当是人们普遍认同的行为方式。庭审中向法官致敬亦同。诉讼活动中对审判方崇高地位的认可和表示,应当建立在一定的制度基础上,也就是说,这种礼仪只是一种制度或习惯的程序化表现。而只有在权力分立基础上发挥重要政治制衡作用以及司法制度中处于中

* 作者单位:成都军区成都军事检察院。

心和决定性地位的法院，才能真正享有广泛的尊崇包括各种礼仪。而这一点，在我国是不具备的。我国宪法和法律确认公、检、法三机关在办理刑事案件中分工负责、互相配合和互相制约的原则，在诉讼中未认可司法至上，公、检、法三机关各自分工负责自己所管辖的业务范围，而且在政治制度上也未确认国家权力的分立以及审判对政治的制衡。在政治和司法的体制上，三机关，至少是检、法机关，是平等的，并无高下之分，这种司法体制下，要求同等地位的检察官向法官起立致敬，似乎显得勉强。而且应当看到，三机关各自具有发布有约束力的规章的权力，这些规章在本系统适用，对于其他系统，并无强制性约束力。在这种情况下，法院自行规定法庭审判中全体人员，包括检察官，必须向它的审判人员起立致敬，这至少对检察院是没有约束力的，法院地位的有限性及司法解释权约束力的有限性，使这种硬要他人服从的要求容易成为一相情愿。

还应当看到，我国宪法和法律进一步确认了检察机关对公安和法院的法律监督地位与权能，这种监督是贯彻于整个诉讼过程的，是单向而不是双向性的。检察机关作为有职责和权力监督法院司法活动的机关（至少在法律上有这种权力），就诉讼监督问题在形式上对于法院形成一种上下位关系，这是检察官难以接受向法官致敬礼仪的又一制度原因。对此，有的人也许会说，新《刑事诉讼法》修改了原法律关于公诉人可以当庭对法官提出监督意见的规定，只允许检察院向法院在开庭后提出监督意见，他们认为，由于新的庭审制度强调了法院权威，检察官只是单纯的公诉人，因此，向法官致敬并无不妥。但是他们似乎忽视了新《刑事诉讼法》同时强化了检察机关的法律监督，检察机关对刑事诉讼的法律监督已确立为刑事诉讼的一项基本原则。虽然这种监督不是任意性的，其内容和方式必须遵循法律的规定，然而，作为总则中的一项基本原则，它是贯彻于刑事诉讼始终的，不存在一个不允许监督的真空或禁区。庭审活动亦同。新《刑事诉讼法》虽然废止了当庭监督的规定，但该法第169条仍然规定："人民检察院发现人民法院审理案件违反法律规定的诉讼程序，有权向人民法院提出纠正意见。"据此，检察院具有对庭审活动实施监督的职责和权力，虽然监督的主体是检察院而不是公诉人，提出的对象是法院而不是合议庭，但出庭的公诉人在不违背法律规定情况下不能不负有特定的监督职责，也就是说，注视法庭的审判活动是否有违法行为，从而为本院的监督提供依据。否则，检察机关对庭审活动的监督就无法实施，无从谈起。可见，监督性规定仍是法院起立要求的制度障碍。

又一重障碍是法院体制和法官的状况。由于裁决权的极端重要性，法官应当具有丰富的经验和诉讼经历以及充分的学识，他在司法资历和权威性上足以使人对他肃然起敬，因此属于司法界的精英。而且审判法官在法院也属于少数精英，法院的大量人员是配合法官工作的法律职员。法官的集约化，是司法高质量的保证，也有利于司法判决的相对统一。然而，在我国，法官设员甚多，在经历、学历、知识与能力等方面所作的资格要求不严。根据法律和实际做法，法官的任职资格要求与检察官相同，在这种情况下，要求检察官向法官致敬，尤其是遇到资深检察官与年轻法官同时出庭时，检察官心理上难以接受。这里有人也许会辩称，法官代表法院行使审判权，检察官起立致敬不是或不主要是对法官本人，而是向国家审判权表示敬意和服从。此说不是没有道理，但不能不注意到，在这种仪式中有十分重要的个别化因素，对审判权的敬意实际体现于出庭法官，如果这些法官并不具有使人肃然起敬的个体素质，那么，要求致敬必然十分勉强。一个比较极端的例子是在军事法庭的审判中。国外军法审判，审判长必须具有高官阶或高军衔，在场人员按照军队纪律和习惯十分自然地会向其致敬。但在我国，军事法院审判对审判员没有职务等级要求，如果一名高职务和高军衔等级的军事检察官出庭担任公诉人，而担任审判长的是一名年轻的中尉或上尉（这种情况并非少见），在法庭上按法院庭审规则要求在军队职务等级上作为上级的检察官向作为下级的法官起立致敬，这实际上是犯了军中之忌，即破坏了维系军队的高度集中统一和铁的纪律所必须具备的严格的等级制，而这种等级制度的外部表现之一就是下级见到上级时应当敬礼（上级应当还礼），而不是相反。当然，军队和地方是有区别的，但我们也应注意到，在任何要求效率、服从和统一性的地方，这种位阶等级制都不可少，司法活动中亦同。因此，这个例子虽然显得有些极端，但是否仍能作为一种归谬法逻辑的应用而显示出起立仪式后面的制度欠缺呢？

最后，还不能不谈到被致敬对象的个人品质问题。对法官的尊敬和礼仪化表现应当建立在法官个人的优秀品质基础上，人们应当从法官的司法和其他行为中看到其公正无私的坦荡人格，从而发自内心地向其表示尊敬。在法官享有崇高权威的国家，法官的品质普遍受到人们信赖。如在日本，多次民意调查都反映了社会上一般人相信法院的公正远远高于对其他国家机关的信任程度。如1977年日本京都大学法学部进行的调查，对“请举出社会上最公正最值得信任的机构”这一问题，46%的被调查者举出法院，而举出中央政府和举出国会的只分别各占3.6%。[①] 法官的权威和受到的尊敬应当建立在公众对法官公正性的

① ［日］谷口安平著：《程序的正义与诉讼》，王亚新、刘荣军译，中国政法大学出版社1996年版，第12页。

高度信任的基础上。然而,这一点,应当说在我国也不具备。虽然缺乏普遍性的调查统计资料,但社会上流传甚广的一些习惯说法绝非空穴来风。在那种对法官的公正性存在相当怀疑的社会背景下,在庭审仪式上要求对法官的礼仪性尊敬多少显得有些勉强。

总之,笔者在这里无意完全否认起立仪式,但要指出没有制度支撑和实际条件支持的起立要求,容易成为一相情愿,即使通过将法院的法庭规则变为一种具有普遍约束力的立法,实施起来也显得十分勉强。庭审礼仪冲突本身似乎无关司法之宏旨,但可以引导我们作一些更深的思索,例如,考虑法制改革的配套性和统一性问题,考虑法官如何能够成为世人普遍崇敬的对象。然而,这里不能不注意到,由于相关改革中的深层制度限制,使我们在目前不能照搬国外的做法,应当说,这也是一种"国情"。

(1997 年第 3 期)

# 异哉所谓检察官起立问题者
## ——与龙宗智先生商榷

贺卫方[*]





《法学》1997年第3期发表了龙宗智先生题为“检察官该不该起立——对庭审仪式的一种思考”的文章，就检察官起立与否这样一个法庭仪式细节所反映出来的制度甚至文化问题，进行了颇有意味的讨论；见微知著，很能启发人的思考。作者本人虽系检察院中人，但并非一味地维护“部门利益”，而是在更深入的层面上，提出并论证了这样的观点：由于“没有制度支撑和实际条件支持”，让检察官起立的规则必然会面临实施上的困难。

虽然龙先生的论证有一定的说服力，但是，也许应当明确地指出，对于他的观点和若干支持这种观点的论证，笔者基本上持反对态度。笔者认为，尽管存在种种制度障碍和所谓国情差异，但是，检察官在法官到庭时，与其他当事人和出席者一道起立致敬是一项必须加以严格执行的法庭仪式规则。本文先循着“龙文”的论证思路提出若干不同意见和论证，然后作些简要的正面讨论，以就正于龙先生和读者。

## 一

“龙文”首先提出的论据——这也是在涉及司法制度改革的讨论中，许多维护“检权”的论者所乐于依赖的依据——目前我国司法体制中“公、检、法”三机关在刑事案件的侦查和审判过程中“分工负责、互相配合、互相制约”的关系，以及宪法和有关法律所确立的检察院对于公安、法院所具有的法律监督权能。据此，检察院之于法院，从司法职能的角度说，属同位关系。法院无权单方面制定和强制实施涉及公、检系统的规章；从法律监督的立场说，甚至形成上下位关系。要求同位者致敬本身便已有“越位在先”之嫌，而强制高位者向自己敬礼如果不是犯上作乱，至少可以说是没大没小。应该承认，就目前我国的宪法和法律而言，的确没有确立法院在司法系统中的中心地位。但是，作为学术研究，我们应

---

* 作者单位：北京大学法律系。

当看到,现行法律体制所存在的某些内在矛盾。最明显的是,由于这样的制度,使辩、诉、审三方本来应当构成的合理的诉讼结构无法运作。(“龙文”也认为,“‘司法至上’应是三角形诉讼结构的题中应有之义”。)控诉方执行控告职能之外,又可以居于审判方的上位,对后者加以监督,这至少在一定的限度内将起诉权和判决权合二为一了。我国检察机关的这种职权特色存在相当大的弊端,它分割了审判权,从而损害了审判独立原则;它造成了刑事审判程序中控辩双方地位的严重失衡;它还在一定程度上危及“既判力”原则,导致司法判决稳定性的削弱。检察官不起立不过是这种弊端的表征之一。

退一步,我们即使在现行法律的框架之下讨论检察官该否起立的问题,也未必能够得出结论说,法律倡导检察官不起立。法检关系,同位也好,上下位也罢,指的主要是系统或机构之间的关系,它并不能等同于机构中行使权力的个人之间的关系。和国家之间货币兑换的情况不同,上位机构很难与下位机关进行人员方面的“折抵”。而且,机构通过代表者行使职权也需要依据法律的相关规定,在法律限定的范围内,遵循相关的法律程序进行。“龙文”引述了修改后的《刑事诉讼法》第169条,承认法律规定的是检察院(而非检察官)对于法院(而非合议庭)的监督,同时该条也明确规定监督的是法院“违反法律规定的诉讼程序”,监督的程序是“有权向人民法院提出纠正意见”(对于所提意见的处理权仍操于法院之手)。这里的规定并没有任何表达甚至暗示出庭起诉的检察官可以不对法官或代表国家审判权的合议庭表达应有的尊重。

至于“龙文”所谓公、检、法“三机关各自具有发布有约束力的规章的权力,这些规章在本系统适用,对于其他系统,并无强制约束力”,也不无可商榷之处。当然,假如,法院制定和强制执行涉及检察院内部工作程序之类的规章,毫无疑问是越权。但是,最高人民法院所制定的是法庭的审判规则,而审判庭正是设在法院内的由法官主持的工作场所。在法庭中,法官、检察官或民事案件的原告方律师以及被告方律师乃是所谓法庭工作团队(美国法律术语称为 courtroom work group)的基本成员。由于法庭审判程序高度的严肃性、法官在庭审过程中的主导地位以及各方面密切协作的极度重要性,有关庭审期间的规章、纪律以及某种惯例是绝对必要的。在我国的现行体制下,这类规则由全国人民代表大会常务委员会制定是适当的,不过,由最高人民法院制定和执行也并无任何不妥之处。因为它毕竟是在法院的审判庭里的规则,这里不妨借用所谓“属地法”原则。再说,假如检察院可以不服从法庭规则,律师系统归口全国律师协会,也不归法院领导,自然也可以不服从。公安部门属于公、检、法三机关之一,如果在行政案件中成为被告,也可以端坐不起。旁听席上还有某些特殊人物,例如,法院所在城市党委书记以及新华社派出的一位记者，等等，按照高位机关人员和具有监督职权者不该起立的逻辑，他们也可以照坐不误。果真那样的话，法官上庭时，书记员宣布全体起立，实际站起来的只有刑事被告人和个别旁听者。有官职者均稳坐不动。这将成何体统？

还有，起立致敬只是法庭规则中的部分要求，其他庭审过程中的纪律和规则还多得是。按照不起立论者的逻辑，只要是法院发布的规则都可以不执行，检察官（以及其他所有不属于法院系统的各色人等）在法庭之上实在是可以随心所欲，什么讲话须经法官允许，什么询问被告和证人要遵循一定的程序，什么禁止喧哗，什么不准拍照，凭什么法官该坐在中央，为什么国徽不能挂在我这边？如此这般，法庭之上定是热闹非凡，但那究竟是审判场所，抑或是戏园子之类的娱乐场所，就不容易区分清楚了。

## 二

尽管笔者非常同意"龙文"对于我国法官选任制度造成的法官素质不尽如人意的现状的批评，但是，以此为理由否定检察官起立向法官表达敬意却不甚有说服力。"龙文"指出："在这种仪式中有十分重要的个别化因素，对审判权的敬意实际体现于法庭法官，如果这些法官并不具有使人肃然起敬的个体素质，那么，要求致敬必然十分勉强。"笔者以为，这里表达的是一种反制度的观点。须知现代政治法律制度所强调的重要内容之一，正是制度的某种非人格化特征，即职权与行使这种权力的人的个体因素的分离。（其实，这也是一种源远流长的思想，例如，孟子便表达过这样的观点。）记得西方有位著名法官在这个问题上说过一句意味深长的话，大意是，最高法院的法官并非由于裁判正确而享有终审权，相反，是因为享有终审权他们才裁判正确。虽然人们希望每个法官都"具有使人肃然起敬的个体素质"，国家也应当改进法官选任制度并提供相应的保障，以提高法官的整体素质，但是，再好的制度也不可能做到使所有的法官都品行高洁，学识渊博。具体到个别法官，由什么人以怎样的方式去考察，却是一个技术上难以解决的问题。我们大概无法在每次开庭之前组织一次对审理本案的法官的专门考核，包括升高法官的任职资格；另外，只能假定主持具体案件审判的法官乃是一个抽象群体中的一员，检察官也好，律师也好，都向其表达应有的尊重。不管怎么说，对法官的敬礼绝不仅仅是针对法官个人；致敬的对象更是国家的审判权，是包括检察官在内的法律家群体所共同维护的法治本身。

至于资深检察官与年轻法官同时出庭所带来的检察官"心理上难以接受"

的问题，虽然在常理上可以理解，但是，这里也涉及某些比较复杂的社会心理问题。在农耕社会，经验在生活中占据着重要地位，而经验丰富总是需要相当的年资方能够达到的一种境界。不过，农耕社会中适用的规则未能够通行于其他类型的社会或社区。我们的成语所谓“年高德劭”也许并不总是在揭示一种因果关系，年高者未必一定德劭；德劭者也不见得一定年高。在一个特定的社会环境中，某些人获得一般大众心悦诚服的尊重或服从，原因可能是年资，可能是血缘，可能是知识或技艺的掌握，可能是行业累积的传统声望。检察官“心理上难以接受”主要不是因为他年龄比法官大，而是因为他的法律监督者的身份在他的心里发生了作用。假如，他要起立的对象不是法官，而是所在城市的党委书记，即使后者比他年轻，大约他也不会感到难以接受，相反，恐怕要毕恭毕敬，唯恐礼道不周吧。

当然，话虽然这么说，目前我们的法官选任制度造成的许多法官过于年轻毕竟是一个需要注意和解决的问题。因为法官过于年轻，不仅仅可能引起敬礼时的心理障碍，更重要的是法官这种职业具有一定程度的反年轻化特征。（关于这个问题，朱苏力发表于《中国社会科学》1994 年第 6 期的文章《论法律活动的专门化》以及我在《法学研究》1995 年第 4 期发表的《对抗制与中国法官》一文都略有论述，这里不再赘述。）因此，我们是否可以考虑借鉴英美等国从执业一定时间的律师和检察官中选任法官的做法，从而使法官开始其坐堂生涯时不至于过于年轻。（在英国和美国，法官接受任命时年龄在 40 岁以下的情况便相当少见。）顺便说一句，从律师和检察官中选任法官的另外一个好处是有助于法律家集团中不同部门之间的沟通和理解，强化由法官、检察官和律师组成的法律家集团的同质性，使他们形成一个“解释的共同体”，减少相互之间对于法律规则（也包括法庭仪式方面的规则）理解上的分歧。当然，即使是在英美国家，资深律师或检察官在比自己更年轻的法官主持的法庭上出庭的情况也并非少见。但是，检察官或律师因为法官比自己年轻便拒绝起立致敬的情况却是闻所未闻。假如年龄或者年资差异真被作为起立与否的标准，那么对法官和检察官“生辰八字”的调查和比较势必成为每次开庭之前的一个必经程序，岂不是演习“桃园三结义”那一套？

“龙文”又以军事法院中检察官与法官军衔等级差异造成“作为上级的检察官向作为下级的法官起立致敬”的情况作为论据。我对军事司法没有研究，无法评论。不过，作者在这里把军队管理所必需的等级制度延伸到了对于一般意义上的司法制度的讨论之中，却是大可疑问的。与军队不同，在一定程度上可以说，司法职业乃是一种反等级、反官僚化的行业。司法强调法院的独立，审判庭的独立,法官个人的独立。尽管上级法院可以通过上诉制度否定下级法院的判决,但是,要求法官也要在更广泛的层面上做到“下级服从上级”却是与其职业特性相反的。司法职业的非官僚化特征是一个很大的问题,应当另文讨论。

检察官是否起立致敬是一个法庭仪式问题,但是,如龙宗智先生所说,它“可以引导我们作一些更深的思索,例如考虑法制改革的配套性和统一性问题,考虑法官如何能够成为世人普遍崇敬的对象”。在考虑这一问题的过程中,我常想起19世纪英国宪法学家白芝浩(Walter Bagehot)在其名著《英国宪法》里表达的一个饶有兴味的观点。他认为,英国制度可以划分为两个部分,一部分突出尊严,用以唤起和保持人民的尊敬;另一部分是政府用来执行实际工作和实行统治的职能。在任何社会,最能唤起人们肃然起敬的,绝不是最实用的因素,而是最有戏剧性的因素。白芝浩称赞英国宪法特出的优点就是尊严的部分富丽堂皇,足以令人自豪,而职能的部分则简朴而新颖。英国的法院大概是可以归入第一部分的。它通过庄严的法庭,法官、律师、公诉人的法袍和假发,法庭中其他人对于法官表示出的高度尊重,等等,营造出一种气氛,所唤起的不仅仅是人们对于法官、法院以及法律的敬重,更唤起人们对生活于其中的国家的自豪。同时,不断重演的这类庄重而严格的仪式也使身处其中的人们在潜移默化之中培养了对于秩序的热爱。公民对于秩序的尊重,对于法治的讲求,无疑是民主国家的命脉所系。西方古谚语称:“法官不受敬重,国家走向衰亡”(Sublata venerationemagistratuum, res publica ruit),表达的也是这样的道理。

龙先生在文章中认为,由于相关改革中深层制度以及“国情”限制,使我们目前不能照搬国外的做法。其实,我们现行法律所规定的这一套司法体制也差不多是照搬国外做法。观察中外文化交流的历史,可以发现,任何外来制度的引入,都会遇到本土文化程度不同的抗拒。但是,当这种制度逐渐在本土立足、扎根,它又往往成为引进更新事物的障碍。因此,所谓国情,未必都是我们的“汉家故物”。拿法官与法庭中其他人员的关系来说,曾几何时,我们把当事人进了法院(衙门)不跪倒在法官老爷面前视为不合国情;20世纪50年代,苏联式检察制度的引进也曾遇到过种种阻力,后来我们进行了相当大的修正(检察机关不再是全社会的监督者,却保留了对法院和公安系统的监督权),也接受下来,并逐渐“合法化”。这样的过程启发我们,国情也是在不断变化的,这种变化是可以通过制度设计者的努力加以推进的。一些检察官不愿意向法官致敬,的确是现在的部分国情;社会对于法官以及法院的公正性缺乏足够的信任,也是部分国情。但是,这种国情不能够让我们对于法院权威的每况愈下、熟视无睹，也不能令我们把检察官不起立的这种目前世界上独此一家的做法视为正常。

多么怪异的问题啊，检察官该不该起立！

（1997年第5期）

# 无罪推定在新中国的命运
## ——建国以来法学界重大事件研究(二)

黄 道[*] 铁 犁[**]

编者按:1957年,华东政法学院青年教师黄道同志在《法学》第2期发表了《略论刑事诉讼中的无罪推定原则》一文,这是新中国成立后第一篇发表"无罪推定"原则的文章。从此,无罪推定与新中国的法制建设和法学研究结下了不解之缘,更与黄道教授的人生旅途纵横交错。

铁犁(以下简称铁):黄老师,您当时是如何选择了这样一个研究课题?

黄道(以下简称黄)①:新中国成立初期,我曾担任过厦门市人民法院刑庭庭长,1953年到华东政法学院学习。当老师讲授苏维埃刑诉法学时,由于过去有参与刑事审判实践的经验,在教学过程中,我意识到确立"无罪推定"观念是非常必要、很有现实意义的。1956年有一个刑诉法草案下发各个实际部门和高等院校征求意见,里面亦有无罪推定的规定。

但是,我国研究诉讼法学的同志,对于无罪推定原则的看法不尽一致。一些人赞成,一些人反对。1956年周恩来总理在中共中央召开的关于知识分子问题的会议上,作了《关于知识分子问题的报告》,号召知识分子向科学进军,我深受鼓舞,当时30岁出头,准备围绕刑事诉讼法学,先写一些单篇论文,然后汇编成一本专著。抱着这种目的,我于1956年撰写了这篇文章,1957年年初投给了《法学》杂志。

铁:当时编辑部对您的论文是怎样评价的?

黄:潘念之同志担任《法学》主编,重视学术研究。对我的文章只作了个别文字方面的技术处理,以最快的速度予以发表并给予最优厚的稿酬。文章问世后,在学术界产生了一定的反响,有领导的鼓励、读者来信的赞扬和同行的肯定。

铁:是不是"西线无战事"、"莺歌燕舞"了?

黄:那才不会呢!文章发表后的几个月,轰轰烈烈的反"右"斗争就开始了,"无罪推定"马上被当时的中央政法领导小组的一些同志定为是资产阶级"反动

---

* 作者单位:上海大学法学院。

** 作者单位不详。

① 黄道同志现为上海大学法学院教授,离休干部。

观点”,认为它不利于无产阶级专政,是阶级立场不稳的表现,因而在全国发动了一场批判运动。华东政法学院也奉命召开了一系列批斗大会,北京政法学院有位颇有名气的学者还应邀特意来到上海,当面对我的观点进行批判斗争。高压之下,我曾被迫写了检讨文章。

铁:看来“右派”的帽子要戴在您头上啦!

胡韵琴:[①]当时基层党组织已把老黄定为“右派”,上报院党委批准。我当时担任教务党总支秘书,总支领导通知我换一下岗位,由另一位同志接替我。但过了不久,又要我继续在党总支办公室工作。变来变去的原因,是组织上一开始准备把老黄定为“右派”,我作为他的妻子,不便让我参与、了解此事,所以要调换我,后来上面未批准老黄为“右派”,因此我就不需要再调动了。

黄:我之所以未被打成“右派”,多亏了当时的中央文教组领导陆定一同志和院党委书记兼院长雷经天同志的关注。反“右”斗争开始不久,陆定一同志来到上海视察工作,在一次工作汇报会议上,雷经天同志将我的事情向陆定一同志报告了,并请示陆定一同志:“无罪推定是个政治问题,还是个学术问题?”陆明确答复:“我认为是个学术问题,请你们转告文章的作者,不要背包袱,要继续大胆地进行学术研究,你们也应让他继续上讲台。”雷经天同志回到学校后,立即层层传达了陆定一同志的指示,让人们不要再批斗我了。

铁:这样您就幸免于难了。

黄:虽然没有公开地定我为“右派”,但不知何时,也不知是何人决定,在我的档案里塞进了“内定中右,控制使用”的材料,实际上把我打入了另册。“文化大革命”期间,我因宣扬过“无罪推定”,又把我作为“漏网右派”被批斗。我历史清楚,过去是地下党员,坚信马列,我根本没有想到会因一篇学术文章被“内定为中右,控制使用”20年之久!更让人痛心的是,我的许多学生毕业之后,在司法机关由于宣传或主张了无罪推定的观点,被打成“右派”。

铁:您现在怎样看待当年的那篇文章?

黄:现在来看,那篇文章只是从证据学的角度,强调了司法机关的同志在搜集证据时要注意树立无罪推定的指导思想。根据无罪推定的原则,一般的论述是可以得出三条诉讼规则:第一,不能以被告人对侦查人员和审判人员的态度不好,就对他作有罪的结论。第二,不能以被告人的沉默作为他有罪的根据,同时也无权强迫被告人陈述。第三,不能以被告人的虚伪陈述,作为他有罪的根据,被告人对虚伪陈述,只要未构成诬陷罪,是不负刑事责任的。我在文章中也提到

① 胡韵琴,黄道同志的夫人,华东政法学院(现华东政法大学)离休干部。

了坚持无罪推定原则可以更好地保护被告人的合法权益,但那时的思想认识,存在很大的局限性,没有在这方面展开论述。这不能不说是那篇文章的一个不足之处。

铁:粉碎"四人帮"以后,学术界怎样看待"无罪推定"?

黄:10年"文化大革命","有罪推定"泛滥成灾,多少人被扣上"莫须有"的罪名,屈打成招,搞得家破人亡,妻离子散,上至国家主席,下至掏粪工人,都难逃"有罪推定"带来的厄运。粉碎"四人帮"后,人们深切地感到了"无罪推定"的宝贵价值,因此,20世纪80年代初,当一些同人重新提出"无罪推定"问题后,马上得到了绝大多数同志的赞同。

铁:但在反资产阶级精神污染和自由化时,不是又有人主张要批判无罪推定吗?

黄:是的。在反对精神污染和自由化时,中国法学会的个别领导同志提出无罪推定是资产阶级自由化言论,应予批判,学术界个别学者也著文讨伐。1989年春夏之交的政治风波平息之后,司法行政部门在烟台召开了一次领导干部会议,据说有的同志就明确地把无罪推定列为资产阶级自由化言论,但当即遭到了一些同志的反驳,著名刑事诉讼法专家陈光中教授就为无罪推定作了辩护。

铁:反对资产阶级自由化,既要坚定,但更要科学!

黄:经过几番较量,历经整整40年的风风雨雨之后,第八届全国人大第四次会议于1996年3月17日通过了新的《刑事诉讼法》,其中第12条规定:"未经人民法院依法判决,对任何人都不得确定有罪。"这样,无罪推定就获得了应有的法律地位。

铁:但新《刑事诉讼法》第12条似乎还不能说是关于无罪推定的完整规定。例如,从国际通例来看,根据无罪推定原则,被告享有"沉默权",而我国新《刑事诉讼法》则无此规定。这是为什么?

黄:对于这一问题,目前有三种意见。最高人民法院认为新《刑事诉讼法》第12条体现的是"罪从判定"原则;最高人民检察院认为它体现的就是"无罪推定"原则;而学术界(陈光中、崔敏等著名学者)则认定它体现的是一种没有全部到位的"无罪推定"原则。或许新《刑事诉讼法》未规定被告享有沉默权,是出于对"坦白从宽,抗拒从严"刑事政策的考虑,我认为这两者实际上并不矛盾。"坦白从宽,抗拒从严"的刑事政策,不是指罪行的根据而言,而是指犯罪分子在犯罪后的态度或表现而言的。只有在被告人确实犯有某种罪行的情况下,我们才能应用这一条政策。在审讯过程中,犯罪嫌疑人或被告人所表现的态度不好,或者沉默,或者故意作虚伪的陈述,这些均不能作为有罪的根据,只能作为是否有认罪悔改的表现,(可作为抗拒的表现),可以作为处刑时从严处理的条件。因此,被告享有沉默权与“坦白从宽,抗拒从严”是不矛盾的。

铁:看来为了进一步完善我国的“无罪推定”原则,我们应该呼吁立法者尽快考虑被告人的沉默权问题。

最后,我还有个问题百思不解,那就是一些同志(特别是一些领导干部)在过去“左”的运动中尝尽了“有罪推定”的苦头,可为什么他们就是不愿接受无罪推定的观念,动辄将之斥为异端言论呢?

黄:列宁说过,千百万人的习惯势力是最可怕的势力。我们这个国家,封建制度的历史很长,保障人权的民主法制观念比较薄弱,有罪推定的成见由来已久,成为我们这个民族意识中隐藏很深的东西,是一种民族劣根性的表现,一下子很难去掉。一些领导干部在“文化大革命”中受尽了林彪、“四人帮”反革命集团的迫害,但在粉碎“四人帮”后,他们对民主法制并没有表现出足够的热情。例如,当初不少同志呼吁恢复华东政法学院,但当时个别市级领导就不大同意,更有个别人把加强法制与坚持党的领导对立起来,居然说出“华政培养的人,还不都是些右派!”这样的话来!意图抵制恢复华政。还是邓小平同志高瞻远瞩,做出了恢复所有政法院校的英明决策,还是以江泽民同志为核心的党中央看问题准确、深刻,提出各级领导干部首先要掌握法制知识。“上梁不正下梁歪,中梁不正倒下来。”依法治国的关键是提高领导干部的法律素质。

铁:司法部老部长魏文伯同志在弥留之际,听到有些地方的领导干部不依法办事,气愤地说道:“要把那些既不懂社会主义法制,又不讲社会主义民主的人从领导岗位上撤下来!”

黄:“新松恨不高千尺,恶竹应须斩万竿。”

(1997年第7期)

# 1998年

# 论批捕权的优化配置

郝银钟*

## 一

从广义上理解，批捕权具有程序性裁断的特质是不容置疑的。综观世界各国刑事诉讼立法，在适用逮捕的实质要件中，都必须具有相当的理由说明犯罪嫌疑人实施了犯罪，并且逮捕措施应当与被捕人所犯罪行严重程度及社会危险性相适应。所以，法定机关一旦裁定适用逮捕这种强制措施，就相应设定了特定的诉讼权利和诉讼义务，直接涉及公民人身自由和诉讼进程，也关系诉讼目的能否公正实现。由此可见，批捕权已经成为国家司法权的重要组成部分，应该具有高度的公正性和权威性。一般认为，由审判机关享有签发逮捕令状的权力是公正的，即批捕权应该赋予法院而不能由其他任何机关行使。这是因为：其一，这是由审判机关在刑事诉讼中的法律地位决定的。无论是在当事人主义诉讼结构中，抑或是在职权主义诉讼结构之下，法院在刑事诉讼程序中总是处于核心和关键的地位。法院经过审判程序作出的裁决是国家对刑事案件作出最终的法律决定，因而法院对诉讼进程具有权威性作用和决定性影响。那么，对涉及人身自由和诉讼进程具有重大意义的批捕权，统一由审判机关行使更具有权威性。其二，由审判机关行使批捕权，更有利于实现程序正义。在现代刑事诉讼中，控诉、辩护和审判是三种最基本的诉讼职能。保障充分实现控辩平等、控辩对抗、无罪推定、控审分离、审判中心、审判中立，已经成为程序正义的基本要求。对于承担控诉职能的检察机关来说，如果再享有批捕的权力，不仅打破了控辩双方的平等性，使控辩双方平等对抗原则难以真正发挥作用，而且也使辩护一方的诉讼地位呈客体化趋势，程序的正当性也就难以体现出来。由于法官能够对控辩双方保持一种不偏不倚的超然中立态度，这样更有助于公正地把握批捕权的运作，既可以有效地防止将那些无辜的公民纳入刑事诉讼程序中来，又可以最大限度地防止其他法定机关滥用国家司法权现象的滋生，体现出严格的法律制约，这是程序正义的必然要求。其三，由审判机关行使批捕权，既有利于实现诉讼目的，又与

---

* 作者单位：中国人民大学法学院。

其诉讼职能相适应。任何诉讼程序的设置，都必须充分体现诉讼目的的内在要求。现代刑事诉讼都把追求控制犯罪和保护人权的和谐统一作为直接目的。批捕权运用得好，则能够保障诉讼目的顺利实现；反之，就有可能使二者不能兼顾。另外，现代诉讼程序的结构是按照职业主义的原理形成的，专业知识和经验积累方使主导法律程序者的行为更趋合理化、规范化。因而批捕权的设置也往往与诉讼职能有着内在的、必然的联系，并非是随意的。在刑事诉讼中，检察机关承担控诉职能。按照无罪推定原则的基本要求，检察机关应当承担举证责任，并且要达到没有合理怀疑的程度。如果检察机关享有批捕权，就有可能使该项权力成为一种失去制约的绝对权力，而最终演化成为一种在功利主义驱动之下不惜践踏人权的十分危险的权力，这方面的例证不胜枚举。同时，在一定意义上，批捕权与检察机关所承担的诉讼职能也存在矛盾冲突。前者是一种具有裁断性质的权力，而后者是一种相对的诉讼请求权，在理论上两种权力是不能由同一主体行使的。如果将二者混在一起，不仅使诉讼结构丧失其内在的合理性，也不利于诉讼目的的实现。因为这种诉讼结构无法避免检察机关为达到举证目的而滥用或纵容滥用逮捕这种强制措施的可能性，如中国司法实践中出现的所谓“以捕代侦”即为一典型例证，从而导致诉讼的两个直接目的不能和谐统一。而审判职能的核心是定罪和量刑，审判机关对罪与非罪的界限应该把握得最准确，最具权威性。如果审判机关享有批捕权，与侦查、控诉机关形成相互制约、相互监督的法律关系，在实际操作中由于不存在利害关系而更倾向于严格而准确地把握逮捕的实质要件，则无疑会有利于两个直接目的的顺利实现。最后，由审判机关行使批捕权，有利于保障实体法的公正实现。程序法的一个重要价值表现在能够最大限度地确保实现实体法。批捕权的合理配置，是其中的一个关键环节。如前所述，由于审判机关在刑事诉讼中所处的超然且至上的法律地位和所承担的定罪量刑的审判职能，由其掌握批捕权，可以避免不同机关因法律观念等方面存在认识上的差异而导致诉讼拖延、无效率诉讼、滥用强制措施侵害人权等妨害实体法公正实现之现象的发生，也可以有效地防止因控诉机关职权过于强大而导致诉讼结构严重失衡所带来的司法不公，从而使批捕权沿着富有效率、保障权利的合理性轨道运行，这样完全能够保证准确、公正、及时地实现刑事实体法。正是基于对上述观念的认同，当今世界上绝大多数国家立法都将批捕权赋予审判机关而非检察机关。

但是，法官在批捕裁断的过程中，同样会受自身能力的限制和法外因素的干扰，难免会出现认识上的偏差甚至错误，也不能排除法官滥用这种司法权力的可能性。所以有必要设立上诉审程序，增强其公开性，以作为维护司法公正的坚实屏障。这样既能够及时补救法官可能出现的疏漏和错误,又可使公众增强对法院的依赖,从而也增强了法院裁判的权威性。故这也应该是刑事诉讼机制的一个重要环节。



## 二



反观我国《宪法》和《刑事诉讼法》的有关规定,对批捕权的设置无论是在法理上还是在实践中都缺乏必要的正当性和合理性。先从法理上分析,传统观点认为,赋予检察机关以批捕权的主要理论依据是:检察机关的性质是法律监督机关,故通过行使批捕权等履行侦查监督职能。也就是说,批捕权是检察机关履行法律监督职能的一种法定形式,是一种派生出来的司法权。有的学者在论述监督法律关系时,认为检察机关实施法律监督的方式有两种:一种是诉讼的方式,包括刑事诉讼、民事诉讼和行政诉讼;另一种是非诉讼的方式,主要是纠正违法的方式。并进而提出,在以诉讼方式出现的监督活动中,监督法律关系在形式上表现为诉讼法律关系,即这是以诉讼法律关系的形式,包含着监督法律关系,诉讼程序成为法律监督的载体系统。① 笔者认为,这是我国法学界长期以来存在的一个理论误区。首先,从其性质上看,检察机关的法律监督是一种单向性的、绝对的国家行为,是以被监督行为的违法性为实施法律监督行为的条件,并且检察机关是唯一的行为主体。这种法律职能对监督对象只设定法律义务而监督主体却享有绝对的法定权力。显然,检察机关的法律监督行为在性质上绝非为诉讼行为,而是另一种完全独立的国家法律行为。如果将检察机关的法律监督与其诉讼行为混为一谈,层次不分,这不仅与诉讼法律关系中诉讼主体之间的权利和义务必须相一致的基本原理是相悖的,必然造成诉讼理论上的混乱,且大大降低了检察机关作为国家独立的法律监督机关的法律地位。因为在刑事诉讼中,当检察机关履行法律监督职能时,是针对刑事法律实施的合法性进行检查、监察、督促和指导的,具有专门性、权威性和超然性,并非为具体诉讼行为的直接参与者。其次,按照法律监督的一般原理,在刑事诉讼中,检察机关法律监督的对象恰恰是诉讼行为。若将监督主体的行为和被监督对象合二为一,这在逻辑上是极其矛盾的。总而言之,在刑事诉讼中,检察机关的法律监督职能和其承担的控诉诉讼职能应当是各自相互独立的,彼此并非是一种相互包容的逻辑关系;同

---

① 王桂五主编:《中华人民共和国检察制度研究》,法律出版社1991年版,第257页。

时，监督权和诉讼处分权又是截然分离的，是两种完全不同质的国家权力，在诉讼理论和诉讼实务中都不能相互混同。由此可见，检察机关的侦查监督也仅指对侦查活动是否合法进行监督，并不包括审查批捕及审查起诉。因为后两者是典型的程序性处分权，完全属于诉讼主体的诉讼行为。更何况依据现行法律，检察机关对自侦案件也进行审查批捕，显然不宜在理论上解释为监督主体的自我监督。所以，认为批捕权是检察机关侦查监督职能表现形式的观点，完全混淆了两种基本的法律职能，在理论上是根本站不住脚的。同时，将检察机关的法律监督职能和其诉讼职能混为一体的思想理论观念，带有明显的功利主义色彩，已经成为拘囿当前司法体制改革的主要屏藩。当然，在理论上否定批捕权为检察机关的侦查监督形式的观点，并非就意味着肯定批捕权乃检察机关应有的司法权力。

如前所述，由于批捕权涉及人身自由、诉讼进程、诉讼目的、诉讼结构等一系列重大问题，那么将这一重要的司法权赋予审判机关行使，更具有内在的正当性和外在的合理性。在诉讼实践中，由检察机关行使批捕权易出现如下弊端：(1)“以捕代侦”普遍存在。设置逮捕这一强制措施的立法宗旨，仅是为了防止犯罪嫌疑人或者被告人逃避或妨碍侦查、起诉和审判的进行，防止其发生社会危害性。但是，由于检察机关在刑事诉讼中承担控诉职能，修正的《刑事诉讼法》庭审形式改革又加大了检察机关举证的力度，再加上大量自侦案件自报自批及与侦查机关存在的法定互相配合关系，故往往将逮捕作为进一步收集证据、侦破案件的快捷手段，这样就使批捕权成为服务其诉讼职能的一种附属权力，远离了立法宗旨，危害极大。(2)“该捕不捕、不该捕乱捕”现象严重。由于1996年修正的《刑事诉讼法》将1979年《刑事诉讼法》规定的逮捕条件“主要犯罪事实已经查清”修改为“有证据证明有犯罪事实”，出现了对逮捕条件把握不准的现象。如有的检察人员认为逮捕条件和以前实质上是相同的，故仍按过去的要求批捕；有的检察人员担心错批而要承担责任，对依据修正的《刑事诉讼法》该批捕的却不批捕；还有的检察人员认为逮捕条件比以前放宽了许多，从而忽视证据的确实性，导致不该批捕而乱批捕等现象。(3)互相扯皮案件增多。由于检察机关与侦查部门时常就适用逮捕的条件在认识上发生分歧，结果造成有些案件久报不批，不仅影响诉讼效率，且使一部分案件由于受诉讼期间等主客观条件所限不得不另作处理。如目前公安机关对大量报捕未批的案件，只得降格按劳动教养处置。这是一种极不正常的法律现象。(4)易造成司法资源的浪费。如在重伤害案件中，检察机关批捕的依据往往是公安机关的法医鉴定。而根据我国《刑事诉讼法》第159条的规定，在法庭审理过程中，当事人和辩护人、诉讼代理人有权申请重新鉴定。一旦一方对法医鉴定持有异议，法院就应当对伤情进行重新鉴定。这样就有可能因为种种主客观方面的原因导致法医鉴定的鉴定结论发生某种程度上的变化,从而动摇检察机关批捕的证据基础,也就有可能因错捕而引起国家赔偿。在目前法医鉴定程序仍很不规范的情况下,更增大了这种可能性。另外,检察机关提起公诉的案件也并非一定引起法院的有罪判决。法院一旦作出无罪判决,检察机关就会面临因错捕而导致国家赔偿的不利后果。这不仅会造成司法资源的巨大浪费,也会给我国社会主义的法治带来巨大损害。(5)缺乏公开性和有效性的救济程序。虽然《刑事诉讼法》第70条规定,公安机关对人民检察院不批准逮捕的决定,认为有错误的时候,可以要求复议。如果意见不被接受,可以向上一级人民检察院提请复核。上级人民检察院应当立即复核,作出是否变更的决定,通知下级人民检察院和公安机关执行。且不论这种自身的复议、复核实际成效如何,立法设立复议、复核制度的目的仅是对检察机关的不批捕决定进行有限的制约,可是对于涉及人身自由、诉讼效率等重大问题的批捕决定却没有建立相应的法律救济程序。即使犯罪嫌疑人、被告人及其法律帮助人对批捕决定持有异议,也无法通过正常的诉讼程序提出。由此可见,检察机关批捕的整个实际操作过程都缺乏有效的制约和最低限度的公开性,呈现出明显的司法不公,等等。这些现象固然与立法的粗疏有一定的关系,但是在其深层次意义上表明,检察机关享有批捕权这种立法模式因缺乏最低限度的内在正当性和最基本的外在合理性,无法从根本上避免产生诸如侦查、控诉机关滥用逮捕这种强制措施而侵害人权、诉讼效率低下、司法不公等严重问题,完全是一种与诉讼规律相背离的程序授权性立法,弊却远大于利,实有必要予以匡正。

## 三

通过上述实证分析,笔者所要阐述的基本结论可以概括为:在刑事诉讼中,批捕权是一项重要的司法权力,应该由人民法院来行使;并应通过设置上诉审程序,来保障其公正实现。具体运作程序可设定为:在刑事诉讼中,侦查人员及检察官认为需要逮捕犯罪嫌疑人或被告人时,应当向法庭提出请求书,并须向法庭公开逮捕的理由。如果法官认为完全符合逮捕条件时,应该裁定批准逮捕,并及时签发逮捕证;如果法官认为理由不成立或不充分时,应裁定不予批准逮捕,并应在裁定书中阐明不批准逮捕的理由。当侦查人员及控、辩双方对法庭裁定持有异议时,都有权在法定期间内向上一级法院提出上诉。

(1998年第6期)

# 1999年

# 对两审终审制的反思

## ——从刑事诉讼角度的分析

陈瑞华*



## 一、引　　言

在现代各国的司法制度中,第一审法院作出的判决和裁定一般不会是发生法律效力的终审裁判。如果控辩双方或其他当事人申请上级法院对案件进行重新审理,上级法院的审判程序就属于上诉审程序。这种上诉审程序之所以被称为"普通救济程序",是因为它相对于法院的初审程序而言,意味着使控辩双方获得第二次甚至第三次庭审的机会,其权利可以得到一定的救济;而相对于法院针对已生效裁判而进行的非常救济程序而言,它所针对的对象则为初审法院作出的尚未发生法律效力的裁判。普通救济程序与审级制度具有极为密切的联系,平常所说的"四级两审终审制",实际上既指明了一个国家法院的级别设置,也明确了当事人不服未生效裁判,可以提出几次上诉,以及案件经过几级法院审判才能发生法律效力的问题。

我国实行的是两审终审制,人民法院对刑事案件一般须经过两级法院的审判才告终结,第二审法院所作的判决和裁定为发生法律效力的裁决和裁定,当事人不得再对其提出上诉,检察机关也不得再对其提出抗诉。当然,这种两审终审制有其适用上的范围,也有其法定的例外。例如,对于地方各级法院所作的第一审非死刑裁判,当事人没有提出上诉,检察机关也没有提出抗诉的,该裁判在超过法定的上诉和抗诉期间之后即发生法律效力,而不再经过上级法院的二审程序。又如,最高人民法院的第一审裁判在依法宣布和送达后,立即发生法律效力,当事人不得再对其提出上诉,检察机关也不得提出抗诉。当然,我国《刑事诉讼法》在第二审程序之外,又设立了专门的死刑复核程序。这种程序并非由当事人、检察机关通过上诉或抗诉所发动,而是由人民法院自行就死刑判决实施的审查和核准程序。这种程序尽管并非严格意义上的"上诉程序",也不是就死刑案件设定的一个独立的审级,但由于使被告人在上诉之外又获得了一次权利

* 作者单位:北京大学法律系。

救济的机会,因此也应视为一种普通救济程序。

作为整个刑事审判程序的重要组成部分,第二审程序和死刑复核程序的存在,使第一审法院的判决可以受到上级法院的两次司法审查,并使当事人尤其是被告人能够获得两次独立的司法救济,因此它们在刑事诉讼中的重要作用是不言而喻的。然而,相当长的一段时期以来,我国法学界将研究的焦点过于集中到审判方式的改革方面,关注的主要是第一审程序中的理论和实践问题,而对作为普通救济程序的上诉审程序和死刑复核程序则重视不够。尽管在这一问题上已经有相当多的论文和著作发表,但论者所关注的主要是两种救济程序中的具体问题,而很少有人从宏观上对此进行深刻分析。事实上,作为中国司法制度的重要组成部分,"两审终审制"正受到越来越多的人士的质疑,第二审程序和死刑复核程序在实践中的名存实亡,也促使人们思考这些程序的性质和存在的价值等问题。笔者认为,与刑事诉讼的其他程序和制度一样,有关普遍救济程序的研究也到了必须转变观念和视角的时候了。具体的技术性问题不是不可以展开研究,而是应在一些基本的理论问题得到清理、基本的司法制度得到合理构建之后,才有较大的研究价值。本文拟就中国的"两审终审制"作一简要的分析和反思,以推动有关研究工作朝宏观和理论化方向发展。

## 二、实行"两审终审制"的根据

为什么采取"两审终审制"? 司法界权威的解释是,"(中国)大陆幅员辽阔,许多地方交通不便,案件的审级过多,势必影响及时结案,既增加当事人的讼累,又使人民法院花费更多的人力物力。实行两审终审制,其理由在于避免诉讼拖延,节省人力物力及财力,便利人民法院办案,便利公民诉讼。"①这种观点基本上将提高诉讼效率、减少诉讼成本、方便公民诉讼作为设立"两审终审制"的主要理由。

对于这一解释,中国法学界并不持有异议。如有的学者就认为,"大陆各省的地域广阔,从乡村到省会,路途遥远,若实行三审终审制,则不利于案件及时审结,耗费司法机关和当事人的精力、财力"。有的学者则认为,"两审终审制的审级制度是比较符合大陆的实际情况的",因为这种制度"有利于提高诉讼效率,及时惩罚犯罪","便利于当事人参加诉讼,避免诉讼拖累"。不仅如此,我国学

① 引自前任最高人民法院院长任建新 1989 年 11 月 28 日在马尼拉"亚太地区首席大法官会议"上的发言。

者还对实行“两审终审制”的理由作出了进一步的解释。如有人就认为,(中国)大陆的刑事诉讼程序相当重视审判前的预备程序,即侦查和审查起诉程序。“案件经过侦查机关(公安机关和检察机关)的侦查和检察机关审查起诉、决定提起公诉后,再经过一审和二审,案件的处理质量可以得到保证。”另外,中国大陆设立的死刑复核程序和审判监督程序,也被认为是实行两审终审制的程序保证。“对死刑的二审裁判,必须报请最高人民法院或者高级人民法院核准,才能生效”,而且“裁判发生法律效力后,如发现确有错误,还可通过再审程序加以纠正”。①

有的学者敏锐地意识到,“相对于三审终审制而言,两审终审制在保证案件质量和保证当事人合法权益方面,因其缺少了一道程序,自然显示出某些不足”。但针对这些不足之处,“大陆刑事诉讼法通过贯彻一系列的特殊原则及保障性程序进行了弥补”,包括“上诉采用全面审查原则”,这是“大陆实行两审终审制的一项重要保障措施”;“对死刑案件实行复核程序”,从而“切实保证重大案件的正确处理”;“对终审判决实行审判监督程序”,通过再审途径纠正裁判中的错误。上述这些原则和程序如果得到严格贯彻和执行,有错误的判决将会“从多方面得到纠正”。②

从以上分析中不难看出,我国主流的法学理论以功利主义的价值观论证了两审终审制的正当性,并以刑事诉讼法确立了一系列能够纠正裁判错误的法律程序为由,相信两审终审制的局限性可由此得到避免。但是,强调了功利主义的价值观,程序的正义和公平是否也应得到适当的关注?两审终审制能否切实保证当事人尤其是被告人获得公正的审判?这无论是在理论上还是在司法实践中,都是不无问题的。另外,包括侦查和审查起诉在内的审判前程序,二审程序中的全面审查原则,死刑复核程序以及审判监督程序的设立和运作,能否足以弥补两审终审制的不足呢?从案件实体处理方面来看,这些程序设计确实是发挥了积极效果的,尤其是在尽可能地对有罪者予以定罪方面,更显示出其有效和积极的一面。但是,后一道程序能否及时有效地纠正前一道程序中的实体性错误,尤其是防止无罪或有罪证据不足的被追诉者免受不公正的追究,确实是存在漏洞和不足的。同时,两审终审制的程序设计能否保证审判前和第一审程序中经常出现的程序性违法行为得到及时有效的纠正,在实践中更是问题重重。另外,考虑到我国法院系统存在较为严重的行政化倾向,上下级法院在案件尚处于一

---

① 蔡敦铭主编:《两岸比较刑事诉讼法》,台湾五南图书出版有限公司1996年版,第376页。

② 同上,第389页。

审阶段即经常进行所谓的上下"沟通"和"交流",上级法院给予下级法院所谓的"指导意见",导致第一审法院的判决中往往已经体现上级法院的意见。在这种情况下,案件即使上诉到上级法院,上级法院一般也会维持第一审法院的判决结论。这种两审终审制名存实亡的状态,令人不能不怀疑两审终审制本身是否具有某些不可避免的局限性。看来,上述有关两审终审制正当性的解释和辩解在中国的司法实践中将不得不面临越来越多的挑战。

## 三、"两审终审制"的缺陷(1)

一般而言,中国的"两审终审制"对于法院快速进行审判活动、及时形成终审裁判结论,是较为有利的。因为相对于不少实行三审终审制的国家而言,中国的"两审终审制"毕竟只赋予有关诉讼参与人一次上诉的机会,检察机关也只能就未生效裁判提出一次抗诉,案件一般只经过两级法院审判即告终结。这种对上诉权和审级所作的法律限制,可以保证诉讼活动的高速和快速,防止诉讼拖延和案件积压,从而在单个案件的审判过程中减少司法资源的投入,增大单位时间里审结案件的数量。长期以来,中国的刑事审判从一审、二审到死刑复核程序一般都能在数月时间内完成,而没有出现较为严重的拖延现象,这显然要归功于"两审终审制"的审级结构。

但是,提高诉讼效益毕竟属于刑事诉讼的一项价值目标。人们对于一项程序的评价,除了看它是否有助于提高诉讼效益之外,更要看它对于维护当事人的诉讼参与权,保障程序的公正性是否有益。因为对于大多数有理性的人来说,一项法律制度无论多么富有效率或者实用,只要它使某些人受到不公正、不人道的对待,从而导致社会法律实施的非正义,人们都可以对它作出消极的评价。中国的普通救济程序尽管对于诉讼效益的提高是有益的,却限制了当事人尤其是被告人的上诉权,减少了当事人参与刑事诉讼活动的机会。加上这种救济程序在司法实践中已经名存实亡,根本无法再发挥其纠正一审裁判错误、对当事人进行权利救济的作用。因此从总体上讲,这种普通救济程序是存在不少缺陷的。对于这些缺陷,笔者拟首先进行微观层面的评论,然后再进行宏观上的反思。笔者期望,前一分析尽可能集中在普通救济程序的具体环节和步骤的设置问题上,而后一讨论则针对"两审终审制"及中国司法制度本身的缺陷。

### (一)二审程序的缺陷

由于二审合议庭经过秘密的阅卷、讯问和听取意见,一般只在案件"事实不清、证据不足",并且需要由二审法院依法改判时,才对上诉案件举行开庭审理,而这种案件在司法实践中又为数甚少，因此二审开庭的案件也就相应地居低不上。当然，也由于二审法院对于检察机关提出抗诉的案件，会全部予以开庭审理，二审法院开庭审理的案件会因此有所增加。但考虑到检察机关的抗诉要受到上级检察机关较为严格的限制，而且这种抗诉几乎都是针对原审法院作出的无罪或者罪重判决，旨在追求使被告人受到有罪或者罪重等更加不利的裁判结果，这就致使抗诉的情况也不会经常发生，二审法院举行开庭审理的案件仍然增加不了多少。笔者经过调查发现，二审法院举行开庭的案件比例在全国各地中级以上的法院情况不一。二审法院开庭的案件较少的可以低于10%甚至5%，而较多的则可以达到20%。但各地中级人民法院以开庭方式审理的上诉案件一般不会超过全部上诉案件的30%。① 笔者还注意到，一些在全国甚至国际上有重大影响的案件，在多名被告人被一审法院判处死刑的情况下，二审法院依然没有举行开庭审理，而是通过秘密的阅卷和单方面的调查，并且在经过提交审判委员会决定之后，直接作出驳回上诉，维持原判裁定的。②

对大量上诉案件不举行开庭审理，会带来很多负面的法律后果。首先，二审合议庭通过书面方式进行审理活动，检察官和被告人、辩护人双方无法同时参与二审合议庭的审理活动，其他当事人也无法在各方同时到庭的情况下陈明本方的证据和意见，法庭审判本应具有的那种理性协商和交涉特征不复存在，与案件结局有利害关系的参与裁判制作的机会受到剥夺。这不仅会导致当事人尤其是被告人的诉讼权利受到削弱，而且会使上诉审程序失去其本应具有的法庭审判的形式和特征，而沦为一种带有行政化色彩的复议程序。其次，二审合议庭通过秘密和单方面的方式从事调查活动，社会公众被排除于审判过程之外，控辩双方也无法在调查和采纳证据时同时到场，合议庭的审理很可能会流于任意化和随机性，甚至出现严重的"暗箱操作"情况。再次，二审合议庭成员不通过开庭方式进行审理活动，会不可避免地失去对一审判决审查的独立自主性。因为很明显，仅仅通过阅卷、讯问等单方面调查活动，二审合议庭在"发现事实真相"方面

---

① 当然，这一情况目前正在发生一些变化，一些发达地区的中级人民法院正在逐步扩大二审开庭的案件比例。例如，上海市第一中级人民法院从1998年开始，实施了一项重大的改革举措：对于全部上诉案件，包括刑事、民事和行政案件，一律以开庭的方式进行审理。也就是说，至少在那些由该院受理的上诉或抗诉案件中，二审合议庭以开庭方式进行审理的案件可以达到100%！这一改革措施一旦实施，那就意味着现行《刑事诉讼法》有关二审审判方式的规定名存实亡。

② 1998年10月，广东省高级人民法院二审审理轰动一时的张子强上诉一案时，就没有举行开庭审理，而是通过阅卷、讯问被告人、听取其他当事人、辩护人等的意见，确认原审判决"事实清楚、证据确实充分"，因此征得审判委员会讨论同意，直接裁定驳回上诉，维持原审法院——也就是广州市中级人民法院的一审判决。根据这一裁定，张子强等多名上诉人被执行了死刑。

不可能比举行过直接、言词、公开的法庭审判的第一审法院更加高明，也不可能对一审判决认定的事实进行全面、客观的审查，更不可能得出与第一审法院完全不同的结论。根据笔者的观察和统计，二审法院对第一审判决作出撤销原判、发回重审裁定或者裁定依法改判的案件，在全部上诉、抗诉案件中不会超过1%，在一些地方甚至低于0.5%。这不能不归结于二审法院普遍实行的不开庭的审理方式。最后，由于二审法院对于抗诉和上诉案件采取了不同的审理方式，会使控辩双方受到不平等的对待，影响二审程序的公正性。检察机关对“确有错误”的一审判决提出抗诉，这被解释为检察机关实行法律监督的重要方式。这也是对抗诉和上诉采用不同审理方式的主要理由。但是，检察机关固然要行使法律监督权，当事人尤其是被告人也要行使上诉权，从本质上看，法律监督权与上诉权不能有高低轻重之分，以抗诉的法律监督性质作为重抗诉轻上诉的理由，显然是不合理的。而且检察机关究竟应通过符合还是违背诉讼规律的方式实施法律监督，还属于需要进一步研究的问题。

另外，二审法院对于第一审法院的审理是否违反法律程序的问题，缺乏较为明确、具体和可操作性的审查途径，致使第一审法院所作的很多违法的程序性行为、决定、裁定甚至判决，得不到及时有效的纠正。

应当承认，修改后的《刑事诉讼法》对于二审法院在审查第一审法院的程序性违法方面取得了相当大的突破：第一审法院在审理中只要违反了法律规定的程序，尤其是侵犯了当事人的诉讼权利，影响了审判的公正性，而不论这种违法是否“可能影响正确判决”，二审法院都会撤销原判，发回原审法院重新审判。这也就意味着所有违反法律程序的审理活动都可能招致实体性裁判结论的无效。但是，我们也应清醒地看到，二审法院对第一审法院在是否违反法律程序问题上的审查仍然存在一些问题。首先，究竟哪些程序性违法会导致一审判决的无效，《刑事诉讼法》的有关规定仍嫌过于简单和抽象，缺乏具体的可操作性。实际上，那种仅仅属于法律手续不完整或者在具体程序环节方面有瑕疵的程序性违法，并不一定需要撤销原判。二审法院加以审查并予以纠正的应当是那些违法情节较为严重，导致被告人、被害人、自诉人等的诉讼权利受到严重损害、致使审判程序的公正性受到严重影响的程序性违法。这种违法情况有很多，其中有关审判组织、回避、公开审判等方面的违法固然应当纳入其中，但还有很多类似的程序性违法应当予以明确规定。例如，一审法院的管辖明显不当，影响案件公正审判的；被告人没有在法定期间收到起诉书，无法及时了解指控的罪名和理由的；被告人一方申请法院传唤某一证人或者提取某一关键证据，被法院拒绝或者没有传唤、提取到庭的；公诉人向法庭提出了一项证据目录以外的新证据，或者传唤某一证人名单以外的新证人出庭作证,辩护人为准备辩护,申请法庭休庭,遭到法院无理拒绝的;法庭无正当理由,允许公诉人宣读证人在法庭之外所作的书面的证言,辩护人要求传唤该证人出庭作证,遭到法庭拒绝的;无理剥夺被告人进行辩论和最后陈述机会的;合议庭成员中途不参加法庭审判,却参与对案件的评议的;法庭审判没有正当理由多次长时间中断的;判决书未载明理由或者理由过于简单甚至存有矛盾的,等等。

其次,现行《刑事诉讼法》尽管规定二审法院对于第一审法院所作的裁决和裁定都要进行审查,但在司法实践中仅就一审法院的裁定进行审查,并宣布其无效的情况很少发生。一般而言,法院的裁定主要是针对审理过程中出现的程序性问题所作的处理意见,对裁定是否合法问题的审查其实往往就等于对一审法院是否违反法律程序问题的审查。根据现行《刑事诉讼法》的规定,一审法院所作的裁定大体上有两种:一是有关当事人是否可以继续进行诉讼期限届满以前完成的诉讼活动的裁定(第80条);二是有关自诉缺乏罪证,法院予以驳回的裁定(第171条)。显然,即使二审法院对全部有关裁定的上诉案件进行审查,这种审查的适用范围仍嫌过于狭窄。

最后,但并非不重要的是,一审法院在审理过程中所作的大量"决定",几乎很难受到二审法院有效的司法审查。对于大量程序性事项,一审法院采用"决定"加以处理,这是中国刑事诉讼的明显特征之一。"决定"适用的事项范围可以包括是否准许回避的申请,是否同意对检察机关移送的案件进行开庭审判,是否同意当事人、辩护人、诉讼代理人提出的通知新的证人到庭、调取新的物证、申请重新勘验或鉴定等方面的申请,是否同意控辩双方提出的延期审理的申请,以及是否同意对违反法庭秩序的人予以处罚等。从法律规定方面来看,这些大都涉及当事人诉讼权利的决定,并不属于上诉、抗诉的范围。但这些"决定"是否违法却应当受到二审法院的严格审查。

**(二)死刑复核程序的缺陷**

作为中国普通救济程序的有机组成部分,死刑复核程序本应对原审裁判在认定事实和适用法律问题进行全面、有效的审查,以防止死刑裁判出现错误或者随意化。但是,由于这一程序在设计方面就存在一些先天的问题和缺陷,致使上述目标根本无法实现。

首先,死刑复核程序由法院主动加以发动,即使其难以具有诉讼程序的性质,也容易造成法院内部的"暗箱操作",影响程序的公正性。

司法审判的重要特征是,法院在启动审判程序方面具有被动性和应答性,同时还应让那些与案件结局有直接利害关系的人充分而有效地参与裁判结论的制作过程。这是确保审判程序公正的关键保障之一。中国的死刑复核程序在设计上却违背了这一基本规律。这种违背的法律后果必然是控辩双方对法院复核死刑案件的整个活动失去有效的制约和牵制。尤其值得注意的是,死刑裁判一旦作出并被移交有复核权的法院进行核准,被告人就对死刑复核活动本能地持有一定的期望,并与死刑复核程序的结局具有极大的利害关系。但是,在被告人及其辩护人不能发动,也不能参与死刑复核活动的情况下,负责死刑复核的合议庭会拥有较大的自由裁量权,而不可能与当事人、辩护人等进行那种理性的协商、讨论和交涉。案件是否维持原审死刑裁判,完全由负责复核的法院自行决定,而几乎不能受到被告人、辩护人意见的影响和左右。

其次,死刑复核程序采用书面、秘密和单方面的运行方式,控辩双方对此既不能加以选择,也不能进行有效的参与,这使死刑复核程序难以发挥其应有的效果。

死刑复核按照不公开、书面和单方面的方式进行,使这种复核活动几乎不可能受到社会公众的监督和约束,也不可能受到控辩双方尤其是被告人、辩护人的有效制约,更难以防止法院进行“暗箱操作”活动。笔者注意到,有关合议庭进行死刑复核的方式主要是阅卷和提审被告人,然后提请法院审判委员会进行讨论和决定。但是,审判委员会作为对法院审判工作进行集中领导的审判组织,仅仅通过听取承办人的口头汇报进行讨论活动,它又能在多大程度上发现并纠正原审死刑裁判的错误呢?尤其值得注意的是,无论是合议庭的书面审查,还是审判委员会的秘密讨论活动,基本上都建立在合议庭阅卷的基础上。控辩双方都不能参与和到场,所有活动都由法院内部人士单方面实施。这种复核方式潜伏着一个很大的危险:一旦案件经过一审和二审,被告人仍然被错误地被判处死刑,那么就不要再期望负责死刑复核的法院会发现并纠正这种错误了。

目前,被告人经过死刑复核程序后,其死刑裁判被依法撤销的案件在全部死刑案件中所占的比例不会超过0.5%。在有的地方这一比例还要更低。这不能不归结于死刑复核程序的超职权主义特征。

最后,在大多数情况下,各高级人民法院既是死刑复核程序的主持者,又是死刑裁判的制作者,这不可避免地导致死刑复核程序的名存实亡。

从中国目前死刑复核程序的运作情况来看,绝大多数死刑案件都是由中级人民法院作为第一审法院进行审理的,而且被告人一旦被一审判处死刑,通常都会向高级人民法院提出上诉,因此各高院人民法院一般也就是死刑案件的二审法院。就死刑立即执行案件而言,除少部分死刑案件仍然由最高人民法院进行核准以外,大多数死刑案件已经授权由各高级人民法院负责核准。而在这些由高级人民法院直接负责核准的死刑立即执行案件中，高级人民法院同时是它们的二审法院和死刑复核法院，其二审裁定书一般同时也是核准死刑裁判的法律文书。考虑到合议庭甚至法官个人都不是独立行使审判权的法律主体，因此任何以法院名义作出的裁判都要由法院院长亲自签发，也都属于该法院整体的意思表示。各高级人民法院所作的二审裁定和死刑核准统一由二审裁定书来载明，死刑复核程序与二审程序合二为一，就是上述制度的一个必然结果。由于缺乏准确的统计数字，笔者说不清楚这种二审程序与死刑复核程序合二为一的案件究竟占多大的比例。但根据笔者的估计，这一比例不会低于60%。在多数判处死刑立即执行的案件中，死刑复核程序都是因为与二审程序合二为一而名存实亡的。这显示出死刑复核程序已经不仅在运作上出现可怕的行政化倾向，而且因为最高人民法院的“授权”而出现严重的萎缩甚至虚无。

## 四、“两审终审制”的基本缺陷(2)

如果将二审程序与死刑复核程序分别加以分析和评析，我们看到的往往是这两种程序在具体设计环节和运作方式上的缺陷。这些缺陷固然值得重视，但大都属于表层的一些问题，其背后更深层次的问题尚待进一步挖掘。为了认识清楚中国普通救济程序在宏观上存在的问题，我们需要将二审程序与死刑复核程序结合起来分析，将它们作为一个整体看待。由此我们可以发现，中国的普通救济程序在基本框架结构设计方面就出了问题，很多具体的缺陷大都源于诸如审级制度、审查范围、上下级法院的关系、法院独立等司法制度方面的问题。

第一，“两审终审”的审级制度值得深刻反思。“两审终审制”是与所谓“全面审查原则”相伴而生的。这种制度固然有助于诉讼效益的提高，却带来了太大的负面影响。因为绝大多数一般案件经过两级法院的审理即产生终审裁判结论，二审法院需要对一审判决中所涉及的事实认定、法律适用、量刑、是否违反法律程序等繁多的问题进行全面的审查。但是，这种“全面审查原则”并不符合诉讼救济活动的基本规律。尤其是考虑到二审法院在大多数案件中并不举行开庭审理，而只是通过阅卷、讯问等书面和秘密的方式进行单方面的审查，“全面审查原则”要得到高质量的保证，无疑是一种“神话”。二审程序采取极其简易的审理方式，不能保证二审法院对一审法院采纳的证据和认定的事实进行独立自主的审查，致使该法院经常不经过慎重的复审就认同和维持了一审法院的判决结论；二审法院所承担的繁重审查任务，也使它不可能对一审法院的适用法律问题进行仔细的审查，并在法律适用问题上得出更加符合法理的结论；二审法院所承担的进一步查明事实真相的责任,更使它不可能对一审是否违反法律程序进行专门的审查,而大多数情况下放任一审法院的程序性违法行为。中国大量司法调查统计显示,二审法院维持一审法院判决的比率高达99%以上,撤销原判、发回重审或者依法改判的比率不足1%。而与此同时,一审法院、检察机关和公安机关违反法律程序的现象已经达到十分普遍和严重的程度。这种司法实践的现实表明,二审法院已经在相当程度上失去对一审法院适用法律不当、违反法律程序现象进行纠正的能力。当事人(尤其是被告人)在受到不公正的定罪、判刑,其诉讼权利和人格尊严受到侵犯的情况下,已经无法获得基本的司法救济。

第二,二审程序的流于形式和死刑复核程序的名存实亡,导致大多数案件事实上实行的是"一审终审"。二审法院在大多数案件中不进行开庭审查,即使在开庭审判的案件中也会受到来自各方面的压力、影响和牵制,以至于无法开展独立自主的审判,这导致二审法院的"全面审查"在实践中大都流于形式。与此同时,死刑复核程序由法院自行主动加以启动,又按照秘密、书面和单方面的方式运行,而且大多数死刑立即执行案件中,二审程序与死刑复核程序又合二为一,这也导致这种针对死刑案件的核准程序在实践中几乎完全名存实亡。既然二审程序和死刑复核程序要么流于形式,要么名存实亡,那么中国整个普通救济程序就完全丧失其本应具有的功能,其存在的价值都不能不令人怀疑。这样,无论是对于一般刑事案件,还是对于死刑案件而言,在大多数情况下都在实行"一审终审"。

第三,目前在上下级法院之间的关系问题上,存在严重的行政依附倾向。这使上级法院对下级法院裁判的独立审查甚至"两审终审制"都构成严重的威胁。尽管根据宪法和法院组织法的规定,上下级法院属于监督和被监督的关系,而不是像检察机关那样属于领导与被领导的关系。从理论上看,上级法院与下级法院在独立行使审判权方面是完全平等的,上级法院不得干预下级法院正在审理的案件,而只能在下级法院的裁判作出后,诉讼参与人提出上诉、检察机关提出抗诉之后才能依法进行审理。但在司法实践中,上下级法院并没有按照上述法律准则协调它们之间的法律关系,而是越来越具有行政依附的倾向。例如,下级法院通常愿意在自己审理的一审案件未作出裁判之前,请示上级法院发表所谓的"指导意见";上级法院在很多情况下也乐意就案件的处理问题作出指示、批示或者指导。遇有影响较大的案件,上级法院甚至还会主动向下级法院发布指导性意见。这种情况一旦发生,一审法院的裁判就必然体现了上级法院的意见,案件即使后来上诉或者抗诉到上级法院,后者一般也会对早已体现自己意见的一审裁判予以维持。可以说,上下级法院之间存在的这种行政依附现象,会危及上诉制度甚至“两审终审制”的正常运行。[①]

第四,法院作为司法机关,无法在国家权力结构体系中保持独立的地位,依附于行政机构和其他权力机构,依附于地方政府。这也是导致普通救济程序无法发挥作用的重要因素。根据中国目前的司法实践,80%以上的刑事案件是由基层法院作为第一审法院进行审判的。这也就意味着大多数刑事案件经过上诉、抗诉,要由中级人民法院作为第二审法院进行审理,并作出终审裁判。但是,中级人民法院一般均按照行政区划设置在直辖市、省辖市和地区,较之最高人民法院和高级人民法院而言,它们在审判中受到的来自地方政府的压力和影响可能更大。因为在中国目前各级人民法院的人事、财政预算和拨款几乎全部依附于同级党政机构的管理体制下,法院在独立行使审判权力方面受到的最大压力往往来自其同级或者上级政府、人大甚至党的地方委员会。这一点在基层和中级人民法院尤为严重。在地方保护主义抬头、上下级法院“沟通”现象日趋严重的情况下,很多刑事案件就由一个城市或地区的中级人民法院作出了终审裁判。被告人和其他当事人都无权再通过普通救济途径向这一城市和地区之外的高级人民法院提出上诉,更无法再向国家最高裁判机构提出上诉,而只能通过问题更加严重的非常救济程序,争取获得希望渺茫的再审机会。在这种司法体制下,即使作为二审法院的中级人民法院在认定事实或适用法律问题出现严重错误,高级人民法院甚至最高人民法院也无法再通过普通救济程序对这种错误加以纠正。

第五,在“两审终审”的审级制度下,最高人民法院和高级人民法院都无法发挥维护国家宪法和法律统一适用的作用。考虑到中国目前尚未建立判例制度,而且绝大多数案件都不能上诉或者抗诉到最高人民法院,法院难以通过开庭方式审理那些在适用法律问题上存在问题的上诉、抗诉案件,也无法通过司法审判为下级法院创设新的规则。而根据西方两大法系国家的经验,最高裁判机构和较高一级的裁判机构一般不再就案件事实认定问题进行重新审理,而只是负责审查下级法院裁判中涉及的法律适用问题;只要案件涉及的法律适用问题较

① 上下级法院之间出现行政依附化倾向的原因是很多的,其中制度层面的原因有:上下级法院按照行政区划的设置分别依附于各自的同级政府,使上下级法院有了行政级别上的上下之分;按照法官法的规定,全国的法官分为13级,上下级法院的法官肯定在这一级别系列中处于不同的位置,下级法院的法官在级别上一般低于上级法院的法官;目前实施的冤狱赔偿制度和错案追究制度,导致下级法院的裁判究竟是否造成冤假错案,下级法院的法官究竟是否造成“错案”,一律要通过上级法院的最终裁判来衡量,等等。这无形之中强化并加重了上下级法院的行政依附关系,迫使下级法院不得不尽量在裁判作出之前征求上级法院的裁判意见,以求得尽量低的撤销原判率。

为重大并具有普遍性，当事人（尤其是被告人）都可以直接向最高裁判机构提出上诉，并由后者通过开庭审理，听取控辩双方的意见，作出一项对下级法院具有普遍约束力的裁决。而在中国，最高人民法院和高级人民法院无论是受理上诉、抗诉案件，还是进行死刑复核活动，都要在不开庭的情况下，对原审裁判在认定事实和适用法律方面进行全面审查。这既使它们不适当地承担了事实审查的功能，也削弱了它们对法律适用问题进行有效审理的效力。事实上，即使对那些判处死刑立即执行的案件，最高人民法院也没有能力对事实认定问题进行重新审理，纠正下级法院的事实错误。相反，鉴于最高人民法院作为国家最高司法机关的性质，应更多地发挥其维护法律统一适用的功能。对于严重违反实体法或违反法律程序的原审裁判，无论是否死刑裁判，最高人民法院通过审查发现后，都可以作出撤销原判、发回重审或者依法改判的裁决。这不仅有助于当事人（尤其是被告人）的权利得到及时的救济，而且有助于国家宪法和法律的统一实施。

## 五、"两审终审制"的出路

根据前文所作的分析，中国的普通救济程序不仅在具体环节和运作方式上存在一系列缺陷，而且这些缺陷大都源于"两审终审"的审级制度以及与其相关的"全面审查原则"。看来，要对中国的普通救济程序进行重新设计，使其能够发挥纠正下级法院不当裁判、救济当事人诉讼权利的功能，就必须对"两审终审制"进行彻底的改革。考虑到这一问题涉及法院组织法的修改和一系列诉讼原则和规则的重新设立，笔者拟根据诉讼活动的普遍规律，并结合中国目前司法实践中存在的具体问题，提出建立"三审终审制"的构想。

"三审终审"的审级制度本来是针对死刑复核程序的名存实亡问题而提出的。由于死刑复核程序没有按照司法审判的特征进行构建，法院自行主动进行启动，控辩双方不能参与死刑复核活动，复核程序没有采取开庭而是书面阅卷等秘密方式而进行，因此这一程序并不构成一个独立的审级。为了使死刑复核程序真正发挥作用，而不至于流于形式，必须按照司法审判的特征对这一程序加以重新构建。基本的思路是，对于死刑立即执行案件，一般由中级人民法院作为第一审法院，高级人民法院作为第二审法院进行审理；高级人民法院在进行第二审程序时，要对一审裁判涉及的事实和法律适用问题进行审查，并通过开庭审理，着重就事实认定问题进行复审。被告人如果对高级人民法院的二审裁判仍然不服，可以就案件适用法律问题，向最高人民法院提出第二次上诉。最高人民法院通过开庭审理，仅对原审死刑裁判中涉及的法律问题进行审查，并作出最终的裁判。

这种仅针对死刑案件所建立的“三审终审制”，固然可以将死刑案件的最终裁判权收归最高人民法院行使，并且使第三审程序通过上诉和抗诉来启动，避免死刑复核程序的名存实亡，但是一般的非死刑案件仍然采取的是“两审终审”的审级制度，这些案件的大部分仍由中级人民法院通过第二审程序作出终审裁判，高级人民法院和最高人民法院也仍然难以从法律适用问题上对大多数案件进行司法审查。可以说，中国普通救济程序中存在的缺陷和问题仍然不能得到解决。看来，构想中的“三审终审制”不能仅适用于死刑案件，而应逐步适用于全部刑事案件。从改革策略上看，我们可以首先在死刑案件中试行“三审终审制”，在条件成熟后逐步推广到所有刑事案件。

实行“三审终审制”最关键的改革措施，是将普通救济程序分为事实审和法律审。据此，我们可以将第二审程序构建成“复审”模式，既由第二审法院对第一审裁判中涉及的事实问题进行重新审理，也对有关法律适用问题进行审查。这种第二审程序可以对原审中调查过的证据进行重新审查，而且可以调查新的证据。同时，我们应该将第三审程序构建成为“事后审”模式，即由第三审法院仅就原审裁判和审理过程中涉及的实体法律适用和是否违反法律程序问题进行审查，而不再对案件事实问题进行重新审理。

实行“三审终审制”的第二步，是废除所谓的“全面审查原则”，将第二审和第三审法院审查的范围限制在上诉和抗诉所提出的理由上。也就是说，对于原审裁判中所涉及的事实认定和法律适用问题，凡是诉讼参与人没有提出上诉、检察机关没有提出抗诉的部分，第二审和第三审法院均不再进行审查。即使是就原审认定的事实进行“复审”的第二审法院，也只能就那些诉讼参与人提出上诉、检察机关提出抗诉的事实部分进行审查，这里的“复审”就是针对上诉或抗诉部分进行的重新审理。同时，对于第二审法院的裁判，诉讼参与人和检察机关也只能针对其中涉及的法律适用问题提出上诉或者抗诉，而无权就案件事实认定问题要求重新审理。

实行“三审终审制”的第三步，是重新设计第二审和第三审法院的审理方式。大体说来，根据法院这一司法机构的性质及其所担负的司法职能，它无论从是第一审、第二审还是第三审活动，都必须采用开庭方式进行审理活动。这里所说的“开庭”并非只是一种模式，而可以根据案件的性质和审理的对象，构建出不同的开庭模式。但是，不论开庭审理程序是否简易或者复杂，它都必须具有若干最低限度的特征：当事人或者检察机关启动，法院被动受理；控辩双方同时参与，法庭在双方同时到庭的情况下从事法庭审判活动；即使是法官的庭外调查或者庭前准备活动，也必须通知控辩双方到场参与；法官一般不得或者尽可能少地进行秘密的、书面的和单方面的审查活动。当然，考虑到构想中的第二审主要进行事实的复审，而第三审程序则主要进行法律适用问题的事后审，因此第二审可以采取直接言词式的开庭审理方式，即由控辩双方通过提出证据和传唤证人、调查新的证据，而主要围绕原审法院卷宗记载的内容，进行一次有关实体合法性和程序合法性的审查，但合议庭必须听取控辩双方的意见，并在双方同时到庭的情况下进行审理活动。

实行"三审终审制"的第四步，是重新规范高级人民法院和最高人民法院的活动方式。考虑到实行"三审终审制"以后，高级人民法院和最高人民法院会在绝大多数案件中成为第三审法院，因此这两种法院的审理方式必须进行必要的配套改革。首先，无论是高级人民法院还是最高人民法院，在作为第三审法院审理上诉、抗诉案件时，必须举行开庭审理活动，而不能再像原来那样搞所谓秘密的、书面的、单方面的审理。其次，这两种法院应当担负起维护国家宪法和法律同一实施的使命，通过具体的第三审活动，将一审和二审程序中出现的违反实体法和程序法的行为、决定和裁判予以撤销。

实行"三审终审制"的最后一步，是建立中国式的司法判例制度。最高人民法院必须通过开庭、通过审理具体案件来发布司法解释，而不能像立法机构那样直接制作大量繁杂的司法解释，更不能像行政机关一样，对下级法院的请示发布诸如"批复"、"通知"、"规定"、"意见"之类带有司法解释性质的司法文件。具体而言，最高人民法院对诉讼参与人提出上诉、检察机关提出抗诉的案件，如果发现其中涉及带有重大、复杂和普遍性的法律适用问题，需要通过司法程序对其进行解释或者制作新的法律原则和规则的，就应当予以受理，然后通过开庭审理的方式直接制作判决或裁定。这种判决或裁定一旦发布，就具有在全国普遍适用的效力，对全国各级法院的审判活动均具有法律约束力。

（1999 年第 12 期）

# 2000年

# 批捕权的法理与法理化的批捕权

## ——再谈批捕权的优化配置及检察体制改革兼答刘国媛同志

郝银钟*

读罢《法学》1999年第6期由检察官刘国媛同志撰写的商榷性文(以下简称"刘文"),颇受启发,同时也顿感确有必要再对批捕权的法理基础作进一步的补充性阐释。尽管"刘文"更多的是从现行法的精神和检察机关的部门实际利益出发而对拙文①提出的观点怀疑莫释,这与拙文是基于法理的角度而对现行批捕权制度及其相应的司法实践所作的理性评价旨趣迥异,本无回应之必要,但"刘文"在缺乏充分论证的情形之下就略嫌武断地声称"郝文的观点就法理而言是难以成立的",至于这里所谓的"法理"是指什么,"刘文"虽费尽周折却也没能论得清楚,那么笔者就准备着重说一说这个"理",聊补阙如暨答疑。至于能不能成立,是否能够站得住脚,那只能任凭天下人评说了。依据现行法的精神,检察机关享有批捕权无疑是合法的。至于合不合理,是否为一种最优化的立法选择,则是刑事诉讼法理学关注的课题。"刘文"一再以批捕权的合法性来批驳拙文对批捕权之合理性的探讨,本不属于同一个逻辑框架,有点风马牛不相及,也难有说服力。但"刘文"通篇所流露出来的一些在当前颇具有一定代表性的但又相当陈腐落后的法律思想观念及其有可能滋生的负面影响,则不得不引起笔者的关切。毋庸讳言,在现行司法体制中,由于历史的原因,检察机关的权力配置疑窦颇多、争议甚大。新中国成立以来,在一味照搬苏联检察体制模式的前提下,严重忽视了检察基础理论的研究。"刘文"所言"断章取义、生搬硬套",恰恰是中国检察制度的病症之所在。更令人深感忧虑的是,检察理论界至今仍有那么一类人,其考虑问题的视角并非是着重于中国检察体制的文明化、民主化及其科学化,而只是囿于本部门的狭隘利益,一味地抱残守缺,偏执地维护着我们的"老大哥"早已经远远摒弃的梦想,并时常如同厮守"皇帝新装"一般,长期以来并未给予足够的重视,致使其法律功能一直被严重扭曲。仅从当前的研究状况

---

* 作者单位:中国人民大学法学院。

① 郝银钟:"论批捕权的优化配置",载《法学》1998年第6期。

分析，这一极其重要的法律制度，既缺乏深刻的理论依据，同时对现行法的诠释也基本是照搬苏联的理论教条，多属穿凿附会，甚至以讹传讹，客观上已经远远地脱离了对现实生活的最基本的把握，从而使批捕权制度及其相应的理论最终成为检察体制改革的羁绊。可想而知，检察体制改革确是一项浩大的社会系统工程，不可能一蹴而就，但彻底厘清批捕权制度的法理，对那些已经被人为地搞得混乱不堪的检察理论进行正本清源，并依此进一步重新架构相应的科学理论体系，为其进一步完善提供理性的范式和标准，无疑会成为该项工程的科学的理论切入点。

## 一

在法理上，批捕权是一种典型的诉讼行为，与法律监督权是两种性质完全不同的国家权力，相互之间并不存在谁包容谁的问题；将批捕权与法律监督权混为一谈，是我国检察理论界长期存在的重大理论误区，即造成检察机关诉讼角色的冲突，也破坏了刑事诉讼的核心机制，危害甚大；而实现法律监督权与批捕权、检察权的彻底分离，则是我国检察体制改革的中心环节。

通观“刘文”，其核心思想是建立在所谓“批捕权是法律监督权的重要组成部分”这一现行法所拟制的逻辑框架之上的，并以此来证明检察机关享有批捕权的合理性。但是，这一理论前提虽有法律依据，但在法理上是很难站得住脚的，已经成为我国检察理论界长期存在的理论误区。众所周知，国家法律监督权是基于公权而设立的，与国家行政权、审判权、立法权等一样，均派生于国家主权。设置这项国家权力的独立价值主要体现在这一权力能够保证国家宪法、法律和法规的正确实施。法律监督权的内部构造和运作机制表现出两个最显著的特征，即其上下性和单向性。在权力位阶中，监督者必定处于上位，被监督者必定处于下位，相互之、间的法律地位是非平等的；法律监督行为是针对被监督行为的违法性而实施的法律行为，监督者可以监督被监督者，而被监督者却不能反监监督者，即被监督者只有无条件地接受这种法律监督的法定义务。在任何情形下，监督者的权威性是不容置疑的。显然，法律监督权与刑事诉讼法律关系中诉讼主体的权利义务相一致的原理是大相径庭的，与任何诉讼权力或诉讼权利都是完全异质的。

而批捕权则是为保障刑事诉讼的顺利进行而设立的一种程序性权力，在本质意义上，是为了公正、有效地实现刑事实体权力的一种保护性手段。这种程序性权力只能受刑事诉讼法律关系的调整，与刑事实体权力是辩证的统一体，是形式与内容的关系,两者密不可分。同时,批捕行为是一种典型的诉讼行为,批捕权的内部构造和运作机制呈明显的对等性和双向性。由此可见,法律监督权与批捕权完全是两种不同性质的权力形态,毫无共同之点,在法理上根本就不应该存在"刘文"所称的所谓包容关系。

在以往的检察理论研究中,总有人有意无意地将法律监督权当成一个容纳百物的"大口袋",决然不顾诉讼结构的合理性和诉讼理论的科学性,随意将一些说不清、道不明的东西,只要附会部门利益,就牵强填塞其中。这样不但已经造成理论上的极大混乱,而且也为司法实践带来诸多恶果。另外,按照法律监督权的普遍性原理,在刑事诉讼中,所有诉讼主体的诉讼行为,包括批捕权的主体行为,都无一例外地成为监督对象。而依据"刘文"的说法,检察机关既是监督主体,又是监督对象,就好比在运动场上身兼裁判员和运动员的两种职能,自己成为自己行为的裁判者,现代程序正义的所有价值也就荡然无存!法律所追求的所有价值也必将丧失尽!!中国足球界的"黑哨"现象,不知能否给"刘文"作者以某种启迪。如此这般的制度设计,不知优在何处?另外,既然两者是主从、上下的关系,怎么能够混为一谈呢?这不是自贬法律监督者的身价吗?

笔者已在前文中对法律监督权包含批捕权等之类的观念予以反驳,并对现行批捕权制度在司法实践中所滋生的弊端也进行了透彻的分析,同时笔者在另文中,[①]对现行法中法律监督权与检察权合二为一的立法模式之非正当性进行了充分论证,在此不再赘述。笔者坚持认为,法律监督权是一项独立的国家权力,与检察权、批捕权等项诉讼权力形态迥异,绝不能混为一谈;现行检察体制的职能及其改革动向,已经严重偏离了其本来的、应然的角色定位而愈发变得不可捉摸。因此,实现法律监督权与检察权、批捕权的彻底分离,则是我国检察体制改革的中心环节。

## 二

由检察机关行使批捕权,使批捕权与检察权合二为一,恰与我国刑事诉讼法所追求的价值观念是背道而驰的,是一种十分陈旧、落后的法律制度,严重违背程序正义和诉讼规律,也是一种极其危险的国家权力配置模式,已经成为妨碍我国刑事司法走向民主化、文明化的重大障碍;批捕权配置上论争,说到底是新旧

① 郝银钟著:《检察权研究》,中国政法大学出版社1999年版;陈兴良主编:《刑事法评论》(第五卷),中国政法大学出版社2000年版。

两种不同诉讼价值观念的激烈碰撞，而批捕权的配置及检察体制改革，应该充分体现现代刑事诉讼法的基本理念；当务之急，实现批捕权与检察权的彻底分离，则是我国检察体制改革的突破口。“刘文”提出，由检察机关行使批捕权是与我国刑事诉讼目的相符合的。笔者认为，“刘文”的这一未经缜密考证的论断是值得商榷的。毋庸置疑，诉讼结构必须符合诉讼目的的内在要求。我国现行《刑事诉讼法》追求控制犯罪与保障人权双重直接目的的和谐统一，并相应构建了制度保障体系。但是由检察机关行使批捕权，使刑事诉讼的双重目的在司法实践中根本不能有机地统一起来，甚至是完全矛盾冲突的。在前文的基础上，笔者意欲再从法理上作如下补充：检察机关享有批捕权，使整个刑事诉讼机制本身所固有的品格——公正性受到严重侵害，也与检察官的诉讼角色分工是矛盾冲突的，而且很难保障这一诉讼机制会产生好的法律结果，程序正义的价值就永远无法真正实现，从而造成刑事诉讼双重目的在司法实践中无法兼顾。诉讼程序真正永恒的生命基础在于它的公正性，对任何诉讼机制而言，公正性都带有根本性。现代刑事诉讼机制的公正性理念主要体现在控辩平等对抗、控审分离、司法独立、审判中立等诉讼原则之中，并在此基础之上构建了控、辩、审三方良性互动、分权制衡的现代诉讼基本格局。而在刑事诉讼中承担控诉职能的检察机关如果再享有批捕权，不但直接打破了作为现代刑事诉讼核心机制的控辩平等原则，致使诉讼机制失去了最低限度的公正性，而且使检察权的运行表现出极强的主观随意性，整个刑事诉讼结构在实践中时常呈现无序状态，极有可能在司法实践中使被告人、犯罪嫌疑人的诉讼地位呈客体化趋势，其权利保障机制受到弱化和侵害，封建社会遗留下来的黑暗的司法痼疾，如刑讯逼供等社会公害就会沉渣泛起，刑事诉讼法保障人权的目的也就成了空洞的承诺。长此以往，中国刑事司法的民主化、文明化，也就演变成了空话。那么，在客观上对人民权利实际也构成了严重威胁。权力的不正常行使，除了侵害其他权力外，更重要的是对权利的侵害。由于权力主体与权利主体在地位上的势差，这种侵害的后果尤为巨大。①这样，中国刑事诉讼法所追求的诉讼目的保障人权与控制犯罪的有机统一，在司法实践中往往不能兼顾。一旦两者产生冲突，“宁枉勿纵”的传统观念就会占据上风，保障人权就会让位于控制犯罪。久而久之，诉讼机制的人权保障功能必将逐步减弱甚或消失。执法者极有可能会假借国家的名义来肆意满足自己的私欲从而滥用国家权力。很显然，检察权的如此运作，既难以完成控制犯罪、遏制腐

① 徐国栋：“市民法典与权力控制”，载《罗马法·中国法与民法法典化》，中国政法大学出版社 1995 年版，第 73 页。

败的历史使命，反过来又成为社会腐败的催化剂。这是完全有悖于法治社会的基本理念的。所以埃尔曼教授不无偏颇地认为：社会越是趋向专制，检察机构的地位便会越高，他们的对手受到的限制便会越多。①

现代法治国家的一个典型特征就是首先要对国家公共权力的配置及运作机制进行严格的规范化和有序化。所以，笔者认为，在实现法治化的社会中，任何公共权力的配置和行使都必须具备正当性，并且这种正当性必须建立在形式理性的基础之上。缺乏正当性或失去了正当性的权利或权利行使的制度不可能长久维持。② 或者说，用以规范公共权力的法律制度之正当性始终是一个带有根本性的命题，是法律制度本身真正永恒的生命基础，是任何法律制度都应当具备的优良品质。而衡量检察权之正当性及其形式理性的价值标准，在总结历史经验的基础上，应当着重透视这一公共权力的配置是否秉承了法治的基本理念、是否符合现代刑事诉讼程序法的内在精神以及检察权的运作是否能够确保上述价值观念成为指导诉讼过程的理性力量。这是我们评价中国检察制度及检察权理论的基点。人类社会的实践足以证明，批捕权是一项直接体现刑事诉讼目的、影响刑事诉讼结构十分重要的法律制度；批捕权的优化配置，主要是体现了刑事诉讼程序保障人权之价值的强化，更是衡量司法制度文明、进步与否的重要尺度。任何试图将批捕权问题简单化而怠于揭示其正当的法理基础的思想观念，都是对刑事诉讼程序本身存在价值的漠视，也是人治社会特权思想恶性膨胀的表征，并必将导致在实践中滥用这种权力而使刑事诉讼程序人权保护功能极度弱化，甚至形同虚设。显而易见，中国检察机关享有批捕权的立法模式，着实已经严重违背了法治社会公共权力配置的基本原则和诉讼规律，在本质上其实不过是一种陈旧、落后的诉讼观念的集中体现，危害甚大。因此，实现批捕权与检察权的彻底分离，则成为我国检察体制改革的重要的突破口。

## 三

批捕权绝不是提高侦查工作效率的手段，这是对批捕权法律功能的严重扭曲，正是这种十分错误的思想观念为侦查权、检察权等的滥用大开方便之门；在刑事诉讼中确立审判中心原则，坚持由审判机关行使批捕权，建立严格的人身保

---

① ［美］埃尔曼著：《比较法律文化》，中国政法大学出版社1994年版，第177页。

② ［日］谷口安平著：《程序的正义与诉讼》，王亚新、刘荣军译，中国政法大学出版社1996年版，第10页。

护令状制度,既是一种世界惯例,为大势所趋,也是完善我国刑事法制、保障司法公正、真正实现社会主义法治国家的客观需要,完全是与社会主义民主政治相适应的重要的法律制度。

"刘文"强调提出,逮捕在侦查阶段只是服务于侦查的一种强制措施,而批捕权则成为保障侦查工作效率的重要手段。毋庸讳言,在中国的司法实践中,批捕权确实往往成为获取证据的有效辅助手段,即所谓"以捕代侦"。殊不知,司法实践中的这种惯行,恰恰是对批捕权制度的法律功能的严重误解和扭曲,也是野蛮、落后的封建社会司法制度中有罪推定观念的集中体现。在实质意义上是一种滥用国家权力的变种。在法理上,现代刑事诉讼法中的批捕权制度,其唯一的法律功能就在于防止犯罪嫌疑人、被告人逃避侦查、公诉和审判,以保障刑事诉讼的顺利进行。将批捕权作为获取证据的一种便捷手段,就无法避免侦查机关为查明案件事实真相而采取诸如刑讯逼供等非法取证行为而肆意侵害人权,这就完全偏离了批捕权制度的本来法律功能而逐步演变成为一种践踏人权和程序正义价值的特权。其实说到底,确立检察机关行使批捕权的这种立法模式的价值取向是与司法实践中奉行的口供主义密切相关的,这也是目前赞成检察机关享有批捕权制度的社会心理基础。由于我国刑事诉讼法并未确立自白排除规则和反对自我归罪原则,更没有赋予犯罪嫌疑人以沉默权,相反却规定具有如实陈述的义务,而检察机关在刑事诉讼中又承担举证责任,并对部分案件行使侦查权,无论在司法传统还是在司法实践中被告人的口供往往被当成最便捷的证据之源,所以靠这种"先抓起来",然后再突击逼供的方式就不愁没有所需的各种证据,在有些人的心目中这就是检察机关应该享有批捕权最重要的"理论依据",当然会像"刘文"那样美其名曰是为了"侦查工作的快速、高效"。殊不知,人类社会的实践已是以证明,这是一种极其落后、极其危险的法律制度,是滋生冤假错案、司法腐败、司法不公等的万恶之源,为现代刑事诉讼理念所不容。我们在任何时候都必然要强调司法效率,因为这是司法体制的生命之所在,但是我们绝不能以牺牲人权和司法体制本身的廉洁性为代价。也许有人会说,导致刑讯逼供的原因是多方面的。但是,滥用批捕权无疑是给这种严重践踏法制、恶意侵害人权的野蛮行为提供了便利条件。

另外,随着我国庭审形式的改革,检察机关的举证负担越来越重,批捕权被滥用的倾向越来越明显。人类社会的法律实践已经证明,在抗辩制诉讼结构中,检察机关享有批捕权是一种极其危险的国家权力配置模式,不但对辩护一方构成直接威胁,其危害远远不止是导致在刑事诉讼中控辩双方的严重失衡,甚至,有可能进而危及国家的宪政基础,这并非是危言耸听。也许在有些人看来,由检察机关享有批捕权,表面上似乎仅仅是一个小小的技术性问题,但在实质意义上,它铭刻着国家政治及刑事司法所追求的带有根本性的价值取向。从历史的角度来分析,尽管检察机关享有批捕权的立法模式源于苏联,[①]是完完整整地移植过来的,但它之所以能够深深地根植在中国这片土地上,正是由于这种立法模式的价值取向,与我国生生不息的人治传统能够巧妙地结合在一起,并产生合力,可谓根深蒂固。但这种制度及其所产生的恶劣后果,都是与我们所处的这个时代格格不入的。

通过以上分析,不难发现现行检察机关享有批捕权的法律制度,无论是在法理上,还是在司法实践中都是弊远远大于利,应予废止。改革的出路只能是将批捕权赋予给公正、公开并且无偏见地行使审判权的法院,即建立有中国特色的严格的人身保护令状制度。我们并不否认"刘文"所言的目前审判制度仍然存在这样或那样的不合理之处,但人民法院在保障人权方面的核心作用,则是有目共睹的。在法治社会,法治的精义在于法律至上,而法官恰恰是法律秩序的象征,他体现了法律的自治、法律公平和法律报应的价值,因而在象征意义上是中心,而不是警察和立法者,[②]更不可能是承担控诉职能的检察官。或者说,如果法院是法律帝国的首都,那么法官则是皇帝。可想而知,公正、中立的法官在刑事诉讼中通过对侦查、逮捕等活动采取司法令状制度,无疑会成为有效地防止制约侦查权、检察权滥用和保障人权的坚实屏障。其实,这也是完全符合刑事司法国际准则的。我国已声明加入的国际公约《公民权利和政治权利国际公约》第9条第4项明确规定:任何因逮捕或拘禁被剥夺自由的人,有资格向法庭提起诉讼,以便法庭能不拖延地决定拘禁他是否合法以及如果拘禁不合法时命令予以释放。由此看来,通过法院的司法审查,以便用一种公正、有效而又简便的方法对在刑事诉讼中侵犯基本人权的行为进行及时纠正,无疑是人类社会司法制度文明化、民主化的一个显著表征。目前,许多国家的宪法或法律均规定了类似的人身保护令制度,已经成为一种惯例。更何况中国的检察机关和法院等法律概念及相应的制度,本来就非祖传国粹,而是地地道道的"舶来品"。我们有什么理由不取长补短、择善而从呢?

(2000年第1期)

---

① "刘文"一方面承认中国的批捕权制度源于苏联,而另一方面又列举苏联的类似立法来论证检察机关行使批捕权并非是中国独创,如此这般的论证实在是难有任何说服力。

② [美]诺内特等著:《转变中的法律与社会》,张志铭译,中国政法大学出版社1994年版,第67页。

# 从“流水作业”走向“以裁判为中心”

## ——对中国刑事司法改革的一种思考

陈瑞华*



## 一、问题的提出

研究刑事诉讼问题的学者通常会有这样一些困惑:很多在西方各国都是由法官或法院亲自实施的诉讼行为,在中国则可以由警察、检察官和法官分别实施;西方各国强调由中立的司法机构对审判前程序进行司法审查,而中国则强调检警机构对立案、侦查和审查起诉活动的主导性控制,不允许法官参与审判前的诉讼活动;西方各国强调法院对诉讼中程序问题有最终和权威的裁判权,而中国则允许警察、检察官与法官各自作出一系列有关诉讼程序的决定;很多在西方都是仅仅用来规范法院司法活动的诉讼规则,如回避、管辖、证明标准等,在中国则可以用来同时规范公安机关和检察机关的诉讼活动。甚至连中国颇具特色的“公检法三机关”这一称谓,在西方各国也不存在与之相对应的名词。

其实,通过比较就不难发现,中国与西方各国在刑事司法的整体构造方面存在明显的差异。英美等国的刑事诉讼程序自不必说。即便是与中国在法律制度上较为相近的大陆法国家,也确立了与中国迥然不同的刑事诉讼构造。为了便于说明问题,并有助于对中西刑事诉讼程序作一完整的比较,笔者将对西方两大法系国家诉讼程序的差异忽略不计,而关注于它们之间的共同点。在笔者看来,西方各国的诉讼程序大体上都具有“以裁判为中心”的构造模式,而相比之下,中国的刑事诉讼程序则具有“流水作业式”的构造模式。

什么是“以裁判为中心”的诉讼构造?比较刑事诉讼法学的研究成果表明,英美与法国、德国、意大利等大陆法国家的刑事诉讼程序从基础性理念到诉讼程序设计方面都存在较大的差异。不过,不容忽视的是,这些西方国家的刑事诉讼程序在整体构造上却具有越来越多的共同特点。尤其是相对于中国的刑事诉讼构造而言,这些共同特点显得格外引人注目。我们可以看到,西方各国的刑事诉讼程序有两个极为重要的理论基础:一是司法最终裁决原则,二是控审分离原



* 作者单位:北京大学法学院。

则。根据前一原则，所有涉及个人自由、财产、隐私甚至生命的事项，不论是属于程序性的还是实体性的，都必须由司法机构通过亲自"听审"或者"聆讯"(hearing)作出裁判，而且这种程序性裁判和实体性裁判具有最终的权威性。而根据后一原则，司法职能必须与追诉犯罪职能加以严格的区分，而不能由司法机构代行追诉职能，也不能由侦查或公诉机构兼负司法裁判职能。即使在审判前阶段，有权决定对公民基本权益进行限制和剥夺的机构也只能是不负有追诉职能的司法机构，而不能是侦查机构或者公诉机构。这样，裁判活动就不仅存在于法庭审判阶段，而且也存在于审判前的诉讼阶段，并被用来决定与个人基本权益有关的一切事项。同时，即使在法庭审判阶段，司法机构也要继续就审判前追诉活动的合法性进行司法审查。这样，司法机构的裁判活动实际就居于刑事诉讼的中心，成为具有典型"诉讼"特征，而与行政活动甚至准军事活动完全不同的国家职能活动。

有鉴于此，本文拟从一个新的角度，对中国的刑事司法改革问题进行分析和论述。在笔者看来，中国的侦查程序、起诉程序、审判程序甚至救济程序固然存在诸多的缺陷和弊端，但关键的问题则出现在所谓"流水作业"式的刑事诉讼构造之中。如果不对这种构造进行全面的改造，如果不能从"流水作业"走向"以司法裁判为中心"的诉讼模式，中国的刑事司法改革注定是不会取得成功的。

## 二、"流水作业"式的刑事司法构造

根据笔者长期以来的观察和思考，中国的刑事诉讼在纵向上可以说具有一种"流水作业式"的构造。① 因为侦查、起诉和审判这三个完全独立而互不隶属的诉讼阶段，如工厂生产车间的三道工序。公安、检察和裁判机构在这三个环节上分别进行流水作业式的操作，它们可以被看做刑事诉讼这一流水线上的三个主要的"操作员"，通过前后接力、互相配合和互相补充的活动，共同致力于实现刑事诉讼法的任务。长期以来，中国刑事诉讼法一直存在一项极为重要的诉讼原则，也就是"人民法院、人民检察院和公安机关进行刑事诉讼，应当分工负责，互相配合，互相制约，以保证准确有效地执行法律。"(《刑事诉讼法》第7条)在这一原

① 笔者在以前的研究中曾将中国的刑事诉讼程序解释为"三道工序式"的构造。一旦动笔进行研究这一问题，笔者又发现这两种说法仍然有未尽其意之处。实际上，中国刑事诉讼的典型特征就在于侦查、起诉和审判三阶段之间，以及"公检法三机关"之间具有易于混同而且分散、独立的特点。不仅中国的审判前程序不具有一体化的模式，而且审判与审判前程序也没有进行适当的分离。认识到这一点，笔者倾向于将这种程序称为"流水作业"式的构造。

则的影响下，“公检法三机关”之间的法定职能分工就不可能有更多的积极意义，它们之间的“分工负责”和“互相制约”经常被其“互相配合”所代替。与此相对应，在这一由三个机构共同作业而进行的活动中，法院不可能对检警机构的追诉活动实施真正的司法控制，司法裁判活动也就不可能居于刑事诉讼的中心地位。为了使读者认清这种“流水作业式”的诉讼构造的基本特征，及其与“裁判中心式”的诉讼构造的主要差异，笔者将从以下方面对其进行总结和归纳。

第一，审判前后诉讼活动既没有法官的参与，也不存在司法授权和司法审查机制，司法机构不能就追诉活动的合法性举行任何形式的程序性裁判活动。无论在英美还是大陆法国家，法官都有权对司法警察实施的任何限制或者剥夺公民基本权利的行为进行司法审查。警察在对公民实施逮捕、羁押、搜查、扣押、窃听等强制措施之前，必须从法官那里取得合法的许可令状。但是在中国，法官在法律上就无参加刑事审判前活动的权利。公安机关对公民实施的任何专门调查活动都无须取得法官的批准，而且除了在实施逮捕时需要取得检察机关的批准以外，可以完全独立地实施其他任何一种强制措施。而检察机关作为一种兼负有侦查和公诉职能的“法律监督机关”，在其自行侦查的案件中甚至还可以自行采取包括搜查、扣押等在内的专门调查措施，实施逮捕、拘留、取保候审、监视居住、拘传等强制措施，而不受其他任何外部司法机构的授权和审查。这样，法院就只能在侦查终结、检察机关向其提起公诉以后，才能进行司法裁判活动，审判前的侦查和审查起诉阶段就缺少必要的由中立司法机关实施的授权和审查机制。

第二，这种司法授权和审查机制的缺乏，导致审判前阶段不存在任何实质上的司法裁判活动。无论是遭受不当羁押的嫌疑人，还是受到不公正搜查、扣押的公民，都无权直接向中立司法机构提出诉讼请求，法院也几乎从来不会受理这种请求，并就此举行任何形式的司法裁判。中国的司法裁判仅仅是法院对被告人是否有罪进行的裁判活动，而不是针对审判前追诉活动的合法性进行的裁判活动。那些在西方作为体现法院最终裁判者地位的司法救济制度，如人身保护令程序等，并不存在于中国的刑事诉讼之中。在中国，法院经常进行的主要是实体性裁判活动，而很少就某一程序性事项进行裁判活动。在司法实践中，遭受长时期羁押或者被采取其他强制措施的嫌疑人、被告人，一般只能向侦查机构或者检察机关提出有关解除或者变更强制措施的请求。但不幸的是，侦查机构作为与案件有着直接利害关系的机构，有着强烈的追诉犯罪的欲望；而检察机关也同时负有公诉或者侦查职责，也有着有效追诉犯罪的动机。作为接受被告人申诉、控告的机构，它们显然都缺乏必要的中立性和超然性。真正用来审查审判前追诉活动合法性的司法裁判活动实际并不存在。

第三,在法庭审判过程中,法院针对追诉行为合法性而进行的司法审查极为薄弱,难以对审判前的追诉活动进行有效的司法控制。中国刑事诉讼法尽管并未确立有关非法证据的排除规则,但一些类似的规则却存在于司法解释之中。根据最高人民法院的解释,"凡经查证确实属于采用刑讯逼供或者威胁、引诱、欺骗等非法的方法取得的证人证言、被害人陈述、被告人供述,不能作为定案的根据"。[①] 但是,由于法院事实上承担着惩治犯罪的使命,法院本身又不能完全独立自主地进行司法裁判活动,加上这一规则又缺乏必要的证明责任机制作保障,因此法院能在多大程度上行使这一证据排除权确实不无疑问。而在司法实践中,法院对于司法警察或者检察机构采用上述非法手段的证据,通常采取的对策是:谴责刑讯逼供或威胁、引诱、欺骗等非法取证行为,但对于通过这些行为获取的供述、证言等证据,则直接作为定案的根据。与此同时,对于检警机构采用非法搜查、扣押、查询、冻结等手段获取的实物证据,法院只要认为它们具有证明价值,通常会直接将其采用为定案的根据。这样,将查明事实真相作为自己最高目标的法院,不仅不能参与审判前的诉讼活动,而且在法庭审判过程中也不能对审判前的追诉活动实施有效的司法审查。即使在辩护方明确就某一控方证据提出异议的情况下,法院一般也不会就这一程序性问题举行专门的司法裁判活动。这种"重实体裁判,轻程序审查"的现象,导致法院难以充当真正独立的司法裁判者的角色,司法裁判也就不可能居于刑事诉讼的中心地位。

第四,追诉机构的案卷材料对法院的裁判结论具有决定性的影响。《刑事诉讼法》在1996年进行修改以后,卷宗移送式的起诉方式有所改变:现在检察机关移送法院的只是证据目录、证人名单和主要证据的复印件和照片,而不再是全部侦查案卷材料。这样,法院在审判开始之前就不再对控诉方的案卷材料进行全面阅览,至少有一部分证据要由控辩双方在庭审中直接向法庭提出。但是,控诉方的案卷对法院审判的决定作用并没有因此消失,审判作为对侦查成果和证据的确认程序的状态依然存在。一方面,在法庭审理结束后的3日以内,检察机关仍然要将全部案卷材料移送法院,由合议庭进行阅览,以便为制作裁判作准备。这种在各地法院普遍盛行的做法,直接导致卷宗移送式的起诉方式的全面"复活",只不过过去案卷移送发生在法庭审理开始之前,现在则发生在法庭审理结束之后。但不幸的是,案卷移送仍然发生在法庭作出裁判之前,法庭仍然将阅卷作为采纳证据、认定事实和适用法律的主要根据。由此,控方案卷对法院裁

① 参见最高人民法院1998年发布的《关于执行〈中华人民共和国刑事诉讼法〉若干问题的解释》第61条。

判结论的直接影响和决定作用仍然广泛地存在着。另一方面,在中国目前的法庭审判中,绝大多数证人、鉴定人都不出庭作证,控诉方提交法院的大都是证人在侦查阶段接受侦查人员询问时作出的书面证言或侦查人员自行制作的证言笔录,以及侦查机构聘请或委托的鉴定人制作的书面鉴定结论。在法庭审判中,法庭对这些证人证言、鉴定结论的调查,大都通过直接宣读书面证言、证言笔录或者鉴定结论的形式来进行。由于证人、鉴定人不能直接出席法庭审判,控辩双方也就失去与证人、鉴定人进行当庭对质的机会,法庭对这些证据的调查必然会流于书面化和间接化。这样,侦查卷宗对法庭审判的直接影响又通过书面的证言和鉴定结论而发生作用,法庭审判依然不过是对侦查卷宗中记载的证言和鉴定结论法律效力的确认而已。在这种情况下,法院或许可以进行快速的审判,节省大量的人力、物力和时间资源,但它所丧失的却是独立自主的裁判权,并导致刑事追诉机构通过案卷间接决定裁判结论的现象发生。

第五,公检法三机关一旦发现案件事实不清、证据不足,就可以推动程序“逆向运行”。《刑事诉讼法》在1996年修改以后,法院直接将案件退回检察机构补充侦查的做法得到禁止。法院在开庭前的审查公诉阶段,即使发现案件证据不足,也不能直接将案件退回补充侦查,更不能自行进行庭外调查。一般情况下,法院发现检察机关的起诉缺少有关诉讼材料时,只能通知检察机关进行补充。即使检察机关不予补充,法院也不能以此为由拒绝开庭审判。但是,在法庭审理中,公诉人发现案件需要补充侦查的,可以向合议庭提出延期审理的建议,合议庭一般必须同意。这一延期审理的建议以两次为限。同时,合议庭发现被告人可能有自首、立功等法定量刑情节,而起诉和移送的证据材料中没有相关证据的,应当建议检察机关补充侦查。这样,案件即使进入法庭审理阶段,合议庭或者公诉人仍然可以“建议”进行补充侦查,案件由此从审判阶段退回到审判前的追诉阶段。不仅如此,检察机关在审查批捕、审查起诉阶段,发现公安机关侦查终结的案件事实不清、证据不足的,仍然可以退回公安机关补充侦查。但与过去不同的是,补充侦查现在一般不得超过两次,一次以一个月时间为限。不过,在补充侦查期间,嫌疑人、被告人的羁押期间一般也要相应地得到延长。可见,即使在《刑事诉讼法》修改以后,侦查、起诉和审判“逆向运行”的情况仍然没有得到实质上的变化。

第六,法院在审判过程中发现追诉机关的指控事实清楚、证据确实充分,而认定的罪名“不适当”的,可以直接按照自己认定的新罪名作出有罪裁判。在西方各国,法院由于受所谓“不告不理原则”或“诉因制度”的限制不仅在启动诉讼程序方面保持一定的被动性,而且还要严格按照检察机关起诉的范围作出裁判,而不能超越起诉书裁定的范围，就未经起诉的人或事实作出有罪裁判。与此同时，法院也只能就起诉书列出的罪名是否成立的问题作出裁判，而不能自行判处被告人犯有未经起诉的新罪名。但是在中国司法实践中，法院只要认为被告人"犯罪事实清楚，证据确实充分"，即使不能构成起诉书指控的罪名，也可以按照一个新的罪名作出有罪裁判。这一点还在最高人民法院的司法解释中得到确立。[①] 这样做的法律后果是，法院事实上自行超越了起诉书的指控范围，将一个未经起诉的新罪名强加给被告人。法院或许在个案中获得了"正确"的有罪结论，但它丧失的则是作为司法裁判机构所必备的中立性，充当起事实上的公诉人，担负起追诉犯罪的职能。看来，即使是最高人民法院，也将自己定位于"继续追诉犯罪"的诉讼角色，主动充当刑事诉讼这一"流水线"上的操作员，并与检察机关一起完成惩治犯罪的任务。

根据以上分析，读者就不难看出中国这种"流水作业式"的刑事诉讼构造，实际上与西方各国"以裁判为中心"的构造具有极为鲜明的区别。人们过去笼统地将中国的刑事诉讼归结为所谓"职权主义"或者"超职权主义"的程序模式，其实忽略了这种构造的纵向方面，无视所谓"公检法三机关"之间互相接力、前后补充的法律关系，可以说，在决定与公民个人基本权益有关的事项方面，"公检法三机关"实际被设计成三个几乎完全独立的司法机构，它们都拥有一些本应由司法机构所拥有的权力。但与此同时，这三个机构又都可能站在同一立场，从事起追诉犯罪、维护治安的责任。这显然容易形成一种"以追诉为中心"的构造，而无法形成"以司法裁判为中心"的模式。而这与刑事诉讼作为"诉讼"的全部特征都是相背离的。

## 三、对中国刑事司法构造的反思

在中国司法制度中，有关"法律监督"的程序设置随处可见，并有逐渐增强的趋势。从宪法和法律的规定来看，各级人民代表大会及其常务委员会对法院、检察机关的工作实施监督，并从人事任免方面对法院和检察机关实施法律上的控制，法院、检察机关还要向人大报告工作；检察机关作为国家专门"法律监督机关"，有权监督公安机关和法院的诉讼活动，促使其纠正违反法律规定的行为。而从司法制度的具体运作情况来看，各级党的政法委员会对"公检法三机

① 参见最高人民法院1998年发布的《关于执行〈中华人民共和国刑事诉讼法〉若干问题的解释》第176条。

关”在刑事诉讼中的活动可以进行协调，并事实上充当着督促检察机构和法院办案的功能。近年来，针对刑事诉讼活动的“监督”活动呈现出日益扩大的趋势，全国各地县以上人民代表大会及其常委会对“公检法三机关”的刑事诉讼活动实施所谓“个案监督”的情况越来越多，全国人大常委会正在制定并即将通过有关“个案监督”的法律。预计今后由人大常委会推动“公检法三机关”发动或者终止某一诉讼程序的现象会成为中国司法制度的又一新的景观。不仅如此，就连各种新闻媒介，包括电视、电台、报纸杂志等，也纷纷打出“新闻监督”的旗号，将“公检法三机关”的刑事诉讼活动作为监督的主要焦点。

面对上述情况，人们不禁会发出疑问和感叹：中国的司法制度怎么了？客观地讲，从宪法、法院组织法、检察院组织法、刑法、刑事诉讼法的规定来看，中国已经建立了一套大体上还算完备的刑事司法体制和刑事程序，但为什么“公检法三机关”不能按照这套制度和程序进行一种自动的良性运作，而要依靠一些外部力量的推动或督促才能保持刑事诉讼活动的运转呢？从目前社会舆论的关注点来看，“公检法三机关”在一定范围内存在以下引起人们非议的问题：超期羁押、随意适用强制措施、刑讯逼供、非法取证、贪赃枉法、徇私舞弊、冤假错案难以获得纠正等。这些情况并非为中国所独有，但为什么它们不能通过“公检法三机关”正常的良性互动得到解决，而非得“惊动”司法体制以外的权威和力量才能得到处理呢？其实上述问题不过是从一个侧面暴露了中国刑事诉讼构造的缺陷：由于“公检法三机关”各自相对独立地从事诉讼活动，各自在某一诉讼阶段上充当拥有最终决定权的司法机构，那种为西方各国普遍确立的“以司法裁判为中心”的诉讼构造基本上没有建立起来，因此刑事诉讼出现混乱无序、大量程序违法的情况得不到解决的现象就必然发生。也就是说，在很多情况下，由于现行司法制度没有在“公检法三机关”中确立一个相对权威的机构，而是将权力分散地放置于它们之中，诉讼程序难以依靠三机关的互动而得到合法的运作，而必须由某一外部政治权威来加以推动、干预或者施加压力，才有可能使宪法和法律的规定得到实施。形象地说，中国的刑事诉讼程序就像一台出了故障的电脑一样，在运作过程中经常出现“死机”的现象；而且必须靠“重新启动”甚至“修改软件”等非正常手段，才能解决这一程序运作中的问题。这样，由“公检法三机关”通过“流水作业”的方式进行刑事诉讼活动，似乎天然地就存在一种危险：要维持其正常的运转，就必须引进外部的干预。这就使法律上所说的所谓“检察权和审判权的独立行使”只能成为天方夜谭，本应属于法律实施活动的刑事诉讼，必然出现“泛政治化”的非正常现象。

中国刑事诉讼的这一缺陷产生了极为深远的消极影响。本来，与纠问式诉讼相比,现代刑事诉讼制度建立在一项基本的理论假定的基础上:将国家惩治犯罪的活动纳入“诉讼”的轨道,使诉讼的每一阶段都存在控诉、防御和司法裁判三方的相互制衡,使作为国家利益代表的检察机构能够通过与辩护方在中立的司法裁判机构面前进行理性的论争,来完成刑事追诉的使命,由此才能保证刑事诉讼真正成为一种“诉讼”活动,而不至于沦为军事镇压或行政性“治罪”活动。[①] 但是,中国这种“流水作业式”的刑事诉讼构造,却导致审判前程序中缺少中立司法裁判机构,审判阶段的司法裁判机能也明显弱化。对于审判前程序而言,由检察机关直接面对被追诉者,自行决定实施旨在限制或者剥夺公民基本权益的强制性措施,诸如逮捕、拘留、搜查、扣押、勘验、检查等直接影响公民权益的措施无法获得中立司法机构的授权和审查,遭受不公正对待的公民也不能获得有效的司法救济。这必然使名义上的“诉讼”活动沦为检警机构针对公民自行实施的单方面“治罪”活动。这种司法裁判机制的缺乏,直接导致被追诉者地位的严重恶化和检警机构权力的无限膨胀甚至滥用。前面所说的所谓“超期羁押”、“刑讯逼供”、“随意适用强制措施”、“非法取证”、“任意处置”等现象,之所以在司法实践中“屡禁不止”,就是源于这种“流水作业式”的审判前程序构造,导源于审判前程序的单方面“治罪”性质,也导源于审判前程序缺乏真正意义上的“诉讼”形态这一事实。

而对于审判程序而言,法院不仅不能对检警机构的追诉活动实施有效的司法审查,独立自主地排除非法所得的证据材料,而且还只能依靠指控方在审判前、审判过程中以及法庭审理结束以后相继移送的书面案卷材料制作裁判结论,从而丧失了独立自主地采纳证据、认定事实和适用法律的能力,不能做到真正从法庭审理过程中、从控辩双方的举证和辩论过程中形成自己的裁判结论。这一现实所导致的必然是法庭审判过程的流于形式和裁判机能的名存实亡。在这一构造下,所有针对法庭审理的公正进行而设置的诉讼原则和制度,如合议制、回避制、两审终审制、审判公开、辩护、交叉询问等,几乎全部名存实亡,丧失其存在的价值和本应发挥的诉讼机能。

另外,“流水作业式”诉讼构造的这一缺陷,还导致“公检法三机关”之间法定的职能分工几乎完全流于形式。本来,法官这一职业在立法设计中确实是有别于警察和检察官的。例如,法官制服的肩章上刻着的是天平的图案,而警察制

---

① 例如,在法国刑事法制史上,有关刑事程序方面的法律在17世纪曾以“治罪法”命名。而在法国大革命以后,拿破仑于1808年制定通过的一部刑事程序法仍被命名为“治罪法”。直到1897年,一部体现了自由主义政治哲学的刑事程序法才正式命名为“刑事诉讼法”。从“治罪法”到“刑事诉讼法”,这一名称的变化实际体现了人们对待刑事诉讼性质和功能的态度的转变。

服的肩章上刻着的则是盾牌图案；法官一般主要在法庭上、在控辩双方同时到庭的情况下进行裁判活动，而警察和检察官则可以在办公室、现场等非正式场合进行追诉活动。但是，由于法院与检警机构一样，都被认为负有惩治犯罪、查明事实真相的政治使命，法院本来所具有的公正司法裁判者角色，经常不得不让位于实际的“第三追诉者”角色。事实上，“公检法三机关”这一称谓本身已经点破了中国法院的处境。那种在西方被认为是“社会正义最后堡垒”的法院，在中国就可以与检警机构完全等同起来，成为追诉犯罪这一“流水线”上的操作员，成为当权者用来维护社会治安的工具。而在某一个人的权益与“国家和社会”的利益发生冲突的场合，法院也往往会站在后者的立场上，漠视个人的基本权利甚至人格尊严。



## 四、从“流水作业”走向“以裁判为中心”

1996年进行的《刑事诉讼法》的重大修改，曾经使不少人对中国刑事司法制度的重建持有相当大的期望。但时至今日，人们忽然发现，一切依旧按照原来的进行运转，“公检法三机关”依然在相互配合、“从重从快”地进行着惩治犯罪的活动。例如，所谓的“刑事审判方式改革”，从试验到正式实施一直持续了接近10年，尽管并没有谁明确宣告它的失败，但至少就刑事审判领域而言，改革确实没有取得成功。① 又如，1996年的改革使律师能够参与侦查和审查起诉阶段的诉讼活动，为犯罪嫌疑人提供一定的法律帮助。但是，嫌疑人的地位和处境实际改善了多少呢？实现“提前介入”目标的律师又能够实际发挥多大的作用呢？其实不需要作深入理论分析，人们从种种现象上就不难看出，中国刑事诉讼中的绝大多数问题，似乎都与这种独一无二的“流水作业式”的诉讼构造存在密切的联系，过去进行的改革似乎完全忽略了这种滋生腐败、导致权力滥用的刑事司法体制。看来，对公检法三机关“流水作业”的权力关系进行改变，对侦查、起诉和审判三阶段之间的法律关系作出变革，应当成为刑事司法改革的重点之一。

那么，如何对这种沿袭多年的“流水作业式”的诉讼构造进行改造呢？鉴于这种诉讼构造的缺陷，就是将国家追究犯罪的活动按照行政管理或者准军事化的方式进行规范，而没有将此纳入“诉讼”或“司法裁判”的轨道，因此，改造的重心应当是从“流水作业”走向“以司法裁判为中心”。当然，笔者这里所说的只是就理论意义上而言的，这丝毫不意味着中国必须全盘接受西方某一国家的诉讼

① 对于中国刑事审判方式改革的成效和问题，参见陈瑞华著：《刑事诉讼的前沿问题》，中国人民大学出版社2000年版，第7章。

模式。我们所应关注的,应当是西方各国赖以建立其刑事诉讼程序的基础性理念,以及与此相伴而生的基本诉讼框架。

首先,应当在审判前的追诉程序中设立一个不承担追诉职能的中立的司法机构,使其能够对检警机构限制或者剥夺公民基本权益的行为,进行有效的司法授权和司法审查,由此可以在审判前程序中构建起真正意义上的司法裁判程序。在笔者看来,审判前程序要想摆脱其纠问化和行政化的形象,就必须在诉讼构造中设计一个中立的裁判者,使所有发生在检警机构与嫌疑人之间的争端都能被纳入司法裁判程序的轨道。这个所谓"中立的司法裁判者",可以是一个既不承担追诉职能,也不承担案件实体性裁判职能的独立法官。他应当能够参与审判前活动的全过程,并就所有与公民基本权益有关的事项,如逮捕、拘留、取保候审、监视居住、搜查、扣押、窃听、勘验、检查、鉴定、通缉等强制性措施,发布是否许可的令状。同时,对于公民因不服自己遭受的强制性措施而提出的申诉、控告,该法官还应负责进行受理和审查。不仅如此,对于公民因为遭受不合理或过长的审前羁押而提出的诉讼,还应当有专门的法院负责受理和审查。笔者以为,可以考虑借鉴西方各国的"人身保护令"制度,在中国构建一种专门针对审判羁押的合法性而进行的程序性裁判制度。这对于防止超期羁押、任意羁押现象的发生,无疑是极为重要的治本之道。

摆脱"流水作业式"诉讼构造的第二步,是彻底切断审判前的追诉程序与审判程序的因果联系,真正使法庭审判成为决定案件结局的唯一阶段。为此,应当确立以下几方面的程序保障:一是贯彻直接和言词审理原则,建立证人、鉴定人、被害人出庭作证的制度,使裁判者完全通过当庭听证和聆讯,对证人证言、鉴定结论和被害人陈述等言词证据的证明力作出裁断。二是实行彻底的"起诉书一本主义",禁止检察机关在提起公诉时将任何足以令裁判者产生预断的证据材料移送给法院,同时禁止检察机构以任何形式、在任何阶段再将案卷材料移送法院,以保证裁判者完全根据控辩双方当庭提出的证据作出裁判,并且将自己的裁判结论建立在通过当庭听审所形成的直观印象上面。三是确立传闻证据排除规则,严禁检察机关随意地以书面笔录的方式提供被告人供述、证人证言、鉴定结论或被害人陈述,对于这种传闻证据一般应当排除于法庭审判之外,不使其作为法庭定案的根据。对于以上所有言词证据,都必须以被告人、证人、鉴定人、被害人等的当庭陈述,作为定案的直接根据。被告人在侦查阶段所作的有罪供述、证人在侦查阶段所作的证言、鉴定人在侦查阶段所作的鉴定结论,以及被害人在侦查阶段向检警机构所作的陈述,都不能直接被用来作为对被告人进行定罪的根据。四是禁止裁判者与检警机构进行任何形式的"单方面接触"。无论是在法庭审判开始之前，还是审判过程，或者审理结束之后，裁判者都不能与控诉一方进行诸如“交换意见”、“提供材料”、“秘密协商”之类的幕后活动。否则，检警机构的意见就会通过这种接触直接对裁判者的结论产生不可低估的影响。只有通过上述途径使刑事追诉的结论不再对司法裁判的结局具有预定效力，裁判者才能真正从法庭审判过程之中，而不是刑事追诉机构的案卷中寻找裁判的根据。法庭审判也由此才能具有“刑事诉讼中心”的地位。

摆脱“流水作业式”诉讼构造的第三步，是强化嫌疑人、被告人一方的诉讼主体地位，扩大辩护律师在刑事诉讼中的参与范围，使辩护一方成为足以对抗追诉一方，并能够对司法裁判者形成有效制约的“一极”。“诉讼”形态的形成，除了必须存在中立的司法裁判者以外，还必须使辩护一方具有较强的对抗能力。否则，那种典型的“控诉、辩护与裁判相互制衡”的诉讼格局不仅难以形成，而且还会演变成为裁判者与追诉者联合起来，共同对付辩护一方的诉讼态势。因此，必须至少从以下几个方面提高嫌疑人、被告人的诉讼地位：一是赋予嫌疑人、被告人保持沉默的权利，使其享有作出有罪供述或者无罪辩解的自由；无论是追诉机构还是裁判者，都不能因为嫌疑人、被告人保持沉默，或者进行过激烈的无罪辩解，而作出对其不利的裁判结论。为此，司法警察和检察官在对嫌疑人进行讯问之前，都必须首先向其告知诉讼权利和行为的后果，并发出有关的警告。二是大幅度地缩小审前羁押的适用范围，尽量采取羁押的替代性措施，如取保候审等使更多的嫌疑人、被告人能够在诉讼过程中具有基本的人身自由，从而与辩护律师一道，进行充分的辩护准备活动。三是扩大辩护律师的参与范围，增强其参与效果。在审判前的追诉活动中，辩护律师应当在警察、检察官讯问嫌疑人时，始终到场，为其提供法律帮助；辩护律师与在押嫌疑人、被告人的会见应当不受任何形式的监视，而保持基本的秘密性；辩护律师在侦查结束之后应当立即进行全面的阅卷；在侦查过程中，辩护律师应当有权进行必要的调查，收集有利于嫌疑人的证据材料；对于检警机构实施的重大侦查活动，辩护律师应享有到场参与的权利，等等。在法庭审判开始之前，辩护律师应当有权再次获得阅览检察机关掌握的全部证据材料的机会，从而为法庭上的辩护进行充分准备；辩护律师如有证据需要法院协助调取，有证人需要法院传唤，法院应当运用其司法裁判权，发布有关的令状（如“调取证据令”、“传唤证人令”等），确保辩护方与控诉方一样有将证据提交法庭的机会。

摆脱“流水作业式”诉讼构造的第四步，是彻底贯彻“控审分离”的原则，确保法院真正成为中立的司法裁判者，而不再承担任何刑事追诉职能。为此，应当确立法院中立性和被动性的活动方式，禁止法院积极主动地启动任何诉讼程序，防止法院成为事实上的“第二公诉人”。在制度设计上，应当建立“诉因”制度，将法院的司法裁判活动严格限制在检察机关起诉书载明的范围，不得对起诉书指控的被告人和有关指控事实之外的其他人或事实进行审理，或者作出裁判；同时，对于检察机关起诉的罪名不能构成的，应当按照适当的变更起诉程序，重新提起公诉，并给予辩护一方以新的充分的防御准备。严格禁止法院在检察机关不同意、辩护一方未被告知并没有进行适当准备的情况下，自行改变起诉的罪名。此外，对于二审案件，法院应当将自己审判的范围界定在当事人上诉、检察院抗诉的范围之内，不再搞所谓的“全面审理”，严格贯彻“上诉不加刑”原则。最后，应当严格禁止法院以任何形式主动提起再审程序，并且废除所谓对原来的被告人不利的再审，使再审真正成为纠正不公正的原审裁判、避免公民受到错误定罪判刑的司法裁判活动。只有在法院保持基本中立性的情况下，司法裁判才能成为公正的解决争端的活动，而不再沦为追诉公民的工具。法院也才能够摆脱与检警机构进行“接力赛跑”的形象。

改造中国刑事诉讼构造的第五步，是改变检察机关“法律监督者”的地位，使其不再同时承担司法监督和刑事追诉这两项相互矛盾的诉讼职能。检察机关既进行法律监督，“保证国家法律的同一实施”，又负责提起公诉甚至侦查，就犹如在担任自己为当事人的案件的司法裁判官一样。检察机关在履行所谓“法律监督”职能时，缺乏最起码的中立性和超然性。检察机关所具有的这种“法律监督者”地位，尽管在确保公安机关遵守法律程序、法院依法裁判方面，能否发挥多少有效的积极作用还尚存疑问，但它所带来的负面作用却是巨大而明显的：一方面，它导致法院无法在审判过程中具有独立自主性，而只能受到检察机关以“法律监督”为名进行的干预和牵制。另一方面，这种带有“乌托邦”性质的法律监督，还使“控辩双方平等对抗”这一现代诉讼的基本原则，根本无法得到实现。事实上，在公诉人将自己标榜成“法律监督者”的诉讼格局下，被告人及其辩护人怎么可能与之享有平等的诉讼权利呢？本来，检察机关与辩护一方在对抗能力方面就存在天然的不平衡，诉讼程序本来应当在他们之间人为地制造一种“平等武装”的空间，并为此而适当限制检察机关的追诉势头，赋予被告人一系列的诉讼特权，这是程序公正的最低要求。但不幸的是，中国的被告人不仅没有一些必需的“特权”，就连检察机关所享有的一些诉讼权利，他也无权行使。这就使刑事诉讼自始至终带有控辩双方不平等对抗，甚至带有刑事追诉者凭借“垄断性”的国家权力，不惜一切代价地追究涉嫌犯罪的公民的氛围。因此，将检察机关从“法律监督者”这一司法裁判者地位，“降格”为刑事追诉机构，使其成为与辩护一方完全平等的诉讼双方，这对于“以裁判为中心”的诉讼构造的形成，无疑是最为关键的改革步骤之一。

要形成“以司法裁判为中心”的诉讼格局，第六步的改革应当是赋予法院“最终裁判者”的地位，使其能够对刑事诉讼过程中的所有争议问题，都能够通过开庭方式，作出权威的法律结论。为了结束“公检法三机关”各行其是、分散行使权力的局面，确立法院成为权威的司法裁判机构是绝对必要的。前面所说的确立一种专门从事审判前的司法授权和司法审查活动的法官，其实也带有让法院进行最终裁判的意味。在笔者看来，法院要真正保持权威裁判者的地位，就必须将以下事项纳入司法裁判的轨道：一是所有涉及公民人身自由、财产、隐私等权利的强制性措施；二是司法鉴定的决定权，包括鉴定人的选任、鉴定人的人数、鉴定的时机、鉴定结论的审查和采纳、重新或者补充鉴定等一系列事项；三是所有证据的合法性和可采性，包括通过刑讯逼供等非法手段获取的口供、证言、被害人陈述等言词证据，也包括采用非法搜查、扣押、查封等手段获取的实物证据等；四是证据的交换和展示问题，也就是控辩双方在法庭审理开始之前将各自掌握的证据互相展示给对方的问题；五是证据的调取和证人的传唤，证据和证人无论是控诉方还是辩护方提出的，一旦遇有证据持有者拒不提交、证人拒不出庭作证的情况，法院在接受控辩双方的申请后，都应当发布有关的司法命令，将有关证据和证人强制调取或者传唤到法庭，等等。对于以上事项，一旦控辩双方不服法官或者法院的裁判结论，都应当允许他们向上级法院提出上诉，以引发新的司法裁判程序。另外，要使法院真正具有权威裁判者的地位，在检察机关据以证明被告人有罪的事实不清、有罪证据不足的情况下，法院应有权作出权威的无罪判决，以结束控辩双方的争执，以国家法律的名义宣告检察机关的指控未能成功，从而使受到追诉的公民及时结束“被控告者”这一不确定的身份，摆脱其权利和命运待判定的处境。

最后，要真正建立“以司法裁判为中心”的诉讼构造，还必须进行一系列的刑事司法改革。其中最关键的改革是确保司法裁判者真正具有独立自主性。事实上，如果法院不能相对于地方行政机构、立法机构具有独立自主的裁判权，如果法院不能独立于社会团体、新闻传媒乃至公众舆论，如果法官或陪审员相对于法院内部的院长、庭长、审判委员会甚至上级法院，不能具有独立自主的裁判权，那么，确立“以司法裁判为中心”的诉讼构造，不仅是不可能的，而且是有百弊而无一利的。

（2000 年第 3 期）

# 2001年

# 从认识论走向价值论
## ——证据法理论基础的反思与重构

陈瑞华*

## 一、引　　言

作为诉讼法的有机组成部分,证据法是用来规范证据资格、证据收集和司法证明等活动的法律规则体系。在中国,由于长期以来一直未曾颁布专门的证据法典,有关运用证据的法律规则一般被称为"证据制度"。按照一般的理解,证据制度是指"法律规定的关于在诉讼中如何收集证据,如何审查判断证据,如何运用证据认定案情的规则体系"。① 证据制度"所要解决的核心问题",是"如何保证司法人员能够正确认识案件事实,亦即如何保证其主观符合客观"。② 基于这一点,中国主流的诉讼理论将刑事诉讼、民事诉讼和行政诉讼都视为一种认识活动,这种认识活动的最终目标在于运用证据,查明案件事实的客观真相,从而为正确适用刑法、民法、行政法等实体法律规范奠定基础。而有关证据运用的活动作为重要的诉讼活动,当然是这种认识活动的重要环节。由于这一原因,这一理论将辩证唯物主义认识论视为诉讼制度的重要指导思想之一,视为证据制度的重要理论基础。正是基于这一认识,不少学者将中国的证据制度直接命名为所谓"实事求是"的证据制度。③

将证据制度的理论基础界定为认识论,对中国证据规则体系的形成带来极大的影响。例如,根据现行诉讼法的规定,所有能够证明案件真实情况的事实都是证据,证据材料必须经过查证属实,才能作为定案的根据;凡是知道案件真实情况的人,都可以成为证人。这种对证据和证人法律资格所作的极为宽泛的规定,显然是与查明案件事实真相这一认识论目标有着直接联系的。同时,无论是刑事诉讼法,还是民事诉讼法、行政诉讼法,都将司法机关认定案件事实成立的证明标准确定为"证据确实充分、事实清楚"。这一标准实际就是用法律语言表

---

* 作者单位:北京大学法学院。

① 陈光中主编:《刑事诉讼法学》,中国政法大学出版社1990年版,第146页。

② 陈一云主编:《证据学》,中国人民大学出版社1991年版,第96页。

③ 同上,第93~94页。

达的“查明案件的客观事实真相”的意思。可以说,遍翻三部中国诉讼法典,其中有关证据规则的条款几乎无处不浸透着认识论的观念。

当前,中国的民事证据法正在起草当中,刑事证据立法也已经提到立法机构的议事日程。以刑事证据立法为例,立法机构所关注的几个主要问题,如证人出庭作证、非法证据的排除、沉默权的确立、证据展示规则的建立以及司法鉴定制度的改革等,都涉及中国证据制度的基本框架问题。然而,如果人们对证据立法的理论基础问题不给予充分的重视,还是坚持过去的基本立场、观点和方法,那么,即使未来的证据法通过移植西方的具体程序设计,确立了诸如沉默权、排除规则等一系列证据规则,这些规则也将像刑事审判方式改革那样,在未尽如人意的司法环境中陷入困境。

对于这一问题,笔者在研究中有着较为深刻的体会。鉴于证据立法工作已经启动,面对这难得一遇的立法良机,笔者愿将自己就证据法的理论基础问题所作的一些思考系统地提出来,以供法学界作为讨论甚至争论的材料。笔者深信,立法者大笔一挥,法律条文或许可以得到删除、修改和增加,但条文背后的理论基础、观念和文化因素却会具有长久的生命力。因此,研究证据立法问题的学者在就某一些证据规则的“存废问题”进行争论的同时,也应关注一下证据法的理论基础这一带有根本性的问题。

## 二、对证据法理论基础的反思(一)

辩证唯物主义认识论作为马克思主义理论的重要组成部分,其正确性是毋庸置疑的。但是,任何科学的理论都有其固有的适用范围,并在此范围内具有合理性。而一旦超越固有的范围,被强行套用到一些本不属于自己调整领域的对象上面,就会出现各种不合理甚至不科学的结果。在这一点上,辩证唯物主义认识论也不例外。作为哲学上的一种认识论学说,辩证唯物主义认识论所调整的对象主要是人类的认识活动。可以说,对于人类所有认识未知事物、探求客观真理的活动,辩证唯物主义认识论都能够给予一定的合理解释,也都能称得上一种具有指导作用的理论基础。但是,人类运用证据进行的诉讼活动,究竟是不是一种认识活动呢? 答案如果完全是肯定的,那么将辩证唯物主义认识论视为这种活动的指导思想和制定证据法的理论基础,确实是无可厚非的。相反,如果诉讼活动不是认识活动,或者至少在一定程度上不属于认识活动,那么将认识论作为证据法的理论基础,就显得不科学了。显然,我们有必要对这一问题作出明确的分析和回答。

笔者认为,围绕着证据的运用所进行的活动都是以解决利益争端为目的的法律实施活动,其中尽管包含着认识过程,但绝不仅仅等同于认识活动。具体而言,在诉讼活动中,作为裁判者的法官、人民陪审员确实要通过听取、收集和审查有关的证据材料,对控辩双方争讼的案件事实作出最终的确定,从而为适用有关的实体法奠定事实基础。在这一意义上,诉讼都包含着裁判者运用证据对案件事实进行确定的认识活动。但是,这种认识活动在诉讼中并不具有根本的决定性意义。为了尽量系统地说明这一问题,笔者将从以下方面对此作一分析。

首先,诉讼都是以解决利益争端为目的的活动。有社会就会有人际间利益争端的发生。这些争端并非都会诉诸诉讼途径解决,有些可能就以和解等非诉讼方式加以解决,有些则可以在提交法院之后,以调解的方式息讼了事。但是,争端一旦进入诉讼领域,裁判者一般就必须给予权威的裁决结论,从而最终解决这种争端。在解决争端的过程中,裁判者固然会通过审查控辩双方提供或者自行收集的证据材料,对案件的事实真相作出明确的揭示,但这种对事实的揭示只是为争端的解决,提供一定的事实基础和依据,创造一定的条件,而不是诉讼的最终目的。裁判者就争端的解决所作的裁判结论,并不一定非得建立在客观真实的基础上不可。例如,在民事诉讼活动中,承担举证责任的原告一方如果不能向裁判者充分证明被告方法律责任的存在,或者提出的证据明显不足或不能令人信服,那么他就会遭受败诉的法律后果,裁判者也会据此作出不利于原告的裁决。同样,在刑事诉讼中,公诉人如果不能向法庭提出确实充分的证据证明被告人有罪,那么,法院就会直接作出被告人无罪的判决。而在行政诉讼中,行政机关作为被告,要承担证明其行政处罚或行政决定合法性的责任,它如果不能证明有关行政决定的合法性,法院也会裁判其败诉。显然,在上述情况下,裁判者的裁判结论作为对有关利益争端所作的解决方案,并没有建立在案件事实真相得到查明的基础上。①

其次,诉讼都是在程序法限制和规范下进行的活动。为了真正以令人信服的方式解决利益争端,裁判者在诉讼中固然要适用实体法的有关规定,但同时更要受到程序法的限制和规范。这些限制和规范使诉讼中的证据运用活动,不仅包含着一种特殊的事实认定过程,而且还负有实施程序法的责任。一般来说,程序法对诉讼活动的直接影响是多方面的。例如,裁判者要做到最起码的中立性,就都必须保持适当的消极性和被动性,也就是要在控诉方将案件提交其之后才

① 对于这一问题,读者其实只要看一下诉讼活动的实践情况就不难理解了。例如,在民事诉讼中,如果原告不能提供一定的证据材料,或者无法为证明自己的主张而承担必要的举证责任,法院一般会作不予受理或者判决其败诉的裁决结论。所谓的"有理打不赢官司",其实就是法对司法正义的追求,并没有完全建立在案件事实真相的基础上的典型说明。至于刑事诉讼中的"疑罪从无"规则,也意味着公正的裁判未必非得建立在"客观真实"的基础上不可。

能进行诉讼活动,而不能过于主动地受理案件,搞所谓的"不告而理"。又如,在诉讼中,裁判结论的形成必须建立在各方理性的对话、交涉、论证、辩论和说服的基础上。裁判者不仅不能以强力压迫某一方接受其裁判结论,而要以令人信服的方式解释其裁判的理由,而且还必须将结论建立在控辩双方提出和辩论过的证据基础,并对控辩双方的意见给予适当的考虑和吸纳。再如,裁判者对控辩双方之间争端的解决一般主要局限在法庭上,并受到程序法有关时限的严格限制,诉讼活动一旦形成生效的裁判结论,就具有一定的权威性和终结性。控辩双方一般不能随意再就同一案件提起新的诉讼活动。以上几点表明,诉讼中的证据运用活动即使算作一种认识活动,也只能属于极为特殊并受到程序法严格限制的认识活动。

再次,诉讼都涉及对有关论题的证明活动,而证明活动并不等于认识活动。一般而言,典型的认识活动只存在于刑事诉讼的侦查阶段,而刑事审判与民事审判、行政审判甚至仲裁活动一样,则主要蕴涵着一种证明活动。这种证明活动并不等于认识活动,因为这里存在控辩双方和作为第三方的裁判者。对于控诉方而言,认识活动(通过侦查或调查)已经完成,有关的结论和论题已经产生和明确。但这一结论和论题并不具有权威性。控诉方要使自己的结论具有权威性,就必须在法庭上向裁判者直接证明和说服,使那些事先并不了解案情的裁判者信服其指控的内容。这样,法庭所进行的实际就是一种"向裁判者证明"甚至"证明给人看"的活动。这种证明活动与那种以纯粹探求未知事物和知识的认识活动相比,有着明显的区别。因为这里必须存在负担证明责任的一方,明确证明的对象和待证的事实,确定证明活动成功所需要的证明标准。而这些既会涉及认识问题,但更多的则是法律规则的适用和法律价值的选择问题。但不幸的是,中国的主流"证据理论"将法庭上进行的证明活动更主要地视为认识活动,以为法庭与司法警察、检察官一样,都在进行着探求案件真事真相的认识过程。结果,很多人都因此得出所谓的"法院要承担证明责任"的结论。事实上,按照司法证明活动的基本原理,法院作为听审和被说服的第三方,它本身在诉讼中并无积极的主张,又怎么能承担证明责任呢?假如法院承担证明责任,那么它要证明什么事实?如果法院所要证明的事项未能达到法定的程度和标准,法院又要承担什么"败诉"后果呢?显然,按照认识论的视角观察诉讼过程,必然会得出诸如法院承担证明责任,也就是查明案件事实真相的结论。而这又会使法院与侦查机关、法院与控诉方的职能发生不应有的混淆。

最后,诉讼包含着一系列法律价值的实现和选择过程。如果说认识活动所要解决的主要是"实然"(what it is)问题,就是客观事实真相究竟是什么的问题的话,那么,伦理评价和价值实现活动则要回答"应然"(what it should be)问题,也就是什么是善，什么是恶，什么是公平、正义，什么是不公平、非正义的问题。对于价值实现和选择问题，无论是什么样的认识论学说，都不再具有有效的指导意义。诉讼活动尽管是一种在程序法严格限制下的实现实体法的活动，但其中直接涉及一系列法律价值的选择和实现过程；例如，作为裁判者的法官能否与某一方进行所谓的“单方面接触”，能够对案件事先形成先入为主的预断，或者对某一方产生偏见，这往往会影响到控辩双方对其中立性和公正形象的评价问题，甚至直接左右着控辩双方对裁判结论的自愿接受问题。又如，在刑事诉讼中，面对强大的国家刑事追诉机构，被告人天然就处于弱者的地位，两者无论在对抗能力还是参与效果方面，都难以达到势均力敌的程度。在此种情况下，裁判者究竟是眼见两者的不平等而无动于衷，甚至帮助强者压迫或镇压弱者，还是适当地限制控诉方的诉讼能力，适当赋予被告人一系列基本的诉讼特权，这直接影响到被告人对法庭审判公正性的评价问题。显然，对以上问题的回答，属于典型的价值评价和价值选择问题，与认识活动毫无关系。

从以上分析中不难看出，诉讼中的证据运用活动，尽管包含着一定的认识过程，但这种认识活动既不具有终局的意义，也不对争端的解决具有决定性影响。同时，这种证据运用活动还是一种以解决利益争端为目的，受到程序法的严格限制和规范的法律实施活动，其中涉及一系列法律价值的实现和选择过程。因此，无论是诉讼还是仲裁，都不是单纯以揭示客观事实真相为目的的认识活动。作为诉讼的有机组成部分，证据的运用活动也不仅仅是认识活动。既然如此，将辩证唯物主义认识论作为证据规则的根本指导思想，视为证据法的唯一理论基础，至少在理论上就显得难以自圆其说了。

由于将本不完全属于认识活动的诉讼过程完全视为认识过程，因此，中国研究证据资格、证据搜集和审查等活动的学科并不具有完全的法学学科性质。换言之，中国并不存在典型意义上的“证据法学”，而只有所谓的“证据学”。从目前“证据学”的理论体系来看，这门学科尽管也涉及证据的法律资格、证据的收集和审查程序以及司法证明机制问题，但总体来讲，其中涉及的主要是大量的逻辑、经验和认识规律的混合知识，而很少有关于证据的法律规则的分析和归纳。这导致有关证据规则的研究在中国并没有与诉讼程序联系起来，而流于一般意义上的证据分析。这种“证据学”研究带有较为明显的一般性和通用性，可以适用于诸如历史研究、科学实验、医生诊断、新闻调查等一系列的证据运用活动。但这种研究所忽视的则是针对诉讼等解决争端活动的特殊性。因此，将辩证唯物主义认识论确立为所谓“证据学”的理论基础固然无可厚非，但如果将这一认识论原理奉为“证据法学”的理论基础甚至指导思想，显然用错了地方，适用错了对象。毕竟，作为诉讼程序和仲裁规则重要组成部分的证据法规则，所要解决的不只是认识问题，而更主要的是争端的合法解决和法律的公平适用问题。

## 三、对证据法理论基础的反思（二）

将辩证唯物主义认识论奉为证据制度的唯一理论基础，固然与人们对诉讼的性质存在的片面认识有着内在的逻辑联系，但与此同时，也与中国长期以来一直盛行的程序工具主义的法律传统有着密切的关系。可以说，辩证唯物主义认识论作为一种认识论学说，为中国主流的诉讼理论提供了"坚实"的哲学支持，也为程序工具主义甚至程序虚无主义现象的出现提供了合理化解释。

当然，任何法律程序的设计，包括证据法中各种规则的确立，相对于案件事实真相的揭示而言，确实具有一定的工具意义。但是，程序工具主义的观念则将证据法的工具意义强调到极端和绝对的程度，而完全排斥其独立的内在价值。以这一观念为基础构建证据制度，必然会走向为达目的不择手段、为实现结果不考虑任何代价的境地。而这对证据规则体系的建立带来了极为明显的消极影响，导致证据规则在立法和司法这两个层面上均出现混乱。对于这一点，我们可以从以下方面举例说明。

第一，中国证据法对证人的法律资格几乎没有作出任何明确的限制和规范。按照诉讼法的一般解释，凡是了解案件真实情况的人，都是证人。据此，证人只要知道案件的真实情况，不论他的身份如何，也不论他与案件或者被告人有何关系，就都具有证人的资格，从而提供有效的证言。尤其在刑事诉讼中，一个人只要被认为了解与被告人犯罪有关的事实情况，就都有义务充当控方证人，提供对被告人不利的证言。至于那些为现代法治国家普遍确立的证人特权规则，如不自证其罪的特权、配偶之间免除作证义务、律师有权拒绝提供职业秘密、神职人员有权拒绝泄露忏悔者的秘密、医生有权拒绝泄露患者的秘密等方面的规则，则几乎都没有为中国证据法所确立。显然，立法机关和司法人员这里所关心的是证人能否提供与客观事实相符的证言，而不是作为现代文明社会标志的家庭、律师职业、宗教信仰、医生职业以及个人自由意志等方面的利益和价值。相对于查明案件事实真相这一认识论目标，以及正确实施实体法这一工具性目标而言，这些价值和利益只处于次要的地位，并由于它们经常妨碍上述目标的实现，而不具有独立的正当性。

第二，作为现代刑事诉讼基石的无罪推定原则，在中国诉讼法中无法得到真正的确立。本来，无罪推定原则的根本价值在于，通过作出"被告人在法律上无罪”这一可推翻的法律推定或拟制，使被告人在诉讼程序上受到一定的保护，从而人为地构造出一个旨在确保弱小的被告人与强大无比的国家追诉机构进行平等地理性抗争的法律空间，在克服因控辩双方地位的天然不平等而出现的程序不公现象。在证据法上，无罪推定设定了基本的证明责任分配机制，使国家追诉机构始终承担证明被告人有罪的责任，并在不能证明有罪——也就是不能推翻无罪推定时，作出对被告人有利的判定。但是，在中国主流诉讼理论甚至证据理论中，基于实事求是、以事实为依据的原则，无罪推定都被认为不符合刑事诉讼的客观实际情况，它被认为与有罪推定一样，背离了查明事实真相这一认识论的基本准则。中国立法机关在1996年对《刑事诉讼法》所作的修正中，吸收了无罪推定原则的一些要素，如对证据不足的案件允许法院判决被告人无罪等，但它仍然认为，“西方国家那种无罪推定”违背以事实为依据的认识论原则。在立法官员们看来，“我们坚决反对有罪推定，但也不是西方国家那种无罪推定，而是以客观事实为根据”。中国刑事诉讼法“没有规定，法院判决有罪前推定为无罪。因为，如果这样规定，在法院判决前推定为无罪，那么侦查机关为什么还要进行侦查?！为什么还要采取强制措施?！既然推定为无罪，那么检察机关为什么有的还要审查起诉?！法院为什么还要开庭审理?！我们坚持以事实为根据的原则，在法院判决有罪前，不能说是罪犯，但也不能说就没有犯罪嫌疑，而是实事求是，进行侦查，客观地依法收集有罪、无罪、罪重、罪轻的各种证据，是否犯罪，最后由法院根据事实来审判确定”。①

可见，立法决策人士对无罪推定原则的看法，是有着认识论方面的理论根据的。这种对无罪推定原则的部分否定，导致司法证明机制以及证明责任的分配机制在中国刑事诉讼中无法真正建立起来。

第三，囿于认识论的视角，立法机关和司法官员大都否定“沉默权规则”的正当性。本来，作为一项刑事诉讼中的证据规则，沉默权规则要求尊重被告人在作出陈述方面的自由意志和自由选择权，要求司法机关不得强迫被告人作出不利于自己的供述，不因被告人保持沉默或者故意作出虚假陈述而使其承受任何不利的法律后果。这一规则在中国同样受到了否定。因为它与建立在辩证唯物主义认识论基础上的实事求是、以事实为依据原则，有着内在的矛盾和冲突。因此，中国刑事诉讼法据此规定了有关犯罪嫌疑人在侦查人员讯问时“应当如实

① 参见全国人大常委会法制工作委员会1996年3月所作的“关于刑事诉讼法制定、修改情况和主要内容的说明材料”。另参见顾昂然：《新中国的诉讼、仲裁和国家赔偿制度》，法律出版社1996年版，第8页、20页。

回答”的法律义务。立法官员们注意到,“西方国家根据无罪推定的原则,引申出被控人有沉默权”,但沉默权与无罪推定一样,是不具有正当性的。按照立法官员的解释,“我们严禁刑讯逼供,但犯罪嫌疑人对侦查人员的提问,应当如实回答,有罪就有罪,无罪就无罪,罪重就罪重,罪轻就罪轻,是否坦白,是衡量有无悔过表现的一把尺子,坦白可以从宽”。①

很明显,如果允许犯罪嫌疑人在侦查人员讯问时保持沉默的话,那么嫌疑人的有罪供述和无罪辩解都将难以为侦查人员所得到。尤其是在嫌疑人有罪供述无法获得的情况下,刑事案件的客观事实真相将难以得到及时有效的揭示。这显然违背实事求是和以事实为依据的认识论准则。因此,否定沉默权规则,确立嫌疑人的“如实回答”义务,是有着认识论作为理论基础的。

第四,有关排除非法证据的规则在中国既难以确立,也难以得到真正的实施。根据中国诉讼法的规定,司法人员必须依照法律程序,收集和审查能够证明案件真实情况的证据。但是,对于非法证据材料,法律却没有建立相应的法律后果机制。具体而言,证据在表现形式、收集程序或者审查判断方面,即使有明显的违反诉讼程序的情况,诉讼法并没有建立有关的非法证据排除规则。当然,根据最高人民法院的司法解释,对于采用刑讯逼供、威胁、引诱、欺骗等非法手段获得的被告人供述、证人证言、被害人陈述等言词证据,法院可以将其排除于定案根据之外。这表明非法证据排除规则确实在司法解释中有一定的规定。

但是,法院在司法实践中遇有证据违法的情况,很少能因其违法而将其排除于定案根据之外。例如,在刑事诉讼中,对于侦查人员采用刑讯逼供、威胁、利诱、欺骗、非法搜查、非法扣押甚至非法窃听等手段获得的被告人供述及其他证据材料,法院所作的往往是谴责这些违法取证行为本身,但对于上述证据材料,只要认为查证属实,能够证明案件的真实情况,就仍然可以采用为定案的根据。这种现象的出现,原因固然是多方面的,但立法官员和司法官员普遍以认识论的视角对待非法证据,而没有认识到证据的违法所侵害的是其他更加重要的价值和利益,这恰恰是其主要的理论根源。无论是立法官员还是司法官员,大都存有这样一种观念:证据材料只要有助于案件事实真相的揭示,有利于客观真实的实现,那么即使它在表现形式、收集和审查等各个环节上确有违法之处,也是可以容忍的。换言之,对于违法证据仅因其违法而加以排除,人们难以接受其正当性和合理性。这对于非法证据排除规则的建立甚至实施都构成了严重的理论障碍。

① 参见中国人大常委会法制工作委员会“关于刑事诉讼法制定、修改情况和主要内容的说明材料”。

第五，尽管对抗式诉讼模式在中国刑事诉讼中已经得到一定的确立，而在中国民事诉讼和行政诉讼中也呈逐步确立的发展趋势，但与此有关的一系列证据规则却难以得到确立和实施。一般而言，对抗制意味着裁判者不再有案件证据和事实的积极调查者，也不在诉讼中拥有较大的程序控制力，而主要局限于充当程序和实体事项的司法裁判者。同时，控辩双方在诉讼中要相应地扩大程序参与权和控制力，对证据调查承担更大、更主要的责任。这种诉讼模式的采纳，必然会带来控辩双方对抗性的增强，并由此衍生出双方对抗失控的危险。为确保控辩双方在遵循"公平游戏规则"(the rule of fair play)的前提下，进行证据调查和法庭对抗，英美等采纳对抗制的国家通常都建立了一系列证据规则，使法官有足够的权威来促使控辩双方遵守必要的竞赛规则。具有这方面功能的证据规则主要有：传闻法则、意见证据规则、品格证据规则、相似证据规则、最佳证据规则、交叉询问规则，等等。

但是在中国诉讼法中，以上与对抗制的实施有关的证据规则大都没有建立起来，导致对抗制在立法层面上缺少必要的程序配套和保障机制。而在司法层面上，证据规则的缺乏必然造成对抗制实施的困难，控辩双方对抗的无序和混乱往往在所难免。例如，在新的刑事审判程序的实施中，控辩双方对证人的询问缺少交叉询问规则的指引；证人、鉴定人在绝大多数情况下都不出庭作证，致使传闻证言被较为广泛地采用在法庭审判之中；证人就案件事实所作的推测、主观判断等，也经常出现在法庭上，而不被法官所禁止；被告人的前科劣迹，尤其是以前的犯罪行为，经常在起诉书和法庭调查、辩论中被随意地提及，并被作为证明被告人"犯罪情节严重"的重要证据，等等。考虑到中国的诉讼法都没有将事实认定(如定罪)与法律适用(如量刑)明确区分为法庭审判的两个阶段，以上证据材料在法庭上的出现，不仅会对裁判者客观地认定案件事实，而且会对控辩双方的公平对抗造成消极的影响。对于这一现象，立法官员和司法官员尽管少有明确的解释，但认识论所能提供的原理显然无法对此问题作出圆满的解释。

第六，诉讼中的司法证明活动缺少具有可操作性的证明标准。我们注意到，无论是在英美还是在大陆法国家，法院对案件事实的确定，都不需要达到客观真实的程度，而最多只需达到"排除合理怀疑"(beyond reasonable doubt)，或者裁判者"内心确信"的程度。甚至按照这些国家的证据理论，案件事实达到百分之百的客观真实对于诉讼活动而言，既是不需要的，也是不可能的。表面看来，诸如"排除合理怀疑"之类的证明标准带有较强的主观色彩，显示出有关案件事实的证明尚未达到客观真实的程度，但实际上，这一标准对于司法证明活动而言，仍然是具有可操作性的最高标准。承担证明责任的一方要将案件事实证明到这一程度，使所有具有一般理性能力的人，都能对被告人承担法律责任达到内心确信的程度，确实会遇到很多的困难。正因如此，各国大都只是将刑事诉讼中证明被告人有罪的标准，确定为“排除合理怀疑”，而民事诉讼和行政诉讼中证明被告承担有关法律责任的标准，则要比这一标准低得多。

而根据中国诉讼法的规定，刑事诉讼中的定罪以及民事、行政诉讼中对被告法律责任的确定，都需要承担证明责任的一方，将案件事实证明到“事实清楚，证据确实、充分”的程度，也就是要全面、彻底地查明案件的事实真相，恢复案件事实的本来面目。这一表面看来客观程度显得最高的证明标准，由于只强调了案件事实的客观程度，而没有为裁判者对案件事实的主观认识确定明确的幅度和标准，因此实际在以目标代替标准，抹杀了证明标准的可操作性。如果法院在司法实践中经常对这一标准自行加以解释，反而使定罪裁判所需要的实际证明标准大大低于“排除合理怀疑”的标准。另外，上述标志着法院达到客观真实程度的最高证明标准，不仅适用于刑事诉讼中的定罪裁判，而且适用于民事诉讼和行政诉讼中对被告法律责任的判定。这也具有一定的不合理性。这是因为，民事诉讼和行政诉讼中证明对象的重要性及其对公民权益的影响，较之刑事诉讼而言，毕竟是不可同日而语的。将刑事诉讼中的定罪标准确定得与民事和行政诉讼中的证明标准完全一致，这显然违背诉讼活动的基本规律。

以上分析显然表明，完全站在认识论的立场上看待证据规则，极容易在价值观上掉入程序工具主义的陷阱，使所谓的“客观真实”或认识论意义上的理想结果受到强调和重视，而诉讼活动的过程则受到不应有的忽视。以这一理论视角观察法律程序问题，必然会使大量旨在维护控辩双方公平对抗的证据规则，难以在中国证据法中得到真正确立。这从证人特权规则、无罪推定原则、沉默权规则、非法证据排除规则在中国诉讼法中的命运中，不难得出有关的判断。与此同时，完全以认识论作为证据规则的指导思想，也会使一些在法律上业已得到确立的证据规则在司法实践中无法真正得到实施。这从证人、鉴定人出庭作证的困难以及非法证据的排除等规则中，也不难得到证实。可以说，不从认识论这一理论困境中解脱出来，不重新为证据法学确立令人信服的理论基础，就无法将一系列科学的证据规则确立在中国证据法之中，也难以建立一个较为完整的证据规则体系。

## 四、证据法理论基础的重新确立

既然辩证唯物主义认识论难以为证据规则提供一个令人信服的理论解释，那么我们如何为证据法学重新确立理论基础呢？从我们前面的分析来看，这一问题绝非纯粹的理论思辨问题,而具有极为重要的现实意义。正确解决这一问题,有助于我们建立一门科学的证据法学学科,从而为证据规则体系的重新确立奠定深层的基础,使证据法能够有科学的理论加以指引,也使证据法能起到维护控辩双方对抗公平性、确保裁判结论公正性的作用。

在我们看来,重新确立证据法学的理论基础,首先要完成从"证据学"到"证据法学"的理论转型,也就是说,我们所要建立的应当是"证据法学",而不是那种笼统的"证据学"。"证据法学"与"证据学",尽管只是一字之差,但其意义却相去甚远。从形式上看,将诉讼活动中有关证据运用的学科命名为"证据法学";这实际意味着承认这一学科的法学学科归属,将其从纯粹的经验论、逻辑学、认识论甚至政治化的理论束缚中解脱出来,从而以法律程序的视角观察、研究证据问题,使证据规则真正成为程序法的一部分。而从内容上看,"证据法学"较之以往重点研究如何运用证据认定案情的"证据学"不同,应当将有关证据运用的法律规则作为研究的焦点问题。具体而言,"证据法学"的基本研究课题,至少应当包括以下几个方面:证据的法律资格;证据的法定形式;各种证据的收集规则;各种证据的审查规则;司法证明的基本规则。研究者应重点关注证据规则本身的体系和内容,以及证据规则赖以建立的理论依据。同时,还应当使证据法学与有关的诉讼法学研究紧密结合起来,使研究者关注特定证据法领域的程序问题。例如,我们可以考虑在研究一般的证据法学理论的基础上,建立专门的刑事证据法学、民事证据法学、行政证据法学,使各个法律领域中的证据问题都能得到有针对性的分析和归纳。

既然将证据法确定为法律程序的一部分,那么,我们在为证据法重新确立理论基础时就必须将此与法律程序的理论分析联系在一起。一般而言,如果将诉讼都视为裁判者对案件事实真相的事后揭示活动的话,那么人们会发现,查明事实真相的途径和方式可谓多种多样。但是,为实现某种特定的价值,保护特定的利益,证据法有时会为某一诉讼当事人提供一些特殊的便利,如在取得证据手段方面的司法保障,刑事被告人所享有的不被强迫自证其罪的特权等;证据法为了防止控辩双方在对抗方面出现不公平现象,也会设计出一种确保双方公平分担诉讼风险的程序机制,等等。显然,如果将发现案件事实真相和实施实体法视为诉讼活动的唯一目标,那么证据法就失去存在的基础和理由。事实上,证据法之所以存在,其内在理由恰恰在于,发现事实真相的途径尽管多种多样,但裁判者只能按照某种符合特定价值观念的特定途径,来对案件事实进行揭示和认识,而绝不能为达目的不择手段,或者为发现事实真相而不考虑任何代价。法律程序领域中的认识活动与其他社会领域中的认识活动,现代诉讼与古代野蛮诉讼的最大区别,不是要否查明事实真相问题,而是如何或以什么方式查明事实真相的问题。由此,我们可以为证据法学确立两个方面的理论基础:一为形式理性观念,二为程序正义理论。

**(一)形式理性观念**

德国思想家马克斯·韦伯曾将中国古代的法律制度视为"反形式主义"的制度,并认为中国人往往愿意寻求实际的公道,而不是形式的法律。他甚至指出,形式上受到保证的法律的缺失是中国难以产生理性的资本主义的重要原因。① 这一论断从一个角度揭示了中国古代法律制度的基本特点和缺陷。其实,这一特点在今日中国法律实践中仍表现得十分明显,并阻碍了中国迈向法治社会的步伐。具体而言,中国的诉讼法本身所体现的"重实体,轻程序"、"重结果,轻过程"的基本观念,以及中国诉讼实践中所经常显露出来的为达目的而不择手段的习惯,显示出中国人从司法官员到一般当事人,都有着一种忽视形式上的法律制度和法律程序,而注重实质上的公平结果的心态。将辩证唯物主义认识论奉为证据制度的理论基础,其实就与这种心态有着极为密切的联系。因为人们所关心的既然是实质的公平结果,那么认识活动的成功和事实真相的发现就显得格外重要了。例如,在证据法实践中,人们相信案件事实真相是可以认识的,认识这一事实的准则就是实事求是和以事实为依据。据此,证据材料以什么样的形式被提交裁判者,证据在收集和审查环节上是否遵守法律规定等,相对于它们能否确保事实真相的揭示这一点而言,都显得无足轻重。这种观念显然与形式理性观念的欠缺不无关系。

在我们看来,现代证据法学的建立,以及证据规则体系的完善,都必须建立在形式理性观念的基础上。否则,任何与此有关的努力和尝试都将遭到失败。根据形式理性观念,所有法律原则、规则或制度一旦建立并具有实际的效力,就必须得到遵守;所有对这些原则、规则或制度的违反,不论出于什么样的动机和意图,都必须承受消极的法律后果,或者受到相应的法律制裁。具体到证据法实践方面,所有旨在规范证据资格、证据收集、证据审查和司法证明活动的法律程序规范,都必须得到遵守和实施,而不论这种遵守和实施会带来什么样的后果。例如,裁判者因为遵守证据法而可能导致定罪目标难以实现,甚至直接造成放纵犯罪的后果,当事人因为遵守证据法而可能导致其诉讼目标无法实现,甚至直接

---

① [德]马克斯·韦伯著:《儒教与道教》,王容芬译,商务印书馆 1995 年版,第 154 ~ 158 页。有关将韦伯的这一论断用于法律程序问题的分析的论文,可参见陈端洪:"法律程序价值观",载《中外法学》1997 年第 6 期。

造成败诉结局等,都不能成为不遵守证据法的理由。

另外,必须对诉讼领域中的“事实”作出重新认识。实际上,“事实”在法律程序中有双重含义:一为社会和经验层面上的事实,二为法律层面上的事实。按照形式理性观念的要求,无论是裁判者还是控辩双方,都不能为寻求社会和经验上的事实而无限制地进行活动。诉讼都是在法律程序严格限制和规范下进行的解决争端活动,裁判者不可能为探求所谓“实质真实”而任意进行调查活动,他只能主要局限在法庭上,主要局限于对控辩双方提交的证据材料进行审查,并受到控辩双方举证、质证和辩论活动的限制,他对事实的认定还要受到严格的程序期限的限制。裁判者不可能为发现真实而反复启动法律程序,也不能为此而拒绝法律确定的手段和形式。相反,裁判者必须在承担证明责任的一方进行证明的前提下,对案件事实是否存在进行裁判。显然,经过这种法律裁判活动,裁判者对案件事实的认定带有较强的法律适用色彩,实际属于自己对案件事实所作的主观判断。因此,在严格的法律形式主义限制下,裁判者所认定的事实显然不等于社会或经验层面上的所谓“客观事实”,而只能是法律上的事实。实际上,“客观事实”的完全发现既是不可能的,有时也是不必要的。对案件事实是否属于这种“客观事实”的检验也不能无代价地无限进行,不能有一个标志其终结的决定。换言之,“事实真相”的揭示过程处处受到法律程序的限制,它不再是绝对客观的事实真相,而只能是服务于诉讼或仲裁的解决争端目标的“法律事实”。

**(二)程序正义理论**

建立在认识论基础上的程序工具主义理论,只强调法律程序的工具或手段意义,而完全否认其独立的固有价值,结果最终走向程序虚无主义。现代证据法学的核心问题应当是发现事实真相的方式和手段的正当性问题,因此它必须建立在程序正义理论的基础之上。

根据程序正义理论,法律程序是为保障一些独立于判决结果的程序价值(procedural values)而设计的,这些价值有参与、公平以及保障个人的人格尊严等;一项符合这些价值的法律程序或者法律实施过程固然会形成正确的结果,但是这种程序和过程的正当性并不因此得到证明,而是取决于程序或过程本身是否符合独立的程序正义标准。换言之,一项法律程序或者法律实施过程是否具有正当性和合理性,不是看它能否有助于产生正确的结果,而是看它能否保护一些独立于实体结论的内在价值。至于这种内在价值究竟是什么,学者们则仁者见仁,智者见智,对此有不同的解释。有的主张法律程序自身所保护的是建立在社会契约理论基础上的正义价值,有的认为是人的自然权利,基本的自由价值和人的尊严,还有的则认为是所谓"将人视为目的而非仅仅手段"的道德原则。①

如果将证据法视为旨在规范证据资格、证据收集和审查程序以及司法证明活动的法律规则体系的话,那么证据法主要是一种程序法,也就是法律程序的一部分。证据法与一般意义上的法律程序一样,也应具有其独立的内在价值:它本身必须具有其内在的优秀品质和公正标准。在诉讼实践中,为规范控辩双方的对抗活动,证据法确实应当发挥其"公平竞赛"或"公平游戏"规则的作用,以维护双方对抗的公平性和法律程序的正当性。对于这一点,我们可以从不同角度加以论证。例如,从程序正义理论的角度来看,诉讼的最终目标应当是以符合正义要求的方式解决争端,求得诉讼或仲裁过程的公正性。因此,证据不仅应具有客观性和关联性,更要具备法律严格限定的资格和条件;证人要具有其提供证言的资格,也必须符合法律所限定的条件,在具有因特定身份或职业而导致其作证可能损害特定的利益和价值的场合下,证人的作证义务应加以免除;无罪推定作为对刑事被告人在法律上所作的保护性假定,并非对被告人身份和地位的事实描述,它所维护的是被告人在诉讼程序过程中的主体资格和积极参与者地位,保障的是程序过程的公平性和合理性;沉默权规则维护的主要是被告人防卫自身和自主选择诉讼行为的能力,防止的则是那种为达到定罪结局而不择手段的实践,它对于控辩双方在理性的基础上进行平等对抗具有保证作用;至于非法证据排除规则,则更是直接体现了法律对程序的尊重以及对公民自由、隐私权的维护,只不过这种规则所带来的是为维护法律程序的公正性而使那些非法诉讼活动的实体法律后果遭到否定的局面,等等。

由此可见,将程序正义理论奉为证据法学的理论基础,能够为一系列证据规则的确立提供新的理论解释。在我们看来,程序正义理论所论证的不是发现案件事实真相的正当性问题,因为这无须论证。这一理论所证明的主要是发现案件事实真相的手段和方式如何以及为什么要公正、合理的问题。而这恰恰是一系列证据规则赖以建立的理论基础问题。

(2001 年第 1 期)

---

① 有关程序正义的理论和学说,读者可参见陈瑞华著:《刑事审判原理论》,北京大学出版社 1997 年版,第二章;陈瑞华:"程序价值理论的四个模式",载《中外法学》1996 年第 2 期;陈瑞华:"程序正义论:从刑事审判角度的分析",载《中外法学》1997 年第 2 期;陈瑞华:"程序正义论纲",载《诉讼法学论丛》(第 1 卷第 1 辑),法律出版社 1998 年版。

# 被害人作为公诉案件诉讼当事人制度评析

龙宗智*

1996年3月我国修改《刑事诉讼法》,一项重要举措,是将刑事公诉案件的被害人作为诉讼当事人,此举被认为是顺应了国际上强化被害人保护的潮流,加强了被害人的诉讼地位,有利于诉讼价值的平衡。然而,经过新《刑事诉讼法》实施以来对这项制度运作的观察和进一步的理论思考,我认为,将被害人作为公诉案件的诉讼当事人,虽然具有一定的积极意义,但在法理上难以自圆其说,在实践中则弊大于利。在目前法律框架下,应当采取措施抑制其弊端,同时应谋划在有利于被害人权利保护的同时维系诉讼合理性双重要求下的制度改革。

## 一、被害人作为公诉案件当事人有悖于法理

### (一)被害人作为诉讼当事人不符合公诉案件的性质

刑事公诉案件,是检察官代表国家对刑事犯罪提出起诉的案件。这种案件的预设前提,是案件中的犯罪行为不仅侵害了相关个人的利益,而且首先是侵犯了国家和社会的利益,因此,它不适用被害人意思自治原则,不采用自诉而采用公诉的形式,由检察官代表国家同时代表被害人对犯罪行为及其实施者进行追诉。就此而言,在公诉案件中,检察官是刑事原告,并成为实际上的诉讼当事人。①

所谓诉讼中"当事人",可以从两个方面理解,一是在案件中有利害关系;二是作为诉讼主体在诉讼中承担主要的权利义务,即原告或被告的权利义务。因此,当事人,是指在诉讼中承担主要的权利义务并与案件处理有利害关系的诉讼参与人。公诉案件的处理首先关系社会与国家的利益,同时关系被告人的利益,也与被害人有一定的利害关系,在这个意义上被害人具有某种"当事"性。然

* 作者单位:四川大学法学院。

① 多数国家根据检察官的原告地位将其确定为诉讼当事人;但有的国家,如德国,强调检察官作为官方护法人的地位而未将其规定为诉讼当事人,我国亦同。

而,检察官才是公诉案件的原告,而被害人并非原告,也不是公诉案件中协助检察官起诉的共同原告,因为全部审判活动是围绕公诉请求而进行,被害人除非提出附带民事诉讼,其对刑事案件向法庭提出的诉讼请求只是法庭在审理时可以考虑的因素,而并非法庭必须纳入审理范围的对象。从法理上讲"不告不理"原则所蕴涵的审判与起诉对象的同一性要求,在公诉案件中,仅指审判对象与公诉对象的同一。因此,被害人并不具备共同原告的诉讼地位,而只是一种具有某种特殊性的诉讼参加人。正如我国台湾地区学者李忠雄所称:"如被害人未提起自诉,原不失其得为证人之身份。如将其强列为公诉案件之原告,实违背公诉制度之基本原则与公诉之意义与精神。"①

**(二)当事人不享有上诉权系名不副实**

在诉讼中对裁判不服而提起上诉,要求上级法院重新审判的权利,即上诉权,属救济性诉讼权利,这项权利是当事人权利的重要构成部分,否则,其诉讼权利就是残缺的。但我国《刑事诉讼法》修改时,考虑到公诉案件的特定性质,并未赋予被害人以上诉权,被害人及其法定代理人不服一审判决,仅得请求人民检察院提出抗诉。而人民检察院应当按照抗诉条件进行审查并决定是否提出抗诉(《刑事诉讼法》第182条,《人民检察院刑事诉讼规则》第402条)。作为诉讼当事人又不享有当事人所应享有的基本权利——上诉权,是立法上的自相矛盾,使被害人作为诉讼当事人在一定程度上名不副实,有学者评这种自相矛盾称:"实为一般立法例之特异现象"。②

**(三)被害人作为诉讼当事人造成角色冲突,损害了诉讼的公正性**

如果说上述情况主要还是通过"循名责实",而说明被害人不具有公诉案件当事人的性质,因此不应称为诉讼当事人,那么反对被害人作为诉讼当事人更重要的理由,是其作为诉讼当事人制度的设置,违背了刑事诉讼的法理,对诉讼实践弊大于利。

结合审判实践,被害人作为诉讼当事人后最突出的问题是他作为证据来源的角色与其作为诉讼当事人的角色相冲突,而当事人角色损害了他作为证据来源的客观性、可靠性。这种冲突及所造成的损害表现于两个方面:一方面,是两种角色的心理冲突影响证据的客观性。被害人是犯罪行为直接侵犯的对象,其指证与陈述对于证明犯罪具有重要的意义,无疑是重要的证据来源。其陈述相

---

① 李忠雄:"侦查机关与侦查犯罪职权之比较研究"(下),载中国台湾《法令月刊》第48卷第9期。

② 同上。

当于证人证言。我国《刑事诉讼法》第100条就侦查中询问被害人规定，询问被害人，适用询问证人的各项规定。然而，作为证人和作为诉讼当事人两种诉讼角色存在一种心理上的冲突。因为证人作证，必须如实陈述，在诉讼中采客观公正的立场，作伪证或捏造事实诬陷他人还应当负相应的刑事责任。而被害人作为具有控诉倾向的诉讼当事人，则致力于追究被告人刑事责任，因而处于攻击的立场。法律对被害人作为诉讼当事人身份的确定，使被害人本身的控诉倾向得到强化，其作为当事人的控诉倾向势必影响其作为证人的客观陈述。

另一方面，被害人作为诉讼当事人参与全部诉讼，既要作证，同时又在场参加全部诉讼活动，听取被告人供述、证人证言和其他证据的举证，并对其发表意见。这种做法违背了证人不得旁听庭审的原则，对其作证的客观性进一步造成损害。证人不得旁听庭审，是保证证言客观防止外界影响的必要措置。最高人民法院《关于执行〈中华人民共和国刑事诉讼法〉若干问题的解释》（以下简称《解释》）第149条规定，“向证人和鉴定人发问应当分别进行。证人、鉴定人经控辩双方发问或者审判人员讯问后，审判长应当告其退庭。证人、鉴定人不得旁听对本案的审理”。这一规定确认了证人不应受他人影响，因而不得旁听庭审的要求。目前国际社会在探索强化被害人权利保护问题上，也注意到了不损害诉讼合理性与公正性的问题，并考虑到诉讼角色的冲突，如美国于1990年制定的《被害人权利及损害恢复法》（the Victims' Rights and Restitution Act of 1990）强化了被害人权利，包括允许被害人在本案公开审判时在场聆听。同时，又规定，如果被害人在场聆听他人证词足以影响其证词之真实性，法庭可以决定其禁止在场聆听。我国《刑事诉讼法》未就被害人作证作出类似的限制性规定。有被害人出庭的案件，被害人必然会在法庭作证，而在作证前至少听取了被告的供述（按照法庭审判程序，首先是被告陈述及其各方面包括被害人对被告人的讯问，然后才是被害人作证）。而在庭审调查过程中，亦不排除被害人再次作证，尤其是法庭调查分阶段进行时，被害人可能在不同阶段多次作证。①

例如，一个伤害案庭审，宣读公诉书后调查被告人，尔后被害人作了陈述，然后开始证人证言和物证等证据的调查。当询问某证人时涉及一重要作案情节，公诉人又要求对被害人进行询问。这就产生了一个冲突，被害人已经作为诉讼当事人参与诉讼并已在场听取了证人作证和其他证据的出示，再以被害人的身

① 有时被害人会主动要求就某一问题再作说明，被告方也可能会要求被害人再次作证。如果该伤害案分为起因与预谋、作案、案发后情况等不同阶段进行法庭调查，被害人则可能就不同阶段的情况多次作证。

份作证似乎造成了一种"角色冲突",因为他对其他证据的了解影响他的自然陈述。

由于被害人作为诉讼当事人无限制地聆听全部庭审(被害人既然作为法定诉讼当事人,参加全部庭审活动就是他的当然权利),其证言显然容易受到供词、证词和其他证据的影响,从而可能使诉讼的公正性受到损害。

**(四)被害人作为诉讼当事人可能导致诉讼结构的失衡和诉讼秩序的紊乱**

被害人作为诉讼当事人,他在庭审中享有与被告人同等或对等的权利义务(法庭调查询问、申请调取新的证据、进行法庭辩论等),而他的诉讼角色是控诉性的,可以说,他是法庭上的第二控诉人。不能否认,在我国刑事审判中,公诉人具有比较特殊的法律地位,在庭审活动中也具有更为充分和自主的诉讼权能,①在公诉人与辩护方之间的控辩平等还尚未实现。目前在控诉方又加入被害人,在法庭上实际上形成公诉人、被害人共同控诉被告的二对一局面,造成诉讼结构的进一步失衡。这对于被告人应当说是有欠公正的,尤其是在我国刑事诉讼对被告人及其辩护人的权利限制比较严格的情况下更是如此。

与上述诉讼构架失衡相关的一个问题或称为一个弊端是,被害人作为诉讼当事人改变了"两造"对抗的诉讼格局,使法官难以把握庭审,容易导致审判秩序的紊乱。诉讼结构的一般法理是,诉讼是一种控辩裁互动的"三方组合",即如法学家查比罗称,可以用"三方组合"的概念,即其中发生冲突的两方要求第三方解决他们的争执,作为理解诉讼任务的出发点。而在被害人作为诉讼当事人的情况下,诉讼对抗的二元制变为多元制,法官审理案件,面临两个方面的诉讼请求,即检察官所提出的规范性的诉讼请求,与被害人从自己的特定角度提出的非规范性诉讼请求。法官需以检察官的诉求为审理对象,但又不能不在一定程度上关心被害人诉讼要求与意见。双方对抗变为多方对抗,诉讼的有序性实现较难。而且任何一个证据均须经被害人及其代理人质证,增加了诉讼的时间,降低了诉讼的效率。

被害人作为诉讼当事人制度还造成一个比较突出的问题,即法律规范模糊,在某些情况下难以操作,从而使法律欠缺实效性。作为诉讼当事人的被害人,是仅指被害人,还是包括被害法人(单位)。在法律未限制被害人为自然人的情况

① 我国实行公检法三机关分工负责、互相配合、互相制约的制度,这种线型的结构,使三机关之间具有一种一体化的趋势。而且出庭公诉人员代表国家支持公诉,同时又是法律监督机关的工作人员,对审判活动具有一种"监视性"职能。在庭审活动中,就讯问被告、询问证人,要求中止审理等问题上,法律都赋予了他更为充分的权利。

下，作为当事人的被害人应当包括被害法人，①而且对自然人被害人保护及于被害法人，也是法律的"题中应有之义"。反之，如果被害法人不能作为诉讼当事人，将造成自然人被害人与法人被害人在法律保护方面的失衡。然而，将其作为诉讼当事人，又会造成法理上的冲突和操作上的困难。例如，如果受犯罪侵害的是国家机关、事业单位或国有企业，尤其是国家机关，对这些单位利益的侵害，可以说直接侵害了国家利益，检察机关作为国家利益的代表，当然可以代表这些单位提出诉讼，有什么必要在检察机关旁边再设一个诉讼当事人呢？因此，即使承认被害单位可以作为公诉案件的当事人，在实践中也是缺乏必要性，同时是难以操作的。

**（五）被害人作为诉讼当事人是一种立法特例，与国际上的普遍做法和发展趋向有别**

加强被害人权利保护，包括确认和强化被害人的诉讼参与权，是国际刑事司法制度发展的重要趋势之一。然而，由于被害人作为诉讼当事人可能带来的一系列问题，目前国际社会在加强对被害人权利保障的同时，普遍未确认被害人在公诉案件中的当事人身份，而且也注意避免不适当地强化被害人权利造成对诉讼合理性的损害。联合国《为罪行和滥用权力行为受害者取得公理的基本原则宣言》就被害人参与诉讼的权利的规定是："让受害者在涉及其利益的适当诉讼阶段出庭申诉其观点和关切事项以供考虑，而不损及被告并符合有关国家刑事司法制度。"这里所肯定的被害人权利仅为出庭陈述意见和有关事项以供法庭考虑的权利。可见，联合国宣言中公诉案件被害人参与诉讼的权利十分有限，而且宣言还注意到被害人权利与被告权益平衡的问题。

从笔者所查到的资料，目前与我国的被害人作为诉讼当事人制度最为接近的，是《德国刑事诉讼法》经修改后确立的被害人作为公诉案件"附带诉讼"的原告人参与刑事诉讼的制度。根据《德国刑事诉讼法》第四编第二章的规定，由法律特别规定的犯罪侵犯其人身和财产权利的公民，有权作为公诉案件附带诉讼的原告人参加诉讼。这种被害人享有审判时的在场权、要求法官回避、询问权、申请查证权、答辩权甚至上诉权。然而，应当注意：这种制度与我国被害人作为诉讼当事人的制度有重要的区别。一是德国的附带诉讼制度只适用于该国《刑事诉讼法》第395条规定的特定的部分案件（主要是侵犯人身及部分侵犯财产的案件），不是普遍适用于任何被害人。二是有关被害人能否作为附带诉讼原

① 如樊崇义老师主编的高等政法院校规划教材《刑事诉讼法学》，就认为被害法人应当作为公诉案件的诉讼当事人参加诉讼。

告人参加诉讼应当经过法院审查批准。根据《德国刑事诉讼法》第396条,法院裁定是否准许其参加公诉前,要听取检察院的意见,某些情况下还要听取被告人的意见。三是从技术处理上,德国刑事诉讼中的被害人只是公诉案件附带诉讼的原告人,即当事人,而非公诉案件本身的当事人(公诉案件当事人应是公诉机关和被告人),而且作为当事人而享有上诉权。这种处理方式比较符合法理。更为重要的是,中德两国的审判方式目前已有较大区别。德国实行法官职权主义的审判方式,法庭审判以法官职权调查为主,公诉方、辩护方及被害方对于证据调查只有辅助的作用,在职权主义的法官主导庭审直接实施证据调查的情况下,一般来说,被害人即使作为辅助性原告人参加公诉案件审判,也不至于对法官审判发生较大影响。而我国实行控辩举证制度以后,对控诉案件的法庭举证责任由检察官承担,辩护方有权进行辩护性举证与辩论。在这种体制下,应当确立控辩两元制的基本格局,否则容易造成诉讼格局的混乱,使审判难以在争点明确的情况下有序而集中地进行。

## 二、现行法律框架下对被害人参诉问题的把握

在分析被害人当事人化弊端的基础上,笔者认为,解决这些弊端的根本方法是进行制度性改革。然而,在法律未改变的情况下,我们应当考虑现行法律框架下对被害人参诉问题如何把握,以尽量利用其长处,减少其弊害。尤其应当注意的有两个问题。

第一个问题,坚持公诉案件的"公诉主导原则",维系庭审的合理格局,适当把握被害人参诉的量与质。对被害人参诉问题,我们应当注意两个方面:一方面,应看到,我国刑事诉讼中被害人的当事人化,也具有强化被害人诉讼地位,有利于被害人权利保护的一定的积极意义,而且应注意,既然法律已确定了这一庭审框架,任何人不能凭个人好恶或考虑工作的难易而改变法律规定使被害人的诉讼权利名存实亡,法官应当保障被害人行使其诉讼权利,出庭检察官应当支持被害人行使其法定权利;另一方面,应当考虑案件的性质。鉴于公诉案件是公诉人代表国家起诉的案件,在这类案件中,公共利益是优先考虑的因素,公诉人是控诉方主要的诉讼支持人,而被害人是以个人的身份主要为维护个人的利益参加诉讼,对公诉案件,他并不决定公诉的内容也无须致力于公诉的维系,因此,就控诉而言,公诉案件显然应当是公诉为主导。法官在尊重被害人诉讼权利的同时,要适当把握诉讼的格局。一是可将被害人纳入控方体系,基本维持两元对抗的诉讼格局,以防止诉讼秩序的紊乱,尤其是注意始终以公诉事实及公诉请求为

基本审理对象,防止模糊诉讼争点;二是在被害人参诉的量和质的把握上适当注意。在公诉主导原则之下,对被害人及其代理律师的与案件无关的发问和诉讼意见,应适时依职权予以制止,以保证诉讼的效率和效益。

第二个问题,尽量减少其他诉讼证据对被害人作证的影响。如前所述,被害人作为诉讼当事人在实践中最突出的问题是作为诉讼主体与作为证据来源的冲突,尤其是被害人作为当事人参与庭审后其他证据会对他的陈述客观性造成影响。目前条件下,对被害人参与诉讼聆听庭审尚不宜作出制度性限制,因为这种限制缺乏法律依据而且与被害人作为诉讼当事人的身份相悖。在这种情况下,影响作证客观性的问题难以从根本上解决,而只能考虑采取何种方法尽可能地减少这种影响。具体做法是,按照现行法律的规定,首先进行对被告人、被害人的调查,再进行其他证据调查。被害人虽然聆听了被告人的口供,甚至参与了对被告人的讯问,但随后就进行陈述,如果受到影响,也只是被告人陈述对他的影响。并且原则上要求对一项指控的犯罪事实,被害人的陈述与被告人的供述一次性调查完毕,然后进行其他证据的举证,这些证据的举证可以分阶段进行。一旦被害人作证完毕,一般禁止在后来的其他举证活动中再让其作证,以避免其在参与庭审调查了解证人证言和其他证据后受到影响或者作为一种对策性考虑而改变证言。

就被害人陈述,这里顺带研究当前立法中存在的一个问题,即在被害人自然陈述后是否应当设置询问被害人的程序。

《刑事诉讼法》第155条,要求公诉人在法庭上宣读起诉书后,被告人、被害人可以就起诉书指控的犯罪进行陈述。然而,在他们陈述后,法律只规定了诉讼各方向被告发问的程序,未规定可以向被害人发问。对于不规定向被害人发问,是由于立法的疏漏还是由于立法机关对被害人保护的考虑,目前似乎缺乏判定依据。然而,最高人民法院《解释》则作出不同的规定,《解释》第135条规定,"控辩双方经审判长准许,可以向被害人、附带民事诉讼原告人发问"。第137条还作出了审判长认为有必要时可以向被害人发问的规定。

对两种显然有矛盾的规定,应当肯定哪一种,尤其是考虑到最高人民法院的司法解释似乎已经超越了立法规定。从一般的观点上,笔者不赞成司法解释或者判例超越法律。因为法制原则是一个法治国家的根本原则。而我国实行立法和司法的明确分工,司法机关无权造法,而只能在立法所确立的法律框架内解释和执行法律。然而,在某些立法明显背离及疏漏的情况下,鉴于立法修改程序上和实际操作上的困难,在特殊情况下以司法解释对这些具体规定作符合法律根本精神的弥补也是必要的。如在庭审程序中是否应当允许向被害人发问的问题，回答应当是肯定的。因为根据《刑事诉讼法》第 42 条的规定，被害人陈述是一种证据来源，而证据经质证查证属实才能用作定案根据，这是证据法的一般原则，也是我国《刑事诉讼法》第 42 条第 3 项的要求。被害人陈述亦同。证据学家经充分的实证研究和理论分析指出，被害人陈述固然具有重要的证明效力，但由于被害人与案件处理结果具有一定的利害关系，而且可能因其被害而对被告产生一种仇视情绪，因此可能影响其证据的客观性。在使用判断证据时对被害人陈述的这种特点应当注意。何况被害人的陈述还可能因某些客观的原因，如当时的环境条件、被害人的记忆等，而发生某种程度的误差。可见这种证据并不具有当然的证明力，亦需经过庭审各方的质询，通过质证来确认其陈述的客观性，这就需要肯定对被害人进行询问包括交叉询问的必要性。因此，询问被害人的程序无疑应当设立，否则（在某些案件中）可能严重影响程序的公正和实体的公正。当然，应禁止有关各方尤其是被告和辩护方使用侮辱性及其他继续伤害其身心健康的语言进行询问。

## 三、今后的改革：废除被害人作为诉讼当事人的制度，恢复和加强被害人诉讼参加制度

改革现行的被害人作为诉讼当事人的制度，应当注意兼顾被害人权利保护与诉讼合理性的双重要求。为此，笔者认为，下一步的改革，应废除现行的被害人作为诉讼当事人的制度，同时保留被害人作为诉讼当事人制度中的一些积极而合理的因素，从而加强我国原刑事诉讼法中所确立的被害人参加诉讼的制度。

废除被害人作为诉讼当事人的制度，可以从根本上解决被害人作为诉讼当事人不符合公诉案件的性质，以及随之给诉讼实践带来弊端的问题。被害人不再是诉讼当事人，就可以避免他始终出席庭审而影响其陈述客观性，在其作证前可以禁止其旁听。同时也便于法官把握诉讼格局并解决相关的实践问题。但考虑到被害人毕竟与证人不同，作为受犯罪行为直接侵犯的对象，具有某种“当事性”，而且国家公诉机关也不能完全代表其诉讼利益，因此他应当被法律确定为一种特殊的诉讼参与人，给予较之一般诉讼参加人特殊的诉讼礼遇与诉讼关照。

循此思路，对我国被害人保护的诉讼制度框架可以设定为：其一，将被害人作为特殊类型的诉讼参加人，而不看做一般的诉讼参与人。在诉讼法中将这种既有别于当事人，又区别于一般的诉讼参加人的法律身份确定下来。其二，要求司法机关将诉讼程序进展情况通知被害人。如立案、起诉、审判开庭等，都应向被害人发出通知。其三，被害人有权由其律师代理参加各种诉讼活动。其四，被

害人可以通过其代理律师查阅诉讼证据材料。其五,被害人有庭审时在场的权利,但是被害人作证前不能旁听庭审调查活动,只能由其代理律师代替其在场听证并发问。具体做法是被告人口供调查时被害人不应在场,口供调查完毕后被害人到场陈述,原则上要求对被害人一次性调查完毕,以避免聆听庭审对其作证的影响。被害人调查完毕后,被害人即以特殊诉讼参加人的身份参与庭审。其六,被害人在庭审中有询问、举证、申请调取新的证据以及参加诉讼辩论等诉讼权利。其七,对作为特殊类型诉讼参加人参与诉讼的被害人的范围作出法律限制,应当将这种具有特殊诉讼权利的诉讼参加人限定于其人身、财产权利受到犯罪行为直接侵害的自然人。对单位被害人,则除了可以作为附带民事诉讼原告人参与诉讼外,应由检察机关代表其参加诉讼,以利于诉讼的有序和效率。

(2001年第4期)

# 2003 年

# 刑诉中非法证据排除问题研究

陈瑞华*

## 一、缺乏制裁机制的刑事诉讼法

现行《刑事诉讼法》以义务性规范、禁止性规范的形式,强调法院、检察机关和公安机关在诉讼活动中应严格遵守法律规定的程序,禁止以非法的手段获取证据。例如,在"任务和基本原则"一章中,《刑事诉讼法》要求三个专门机关"进行刑事诉讼,必须严格遵守本法和其他法律的有关规定"(第3条第2款)。在"证据"一章中,该法又要求"审判人员、检察人员、侦查人员必须依照法定程序,收集能够证实犯罪嫌疑人、被告人有罪或者无罪、犯罪情节轻重的各种证据。严禁刑讯逼供和以威胁、引诱、欺骗以及其他非法的方法收集证据"。(第43条)

除了上述原则性的规定以外,《刑事诉讼法》还就侦查人员收集证据所需遵守的法律程序作出了一系列的规定。例如,在讯问犯罪嫌疑人问题上,该法要求"讯问犯罪嫌疑人必须由人民检察院或者公安机关的侦查人员负责进行"(第91条);"传唤、拘传持续的时间最长不得超过十二小时。不得以连续传唤、拘传的形式变相拘禁犯罪嫌疑人"(第92条第2款);"犯罪嫌疑人在被侦查人员第一次讯问后或者采取强制措施之日起,可以聘请律师为其提供法律咨询、代理申诉、控告……受委托的律师有权向侦查机关了解犯罪嫌疑人涉嫌的罪名,可以会见在押的犯罪嫌疑人,向犯罪嫌疑人了解有关案件情况"(第96条)。又如,在涉及搜查、扣押等问题时,该法要求"进行搜查,必须向被搜查人出示搜查证"(第111条第1款);"在搜查的时候,应当有被搜查人或者他的家属、邻居或者其他见证人在场"(第112条第1款);"对于扣押的物品、文件、邮件、电报或者冻结的存款、汇款,经查明确实与案件无关的,应当在3日以内解除扣押、冻结,退还原主或者原邮电机关"(第118条)。

但是,如果负责侦查的机关违反了上述"法律规定的程序",究竟应当有什么样的法律后果呢?具体而言,假如侦查人员在羁押讯问过程中,对犯罪嫌疑人动用了"刑讯逼供"或者"威胁"、"引诱"、"欺骗"等"非法方法",并获取了被告

* 作者单位:北京大学法学院。

人有罪供述以及其他有罪证据，法院要不要对这种非法侦查行为加以制裁呢？假如侦查人员对犯罪嫌疑人的传唤、拘传超过12小时，那么，究竟有什么办法对这种行为施加制裁呢？如果犯罪嫌疑人在“第一次讯问后或者被采取强制措施之日起”，已经委托了为自己提供法律帮助的律师，而侦查机关却拒绝律师会见在押嫌疑人，并进行了一系列的羁押讯问活动，那么，这种讯问活动是否构成程序上的违法呢？又如，侦查人员没有任何合法的搜查证件，就对犯罪嫌疑人的住宅、办公室等实施了搜查，并随即扣押了后者的物品、文件等，那么，这种以非法搜查手段获取的物品、文件，究竟是否具有可采性呢？……对于这一系列的问题，中国现行《刑事诉讼法》都没有作出明确的规定。综观整部法律，侦查机关被要求遵守各种各样的法律程序，这些程序涉及实施某一侦查行为的时间、条件、人员、方式等，并且动辄以“必须”、“应当”、“严禁”等义务性或禁止性规范的方式提出要求。然而，对于以下几个最基本的问题，该法几乎没有建立任何明确的法律规则：

1. 何为“非法证据”？采用为《刑事诉讼法》所明确禁止的非法方法所获取的证据是不是“非法证据”？

2. 侦查机关采用为《刑事诉讼法》所明确禁止的非法方法收集证据，究竟要不要受到明确的法律制裁，承受明确的法律后果？

3. 排除“非法证据”的可采性，是不是一种不可回避的程序性法律后果？对于制裁侦查人员违反法律程序的行为来说，排除非法证据是否具有实际的效力？

4. 如果对非法证据要加以排除的话，那么，究竟应排除到什么程度？是不是一切以违反法律程序的方式获取的非法证据，都要加以排除？那些从非法证据（尤其是非法获取的被告人供述）中派生出来的其他证据，是否也在排除之列？

5. 在排除非法证据问题上，利害关系人应在哪个诉讼阶段、向哪个机构提出有关程序上的申请呢？如果法院是负责受理这一申请的机构，那么，该机构一旦受理，要不要就此事项，举行专门的听证程序？

6. 在就非法证据是否存在以及是否排除非法证据问题所进行的裁判程序中，哪一方需要承担举证责任，以证明非法证据的存在？这种证明需要达到什么样的证明标准，才可以被法院所接受？……

类似这样的问题还可以继续追问下去。这种追问的核心在于审视刑事诉讼法是否就非法证据排除问题建立了最基本的法律规则。这种法律规则可包括两个基本要素：一是实体构成性规则，也就是涉及什么是“非法证据”，“非法证据”排除的范围，以及排除“非法证据”的法律后果等问题的规则；二是程序保障性规则，也就是与何方提出申请、裁判者要不要举行专门听证、何方承担举证责任、证明需要达到什么程度等问题有关的规则。

不建立上述第一方面的法律规则，刑事诉讼法就无法建立起完整的程序性制裁机制，也就是违反刑事诉讼程序的法律后果。而第二方面的法律规则的缺乏，则导致有关程序性违法的问题难以被纳入诉讼的轨道，也无法成为有待裁判的问题。如果这两方面的法律规则都不存在，那么，刑事诉讼法就成为没有制裁机制的法律，违反刑事诉讼法的行为也就可以不受任何形式的程序性制裁，有关程序性违法的争议也无法纳入程序性裁判的轨道了。

根据以上分析，我们大体上可以得出这样的结论：中国现行《刑事诉讼法》对侦查机关收集犯罪证据的行为，提出了一些义务性和禁止性的法律要求，但并没有确定"非法证据"的性质和范围，也没有就非法证据的排除问题制定明确的实体构成性规则和程序保障性规则。结果，非法证据排除规则在中国《刑事诉讼法》中并不存在。

## 二、司法解释中的"排除规则"

尽管《刑事诉讼法》没有就非法证据排除的问题作出规定，但是最高人民检察院和最高人民法院发布的司法解释却对此建立了一些规则。当然，最高人民检察院所制定的规则主要适用于审查起诉这一环节，要求检察机关对于那些"法定"的非法证据不得作为提起公诉的依据。而最高人民法院的解释则要求各级法院不得将非法证据采纳为判决的根据。

在1998年12月颁布的《人民检察院刑事诉讼规则》中，最高人民检察院在强调"严禁以非法的方法收集"的同时，规定"以刑讯逼供或者威胁、引诱、欺骗等非法的方法收集的犯罪嫌疑人供述、被害人陈述、证人证言，不得作为指控犯罪的根据"。（第265条第1款）不仅如此，检察机关在审查起诉中发现侦查人员以非法方法收集上述证据的，应当"提出纠正意见"，同时要求另行指派侦查人员重新调查取证，或者自行调查取证；侦查机关未能按照检察机关的要求另行指派侦查人员重新调查取证的，检察机关可以将案件退回侦查机关补充侦查。（第265条第2款、3款）

2001年1月，鉴于"一些地方陆续发生了严重的侦查人员刑讯逼供案件"，地方检察机关"错误地将刑讯逼供获取的犯罪嫌疑人、被告人供述作为指控犯罪的证据加以使用，最终酿成冤案，造成了极其恶劣的社会影响"，最高人民检察院发布了《关于严禁将刑讯逼供获取的犯罪嫌疑人供述作为定案依据的通知》,再次要求各级检察机关“严格贯彻执行有关法律关于严禁刑讯逼供的规定”,“明确非法证据的排除规则”。

最高人民法院在1998年9月发布的《关于执行〈中华人民共和国刑事诉讼法〉若干问题的解释》中,强调“严禁以非法的方法收集证据”,规定“凡经查证确实属于采用刑讯逼供或者威胁、引诱、欺骗等非法的方法取得的证人证言、被害人陈述、被告人供述,不得作为定案的根据”。(第61条)

尽管最高人民检察院在其司法解释中要求检察机关不得将非法取得的证据作为起诉的依据,但这充其量属于检察机关对于侦查机关在收集证据方面提出的要求,属于检察机关为确保指控的成功而采取的必要措施。当然,在中国制度背景下作为“法律监督机关”的检察机关,可能也将严禁以非法方法收集证据作为其对侦查机关实施法律监督的一种方式。不过,作为检控方的检察机关,承担着提起公诉、支持公诉从而使有罪者受到法律惩治的使命。如果侦查机关移交而来的被告人供述、证人证言、被害人陈述等证据,尽管是侦查人员采取非法手段获取的,但它们却被视为“客观真实的”,并且与案件事实具有关联性,能够证明被告人的“犯罪事实”,那么,检察机关在“排除”这些非法证据方面,究竟有多大程度的动力,不能不让人心生疑问。很显然,作为一种基本的制度逻辑,检察机关不可能一贯地将侦查机关提交的非法证据加以排除,因为这种证据尽管为非法证据,却都是有利于公诉而不利于被告人的证据。另外,实证研究的结果表明,检察机关因为侦查人员采用非法方法获取证据而因此将证据排除于起诉证据之外,这种情况还属于极为罕见的。一般来说,只要侦查人员提交的证据有助于检察机关支持公诉,后者总会将该证据加以采纳,并提出于法庭之上,以促使其转化为法庭定案的根据。当然,实践中也有检察机关追究侦查人员刑讯逼供罪的案例。不过,那种情况的发生往往是因为案件被发现属于冤假错案,而冤案的发生恰恰是侦查人员的刑讯逼供行为造成的。于是,随着真正的犯罪者被判罪,刑讯逼供等非法取证行为也得到揭露,有关的侦查人员也受到相应的惩治。而一旦案件没有被发现属于冤案,那么,那些以非法方法获取的证据就不可能被检察机关拒诉,而追究侦查人员的刑讯逼供罪就更不可能了。[①]

很显然,最高人民检察院的司法解释并没有确立真正意义上的"非法证据排除规则"。与最高人民检察院的司法解释相比,最高人民法院的司法解释作出了排除非法证据的规定,使法院在排除非法证据于判决根据之外,有了明确的法律依据。应当说,最高人民法院的这一解释是对现行《刑事诉讼法》的一大突破。因为《刑事诉讼法》只是以禁止性规范的形式要求侦查人员不得采用刑讯逼供等非法取证手段,而并没有就排除非法证据的问题作出任何明确的规定。而最高人民法院的解释则使非法证据排除规则变得明确化和具体化了。

具体分析起来,最高人民法院的司法解释所确立的排除规则具有以下几个方面的特点:(1)明确了"非法证据"的性质。在这一"解释"中,非法证据被解释为以非法方法获取的证据,也就是通过刑讯逼供、威胁、引诱、欺骗等非法手段获取的证据。(2)界定了"非法证据"的范围。最高人民法院的解释所要排除的不是任何形式的"非法证据",而是通过上述非法方法获取的言词证据,也就是被告人供述、证人证言和被害人陈述这三种证据。(3)确定了排除非法证据的后果。该"解释"要求各级法院对于上述"非法证据",一律不得采纳为定案的根据。也就是说,无论这些非法证据本身是否具有"客观性"、"关联性",也无论它们是否有助于法庭认定案件事实,法院都要否定其可采性。换言之,这些证据之所以被排除于法庭之外,不是因为它们不具有证明力,而是因为它们不具有证据资格或证据能力。

由此可见,最高人民法院与最高人民检察院在解释"非法证据"的性质和范围时,采用了一致的标准。由于侦查人员以刑讯逼供、威胁、利诱、欺骗等非法手段收集证据的行为,在司法实践中一直发生得比较普遍,而遭受这些非法取证行为的不仅有犯罪嫌疑人、被告人,还经常有证人和被害人,因此,最高人民法院和最高人民检察院将非法证据的范围定位于"非法获取的言辞证据"上面。但是,如果侦查人员采取刑讯逼供、威胁、引诱、欺骗等"法定"非法方法获取了物证、书证、视听资料怎么办?这些通过《刑事诉讼法》所严格禁止的非法手段获取的

① 这一点在杜某案件中体现得尤为明显。1998年4月,昆明市公安局戒毒所民警杜某因被怀疑杀害两名警察而受到昆明市公安局侦查人员的刑讯逼供,被迫编造了所谓的杀人事实。昆明市检察院办案人员对杜某的申诉没有给予充分的重视,便将其批准逮捕、提起公诉。1999年2月,昆明市中级人民法院一审判处杜某死刑。同年10月,云南省高级人民法院改判为死刑,缓期两年执行。后因真正的凶手被抓获,杜某才无罪释放。而昆明市公安局侦查人员对杜某采取刑讯逼供的问题也随之浮出水面。两名侦查人员因为对杜某采取刑讯逼供行为,而被定罪判刑。参见"杜某案件:警察对警察的刑讯逼供",载雅虎中国新闻之"传媒焦点",2001年7月20日。

实物证据,能否被纳入证据排除的范围呢?同样是刑讯逼供行为,难道侦查人员以此获取的言词证据就应当被排除,而以此获取的实物证据就可以采纳吗?既然如此,侦查人员岂不就可以随意化地采取非法手段获取实物证据吗?

司法解释不仅将排除的范围界定为"言词证据",而且还将禁止采取的非法手段限定为"刑讯逼供"、"威胁"、"引诱"、"欺骗"等方面。但是,非法取证行为在司法实践中还有其他许许多多的表现形式。例如,侦查人员在没有获得合法的搜查证的情况下,对犯罪嫌疑人的住宅、办公室进行的搜查,并扣押了他的私人物品;侦查人员没有经过任何合法授权,就对某一公民的邮件进行了扣押;侦查人员没有允许犯罪嫌疑人会见委托的律师,就对其实施了长时间的羁押讯问,并获取了有罪供述;侦查人员没有经过任何合法授权,就对一个公民实施了电话窃听和秘密跟踪录像行为,并获取了作为指控证据的录音带、录像带……假如证据排除的范围仅仅限定为"刑讯逼供"等方面的话,那么,通过上述其他非法手段获取的证据,是否应被纳入排除之列呢?难道这些非法取证行为没有侵犯公民的隐私、辩护等基本权利吗?

退一步讲,即便我们同意司法解释所界定的"非法证据"范围,这种"非法证据"的范围本身也仍然存在严重的问题。究竟什么是"刑讯逼供"?如果按照司法实务界的普遍理解,刑讯逼供主要是指侦查人员采用拷打、肉体折磨方法获取供述的行为,那么,侦查人员对嫌疑人采取残酷的精神折磨,这算不算刑讯逼供?侦查人员以长时间剥夺嫌疑人吃饭、饮水、睡眠、休息甚至强迫其服用精神药物等方式进行讯问,这算不算刑讯逼供?另外,所谓的"威胁"、"引诱"、"欺骗"等行为也极为含混不定。侦查人员采取威胁、引诱、欺骗行为到什么样的程度,才属于刑事诉讼法所禁止的非法行为呢?

不仅如此,最高人民法院的司法解释尽管确定了"非法证据"的性质和范围,并明确规定了排除的后果,但是,这种"非法证据排除规则"仍然具有宣言和口号的特征,而很难发挥其法律规范所应有的功能。因为有关的程序性保障规则仍然没有建立起来。对于这一排除规则,我们可以提出一系列的问题。比如说,被告人、辩护人如果提出排除某一非法证据的申请,法庭是否应当中止案件的审理,而将非法证据排除问题纳入专门的司法听证程序之中?如果非法证据排除问题真的进入司法裁判轨道,那么,何方承担举证责任?承担举证责任的一方需要将刑讯逼供等非法行为的存在证明到什么程度?如果检控方要否定刑讯逼供的存在,他需要证明到什么程度?如果被告人、辩护人提出的申请被一审法院驳回,那么,他们能否在上诉中将此问题列入二审审判的对象?换言之,对于法院驳回申请的决定,被告人、辩护人还有没有其他方面的司法救济途径?

在上述一系列问题没有得到完整的解答之前,"非法证据排除规则"显然只是书面的规则,而很难在司法实践中得到实施。

## 三、司法实践中的"排除规则"

最高人民法院建立的"非法证据排除规则",在司法实践中的实施状况究竟如何呢?要对这一问题作出令人信服的回答,就需要进行大量的实证调查和研究。不过,根据中国的司法惯例,官方很少进行有关诉讼程序实施问题的司法统计,而一些零散的数据即使存在,也经常不对外公布。而研究者由于经费、精力、条件等诸多方面的限制,也很难从事这种大规模的调查。甚至有时候,即便在一些地区展开这种调查,也极难得到准确的数据。尽管如此,我们仍然根据自己对司法现实的观察,从一些具体的案例中获取一定的信息。

一般来说,"非法证据"及其应否排除问题,近年来已经大量出现在中国的刑事法庭上。尤其是被告人、辩护人,对于检控方提交给法庭的证据,一旦发现在收集的程序上存在明显的违法问题,经常会要求法庭认定该证据为"非法证据",并申请法庭予以排除。不过,根据笔者有限的观察,辩护方极少申请法庭对非法搜查、扣押、窃听得来的实物证据加以排除,也几乎没有因为侦查人员剥夺嫌疑人会见律师的机会而要求法庭排除被告人的有罪供述。申请排除的"非法证据"最多的还是侦查人员以刑讯逼供的手段获取的被告人供述。尤其在被告人当庭翻供、法官质疑其为什么向侦查人员作出有罪供述的情况下,被告人、辩护人通常会辩解说原来受到了刑讯逼供,并请求法庭将原来的非法供述加以排除。至于对那些侦查人员以"威胁"、"引诱"、"欺骗"等其他非法手段获取的证据,辩护方也很少会提出要求排除的申请。

那么,面对辩护方提出的排除非法证据的申请,刑事法庭一般会作出怎样的处理呢?换言之,刑事法庭能否将"非法证据"的排除问题纳入司法裁判的范围呢?

这一问题在《刑事诉讼法》和司法解释中都没有明确的规定。刑事法庭对此问题的处理大体有两种情况:一是置之不理,不对"非法证据"是否存在以及应否加以排除的问题作出任何结论,甚至就连专门的调查、审核程序都不举行;二是受理申请,并要求检控方加以调查,作出说明。

前一种情况是司法实践中最经常发生的。例如,在杜某案中,检察官提前介入了案件的侦查活动,作为嫌疑人的杜某对侦查人员刑讯逼供的情况作出过申诉,驻所检察官还就刑讯逼供的问题展开过调查,甚至为受过拷打的杜某拍过照片。在法庭审判中，杜某向法庭提出自己受到了刑讯逼供，原来所作的有罪供述是在受刑不过的情况下作出的，要求法庭排除该有罪供述的效力。杜某为此将自己的血衣出示在法庭上；其辩护律师也要求检控方提供驻所检察官拍摄的照片及其他证据。但是，法庭既没有就刑讯逼供是否存在的问题进行认真的调查和核实，更谈不上对刑讯逼供得来的证据加以排除了。① 以下是杜某陈述的该案一审中涉及刑讯逼供问题的“裁判”过程：

……7月28日，我（指杜某，下同）向市检察院起诉处、批捕处及驻所检察官递交了第一份控告书，控告办案民警对我进行了刑讯逼供，并向检察官展示了我被打伤的伤情。……7月29日，在看守所三管区教室门口，检察官当着看守所两名教管干部及上百名在押人员的面对我手腕、膝盖、脚上的伤情进行拍照以固定证据，他共拍了四张照片。但对这些控告、陈述、照片，他们要么置之不理，要么训斥我是“狡辩”。在开庭前，法官提审我，我再次向他陈述了冤情，法官不但不听，还跟我说：“你把枪交出来，我判你死缓。”……

1998年12月17日，法院开庭审理由某检察院提起公诉的“杜某故意杀人案”。我当庭向法官、检察官、律师以及数以百计的旁听公民展示了我手上、脚上、膝盖上被刑讯逼供的伤痕，没有得到法庭的重视。我要求公诉人对检察官拍下的关于我被打伤的伤情照片作出回答，公诉人表示：“照片我们没照过，是你们公安照的，我们不知道”。结果，我的控告及证据均不起作用。……由于这起案件在程序和证据方面存在很多问题，在律师有力辩解下，法庭宣布休庭。

1999年1月15日，法院再次开庭审理我的“杀人案”。吸取前次开庭人家“不知道”的教训，这次我悄悄将侦查阶段穿在身上被办案人员打烂的一套衣服作为刑讯逼供的确凿证据，掖藏在腰部，外罩一件风衣到庭。庭审中，我当庭从身上扯出受刑时被打烂的衣服向法庭控告，而法庭竟然视若无睹，并不进行任何调查，审判长只是说了一句：“好，把衣服放下就行了。”法庭上，我再次提出伤情照片问题，这回公诉人说，我们查了，照片是照过，只有一张。我说，一张也行，请你向法庭出示。公诉人竟说：“找不着了。”这时该案审判长说：“不要再纠缠这个问题了。”

1999年2月5日，一审法院以犯“故意杀人罪”作出对我的死刑判决。……②

① “杜某案件：警察对警察的刑讯逼供”，载雅虎中国新闻之“传媒焦点”，2001年7月20日。

② 陈昌云：“劫后余生说噩梦——杜培武访谈录”，载《工人日报》2000年9月14日。

在这一案件的审判过程中，被告人当庭向法庭展示了身上的伤痕，以证明侦查人员刑讯逼供行为的存在，辩护人也强烈要求法庭予以验伤，以确定被告人有罪供述系刑讯逼供所得。可以说，即使法律要求被告人承担证明刑讯逼供存在的责任，那么，被告人杜某当庭出示的血衣也足以证明刑讯逼供的发生。如果法庭真心实施最高人民法院司法解释所确立的"非法证据排除规则"，那么排除杜某所作有罪供述的证据效力，几乎是没有什么困难的了。但不幸的是，法庭对于辩护方要求排除非法证据的申请，根本就没有纳入真正意义上的司法裁判的轨道，而是采取了"模糊处理"、"不予置评"的态度，致使司法解释中的"非法证据排除规则"受到架空和规避。甚至在法院的判决书中，有关辩护方申请排除刑讯逼供所得的供述的事实，都不被提及，更不用说排除非法证据的裁决结论了。①

当然，在一部分案件中，如果辩护方当庭提出了刑讯逼供问题，法庭也有可能给予"认真"的对待。在通常情况下，审判长会决定暂时中止审理，并要求检控方就刑讯逼供的问题给予说明。但是，在法庭恢复开庭之后，公诉人为证明刑讯逼供行为之不存在，会出具一些证据材料。这些证据材料中很可能包括公诉人向侦查人员调取的"情况说明"。该"情况说明"往往是侦查机关出具的证明材料，被用来证明侦查预审人员"没有刑讯逼供"，材料最后盖着侦查机关的公章。

令人惊讶的是，刑事法庭即便将刑讯逼供的问题纳入调查的范围，侦查机关也几乎从不委派侦查人员（尤其是被指控实施刑讯逼供行为的讯问人员）出庭作证，从而使审讯人员与被告人有当庭对质的机会。侦查机关出具的"情况说明"似乎被用来反驳一切有关侦查人员刑讯逼供的指控。而对这种"情况说明"，刑事法庭基本上当庭予以采纳，并将其作为驳回辩护方申请的依据。于是，有关排除非法证据的问题在绝大多数情况下就以辩护方的申请被驳回而告"解决"。

---

① 这一情况在近年来新闻媒体披露的其他案件中也有明显的体现。例如，在陈某等涉嫌杀人一案的审理中，陈某等四名被告人全部推翻了原来向侦查人员所作的有罪供述，称那些供述是在公安局刑讯逼供之下屈打成招的。四名被告人还向法庭展示了自己身上受刑造成的伤痕。辩护律师也当庭要求法庭对被告人身上的伤痕加以检验。但遭到公诉人的坚决反对。法庭对此问题也没有给予足够的重视。被告人是否受到刑讯逼供的问题在法庭上就这样不了了之。参见郭国松："三次死刑三次刀下留人"，载《南方周末》2000 年 8 月 10 日。另参见蔡平："被反复驳回的死刑判决"，载《中国青年报》2000 年 12 月 27 日。笔者曾对该案展开过调查，查阅了一审法院的全部四次判决书和二审法院的三次裁定书，发现法院对于辩护方反复提及的刑讯逼供问题，在每一份判决书中都没有任何记载。

## 四、如何建立排除规则

以上分析似乎表明,即使"非法证据排除规则"被确立在法律之中,也很可能得不到妥善的实施,而变成一份"写在纸上的宣言"。但是,最高人民法院通过司法解释所确立的"排除规则",本身就存在一系列的问题和缺陷。而这些缺陷和问题足以对该规则的实施造成致命的阻碍。或许,几乎所有法律规则都存在从书本向现实的转化问题,但一个在自身逻辑体系方面存在重大缺陷的法律规则,注定会在实施中面临更大的障碍。

基于这一前提,我们有必要建立一种更加科学、更加完备的非法证据排除规则。这不仅仅是立法技术的完善问题,更意味着非法证据排除规则的真正建立问题。那么,究竟应从哪些角度入手建立排除规则呢?

根据美国的司法经验,非法证据排除规则并非由国会通过的成文法加以确立,而是由美国联邦最高法院历经上百年的努力,通过联邦宪法修正案中的"正当法律程序"条款,逐步在司法判例中加以确立并予以完善的。即使到了今天,非法证据排除规则仍然没有最后定型,联邦最高法院还不断在此问题上作出新的判例。可以说,在19世纪60年代发生了"正当法律程序革命"之后,美国联邦最高法院通过判例建立了针对非法搜查、非法扣押乃至非法窃听的排除规则,也确立了针对侵犯被告人沉默权、律师帮助权等行为的非法供述排除规则,甚至建立了针对非法证据之派生证据的"毒树之果"排除规则。而在20世纪70年代以来,该法院所作的判例,则主要是根据对诸多方面的利益平衡,对各项排除规则建立了一系列的"例外规则",从而逐步限制了这些规则的适用范围,减少了因排除非法证据而带来的负面效果。①

与美国相比,中国没有建立判例制度,几乎所有法律规则都是由立法机构确立于成文法之中,然后再由最高人民法院通过司法解释加以发展和完善的。这种制度安排为法律制度的建立和发展造成了一定的障碍。毕竟,我们不能对立法者的理性能力抱有太大的奢望,更不能要求某一法律规则不经长期的实践检验就在内容、后果、范围、例外等方面有一个明晰的"面孔"。事实上,中国立法制度中存在的"法律一公布即告落后"的现象,以及各地、各级司法机构纷纷创

① Joel Samaha, *Criminal Procedure*, Wadsworth Publishing Company, 1999, p. 431. 另参见 Wayne R. LaFave and Jerold H. Israel, *Criminal Procedure*, second edition, West Publishing Co. ,1992, pp. 459 – 498。

制新的法律制度的现实，足以显示仅仅依靠立法机构制定的成文法，任何法律制度都不可能得到一蹴而就的建立。与任何有着内在生命力的事物一样，法律制度即使在确立或建立之后，也必须有一个逐步发展、完善、演化的过程。而对于法律制度的发展来说，最佳的催化器不是立法者颁布的成文法，而是最高司法机构通过一个个的案例逐渐累积起来的经验性规则。毕竟，立法者制定法律的过程太缓慢，反应也太迟钝了，而最高司法机构所作的带有立法性质的解释法律的行为，也不足以体现新规则的社会环境和基础。因此，放弃对立法者在发展法律方面不切实际的期望，建立一种由最高法院通过裁判个案来创制新的法律规则的制度，可能是确保法律制度得到完善和发展的正确道路。毕竟，法律制度作为社会生活的调节器，其是非成败应当在社会生活中得到检验，而不能仅仅靠所谓的逻辑演绎而维持其生命力。

于是，受成文法传统影响的中国法律制度，在建立、发展非法证据排除规则方面，就受到了一系列的"先天限制"。正如我们不能期待最高人民法院的司法解释确立真正意义上的排除规则一样，我们也同样无法指望立法者通过制定"刑事证据法"或"刑事诉讼法修正案"，来建立一个完善的"非法证据排除规则"。在这方面，唯有在建立非法证据排除规则的基本框架的前提下，赋予最高司法机构通过个案判决创制新规则的能力，才会有发展这一规则的可能。因此，我们需要探讨的是排除规则的基本框架，如排除非法证据的范围、后果、裁判机制、举证责任的分配、司法救济机制的建立等，而不可能是排除规则的全部内容。诸如排除规则的例外、毒树之果的范围、有关证明标准的含义、技术性违法或者"无害错误"的范围等方面的问题，极难由成文法作出完善的规定，而只能由最高司法机构在未来的司法活动中通过总结司法经验、教训来逐步加以确立。

有鉴于此，笔者拟将非法证据排除规则的基本框架作出一定的分析。本着"有一分证据说一分话"、"有九分证据不说十分话"的胡适主义精神，我们将那些能够达成共识的内容明确出来，而对那些处于不确定状态甚至需要由司法实践加以检验的部分，则作为问题搁置起来。

首先，为防止排除规则变成一个纯技术性的法律规则，我们有必要将需要排除的非法证据区分为三种：一是违反宪法的证据；二是一般的非法证据；三是技术性的违法证据。毕竟，"非法证据"之所以被视为"非法得来的证据"，是因为获取该证据的手段、方式、步骤违反了法律的规定，侵害了一定的利益。因此，根据收集证据的方法在违法程度、侵害利益严重性方面的区别，我们对非法证据本身作出上述基本分类。

一般情况下，所谓"违反宪法的证据"，是指通过明显侵犯公民的宪法性权利而获取的非法证据。中国现行《宪法》所确立的公民基本权利，包括了公民的人身自由、健康、生命、财产、隐私等实体性权利，也包括了犯罪嫌疑人、被告人的辩护权等程序性权利。如果侦查人员在侦查讯问过程中实施了侵害公民上述宪法性权利的行为，并获取了据以指控被告人犯罪的证据，那么，这种证据应被视为最为严重的非法证据。典型的例子有以拷打、肉体折磨、精神折磨等刑讯行为逼取的被告人供述，通过未经任何合法授权而实施的搜查、扣押、窃听、查询、冻结行为所获取的证据，在无理拒绝嫌疑人获得律师帮助的权利之后获取的供述，在严重的超期羁押之后获取被告人供述等。

与“违反宪法的证据”不同，“一般的非法证据”，则主要是指侦查人员的行为没有明显违反宪法，但侵害了公民的一般实体性权利和程序性权利，构成了一般意义上的违法取证行为。这方面的例子有：侦查人员采取威胁、引诱、欺骗等方法获取的被告人供述，非法延长传唤或拘传的时间而获取的供述，通过一般的违法搜查、扣押、查询冻结等行为所取得的证据等。

“技术性的非法证据”，也就是侦查人员以没有侵害任何一方权益的违法行为获取的证据。一般来说，在违反法律程序的背后，往往随着一定的公民权利的侵犯。但是，在任何一个国家的司法实践中，都存在大量的无侵权之违法，也就是所谓的“技术性违法”。例如，侦查人员对犯罪现场进行勘验、检查时，没有让见证人到场；在询问证人时没有让证人签名；在扣押物证、书证时，没有开列有关的清单等。由于这些违反法律程序的行为并没有明显地侵犯任何一方的实体性权利和程序性权利，因此可以被视为一种“技术性的违法行为”，由此获得的证据也属于“技术性的非法证据”。

其次，针对上述三种在侵害权益方面程度不同的非法证据，分别建立相应的法律后果。具体来说，对于“违反宪法的证据”，应建立“绝对排除”的规则，也就是毫无例外地、没有任何自由裁量余地的排除。而对那些“一般的非法证据”，则建立“自由裁量的排除”规则，也就是由司法裁判者根据这种违法行为的严重程度和危害后果，作出排除或者不排除，部分排除或者部分不排除的结论。至于所谓的“技术性的非法证据”，由于所涉及的是技术性的违反法律程序，而并未造成某一方利益受到侵害，因此原则上不必为裁判者所排除，其证据的可采性不会因其技术性的违法而受到影响。

对不同的非法证据确立不同的法律后果，既是各国的通例，也符合建立非法证据排除规则的本来目的。即使在美国这样的高度强调尊重正当法律程序的国家，在建立、发展排除规则时也越来越强调重点排除那些重大的违宪性证据，并将证据排除规则建立在维护宪法性权利的基础上。而对于那些没有严重侵害公民宪法权利的一般违法行为,则称为所谓的“无害错误”(harmless errors)。因此,美国的非法证据排除规则是以违反公民宪法性权利为基点而建立起来的。[①]而在英国,刑事证据法明确将非法证据的排除区分为“绝对的排除”与“自由裁量的排除”两种,前者主要适用于通过刑讯、逼迫等行为得到的非法证据,后者则适用于非法搜查、扣押、窃听等来实物证据以及所谓的“毒树之果”等。法官在就排除与否作出“自由裁量”时,需要平衡两方面的利益:一是有关证据的证据价值;二是侦查行为的违法程度和危害后果,尤其是对公正审判、司法正义所造成的损害。[②]

可以说,建立排除规则的目的并不是“为排除而排除”,也就是排除一切不符合法律程序规定的证据。这种规定的真正目的是通过排除非法证据,来惩戒、禁止侦查人员侵犯公民权利的行为,从而为侦查人员的强制性侦查行为建立起一个明确的法律界限。只有在这种法律界限确立之后,公民才不会因为侦查权的滥用而遭受任意的搜查、扣押、窃听,甚至受到残酷的刑讯逼供,公民的辩护权也才有得到维护的可能。正因如此,一些纯属技术性违法的非法证据就没有必要被排除,那些严重侵害公民宪法权利的非法证据则应无条件地予以排除,而那些一般的非法证据则应由裁判者根据违法的严重程度和危害后果,在经过审慎的利益权衡之后,作出排除或者不排除的结论。

因此,非法证据的排除应当着眼于非法取证行为的违法性质和后果,而不应以证据的形式作为排除的标准。目前中国最高人民法院将排除规则解释为“非法言词证据的排除规则”,这本身显然将非法取得的实物证据(尤其是通过侵犯公民宪法权利的方式获得的实物证据)不列入排除的范围。不仅如此,排除规则也应当根据非法取证行为对公民权益侵害的程度而确立排除的后果,而不应仅仅以非法讯问行为作为排除的对象。目前最高人民法院将排除规则仅仅适用于刑讯逼供、威胁、引诱、欺骗等非法讯问行为上面,这显然使非法搜查、非法扣押、非法窃听、非法查询冻结、非法剥夺辩护权等行为,难以受到必要的程序性制裁。

再次,为确保排除规则的实施,应当建立必要的程序性裁判机制。需要明确的是,辩护方一旦提出排除“非法证据”的申请,法官必须就此举行专门的司法审核程序,以便就“非法证据”是否存在、应否排除“非法证据”的问题作出裁决。

---

① Joel Samaha, Criminal Procedure, p. 461.

② Michael Zander, *The Police and Criminal Evidence Act* 1984, revised second edition, Sweet & Maxwell, 1990, p. 198. 另参见 Peter Murphy, *Murphy on Evidence*, Blackstone Press Limited, 1995, pp. 69 – 70。

同时,即使在辩护方没有提出异议的情况下,如果法官本人对某一证据的合法性持有疑义的,也应当主动决定举行这种司法审核程序。

在这一审核过程中,控辩双方都可以提出证据,并就非法证据是否存在以及应否排除的问题进行辩论。当然,提出申请的辩护方需要提出证据证明非法证据的存在以及排除该证据的必要性。但是,这种证明并不需要达到最高的证明标准,如"事实清楚,证据确实充分",或者"排除合理怀疑",而只需证明到具有高度的可能性即可。辩护方一旦将非法证据的存在证明到这一程度,那么,检控方就需要证明该证据不属于非法证据,也不属于需要排除的非法证据。对于这一点,检控方需要证明到最高的证明标准。否则,经过专门审核程序,检察官无法将有争议证据的合法性证明到法定程度的,或者法官对该证据的合法性仍然持有怀疑态度的,法庭应一律作出该证据系非法证据甚至排除该证据的推论。

需要注意的是,对于非法供述笔录与其他非法证据,在确立举证责任的分配原则时应有所区别。与其他证据不同的是,被告人的供述笔录一般都是侦查人员在羁押讯问状态下获取的有罪证据,其自愿性和真实性具有天然的缺陷。原则上,这种供述笔录作为传闻证据的一种,不应具有证据的可采性。但是,如果检控方能够举证证明这种供述笔录并非是以刑讯、威胁、引诱、欺骗、精神折磨、长时间的羁押等非人道的方法所获得的,那么,作为一种例外,被告人的供述笔录才可以具备证据能力。因此,对于这种证据,被告人一旦在法庭上加以推翻,或者辩护方一旦举出证据证明系非法所得,那么,证明该证据具有可采性的责任就应由检控方承担。

最后,为防止法官(特别是初审法院的法官)随意地拒绝排除"非法证据",尤其是那些通过侵犯公民宪法权利的方式获取的证据,刑事诉讼法还应建立有关排除规则的司法救济机制。换言之,应当赋予申请排除某一非法证据而没有得到法庭许可的辩护方,通过上诉来获得上级法院加以复审的机会,从而使排除非法证据问题得以进入上诉法院审核的范围。甚至在重新构建再审程序时,也应允许申请再审的一方以非法证据没有被排除为由,启动再审程序。

(2003 年第 6 期)

# 辩诉交易应当缓行

易延友*

辩诉交易制度在英美法系招致了一系列批评,但是也不乏高度的赞扬。批评者认为辩诉交易丧失了公开审判中的优点,赞成者则回应说虽然辩诉交易的确有这样的问题,但是这一缺点却有被夸大之嫌;批评者指责辩诉交易使犯罪分子通过宽大的刑罚而逍遥法外,赞成者则回应说(在为获得定罪而必需的情况下)较轻的刑罚总强过没有刑罚;批评者指责说辩诉交易可能使无辜者被迫作出有罪答辩,赞成者则强调在刑事司法体制中设置的对被告人周到的保护可以使这一危险忽略不计;不仅如此,检察官和辩护律师对各自胜诉机会的估算也可降低诉讼的危险。

无论是反对还是赞成辩诉交易的观点,都有助于我们了解辩诉交易制度乃至整个英美法系国家的诉讼制度。最近,关于辩诉交易的讨论已经延伸到了中国法学界。有的学者认为,中国必须建立更加快捷的刑事诉讼程序,而美国和英国辩诉交易的实践为我们中国的刑事司法制度提供了可借鉴的榜样。① 笔者认为,一方面,由于中国案件积压情况并不严重,因而引入辩诉交易制度并无必要;另一方面,由于中国目前的刑事司法体制不能为被告人提供有效的保护,引入辩诉交易将会使被告人的状况进一步恶化。兹分述如下:

## 一、中国不存在引入辩诉交易之条件

由于诉讼程序中明显的纠问特征,在现有的制度下,中国的诉讼程序尤其是审前程序未能为被告人提供有效的保护,因而审判程序作为对被告人保护的一种补救,就显得尤为必要。

在《辩诉交易及其起源》一文中,艾舒勒指出:在很长一段时期内,美国和英

---

* 作者单位:清华大学法学院。

① 陈卫东、刘计划:"从建立被告人有罪答辩制度到引入辩诉交易——论美国辩诉交易制度的借鉴意义",载前引陈光中主编书,第34~51页;刘根菊:"确立中国式辩诉交易程序之研讨",载《政法论坛》2000年第4期;辛立林:"试析在刑事诉讼中移植辩诉交易的可行性",载《盐城工学院学报》(社会科学版)2002年第2期。

国的法院都不愿意接受被告人的有罪答辩。① 艾舒勒为此提供了三种可能的解释：一是这些有罪答辩很明显是不可相信的；二是英国的重罪被告人不能获得律师帮助；三是重罪罪行的唯 一刑罚是死刑。② 由于这些原因，在很多实践中，法官通常拒绝接受并且不鼓励被告人作有罪答辩。当被告人作有罪答辩时，法官会告诫他，他被指控的犯罪是可以判处死刑的，所以，他为自己辩护是有利的；法庭书记官、监狱官员、几乎所有的律师乃至检察官自己，都会请求他给予自己一个获得无罪释放的机会。这样的机会是实实在在的。在爱德芒兹，一个叫威廉的被告人被指控盗窃了一些面包和奶酪，他答辩有罪，法官说服他放弃了有罪答辩，在听取了证据后，法官指示陪审团将他释放，因为罪行没有得到足够的证明。③ 如今，英国已经废除了死刑，并且在大多数犯罪案件中，被告人均由律师代理辩护，同时，由于对被告人提供了一系列权利保障，如反对自我归罪的特权、无罪推定的权利、与证人对质的权利等，无论是在审前阶段还是审判阶段，被告人皆可获得有效的保护。在这一条件下，辩诉交易可以有效并且公平地得到实施。尽管如此，它还是招致了很多批评。

但是，在中国的刑事诉讼程序中犯罪嫌疑人、被告人不享有反对自我归罪的特权，无罪推定的原则也仍然在很多方面有待落实；同时由于刑事辩护风险的增加，被告人获得律师辩护的比率逐年降低。据统计，1999 年全国刑事案件中有律师辩护的被告人占全部被告人的比例不到 60%。④ 另外，1998 年全国刑事案件中，犯罪嫌疑人在侦查阶段获得律师帮助的比率为不到千分之一，每 1 万个犯罪嫌疑人中仅有大约 8 人在侦查阶段获得律师帮助。⑤ 在这一刑事司法体制之下，辩诉交易的缺陷将更加明显，而它的优势则将为其缺陷所湮没。结果是，被告人的状况将更加恶化，而恶化所招致的更为严厉的批评又会最终导致这一制

---

① Albert W. Alschuler, Ples Bargaining and Its History, *Law & Society*, Winter, 1979, at 214.

② Ibid. , at 216 – 17.

③ David J. A. Cairns, *Advocacy and the Making of the Adversarial Criminal Trial* 1800 ~ 1865, Clarendon Press, Oxford, 1998, p. 14.

④ 参见《中国法律年鉴》1999 年。该年度全国法院共受理一审刑事案件 540008，律师办理的刑事案件为 309767 件，309767 ÷ 540008: 57. 36%。实际上被告人获得律师帮助的比率应当低于这一数字，因为人民法院受理的案件总数是按件计算的，而律师办理刑事案件的数量虽然也按件计算，但是实际上是一人一件。

⑤ 根据《中国人权年鉴》（2000 年，第 1042 页），1998 年，律师办理为犯罪嫌疑人提供法律帮助的案件共 51875 件；又根据《中国法律年鉴》，1998 年全国检察系统审查批准逮捕的案件 403210 件，598101 人；据此，1998 年全国刑事案件中，犯罪嫌疑人在侦查阶段获得律师帮助的比率为：51875 ÷ 598101 = 0. 087%；即每 1 万个犯罪嫌疑人中大约有 8 人在侦查阶段获得律师帮助，实际比率会比这个数字还要低，因为有些案件侦查终结后没有提请审查批准逮捕。

度的废除。既然最终必然废除,引进它干什么?

另外,英国在18世纪以前,法官通常不愿意接受被告人的有罪答辩。然而,中国的法官却通常过于热情地准备接受被告人的有罪答辩。这种过于容易轻信的原因也可以从几个方面获得解释:第一,在中国,法院被视为镇压阶级敌人的工具,法官不仅对正义负责,还要对社会的稳定负责。在这一方面,他们与西方国家的警察几乎没有实质区别。第二,法官通常不敢释放被公诉机关起诉的被告人,因为释放的后果之一可能是检察官找到政法委告状。第三,有时候,法官不愿意认真审查被告人的有罪答辩,是因为这可能会增加法官的工作负担,相比之下,既然被告人已经认罪,直接对他们定罪处罚是一种更加省事的处理方式。在这一条件下,在中国的刑事诉讼中,几乎所有的被告人供认均被接受,法官也已经习惯在他们的判决中宣称"被告人对自己的罪行供认不讳",并以此论证自己裁判的正确性。从这一状况来看,我国刑事诉讼需要改变的不是取消审判,而是加强审判程序中的程序正义观念,从制度上保障被告人接受公正审判的权利。换句话说,目前中国刑事诉讼迫切需要的乃是程序的正当化,而不是程序的简单化。

## 二、中国无引入辩诉交易之必要性

辩诉交易的产生一方面是由于案件的积压为这一制度提供了外在的推动,另一方面是由于程序公正要件的满足为这一制度的产生提供了内在的条件。但是在中国,由于案件积压程度并不严重,因而实际上不存在确立辩诉交易制度的迫切需要。

根据最高人民检察院和最高人民法院的工作报告,自1997年以来,全国检察系统每年向法院系统提起公诉的案件在逐年增加,而人民法院受理的刑事案件也在逐年增加。但是,案件数量的增加并未导致案件的积压,相反,人民法院从1998年到2003年这5年期间,每年的结案率平均为97.9%,这一比率比前五年还有所提高。[①] 从这一数字来看,即使人民法院每年受理的刑事案件继续增加,其案件审结率至少仍然可以保持在这一水平。

① 肖扬2003年3月11日在第十届全国人民代表大会第一次会议上的《最高人民法院工作报告》,转引自《人民日报》2003年3月23日。

另外,五年来,全国法院系统审结的一审刑事案件总数为283万件。① 而据统计,1998年全国各级人民法院共为3558个,其中高级人民法院32个,中级人民法院345个,基层人民法院3123个,专门人民法院57个。在过去的5年中,每个法院平均每天审理的第一审刑事案件不到0.5件。② 换句话说,平均每个法院每审理一起刑事案件需要2~3天。乍看起来,法院如此低的刑事案件审判速度简直是令人怀疑计算是否有误。因此,笔者又对1999年全年审结的第一审刑事案件进行了计算,根据2000年法院工作报告,该年度全年共审结第一审刑事案件53.9万余件。③ 照此计算,每个法院平均每天处理的案件大约为0.49件。④ 这一数字与上面得出的数字大致吻合,因此,上述判断应当可以成立。

而在辩诉交易产生之前的18世纪,伦敦市区法院每天要进行12~20个重罪审判,英国郊区法院差不多也以此速度运转。⑤ 另据统计,1997年,英国91个刑事法院审结的刑事案件为91000件,每个法院平均每天审结的案件数为2.7397件。⑥ 在刑事法院担任审判工作的有巡回法官、书记官和助理书记官;1999年,英国一共有巡回法官560名,书记官878名,助理书记官398名,即使假定这些人全部坐堂问案(实际上助理书记官属于兼职法官),平均每个法院的法官也不过20名。⑦ 在我国,每个基层法院负责刑事案件的法官至少也不会低于20人。因此,法官的数量方面,我们并不占弱势;但在审判的案件数量上,却不及英国法官的1/5。再以美国宾夕法尼亚普通上诉法院刑事分庭的案件量为例,该法庭在1981年共有法官75人,处理刑事案件9458件,其中通过法官审理



---

① 肖扬2003年3月11日在第十届全国人民代表大会第一次会议上的《最高人民法院工作报告》,转引自《人民日报》2003年3月23日。

② 关于人民法院的数量,参见《中国人权年鉴》2000年,第1042页。由于最高人民法院和高级人民法院审理的第一审刑事案件数目从统计学意义上完全可以忽略不计,因此,审理第一审刑事案件的法院包括中级人民法院和基层人民法院(专门人民法院中的海事法院不受理刑事案件,因此导致专门人民法院中受理刑事案件的法院数无法统计,但由于专门人民法院本身数字较小,也可以忽略不计)总数为3468个。因此,人民法院在5年间平均每天审结的案件数为:2830000 ÷ 5 ÷ 365 ÷ 3468 = 0.4471。

③ 肖扬:2000年3月10日在第九届全国人民代表大会第三次会议上的《最高人民法院工作报告》,转引自《人民日报》2003年3月20日。

④ 539000 ÷ 3468 ÷ 365 = 0.4258。

⑤ John H. Lanbein, Understanding the Short History of Plea Bargaining, in *Law and Society Review* 13, p. 262. 亦可参见[美]爱伦·豪切斯泰勒·斯黛丽、南希·弗兰克:《美国刑事法院诉讼程序》,陈卫东、徐美君译,中国人民大学出版社2002年版,第412页。

⑥ John Simmons and Tricia Dodd: Home Office Statistical Bulletin: Crime in England and Wales, 2002-2003. http://www.homeoffice.gov.uk/rds/digest4/chapter8.pdf.

⑦ Ibid.

和陪审团审判的案件一共4130件(其中450件经由陪审团审判),而作有罪答辩的只有3380件。如果不考虑作有罪答辩的案件,则该年度该法庭平均每天审理的案件为11件左右(4130÷365=11.3150),平均每天使用陪审团审判处理的案件为1.2345件。①

因此,即使如某些理论家所声称的那样,刑事诉讼效率有待提高的话,其途径也不是引入什么辩诉交易,而是设法提高法官的素质。

## 三、引入辩诉交易不可能起到提高诉讼效率与完善诉讼机制之功能

我们知道,众多学者主张引入辩诉交易的两个最根本的理由,一是可以提高诉讼效率,二是可以使节约下来的司法资源更多地用于严重的案件。笔者认为,在中国即使引进辩诉交易,也不可能实现这两个目标。

第一,辩诉交易制度的引进不会提高司法效率。如前所述,中国法院的结案率本来就很高,而且这一比率仍然存在上升的空间。但是,中国法院的日平均结案率却很低。这或许能够说明中国法院的效率比较低,但是这一效率比较低的结果不是由于案件的积压,而只能是由于别的原因,甚至很可能是由于法官素质的原因。这一结论不由使人回想起若干年前北京大学一位学者的研究结论:中国基层法院法官业务素质在过去十几年中得到了普遍的提高,而且进一步提高的空间已经不大。② 实际上,法官业务素质的评判应当是一个综合的、系统的工程,仅凭上诉率的逐年下降就得出法官业务素质逐年上升并且已经没有太多可提高的空间这样的结论,自然是很难让人信服的。至少从法院日平均结案率来看,法官的业务素质就存在较大的可提高的空间。在这样的情况下,我们的司法效率不高只可能是两个原因:一是法官的懒惰,二是法官业务素质仍然有待进一步提高。在这一前提下,引入辩诉交易的确可以使法官的业务更为轻松,但是它必然导致两方面的后果:一是懒惰的法官更加懒惰;二是低素质法官的业务素质更加低下。这显然不是在提高司法效率,而是在降低司法效率。

同时,尽管引进辩诉交易可能会使法院的结案率得到进一步提高,但是,这

① Statistical Report Of The Common Pleas And Municipal Courts Of Philadelphia: December Term 1981. 转引自 Stephen J. Schulhofer, Is Plea Bargaining Inevitable? 97 *Harv. L. Rev.* 1037, p. 1051。

② 朱苏力:“基层法官的司法素质——从民事一审判决上诉率透视”,载《法学》2000年第3期。

种提高的空间却十分有限。因为，法院的结案率已经达到了97.9%，而未结案的案件只有2.1%，这2.1%的案件之所以没有结案，主要不是由于案件积压（这一点在前面已经说得很清楚），而是由于两个原因：

其一，法院在年底接受的案件通常会在第二年审结；虽然没有具体数字可以说明到底有多少案件属于这一类案件，但是我们有足够的理由相信，未结案的大部分案件都属于这一类案件；其二，人民法院对于某些案件不能作出判决，从而导致通常所说的超期羁押问题，这一问题的出现即使引入辩诉交易也无法解决，因为这些案件对于人民法院而言实际上是烫手的山芋：判也不行，不判也不行。而之所以出现这种情况，主要是由于人民法院担负的惩罚犯罪、发现真相的职能。因此，即使引进辩诉交易，人民法院的刑事案件结案率也不会得到显著提高（本来提高的空间即已经十分有限）。

第二，引进辩诉交易无助于实现司法程序的公正。如前所述，我国刑事诉讼案件积压情况实际上并不严重，引入辩诉交易并无实质意义。那么，如果一方面对轻罪案件实行更为简易的诉讼程序（即引入辩诉交易制度）；另一方面将节约下来的诉讼成本用于保护重罪案件被告人，这样的思路是否可行呢？笔者认为，这一思路也不可行。因为，我国所有的案件，无论是轻罪案件还是重罪案件，被告人都没有得到足够的保护，这并不是由于司法资源的缺乏，而是由于程序正义观念的缺失。如果是由于司法资源的缺乏导致了被告人保护措施的不力，那么，国家就应当将更多的司法资源用于保护那些可能被判处严重刑罚的被告人，然而现实情况恰恰相反，越是可能被判处严重刑罚的被告人，其所享受的司法保护反而可能越少。尤其是公检法机关联合办案的程序，使那些重罪被告人即使获得律师帮助也无济于事，因为当法院也被视为镇压犯罪的工具时，再优秀的辩护人也将形同虚设。“从重从快”这一对待严重犯罪分子的政策，也从另一侧面反映了这一点。

笔者承认，为了使可能被判处较严重刑罚的被告人获得更加公正的审判，对部分案件实行程序的简化是必要的。但是，我们也必须看到，英国辩诉交易起源的原因，以及美国辩诉交易大量盛行的现象，是由于在严重的案件中，诉讼程序对于被告人赋予了过多的保护。换句话说，英美辩诉交易的产生，是对过于烦琐的程序的简化。可是在我国，所谓“过多的保护”一说根本不能成立。程序本身已经足够简化，再设立所谓辩诉交易制度，实际上是将已经拔掉毛的小鸡再褪掉一层皮。它将导致刑事诉讼中被告人的权利状况更加恶化。

因此，即使将轻罪的诉讼程序更为简化，也不会出现严重案件的诉讼程序被告人权利可以得到更好地保障的结果。换句话说，在程序正义观念没有确立起来的情况下，引入辩诉交易只能发生单向度的效果：使较轻微犯罪被告人的状况更为恶化，而较严重罪行被告人的状况却不会因此而改善。

综上所述，辩诉交易的产生一是由于案件的积压；二是由于对抗制的因素已经足以保护被告人。在这样的历史条件下，英美法系赋予辩诉交易以合法的地位，并将其接受为法律制度中内在的一部分。但是，即使是在英国和美国，反对辩诉交易的声音也从来没有停止过，它是否导致了对权利的侵犯还有待于西方学者的进一步研究。至于目前的中国，本来并不存在引进辩诉交易制度的需要，因为案件的积压并不严重（能否称得上"积压"都有待研究）；诉讼效率虽然比较低，但是低效率的原因却并非由于赋予了犯罪嫌疑人、被告人过多的保护，而主要是由于法官的素质；因此，由于我国诉讼程序的纠问式诉讼特征以及缺乏对被告人有效保护的机制，引入辩诉交易制度很可能会恶化被告人的权利保护状况。

在很多时候，缺乏对本土制度的深入思索和审慎探究，缺乏对外国制度的深入了解及与我国法制土壤的具体比较，就去盲目引进外国的制度，这是十分危险的。

（2003 年第 12 期）

# 2004年

# 为辩护权辩护

## ——刑事法治视野中的辩护权

陈兴良*

美国哈佛大学法学院教授艾伦·德肖微茨曾经说过：我在给一年级法学院学生上第一堂课时总是对他们说："从统计数字上看，你们之中的人最终受到刑事起诉的比当刑事诉讼被告辩护律师的要多。"由此可见，刑事辩护是一个危险的至少是有风险的职业。因此，德肖微茨提出了"为辩护人辩护"这样一个命题，作为他的名著《最好的辩护》一书最后一章的题目，这是意味深长的。辩护人之所以需要辩护，是因为人们往往对辩护人存在一种偏见，在我国这样法治尚不发达的国家尤其如此。这种偏见就如同德肖薇茨所生动地揭示的那样：有时你得提醒公众，在刑事案件诉讼中被告辩护律师并没有犯罪，正像产科医生自己并没有生孩子一样，犯罪的只是他们的委托人。① 他们的委托人又何尝都是罪犯呢？辩护律师的职能就是依法为被告人辩护：无论是无罪的被告人还是有罪的被告人。

## 一

辩护权，相对于警察权、检察权与审判权而言，它是一种权利而非权力。因此，两者在法律性质上是完全不同的。关于辩护权，在刑事诉讼法理论上存在各种理解。一般认为，辩护权有广义与狭义之分。这种广义与狭义之分又可以分为以下两种情形：一是辩护权内容上的广义与狭义之分。狭义上的辩护权是指被指控的人针对指控进行反驳、辩解以及获得辩护帮助的权利。狭义上的辩护权又通过陈述权、提供证据权、提问权、辩论权、获得辩护人帮助权等得以具体化。广义上的辩护权除包括狭义辩护权之外，还包括其延伸部分，如证据调查请求权、上诉权、申诉权等，甚至可以说辩护权是被指控人所有诉讼权利的总和，因为被指控人各项诉讼权利的行使，其总体目的均在于针对刑事追诉进行防御，维

---

* 作者单位：北京大学法学院。

① [美]艾伦·德肖微茨著：《最好的辩护》，唐交东译，法律出版社1994年版，第444页。

护自身的合法权益。[①] 二是辩护权主体上的广义与狭义之分。狭义上的辩护权仅指被指控人、犯罪嫌疑人、被告人自己行使的辩护权;广义的辩护权利包括辩护人为其当事人进行防御所拥有的各项诉讼权利。[②] 对于以上两种广义与狭义的辩护权,本文当然都会涉及。但从主体上来说,本文更为关注的是辩护人为被指控人进行辩护的权利。从这个意义上说,本文更多地涉及刑事辩护职能及其制度。

辩护职能在刑事诉讼活动中的出现,以及辩护人的职业化是法治演进过程中的一个重大发展。刑事辩护制度是随着弹劾式诉讼而产生的,一般认为可以追溯到古希腊。古希腊诉讼的形式主要表现为弹劾式诉讼,其特征是:实行不告不理,程序的启动取决于当事人;法官居中裁断,在诉讼中处于消极的仲裁者地位;当事人双方在法庭上的地位和权利平等,可以进行对质和辩论;审判一般公开进行。[③] 这时的诉讼尚没有后世的刑事诉讼与民事诉讼之分。因此,控告者与被控告者的法律地位是平等的。在这种审判中,诉讼双方广泛地采用了辩论方式。古希腊著名作家色诺芬写过一本书,叫《申诉篇》,展示的是苏格拉底在受审时为自己所作的辩护。这也许是我们现在所能见到的最为古老的一份自我辩护词,显示了古希腊诉讼制度的某些特征。这种辩论可以由被告人本人进行,即自己行使辩护权,也可以委托他人进行。这种由他人代为行使辩护权的情形,类似于现代法治社会的辩护制度。当然,在古希腊还没有出现职业的辩护人。通常认为,职业辩护人,即现在所说的律师是在古罗马出现的。在古罗马弹劾式诉讼中,被告人与原告人处于平等地位,享有同等的权利,承担同等的义务。审理案件的程序通常是由原告提出控告的理由和证据,再由被告提出反驳理由和证据,然后由法官作出裁决。被告人拥有辩护权,可为自己的利益从事诉讼防御。审判采取对质、言词、公开的方式、被告人还可以请精通辩术的辩护人(ortor)为自己辩护。法官居中裁判,辩护权的存在以及代言人、辩护人等的出现,标志着早期刑事辩护制度已基本形成。公元1世纪,罗马进入帝国时期以后,原来实行的诉讼代理和辩论的原则,逐渐发展成为律师(advocatus)辩护制度。罗马皇帝对于辩护人的作用论述如下:"首先所有的律师均为他们的诉讼当事人提供保护,以使他们不超越争讼功利所要求的限度,不超越争吵和诅咒的限度,使他们做诉讼所要求做的事情,避免侵害他人。"[④]由此可见,古罗马统治

① 熊秋红著:《刑事辩护论》,法律出版社1998年版,第6~7页。

② 田文昌主编:《刑事辩护学》,群众出版社2001年版,第131页。

③ 王国枢主编:《刑事诉讼法学》,北京大学出版社1989年版,第19页。

④ 熊秋红著:《刑事辩护论》,法律出版社1998年版,第28页。

者已经看到律师参与辩护，既可保护诉讼当事人，又可维护诉讼程序。及至中世纪的封建制社会，欧洲大陆普遍实行纠问式诉讼。在这种纠问式诉讼中，控诉、辩护和审判三种诉讼职能的区分不复存在。控诉职能与审判职能由同一司法机构承担，辩论程序被取消，辩护职能萎缩，乃至于消亡。

对于纠问式诉讼与封建专制的关系，有的学者提出：纠问式刑事诉讼模式乃至作为其根基的法哲学，都具有自命不凡、傲慢无理和专制集权的特征。[①] 在这种情况下，诉讼就演化成为国家单方面的、赤裸裸的、随心所欲的暴力，刑事辩护当然也就不复存在。

在英国中世纪，刑事辩护制度被保留下来并得以发展。英国的法律辩护人大约萌芽于盎格鲁—撒克逊时代的阿尔弗雷德大王统治时期，当时被人们称作forespeca，意为中间人。到10世纪时，改称为narrator，具有辩护人的意思。[②] 这里所谓法律辩护人，是指协助当事人进行和完成法庭诉讼活动的人。对于他在法庭上的所言所行，诉讼当事人可以承认代表自己，也可以予以否认。最初，辩护人几乎全是当事人的亲朋好友，而不是以诉讼为业的法律专家。约翰国王时期，辩护人作为一种职业已初显端倪。到亨利三世时期，诉讼当事人聘用法律专家进行法庭辩护的现象越来越普遍，辩护人日益职业化。尤其是从爱德华一世时起，随着司法工作对专业法律知识要求的不断提高，职业法官开始从精通法律知识和司法经验丰富的职业辩护律师中选任。1290年，国王任命的4个普通诉讼法庭的法官和王座法庭的首席法官都是出类拔萃的职业律师，职业法官群体与职业律师群体逐渐紧密地融合在一起。到14世纪初，法官必须从职业辩护律师中任命已成为一条不成文的习惯法原则，如果任命没有适当法律职业背景的人作法官，会被人们当做一件不可思议的事。英国律师制度的成熟与英国法治的发展是同步的，律师刑事辩护职能的实现成为英国法治的一个重要特征。

大陆法系近代的刑事辩护制度是在18世纪以后随着启蒙思想家的呼吁而重新建立的。尤其是在法国大革命以后，1789年法国的《人权宣言》第9条规定了无罪推定原则，从而为刑事辩护制度的确立提供了根据。1808年《法国刑事诉讼法典》则确认了被告人享有辩护权的刑事诉讼原则。当今世界各国无不把辩护权规定为被指控人的首要权利，并且建立了刑事辩护制度，帮助被指控人行使辩护权。

---

① ［斯洛文尼亚］卜思天·M.儒攀基奇著：《刑法——刑罚理念批判》，何其新等译，中国政法大学出版社2002年版，第225页。

② 程汉大主编：《英国法制史》，齐鲁书店2001年版，第119页。

被指控人有权获得辩护在现代不仅成为各国国内法原则，而且也成为联合国人权活动的基本原则之一，在一系列国际文件中得以规定。例如，1948 年联合国大会通过并宣布的《世界人权宣言》第 11 条规定："凡受刑事指控者，在未经获得辩护上所需的一切保证的公开审判而依法证实有罪以前，有权被视为无罪。"在这一规定中，刑事辩护的获得及其保障成为公开审判的内容之一，并且成为认定指控人有罪的前提之一。联合国《公民权利和政治权利国际公约》第 14 条第 3 项规定："对判定对他提出的任何刑事指控时，人人完全平等地有资格享受以下的最低限度的保证：（丁）出席受审并亲自替自己辩护或经由他自己所选择的法律援助进行辩护；如果他没有法律援助，要通知他享有这种权利；在司法利益有此需要的案件中，为他指定法律援助，而在他没有足够能力偿付法律援助的案件中，不要他自己付费。"这一规定确认了受指控人的辩护权和法律援助权。其实，法律援助权也是为了更好地保护辩护权的实现。因为刑事法律援助，是国家对因经济困难而没有法律帮助的当事人减、免费用为其提供法律帮助的一项制度。根据《公民权利和政治权利国际公约》的规定，受到刑事追诉之人如果没有辩护人对其进行法律帮助，而司法利益又有此需要时，为他指定法律援助人。意即除自行辩护以外，在没有委托辩护人而司法利益又需要对其进行法律帮助的情况下，受到刑事追诉之人有权获得刑事法律援助。[①] 关于律师及在无正式律师身份但行使律师职能的人在推进正义和公共利益方面所起的重要作用，1990 年在古巴首都哈瓦那召开的第 8 届联合国预防犯罪和罪犯待遇大会通过了《关于律师作用的基本原则》，其中确认的律师辩护制度成为国际刑事司法的准则之一，对各国司法制度的改革产生了重大影响。《关于律师作用的基本原则》第 1 条明确规定：所有的人都有权请求由其选择的一名律师协助保护和确立其权利并在刑事诉讼的各个阶段为其辩护。当前，刑事辩护已经成为刑事司法中的一个重要法律职能，辩护律师成为刑事诉讼活动的不可或缺的当事人。可以说，刑事辩护职能的实现程度在一定意义上决定着一个国家刑事法治的水平。

中国古代法律文化中，从来就没有刑事辩护的内容。中国古代法律制度中，

---

① 陈光中主编：《〈公民权利和政治权利国际公约〉批准与实施问题研究》，中国法制出版社 2002 年版，第 275 页。

代为拟定诉讼者,即为他人提供法律帮助的人,称为讼师。① 讼师的存在,表明在当时的法律活动中存在法律帮助的客观需要。但讼师参与诉讼活动,同样会危及封建专制下的司法权威。因此,中国古代法律对讼师的活动严格加以限制,并且设立了教唆词讼罪。《唐律·斗讼》规定:"诸为人作辞碟,加增其状,不如所告者,笞五下。笞加增罪重,减诬告一等。"这一规定将为人作诉状时擅自夸大和增加事实,与委托人所告情事不符的行为以犯罪论处。就此而言,尚有一定合理性,但问题在于如其所告还是不如其所告的裁量权完全在于官方,因而为人作诉状的讼师具有极大的风险。《唐律·斗讼》还禁止讼师以牟利为目的为他人提供法律帮助,将收费的代拟辞状行为一概视为犯罪,而不论其内容虚实。在这种情况下,讼师就不可能作为一种职业合法地发展起来,而只是一种法外职业,半公开地存在于民间。代拟辞状距离刑事辩护甚为遥远。我国学者曾经为中国古代的讼师与现代社会的律师从职能上作了比较指出:讼师在当时的司法制度中所起的作用与现代社会中律师所起的作用有很大的不同,最突出的是,讼师不可以像律师那样代表两造,辩论于公庭之上。他们的几乎所有的工作,都是在庭外进行。于是,当事人之间对立的利益诉求就无法上升为一种不同法律理由之间的深入对话,律师参与所能够对于证据规则发展的推动也不可能出现,专业人士之间势均力敌的对抗导致法官的中立和司法权的消极行使也难以获得。② 由此可见,讼师在当时的司法制度中是不可能发挥重大作用的,它只是一种体制外的存在。即使如此还被严格限制,甚至禁止。正如我国学者指出:对古代讼师而言,其言谈举止稍有不慎,便难逃法律为他们预设的罗网。而更为可怕的是,那些地方官对他们抱有本能的和根深蒂固的成见,它使讼师随时面临受到惩罚的危险,从而轻易不敢助人诉讼。而对目不识丁的广大百姓而言,如果得不到必要的帮助,只会加深其对诉讼的畏惧和疑虑,许多人最终会放弃兴讼的念头。这正是古代统治者设置教唆词讼罪,千方百计打击和摧残讼师的目的所在。③

我国现代的律师制度是清末随着帝国主义列强的入侵而进入中国社会的。

---

① 中国古代不仅有讼师,而且还有讼学。所谓讼学,就是教人词讼之学,也就是专门教人如何打官司的学问。有了这样专门的学问,就会有专门从事这项活动的人,这就是讼师。讼学与讼师,实际上就是指的有关诉讼的知识和职业。参见陈景良:"讼学与讼师:宋代司法传统的诠释",载《中西法律传统》,中国政法大学出版社 2002 年版,第 206 页。

② 贺卫方:"司法独立在近代中国的展开",载《法治和良知自由》,法律出版社 2002 年版,第 189~190 页。

③ 马作武著:《中国古代法律文化》,暨南大学出版社 1998 年版,第 174 页。

清朝末年,外国列强通过与清政府签订不平等条约而获得领事裁判权,也就是治外法权。正是在实施领事裁判权的过程中,律师制度引入中国,促进了近代中国律师业的发展。而与领事裁判权相联系的律师业的发展,又进一步刺激了中国社会已然形成的对律师制度的需求。① 由于律师制度对于中国社会来说是舶来品。在中国建成法治社会之前,律师制度几度兴废,始终水土不服。在1949年中华人民共和国成立以后,虽然在宪法上确认了被告人的辩护权,但由于法律虚无主义思想影响,在长达20多年时间里,中国律师制度完全被取消。1979年以后,随着我国法制的重建,律师制度也得以恢复,刑事辩护就是律师制度恢复以后从事的主要职能。随着1996年我国《刑事诉讼法》的修改,我国律师的刑事辩护职能有所强化,但在现实中律师辩护制度仍然困难重重。

如果我们不是仅仅满足于对律师辩护制度演变的历史过程的描述,而是从更深层次的制度层面分析律师辩护与刑事法治的关系。那么,我们可以得出以下结论,律师辩护制度在一个社会的存在与发展是取决于一定条件的。这些条件包括:

**(一)民主制度**

律师辩护制度在其产生之初,就和古希腊的民主制相联系。同样,律师辩护制度的发展也是以民主制为条件的。我国学者在描述古希腊刑事辩护制度的产生时指出:刑事辩护制度之所以发轫于古希腊,与当地发达的民主意识和浓厚的辩论风气密不可分。雅典的历史上进行了多次著名的社会改革,使审判机构不断向民主化方向推进,为辩护制度的存在和发展创造了良好的司法环境。公元前594年的梭伦改革废除了以重刑闻名的德拉古法,推出了一种新型的审判组织——陪审法庭。公元前509年,平民领袖克里斯梯尼政权的改革则扩大了平民参加陪审法庭的机会,规定年满20岁的公民都有当选陪审员的资格。公元前443~前429年,民主派领袖克里伯利执政时期,继续深化民主改革,制定了一系列带有宪法性质的法律,其中包括增强陪审法庭民主性的一系列措施。陪审员从年满30岁的男性公民中抽签选出,法官由陪审员选举产生,设10个陪审法庭,共5000成员,法庭可以不受原有法律的约束,依公正原则推理和创制新的法律。② 正是在雅典的这种民主氛围中,刑事辩护应运而生。刑事辩护所具有的说理性而非压制性的、说服性而非强制性的特征,都是与民主制相通的。在一个专制社会时里,刑事辩护制度当然是不兼容于专制制度的。例如,在我国古代法

---

① 徐家力著:《中华民国律师制度史》,中国政法大学出版社1998年版,第1页。

② 田文昌主编:《刑事辩护学》,群众出版社2001年版,第18页。

律制度中,行政与司法合一,司法审判权由各级行政机关行使。对于刑事案件的审判,是代表国家,依据法律惩处犯罪。在这种情况下,被指控人处于被审判的地位,无任何权利可言,当然也不允许任何形式的辩护,更不用说律师辩护。清末民初学者顾家相在分析为什么中国古代社会的法律制度下不允许律师的存在时指出:“中国惟尊君权,故有司得以专制。听断之际,或隐恶而扬善,或舍短而从长,但当持其大细,不收苛求小节,苟能奖以温语,宠以虚名,即私债、公财不妨减子而让母。如或宽其前愆,杜其后患,即廷斥、面辱亦当忍受而属从。盖审断之道,不一而足。要有准乎情理而不必尽拘律例者,亦安用律师为耶?故中国之民于官长之听断平允者,恒称颂之。即稍有畸轻畸重,而便能了事,亦相与安之。君权之国体制固定尔也。”①由此可见,中国古代的讼师受到制度性压制而未能演变成为现代的律师制度,与中国古代的专制制度有着密切联系。只有在民主体制下,刑事审判真正成其为一种诉讼,而非专制压迫的工具,刑事辩护制度才能找到其生长的政治社会基础。

**(二)诉讼构造**

通常认为,刑事诉讼在其历史演进过程中存在三种不同的诉讼构造,这就是弹劾式诉讼与纠问式诉讼,以及在此基础上形成的混合式诉讼。弹劾式诉讼作为一种刑事和民事不加区分的诉讼类型,早在中世纪以前(如古希腊、古罗马共和时期等)就已经存在。纠问式诉讼作为最早形成于教会法之中的诉讼类型,在古罗马共和国末期即已实行于欧洲世俗法院,到罗马帝制时期,纠问式诉讼已经成为欧洲各国普遍采用的诉讼类型。随着欧洲18、19世纪资产阶级革命的完成和各国宪政制度的改革,各国刑事诉讼制度也随之发生根本的变化,大陆法国家普遍实行了一种混合式的诉讼制度,也就是通过将历史上曾出现过的弹劾式与纠问式诉讼加以混合而创制的新的刑事诉讼制度。英国由于所受罗马法的影响甚微,因而一直保留了原始弹劾式诉讼的构造特征。

经过长期的缓慢演化,英国及其前殖民地国家和地区的刑事诉讼制度也对大陆刑事诉讼的一些特点加以吸收,从而形成了不同于古代弹劾式诉讼的现代对抗式诉讼制度。因此,欧洲大陆法国家和英美法国家的刑事诉讼制度,都可以称为混合式诉讼。② 尽管现代各国的刑事诉讼构造均非纯弹劾式的或者纠问式的,因而是两者在一定程度上结合的混合式诉讼。但在这种混合式诉讼构造中,

---

① 顾家相:“中国严禁讼师外国重用状师名实异同辩”,转引自徐家力著:《中华民国律师制度史》,中国政法大学出版社1998年版,第28页。

② 陈瑞华著:《刑事诉讼的前沿问题》,中国人民大学出版社2000年版,第117页。

弹劾式诉讼的控辩审这一基本架构是必不可少的，因而是更为基础的，只是在此前提下吸收一定的纠问式诉讼的因素而已。

刑事辩护职业与刑事诉讼构造也是具有密切关系的。可以说，只有在弹劾式的诉讼中才有刑事辩护的职能。因为在弹劾式诉讼中，控辩双方是平等的，可以互相辩论，由此发展出律师辩护制度。正如法国学者指出：从政治上看，控诉式诉讼程序（即弹劾式诉讼）与民主制度比较协调，而民主制度都要比较广泛地组织公民参与公共事务管理，并且在个人、个人权利同国家的关系中，给予前者突出的地位。所以，控诉式诉讼程序是一种极有效地保证受追诉人利益的诉讼程序。① 而在纠问式诉讼中，由于君主权力的介入，国家在追究犯罪方面职权的加强，控审合一，而辩护职能则萎缩及至于消亡。正如意大利学者指出：随着纠问式的确立，控告（accusatio）所引发的范围广泛的辩论失去了一切存在理由，因此，辩护也变得不那么至关重要。② 在纠问式诉讼中，辩护权之所以被限制，甚至被取消；主要是因为它在一定程度上妨碍了对犯罪的追究。因为，纠问式诉讼所要做的正是要竭力防止过分尊重个人权利而不能确保对犯罪人进行追究的情形发生。因此，在这种纠问式诉讼中，辩护权基本上被牺牲殆尽。中国古代刑事诉讼中之所以不存在辩护职能，也同样可以从诉讼构造中去寻找原因。因为在审判方式上，中国古代采取的是纠问式审讯。审判衙门内，主审官就案件的具体情节，讯问当事人。主审官讯问的目的，在于通过询问了解案情、掌握事实。当事人就主审官所问，就其所知，加以回答。当事人的任务，只是将自己亲身体会的与案件有关的事实向主审官说明，以求得主审官代表国家与法律，为自己做主。至于对事实的最终认定，尤其是对于与案件相关的法律条款的理解和适用，那是主审官的任务，其他人不得参与。③ 在这种纠问式诉讼构造中，被指控人是没有辩护权的，他/她只是被审讯的对象，有罪与无罪或者罪重与罪轻，全凭主审官发落与裁断。因此，辩护职能也就没有存在的余地。

现代世界各国普遍采取混合式诉讼构造，但大陆法系与英美法系的诉讼构造在侧重点上是有所不同的。大陆法系国家的诉讼构造具有职权主义之特征。因而是具有更多的纠问式诉讼特征，而英美法系国家的诉讼构造具有当事人主义特征，因而具有更多的弹劾式（对抗制）诉讼特征。因此，刑事辩护职能在大陆法系和英美法系国家刑事诉讼中的发挥是有所不同的。我国学者将英美法系

① ［法］卡斯东·斯特法尼等著：《法国刑事诉讼法精义》（上），罗结珍译，中国政法大学出版社1998年版，第67页。

② ［意］朱塞佩·格罗索著：《罗马法史》，黄风译，中国政法大学出版社1994年版，第372页。

③ 徐家力著：《中华民国律师制度史》，中国政法大学出版社1998年版，第27页。

的辩护制度称为自由辩护模式，而把大陆法系辩护制度称为有限辩护模式，并对两者进行比较，指出：在英美法系国家，由于被追诉人和辩护人享有的诉讼权利比较充分和广泛，受到的限制和约束较少，我们可以将这些国家刑事辩护制度的模式概括为"自由辩护模式"。相对于英美法系而言，大陆法系国家的刑事辩护制度具有一些不同的特征，主要体现在被追诉人及其辩护人的诉讼权利在某些方面受到一些限制，不像英美法系那样无孔不入。因此，我们将其辩护模式概括为"有限辩护模式"。[①] 尽管目前在大陆法系的诉讼制度改革中，有放宽对刑事辩护限制的趋势，但相对于英美法系的"自由辩护模式"而言。大陆法系的刑事辩护还是有限的。这种有限性，恰恰决定于大陆法系的职权主义的刑事诉讼构造。

**(三)诉讼价值**

在论及诉讼价值时，不能不涉及美国著名学者赫伯特·帕克关于刑事诉讼的正当程序模式和犯罪控制模式的分类的伟大设想。根据帕克的观点，在正当程序模式和犯罪控制模式之间存在一场意识形态的拔河比赛。正当程序模式主要考虑防止无辜者被宣告有罪。帕克将正当程序模式比喻成一条布满荆棘的道路；刑事司法制度在宣告有罪的道路上设置了许多程序障碍，每个案件必须清除每一处障碍。遇到每处障碍，法院必须决定是否有充分的证据以及证据是否能证明将案件诉至下一阶段，即下一个程序障碍。正当诉讼模式将个人权利置于效益之上。按照正当程序模式，如果法院监视了个人的权利和宣告无辜者有罪，法院的合法性将受到最大的威胁。正当程序规则被认为是确保法院诉讼程序可视性和对公众负责的一种手段。相反，犯罪控制模式则基于对犯罪行为的控制，是至今为止刑事诉讼程序最重要的职能的理论。如果罪犯逍遥法外，遵守法律的公民则成为在自己家里受惊吓的囚犯。司法制度越能有效地起诉犯罪分子，就越能有效地控制犯罪。犯罪控制模式认为刑事司法官员在诉讼开始阶段就能审查出无罪者，没有被审查出来则可能有罪并可以继续迅速诉讼。没有不必要的延误程序而作出最终判决是提高效益的一种方法。这种模式认为处罚一些无辜者抵得上社会为防止市民免受掠夺性犯罪所付出的代价。只要这些错误并不阻碍惩治犯罪，市民就可以忍受。犯罪控制模式强调有效地处理案件，所以它又被称为"装配线司法"，每个案件就像是一条装配线上的产品。按照犯罪控制模式，如果法院被认为纵容罪犯或不能有效地镇压犯罪，则构成对刑事法院最大的

① 田文昌主编：《刑事辩护学》，群众出版社2001年版，第46～62页。

威胁。[①] 显然,这两种诉讼模式的诉讼价值取向是有所不同的,因而它们对刑事辩护职能的态度也是各不相同。

正当程序模式的诉讼价值取向是被指控人的权利,而刑事辩护职能对于保障被指控人的合法权利来说是十分重要的。因此,正当程序模式更为注重律师辩护权的行使,将其视为刑事诉讼的重要组成部分。而犯罪控制模式的诉讼价值取向是社会效益,强调有效地惩治犯罪。在这种情况下,律师的刑事辩护职能就成为对迅速处理案件的一种障碍。因此,犯罪控制模式对辩护权是持一种排斥态度的。至于极端的犯罪控制模式甚至将律师辩护看做对控制犯罪的一种障碍。从大陆法系与英美法系各国刑事司法制度来看,往往在正当程序与犯罪控制之间获得某种平衡。因而,一般来说,在世界各国不存在绝对的正当程序模式,也不存在绝对的犯罪控制模式,但有可能偏向于正当程序或者偏向于犯罪控制。在某种意义上我们可以作出以下判断:英美法系国家是更倾向于正当程序的,而大陆法系国家则是较能偏向于犯罪控制的,这种在诉讼价值取向上的差别,也在一定程度上,影响律师辩护职能的实现。

## 二

律师辩护权是一种根本的权利,被指控人的辩护权是第一性的权利,而律师辩护权则是第二性的权利。因此,律师辩护权是依附于被指控人辩护权而存在的,并且前者是实现后者的手段与途径。自我辩护是人的一种本能,在自我辩护能够充分实现辩护目的的情况下,他人辩护当然是没有必要的。但在刑事诉讼中,由于以下两个方面的原因,使律师辩护是不可或缺的:首先,被指控人所处的特殊地位使自我辩护难以实现辩护目的。在通常情况下,被指控人往往被采取了某种刑事强制措施,处于丧失人身自由的羁押状态,因而不可能调查取证,为本人进行实质性的辩护。其次,在现代法治社会,法律的专业性日益加强。在大陆法系国家,成文法的单一化格局已被打破,刑法典不再是定罪量刑的唯一根据。大量散在型的附属刑法存在于各种法律之中,非专业人士难以尽揽。在英美法系国家的判例法制度下,判例浩瀚,适用机构复杂。如果没有律师的帮助,当事人如坠云海。因此,法律的专业化都使律师的辩护职能成为刑事审判有效进行的必要保障。因此,在现代法治社会,没有律师辩护职能的充分发挥,司法

① [美]爱伦·豪切斯、泰勒·斯黛丽、南希·弗兰克著:《美国刑事法院诉讼程序》,陈卫东、徐美君译,中国人民大学出版社 2002 年版,第 22 ~ 23 页。

公正是难以实现的。在某种意义上，我们可以把律师辩护率看做衡量一个国家的刑事法治水平的指数。

从法理上论证刑事辩护的正当性，在理论上存在各种学说，如我国有的学者将无罪推定原则、程序正当性理论和对立统一规律视为刑事辩护制度的理论基础。[①] 还有学者则强调程序公正，认为刑事辩护制度虽然与案件事实的发现有密切的关系，但由于它对案件事实的发现并不总是有着积极意义。因此，刑事辩护制度的理论基础不可能仅仅建立在事实发现的基础上，相反，从刑事辩护制度产生的那一天起，它就是为保护被追诉人的合法权利服务的，而其保护的合法权利的核心，是诉讼权利，只有诉讼权利得到保障，实体权利才有保障。因此，辩护制度的理论基础如果不建立在程序公正的基础上，是无法得到完整而彻底的说明的。[②] 另有学者认为，刑事辩护制度的法理基础是相对制度。所谓相对制度，是指无论某种观点看来多么有理，或某种主张看来多么正当，都允许另一方面的意见存在，而且提出主张者必须和否认主张的权威行使者分开。就诉讼而言，一方面，允许持不同主张的诉讼当事人都作为司法制度中的合理存在，而不允许"话语霸权"——只让我说话，不让你说话；另一方面，还要求诉讼当事人，即使是代表国家的原告人（通常是检察官），必须和裁判官相分离，因为司法正义有一个基本的理念：任何人不能充当自己案件的法官。[③] 我认为，上述各种观点都对刑事辩护职能进行了法理上的论证，但侧重点又有所不同。归纳起来，刑事辩护的正当性根据可以从以下三个方面得以说明：

**（一）价值论根据：人权保障**

刑事辩护存在的价值到底是什么，这是一个在刑事诉讼法理论上存在争议的问题。真实发现理论认为，刑事辩护制度的设立服务于发现真实的刑事诉讼目的。因此，刑事辩护制度具有有利于揭示案件事实真相的工具性价值。公平裁判理论认为，设立刑事辩护制度，警察、检察官单方发现事实的规则进行有争论的说明，赋予被指控人反对自我归罪的特权以抑制政府的有利地位和确保政府不强迫被指控人进行供述，从而使被指控人能够具有影响地参加诉讼，同时带给被指控人更多的公平和接受裁判结果的自愿性。真实发现与公平裁判相结合的理论认为，真实发现与公平裁判是不可分的，设立刑事辩护制度在发现真实与公平裁判两方面均有积极意义。

---

① 熊秋红著：《刑事辩护论》，法律出版社1998年版，第79页以下。

② 田文昌主编：《刑事辩护学》，群众出版社2001年版，第129页。

③ 龙宗智著：《刑事庭审制度研究》，中国政法大学出版社2001年版，第346～347页。

权利理论认为，在刑事诉讼中，赋予被指控人辩护权，建立刑事辩护制度，旨在为政府提出和赢得起诉设置障碍。根据这种观点，真实发现或者公平裁判或者二者均是刑事诉讼的价值目标。然而，刑事诉讼还有一个附加的政治性目标，即确保起诉方的权力不被作为一种一般性的权力加以使用，因此，赋予被指控人权利可防止政府权力滥用。从而保护所有公民不受非法侵害。[①] 在以上各种理论上，我赞同权利理论。真实发现说以刑事辩护制度有利于发现案件真实作为其存在的根据，这是不确切的。诚然，在一定意义上刑事辩护对于发现案件真实是具有积极意义的，但这只是刑事辩护制度的一个附属性效果，它不足以成为刑事辩护制度存在的充足理由。事实上，在某些情况下，刑事辩护与发现真实是有矛盾的。例如，辩护律师获悉不利于当事人的证据，没有义务披露，否则会有损于辩护律师的职责；而且，辩护律师通过限制控方的权力而保护当事人的权利，也会在一定程度上不利于发现案件事实。正如美国学者指出：被告辩护律师，特别是为确实有罪的被告辩护时，它的工作应是用一切合法手段来隐瞒“全部事实”，对被告辩护律师来说，如果证据是用非法手段取得的，或该证据带有偏见，损害委托人的利益，那么，它不仅应当反对法庭认可该证据，尽管该证据是完全真实的。[②] 因此，当把发现案件真实当做刑事辩护制度存在的根据时，不利于发现案件真实就成为否认刑事辩护制度正当性的理由。对此，我国学者曾经作过十分详细的论述：如果说我们仅仅是为了有利于发现案件真相而设立了刑事辩护制度，那么，是无法正确解释刑事辩护制度不断进步、发展的动力和原因的，因为刑事辩护制度就像一把“双刃利剑”，它在帮助发现案件真实的同时，又在毁灭案件真实，两项相抵，似乎辩护制度没有太大的作用；如果说是追诉机关侦查能力的提高同时带动了辩护制度的发展的话，那么，仅仅是为了发现案件真实，可以同时抑制辩护制度的发展，不是能更好地达到目的吗？也就是说，仅仅从发现真相的角度，根本无法正确地说明刑事辩护的理论基础，更不可能为我国刑事辩护制度的进一步发展找到坚实的理论基础。[③] 公平裁判也是刑事诉讼的目的之一，由于刑事辩护透过与控诉方形成对抗关系，使法官达到“兼听则明”的效果，显然有益于实现裁判公正。但公平裁判是整个刑事诉讼的理想境界，而不能成为刑事辩护制度的正当性证据。至于真实发现与公平裁判的结合，同样也不能成为刑事辩护制度正当性根据。我认为，保障被告人的权利才是刑事辩护制



① 熊秋红著：《刑事辩护论》，法律出版社1998年版，第116~119页。除上述理论以外，还有交易刺激理论、标准理论等，参见同书，第120页。

② [美]艾伦·德肖微茨著：《最好的辩护》，唐交东译，法律出版社1994年版，第8页。

③ 田文昌主编：《刑事辩护学》，群众出版社2001年版，第103~104页。

度存在的唯一根据。正如美国学者指出：刑事辩护律师的职责是在法律允许的范围之内积极、有力且全面地为其当事人辩护。[①]而刑事辩护制度的正当性也只能从保障被告人权利这一点得到论证。

被告人的权利之所以应当得到保障，是因为在强大的国家机器面前，被告人是一个弱者。在刑事诉讼中，主要是围绕着国家与被告人的刑事追诉而展开的。国家为达此目的，动用司法权，包括采取各种限制甚至剥夺被告人的人身自由的强制措施。一旦刑事追诉成功，更会涉及对被告人的生杀予夺。在这种情况下，如果被告人的权利得不到保障，就会造成不可逆转的重大伤害。事实已经说明，依靠司法机关的自我约束与谨慎从事是难以保障被告人的权利的。为此，必须通过刑事辩护，使被告人获得专业的法律援助，必须在国家的刑事追诉过程中能够保障被告人的合法权利。因此，人权保障就成为刑事辩护制度正当性的价值论根据。

**（二）制度性根据：无罪推定**

为使被告人的权利不受非法侵犯，必须具有某种制度建构。而这种制度建构的基础，就是无罪推定原则。一般认为，在封建专制社会的刑事诉讼中是实行有罪推定原则的。在各种有罪推定的司法制度中，任何被指控的人都被假定为有罪，可以不经过司法程序而直接将其作为罪犯看待，或者虽然只能经过司法程序才能定罪，但这种司法程序是以被告人为罪犯而展开的。因此，某人一旦被指控犯罪而被追诉，在法院判决有罪以前就被视为犯罪人。由此，被告人应当承担证明自己无罪的责任。有罪推定的逻辑是，不证明无罪就是有罪。因此，在有罪推定原则下，被告人至多可以作一些自我辩解，而根本没有辩护权，更不存在律师辩护。可以说，从被告人的辩解原则到辩护人的辩护的历史性制度是以无罪推定原则为基础的。正如我国学者指出：被告人就刑事指控可以提出无罪或者罪轻的辩解活动，自古就有，但刑事被告人的辩护权，则是在无罪推定被确立为刑事诉讼法的原则以后才出现的现象和概念。[②] 无罪推定原则在贝卡利亚那里，有如下的经典表述："在法官判决之前，一个人是不能被称为罪犯的。只要还不能断定他已经侵犯了给予他公共保护的契约，社会就不能取消对他的公共保护。"[③]在此，贝卡利亚强调了一个人在未被法官定罪以前，仍然享有社会对他

① ［美］克里斯蒂娜·阿库达斯："刑事辩护律师的职责"，载江礼华、杨诚主编：《美国刑事诉讼中的辩护》，法律出版社2001年版，第22页。

② 王敏远："刑事辩护概念的发展"，载陈卫东：《司法公正与律师辩护》，中国检察出版社2002年版，第28～29页。

③ ［意］贝卡利亚著：《论犯罪与刑罚》，黄风译，中国大百科全书出版社1993年版，第31页。

的公共保护，而并非处于完全没有权利的境地。无罪推定经启蒙思想家的倡导，最终为1789年的法国《人权宣言》所确认。该宣言第9条规定："任何人，在被宣判有罪之前，都推定为无罪。即使断定必须逮捕时，不是为了确保其人身所必需的一切严酷行为，都应受到法律的严厉禁止。"此后，无罪推定原则为世界各国刑事诉讼法所普遍确定为基本原则，并载入国际人权公约。例如，1949年12月10日联合国大会通过的《世界人权宣言》第11条第1款规定："凡受刑事控告者，在未经依法公开审判证实有罪前，应视为无罪，审判时并须予以答辩上所须之一切保障。"1976年生效的《公民权利和政治权利国际公约》第14条第2项规定：受刑事控告之人未经依法确定有罪之前，应假定其无罪。正是无罪推定原则在刑事诉讼法中的确立，使刑事辩护获得制度性保障。因此，无罪推定原则与刑事辩护制度之间存在密切关联。无罪推定的逻辑是：不能证明有罪是无罪。在无罪推定原则下的刑事诉讼活动中，无罪是不需要证明的，需要证明的是有罪。就此而言，无罪推定原则首先解决的是有罪的举证责任问题。根据无罪推定原则，证明有罪的责任由控诉方承担，被告人不承担证明自己有罪或者无罪的责任。

既然被追诉人被假定是无罪的，那么，要推翻这种推定，就必须由刑事诉讼的启动者即代表国家追究被告人刑事责任的控诉方承担证实被告人有罪、推翻这种假定的责任。无罪推定同时是一种可反驳的假定。① 如果控诉方的证明没有达到足够的程度而足以推翻这种假定，那么，经过判决，被告人无罪的推定就会变成无罪的判定，被告人在法律上就会被认为是无罪的人，而不管客观上被告人是否实施了犯罪。由于是控诉方承担举证责任，被告人就没有自证其罪的义务。因此，辩护权具防御性，它是一种防御权。辩护权的防御性表现在：辩护权针对控诉权而存在，没有控诉也就没有辩护。控诉权具有攻击性，辩护权则具有防御性，辩护权的行使旨在对抗控诉方的指控、抵消其控诉效果，辩护权是被指控人进行自我保护的一种手段。②

由此可见，辩护权与控诉权是有区别的，控诉权随着举证责任。而辩护权尽

① 推定与假定都是指法律上的一种拟制，它是有条件的，并且在通常情况下是可反驳的。我国学界关于无罪推定原则也有学者倾向于称为无罪假定，参见林欣："无罪推定，还是无罪假定"，载《中国社会科学》1983年第3期。实际上，正如我国学者指出：无罪推定作为一个长期沿用的刑事司法专业术语，早已具有人所熟知的确定内涵，无罪推定即无罪假定，应当不至于因译名上的某些不足致使对无罪推定原则产生歧义或误解。参见陈光中等主编：《联合国刑事司法准则与中国刑事法制》，法律出版社1998年版，第104页。

② 熊秋红著：《刑事辩护论》，法律出版社1998年版，第7页。

管也包含对辩护意见的证明性，如无罪辩护，辩护人应当提出证明被告人无罪的事实与根据。但辩护人不负无罪的证明责任，在没有证明被告人无罪的事实与根据的情况下，推翻控诉方的有罪控诉，使其在法律上不成立，同样也可以使被告人无罪。因此，无罪推定原则使辩护权获得了制度上的支撑。

无罪推定原则假定被告人在法官判决有罪之前是无罪的，因而确立了被告人的诉讼主体的法律地位，也为刑事辩护奠定了基础。在有罪推定的刑事诉讼制度中，被告人不是刑事诉讼的主体而是刑事诉讼的客体，处于被刑讯的对象的地位。在封建专制社会里，刑讯是合法的，通过刑讯获取有罪供述以便对被告人定罪，这是刑事诉讼的基本内容。贝卡利亚曾经将刑讯称为合法的暴行，指出：为了迫使罪犯交代罪行，为了对付陷于矛盾的罪犯，为了使罪犯揭发同伙，为了洗涤耻辱——我也不知道这有多么玄虚和费解，成了拷问不在控告之列的另外一些可疑的罪行，而在诉讼中对犯人进行刑讯，由于为多数国家所采用，已经成为一种合法的暴行。① 在这种情况下，被告人是没有任何辩护权的，任何辩解只能带来更为残酷的刑讯。只有在无罪推定原则下，由于假定在法官判决之前被告人是无罪的，从而赋予被告人一定的诉讼权利，包括辩护权。正如我国学者指出：根据无罪推定原则，被指控人在未经司法程序（通常指生效刑决）确认为有罪以前，应在法律上假定其无罪。由此出发，被指控人不仅不能被拷问，而且他应当有权利申辩自己无罪。被指控人是否有罪是诉讼过程中有待证实的问题，追诉机关应当认真听取被告方的辩护意见。② 因此，辩护权是以无罪推定为其制度保障的，离开了无罪推定，辩护权就难以真正实现。

**（三）方法论根据：相对制度**

辩护权正当性的方法论根据，在理论上存在各种不同的表述，其中对立统一规律与相对制度就是其中具有影响力的两种。对立统一规律是我国学者所采取的一种表述，认为刑事诉讼活动的基本内容是查明已经发生的客观存在的案件事实，在此基础上正确适用法律，惩罚犯罪分子、保障无辜的人不受刑事追究。作为一种认识活动或者证明活动，它离不开唯物辩证法的指导。

对立统一规律是我国建立刑事辩护制度的理论基础，这是我国学者的共识。③ 对立统一规律是马克思唯物辩证法的哲学原理之一。我国的刑事诉讼法理论引入这一规律用来论证刑事辩护的方法论上的正当性，应该说，具有意识形

① ［意］贝卡利亚著：《论犯罪与刑罚》，黄风译，中国大百科全书出版社1993年版，第31页。

② 熊秋红著：《刑事辩护论》，法律出版社1998年版，第85页。

③ 同上，第104页。

态上的妥当性。在刑事诉讼中,控辩双方是对立统一的,没有控诉也就没有辩护,两者缺一不可。就此而言,对立统一规律具有一定说服力。但是,对立统一规律在对刑事辩护正当性的论证上也存在不足。没有控诉也就没有辩护,这只是说明了辩护权的防御性与消极性,说明了控诉权对于辩护权的先在性与决定性。但却不能反过来说,没有辩护权就没有控诉权。事实上,控诉权并不以辩护权存在为前提,不受辩护制约的控制权在历史上曾经长期存在而视为当然。即使在中国,对立统一规律自1949年新中国成立以来从来都是意识形态上的指导思想,但为什么在相当长的时间内刑事辩护被放弃?

相对制度,是西方国家对刑事辩护理论根据的一种表述。例如,美国著名法学家朗·富勒指出:公平的审问必须慎重地顾及互相争执的双方,使双方都能得到同样的重视和评判。要让法官知道一项辩论究竟有力到什么程度,必须让他先从殚精竭虑而申辩的人那里听取辩词。这就是律师的工作,他的职责不在判决而在说服。我们并不要求律师以一种超然的和毫不偏袒的方式报告案情,而是要求他处理案情使之显得最为有利于他的委托人。他不是像一珠宝商,慢慢地在光线之下转动钻石,使它的每一片小平面都能全部显露。相反地,律师好比把钻石稳定于一个角度,使它单独的一个面特别惹目。律师的职责是帮助法官和陪审员以利害关系的目光来看待案件,因而同情于他的诉讼委托人在命运摆布之下的境遇。[①] 如果说,对立统一规律是从控辩双方的关系上论证辩护权的正当性;那么,相对制度就是从刑事辩护对法官判决形成的角度论证辩护权的正当性。相对制度说明了刑事辩护对于摆脱偏见的羁绊,使法官的判决不偏不倚的重要性。

在这个意义上,正如同中国古人所云:兼听则明、偏听则暗。我国学者也逐渐地采用相对制度的理论作为刑事辩护制度的法理基础,指出:所谓相对制度,是指无论某种观点看来多么有理,或某种主张看来多么正当,都允许另 方面的意见存在,而且提出主张者必须和认否主张的权威行使者分开。就诉讼而言,一方面,允许持不同主张的诉讼当事人都作为司法制度中的合理存在,而不允许"话语霸权——只让我说话,不让你说话";另一方面,还要求诉讼当事人,即使是代表国家的原告人(通常是检察官)必须和裁判官相分离,因为司法正义有一个基本的理念:任何人不能充当自己案件的法官。[②] 由此可见,相对制度的法理对于刑事辩护的正当性作了较为充分的论证。

---

① [美]哈罗德·伯曼编:《美国法律讲话》,陈若桓译,三联书店1988年版,第25页。

② 龙宗智著:《刑事庭审制度研究》,中国政法大学出版社2001年版,第346~347页。

比较对立统一规律与相对制度,我认为,后者更为确切。因为对立统一规律只描述了控辩双方互相对立与互相依存的关系,就此还难以完全说明刑事辩护存在的正当性。而相对制度,则从裁判权的相对性的角度,论证了刑事辩护对于保证司法公正的必要性。相对是对应于绝对而言的,相对与绝对是一对哲学范畴,但同样具有价值内容。绝对在一定程度上被理解为极权、不受任何限制。在这个意义上,专制主义国家也可以说是绝对主义国家。[①] 而相对则在一定程度上被定义为有限的、受控制的。例如,美国学者将西方的宪政历史描述成控制国家,使国家建立在立宪主义基础之上的历史。这里的立宪主义,指国家的强制性权力受到了约束这种观念。[②] 因此,立宪主义国家也可以说是相对主义国家。基于以上对于绝对与相对的理解,在司法活动中的绝对制度,就是一种不受限制、单方面的司法权。如同孟德斯鸠指出:在专制的国家,绝无所谓调节、限制、和解、条件、等值、商谈、谏诤这些东西;完全没有相等的或更好的东西,可以向人建议;人就是一个生物服从另一个发生意志的生物罢了。[③] 在这种专制社会,司法权不受任何限制,因而不允许辩护的存在。在司法活动中的相对制度,司法权是受限制的,因而是相对的,刑事辩护职能形成对司法权的一种制约,法官的判决是从控辩双方的辩论中引申出来的。正如美国学者富勒指出:相对制度的要义即当事人每一方面都有机会参加协助获致一项判决,而此种"参加"是采取提供证据和辩论的方式。[④] 相对制度奠定了刑事辩护职能的正当性根据。在没有辩护的情形下形成的判决是不合理的、不公正的。

## 三

刑事律师的辩护权虽然在我国是一项法定权利,但这一权利在立法上受到诸多限制,甚至存在某种立法上的歧视性规定,这绝不是危言耸听,更不用说在司法上所遇到的各种障碍。《刑法》第306条规定的律师伪证罪[⑤]就是一个以刑

---

① 英国学者佩里·安德森提出了绝对主义国家这一命题,参见《绝对主义国家的系谱》,刘北成、龚晓庄译,上海人民出版社2001年版。

② [美]斯科特·戈登著:《控制国家——西方宪政的历史》,应奇等译,江苏人民出版社2001年版,第5页。

③ [法]孟德斯鸠著:《论法的精神》(上册),张雁深译,商务印书馆1961年版,第27页。

④ [美]哈罗德·伯曼著:《美国法律讲话》,陈若桓译,三联书店1988年版,第3页。

⑤ 《刑法》第306条之罪名,司法解释确认为:辩护人、诉讼代理人毁灭、伪造证据、妨害证据、妨害作证罪,但在现实生活中,尤其在律师界,一般都简称为律师伪证罪,以区别于其他伪证罪。

事辩护律师为特定犯罪主体的罪名，它被形象地称为是悬在刑事辩护头上的一把达摩克利斯之剑。

在1979年《刑法》中并无关于律师伪证罪的设置。1996年随着《刑事诉讼法》规定律师提前介入侦查阶段，为保证侦查活动不受干扰，在该法第38条作出了以下禁止性规定：辩护律师和其他辩护人，不得帮助犯罪嫌疑人、被告人隐匿、毁灭、伪造证据，不得威胁、引诱证人改变证言或者作伪证以及其他干扰司法机关诉讼活动的行为。违反前款规定的，应当依法追究法律责任。同年通过的《律师法》第45条也进一步明确了前述行为的行政后果与刑事后果：律师提供虚假证据，隐瞒重要事实或者威胁、引诱他人提供虚假证据、隐瞒重要事实的，由省、自治区、直辖市人民政府司法行政机关吊销律师执业证书；构成犯罪的，依法追究刑事责任。及至1997年《刑法》修订，上述规定在《刑法》中被确认为罪名：在刑事诉讼中，辩护人、诉讼代理人毁灭证据，伪造证据，帮助当事人毁灭、伪造证据，威胁、引诱证人违背事实改变证言或者作伪证的，处3年以下有期徒刑或者拘役；情节严重的，处3年以上7年以下有期徒刑。这一规定的出台，意味着专门为辩护律师打造了一个罪名，从而增加了辩护律师的执业风险。关于本罪的设置理由，立法机关作了如下说明：在新的《刑事诉讼法》施行后，辩护人、诉讼代理人在刑事诉讼中的作用得到了进一步的加强，其在刑事诉讼中的权利也相应有所扩大，作为辩护人和诉讼代理人必须依法正确行使法律赋予的权利，不得利用这些权利妨害刑事诉讼的正常进行，所以根据实践中的具体情况和打击犯罪的需要，新的《刑法》增加关于这一犯罪的规定。① 从权利与义务相统一的原理来看，上述立法理由并无不妥，但从此仍然可以看出立法者对于律师的戒备与防范心理。关键问题在于：第306条规定对于辩护律师来看，意味着一种可怕的归宿：因为为被告人辩护而自己成了被告人，以至于使刑事辩护成为律师执业的雷区。

事实上，在律师伪证罪设立以前，律师执业环境就一直是险恶的，即以《刑事诉讼法》修改的前一年1995年为例，律师在执业中因被人陷害而锒铛入狱者有之，因发表不同意见而被法院工作人员非法拘禁、殴打致伤者有之；因代理案件被对方当事人毁容者有之，抠出眼珠者也有之，以至于1995年被称为律师蒙难年。② 其中，律师逃亡案就是一个离奇而又典型的案例。

被告人王某因涉嫌故意杀人，被河南省鹤壁市中级人民法院一审判处死刑。

---

① 胡康生、李福成主编：《中华人民共和国刑法释义》，法律出版社1997年版，第435页。

② 杜钢建、李轩主编：《中国律师的当代命运》，改革出版社1997年版，第292页。

1994年9月13日,被告人王某的亲戚找到冯志德律师,要求冯做王某的二审辩护人。办完手续后,冯律师同岳小保律师前往浚县看守所会见被告人。但是,被告人家人递给冯律师一封被告人写给家人的信,信的内容大致讲自己遭刑讯逼供,屈打成招,不具备作案时间等内容。冯律师看后认为这封信很一般,很随便问了一下这封信的来路,得知是从看守所通过熟人转出来的,冯律师并未引起警觉,只是把他作为材料一并收入案卷。冯律师按常规办案,询问被告人。王某陈述了不服一审判决的理由和能证明案发当时他没有去过现场的情况。9月27日上午,冯律师、焦律师第二次会见了被告人。下午,律师对王某和家人进行了调查取证。被告人的三弟王某某证明案发时王某并不在家。因为那天他外出,冯律师未找到他而未采其证词。当时被告人家属曾问冯律师:王某是否还有救?冯律师答:你们家的人连王某在家的时间都说不清楚,还是一句老话,不能排除他,也不能肯定他。说者无意,听者有心。过了几天,有人给冯律师送来了王某家人重新写的材料,想推翻原来的证词。冯律师认为应以原始调整材料为准,因此并未采纳后来的证明,没有写进辩护词,也没有提供给省高院。1994年10月14日,冯律师将辩护词和整理后的调查材料一并邮往省高院。一个半月后,冯律师向省高院询问案件进展情况,方才得知半个月前案件已被发回重审。冯律师当时还分外高兴,以为自己的辩护意见被采纳了。殊不知自己的辩护材料由于寄得太晚,又恰逢省高院的法官出差在外而被搁在承办人的桌上未起任何作用。发回重审的决定实际在冯律师介入之前就已经决定了。所以,裁定书上并没有辩护人,也没有将裁定书发给冯律师。发回重审的结果使律师、被告人家属满心欢喜,冯律师也想当然地认为自己是有功之臣。

于是,拖上省高院的法官朋友去吃了一顿饭。席间,被告人家属提出送一些家乡特产和米给冯律师的法官朋友,冯律师同意。不久,被告人家属便给高院的三名法官送去了三袋花生、三桶油和一些大米。冯律师自己也得了一桶油和几只鸡。鹤壁市的公检法机关对王某一案的态度非常明确,半年后居然以事实不清被省高院退回,其中必然有诈。经过侦查,终于有了重大发现,被告人的一个远房亲戚在县武装部仟秘书,通过其介绍,被告家属认识了县看守所的一名看守,于是从看守所传出许多信息,包括被告人要求家人证明案发时他在家的信件。以此为突破口,当地政法机关先后以包庇罪逮捕了武装部秘书,以徇私舞弊罪逮捕了通风报信的看守所民警,以包庇罪逮捕了王某的几个家人。经过慎重研究,最后决定抓此事件的另一主角——冯志德律师。1995年3月22日下午4时许,几名公安人员在没有出示任何法律手续的情况下,以口头传讯的方式把冯律师从事务所叫到新乡市刑警队。浚县公安局以侦查案件需要为名,对冯律师实行拘传,并带到浚县,开始了长达20多小时的讯问。3月23日,又以冯律师有结伙作案嫌疑为由,将其转为收容审查。理由是:冯律师在获悉被告人通过非法渠道转给其父母的信后,应该意识到他们串了供,应停止辩护活动,将信妥善处理;冯律师对被告人家属随便发表对案件的看法,"指使"或"暗示"被告人家属重写证据材料;冯律师不实事求是,只收集对被告人有利的证据,不收集对被告人不利的证据;冯律师指使被告人家属往省高院送土特产,为被告人说情开脱罪责;冯律师的调查活动,是干扰了司法机关的正常办案。1995年4月21日正式以包庇罪批准逮捕冯律师。在取保候审期间,想到一时难以自明的冤案和度日如年的监房,整天与政法干部打交道的冯律师终于失去了勇气,踏上了茫茫的逃亡之路。此后,《民主与法制》杂志以"律师为什么逃亡"为题披露了这一案件,并约请有关专家学者点评这个案例。我以"严格保护律师依法履行职责"为题,写了一篇短文,发表对本案的看法,认为在一个法治社会,律师依法履行职责是严格受到法律保护的。在某种程度上说,对律师执业行为的法律保障,是一个社会法制完善程度的标志。尤其是在刑事辩护活动中,律师的职责是保障被告人的合法权益。在这种情况下,如果动辄因包庇罪、伪证罪,甚至玩忽职守罪锒铛入狱,那么,还有谁愿意再去从事律师这项职业呢?没有律师的社会,不可能是一个健全的法治社会,这是一个已经被历史证明的事实。① 在论文中,我提出了律师执业豁免这一命题。

事与愿违,1996年修改通过的《刑事诉讼法》与《律师法》不仅没有关于律师执业豁免的规定,反而在1997年《刑法》中设置了律师伪证的专门罪名。这一罪名的设置,使刑事辩护的执业环境雪上加霜。1997年,再次被人们称为中国律师的蒙难年。② 为此,全国律协还专门成立了维权委员会,根据2000年全国律师维权委员会统计的数据,从1995年以来,已有122个律师因为种种原因被追究、被起诉、被通缉。③ 据北京市律协提供的数据,1997年以来,北京市律师在执业中被司法机关采取法律措施的案件共有12起。从案由上看,涉嫌伪证罪2起,涉嫌妨害作证罪2起,涉嫌伪造印章罪1起,涉嫌中介机构出具虚假证明

① 本文发表以后,冯志德律师在逃亡途中曾经给我寄来一封长信诉说他的冤情。另有一位在1996年废除免予起诉的刑事诉讼法生效前一天就被检察院以包庇罪免予起诉的律师亲口告诉我:他在找检察院申诉,为什么我辩护的被告人被法官宣告无罪,你们还以包庇罪对我免予起诉,刑法规定:包庇罪必须是包庇犯罪分子,既然没有犯罪分子,何来包庇?对这一问题,检察官作了以下绝妙回答:"正由于你的包庇,法院才判了无罪。"

② 王丽著:《律师刑事责任比较研究》,法律出版社2002年版,第2页。

③ 陈兴良主编:《法治的使命》,法律出版社2001年版,第299页。

文件罪1起,涉嫌诈骗罪1起,纯属司法机关滥用职权的2起。[①] 在律师不断被抓的同时,刑事辩护率则不断下降。2002年5月,从北京律协传出消息,北京律师年人均办理刑事案件的数量也下降到不足1件。2000年北京有律师5459人,全年办理刑事案件4300件,人均办理刑事案件从1990年的2.64件下降到2000年的0.78件。北京市全年的刑事案件将近5万件,对比以上数字律师辩护率不足10%。在这种情况下,遂有"不敢替'刑事犯罪嫌疑人'辩护的中国律师"一说。[②] 刑事辩护率之低,原因是多方面的,律师伪证罪的设立不能不说是其中的一个重要原因。

律师伪证罪,在实体规定上存在明显的缺陷。根据《刑法》第306条之规定,律师伪证罪包括以下三种行为:一是毁灭、伪造证据,即辩护人、诉讼代理人自己将能够证明案件真实情况的书证、物证以及其他证据予以毁灭,包括烧毁、丢弃、撕掉、涂抹等,使其不能再起到证明案件真实情况的作用;或者辩护人、诉讼代理人自己制造假的书证、物证等,以隐瞒案件的真实情况,使犯罪人免予刑事追究或者使无罪的人受到刑事追究。二是帮助当事人毁灭、伪造证据,即辩护人、诉讼代理人策划、指使当事人毁灭、伪造证据;或者与当事人共谋毁灭、伪造证据,以及为当事人毁灭、伪造证据提供帮助等。三是威胁、引诱证人违背事实改变证言或者作伪证,即以暴力、恐吓等手段威胁证人或者以金钱、物质利益等好处诱使证人改变过去按照事实提供的证言,或者以威胁、引诱手段指使他人为案件作虚假证明,充当伪证的证人。在上述三种行为中,其他行为特征均是明确的,在认定上不致混淆。唯引诱证人违背事实改变证言或者作伪证这一罪状,内容并不明确。例如,这里的违背事实如何认定,若改变证言后是事实,由谁来判断?控方往往以自己所取证言陈述的内容为事实,因而只要律师介入后证人改变证言的,就认为符合律师伪证罪的这一规定而追究律师的刑事责任。又如,这里的引诱,无论是立法机关还是司法机关,都解释为"以金钱、物质或者其他利益诱使",[③]但在司法实践中就有律师因故意采用语言劝导证人改变证言内容的手段,引诱证人违背事实改变原有证言而构成律师伪证罪。

---

① 在本文写作之际,传来消息,曾先后担任前全国人大常委会副委员长成克杰和前公安部副部长李纪周的首席辩护律师的张建中,因涉嫌作伪证已被逮捕。据了解,张建中是全国律协维权委员会委员,1999年被授予新乡市十佳律师称号。参见"涉嫌作伪证名律师被捕",载《北京青年报》2002年7月18日。

② 胡盈盈、端木正阳:"不敢替'刑事犯罪嫌疑人'辩护的中国律师",载《中国律师》2002年第3期。

③ 胡康生、李福成主编:《中华人民共和国刑法释义》,法律出版社1997年版,第436页;周道鸾、张军主编:《刑法罪名精释》,人民法院出版社1998年版,第660页。

例如,最高人民法院刑一庭编《刑事审判参考》2000 年第 3 辑刊登的刘某妨害作证案,就是一个十分典型的案例。江苏省滨海县人民法院认定,1998 年 7 月上旬,被告人刘某在受委托担任李某受贿一案的辩护人期间,在李某亲友陪同下,分别找证人田某、钱某、刘某、徐某、邓某、蒋某调查时,引诱证人提供虚假证言,并将其收集的证据材料在滨海县人民法院开庭审理李某受贿案件时当庭出示,提出李某的行为不构成受贿罪的辩护意见,致使法院没有当庭认定钱某向李某行贿 8000 元的犯罪事实,妨害了刑事诉讼活动的正常进行。滨海县人民法院认为:被告人刘某在担任李某受贿一案的辩护人参与刑事诉讼期间,故意采用语言劝导证人、改变证言内容的手段,引诱证人违背事实改变原有的不利于李某的证言,致使法庭没有当庭认定钱某向李某行贿 8000 元的犯罪事实,妨碍了刑事诉讼活动的正常进行,其行为已构成辩护人妨害作证罪,判处有期徒刑 1 年,缓刑 2 年。一审宣判后,被告人刘某不服,以无罪为由,向盐城市中级人民法院提出上诉。二审经审理,驳回了上诉,维持原判。在这一案件审理中,争论的焦点是如何理解《刑法》第 306 条规定中的"引诱"？辩方认为,引诱要以利益为诱惑,要有诱饵,引导性的但并未用利以为诱饵的发问,不属于引诱。而控方认为引诱既包括物质的,也包括非金钱、物质利益的其他手段。① 但在最高人民法院的《刑事审判参考》中,虽然仍将引诱解释为以金钱、物质利益等好处使证人不按照事实的真相提供证言。但又认为滨海县人民法院认定被告人刘某语言劝导证人改变证言的行为构成辩护人妨害作证罪,依法惩处是正确的。在关于裁判理由的说明中,没有就如何理解引诱这个争议极大的问题展开评说,而是论述了辩护人妨害作证罪是否以发生危害后果(导致法院宣告无罪)为构成要件的问题。② 这不能不说是对这一重大问题解释的失之交臂,令人扼腕。在发生于浙江省张耀喜犯辩护人妨害作证罪一案中,同样也围绕律师伪证罪是否必须在客观上以物质、金钱或其他利益引诱证人作伪证为构成要件展开了争论。浙江省衢州市柯城区人民法院一审认定被告人张耀喜在担任盗窃案犯陈林鸿的辩护人、参与该案一审诉讼期间,为了使陈林鸿的盗窃数额从巨大降为较大,减轻其罪责,利用诱导性的设问方式,诱使证人李洪涛作了违背事实的伪证,其行为已伤害了刑事诉讼的正常进行,构成辩护人妨害作证罪。浙江省衢州市中级人民法院二审改判张耀喜无罪,但并不是因为被告人在客观上没有引诱行为,而是不

① 陈颖春:"青年律师,作茧自缚",载《律师世界》1999 年第 1 期。

② 最高人民法院刑一庭编:《刑事审判参考》(第 2 卷)(2000 年度精编本),法律出版社 2001 年版,第 174 ~ 177 页。

能充分地证明上诉人张耀喜具有妨害作证的主观故意。在法官评述中，省高院的法官明确提出：引诱，指引导劝诱，不仅包括物质利益的引诱，也包括非物质利益的引诱，如劝导证人。[①] 由此可见，律师伪证罪中的引诱如何理解，是一个关键问题。按照一般理解，引诱是可以解释为引导劝诱，但正如法国学者提出的：如果引导性发问纳入引诱范围之中，对于辩护人、诉讼代理人而言是一种过分的要求。引诱的概念没有确切的定义，因此很容易被任意解释，而导致出入人罪。[②] 我认为，应对律师伪证罪中的引诱作限制解释，指利诱，即以利益引诱，而不包括以诱导性发问的方法使证人改变证言。

如果说，律师伪证罪在实体上的问题可以通过司法解释加以明确的话，律师伪证罪最大的问题还是在于程序上：允许作为控方的公安机关和检察机关随时可以根据《刑法》第306条律师伪证罪追究律师的刑事责任，加剧了控辩双方力量的失衡。控辩平衡，这是法治社会的刑事诉讼的基本构造。我国刑事诉讼中的控辩双方，本来就是控强而辩弱。而律师伪证罪的设立，使控方在实体辩论上失利或失势的情况下，以此作为"撒手锏"，置辩护律师于死地，获得了某种程序上的优越性。我国学者甚至对控方以律师伪证罪追究辩护律师的刑事责任视为一种职业报复，指出：控辩双方在法庭上是对手，这是毋庸置疑的，但这只是履行职务，二者并无根本之利益冲突，更不是你死我活之敌人。然而第306条之规定及其滥用，使这种对等关系变得极不平衡，公诉方纷纷通过庭后对律师之刑事追诉来补偿法庭上调查或辩护过程中之劣势。因此，对侦查机关的某些人来说，是一个有效的职业报复手段。[③] 尽管职业报复之说略有夸张，但也并非危言耸听的无稽之谈。

对于《刑法》第306条的律师伪证罪，律师界一直在抗争。在《刑法》修订前后，前司法部长、全国人大法律委员会前主任委员蔡诚为取消刑法修订草案中的律师伪证罪多次呼吁，以致一度遭到非议。在《刑法》修订以后的历年全国人大会议中，都有取消第306条的动议。例如，在2000年3月的全国人大会议上，以陕西代表团张燕律师为首的30位全国人大代表正式提出了"取消《中华人民共和国刑法》第306条的规定"的议案。尽管这些努力并未导致第306条的废弃，但仍然是值得肯定。在第306条未能取消的情况下，设置适用第306条的特殊程序不失为一个可供选择的方案。例如，全国律协提出了设立我国"律师执业

---

① 王幼璋主编：《刑事判案评述》，人民法院出版社2002年版，第147页。

② 王丽、木维："辩护人、诉讼代理人毁灭证据、伪造证据、妨害作证罪研究"，载陈兴良：《刑事法判解》（第4卷），法律出版社2001年版，第76页、78页。

③ 王丽著：《律师刑事责任比较研究》，法律出版社2002年版，第103～104页。

案件追诉立案听证审查程序”的建议,我认为是极为可取的。只有经听证程序确认应予追诉,侦查机关始可对律师以第306条立案追诉。这样,就可以最大限度地从程序上防止《刑法》第306条的滥用。

涉及《刑法》第306条律师伪证罪的一个重大问题是刑事辩护律师的豁免问题。律师刑事责任的豁免权与《刑法》第306条的律师伪证罪是具有相关性的,我国学者认为,确立律师辩护豁免权的前提是取消《刑法》第306条规定,因为它直接与这一权利相违背。① 由此可见,只有确立律师刑事责任豁免制度,才能从根本上解决第306条的问题。世界各国刑法一般都有律师刑事责任豁免的规定,如《卢森堡刑法典》第452条第1款规定:“在法庭上的发言或向法庭提交的诉讼文书,只要与诉讼或诉讼当事人有关,就不能对它提出任何刑事诉讼。”《英格兰和威尔士出庭律师行为准则》规定:“在通常情况下,律师对他在法庭辩论中的言论享有豁免权。”这些规定使辩护律师在执业中获得了某种特权,以抵御可能来自控方的侵害,并且使辩护律师在义务冲突中得到解脱。

我国律师更有理由获得这种豁免,因为我国刑事诉讼在构造上是控强辩弱,如果不使辩护律师彻底摆脱刑事追究的枷锁,无以提高我国刑事案件的辩护率,无以调动律师在刑事辩护中的积极性,无以解除刑事辩护律师的后顾之忧。而且,考虑到我国刑事诉讼与外国刑事诉讼的不同特点,对于我国律师刑事责任豁免的内容应当有所扩大。外国法律规定的刑事豁免的内容主要是法庭上的言论,这一豁免制度的设立也主要是为解决辩护律师的义务冲突问题。而我国设立律师的刑事豁免,主要是为防止控方的侵害,因此豁免应当包括以下三项基本内容:(1)律师在刑事辩护中发表的言论,不受法律追究。(2)律师在刑事诉讼中向法庭提供或出示之文件、材料失实的,不受法律追究。(3)在刑事诉讼中,律师之人身自由、人身权利不受侵犯。② 在以上三项内容中,前两项是律师刑事豁免的内容,第三项则属于律师执业活动中的人身保障问题,严格来说并不属于律师刑事豁免的内容。上述两项作为律师刑事豁免的内容,我认为是可取的。当然,《刑法》第306条中毁灭、伪造证据,帮助当事人毁灭、伪造证据等行为由于具有明显的妨害司法活动的客观行为,可按普通伪证罪或其他妨害司法罪追究刑事责任,而没有必要专门设立律师伪证罪。

(2004年第1期)

---

① 徐家力、徐美君:“在立法中应确立律师刑事辩护豁免权”,载《中国律师》2008年第3期。

② 王丽著:《律师刑事责任比较研究》,法律出版社2002年版,第112~113页。

# 评刑事诉讼中人权保障的若干新论

## ——与陈光中等教授商榷

陆锦碧*



完善刑事诉讼中的人权保障,是现代刑事诉讼发展的趋势,是发扬诉讼民主和健全法制的要求。我国法学界就刑事诉讼与人权保障的相关问题发表了很多真知灼见,使国人受益匪浅。但有些议论尚值得商榷。现就下述三论提出不同看法,求教于专家学者:(1)人权国情论;(2)宗旨平衡论;(3)无罪推定已立论。

## 一、人权国情论

国内的人权论,曾经有过一种比较时兴的观点,即强调我国尚处于社会主义初级阶段,国情特殊,人权的重点应是生存权、温饱权;而国际社会公认的一些基本人权如自由权、平等权、财产权、人格尊严权等,并非当务之急,致使我国法治建设进程中,平添诸多人为的障碍。诉讼法学者杨宇冠教授在谈到刑事诉讼中人权保障时说,“诉讼人权来自于人自身的基本权利,又根据社会发展和国情不同而有不同的体现”;“不同的社会形态的诉讼中,各人有不同的诉讼权利;不同的国家,个人诉讼权利也不相同”。他认为“个人诉讼权利应当与社会的发展程度和文明程度相称”。① 这意味着社会的发展程度和文明程度较低的国家可以“不相称”为由,拒不接受社会的发展程度和文明程度较高的国家所采用的有利于充分保障“个人诉讼权利”的法制。杨教授所强调的上述观点,实际上是在为本国某些落后法制可以“存异”而不必与现代法治国家“求同”的合理性提供论据。例如,作者认为“中国没有规定沉默权是根据我国的国情和刑事司法的形势而定的”,还说“这与联合国制定的一些基本诉讼权利并不冲突”。②

笔者认为,上述国情论值得商榷。支持不确立沉默权制度,客观上无异于承认《刑事诉讼法》第93条规定,即“犯罪嫌疑人对侦查人员的提问”负有“应如实

---

* 作者单位:华东政法学院(现华东政法大学)。

① 杨宇冠:“论刑事诉讼人权保护”,载《中国刑事法杂志》2002年第4期。

② 同上。

回答”的法定义务是合理的，是符合中国的国情和刑事司法的形势需要的。然而，正是该法条取消了沉默权。其实，这种观点，既同国际人权公约的有关规定相冲突，也与作者在同一论文中所阐述的其他有关内容相矛盾。

与公约的冲突表现在：根据《公民权利和政治权利国际公约》（以下简称《公约》）第 14 条第 2 款关于无罪推定的规定，“凡受刑事控告者，在未依法证实有罪之前，应有权被视为无罪”的诉讼主体，当然享有不供述或拒绝供述的自由，即沉默权，这是不言而喻的。同条第 3 款（庚）规定保证“凡受刑事控告者”“不被强迫做不利于他自己的证言或强迫承认犯罪”。这正是沉默权的真谛所在。而我国《刑事诉讼法》第 93 条规定恰恰剥夺了嫌疑人合法的诉讼防卫权。显然，不能借口联合国人权公约并未采用“沉默权”一词，而断言上述法条“与联合国制定的一些基本的诉讼权利并不冲突”。

与作者论文中其他内容的矛盾在于：他承认“沉默权是一种诉讼权利，是体现无罪推定的一种方式或做法”，[①]并且充分肯定“实行无罪推定不仅是保护嫌疑人、被告人的合法权利，而且也是维护刑事司法的公正性和诉讼程序的合理性的需要”。[②] 更值得注意的是作者对于《刑事诉讼法》第 93 条也持批评态度。他说“如果细究第 93 条，我们不难发现中国传统的审讯方式中的有罪推定的痕迹”。[③] 凡此均足以表明：作者赞成无罪推定，反对有罪推定。这与作者为中国没有规定沉默权作辩护的“国情论”是难以协调的。

“国情论”还被杨教授直接用来作为中国可以部分地不恪守已经签署的国际人权公约的依据。他说：“为了保证人们最基本的权利，联合国制定了《国际人权宪章》和其他有关人权和刑事司法的公约和文件。”但又认为“参加或批准联合国国际人权公约的国家则应当遵照公约的规定，根据本国的国情规定刑事诉讼权利。这些权利可以比联合国规定的诉讼权利更多，也可以不采纳其中某一部分权利”。[④] 作者所要强调的显然是可以“本国国情”为由，不采纳联合国为了保证人们最基本的权利而规定的“某一部分权利”，而不是要“比联合国规定更多的诉讼权利”。此说若能成立，国际公约对签约国就失去了拘束力，国情论便成了违约有理论。这同“条约必须恪守”的国际法上普遍公认的准则直接相悖，同我国政府承认的“国际法优位”的法律观也不能相容。我国的《民事诉讼法》第 189 条明文规定，“中华人民共和国缔结或者参加的国际条约同本法有不

---

① 杨宇冠：“论刑事诉讼人权保护”，载《中国刑事法杂志》2002 年第 4 期。

② 同上。

③ 同上。

④ 同上。

同规定的,适用国际条约的规定。但是中国声明保留的条款除外”。同样,《行政诉讼法》也作出了类似的规定。《刑事诉讼法》似乎没有理由例外。“如果把那些没有明确规定优先适用国际条约的法律理解为:当出现国际法和国内法冲突时可以将国际法弃置不顾,国际法就等于失去了法律效力,那么‘条约必须恪守原则’和我国的国际信用就会大打折扣。”①

我国政府既已签署国际人权公约,而且没有对任何条款声明保留,自应履行恪守公约的义务,对国内法作出相应的修改和补充。这样才有利于提高我国立法的文明程度,并使我国的法制与国际法准则接轨。杨教授的“国情论”,只是强调个人诉讼权利应当与社会的发展程度和文明程度相称,但却没有深究中国社会的发展程度和文明程度滞后以及公民的诉讼权利长期缺乏保障的主要原因。笔者认为,只要直面历史和现实,作深入的具体分析,便不难发现:其所谓“国情”,在很大程度上乃是下列综合因素的积淀:国家体制的集权化、意识形态的一元化、长期人治主政、蔑视或轻视法治、实行有罪推定、忽视人权保护等。这是绝大部分国人亲身经历、亲眼目睹的史实,不宜把“国情”神圣化、神秘化、抽象化。同“左”祸的后遗症密切相关的“国情”,不该作为我国拒绝或延缓深入改革法制的理由。

## 二、宗旨平衡论

一般认为,惩罚犯罪和保障人权是刑事诉讼目的不可分割的两个方面。世界各国的刑事法学家对刑事诉讼的目的应当侧重追究犯罪或者保障人权,认识不一,有所谓犯罪控制模式和法律正当程序之争。两者的区别是:犯罪控制模式将效益置于个人权利之上,认为“对犯罪行为的控制是刑事诉讼程序最重要的职能”;“司法制度越能有效地诉讼犯罪分子,就越能有效地控制犯罪”;“如果法院被认为纵容罪犯或不能有效地镇压犯罪,则构成对刑事法院最大的威胁”;“处罚一些无辜者抵得上社会为防止市民免受掠夺性犯罪所付出的代价”。而法律正当程序则“将个人权利置于效益之上”,“主要考虑防止无辜者被宣告有罪”;“如果法院忽视个人权利和宣告无辜者有罪,法院的合法性将受到最大的

① 中政大刑事法律研究中心、中国法学会研究部:“关于批准和实施《公民权利和政治权利国际公约》的建议”,载《政法论坛》2002年第2期。

威胁";"正当程序规则被认为是法院诉讼程序可视性和对公众负责的一种手段"。[①] 简言之,前者强调追究犯罪,后者强调保障人权。著名刑诉法学者陈光中教授认为,"两者应当并重,不能片面地注重一面,忽视另一面",[②]意在寻求两者之间的平衡状态。从表面上看,刑事立法宗旨平衡论,或曰并重论,似乎是一种比较理想的选择,似乎是既反"左"又防"右"的正确方针。因此,很少有人提出不同意见。笔者对此独持异议,异议不在于反对"片面地注重一面,忽视另一面"的两极思维,而在于刑事立法宗旨平衡论用意甚佳,却未必可取。

现代人权保障理念的核心,是维护人的价值和尊严。根据现代法治国家普遍接受的人权理念,国家权力只是保障公民个人权利得以实现的工具和手段。国家权力存在的唯一合法性,在于为公民个人正当权利提供保护。因此,国家权力的行使必须受到法律的严格限制,不得滥用,以防止公民的个人权利受到非法侵犯。现代法治国家,将保障被追诉人权利的价值,置于刑事诉讼制度的首位;明确提出对于犯罪控制的追求必须服从人权保障的价值目标,在两者发生冲突的情况下,原则上人权保障应当优先于犯罪控制。无论是英美法系国家还是大陆法系国家,其政治、社会状况和刑事诉讼制度虽有所不同,但是均实行了大致相同的、以人权保障为优位价值理念的制度设计和司法方针。

我国法学界曾有一种主流观点,认为大陆职权主义和英美当事人主义两种诉讼制度,由于司法传统和社会文化背景不同而存在重大差异。前者注重犯罪控制,而不像后者那样强调人权保障。其论据有二:(1)在审前程序中,为了保证国家实现追究犯罪的任务,赋予国家侦查机关以较大的权力,而相应地限制公民个人权利,如被追诉人不享有沉默权,缺乏司法审查机制等;(2)在审判中则由法官主导诉讼,法官不是消极中立的仲裁者,而是积极主动的事实调查者。然而,只要深入考察分析,人们不难发现,人权保障优先的理念,已在现代法治国家取得指导地位。被追诉人享有沉默权以及在审前程序中确立司法审查机制,已普遍适用于包括职权主义诉讼在内的现代刑事诉讼制度。至于法官在审判中的地位和作用——大陆职权主义诉讼的"积极中立"和英美当事人主义诉讼的"消极中立",其表现形式虽略有不同,但就其保障审判职能中立、公正的宗旨和实

---

① [美]爱伦·豪切斯、泰勒·斯黛丽、南希·弗兰克著:《美国刑事法院诉讼程序》,陈卫东、徐美君译,中国人民大学出版社2002年版,第22~23页。

② 陈光中、严端主编:《中华人民共和国刑事诉讼法修改建议稿与论证》,中国方正出版社1999年版,第87页。

效来看,则基本一致,可说是殊途同归。①

在较长时期内,我国的情况似乎正好相反。人权这一概念不仅不被重视,反而被当做“资产阶级的专利”和“自由化”的口号来批判。镇压反革命和打击阶级敌人的破坏活动,一直被当做首要任务来抓,特别强调要“稳、准、狠”地打击犯罪。不过,事实证明,“狠”则狠矣,“稳、准”则恐怕未必,数以百万计的冤假错案就是无可争辩的铁证。在那“人治主政”的年代,刑事诉讼的程序是根本不被重视的。我国第一部《刑事诉讼法》直到1979年7月才产生,1980年1月1日才开始施行。在当时,人权依然是一个法学研究的禁区。所以首部《刑事诉讼法》没有,也不可能体现刑事诉讼保障人权的独立精神。1996年修改后的《刑事诉讼法》虽然有了较大进步,却依然未能根本改变这种状况。立法部门和司法部门对于保障被告人诉讼权利的唯一解释是“可以更好的查明事实,正确执行法律,防止错案”。所有的程序设计和程序保障都只有一种基本的工具性价值,保障权利本身不具有独立的意义和价值。由于刑事诉讼程序、律师辩护制度、证据规则等各方面均存在忽视人权保障的缺陷,加上司法人员素质普遍偏低,“宁左勿右”的习惯势力根深蒂固,其结果是,涉讼公民的人权很容易遭到侵犯,这是不争的事实。

要使中国的刑事诉讼切实保障人权,尤其是保障最容易受到侵犯的犯罪嫌疑人及刑事被告人的合法权利,首先必须理解,现代法治国家高度重视对被追诉者人权的法律保障,不仅仅是为了保障已进入刑事诉讼程序的被追诉者的个人权利,而且还为了保障一切可能进入刑事诉讼程序的社会成员的群体权利。因为,刑事诉讼法和刑事诉讼程序的实施过程本身,具有对整个社会的公示性和威慑作用。保障被追诉者的合法权益,有助于确立法律正当程序及其公正实施,防止冤假错案,同时,有利于维护公众的权利和社会的稳定;忽视或侵犯被追诉者的合法权益,直接受害者固然是其本人,但影响所及,不仅会导致司法腐败,并使整个社会笼罩在令人不安或恐怖的阴影之下,任何人均处于随时可能遭到不测,乃至人人自危的潜在威胁之中。国人对此大都有过切身的体验,记忆犹新。

其次,必须重新调整刑事诉讼的立法宗旨和程序设计。改变追究犯罪与保障人权的主从关系,改变以前者取代后者的习惯思维。不是改为两者并重或两者保持平衡,而是要做出重大的调整,将保障人权作为追究犯罪不容忽视的前提条件和终极目标。在程序设计上,抛弃“重实体、轻程序”或“程序虚无主义”和

---

① 左卫民、万毅:“我国刑事诉讼制度改革若干基本理论问题研究”,载《中国法学》2003年第4期。

"程序工具主义",确立法律正当程序,而置犯罪控制于其下。"要将刑事程序、程序权利视为具有独立的内在价值的实体,而不仅仅视为用以维护秩序和安宁的工具。"①历史的经验值得注意,不确立法律正当程序,不重视人权保障,片面地强调打击犯罪,虽可威慑民众于一时,造成稳定的假象,但其结果势必适得其反。随着矛盾的不断积累,有可能在日后引爆社会危机。古今中外,不乏这样的先例。

同刑事诉讼的立法宗旨应当侧重追究犯罪或者侧重保障人权密切相关的另一个问题是:当程序公正与实体公正发生冲突时应当以何者为重。"对此,我国法学界传统上强调刑事诉讼程序应当优先保障案件真实的发现,重视的是实体公正。"而接受英美法系正当程序理念的学者,则"主张刑事诉讼应侧重保障诉讼参与人,特别是犯罪嫌疑人、被告人的合法权利,主张程序价值优先"。陈光中教授对此两者均不以为然。他认为:"强调实体公正优先或程序公正优先都不符合刑事司法的基本要求,也不符合我国的国情。合理的主张应当是对程序公正和实体公正采取并重的态度。"这与他主张追究犯罪与保障人权并重的观点是一致的。他主张"在实体公正与程序公正发生冲突时根据案件的具体情况来决定是程序优先还是实体优先,即比较牺牲实体和牺牲程序各自对社会正义、效益价值可能产生的损害,选择损害较小的方式,最终实现刑事诉讼综合效益的最大化"。他以"非法证据排除规则"为例说:"当采取绝对排除规则时,显然是程序优先,当采取相对排除规则,如像英国那样,非法所得的实物证据是否排除,必须根据公共利益原则、非法取证行为违法的程度和案件情况由法官自由裁量,这显然是实体正义和程序正义并重。"②

陈光中教授的上述意见还是可以商榷的。笔者认为,所谓程序公正和实体公正并重论,既不能适应刑事司法现代化的发展趋势,也不符合改善我国国情的迫切需要。

其一,实现程序正义优先是保证司法公正的前提条件。在刑事诉讼中实现程序正义,应保障个人的人格尊严和有关各方的公平参与。鉴于控辩双方强弱悬殊,故必须限制代表控方的国家权力,严禁非法取证,并承担举证责任;同时赋予被控方以必要的特权,充分享有知情权、防卫权和辩护权,使其具备为维护个人自由、财产乃至生命而与国家进行平等抗争的机会和能力。在这一方面,无罪

① 陈瑞华:"修改后的中国刑事诉讼法典——从刑事司法国际标准角度的分析",载《现代法学》1996年第6期。

② 陈光中:"严打与司法公正的几个问题",载《中国刑事法杂志》2002年第2期。

推定原则和非法证据排除规则起着重要的作用。法官必须保持中立,不存偏私。法律必须规定,与案件利害攸关的各方,拥有平等的主体地位和充分陈述意见的机会。在庭审中,通过双方辩论、质证、交叉询问,发现案件真相。法院所作出的判决,必须具备合理的根据和经过充分的论证,并向有关各方及其他社会公众宣示和证明其判决结果的正确性。由于受判决直接影响的人亲自参与辩论和判决产生的过程,行使了自己的诉讼权利,从而在心理上比较容易接受和承认判决的公正性,并可赢得诉讼参与人和社会公众普遍的信服和尊重。

诚然,"公正的程序不一定能够保证判决结果的正确性"。笔者认为,这是由于能否实现实体的公正,除了程序的公正以外,还涉及实体法本身并非完美无缺。法官即使具有良好素质,有时也难免会受各种条件的限制,并非总能够发现案件的实体真实,绝对防止误判的发生。但这不足以成为反对程序正义优先的理由。因为实现程序正义的原则,贯穿于从立案侦查到刑事审判的全过程。正义不仅要得到实现,而且要以人们看得见的方式得到实现。因此,通过公正的审判,即使作出了误判,也比较容易发现和纠正。刑事救济程序的设置,就是为了确保上级法院对下级法院所作的判决进行及时的审查,对确有错误的结论予以纠正。这也是实现程序公正、保护被告人权的最后一道屏障。

与此相反,忽视程序正义,审判不公正,势必导致裁判结果的不公正,即实体不公正。而且程序不公正,往往缺乏有效的救济程序而难使错判的结果得到纠正。新中国成立以后这样的案例不胜枚举。

其二,在实体公正与程序公正发生冲突时,也应当是程序正义优先,即以陈教授所举的非法证据排除规则为例,被排除的非法证据通常总是被认为嫌疑人有罪的证据。这类证据可能是虚假的,也可能是真实的。其之所以必须被排除,是因为取证的手段违反了法律程序、侵害了当事人的合法权利。排除非法证据是为了维护程序公正,也有助于实现实体公正。诚如陈教授所言:"不公正的程序,例如刑讯逼供所得出来的口供也未必一定不真实。"即便如此,违反自白任意规则的"口供",无论在美国或英国,均在排除之列,其根本目的在于保护人的尊严。该规则体现的原则是"发现真实的结果并不能使刑讯合法化"。至于说到英国对非法所得的实物证据是否排除,必须根据公共利益原则、非法取证行为的违法程度和案件情况由法官自由裁量。对此,不应忽视在"法官行使这种自由裁量权方面所要把握的基本尺度,是保证被告人获得公正的审判,并排除所有严重妨碍被告人获得公正审判的证据"。① 显而易见,陈教授所举的例证,并不

① 齐树洁主编:《英国证据法》,厦门大学出版社2002年版,第447页。

能说明英国在一定条件下采取实体公正与程序公正并重的方针,放弃程序正义优先的原则。因为判断英国刑事司法的价值取向,是程序公正优先还是与实体公正并重,不能仅仅依据某个单项非法证据排除规则的具体实施是绝对排除还是相对排除,而需观其整个刑事诉讼程序的基本原则、全部规则和运作机制等实际状况。就此而言,无论是从个案或整体来看,不难认定,英国的刑事司法仍然是崇尚程序正义优先。英国的基础性目标一直遵循诉讼程序的公正性、人道性和合理性原则,并未因限制性采用所谓"相对排除规则"而改变其整体价值取向,动摇其对抗式程序的根基。

非法证据排除规则的实行,不排除某个真正的罪犯得以逃避法律制裁。对此,不能单从追究犯罪的视角来衡量非法证据排除规则的价值;而是应考虑设置该规则的目标,即限制警察的违法行为,防止侵犯人权的现象,尤其是对整个社会所起的作用。如果为了将某一个人定罪,政府司法部门不遵守法律的规定,不惜以违法手段收集证据,进而以违法证据给被告定罪科刑,这样,虽可达到惩罚罪犯的短期目的,但政府却必须为此承受立法自违的严重后果:使人民对法律失去信心,使政府在人民心目中的形象严重受损。凡此,既有沉痛的历史教训,又有司法腐败的冷酷现实,切不可等闲视之。

其三,实践证明:"并重主张"并不"合理"。

根据陈光中教授的"合理主张",对程序公正和实体公正采取并重的态度,反映在如何对待非法证据的"指导思想"上。他认为"非法收集的证据原则上要禁止使用,否则就不能有效制止刑讯逼供现象的发生;但又不能搞绝对化,防止出现因排除非法的真实证据,致使严重罪犯逍遥法外"。① 1996 年修改后的《刑事诉讼法》,单设严禁非法取证的法条,而不设非法证据排除规则,体现了这种指导思想,但是并未收到预期的效果。虽然 1998 年最高人民法院《关于执行〈中华人民共和国刑事诉讼法〉若干问题的解释》第 61 条提出了一些非法证据的排除规则,然而该规则排除范围褊狭,对象单一,而且法律后果空白,因此不能有效地补救立法上的缺陷。实际情况是:

1. 非法收集的证据,并非"原则上禁止使用",而是"只要认为证据是真实的,一般都会被法庭采用作为定罪的依据"。② 而且"在我国只要被告人被定罪,程序中的一切行为都成为合理的,包括不合法的强制措施和非法取得的证据,都

① 陈光中、严端主编:《中国刑事诉讼法修改建议稿与论证》,中国方正出版社 1999 年版,第 88 页。

② 何家弘主编:《新编证据法学》,法律出版社 2000 年版,第 35 ~ 36 页。

不成为问题”。①

2. 由法官认可的非法取证行为并非都是“违法程度”较轻,案件情况仅限于“严重罪犯”,其适用范围往往被随意扩大。

3. 法院允许非法证据在法庭上作为定罪的证据使用,法院也就是参与和鼓励了警察的非法行为。正因为这种现象并非少见,致使刑讯逼供现象的发生,不仅“不能有效制止”,反而呈愈演愈烈不可遏制之势。

4. 牺牲程序公正,既纵容了侵犯人权的非法行为,也未必能准确地追究犯罪,实现实体公正。我国刑事司法实践中,被告人庭上翻供现象屡见不鲜,冤假错案时有发生,无不与违反程序公正非法取证有关。

种种迹象表明:所谓“程序公正与实体公正并重”,同所谓“追究犯罪与保障人权并重”一样,并非符合中国国情需要改善的合理主张。根据“重实体、轻程序”乃至“程序虚无主义”观念颇为流行、人权保障观念比较淡薄的“中国国情”,为了避免“绝对化”而不设非法证据排除规则,其结果使严禁非法取证的法条形同虚设。最高人民法院有关的司法解释,由于自身存在缺陷,尤其是没有对违反该规则的行为设置否定性的法律后果,因此,也不免流于形式,对司法人员很难发挥有效的制约作用。这是不可避免的。所谓“选择损害较小的方式,最终实现刑事诉讼综合效益的最大化”,不过是一种想当然的脱离实际的推理而已。

## 三、无罪推定已立论

关于无罪推定原则在我国立法上是否已经确立或体现和司法实践中是否已经实施的问题,法学界众说纷纭,莫衷一是。为了对某些说法作出评析,首先必须从理论上阐明无罪推定的基本特征。

国际刑法学会前副会长、著名法学家杨兆龙教授认为无罪推定具有四项基本特征:

1. “无罪推定不是表示诉讼参加者的主观意见,而是表示一种客观的法律地位”。刑事被检举人未被证明有罪前认为无罪,是享有诉讼权利的主体,其地位受法律保障,从而明确了刑事诉讼的参加者侦查机关、检察机关和法院及其工作人员在各个阶段,应如何自始至终地在“尊重刑事被检举人的这一法律地位

① 杨宇冠:“论刑事诉讼法人权保障”,载《中国刑事法杂志》2002年第4期。

的要求下,行使自己的职权并履行自己的义务”。①

2. 依照无罪推定原则,刑事被检举人在其有罪未被证明前,既被认为无罪,他本人当然毋庸承担自己无罪的证明义务,有罪的举证责任属于侦查、检察及审判机关人员;任何机关或人员,不得强迫他自证其无罪,也不得因其不提或不能提出无罪证明而认为其有罪。②

3.“无罪推定不是一个局限于刑事程序法方面单纯的关于犯罪证明的法律原则。它不仅和刑事程序上各种诉讼保障有着有机的联系,并且还和其他各部门的法律原则或制度,尤其是刑事实体法及司法组织法的原则或制度有着密切的关系。”它的贯彻有赖于上述法律原则和制度的适当配合与支持。③

4.“无罪推定不能脱离实践。”“它的表现形式主要不是立法,而是法律理论和法律实践,它的贯彻有赖于其他司法机关及其工作人员的具体实施。”④

杨兆龙教授指出,无罪推定的四个基本特征缺一不可,它们相互间有着必然的联系,互为存在的前提。“无罪推定的特征,只要缺少一个,就足以使无罪推定成为有名无实的东西。”⑤

根据这个理论,对全国立法、司法进行全方位的审视和评析,便不难做出判断:无罪推定原则在目前尚未确立,其基本精神也不可能真正体现。

本文不拟全面评述关于无罪推定纷纭的众说,仅择以下两种新说略抒己见。

1. 无罪推定精神基本体现说

近期发表的由中政大刑事法律研究中心和中国法学会研究部联合草拟的《关于批准和实施〈公民权利和政治权利国际公约〉的建议》(以下简称《建议》)称:“我国刑事诉讼法第12条规定:‘未经人民法院依法判决,对任何人都不得确定有罪’。对于这一条是否确立了无罪推定原则,在理论界观点不一。但我们认为,该条及刑事诉讼法中的其他相关内容基本上体现了无罪推定的精神,具体表现在:区分了犯罪嫌疑人和被告人的称谓;举证责任主要由控诉方承担;明确了疑罪从无原则;取消免予起诉;统一定罪权等。”⑥笔者对此持不同意见。《建议》所列各种“具体表现”,虽然有些与无罪推定不无关系,但不足以证明它

---

① 杨兆龙著,郝铁川、陆锦碧编:《杨兆龙法学文选》,中国政法大学出版社2000年版,第102页。

② 同上,第108~111页。

③ 同上,第111~113页。

④ 同上,第113~114页。

⑤ 同上,第118页。

⑥ 中政大刑事法律研究中心中国法学会研究部:“关于批准和实施《公民权利和政治权利国际公约》的建议”,载《政法论坛》2002年第2期。

们"基本上体现了无罪推定的精神"。这不仅因为从总体上看,我国目前立法和司法的实际状况尚未具备无罪推定缺一不可的四个基本特征,而且对有关法条的理解尚有值得商榷之处。

其一,无罪推定原则与第12条规定所确认的权利主体和具体含义不同。《刑事诉讼法》第12条规定"未经人民法院依法判决,对任何人都不得确定有罪"。它仅仅确认了人民法院是享有定罪权的唯一主体,其定罪权不容其他机关分享或分割;而《公约》第14条第2款关于无罪推定的规定,要求确认"凡受刑事控告者,在未依法证明有罪之前应有权被视为无罪"。受控者作为享有诉讼权利的主体地位是受法律保障的,其诉讼权利不容任何机关及其工作人员非法侵犯或剥夺。第12条的规定,显然不具有这样的内容,也未体现这样的精神。两者的含义,可谓大相径庭,不能混为一谈。将统一定罪权误解为确立无罪推定原则或其精神的体现,未免牵强附会,似是而实非。至于取消检察机关的"免于起诉权",这是对法院统一定罪权的回应,与其说它体现了无罪推定的精神,不如说它取消了有罪推定的一种表现。

其二,立法机关的有关部门所作的《刑事诉讼法释义》(以下简称《释义》)明确否认第12条规定是无罪推定的说法。《释义》说,"我们反对有罪推定,但也不是西方国家的那种无罪推定"。"在人民法院做出有罪判决前,我们不称被告人是罪犯,但也不说他没有罪或者假定他无罪",其理由是"如果假定他无罪,那么侦查机关对他进行侦查、采取强制措施就没有根据了。"①

上述观点,一方面,没有认识到侦查、检察及审判人员对特定人有罪或无罪的主观认识和无罪推定是两回事。"无罪推定是一个客观的法律原则,同时也是刑事被检举人在诉讼上受法律保障的地位的一种总的表现";②另一方面,也没有认识到"无罪推定是法律向侦查、检察及审判机关及人员所提出的关于如何慎重执行职务,而不使好人因做了被检举人而蒙受冤枉的一种要求,是发扬法治和民主的法律政策的具体表现"。③ 它并不禁止这些机关及人员对刑事被检举人采取法律所许可的必要的强制措施。因为"大部分强制措施的使用是为了保全证据或防止被检举人及其有关系者湮灭证据,就是拘捕和羁押这样严厉的强制措施的采用,也不是完全因为被检举人的有罪已经证明或无可怀疑,即使是

① 全国人大常委会法制工作委员会刑法室编:《中华人民共和国刑事诉讼法释义》,法律出版社1996年版,第15页。

② 杨兆龙著,郝铁川、陆锦碧编:《杨兆龙法学文选》,中国政法大学出版社2000年版,第102页。

③ 同上,第128页。

合法的话,也不一定能够推翻被告的无罪”。①

《释义》的错误在于:将正式宣布特定人为刑事被检举人或进而对其采取某种强制措施当做有罪的证明,当做推翻无罪推定或与无罪推定不可两立的事实。这是对无罪推定法律原则的误解,是将无罪推定的法律原则同代表国家的刑事诉讼参加者的主观认识混为一谈的表现。不过,也应该承认,《释义》关于本条立法思想并非无罪推定的解释却是明确无误的。

其三,有罪的举证责任由控方承担,这是无罪推定法律原则的基本特征之一。《建议》所谓“举证责任主要由控方承担”,意味着非主要的举证责任应由被控方承担,或允许转嫁到被控方身上。这是对无罪推定举证责任的不正确表述。而且即使是主要的举证责任,实际上,也并非首先和主要由控方承担。根据《公约》第14条第2款的规定,凡受刑事控告者,享有“不被强迫作不利于他自己的证言或强迫承认犯罪”的保证。如前所述,我国现行《刑事诉讼法》不仅不承认被控方理应享有的沉默权,还把“如实回答”侦查人员的提问作为迫使其自证其罪的法定义务。与此相配套的是在司法实践中,普遍习惯于采用“坦白从宽,抗拒从严”的刑事政策。“坦白从宽”情同诱供;“抗拒从严”无异逼供。两者均是以认定嫌疑人有罪为前提的。这项政策本身就是有罪推定的表现,从而使无罪推定的精神被化为乌有。

其四,切实保障犯罪嫌疑人和被告人作为诉讼主体的法律地位,是无罪推定最重要的基本特征。但是在现行的整个刑事诉讼过程中,控辩双方始终处于不平等的地位,被追诉者事实上无法受到公正的对待,不仅没有获得一些必要的特权,反而受到了很大的牺牲和抑制。如前所述,由于立法上和相关的司法解释上存在明显的缺陷,加上侦查活动不受监督,即使有人违法,往往难以查证。这种状况促使侦查人员敢于蔑视法治、侵犯人权,非法取证。审前阶段已将举证责任转嫁到嫌疑人身上;庭审时,又面对下列事实:公诉方提出书面证据材料有权“依法隐瞒证据”,辩护人、被告人的知情权受到很大限制和证人普遍不出庭作证,被控方根本不可能有针对性地提出异议并有效地进行质证,于是形成了控方举证不受被控方制约的局面。不仅如此,公诉人还有权强制询问被告人,这就直接违反了对抗制审判的固有的控辩双方平等的原则。尤其重要的是庭审时法官中立、审判独立,在中国目前尚缺乏必要的保障机制。公、检、法三机关之间的关系,着重强调的是分工合作,非法证据所以容易被法院采纳用做定罪的依据就是

① 杨兆龙著,郝铁川、陆锦碧编:《杨兆龙法学文选》,中国政法大学出版社2000年版,第108页。

明证。被追诉方的主体地位岂止缺乏保障,而且往往被视为有罪推定的诉讼客体。按照《公约》第14条规定,其理应享有的诉讼权利,不免受到非法的乃至“合法”的侵犯。这与《公约》有关保障人权的规定是格格不入的,并非“无根本性的冲突与矛盾”。

2. 无罪推定司法实行说

宋英辉教授说:“我国在司法实践中实行的是无罪推定,对事实不清,证据不足以认定被告有罪的案件宣告无罪,却在立法上讳言无罪推定。”①笔者对此更不敢苟同。他所谓“对事实不清、证据不足以认定被告有罪的案件宣告无罪”,只是说明法院对刑事被告无法定罪的一种无奈的选择,既不能证明刑事被告人在此之前得到了作为无罪的公民理应享受的诉讼主体的法律保障,更不能证明无罪推定原则在中国司法实践中已经实行。而且不排除另一种较大的可能,即该刑事被告在“事实不清、证据不足”的情况下,被立案侦查和起诉本身,是实行有罪推定的结果。

至于所谓司法上实行无罪推定,却在立法上“讳言无罪推定”,则更令人匪夷所思。无罪推定在我国法律上尚未确立,无可讳言。实际情况是无论在立法上或司法实践中均存在有罪推定的种种表现,对此大都讳莫如深,很少有人谈及;或者谈及了有关条文、政策、做法,却讳言其是有罪推定的表现。例如,前已提及的某本颇具权威性的《中华人民共和国刑事诉讼法释义》,虽然郑重声称“我们反对有罪推定”,但对于该《刑事诉讼法》中那些反映有罪推定的条文或促使司法实践有罪推定的条文及司法的实际状况,却视而不见。即以《刑事诉讼法》第93条规定和“坦白从宽,抗拒从严”的刑事政策为例,前者反映了立法上的有罪推定,后者表现了司法上的有罪推定。

有些学者似乎对无罪推定理论缺乏全面认识,对有罪推定的特征也辨别不清,可能与缺乏相关的理论研究有关。杨兆龙教授认为,有罪推定有四个特征:

1. 法律或法律实践许可、要求或鼓励将犯罪嫌疑人及刑事被检举人犯罪的举证责任加在他们自己身上;

2. 在刑事程序法、刑事实体法及其他法律中,有推定某种犯罪的构成要件事实的全部或一部分已存在的原则,或在法律实践中承认这种原则;

3. 犯罪嫌疑人、刑事被检举人应有的诉讼权利的保障在法律上缺乏全面的规定,或在法律实践中没有得到全面的承认,使他们在未被证明有罪以前即丧失

① 宋英辉:“任务、原则和运用范围”,载《中华人民共和国刑事诉讼法修改建议稿与论证》,中国方正出版社1999年版,第110页。

了一个无罪的公民所享有的对自己的基本权利的防卫权,或使侦查、检察及审判人员有可能不尊重他们的基本权利而轻率地将他们当做有罪的人看待;

4. 在法律实践中,没有事实的根据或没有全面调查事实而预先断定犯罪嫌疑人或刑事被检举人有罪,或明知他们无罪而企图证明其有罪。

与无罪推定的四个特征缺一不可不同,“在有罪推定的具体表现上,这四个特征不一定要同时都存在,实际上只要有了一个,就足以引起有罪推定的作用”。[①] 上述有罪推定四个特征的具体表现,在较长时期内,我国的刑事立法和司法实践中,尤其在历次运动中,几乎司空见惯。现行的相关法律和实践中,这种状况已有了较大的改进。但是,有罪推定的表现仍明显存在,这也足以证明无罪推定尚未在我国确立,当然也就难以真正体现其精神。因为两者在理论上、立法上和司法实践中,都是互相排斥,不能共存的。

以上就我国当前法学界关于刑事诉讼中人权保障的若干新论——人权国情论、宗旨平衡论、无罪推定已立论——提出一己之见。总之,保障人权是任何现代文明国家乃至整个国际社会共同关注的大事。就我国刑事诉讼的立法和司法的现状而言,在人权保障方面与国际刑事法律最低标准相比,尚存在不小的差距。刑事司法的国际标准是联合国为各国刑事诉讼程序和刑事司法活动确立的基本权利保障标准,即“最低限度”的要求和标准。这些标准超越了各国政治、经济、文化、法律传统等因素的多样性和特殊性,可为各国普遍适用并应予确立。各项国际刑事司法最低标准的全面贯彻,对于改善我国的刑事司法制度,推进刑事诉讼法的科学化和民主化,都有非常重要的现实意义。

(2004 年第 1 期)

① 杨兆龙著,郝铁川、陆锦碧编:《杨兆龙法学文选》,中国政法大学出版社 2000 年版,第 117 ~ 118 页。

# 刑事诉讼排除规则适用中的证明责任问题

陈瑞华*



## 一、问题的提出

作为一种制裁侦查人员程序性违法行为的重要方式，排除规则在我国最高人民法院的司法解释中已经得到确立。根据笔者先前所作的研究，这种排除规则所针对的主要是刑讯逼供、威胁、引诱、欺骗等非法讯问行为，所要禁止的则是被告人供述、证人证言、被害人陈述等言词证据的证据效力。尽管在对非法证据的范围、所禁止的非法侦查行为的种类以及排除非法证据的法律效果等方面还存在一系列的不足之处，但这种排除规则至少为法院防止刑讯逼供等严重的程序性违法行为提供了直接的法律依据。[①] 然而，作为一种旨在限制非法证据之证据能力的法律规则，排除规则的实施却遇到了越来越大的困难。从新闻媒体披露的一些相关案例来看，被告人及其辩护人即使提出了排除非法证据的申请，法院通常会采取规避甚至置之不理的态度，而拒绝将非法证据的排除问题纳入法庭裁判的对象。在一些例外情况下，尽管法院允许被告方提出有关侦查人员实施刑讯逼供的问题，并给予控辩双方就此展开调查和辩论的机会，但这种调查和辩论并不存在独立的听证形式，而是依附于正式的法庭调查和辩论程序，并作为法庭审判的一个枝节问题而存在，结果在绝大多数情况下，被告人所提出的“排除非法证据”请求，都遭到了法庭的拒绝。

尽管被告人及其辩护人有权提出排除非法证据的申请，但有关非法证据的证明责任分配标准不仅在法律和司法解释中缺乏明确的规定，而且在司法实践中也成为一个悬而未决的问题。大多数法院都坚持一种“谁主张，谁举证”的观念，认为辩护方作为“排除非法证据”这一主张的提出者，当然应对其主张承担

---

* 作者单位：北京大学法学院。

① 陈瑞华著：《问题与主义之间：刑事诉讼基本问题研究》，中国人民大学出版社2003年版，第93页以下。

证明责任。① 当然，作为一种极为罕见的例外，有的法院则认为公诉方应对非法证据之不存在——通常是“刑讯逼供没有发生”——承担证明责任。②

对于排除规则适用中的证明责任问题，绝大多数法学者一致坚持“证明责任倒置”原则，主张只要被告人提出刑讯逼供问题，则检控方就应对侦查人员没有采取刑讯逼供行为承担证明责任。当然，也有个别学者认为被告人应首先承担证明责任，也就是将侦查人员的刑讯逼供事实证明到初步成立的程度，然后有关证明刑讯逼供没有实施的责任转移给检控方。而在检察官、辩护律师和法官的争论中，有关刑讯逼供的证明责任问题仍然存在完全相反和对立的观点。③



---

① 在几年前震惊全国的杜培武案件中，无论是昆明市中级人民法院还是云南省高级人民法院，都主张被告人应对其提出的侦查人员刑讯逼供问题承担证明责任。根据昆明市中级法院所作的〔1998〕昆刑初字第394号刑事判决书，“本案控辩双方争执的焦点及指控证据取得是否有违反《中华人民共和国刑事诉讼法》的有关规定”，但“在诉讼中辩护人未能向法庭提供充分证据证明其辩护观点的成立”。而根据云南省高级人民法院所作的〔1999〕云高刑一终字第295号刑事判决书，被告人杜培武以其“原有罪供述是在被刑讯逼供下说的假供”等为由提出上诉，法院则认为，上诉人及其辩护人“未能提供证实其观点的相关证据”，因此，“其否认杀人的上诉理由和其辩护人对杜所作的无罪辩护意见因无具体的证据加以证明，该上诉请求和辩护意见本院不予采纳”。参见王达人等著：《正义的诉求：美国辛普森案和中国杜培武案的比较》，法律出版社2003年版，第151页以下。

② 在轰动全国的刘涌案件中，作为第二审法院的辽宁省高级人民法院在对被告人提出的刑讯逼供问题上，就采取了这种“证明责任倒置”的态度。根据辽宁高院〔2002〕辽刑一终字第152号刑事附带民事判决书，“关于上诉人刘涌、宋健飞、董铁岩及其辩护人所提公安机关在对其讯问时存在刑讯逼供行为的理由及其辩护意见，经查，此节在一审审理期间，部分辩护人已向法庭提交相关证据，该证据亦经庭审举证、质证，公诉机关经调查认为：此节不应影响本案的正常审理和判决。二审审理期间，部分辩护人向本院又提供相关证据，二审亦就相关证据进行了复核，复核期间，本院询问了涉案被告人、询问了部分看押过本案被告人的武警战士和负责侦查工作的公安干警。本院经复核后认为：不能从根本上排除公安机关在侦查过程中存在刑讯逼供情况。”参见最高人民法院所作的〔2003〕刑提字第5号刑事判决书，载《法制日报》2003年12月24日。有关的评论可参见陈瑞华：“判决书中的正义——从刘涌案件改判看法院对刑讯逼供的处理问题”，载《政法论坛》2003年第5期。

③ 例如，一位来自最高人民检察院的高级检察官就明确认为，“被告人如果在法庭上以侦查人员或者审查起诉人员刑讯逼供作为抗辩理由的时候，被告人应该提出具体证明，由于它指控有刑讯逼供，就得证明目前身上有伤，或者说同监号的人能证明，这涉及举证责任的问题……就本案来讲，控方不是指控司法人员刑讯逼供，不可能负刑讯逼供的举证责任。根据“谁主张，谁举证”的诉讼原则，被告人以刑讯逼供进行抗辩，应该举证。否则，凡是被告人或辩护人提出刑讯逼供的问题，不管有无根据，都让控方去收集刑讯逼供的证据，在司法实践中将造成不必要的混乱。要求控方对被告方的主张举证，不仅与理不符，也于法无据。控方的责任是针对被告方提出的主张及根据进行核实，进行答辩，也就是质证。”参见张军、姜伟、田文昌：《刑事诉讼：控辩审三人谈》，法律出版社2001年版，第169页以下。而一位著名的律师则持完全相反的立场：“有关刑讯逼供问题的证明应当贯彻责任倒置的原则，也就是由检控方承担证明刑讯逼供不存在的责任。这是因为，在普遍受到未决羁押的情况下，被告人事实上处于一种举证不能的状态，法庭要求被告人对刑讯逼供的实施承担举证责任，这既不现实，也不公正。事实上，公诉机关要想使法庭采纳被告人向侦查机关所作的供述笔录，就必须证明该供述取得方式的合法性，也就是证明侦查人员在讯问过程中没有实施刑讯逼供等非法行为。”参见张军、姜伟、田文昌著：《刑事诉讼：控·辩·审三人谈》，法律出版社2001年版，第179页以下。

其实，无论是法学研究者，还是检察官、律师和法官，在排除规则适用的证明责任问题上都陷入了一种误区之中：他们基于中国目前的排除规则主要适用于刑讯逼供问题这一现实，将法庭上需要证明的对象错误地理解为"刑讯逼供之成立或不成立"问题。然而，假如在这一层面上讨论问题，那么刑讯逼供的成立当然应当由提出这一排除非法证据之主张的被告人承担，而不能由作为刑讯逼供命题之否定者的检控方承担。无论如何，只要被告人一提出刑讯逼供问题，检控方就始终要承担否定刑讯逼供之存在的责任，这既是不现实的，也是毫无道理的。因为，这意味着一个制度存有一种潜在的推定：所有侦查人员的讯问过程都存在刑讯逼供嫌疑，而只要检控方不能证明侦查人员没有实施刑讯逼供行为，也就等于没有洗清这种违法侦查之嫌疑，法院也就应据此判定刑讯逼供行为是成立的。在这种近乎荒唐的逻辑之下，所谓的"证明责任倒置"原则难怪会遭到检察官、法官异口同声的反对了。

有鉴于此，本文拟提出一个新的命题：检控方在法庭上需要证明的不是刑讯逼供的不成立问题，而是侦查人员所提交的庭外讯问被告人笔录——也就是被告人向侦查人员所作的供述笔录——的自愿性问题。在此问题上，考虑到羁押性讯问的天然强制性和庭外讯问笔录的传闻性质，我们应当推定所有的被告人庭外供述笔录都不具有自愿性，也因此都不具有可采性；作为一种例外，检控方只有提出证据证明这种供述笔录的自愿性，并达到法定的最高标准，法庭才能判定其通过了可采性之检验，从而转化为能够为裁判者所接触的证据。在本文的讨论中，笔者将从不同的方面，对这一命题加以论证，从而从理论上解决排除规则中的证明责任分配问题。

## 二、被告人供述的可采性问题

作为一种法定证据形式，被告人供述的全称为"犯罪嫌疑人、被告人供述和辩解"。按照通常的理解，这一证据既包含有罪之供述，也包含无罪之辩解。然而，这一法定称谓还体现了另一层潜在的含义：无论是被告人在法庭上所作的供述和辩解，还是犯罪嫌疑人在审判前阶段所作的陈述，都具有同等的证据效力，因此可被法庭直接采纳为证据。这就带来了一系列的问题：如果嫌疑人在审判前向侦查人员所作的供述不经证明就具有可采性的话，那么，那种通过刑讯逼供、欺骗、引诱、威胁等非法手段所获取的供述笔录，岂不也具有证据效力了吗？假如嫌疑人向侦查人员所作的是有罪供述，但在法庭上却推翻了这种有罪供述，而改作无罪的辩解，那么，究竟何者具有可采性并具有证据效力呢？不仅如此，如果嫌疑人向侦查人员所作的供述笔录与被告人当庭所作的陈述具有同等法律效力,那么,法庭究竟应将何者作为定案的根据呢……如此看来,有关嫌疑人供述与被告人当庭陈述的证据效力问题,确有重新加以思考的必要。

事实上,任何证据要转化为法院定案的根据,都必须经受双重的资格审查和检验:首先,证据必须具有法定的可采性或证据能力,也就是在法定资格、取得方式和审查形式等方面符合刑事诉讼法的要求,从而通过合法性审查;其次,在具备可采性和合法性的前提下,该证据的可靠性和相关性要接受控辩双方的调查和辩论,从而最终为法庭所接纳。前者属于证据能力的审查,后者则属于证明力的检验。无论是言词证据还是实物证据,只有首先通过了可采性或证据能力的审查,而合法性上没有瑕疵之后,才可以为裁判者所接触,并进入证明力检验的程序。

作为广义上的"被告人供述"的两个组成部分,嫌疑人向侦查人员所作的供述笔录与被告人当庭所作的陈述,在证明力上是没有高低贵贱之分的。毕竟,无论是庭前供述还是法庭上的陈述,只要有其他证据加以印证,其可靠性不存在问题,并与案件待证事实具有逻辑上和法律上的相关性,那么,它们都可以转换为法庭定案的根据。但问题的关键在于,"被告人供述"与其他证据一样,必须首先接受可采性审查,然后才能进入证明力检验阶段。而在可采性和证据能力方面尚未通过审查之前,无论是嫌疑人的供述笔录还是被告人的当庭陈述,都不具有法定的可采性。

其中,自愿性和自主性是被告人供述可采性的关键内容。被告人所作的有罪供述,假如不是在自由自愿的情形下作出,而是在遭受拷讯、折磨、威逼、利诱等外力压迫下所作出的,那么,它无论是由嫌疑人在法庭之外所作的,还是由被告人当庭所作的,都不具有可采性和证据能力。

一般情况下,由于法庭审判采取的是公开、言词、直接和对席辩论的形式,审判是在控诉、辩护和裁判三方同时参与下进行,被告人在很多情况下都获得了辩护律师的帮助,加上庭审有社会公众参与旁听和新闻媒体报道,因此,被告人在法庭上通常都能自由、自愿地作出陈述,而很少受到直接和明显的威逼和利诱,其自愿性大体是能够得到保证的。

但与此相反,嫌疑人在审判前阶段向侦查人员、审查起诉人员所作的供述,则通常是在受到未决羁押的情况下作出的。不仅辩护律师不能直接参与,社会公众无从旁听,新闻媒体无从在场报道,而且就连作为司法裁判者的法官、陪审员也不可能直接参与。侦查阶段的讯问是在作为追诉者的侦查人员与作为被追诉者的嫌疑人之间进行的。这种封闭、秘密和单方面运作的讯问方式,使得嫌疑人在作出不利于自己的有罪供述时，很难具有真正的自愿性和自主性。在这种情况下，嫌疑人向侦查人员所作的不利于自己的有罪供述，一旦被公诉人作为指控有罪的依据提交法庭，就有可能转化为法庭对被告人定罪的依据。而被告人所作的有罪供述假如不是自愿而是被强迫的情况下作出的，那么，这种有罪供述笔录就不应具有可采性。否则，侦查人员的强迫行为就得不到禁止，法庭事实上就是在允许强迫一方提供给自己进攻另一方的武器，从而违背公平游戏的基本原则。况且，侦查人员以强迫方式获取的有罪供述笔录一旦为法庭所采纳，那就意味着法庭对侦查人员的强迫行为予以放任，甚至直接允许其从违法行为中获取违法利益。这样的法庭岂不就变成为警察、检察官暴虐行为的“帮凶”甚至“共犯”了吗？

正因如此，尽管嫌疑人向侦查人员所作的供述笔录与被告人当庭所作的陈述在证明力上并无贵贱高低之分，也不存在先后优劣之别，但在可采性和证据能力上却有着显著的差异。原则上，被告人庭前所作的供述笔录作为检控方指控其犯罪的直接依据，也作为被告人向侦查人员所作的自证其罪的陈述，在证据能力和可采性上是远远弱于被告人当庭所作之陈述的。正因如此，在被告人庭前供述笔录和当庭陈述的证明力获得检验之前，法庭首先应就其证据能力进行严格的审查。在被告人供述的可采性问题上，最核心的问题应当是，被告人庭前供述笔录应当具备自愿性，然后才可以被法庭接纳为证据。否则，供述笔录作为检控方提交的传闻证据和指控证据，应当被排除于法庭之外。

## 三、庭外供述笔录的非自愿性推定原则

辩护方有权提出的只能是被告人所作供述的证据效力问题，也就是这种由侦查人员在预审讯问阶段所作的供述笔录不具有可采性的问题。只要辩护方提出了这一问题，也就意味着侦查人员所作的供述笔录在证据效力上面临着质疑和挑战。面对这些质疑和挑战，检控方必须从正面加以证明：有关供述是被告人在自由选择的情况下提供的，而没有受到侦查人员的强迫或威逼。可见，被告人所提出的只能是控方提交的供述笔录的可采性问题，而检控方所要证明的并不是刑讯逼供的不存在，而是被告人供述的自愿性和任意性。法学者和律师如果认为被告人所作供述的可采性需要有检察官来证明，就必须对此作出充分的解释。这才是问题的关键之所在。

为什么检察官需要对被告人供述的可采性承担证明责任？对于这一问题，笔者拟从以下几个方面加以解释：(1)在被告人受到未决羁押的场合下，被告人

所作的"自证其罪"式的供述,应一律被推定为侦查人员以强迫手段所取得的;(2)供述笔录系属侦查人员经过秘密讯问而制作的,并被用做指控被告人有罪的证据,侦查人员对于询问过程的合法性应承担证明责任;(3)被告人身处未决羁押状态,其人身自由完全被控制在侦查人员手中,他与侦查人员在举证能力上尚处于完全失衡状态;(4)被告人向侦查人员所作的供述笔录属于传闻证据,作为一种例外,这种传闻证据要具有可采性,就必须由该证据的提供者提供令人信服的证明。以下的论述旨在就此作出进一步的解释。

根据一种众所周知的解释,看守所是一种由公安机关所控制的未决羁押场所,而那些受到未决羁押的嫌疑人、被告人则不仅丧失了人身自由,而且还直接生活在侦查人员的控制之下。一般情况下,谁掌握了人的生存,谁也就控制了人的意志。在看守所这样一种特殊"生态环境"中,侦查、看管人员即便不采取任何刑讯、威逼、折磨等行为,仅凭看守所这种生存环境,就足以使被告人受到巨大的生理和精神压力了。可以说,丧失人身自由、无法与亲友进行自由交谈的被告人,不仅处于孤立无援的境地,而且还不得不面临一定的引诱、威胁,甚至被期待着与侦查人员的"合作"。正因如此,羁押场所具有一种内在的强迫性,被告人在受到未决羁押的情况下所作的不利于自己的陈述,也天然地不具有自愿性,无法成为其自由选择的结果。① 由此,我们可以提出一种"推定强迫"之规则,也就是将被告人在羁押性讯问中向侦查人员所作的有罪供述,一律推定为侦查人员以强迫手段所取得的。这种由被告人所作的"自证其罪"式的供述,原则上都不具备自愿性和自由选择性,不具有可采性。也就是说,面对被告人向侦查人员所作的有罪供述笔录,法庭应一律推定为被告人非自愿所作出的,也就是应将其排除于法庭之外。

如果我们能够接受这种"推定强迫"规则,那么,被告人在没有受到未决羁押的情况下所作的有罪供述,就不应被视为具有强迫性的。不仅如此,作为一种

---

① 最高人民法院1966年对Miranda案件的判决,使被告人供述的可采性受到了更加严格的限制。在这一判决中,最高人民法院认为,除非检控方能够证明警察在维护被告人不受强迫自证其罪方面提供了有效的"程序保障"(procedural safeguards),否则,被告人在"羁押性讯问"(custodial interrogation)中作出的供述不得被用来指控其有罪的证据。所谓"羁押性讯问",是指执法官员在将被告人带至羁押场所或者以其他方式剥夺其人身自由之后所作的讯问。沃伦首席大法官代表最高法院的多数派意见认为,羁押性讯问具有内在的强制性。嫌疑人处在一个完全陌生的环境中,并失去了回家或者向亲属和朋友寻求支持的自由。另外,那些训练有素的警察运用着讯问技巧并对嫌疑人施加心理上的压力,并在一种与世隔绝的、秘密环境中,参与"摧毁"被告人意志的活动。在这样的情况下,被告人供述的自愿性需要有更加严格的保护。参见 Joel Samaha, *Criminal Procedure*, Wadsworth Publishing Company, 1999, p. 347。

例外,如果检控方能够证明被告人"当初"是在自由、自愿的情况下作出了"自证其罪"式的供述,那么,这种被推定的"强迫"取证行为就等于被彻底推翻,该供述笔录也就因此具有可采性。因此,被告人供述笔录具有可采性的前提,应当是检控方不仅要承担证明被告人供述具有可采性的责任,而且还要将这一点证明到法定的较高程度,才能推翻上述有关"强迫取证"之推定。这是其一。

其二,如同行政机关的行政处罚行为一样,侦查行为也是侦查机关单方面实施的剥夺公民自由及其他权利的行为。侦查机关与嫌疑人属于调查与被调查、剥夺与被剥夺的关系。原则上,在行政机关的行政处罚行为实施之后,作为被处罚者的相对人一旦对该处罚的合法性提出异议,并申请法院进行司法审查,则作出行政处罚的行政机关就需要对该处罚的合法性承担证明责任。同样,在侦查机关的搜查、扣押、窃听、讯问等行为实施之后,被采取这些侦查行为的嫌疑人、被告人一旦对侦查行为的合法性提出了质疑,并申请法院给予司法审查,甚至要求排除那些非法侦查行为所获取的证据,那么,实施该侦查行为的侦查机关也需要对该侦查行为的合法性承担证明责任。可以说,与针对行政处罚行为合法性的司法审查程序一样,法院对侦查行为合法性的审查也要遵循证明责任倒置的原则。

与其他侦查行为一样,预审讯问行为如果不受到有效的制约,也将很容易出现违法现象。但是,与其他侦查行为不同的是,预审讯问行为经常要由侦查人员单方面实施,而不可能有其他诉讼参与人到场参加;接受讯问的嫌疑人、被告人被直接控制在侦查人员手中,而无法有多少自由选择的机会;侦查人员进行讯问的目的是获取被告人的有罪供述,也就是促使被告人作出不利于自己的陈述……显然,这种预审讯问行为的秘密性和封闭性,决定了法律很难对其建立同步制约机制。而要防止侦查人员以强迫、威逼等违法手段获取供述,唯一可行的制约方式就是司法机关的事后审查,也就是由法院根据辩护方的申请,对预审讯问行为的合法性进行审查。而这种事后司法审查的实质,恰恰在于侦查人员对其讯问行为的合法性作出事后的证明,以说服法官认可其讯问行为的合法性,接受其讯问所得供述笔录的证据效力。

其三,在调查预审讯问行为合法性问题上,控辩双方处于明显不均衡的状态。作为被动地接受预审讯问的一方,被告人身处未决羁押状态,其人身自由被控制在侦查人员手中,在整个预审讯问过程中无法得到辩护律师的帮助和支持。因此,即便在预审讯问中发生了刑讯逼供、威胁、折磨等非法行为,被告人也根本没有能力收集相关的证据。况且,对被告人供述笔录可采性的审查往往发生在审判阶段,此时距离预审讯问行为的发生已经至少有数月的时间。这时再由被告人本人承担证明刑讯逼供发生或者供述笔录系侦查人员非法取得的责任，显然属于强人所难。

相反，处于预审讯问主动地位的侦查人员，则有较大的责任和便利来保存证据，以证明自己预审讯问行为的合法性。作为侦查机构的公安机关和检察机关，依据国家法律赋予的公共权力进行侦查活动，而不是像民事原告人那样实施报复或者复仇行为，它们在法律上被要求严格依据法律程序从事侦查活动；侦查人员在进行预审讯问之前，有充分的时间和条件做好证据保全工作，以回应被告人可能对预审讯问行为提出的质疑和挑战；无论是看守所还是预审场所，都是由侦查人员主动控制的，他们完全有可能通过笔录、录音录像、侦查人员出庭作证等手段来证明其讯问行为的合法性。可以说，在针对讯问行为合法性进行调查取证方面，侦查人员具有更大的便利，能够掌握更多的证据信息，也能够利用各种手段来承担证明责任。更何况，侦查人员在证明自己侦查行为合法性方面的主动性和积极性，在现行证明责任不明确的制度下往往受到了压抑和掩盖。只要法律明确建立证明责任倒置原则，使侦查人员对其预审讯问行为的合法性始终承担证明责任，那么，侦查人员就可能在证明其预审行为合法性方面发挥更为积极的作用。

最后，与其他任何言词陈述"笔录"一样，侦查人员所制作的预审讯问笔录所记载的是被告人所作的有罪供述。这种记载被告人"自证其罪"之供述的书面记录，充其量只是侦查人员单方面制作和转述的被告人口头陈述。作为一种传闻证据，这种供述笔录由于经过了侦查人员的传播和转述，因此很可能被篡改和伪造，更可能是强迫被告人自证其罪的产物。原则上，只要被告人当庭对该供述笔录不予认可，该供述笔录即不应具有可采性。除非检控方能够证明该供述笔录是侦查人员通过完全合法的讯问程序所获取的，否则，被告人在法庭上不予接受的供述笔录，一律都不应具有证据效力。

## 四、证明责任倒置的法律后果

所谓"证明责任倒置"，是指与形式上的"谁主张，谁举证"原则相反，提出某一主张的一方不必对此承担证明责任，而对方则需对此主张承担证伪的责任，否则，该主张即告成立。典型的证明责任倒置存在于中国现行行政诉讼之中。在这种"民告官"制度中，作为相对人的个人一旦对行政机关所作的行政处罚决定提出司法审查之申请，则行政机关就需要承担证明其所作行政处罚合法性的责任，否则，该行政机关就将承担败诉之后果。

而在刑事诉讼中,检察官一旦将被告人向侦查人员所作的供述笔录作为指控证据提交给法庭,被告人就有权对该笔录的证据效力提出质疑和挑战。假如被告人提出该笔录是侦查人员以非法手段所取得的,而且自己当时所作的供认属于被强迫和威逼的结果,那么,检控方就需要对此承担证明责任,也就是提出证据证明该供认笔录系属被告人自愿选择的结果。凡是检察官能够证明这一点的,法庭就应驳回辩护方的申请,裁定被告人供认笔录具有可采性;假如检察官根本不能证明供认笔录的法律效力,则法庭就应当庭裁定该供认笔录不具有自愿性,因此需要排除于法庭之外。

检察官对于被告人向侦查人员所作的供认有罪笔录始终承担证明其可采性的责任。但这并不意味着检察官在每一案件中都需要主动证明这一点。原则上,检控方的证明必须以辩护方提出异议为前提。也就是说,辩护方只要对被告人的庭外供认笔录的可采性提出了反驳意见,则检察机关就必须承担证明该证据可采性的责任。但是,即便辩护方没有提出这种异议和申请,法官如果有合理的根据怀疑被告人供述笔录的自愿性的,也可以责令检察官对此做出说明和解释。在此种情况下,检察官就应按照法官的要求,承担证明被告人供述笔录可采性的责任。

由此可知,检察官对被告人供述自愿性和可采性问题的证明,主要发生在两种情况之下:一是辩护方提出被告人是在受到强迫、威逼的情况下做出了有罪之供述,并当庭要求将该供述排除于法庭之外的;二是法官认为被告人供述可能不具有自愿性和可采性,从而要求检控方就此加以证明的。

只要检控方不能证明其提交的被告人供述笔录出自被告人的真实意愿,则该供述笔录就不应具有可采性。这一原则的确立,将使检控方始终对侦查人员所获取的被告人供述笔录的合法性承担证明责任。假如检控方拒绝对此做出任何证明,或者检控方对辩护方的申请完全置之不理,那么,法官就应判定被告人向侦查人员所作的有罪供述笔录,不具有证据效力。

无疑,这种证明责任倒置原则的确立,将使检控方始终处于一种压力之中:他不得不对侦查人员预审讯问程序的合法性保持必要的关注,并时刻做好回应辩护方质疑的准备;一旦辩护方就供述笔录的合法性提出了质疑,或者提出了排除非法证据之申请,或者法官也对该供述笔录的合法性产生了怀疑,那么,检控方就应随时提出证据,对被告人供述笔录的合法性承担证明责任。不仅如此,检控方如果不能承担这种证明责任的,还将不得不承受消极的法律后果:他所提交的被告人供述笔录将可能被法官排除于法庭之外,而不能作为指控证据使用。这势必会削弱整个控诉证据的体系,影响其指控的成功和效力。

只有在检控方对被告人供述笔录之合法性承担证明责任的制度下，公诉人和侦查人员才能产生一种压力之下的动力：为证明被告人供述的可采性，而主动采取一系列的调查和保全证据行为。也只有在这种证明责任倒置原则得到确立的前提下，下列配套制度才有可能得到建立，并在实施过程中得到侦查人员和检察官的理解和支持：

1. 辩护律师在预审讯问过程中到场参与。在侦查人员讯问嫌疑人过程中允许辩护律师到场参与，近年来一直为法学界和律师界所提倡，并引起立法决策部门的关注。但是，只要检控方不必承担证明供述笔录可采性的责任，则无论是侦查人员还是公诉人，都将对这种改革持反对意见，甚至在这种改革得到实施之后仍然持抵触态度。相反，在检控方承担证明责任的制度下，辩护律师的到场将起到一种“见证人”的作用，也就是在客观上充当证明预审讯问行为合法性的证人。或许，在这一制度背景下，侦查人员和检察人员对辩护律师参与预审讯问的反对态度将有所缓和。

2. 羁押场所对未决犯的定期医疗检查并作医疗记录。无疑，我国现行的刑事诉讼制度注定无法促成对在押未决犯的医疗检查制度的全面推行。但是，一旦检控方不得不承担证明被告人供述可采性的责任，则看守所的医疗检查记录将成为检控方证明预审讯问行为合法性的重要证据。只有在此制度下，看守所对于在押嫌疑人、被告人的定期检查制度才有可能得到建立，有关的医疗检查记录也才有可能进入诉讼程序，成为检控方证明讯问合法性的证据。

3. 侦查人员对预审讯问过程进行全程录音或者录像。在目前的司法实践中，侦查人员对预审讯问过程进行录音或者录像的做法，在一些发达地区的公安机关还是经常发生的。但是，这种录音、录像所记载的往往是被告人所作的某一次有罪供述情况，而不可能是对所有预审讯问行为的记载。这样，侦查人员无论采取了多么不人道的强迫取证手段，他都可以用这种录音、录像方式固定最后一次供述有罪之情况。这无疑使大量的刑讯逼供、指名问供、精神折磨等非法讯问行为得到掩饰和“伪装”。相反，在检控方不得不承担证明预审讯问行为合法性的制度下，侦查人员的每一次讯问行为都有可能受到被告人质疑和挑战。为了回应这种质疑和挑战，侦查人员只能对每一次讯问过程都进行全程录音或者录像，这种录音或录像作为证明讯问合法性的证据，其可靠性和真实性也才能令人信服。

4. 侦查人员出庭作证。侦查人员作为证人出庭作证，所要证明的不是一般的案件事实，而是某一侦查行为的合法性问题。而在辩护方就被告人供述笔录的可采性提出质疑的情况下，侦查人员所要证明的则是讯问行为的合法性以及被告人供述的自愿性问题。目前,不少法学者都主张在辩护方提出刑讯逼供问题,或者法庭裁判被告人供述的证据效力问题时,法庭应当传唤侦查人员出庭作证,以取代那种在司法实践中一直盛行的提交书面“情况说明”的做法。但是,这种立法建议几乎受到侦查机构的普遍反对,而本来应当成为这种改革受益者的检察官员,也很少有持支持和赞成态度的。或许,在公诉机关不必对侦查人员的讯问行为合法性承担证明责任的制度下,所谓“侦查人员出庭作证”的问题,注定只能属于一种来自法学者的对策建议而已,而缺乏侦查人员和检察人员的普遍支持。原因很简单,这些追诉官员并不能从这项改革中获得利益,反而要承担太多的义务。

相反,只要确立公诉机关承担证明被告人供述之可采性的制度,那么,公诉机关要说服法庭接纳被告人所作的有罪供述笔录,就不得不在必要时传唤侦查人员出庭作证。事实上,对于回应被告人所说的“刑讯逼供”之类的申请来说,效果最好的反驳方式就是由侦查人员亲自出庭,与被告人进行当庭对质。只有在检察机关不传唤侦查人员出庭就根本无法“回击”辩护方的主张时,检察机关才有可能出于维护本方诉讼利益的需要,主动传唤侦查人员出庭作证。

## 五、结　语

在区分开作为犯罪行为的“刑讯逼供”与作为程序性违法的“刑讯逼供”之后,我们还需要确立一个证明责任倒置原则,使检察机关始终对其提交的被告人供述笔录的证据效力,承担提出证据、加以证明的责任。而在检察机关不能证明被告人供述的可采性时,法院应当作出排除该供述的裁定。这是一个带有全局性、战略性的原则问题。这一原则一旦得到确立,则检察机关就会更加主动地承担起督促侦查人员依法侦查的责任,并积极地为证明被告人供述的可采性作出必要的准备。同时,法庭对于辩护方提出的刑讯逼供和排除非法证据问题,也将不再采取一概加以拒绝的态度,而有可能通过冷静的听证来解决争议。简言之,这种证明责任倒置原则的确立,对于程序性裁判机制的完善建立,将起到画龙点睛的促进作用。

（2004年第5期）

# 监听问题立法研究

李　明*

## 一、监听立法的必要性

目前,我国正要修改《刑事诉讼法》,笔者认为把监听纳入立法范围是很有必要的,主要基于以下几个方面的考虑:

### (一)司法实践的需要

首先,司法实践中监听手段日益广泛的运用,需要立法予以规范。科技的日新月异,改进的不仅是人们的生活方式,犯罪手段、犯罪方式也发生了显著的变化。有组织犯罪、高科技犯罪大量增加,这些犯罪因犯罪人的智商高、隐蔽性强、手段先进而不易侦破。要打击这些严重犯罪,侦查机关侦查方式唯有不断更新、扩展,才能弥补传统侦查技术之不足,适应对付日益复杂和多样化犯罪的需要。监听作为一种主要的技术侦查手段,对许多疑难案件的侦破都不失为一种卓有成效的手段,因此司法实践中将不可避免地因犯罪形势的严峻而大量使用监听手段,通过立法来对此种手段加以明确规范就很必要,否则就会出现执法的无据和混乱。其次,监听立法可以更有效地打击犯罪。从表面上看,监听不立法,侦查机关可以随心所欲地对犯罪嫌疑人和相关人员实施监听,似乎更有利于侦破犯罪,其实不然。除了监听本身所固有的便利、准确、高效和经济等优点外,就我国目前的监听适用现状而言,监听立法可以更为有效地打击犯罪。还有另外几个原因:其一,监听立法后,监听资料可以依法直接作为证据使用。在司法实践中,最需要使用技术侦查手段的,往往是那些高智能性、强隐蔽性的犯罪,如毒品犯罪、贪污贿赂犯罪以及有组织犯罪等,在这些犯罪的侦查中,如果监听资料能够直接作为证据使用,不但可以降低侦查成本,而且还会极大地降低侦查机关的取证难度,提高侦查效率,从而提高打击犯罪的有效性和准确性。同时,监听资料作为证据使用,指控犯罪的成功性更高,对于这样一种类似任意自白的证据,其可信性往往很高,法官对犯罪指控更易形成内心确信。因此依法规范监听,就

* 作者单位:广州大学法学院。

可既收便利侦查之效，又减轻法官认证之难，从而可以更有效地打击犯罪。其二，监听立法，可以把贪污贿赂等职务犯罪纳入监听范围。贪污贿赂犯罪在世界大多数国家里被纳入监听范围，我国检察机关缺乏合法的监听手段，在侦查此类犯罪中显得非常被动，如果赋予检察机关监听权，无疑会增强其侦查能力，从而加大反腐败的力度。其三，监听立法不会限制必要的监听，只会限制那些不必要的监听，对于确有必要的有利于侦查犯罪的监听，立法会予以授权，因此不必担心会影响对重大犯罪的打击。

### （二）人权保障的必然要求

保障人权不仅已在国际社会达成共识，而且成为现代社会政治法律制度的合法性标尺。监听涉及多项公民基本权利，如公民隐私权、言论自由权、秘密通信权、住宅不受侵犯权等，一些主要的国际人权宣言和条约中都有保护这些基本权利不受侵犯的内容。如1948年联合国制定的《世界人权宣言》第12条规定："任何个人之私生活、住所或通讯，不容侵犯，其荣誉及信用亦不容侵害，人人为防止此种侵犯或侵害，有权受法律保护。"而1966年制定的当前两个比较权威的人权公约——《经济、社会、文化权利国际公约》和《公民权利和政治权利国际公约》也都有类似的规定。如《公民权利和政治权利国际公约》第19条第1款、2款规定："人人有权持有主张，不受干涉。人人有自由发表意见的权利，此项权利包括寻求、接受和传递各种消息和思想的自由。"对于上述两条约，我国已批准加入。其中《公民权利和政治权利国际公约》本身对司法制度还提出了硬性要求，要求成员国承担"立即实施"的义务。保障人权已经成为国际法意义上的国家义务，作为成员国，我国要履行这一义务责无旁贷，而司法则是履行这一国家义务的主要方式，这就要求我国对牵涉人权的司法行为至少要做到有法可依。

### （三）侦查程序法治化的要求

侦查程序法治化有两方面的要求，一是侦查行为要有法律明确的授权，特别是涉及侵犯公民基本权利的强制措施更应取得法律授权。监听是在没有得到相对人同意的情况下强制截留他人传递声讯的侦查措施，在性质上与搜查、扣押无异，都属于侦查中的强制措施。但在我国《刑事诉讼法》中对强制措施的规定并不包括监听。监听被理解为技术侦查的一种，间接规定在《国家安全法》和《人民警察法》之中，其法律根据并不充分。正如有学者所说：《国家安全法》在性质上属于特别行政措施法，其规范的对象和范围仅限于危害国家、社会安全的犯罪；《人民警察法》属于公安机关的内部组织法，只限于协调、规范公安机关工作人员的职业行为，所以这两法对技术侦查手段的简单规定还不能成为实施监听等技术侦查的直接法律根据。① 所以在监听问题上,我们应摒弃"刑,不可知;威,不可测"的传统犯罪控制观,通过立法对侦查机关进行公开明确的授权。二是程序法定原则,这是近现代法治国家就刑事司法权力行使所确立的基本原则。它要求对刑事司法权力的行使对象、范围、条件以及相应的司法救济渠道和中立机关的审查监督机制都应有明确的法律规定,以此为执法机关提供行动指南,保证执法的统一,并防止执法机关恣意司法,滥用和误用权力。据此精神,各国在监听立法中一般采用了重罪原则、必要性原则、相关性原则、司法审查原则和救济原则等必要的程序性原则。但在我国司法实践中,监听采"任意主义",其启动由侦查机关自我决定,监听的条件、对象及范围也由侦查部门自我设置,不遵循相关原则,也无须司法机关的审查批准,当事人也无法获得有效救济,可以说基本上处于一种非法治状态。侦查程序要法治化,作为当前司法实践中重要侦查手段的监听就必然要立法予以规范。

**(四)完善刑事程序法制的需要**

刑事程序法由于其在惩罚犯罪和人权保障方面的功能,在我国社会主义法律体系中有着重要的地位,在推进我国依法治国的进程中也发挥着不可替代作用。而监听作为一种秘密侦查手段,是刑事程序法的重要内容。同时,监听又比较集中地反映了侦查手段在打击犯罪与保障人权之间价值选择和权益平衡的两难状态,在此问题上立法机关应做出明确选择,而不是保持沉默,把它交由执法机关把握,因为监听立法处于空白状态可能导致任意司法的后果,这与我国建立法制完备的社会主义法治国家的要求是不相符合的。

## 二、国外立法模式比较及分析

当前就两大法系而言,在监听立法方面并无截然区别,呈相互融合状态,各国的监听立法都注重便利犯罪侦查的同时保障公民的人权,一些基本原则和精神都是共通的。尽管如此,各国由于自身的法律文化、司法理念和司法体制的差异,在具体制度的设置上还是有明显的差别。在此,笔者根据监听适用的宽严度,即各国对侦查机关权力的限制和当事人人权保障的程度,大致将其划分为"人权保障模式"、"犯罪控制模式"和"权利平衡模式"三种模式:

**(一)"人权保障模式"**

此模式指在注重打击犯罪维护社会公益和保障公民人权维护个人利益之

---

① 彭勃:"论监听作为侦查手段的法律问题",载《法商研究》2002年第6期。

间，更为注重对公民基本权利的保护，具体到监听立法上，则表现为适用条件较高，监听范围狭窄，对监听审查监督比较严格。德国、日本的监听立法就属于此种模式。其特点如下：

一是监听适用范围狭窄、条件严格。在适用监听的犯罪类型上，德国和日本均采用列举式，以严格限制监听范围。如《日本监听法》规定，监听只适用四类犯罪，即毒品犯罪、涉及枪支的犯罪、有组织杀人罪和集团非法越境罪。在实施监听时要求具备四个实质要件：第一，具有下列情形之一：(1)有充分理由足以怀疑实施了对象犯罪，并且存在足以怀疑该犯罪是数人共谋实施的情况的；(2)有充分理由足以怀疑实施对象犯罪之后，将进一步以同样的方式实施同一或同类的对象犯罪或者基于一连串的犯罪计划而实施对象犯罪，并且存在足以怀疑这些犯罪是数人共谋实施的情况的；(3)有充分理由足以怀疑为实施对象犯罪进行必要的准备时犯了与对象犯罪密不可分的重大犯罪，而且将进一步实施对象犯罪，并存在足以怀疑这些犯罪是数人共谋实施的情况的。在上述三种情形中如果法律所处罚的犯罪是转让、受让、贷与、借贷或者交付的行为，不需要存在足以怀疑是数人共谋实施的情况。第二，有情况足以怀疑将就对象犯罪的实施、准备或隐灭证据等事后措施进行谋划、指示或其他相互联络以及进行其他以与实施对象犯罪有关的事项为内容的通讯。第三，根据电话号码或其他方法特定的通讯手段足以怀疑是嫌疑人基于与通讯营业机构的契约而使用的，或者被行为人用于与实施犯罪有关的通讯的。第四，采取其他方法确定行为人、查明案件事实真相有显著困难的。这四个实质要件比多数国家的要求高。[①] 并且要求监听必须要有法官的授权，严格排斥检察官和司法警察员的无证监听，也不允许对私人会话进行监听，只能对电话和其他电气通讯进行监听。但在其他国家中一般享有拒证特权的人，如医师、牙科医师、助产士、护士、律师(包括外国法事务律师)、代办人、公证人、宗教职业者之间的通讯，在日本监听法上并不享受特别权利，如果是与犯罪嫌疑人有关的通讯，都可以监听。根据《德国刑事诉讼法》第100条的规定，监听只适用通过公用电讯设备进行的电子通讯，监听范围也采取具体列举式，只适用五类犯罪。[②] 其实质性条件有两个：其一是一定的事实使有理由怀疑某人作为主犯、共犯犯有或准备实施上述五类犯罪；其二是以其他方式不能或者难以查明案情、侦查被指控人居所的条件下，允许命令监视、录制电讯往来。特别强调有证监听，即使通讯一方当事人同意的，侦查机关也不得

---

① 孙长永著：《侦查程序与人权》，中国方正出版社2000年版，第154页。

② 《德国刑事诉讼法典》，李昌珂译，中国政法大学出版社1998年版，第31页。

无证进行电子监听。而通讯一方当事人同意的监听，在多数国家被视为合法，这也是很多国家侦查部门在为避免申请监听令状的烦琐所采取的主要手段，考虑到这一点，这一要求甚至比日本还要严格。而对于被指控人与有拒绝作证权的人之间的通讯，也不得进行监听。

二是监听时间和地点受限。根据《日本监听法》规定，日本法官在签发监听令状时，一次最长只能授权监听 10 日，依据检察官或者司法警察员的请求可以延长，但总计不得超过 30 日。监听也只能在通讯营业者等看守的场所以外，不得在有人居住或者有人看守的宅邸、建筑物或船舶内进行。这在各国的监听立法中，所规定的监听时间是最短的，允许监听的地点最少。德国监听时间相对较长，限制在至多 3 个月的期限内，并且如果允许监听的前提条件继续存在，准许对期限延长每次不超过 3 个月。但对可以监听的地点限制较为严格，仅限于电子通讯、露天场所和公共建筑的会话，要监听私人住宅的会话，其条件则甚为严苛，如要取得 3 名法官组成的合议庭合议并签发附期限命令后方可实施。①

三是对监听过程进行严格控制，防止不必要的监听。如日本在监听实施中，有两个规定来保证监听的必要性。其一是在场监听见证原则，要求"应当使管理实施监听的该部分通讯手段的人或者代表管理人的人在场。如果不能使以上的人在场时，应当使地方公共团体的职员在场"，在场见证人还可以向检察官或者司法警察员陈述关于实施该项监听的意见。这个在场见证的规定在世界各国的立法中都算是一个相当独特的规定。其二是为判断正当性而进行的监听，即检察官或者司法警察员，对于在实施监听中已进行的通讯是否属于应予监听的通讯不明确的，为判断该通讯是否属于应予监听的通讯，以必要的最小限度范围为限，可以监听该通讯。② 这两个规定确保了监听的实施限制在必要的范围内。德国也有类似的规定，如对被告施行电话监听时，发现其在与辩护人通话时，则应将录音中断，或已录音时，则需将之消除。③

四是当事人有相当的救济权利。在日本，当事人享有几种权利：其一是异议权。对法官作出的关于监听通讯的裁判不服或对检察官、检察事务官以及司法警察职员作出的关于监听通讯处分不服的，可以依法请求法院撤销监听裁判或处分。如果法院认为监听严重违法或有其他法定情形的，则应当命令检察官或司法警察员销毁其所保管的监听记录及其复制品中与该监听处分有关的部分。

---

① 孙长永著：《侦查程序与人权》，中国方正出版社 2000 年版，第 146～148 页。

② 《日本刑事诉讼法》，宋英辉译，中国政法大学出版社 2000 年版，第 215 页。

③ [德]克劳斯·罗科信著：《刑事诉讼法》，吴丽琪译，法律出版社 2003 年版，第 338 页。

其二是知悉使用权。《日本监听法》规定，一般应在监听结束后30日内将有关监听事项告知当事人，当事人可以听取、阅览或者复制监听记录中有关该通讯的部分。其三是监听资料保密权。法律要求严格为当事人的监听资料保密，检察官或者司法警察员，对于已经监听的通讯，除监听记录记载的外，不得使他人知悉其内容或者予以使用。即使在退职以后，也不得泄露。① 在德国则非常注重保障当事人的知情权。《德国刑事诉讼法》规定，一旦对侦查目的、公共安全、他人人身或者生命以及派遣的秘密侦查员的继续使用不会构成危险的时候，应当将采取的措施通知当事人，并且在追诉犯罪不再需要监听资料时，应当在检察官的监督下不迟延地销毁资料。②

五是监听资料作为证据使用有严格要求。如在德国，对监听中取得的案外人的资料，或在诉讼程序中才发现不适格作为证据之物，以及对刑事追诉不再具有必要性时，则需在检察官之监督下予以销毁，即或在不起诉处分或判决确定之案件中，对此类文件数据亦应予以销毁，不能在其他诉讼中作为证据使用。对于合法取得监听录音可以作为证据使用，但无法官授权所取得录音资料不得作为证据使用。在合法的监听措施中，发现有违法行为，但此行为并非法定的监听之范围，所取得的录音资料也不得作为证据使用。如果用此窃听资料非难被窃听之人而取得其陈述，其陈述仍不得作为证据之用。对合法取得的监听资料，如仅片段或总结性地播放或朗读该内容，则属违法，也为判例所禁止。③ 可见德国对监听资料的使用也是非常严格的。

**(二)"犯罪控制模式"**

此模式注重对案件真相的探究，赋予侦查机关相当的权力，以便利犯罪侦查，正如《法国刑事诉讼法典》第81条第1款所规定的那样："预审法官应当按照法律规定进行一切他认为有助查明事实的侦讯。"④该模式对当事人的人权保障则注意不够，具有相当的管制色彩；法国的监听立法就属于此种模式。其主要有以下几个方面的特点：

一是适用范围宽，条件较松。如《法国刑事诉讼法典》第100条规定可能判处2年或2年以上监禁之罪的，就可适用监听，采概括式规定，没有如德国和日本采罪名列举式，并且以2年为界限也低于大多数国家最少3年监禁的要求。

① 《日本刑事诉讼法》，宋英辉译，中国政法大学出版社2000年版，第219～222页。

② 《德国刑事诉讼法典》，李昌珂译，中国政法大学出版社1998年版，第35页。

③ [德]克劳斯·罗科信著：《刑事诉讼法》，吴丽琪译，法律出版社2003年版，第335～336页。

④ 《法国刑事诉讼法典》，余叔通、谢朝华译，中国政法大学出版社1997年版，第42页。

而"预审法官为了侦查的必需,可以决定截留、登记和抄录邮电通讯。此项措施由他授权并监督"。[①] 也即对于可以采取监听手段的实质性条件就是"侦查的必需",而何为"侦查的必需"并无明文规定,应该说是一个宽松的尺度。监听由预审法官授权并监督,虽然检察官和警察无权做出监听决定,但由于法国预审法官被称为"超级警察",本身就具有强大的侦查权力,与检察官和警察具有一体的利益取向,因此其中立性不强,而审查监督的功能也自然弱化。

二是监听的时间长,地点和对象都比较宽泛。如法国规定对监听对象的监听最长可达到4个月,长于一般的3个月时间,并且没有次数限制。监听的地点也没有限制,可以监听的地点不局限于公共场所,而且包括私人住宅,即只要是"为了侦查的必需",任何地方都可以进行监听。监听的对象包括嫌疑人、第三人和民事当事人,甚至律师和国民议会的议员和参议员,并不保护在其他国家一般都享有拒证特权之人的特权。只是到了1993年、1995年,法国才分别作了一些补充规定,要求对律师的监听需通知律师公会会长,对议员的监听要通知议会主席,否则监听的信息无效。

三是当事人的救济权利相对薄弱。如法国规定对秘密监听的决定不允许当事人进行救济。"截留的决定以书面形式,此项决定不具有司法性质,不得进行上诉。"[②]正因为法国过于注重对犯罪真相的查明,对当事人的权利保障不力,曾经受到欧洲人权法院的指责,认为法国法律在《欧洲人权法院规约》第8条的有关规定即"每个人都有私人与家庭生活、住宅和通讯受到尊重的权利"方面做得不够,尤其是电话监听及其监督方面做得不够。[③]

四是对监听资料的使用不受限制。法国对监听资料的使用唯一的排除性规定是没有通知律师公会会长和议会主席时,对律师和议员的监听信息无效,对其他方面如没有按照法定程序、条件所取得的监听资料则完全没有限制性规定。

**(三)"权利平衡模式"**

此模式无论是对监听的适用还是对监听资料证据能力的确认都采实用主义态度,持灵活原则,一方面注意保障司法机关对严重犯罪的打击,另一方面注重对公民基本权利的保护,力求在犯罪控制与人权保障之间取得平衡。美国、意大利、英国和加拿大等国,均采此种模式,其主要表现为以下几个方面的特点:

一是对监听所适用的犯罪种类采用概括式与列举式并举的方式,相对灵活。

---

① 《法国刑事诉讼法典》,余叔通、谢朝华译,中国政法大学出版社1997年版,第51页。

② 同上,第142页。

③ 孙长永著:《侦查程序与人权》,中国方正出版社2000年版,第142页。

如《意大利刑事诉讼法典》第266条规定，在与下列犯罪有关的刑事诉讼中，允许对谈话、电话和其他形式的电讯进行窃听：（1）依法应处无期徒刑或5年以上有期徒刑的非过失犯罪和妨害公共管理的犯罪；（2）涉及麻醉品和精神刺激药物的犯罪；（3）涉及武器和爆炸物的犯罪；（4）走私犯罪；（5）利用电话实施的侵辱、威胁、骚扰或干扰他人的犯罪。美国在《综合性犯罪控制与街道安全法》中也用"罪行轻重限定法"和"罪名列举法"对监听范围作了类似规定。①

二是监听适用条件相对严格，但在监听授权方面表现出一定的灵活性。在美国根据其1968年的《综合性犯罪控制及街道安全法》规定，在监听适用上主要有两个实质性条件：其一是普通的侦查手段已经尝试过并失败了，或者即使采用，也不可能成功或太危险；其二是有合理的根据相信三种事项：（1）某个人正在实施、已经实施或者即将实施《美国法典》第3编第2516条规定的属于监听范围内的犯罪；（2）通过监听可以获得有关该犯罪的特定通讯；（3）准备监听通讯的设备或场所正在或即将被用于与实施上述犯罪有关的活动，或者被这个人所租用或登记在其名下或通常由他使用，但法律另有规定的除外。② 比较而言，这四个条件相对严格。但法律并不要求监听都要由法官预先授权方可执行，除经通讯一方当事人事先同意秘密通讯监听视为合法的外，也确认了侦查官员在紧急情况下的无证监听权，美国主要规定了两个条件：其一是存在下列紧急情形之一的：（1）有导致任何人死亡或严重身体伤害的迫在眉睫的危险的；（2）有威胁国家安全利益的密谋活动的；（3）有组织犯罪的密谋活动，并且在经适当努力获得法官授权之前必须对有线的、口头的或电子的通讯进行监听的。其二是有多种理由认为根据本法规定将会获得授权监听的令状的。当然，无证监听最后要申请有管辖权的法官认可方为有效。③《意大利刑事诉讼法典》也做了类似的规定，其第267条规定"存在重大犯罪嫌疑并且为进行侦查工作必需"，方可采用附理由命令的形式给予批准。监听的授权方面也比较灵活，一般由法官审查决定能否监听，在紧急情况下，可由检察官决定监听，但24小时内要通知法官，并在48小时内取得其认可，否则不得进行继续窃听。同时要求检察官亲自监听，或者通过一名司法警官进行，而不得委托他人监听。在无证监听问题上，"权利平衡模式"比"人权保障模式"宽松，但又比"犯罪控制模式"严格。

三是在监听的时间和地点上，一般根据打击犯罪的实际需要来确定，但要履

① 孙长永著：《侦查程序与人权》，中国方正出版社2000年版，第133页。

② 同上，第136页。

③ 同上，第137页。

行严格的法定程序。如《意大利刑事诉讼法》规定,每次监听的时间较短,只有15天,但只要监听的前提条件具备,则一直可以延长,每次不得超过15天,没有次数限制。对于在私人居住场所的监听规定不如日本和德国的条件严苛,但也不能随意监听,"只有当确有理由认为那里正在进行犯罪活动时,才允许窃听"。[①] 美国则要求授权监听的期限不得超过30天,虽然对于申请和批准延期的次数没有限制,但要求每一次申请都要按法定程序重新办理手续。美国为保障有线通讯或口头交谈方面的权利,认为可期待私人秘密的地区(the expected privacy area)、可期待的秘密(expectation of privacy),应受到宪法第4条修正案所规定的正当法律程序保护。这种可期待的秘密地区,指的是一种合理期待,其合理性往往由法官来加以判断。

四是对非法监听资料的排除。原则上对于不按照法定程序所获取的监听资料都要被排除,但也并不必然如此,会保留一些例外,即便是非常注重程序正当性的美国,在此问题上也不持绝对立场。"由于《监听法》只是普通成文法,而不属于宪法的范围,在司法实践中,联邦最高法院认为,侦查机关违反该法的规定并不当然地导致所获得的证据被排除,只有在所违反的特定成文法规定是'直接地或者实质性地执行'国会限制使用电子监听的意图的,或者'旨在成文法框架中起核心作用的'才要求排除因此而获得的证据。"[②]《意大利刑事诉讼法典》第271条规定,对于不按照相关规定的前提条件和形式所取得的监听资料不得作为证据使用。对于因职业或身份而享有拒证特权的人,对其谈话或通讯的窃听资料不得加以使用,除非他们已对这些事实作过陈述或者以其他方式进行过传播。并且要求窃听所取得的材料不得在其他诉讼中使用,除非对于查明某些对其必须实行当场逮捕的犯罪来说,这些材料是不可缺少的。

英国在秘密侦查的范围上相对较小,只限于重大犯罪,在监听所获取的信息的使用上也相对宽松,被认为制定法在监听方面的证据采用问题上模范地体现了"只要证据本质上是可靠的,是否非法取得并没有多大关系"。[③] 但对监听适用有完善的监督体系以控制监听的恣意。根据英国《2000年调查权管理法》的规定,它既有行政监督,又有司法监督。行政监督包括通信截收局局长、情报业务局局长、北爱尔兰信息监控局局长、总监控局局长、助理监控局局长和接受各局局长委托的其他官员等,他们可以在各自的职能范围内对国务大臣和国务大

① 《意大利刑事诉讼法典》,黄风译,中国政法大学出版社1994年版,第90页。

② 孙长永著:《侦查程序与人权》,中国方正出版社2000年版,第142页。

③ [英]麦高伟、杰弗晨·威尔逊主编:《英国刑事司法程序》,刘立霞等译,法律出版社2003年版,第61页。

臣授权的高级官员所批准的或授权的监控行为进行监督。同时，还专门设立了特别法庭，对通信监控及截收活动从外部加以监督，作为被监控或被截收对象的人取得司法救济的一个渠道。①

综观各国的立法状况，尽管各国因其国家的具体情况不同，在一些具体制度的设置上也有所不同，但关于监听的立法都有一些共通之处，大致可以概括出如下几个方面：

一是世界各国监听立法总的趋势是在打击犯罪与保护公民个人权利之间保持平衡，并倾向于保障人权。如德国、日本对监听的适用已是非常严格，但还是受到国内的指责和批评，并要求进一步加强对监听适用的控制。英国《2000年调查权管理法》的立法体现得尤为明显，一方面为打击犯罪，制定了被称为是“监控范围最广，提供监控方式最多”的监控立法；另一方面为保护人权确立了可能是世界各国中最严格的监督体系。而法国也由于其立法过于宽松、对人权保障不力受到多方的指责而逐渐有所改观。

二是两大法系在监听立法上并没有表现出截然的分野，呈现出互相融合的趋势。传统的普通法系国家如英、美两国与法、德等大陆法系国家并没有明显的区别，只是各个国家根据自己不同的情况而构建了不同的立法模式。而对一些基本的原则，两大法系国家的立法却是基本上都予以共同遵守，如重罪原则、必要性原则、相关性原则、司法审查原则和司法救济原则等。

三是监控立法会随着形势的变化而改变，从而在国家和社会整体利益与公民个人利益之间保持一种动态的平衡。其一是国内的治安形势会影响监控立法。如美国“9·11”后，为打击恐怖组织的犯罪活动，迅速通过了扩大侦查机关权力，限制公民个人权利的《爱国者法案》，其中就有包括监听个人的全部电话的内容。其二是新兴技术的发展，需要立法跟进。如网络技术的兴起，引发大量的网络犯罪，政府监控权力也从传统的通信向计算机信息网络领域扩展，尽管一些国家如法国、加拿大和韩国等国只是秘密地进行监控，但美国在《爱国者法案》、英国在《2000年调查权管理法》里面已经立法公开对网络实施监控，以求维护国家利益，保持经济繁荣并打击犯罪。

四是监听立法程序与实体的并重，但更为注重程序。各国监听立法除了对监听设置一些实质性的条件以外，主要是设置程序性条款对监听进行约束，如对监听的主体、对象，监听的申请、授权、审查和批准，监听资料的保存和处理的规

---

① 英国《2000年调查权管理法》课题组：“对英国《2000年调查权管理法》的分析研究报告”，载陈光中、江伟主编：《诉讼法论丛》（第7卷），法律出版社2002年版，第190~192页。

定,以及对监听行为的同步监督和事后监督程序的规定,等等,通过这些程序性规定来保证监听的规范有序。所以从根本上而言,监听立法是程序法和限制公权力之法。

## 三、我国监听立法的选择

我国监听立法在指导思想上应借鉴"权利平衡模式",即在犯罪控制和人权保障之间保持平衡,既要从保护国家利益和社会公共利益的角度出发,注意有利于犯罪侦查的便利,以应对犯罪形势日益复杂化、多样化的需要,达到维护社会稳定和治安秩序的目的,又要注意保障公民基本权利,以符合现代民主法治社会的基本准则,从而做到保障国家权力的行使、保证诉讼效率与保障人权的统一。同时,我国的监听立法还应遵循这样几个基本原则:一是遵循各国公认的具有普适性意义的原则,如重罪原则、必要性原则、相关性原则、司法审查原则、书面许可原则和司法救济原则等。二是在尊重普适性司法理念的同时,要同我国的具体情况相结合。监听立法应在充分考虑我国自身的法律文化传统、公众心理承受能力、现行法制环境,乃至我国现阶段的经济发展水平等多种因素的基础上,做出理性的选择,达到理想与现实的平衡,在与法治社会先进理念、制度衔接的同时,杜绝"司法浪漫主义"。三是要在我国现有条件下注意司法技术的可行性。作为一项具体制度,如果仅仅是原则性的规定,在司法实践中相关规定往往被规避,所以,要做到能够规定的要尽量规定,以加强监听立法的可操作性。四是基本平衡原则,监听适用的权限和条件方面可以宽泛和灵活,以打击犯罪,但在程序上应作严格要求,以保障人权。

具体到监听立法,有以下几个方面的建议:

### (一)关于监听的立法体例

监听的立法体例,就笔者所掌握的资料来看,一般有三种类型:一是单独制定监听法。如美国、日本等国家和我国台湾地区;二是在刑事诉讼法中辟专门章节对监听予以规定。如法国、德国、意大利等国家和我国澳门地区;三是在刑事法典中加以规定。如加拿大的监听立法,就是在《加拿大刑事法典》中的侵犯隐私权一章中加以规定的。笔者认为,在当前我国《刑事诉讼法》即将修改之际,将监听作为侦查手段的一种,放在我国《刑事诉讼法》的"侦查"一章中加以规定较好,一是可以避免单独立法所造成的程序性质的法律分散、繁杂的缺点;二是可以保持整个刑事诉讼法体系的统一和协调,也便于掌握和适用。

### (二)监听适用的范围

监听的范围主要是指监听时间、地点和对象的界定。笔者认为,我国的监听时间可以确定为每次最多不能超过3个月,如一次监听时间不够,可以由执行机关申请延长时间,可以只附具理由,说明监听原因依然存在而无须重新申请令状,如已达到目的,即使在令状所批准的期限之内也应立即停止监听,不允许进行无关的监听。监听地点不宜做过多限制,但为确保个人住宅的私密性和安全性,对个人住宅的监听应有最低限度要求,即确有证据证明该住宅之住户有人涉嫌法定范围内可被监听之罪,方可进行侵入式监听,即在私人住宅内装置窃听器或其他监听器材。监听对象既指被监听的人,也指人的交流方式。被监听人可宽泛一些,对涉嫌法定可被监听之罪的任何犯罪嫌疑人的通讯,以及与犯罪嫌疑人有关的为其传递、收发通讯之人,都可被监听,但与律师的通讯以及律师的通讯应排除在外。排除对律师监听,这既是一个法治国家的基本要求,也是由于当前我国还处于法治国家的建设过程中,律师职业的健康发展及其在一个法治国家的重要作用所决定的,因此应排除对犯罪嫌疑人或被告人与律师之间通讯的监听,除非有证据证明律师是犯罪共犯或者律师本人也犯了法定被监听之罪。就监听的物质对象即通讯方式而言,可包括利用电信设备发送、储存、传输或接收符号、文字、影像、声音或其他信息之有线及无线电信,以及言论及谈话,其中应包括网络电话和语音聊天。利用互联网犯罪已是非常普遍,各国都逐渐在制定相应的法律以规制它,我国利用网络犯罪的现象也日益增多,因此,把以互联网为中心的现代通信领域纳入监听范围是有必要的。同时,对于通讯一方当事人同意的监听,应当认可其合法性,允许其作为侦查手段并承认其获得的资料在法庭上作为证据使用的适格性。

### (三)监听适用的实质性条件

就监听的实质条件而言,应包括三个方面:

其一,我国的监听只能适用于严重的非过失犯罪。何为严重的非过失犯罪,可采用概括式和列举式并用的办法加以界定,笔者认为,我国严重的非过失犯罪应当是所犯之罪有可能被判处3年有期徒刑以上之罪以及涉及严重暴力犯罪、黑社会犯罪、恐怖组织犯罪、毒品犯罪、贪污贿赂犯罪和危害国家安全罪等故意犯罪。3年是我国刑法所设定的量刑时的一个格,是轻刑犯和重刑犯的分界线,以3年为界比较好操作,也符合大多数国家的立法例。根据重罪原则,对可能判决3年以下有期徒刑的犯罪和过失犯罪,由于其社会危害轻,则没有必要进行监听,3年以上则比较符合当前我国打击犯罪的需要。同时,对一些当前犯罪比较严重而且难以侦破的犯罪直接适用监听是必要的,对上述所列之罪不受需要判处有期徒刑3年以上的限制,可以加大对这些犯罪的打击力度。当然,总的来看,这个范围较宽,但考虑到我国目前侦查机关受种种条件的制约,侦查能力还不可能在短时间内大幅度提高,而社会治安形势又日趋严重,规定较宽范围是适合遏制当前犯罪形势日趋高涨的需要的。

其二,确有必要并采用常规侦查手段无效或很难查清案件事实或者极其危险的情况下才允许采用监听手段。根据监听的必要性原则,要求监听对公民只能造成最温和、最微小的侵害,所以不是必要的时候不得采用监听手段。这种必要性,它内在地要求运用监听查缉犯罪所达成的公共利益与侵犯公民个人隐私权益之间保持适当的比例,也即要在个人自由与犯罪追诉公益之间权衡,避免手段和所追求的目标不成比例。所以是否必要,就必须进行综合性的考量,它包括对可能判处的刑罚、案件的性质、犯罪行为的严重性、犯罪嫌疑的大小以及监听措施的有效性等因素来加以确定。同时,要在其他侦查手段无效,或即使以其他通常侦查方法也不会成功或者会对侦查人员的人身造成极度危险的情况时,才能采用此种侦查手段,如其他常规手段可以达到侦破的目的,也不宜采用监听,以防止监听的滥用。

其三,有理由相信被监听之通讯内容与案件事实相关。被告人或犯罪嫌疑人有可能利用电话传递信息,但并非一切电话通话皆与犯罪有关。为保护会话者隐私,对于监听应限于与有理由相信犯罪有关者,如与犯罪无关,即使是被告或犯罪嫌疑人之交流,也不应实施监听。

**(四)监听程序**

第一是监听的申请。申请机关应是有侦查权力的机关,具体包括公安机关、国家安全机关、检察机关以及海关缉私部门和军队保卫部门等。监狱虽然也有侦查权,但是案件主要发生在监狱内,相对封闭,嫌疑人与外界的通讯方式有限,因此似无必要授予监听权。申请方式分书面申请和非书面申请两种方式,非书面申请目前只有《加拿大刑事法典》以一种例外作了相关规定,“在情况不允许申请人待见法官时,侦查机关可以单方面通过电话或其它方式的电讯向法官提出授权申请”,[①]而绝大多数国家都要求书面申请。我国在申请方式上也应要求书面申请,由侦查机关根据案件侦查的情况提出。

第二是监听的审查决定。监听必须经过中立的法定机关批准,这是一个基本原则。由谁来审查批准,这个条件虽然是一个程序性的条件,但却最具有根本性,它不仅关系到监听手段本身是否被滥用的问题,而且也是是否承认犯罪嫌疑人主体性的表现,标志着监听立法是否科学和民主。有的学者认为,鉴于目前我

① 《加拿大刑事法典》,卞建林等译,中国政法大学出版社1999年版,第127页。

国的司法体制,检察院是国家的法律监督机关,批准权应交给检察院行使。[①] 这种说法有一定的现实合理性,但笔者认为,监听的审查批准权,从长远来看,应该交给法院来行使,而不是由检察院或公安机关来行使,检察院虽然是宪法规定的法律监督机关,但由于其自身拥有一定的侦查权,由它来决定,显然难以避免同体监督的种种弊病,不符合侦裁分离原则。由法院行使监听决定权,既是世界各国的通例,也有利于对监听适用进行实质性的审查,同时,它还可能带动整个侦查程序走向法治化。法官授权时,必须查明申请是否合法,是否必要,然后制发书面监听令状。书面令状的内容应包括执行机关,执行人的姓名及身份,被监听者的姓名、身份及罪名以及监听的方法、期限、场所等,同时还应载明核准机关、签发的年月日和法官个人的签名盖章,对于被监听者姓名不详的则应在令状中载明。就监听的授权问题,笔者认为,由法官个人按法律规定的条件审查决定比较好,无须合议庭或审判委员会讨论决定,一是让法官个人的责任更为明确,二是有利于保证侦查秘密不至于泄露。在紧急情况下,可以赋予侦查机关无证监听权,如可能发生人身伤害、罪犯可能逃匿或密谋危害国家安全等情况下,可以在侦查机关负责人的批准下进行无证监听,但应在采取监听措施后,尽可能快地提请法官批准,一般规定为72小时内得到法官的认可较为适宜,如没有获得法官的授权,应立即停止监听,所得监听资料也应在法官的监督下立即销毁。

第三是监听的执行。由申请机关执行,如有必要,申请机关也可依法要求电讯部门或其他相关部门及人员协助执行,其他部门不得拒绝。监听内容应当尽可能地记录在磁带或其他记录媒体上,此记录应当是不间断的,执行人员要对监听过程做监听记录并签名确认。对被监听到的内容,执行人员除经法定程序外不得泄露,即使离职后也负有保密义务。同时,电讯部门及有关人员除经法定程序外,也不得泄露监听事实及监听内容。

第四是监听的结束。为保证监听资料使用的可信性,所有的监听资料应该在监听结束后在法官的监督下立即封存,封存后由执行人员签名确认,非经授权法官同意,不得开启。如为侦查所需要,可以在法官的监督同意下在封存之前复制一份。在不影响侦查的情况下,应当在监听结束90天内,告知当事人或者其辩护人被监听的情况。

**(五)监听资料的使用及处理**

为了确保监听的有效利用和防止监听资料的滥用,原件应立即封存,由法官指定存放地点,并且至少应当保管5年,到期应在法官和当事人在场的情况下予

① 王琳:“论刑事诉讼中的监听”,载《人民检察》2002年第9期。

以销毁。如犯罪嫌疑人或被告对作为证据的监听资料提出异议,法官在认为必要的时候,可以调出原始记录,进行听取、阅览或复制。对于复制的监听资料,笔者认为,可以分为两种情况进行处理:一是依法可作为证据使用的监听资料,由侦查机关负责保管,在起诉阶段应随其他材料一起移送检察院作为起诉的证据使用。当事人或辩护人对此资料可以复制并使用,以为诉讼做准备。此材料不得提供给其他机关、团体或个人,也不得在其他诉讼中使用,除非其他诉讼中其被告人犯了依法可被监听之罪。二是不能作为证据使用的监听资料,这主要是指与案件事实无关的监听资料,应当在当事人在场的情况下予以销毁。对于超越法定授权范围的监听资料,笔者认为,在我国还没有实行严格的非法证据排除规则和当前侦查机关搜集证据能力不足的情况下,应当分情况处理,而不是一概排除并销毁。对于监听资料中所包含的第三人或犯罪嫌疑人所涉嫌其他案件事实的内容,如果第三人涉嫌所犯之罪或其他案件所涉罪名属于依法可被监听之罪,则此监听资料可被合理使用;如果第三人或其他案件所涉之罪只为轻罪,则此监听资料不能作为证据在法庭使用并且应当销毁。

**(六)不当监听的救济**

对于不当监听,可以对当事人提供以下几个救济渠道:一是申请复议。当事人对监听决定不服的,可以向法院申请复议一次,请求撤销监听决定,但不得提起上诉。法院复议后,认为监听决定不当的,应判决撤销监听决定,监听视为自始无效,并销毁所获得监听资料的原件和复制品。二是否定证据的适格性。对于非法监听所获得的监听资料,除非法律另有规定,不允许将该监听资料作为证据指控被告。此点为比较有效的一种救济渠道,如果不确立非法监听资料的排除规则,监听立法的成效将不明显。三是销毁监听资料。对所有的不当监听资料,除非法律另有规定,都得在当事人在场的情况下销毁。四是允许当事人提起诉讼。对没有法定授权而非法监听的,可以提起民事和刑事诉讼,追究有关人员的责任。对监听执行人员和协助执行的工作人员非法泄露、提供或使用监听资料者,当事人可直接提起诉讼,追究有关人员的民事和刑事责任,并有权请求国家赔偿。

**(七)报告制度**

法院每年应就监听的核准和执行情况向全国人大作出专项汇报,以方便立法机关对监听总体情况的把握。

(2004年第7期)

# 羁押启动权与决定权配置的比较分析

陈卫东[*]　陆而启[**]



国家整体权力的“分配”和国家整体权力的“运行效果”就像比例原则的“手段”与“目的”的关系一样，所采手段如何会直接影响到目的是否能够顺利实现。有学者就国家权力的运行，认为“人民对于公共机关特别是国家权力的制衡，可以分为在权力形成过程中的制衡与权力形成后存续运行中的制衡”两部分。[①]以分权为基本方法的以权力制约权力是权力制约的首要法治模式。其基本要旨是法律通过预先设定各种权力的行使界限和权限范围，来避免权力的垄断，并当每一个国家机关违法行使权力时，都可以立即招致其他国家机关的强烈反应，从而达到权力运行的有序和均衡，并进一步通过权力的分散配置实现各国家机关之间权力的制衡以达到防止权力集中和权力腐化的目的。“作为反对集权和封建专制的一种武器，分权学说的历史进步性是毋庸置疑的。分权制衡已经成为西方宪政制度中的一项普遍的原则，这本身就说明了它的生命力和进步性。固然，分权与制衡的原则，并不能根治专制和权力腐败，也不能绝对保障公民的权利和自由，但是，世界各国政治的实践证明，不实行分权与制衡的原则，专制和腐败就更猖獗，公民的权利和自由就更加没有保障。”[②]现代各国刑事诉讼法尽管在羁押权行使的主体与羁押权行使的程序、方式等方面存在许多不同之处，但羁押权作为一项必须受到制约的政府权力，该权力的提请主体、决定主体、执行主体、关押主体均不是集中于一个国家机关，各国都把羁押权分成提请权、决定权、执行权、关押权等相对独立的子权力，交由不同机关行使，使其既能做到相互连接又能形成相互制约。完善羁押权力制约机制，防止羁押权被滥用所应遵循的首要原则是分权原则。羁押权不能由某一机关单独集中行使，权力的过分集中而无制约必然会导致权力的滥施。羁押权的分开行使和制约行使，是近、现代公正、民主和人权思想对刑事诉讼提出的必然要求。

---

* 作者单位：中国人民大学法学院。

** 作者单位：中国人民大学法学院。

① 漆多俊：“论权力”，载《法学研究》2001年第1期。

② 宋玉波著：《民主政制比较研究》，法律出版社2001年版，第34页。

## 一、域外羁押权的司法抑制模式

在西方法治国家实行捕押分离，逮捕行为有的需要经过司法审查，而有的则由警察、检察官甚至普通民众直接决定和实施，但是在随后是否对犯罪嫌疑人实施较长时期的羁押，是否需要延长原定的羁押期限时，法治国家建立了羁押的司法审查救济程序的两个阶段：第一阶段，羁押行为决定适用的司法控制。主要体现为令状的批准和决定羁押的审查。羁押的执行必须有司法官员签发的令状。逮捕之后是否采取羁押由法官在听证或讯问后决定，对于需要延长羁押期限的，也必须经由法官的审查批准；在这个过程中，一般要给控辩双方参与的机会，并对羁押的适用理由，羁押的合法性及必要性进行审查，以决定是否关押犯罪嫌疑人或采取其他控制手段。① 第二阶段是羁押行为实施后的司法审查。犯罪嫌疑人或被告认为适用羁押有误的，可以向法院申请司法救济。这两个阶段可分别概括为司法授权和司法救济。②

其一，司法授权。司法授权包含初始授权与羁押期限延长的授权，其中又表现出提起权与决定权的制约关系。所谓羁押的初始授权是指侦查机关在拘留或逮捕犯罪嫌疑人之后，并无自行决定采取羁押的权力，警察或检察官认为需要对犯罪嫌疑人实行羁押时，必须事先向法院提出申请，由专门的法官经过一定的司法审查程序，符合法定条件的，才予许可并颁发许可令状。同样，在刑事诉讼的审前程序中，各国由于警察与检察官的关系不同，羁押启动权归属也有所差异。

英美法系国家一般是以警检分立来确立警察与检察官的关系，并采弹劾式侦查方式。强调侦查活动的基本内容是侦查机关与嫌疑人、被告人双方作为地位平等的当事人的对立、抗争，主张法官以第三者身份介入侦查阶段，监督制约侦查活动的进程，法官对羁押等强行性侦查手段一般采用听审的方式，行使其广泛的决定权。美国在司法体制上采用非系统主义，建立了较为分散独立的警检系统。原则上司法警察负责绝大多数案件的侦查，检察官只是负责提起公诉的审查，没有参与侦查的法定义务。在侦查中逮捕是羁押的前提与基础。在美国，警察对于根据“合理根据”被逮捕的嫌疑人，要“无不必要迟延”将其解送到最近

---

① 参见《德国刑事诉讼法典》第 115 条；《法国刑事诉讼法典》第 137 条第 2 款；《日本刑事诉讼法》第 83 条、84 条。

② 有必要明确的是，任何类型化的分析，或者不完全的归纳，总摆脱不了以偏赅全的毛病，但是，不能对其方法论的启示意义视而不见。

的联邦治安法官或者州地方法官处。法官在尽可能短的时间内安排预审，预审过程中，警察方和被告方均须参与听审，双方可以就是否羁押、应否保释等问题进行辩论。在英国，警察要对嫌疑人实施逮捕，必须事先向治安法官提出申请，并说明正当、合理的根据。逮捕后指控前，警察可以为了获得提出指控所必要的证据而羁押嫌疑人达36小时，如果需要延长的，必须经过治安法院批准；提出指控后，必须将在押犯罪嫌疑人不迟延地送交治安法院，由治安法院决定羁押或保释。无证逮捕的应尽快补办逮捕证并向被捕者出示，而且应该在24小时之内移送治安法官并将控告书副本送交被捕人。

与之相似，大陆法系国家实行警检一体化，检察官是法定侦查权的享有者，司法警察只是检察官的助手或辅助人，在符合法定条件需要羁押嫌疑人时，是由检察官在法定时间内向有关机关提起的。而基于从建立一种法官对侦查机关的制衡关系出发，大陆法系国家一般也是将决定逮捕和签发逮捕令状的权力赋予法院或法官。另外，在羁押决定程序上，大陆法系国家也逐渐关注人权的保障，在程序上也逐渐公开化、透明化。《法国刑事诉讼法典》第41条规定："共和国检察官自己或使他人采取一切追查违法犯罪的行动。为此，他有权指挥所在法院管辖范围内的司法警官或司法警察的一切活动……"①在法国，除了司法警察与检察官有侦查权外，预审法官也有一定的侦查权。按照这种立法体例，预审法官还有临时羁押的决定权。这样预审法官担负双重职能。但在司法实践中预审法官参与侦查的活动并不像前两者如此广泛。因此他对犯罪的追究倾向相对来说要小一些。在法国，先行羁押通常由预审法官决定，但对于可处1年以上、7年以下刑罚的现行轻罪案件适用"立即出庭程序"时，由受理案件的轻罪法院院长或其授权的代表应检察官的请求决定。法国曾在1993年1月4日取消了该项法律规定，但在1993年8月24日又恢复了原来的制度。法国刑事诉讼法对羁押决定采用庭审的方式，预审法官负有告知被审查人做辩护准备和选择聘请或指定律师的义务。在庭审中必须经过双方辩论，听取检察官的意见，听取被审查人的陈述，必要时还要听取律师发言。

《德国刑事诉讼法》第125条、126条规定：提起公诉以前，逮捕令由有地域管辖权的地方法院法官或者由被指控人居住地的地方法院法官，依检察官申请或者无法与检察官联系并且延迟就有危险时依职权签发。司法警察在执行逮捕之后，必须毫不迟延地将被捕的嫌疑人提交给管辖案件的法官。这种向侦查法官提交嫌疑人的行为最迟不得超过逮捕后的第二天结束之时。对于被提交的嫌

① 《法国刑事诉讼法典》，余叔通、谢朝华译，中国政法大学出版社1997年版，第22页。

疑人,法官应当毫不迟延地进行讯问,至迟不得超过提交后的第二天。德国羁押决定程序的规定较为谨慎,采用的是法官讯问的方式。讯问时,法官须告知嫌疑人有关的诉讼权利,给予嫌疑人提出辩解的机会,并且就是否继续羁押作出决定。

《日本刑事诉讼法》基于其令状主义的宪法要求,也建立了审前羁押的司法审查程序。日本的警检关系较为特殊。检察官对侦查活动有一定的指示权与指挥权。所以,检察官、检察事务官或司法警察均有羁押的提起权。在日本,羁押实行逮捕前置主义,现行犯逮捕是令状主义的例外,紧急逮捕虽属于无令状逮捕,但是逮捕后法官可以立即进行审查,而普通逮捕属于有证逮捕,可见羁押措施的逮捕前置主义是出于实行双重司法抑制,保障双重检查的目的。起诉前的羁押原则上由检察官所属检察厅所在地的地方法院或简易法院的法官负责决定。其中由司法警察实施的逮捕,经检察官审查后,在72小时内提交法官,由法官就羁押问题听取犯罪嫌疑人的陈述和辩解并作出相应的决定。由检察官实施的逮捕,则必须在48小时内向法官提交羁押申请。起诉后的羁押原则上由受理本案的法院决定。

在我国台湾地区,其短期拘束被告自由的强制处分有必须出具令状的拘提、无须令状的逮捕与须事后补发令状的紧急拘捕。拘提的决定机关采侦查中由检察官、审判中由法官决定的二分模式。司法警察为执行机关。而就羁押而言,其提起机关属于检察机关。在1997年修"法"以前采侦查中由检察官、审判中由法官决定的二分模式,依照其"宪法"优位原则1997年12月修"法"之后,无论侦查中或审判中,法院为决定羁押之唯一机关,体现了绝对的法官保留原则。台湾地区所谓"刑事诉讼法"规定,讯问是进行羁押的前提条件,未经过讯问不得进行羁押。在讯问程序中,除了保全证据,应给予被告充分的言词辩解机会。对羁押的决定在侦查阶段检察官是以书面的形式进行的。

西方许多国家的刑事诉讼法规定对于初始羁押后需要延长羁押期限的,也必须由警察或检察官向法院提出申请,由法院对其延长羁押期限的行为进行授权。《日本刑事诉讼法》第208条规定,起诉前的羁押期限不得超过10天,如果存在不得已的事由,法官可以根据检察官的请求延长羁押期限。在法国,除了有不可超过的期间极限之妨碍外,先行拘押的期间都可以延长,这种延长,由预审法官决定。如果决定延展的期间超过1年的,必须在预审室经过对席审理方可作出。在我国台湾地区,延长羁押期限之决定机关为决定羁押之法院,在侦查中,由检察官申请所属法院裁定,审判中无申请程序由法院自行裁定(有违控审分离原则不论)。

从以上各个国家和地区关于羁押权限的规定可以看出:无论是英美法系还是大陆法系国家或地区,无论其所采用的侦查模式是审问式还是弹劾式,也不管是司法警察抑或检察官享有羁押提起权力,一般而言,享有侦查权的主体无权决定长期羁押嫌疑人,羁押的初始决定权和延长羁押期限的决定权一般都归属法院,侦查期间或审判开始前的羁押,由预审法官或令状法官裁定,进入审判程序后的羁押则由受诉法院中不参与案件审理的法官裁定。它们在强调司法权对于羁押权的制约作用方面是一致的,它们所持有的诉讼理念是相通的:法官是中立的,也是独立的,因而也容易能够做到客观公正,而负责追诉犯罪的警察、检察官,则与犯罪嫌疑人或被告人尖锐对立,所以需要制约。而独立的司法机关能够保证个人的人身自由不受政府的任意限制和剥夺,以防止任意的或是没有根据的羁押。

其二,司法救济。西方各国在建构司法权对侦查羁押权权力制约机制时,不仅重视事前对羁押的合法性和必要性进行审查,而且也强调在事后为犯罪嫌疑人或被告人提供畅通的司法救济途径,为避免非法羁押或不当羁押提供了有力的程序保障。犯罪嫌疑人或被告人对其所受的羁押不服的,可以向法院提出申诉或上诉,法院必须根据犯罪嫌疑人的申诉或上诉来审查羁押的合法性与合理性,并作出裁决。

根据英国《1976年保释法》的规定,遭受羁押的犯罪嫌疑人或被告人在诉讼的各个阶段可以向羁押警察提出保释申请,如被拒绝,应被羁押人的请求,由治安法院在检察官和辩护律师的参与下以开庭的方式作出裁决,如果保释申请被治安法院拒绝后,还可上诉到高等法院。对于羁押无正当理由或不合法的,高等法院王座法庭则要发布人身保护令,将被羁押人予以释放。在美国,对于审判前的羁押有两种正常途径的救济渠道:一是申请复议,即对于治安法官签发的羁押令以及不是由对本案有初审权的法院或联邦上诉法院的法官签发的羁押令,被羁押人有权向对本案有初审权的法院申请撤销或变更。二是上诉,对于法院拒绝保释、收缴过度保证金或者为审前释放附加其他条件的决定,被告人都可以向州上诉法院或者联邦上诉法院提出上诉。同样,美国也有类似于英国的人身保护令制度,获得"人身保护令"的权利在美国被认为是宪法所确立的"最重要的人权",是"对个人自由的最好的和充分的保障"。①

在德国,被羁押的人不但可以在任何阶段向法官提出撤销羁押的申请,而且还可以直接向德国宪法法院提出申诉,要求对羁押的合法性进行审理。《法国

① 陈瑞华:"审前羁押的法律控制——比较法的角度的分析",载《政法论坛》2001年第4期。

刑事诉讼法》第 122 条规定,被审查人对于预审法官所作出的羁押裁定,有权在 10 日之内向上诉法院起诉审查庭提出上诉,后者经过审查可以撤销预审法官的裁定。被审查人在裁定先行羁押的第二天就提出上诉时,可以一并向上诉法院起诉庭庭长或者可以代替他的法官请求在上诉法院起诉庭作出最后裁判之前暂停羁押证的效力。在日本,犯罪嫌疑人或被告人对法官所作的有关羁押的裁定不服的,有提出抗告的权利(日本法的抗告是指对于判决以外的裁定或命令的上诉方法)。对简易法院法官所作的羁押裁判可以向主管的地方法院行使准抗告权、对其他法官作出的裁定可以向该法官所属的法院请求撤销或者变更该项裁定。

俄罗斯的刑事诉讼法不断修订,在羁押制度改革上,首先确立羁押的事后司法救济制度,受苏联检察理论的影响,羁押的决定权采取检察机关与法院的二分模式,但当时刑事诉讼法典规定了"被逮捕的人有权申诉并要求就羁押它的合法性和是否有依据进行司法审查",而且,"审判员依照司法审查结果作出的释放被羁押人的决定,应立即予以执行"。并且规定了:"被羁押人或其辩护人、法定代理人对调查机关、侦查员、检察长所采取的作为强制措施的羁押以及延长羁押期限的申诉,可直接或通过调查人员、侦查员或检察长向法院提出。对羁押和延长羁押期限的合法性和是否有依据的司法审查,通过由检察长、辩护人以及被羁押人及法定代理人参加的不公开法庭进行。"①其后,在 2001 年 12 月 18 日颁布的俄罗斯联邦刑事诉讼法修改中进一步改变二分模式确立羁押决定的同步司法审查制度(更准确地说是结合模式),其要求"检察长同意"仍然体现了一定的检察监督特色。

此外,在大陆法系国家中,法院在没有收到任何申请时,还可以依照自身的职权,对已经作出的羁押进行复查,主动为被羁押者提供司法救济。此立法例的典型代表为德国的定期复查制度。《德国刑事诉讼法》规定,法官对待审羁押可以应被指控人的申请或者依职权主动进行复查。《德国刑事诉讼法》第 117 条、118 条规定,待审羁押已经执行了 3 个月,被指控人在此期间既未申请羁押复查,也未对羁押提出抗告的,法官应当依职权进行复查,但被指控人有辩护人的除外。法官可以通过言词审理的方式来对待审羁押进行复查,在复查程序中,被指控人原则上应当到场,因法定原因无法到场的,其辩护人必须到场。被指控人没有辩护人,法院应为其指定辩护人。如果在判决之前,管辖案件的法院认为羁

---

① 《俄罗斯联邦刑事诉讼法案》,苏方道等译,中国政法大学出版社 1999 年版,第 8 页、133 页、134 页。

押需要超过6个月的,应当通过检察官将案卷移送州高等法院决定。州高等法院应当在听取被指控人、辩护人的意见后或进行言词审理后作出决定。如果决定维持待审羁押的,直到一审判决之前,州高等法院(也可授权一审法院)必须每隔3个月复查一次。德国法上的这种定期复查制度,不仅为被羁押者的权益提供了充分的程序保障,而且从实体真实的角度保证了羁押的准确性与合法性。

## 二、我国羁押权的内部制约、检察监督模式

我国在羁押制度的立法与司法实践同样讲究对羁押权进行制约和监督,其"中国化特色"有二:一是强调羁押权的内部制约,缺乏司法审查机制。我国的公安机关与检察机关都有自行决定羁押的权力,公安机关在适用拘留(包括长达37天的拘留)时,不需要经由其他机关的批准,只要交由县以上的公安机关的负责人审查即可。人民检察院对其直接受理的案件中的犯罪嫌疑人或被告人认为需要拘留的,依照《人民检察院刑事诉讼规则》第77条、109条的规定,先由办案人员提出意见,再由部门负责人审查,经检察长决定;认为需要逮捕的,由检察院的侦查部门填写意见书,送交本院审查逮捕部门审查。概括来说,对于公安机关和检察机关所享有的羁押决定权的制约,主要仰赖于其机关内部的职权分工与制衡,仰赖于其负责人的审查批准,几乎缺乏必要的外部制约。虽然,人民检察院通过审查批捕对公安机关的羁押权进行制约,但人民检察院、公安机关共同的控诉职能和追诉本质,决定这种羁押权制约缺乏诉讼特质。根据检法二元的羁押决定模式,尽管我国《刑事诉讼法》第59条规定,人民法院有逮捕决定权。人民法院在审判刑事案件的过程中,认为需要逮捕被告人的,应当作出逮捕决定。但这只是说明了法院从控制犯罪的角度分享了部分羁押权,却并不能说明法院对警检部门的羁押权具有多少制约作用,法院不能在事前审查警检部门采取的羁押措施是否合法、必要并作出是否羁押的决定,它并未从保障犯罪嫌疑人或被告人权的角度对警、检部门的羁押权进行制约。

二是强调检察机关对羁押活动的检察监督,缺乏司法救济机制。我国法院在作出实体裁判时,可以通过对非法的羁押所获的少数证据予以排除的方式来达到抑制羁押权的作用。除此之外,我国法院几乎对警检部门的羁押权无任何制约作用,在事后也不能以中立的裁判者角色对业已作出的羁押进行法律评价,给被羁押者提供一条司法救济途径。我国对羁押权进行外部制约所采取的方式主要是检察监督,即检察机关以法律监督者的身份对公安机关、检察机关自身享有的羁押权实施监督制约。这种检察监督主要表现为:首先,我国刑事诉讼的检

察监督原则决定了检察机关有权对公安机关羁押犯罪嫌疑人或被告的活动进行制约。我国《刑事诉讼法》第 8 条的规定确立了人民检察院依法对刑事诉讼实行法律监督的刑事诉讼原则。人民检察院发现公安机关羁押犯罪嫌疑人的行为有违法情形的，应当通知公安机关予以纠正，公安机关应当将纠正情况通知人民检察院；对检察机关批捕或不批捕的，公安机关应当立即逮捕或立即释放，并将执行情况及时通知检察机关。检察机关内部还设有监所检察部门，负责对超期羁押问题的检察监督。人民检察院享有延长侦查羁押期限的决定权。公安机关对于案情复杂、期限届满不能终结的案件，应当制作《提请批准延长羁押期限意见书》，经县级以上公安机关负责人批准后，在期限届满 7 日前送请同级人民检察院转报上级人民检察院批准。

我国体现的是公安、检察机关对羁押权的进行垄断的配置模式在追诉效率和发现犯罪上有其优势，但由于它在一定程度上背离了诉讼的客观规律，对犯罪嫌疑人或被告的权益保护明显不够，其存在的弊端有：(1)检察机关对公安机关的羁押权的监督的中立性不够。检察机关在确保公安机关羁押权得以依照法定程序（如申请批捕程序、申请延长羁押期限的程序等）进行方面，能够发挥一定的作用。尽管我国检察机关处于其同公安机关、犯罪嫌疑人一起形成一个所谓的“模拟三角结构”的顶端，类似于中立者的地位；但其事实上担负着审查起诉和提起公诉的职责，在本质上也属于国家的追诉犯罪机构，在诉讼目标和诉讼角色方面与侦查机构是一致的。① 基于公、检机关在追诉职责上内在的不可分割的联系，这使检察机关难以摆脱追诉犯罪的心理影响而容易做出不利于犯罪嫌疑人的决定，对不该羁押的予以羁押，对不该延长羁押期限的批准延长。另外，基于侦查中心主义的检察机关控诉职能的发挥有赖于公安机关证据收集活动，检察机关基于自身的角色倾向，难免会本着功利目的，放纵公安机关对于羁押这一获取口供极为有效的强制措施的非法运用。(2)检察机关对公安机关羁押权的事后性制约方式乏力。除了审查批捕这一方式为对羁押的事前制约方式外，检察监督所采取的方式一般是事后制约的方式难以为犯罪嫌疑人的合法权利提供及时的保障。检察监督依赖公安机关经过一定程度取舍的报送材料或者是犯罪嫌疑人一方提出的申诉，犯罪嫌疑人初步举证责任难以实现，以及采用无对抗、无辩论的查证方式，其效果显然不如法院所主持的由控辩双方参加的言词审理程序。况且检察机关的监督方式也缺乏相应的保障措施，它对于公安机关违法实施的羁押只能以建议的方式促使其纠正，这种方式在现实中制约力度明显



① 陈瑞华著：《刑事诉讼的前沿问题》，中国人民大学出版社 2000 年版，第 337 页。

不够。(3)对于自侦案件,检察机关“自侦自审”自主决定羁押表现出外部制约的空白。(4)检察监督型制约方式救济渠道的不畅。在我国《刑事诉讼法》中,除了第52条规定的申请取保候审的权利、第75条规定的要求解除超过法定期限强制措施的权利外,遭受了违法羁押或不当羁押的犯罪嫌疑人或被告人一方再无其他救济性权利,只有不断地向该侦查机关或其上级部门提出申请、申诉或控告等“非正式”的救济程序。

## 三、我国羁押权的合理化改造

我国现有宪法缺乏可诉性和可救济性的状况使我们很难从宪法上寻求控制的依据和可行性。我国《刑事诉讼法》规定了公、检、法三机关“分工负责、相互配合、相互制约”的原则,确立了在刑事诉讼中公安司法机关在追诉犯罪、完成刑事诉讼任务上的同向性基本法律关系。就司法权而言,法院的权力具有一定的局限性,除了对实体事实和部分程序事实拥有裁判权外,对其他具有司法性质的行为没有裁判权,如对警察的搜查行为是否合法无权审查。就警察权而言,我国在整个诉讼体制上有“超强”的法律地位的警察机关可以独立决定某些强制性措施的适用,可以自行决定某些情况下剥夺公民的人身自由而不受其他实质权力的限制。因此,在剥夺公民自由方面,警察权的司法化和强势化是中国走向法治国家的障碍之一。① 就检察权而言,依照我国《宪法》以及《刑事诉讼法》的规定,人民检察院具有刑事诉讼活动的追诉机关与法定的法律监督机关双重身份,并且具有一定的案件侦查权。这种将对立的权力集于一身的立法体制,难以发挥权力的各自功效。

但是,从制度设计来看,直接实行司法初始授权模式更充分地体现了对人权的保障。司法令状主义蕴涵着“以法院裁判为中心”的诉讼理念、体现的无罪推定原则与正当程序理念、侧重诉讼公正的价值追求;与之存在矛盾和冲突的是:我国《宪法》和《刑事诉讼法》所强调的公、检、法之间的“分工负责、互相配合、互相制约”和检察监督等原则,以及立法与司法实践对无罪推定原则尚不彻底的贯彻,在刑事诉讼侦查模式上更多地体现了强职权主义“治罪”倾向,在羁押权权力配置上更多地体现了诉讼效率的价值追求,更多地强调便于打击和追诉犯

① 陈瑞华:“未决羁押制度的理论反思”,载《法学研究》2002年第5期。

罪等。以原有的检察监督型羁押权力制约模式为基础,引入检察机关中立观念①的改造模式虽然着眼于现实但不"相对合理",意欲循序渐进但往往会原地踏步。因此,应借鉴国外的司法授权与司法救济模式,在法院配置专门的法官(相当于英国的治安法官、法国负责侦查的预审法官)实行司法令状主义,引进诉讼对抗机制。具体而言:

1. 明确羁押审查的主体和方式。其一,主体的选择。就羁押的审查主体而言,应取消人民检察院的批捕权和公安机关的拘留权,由法官统一行使强制措施的审查权,且被告人有权要求法官对强制措施的合法性和公正性进行审查。②而实行批捕公开质证程序,使逮捕的决定必须经过犯罪嫌疑人及辩护人的公开质证方能决定其效力,③将逮捕批准决定权保持原状试图通过完善逮捕程序的做法,没有体现羁押分权合理分配的原理。从长远的、法治的角度来看,只有确立法院的司法审查权才符合诉讼公正原则的要求。因为司法裁判权的最大作用在于对包括行政权在内的各种公共权力按照法制原则进行控制,而对公民的基本权利进行救济,"司法权作为一种较为弱小的国家权力,其权威的树立靠的是在公共权力与个人权利之间充当一种中介、桥梁和平衡器,在公共权力机构剥夺个人权利之前和之后,都能提供司法审查的机会,使国家官员与个人能够进行平等的、理性的对抗,并在听取对方意见和辩论的基础上作出裁决。……司法权的目标则在于提供一个实现社会正义的空间"。④ 因此,要取消检察机关的审查监督权,对羁押的决定由法院进行司法控制;公安机关可以享有短暂羁押犯罪嫌疑人的决定权,但应大大缩短公安机关自主决定拘留的期限;公安机关独立侦查案件的羁押可以由检察机关审查后提请羁押法官审查决定;对已经拘留需要逮捕的,检察院在提请批准逮捕时应将犯罪嫌疑人带至羁押法官处,由羁押法官举行由检察院和嫌疑人(含犯罪嫌疑人的法定代理人、辩护律师)双方参加的言词听审程序,在听证后作出是否批准逮捕的决定。对未被拘留需要逮捕的,羁押法官必须在逮捕后的24小时内进行讯问,发现不应当逮捕的必须立即释放;检察院自侦的案件,报检察长审查后送同级人民法院审查决定。那种对于自侦案件制度交由检察机关的上级机关的设计,本质上仍是内部批准,没有根本解决问题,

---

① 检察权的中立理念,一方面是其在审前阶段的审查义务要求,审前的三方结构:侦查机关、犯罪嫌疑人以及中立的裁判者,对于保障犯罪嫌疑人的基本权利有着重要影响;另一方面是检察机关监督权本质特征的要求。

② 陈卫东、郝银钟:"被告人诉讼权利与程序救济论纲",载《中外法学》1999年第3期。

③ 叶青、张少林:"法国预审制度的评析与启示",载《华东政法学院学报》2000年第4期。

④ 陈瑞华:"司法权的性质:从刑事司法角度的分析",载《法学研究》2000年第5期。

而且将来连过去的申请上级检察救济途径也剥夺了，且侦查中的批捕都很紧急，在偏远地区，县与地市、地市与省相隔遥远，时间能不能来得及，上级如何审批，提不提审，都不具有可操作性。

在检法作为羁押审查主体之争上，从检察权的诞生目的来看，在废除纠问诉讼，改采控诉新制下，"无诉即无裁判"形成一种分权模式，法官与检察官彼此监督制约，借以保障刑事司法权限行使的客观性与正确性。"检察官之职责不单单在于刑事被告之追诉，并且也在于'国家权力之双重控制'：作为法律之守护人，检察官既要保护被告免于法官之擅断，亦要保护其免于警察之恣意。"①可见，遵循一种控审分离、分权制约的理念，检察院可以作为羁押权的启动者，而羁押决定主体理应交给法院。当然我们没有国外产生司法抑制的"三权分立"的体制土壤和理念积淀，但我们对确立法院司法抑制功能的摇旗呐喊是出于对司法公正和诉讼规律的寻求。在"什么是你的贡献"考问下致力于改造司法活动以改变目前相当于政府部门的法院与检察院处于同等地位的尴尬境地。

其二，审查方式：采国家司法机关主动审查和经申请的被动审查相结合的方式。在确认羁押是剥夺犯罪嫌疑人基本人身自由的强制措施独立地位，将拘留与逮捕改造为一种要求犯罪嫌疑人强制到案的方式的前提下，侦查起诉机关认为必须羁押犯罪嫌疑人时，应向审查机关提出申请，请求审查机关签署羁押证。这是审前羁押的初步审查或主动审查。由专门负责的羁押法官对侦查起诉机关的申请进行审查，以确认是否存在羁押的合理性与必要性。当然由于时间的限制，初步审查要求迅捷、快速，符合条件的应签发羁押证。侦查起诉机关羁押犯罪嫌疑人后应在"合理的时间内"将其解交至最近的羁押审查官处，由其审查是否存在羁押的必要性与合法性，是否存在羁押的理由等，以决定是否羁押。这是审前羁押的中期审查。另外，取消公安机关和检察机关延长羁押期限的权力，采用羁押期限延长的司法授权方式，需要延长羁押期限的，由检察院提出，由法院通过类似于俄罗斯的不公开庭审的方式来审查决定。

2. 引入羁押的司法救济程序。立法对羁押状态的存续期间应规定定期审查和申请审查制度。定期审查的主体仍是羁押法官，审查方式以书面审查和亲身审查相结合的方式为主，即羁押的负责官员应要求羁押场所的看守官定期提供被羁押人的身体状况和其他情况的报告，并于一定期间内到羁押场所与受羁押人见面会谈，以检验是否有必要继续羁押被羁押人。同时，为了保护受羁押人的权利，立法授予受审查人申请复查制度，允许受审查人向法院提出撤销羁押命

① 林钰雄：《刑事诉讼法》(上册)，中国台湾地区"国家"图书馆2003年版，第115页。

令的申请。犯罪嫌疑人或被告人对公安机关或检察机关所作的羁押决定不服的,有权向法院申诉,法院设专职法官负责书面审查,符合法定条件的,应举行言词听审程序,听取警检与被羁押犯罪嫌疑人、被告及其律师的意见,由法院最终作出是否应予羁押的裁决。对于法院所作裁决不服的可以上诉。

当然对检察机关积极探索的体外监督的制度活力也不容忽视。为解决检察机关直接受理侦查案件存在的谁来监督、如何监督的疑问,目前检察机关正在积极进行人民监督员制度试点并将于2004年10月1日起把试点工作全国铺开,其中确立了人民检察院直接受理侦查案件被逮捕的犯罪嫌疑人不服逮捕决定的,承办案件的部门应当立即将犯罪嫌疑人的意见转交本院侦查监督部门。侦查监督部门应当在7日内提出审查意见,认为应当维持原逮捕决定的,应当及时将书面意见和相关材料移送本院人民监督员办公室,并做好接受监督的准备。人民监督员办公室收到有关案件材料后,应当及时根据案件的性质、情节轻重和复杂程度确定3名以上、总人数为单数的人民监督员参加监督工作。检察长应当对人民监督员的表决意见和有关检察业务部门的意见进行审查,必要时可以听取人民监督员和有关检察业务部门的意见。检察长审查后同意人民监督员表决意见的,有关检察业务部门应当执行;不同意人民监督员表决意见的,应当提请检察委员会讨论决定。根据案件需要,人民监督员可以应邀列席检察委员会会议。检察委员会的决定与人民监督员表决意见不一致时,应当由人民监督员办公室向人民监督员作出说明。参加监督的多数人民监督员对检察委员会的决定有异议的,可以要求上一级检察机关复核。上一级检察机关应当复核并及时反馈结果。在试行人民监督员制度中也存在一些问题:首先,就谁来监督而言,一方面,在权力来源上,公权力、私权利和内、外部界限不明。检察机关自行聘请的人民监督员,其监督职权行使源于检察机关的授权,在本质上还是检察机关借助外部力量的一种自我监督约束机制,对案件很难起到实质意义的监督作用。如果将之定位于一种社会参与,其合法性与改革的历史性有待进一步追问;对人民监督员的礼让和客气与检察职业尊荣不相协调。另一方面,业务素质上,职业化与社会化定位不明。人民监督员对有着自身特点的检察业务因“隔行如隔山”,其监督制约也因“外行”制约“内行”而沦为作秀。同时也有人认为,对人民监督员“有良好的政治素质和较高的政策、法律水平”的要求,局限了选任范围,缺乏社会代表性,无法准确反映和体现民意,也会带来“职业化”的倾向。其次,就怎样监督而言,在程序上,人民监督员如何全面了解案情和相关法律,人民监督员工作程序与办案期限的矛盾、不服逮捕决定的提出时间(法规无规定)、程序、主体范围(仅局限于犯罪嫌疑人)、案情的保密性与人民监督员社会性不符、人民监督员听取讯问的场所等都要通过立法和制定规章来进一步解决。最后，就救济效力而言，当事人申请司法救济，可以启动具有刚性和程序公开性的法院审查，而人民监督员的额外审查，纯属多此一举。

（2004年第11期）

# 2005 年

# 刑事诉讼法的立法技术问题

陈瑞华*





## 一、问题的提出

《刑事诉讼法》的修改问题已经被列入全国人大常委会的议事日程。近期以来，有关《刑事诉讼法》修改问题的讨论也成为法学界的一个热点。但是，面对这部在1996年被较大规模修订的现行《刑事诉讼法》，也面对进一步修改《刑事诉讼法》的立法动向，有理由反思的是：究竟是什么原因造成这部重要的基本法律，在不到10年的时间里，又要第二次被列为修改的对象？假如不找到刑事诉讼立法的主要问题和缺陷，而仅仅靠着频繁地修改立法和制定新的规则，我们真的能解决中国刑事司法中的问题吗？还可以更进一步地追问：在刑事诉讼立法中继续采取扩大外延、建立新规的立法方式，而不去研究刑事诉讼的立法技术问题，那么，这些新确立的规则是否真的能得到有效的实施？

有鉴于此，本文拟对刑事诉讼的立法技术和立法体例作一初步的讨论。笔者认为，立法决策人士应当深刻吸取1996年《刑事诉讼法》修订的教训。因为立法者所试图推行的改革措施，如将辩护律师介入诉讼的时间提前、废除收容审查、废除免予起诉、改革审判方式等，都在现行《刑事诉讼法》中得到了确立。但是，在修改后的《刑事诉讼法》实施后不久，鉴于《刑事诉讼法》在实施中出现的超期羁押、刑讯逼供、律师权益受到任意侵害以及刑罚执行中滥用权力的现象越来越突出，全国人大常委会竟然就该法律的实施问题组织了一场专门的"执法大检查"。而在此后几年里，超期羁押、刑讯逼供以及辩护律师职业权益受到侵害的问题，都依然属于得不到有效解决的司法难题。近年来，越来越多的法学家基于对西方国家刑事司法制度的深入研究，也基于对中国司法现状的广泛了解，提出了诸如确立嫌疑人沉默权、律师在预审讯问过程中的在场权、引入辩诉交易制度、建立证据规则、改革审级制度等一系列立法建议。① 这些以扩大制度外延、增强权利保障为标志的改革措施，与1996年前后所出现的改革呼声几乎具

---

* 作者单位：北京大学法学院。

① 有关这些具体改革措施的讨论，参见陈瑞华著：《问题与主义之间——刑事诉讼基本问题研究》，中国人民大学出版社2003年版，第八章。

有异曲同工之妙。但是,不解决刑事诉讼的立法技术和立法体例问题,这些新的制度和规则真的会得到有效实施而不会形同具文吗?

事实上,刑事诉讼法所具有的人权法性质,使刑事诉讼程序往往成为警察成功地侦查、检察官成功地公诉、法官提高审判效率的法律障碍,因此,警察、检察官、法官具有天然的违法动机。[①] 与此同时,随着刑事诉讼领域人权保障运动的开展,刑事诉讼立法越来越强调维护嫌疑人、被告人的基本权利,警察、检察官在侦查、破案、公诉等方面将面临越来越大的阻碍;法官要在刑事审判中提高效率、降低诉讼成本,也将变得越来越困难。这也导致警察、检察官、法官在违反法律程序上具有更大的可能性。不过,有人可能会说,这并不是刑事诉讼立法所造成的。因为现行《刑事诉讼法》和有关司法解释都要求公检法人员遵守法律程序、禁止违法办案,甚至针对侦查人员违法取得的证据确立了排除规则,针对一审法院违反法律程序的情况确立了"撤销原判、发回重审"的制度。至少,刑事诉讼法的立法者并不鼓励侦查人员、公诉人和法官违反法律程序。

但是,几乎所有发生在司法实践中的程序性违法现象,都可以在刑事诉讼立法中找到原因。这是因为,《刑事诉讼法》对于"公检法三机关"的很多诉讼行为都没有建立有效的权力制约机制,使一些诉讼程序变成带有技术性和手续性的操作规程;大量的诉讼程序规则不具有最起码的可操作性,使这些程序规则根本就无法得到实施;《刑事诉讼法》对于侦查权、公诉权和审判权的设计,大量采用授权性立法体例,使警察、检察官、法官在很多场合下拥有几乎不受限制的自由裁量权;《刑事诉讼法》对于大多数诉讼程序的设计,没有确立程序性违法的法律后果,使违法警察、检察官和法官不会受到任何程序性制裁;《刑事诉讼法》对于嫌疑人、被告人的诸多权利没有设立司法救济途径,使那种针对警察违法侦查行为、检察官违法公诉行为的司法审查机制没有建立起来,而上级法院针对下级法院诉讼程序合法性的上诉审查机制也并不完善。对于现行《刑事诉讼法》在立法技术上所存在的上述问题,笔者拟分别作出简要但尽量系统的分析。

## 二、程序的技术化与手续化

现行《刑事诉讼法》所确立的大量诉讼程序,不仅对于保护嫌疑人、被告人

① 对于这一观点讨论的展开,参见陈瑞华著:《程序性制裁理论》,中国法制出版社 2005 年版,第一章。

以及其他当事人的权益没有明显的意义，而且也不包含太多的价值含量，而是带有明显的技术性和手续性。尤其是那些涉及剥夺、限制各种公民权利的强制措施或强制性调查行为，既不受司法审查机制的控制，也缺乏必要的理由、期限、司法救济等方面的程序要件，而变成公安机关、检察机关自我授权、自行实施的行政处罚行为。可想而知，一种强制性措施一旦完全变成侦查机关基于收集犯罪证据的方便和需要而自行采取的举动，那么，与该措施有关的诉讼程序就失去了其存在的意义，而变成一种带有技术性的方法、步骤和程式。为便于说明问题，笔者特将《刑事诉讼法》(以下简称《刑诉法》)所规定的一些"诉讼程序"实例列举如下。

规则实例1　为了收集犯罪证据、查获犯罪人，侦查人员可以对犯罪嫌疑人以及可能隐藏罪犯或者犯罪证据的人的身体、物品、住处和其他有关地方进行搜查。(《刑诉法》第109条)在勘验、搜查中发现的可用以证明犯罪嫌疑人有罪或者无罪的各种物品和文件，应当扣押，但与案件无关的物品、文件，不得扣押。(《刑诉法》第114条)侦查人员认为需要扣押犯罪嫌疑人的邮件、电报的时候，经公安机关或者人民检察院批准，即可通知邮电机关将有关的邮件、电报检交扣押。(《刑诉法》第116条)人民检察院、公安机关根据侦查的需要，可以依照规定查询、冻结犯罪嫌疑人的存款、汇款。(《刑诉法》第117条)对于被扣押的物品、文件、邮件、电报或者冻结的存款、汇款，经查明确实与案件无关的，应当在3日以内解除扣押、冻结，退还原主或者原邮电机关。(《刑诉法》第118条)

与其他侦查手段一样，上述搜查、扣押、查询、冻结等侦查措施也是完全由公安机关、检察机关自行决定、自行实施的。这两个侦查机关在决定采取上述侦查措施时，主要考虑"收集犯罪证据"、"查获犯罪人"或者"侦查"本身的需要。换言之，只要侦查机关自认为"需要"采取搜查、扣押等措施，它们就可以自行实施有关侦查行为。可以说，在采取上述涉及侵犯公民隐私权或财产权的强制性措施之前，侦查人员根本就不需要考虑所掌握的证据能否证明嫌疑人有足够的犯罪嫌疑，也不需要向公安机关、检察机关以外的司法裁判机关申请专门的搜查令、扣押令以及查询、冻结的许可令。其实，既然公安机关、检察机关可以随心所欲地根据"需要"采取搜查、扣押、查询、冻结等措施，《刑诉法》所规定的上述"诉讼程序"又有什么意义呢?

规则实例2　应当逮捕的犯罪嫌疑人如果在逃，公安机关可以发布通缉令，采取有效措施，追捕归案。各级公安机关在自己管辖的地区以内，可以直接发布通缉令;超出自己管辖的地区，应当报请有权决定的上级机关发布。(《刑诉法》第123条)

这是有关公安机关发布通缉令的规则。这种通缉令一旦发布，任何公安机关都可以将被通缉的嫌疑人“抓捕归案”，任何公民都有权将其“扭送”公安机关或者报告其行踪，嫌疑人也因此陷入人身自由受到剥夺的危险之中。但是，对于如此严厉的强制措施，《刑诉法》竟然授权公安机关自行决定、自行发布、自行追捕，而没有建立任何意义上的司法审查措施。人们不禁会担心：假如公安机关将一个无辜的公民错误地作为通缉的对象，怎么办？假如嫌疑人根本没有任何犯罪事实，所涉及的仅仅是一般的民事纠纷，怎么办？又假如嫌疑人根本就没有逃跑，完全不符合发布通缉令的条件，而公安机关却错误地发布了通缉令，怎么办？可以看出，在发布通缉令问题上，公安机关拥有了自行处置的权威。既然如此，《刑诉法》确立上述程序规则又有什么意义呢？这种规则又能对公安机关发布通缉令的行为产生什么制约呢？

规则实例 3　上级人民法院在必要的时候，可以审判下级人民法院管辖的第一审刑事案件；下级人民法院认为案情重大、复杂需要由上级人民法院审判的第一审刑事案件，可以请求移送上一级人民法院审判。（《刑诉法》第 23 条）几个同级人民法院都有权管辖的案件，由最初受理的人民法院审判。在必要的时候，可以移送主要犯罪地的人民法院审判。（《刑诉法》第 25 条）上级人民法院可以指定下级人民法院审判管辖不明的案件，也可以指定下级人民法院将案件移送其他人民法院审判。（《刑诉法》第 26 条）

这是有关审判管辖异议解决方式的重要规则。这些规则的核心意思是上级法院既可以指定下级法院审判某一案件，也可以自行决定对下级法院已经受理的案件行使审判管辖权。考虑到，在中国现行的司法体制下，上级法院对下级法院拥有一定的诉讼指挥权和指导权，而并没有形成理论上的内部独立关系，因此，这些程序规则的存在就纯粹属于技术性和手续性的规则，而没有任何实质性意义了。既然在管辖问题只要存在任何异议，上级法院都拥有最终的和权威的解释权和处置权，而不需要说明任何理由和根据，那么，这种规范两级法院之关系的规则还有什么存在的必要呢？

但问题的关键在于，假如上级法院做出的变更管辖的决定不当，究竟由哪个机构或个人提出诉讼程序层面上的异议呢？上级法院变更管辖或者解决管辖争议的依据是什么呢？尤其值得关注的是，假如被告人或其他当事人对于法院刑事审判管辖权存在合理的异议，如该法院的院长、副院长、审判委员会成员与案件存在利害关系，案件也已经通过当地媒体公开报道，当地舆论对案件的裁判产生了明显的压力……以至于该法院无论如何都无法维护公正的审判，那么，《刑诉法》就不应给予当事人对管辖问题提出异议的机会吗？难道对于这种来自当事人的管辖异议,法院都可以直接作出同意或者不同意的决定,而无须提供任何这样决定的理由吗?难道当事人对法院就管辖异议所作的决定,就不能申请司法救济吗?①

很显然,在刑事诉讼程序既不包含明确的法律价值含量,也无法将当事人的权益保障予以兑现的情况下,这些诉讼程序注定只能变成公安机关、检察机关和法院行使权力的"操作规程",只具有技术性和手续性。事实上,"无权利则无程序"。诉讼程序一旦与公民权利的保障问题相脱离,其存在的意义和价值就值得怀疑了。在此情况下,我们如何确定"程序性违法"行为呢?甚至还可以这样追问:在"公检法三机关"自我授权、自行实施的诉讼活动中,就其操作规程本身而言,究竟还存在程序性违法行为吗?

另一方面,在司法审查机制没有建立、有关强制措施的适用理由并不明确、有关的司法令状要求也不存在的情况下,那种针对搜查、扣押、监听、逮捕、拘留、未决羁押等强制性措施的程序规则,也是没有实质意义的。② 因为在侦查机关自行决定实施这些侦查措施的制度背景下,这些措施以什么方式实施都没有原则性的价值;在刑事诉讼程序大都属于侦查机关需要履行的"法律手续"的法律之下,侦查机关遵守或者违反这些技术性手续,都并不会产生任何实质性的后果,而制裁那些程序性违法行为的价值也是令人怀疑的。

## 三、诉讼程序的不可操作性

即使将《刑诉法》定位为一种"操作规程",这部法律也应具有最基本的可操作性。而要具有可操作性,《刑诉法》就不应只是确立一系列简单的口号和宣言,而应有一些最基本的规则构成要素。一般来说,刑事诉讼程序的基本构成要素应当有以下几个方面:(1)程序的推动者和申请者;(2)负责授权的主体;(3)所要决定或者裁决的事项;(4)有关的裁决方式;(5)有关的证明责任和证明标准;(6)必要的裁决结论;(7)违反规则的法律后果;(8)相关的救济途径。③ 暂且不论最后两个构成要素,即便就前六个构成要素而言,《刑诉法》所确立的很

① 有关变更管辖问题的最新研究,参见陈瑞华:"无偏私的裁判者——回避与变更管辖问题之反思性研究",即将刊发于《北大法律评论》。

② 有关刑事审判前程序中司法审查机制的建立问题,参见陈瑞华:《刑事诉讼的前沿问题》,中国人民大学出版社2000年版,第四~六章。

③ 有关刑事诉讼程序规则构成要素的分析,参见锁正杰著:《刑事诉讼的法哲学要义》,中国人民公安大学出版社2002年版,第一章。

多规则也是残缺不全的,其可操作性也因此成为严重的问题。我们可以通过以下实例来予以说明。

规则实例4　犯罪嫌疑人在侦查机关第一次讯问后或者采取强制措施之日起,可以聘请律师为其提供法律咨询、代理申诉、控告。犯罪嫌疑人被逮捕的,聘请的律师可以为其申请取保候审。涉及国家秘密的案件,犯罪嫌疑人聘请律师,应当经侦查机关批准。受委托的律师有权向侦查机关了解犯罪嫌疑人涉嫌的罪名,可以会见在押的犯罪嫌疑人,向犯罪嫌疑人了解有关案件的情况。律师会见在押的犯罪嫌疑人,侦查机关根据案件情况和需要可以派员在场。涉及国家秘密的案件,律师会见在押的犯罪嫌疑人,应当经侦查机关批准。(《刑诉法》第96条)

这是1996年修改后的《刑诉法》确立的涉及律师会见在押嫌疑人的重要规则。按照一般的评价,这一条文标志着《刑诉法》将律师"介入刑事诉讼"的时间提前到侦查阶段,并赋予律师为嫌疑人提供法律帮助的一系列权利。然而,《刑诉法》实施以来的司法实践表明,律师的会见权不仅没有得到有效的保障,反而屡屡受到刁难,甚至经常被公安机关无理剥夺。然而,律师会见权受到无理限制或剥夺,这难道仅仅是一个"司法实践中的问题"吗?难道刑事诉讼立法不应对此负有责任吗?

事实上,从《刑诉法》所规定的上述条款来看,律师要会见在押嫌疑人而又不受到侦查机关的无理限制,这几乎是不可能的。因为《刑诉法》为此所确立的规则不具有最基本的可操作性。具体而言,这种不可操作性主要体现在以下方面:(1)犯罪嫌疑人通常受到刑事拘留和逮捕,他们如何能"聘请律师"?难道现在的看守所为嫌疑人提供了聘请律师的基本便利条件了吗?事实上,目前嫌疑人几乎都不可能在羁押场所通过电话聘请律师,目前也不存在那种专为嫌疑人提供免费法律帮助的"值班律师"制度,嫌疑人只能通过其近亲属来聘请律师。但近亲属在侦查阶段几乎是不可能会见在押嫌疑人的。既然如此,近亲属聘请的律师如何才能不被侦查机关拒绝?(2)接受委托的律师如何才能获得会见的机会?按照上述规则的本来要求,律师会见在押嫌疑人一般并不需要经侦查机关批准。但是,在侦查机关不批准,看守所就不允许会见的情况下,律师又能有什么救济办法呢?事实上,目前律师会见嫌疑人普遍需要经过侦查机关的批准,这就是上述规则不具有可操作性的结果。(3)律师既然有权为嫌疑人申请取保候审、代理申诉、控告,那么,他们向哪个机构提出申请?向哪个机构提出申诉、控告?(4)律师会见在押嫌疑人时可以提供哪些帮助?难道只能提供法律咨询、了解有关罪名、了解有关案件情况吗?假如律师与嫌疑人讨论有关辩护的对策和方案，侦查人员能容忍吗？事实上，目前普遍的情况是在场的侦查人员禁止律师与嫌疑人讨论“案情”。(5)律师会见在押嫌疑人时，侦查机关根据什么案件情况和需要可以派员在场？本来，侦查人员在场并不是每个案件所需要的，但司法实践中侦查人员几乎普遍在律师会见时在场，并对会见作出种种限制。(6)既然刑事诉讼法确立了“律师会见权”，那么，这一权利一旦遭到侦查机关或者看守所的无理剥夺，法律应当设定怎样的法律后果？(7)在律师会见权受到无理剥夺时，嫌疑人、律师应当向哪个机构以什么方式提出司法救济？这种申请救济的行为可以引起什么样的法律后果……在这一系列问题都没有得到明确规范的情况下，律师的会见权还能得到有效的保障吗？

规则实例5　侦查人员在讯问犯罪嫌疑人的时候，应当首先讯问犯罪嫌疑人是否有犯罪行为，让他陈述有罪的情节或者无罪的辩解，然后向他提出问题。犯罪嫌疑人对侦查人员的提问，应当如实回答。但是对与本案无关的问题，有拒绝回答的权利。(《刑诉法》第93条)

这是一条极为重要的规范侦查人员讯问嫌疑人行为的规则。但是，由于具有严重的不可操作性，使这一规则不仅难以实施，而且在司法实践中还产生了负面的作用。一般而言，侦查人员讯问嫌疑人的场所是公安机关控制下的留置室或看守所，讯问的持续时间、次数没有任何法律限制，讯问时又没有律师或其他任何侦查人员以外的人士在场。在这种情况下，侦查人员为获取嫌疑人有罪供述而进行的讯问又如何得到有效的控制？假如侦查人员没有按照上述规则的要求进行讯问的话，哪个机构可以宣告讯问行为无效？很显然，上述就侦查人员讯问内容的规定是没有任何意义的，侦查人员几乎不可能按照这种要求去从事讯问活动。

更值得关注的是，嫌疑人对侦查人员的提问承担“如实回答”的义务。一般认为，这种义务来源于“坦白从宽、抗拒从严”的刑事政策，使嫌疑人不享有保持沉默和提供虚假陈述的权利。① 但是，任何一项法律义务都必须有相应的责任条款相伴随。假如嫌疑人违反了这一义务性规则，比如说保持了沉默或者向侦查人员撒了谎，那么，他应承受怎样的法律责任或消极法律后果呢？对此，《刑诉法》没有做出任何规定。另一方面，在侦查人员与嫌疑人双方构成的预审讯问程序中，没有中立的第三方在场参与，究竟由谁来判定嫌疑人是否“如实回答”呢？假如嫌疑人认为自己所说的是真实的情况，而侦查人员却认为这是不

---

① 陈瑞华著：《问题与主义之间——刑事诉讼基本问题研究》，中国人民大学出版社2000年版，第八章。

真实的，那么，由哪个机构来解决这种争议呢？司法实践的逻辑表明，在这些问题没有解决的情况下，侦查人员事实上就充当了裁判者，只要他们认为嫌疑人没有如实回答问题，就等于嫌疑人违反了这项义务性规则。不仅如此，究竟由谁来判定侦查人员的提问属于“与办案无关的问题”，这也是非常不明确的。假如嫌疑人认为侦查人员提出的某一问题与本案无关，而侦查人员却认为“与本案有关”，那么，嫌疑人怎么可能有效地行使“拒绝回答的权利”呢？

通过分析上述例子，我们不难发现，在刑事诉讼程序没有确立完整的构成要素、法律不具有最起码的可操作性的情况下，要指望警察、检察官、法官“不违反法定的诉讼程序”，这几乎是不可能的。那些大量的带有宣言性、原则性和口号性的程序规则，在立法机关将其确立为“法律规范”之时起，就注定了被任意违反和肆意践踏的命运。假如未来的刑事诉讼立法仍然以“增设权利”、“加强责任”、“废弃旧规”或者“增设新规”作为基本目标，那么，加强诉讼程序的可操作性就应成为更为重要的使命。事实上，现行《刑诉法》所确立的很多制度，假如能具有可操作性，也就是能切实发挥其法律规范的作用，刑事司法中的很多问题都是可以得到解决的。而在现有的诉讼制度不可操作、无法实施的情况下，继续扩大规则的外延和范围，那么，新的、更加不具有可操作性的程序规则固然可以得到确立，却仍然难以摆脱沦为一纸空文的危险。



## 四、不受限制的自由裁量权

一般而言，对于公共权力机构行使权力的行为，法律不应采取授权式的立法体例，更不应让这些机构任意选择行使权力的方式。否则，公共权力机构就势必拥有不受限制的自由裁量权，从而有较大的滥用公共权力的空间。然而，现行《刑诉法》恰恰就在这一方面出了问题。无论是对侦查机关采取强制性侦查措施的权力，公诉机关的刑事追诉权，还是法院的审判权，该法律都以授权的方式赋予这些机构较大的自由裁量权，使其在行使权力的方式上享有几乎不受限制的任意选择权和处置权。我们可以通过以下规则实例来对此作出说明。

规则实例6　在侦查期间，发现犯罪嫌疑人另有重要罪行的，自发现之日起依照本法第124条的规定重新计算侦查羁押期限。犯罪嫌疑人不讲真实姓名、住址，身份不明的，侦查羁押期限自查清其身份之日起计算。（《刑诉法》第128条）

这是有关延长侦查羁押期限的程序规则。按照这一规则，只要侦查机关认为嫌疑人另有犯罪行为的，原来的羁押期限就可以忽略不计，侦查机关也就可以重新计算羁押期限。但是,假如侦查机关本来就发现嫌疑人犯有两个以上的犯罪行为,而故意只侦查其中一起案件,而在羁押期限临近到期之时才开始侦查另一起案件,那么,这就意味着侦查机关可以对嫌疑人的每一起案件单独重新计算羁押期限,这势必导致侦查羁押期限的无限期延长。同样,只要嫌疑人不讲真实身份,侦查人员就可以不计算羁押期限,从而导致嫌疑人受到无限期的未决羁押。但是,假如侦查人员明知嫌疑人的真实身份而故意假装不知的话,那么,这种羁押期限岂不就可以无限期地延长下去了吗?显然,在延长羁押期限问题上,上述规则似乎给了侦查机关无限的选择权和任意解释权。①

规则实例 7　证人作证,审判人员应当告知他要如实地提供证言……公诉人、当事人和辩护人、诉讼代理人经审判长许可,可以对证人、鉴定人发问。审判人员可以询问证人、鉴定人。(《刑诉法》第 156 条)公诉人、辩护人应当向法庭出示物证,让当事人辨认,对未到庭的证人的证言笔录、鉴定人的鉴定结论、勘验笔录和其他作为证据的文书,应当当庭宣读。(《刑诉法》第 157 条)法庭审理中,当事人和辩护人、诉讼代理人有权申请通知新的证人到庭,调取新的物证,申请重新鉴定或者勘验。法庭对于上述申请,应当作出是否同意的决定。(《刑诉法》第 159 条)

这是有关法庭上调查证据的重要规则,既涉及被告人能否有效地行使辩护权问题,也关系到公正审判原则能否得到维护的问题。但是,上述规则给予了法官几乎不受限制的自由裁量权,使法庭上的证据调查程序根本无法具有最起码的公正性,也使 1996 年所进行的"审判方式改革"实际处于失败的境地。首先,上述规则既要求证人、鉴定人出庭作证,又规定控辩双方可以宣读证人证言笔录和鉴定结论,这就意味着传唤证人出庭作证和宣读书面证言、鉴定结论作为两种调查方式,都是合法的和正当的。但是,法庭究竟在什么情况下传唤证人、鉴定人出庭作证,又究竟在什么情况下才可以宣读证言笔录、鉴定结论,这并没有任何明确的法律限制。在这种情况下,难道法庭会更愿意选择以传唤证人出庭作证的方式调查证据?实际上,司法实践中几乎普遍存在的以摘要式宣读证言笔录代替证人出庭作证的调查方式,就足以说明法官更愿意选择那种有益于"节省诉讼成本"、"提高诉讼效率"的宣读证言笔录的调查方式。

其次,既然《刑诉法》赋予当事人"申请新的证人到庭"、"调取新的物证"、"申请重新鉴定或者勘验"的权利,那么,对于当事人提出的有关诉讼请求,法庭

① 有关羁押期限问题的讨论,参见陈瑞华著:《问题与主义之间——刑事诉讼基本问题研究》,中国人民大学出版社 2000 年版,第五章。

就不能只是作出同意或者不同意的决定,而必须提供这样决定的理由。然而,按照上述规则,法庭只要作出是否同意的决定就足够了,而无须提供这样决定的理由。这就必然使法庭在作出这种决定时拥有无限的自由裁量权。

假如当事人所享有的任何权利都以这种方式行使——“你提出申请,我作出是否同意的决定”,那么,这些权利是根本无法存在的。因为在这种情况下,法庭事实上拥有了几乎独断地决定是否赋予当事人诉讼权利的权威。而要限制这种自由裁量权,《刑事诉讼法》不仅应要求法庭提供决定的理由,而且还应确定法庭不同意当事人申请的具体情形,并给予当事人对这种拒绝申请的裁决提出上诉的机会。

规则实例 8　第二审人民法院对不服第一审判决的上诉、抗诉案件,经过审理后,应当按照下列情形分别处理……(三)原判决事实不清楚或者证据不足的,可以在查清事实后改判;也可以裁定撤销原判,发回原审人民法院重新审判。(《刑诉法》第 189 条)

这是有关第二审法院针对事实不清、证据不足的案件所作裁判之方式的程序规则。按照中国的司法制度,二审法院直接改判与发回原审法院重新审判在效果上存在明显的区别:前者意味着二审法院在可预期的时间内经过审理作出终审裁决;而后者则导致被告人受到原一审法院的重新审判,案件也因此退回到第一审程序阶段。在司法实践中,二审法院一旦作出发挥重审的裁定,原审法院还有可能允许检察机关将案件直接退回公安机关补充侦查,使案件事实上退回到侦查环节。但是,二审法院在发回重审、一审法院在允许检察机关退回补充侦查的时候,被告人所受的羁押状态却一直在持续,并随着办案期限的延长而无限地延长。于是,这种几乎不受限制的发回重审制度所导致的不仅是对被告人的超期羁押,而且还导致被告人因为同一行为而受到多次重复的刑事追诉。另一方面,对于事实不清、证据不足的案件,第二审法院假如直接改判,就往往意味着被告人被裁判无罪,或者被作出从轻处罚(如本应判处死刑的该判死缓);而发回原审法院重审则会造成被告人在长时间里得不到终结性裁判结论。

尽管直接改判与发回重审具有如此明显的区别,但是,《刑诉法》竟然没有对这两种裁判方式分别设定不同的条件和理由,而是直接授权第二审法院在改判与发回重审之间作出选择。结果,在大多数情况下,尤其是在第二审法院面临各方面压力的情况下,发回重审往往被作为一种转移矛盾、减轻压力的优先选择。加上《刑诉法》对于发回重审的时间和次数没有作任何明确的限制,因此,司法实践中因为第二审法院反复发回重审而导致的超期羁押、滥用刑事追诉权问题越来越普遍和严重。

通过分析上述刑事诉讼规则的实例,我们可以发现,无论是公安机关、检察机关还是法院,只要在行使某一处置权和裁决权方面拥有不受限制的自由裁量权,那么,这种权力必然存在滥用的危险。这是因为,与个人权利的行使不同,公共权力的行使往往会走向实用、方便、有效和节约成本的方向,而不会顾及最基本的个人权利保障和司法正义准则。尤其是在"公检法三机关"面临各种外在压力的情况下,这种自由选择权还会导致这些机构以迎合这些压力作为选择的目标,而外界的压力也因为程序规则存在这种自由解释的空间而有生存乃至增强的可能性。另一方面,"公检法三机关"所行使的上述自由裁量权,几乎都涉及对嫌疑人、被告人乃至其他当事人权利的影响,有些权力甚至直接关系到对当事人权利的处置。而在这种任意行使自由裁量权的过程中,嫌疑人、被告人以及其他当事人都没有参与决定过程的机会,也无从对这些机构的决定施加任何积极有效的影响。

## 五、没有程序性制裁后果的程序规则

与任何法律制度一样,程序法的实施也离不开相应的法律责任规则,从而使那些违反法定诉讼程序的行为受到相应的法律制裁。而按照程序法的思维方式,在诉讼程序的轨道内制裁程序性违法的主要方式是宣告那些违反法律程序的诉讼行为不具有法律效力、不产生预期的法律效果。这种宣告无效的程序性制裁方式,在我国现行刑事诉讼制度中主要有两种:一是针对非法侦查行为的排除规则;二是针对发生在审判阶段的程序性违法的撤销原判、发回重审制度。前者所针对的主要是以刑讯逼供和威胁、引诱、欺骗等非法方式获取的言词证据,后者所适用的则是那些违反审判组织制度、公开审判制度、回避制度、限制或剥夺当事人诉讼权利以及其他违反法律程序、影响公正审判的行为。①

但是,现行的排除规则和撤销原判、发回重审制度并不能对所有的程序性违法行为都发挥其程序性制裁作用。尤其是那些发生在审判前的程序性违法行为,除了其中一小部分会被法院以排除非法证据的方式加以制裁以外,绝大多数程序性违法行为都并没有任何明确的消极法律后果。例如,对于侦查阶段任意剥夺律师会见权的行为,《刑诉法》没有任何制裁性法律后果;对于违法搜查、违法扣押、违法查询、违法冻结行为,法律没有确立任何制裁性后果;对于违反法定

① 对于中国现行的程序性制裁制度的分析,参见陈瑞华:"程序性制裁制度研究",载《中外法学》2003 年第 4 期。

的条件和程序所实施的拘传、取保候审、监视居住、刑事拘留、逮捕以及未决羁押行为,《刑诉法》也没有规定任何明确的制裁性后果;对于“公检法三机关”在各自的诉讼阶段超出法定的办案期限以至于造成超期羁押的行为,法律也没有规定任何制裁性强制措施;对于公安机关、检察机关违反法定的立案管辖规则,对那些本没有管辖权的案件进行侦查的行为,法律没有规定制裁性后果……

而在审判阶段,除了那些违反公开审判原则、违反回避制度、违反审判组织制度等较为明显地违反法律程序的行为以外,其他发生在审判阶段的行为则具有高度的模糊性。尤其是所谓“限制或者剥夺当事人的诉讼权利”的行为,则更是难以将大量发生在法庭审理阶段的程序性违法行为包容进来。例如,对于被告人及其辩护人所提出的传唤证人出庭作证、调取新证据、进行重新勘验、鉴定的申请,法庭无理加以驳回的,法律对此没有确立制裁性后果;对于当事人对审判管辖问题提出的合理质疑以及变更管辖的申请,法院无理加以驳回的,法律也没有确立相应的制裁性后果;对于被告人及其辩护人所提出的要求进行辩护准备和延期审理的申请,法院予以无理驳回的,法律没有确立任何消极性后果;对于法院在法定诉讼期限内不作判决的,法律没有确立消极性后果;对于法院在判决书中不陈述判决理由的,《刑诉法》也没有确立制裁性法律后果……

至于那些没有任何形式违法性而在实质上侵犯了当事人的基本权利的诉讼行为,《刑诉法》更没有也不可能确立任何消极性法律后果。事实上,在现行司法制度中,这种带有公共侵权性甚至宪法性侵权属性的“实质性违法”行为,究竟是否算做中国式的“违法行为”,还是大成疑问的。例如,在公诉环节上,检察机关对一个已经提起公诉并启动法庭审判程序的案件,在撤回起诉之后,又反复多次提起公诉的,法院竟然没有拒绝受理或者撤销起诉的权力。而这种针对同一行为反复提起公诉的行为,显然违反了一事不再理的原则,造成被告人因为同一行为而受到多次重复的追诉。《刑诉法》对此竟然没有采取任何禁止性措施。又如,检察机关将一个没有移送法庭,也没有给予被告人及其辩护人防御准备机会的关键证据,以突然袭击的方式提出于法庭上,而对于被告方所提出的要求休庭进行必要辩护准备的申请,法庭竟然无理加以拒绝。对此行为,《刑诉法》也没有确立任何制裁性法律后果。[①] 再如,对于公安机关、检察机关采取法律没有明确授权行使的特殊侦查手段的行为,如秘密电子监听、跟踪、聘用特情人员、采用诱惑侦查手段等,法律也没有确立任何明确的制裁性后果。

---

① 有关公诉机关违反法律程序问题的讨论,参见陈瑞华著:《程序性制裁理论》,中国法制出版社2005年版,第一章和第七章。

对于《刑诉法》没有确立相应的程序性法律责任问题，我们可以通过下面的实例来作出进一步的说明。

规则实例9　进行搜查，必须向被搜查人出示搜查证。在执行逮捕、拘留的时候，遇有紧急情况，不另用搜查证也可以进行搜查。（《刑诉法》第111条）在搜查的时候，应当有被搜查人或者他的家属、邻居或者其他见证人在场。（《刑诉法》第112条）搜查的情况应当写成笔录，由侦查人员和被搜查人或者他的家属、邻居或者其他见证人签名或者盖章。（《刑诉法》第113条）与案件无关的物品、文件，不得扣押。对于被扣押的物品、文件，要妥善保管或者封存，不得使用或者损毁。（《刑诉法》第114条）对于被扣押的物品和文件，应当会同在场人和被扣押物品持有人查点清楚，当场开列清单一式二份，由侦查人员、见证人和持有人签名或者盖章，一份交给持有人，另一份附卷备查。（《刑诉法》第115条）

这是有关限制和规范搜查、扣押程序的重要规则，也是对《宪法》第39条有关公民住宅秘密以及第40条有关公民通信秘密和自由所作的具体程序保障。无论这些针对搜查、扣押的程序限制是否完善，但至少对侦查人员的搜查、扣押行为构成一定的限制。这些规则如果能得到有效的实施，那么，侦查人员滥用搜查、扣押权力的情况也会有所减少。但是，《刑诉法》对侦查人员提出了如此多的义务性和禁止性的要求，却没有确立违反这些规则的法律后果。具体而言，假如侦查人员没有按照上述规则之要求，向被搜查人出示搜查证，或者违反了上述有关扣押的程序规则，而又不因此承受任何法律后果或者受到任何形式的法律制裁，那么，他们还会遵守这些法律程序吗？难道我们真的指望侦查人员会“自觉”地遵守法律程序吗？

规则实例10　证人证言必须在法庭上经过公诉人、被害人和被告人、辩护人双方询问、质证，听取各方证人的证言并且经过查实以后，才能作为定案的根据。（《刑诉法》第47条）

这是有关证人出庭作证和证言法律效力的重要程序规则。按照逻辑学的基本常识，上述程序规则完全可以被表述为“证人证言如果不在法庭上经过公诉人、被害人和被告人、辩护人双方的询问、质证，如果不听取各方证人的证言并且经过查实，不得作为定案的根据”。但是，《刑诉法》偏偏就不做这种在语法逻辑上与上述规则完全一致的表述。结果，对于证人应当出庭作证而没有出庭作证的情况，该法律并没有确立任何制裁性法律后果。具体而言，《刑诉法》就以下法律后果问题没有作出规定：证人应当出庭而没有出庭的，其所提供的书面证言或者证言笔录是否还具有可采性？证人有义务出庭作证而拒绝出庭作证的，法律要不要规定其法律责任？不仅如此，假如法庭在应当传唤证人出庭作证而没有这样做,却直接采纳了证人的书面证言或者证言笔录,那么,这种审判行为是否具有法律效力?

至少因为《刑诉法》对于证人出庭作证问题没有对提交证据的控辩双方、法院以及证人本人确立任何制裁性法律后果,在目前一审程序中证人出庭作证已经成为一种例外,而法官以摘要宣读证言笔录的方式进行法庭调查,则成为一种普遍的情况。事实上,既然法庭对不出庭作证的证人也能采纳其证言,那么,控辩双方有什么必要去传唤证人出庭作证呢?既然以摘要宣读的方式调查证人证言,并不被上级法院所制裁和禁止,那么,一审法院为什么非得劳神费力地传唤证人出庭作证呢?

由此看来,除了一些有限的程序性违法行为以外,那些发生在侦查、公诉和审判环节中的大多数程序性违法行为,都没有诸如非法证据无效、非法公诉无效、非法裁决无效、非法羁押措施无效等程序性制裁后果。总体上看,现行《刑诉法》属于一种没有建立程序性法律责任机制和程序性制裁后果的程序法。这岂不就像在刑法中规定严禁杀人而不确立杀人行为的刑罚后果、严禁抢劫却不规定对抢劫行为的制裁措施、严禁贪污贿赂而又不确定贪污贿赂行为的刑事责任那样荒唐吗?

## 六、被告人行使诉权的途径

现行《刑诉法》为嫌疑人、被告人确立了很多诉讼权利,也为保障其基本权利确立了一系列的程序保障措施。但是,由于司法救济渠道的不甚畅达,甚至在很多场合下,法律根本就没有建立任何司法救济机制,使嫌疑人、被告人在其权利遭受侵犯或者得不到保障之后,竟然陷入"有冤无处申"、"有状无处告"的困境。当然,面对第一审程序中所发生的违反法律程序的行为,被告人还可以向上一级法院提起上诉,从而引发第二审法院的普通救济程序。因此,至少在形式上,被告人还可以就第一审中的程序性违法或诉讼侵权行为,申请第二审法院进行上诉审查。不过,由于第二审法院在大多数上诉案件中都不举行开庭审理,而仅仅以书面的、间接的和秘密的方式作出了终审裁判,被告人所获取的这种上诉审查的机会其实经常不具有任何实质性意义。再加上第二审法院对于一审法院违反法律程序以及被告人诉讼权利被任意剥夺的问题,并没有建立专门的司法裁判机制,使被告人及其辩护人尽管有行使诉权的机会,却根本无法获取"为权利而斗争"的机会。结果,第二审法院对于程序性违法问题的裁判结论,经常是一种行政化运作的结果,而无法体现被告人及其辩护人的参与效果和实际影响。

而在整个审判前阶段，对于侦查机关、公诉机关违反法律程序、侵犯嫌疑人权利的行为，嫌疑人就连这种形式上的行使诉权的机会都没有了。按照中国现行的司法制度，那些作为行政相对人的公民在受到行政机关的行政处罚之后，可以直接向法院提起行政诉讼，从而使行政处罚行为的合法性可以受到法院的司法审查。然而，公安机关、检察机关的侦查行为和公诉行为并不被视为“行政行为”，而属于一种带有刑事司法属性的“执法行为”，因此这些行为无论违法情况多么严重，也无论对嫌疑人的权利造成多么严重的侵犯，都被认为不属于法院“行政诉讼的受案范围”。[①] 而在刑事诉讼领域中，嫌疑人对于侦查机关、公诉机关违反法律程序的行为，不仅在审判前无法将其诉诸法院，以便引发有关侦查行为和公诉行为合法性的司法审查程序，而且就连在法庭审判阶段，法院一般都不会对公安机关、检察机关侦查行为的合法性启动专门的司法审查程序。即使在《刑诉法》和司法解释已经确立了针对刑讯逼供等非法讯问行为的排除规则的情况下，目前第一审法院几乎普遍拒绝对侦查人员是否存在刑讯逼供或其他非法侦查行为的问题进行任何形式的专门调查和裁判活动，而至多将这种问题与案件的实体问题联系在一起，在法庭调查和辩论中作出附带性的裁判。

由于没有确立有效的司法救济机制，嫌疑人、被告人就无法针对那些程序性违法或者诉讼侵权行为，向法院提出专门的司法审查之诉，其诉权就面临着被剥夺的危险。在这种情况下，《刑诉法》纵然确立了较为完善的程序性制裁体系，使得任何程序性违法行为都有相应的程序性法律后果，这些程序性制裁措施也从根本上不具有有效实施的可能性。为了更加形象地说明问题，我们拟通过一些规则实例，来说明嫌疑人、被告人难以获得司法救济和无法充分行使诉权的问题。

规则实例11　人民法院、人民检察院和公安机关如果发现对犯罪嫌疑人、被告人采取强制措施不当的，应当及时撤销或者变更。（《刑诉法》第73条）犯罪嫌疑人、被告人及其法定代理人、近亲属或者犯罪嫌疑人、被告人委托的律师及其他辩护人对于人民法院、人民检察院或者公安机关采取强制措施超过法定期限的，有权要求解除强制措施。（《刑诉法》第75条）

这是有关嫌疑人、被告人针对强制措施超过法定期限的情况申请权利救济

---

① 在极个别的刑事案件中，一些被剥夺会见在押嫌疑人权利的律师向法院提起了行政诉讼，要求法院确认公安机关拒绝律师会见的行为违反了法律。在绝大多数情况下，这种起诉都被法院以“公安机关安排律师会见的行为不是行政行为，本案不属于行政诉讼的受案范围”为由，直接作出驳回起诉的裁定。但也有极为罕见的律师胜诉的案例。参见董小军：“公安机关凭什么剥夺律师的会见权”，载《律师与法制》2003年第9期。

的规则。按照这一规则,嫌疑人、被告人只能对强制措施超过法定期限的情况申请权利救济,而不能对违法或不当采用强制措施的情况申请救济。但是,即使仅仅就强制措施超越法定期限的情况而言,嫌疑人只能向决定采取强制措施的公安机关、检察机关提出解除强制措施的申请,被告人也只能向决定采取强制措施的法院提出这种申请。试想一下,作为刑事案件的侦查机关和公诉机关,也作为直接决定剥夺或者限制嫌疑人人身自由的决定机关,公安机关和检察机关真的能为嫌疑人提供有效的"权利救济"吗?同样,作为采取强制措施的决定者的法院,也未必能为被告人提供有效的司法救济。原因其实很简单:作为强制措施的决定者和审查者,无论是公安机关、检察机关还是法院,都在事实上充当着"自己案件的法官",也就是对自己做出决定的事项自行加以裁判。

规则实例 12　对于扣押的物品、文件、邮件、电报或者冻结的存款、汇款,经查明确实与案件无关的,(侦查人员)应当在 3 日以内解除扣押、冻结,退还原主或者原邮电机关。(《刑诉法》第 118 条)

这是有关纠正不当扣押问题的程序规则。根据这一规则,侦查人员对于不当扣押的物品或者不当冻结的款项,应当及时解除扣押、冻结并退还原主。但是,仅仅指望侦查人员"自查自纠"的审查机制,这一规则无论如何都是不可能得到有效实施的。问题的关键在于,作为被扣押人的嫌疑人如果对搜查、扣押行为的合法性和必要性提出了异议,他们应当向哪个机构提出要求解除扣押、冻结并退还原物的申请呢?按照中国的司法惯例,嫌疑人只能向侦查机关提出这种申请,而无法向任何法院提出这种司法审查之诉,法院也不会向侦查机关发出有关责令其解除扣押、冻结并予以退还原物的司法令状。这样,申请司法救济和有效行使诉权的途径,在解除扣押和冻结措施的问题上几乎就"山穷水尽"了。

## 七、结　　论

很显然,《刑诉法》的立法技术已经成为制约这部法律得到有效实施的"瓶颈"问题。不解决这一问题,不从立法技术上提高刑事诉讼立法的科学性,那么,立法者所设想的几乎所有改革方案都将是不可实施的,法学家所主张的几乎所有加强权利保障、维护程序正义的立法努力也都将化为泡影。正因如此,今后刑事诉讼立法的最大使命,与其说是扩大权利外延、增设程序规则的问题,倒不如说是改善立法技术的问题。

只有增加程序规则的权利保障和法律价值实现的含量,避免诉讼程序沦为带有技术性和手续性的"操作规程",刑事诉讼程序的建立才是富有意义的,并足以发挥其保障权利、制约权力的法律功能；只有加强诉讼程序的可操作性，使所有程序规则都具备较为完整的逻辑构成要素，这些程序的实施才具有可行性；只有对“公检法三机关”的权力作出妥当的限制，减少那种由这些机关自行选择行使权力之方式的立法体例，这些机关在刑事诉讼中的自由裁量权才有可能受到有效的约束；只有为那些重要的诉讼程序确立消极性法律后果，也就是建立以宣告诉讼行为无效为特征的程序性法律责任，那些违反法律程序的行为才能受到有效的制裁；也只有为那些权利受到侵犯的当事人——尤其是嫌疑人、被告人——确立有效诉诸司法程序的救济机制，被侵权者才可以与那些破坏法律程序之实施的侦查、公诉和审判人员，通过司法审查机制来进行理性的交涉和抗辩。

（2005 年第 3 期）

# 刑事诉讼目的双重论之反思与重构

郝银钟*



中国刑事诉讼法学界权威观点一直主张:刑事诉讼,从本质上是国家行使刑罚权的活动,揭露、证实和打击犯罪,是现代刑事诉讼的首要目的;①同时,刑事诉讼具有打击犯罪和保障人权的双重目的,两者并重,缺一不可,即所谓刑事诉讼目的双重论。② 上述观点已经成为中国法学界对刑事诉讼目的论的经典式阐释,中国现行《刑事诉讼法》在较大程度上承袭了这种学术观点,③当前多数学者甚至主张《刑事诉讼法》再修改仍然应当坚持上述双重论,④学术影响可谓空前。笔者认为,刑事诉讼目的双重论的提出,特别是把保障人权单独列为刑事诉讼所追求的两大目的之一,在20世纪末期确实极大地推动了刑事诉讼法学研究。但是,刑事诉讼目的双重论并没有能够准确地阐释现代刑事诉讼目的理论的本质性特征,特别是把打击犯罪仍然作为刑事诉讼的首要目的,则是对现代刑事诉讼目的理论的重大误读。这一陈旧过时的理论范式已经远远不能适应当今深刻变革的社会和时代发展的需求,理论先导的作用已经丧失,且在司法实践中也是相

---

* 作者单位:中国青年政治学院、四川省高级人民法院。

① 陈光中主编:《外国刑事诉讼程序比较研究》,法律出版社1988年版,第1页;陈光中、徐静村主编:《刑事诉讼法学》,中国政法大学出版社2002年版,第3页;樊崇义主编:《刑事诉讼法学》,中国政法大学出版社1997年版,第5页;宋世杰:《刑事诉讼理论研究》,湖南人民出版社2000年版,第12页,等等。

② 陈光中、徐静村主编:《刑事诉讼法学》,中国政法大学出版社2002年版,第38页;樊崇义主编:《刑事诉讼法学》,中国政法大学出版社1997年版,第34页;宋英辉著:《刑事诉讼目的论》,中国人民公安大学出版社1995年版,第84页;李心鉴著:《刑事诉讼构造论》,中国政法大学出版社1992年版,第137页;甄贞主编:《刑事诉讼法学研究综述》,法律出版社2001年版,第27页;宋世杰:《刑事诉讼理论研究》,湖南人民出版社2000年版,第386页,等等。几乎所有高等院校的刑事诉讼法学教材和其他法学文献千篇一律地主张或接受了刑事诉讼双重目的论,至今鲜见任何疑义,学术影响相当广泛。

③ 可参见1997年前后所发表的一系列刑事诉讼法学方面的文献。具有代表性的有:陈光中、严端主编:《中国刑事诉讼法修改建议稿与论证》,中国方正出版社1999年版,等等。

④ 陈光中:"刑事诉讼法再修改之基本理念",载《政法论坛》2004年第3期。笔者近期多次参加了刑事诉讼法修改研讨会,很多学者和官员主张应当仍然坚持刑事诉讼目的双重论为修改刑事诉讼法的指导思想,已经出版的关于刑事诉讼法修改专家论证稿,也一致沿袭上述学术主张。

当有害的,已经成为滋生冤假错案现象的主要思想根源。① 废止刑事诉讼目的双重论,努力实现以正当程序保障人权为中心的范式变革,则是当前中国刑事诉讼法学面临的最紧迫、最艰巨、最具挑战性的学术任务,并直接决定着21世纪中国刑事诉讼法学的基本走向,也在很大程度上影响着中国刑事立法、执法和司法的文明化、法治化历史进程,故中国法学界应当给予高度关注并加以回答。

## 一、刑事诉讼目的双重论的理论误区及其危害性实证

1. 打击犯罪并不是一个严格意义上的法概念,双重论严重脱离了现代法的价值目标体系,不符合法的一般原理。作为一种政治性的宣示口号,打击犯罪通俗易懂地表达了国家在对付威胁社会秩序的犯罪现象方面上所采取的鲜明立场。但是,它根本不是一个纯粹的法概念,与现代法律的价值追求极为相左,更不可能成为任何法的目的。在现代法律体系中,秩序、公平和个人自由是法律制度的基本价值和首要目的。② 正如洛克所强调的:"法律按其真正的含义而言,与其说是限制还不如说是指导一个自由而智慧的人追求他的正当利益。"③"对于仅仅依靠对一切危及社会安定的行为进行暴力镇压来维持秩序的法律制度,人们是不满意的。"④显然,打击犯罪既不可能是现代法的目的,也不应当成为现代社会解决社会冲突、维护社会秩序的法定方式,更不宜设定为刑事诉讼目的。在现代文明社会,刑事诉讼法根本不是以暴制暴的打击犯罪的法。因此,在法的基本范畴中,打击犯罪与现代法目的根本是毫不相干的,双重论明显违背了法的一般原理。

2. 作为制度的理论基础,以双重论构建起来的刑事诉讼法律制度及其实践与民主法治社会的核心理念完全相悖,根本不利于社会主义法治国家战略目标

① 在本文写作过程中,又接连发生了震惊全国的河北省聂树斌强奸杀人冤案(已被错误执行死刑)、李久明杀人冤案(错判死刑)、海南省孙万刚杀人冤案(三次被错判死刑)、云南省王树红强奸杀人冤案(被刑讯逼供致7级残疾、羁押299天)、湖北省佘祥林杀妻冤案(曾经被错判死刑)、河南省胥敬祥抢劫、盗窃冤案(被错判有期徒刑16年,服刑期满前15天被检察院不起诉)等,令人不寒而栗。如此惨痛的代价和教训,难道还不能够催人警醒吗?! 这些冤假错案产生的最根本原因,实质上是由于有罪推定思想占据上风,刑事诉讼法的人权保障功能在打击犯罪的喧嚣中丧失殆尽,刑事诉讼法实际被异化为行政性的治罪法或赤裸裸地打击犯罪法。在这样的法制环境中,冤假错案必然成为双重论所衍生的副产品。

② [英]彼得·斯坦、约翰·香德著:《西方社会的法律价值》,王献平译,中国人民公安大学出版社1989年版,第1~3页。

③ [英]洛克著:《政府论》(下篇),瞿菊农、叶启芳译,商务印书馆1982年版,第35~36页。

④ 同上,第2页。

的实现。人类社会构建法治国家的原始内驱力主要源于社会主体对于自身利益、命运的一种制度优化的选择和对国家理想模式的不懈追求。法治国家最重要的特征就是通过宪法和法律对权力与权力之间、权力与权利之间的关系进行合理界定,以权力制衡权力、通过法律制约权力、用公民权来制约权力、用社会权力来制约权力、通过引入竞争机制来约束公共权力,目的在于以此来防止和消除国家公共权力的越权、滥权及形形色色权力异化及腐败现象。[①] 上述原理在现代刑事诉讼法中得到了充分体现,即通过构建和维护正当程序来防范国家刑罚权的滥用,确保司法公正和刑事诉讼人权保障目的实现。

但是,依据刑事诉讼目的双重论的要求,只有突出强调侦查机关、检察机关与审判机关之间流水线式的大力配合,上下一体,举国一致,共同拧成一股绳,才有可能顺利兑现打击犯罪的预期目标。而那些不利于打击犯罪的刑事诉讼法的具体规定,就自然会演变成为完整意义上的"纸上的法"。显然,这种类型的法和刑事司法体制,必然助长政府执法机关和执法人员等在打击犯罪的旗号下普遍性地滋生不受任何限制和约束的封建特权思想,难以避免警察国家现象死灰复燃,[②]这恰恰是对民主法治社会的最大威胁,其实质是一种严重的制度倒退,亦可称为法律的堕落。[③] 由此可见,如果仍然把打击犯罪作为法的目的,即使是仅作为刑事诉讼目的,人类社会构建法治国的美好理想最终也只能沦为不切实际的幻想而已。

3. 双重论与宪政国家的基本理念相冲突,事实上会导致刑事诉讼法完全丧失自身独立存在的价值而只能沦为实体法的工具或附庸,必然会助长中国社会法律虚无主义和程序虚无主义泛滥,进而威胁国家宪政秩序。宪政作为一种制度,其主要目的是要防止专制、暴政对个人生命、自由的践踏,保护个体的尊严和价值。现代宪政国家都普遍要求,政府必须为公众提供安全、和平和有秩序的社会环境这一公共产品,这是政府最重要的法定义务。否则,就是政府的失职渎职。体现在刑事诉讼中,仅由代表政府的控诉一方承担着惩治犯罪的直接任务,法官和辩护一方的诉讼职能都与打击犯罪的刑事诉讼目的无关。特别是法官,更不能把打击犯罪作为诉讼目的。任何法治社会的法院往往被称为"公平之宫",[④]司法被认为是社会正义的最后一道防线,法官也被奉为社会公平正义的

---

① 郝银钟著:《刑事公诉权原理》,人民法院出版社2004年版,第70页。

② [英]彼得·斯坦、约翰·香德著:《西方社会的法律价值》,中国人民公安大学出版社1989年版,第43页。

③ 同上,第12页。

④ 同上,第74页。

象征。如果法官的诉讼目的也和检察官、警察一样都联合起来共同打击犯罪，这显然是世界上最不公正、最不正当的诉讼程序和司法体制了。同样，如果把政府单方面追求的诉讼利益当成了所有诉讼主体或整个刑事诉讼法的目的，那么，所有的司法资源都必然被集中用于打击犯罪，刑事诉讼法自然也就容易被片面地视为打击犯罪的工具，其自身的独立价值也就荡然无存了。

刑事诉讼目的双重论正是借助全社会痛恨犯罪现象的社会心理，违背宪政的基本原则，把政府的这一法定义务巧妙地转嫁给了所有诉讼主体，并进而演变成为全社会的公共义务，最终使刑事诉讼法异化为纯粹行政化的治罪法，显然是一种重大理论失误。在如此强大的国家权力面前，刑事诉讼人权保障目的的实现只能祈求于执法者的良知、恩赐和怜悯，而在相互冲突的各自诉讼利益面前，执法者的良知、恩赐和怜悯都是靠不住的，公众的法定权利难以得到有效的保障和救济，人权保障事业终将走向式微。中国社会始终盛行的司法超职权主义和重刑主义文化传统，刑事司法领域人权保障功能极度弱化的客观现实，以及宪法、刑事诉讼法至今仍然普遍不被尊重的怪异现象，无不印证了上述结论的公理性。

4. 现代刑事诉讼法所取得的绝大多数成果几乎都与打击犯罪无关，双重论明显违背刑事诉讼基本原理，必将引导整个国家的刑事诉讼立法、执法和司法实践深陷误区。从制度史学的角度分析，无论刑法还是刑事诉讼法，虽然在内容上均涉及犯罪、刑罚和刑罚实现的过程等，但其产生的历史诱因和存在的价值基础以及近现代刑事诉讼法所取得的重大成果几乎都与打击犯罪无关。因为“一个国家对付犯罪并不需要刑事法律，没有刑事法也并不妨碍国家对犯罪的有效镇压与打击，而且，没有立法的犯罪打击可能是更加及时、有效、灵活与便利的”。[①] 在实质意义上，刑事法律的主要目的是遏制国家，防止随意出入人罪。所以，刑事法是“犯罪人的人权宣言”观念已经由来已久。否则，刑事法就是一纸空文。[②] 此乃现代法学诠释刑事法律合理存在的根本性观念。同时，有事实证明，人类社会最早的程序法本身，也是作为以和平方式解决极为危险的纠纷的手段而产生的。[③] “自由的历史基本上是奉行程序保障的历史。”[④] 显而易见，在本源上，作为程序法的刑事诉讼法及刑事诉讼目的与打击犯罪的观念并无先天的契合

① 李海东：《刑法原理入门》，法律出版社1998年版，第4页。

② 同上。

③ ［英］彼得·斯坦、约翰·香德著：《西方社会的法律价值》，王献平译，中国人民公安大学出版社1989年版，第40页。

④ ［美］F. J. 古德诺著：《政治与行政》，王元、杨百朋译，华夏出版社1987年版。

之处。

近代以来,世界各国的刑事诉讼程序已经朝着更为正当和人道的方向发展,[①]这一历史性发展趋向与打击犯罪目的的实现往往是背道而驰的。刑事诉讼法所取得的最引人注目的成就集中体现在如下两个方面:一是被告人的程序主体地位日益巩固和提高,人权保障已经成为刑事诉讼的核心价值理念。整个刑事诉讼法的发展史,基本上可以归结为被告人的诉讼地位由程序客体逐步演变成为程序主体的历史。[②] 伴随着被告人程序主体地位的提高和刑事诉讼程序正当化改造,刑事诉讼活动在打击犯罪的能力方面并不是得到了进一步强化,而是被相对削弱了。二是波澜壮阔的现代刑事诉讼程序正当化革命,使刑事诉讼法最终演变成为名副其实的限权法。

毋庸置疑,现代刑事诉讼程序正当化革命所确立的基本理念就是进一步要求在刑事司法中限制政府的行为,目的是禁止政府未经正当的法律手续就剥夺公民的生命、自由和财产。[③] 在这层意义上,刑事诉讼法就是限权法。[④] 现代刑事诉讼法的这一历史性发展趋势恰恰是严重削弱了国家在打击犯罪方面上的效能,而绝不是相反。

显然,所谓刑事诉讼目的双重论,并没有真实地反映刑事诉讼发展规律,却在客观上严重窒息了刑事诉讼法的内在活力,当然也阻碍了刑事诉讼法的健康发展。事实证明,以双重论构建起来的刑事诉讼法,其自身的价值会越来越受到贬抑,其发展方向会越来越不可捉摸,最终必然成为不断改革的对象。1979 年制定的《刑事诉讼法》,刚颁布不久就被修改得面目全非;而 1996 年修改过的中国《刑事诉讼法》,又在 2003 年被全国人大列入修改议程,则充分说明刑事诉讼目的双重论已经再也不能作为立法的指导思想了,必须变革图新。

5. 双重论显然是有罪推定思想的延续和翻版,也是导致国家公共权力滥用及冤假错案不断滋生的罪魁祸首。如果不能及时废弃,无罪推定原则将形同虚设,势必会严重阻碍中国政治文明和司法文明的历史进程,也必然会对公民的宪法性权利构成现实威胁,更不可能从根本上消除冤假错案现象。民主法治社会的一个重大成果,就是在政治生活和法律领域彻底废除封建社会的有罪推定而厉行无罪推定原则。无罪推定原则的核心精神是限制政府随意用强制性手段威

① [美]约翰·亨利·梅利曼著:《大陆法系》,顾培东、禄正平译,法律出版社 2004 年版,第 136 页。

② 陈卫东、郝银钟:"被告人的诉讼权利与程序救济论纲",载《中外法学》1999 年第 3 期。

③ 徐亚文著:《程序正义论》,山东人民出版社 2004 年版,第 43 页。

④ 易延友著:《刑事诉讼法》,法律出版社 2003 年版,第 6 页。

胁公民个人自由、生命、财产等基本权益，保障公民个人相对于强大政府的独立，确保公民个人自由的主体地位。在刑事司法领域，“被告并不等于罪犯”已经成为无罪推定原则的首要含义，这就从根本上改变了传统刑事诉讼法的价值基础以及刑事司法的性质，并被国际社会普遍确立为刑事司法领域保障人权的一项基本原则。

但是，在刑事诉讼目的双重论的误导下，中国的刑事诉讼法虽然声称包含有无罪推定的精神，[①]但实际实行的仍然是有罪推定。有罪推定，是封建国家刑事诉讼的重要原则，也是司法专横擅断的标志。显然，刑事诉讼目的双重论主导下的中国刑事诉讼法及其司法实践都是与有罪推定思想一脉相承的。立法上，我国《刑事诉讼法》对犯罪嫌疑人、被告人的诉讼权利的规定和保障方面都存在重大缺失，控辩双方严重失衡，甚至允许“原告直接抓被告”这样的落后诉讼机制存在，诉讼结构不符合程序正义的最低限度要求，犯罪嫌疑人、被告人诉讼客体化趋势明显，“宁枉勿纵”的重刑主义思想仍然泛滥成灾，刑事司法领域国家公权力恣意滥用或异化现象难以从根本上得到有效治理。所以，要从根本上彻底清除滋生司法万恶的有罪推定，必须首先废弃刑事诉讼目的双重论这种极为有害的落后司法理念。

6. 新中国50多年的法律实践已经充分证明刑事诉讼目的双重论命题的非理性和有害性，且必将对构建社会主义和谐社会事业带来巨大冲击。实践是理论的镜子。新中国50多年法律实践积累的深刻教训，足以证伪刑事诉讼目的双重论。众所周知，在社会生活领域，我国的人权保障事业已经取得了举世瞩目的辉煌成就。但在刑事司法领域，人权保障状况始终令人担忧。以当前的刑事司法为例，随意启动刑事诉讼程序、刑讯逼供、随意羁押、超期羁押、久押不决、司法不公、任意出入人罪、滥施刑罚、司法腐败等严重侵犯人权现象虽历经整顿仍相当严重，并逐步演化成为中国司法久治难愈的顽症；其他诸如上诉案件几乎全部书面审理、你辩你的而我判我的、死刑复核程序形同虚设、同事不同判、再审程序随意启动等司法不理性现象相当普遍，再加上惊天冤假错案的不断滋生，使中国刑事司法的正当性受到广泛质疑，司法公信力受到空前挑战，公民的宪法性权利受到严重威胁，也使社会主义法治国家战略目标的实现屡屡受挫。这样的刑事司法，必然会对构建社会主义和谐社会带来巨大冲击。而变革的唯一路径，只能

① 这曾经是一种非常流行的表述方式，也是中国立法机关对1996年《刑事诉讼法》第12条的官方解释。参见顾昂然：《关于中华人民共和国刑事诉讼法修改（草案）的说明》，学术界也大都支持这一观点，可参见这一时期的有关文献。

是彻底摆脱刑事诉讼目的双重论的束缚,尽早实现以正当程序保障人权刑事诉讼目的思维范式的根本变革。

## 二、重构以正当程序保障人权为诉讼目的范式的新刑事诉讼法学



当今中国社会,已经逐步跨入伟大的权利时代。[①] 这一战略性的重大时代发展主题,正强烈地涤荡着人们陈旧的法观念。同样,这场波澜壮阔的法理念革新运动,也必然引发刑事诉讼目的范式由所谓双重论转向以正当程序保障人权为核心的新范式蜕变,进而催生新刑事诉讼法的出台和新刑事诉讼法学理论体系的最终确立。

1. 人权保障是刑事诉讼的核心目的,刑事诉讼法即为人权保障法。在人类社会中,人权一直是崇高的理想和国家的神圣目的。同时,尊重和保障人权也是现代社会的基本价值追求,且已经成为人类文明的重要标志。[②] 正如日本学者杉原泰雄教授所言:只有保障国民的人权,才是权力、政治,以及执政者的目的,唯此才承认权力等的存在。[③] 人们深刻地意识到,作为维护人类社会公平正义事业最后一道防线的刑事诉讼法,应当始终把对人的终极关怀和对人权的高度尊重当成核心目的。即使刑事诉讼目的的双重论者也主张,保障人权是刑事诉讼目的的重要组成部分。但是,双重论的根本性缺陷在于,它把保障人权目的放置在打击犯罪这一首要目的的附属性地位上,实际上是主张人权保障应当服务或服从于打击犯罪目的,基本否定了保障人权目的的独立价值,这就从根本上颠覆了现代刑事诉讼的价值目标体系和理论基础。作为民主、文明、法治社会公认的标志和刑事诉讼法学发展支点的理论成果,现代刑事诉讼的核心目的或基本价值目标,就是在刑事诉讼过程中通过规范国家公共权力,以公平与合乎正义的程序来充分保障犯罪嫌疑人、被告人及被害人等诉讼主体的宪法性基本人权。此乃现代刑事诉讼法的根基,同时也成为现代刑事诉讼法学的核心范畴和理论基石,为刑事诉讼法、司法体制以及刑事诉讼法学的跨越式发展提供了广阔前景。从此以后,刑事诉讼法终于能够摆脱卑微的实体法之附属法或工具法地位,一跃

① 夏勇主编:《走向权利的时代》,中国政法大学出版社2000年版。特别是人权保障入宪,则标志着中国权利时代的到来。

② [德]平特纳:《德国普通行政法》,朱林译,中国政法大学出版社1999年版,第44页。

③ [日]杉原泰雄:《宪法的历史》,吕昶、渠涛译,社会科学文献出版社2000年版,第84页。

成为“国家宪法的测震仪”,[①]堂堂正正地拥有了自己独立的价值目标和理论体系,并在国家政治生活和整个法律体系中发挥着越来越重要的职能作用;刑事诉讼法学由此才有能力与其他学科对话,为不同理论流派的形成提供内涵丰富、视野广阔的理论背景和宏大的、开放的理论框架,又反过来为刑事诉讼法的不断完善提供足够的动力支持和理论指导。与此同时,刑事诉讼目的范式的历史性转化,必然要求对那些严重不适应人权保障需要的刑事诉讼制度进行大刀阔斧式的改革。我国《刑事诉讼法》的再修改,应当遵循上述指导思想。

2. 正当程序同样是刑事诉讼目的,刑事诉讼法即是维护正当程序的限权法。现代司法理念认为,刑事诉讼程序法绝不是实体法的影子,正当化的刑事诉讼程序自身具有独立的价值和地位,有其自成体系的组成要素,即程序公正以及由此而独立承载着的安全、平等、自由、正义、效率及人权保障等程序价值目标,这些都是取决于其具有“内在的品质”或“德行”,并不依靠实现程序之外的某种目的的有效性;公正的程序不论结果如何都是可以接受的,都是正当的,因为它本身就是目的,不再仅仅成为实现某种目的的手段。只有使正当程序成为一种刑事诉讼目的,正当程序及其所带来的积极影响才会稳定地存在下去。[②] 如果刑事诉讼程序仅仅作为一种手段而存在,刑事诉讼程序的独立价值及其在司法实践中的积极作用就会化为乌有。现代民主法治社会实际上就是“正当程序的统治”。[③] 现代正当程序革命的重大成果,就是把维护正当程序本身界定为刑事诉讼目的。刑事诉讼正当程序由仅仅具有工具价值,历史性被发展成为刑事诉讼目的,则充分体现了人类社会司法理念的质的跨越,也成为新旧刑事诉讼法学的分水岭。现代刑事诉讼法学之所以把正当程序“提升”为刑事诉讼目的,并突出强调程序至上和程序正义的意义,主要原因可以归结为如下两个方面:一是刑事司法领域人权保障的现实需要;二是防范国家公共权力滥用的需要。在人类社会的文明史上,人权保障一直未有制度性的重大突破的。唯有正当程序时代的到来,人权保障事业才取得了辉煌成就。“确定某种程序是否正当程序,必须视该程序重视人权的程度。因此,完全可以把人权保障与正当程序相提并论。”[④]美国最高法院也把正当程序解释为“在美国人民的传统和良心中被认为是基本的权利”。[⑤] 实际上,正当程序理论所蕴涵的全部价值理念,都突出表现

① [德]克劳思·罗科信著:《德国刑事诉讼法》,吴丽琪译,法律出版社2003年版,第13页。

② 锁正杰著:《刑事程序的法哲学原理》,中国人民公安大学出版社2002年版,第215页。

③ 同上,第214页。

④ [日]田口守一著:《刑事诉讼法》,刘迪等译,法律出版社2000年版,第12页。

⑤ 欧阳曙:“当前我国法学界关于法律程序几个问题的研究综述”,载http://www.cc.org.cn。

强调人权至上和对国家公共权力限制的目的同一性。正当程序所具有的“约束专横的权力”、“对于恣意的限制”、“理性选择的保证”、“作茧自缚的效应”、“反思性整合”等功能,都说明以正当程序为目的设计的刑事诉讼法,就是一部能够防范国家公共权力滥用的限权法。在这层意义上,刑事诉讼法实际就是维护正当程序的限权法,这对完善我国刑事诉讼法及刑事司法体制建设具有重要的启示意义。

3. 以正当程序保障人权,是对现代刑事诉讼目的范式准确且完整的描述。这一理论范式的确立,真正实现了刑事诉讼目的研究范式的突破和研究取向的意向性变革,奠定了我国刑事诉讼法的价值基础,决定了刑事诉讼法的性质和发展走向,扩展了刑事诉讼法学研究的视野,为刑事诉讼法学的繁荣创设了理论前提。纵观世界各国的刑事诉讼法,其核心内容无不是围绕着保障人权和正当程序展开的,两者齿唇相依,相互作用,共同构成了刑事诉讼法学的宏大理论体系。所以,以正当程序保障人权,比较全面地概括了现代刑事诉讼目的范式。一方面,把人权保障目的置于刑事诉讼目的的核心地位,充分体现了刑事诉讼规律的要求和刑事诉讼法的时代特征,并且成为影响刑事诉讼立法和司法实践的决定性力量。所以,以正当程序保障人权目的范式充分容括了人类社会先进的法理念、法文化以及实践智慧。另一方面,这一理论范式又不是一句空洞的口号,它通过构建完善的权力制衡机制和权利保障机制,确保刑事诉讼所追求的理想目标能够变为实实在在的现实效能。正如西方法谚道:无保障的权利不是权利。刑事诉讼法只是宣称人权保障神圣还是远远不够的。刑事诉讼法人权保障目的的实现,必须依靠正当程序建设。没有正当程序的保障,刑事诉讼法就会变异为“没有牙齿的法律”,就会像“稻草人”一样不可能在司法实践中产生力量,人权保障就必然沦为空话。显然,以正当程序保障人权新范式,充分体现了刑事诉讼自身目的价值与手段价值的统一。一般认为,手段价值是为着实现目的价值而采用的工具性价值。目的价值只有借助手段价值才是现实的。相对于刑事实体法,正当程序具有独立性质、独立地位和独立价值,无疑就是刑事诉讼目的,具有目的价值。而相对于刑事诉讼中的人权保障目的,正当程序的手段价值也是非常明显的。这一哲学原理同时说明,无论刑事诉讼法设计得多么精致,如果不符合正当程序的内在要求,其人权保障目的价值是永远也不可能实现的。所以,作为一种被唤醒的意识,刑事诉讼目的以正当程序保障人权新范式的确立,必将极大地拓展刑事诉讼法学的研究视野和发展空间,进一步丰富刑事诉讼法学的理论体系。

总之,通过对刑事诉讼目的双重论的反思、清理、改造和发展,笔者力图构建一种既吸收人类社会先进诉讼法律文化又能够有助于改善中国现实国情的全新刑事诉讼目的范式，以进一步繁荣我国刑事诉讼法学理论研究。在社会科学中，任何一种新范式的确立，都必将引发该领域的革命性转变和跨越式发展。因此，尽快走出刑事诉讼目的双重论的困境，实现以正当程序保障人权为中心的刑事诉讼目的范式的重大变革，必将有力地推进刑事诉讼法学新的思维方式、新的理论体系和新的刑事诉讼法理念的确立，进而指导和促进中国刑事法治化的历史进程，早日实现正当程序的统治。

（2005 年第 8 期）

# 2006年

# 法院成为刑事诉讼被告引发的思考

秦前红*

新疆乌鲁木齐铁路运输中级人民法院因涉嫌单位受贿罪,作为刑事被告由新疆昌吉回族自治州中级人民法院开庭审理。① 由于该案在我国首开法院作为刑事被告的先例,引发了广泛的争议。本文主要从法律规范以及法理的角度来探讨我国法院能否成为刑事被告。

## 一、依照现有法律规范法院可以成为刑事被告

在法治国家,法院是人民利益的最后一道防线,但法院作为独立的公法人主体,有着影响诉讼当事人权益的公权力,②也有自身的利益需求,③由于制度的漏

---

* 作者单位:武汉大学法学院。

① 乌鲁木齐铁路中级法院以乌鲁木齐铁路法官协会的名义收受他人财物,为相关中介机构谋取利益,非法索取、收受他人贿赂450万元,涉嫌单位贿赂罪被起诉到新疆维吾尔自治区昌吉回族自治州中级人民法院。本案涉及的问题是:法院作为刑事诉讼的被告,在现行法律中能否找到依据?如果将我国《刑法》所规定的单位犯罪主体中的"国家机关"简单按照宪法、组织法的条文规定进行理解,是否与我国宪政的精神相背离?对涉及法院刑事犯罪的个案,如何审判、执行刑罚和评价审判执行的社会效果等。——作者注

② 法院作为一个整体,其行为区别于其内部组成人员及其下设机构的行为。法院内部成员实施犯罪行为,成为犯罪主体自然是可能的。那么法院自身有没有独立的意志能力和行为能力呢?我国法律明文规定了法院依法独立行使审判权,强调的是法院作为一个整体的独立性,而不是强调法官个人的独立性。由此决定虽然在司法实践中法院的判决是由审判人员依据自己或者合议庭或者审判委员会的决定做出,但法院管理体制的行政色彩浓厚,实际上能够较强地干预审判。法院可以其单位意志影响判决,实际控制着审判权这一国家公权力。这与严格奉行法官个人独立的国家的法院有着不同,在严格奉行法官个人独立主义的国家,审判权完全掌握在法官个人或者由法官组成的审判组织之手,法院自身无法干预法官的判断,法院只是一个外壳,承担一些事务性的职责,没有独立的意志,也很难凭借居中裁判的权力实施犯罪行为。法官个人承担各种责任。

③ 目前我国司法机关的财政保障机制存在不足,致使每一个司法部门在办理案件时都和经济利益有着千丝万缕的联系。尤其是法院,由于有独立收取诉讼费的权力,有将执行物如何变现的权力,而这些权力的使用,都与法院及其工作人员的利益有着直接的联系。如果不让法院与企业化的经济利益之间进行隔离,必然会在追求自身经济利益的过程中利用其所掌握的公权力向他人"寻租",使法院及其所享有的司法权的性质发生异化,甚至可能成为被操纵的工具,其法律赋予法院的中立裁判地位也就丧失。参见李坚:"法院为何站到了被告席",载 http://fzjy. net/list. asp? unid = 6025。

洞或者是缺陷，以及各种主客观方面的原因，在具体的司法实践中法院利用公权力牟取自身利益或者损害诉讼当事人利益及社会利益，甚至是做出符合刑事法律所规定的犯罪构成要件的犯罪行为都是有可能的。法院在行使审判权的过程中难免会出现错误，在民事活动中也难免会与他人发生纠纷，前者可以通过审级制度、审判监督制度和国家赔偿制度得到救济，而后者也可以通过民事诉讼得到救济。那么依照我国现有法律规定，如果法院实施了犯罪行为，法院可否成为刑事诉讼的被告呢?

### （一）法院可以成为刑事法律中的犯罪主体

《人民法院组织法》规定了中华人民共和国人民法院是国家的审判机关。第19条规定:“基层人民法院由院长一人，副院长和审判员若干人组成。基层人民法院可以设刑事审判庭、民事审判庭和经济审判庭，庭设庭长、副庭长。”第20条规定:“基层人民法院根据地区、人口和案件情况可以设立若干人民法庭。人民法庭是基层人民法院的组成部分，它的判决和裁定就是基层人民法院的判决和裁定。”第24条规定:“中级人民法院由院长一人，副院长、庭长、副庭长和审判员若干人组成。中级人民法院设刑事审判庭、民事审判庭、经济审判庭，根据需要可以设其他审判庭。”第27条规定:“高级人民法院由院长一人，副院长、庭长、副庭长和审判员若干人组成。高级人民法院设刑事审判庭、民事审判庭、经济审判庭，根据需要可以设其他审判庭。”第29条规定:“专门人民法院的组织和职权由全国人民代表大会常务委员会另行规定。”第31条规定:“最高人民法院由院长一人，副院长、庭长、副庭长和审判员若干人组成。最高人民法院设刑事审判庭、民事审判庭、经济审判庭和其他需要设的审判庭。”由此可见各级法院下设的法庭是法院内部机构，不具有独立的主体资格。由院长、副院长、庭长、副庭长及审判人员等组成的各级人民法院是独立的国家机关，具有法人主体资格。

罪刑法定原则是一项具有普世性的法治原则，按照该项原则的要求，只有符合法律规定的犯罪构成要件的行为才被认定为犯罪，只有法律明文规定的犯罪主体才承担刑法上的法律责任。作为一个组织与单个的自然人有着诸多的不同，对组织的犯罪认定与单个自然人的犯罪认定也有很大的区别。我国现行刑法法律体系承认单位犯罪，并积累了一整套较为完善的关于单位犯罪的理论与实践经验。我国现行《刑法》第4章专门规定了单位犯罪，其中第30条规定:“公司、企业、事业单位、机关、团体实施的危害社会的行动，法律规定为单位犯罪的，应当负刑事责任。”第31条规定:“单位犯罪的，对单位判处罚金，并对其直接负责的主管人员和其他直接责任人员判处刑罚。本法分则和其他法律另有规定的,依照规定。”其中机关是指国家机关,法院是我国国家机关的重要组成部分之一,依照我国《刑法》的规定,从文字和逻辑上没有把司法机关的犯罪排除在刑事惩罚之外。① 此外在《刑法》分则中规定了多项单位犯罪的罪名,除了有特殊规定必须由某类单位的行为构成的罪名以外,其他笼统规定了“单位”犯罪处罚条款的法院作为“单位”都可能触犯。由此可见依照现行《刑法》,法院可以成为法律所规定的犯罪主体。

**(二)法院不享有刑事司法豁免权**

依照现行法律体系的制度设计,我国当下法院不应当亦并不享有刑事司法豁免权。主要理由如下:

首先,法院存在的宗旨和职责决定了法院不应享有刑事司法豁免权。在奉行法治原则的国家,原则上所有公权力只要不妨碍政府之功能时,就必须负担完全的法律责任与义务。②《人民法院组织法》第3条规定:“人民法院的任务是审判刑事案件和民事案件,并且通过审判活动,惩办一切犯罪分子,解决民事纠纷,以保卫无产阶级专政制度,维护社会主义法制和社会秩序,保护社会主义的全民所有的财产、劳动群众集体所有的财产,保护公民私人所有的合法财产,保护公民的人身权利、民主权利和其他权利,保障国家的社会主义革命和社会主义建设事业的顺利进行。人民法院用它的全部活动教育公民忠于社会主义祖国,自觉地遵守宪法和法律。”与犯罪作斗争是法院的职责所在,法院自身的犯罪行为亦当列入其审判视野,否则即与其存在的宗旨和职责相违背,在极端的情况下会造成对整个法治大厦的颠覆。

其次,法律面前人人平等的法律原则决定了法院不得享有刑事司法豁免权。我国现行《宪法》第5条规定:“中华人民共和国实行依法治国,建设社会主义法治国家。国家维护社会主义法制的统一和尊严。一切法律、行政法规和地方性法规都不得同宪法相抵触。一切国家机关和武装力量、各政党和各社会团体、各企业事业组织都必须遵守宪法和法律。一切违反宪法和法律的行为,必须予以追究。任何组织或者个人都不得有超越宪法和法律的特权。”现行《刑法》和《人民法院组织法》都具体规定或者体现了这一原则。法院作为国家审判机关,掌握着居中裁判的权力,自身即为铲除不平和实现权利救济的最终场所,法院的这一特点使它具有区别于其他组织自身的特殊性。但在我国,并不因为法院的特

① 在有关单位犯罪的刑事立法过程中,部分学者曾提出不宜把国家机关作为刑事犯罪主体的主张,但此种意见并没有被立法机关所采纳。至于对国家机关的界定,中国刑事法律和“两高”司法解释则一向遵从了中国宪法的有关规定。

② 陈新民著:《德国公法学基础理论》(上册),山东人民出版社2001年版,第61页。

殊地位和作用而使其在法律面前享有特权,其所享有的能够影响民众权益的公权力,恰恰应当是法律防范的重点。犯罪行为社会危害极大,法院的犯罪行为更是对法律权威的无视和社会法制秩序的践踏,必须要纳入法律的轨道,通过司法程序加以矫正。否则审判权就会蜕变成不受刑事法律约束的特权,法院就会沦为被刑罚遗忘的特权机关。

再次,法院享有刑事司法豁免权在我国没有法律依据。我国是一个区分公法与私法的成文法国家,在公法领域,国家机关所享有的各项权力都需要宪法和法律的明确授权,没有宪法和法律的授权即不享有权力。刑事司法豁免权可以使法院免于受到刑事追诉、免于刑事处罚和诉讼过程中的强制措施,实际上也是赋予法院的特权,必须要有宪法和法律的明确规定。对此,《刑事诉讼法》第15条规定:"有下列情形之一的,不追究刑事责任,已经追究的,应当撤销案件,或者不起诉,或者终止审理,或者宣告无罪:(一)情节显著轻微、危害不大,不认为是犯罪的;(二)犯罪已过追诉时效期限的;(三)经特赦令免除刑罚的;(四)依照刑法告诉才处理的犯罪,没有告诉或者撤回告诉的;(五)犯罪嫌疑人、被告人死亡的;(六)其他法律规定免予追究刑事责任的。"法院犯罪可以排除于第一、二种情形之外,可能与第三种和第六种情形相符,而在我国现行的法律体系中,并不能找到此类情形处理的明确规定。此外,刑事司法豁免有其丰富的含义,既可以指免于被起诉,也可以指可以被起诉但免于刑事强制措施及免于刑事处罚。因此即使法律规定了其享有某项豁免的权力,也未必绝对导致法院不能成为刑事诉讼的被告。

最后,法院在刑事诉讼中没有或者罕见被追诉的现实,并不表明法院在刑事诉讼中不能被追诉。法院自身的特殊职能使在一个法制健全的国家,法院极少有犯罪的可能,因而也极少会受到追诉。以往我国法院没有被刑事追诉有着多种原因,如法院自律较好,或者有犯罪行为而尚未被检察机关查出等,但绝不是不允许法院被刑事追诉。

## 二、法院作为刑事被告在实际操作中所面临的困难

通过以上分析可知,依照法律规定法院可以作为刑事诉讼的被告。但法院自身所具有的审判者的身份、法院作为国家机关的特殊性、法院在法制建设中所扮演的重要角色以及普通民众对于法院所寄予的较高甚至近于苛刻的期望等,使法院作为被告进入刑事诉讼程序后,在实际操作层面上会面临较多的困难,主要表现在以下几个方面:

首先面临的问题是:由我国《刑事诉讼法》第12条:"未经人民法院依法判决,对任何人都不得确定有罪"的规定可见,即使是法院作为刑事诉讼的被告最终还是由法院审理,这不免有"做自己案件的法官"之嫌,有违司法公正。于是就面临这样一个难题,一方面,刑事案件必须由法院审理;另一方面,被审理的对象也是法院系统中的成员。如何确定管辖,实施回避制度,确定回避的标准便具有特殊性。解决之道在于:首先在观念上必须树立尽管有个别法院犯罪的现象,但对国家的整个法院体系必须持信任的态度,其次可以考虑参照法院作为民事诉讼被告的做法,提高管辖法院的级别、公开审理、加大公众监督的力度以及严格执行个人回避制度等方式减少司法不公的可能性。而且不能因一个法院有犯罪的嫌疑而令整个法院系统回避,这种做法既不经济而且也不具有建设性。

其次面临的问题是:公法人作为单位犯罪人与私法人作为单位犯罪人两者之间犯罪行为应有明确区别,那么如何判断一个犯罪行为是法院的行为还是法院组成人员个人的行为呢?由于在私法领域实行私法自治,私法人在经营活动范围内的意识表示不能区隔为正当与非法的,只有其行为体现出对他人和社会的有害性时,才通过一定的形式要件将其行为认定为单位犯罪行为。相反,对于公法人来讲,其职权法定,意思表示受到法定职权范围的限制,所有意思表示必须是正当和合法的。法院的职责是独立审判,与审判无关的活动不能被视为法院的意思表示,这就不易于将犯罪行为认定为法院单位行为,而仅可作为法院组成人员的个人行为。在实际审判中这使对法院归罪相对困难。

再次面临的问题是:法院作为刑事诉讼的被告在诉讼持续期间可否正常行使职权?虽然没有经过法院的判决不能认定犯罪嫌疑人有罪,但是一般的犯罪嫌疑人在刑事诉讼中可能会受到刑事强制措施的限制,单位犯罪亦不例外,法院如果作为犯罪嫌疑人可能也会受到限制,这时法院可否正常行使职权?各个法院都有其管辖的案件,案件的发生是经常性的,不会因为法院成为刑事诉讼的被告而停止,而法院负有对属于其管辖案件审判的职责,虽然法律上也设计了管辖的变动制度,但法院也必须维持正常的运转。按照现行有关法律规定之精神,在法院作为刑事诉讼被告的案件中,对受追诉法院行使刑事强制措施要以该法院能够维持正常的运转为前提条件,如不对法院办公所必需的办公用房、设施、车辆等采取强制措施。可见,法院作为刑事诉讼的被告虽会对法院的日常工作产生负面的影响,法院在诉讼持续期间还是可以正常行使职权的。

最后面临的问题是:如果法院被判决有罪,如何落实刑罚?依据罪刑法定原则,单位犯罪成立所应受到的刑罚包括两个方面,对单位判处罚金,并对其直接负责的主管人员和其他直接责任人员判处刑罚。分则和其他法律另有规定的,依照规定。事实上,法院作为国家机关其受刑能力是极其有限的。如果法院有违规收费、小金库等非法收入会直接收归国有,罚金只能从国家的财政拨款中执行,法院犯罪的恶果最终转嫁到国家财政和纳税人头上,而且作为单个的国家机关,一旦缴纳罚金太多,势必影响其正常运转,这样的刑罚不能体现出惩罚性,对刑罚的科学性与确当性亦形成莫大的讽刺。而且为了保障法院的正常运转也不能将办公用房、设施、车辆等作为执行对象,这使得罚金难以落实。国家虽然可以建立对直接责任人员的追偿制度得到部分补偿,同时对于直接负责的主管人员和其他直接责任人员处以刑罚亦可体现出惩罚性,但这最终与追究直接责任人个人责任的结果无大差别。

## 三、法院作为刑事被告可能引发的宪政难题

依据上文所述,从规范分析的角度看,法院可以成为刑事诉讼的被告;从实践操作层面来看,法院作为刑事诉讼的被告在实际审判中面临困难,这些困难通过立法的完善可以部分地克服。但是,站在宪政国家的高度,从价值分析的角度思考,法院作为刑事诉讼的被告可能会引发若干宪政难题。

首先,按照法院可以成为刑事诉讼被告的逻辑推演下去,我国从最高到最基层的各级、各类国家机关在理论上都可以成为单位犯罪的主体。真要如此,恐怕在理论和实践上都会出现困境。比如,依照我国《宪法》之规定,我国国家机构体系中国家权力的配置严格遵守人民主权原则,由此使全国人民代表大会在我国国家机构体系中具有至高无上的地位,享有国家立法权和重大事项的决定权。其他国家机关包括人民法院都由各级人大产生。法院虽然享有居中裁判的权力,但审判权在国家权力体系中并不具有至上的地位。假如把最高权力机关作为犯罪主体予以刑事追诉,则既与我国的宪政体制不符,同时最高权力机关及其常设机关还可以利用修改宪法、宪法解释、重大事项决定、特赦等权力,使法院的刑事审判陷入非法和无能为力的状态之中。又如关涉最高审判机关作为单位犯罪主体的案件由哪个机关来审判定罪?涉及最高检察机关的单位犯罪又由哪个国家机关来提起刑事公诉?等等,都面临技术操作上的难题。笔者认为,鉴于以上原因,在我国宪政制度安排中逻辑性地暗含着某些国家机关不能也不应作为“单位犯罪”的主体,因此对刑事立法中的“单位犯罪”进行语义解释时,有权解释机关应作含义限缩的逻辑解释。

其次,法院如果被判有罪,是否会影响法院的权威,打击民众对法院的信任度?法院之所以能成为正义的最后屏障,势必应首先赋予其一个基本前提,即法

院的绝对权威性，这就要求法院在观念上具有绝对的完美性、无瑕疵性。这不是说法院做错的也要当成对的，而是应当把法院看成根本就不会犯错的绝对权威。这是在一个法治社会中，法院应有的地位，一个类似于上帝的地位。[①] 作为法律权威和社会正义的象征，法院必须时时刻刻去努力维护其权威性和正义性的社会形象。但是在实际生活中，特别是在我们这样一个法制还不健全，经济还不发达，各项资源相对稀缺，社会处于转型时期的大国来讲，法院的形象并不完美，司法腐败也常被诟病，法院实施犯罪行为亦实有可能。即便我们有勇气直面尴尬，严格践行法治的原则，判决法院有罪，但法院被判有罪会使得公众对公力救济产生不信任和畏惧的情绪，转而寻求私力的救济以解决各种纠纷，这势必会造成社会秩序的混乱，使原本极其不易培养起来的法治信仰也会随之遭到破坏。公众对法院公信的破灭对我们这个法治信仰尚显稚嫩的国家来讲，无疑是法治生命中的不可承受之痛。

## 四、余　　论

由乌鲁木齐铁路中级人民法院涉嫌单位受贿案所引发的法院作为刑事诉讼被告之追诉与审判问题，本着法治主义的立场，应该由相关法院，严格依照《刑法》和《刑事诉讼法》的有关规定独立进行审判。虽然此案的诉讼管辖、文书送达、刑罚执行都面临着具体操作的问题，但这些问题不能成为拒绝或者抗拒执行现行法律的理由，而且这些问题在现有法律空间内本身并非完全不可克服。如管辖问题本身可以通过指定管辖，提高管辖级别得到解决；刑罚的执行问题也可按照最高人民法院关于执行案件的司法解释，以不影响涉案法院正常履行审判职能为限；如果涉案人员太多导致法院不能有足够力量开展正常审判工作，也可以通过案件移送、由权力机关召开临时会议任免法院组成人员等措施来解决此项问题。

至于由本案可能引致的宪政难题，首先应在制度安排上与国际通例接轨，依照法律程序修改有关法院可以成为单位犯罪人的规定；即便按照中国当下惩治司法腐败的现实，不能做到完全废止此项规定，也应从制度设计的初衷上将法院工作人员的行为与法院的行为进行切割。避免人们轻易地将涉嫌刑事犯罪的法院与“犯罪的法院”画等号，从而影响法院乃至整个司法制度的公信力。由于刑

① 章栋：“法院不能成为被告”，载 http://law.zucc.edu.cn/files/student-shsj-5.htm。

事法律是我国的基本法律,其修改所需的立法成本较大,不可轻率进行,可考虑由最高立法机关通过特别刑法案,或者采行我国司法惯例由最高人民法院、最高人民检察院联合发布有关“单位犯罪主体适用范围”司法解释等办法,严格限制国家机关在单位犯罪中的适用范围,从而与我国宪政的精神保持一致。

(2006 年第 9 期)

# 2007 年

# 死刑核准制度中的法治问题

周永坤*



最近,全国人大常委会表决通过了《全国人民代表大会常务委员会关于修改〈中华人民共和国人民法院组织法〉的决定》(2006年10月31日第十届全国人民代表大会常务委员会第二十四次会议通过),决定将《人民法院组织法》第13条修改为:"死刑除依法由最高人民法院判决的以外,应当报请最高人民法院核准。"这又回到了1979年《人民法院组织法》的规定。这意味着从这一决定生效日期(2007年1月1日)起,最高人民法院将死刑核准权授予高级人民法院和军事法院行使的"授权"通知失去了"授权法"依据,因而将随之失效。这使人们长长舒了一口气,人命关天的死刑核准权几十年的非法治行使状态终于将有望得到解决。

众所周知,死刑制度是关乎人的生命权的重要法律制度,任何国家都对它予以特别的关注,死刑复核是我国刑事诉讼制度中一个特别的保障人权的制度,它是防止错杀的最后一条制度防线,充分体现了"慎杀"的立法目的。在刑讯逼供还有一定市场的我国现制下,死刑复核制度具有防止错杀、冤杀的特殊意义。但可惜的是,长期以来这一制度事实上处于非法治状态之中。我国是世界上执行死刑最多的国家,①加上我国刑事诉讼制度本身有过分依赖口供的传统,错杀和冤杀事实上一直存在。从媒体披露的有限错杀个案来看,无论在程序上或证据的可信度上都存在相当的问题,如果严格由最高人民法院行使死刑核准权,则它们中的大多数是可以避免的。已往之不谏,来者之可追,对其中的法治问题作一检视,无疑将对中国的法治建设大有裨益。

## 一、死刑核准制度的相关法律规定

1979年《刑事诉讼法》专设一章"死刑复核程序"(第四章),规定了死刑复

* 作者单位:苏州大学法学院。

① 据大赦国际统计,2004年有97%的死刑执行发生在中国、伊朗、越南和美国。根据有限的和可利用资料的不完全统计:在2004年中国至少有3400人被执行了死刑,真实数字被认为是更高的。伊朗执行死刑至少159人,越南至少64人。在美国,则从2003年的65人下降到2004年的59人。参见高一飞:"世界死刑立法和司法的最新动向",载樊崇义主编:《中国诉讼法判解》(第4卷),中国人民公安大学出版社2006年版。

核的主体与程序，这一章第 144 条明确规定："死刑由最高人民法院核准。"1996 年修订《刑事诉讼法》时，这一规定得以保留，放到了第 199 条。1979 年《刑法》第 43 条规定："死刑除依法由最高人民法院判决的以外，都应当报请最高人民法院核准。"1997 年《刑法》第 48 条作了相同的规定。可见，作为我国刑事法律制度基本法典的《刑事诉讼法》和《刑法》都明确无误地规定了死刑核准权在最高人民法院。1979 年《人民法院组织法》规定："死刑案件由最高人民法院判决或者核准。死刑案件的复核程序按照中华人民共和国刑事诉讼法第三编第四章的规定办理。"这一规定与上述《刑事诉讼法》和《刑法》的规定一致。1983 年 9 月 2 日，第六届全国人大常委会第二次会议通过《关于修改〈中华人民共和国人民法院组织法〉的决定》，决定之四将 1979 年《人民法院组织法》第 13 条修改为："死刑案件除由最高人民法院判决的以外，应当报请最高人民法院核准。杀人、强奸、抢劫、爆炸以及其他严重危害公共安全和社会治安判处死刑的案件的核准权，最高人民法院在必要的时候，得授权省、自治区、直辖市的高级人民法院行使。"这一修改保留了死刑核准权由最高人民法院行使的原则性规定，但是有一个限制性的授权条款：最高人民法院认为在必要的时候，得将部分死刑案件的核准权授予"省、自治区、直辖市的高级人民法院行使"。由于这一授权与《刑事诉讼法》第 144 条的规定相抵触，1979 年《人民法院组织法》第 13 条"死刑案件的复核程序按照中华人民共和国刑事诉讼法第三编第四章的规定办理"的内容被删除。以上是我国法律（狭义）对死刑复核制度的基本规定。

除了上述法律以外，全国人大常委会和最高人民法院以通知及决定的形式将死刑核准权下放给高级人民法院和解放军军事法院行使。1980 年 3 月 18 日，最高人民法院发出《法院核准死刑的若干具体规定的通知》，将部分死刑核准权下放给高级人民法院核准。1981 年 6 月 10 日，第五届全国人大常委会第十九次会议通过《关于死刑案件核准权问题的决定》，授权高级人民法院行使部分死刑案件的核准权。1983 年 9 月 7 日，最高人民法院依据修改后的法院组织法的授权，将部分死刑案件的核准权授予高级人民法院和解放军军事法院行使。

1997 年 3 月 14 日，全国人民代表大会对《刑法》进行了全面修订（1997 年 10 月 1 日生效），修改后的《刑法》第 48 条第 2 款规定："死刑除依法由最高人民法院判决的以外，都应当报请最高人民法院核准。"作为回应，1997 年 9 月 26 日，最高人民法院又一次发出通知（法发〔1997〕24 号）。这一通知规定："自 1997 年 10 月 1 日修订后的《刑法》正式实施之日起，除本院判处的死刑案件外，各地对刑法分则第一章规定的危害国家安全罪，第三章规定的破坏社会主义市场经济秩序罪，第八章规定的贪污贿赂罪判处死刑的案件，高级人民法院、解放军军事法院二审或复核同意后,仍应报本院核准。对刑法分则第二章、第四章、第五章、第六章(毒品犯罪除外)、第七章、第十章规定的犯罪,判处死刑的案件(本院判决的和涉外的除外)的核准权,本院依据《中华人民共和国人民法院组织法》第13条的规定,仍授权由各省、自治区、直辖市高级人民法院和解放军军事法院行使。但涉港澳台死刑案件在一审宣判前仍须报本院内核。对于毒品犯罪死刑案件,除已获得授权的高级人民法院可以行使部分死刑案件核准权外、其他高级人民法院和解放军军事法院在二审或复核同意后,仍应报本院核准。"这一规定的成功之处在于它比前几次的授权明确,同时,它规定了"报本院核准"的范围,使授权更加具体。

以上是具有全国性效力的改变死刑核准制度的通知,另外,还有两次对个别省份的高级人民法院授权的通知:1991年,最高人民法院发出通知[1991年6月6日法(刑一)发〔1991〕18号],该通知授权云南省高级人民法院核准部分毒品犯罪死刑案件(最高人民法院判决的和涉外的毒品犯罪死刑案件除外)。1996年,最高人民法院又发出通知(1996年3月19日法发〔1996〕1275号),该通知授权广西壮族自治区、四川省、甘肃省高级人民法院核准部分毒品犯罪死刑案件(最高人民法院判决的和涉外、涉港澳、涉台的毒品犯罪死刑案件除外)。

## 二、现实中的死刑核准规则与法治的冲突

但是,上述法律规定尤其是《刑事诉讼法》和《刑法》的规定并没有得到贯彻,事实上死刑核准权大部分是由高级人民法院和解放军军事法院行使的。这一实践与法治存在严重的冲突。

### (一)最高人民法院无权力改变《刑法》和《刑事诉讼法》的规定

1979年7月1日《刑法》和《刑事诉讼法》通过。这两个国家大法通过7个月后,1980年3月18日,最高人民法院发出《法院核准死刑的若干具体规定的通知》,该通知规定:"根据全国人民代表大会常务委员会〔80〕人大常委会字第10号通知,在1980年内,从1月1日起由公安机关立案侦查、人民检察院起诉的现行杀人、放火、抢劫、强奸等犯有严重罪行应当判处死刑的案件,本院已经授权各高级人民法院核准。"在相关法律没有修改的情况下,最高人民法院有没有权力改变死刑核准制度?虽然这一通知声称有一个更加有权力的"通知"为依据,它的合法性还是值得怀疑的。

### (二)死刑核准权转移形式中的法治问题

问题还是出在上述通知(1980年3月18日),从这一通知可以看出,全国人大常委会通过一个内部通知就将全国人民代表大会通过的"基本法"——《刑事

诉讼法》和《刑法》的内容废除了，虽然全国人大常委会有权对全国人民代表大会通过的法律进行修改和补充(《宪法》第67条第3款)，但是从宪法规定的原意来看，它无疑包含“通过立法程序、用法律形式”这样的限制，因为对全国人民代表大会制定的法律进行修改和补充无疑属于“立法”行为，立法行为当然要遵守立法程序，并以“法律文件”的形式公之于众。“内部通知”的产生无疑没有经过立法辩论这种起码的立法程序，“内部通知”毫无疑问也不是立法的合法表达形式。同样的问题出在最高人民法院的通知上。从通知中“本院已经授权各高级人民法院核准”的表述可以看出，在这一公开发表的通知之前，最高人民法院已经将死刑核准权不知以何种方式“授出”，然而社会上却没有看到最高人民法院在何时、通过什么方式将这一权力授出。看来最高人民法院也是以“内部通知”这种方式改变了国家大法的规定，且不说最高人民法院没有这样的权力，仅仅从形式上来说这一做法也是违反法治原则的——法律的公开性是基本法治原则。

**(三)由1980年通知和1981年决定间的空白产生的死刑核准权的非法行使**

1980年3月18日最高人民法院的《法院核准死刑的若干具体规定的通知》和全国人民代表大会常务委员会(80)人大常委会字第10号通知都规定，部分死刑核准权的“授出”限定在“1980年内”，而第五届全国人大常委会第十九次会议通过的《关于死刑案件核准权问题的决定》的生效时间是在1981年6月10日，那么，从1981年1月1日到1981年6月10日期间就存在一个授权的空白段。在此期间，1980年3月18日最高人民法院的《法院核准死刑的若干具体规定的通知》所规定的那些死刑案的死刑核准权不知由谁行使，如果仍然由高级人民法院行使，则是明显的非法，连形式上的合法性都没有了。

**(四)《关于死刑案件核准权问题的决定》相关规定的合宪性值得质疑**

1981年6月10日，第五届全国人大常委会第十九次会议通过《关于死刑案件核准权问题的决定》，规定在1981~1983年内，对犯有杀人、抢劫、强奸、爆炸、放火、投毒、决水和破坏交通、电力等设备的罪行，由高级人民法院终审判处死刑的，或者由中级人民法院一审判处死刑后被告人不上诉、经高级人民法院核准的，以及由高级人民法院一审判处死刑、被告人不上诉的，都不必报最高人民法院核准。人大常委会这一决定本身与宪法规定是否符合的问题有讨论的余地。《宪法》第67条第3项规定：“(全国人民代表大会常务委员会)在全国人民代表大会闭会期间，对全国人民代表大会制定的法律进行部分补充和修改，但是不得同该法律的基本原则相抵触”。上述人大常委会的通知如果与《刑法》、《刑事诉讼法》、《人民法院组织法》(1979)的基本原则相冲突，则违反上述宪法条文。问题是，《刑法》、《刑事诉讼法》、《人民法院组织法》中关于死刑核准的规定是否属于基本原则？1979年《刑事诉讼法》第一章为“指导思想、任务和基本原则”，第2条规定“保障无罪的人不受刑事追究”，复于第10条规定“人民法院、人民检察院和公安机关应当保障诉讼参与人依法享有的诉讼权利”。从上述规定出现于规定基本原则的第一章中可以推断“保障诉讼参与人依法享有的诉讼权利”是《刑法》与《刑事诉讼法》的基本原则。死刑核准程序规定的当事人的诉讼权利（由最高人民法院核准）对于被判处死刑的当事人来说是事关生命被剥夺与否的权利，是极其重要的权利，依据整体解释方法，这一条规定的“保障诉讼参与人依法享有的诉讼权利”应当是《刑事诉讼法》的基本原则。因此，依笔者愚见，人大常委会上述决定有违反《宪法》之嫌。

**（五）最高人民法院1983年9月7日的通知存在越权**

1983年9月2日，第六届全国人大常委会第二次会议通过《关于修改〈中华人民共和国人民法院组织法〉的决定》，决定之四除了保留死刑核准权由最高人民法院行使的原则以外，加了一个“授权”条款，这一条款规定：“杀人、强奸、抢劫、爆炸以及其他严重危害公共安全和社会治安判处死刑的案件的核准权，最高人民法院在必要的时候，得授权省、自治区、直辖市的高级人民法院行使。”

这一条款是最高人民法院将死刑核准权“授出”的法律依据。依据这一授权，最高人民法院于1983年9月7日发出通知，通知规定，“为了及时严惩严重危害公共安全和社会治安的罪大恶极的刑事犯罪分子，除由本院判决的死刑案件外，各地对反革命案件和贪污等严重经济犯罪案件（包括受贿案件、走私案件、投机倒把案件、贩毒案件、盗运珍贵文物出口案件）判处死刑的，仍应由高级人民法院复核同意后，报本院核准；对杀人、强奸、抢劫、爆炸以及其他严重危害公共安全和社会治安判处死刑的案件的核准权，本院依法授权由各省、自治区、直辖市高级人民法院和解放军军事法院行使”。最高人民法院这一司法解释（广义）将部分本应由它行使的死刑核准权授出，依据是修改后的《人民法院组织法》，本无不妥。但是，依据法治的一般理性与原则，既然人民法院的这一行为是依据组织法的规定作出的行为，它的行为范围就不能越出组织法授权条款的内容。但是，1983年修改后的组织法的授权是“授权省、自治区、直辖市高级人民法院行使”。而最高人民法院1983年9月7日的通知却“授权由各省、自治区、直辖市高级人民法院和解放军军事法院行使”。其中向“解放军军事法院”的授权明显缺乏法律依据，是“越权授权”。而且在平时，对于非军事性案件的死刑核准权由军事法院行使也明显与法治原则不合。从授权法的一般理论来看，最高人民法院的这一授权还存在一个问题，那就是，死刑核准权是由最高人民法院行使的，它的授出因而是有条件的，必须有时间限定，而这一授权恰恰是没有时限的。

**(六)违反法的安定原则**

法的安定性是法治的重要原则,朝令夕改使法律失去它的预测功能,结果不但影响法律的权威,法律功能的发挥,也对公民的权利构成潜在的威胁,因为在一个轻易变动的法制下,公民难以知晓与维护自己的权利。而我国 1979 年刚刚通过《刑法》、《刑事诉讼法》和《人民法院组织法》这三部事关国家宪政和公民权利的大法,不到 1 年,它们的重要内容就被修改,且不问这种修改是否合法,单单从法的稳定性角度来看,它就与法治原则不符。

**(七)关于死刑核准权的大法长期处于矛盾状态,有违法的不矛盾性原则**

1979 年《刑法》、《刑事诉讼法》、《人民法院组织法》都规定:"死刑除依法由最高人民法院判决的以外,都应当报请最高人民法院核准。"这本来很好,但是 1983 年的《人民法院组织法》却规定"最高人民法院在必要的时候,得授权省、自治区、直辖市高级人民法院行使",这就产生了三个大法关于同一事项的规定存在明显矛盾的情况,而 1996 年、1997 年修改《刑事诉讼法》和《刑法》时立法者仍然无视这一矛盾。如果立法者认为《人民法院组织法》的规定好,那么在修订《刑事诉讼法》和《刑法》的时候就应当对这两个法律作相应的修改;如果《人民法院组织法》的规定不好的话,就应当对它作出修改,以期与《刑事诉讼法》、《刑法》的规定相一致。但是,我们的立法者对此却置若罔闻,一直让它存在了 23 年,留由自己任意选择,这在一个法治国家是不可思议的。

**(八)1983 年后选择适用《人民法院组织法》不符合法律位阶原则**

位阶原则是法治重要原则。法治不仅要求有法可依,而且要求法治之法是一个全逻辑的体系,在一个由不同位阶规范组成的法体系中,高位阶的法优先是法治的形式要件。我国《立法法》已经规定,在解决法律冲突的时候,如果法律位阶相同,则应当适用新法优于前法的规则。《刑法》、《刑事诉讼法》与《人民法院组织法》同属于由全国人大制定的基本法律,在效力等级上处于同一位阶。这样,按照上述规则,在 1997 年修订后的《刑法》与《刑事诉讼法》均明确规定死刑案件核准权由最高人民法院行使的情况下,仍援引前法即《人民法院组织法》的有关规定,下放部分死刑案件的核准权,这不但违反《刑法》、《刑事诉讼法》的规定,也与《立法法》规定的"同一机关制定的法律……新的规定与旧的规定不一致的,适用新的规定"不相符。

## 三、余　　论

上面的评价只是规范层面上的,从司法审判的实际情况来看,最高人民法院下放的死刑核准权均为司法实践中多发、量大的犯罪。据此可以推断,我国判处死刑的案件,绝大多数都是由高级人民法院和解放军军事法院核准的。[①] 因此,不仅《刑事诉讼法》、《刑法》的规定没有贯彻,就连1983年修改的《人民法院组织法》的规定也是名存实亡。死刑核准权的下放存在明显的弊端。起码有:致使死刑复核程序名存实亡,死刑核准程序和死刑二审程序的"合一"在许多地方是不争的事实;死刑案件的质量难以得到保证,它是许多错杀案件的直接制度原因;导致死刑适用标准的空间性失衡;导致死刑过多、过滥的适用。

1979年处于我国思想最为解放的时期,所以才有三部法律同时规定死刑核准权归最高人民法院的立法,这是一个时代的进步。[②] 但是,这一制度却空转了近30年,大法的规定几乎没有得到实施,这是一个值得深思的问题。

俗话说,上天有好生之德,人死不可复生,所以历来的立法者对死刑都十分慎重,冤杀尤其为历代统治者所力避,因为那是"违背天意"的,构成对统治合法性的质疑。窦娥之冤引起天怒,致六月大雪。作为制度,我国古代实体法上的罪疑从轻原则,事实上就有疑犯得免死的功效。从程序法上看,我国古代历来处死犯人的权力是由中央政府独断的,地方大员都没有合法杀人的权力,死刑案件由中央司法机关核准是中国几千年的传统(当然有例外)。除此以外,还有向皇帝奏请批准的制度,在唐代,甚至一度发展到"五复奏",在一般的朝代也是"三复奏"。正是这些程序性的制度,在清明的朝代有效遏制了死刑的过量。新政权成立的初期常常被认为是"乱世",依"刑乱世用重典"的古训,唐代初年当是杀人如麻,但令人惊异的是,在唐代最初的4年中,一共才杀了29人,平均1年7人略多。这无疑得益于它的核准制度,当然更多的是当时的统治者的仁恕立国的精神境界。

今天,从法治的角度来看,死刑核准权统一行使的作用当然不仅仅在于防止错杀、冤杀,它的作用起码还有:(1)统一行使死刑核准权有利于在实践中统一

---

① 只能推断,因为我国的死刑数是"国家秘密",应当说,这本身是非法治的。死刑是涉及公民生命的刑罚,国家有义务向人民公布死刑判决与执行情况。事实上,在法治国家,国家有义务向人民公布"犯罪白皮书",这是阳光政府的要求。

② 从新政权成立到1979年前,我国没有刑事诉讼法和刑法,1954年《人民法院组织法》第11条第5款规定:"中级人民法院和高级人民法院对于死刑案件的终审判决和裁定,如果当事人不服,可以申请上一级人民法院复核。基层人民法院对于死刑案件的判决和中级人民法院对于死刑案件的判决和裁定,如果当事人不上诉、不申请复核,应当报请高级人民法院核准后执行。"这一制度似乎可以称为"死刑三审终审"的制度,"核准"是给予死刑案件当事人的"特别上诉权",以此来防止错杀。但是由于当时基层法院对于死刑案件有审判权,所以事实上死刑核准权是由最高人民法院和各高级人民法院共同行使的,但是没有解放军军事法院。

全国死刑量刑标准,实现刑罚空间上的均衡,更多地实现司法公正。(2)死刑核准权的统一行使可以从制度上减少死刑的实际执行。我国长期以来过多地执行死刑无疑是一个重大的问题,[①]其原因之一在于核准权的下放,使地方大员掌握了死刑大权,他们常常为了自己的政绩而随意"从重"解释刑法。在特殊的时期,甚至出现各省"比赛"死刑量的极端情况。死刑核准权的统一行使就从制度上将这一漏洞堵死,从而在整体上有利于控制和减少死刑。(3)有利于提高我国的国际声望。现在,过多的死刑无疑影响我国的国际声誉,通过死刑核准权的统一行使以减少死刑,无疑将提高我国的国际声誉。死刑案件核准权的下放,固然有其特殊的历史背景和客观原因,但是绝不是所谓的"乱世"的需要所致,而是阶级斗争为纲的观念在作怪。这从历次下放核准权的理由就知:"治安形势以及及时打击严重刑事犯罪的需要",治安一出现问题就加重刑罚(下放核准权其实是一种隐蔽的加重刑罚的方式),这体现出阶级统治工具主义法律观在立法界处于强势地位,体现出在相关授权法律中人权维度的缺失。当然,也早就有有识之士对此提出质疑。在1996年修改《刑事诉讼法》时,最高人民法院就曾酝酿收回死刑核准权;2005年,最高人民法院发布的第二个五年改革纲要对此提出要求;在十届二次全国人民代表大会上,秦正安代表、李玉臻代表就提出,死刑核准权应当由国家最高司法机关直接掌握,统一行使。但是可惜的是,这些都没有引起立法者的重视。它表明,在一个传统人治的国家建设法治,法治观念的先行是何等的重要;要确立法治观念,最重要的是要去除阶级斗争为纲法观念的残余,确立马克思、恩格斯的"一切为了人的自由和解放"的法观念。

现在,这一问题终于得到解决,这是中国国家的大幸,也是中国人民的大幸,我们期待着它得到切实的贯彻。

(2007年第1期)

① 据大赦国际统计,2004年有97%的死刑执行发生在中国、伊朗、越南和美国。根据有限的和可利用资料的不完全统计:在2004年中国至少有3400人被执行了死刑,真实数字被认为是更高的。伊朗执行死刑至少159人,越南至少64人。在美国,则从2003年的65人下降到2004年的59人。参见高一飞:"世界死刑立法和司法的最新动向",载《中国诉讼法判解》(第4卷),中国人民公安大学出版社2006年版。以此推算,上述4国2004年至少共执行死刑3682人,以此可以推算出2004年全世界至少共执行死刑3796人,而其中中国至少占89.6%。而这显然是一个"至少"的数字。就凭这一"至少"的数字,难道还不应当引起我们的警醒吗?

# 公捕大会应依法禁止

申君贵* 臧艳华**



对犯罪嫌疑人实施公开逮捕,是很多地方司法机关喜欢选择的方式。无论是纸质新闻媒体还是网络新闻媒体,都对公捕大会进行过大量的报道。上百度网搜索,可以找到与公捕大会有关的消息约38,700条;上Google网搜索,则可以找到与公捕大会相关的消息约624,000条,由此可见,公捕大会的影响确实不容小觑。近年来,公捕大会的问题已经引起了社会各界的极大关注。赞成者认为公捕对威慑犯罪分子、减少刑事犯罪、教育民众遵纪守法、维护社会秩序的安定与政治的稳定方面起着积极的作用;反对者则担忧在追求诉讼文明与诉讼经济、倡导以人为本的刑事诉讼理念的司法改革进程中,公捕将造成对犯罪嫌疑人人格尊严的侵犯,对无罪推定、正当程序、诉讼及时和保障人权等一系列诉讼原则形成冲击。笔者认为,刑事法治视野下的刑事诉讼,应当强调把国家惩治犯罪的活动纳入诉讼轨道,在注重打击犯罪的同时应注重程序的正当性,尤其要强调国家打击犯罪的方式和手段的正当性。而公捕大会严重背离刑事诉讼的理念和基本原则,因此不宜召开,并有必要从根本上禁止这种做法。

## 一、公捕大会的性质及其背景

### (一)公捕大会的性质

公捕大会简称为"公捕",顾名思义即指通过召开群众大会的形式(地点一般设在大礼堂、体育馆、广场及一些能容纳成百上千人的公共场所)对数名甚至数十名或者更多的犯罪嫌疑人公开宣布并执行逮捕。其做法各地不一,通常是先让巡游车队押犯罪嫌疑人游街,然后到指定地点让犯罪嫌疑人面对成百上千的群众,公安机关负责人在宣读犯罪嫌疑人罪行后公开宣布对其执行逮捕。与会人员除了普通民众,一般还有纪委、市委、人大、政协、检察院甚至法院等相关部门领导。召开公捕大会,在执法机关看来目的主要有以下几个:第一,结合犯

---

* 作者单位:湘潭大学法学院。

** 作者单位:湘潭大学法学院。

罪率上升、案件增多、社会影响大的特点，号召群众揭发和打击犯罪；第二，震慑犯罪分子，杀鸡儆猴，弘扬正气，促使高危人群自首，遏制犯罪；第三，营造强大的舆论氛围，对群众开展法制教育；第四，表明政府打击犯罪的信心和决心，提供社会安全感。正因为执法机关认为公捕能实现上述目的，所以，许多地方司法机关对公捕可以说是钟爱有加。然而在笔者看来，就其性质而言，公捕其实就是一种运动式的执法活动。而运动式执法的形式主义特征十分明显，所带来的弊端也已经暴露无遗。

### （二）公捕大会的起源及发展

公捕源于近代的“批斗”和“游街”。“批斗”和“游街”也是通过巡游和开大会的形式揭发和批斗那些“有罪”之人。“批斗”和“游街”最早来自1926年前后的湖南农民运动，后来中国共产党于土地革命时期，在反对地主阶级剥削和压迫时也采用过。不容置疑，在半殖民地半封建的中国，帝国主义和封建势力相互勾结以压迫中国人民，广大人民群众长期处于水深火热之中，而中国共产党在发展初期力量比较薄弱，要取得新民主主义革命的胜利，实现人民当家做主，必须依靠群众。而“批斗”和“游街”能最大限度地发动群众、打击腐朽势力。对官僚资产阶级和地主用“批斗”和“游街”方式，来揭露其丑恶行径，增强人民群众争取革命的信心具有重要的作用。

新中国成立初期，政权还不是十分稳固，国内反革命残余势力的活动还很猖獗，而对于刚获得解放的人民群众来说，他们对反革命分子和地主天生就怀有一种仇恨感，而“批斗”和“游街”作为宣泄愤怒和仇恨的最好武器，被广泛地用来打击反革命势力。在阶级斗争占主要矛盾的当时，人民根本就无暇顾及法律文明。“文化大革命”时期，法律成为政治运动和阶级斗争的牺牲品，整个社会处于变形阶段，“批斗”和“游街”被疯狂地用来打击所谓的走资派，造成了大量的冤假错案，整个社会几乎无文明可言。

20世纪80年代和90年代初期，在改革开放的进程中，新制度的变革和配套机制的缺失，刑事犯罪率明显上升，为安定社会、打击犯罪分子的嚣张气焰，司法机关组织了一个又一个的大规模的“严打”专项斗争。在“严打”中，公捕继续发挥着重要作用。以上可以看出，“批斗”、“游街”和“公捕”在特定的时期由于历史背景、社会环境和人们认识的局限性存在其一定的合理基础，它在建立政权、巩固统治、维护社会秩序方面起了必要的作用。

### （三）公捕大会的观念基础

辩证唯物主义认为，意识能动地反映世界并指导实践，人的一切活动都是在意识的指导下有目的地进行的。毋庸置疑，公捕的存在与我国独特的传统文化和民族观念密不可分。

1. 它和我国的“治乱世用重典”传统法制理念及古代的专制主义有密切关系。为了维护政权，统治阶级总是不惜采用最严厉的手段来对付各种危害社会的行为。

2. 公捕深深植根于我国传统的法文化。中国在几千年的传统法律文化中视法为“惧暴”、“止乱”的工具，人们对法律的认识仅限于威严和惩罚。新中国成立后“法是阶级斗争的工具”的马克思主义观念很快在中国确立。“以刑法代表的法律就是制裁、惩罚、镇压的功能在新社会的中国人心中再一次扎根、强化……导致的结果是……同犯罪行为的斗争不采取法律方式，而喜欢采取群众运动的政治斗争形式。”①人们与法律之间存在巨大的隔阂和抵触。

3. 公捕深受我国传统民族文化的影响。中华民族是个注重礼教和文明秩序的民族，然而爱面子的民族特性使得中国人对丑恶和犯罪行为一点都不能容忍。这种爱憎分明、疾恶如仇的民族品行又在社会主义的许多教育中加强。②如阶级斗争，要么情同手足、要么残酷无情，普通人际关系也是如此。对丑恶的东西，无论怎么批判，似乎都不足以平息心中的怒火。按儒家文化，“坏人”已不是人，一旦成为罪犯就毫无权利和尊严可言。③ 正是由于这种文化传统使国人对罪犯很痛恨，即“民愤”。“民愤”在我国的法律中具有十分重要的作用。我国在立法和司法过程中渗透了许多的感情因素，公捕便是其集中体现。

## 二、公捕目的何在

公捕的目的十分清楚，即震慑犯罪、宣传法制、教育群众。然而，唯物辩证法认为，一定的事物只是在相对的时间和空间范围内活动，事物总是运动变化发展的。这些目的在以人为本的文明社会中、在依法治国的改革进程中是否能真正达到？笔者认为，公捕只会形成一种短暂的结果，欲真正遏制犯罪、营造正义氛围、建设和谐社会，我们需要寻找更科学、民主、文明的方法。

### （一）公捕能教育群众、宣传法制？

在公捕大会上，执法机关为达到所谓的教育和宣传目的，将犯罪嫌疑人“展示”于公众面前，让其羞愧、自责。透过执法人员满足的表情，我们感受到法律

① 蔡定剑著：《历史与变革》，中国政法大学出版社1999年版，第299页。

② 同上，第299页。

③ 同上，第302页。

的“残”与“暴”，这根本不是在教育而是在恐吓。公捕不过是一种公开的暴力表演，以其合法的形式宣传暴力，使人们滋生暴力心理。在这种杀鸡儆猴的表演中，公众只不过是尊严同样受到损害的被警示的“猴”而已，这体现了公权力对民众的不信任态度，更表明了公权力在微不足道的个人面前是何等强大。在权利本位的今天，人们的权利意识逐渐增强。在公捕大会上，民众大多不再是原来的那些热血沸腾的“看客”，他们习惯于从权利的角度来看整个表演。尽管公安机关指出犯罪嫌疑人犯某种罪行的证据如何确凿、罪行如何令人发指，但公众会发觉，在强大的公权力面前，那些在众目睽睽下一言不发的犯罪嫌疑人是何等渺小与无助。似乎公权力的残暴和不义之举值得赞美和惊叹，而这些犯罪嫌疑人曾经的无知和残暴却为人所憎恨甚至恐惧。“一项刑事诉讼程序相对于另一项刑事诉讼程序而言，即使在形成案件事实真相方面，并没有任何劣势，但如果它使被告人、被害人的诉讼主体地位和人格尊严受到贬损，使他们受到不公正的对待，那么，人们也会因此对程序本身作出‘不公正’、‘不合理’的道德评价。”①在公捕中，犯罪嫌疑人仅是一种泄恨的工具，无所谓主体和尊严，民众感受到的是法律的残忍和暴力，体会到的是公权力行使者的高高在上、盛气凌人，整个过程是非公正和理性的。更为重要的是，这会引起人们对整个法制的怀疑，被怀疑的法律又何来威严？一切政治法规越是有助于促进在它们指导下生活的那些人的幸福就越是得到尊重。② 而公捕不是在指导人们如何进入幸福之门，捍卫自己的权利，而是在昭示法律的惩罚与威严，教育人们盲目地顺从。“在亚里士多德看来，法律实现的目的就是在人与人、人与社会之间建立一种和谐、良好的秩序。”③在我国执法机关的眼里，刑事制度中的强力和权威的观念似乎比公正的观念更重要，法律实现的目的不是建立一种和谐的秩序，而仅仅是打击犯罪。这种教育和宣传，只会引起人们对暴力的依赖、对正义的曲解，引导大众向封建社会的刑事司法中复归。

**(二)公捕能真正遏制犯罪?**

在公捕大会上，犯罪嫌疑人被无情地置于大庭广众中，接受众人的指责。这不仅是对他身体的折磨，更是对他精神的摧残。执法机关在惩罚他们时，似乎从来都不会去考虑他内心的感受和想法。但是，无论人如何被视为自私自利，在其本性中显然还存在某些自然的倾向，使他能去关心别人的命运，即使是“最大的

① 陈瑞华著:《刑事审判原理》，北京大学出版社 1997 年版，第 51 页。

② [英]亚当·斯密著:《道德情操论》，蒋自强等译，商务印书馆 2006 年版，第 211 页。

③ 汪太贤著:《西方法治主义的源与流》，法律出版社 2001 年版，第 42 页。

恶棍,极其严重违反社会法律的人,也不会全然丧失同情心”。[①] 这里的“同情”,亚当·斯密理解为人们对任何一种激情的同感。犯罪嫌疑人也是有血有肉、有着丰富思想和感情的人,他不可能对大会上在场人异样的目光、指责没有一点感觉。“在作出骇人听闻的行为时,也许他并没有感到羞耻、害怕和恐惧,但是当他冷静地反思过去的行为时,他不能再谅解那些影响自己行为的动机,那些动机现在对他来说,显得极为可厌。他自己成了自我嫌恶和憎恨的对象。同时他感到自己成为了人们愤恨和声讨的对象,这使他充满了恐惧和惊骇,周围的人拒绝对他表示同情,他似乎与社会隔离了,他更乐于逃到一个荒凉的无人世界中去。”[②]在公捕大会上接受声讨的犯罪嫌疑人是孤独的,在他的眼里,一切似乎对他充满了敌意,因为他从人们的表情中觉察到对他罪恶的谴责,他更乐于逃到一个无人的世界中去,没有比孤独更可怕的事情了。在强大的国家权力和公共舆论面前,他选择沉默,因为他即使请求谅解,侦查人员、检察人员只会异口同声地谴责他,何况他还没有请求的机会。当这种痛苦逐渐累积到他不能承受的地步时,他可能会走向另一个极端。这也许是为什么在司法实践中有那么多的翻供,社会上有如此多“几进宫”的人的原因。一个对社会绝望、对法律失望的人,没有什么事情做不出来。公捕从这个角度来说不但没有遏制犯罪反而带来了一些深层次的犯罪。正如某些学者所言,公捕大会这种现象与中国司法文化中长期存在的官方强调社会效果与民众期待心理互动有关系,当民众感到社会治安恶化时,会期待执法机关从重、从快打击犯罪。执法机关为赢得民众支持的需要,会采取类似公开逮捕、游街示众等违反法治原则的活动。[③] 在这种思维的影响下,民众包括执法人员往往很少从法律的正义性和公民基本权利保护的角度看问题,而是从个人或民众的感情出发、从民愤和社会秩序的角度去考虑问题。这种对个人权利的漠视必然会引发人们对国家权力的唯首是瞻。在许多中国人看来,治安的好坏、犯罪率的高低与惩罚是否能震慑犯罪密不可分。一旦犯罪率上升,人们便指责政府打击不力,处罚过轻,要求政府严打;政府便自责其打击犯罪的力度不够大,对犯罪分子过于人道,于是顺从民意,采取各项专项斗争。于是乎我们不自觉地走上了严刑峻法的道路,一次次严打之后还是一次次严打,致使法治秩序被破坏。

---

① [英]亚当·斯密著:《道德情操论》,蒋自强等译,商务印书馆2006年版,第5页。

② 同上,第103~104页。

③ “法律界人士谈‘嫌犯游街示众’”,载http://www.sina.com.cn。

## 三、公捕大会的违法性探析

在公捕大会上，置于大庭广众之下的犯罪嫌疑人被公安机关宣布执行逮捕的那一刻，作为“看客”只觉得正义的热血沸腾，好人大获全胜，坏人惨遭报应，人世的公理正义得到了实现，这便是极致。然而，激动过后我们是否会去思考整个过程的合法性？也许公捕大会符合了我们在感官上的公正，但冷静思考，它是否经得起实质正义和程序正义的检验？回答是否定的。笔者认为，在刑事法治视野下，公捕的违法性具体体现在以下几个方面。

**(一)与无罪推定原则的背离**

无罪推定原则是指被控告为犯罪的人未经法院判定证明有罪之前应假定为无罪。其内在含义是：第一，任何人在判决确定为有罪之前，应视为无罪的人；第二，只有经合法正当程序并由法院作出有罪判决后，才能对公民定罪；第三，犯罪嫌疑人、被告人不承担自证其罪的义务。无罪推定原则是资产阶级在反封建斗争中，针对封建司法的专横提出来的。最早完整阐述无罪推定思想的是意大利法学家切萨雷·贝卡利亚，他说：“在法官判决前，一个人是不能被称为罪犯的，只要还不能断定他侵犯了给予他公共保护的契约，社会就不能取消对他的公共保护。”①1976 年联合国《公民权利与政治权利国际公约》第 14 条第 2 项规定：“凡受刑事控告之人，在未依法证实有罪之前，应有权被视为无罪。”中华人民共和国《刑事诉讼法》第 12 条规定：“未经人民法院依法判决，对任何人都不得确定有罪。”而公捕大会在公众场合大张旗鼓地对犯罪嫌疑人进行示众，等于在事实上给他们定罪了。虽然盗窃、抢劫等犯罪行为令人憎恨，但是未经法院审判之前，犯罪嫌疑人仍需得到应有的尊重与保护。这不仅是法治社会、文明社会的要求，也是作为体现人类共同意志的国际公约的要求。公开批捕的举动，就等于在相当群体范围内宣布其构成犯罪，无形中给犯罪嫌疑人带上了“有罪”的烙印。公捕其实是有罪推定思想的延续，是封建野蛮、专横和擅断的借尸还魂。长期以来，我们一直在呼吁诉讼民主与文明，努力进行司法改革。然而，司法实践的这类做法让我们在咂舌之余更觉得可悲。撇开传统观念的负面影响，通过加深对无罪推定思想的认识来指导实践并在实践中进一步深化认识，直至在立法、司法乃至社会大众中形成自觉的内省的无罪推定价值的观念是个艰巨长期的

① ［意］贝卡利亚著：《论犯罪与刑罚》，黄风译，中国大百科全书出版社 1997 年版，第 31 页。

任务。①

**(二)是对犯罪嫌疑人诉讼地位的否定**

对犯罪嫌疑人进行有罪推定的公捕,实质上是对犯罪嫌疑人人格权的侵犯,违反了以人为本的刑事诉讼理念,同时也是对其诉讼地位的否定。根据世界各国的做法,对于罪大恶极、触犯刑法的罪犯,法律可以剥夺其自由、财产乃至生命,但一般人格权无论如何不能剥夺。而逮捕作为一种刑事强制措施,是一种保障手段而非惩罚手段。其目的仅仅是保证刑事诉讼的顺利进行,因此更要注重保护犯罪嫌疑人的名誉、人格尊严在内的人格权。我们不能为了所谓的公共安全、集体利益而侵犯一个人的基本权利。司法机关将犯罪嫌疑人示众,使其受到众人的唾骂、蒙受羞辱,让其不能抬头做人,今后耻于见人,使其丧失最起码的社会地位和他人最起码的尊重,其人格尊严荡然无存。而经验表明,一个丧失人格尊严的人很难在社会立足;很难想象一个在公捕大会上受到众人谴责,事后经法院确认为无罪的人会怎样在社会上生存。人们的白眼、嘲笑和异样的目光,很可能会使他丧失做人的信心与勇气。更糟糕的是,在为世俗偏见缠绕得临近崩溃时他很可能再走极端。也很难想象一个未成年人在公捕大会后心理阴影有多大,无法想象他会选择怎样的路走完以后的人生。在诉讼中,要以公民和当事人为中心主体,不能将公民和当事人作为司法客体,更不能将公民和当事人置于被处置、被压迫甚至被凌辱的地位。刑事诉讼的目的不仅在于惩罚犯罪而且在于保障人权,而人的价值和尊严是人权保障的核心与目的。在刑事诉讼中要体现人文关怀,必须将犯罪嫌疑人、被告人确立为诉讼主体。而诉讼主体理论中最重要的内容是犯罪嫌疑人、被告人享有基本的人格尊严和人道待遇,与任何人没有身份地位上的高低贵贱之别。康德指出,任何人都无权把别人当做达到主观目的的手段,每个人总是把自己看做目的。② 我们有些侦查人员、检察人员及法官受职业心理和习惯的影响,存在着对犯罪嫌疑人、被告人的敌对意识,习惯于以不近人情的态度和手段对待犯罪嫌疑人和被告人。公捕是其最淋漓尽致的体现,在公捕大会上,犯罪嫌疑人仅仅是政府威慑潜在犯罪人的工具,是政府进行社会治理的工具,他们与封建时代刑事司法下作为纠问客体的犯罪嫌疑人并无二致。

**(三)是对诉讼及时原则的违反**

为了壮大声势、提高宣传教育效果、加大打击力度,执法机关往往对犯罪嫌

① 谢佑平主编:《刑事诉讼国际准则研究》,法律出版社 2002 年版,第 212 页。

② [美]埃德加·博登海默著:《法理学——法律哲学和方法》,张智仁译,上海人民出版社 1992 年版,第 69 页。

疑人先拘留不逮捕，等到人数凑齐再集中逮捕，这往往造成对犯罪嫌疑人的超期羁押，违反诉讼及时原则。诉讼及时是指诉讼活动包括审前活动和审判活动，都应当不拖延进行，也就是说，诉讼活动不得有不必要的拖延。联合国《公民权利和政治权利国际公约》第9条第3款规定："任何因刑事指控被逮捕或拘禁的人，应被迅速带见审判官或其他经法律授权行使司法权的官员，并有权在合理的时间内受审判或被释放。"我国作为该公约的成员国应该严格恪守这一原则，但公捕是对该原则的严重违背。公捕对轰动效应的追求是以牺牲犯罪嫌疑人、被告人的合法权益为代价的，犯罪嫌疑人被羁押在看守所以后，人身自由被剥夺，精神上受到很大压抑，整日忧心忡忡，终日不得安宁，对他们来讲尽快审结案件是他们共同的愿望。公捕形式导致了案件结案时间的延长，而这又不可避免地导致证据的流失、案件事实真相查明困难、案件长期处于模糊状态。这不仅造成犯罪嫌疑人、被告人生活的不安定，而且也导致社会秩序的不稳定。另外，为了举行大规模的公捕大会，执法机关有意将犯罪嫌疑人拘而不逮，等到案件累积到一定量时再集中处理，执法机关优哉游哉，而犯罪嫌疑人却在忍受痛苦与煎熬。同时被害人作为被犯罪行为侵害的人出于其诉讼地位和切身利益的考虑一般都有迅速结案、尽快得到赔偿的愿望，但执法机关的行为等于使他们承受不同程度的侵害的时间变相延长了。

## 四、结　　语

通过以上分析，我们不难发现，公捕这种公开的暴力表演已经严重制约了我国司法改革的步伐，而且对公正、文明地进行诉讼活动产生了非常消极的影响，是对正当程序的极大漠视。公捕在依法治国的今天必须引起学术界、司法界和立法界的高度重视。虽然我国《刑事诉讼法》和最高人民法院、最高人民检察院的相关司法解释都已明确公捕大会是应当制止的行为，但是对违反这些禁止性规定的行为由谁来追究、如何追究，法律没有明确规定。立法的缺失必然导致实践问题的存在，因为任何一种社会制度的良性运作都离不开内部的制衡与外部的约束。因此，我们在禁止公捕的同时要完善立法，加强责任追究机制，以促进我国刑事法治建设的发展与完善。

（2007年第2期）

# 从周正毅案管辖冲突看区际刑诉移管制度之构建

黄　风[*]　彭胜娟[**]

2007年1月21日,上海市人民检察院以涉嫌受贿罪和虚开增值税发票罪为由逮捕了昔日上海商业巨头周正毅,而此时周正毅仍被香港廉政公署列为"头号通缉人士"。显赫的身份、复杂的案情和管辖的交叉,使得周正毅案一时间引起了社会公众广泛的关注与讨论。周正毅案件的刑事管辖冲突应如何解决?是否存在可替代逃犯移交程序的解决方式?笔者认为,从长远来看,在将区际逃犯移交制度规范化的同时,刑事诉讼移管也不失为一种解决区际刑事司法管辖冲突的务实而可行的制度。当前可以周正毅案为契机,进一步推进有关我国区际刑事诉讼移管制度构建问题的研究。

## 一、刑事诉讼移管的特点

刑事诉讼移管(Transfer of Criminal Proceedings)①是指一法域或数法域根据另一法域的请求或者根据有关协议将由本法域管辖的刑事案件移交给该另一法域审理,并由此向该另一法域提供必要的司法协助。刑事诉讼移管通常发生在两个法域之间,但有时候也可能发生在多个法域之间,即两个以上的法域均对同一犯罪嫌疑人或被告人的同一行为拥有刑事管辖权,在这种刑事管辖竞合的情况下,有关各法域可以通过协商决定仅由其中一个法域单独进行刑事诉讼,由此而达成的协议也具有刑事诉讼移管的效力。

刑事诉讼移管存在两种不同的情况。第一种情况:被请求方法域对案件原本就拥有管辖权,刑事诉讼移管的协议消除了与请求方法域的管辖冲突,确定由被请求方法域独自行使管辖权;第二种情况:被请求方法域对案件原本不拥有管

* 作者单位:北京师范大学刑事法律科学研究院。

** 作者单位:北京师范大学刑事法律科学研究院。

① 该英文表述有时候也被翻译为"刑事诉讼的移交"(如《联合国反腐败公约》),或者"诉讼的转移"(如《中国和土耳其民商刑事司法协助条约》)。

辖权,刑事诉讼移管的协议使该法域获得了审理请求法域刑事案件的委托。例如,根据A法域法律,对本法域居民在B法域所实施的、只可判处2年以下监禁刑的犯罪将不行使刑事司法管辖权,如果B法域通过刑事诉讼移管将该案件委托给A法域审理,就属于上述第二种情况。

刑事诉讼移管与引渡(或移交逃犯)是两种不同的制度。从一定意义上讲,刑事诉讼移管是对引渡(或移交逃犯)制度的某些天然缺陷的弥补,或者说前者是后者的替代措施。刑事诉讼移管制度起源于欧洲,一开始它就是作为本国国民不引渡原则的补救措施而出现的国际刑事合作形式。随着人权运动和刑事法制的发展,在国际刑事司法合作中,"死刑不引渡"也逐渐上升为一项刚性原则。[①] 德国柏林自由大学的巴日丘(Bartsch)教授主张,在以死刑问题为理由拒绝引渡的情况下,可以导入一种作为引渡替代措施的诉讼移管制度。[②] 当某一国家由于特定的原因,比如,被请求引渡人是本国国民,被请求国对案件也拥有管辖权等,而不能接受外国的引渡请求时,请求国可以通过刑事诉讼移管的方式要求被请求国在本国境内对有关人员进行刑事追诉。当然,刑事诉讼移管有时候也会与引渡并存,比如,一国在同意将本国审理的刑事案件移交另一国审理后,将在本国拘捕的犯罪嫌疑人一并通过引渡的方式移交给该另一国。此情况应当认为是两种不同合作制度的并存,引渡和诉讼移管的相关规则均对合作各方产生约束力。

刑事诉讼移管是一种有利于实现公正司法的合作方式。当某一犯罪的主要证据或证人处于某一国境内或者在该国审理案件更有助于伸张正义并取得良好的社会效果时,另一国虽然对于该犯罪也享有司法管辖权,但可以通过刑事诉讼移管的方式解脱自己域外调查取证的负担,并且使案件的事实更易通过在另一国境内开展的刑事诉讼活动加以查清,使在另一国境内进行的刑事审判收到打击犯罪和预防犯罪的更好效果。例如,20世纪90年代中期,在北京到莫斯科的国际列车上和莫斯科市发生了一些中国公民针对中国公民的抢劫、强奸等犯罪,对于这样的犯罪,中国和俄罗斯都拥有刑事司法管辖权,但考虑到由中国司法机关审理此类案件更有利于案件事实的调查以及对有关犯罪行为的打击和震慑,俄罗斯司法机关决定通过刑事诉讼移管将上述案件转交给中国司法机关审理。

刑事诉讼移管有时候还有助于实现诉讼节俭的原则。尤其是对于一些比较

---

① 黄风著:《引渡问题研究》,中国政法大学出版社2006年版,第24页。

② [韩]李万熙:《引渡与国际法》,马相哲译,黄河、黄芳审校,法律出版社2002年版,第252页。

轻微的犯罪,没有必要去启动耗时费力的引渡程序,完全可以通过刑事诉讼移管的方式,将案件移交给犯罪嫌疑人或被告人所在地国家的司法机关审理,从而更高效、更节俭地实现刑事追诉的目的。在欧洲一些国家,对于跨国的交通违法等轻微犯罪,当在外国实施违法犯罪行为的人回到住所所在地国家之后,行为发生地国家的司法机关往往就通过刑事诉讼移管的方式将案件移交给行为人住所所在地国家的司法机关审理,而不诉诸引渡程序。为此,早在1964年缔结的《惩处道路交通犯罪的欧洲公约》就已经比较具体地确立了刑事诉讼移管的程序和规则。

刑事诉讼移管以"一罪不二罚"(或者"一事不再理"、"避免双重危险")原则为基础,它促使有关各法域在对同一人和同一行为的刑事司法管辖发生竞合的情况下通过协商确定仅由一法域开展有关的刑事诉讼,从而避免对同一人的同一行为进行两次甚至两次以上的审判或处罚,因而,刑事诉讼移管是有关各法域相互尊重和承认对方刑事司法管辖权并且共同维护司法公正原则的合作方式。

## 二、当前刑事诉讼移管的立法现状

刑事诉讼移管是20世纪50年代兴起的国际刑事合作方式。1957年,欧洲各国签订了《欧洲引渡条约》,其中第6条第2项规定,如果被请求国不引渡本国国民,则基于请求国之请求,应将案件提交本国司法当局,以便进行追诉。为达到追诉的目的,请求国应将有关犯罪的记录、调查报告及物证,移送该被请求国;被请求国应将诉讼之结果通报请求国。此后,在1964年11月30日签订的《欧洲惩处道路交通肇事罪公约》(1972年7月18日生效)中,明确规定了在惩处道路交通肇事罪方面刑事诉讼移管的具体程序。1972年5月15日,欧洲国家专门签订了《欧洲刑事诉讼移管公约》(1978年3月30日生效),对欧洲国家之间刑事诉讼移管作了具体的规定,使刑事诉讼移管的范围进一步扩大,其原则、内容、程序等也进一步系统化。

除此之外,刑事诉讼移管在一些国际刑法规范中也得到了不同程度的体现。例如,巴西奥尼教授组织起草的《国际刑事法庭法规草案》中,不但确认了作为国际刑事合作形式之一的刑事诉讼移管的必要性,还专门规定了刑事诉讼移管的基本原则。1990年12月14日,联合国大会专门通过了一个《刑事诉讼转移示范条约》,就刑事诉讼移管的有关问题提出了示范性条款。1988年《联合国禁止非法贩运麻醉药品和精神药物公约》对刑事诉讼移管问题作出专门的规定,其第 8 条“移交诉讼”规定，缔约国应考虑对于本公约规定的犯罪的刑事起诉相互转移诉讼的可能性，如果此种移交被认为有利于适当的司法处置。2000 年通过的《联合国打击跨国有组织犯罪公约》第 21 条和 2003 年通过的《联合国反腐败公约》第 47 条也对诉讼移管作出专门的规定，并把其认定为国际刑事司法合作的基本形式之一。

目前我国涉及刑事诉讼移管的法律主要表现为：我国与外国国家签订的双边司法协助条约或引渡条约中的有关条款以及我国参加的一些国际公约中的有关条款。我国立法中关于刑事诉讼移管的规定最早出现在 1992 年 9 月 28 日与土耳其缔结的《中国和土耳其民商刑事司法协助的协定》中，该条约第 39 条规定，缔约一方有义务根据请求，按照其本国法律，对于在提出请求的缔约一方境内犯罪的本国国民提起刑事诉讼。《中国和希腊民刑事司法协助的协定》第 41 条对刑事诉讼移管中请求方和被请求方的义务作出规定，要求请求方在提出诉讼移管请求时，除应提供请求其他类型的刑事司法协助应出具的文件和资料外，还应附有关于事实调查结果的现有文件以及根据请求方现行法律适用于该罪行的刑法条款；被请求方在诉讼结束后应将诉讼结果通知请求方。随后，于 1993 年 8 月 26 日缔结的《中国和泰国引渡条约》通过引入“或者起诉或者引渡”原则确定了诉讼移管制度，该条约第 5 条第 2 款规定，如果被请求方因被请求引渡人是其本国国民而不同意引渡，该方应根据请求方的请求，将该案提交其主管机关以便起诉。



## 三、建构我国区际刑事诉讼移管制度的意义

前文提到的刑事诉讼移管制度主要是从国际层面来讲的，指的是不同主权国家之间，为了共同惩治跨国犯罪，不使罪犯因司法主权障碍得以逃避法律制裁而进行的司法协助活动。在我国，由于“一国两制”的特殊国情，大陆、香港、澳门和台湾各法域间存在司法管辖交叉与冲突也是客观存在的事实，可以说，区际的刑事诉讼移管制度是一个新的课题，应当进行开拓性的研究。其意义主要表现在以下几个方面：

1. 刑事诉讼移管制度为通过区际司法合作惩治犯罪所必需。

现代犯罪的特点已经发生了很大变化，“地球村”给人们带来了便利，也使有组织犯罪联系得更紧密。近年来，大陆、香港、澳门和台湾间由于经贸往来、各种交流活动日益频繁而衍生出的纠纷和诉讼日增，犯罪也有显著增加的趋势。同时，犯罪组织形式和技术手段的发展也使大陆、香港、澳门和台湾犯罪呈现出

跨法域的特点,原有各自的犯罪预防和处罚措施已不再符合时代潮流,难以发挥刑事法的威慑作用;不同法域间的管辖权冲突和法制的不协调更是有可能纵容某些犯罪。近年来,不法分子利用两岸阻隔、司法合作难以实现等种种空隙乘虚而入,携手实施如绑架、毒品走私、经济诈骗、洗钱等重大犯罪,严重影响两岸社会秩序,危害四地人民生命财产安全。各法域司法机关有效的惩处这些犯罪,是保证内地与特别行政区以及海峡两岸关系良性互动的重要条件。然而,从目前大陆、香港、澳门、台湾联合惩治互涉犯罪的实际情况来看,因大陆与香港、澳门和台湾双方均强调刑事管辖权或双方均坚持"己方居民不遣返",而使某些犯罪逃脱法网。在处理内地与其他三法域联合惩治互涉刑事犯罪时,一方有条件地让渡刑事管辖权,让对方处理本应由本法域管辖的刑事案件,实属目前打击越来越猖獗的跨法域犯罪之必需。

结合周正毅一案,如果香港特区和内地有关方面能够达成诉讼移管的协议,该案就可以有两种操作方式。第一种是:香港方面把周正毅在港涉嫌犯罪的相关证据材料移交给上海司法机关,让上海司法机关对其在香港的犯罪行为进行审判。这是典型的刑事诉讼移管,可以使周正毅在两地的犯罪行为均受到追究。另一种是:上海司法机关在对周正毅案进行调查或审判期间临时将其移交给香港廉政公署,以便特区司法机关能够及时对有关案件进行调查和审判。这属于临时移交逃犯的司法合作。当然,无论采取哪种方式,都要考虑到取证的及时性和有效性以及诉讼经济等因素。这样通过诉讼移管和临时移交的方式可以解决沪港两地的管辖冲突,使内地和香港特区两地刑事司法管辖权均获得维护。

2. 刑事案件诉讼移管亦为防范跨区刑事犯罪所需要。

由于大陆与香港、澳门和台湾地区之间缺乏有效的逃犯移交、刑事诉讼移管和被判刑人移管方面的司法合作,不但使一些犯罪人得不到有效的惩治和矫正,从而使各区域的刑事法律对一些跨区的刑事犯罪不能充分发挥其预防的功能,而且还会使一些有犯罪倾向者心存侥幸,公然试法,导致更多的犯罪发生。1993年之所以连续发生数起劫机去台事件,就是因为台湾当局坚持其所谓"司法主权",迟迟不将案件移交给大陆处理,从而使大陆的一些不法之徒认为台湾是劫机者的天堂。由此可见,区际逃犯移交制度和刑事诉讼移管制度的建立,对于跨区犯罪能够起到一定的预防作用。

3. 刑事诉讼移管制度是区际刑事司法合作向纵深发展的要求和体现。

在现阶段,区际刑事司法合作还仅限于文书送达、委托调查、通缉犯罪嫌疑人等简单形式,而且效率不高,多为个案合作,远远不能满足各法域间共同惩治刑事犯罪的实际需要。刑事诉讼移管是一种深层次的司法合作方式,其实际运作要求请求方与被请求方之间对于打击犯罪等问题有着相当程度的共识和需要，而且应对彼此的刑事司法制度高度信赖。建立区际刑事诉讼移管制度，不仅可以拓宽大陆、香港、澳门、台湾司法合作的领域，同时也有助于各法域间加深相互了解对方的司法制度，推动其他司法合作事项向前发展，从而逐步建立起比较完整、系统、务实和有效的刑事司法合作体系，以维护大陆、香港、澳门、台湾司法合作关系的良性互动。

## 四、构建我国区际刑事诉讼移管制度的设想

借鉴联合国《刑事诉讼转移示范条约》和欧洲有关法律文件和实践经验，结合我国处理跨区域刑事案件的实际情况，笔者认为，构建我国的区际刑事诉讼移管制度应至少包括以下几个方面的内容。

### (一)刑事诉讼移管的原则和条件

首先，刑事诉讼移管应遵循双重犯罪原则。各法域间社会传统的不同以及法律制度的差异，使刑事案件移管欠缺全面进行的基础。因此，这种司法合作只能限定于双方均认为是犯罪的范围之内。如果被请求方法域的刑法不认为有关行为是犯罪，则该法域没有法律依据对有关案件进行审理，也就只能拒绝诉讼移管的请求。① 此外，有些国家的法律和国际条约还要求满足进一步的条件，即被请求国对有关犯罪行为拥有刑事司法管辖权。比如，《芬兰国际刑事司法协助法》第19条规定，根据外国请求在芬兰提起刑事诉讼应当“遵守芬兰法律关于行使刑事案件司法管辖权的规则”。《中国和泰国引渡条约》第5条第3款规定：“尽管有本条第2款的规定，如果被请求方对该项犯罪无管辖权，被请求方不应要求将该案提交其主管机关以便起诉。”但是，《欧洲刑事诉讼移管公约》则不要求这进一步的条件，只要符合双重犯罪原则，即使被请求国对有关案件不拥有刑事司法管辖权，仍可接受刑事诉讼移管的请求。值得注意的是，《联合国打击跨国有组织犯罪公约》和《联合国反腐败公约》都要求各缔约国采取必要措施，当被指控人在其领域内而其因该人系其本国国民或者由于其他原因而不予引渡时，确立其对公约所涵盖的犯罪的管辖权。②

---

① 马克昌：“我国区际刑事司法协助的内容刍议”，载赵秉志、何超明主编：《中国区际刑事司法协助探索》，中国人民公安大学出版社2003年版，第299页。

② 参见《联合国打击跨国有组织犯罪公约》第15条第3款和第4款；《联合国反腐败公约》第42条第3款和第4款。

刑事诉讼移管应当充分考虑实现刑事司法正义的宗旨。有效惩治和预防犯罪,是区际刑事司法合作的目的所在。在区际刑事诉讼移管制度中强调这一目的更具有现实意义。它要求双方在合作中应以此为出发点和最终目标。例如,在刑事案件诉讼移管中,对于双方均有管辖权的案件应由何方向何方移交,应当充分考虑主要犯罪地、有利于证据提取、有利于保护被害人以及罪犯服刑后回归社会等情形,应考虑诉讼经济、有效惩治和预防犯罪等因素,不宜简单地认为谁捕获犯罪嫌疑人就由谁管辖。

区际刑事诉讼移管与国际刑事诉讼移管是性质不同但内容相近的司法合作事项。在开展区际的刑事诉讼移管活动中应适当参照国际惯例。一方面,大陆、香港、澳门、台湾为同一个主权国家,对不适合于我国区际法制实际情况的规则(如关于政治犯罪或军事犯罪例外)等,不宜简单套用;而另一方面,国际司法合作中的双重犯罪原则、一事不再理原则、公共秩序保留以及人道主义原则和要求,四地均能同时接受,则应当予以借鉴。

除上述原则外,综合有关的国际条约以及各国有关立法的规定,开展区际刑事诉讼移管合作还要求具备以下条件:

1. 犯罪嫌疑人或被告人是被请求方法域的居民,或者虽然不是被请求方法域的居民,但长期居住在被请求方法域境内,被请求方法域有权因此拒绝对其实行移交,或者请求方法域有关机关从诉讼经济的角度考虑认为不值得对其启动逃犯移交的程序。

2. 犯罪嫌疑人或被告人正在或者即将在被请求方法域内因其他犯罪接受剥夺人身自由的刑罚,因而不便移交或者临时移交到请求方法域接受审判。

3. 被请求方法域正在针对犯罪嫌疑人或被告人因同一罪行或者其他罪行开展刑事诉讼,因而可以拒绝或者推迟考虑移交请求。

4. 有关案件的主要证据或者证人处于被请求方法域,实行诉讼移管将便利对案件事实的调查和有关证据的获取。

5. 在被请求方法域进行审判和执行刑罚将会收到较好的一般预防和特殊预防的效果,或者有可能促进被判刑人重返社会。

6. 请求方法域认为,犯罪嫌疑人或被告人不可能在本法域出庭受审,但却肯定会在被请求方法域出庭受审。

7. 请求方法域认为,由于存在某些情形,即使实行移交,也不可能使本法域判处的刑罚得到执行,而有关情形却有可能使刑罚在被请求方法域得到执行。例如,犯罪嫌疑人或被告人的财产不在请求方法域,而在被请求方法域,在此种情况下,请求方法域就难以对该人执行没收财产或者罚金的刑罚,但在被请求方法域则可以执行这类刑罚。

以上七项条件都是选择性的,只要具备其中的一项或者数项,即可考虑开展刑事诉讼移管合作。

### (二)刑事诉讼移管的程序

刑事诉讼移管的程序包括两方面的规则:一是请求方法域提出请求的程序;二是被请求方法域审查与决定的程序。请求方法域在提出请求时应当制作请求书,按照适当的途径转递给被请求法域。请求书的内容包括对案件事实的叙述、对嫌疑人个人情况的说明,并提供转移管辖权的法律根据以及有关案件的证据材料等。被请求方法域接到请求后应根据本法域的法律规定进行审查,重点查明案件是否具备刑事管辖权转移的条件。如果符合条件,作出接受刑事诉讼移管的决定,通知请求方,同时指定本法域内有关司法机关开展刑事诉讼程序。犯罪嫌疑人、被告人可以就刑事诉讼移管的适宜性问题向请求方法域或被请求方法域的主管机关提出自己的意见或申辩。

### (三)刑事诉讼移管的效力

刑事诉讼移管程序一旦启动就可能要求双方法域在司法管辖权、刑事诉讼行为、追诉时效以及定罪量刑的标准等问题上遵循一些特定的规则。也就是说,刑事诉讼移管的开展将对请求方法域和被请求方法域产生特定的法律效力。

1. 诉讼移管对请求方法域的约束效力

请求方法域一旦提出刑事诉讼移管的请求,在被请求方法域作出明确答复之前,应当暂时不将案件提交本法域司法机关审判,也暂时不让自己的主管机关对案件作出实体性的处理决定,但可以继续进行必要的调查工作。如果请求方法域的司法机关已经对被告人作出判决,应当暂缓执行该判决。

在被请求方法域决定接受诉讼移管请求之后,请求方法域的主管机关应当停止对犯罪嫌疑人或被告人的刑事追诉活动。但是,可以继续搜集有关证据材料,并根据被请求方法域的请求为该案提供调查取证方面的司法协助。

在被请求方法域接受移管请求并且对被移管的案件经审理作出终局判决之后,请求方法域应当严格遵守"一罪不二罚"原则,不再对同一人和同一行为进行追诉、审判或者执行刑罚。这是确保刑事诉讼移管合作有效开展并取得公正司法效果的最基本的要求。

2. 诉讼移管对被请求方法域的约束效力

被请求方法域在接受刑事诉讼移管的请求之后,应当依照本地的法律进行刑事检控、审判和刑罚执行活动。但是,一些在请求方法域内并依照该法域法律完成的、与该案件有关的法律行为应当在被请求方的诉讼程序中得到承认。例如,对于告诉才受理的刑事案件,在请求方法域提出的告诉应当在被请求方法域具有同样的效力。如果仅在被请求方法域需要告诉,只要有权提出告诉的人员自接到被请求方法域主管机关的有关通知之日起的一定期限内未提出异议,[①]被请求方法域主管机关可以在无告诉的情况下进行诉讼。发生在请求方法域的致使刑事诉讼时效中断的情况应当得到被请求方法域的承认。

如果被请求方法域对被移管的案件原本不拥有司法管辖权,它在根据刑事诉讼移管协议对案件进行审理时则负有一项特殊的义务,即针对有关犯罪行为判处的刑罚在严厉程度上不得超过请求方法域法律为同一犯罪行为确定的限度,例如,如果请求方法域法律未对有关犯罪规定死刑或无期徒刑,被请求方法域则不应对之适用此类刑罚。

在诉讼时效方面,有关的欧洲法律规则值得参考。根据《惩处道路交通犯罪的欧洲公约》第6条第2款的规定,对于被请求国来说,对有关犯罪的追诉时效应当自该国接受刑事诉讼移管请求之日起开始计算。根据《欧洲刑事诉讼移管公约》第23条的规定,如果被请求国对被移管的案件原本不拥有司法管辖权,该国法律为有关犯罪规定的追诉时效应当延长6个月。

此外,接受诉讼移管请求的法域有义务及时向请求方法域通报刑事诉讼的进展情况,尤其是定罪和判刑的情况以及刑罚执行的情况。在完成刑事诉讼程序后,应当将诉讼结果通报请求方法域,并附送最终的判决书或裁定书副本。

(2007年第7期)

---

① 《欧洲刑事诉讼移管公约》第24条第2款为该期限规定的时间是"1个月内"。

# 刑事非法证据排除的宪政之维
## ——以中国宪法文本为基点的思考

秦　策*



在刑事诉讼法中设立非法证据排除规则,已经成为当前刑事证据法改革的基本趋势之一。理论界和实务界对于刑事非法证据排除的模式、程序以及证明标准等问题已达成一定的共识,并提出了具有可行性的立法建议。① 但是,遗憾的是,这些建议对于刑事非法证据排除与我国公民宪法权利之间的关联缺乏深入的阐释。而观诸西方法治国家,刑事非法证据排除与公民宪法权利保障之间往往存在特殊而密切的关系。国内学者对于宪法与刑事诉讼之间的关系进行了一些卓有成效的探讨,②但是,对于如何在公民宪法权利的框架之下建构刑事非法证据排除规则缺乏应有的研究,而相关的讨论也往往以西方的规则为蓝本,未能以我国宪法条款作为参照系,从而使我们自己的根本法对刑事非法证据排除这样一个关系到公民基本权利保护的重大问题丧失其应有的指导作用。诚然,这一现象产生的一个重要原因在于我国宪法权利条款在司法活动中尚不具备直接适用性,但并不能阻碍我们对它与刑事非法证据排除之间的内在关联作出理论上的阐释,以顺应世界刑事诉讼法发展的基本趋势,探索我国相关制度展期改革的可能路径。因此,本文从中国宪法文本出发,对刑事非法证据排除规则的建构作一粗浅探讨,其核心是寻求一种能够在公民宪法权利与刑事侦查取证权之间设定边界的法律机制。

## 一、设立刑事非法证据排除规则应以保障公民宪法权利为先

广义而言,刑事非法证据包括收集主体不合法的证据、取证程序不合法的证

---

* 作者单位:南京师范大学法学院。

① 陈光中、张小玲:"论非法证据排除规则在我国的适用",载《政治与法律》2005年第1期。

② 代表性的作品有:童之伟:"从若干起冤案看人身自由的宪法保护",载《现代法学》2004年第5期;林劲松著:《刑事诉讼与基本人权》,山东人民出版社2005年版,等等。2004年5月15日,中国人民大学宪法与行政法治研究中心和中国人民大学诉讼制度与司法改革研究中心共同主办了"宪法与刑事诉讼法"学术研讨会,对这一论题的研究起到了良好的推动作用。

据、表现形式不合法的证据、未经合法程序查证属实的证据等。但是,对这些证据是应当一体排除,还是应当有所甄别?理论界对非法证据的排除大致有3种观点:一律排除说、真实不排除说和区别对待说。① 其中,一律排除说采取了一刀切的方法,过于绝对化,不利于在刑事诉讼中实现惩罚犯罪的基本目的,因而为大多数学者所不取。真实不排除说坚持了传统刑事证据制度中的实事求是原则,侧重于惩罚犯罪,漠视了人权的保护,因而也为许多学者所摒弃。而区别对待说要求具体问题具体分析,依据非法证据的表现形态赋予其不同的排除效力,试图在惩罚犯罪和保护人权两大价值目标之间取得均衡。这种观点为越来越多的学者和实务界人士所禀持。然而,证据的表现形式多种多样,区别的角度也可以有所不同,问题是应当怎样对非法证据做科学、合理的区别对待呢?这个问题的回答不仅关乎立法技术的完善与证据规则体系的协调统一,同时它或许也能反映我国刑事非法证据排除立法的优先次序。

从证据类型或取得方法的角度对非法证据加以区别对待是一种具有可操作性的做法。最高人民法院在1998年9月发布的《关于执行〈中华人民共和国刑事诉讼法〉若干问题的解释》中,强调"严禁以非法的方法收集证据",规定"凡经查证确实属于采用刑讯逼供或者威胁、引诱、欺骗等非法的方法取得的证人证言、被害人陈述、被告人供述,不得作为定案的根据"。(第61条)最高人民检察院在1998年12月颁布的《人民检察院刑事诉讼规则》中,在强调"严禁以非法的方法收集"的同时,规定"以刑讯逼供或者威胁、引诱、欺骗等非法的方法收集的犯罪嫌疑人供述、被害人陈述、证人证言,不得作为指控犯罪的根据"。(第265条第1款)显然,最高人民法院和最高人民检察院所设定的上述排除规则立足于非法证据类型和取得方法的区分之上。首先,区分了言词证据和实物证据,只有非法取得的言词证据方有可能被排除;其次,区分了以刑讯逼供、威胁、引诱、欺骗等方法取得的非法言词证据和其他的非法言词证据,对前者应加以排除,对后者则不必排除。总的来看,排除范围相当狭窄,其初衷乃是不给刑讯逼供等非法取证行为留下余地。②

然而,这样的区别对待显然是具有局限性的。首先,将非法证据种类划分为言词证据和实物证据仅是一种形式上的划分,若以此作为取舍的依据,在学理上不能自圆其说,在实践中则会导致采取同等强度的非法取证手段,侵害同等重要

---

① 除了一律排除说和真实不排除说,其他观点还可以表述为区别证据种类说、排除加例外说、线索转化说等,但后者只是区别对待的方式有所不同而已,因而可以归入广义上的区别对待说。

② 参见《最高人民检察院关于严禁刑讯逼供获取的犯罪嫌疑人供述作为定案依据的通知》(2001年1月2日,高检发诉字〔2001〕2号)。

的公民权利所获得的非法证据仅因其形式上的不同而不能被同等对待。[①] 其次,仅从取证方法的角度区分不同的非法证据也会面临同样的问题,因为有时取证手段虽然较为轻微,但其侵犯的法益却可能十分重大,致使一些应当排除的证据却未被排除。[②]

为此,我们应当引入其他角度来区别不同的非法证据。譬如,美国著名学者达马斯卡根据排除证据的不同目的或原因将非法证据分为两类。鉴于司法证明以发现案件真实为其基本目的,第一类非法证据是指那些如果采纳则会阻碍发现真实的证据,排除的原因来源于认识论上的考虑;司法证明亦应保障发现真实以外的社会价值。第二类非法证据是指那些与外部价值相冲突的证据,排除的原因基于价值论的考虑。[③] 我国有学者将需要排除的非法证据区分为三种:一是违反宪法的证据;二是一般的非法证据;三是技术性的违法证据。[④] 结合两位教授的观点,笔者依据非法证据所侵害的客体或法益作如下分类:(1)侵犯公民宪法权利的非法证据,如以刑讯行为逼取的犯罪嫌疑人供述等;(2)违反重大社会政策的非法证据,[⑤]如侵害旨在增进家庭关系稳固的配偶拒证权而取得的证人证言等;(3)阻碍发现案件真实的证据,如某些传闻证据、普通证人的意见证据、被告人先前的刑事记录等;(4)违反刑事程序技术完备性的瑕疵证据,如有关单位出具的未加盖单位公章的证明文书等。上述 4 种非法证据侵害了不同的

① 极端的例子是,一些使用强制性取证手段获取的物证对于公民宪法权利的侵害程度并不亚于刑讯逼供。如在罗钦诉加利福尼亚州案中,加利福尼亚州警察未持搜查证进入被告家中,并闯入被告卧室,被告见状立即将两个药丸吞入腹中。警察认为被告所吞食者是毒品,就迅速扑上卡住被告脖颈以阻止药丸进入腹中,但未能成功。警察于是强制被告到医院,不顾被告反对,要医生以胃管迫使被告将胃中药丸吐出,果然为毒品。美国联邦最高法院认为,警察的取证行为不仅侵犯了被告的隐私权,其手段更是"震撼了良心",因此排除了所取得的证据。参见 Rochin v. California,342 US 165,(1952)。(值得注意的是,此案判决的年份是 1952 年,根据当时判例,证据排除规则尚不能适用于各州。)其他例子又如强制抽取血样,或者开刀取出体内的子弹以供比对等。

② 联邦德国宪法法院 1964 年 2 月 21 日判决的"日记案"可以提供一个例子。这是一起伪证案,争点是被告人的日记是否应当被采纳。被告曾在另外一起案件的审判中作证,并否认与自己有牵连。但是,她有一本藏于别处的日记记载了她事实上与前案有所牵连,后被人提供给警方。初审法院采纳了这本日记,并据此判决被告犯有伪证罪。宪法法院认为,该案的取证手段并不具有强制性质,但侵害了被告的隐私权,因此应当排除作为证据的日记。Judgment of Feb. 21, 1964, 19 BGHSt 325(1964).

③ Mirjan Damaska, Evidentiary Barriersto Conviction and Two Models of Criminal Procedure: A Comparative Study, *University of Pennsylvania Law Review*, January, 1973, p. 513.

④ 陈瑞华:"刑诉中非法证据排除问题研究",载《法学》2003 年第 6 期。

⑤ 我国刑事诉讼程序中尚无此类排除规则,但是民事诉讼程序中已有突破,如《最高人民法院关于民事诉讼证据的若干规定》第 67 条规定:"在诉讼中,当事人为达成调解协议或者和解的目的作出妥协所涉及的对案件事实的认可,不得在其后的诉讼中作为对其不利的证据。"

客体或法益,在其重要性程度上应有所差异,因而应当加以区别对待:

首先,对于技术性的瑕疵证据,由于并非是在严重违反法定程序的情况下取得,亦未涉及重大的法益,为了体现诉讼效率,促进发现真实,应当允许补救和修复。

其次,在阻碍案件真实发现的非法证据方面,我国传统的证据制度及其实践中已积累了一定的经验,可以形成有关的证据规则,同时,由于此类证据与证据本身的证明力和案件的具体情况结合得甚为紧密,因此,在某些情形下亦可授权法官作自由排除。

再次,对涉及重大社会政策的非法证据,由于社会政策与国情、文化传统密切相关,因而此类证据规则不可匆促引进,而应结合我国社会实情多加论证。而且,证据制度的改革应有优先次序,比如,不解决证人出庭问题,证人拒证权可能就是无源之水,无本之木。

最后,关于违反公民宪法权利的非法证据,笔者认为这应当是建构我国刑事非法证据排除规则的优先发展目标。简言之,原因有二:其一,公民宪法权利往往来源于自然人的基本人权,关系到人作为人所应当具有的尊严和价值。在现代法治社会,宪法权利可以超越各国政治、经济、文化、历史、传统的不同而具有较大程度的普适性。传统中,我国对公民宪法权利的保障明显不足,此类证据排除规则留白太多,这种状况急需改变。其二,在现代刑事司法中,证据裁判主义乃是各国通例,而且案件事实已经消逝,相关的证据颇为稀缺,因此,证据的排除当慎之又慎,只有在遭遇重大的法益冲突时方可为之。笔者据此认为,在当前我国设立刑事非法证据排除规则,应以保障公民宪法权利为先。

## 二、事实与权利之间的权衡

刑事案件的公正裁判须以案件事实的认定为基础,证据裁判主义要求作为裁判基础的案件事实应当是证据所能证明的事实。由于证据对于查明事实真相的重要意义,对待证据的态度成为一个主要问题。边沁认为:"证据是正义的基础,排除了证据,就排除了正义。"在他所谓的"自然程序体系"中,不应当排除任何证据,除非采纳这项证据纯属多余或者会导致困扰、开支或者拖延。[1] 即使是在包含各种各样证据排除规则的英美证据法体系中,人们仍然将发现真实作为

① *William Twining, Theories of Evidence*: Bentham and Wigmore, London, 1985, p. 28.

司法证明活动的首要价值。美国证据法学家威格莫指出:"大多数理论家都接受一个前提,即准确认定事实应当是证据法的核心目标。"美国联邦最高法院前任首席大法官任奎斯特(Rehnquist,C. J)主张,刑事审判对于排除具有相关性的有罪证据所涉及的被告人宪法权利应作严格解释。① 而我国传统的"实事求是"证据制度更是将追求客观真实作为一项排他性的证明目标,侦查机关被要求客观地收集有罪、无罪、罪轻、罪重的各种证据,审判机关也并不会因为认识过程之外的价值或权利来排除有证明力的证据。

然而,随着社会价值的多元化,人们逐渐认为,司法证明不仅仅是一种旨在"求真"的认识活动,同时也是一种旨在"求善"的道德实践,而现代法治社会中的公民宪法权利恰恰是这种"善"或价值的核心所在。因此,我们不得不考虑事实与权利的相互关系问题,即它们在何种情形下互不相干,何种情形下相互促进,何种情形下相互冲突,在相互冲突的时候则需要作出一种痛苦的抉择。根据权利对于发现案件真实的不同作用,可以把诉讼权利分为三大类:真实促进型权利(truth – furthering rights)、真实中立型权利(truth – neutral rights)和真实损害型权利(truth – impairing rights)。②

真实促进型权利是指能够增进关于罪与非罪的合理判断,以达到所要求程度的确定性的那些权利,这些权利能够有助于法庭对事实作出准确的认定,与惩罚犯罪和保障无辜的社会目标是一致的。真实损害型权利呈现出相反的作用方向,它们可能会阻碍在刑事侦查、起诉、审判过程中揭示关于犯罪嫌疑人或被告人实施犯罪行为的证据材料,这种权利的设定意图是在刑事司法证明活动中以牺牲部分客观真实为代价,实现更加重要的社会价值。还有一类诉讼权利既不能促进也不能损害案件真实的发现,从而与确定罪与非罪的刑事审判活动没有直接关联,可以称为真实中立型权利。公民宪法权利根据其性质的不同,可以分别归属上述三种权利的一种。就美国宪法权利而言,第 6 修正案规定的被告人享有针对不利证人的对质权属于真实促进型权利;而第 4 修正案中规定的不受不合理搜查或扣押的权利,第 5 修正案中规定的不受强迫自证其罪的权利则属于真实损害型权利。有一些宪法权利会兼备真实促进和真实损害两种功能,比如第 6 修正案中规定的辩护权,从律师能够帮助被告人调取、整理有关证据的角

---

① 在 Arizona v. Fulminate 一案中,他反对对供述的非自愿性概念作扩张性解释。Arizona v. Fuminate, 111 s. Ct. 1246(1991).

② 这一分类由美国学者科弗和阿莱尼考夫首倡,参见 Robert M. Cover & T. Alexander Aleinikoff, Dialectical Federalism: Habeas Corpus and the Court, *Yale Law Journal*, Vol. 86, 1977, pp. 1092 – 1093。

度,被告人的辩护权属于真实促进型权利;从被告人通过律师获得的法律知识、诉讼经验、心理承受能力上"平等武装"的角度,其辩护权又可以归属于真实损害型权利。真实中立型权利在刑事审判中既不能增加也不能减少相关证据,如按照种族中立原则选择大陪审团审判的权利即属此例。

在以发现真实为其首要目标的理性主义司法证明体系中,存在真实促进型权利不难理解,但为什么会出现真实损害型权利呢?笔者认为,可以从三个方面加以诠释:

其一,它体现了刑事司法活动在社会生活和法律制度中的实际地位。刑事司法是国家行使国家刑罚权的活动,其基本任务是揭露犯罪、证实犯罪、惩罚犯罪,这一任务的完成状况是衡量刑事司法功能有效性的重要指标。但是,如果我们将刑事司法活动置于整个社会生活和法律制度的宏大视野之中,就会发现,刑事司法只是其中的一种重要组成部分,却不是全部内容。刑事司法的目标和价值也并非社会价值和社会目标的最高形态。除了充分发挥刑事司法系统的功能,有效惩罚犯罪,维护社会安全之外,社会和法律之中尚有更为重要的目标和价值,如促进公共利益,保障公民权利和社会关系稳定等,因此,不应将证实犯罪、惩罚犯罪作为排他性的目标来看待,如果涉及更加重要的价值和目标,刑事司法中的发现真实也是可以退居其次的。

其二,在社会安全价值与个人权利保护之间寻求平衡。稳定的社会秩序,是人类生产和生活得以维持的前提条件,犯罪则是对现有秩序的最强烈的破坏。处于维护或恢复特定的社会秩序的考虑,国家需要对犯罪进行惩罚,这是国家追究犯罪的初衷。但是,社会安全价值只是社会价值体系中的一个方面,不能因为追求这一价值而侵犯其他同等重要甚至更为重要的价值,公民个人权利保护就是这样一种价值。刑事案件总是发生在特定的时空之中,也往往会与犯罪分子以外的人产生联系,因此难免会有一些普通公民卷入其中,成为一名"犯罪嫌疑人"。司法机关认识能力的有限性决定了任何一个国家都不可能完全避免出现这种情况。这就使追究刑事犯罪的侦查活动与每个普通公民个人联系起来,涉及普通公民的个人权利。在实践中,凶残狡诈的罪犯与有口难辩的无辜者之间确实没有一目了然的分界线,从严从快打击犯罪的愿望与保障无辜者权益的要求之间的冲突也会带来行动选择上的困难,但是无论如何,在惩罚犯罪与保护无辜这两个价值目标之间仍然可以找到相互协调的平衡点,这个平衡点就是理性、正当的证明程序,违反这个理性程序所收集的证据就不能被采纳。

其三,制约侦查权的天然扩张性。相比于其他诉讼,刑事诉讼中国家权力的运用具有主动性、普遍性和深刻性,这一点以刑事侦查权最为典型。在侦查活动中,为了及时获取犯罪证据和查获犯罪嫌疑人,常常要求侦查机关主动干预社会生活,单方面限制个人基本权益和自由。法律也因此赋予了侦查机关灵活多样的调查手段和强制权力。侦查机关既可以采取公开侦查,也可以采取秘密侦查;既可以采取任意侦查,也可采取强制侦查。而对于一些调查手段和强制性措施,普通公民如果没有合理的防御手段,那么侦查活动极其容易对公民的人身权利、财产权利造成侵犯。所以有学者说:"如果基本权体系不能贯彻到刑事诉讼领域,等于委弃了最重要的守地。"①那么,为了制约侦查权的这种天然扩张性,有必要对侦查机关侦查权的行使设置一定的界限。



## 三、回归根本法:侵犯公民宪法权利的刑事非法证据梳理

时至今日,在中国关于非法证据排除的讨论正在走向深入,这说明人们已经认可了刑事证据领域中真实损害型权利存在的必要性。不过,如果我们探究一下包含着真实损害型权利的非法证据排除规则的法理来源,就会发现,它们更多的是来自国际人权标准、国际公约或者某外国宪法,它们与我国宪法公民权利之间的关系因而并未得到深入阐述。借鉴国际准则或西方,固然可以弥补本国宪法制度之不足,但是,这种"踢开宪法闹革命"的做法不能不说存在着致命的缺点:其一,容易使新的排除规则的建构成为无本之木,难以得到充分地生长;其二,使根本法与其他法律部门之间的关系成为"两张皮",有违法制的一致性(coherence)原则。伯尔曼说:"在西方法律传统中,法律被设想为一个连贯的整体,一个融为一体的系统"。② 按照德沃金的看法,缺乏一致性的规则不能成其为真正的法律。③ 因此,笔者主张,回归根本法,将宪法公民权利作为设置非法证据排除规则的逻辑起点,将国际人权标准尽可能地纳入既有的权利框架之内,我国的宪法公民权利应当具有这样的包容力。

### (一)侵犯公民生命权、健康权的非法证据

在我国《宪法》上,生命权、健康权属于一项隐含权利,即没有明文规定,但从其他条文中可以推导得出的权利。例如,第36条关于人身自由的保护、第38条关于人格尊严的保护、第43条关于休息的权利、第45条关于弱者的特殊保护

---

① 林钰雄:"从基本权体系论身体检查处分",载《台大法学论丛》第33卷第3期。

② [美]哈罗德·J. 伯尔曼著:《法律与革命》,贺卫方、高鸿钧、张志铭、夏勇译,中国大百科全书出版社1993年版,第10页。

③ [美]德沃金著:《法律帝国》,李常青译,中国大百科全书出版社1996年版,第225页以下。

等条文，都是以生命权、健康权为前提的，是生命权、健康权的延伸。[①] 生命权和健康权涉及人体生命活动的维持和机体生理机能的正常发挥，是个体生存和发展的基础，属于基本权利中的核心权利，应当予以充分的保障。在刑事诉讼中，刑讯逼供是典型的侵犯公民生命权、健康权的取证行为。

值得指出的是，此类非法证据的排除与侵犯公民生命权、健康权的严重程度有关，而与证据的种类无关。"两高"解释明确排除了通过非法方法取得的言词证据，但事实上，通过非法方法取得的实物证据对公民生命权、健康权的侵犯程度可能丝毫也不亚于前者（如以强制人身检查手段获取物证），因此也应当列入应予排除的范围。

### （二）侵犯公民人格尊严的非法证据

《宪法》第38条规定："中华人民共和国公民的人格尊严不受侵犯……"公民的人格尊严是指公民作为一个人所具有的内在价值和尊严。它是人的主体性地位、个性特征、独立性和社会地位的综合反映。侵害公民人格尊严的非法证据是指以贬损其人格和主体性地位的方式取得的证据。其包括：（1）违反自愿性原则取得的犯罪嫌疑人、被告人供述；（2）以威胁、引诱、欺骗等方法收集的被害人陈述、证人证言；（3）以侵犯公民隐私权方式取得的物证、书证、视听资料等；（4）未经犯罪嫌疑人同意取得的测谎结论；（5）以不恰当诱惑侦查手段取得的证据。

### （三）侵犯公民人身自由所取得的非法证据

《宪法》第37条第1款规定："中华人民共和国公民的人身自由不受侵犯。"这里的人身自由主要是指身体自由或行动自由，是指公民按照自己的意志，在法律规定的范围内作为或不作为的权利以及人身不受他人约束、妨碍、强迫和控制的权利。在刑事侦查中，侦查机关必须按照法定的权限和法定的程序来实施各种强制性措施，违反了法定的条件和程序即构成对公民人身自由的侵犯。侵犯公民人身自由所取得的非法证据包括：（1）侦查机关在不具备法定的实体标准或程序要件的情况下实施逮捕或拘留并取得的犯罪嫌疑人供述、证人证言；（2）普通公民以非法拘禁等方法非法剥夺或限制公民人身自由而获得的证据；（3）侦查机关通过非法搜查公民的身体而取得物证、书证、视听资料等；（4）在超期羁押状态下取得的犯罪嫌疑人供述。

### （四）侵犯公民住宅安全的非法证据

《宪法》第39条规定："中华人民共和国公民的住宅不受侵犯。禁止非法搜

---

① 谢鹏程著：《公民的基本权利》，中国社会科学出版社1999年版，第74页以下。

查或者非法侵入公民的住宅。”住宅安全是指任何机关或个人,非经法律许可,不得随意强行进入、搜查或者查封公民的住宅。住宅安全是公民人身自由的延伸,也是公民生活中最起码的一项权利。此类非法证据包括:(1)侦查机关在既无搜查证又不属法定特殊情形的情况下强行进入公民住宅所取得的证据;(2)普通公民在未经住宅主人同意的情况下,进入(秘密潜入或强行闯入)公民住宅而获得的证据。值得指出的是,这里的“住宅”应当作广义理解,不仅包括公民居住的房屋,还包括具有居住性质的车辆、船只、飞机等。

**(五)侵犯公民通信自由的非法证据**

《宪法》第40条规定:“中华人民共和国公民的通信自由和通信秘密受法律的保护……”通信自由是指公民享有的信件、电报、电话、电子邮件等形式进行通信的权利以及保障其通信秘密的权利。《宪法》第40条和《刑事诉讼法》第116条也规定,公安机关或者检察机关为了国家安全或者追查刑事犯罪的需要,依照法律规定的程序可以对通信进行检查,但是却没有明确侦查机关对公民通信进行检查的具体标准和程序,在实践中侦查因而获得了介入公民通信秘密空间极大的决定权和自由度。应当明确,追查犯罪的需要并不能构成干预公民通信自由、开示公民通信秘密的绝对理由,侦查权与通信自由之间需要一条合理的界限,侦查机关如果没有法律的授权,擅自跨越这一界限,所取得的证据即为非法证据。

**(六)侵犯公民辩护权的非法证据**

我国《宪法》第125条规定:“……被告人有权获得辩护”,这就使被告人享有辩护权成为一项宪法原则。从世界各国法律规定来看,辩护权贯穿在整个刑事诉讼的过程中,不受诉讼阶段的限制。但是,这在我国却有所不同。《刑事诉讼法》第96条规定:“犯罪嫌疑人在被侦查机关第一次讯问后或者采取强制措施之日起,可以聘请律师为其提供法律咨询、代理申诉、控告。犯罪嫌疑人被逮捕的,聘请的律师可以为其申请取保候审……”这一规定,明确了律师在侦查阶段的法律服务职能,这种法律服务职能是否属于辩护范畴,却成为一个存在争议的问题,相应地,侦查机关在侦查阶段侵犯犯罪嫌疑人辩护权而取得的证据是否应当被排除就无法获得一个具有理论一致性的结论。因此,应当明确在侦查阶段,犯罪嫌疑人同样享有辩护权,侦查机关只有在充分保障犯罪嫌疑人辩护权的情况下才能取得合法的、可被法庭采纳的证据。

**(七)侵犯人权的非法证据**

第十届全国人民代表大会第二次会议为《宪法》增加了一条重要条款:“国家尊重和保障人权”(第33条第3款)。这一宣示性的宪法人权条款,显然为刑事诉讼中公民权利尤其是犯罪嫌疑人、被告人权利的保障提供了新的法律基础。然而,"人权"毕竟是一个十分宽泛和模糊的术语。宪法的人权条款是否涵盖了刑事诉讼国际人权标准的所有内容仍然存在疑义。目前学界的基本观点是,人权条款可以解释为基本权利保障的概括性条款,为基本权利的实现提供更直接而广泛的价值基础。在出现了宪法和法律没有规定的新的权利要求时,可以依据人权条款作出判断。而人权条款本身不能成为发现和提炼新权利的依据,它提供的是一种解释原则。① 不过笔者认为,尽管人权条款与具体的权利尚有距离,但它无疑已经开启了吸收国际人权标准的宪法之门,也必将为我国刑事非法证据排除规则体系的逐渐完善提供推动力。

## 四、公民宪法权利与刑事侦查取证权的边界

行文至此,李白的诗句跃入脑中:"蜀道之难,难于上青天。……地崩山摧壮士死,然后天梯石栈方钩连。"的确,尽管前文务求其全地罗列了侵犯宪法权利的非法证据,但充其量只是一些宽泛、抽象的原则或指针。置身刑事诉讼的语境,如果将公民宪法权利比做绝顶险峰之上的"胜境",将排除非法证据的实践比做借以脚踏实地、拾级而上的"石栈",我们尚需架设"勾连"二者的"天梯"。毕竟,厘清条文、概念上的对应关系是容易的,而我们需要的却是付诸实施的一种机制。

这种机制的功能在于为公民宪法权利与职权机关的侦查取证权力设定边界。一方面,侦查机关的强制取证为追诉犯罪所必需,而公民在享有权利的同时,亦可要求对国家机关的某些强制取证行为承担一定的忍受义务;另一方面,强制取证行为行使不当,必然会对公民的权益造成重大损害。一般来说,具备合法性和正当性的侦查取证行为虽然也有可能对公民的宪法权利进行了某种限制,但是由于它具有了正当化的事由,且不违背依法治国的基本原则,因此应当视为国家追诉权力的正常行使。然而,合法与非法之间的界限何在?正当和不正当之间又如何划分?一方面是宪法权利条款的微言大义和宽泛表述,另一方面是司法实践中合法证据与非法证据的清晰界分,二者之间应当如何联结?正如林钰雄教授所说:"公法上的相关讨论,应用到刑事诉讼上之基本权干预时,需要更为细致的转换。"②要使对于公民宪法权的保护切实地贯彻到刑事诉讼领

---

① 韩大元:"宪法文本中'人权条款'的规范分析",载《法学家》2004年第4期。

② 林钰雄:"从基本权体系论身体检查处分",载《台大法学论丛》第33卷第3期。

域，首先我们在理论上就要确定一点，即宪法与刑事诉讼法之间的关系不能是抽象的，而应是具体的；不能只是立法中隐含之义，而应当是司法中的直接考量。笔者认为，可以从下述两个层面上来加以判断。

1. 涉宪性判断。应判断特定侦查取证行为是否直接涉及公民宪法权利，这是考量由此而取得的证据是否因为侵害了公民宪法权利而应予排除的前提要件。

这又可以从两个层次上来加以判断。其一，确定侦查取证行为所涉及的法律关系是否属于国家与个人之间的公法联系。如侦查机关本身所实施的取证行为，当然涉及国家与个人之间的联系，不成问题；侦查机关委派特殊专业人员甚至私人进行某种取证行为（如通过医师对犯罪嫌疑人实施身体检查），尽管该专业人员或私人并非公务人员，由于存在这种委托或指定关系，因此也可归之于公法联系。如果纯粹是由公民的个人行为取得证据，尽管这一行为侵犯了公民的宪法权利，但是，除非这种行为的侵权性质极其严重，否则所取得的证据可不作排除。① 其二，确定该取证行为直接侵犯的利益是否属于宪法基本权利体系的保障范围。如果说侦查机关取证行为的目的正是要通过侵入或限制公民宪法权利来实现，而且，对公民宪法权利的侵害正是该取证行为的直接（而不是间接的或附带的）结果，那么该取证行为应属涉宪性公法行为无疑。值得指出的是，随着社会的发展，宪法基本权利体系的保障范围也可能处在发展之中，相关的概念可能会产生争议，则应通过立法或宪法解释来加以明确。

2. 正当性判断，即侦查机关的取证行为是否具有法律上的正当化事由？如何确立和判断正当化事由？这可以借鉴德国法上的法律保留原则与比例原则来加以具体阐释。

首先是法律保留原则。法律保留原则是指国家公权力行为尤其是对公民权利造成侵害的行为，或者对公民权利有重大影响的行为只能在法律规定的情况下作出，法律没有规定的就不得实施。该原则的实质在于要求国家公权力的行使必须在代议机关的监控之下。它既体现了立法权对行政权和司法权的制约，

① 关于私人不法取得证据的效力问题，有德国模式与美国模式之区别。在德国，由普通公民转交给警方的证据如果侵犯了个人隐私权，同样会被排除。在这个方面，德国并不对警方行为和私人行为加以区分，主要的关注点是在法庭上使用该项证据的效果。而在美国，同样的取证行为，如果由侦查人员实施，则会被排除；如果系侦查人员以外的其他人实施，则会被采纳。See Graig M. Bradley, The Exclusionary Rule in Germany, *Harvard Law Review*, March, 1983, p. 1043. 从保障公民宪法权利的角度观之，德国模式似乎更优，但是，对于私人非法行为所获证据的排除与侦查机关非法取证行为所获证据的排除不应适用相同的标准。

也体现了国家公权的民意基础。[①] 依此观之,刑事诉讼中的侦查行为也不能任意作出,只有在立法机关对该事项作出了规范的情况下,它们才能按照法律的规范作出相应的行为。世界上很多国家把涉及公民基本权利的保护,都列为法律保留的范围。我国法律对法律保留事项已有所规定。《立法法》第8~9条规定,对限制人身自由的强制措施,只能制定法律,且不得授权国务院先制定行政法规,即属于绝对保留事项。不足之处在于,法律绝对保留事项过于狭窄,与刑事诉讼领域相关之处仅涉及"限制人身自由的强制措施",不能涵盖其他宪法权利或其他的侦查行为。

将法律保留应用于排除非法证据的司法实践,则应在建立非法证据排除规则的同时,对涉及公民宪法权利的侦查行为进行全面的规范。因为法律规定不完备,也就无法可违,自然也就不会存在非法证据问题。可从四个层面来加以具体化:其一,以法律明文授权,即要求在法律层次上明确各项涉及公民宪法权利的侦查行为,法律没有规定的侦查行为不得作出,否则所取得的证据则可能作为非法证据来加以排除。这同时也是程序法定原则的应有之义。其二,禁止"法外"授权,即不得用法律之外的规范性文件(如关于刑事诉讼法的法律解释)来扩张侦查机关的权力、设置侦查行为的新种类。立法机关固然可以授权主管机关对法律作出补充规定,但是如果涉及公民宪法权利事项,其授权则应具有相当的明确性。其三,禁止类推授权,即法律如果没有明文规定某种侦查行为,则不得以手段或强度上的相似性来创设法律未加许可的侦查行为。其四,避免概括授权,即除要求侦查行为具备法律明文的授权依据外,还要求法律为之设定明确的要件限制。如果要件的限制过于模糊、例外过于宽松和任意,法律控制的密度则会大为减弱,证据的合法性与非法性之间的界限则会缺乏明确性,难以指导排除非法证据的司法实践。

其次是比例原则。比例原则是现代公法的一项非常重要的原则,被誉为公法的"帝王条款"。它要求国家机关实施任何行为都应当选择对公民权利损害最小的手段,并且对公民权利造成的损害不得大于该手段所保护的法律利益。[②] 换言之,侦查机关所使用的取证手段与其所欲达成的"目的"之间,必须合乎比例,亦即具备相当性的关系。其具体内涵包括适合性原则、必要性原则与狭义比例原则。适合性原则要求,国家机关为达某一特定公法目的所采行之手段,必须

① 胡建淼主编:《论公法原则》,浙江大学出版社2005年版,第325页。

② 陈光中主编:《中华人民共和国刑事诉讼法修改专家建议稿与论证》,中国法制出版社2006年版,第258页。

适合或有助于其目的之达成。必要性原则是指国家机关为达到目的而采取的特定手段,只有是不能选择其他同样有效且对基本权利限制更少的方法时,采取该项手段才可被视为必要的,因此又称为最小干预原则。狭义比例原则是指限制基本权的手段之强度,不应超过达成目的所需的范围,同时因其限制所造成之不利益,不得超过其所欲维护之利益。①

如何按照比例原则来确定侦查机关取证行为的正当性或妥当性?这主要使用因素权衡的方法,即一边是该取证行为所涉及的公民宪法权利,另一边则是一些具体的考量因素,如所追诉犯罪的种类或严重性程度(是杀人犯罪还是盗窃之类的犯罪)、犯罪嫌疑人的嫌疑程度(只是初始怀疑还是重大嫌疑)、运用该取证行为对于查清案件事实的必要性(有无较轻微的替代性手段)等。比例原则要求,用来与犯罪作斗争的侦查行为应当与“罪行的严重性、犯罪嫌疑程度、查明案件事实的必要性”以及所涉及的宪法权利相称。例如,在德国,法庭在评估侦查人员取证行为是否符合比例性原则时,使用的是所谓的“最小强度手段”分析标准,即如果强度小的手段已经足够,那么较大强度的手段就是不被许可的。1963 年 6 月 10 日联邦德国宪法法院判决的“抽取脊髓案”典型地诠释了比例性原则的运用。在该案中,法庭裁定,警方为了确定嫌疑犯精神上是否健全,从嫌疑犯身上提取脊髓的侦查行为违反了比例性原则。虽然刑事诉讼法在通常情况下赋予侦查人员这样的职权,但是,这种行为却显然与所指控的那项轻罪(背信罪)不相适应。

因此,比例原则所主张的方法,实质上是衡量侦查机关取证行为所欲达到的目的与公民的宪法权利之间是否成比例,两利相权取其重,两害相权取其轻。但是这种办法存在自身的缺陷,如过于依赖于个案情况,即在某些案件中适当的方法对于其他案件来讲可能未必具有正当性,有学者据此担心比例原则的适用会导致了法律的确定性和统一性遭到破坏,尤其是在法官直接援用此一原则时会因为法官价值观念的不同,而导致法官滥用比例原则。我国台湾地区宪法学学者陈新民认为,尽管比例原则存在这样的缺陷,但不能据此否认比例原则在保护人权方面的积极作用。比例原则的上述不足则可通过法院日积月累的判决,对“公益”及“人权”价值的关系逐渐累积成一些“典型案件”,以便提供较为清晰的指标,从而削减比例原则“不确定”的色彩。②

---

① 林钰雄著:《刑事诉讼法》(上册),中国人民大学出版社 2005 年版,第 233 页。

② 陈新民著:《宪法基本权利之基本理论》(上册),台湾元照出版有限公司 1999 年版,第280 ~ 281 页。

就刑事非法证据的排除而言,首先需要将特定侦查行为或与之相关的具体个案予以类型化区分,并以立法或判例形式来加以具体规制。比如,在立法层面,可根据侦查行为对有关宪法权利的侵犯程度,或者特定宪法权利的重要程度来设定此类侦查行为的法定条件。以德国法为例。由于监听易造成对公民隐私权的严重侵犯,因此,在德国法上,实施监听需要较高的法定条件,情报部门实施监听的要求是:怀疑有事实上的依据(G10,第1款);刑事侦查部门监听的要求是:怀疑应当建立在明确的事实基础之上(《德国刑事诉讼法》第100条a),明显高于获得一般性搜查令的标准。[①] 同样,鉴于公民出版自由的重要性,德国宪法法院要求对出版机构的搜查应适用更高的条件,即搜查应当"保证能够成功地获得适当的证据",明显高于一般的搜查标准。[②]

在司法层面上,可以从司法方法论的角度,对特定类型的案件进行概括与归纳,以形成可供刑事非法证据实践遵循或比照的先例。德国联邦宪法法院在1973年1月31日判决的"私人谈话录音案"[③]可以提供一个极好的例证。在该案中,联邦宪法法院阐述和演示了以宪法权利为基础排除非法证据的所谓"三步分析法":第一步,判断证据的使用是否会侵害宪法所确立的个人核心权利,这是个人的最私密空间,超越于所有的政府权力。因此,无论指控有多严重,侵犯这些权利的证据必须排除,如在夫妻卧室内装电子窃听装置而取得的证据。第二步,判断证据的使用是否会侵入个人核心权利之外的隐私领域。侵犯公民这一领域权益的证据可以在法庭上使用,前提条件上它所代表的公共利益能够超越私人利益。这里涉及利益的重要性程度权衡。隐私领域之所以得不到核心秘密空间那样绝对的保护,是因为作为现代社会一分子的公民有义务接受政府为了公共利益(如社会成员的生命权和自由民主的社会秩序)而采取的各种措施。第三步,分析案件所涉及的证据是否属于不会泄露公民隐私信息的证据,如商业会议的录音等。采纳此类证据不会侵犯被告人的隐私权,因此通常不会被排除。最终,法庭认为所涉及的国家利益并不超过隐私领域内的个人利益,因而不足以引起采纳录音带的效果。不过,法庭也指出,如果所指控的罪行不是纳税

---

① 根据《德国刑事诉讼法》第102条,获得一般性搜查令的标准是:推测进行搜查可能收集到的证据材料。

② Robert M. Cover & T. Alexander Aleinikoff, Dialectical Federalism: Habeas Corpus and the Court, *Yale Law Journal*, Vol. 86, 1977, pp. 1092 – 1093, 1041.

③ 该案的案情是:一对夫妇将一些财产出售给被告人。被告人为了规避纳税,要求这对夫妇在合同中低估所出售财产的实际价值,然后由被告人将实际差价(70,000DEM)以现金的形式付给他们。在被告人不知情的情况下,这对夫妇录下了涉及税务欺诈的谈话,随后,他们将录音带交给了警方,于是出现了这盘录音带能否作为证据使用的问题。

欺诈而是暴力犯罪,结果则会相反。①

在刑事诉讼活动中,侦查行为的种类和性质多种多样,非法取证的形态五花八门,个案的具体情形又难以一一预知,因此,在公民宪法权利与刑事侦查取证权之间并无划一的边界,而非法证据排除规则也不可能成为可以简单套用的公式,它既需要立法上的周密设定,也需要基于个案情形的司法续造。但是,无论如何,公民宪法权利应当成为非法规则最高位阶的规范目的,这是因为,从本质上说,刑事非法证据排除规则的设置目的并不是排除一切不符合诉讼程序规定的证据,其核心是通过这种特殊的程序性制裁机制,来纠正和杜绝侦查人员侵犯公民宪法权利的行为,从而为刑事侦查取证权的行使确立明确的法律边界。至于更为精致的实务操作标准,只有刑事非法证据规则真正落实到司法实践,在司法经验积累的基础上才能有效提炼并逐步完善。

## 五、结　　语

就目前而言,直接以宪法权利来指导排除非法证据的司法实践,显然存在体制上的障碍。我国没有宪法诉讼,公民在其基本权利受到侵犯时不能在专门的宪法法院提起独立的宪法诉愿,或者由普通法院直接援引宪法规范作出裁判。宪法条款不具有可诉性,宪法权利条款自然缺乏直接适用性;法官也没有宪法解释权,而真正拥有宪法解释权的全国人大迄今也从没有行使过宪法解释权。然而,随着宪政和法治建设的推进,这种状况相信会有所转变。但即便如此,宪法权利的精神仍然可以透过立法和司法行为以及法理的诠释传递到排除非法证据的司法实践。

明确以宪法权利来引导非法证据排除规则的设立具有明显的优势:首先,使立法者和裁判者充分领会非法证据排除规则背后的重大法益冲突,明了排除规则的必要性和慎用性。既不可为排除而排除,也不可应当排除而不知排除。其次,随着我国侦查取证技术水平及刑事诉讼文明程度的提高,宪法权利仍能为非法证据范围的适量扩张提供兼顾安定性与包容性的立足点。最后,虽然就目前而言,宪法的实际权威度不足,但是,随着时代的发展,这个权利宣言书必将进一步深入人心。借根本法之力,非法证据的排除规则、其所涉法益冲突以及法治所

---

① Kuk Cho, "Procedural Weakness" of German Criminal Justice and Its Unique Exclusionary Rules Based on the Right of Personality, *Temple International and Comparative Law Journal*, Spring, 2001, pp. 24 – 27.

需付出的理性代价，也将会获取更多的社会认可。在这一点上，宪法权利或许比那些具有外国血统的“大词大语”更易为普通民众所接受。

有人曾将我国的公民宪法权利喻为“睡美人”。这位“睡美人”何时醒来，以她的华美典雅之光缓和权力运作的暴戾之气，直接普照芸芸众生的百姓生活，就目前而言，尚是一种期待。

（2007 年第 8 期）

# 2008 年

# 我国纪检监察机关获取之人证的证据能力问题

廖耘平*



## 一、问题与争议

纪检监察机关获取之人证的证据能力问题是中国刑事诉讼中的特殊问题。相当一部分国家工作人员犯罪案件在移送司法机关处理前都涉及纪检监察机关取证。① 纪检监察机关在查处违纪案件过程中取得的人证,主要表现为当事人供述笔录和亲笔供述以及证人笔录证词和亲笔陈述,可否具有证据能力,刑事诉讼法及有关法律和司法解释均未作出明确规定。在司法实践中,检察机关的一般做法是将纪检监察机关移送的人证作为线索,按照诉讼程序重新调查取证,即对纪检监察机关获取的人证进行证据转换,一般没有将其直接作为刑事证据使用。但是当由于种种原因不能进行转换时,仍然要面临纪检监察机关获取的人证能否具有证据能力的问题。

对上述问题一般有三种意见。肯定说认为:《刑事诉讼法》第42条规定,证明案件真实情况的一切事实都是证据。纪检监察机关取得的证据具有相关性即证明力,能够证明案件事实,因而也是刑事诉讼的证据。而且由于部分案件当事人或证人在诉讼阶段改变供词和证言,或者某些证人逃避作证以及因其他原因不能找到,如果不用纪检程序中获取的人证,有些案件就难以证实,使这些职务犯罪不能被有效地打击。否定说认为:②(1)纪检监察机关取得的被调查人供证

---

* 作者单位:四川大学法学院。

① 本文所讨论的纪检监察机关获取的人证不包括以拘禁或变相拘禁的方式实施"两指"、"两规"所获取的人证。"两指"由《中华人民共和国行政监察法》第20条第3项作出规定,指监察机关在调查违反行政纪律行为时可以责令有违反行政纪律嫌疑的人员在"指定的时间、地点"就调查事项涉及的问题作出解释和说明,但是不得对其实行拘禁或者变相拘禁。"两规"在《中国共产党纪律检查机关案件检查工作条例》第28条第3款中表述为"规定的时间、地点"。以拘禁或变相拘禁的方式实施"两指"、"两规"所获取的人证,因涉及侵犯公民重大的人身自由权利,不宜容许其有证据能力。

② 关于否定纪检监察机关获取的人证的证据能力的观点,可参见熊选国主编:《公检法刑事办案重点难点问题释解》,中国方正出版社2005年版,第394页;邱文华:"试析纪检口供的证据效力",载《河北法学》2005年第11期;姜焕强:"试论纪检监察证据向刑事证据转化的几个问题",载《河北青年管理干部学院学报》2005年第2期;王敏远主编:《刑事证据中的权利保护》,中国人民大学出版社2006年版,第48、49页。

不属法定的证据形式,如在刑事诉讼法规定的7种法定证据中,并不包括纪检口供。当然,该条规定中有犯罪嫌疑人、被告人供述和辩解这一证据形式,但这一证据形式显然是指犯罪嫌疑人、被告人在刑事诉讼中向司法人员所作出的供述和辩解,因为不进入刑事诉讼程序,就不能称为犯罪嫌疑人、被告人。(2)纪检监察机关不是我国刑事诉讼法规定的取证主体,收集证据的程序和方法不是按刑事诉讼法的规定进行的,纪检监察等部门行使的是行政权而非司法权,在刑事诉讼法这个层面上讲,该言词证据的制作应当被认为是不合规范的,显然没有法律效力,必须由有权主体依法定程序重新制作,因而纪检监察机关取得的证据不具有证据能力,只能作为司法机关获取证据的线索和参考材料。折中说认为,对纪检程序中获取的书面形式的人证,即当事人陈述与证人证言,原则上不能在司法程序中作为定案依据。但根据实际需要,在具备相对合理性的前提下允许有某种例外。①



笔者总体上赞同折中说,但在具体对待上有所不同。笔者的基本观点是:纪检监察机关获取的当事人(也就是后来的嫌疑人、被告人)的庭外供述(包括笔录和亲笔供述)在满足特定条件的情况下可以具有证据能力。纪检监察机关获取的证人庭外陈述根据证人是否出庭作证有不同处理。在证人没有出庭作证的情况下,纪检监察机关获取的笔录证词不能在审判中作为定案依据即实质证据,证人亲笔证词在特定条件下可作为实质证据;在基于司法公正的考虑或当事人同意使用时,笔录证词和亲笔证词都可具有证据能力。在证人出庭作证的情况下,笔录证词和亲笔证词在特定条件下都可具有证据能力。

上述肯定说对证据能力问题的判断过于简单化,基本上只以真实发现为唯一目的,不足取;否定说在现行刑事诉讼法中找到的支持似乎很充分,但仔细分析,实则不然,鉴于否定说在当前的主流地位,有详加分析的必要。

## 二、对否定说的质疑

上述否定说的理由并不充分,而且没有涉及问题的实质。从其以证据属性理论判断证据能力的论证方式看,②其背后隐藏的正是当前证据理论中混乱和

---

① 龙宗智:"取证主体合法性若干问题研究",载《法学研究》2007年第3期。

② 从其理由看,不管是否明确提及,否定说主要从传统的证据属性理论("三性"标准,即合法性、客观性、关联性)中的合法性标准来判断证据能力问题。根据我国传统的证据属性理论,要作为证据必须具有"三性",纪检监察机关获取的人证不具有合法性,所以否定说得出纪检监察机关获取的人证无证据能力的论断。

不清晰的问题。

第一,以不符合取证主体和程序要求得出纪检监察机关获取的人证不具有证据能力的结论并不必然成立。

从现行《刑事诉讼法》关于证据获取主体的规定看,[①]纪检监察机关不是刑事诉讼法规定的取证主体,但问题在于:没有刑事诉讼法上取证权的主体获取的人证是否就没有证据能力?从有关证据能力的理论和实践看,并不能得出必然的判定。

在大陆法系国家,为发挥职权主义的效能,对于证据能力的限制较少,凡得为证据之资料,均具有论理的证据能力。德国关于证据能力的证据禁止理论将取证行为规范和证据能力规范相区分,按照程序禁止与证据禁止之法理加以处理。证据禁止分为证据取得禁止和证据使用禁止,证据取得禁止主要有四种情况,其中一种情况就是,"有些证据之取得只能经由特定之人指挥或实行方有效(此称相对性的证据禁止)"。[②] 这其实就是特定证据只能由刑事诉讼法规定的特定主体获取。如果取证要件未能遵循,并不必然导致证据不能使用。因为证据取得禁止只是国家机关取证的行为规范,并不直接涉及证据能力问题。决定证据是否具有证据能力的是证据使用禁止。在德国刑事诉讼中,对这种因违反法律规定而得之证据,学术上极重要之见解迄今一直主张得为证据之使用(具有证据能力)。[③] 作为证据禁止的两种形式,证据取得禁止与证据使用禁止之间并不存在"等号"的逻辑关系。简言之,违反证据取得禁止,既不是证据使用禁止的充分条件,也不是证据使用禁止的必要条件。

在英美法系国家,证据能力问题基于证据价值与实务上政策的要求,按照证据可采性理论加以处理。证据可采性规则一般围绕庭审为中心,除了涉及限制或侵犯公民基本权利的取证行为,一般不强调人证获取主体只能限于特定人员。如在英国普通法上,对于自白作出的对象实际上采取较灵活的态度。通常情况

---

① 我国《刑事诉讼法》第43条规定,审判人员、检察人员、侦查人员必须依照法定程序,收集能够证实犯罪嫌疑人、被告人有罪或无罪、犯罪情节轻重的各种证据。该法第45条规定,人民法院、人民检察院和公安机关有权向有关单位和个人收集、调取证据。有关单位和个人应当如实提供证据。

② [德]克劳斯·罗科信著:《刑事诉讼法》,吴丽琪译,法律出版社2003年版,第213页。

③ 当然,在德国刑事诉讼中,这种相对的证据禁止主要指其《刑事诉讼法》第81a条的规定,只有医生方能进行身体的侵害,如抽血等,并且需要有法官的命令或在有迟延之危险时,亦得经由检察官及其辅助之公务员为之。该法第98条、第100条、第105条、第111(e)条、第111(n)条等规定,扣押和搜查在通常情况下要由法官决定,只有在迟延就有危险的情况下才能由检察院及其辅助人员决定。这与纪检监察机关获取人证有一定的区别,但两者共同之处在于,都属于刑事诉讼法只明确规定特定主体方能取证的情况下,非该法定主体获取证据能否使用的问题。

下,自白作为一种侦查的结果,应向警察或其他侦查人员作出。但自白向被害人或他的朋友、亲戚或任何其他人作出同样有效。在英国有关涉及自白的法律中,现今所有案件的处理结果都是相同的:对自白作出的对象无须要求其具有司法权。①

从程序上看,纪检监察机关取得的人证不是按刑事诉讼法规定的法定程序收集的。但是,现代侦查程序设立的目的就是为规范取证服务的,是为了既能确保有利取证又要保护公民合法权益的使命而存在的,其本身并没有独立存在的价值,不经侦查程序取得证据并用于刑事诉讼并无不可。就人证而言,刑事诉讼法取证程序的要求主要是为了保障证据的可信性,对刑事诉讼取证程序的遵循本身不是目的。尽管通过司法机关在侦查程序中获取证据是证据取得的重要甚至是主要方式,但不是唯一方式。用于刑事诉讼证明的人证并非必须经过侦查程序取得,是否具有证据能力也不能以经过侦查程序为决定性条件。只要经过合法程序(包括但不限于侦查程序)取得的人证,不能完全排斥其证据能力。

第二,以证据形式判断证据能力过于机械,②而且证据形式的僵化规定在实践中也早就被突破。

实践中,能够作为证据的供述并非只能在侦查、审查起诉和审判阶段作出。日本学者认为:“庭审外的供述的机会和形态是多种多样的。关于供述的时间,包括犯罪前的供述(涉及犯罪实行的预定和动机的部分等)和犯罪后的供述。后者又可以分为侦查开始以前的供述和侦查开始之后的供述。从供述提出的对象看,大体可以分为向侦查机关(司法警察职员、检察官等)的供述和向其他人员的供述。”③在我国法定的7种证据形式下,纪检监察机关获取的供述在证据形式上与法定证据形式是有所区别,但这种区别只是一种形式上的区别。接受调查作出供述的人是同一的,不应该机械地理解刑事诉讼法的规定。对犯罪嫌疑人、被告人的供述可作扩大化理解,该证据形式应包括该同一供述者在其他时

---

① PeterMurphy, *MurphyonEvidence*, 6th ed. , Blackstone Press Limited, 1997, p. 237.

② 我国《刑事诉讼法》只规定了7种证据形式,这种僵化的证据分类形式存在很多问题。一般来说,由于诉讼实践中用来证明案件事实的各种材料具有不同形式(形态),不同的使用特点并可能适用不同的证据规则,各国证据法都要对这些具有证明性的材料进行界定与表述并由此形成一定的类别划分。但无论属大陆法系还是英美法系,其他国家的证据法少有像我国这样明确规定证据种类而且没有余地的。立法与司法者对此可能采取开放的态度,即以法律条文明确表述出某些证据形式,但也不排除其他形式的证明材料作为诉讼证据。因为法定类别有限,而实际材料样式繁多,严格形式主义可能导致缺乏必要的灵活性,使证据形式不能有效容纳其应当容纳的证据内容。参见龙宗智:“证据分类制度及其改革”,载《法学研究》2005年第5期。

③ [日]松尾浩也著:《日本刑事诉讼法》(下卷),张凌译,中国人民大学出版社2005年版,第41页、42页。

间、场合作出的供述。[1] 此外,现行刑事诉讼法关于证据形式的僵化规定在实践中也早就被突破。像搜查笔录、侦查实验笔录、辨认笔录乃至审判笔录、非鉴定人的专家证言等,虽然都不能对应现行的法定证据形式,但实践中一直在使用,事实上承认了其证据能力。[2] 可以预见,在复杂的社会生活中,随着人们共享的知识背景和认知模式的发展变化,在诉讼证明中将运用更多的、各种表现形式的"证据"来认定事实,如果仅仅因为其不符合法定证据表现形式而否定其证据能力,实在是非理性的做法。

在证据能力问题上并不存在一个放之四海而皆准的判断标准。判断标准的设定必须考虑公民合法权利的保障和有助于真实发现、有效满足现实司法需求。我国的实际情况是:很多国家工作人员职务犯罪往往在纪检监察机关调查阶段获得突破并取得证据,而且从实践看,一定职级以上的国家工作人员涉嫌犯罪的,纪检程序还是必经程序。我国自1993年起,党的纪律检查机关与行政监察机关合署办公,实行"一套机构,两块牌子",履行纪检监察两项职能,有行政法上的调查取证权,只要是依法取证,并不涉及侵犯公民的合法权利。这些因素在考虑证据能力问题时应当纳入一并考虑,完全排斥纪检监察机关获取的人证既无必要也不合理。当然纪检监察机关获取的人证要具有证据能力还必须满足一定的条件。下文将纪检监察机关获取的人证区分为当事人庭外供述和证人庭外陈述来探讨对其的处理。[3] 之所以将二者分别讨论的原因有两点:一是几乎所有的司法辖区都给予被告人特殊地位。被告人作出的供述,不管是在法庭上还是在庭外,不管是自白还是否认指控,都受到特别的法律制度调整。二是当使用被告人庭前供述时(不管被告人在特定司法辖区是不是可以成为证人),都不存在与证人对质的问题。

## 三、纪检监察机关获取的当事人庭外供述

庭前供述的机会和形态是多种多样的,不仅仅是对侦查机关或有司法权人员的供述,纪检监察机关获取的当事人庭外供述在实践中主要表现为笔录和亲

---

① 对此,我国台湾学者对台湾地区"刑事诉讼法"所称"被告之自白"也有类似解释,"刑事诉讼法虽称为被告之自白,但此系指现在之被告及将来之被告而言,故在审判外之自白亦包括在内。"蔡墩铭著:《刑事诉讼法论》,五南图书出版股份有限公司2002年版,第241页。

② 龙宗智:"证据分类制度及其改革",载《法学研究》2005年第5期。

③ 鉴于我国采控辩式审判,所以主要从当事人诉讼模式证据运用的角度讨论纪检监察机关获取的人证。

口供述,其是否具有证据能力,主要涉及传闻规则和口供的任意性,而非实质的非法取证主体问题。在当事人诉讼模式下,对被告庭外供述用作证据的处理有两种代表性的方式:美国联邦证据规则认为被告庭外不利于己的承认,不属于传闻;①而英国判例法和日本刑事诉讼法认为被告庭外供述为传闻,但符合传闻例外的情形时可为证据。不管采取哪种方式,由于这种供述不是当庭作出的,在作为证据时需要予以特别考虑。

一是当供述的内容是口供或是承认不利于自己的事实时,不管是作为传闻例外还是非传闻,通常只要具有形式的真实性②和任意性,就可以肯定其证据能力。因为一般来说,承认对自己不利的事实,其可信性较高。此外,英美普通法上所谓的"当事人理论",认为既然作为当事人的被告人作出与对方诉讼主张不矛盾的供述,就没有理由拒绝将之作为证据。但是,鉴于政府方往往带有追究责任的态度,为了防止不当侵犯人权,诱发虚假口供等情况的发生,法律需要限制口供或承认不利事实的供述的获取方式,要求口供或对不利事实的承认无论是否构成自白,都要具有任意性才具有证据能力。所以,纪检监察机关获取的庭前供述是承认不利于自己的事实时,如具有任意性和形式上的真实性,则具有证据能力。

但是在我国,对取证主体以及笔录制作有明确要求,纪检监察机关获取的供述特别是笔录形式体现的供述,在这个问题上是不符合刑事诉讼法的规定的。对此应如何理解呢?笔者认为,决定口供或承认不利于自己的事实的庭前供述证据能力的根本因素在于其任意性和真实性,而非取证主体和程序。如果说取证主体、程序对庭前供述的证据能力产生影响,那也是通过影响任意性和真实性



---

① 美国联邦证据规则之所以在规定了传闻例外的同时又把某些庭外陈述规定为非传闻,是因为大多数传闻例外至少在一定程度上建立在这样的前提下,即该陈述作出时环境有利于减少传闻危险所带来的问题。这样,在理论上对缺乏交叉询问毋庸担心过多。与此相反,就证人庭前不一致陈述和对方当事人的自认而言,作出这些庭外陈述时的环境缺乏保证这些陈述真实性的固有因素。之所以把证人的庭前不一致陈述规定为非传闻而不是传闻例外,是因为证人现在在法庭上能够接受反询问,使证人庭前不一致陈述的传闻风险能够得到避免;而传闻例外则是建立在陈述本身具有可信性基础上的。参见王进喜著:《刑事证人证言论》,中国人民公安大学出版社2003年版,第352页。

② 对于不利于自己的供述具有证据能力的真实性要求,是一种较低标准的真实性,限于可能或表面的真实性标准,法庭对其的审查也是一种形式的审查,一般只要不是明显与事理相违背,有供述人的签名等,即认为满足此要求。参见蔡荣耕:"论排除非法自白之相关问题",载《刑事法杂志》2001年第4期。

间接影响证据能力，而且只是影响任意性和真实可靠性的相对次要因素。[①] 因为尽管任意性的判断标准很难精确把握，不过通常认为，主要是指不存在刑讯、利诱、欺诈、违法羁押等影响供述人自由意志决定的情节。因此纪检监察机关人员在获取供述的过程中如果不存在上述影响供述人自由意志的情节，通常就不影响任意性。而且，纪检监察机关取证仍须调查人员和供述人签字确认，只要不是明显与事理相违背，自相矛盾，或显然有虚伪嫌疑，就可认为其具有形式上的真实性。

二是被告人的庭前供述是有利于被告人的内容时，如具有"可信性的情况保证"，[②]可以作为证据。因为在这种情况下，即使检察官在法庭上对这种供述质询被告人也没有多少意义，所以可由可信性的情况保证代替反询问。[③] 纪检监察机关获取的有利于被告人的笔录或亲笔供述尽管不符合刑事诉讼法对证据获取主体、程序的规定，但这种"不符合"是否影响证据能力要看其是否影响证据的可信性。"可信性的情况保证"在不同司法辖区，甚至在不同法官那里可能会有不同的认定，但一般来说，除了立法上明确列举的情形，在评估"可信性的情况保证"条件是否满足时，大致考虑下述因素：陈述的动机、表现形态，陈述的性质、内容，任何与陈述者诚实与否、感知准确与否有关的情况，陈述作出的场合，陈述是否有其他可以采纳的证据支持等。从这些因素来看，是否是由法定取证主体按刑事诉讼法的规定获得一般不至于对"可信性的情况保证"产生决定

---

① 之所以说是相对次要因素，是因为从判断是否具有任意性的因素看，鲜有根据取证主体来判断的，尽管特定主体出于法定职责的要求，可能对保证任意性和真实可靠有所助益，但其效果是有疑问的，特别是对任意性而言。至于程序要求，则要依其是否直接关系任意性区别处理，如美国米兰达规则这样的决定供述证据能力的刚性程序要求，是为了使嫌疑人知悉其有沉默权，有权不供述，从而直接关系到供述的任意性，而我国的程序要求不过是对调查人员的身份、人数、笔录的核对等方面的要求，与任意性无关。

② "可信性的情况保证"是美国判例法根据允许传闻例外的标准而形成的概念。"可信性的情况保证"一般是指陈述时的外部客观情况使该陈述值得信任而不是指陈述的内容可信。参见[日]松尾浩也著：《日本刑事诉讼法》（下卷），张凌泽，中国人民大学出版社2005年版，第64页。而且从司法实践来看，"可信性的情况保证"所要求到达的标准在不同情况下并不是相同的，不过一般来说，证据的传闻性越强，所要求的"可信性的情况保证"到达的标准就越高。对传闻陈述作出时的"外部情况"，是否具有可信性，必须综合陈述人的观察、记忆、表达是否正确，以及有无伪证的动机等而予以判断，且保证之程度亦有高低强弱之别，其程度之强弱，则系依综合判断之结果而定。参见黄东熊、吴景芳著：《刑事诉讼法论》，台湾三民书局股份有限公司2002年版，第425页。

③ [日]松尾浩也著：《日本刑事诉讼法》（下卷），张凌泽，中国人民大学出版社2005年版，第45页。

性影响。[①] 此外，由于不存在与证人对质的问题，从有利于被告人的原则考虑，对被告人有利于己的供述用作实质证据所要求的“可信性的情况保证”条件没有必要像证人庭外陈述用作实质证据的情形那样严格。从这个角度看，也不宜以不满足主体与程序要求完全否定其证据能力。而且，“可以作为证据”仅仅是指可以进行证据调查，至于法院如何考虑其证据的证明力则是另外一个问题。因此，可以以供述具有可信的情况保证为理由承认证据能力。[②]



## 四、纪检监察机关获取的证人庭外陈述

纪检监察机关获取的证人庭外陈述，不管证人是否实际出庭作证，实质上主要都是传闻证据问题。日本学者松尾浩也就认为，非被告人的庭审外陈述的机会几乎是无限的。庭审外陈述涉及时间、形态和陈述对象等多方面问题，庭审外陈述可以转换为文书，包括以录音和传闻证人的形式在法庭上出示，在这种情况下产生排除传闻证据的问题。[③] 此外，在证人没有出庭作证的情形下，还有一些基于其他考虑而使用庭外陈述的情况。

### （一）证人没有出庭作证的情况下纪检证词的使用：[④]传闻分析的角度

一般来说，为了诉讼效率及有效证明事实的需要，普遍认可在存在必要性[⑤]和可信性保证的条件下，传闻证据可以在诉讼中用作认定事实的依据。纪检监察机关获取的证人庭外陈述在实践中主要的体现形式是笔录和证人亲笔证词。笔者认为，笔录形式的证词不宜在审判中用作定案依据；亲笔证词在具备上述条件时，例外可以用作定案依据。

---

① 一般法官获取的证据被认为具有可信性保证，这是基于其中立地位。而在法律上明确规定检察官获取的书面材料可以具有可信性保证的日本和我国台湾地区，对于检察官获取的证据是否具有可信性保证也是有争议的。

② ［日］松尾浩也著：《日本刑事诉讼法》（下卷），张凌译，中国人民大学出版社2005年版，第47页。

③ 同上，第57页。

④ 在我国，纪检监察机关调查时的证人没有出庭作证，包括两种情形：一是在纪检程序后接受了侦查机关的调查但没出庭作证；二是在纪检程序后没有接受侦查机关的调查，也没有出庭作证。实践中第一种情形一般不产生纪检机关证据的使用问题，直接使用侦查机关调查的证词。但如证人在侦查机关调查时实质上改变了原陈述，以及在第二种情形下，如欲使用其在纪检程序中的陈述则产生纪检机关获取的证人陈述是否具有证据能力的问题。

⑤ 必要性包括两个条件：一是证人不能获得或称“陈述不能”，一般是指证人已经死亡或因身体、精神上的疾病不能出庭，因不能进行合法通知而导致证人不能到庭，证人记忆丧失等情况；二是该传闻证据属于重要证据，即可能是“证明犯罪事实存在或不存在所不可缺少”的证据。

不宜承认纪检监察机关获取的笔录的证据能力之主要理由是：首先，在证人没有当庭作证的情况下，表现为笔录形式的证词难以满足通常认可的书面传闻具有证据能力所要求的条件。一般来说，具“可信性的情况保证”的书面传闻主要是特定主体获取的证人庭前书面陈述和特信性文书。[①] 特定主体一般限于法官或检察官，特定主体取得的证人庭前书面陈述可为证据，是因为特定主体的客观中立地位使其取得的庭外陈述具有可信性。如《德国刑事诉讼法》第251条第1款规定，在证人、鉴定人或者共同被指控人已经死亡等不能到庭的情况下，可以宣读以前的法官（询）讯问笔录代替（询）讯问证人、鉴定人或者共同被指控人。而特信文书一般是指公务员依职务制作的记录文书、证明文书，从事业务之人在业务上或通常业务过程中所制作的记录文书、证明文书或其他具有同等特别可信的文书。特信文书因经常处于可受公开检查的状态，正确性极高或无预见日后可能会被提供作为证据的伪造动机，虚假可能性小，从而兼具公示性、例行性或机械性、良心性及制裁性等共同特征，故其本质上虽属传闻证据，亦例外容许作为证据使用。[②] 显然，纪检监察机关获得的笔录证词并不满足这些条件。尽管在书面中心主义色彩比较重的日本刑事诉讼中规定了在具有必要性和“特别可信的状况”下，非特定主体（法官或检察官）获取的陈述笔录和陈述书可以作为证据，[③]但是日本学者也认为“能够完全满足该条款要件的笔录也很少。”[④]而且根据判例，这类笔录主要是我们所说的书证而非人证。[⑤]

其次，即使在我国目前非常宽松的传闻采纳制度下，纪检监察机关制作的笔录也不满足当前用于保障传闻证据可靠性的底线性要求。在证人证言问题上，限制书面材料的使用是一个基本要求，而笔录形式的书面证词因其制作过程不可避免地存在归纳性、选择性记录，即便不是故意扭曲，书不尽言、言不尽意的情况也比较突出，所以更要严格限制。根据我国的具体情况，现行刑事诉讼法对传闻证据采取了十分宽松的采纳制度，侦查机关获取的笔录可以作为定案依据，这

---

① 参见《美国联邦证据规则》第803条，我国台湾地区“刑事诉讼法”第159条，《日本刑事诉讼法》第321条、323条，《德国刑事诉讼法》第251条。

② 陈运财：“传闻法则之理论及其实践”，载《月旦法学杂志》2003年第97期。

③ 参见《日本刑事诉讼法》第321条第1款第3项。

④ ［日］松尾浩也著：《日本刑事诉讼法》（下卷），张凌译，中国人民大学出版社2005年版，第60页。

⑤ 符合《日本刑事诉讼法》第321条第1款第3项条件的笔录的判例有：“为了防止遗忘而记录交易情况的笔记”、“饮酒鉴定卡片中记录了与犯罪嫌疑人问答的部分”、“根据国际侦查协助，请求他国制作的陈述笔录”。松尾浩也著：《日本刑事诉讼法》（下卷），张凌译，中国人民大学出版社2005年版，第62页。

同样突破了传闻规则,而且在绝大多数情况下也不满足必要性与可信性保证的标准。但是,我国刑事诉讼法对侦查中具有法律效力的证人笔录制作,就主体和程序是有严格要求的。[①] 主体与程序要求,是中国刑事诉讼在传闻排除规则总体缺失的情况下,为保证人证可靠性所作出的底线性要求。[②] 尽管因取证主体不同而对证据是否具有特信性作不同考量的做法是否合适以及效果如何尚有争议,[③]但笔录制作主体和程序的严格条件要求毕竟在一定程度上弥补了突破传闻规则的风险;尽管笔录制作主体与程序要求不是影响传闻可信性的决定因素,但在证人没有出庭作证的情况下,此要求就是我国使用传闻证据仅有的从而也是不得不考虑的底线要求了。

在证人没有出庭作证的情况下,纪检机关获取的亲笔陈述同样难以满足书面传闻具有证据能力所要求的条件。但根据我国的具体情况,对亲笔陈述所要求的"可信性的情况保证"这个条件,在掌握上较其他国家或地区的立法例应有更大的灵活性。(1)纪检程序的前置性和证人制度的现实状况为放宽亲笔陈述证据能力条件提出了现实要求。就我国的实际情况看,纪检程序在很多案件中都是必经的,因纪检程序与刑事司法程序是两个不同程序,由于人证的主观性及不稳定性,因程序转换而发生证明内容变化在所难免,加之这两个程序所引起的处置效果具有性质上的区别,证人(尤其是有利害关系的证人)很可能逃避侦查机关的调查或改变陈述。如果对纪检监察机关获取的亲笔证词的采纳规定过高的标准,所带来的直接后果就是有价值的资料不能使用、司法成本的提高和诉讼效率的降低。(2)亲笔证词与笔录传闻性程度的不同为放宽对前者的可信性保证的要求提供了合理可能。证人亲笔证词和笔录证词虽说同属证人证言范畴,但两者还是有所区别。笔录属于他人转述,亲笔陈述系本人自述。转述容易扭曲陈述人的原意,而亲笔陈述虽然容易被陈述人用以对证明的内容进行修饰,但毕竟更能反映陈述人本身欲表达的意思。在这个意义上说,笔录具有更强的"传闻性",而亲笔陈述的"传闻性"较弱。[④] 因此相应地放宽对亲笔陈述的可信性保障的要求是有根据的。

---

① 参见我国《刑事诉讼法》第 91 条、95 条、97 条、99 条、100 条。

② 龙宗智:"证据分类制度及其改革",载《法学研究》2005 年第 5 期。

③ 比如,我国台湾地区就有学者认为:"传闻证据是否能作为例外容许使用,应依该证据本身是否具备特信性及传唤不能之要件作严格的设定及解释,基本上不应以取得该传闻证据之主体,或审判外之陈述系向何人所为而有不同之考量。"参见王兆鹏等著:《传闻法则理论与实践》,元照出版有限公司 2004 年版,第 41 页。

④ 龙宗智:"证据分类制度及其改革",载《法学研究》2005 年第 5 期。

笔者认为，灵活掌握主要是指不仅可通过陈述作出时的外部情况，还可以通过亲笔陈述的内容来判断可信性，包括因亲笔陈述合情合理而使人相信，能与其他可采纳的证据相互印证，[①]使人可信以及证人庭前陈述作出时的环境否定了陈述错误或陈述虚假的可能性而可信等。

**(二)证人没有当庭作证的情况下纪检证词的使用：其他角度**

1. 因当事人同意而采用纪检监察机关获取的笔录证词和亲笔证词。即使是根据传闻规则不可使用的书面材料和传闻证据，如果诉讼各方当事人一致同意将之用作证据，则其仍可作为定案的依据。这在当事人主义的诉讼模式中和职权主义诉讼模式中都是一种普遍认可的证据运用规则，只不过在前一种模式中条件比较宽松，而后者条件相对严格。例如，英国《2003年刑事审判法》第114(1)条规定："在刑事诉讼中，不是以言词证据的形式提供的陈述只有在符合下列条件之一时，才能被采纳为任何事项的证据……(c)诉讼的各方当事人一致同意可采的。"而《日本刑事诉讼法》第326条规定："关于检察官和被告人已经同意作为证据的书面材料或传闻陈述，在经过考虑该书面材料写成时的情况或者作出陈述时的情况后，以认为相当[②]时为限，可以不受第321条至前条规定的限制，而将其作为证据。"日本学者认为，实际上因当事人的同意而成为证据的情况非常多。可以说使用根据《日本刑事诉讼法》第326条规定所允许的同意笔录，基本上左右着日本的现实审判实务。[③] 在职权主义模式的典范德国刑事诉讼中，根据《德国刑事诉讼法》第251条第1

---

① 在传闻证据的证据准入条件可信性保证问题上，按照从美国判例法发展出的典型的"可信性保证"的要求，一般不能因为庭外陈述能和其他证据相互印证而认为其具有可信的保证，特别是在证人没有作证的情况下。因为这样不是因该陈述作出的客观外部情况使其可信而是依靠和其他证据相联系而可信。这是一种"自展"的方式，有很多弊端。在美国主流的观点是，可信性的保证是指，考虑陈述作出时的情况使得该陈述本身可信，而非通过和其他证据相互"印证"而具有可信性。在Idaho v. Wright案中，美国最高法院认为："为根据对质条款可采，用来认定被告有罪的传闻证据必须具有可信性标签，且具有该标签必须依靠其内在的可信赖而不能靠通过和审判中的其他证据相联系。"〔Idaho v. Wright,497U. S. 822(1990).〕日本学者也认为，"特信状况"是对陈述所提供的"状况"进行判断，而不是对陈述的内容进行判断。参见［日］松尾浩也著：《日本刑事诉讼法》(下卷)，张凌译，中国人民大学出版社2005年版，第64页。在我国，由于上述的现实情况，既要避免标准太高，过多有价值的证据被排斥，又不能无条件地使用可信性保证不足的传闻，属于不得已放宽"可信性的情况保证"的要求。

② 在日本，是否认为"相当"往往从反面理解。根据日本学者的解释，法院认为没有相当性的案例有：涉及违法扣押的笔录、通过苛酷调查所获得的知情人陈述笔录，等等。一般来说，在相当性问题上排斥同意笔录(陈述)的情况很少。［日］松尾浩也著：《日本刑事诉讼法》(下卷)，张凌译，中国人民大学出版社2005年版，第75页。

③ ［日］松尾浩也著：《日本刑事诉讼法》(下卷)，张凌译，中国人民大学出版社2005年版，第73页。

项第4款和同条第2项第1段的规定,"法官询问证人、鉴定人或共同被告时所做之笔录,如果检察官、辩护人及被告均同意时,得被朗读之。此情形亦适用于当被告有委托辩护人,而对非所为之法官询问时所作之笔录,或内容含证人、鉴定人或共同被告之书面说明、陈述之证件文书,此在检察官、辩护人及被告均同意时,亦得朗读之;不管如何,要能使这类书面文件被朗读,必需要有一附具理由的法院裁定。"①

因当事人同意而许可证据能力的证据运用方式完全可以适用于我国纪检监察机关获取的笔录证言和亲笔证词。证据对于认定事实来说是稀缺资源,被告人也可能认可纪检监察机关获取的证词的一部分,没有必要预先就不留余地地排斥纪检监察机关获得的证人证言具有证据能力的可能,而且在证据能力问题上赋予当事人更多的决定权也符合我国控辩式审判精神。

2. 基于司法公正的需要而采用纪检监察机关获取的笔录和亲笔证词。即使是根据传闻规则或从可信性保障的角度不可使用的证据,如果因被告方的原因导致证人没有出庭作证,则该证人的庭前陈述仍可作为定案的依据。这在刑事诉讼中也是被普遍接受的做法。《美国联邦证据规则》第804条第b款第6项规定,如果当事人从事或默许了旨在使陈述者不能作为证人到庭的不法行为,并确实达成此意图,则该陈述人不利于该当事人的陈述可以作为传闻例外采纳。该规则所关注的是与证人胁迫有关的不法行为。这一惩罚性的规则并不是建立在该陈述具有可信性的基础上的,其所关心的是诉讼的公平性。因证人被某当事人方阻止而不能出庭作证来排除该证人的陈述是不公平的。② 在意大利,控方可以提出存在对缺席的证人进行收买、威吓、胁迫等的证据。如果这些行为是被告人或代表被告人的同伙所为,被告人就不能主张对证人进行反询问,因为是被告方而非控诉方故意影响了证人作证,所以庭外陈述可以作为不利于被告人的实质证据。③

这个基本的司法公平原则虽然在国外是针对证人受被告方阻碍没有出庭作证的,但笔者认为,此原则对我国实践中纪检程序后,证人由于被告方原因逃避侦查机关调查或实质性地改变陈述并且也没有出庭作证的情况具有重要意义。因当前我国侦查机关获取的书面证词有证据能力,如果有证据表明被告方的不

---

① [德]克劳斯·罗科信著:《刑事诉讼法》,吴丽琪译,法律出版社2003年版,第432页、433页。

② 王进喜著:《刑事证人证言论》,中国人民公安大学出版社2003年版,第341页。

③ Stefano Maffei, *The European Rightto Confrontationin Criminal Proceedings*, Europa Law Publishing, 2006, p. 190.

法行为导致证人没有接受侦查机关调查或实质性地改变陈述,而且也没有出庭作证,则纪检监察机关获取的笔录或亲笔证词无论是否具有特别的可信性保证,均可认可其证据能力。

### (三)证人出庭作证的情况下与当庭证言不一致的纪检证词的使用

一般来说,证人能出庭作证,侦查机关往往也能够在审前对证人进行调查询问以"转换"证据,所以通常无须使用纪检监察机关获取的证词。但是程序发展过程中可能出现的情况是多种多样的,即使在证人最终能出庭作证的情况下,纪检监察机关获取的证词也并非完全没有运用的可能和必要。笔者认为,纪检监察机关获取的笔录和亲笔证词,根据情况,除了可以作为争辩证人当庭证言证明力的证据即恢复证据或弹劾证据外,还可以在满足必要性和特定的可信性保证时作为实质证据使用。

在证人出庭作证的情况下,庭前不一致陈述通常只能作为弹劾证据,将庭前不一致陈述作为认定事实的证据而不相信其在法庭上的证言是非常规的做法。因为庭前不一致陈述在作出时,缺少公开审判法庭所能提供的保障,不免存在证人因受到不适当询问方式、压力等影响而发生证言失真的可能,且事后的交叉询问也不可能如当即进行那么彻底有效。[①] 但由于下述理由,之前不一致陈述用作实质证据仍有其合理性:(1)先前不一致陈述的证据价值在于该陈述作出的时间更接近于事件的发生时间,因此陈述者的记忆就更为清晰准确,受到的外界影响也更少。随着时间的流逝,证人在事后审判中的陈述未必较之前陈述更能正确反映其所感知的事实,而且由于人证的主观性及不稳定性,证人尤其是有利害关系的证人的陈述可能发生变化。比如,陈述人在纪检机关调查时所作陈述可能是正确表达其知悉事实,进入审判后,因受各种主客观因素影响,可能会不顾虚假作证的法律后果进行不真实的陈述。(2)在原陈述人出庭作证的情况下,其之前不一致陈述和纯粹的传闻还是有所差别。因为原陈述人正在法庭上就其证言接受法官和当事人,特别是因其证词受不利影响的当事人的询问;证人要宣誓或郑重承诺并受到如作伪证则受惩罚的警告;事实审理者可以直接观察证人的态度举止。这些因素都在一定程度上减小了使用传闻性质的之前不一致陈述认定事实的风险。

从证据运用理论和实践看,之前不一致陈述用作实质证据时一般也要求具

---

① 我国台湾地区有学者认为:"证人先前陈述未经交互诘问是非常关键的,因为交互诘问发现真实之功能无可替代,证人在审判外之陈述如未在陈述当时作'打铁趁热'地交互诘问以检验其真实,经过时间之转变,说谎之证人更容易固执并强化其谎言,也更容易受到外在之影响。"王兆鹏等著:《传闻法则理论与实践》,元照出版有限公司2004年版,第147页。

备必要性和可信性两个条件。但这里所谓必要性与证人没有出庭时传闻证词运用的必要性有所区别。在此种情况下,必要性不能等同于证人的不能到场性。必要性源于这样的事实,即这些陈述是证明实施发生事项的重要证据,否则,就不能进行该证明。① 而可信性条件在不同司法辖区其要求标准有所不同。如美国是将满足特定条件、具有可信性保障的之前不一致陈述规定为非传闻从而用为实质证据。非传闻的庭前不一致陈述是在审判、听证会或者其他程序或证言笔录中经如作伪证则受处罚的宣誓后作出的,并且该陈述人必须要在审判或听证中作证并就该不一致陈述接受询问。② 大陪审团证言包括在上述"其他程序"的概念内。但是向执法人员的陈述,无论是书面还是口头的,即使是宣誓作出的,也不包括在"其他程序"的概念内。③ 此外,《美国联邦证据规则》第 803 条罗列了在 24 种特殊情况下,不管证人是否出庭作证,审判外陈述都可例外具有证据能力的情形,在立法政策上直接将所列举的特殊状况认为是使该陈述具有可信性的特别状况。而日本是以传闻例外的形式规定符合特定条件的之前不一致陈述可为实质证据。证人审判外陈述与审判中陈述不可同时用为证据的条件是,审判外陈述是在法官或检察官面前所为之体现为书面形式的陈述,而且对在检察官面前的书面陈述还要求其存在比公审准备或公审期日的陈述更可信赖的特别情况。④ 从这些要求看,对之前不一致陈述作为实质证据的条件是很严格的。这些严格的要求服务于两个目的:避免就是否存在该不一致陈述发生争议;尽可能地保障之前不一致陈述的可信性。

就纪检监察机关获取的证词而言,因为我国的独特情况,很多涉及国家工作人员特别是一定职级以上人员的案件调查,纪检程序基本上是必经的前置程序,不是司法机关认为涉嫌犯罪即可进行调查取证,一般要到纪检程序结束案件移送后才进行调查。⑤ 正是这种程序的前置性,纪检程序在取得最靠近事件发生时的证词上目前还有无可替代的地位,纪检机关获取的证词,其证据价值毋庸置

---

① 王进喜著:《刑事证人证言论》,中国人民公安大学出版社 2003 年版,第 356 页。

② 参见《美国联邦证据规则》第 801(d)(1)(A)条。

③ 王进喜著:《刑事证人证言论》,中国人民公安大学出版社 2003 年版,第 355 页。

④ 王兆鹏等著:《传闻法则理论与实践》,元照出版有限公司 2004 年版,第 142 页、143 页。

⑤ 《中国共产党纪律检查机关案件检查工作条例》第 37 条规定,调查中,若发现违纪党员同时又触犯刑律,应适时将案件材料移送有关司法机关处理。此处规定的是"适时"移送司法机关而非立即移送,在实践中也是基本查清后再移送,而非发现涉嫌犯罪立即移送司法机关处理,而且对于纪检监察机关正在处理的案件,惯例上司法机关也不介入。当然,实践中存在借用司法机关人员参与办案的情况,但案件处理机关仍是纪检监察机关,参与办案的司法机关人员不是以司法机关的名义办案。

疑,而且由于主要体现为书面形式并有相关人员签名盖章,之前不一致陈述是否存在一般没有争议。问题主要是在何种情形下,可认为纪检机关获取的之前不一致的证词具有可信性保证。

笔者认为,鉴于我国目前比较宽松的传闻采纳制度、纪检监察程序的前置性以及原陈述人出庭作证能够就其之前不一致陈述接受比较有效的调查询问,在一定程度上弥补了可信性方面的缺陷,减小了使用传闻证据认定事实的风险,所以这种情况下可信性保证的条件可以做一种反面的和比较性的理解:一是即使之前不一致陈述作出时的客观情况没有特别令人相信之处,如果能通过陈述作出时的情况判断不存在胁迫、引诱等违法或不当方式影响证人陈述的情形,也可以认为该陈述具有可信性。比如,纪检监察机关获取的证词有调查询问录像的,①可以认为有可信性保证。二是参考日本和我国台湾地区的做法,即使陈述作出时的客观情况本身并没有特别令人相信之处,但与当庭证言相比较存在更值得信赖的情况,也可认为具有可信性。② 我国台湾地区"刑事诉讼法"第159条之二规定:"被告以外之人于检察事务官、司法警察官或司法警察调查中所为之陈述,与审判中不符时,其先前之陈述具有较可信之特别情况,且为证明犯罪事实存否所必要者,得为证据。"按照学者对该条"较可信之特别情况"的解释,这种"较可信之特别情况"是外部情况的比较问题。"可信情况之要件,属证据能力之规定,而非陈述内容证明力之问题,故法院应比较前后陈述之外部情况,判断何者较为自然可信;而作为认定此种特信情况之资料,应依各该陈述外部附随的环境或条件(亦即外部之客观证据,例如,证人于审判外陈述时是否较具悔意之情况,或审判期日有无显见受到被告之威吓之情形等)判断之,不得即径行要求警察或检察官提示询问笔录之内容,惟基于推论外部情况之必要范围内,始得进一步斟酌警察或检察官面前笔录之内容。"③日本学者也认为,如果明确存在原陈述深刻反省的情节、在法庭上对被告感到恐惧等情况时,那么可以肯定特

---

① 《中国共产党纪律检查机关案件检查工作条例实施细则》第29条规定:"……对与案件有关的人员和事项进行录音、拍照、摄像,应严格掌握。与被调查人、受侵害人和证人谈话时,如进行录音、拍照、摄像,应事先告知本人……"

② 我国台湾地区学者还认为,关于我国台湾地区"刑事诉讼法"第159条第2项处理证人审判内外不一致之陈述的适用范围,其实不必局限于司法警察人员或检察事务官调查中所为之陈述,到庭证人在审判外对法官、检察官或第三人所为之不一致的陈述,在较具特别可信之情况保证,且审判期日经当事人或辩护人对该证人进行反对诘问后,亦得认属传闻法则之例外,容许其证据能力。王兆鹏等著:《传闻法则理论与实践》,元照出版有限公司2004年版,第72页。

③ 王兆鹏等著:《传闻法则理论与实践》,元照出版有限公司2004年版,第71页、72页。

信性。[①] 就纪检监察机关获取的证词而言,如证人在纪检机关获取的调查笔录或亲笔陈述中出于悔悟承认自己涉嫌违法犯罪行为,而在审判中作不一致陈述的,可以认为纪检机关获取的证词更值得信赖,从而认可其证据能力。

(2008 年第 1 期)



① [日]松尾浩也著:《日本刑事诉讼法》(下卷),张凌译,中国人民大学出版社 2005 年版,第 64 页。

# 【栏目】 当今中国需要什么样的刑事程序法

## ——论我国刑事诉讼法的再次修改(专论)



**【总编前言】** 2008年4月上旬,我国著名的刑事诉讼法和人权法专家、上海交通大学法学院的周伟教授和来自美国纽约大学的虞平教授与我一道,就组织一次有全国性影响的学术研讨活动一事达成了共识,这次旨在总结自1996年刑事诉讼法改革以来的新鲜经验并推动刑诉法再次修改的研讨。但令我们极其哀痛的是,周伟教授不幸于2008年4月14日因病遽然与我们永别,时年仅55岁。周伟教授生于南京,是我国恢复高考后早期考上大学的幸运者之一。他早年怀着在中国实现法治和人权的梦想,先后就读于吉林大学和香港大学,获得法学硕士学位和人权法博士学位。周伟学成后先在汕头大学法学院、后在上海交通大学法学院担任教授和重要领导职务,为两校法学教育事业的创立和发展作出过重要贡献,他也曾应约为本刊撰稿、在本刊发表他卓越的法学见解。

周伟教授在学术界和朋友圈子里出名的敦厚、宽仁,他那永远微笑的脸,招牌似地眯成一条线的双眼为他赢得了很多人的友谊,大家都亲切地称他"老周"。今天我们发表这组文章,不仅是本刊编辑部和参与本专题讨论的全体学者希望用国际上通用的学术方式来寄托对老周的哀思,也是要用这种形式确认老周在学术上所取得的成就,以慰藉他的在天之灵。

本专题所选论文的作者均是刑事诉讼法学界造诣高深的学者或颇有成就的实践家,所讨论的也是迫切需要学术界予以关注的学术话题,这些话题正好集中体现着老周许多年来念兹在兹的事业。自从1996年我国刑事诉讼法修改以后,法学界对于我们到底需要一部什么样的刑事诉讼法的讨论一直没有停止过。在过去几年里,再次修改刑事诉讼法的构想也得到了越来越多法律和法学界人士的认同。如果说1996年的刑事诉讼法改革是一个伟大事业向前推进的里程碑,那么这个伟大事业还远远没有走到它的终点。从刑事诉讼法角度看,本辑中所讨论的问题的涉及面比较广泛。从总体性论述到对具体问题的探索,从人权保障到提高司法效率,其中既有对老话题的推陈出新,也有应对新情况、新挑战的新构想。刑事诉讼制度的改革永无止境,如何通过完善刑事诉讼程序来获得充分的人权保障的课题永远也不会最终完成。本刊以及本专题论文的作者们衷心希望即将到来的刑事诉讼法再修改能够在1996年基础上获得更为长足的进步、更好地体现尊重和保障人权的宪法精神。如果本次讨论能够在促成这个目的的实现方面有所收获,则老周在九泉之下也一定会深感慰藉。

虞平教授和周伟教授不仅是好朋友,也是学术上的伙伴,他最先倡议、后来又受我的拜托积极组织和促成了这次笔会。对此我也代表本刊编辑部和具体负责这个专题编辑工作的孙万怀副总编表示由衷赞赏和感谢。

本专题论文排列之先后,以内容本身的逻辑发展顺序为基准。

---

# 刑事诉讼法再修改若干问题之展望

陈光中*



我国现行刑事诉讼法典颁布于1979年,1996年对之进行了较大修改。在当时的历史条件下,这两次修改基本上是成功的,推进了我国刑事司法制度的改革,在民主化和人权保障方面迈进了一大步。随着国内外形势的发展和建设社会主义法治国家的需要,2003年10月第十届全国人大常委会又将刑事诉讼法的再修改列入本届人大常委会5年立法规划。然而此次修改准备工作进展不甚顺利,至今修正草案尚未如期提交全国人大常委会审议,预计在不久的将来就会完成刑事诉讼法的再修改任务。为配合此次刑事诉讼法再修改,由笔者主持的中国政法大学刑事法律研究中心组织再修改课题组于2006年9月出版了《中华人民共和国刑事诉讼法再修改专家建议稿与论证》。[①] 该书已送立法司法部门,供其参考。现就我国刑事诉讼法再修改涉及的若干重要问题发表如下展望性的意见。

## 一、刑事诉讼法再修改的基本理念

笔者认为,刑事诉讼法的再修改,必须以建立公正、高效、权威的社会主义司法制度为总体目标。既要实事求是,充分考虑中国的具体国情;又要勇于解放思想更新理念。认真借鉴当代法治国家的有益经验,注意与国际人权公约所规定的联合

* 作者单位:中国政法大学。

① 具体内容可参考陈光中主编:《中华人民共和国刑事诉讼法再修改专家建议稿与论证》,中国法制出版社2006年版。

国刑事司法准则相衔接。为此,刑事诉讼法再修改应坚持以下三大基本理念:

**(一)惩罚犯罪与保障人权相结合**

惩罚犯罪和保障人权是刑事诉讼的两大直接追求目的。其中,惩罚犯罪体现着对秩序价值的追求。如果社会上没有发生犯罪,国家也就没有追诉犯罪和惩罚犯罪以恢复秩序的职责,刑事诉讼制度便失去了存在的前提。刑事诉讼中的保障人权通常仅狭义地理解为保障被追诉人的权利。具体而言包括两个方面:在实体上,保证无罪者不受刑事追究和惩罚,保证有罪者依法受到公正的惩罚;在程序上,保证被追诉人充分行使其诉讼权利。惩罚犯罪和保障人权相结合反映出秩序、自由等主要价值之间的平衡关系,刑事诉讼法对两者关系的调整效果则体现出该法律对本领域社会关系的调节能力。放眼当今世界各国刑事司法制度的改革趋势和发展动向,惩罚犯罪和保障人权两大目的之间的平衡是各国刑事司法普遍遵循的原则,英国、俄罗斯就是如此。①

2004年修改后的《中华人民共和国宪法》第33条新增1款"国家尊重和保障人权",为中国刑事司法的人权保障提供了宪法依据,并与国际刑事司法准则中的人权保障精神相契合。目前,惩罚犯罪与保障人权相结合的思想已为中国官方发布的相关文件所正式确认。例如,中华人民共和国最高人民法院、最高人民检察院、公安部、司法部2007年3月9日联合发布的《关于进一步严格依法办案确保办理死刑案件质量的意见》的第2部分,便明确地将"坚持惩罚犯罪与保障人权相结合"列为一条重要的办案原则。

**(二)程序公正与实体公正的动态并重**

程序公正与实体公正是司法公正不可偏废的两个方面,犹如车之两轮、鸟之两翼。程序公正要求:严格按法定程序办案,司法独立,控辩平等对抗,审判中立公开,证据合法收集,充分保障诉讼参与人特别是当事人的诉讼权利等。实体公正主要要求:准确认定犯罪事实,正确适用实体法律,对案件作出公正处理,案件的已生效裁判要得到有效执行。实体结果是评价程序正义程度的重要指标。司法实践证明:当事人参与刑事诉讼程序的主要目的并非追求过程的公正,而是为

① 英国近年的司法改革,以实现"所有人的正义"为指导思想,注意惩罚犯罪、保护被害人权益与保障被告人权利之间的平衡。参见陈光中主编:《21世纪域外刑事诉讼立法最新发展》,中国政法大学出版社2004年版,"代序言",第10页。又如,《俄罗斯联邦刑事诉讼法典》第6条规定:"1.刑事诉讼具有以下目的:(1)维护受到犯罪侵害的人和组织的权利和合法权益;(2)保护个人免受非法的和没有根据的指控、判刑、权利和自由受到限制。2.刑事追究和对犯罪人判处公正的刑罚与不对无辜进行刑事追究、免除其刑罚、对每个没有根据地受到刑事追究的人进行平反同样符合刑事诉讼的目的。"

了在结果上获得一个有利于自己的公正裁决。可见,程序的价值首先在于保证实体价值的实现,如果程序的设计是公正的,并得到遵守,多数情况下实体公正能得到实现。美国学者罗尔斯在《正义论》中曾设想过忽视结果正义的纯粹程序正义,但他后来在《政治自由主义》一书中纠正了他原来的观点,指出:"有人认为:程序的合法性(或正义)可以更少涉及实质性正义或在不能实现实质性正义的情况下独立存在,这一看法是一种普通的疏忽(我不是说哈贝马斯疏忽了这一点),这是行不通的。"①但这并不等于赞同程序工具主义。程序亦有其独立价值,这些独立价值本身就是社会正义的必要组成部分,体现着民主、法治、人权、文明等精神,并直接影响着案件结果的可接受性。换言之,从尊严、平等等价值维度加以分析,人们如何被对待与他们获得何种实体结果同样重要。

程序正义与实体正义是互有联系但却又彼此相异的两个范畴,它们各自有其独立的价值内涵和判断标准,虽然相互影响,但却不能相互代替。那种认为"只要程序公正实体处理就应视为公正"的观点是站不住脚的。而且当两者发生矛盾时,应当根据实际情况作出价值判断,并没有什么理由非得在两种正义之间做出必然倾向于一方的孤注一掷的选择。② 程序正义与实体正义关系的理念同样在上述《关于进一步严格依法办案确保办理死刑案件质量的意见》中作了明确规定:"坚持程序公正与实体公正并重,保障犯罪嫌疑人、被告人的合法权利","人民法院、人民检察院和公安机关进行刑事诉讼,既要保证案件实体处理的正确性,也要保证刑事诉讼程序本身的正当性和合法性"。鉴于"重实体、轻程序"的传统思想对我国刑事诉讼制度的负面影响,在坚持程序正义与实体正义动态并重的前提下,刑事诉讼法再修改应当着力提升程序的价值。

**(三)正确理解和追求诉讼效率**

诉讼效率是指诉讼中所投入的司法资源(包括时间、人力、财力、设备等)与所取得的诉讼成果之间的比例关系。在诉讼中努力提高诉讼效率,可以促进证据的及时收集和案件事实真相的查明,保证迅速地惩罚犯罪和解脱无辜,保证严格遵守法定诉讼期限,防止超期羁押和拖延办案,从而有利于司法公正的实现。当然,如果过分地追求诉讼效率,就有可能损坏司法公正的实现,而且可能因办案质量不高,引起上诉、申诉案件的增加,导致司法资源更大的浪费。公正是司法的灵魂和生命线,是刑事诉讼追求的首要价值。必须坚持"公正优先、兼顾效率"的原则,办案效率原则上应当服从质量。如果说迟到的正义是非正义,那么

---

① [美]约翰·罗尔斯著:《政治自由主义》,万俊人译,译林出版社2000年版,第453页。

② [英]戴维·米勒著:《社会正义原则》,应奇译,江苏人民出版社2001年版,第117~118页。

早到的非正义更不正义。因此,在司法中公正与效率并重的主张是不妥当的。

## 二、刑事诉讼法再修改的若干重要问题

### (一)关于刑事诉讼法基本原则问题

刑事诉讼法基本原则是贯穿于刑事诉讼的全过程或者主要诉讼阶段,是公安机关、人民检察院、人民法院和诉讼参与人进行刑事诉讼活动所必须遵循的基本准则。我国《刑事诉讼法》第1编第1章对基本原则作了系统的规定。在近年讨论修改刑事诉讼法的过程中,有学者认为,刑事诉讼法典不应当规定基本原则。主要理由是,西方法治发达国家刑事诉讼法很少有对刑事诉讼法基本原则作出集中规定的。笔者认为,这一观点值得商榷。因为刑事诉讼客观上是存在基本原则的,如程序法定、司法独立、无罪推定、有效辩护、公开审判、禁止双重危险等,这些都是各国刑事诉讼法通行的原则,并且得到国际公约的确认,如《公民权利和政治权利国际公约》对刑事诉讼法基本原则就作了系统的规定。不仅如此,有些国家或者国际组织的法院,如欧洲人权法院还经常直接援引刑事诉讼的基本原则作为裁判的依据。西方法治发达国家虽然很少在刑事诉讼法典中对基本原则作出集中规定,但其宪法通常都对刑事诉讼的基本原则作出了系统的规定。我国宪法虽然也对刑事诉讼的一些基本原则作出了规定,但与西方国家相比,有一些重要的原则宪法没有规定。如果我国刑事诉讼法不对基本原则作出系统的规定,必然导致这些重要的原则因为缺乏立法的确认而无法得到遵循。因此,笔者坚持认为,不应当删除基本原则,而应当完善基本原则。

我国现行刑事诉讼基本原则的构架是在"文化大革命"后,改革开放未全面展开,法学研究刚刚起步的背景下建立的,因而滞后于当代我国刑事司法改革的前进步伐,对当今世界各国普遍遵循的一些共同性原则也体现不够。笔者认为,根据现代司法的潮流和中国实际,刑事诉讼法再修改应明确增加规定以下原则:

1. 无罪推定原则。无罪推定原则是刑事诉讼法人权保障的基石。联合国《公民权利和政治权利国际公约》第14条第2款规定了无罪推定原则。近期世界各国或地区有把无罪推定原则刑事诉讼法典化的趋向,如法国、俄罗斯、韩国以及中国台湾地区等。[①] 我国现行《刑事诉讼法》第12条规定:"未经人民法院依法判决,对任何人都不得确定有罪。"这只能说是含有无罪推定的基本精神,

① 陈光中主编:《21世纪初域外刑事诉讼立法最新发展》,中国政法大学出版社2004年版,"代序言",第4页。

而不能说是标准的无罪推定之表述。因此，笔者认为，应当把无罪推定原则按联合国人权公约的表述加以规定，可把第12条修改为："任何人在人民法院依法确定有罪之前，都应当被推定为无罪"。此外，为了保证无罪推定原则所派生的罪疑作有利于被追诉人处理的精神在实践中能得到真正的贯彻和落实，还应当规定："不能认定犯罪嫌疑人、被告人有罪或无罪的，按无罪处理；不能认定犯罪嫌疑人、被告人罪重或罪轻的，按罪轻处理。"

2. 不被强迫自证其罪原则。对于是否应当确立不被强迫自证其罪原则，中国理论界以及立法和司法实务部门目前还存在一定的争论，但主流观点认为应当确立。《公民权利和政治权利国际公约》第14条第3款第(庚)项对该项原则作了规定："不被强迫作不利于他自己的证言或者强迫承认有罪"。此外，联合国《少年司法最低限度标准规则(北京规则)》第7条、世界刑法学协会第15届代表大会《关于刑事诉讼中的人权问题的决议》第17条均有关于该项原则的规定。不被强迫自证其罪对于防止刑讯逼供、保护犯罪嫌疑人、被告人的合法权利具有非常重要的意义。因此，笔者认为，这次刑事诉讼法应当增设这一原则，即"不得强迫任何人证明自己有罪或者作其他不利于自己的陈述"。与此同时，应当废除中国现行《刑事诉讼法》第93条"犯罪嫌疑人对侦查人员的提问，应当如实回答"的规定。至于此原则是否包含沉默权，可结合中国实际加以解读，此次修改刑事诉讼法明确规定沉默权的可能性不大。

3. 刑事和解原则。"刑事和解是一种以协商合作形式恢复原有秩序的案件解决方式，它是指在刑事诉讼中，加害人以认罪、赔偿、道歉等形式与被害人达成和解后，公安、司法机关对加害人不追究刑事责任、免除处罚或者从轻处罚的一种制度。"①此制度既体现了中国"和为贵"的传统和谐文化，有利于建构社会主义和谐社会；又有利于提高诉讼效率和有效地解决刑事犯罪所带来的各种纠纷和矛盾。而且，随着被害人权利保障运动以及刑罚的教育刑、目的刑理论的兴起，刑事和解制度近20年以来在世界范围内蓬勃发展。因此，笔者认为，应将刑事和解作为我国刑事诉讼法的一项基本原则予以规定，即"犯罪嫌疑人、被告人与被害人及其近亲属达成和解的，人民法院、人民检察院和公安机关可以考虑当事人的和解意愿，并根据案件情况依法不追究犯罪嫌疑人的刑事责任，对被告人从轻、减轻或者免除处罚"。

4. 未成年人特别保护原则。未成年人可塑性较强，他们无论是在生理上还是心理上与成年人都有较大差异，因而在刑事诉讼过程中应当给予特别保护。

① 陈光中、葛琳："刑事和解初探"，载《中国法学》2006年第5期。

这是当今世界许多国家立法的通例,联合国有关文件也确立了此项要求。① 我国《未成年人保护法》也对此作出了规定。② 我国立法机关、司法机关对未成年犯罪的问题也非常重视。因此,这次刑事诉讼法再修改也应当将未成年特别保护作为一项基本原则加以规定,即"人民法院、人民检察院和公安机关办理未成年人刑事案件时,应当考虑未成年人的身心特点,遵循教育、感化和挽救的方针,坚持教育为主、惩罚为辅,充分保护未成年人的权益"。

### (二)关于刑事辩护问题

加强辩护人的权利保障是刑事诉讼法修改的重要内容。2007年10月28日全国人大常委会通过了《中华人民共和国律师法》(以下简称新《律师法》),该法中关于刑事辩护律师执业权利的规定在一些问题上突破了现行刑事诉讼法。为了确保新《律师法》的创新规定得以实施,刑事诉讼法也应对辩护人的这些权利予以确认。对于新《律师法》没有作出规定而又与辩护权利保障相关的制度,刑事诉讼法典还应当予以补充。所涉及的主要问题如下:

1. 明确侦查阶段律师的辩护人地位。根据现行《刑事诉讼法》第96条的规定,③犯罪嫌疑人尽管在侦查阶段可以获得律师的帮助,但是没有明确赋予律师的辩护人地位,从而使得律师在侦查阶段的介入名不正、行不顺。综观世界各国、各地区的立法以及联合国有关法律文件,在刑事诉讼中包括在侦查阶段为犯罪嫌疑人提供法律帮助的律师的诉讼地位都是"辩护人"。④ 因此,修改刑事诉讼法时应明确规定侦查中犯罪嫌疑人聘请的律师为辩护人之地位。

2. 加强辩护律师会见权的保障。根据《刑事诉讼法》第96条第2款的规定,除涉及国家秘密的案件外,律师不需要经过侦查机关的批准就可以会见当事

---

① 如联合国《预防少年犯罪准则》第52条规定:"政府应颁布实施一些特定的法律和程序,促进和保护青少年的权利和幸福。"

② 《未成年人保护法》第3条第1款规定:"未成年人享有生存权、发展权、受保护权、参与权等权利,国家根据未成年人身心发展特点给予特殊、优先保护,保障未成年人的合法权益不受侵犯。"

③ 《刑事诉讼法》第96条规定:"犯罪嫌疑人在被侦查机关第一次讯问后或者采取强制措施之日起,可以聘请律师为其提供法律咨询、代理申诉、控告。犯罪嫌疑人被逮捕的,聘请的律师可以为其申请取保候审。涉及国家秘密的案件,犯罪嫌疑人聘请律师,应当经侦查机关批准。受委托的律师有权向侦查机关了解犯罪嫌疑人涉嫌的罪名,可以会见在押的犯罪嫌疑人,向犯罪嫌疑人了解有关案件情况。律师会见在押的犯罪嫌疑人,侦查机关根据案件情况和需要可以派员在场。涉及国家秘密的案件,律师会见在押的犯罪嫌疑人,应当经侦查机关批准。"

④ 如联合国《关于律师作用的基本原则》第1条规定:"所有的人都有权请求由其选择的一名律师协助保护和确立其权利并在刑事诉讼的各个阶段为其辩护。"《德国刑事诉讼法典》第137条规定:"被指控人可以在程序的任何阶段委托辩护人为自己辩护。"日本1946年《宪法》第37条第3款规定:"刑事被告人在任何场合都可委托有资格的辩护人。"我国澳门地区《刑事诉讼法典》第51条中以"辩护人"为标题第1项规定:"嫌犯在刑事诉讼程序中任何时刻均得委托律师。"

人，但侦查机关可以根据案件情况和需要派员在场。新《律师法》对此作出了重要突破。首先，将“可以会见”改为凭“三证”（律师执业证书、律师事务所证明和委托书或者法律援助公函）就“有权会见”。其次，不管是何种刑事案件，律师都不需要侦查机关批准就有权会见犯罪嫌疑人、被告人。最后，明确规定律师会见时不被监听。律师法中以上新规定如何贯彻，有待通过司法解释加以明确。

3. 有效保障辩护律师的阅卷权。根据《刑事诉讼法》第36条和第150条的规定，律师在侦查阶段不能查阅任何案件材料，在审查起诉阶段只能查阅、复印侦查机关移送的起诉意见书和技术鉴定材料，在开庭审理前，也只能查阅、复印检察机关向法院移送的证据目录、证人名单和主要证据复印件。这极大地限制了律师辩护职能的发挥。因此，在司法实践中，阅卷难是辩护律师所面临的又一重大难题。为了破解律师的阅卷难，新《律师法》第34条规定：“受委托的律师自案件审查起诉之日起，有权查阅、摘抄和复制与案件有关的诉讼文书及案卷材料。受委托的律师自案件被人民法院受理之日起，有权查阅、摘抄和复制与案件有关的所有材料。”这基本上解决了律师阅卷难的问题，刑事诉讼法再修改应照此作出更具体的规定。

4. 加强律师调查取证权的保障。调查取证难也是司法实践中存在的一个突出问题。根据《刑事诉讼法》第37条①的规定，辩护律师向单位或者个人调查取证时必须取得他们同意，而向被害人或者其近亲属、被害人提供的证人收集有关材料除了征得他们自己的同意外，还需要人民检察院或者人民法院的许可。为了解决律师调查取证难的问题，新《律师法》第35条规定：“受委托的律师根据案情的需要，可以申请人民检察院、人民法院收集、调取证据或者申请人民法院通知证人出庭作证。律师自行调查取证的，凭律师执业证书和律师事务所证明，可以向有关单位或者个人调查与承办法律事务有关的情况。”从而取消了律师调查取证需要征得被调查人同意的规定，初步缓解了取证难的问题。但刑事诉讼法再修改时，还应当进一步扩大律师取证的权利，如允许律师在侦查阶段申请提取物证和鉴定等。

5. 赋予律师言论豁免权。为了解除辩护人在执业活动中的顾虑和风险，使其充分发挥辩护作用，维护当事人的合法权益，维护司法公正，刑事诉讼法应当增设辩护人的言论豁免权。新《律师法》第37条第1～2款已规定了律师这一权

---

① 《刑事诉讼法》第37条规定：“辩护律师经证人或者其他有关单位和个人同意，可以向他们收集与本案有关的材料，也可以申请人民检察院、人民法院收集、调取证据，或者申请人民法院通知证人出庭作证。辩护律师经人民检察院或者人民法院许可，并且经被害人或者其近亲属、被害人提供的证人同意，可以向他们收集与本案有关的材料。”

利："律师在执业活动中的人身权利不受侵犯。律师在法庭上发表的代理、辩护意见不受法律追究。但是，发表危害国家安全、恶意诽谤他人、严重扰乱法庭秩序的言论除外。"刑事诉讼法对此也应作相应的规定。

6. 赋予辩护人的拒绝作证权。根据现代诉讼理念以及为了与证人作证义务的规定相协调，刑事诉讼法修改应赋予辩护律师拒绝作证的特权。当然，律师的这一权利同时又是其必须履行的义务。新《律师法》第38条第2款就是从律师的保密义务角度规定辩护律师这一权利的："律师对在执业活动中知悉的委托人和其他人不愿泄露的情况和信息，应当予以保密。但是，委托人或者其他人准备或者正在实施的危害国家安全、公共安全以及其他严重危害他人人身、财产安全的犯罪事实和信息除外。"因此，刑事诉讼法再修改时应增设律师的拒绝作证权。

**（三）关于证据制度问题**

运用证据认定案件事实是刑事诉讼活动的重要基础和基本内容。近年来，刑事司法实践中相继出现的若干错案暴露出现行刑事证据制度之缺陷。证据制度的改革和完善已成为中国刑事诉讼立法的必然趋势和当务之急。笔者认为，对于证据制度应当主要从以下几个方面进行改革：

1. 确立证据裁判原则。证据裁判原则是证据法中的一项基本原则，它包括以下要求：首先，裁判所认定的案件事实必须以证据为依据；其次，裁判所依据的证据是具有证据能力的证据；最后，据以作出裁判的证据必须达到法律规定的证明程度。我国《刑事诉讼法》实际上已基本确立了证据裁判的精神，但是法律尚未明文规定，刑事诉讼法再修改应明确规定该原则。

2. 确立非法证据排除规则。非法证据是通过非法的手段获得的证据。关于非法证据排除的规则，世界上有两种模式：一种是绝对排除，即一概排除非法收集的实物证据和言词证据的证据资格；另一种是相对排除，通常是对于非法获得的言词证据绝对排除，而对实物证据则赋予法官自由裁量权，即法官根据违法程度、案件的性质、公益的保护以及被害人的愿望等因素综合加以酌量考虑，具有一定的弹性。世界上大多数国家采取相对排除的做法，在查明事实真相和保障程序正义这两个方面注意保持平衡。我国《刑事诉讼法》对非法证据的排除没有作出规定，只是在最高人民法院、最高人民检察院的司法解释中作了规定：对于非法获得的言词证据加以排除，而对非法获得的实物证据则没有规定。①

① 最高人民法院《关于执行〈中华人民共和国刑事诉讼法〉若干问题的解释》第61条规定："严禁以非法的方法收集证据。凡经查证确实属于采用刑讯逼供或者威胁、引诱、欺骗等非法的方法取得的证人证言、被害人陈述、被告人供述，不能作为定案的根据。"

在实践中，对言词证据排除的也很少，因为对“非法取得”的证明要求达到“查证属实”的程度非常困难。因此，此次刑事诉讼法修改，在适用非法证据排除规则应当涉及两个问题：一是对于非法取得的证据，其排除范围是否包括实物证据，对此多数学者和实务部门认为，对实物证据采取自由裁量比较符合实际；二是关于非法证据的证明责任和标准问题。许多学者主张，首先应当由辩护方提出合理根据和线索，而后实行举证责任的倒置，由控方承担证明责任。至于证明标准可以参考外国经验适当降低，即经控辩双方举证，对非法取证行为不要求达到查证属实，只要达到较大的可能性或者“明显的证据优势”即可排除。

3. 保证重要证人出庭作证。证人出庭作证符合程序正义与实体正义的双重要求。一方面，有利于查明事实真相；另一方面，也保障了被告人的对质权。联合国《公民权利和政治权利国际公约》第14条第3款(戊)项规定，凡受刑事控告者均有权“讯问或业已讯问对他不利的证人，并使对他有利的证人在与对他不利的证人相同的条件下出庭和受讯问”。目前，在中国，证人出庭率极低(还不到1%)已经成为刑事诉讼的一大难题。① 笔者认为，证人出庭问题是中国刑事证据制度改革乃至整个刑事诉讼制度改革的重要环节。证人出庭的相关立法完善至少应当包括如下内容②：(1)将证人出庭作证作为一项一般性的义务加以规定。为了确保证人出庭作证，建议法律对证言笔录的证据能力作出明确规定：除法律另有规定的情形外，证人未出庭所作的书面证言，不能作为定案的根据。(2)对证人出庭作证的例外加以规定。该例外除了包括因死亡、患精神病或其他严重疾病、下落不明、不在中国境内等客观原因无法到庭的情况外，基于诉讼效率之考虑，还包括控辩双方对证言笔录无异议的情况。(3)明确规定证人作证的豁免权。即证人有权拒绝提供可能使近亲属受到刑事追诉或者有罪判决的证言。但是涉及国家机关工作人员利用职权实施的犯罪除外。(4)对应出庭而不出庭的证人规定强制到庭措施和司法处分措施。证人无正当理由拒绝出庭，经劝说无效的，法院可以拘传证人出庭作证；证人无正当理由拒绝提供证言，经劝说无效的，法院可以处以罚款、拘留。(5)对于侦查活动中的事实，可以通知侦查人员以证人身份到庭作证，侦查人员不得拒绝作证。侦查人员作证时的身份是证人。(6)对证人及其近亲属规定具体有效的保护措施。一方面，在

---

① 笔者在2005年间曾组织一项关于刑事案件证人出庭的调查，在西南地区某省会，2004年该市刑事案件总量为6810件，证人出庭案件数仅为26件，出庭人数68人，出庭率仅为0.38%。

② 参见《中华人民共和国刑事诉讼法再修改专家建议稿》第85条、88～90条、289～298条。陈光中主编：《中华人民共和国刑事诉讼法再修改专家建议稿与论证》，中国法制出版社2006年版，第339～340页、342～345页、543～553页。

审判前后提供信息保密、人身保护等有效保护措施,如派员提供人身保护等;另一方面,在条件允许时,审判过程中可以使用特殊的作证方式,如远程作证等。(7)制定证人出庭作证的经济补偿制度。具体而言,补偿内容可以包括证人因作证而支付的交通费、住宿费、误工费等合理费用;补偿费用在审判阶段由人民法院承担。

4. 确立多层次的证明标准。证明标准问题是近些年来理论界争论激烈的热点问题。在诉讼证明理念上,笔者主张客观真实与法律真实相结合。诉讼中的客观真实是指,在诉讼中司法人员认定案件事实的结论符合案件事实的客观存在情况,即主观符合客观实际情况,简单地说,就是查明案件事实真相。"客观真实"与"实质真实"这两个用语略有差别而大致相同,有时互相混用。无论从理论层面或经验层面上说,司法人员在诉讼中查明案件事实真相,准确认定犯罪事实和犯罪人,在一定条件下、一定范围内是可能的。只有追求客观真实,才可能准确惩罚犯罪而不冤枉无辜,实现司法实体公正。同时在刑事诉讼中,不能单纯地追求发现真实,还应当追求程序公正和效率等其他价值。因此,坚持客观真实应与法律真实结合起来。法律真实是指在诉讼中事实裁判者根据法律所规定证明标准来确定真实和判定被告人是否犯罪,法律真实又称形式真实或形式法律真实,法律真实有一定的弹性和不确实性,其与客观真实可能一致,也可能相背离。只要求法律真实而不追求客观真实,必然导致错案率的增大,这是不言而喻的。前最高人民法院院长肖扬在第十一届全国人大一次会议上作《最高人民法院2008年工作报告》时指出:"提高审判质量,确保公正司法。正确处理客观真实与法律真实、实体公正与程序公正、法律效果与社会效果的关系,不断提高法官的司法水平和审判质量。"①可见客观真实与法律真实相结合这一提法也是我国司法实践经验的总结。

基于客观真实与法律真实相结合的诉讼理念。笔者主张,在立法上应当确立多层次性的证明标准。首先,就有罪证明标准而言,中国《刑事诉讼法》规定的"犯罪事实清楚、证据确实充分"是一个保证不错判无辜的符合认识规律和人权保障要求的证明标准,而且已成为司法界习惯用语,没有必要搬用外国的"排除合理怀疑"或"自由心证"加以修改,问题在于如何正确理解和适用。所谓犯罪事实清楚,并不是要求将案件的一切细节事实查明清楚,而是要求将对定罪量刑具有决定性意义的基本事实查清楚;证据确实充分就是要求依据确实的证据构成一个完整的证据体系,对被告人实施犯罪行为的证明达到唯一性,即排他性

① 参见《人民法院报》2008年3月11日。

的程度。因此,"犯罪事实清楚、证据确实充分"的证明标准就是要求办案人员根据确实充分的证据达到主观上对基本犯罪事实认识清楚,从而实现诉讼中主观认识与客观事实的统一。[①] 其次,应确立推定规则。推定是指司法人员根据已知的基础事实推断待证事实之存在。由于推定的准确率低于一般证明标准,因而在适用范围上应从严控制。在中国,根据刑法、其他法律法规和联合国有关法律文件,一般认为,以下事实应推定为真实,除非有相反的证据足以推翻:(1)已生效刑事裁判确定的事实;(2)国家工作人员的财产或者支出明显超过合法收入,差额巨大,不能说明其来源是合法的,差额部分为非法所得;(3)非正常持有属于国家绝密、机密文件、资料或者其他物品拒不说明来源与用途的,为非法持有;(4)在内海、领海运输、收购、贩卖国家禁止进出口物品的,或者运输、收购、贩卖国家限制进出口货物、物品,数额较大,没有合法证明的,为走私;(5)交通肇事后当事人逃逸或者故意破坏、伪造现场,毁灭证据,使交通事故责任无法认定的,为当事人负全部责任;(6)在跨国有组织犯罪、腐败犯罪案件中,有关犯罪的故意、明知、目的等主观心理可以根据案件客观实际情况推定。[②] 最后,对于程序法事实的证明标准,应确立证明明显优势标准,即证明程序事实存在的可能性明显大于不存在的可能性的,可以作出认定。

**(四)关于不起诉制度改革问题**

我国现行《刑事诉讼法》规定了法定不起诉、裁量不起诉、证据不足不起诉三种不起诉形式。在当今世界各国,检察官不起诉裁量权的适用范围逐步扩大,追求的价值目标日益多元化。[③] 而《刑事诉讼法》对裁量不起诉的案件范围,按照《刑事诉讼法》第142条第2款的规定,只限于犯罪情节轻微,依照刑法规定不需要判处刑罚或者免除刑罚的案件。条件限制得相当严格,适用空间很有限。

---

① 陈光中主编:《中华人民共和国刑事诉讼再修改专家建议稿与论证》,中国法制出版社2006年版,"代序言",第7页。

② 陈光中主编:《中华人民共和国刑事诉讼再修改专家建议稿与论证》,中国法制出版社2006年版,第327~328页。

③ 例如,《德国刑事诉讼法典》第153条规定的微罪不起诉制度。1924年的艾明格改革最初确立该制度,要求检察院在处理轻罪案件时必须经管辖法院同意方可免予刑事追诉;1974年检察官的权限得到扩大,在处理轻罪时,如果犯罪行为只限于财产,并且只会被处以最低刑时,检察院可以终止程序,而无须要得到法院的同意;1993年,因修改刑事诉讼法第153条关于财产犯罪的规定,检察院的权限得到进一步扩大。现行《德国刑事诉讼法典》第153条第1款规定:"程序处理轻罪时,如果行为人责任轻微,且不存在追究责任的公共利益时,经负责开始法庭审理程序的法院同意,检察院可以不予追究。对于不会受到最低刑罚处罚且行为所造成的后果显著轻微的犯罪决定不予追究时,无须得到法院的同意。"参见陈光中、汉斯-约格阿尔布莱希特主编:《中德不起诉制度比较研究》,中国检察出版社2002年版,第64~65页。

因而本人建议扩大检察官的自由裁量权,增设附条件不起诉。所谓附条件不起诉,是指人民检察院对于特定案件的犯罪嫌疑人,附条件和附期限地暂时不予起诉,根据被不起诉人的表现来决定最后是否不起诉。附条件不起诉可作如下设计:对于犯罪嫌疑人可能判处3年以下有期徒刑、拘役、管制或者单处罚金的案件,而且犯罪嫌疑人为初犯的未成年人(18岁以下)、初犯的老年人(70岁以上)、尚未完全丧失辨认、控制能力者、过失犯罪者、防卫过当者等,人民检察院认为不起诉更符合公共利益的,可以确定1~2年期间为对被不起诉人的考验期。人民检察院在作出附条件不起诉决定时,可以命令被不起诉人具结并履行如下义务:(1)书面悔过;(2)向被害人道歉;(3)对被害人的损失作出赔偿或者给予被害人补偿;(4)不得侵扰被害人、证人;(5)必要时,可以命令被不起诉人禁止出入特定场所;(6)需要治愈精神疾患,戒除毒瘾的,可以命令被不起诉人治愈精神疾患,戒除毒瘾。被不起诉人违反以上命令的,人民检察院可以视情节轻重给予警告处分或者撤销不起诉决定提起公诉。如果被不起诉在考验期内故意犯罪,人民检察院应当撤销不起诉决定,一并提起公诉。

### (五)关于简易程序问题

目前,在世界主要发达国家,各种不同形式的简易程序在刑事司法实践中起着非常重要的作用。据统计,英国由治安法官按简易程序审理的案件占全部刑事案件的97%;在美国,按辩诉交易处理的案件约占全部刑事案件的90%。[①] 我国《刑事诉讼法》以专节的形式规定了"简易程序",它有助于提高人民法院审判效率,有利于体现当事人的主体地位,有利于使刑事审判程序更加科学化、民主化。但现行法律将简易程序适用范围限制较窄,而且未考虑到犯罪嫌疑人、被告人的程序选择权。因此,笔者认为,对于刑事诉讼简易程序改革应当从以下三方面进行:

1. 扩大简易程序的适用范围。基层人民法院对于下列案件,可以适用简易程序:(1)对依法可以判处10年以下有期徒刑、拘役、管制、单处罚金的公诉案件,事实清楚、证据充分,被告人承认被指控的基本犯罪事实;(2)告诉才处理的案件;(3)被害人起诉的有证据证明的轻微刑事案件。将第一种案件类型由"可能判处3年以下有期徒刑"修改为"可能判处10年以下有期徒刑",这主要是考虑到刑事诉讼法的修改应当兼顾公正与效率,考虑到10年以上有期徒刑案件是

---

① [英]麦高伟、杰弗里·威尔逊主编:《英国刑事司法程序》,姚永吉等译,法律出版社2003年版,第259页;[美]爱伦·豪切斯泰勒·斯黛丽、南希·弗兰克著:《美国刑事法院诉讼程序》,陈卫东等译,中国人民大学出版社2002年版,第413页。

重罪案件，应当更慎重对待，不宜适用简易程序。

此外，对于有的案件则不宜适用简易程序。例如，(1)公诉案件无辩护人参与的或者辩护人作无罪辩护的；(2)被告人是盲、聋、哑的；(3)有重大社会影响的；(4)被告人认罪但经审查认为可能不构成犯罪的；(5)共同犯罪案件中，有的被告人不认罪或者不同意适用简易程序的等。

2. 赋予被告人简易程序的选择权。对于适用简易程序的案件，必须是被告人提出申请或者人民检察院、人民法院建议，被告人无异议。

3. 实行简易程序的案件，由独任法官审理，公诉人、辩护人可以不出庭，可以不传唤证人、鉴定人到庭，可以不进行法庭证据调查和辩论。

**(六)关于死刑复核程序问题**

2006年10月31日，全国人大常委会通过了《关于修改〈中华人民共和国人民法院组织法〉的决定》。根据这一决定，从2007年1月1日起，所有死刑案件的核准权收归最高人民法院统一行使，各地高级人民法院将不再行使核准死刑的权力。随后最高人民法院陆续出台了一系列关于死刑案件程序的司法解释。最高人民法院统一行使死刑案件核准权，符合法治原则和程序正义的基本精神，体现了我国对死刑采取“少杀、慎杀”的政策。这不仅对我国刑事审判工作，而且对国家法制的发展与进步，都将产生深远的影响。据了解，自2007年1月1日以来，全国判处死刑立即执行的案件数量明显下降。然而，学者们普遍认为，仅仅收回死刑核准权是不够的，现行的死刑复核程序尽管性质上是属于审判程序，实际上是法院系统内部的审批程序，行政色彩浓重，违背了程序正当的要求，必须进行改革。前述《关于进一步严格依法办案确保办理死刑案件质量的意见》，已经对死刑复核程序有所改革，但仍然有待深化。

笔者主张，死刑复核程序应当向诉讼化方向进行下列改革：(1)被告人在死刑复核程序中有权委托律师进行辩护，被告人如果没有委托辩护律师的，最高人民法院应当指定承担法律援助义务的律师为其提供辩护。(2)被告人必须有亲自参与权。对被告人来讲，该程序是最后的辩护机会，应当让其充分行使权利，死刑复核合议庭的法官应当亲自讯问被告人，直接听取其辩护意见。案件事实清楚的情况下可代之以远程视频讯问。(3)人民检察院在认为必要的时候可以派员参与死刑复核活动，以便对死刑案件实行有效的法律监督。(4)被害人、被害人的近亲属及其委托的诉讼代理人经申请也可以参与死刑复核活动。通过被害人对本程序的参与，可以使其了解死刑核准或改判的缘由，增强复核结果的可接受性和稳定性，降低日后被害人提起申诉的概率。(5)创建死刑复核的听审程序。一般说来，听审程序只适用于被告人及其辩护人对原审判决认定的关键事实提出异议的情形。听审程序由死刑复核庭合议庭主持，检察人员、被告人及其辩护人、被害人及其诉讼代理人有权参加，合议庭认为必要时可通知证人、鉴定人到场。听审不公开进行。通过听审，可以增强当事人的程序参与性，让死刑复核合议庭的审判人员更准确地认定犯罪事实，有利于增强死刑复核程序的透明度，提高被告人、被害人对复核结果的信任度。

**（七）关于审判监督程序问题**

审判监督程序，又称再审程序，是指对已生效裁判的错误进行纠正的特殊救济程序。我国的审判监督程序有存在的必要性，但更有改革和完善的必要性。审判监督程序的改革应当根据司法公正、既判力和禁止双重危险规则①的现代司法理念加以改革。我国过去强调"实事求是，有错必纠"，这个方针具有片面性，应当加以修正。另外，2007年10月28日，全国人大常委会通过了《关于修改〈中华人民共和国民事诉讼法〉的决定》，该决定主要是对民事审判监督程序和民事执行程序进行了重大改进，其中关于民事审判监督程序的规定可以为刑事审判监督程序的改革提供某些借鉴和启示。

1. 修改再审的理由，确立有例外的禁止双重危险规则再审理由是指启动刑事再审的必备缘由。这里首先要解决的是如何确立和适用禁止双重危险规则问题。禁止双重危险是现代刑事诉讼的一项基本规则，按照这一规则，一旦法院作出生效裁判，就不得对被告人进行再次起诉，审判和处罚，也即不得使被告人因同一犯罪行为受两次以上的刑事责任追究。在此问题上，世界各国存在不允许和允许例外两种模式，笔者主张，在中国应确立有例外的禁止双重危险规则。因为禁止双重危险规则的核心在于保障人权，但是刑事司法追求的目的不仅仅是保障人权，还要与惩罚犯罪的目的相平衡，而且必须考虑到我国民众的承受能力。如果原判以事实不清、证据不足判被告人无罪，后来发现新的证据证明被判决人确实有罪，特别是罪行比较严重，在此情况下如一律不加以改判，可能放纵罪犯，甚至放纵严重犯罪分子，这必然对社会治安产生负面影响，民众也难以接受。当然，例外的设计必须合理，从严掌握，否则就会否定禁止双重危险规则。基于此，再审理由的设计要区分有利于被判决人和不利于被判决人两种情况：

（1）有利于被判决人的再审理由，即发现已生效裁判在认定事实和适用法律上确有错误，致使无罪的人被判有罪，或有罪的人被处罚奇重。至于有罪认定正确、量刑偏重的案件，考虑到判决的稳定性而不宜改判。

---

① 关于禁止双重危险规则，联合国《公民权利和政治权利国际公约》第14条第7款作了规定："任何人已依一国的法律及刑事程序被最后定罪或宣告无罪者，不得就同一罪名再予审判或惩罚。"

（2）不利于被判决人的再审理由。包括：一是应当被判处10年以上刑罚的被告人被判处无罪，或者应当被判处无期徒刑、死刑的被告人被判处的刑罚低于10年的；二是被告人及其辩护人、亲友贿赂、威胁、引诱、欺骗办案人员或者证人、鉴定人、被害人等造成错判的。

2. 提高再审程序审理法院的级别，限制再审次数。根据刑事诉讼法，再审法院可以由作出已生效裁判的原审法院进行管辖，且大部分是由原审法院进行再审，包括基层法院。这种由原审法院对再审案件进行管辖的方式违反回避的程序公正要求，也使得再审次数难以控制。笔者认为，基层人民法院、中级人民法院的终审裁判应由上一级人民法院再审。高级人民法院的终审裁判应由最高人民法院或者最高人民法院指令的其他高级人民法院再审，最高人民法院的终审裁判由最高人民法院再审。有权再审的法院，对同一案件只能再审一次。但是最高人民法院对于有充分根据认为被判罪人为无罪的，有权重复提起再审或者指令高级人民法院或中级人民法院再审。为有利于被告人而提起的再审，不得改判对被告人不利的罪名或加重被告人的刑罚。

总而言之，我国刑事诉讼制度的改革，任重而道远。但我们期待并相信，通过立法部门、法律理论界和司法实务部门的共同努力，一部更加民主化、法治化和人性化的社会主义刑事诉讼法典即将在中国诞生！

（2008年第6期）

# 刑事诉讼制度改革论要

卞建林*

刑事诉讼制度的改革和完善是建设现代法治国家的组成部分和重要内容。在刑事诉讼领域，如何进一步认识诉讼原理，把握司法规律，改革完善诉讼制度，科学设置诉讼程序，是理论研究的重大课题。

* 作者单位：中国政法大学。

## 一、刑事诉讼制度改革的宏观思考

### (一)更新诉讼观念,强化人权意识

观念是行动的先导。刑事诉讼制度的改革完善,需要以观念的革新为前提。在推进刑事程序法治建设时,首要的就是要解放思想,更新观念,在立法、执法、司法的过程中自觉地以现代法治意识和诉讼观念为指导。具体来说,以下基本的观念需要在刑事立法、执法、司法的过程中充分确立并予以贯彻。

首先是树立正确全面的刑事诉讼目的观。刑事诉讼法的任务绝不仅仅是保证刑法的正确实施,是惩罚犯罪的工具,现代刑事诉讼法的一个重要目的是规范和约束国家公权力的行使,保证国家追究犯罪的活动严格遵守法律程序进行。

其次是树立人权保障观。我国宪法修正案明确规定了"国家尊重和保障人权",这是中国人权发展的一个重要里程碑,同时也对刑事诉讼中的人权保障提出了更高要求。刑事诉讼作为国家公权力行使的典型场域,公权力的运行随时可能对公民自由、尊严、财产、隐私等基本权利造成侵害,因此,保障人权特别是犯罪嫌疑人、被告人的人权,尤为重要。

再次是树立程序正义观。必须正确认识实体与程序的关系,彻底扭转"重实体,轻程序"的传统思维,既要重视程序法在实现实体法目的方面的工具价值,更要强调程序自身的独立价值,充分发挥程序对权力的规制作用和对权利的保障作用。

最后是法律思维观。立法、执法和司法人员必须养成正确的法律思维习惯并在实践中自觉地遵循以下一些规则:如合法性优先于客观性;程序公正优先于实体公正;形式合理性优先于实质合理性;普遍正义优先于个案正义;理由优先于结论;等等。特别是法律思维必须以权利义务分析作为思考问题的基本逻辑线索。

### (二)崇尚程序法治,明确程序制裁

在现代法治国家,程序法具有重要地位。程序的作用在于将国家权力的行使纳入确定的轨道,在使权力运作保持理性并适度的同时亦使公民能够建立起对权力行使的合理预期和适当监督,从而达到限制、规制权力、保障权利的目的。关于程序的此种作用,美国联邦最高法院道格拉斯大法官曾作过精辟的表述:"权利法案的大多数规定都是程序性条款,这一事实绝不是无意义的,正是程序决定了法治与恣意的人治之间的基本区别。""程序法治"是刑事诉讼必须确立的首要原则。

确立程序法治原则,要求刑事诉讼的参与各方牢固树立法律至上、程序至上的意识,严格遵守刑事诉讼法和其他法律的规定。对于国家专门机关而言,没有法律的明确授权不可为,行使法定职权时必须严格遵守法律的规定,违反法律规定所实施的行为归于无效且应承担相应的法律后果,对公民依法享有的诉讼权利必须予以尊重和保障。也就是说,尊重法律,有法必依,恪守程序,乃程序法治的基本要求。

贯彻程序法治原则,重要的一点是必须明确程序违法的法律后果,对程序违法行为和程序违法者予以制裁。长期以来,受程序虚无主义和程序无用主义的影响,我国形成重实体,轻程序的传统,诉讼程序仅仅被视为实现实体法目标的工具和手段。与此相联系,我国诉讼理论缺乏对程序制裁的研究,立法上也很少体现程序违法的后果,实践中更因违法制裁与诉讼无效制度的整体性制度缺失导致程序法的许多规定往往被束之高阁,视若无物。不能让违法者从其违法行为中获益,这就是程序违法的后果,也是正当程序的保障。对程序法规范的执行,必须体现程序法的权威性、强制性和义务性,确立严格的制裁性措施。刑事诉讼制度的改革需要注意为程序性法律规范设定相应的责任后果,明确违法的制裁措施,即为违法行为设置高额"成本"。

**(三)健全监督机制,完善救济途径**

权力总是趋向扩张,失去监督和制约的权力必然导致专制和腐败,这是权力运作的基本规律,权力的监督和制约因而也就成为亘古不变的重要课题。刑事诉讼是追究犯罪、惩罚犯罪的活动,以国家强制力作后盾。为了防止国家机关滥用权力,为了保障法律程序得到切实遵守,需要建立健全有效的诉讼监督制约机制。刑事诉讼中的监督大致有两种途径:一方面,是通过执法、司法机关中内部组织体制的管理、教育、制裁功能而形成;另一方面,是刑事诉讼程序中通过不同诉讼主体间行为的互动而实现。我国目前在体制内对诉讼活动的监督主要是由检察机关实施的,1996 年修改刑事诉讼法时专门增加了人民检察院依法对刑事诉讼活动实行法律监督的基本原则,并相应增设了如立案监督等配套制度。但修改后刑事诉讼法实施的情况表明,现行对诉讼活动的监督机制是存在不足的,检察机关实行诉讼监督的成效也不尽如人意。监督滞后,监督缺位,监督乏力,监督落空的情况绝非个别。为了使法律程序得到尊重和遵守,为了使公民的合法权益得到保障,检察机关的诉讼监督职能必须得到强化,刑事诉讼制度的改革应当对此作出恰当的程序设计和制度安排。除此之外,从诉讼规律和构造平衡考虑,还要注意发挥辩护律师对侦查起诉活动的制约作用,加强审判机关对审前程序的参与和监督,探讨建立契合中国国情的司法审查制度和司法救济制度。

如果说监督是用权力来制约权力的话,救济制度则主要是用权利来对抗权力。这也是现代法治社会用以规范和限制公权力行使的重要方式。法谚云,无救济即无权利。如果法律赋予公民个人的权利得不到执法、司法机关的尊重,公民合法权益受到侵害时得不到救济,那么所谓的权利就只能是空中楼阁,法律的规定也只能是一纸空文。从权力学的角度看,对公权力的有效规范和制约的最佳途径就是由遭受权力侵害之痛的当事人来启动救济和制约的程序。救济制度的完善和救济途径的通畅,是刑事诉讼制度改革完善的重要内容。

**(四)参照国际准则,促进程序接轨国际通行刑事司法准则**

主要是指由联合国及其下属机构、组织制定、认可或倡导的有关刑事司法的标准、规范和政策。无论这些准则的历史渊源或理论基础如何,也不论它们是由哪些国家最先提出或采用的,这些准则经过联合国的认可和推广,都具有国际标准的权威性。[①] 这些准则的权威性,并不在于联合国作为一个最重要国际组织所具有的影响力,而在于这些基本准则中所蕴涵的、为世界各国所普遍承认、接受的理性与制度正义。在国际通行刑事司法准则中,最基本的如人权保障、司法独立、正当程序、公正审判、无罪推定等原则都已经获得当今世界众多国家的广泛认同。我国政府于1998年签署《经济、社会、文化权利国际公约》和《公民权利和政治权利国际公约》。目前,《经济、社会、文化权利国际公约》已经得到批准,而对《公民权利和政治权利国际公约》的批准正在抓紧研究之中。对这两个重要人权公约的签署和批准,不仅为我国的刑事程序法治建设奠定了良好的价值基础并提供了最佳的参照标准,而且也使得国际人权公约和通行刑事司法准则在我国刑事司法中的贯彻和实施具有了现实的紧迫性。改革和完善我国刑事诉讼制度时,应当参照国际通行刑事司法准则中的相关要求,改革和去除一些与通行刑事司法准则不相一致的规定和做法,促进我国刑事诉讼程序与国际通行准则接轨。

**(五)完善证据立法,健全证据规则**

证据是诉讼活动的基础。在诉讼活动中,一方面对案件的实体处理取决于能否准确运用证据认定案件事实,另一方面诉讼程序的演进与程序正义的实现也有赖于证据之理念及其应用。"惟在法治社会之定分止争,首以证据为正义之基础,既需寻求事实,又需顾及法律上其他政策。认定事实,每为适用法律之

① 陈光中、丹尼尔·普瑞方庭主编:《联合国刑事司法准则与中国刑事法制》,法律出版社1998年版,第1章。

前提。因而产生各种证据规则,遂为认事用法之所本。"①在现代程序法治理念下,证据规则的作用除从事实认定角度规范证据的收集运用外,还重在从正当程序角度规范证据的可采性,即通过对证据能力的限制或证据资格的考量,而将违反正当程序收集的证据排除在诉讼之外,从而规范侦查机关的取证行为,防止侦查权力的滥用,保障程序法得到切实遵守和公民权利得到有力保障。对此,笔者提出以下框架性设想,供改革我国刑事诉讼制度时参考:其一,明确收集证据的程序和要求,明确证据能力的适格条件,确立非法证据排除规则;其二,与直接言词审理相适应,建立科学合理的传闻证据规则,以否定或减低侦查讯问笔录的证据价值;其三,改革庭前证据移送制度,排除法官的审前有罪预断;其四,明确控方负证明责任,强调一切用作定案根据的证据必须在法庭上出示;其五,与公正审判的通行标准相一致,制定详尽并具可操作性的举证、质证、认证规则,注意保障被告人获悉控方证据和与控方证人对质的权利;其六,诉讼证明应当严格遵循诉讼机理,控辩双方作为提出证明的主体进行法庭举证和质证,法官作为接受证明的主体,保持中立超然的地位居中裁断;其七,确立科学可行的证明标准,明确疑罪从无,证据不足作有利于被告人的解释。

## 二、刑事诉讼制度改革的重点问题

改革和完善我国刑事诉讼制度,是一个漫长、渐进的过程,不可能一蹴而就。从我国刑事诉讼立法与司法的现实出发,当前改革我国刑事诉讼制度应当着重解决以下问题:

第一,确立无罪推定原则并加以贯彻和保障。无罪推定既是现代各国刑事司法通行的一项重要原则,也是联合国在刑事司法领域制定和推行的正当程序最低限度标准之一。1996 年我国修订刑事诉讼法时,对无罪推定原则的基本精神作了借鉴,在基本原则部分第 12 条增加了相关规定并辅之以相关制度安排。但由于立法者没有明确采行无罪推定原则,法律上也未赋予犯罪嫌疑人、被告人沉默权,相反保留有犯罪嫌疑人如实回答侦查人员讯问的义务,现实中侦查仍存在以获取被告人口供为中心的倾向,以刑讯逼供或其他非法方法获取口供的现象也时有发生。为此,改革刑事诉讼制度,首先要在立法上明确规定无罪推定的原则,并赋予犯罪嫌疑人、被告人沉默权,将现行《刑事诉讼法》第 93 条中"犯罪

① 李学灯著:《证据法比较研究》,台湾五南图书出版有限公司 1992 年版,第 1 页。

嫌疑人对侦查人员的讯问应当如实回答”的规定，修改为“任何人不得被强迫提供不利于自己的证言或被强迫承认犯罪”。强化控方的举证责任，贯彻疑罪从无的精神，明确“不能认定犯罪嫌疑人、被告人有罪或无罪的，按无罪处理；不能认定犯罪嫌疑人、被告人罪重或罪轻的，按罪轻处理”。确认禁止重复归罪原则，不允许控诉机关对法院的无罪判决就同一事实再次提出指控。

第二，着力提高司法效率。笔者认为，刑事诉讼的立法修改和制度完善应该在公平优先兼顾效率原则的指导下，加大简易程序的适用力度，扩充简易程序的适用范围，并在“宽严相济”刑事政策的指导下，解放思想，更新观念，赋予并扩大司法人员裁量权，在诉讼的不同阶段都进行合理的程序分流设计，例如扩大相对不起诉、免予刑事处罚的适用，探索建立诉辩协商制度、附条件不起诉或暂缓起诉制度、当事人和解制度、量刑听证制度等，以切实体现宽严相济、区别对待的刑事政策，使当事人能够尽早摆脱诉累，并节约司法资源，提高诉讼效率，减轻办案人员压力。考虑到刑事和解制度既体现我国“和为贵”的传统和谐文化，又有利于化解犯罪所带来的各种纠纷和矛盾，提高诉讼效率，加之刑事和解和恢复性司法在国际社会的蓬勃发展趋势，应当将和解作为刑事诉讼法再修改的一项重要内容。

第三，下大气力解决刑讯逼供、非法取证问题。刑讯逼供和非法取证，既严重侵犯了相关人的基本人权，又是造成冤假错案的重要原因。解决此问题，应当着力改造侦查程序特别是讯问程序，构建能够有效制约侦查人员的外部监督机制，而不过分依赖于侦查人员的主观自觉，为此可以从以下几个方面着手：一是如前所述，赋予犯罪嫌疑人、被告人沉默权或不得被迫自证其罪的权利，免除犯罪嫌疑人、被告人非自愿供述的义务。二是建立非法证据排除规则，从立法上明确以暴力、威胁等非法方法取得的犯罪嫌疑人、被告人的供述、证人证言、被害人陈述，不得作为定案的根据。其他使用非法的方法收集的证据，严重侵犯犯罪嫌疑人、被告人、证人、被害人合法权益，或者严重影响司法公正的，也不得作为定案的根据。三是建立和推行讯问时同步录音录像制度，要求侦查人员对严重刑事案件以及其他有必要案件的犯罪嫌疑人、被告人进行讯问，应当对讯问过程进行全程录音录像，并保证录音录像的完整性和连续性。四是建立侦查讯问时辩护律师在场制度。规定侦查人员讯问犯罪嫌疑人时，如果犯罪嫌疑人有辩护律师并要求辩护律师在场的，辩护律师可以在场，以增加侦查活动的透明度。侦查人员讯问时律师在场，对防止侦查权力滥用，遏制刑讯逼供，保证犯罪嫌疑人供述的合法性与真实性，都将具有积极的意义。五是建立侦押分离制度，将羁押机构中立化，明确羁押机构的职责，以保障犯罪嫌疑人的合法权益不受侦查机关的非法侵犯。

第四,完善辩护制度,强化律师作用。刑事诉讼法自1996年修正以来,在实施中存在的一个突出问题就是刑事辩护难。所谓会见难,阅卷难,调查难,取证难,发表意见难,听取意见更难。总之,刑事辩护环境恶化,律师作用难以发挥,控辩力量对比进一步失衡。为此,立法上可以采取以下措施:一是完善辩护人的职责,在辩护人的责任上增加程序辩护的内容,辩护人有权收集、提出维护犯罪嫌疑人、被告人诉讼权利的材料和意见,维护犯罪嫌疑人、被告人的合法权益。二是明确侦查阶段律师的辩护人地位。规定犯罪嫌疑人自第一次接受讯问或者被采取强制措施之日起,可以委托辩护人。三是扩大律师的诉讼权利,特别是在侦查阶段的诉讼权利。不再限于了解罪名权、会见权、提供法律咨询、代理申诉控告权等,还应赋予辩护律师了解案件情况和调查取证的权利,侦查人员讯问时在场的权利等,以充分发挥律师实体和程序的辩护作用。四是提前指定辩护的时间,扩大法律援助的范围。依据现行法律规定,只有在审判阶段才有指定辩护的要求,只有人民法院才有保障被告人辩护权行使的义务。显然,这一规定已经落后于我国辩护制度的发展。应当修改为,在侦查、起诉、审判各个诉讼阶段,公安机关、人民检察院、人民法院都有保障犯罪嫌疑人、被告人辩护权行使的义务和为符合法律援助条件的犯罪嫌疑人、被告人指定辩护的责任。

第五,关注并健全证据制度。证据是认定案件事实的唯一依据,是正确处理刑事案件的坚实基础。证据制度是一国司法制度和诉讼程序中的组成部分和重要内容。无论实体公正或程序公正,都离不开证据制度的完善。在我国,尽管刑事诉讼法以专章对证据问题作出规定,司法机关在法律适用的过程中也围绕证据问题制定了一些司法解释,但总体而言远未形成系统完备的刑事证据体系,证据运用的各个环节都缺乏法律或规则的规范和指引,证据制度的立法明显滞后于审判方式的改革和诉讼模式的转型。司法实践中也存在很多问题,证人作证难,证人出庭作证率低;司法鉴定混乱,多头鉴定、重复鉴定等现象都十分突出。刑事诉讼制度的改革,应当针对司法实践中突出的问题拿出立法对策。要明确需要证人出庭作证的情况和例外,否定应当出庭而未出庭的证人书面证言的证据效力;要以国家强制力作后盾,建立强制或保障证人出庭的制度,同时考虑到权利义务的平衡,建立健全证人保护制度和证人补偿制度;要在司法鉴定体制改革的基础上,进一步完善司法鉴定的程序规范,提升和维护司法鉴定的公信力,充分发挥司法鉴定在准确认定案件事实、正确处理刑事案件中的独特效用。

(2008年第6期)

# 定罪与量刑的程序分离
## ——中国刑事审判制度改革的另一种思路

陈瑞华*

## 一、引　　言

迄今为止，在定罪与量刑的程序关系上存在两种模式：一是英美的定罪与量刑程序分离模式；二是大陆法中的定罪与量刑程序一体化模式。在前一模式中，刑事审判分为"定罪裁断"与"量刑听证"两个相对分离的阶段，前一阶段采取对抗式的诉讼模式，要受到证据规则的严格约束，事实裁判者通过听取控辩双方的举证和盘问，要对被告人是否构成起诉罪名的问题作出权威的裁断①。被告人一旦被确认为有罪的，法官会就量刑问题举行专门的听证会，由缓刑机构或社会工作者当庭发表"量刑前调查报告"，听取检察官、被告方甚至被害方的量州意见，然后作为量刑裁决。而在大陆法的一体化模式中，刑事法庭经过完整的法庭审判，既要解决被告人是否构成犯罪的问题，又要对有罪被告人的量刑问题作出裁决。与英美法系模式相比，大陆法系模式确定由同一审判组织，经过同一审判程序，适用同一程序和证据规则，同时解决定罪和定罪后的量刑问题。②

中国1996年进行的"审判方式改革"，尽管在一定程度上引入了对抗式诉讼制度的要素，冲淡了原来的超职权主义诉讼色彩，确立了所谓的"抗辩式"或"辩论式"审判程序，③但在定罪与量刑的程序关系上，仍然维持了与大陆法系国

---

* 作者单位：北京大学法学院。

① ［英］麦高伟等主编：《英国刑事司法程序》，姚永吉等译，法律出版社2003年版，第423页。另参见［美］斯黛丽等：《美国刑事法院诉讼程序》，陈卫东等译，中国人民大学出版社2001年版，第567页。

② ［德］托马斯·魏根特著：《德国刑事诉讼程序》，岳礼玲等译，中国政法大学出版社2003年版，第145页；［美］菲尼、［德］赫尔曼、岳礼玲著：《一个案例　两种制度——美德刑事司法比较》，郭志媛译（英文部分），中国法制出版社2006年版，第352页。

③ 有关中国1996年的"刑事审判方式改革"问题，参见陈瑞华著：《刑事诉讼的中国模式》，法律出版社2008年版，第110页。

家相似的固有模式。按照这一模式,刑事审判程序的设置主要是围绕着控制定罪问题而展开的,对犯罪人的量刑不是法庭审判所要解决的主要问题;裁判者没有将量刑问题纳入法庭调查的对象,而最多在法庭辩论阶段将其视为附带于定罪的问题;无论是出庭支持公诉的检察官,还是被害方和辩护方,都没有太多的机会就有罪被告人的量刑情节、量刑种类和量刑幅度,进行有针对性的举证、质证和辩论。对有罪被告人的量刑问题,主要是由法官通过一种"办公室作业"的秘密方式来完成的。

近年来,中国法院在量刑问题上滥用自由裁量权的问题逐渐引起社会各界的关注。在那些被告人作无罪辩护的案件中,公诉方与辩护方都只是就被告人是否构成犯罪的问题展开法庭质证和辩论,法庭根本不给予双方就量刑问题发表意见的机会。由此导致在这些案件中出现了不同程度的辩护不充分的问题。例如,在近期引起社会各界关注的许霆案件中,广州市中级人民法院前后两次对许霆涉嫌盗窃金融机构的案件进行了开庭审理,第一次判处被告人无期徒刑,而在该项判决引起社会各界高度关注和激烈批评之后,广东省高级人民法院以"事实不清"为由将案件发回重审,广州市中级人民法院在对案件事实没有做出任何改变的情况下,维持了对被告人盗窃罪的定罪结论,但将量刑改为5年有期徒刑。而在两次开庭审理过程中,公诉方都坚称被告人盗窃"金融机构",构成盗窃罪,辩护方则认为被告人利用银行ATM机出现故障的机会多取款的行为,最多不过是民法上的"不当得利"。控辩双方就此展开了激烈的争辩。但是,无论是在第一次开庭还是在重新审判过程中,广州市中级人民法院都没有给予控辩双方就量刑问题提出意见和进行辩论的机会,法庭量刑所依据的证据与定罪所依据的证据几乎完全一致。[①] 而在那些被告人作有罪供述或者放弃无罪辩护的案件中,法庭仍然围绕着被告人是否构成犯罪的问题而调查证据和组织辩论,对于案件的量刑基准以及各类量刑情节则缺乏必要的调查和辩论。法院判决书对量刑的理由很少给出充分的说明,这势必导致被告人、辩护人经常难以认同法院在量刑上的裁判逻辑。在大多数情况下,出庭支持公诉的检察官往往只关心定罪问题,而对于量刑问题既不发表意见,也不提出专门的证据和事实,而任由法官在法庭之外对量刑问题作出裁断。但是,法院对于越来越多的刑事案件都适用缓刑,尤其是对那些国家公职人员涉嫌渎职犯罪的案件,法院适用缓刑的比例更是高达85%以上。而对于这种裁判结论,法院在裁判文书中一般很少给出令人信服的理由。这使得越来越多的检察官对于法院的量刑裁断权提出异议,

① 具体内容参见广东省广州市中级人民法院〔2008〕穗中法刑二重字第2号刑事判决书。

要求检察机关提出量刑意见、加强对法院量刑问题“法律监督”的声音不绝于耳。与此同时,在那些有被害人的案件中,过于重视定罪问题的法庭审理程序根本无法给予被害人参与量刑决策过程的机会,法官通过阅卷和庭外调查等方式来审核量刑问题,使被害人被排斥在量刑程序之外,难以对法院的量刑裁决施加积极的影响。不少被害人对法院的量刑裁决都有不满之声,甚至为此走上申诉、上访之路。

考虑到被告人当庭作无罪辩护的案件仅占很少的比例,控辩双方在大多数情况下也很少就定罪问题发生争议,因此可以说中国刑事审判中的问题其实主要是量刑问题。而在定罪与量刑程序合二为一的诉讼框架下,控辩双方都被排除在量刑的决策过程之外,被害人也难以对量刑问题发表意见和表达异议,法官在量刑上滥用自由裁量权的问题势必会普遍出现。近年来,基于对现行刑事审判制度之缺陷的认识,一些地方的基层法院和检察院对量刑程序做出一定的改革。例如,越来越多的检察机关开始探索“量刑建议”的改革,就量刑的种类和幅度向法院提出明确的意见,法院则就量刑问题组织控辩双方进行辩论,并在裁判文书中就其量刑裁决说明理由,检察机关则根据法院采纳量刑建议的情况作出是否提起抗诉的决定。①

又如,一些法院开始在法庭审理程序结束之后试行“缓刑听证”制度,给予控辩双方、被害方以及来自社区、学校和当事人家庭的各界人士参与听证的机会,并就是否适用缓刑问题发表意见和进行辩论。② 再如,很多法院对少年案件开始试行“圆桌审判”制度,法官、陪审员或者社会工作者就少年被告人事先进行社会调查,并在开庭时提交并宣读“社会调查报告”,对于被告人的出身、成长、社会关系、学校教育、平常表现、前科等问题提出相应的证明,并就量刑问题进行风险评估。在此基础上,各方就最终的量刑问题展开辩论,法官在听取这些报告和辩论的基础上作出量刑裁决。③ 可以说,中国法院在量刑程序问题上出现了自生自发的改革迹象。

最高人民法院在第二个“五年改革纲要”中明确提出:“(要)研究制定关于其他犯罪的量刑指导意见,并健全和完善相对独立的量刑程序。”④这显示出最高人民法院已经意识到现行的定罪与量刑一体化的审判模式存在根本的缺陷。有鉴于此,本文拟对量刑程序的改革问题做出简要的讨论。笔者将对定罪与量

---

① 李和仁:“量刑建议:摸索中的理论与实践”,载《检察日报》2001年2月12日。
② 傅剑锋:“全国首例缓刑听证案调查”,载《南方都市报》2003年6月26日。
③ 陈建明等:“论圆桌审判在少年刑事审判中的运用”,载《青少年犯罪问题》2005年第6期。
④ 陈永辉:“最高法院发布二五改革纲要”,载《人民法院报》2005年10月26日。

刑程序一体化的诉讼模式做出反思性评论，然后提出将定罪与量刑程序予以分离的主要理由，对定罪与量刑程序分离的制度构建提出初步的设想。

## 二、定罪与量刑的一体化模式及其缺陷

尽管中国与大陆法系国家在刑事审判制度上存在诸多方面的差异，但在定罪与量刑的关系上却采取了大体相似的程序模式。在以下的讨论中，笔者将对这种具体制度上的差异忽略不计，而通过与英美法中的定罪与量刑的分离模式作比较，来总结这种定罪与量刑程序一体化模式的特征，并对其做出初步的评价。

在英美刑事审判制度中，定罪裁判与量刑裁决所依据的事实信息被明确区分开来。缓刑监督机构的量刑前调查制度，使得大量与定罪无关的证据材料和事实信息被系统地收集起来。作为一种受法官委托从事社会调查的机构，缓刑监督机构具有相对的中立性，它所提交的量刑前报告可以涵盖各种有利于和不利于被告人的证据和信息。由于不受证据规则的限制，这些证据和信息只要有助于法官确定被告人罪行的性质、后果以及被告人的人格及其再犯可能的，就都具有可采性。甚至就连被害人都有机会将自己及其家庭因犯罪所遭受的伤害后果陈述出来，并提交给法官作为量刑的信息来源。量刑听证制度的设计，不仅给检察官、被告人、辩护律师甚至被害人提供了一个参与量刑裁决过程、影响法官量刑决定的机会，也可以最大限度地确保法官量刑决策的合理性。因为无论是缓刑官员提交的量刑前调查报告，被害人做出的影响陈述，还是检察官、被告人、辩护律师就量刑问题所提出的证据和意见，都使得法官从不同方面获得了与量刑有关的信息来源，各方的参与还使得量刑听证具有“量刑评估”的效果。相对于大陆法系国家的法官单方面地依靠听审和阅卷来确定量刑种类和量刑幅度的裁判方式，英美法官在量刑信息的取得上要更为完整和全面，他们的自由裁量权也会受到更为严格的约束。

当然，我们并不认为英美模式是完美无缺的。通常情况下，一种制度的优势有时从另一角度来看恰恰构成了它的劣势。定罪与量刑的分离，势必造成同一个案件要经历两次司法裁判过程，控辩双方也要前后两次出席法庭审理，参与法庭证据调查和辩论。这不仅会给法院带来不同程度的办案压力，导致诉讼成本投入的增加，影响诉讼的效率，而且还使控辩双方承受更大的讼累，投入更多的旨在应付诉讼活动的精力和财力。定罪与量刑程序的分离还会带来诉讼结案期间的冗长拖沓，被告人长时间地接受定罪和量刑方面的裁判，也可能长时间地受

到不适当的未决羁押。

相对而言，大陆法系国家所实行的定罪与量刑一体化模式，可以在一定程度上克服英美模式的缺陷。因为在这一模式下，定罪与量刑要由同一审判组织经由同一审判程序来形成裁判结论。法庭经过一次连续的审理过程，既决定被告人是否构成犯罪，又对有罪被告人的量刑问题加以裁决。由于不实行英美法意义上的陪审团制度，职业法官与陪审员拥有完全相同的审判权。大陆法系国家的刑事审判制度中不存在较为严格的证据规则，那些旨在限制证据之相关性、合法性的规则也相对简单得多。再加上法官在开庭前要全面查阅案卷材料，法庭上又可依据职权决定证据调查的范围、顺序和方式，因此，整个法庭审理过程既显得十分流畅，又避免了冗长拖沓。在法庭审理结束后，法庭在所有裁判者发表意见的基础上，依次对罪责问题和量刑问题进行投票，产生裁判结论。这种一体化的程序模式无疑是富有效率的。不仅如此，大陆法国家的法官在定罪与量刑裁决形成之后，还会就其裁判结论充分地阐述理由，并在裁判文书中对这些理由作出较为详细的记载。这种详细阐明裁判理由的做法，无疑对于法官的自由裁量权构成一种有效的约束。

尽管如此，大陆法实行的定罪与量刑一体化模式，在正当性和合理性上正面临着越来越严厉的批评。在英美学者看来，在同一审判程序中作出定罪和量刑两个决定，无疑会带来一些十分棘手的问题："除了列举证明有罪或者无罪所需的证据外，法庭还必须十分小心地收集其他量刑所需的证据。检察官和辩护律师本身也必须考虑证据、发问，并在集中于证据、提问以及解决有罪与否问题所必需的主张的同时，就量刑进行辩论。"但是，由于控辩双方提出的证据和主张经常发生矛盾，他们"经常不得不选择事先做出定罪决定还是先做出量刑决定"，这对辩护律师来说显得尤为艰难，因为"辩护律师很难既主张被告人无罪，同时又主张他对自己的罪行有所悔改"。不仅如此，由于定罪与量刑在同一程序中加以决定，"法官有义务将被告人先前的犯罪记录作为庭审中的证据"。[①]因此，无论是职业法官还是陪审员，都很难避免这些犯罪记录对于他们做出定罪裁决的影响。

无论是英美学者还是大陆学者，都指出大陆法实行的定罪与量刑程序一体化模式，具有两个基本的缺陷：一是容易削弱无罪推定的效力，造成被告人诉讼地位的降低；二是造成法官在量刑上拥有太大的自由裁量权，难以获得较为充分

---

① [美]菲尼、[德]赫尔曼、岳礼玲著：《一个案例　两种制度——美德刑事司法比较》，郭志媛译（英文部分），中国法制出版社2006年版，第384～385页。

的事实信息，更无法在量刑裁决过程中听取控辩双方的意见。在前一方面，因为法庭在尚未确定被告人是否构成犯罪之前，即调查被告人的犯罪前科问题，这容易削弱被告人的无罪辩护效果，也可能使陪审员产生被告人有罪的印象。同时，在被告人保持沉默、拒不认罪以及辩护律师作无罪辩护的情况下，辩护律师难以就被告人的量刑问题充分发表意见，而陷入一种两难境地：如果选择支持无罪辩护，则没有机会充分地发表从轻量刑意见；如果提出各种旨在说服法庭从轻量刑的辩护意见，则会出现辩护律师在一场审判中先后作无罪辩护与从轻量刑辩护的局面，使得无罪辩护的效果受到不同程度的削弱。

而从后一角度来看，大陆法系国家的法官做出量刑裁决所依据的信息与定罪的信息是完全一致的。法庭几乎不可能对被告人的罪行展开全面的社会调查，包括被告人犯罪的社会原因、成长经历、社会环境、被害人过错、家庭和教育情况等因素，不可能在法庭审理中受到认真关注。法庭也不可能对犯罪造成的各种后果给予全面的关注，诸如犯罪给被害人带来的身体伤害、精神创伤，犯罪给被害人家人所带来的各种损害，犯罪给社区所带来的负面影响，都难以成为法官的量刑信息资源；法庭更不可能对被告人的再犯可能以及未来的刑罚效果做出科学的评估，法官更多地将精力放在判断被告人是否构成犯罪问题上，控辩双方也更多地关注被告人是否构成犯罪的问题，几乎没有一个人真正关注被告人的再犯可能以及所采取的刑罚是否足以遏制犯罪等刑罚效果层面上的问题，大陆法系国家因缺乏类似英美缓刑监督机构那样的专业机构的参与，更没有可能就刑罚效果问题展开认真的辩论和评估。于是，尽管控辩双方有机会提出量刑意见，但量刑总体上是法官在“评议室”内完成的裁判事项，量刑信息既没有经过充分的辩论和审查，也没有经过专业人员的社会调查，而完全成为法官自由裁量权范围内的事项。正因为大陆法这种一体化模式存在如此严重的缺陷，国际刑事法学界早在20世纪60年代就呼吁大陆法各国改革刑事审判制度。1969年在罗马举行的第十届国际刑法学大会，曾就此问题作出过专门的决议，认为至少在重大犯罪案件中，审判程序应分为定罪与量刑两个独立的部分。①

## 三、定罪与量刑程序分离的基本理由

根据前面的分析，大陆法所确立的定罪与量刑程序一体化模式正面临着一

① ClausRoxin著：《德国刑事诉讼法》，吴丽琪译，台湾三民书局股份有限公司1998年版，第470页。

系列的批评。就连大陆法国家的一些学者也指出了这种程序模式的一些缺陷。中国近年来的司法实践表明,在那些被告人作无罪辩护的案件中,这种一体化的诉讼模式已经暴露出越来越多的问题;而在被告人选择有罪供述或者放弃无罪辩护的案件中,法庭也没有将审判的重心放在量刑问题上,而仍然将极为有限的时间投入到对定罪问题的审查之中。中国近年来的刑事司法改革试验也充分显示,一种以限制法官自由裁量权为宗旨的量刑程序改革是有相当大的生命力的,而从长远上看,这种改革最终将逐渐导向定罪与量刑程序的分离,也就是一种独立的量刑听证程序的全面构建。

那么,究竟为什么要将定罪程序与量刑程序予以分离呢?这种改革的正当性究竟是什么?在以下的讨论中,笔者拟从刑事辩护的充分性、公诉权的延伸、法官自由裁量权的限制、量刑信息与定罪信息的区分、被害人的诉讼参与以及刑事证据法的定位五个方面,来对这种定罪与量刑程序分离化改革的理由加以简要的分析。

**(一)刑事辩护的充分性问题**

现行的定罪与量刑一体化的诉讼模式,造成定罪问题成为法庭审判的中心,被告人、辩护人对于法院的量刑决策过程存在明显的参与不足、影响力不充分的问题。这在被告人作无罪辩护的案件中得到淋漓尽致的显示。① 德国学者赫尔曼教授明确指出:“在德国的庭审中最后辩论可能给辩护律师带来一个特殊的问题。如果辩护律师想要主张被告人无罪,他或者她将申请无罪释放。由于律师无法确定法庭是否一定会判决无罪,他必须同时解决一旦被告人被认定有罪应当判处何种刑罚的问题。由于美国刑事诉讼中存在一个单独的量刑庭审,辩护律师就不必面临这种困境。”②

在中国刑事审判过程中,那些选择无罪辩护的被告人、辩护人也经常发现自己陷入了一种两难的诉讼境地:被告人如果做出了无罪辩护,强调本案“证据不足”或者自己“在法律上不构成犯罪”,就只能按照这一口径进行诉讼活动,而根本不可能在法庭调查环节强调旨在证明被告人罪轻的事实和情节,也不可能在法庭辩论阶段再来论证“对被告人从轻量刑的必要性”。否则,被告人、辩护人会陷入自相矛盾的境地,后面所作的有罪辩护意见势必会对前面的无罪辩护观点形成一种否决作用。于是,辩护律师在选择辩护方向时经常存在一种不可兼

① [德]托马斯·魏根特著:《德国刑事诉讼程序》,岳礼玲等译,中国政法大学出版社 2003 年版,第 145 页。

② [美]菲尼、[德]赫尔曼、岳礼玲著:《一个案例 两种制度——美德刑事司法比较》,郭志媛译(英文部分),中国法制出版社 2006 年版,第 352 页。

得的无奈心理:如果做出无罪辩护,就意味着在法庭上根本没有机会强调有利于被告人的量刑情节;如果充分指出那些旨在说明应对被告人"从轻量刑"的事实和情节,就只能跟无罪辩护无缘了。在近期发生的许霆案件中,控辩双方在被告人是否构成犯罪问题上发生了激烈的争议,双方在长达4个小时的庭审过程中只就被告人是否构成犯罪的问题展开质证和辩论,而根本无法顾及被告人的量刑问题。而量刑问题恰恰是本案引起社会各界高度关注的原因之一。

其实,对被告人而言,量刑与定罪属于两个同样重要的问题。即使对那些已开始打算作无罪辩护的被告人来说,在他们发现说服法庭作出无罪判决没有希望之后,也会希望有证明自己应被从轻、减轻甚至免除刑罚的机会。然而,现行的定罪与量刑程序一体化的诉讼模式,却从根本上剥夺了被告人提出新的辩护意见的机会,造成在那些被告人选择无罪辩护的案件中,辩护主张不充分、辩护理由难以全面阐述的问题。

而对于那些对指控的罪名没有异议、在法庭上只求获得"宽大处理"的被告人而言,请求法庭作出从轻、减轻或者免除刑罚的裁决结果,几乎成为他们所要致力实现的最重要目标。但是,现行的简易程序和被告人认罪案件的"普通程序"仍然是以审查定罪问题为中心而构建起来的,这些程序既对定罪问题做出了简单化的处理,也没有对量刑问题建立专门的听证程序。甚至现行的简易程序就连检察机关派员出庭支持公诉这一环节也"省略"了,使得公诉人当庭提出量刑意见根本没有可供操作的空间。与普通程序一样,这些简易化的程序也没有建立社会调查制度,无法就被告人的成长、教育、环境、社会关系、前科和再犯可能进行任何有针对性的调查和评估,法官为量刑所掌握的事实信息仍然是有限的。很显然,这种对定罪和量刑都予以简化的特殊程序也难以给予被告人、辩护人充分发表量刑意见的机会,造成辩护方对量刑问题的辩护仍然存在不充分的问题。

中国刑事司法的经验表明,只有将定罪与量刑程序完全分离开来,才能解决刑事辩护不充分的问题。这是因为,在定罪与量刑程序完全独立的情况下,被告人可以从容不迫地选择无罪辩护,而不必担心在以后的诉讼中无法提及量刑情节的问题;在辩护方的无罪辩护意见难以为法院所接受的情况下,被告人、辩护人可以在另一场专门的庭审中改做罪轻辩护,充分阐述旨在证明被告人应受到从轻、减轻或者免除刑罚的事实情节。而对于那些选择罪轻辩护的被告人而言,一旦自愿作出有罪供述,就意味着法院采取极为简易的方式处理定罪问题,但这并不导致量刑程序的简易化。被告人、辩护人仍然可以在量刑听证程序中充分地提出本方的辩护意见,并促使法庭就各种有利于被告人的量刑情节展开充分的调查。

**(二)公诉权的必要延伸**

按照现行的刑事审判制度,检察机关是以提交起诉书的方式向法院提起公诉的。所谓"起诉书",通常又被称为"定罪申请书",也就是检察机关据以申请法院对被告人作出有罪裁决的诉讼文书。起诉书一般会列明被告人的"犯罪事实"及其应被认定的罪名,但不会对量刑问题提出任何明确的建议。在法庭调查结束之后,公诉人通常会当庭宣读"公诉意见"或"公诉词",除了继续解释被告人为什么构成起诉的犯罪以外,还可以对量刑问题提出一些建议,如要求法院注意那些从重或从轻量刑的犯罪情节等。一般情况下,公诉人在公诉意见中既不会建议法院适用具体的量刑种类和量刑标准,也不会提出具体的量刑幅度。

在近年来的量刑建议制度改革试验中,越来越多的检察机关向法院提出了具体的量刑建议。这种量刑建议通常不会是某一具体的量刑标准,如明确要求法院判处多少年有期徒刑的建议,而是较为明确的量刑幅度,如建议法院判处3年至5年有期徒刑。为说服法庭在这一量刑幅度内进行量刑,公诉人甚至会当庭陈述这样量刑的理由。法庭一般会将这一量刑建议提前告知辩护方,允许被告人、辩护人甚至被害方就此发表量刑意见。最终,法院在裁判文书中会对自己是否接受量刑建议问题陈述裁判理由。当然,很多法院的改革经验显示,检察机关的量刑在大多数案件中得到了程度不同的采纳。① 从中国近年来量刑建议制度的实施情况来看,公诉制度确实存在进一步改革的空间。在笔者看来,所谓公诉权,既包括传统的"定罪申请权",又可以指现在的"量刑建议权"。公诉权从"定罪申请权"到"量刑建议权"的扩展,显示出公诉权范围适度扩大的改革思路。从改革试验的情况来看,将公诉权范围作这样的扩大,可带来以下几个方面的积极效果:一是公诉方通过行使诉权,对法院的量刑权施加了积极的限制,这对于防止法院在量刑上滥用自由裁量权是有益的;二是公诉方一旦提出明确的量刑建议,被告人、辩护人以及被害方就可以针对这一量刑建议发表本方的量刑意见,这有助于诉讼各方提出各自的量刑意见,从而积极有效地参与法院的量刑决策过程,提高量刑过程的公开度和透明度;三是公诉方的量刑建议通常伴随着量刑理由的具体化,这有助于诉讼各方围绕着量刑理由展开有效的质证和辩论,也有助于促使法院在裁判文书中充分说明量刑的理由;四是检察机关提出的量刑建议一旦难以得到法院的采纳,就有可能向上级法院提出抗诉,这种抗诉机制的存在可以促使法院认真对待公诉人的量刑建议,以较为理性和慎重的态度决

① 赵阳:"中国量刑建议制度八年探索历程披露",载《法治时报》2007年11月30日。

定量刑建议的采纳问题。

当然,在定罪与量刑程序一体化的诉讼格局下,公诉方的量刑建议难以有较大的存在空间,而最多在法庭辩论阶段向法庭提出,并接受辩护方的质疑和辩论。只有将定罪与量刑程序完全分离,检察官才有机会在量刑听证阶段充分发表量刑意见,被告人及其辩护人也才有机会对这一量刑建议提出质疑,甚至直接提出本方的量刑意见,被害方也才可以提出自己对量刑问题的看法,并对法院的量刑施加积极的影响。

**(三)诉权对裁判权的制约**

迄今为止,中国司法界都同意对法官在量刑问题上的自由裁量权加强限制,但在限制这种自由裁量权的方式和途径上,许多人士不约而同地认同"建立量刑标准"的思路。一些刑法学者甚至主张借鉴美国联邦最高法院颁布"量刑指南"的做法,确立具体而具有可操作性的量刑指导意见。个别法院甚至开始探索所谓的"电脑量刑"制度。① 然而,无论是建立"量刑指导意见"还是确立"电脑量刑制度",都只是在实体标准的设定上对法官自由裁量权的限制,也都是有着明显局限性的。因为即便按照上述思路来进行制度设计,法官仍然难以听取检察官的量刑意见,无法获知被告人、辩护人对量刑问题的看法,更无从知悉被害方对本案量刑问题所发表的真实想法和态度。而在控辩双方以及被害方无从参与量刑决策过程的情况下,法官在量刑问题上仍然会动辄考虑本案的"社会效果"、"社会影响"、"领导指示"、"舆论压力"等因素,或者因为存在人情、关系乃至利益等方面的因素,因此滥用自由裁量权。对于限制法官自由裁量权来说,加强诉权对裁判权的有效制约,几乎成为一条不可回避的方式和途径。

为什么只有强化诉权对裁判权的制约,才能有效限制法官在量刑上的自由裁量权呢?这是因为,从程序正义的层面来看,只有确保控辩双方对法院量刑决策过程的积极参与,他们才可以对这一裁判形成过程施加有效的影响。假如法官在量刑问题上排斥了控辩双方的参与,那么,无论是被告方还是被害方就势必成为被动等待法院处理、消极承受法院刑事制裁方案的诉讼客体,其人格尊严和诉讼主体地位不复存在,甚至成为法院恣意司法的牺牲者和旁观者。而从实体正义的角度来说,只有让控辩双方积极有效地参与量刑决策过程,法官才可以从有利和不利于被告人的两个角度获得量刑的事实信息,而不至于偏听偏信或者偏执于一面之词,而忽略甚至无视其他足以影响量刑的事实情节。更何况,在法院不接受控辩双方量刑意见的情况下,后者可以通过司法救济途径,将量刑问题

① 郭新磊:"淄博电脑量刑挑战自由裁量权",载《民主与法治时报》2006年9月11日

诉诸上级法院进行司法裁判。无论是公诉方的抗诉、被告方的上诉还是被害方的申请抗诉,都可以使法院在量刑权的行使上有所顾忌、有所节制,而不至于无约束地行使自由裁量权。

相反,假如仅仅求助于实体上的"量刑指南"或"量刑标准",而继续排斥控辩双方对量刑决策过程的有效参与,那么,法官照样可以通过"办公室作业"的方式来进行量刑,对于检察官的量刑建议、被告方的量刑意见以及被害方的量刑方案,法官照样可以不予置评地任意拒绝采纳。其实,任何实体上的量刑标准都要通过控辩双方的有效参与才可以得到贯彻和执行,也需要通过公开的、透明的和多方参与的程序才可以真正得到落实。从这一方面来说,只有将定罪与量刑程序分离开来,构建专门的量刑听证程序,控辩双方才可以真正有效地参与量刑的决策过程,他们也才可以通过行使诉权来制约裁判权。

**(四)量刑信息与定罪信息的不对称问题**

按照美国前联邦最高法院大法官布莱克的说法,事实裁判者通常"只关注被告人是否犯下特定的罪行",证据规则的设计旨在达到对事实认定过程的"精密限制",以保证证据材料能够与争议事实具有实质上的相关性。而负责科刑的法官则不受此限,而应"尽可能地获得与被告人有关的生活或者性格特征材料"。特别是基于"现代刑罚哲学要求惩罚应该与罪犯的个体相契合而不仅仅是被告人所犯下的罪行"的原则而言,此点更是正确的。

然而,在相当多的案件中,量刑所需要的事实信息却远非定罪问题那么单纯。在几乎所有司法制度中,诸如被告人的家庭成长环境、受教育的情况、有无前科劣迹、社会关系、再犯可能等方面的事实信息,对于检察官证明被告人构成某一犯罪可能没有任何价值,却可以对法院的量刑具有举足轻重的意义。不仅如此,被告人是否自愿认罪、是否选择简易程序、是否向被害人主动提供民事赔偿、是否检举揭发他人的罪行等事实信息,更不会成为法院认定被告人有罪与否的直接证据,却可以对法院的量刑裁决产生程度不同的影响。而在定罪过程中,事实裁判者一旦接触到这些事实信息,几乎肯定会产生不利于被告人的偏见和预断,甚至导致法院作出不公正的定罪裁决。但在量刑问题上,这些对法院定罪不仅无用甚至可能有害的事实信息,却属于法院确定刑罚种类和刑罚幅度的直接依据。

既然法院在定罪和量刑方面需要不同的事实信息,那么,在定罪与量刑程序一体化的诉讼制度中,法院经过一场连续的审判却要同时解决被告人是否构成犯罪的问题以及有罪被告人的量刑问题,这显然会造成一种"重定罪、轻量刑"的普遍问题,使得法院对量刑问题的裁决过于受到定罪事实信息的牵制。结果,法官在定罪方面不可避免地会受到那些量刑事实情节的不当影响，而且在量刑上也难以获得真正全面、深入的事实信息。这就导致法官在定罪方面产生预断以及在量刑方面失之随意现象的同时出现。

只有将定罪与量刑程序予以分离，构建专门的量刑听证程序，才能真正摆脱这种尴尬的局面。在定罪程序中，事实裁判者不需要接触那些与定罪无关的事实情节，而专注于犯罪构成要件事实，从而避免受到诸如被告人犯罪前科等信息的不当影响。而在量刑听证程序中，法官既可以对各种足以影响量刑的事实信息进行全面的调查，也可以听取公诉方、被告方以及被害方的各自量刑意见。不仅如此，法院在选择刑罚种类、确定刑罚幅度以及适用缓刑方面，还可以在这一专门程序中进行有针对性的风险评估。通过这种风险评估过程，法官就可以结合被告人的个人情况，作出较为科学、精确和适当的刑事处罚。而没有这种专门针对量刑的听证程序，法官既可能在量刑方面滥用自由裁量权，也有可能做出难以契合被告人情况和未必产生遏制重新犯罪效果的量刑裁决，诸如罪刑相适应、刑罚个别化、刑罚谦抑化等各种刑法理念，就永远难以在量刑程序中得到真正的贯彻。

**（五）刑事被害人的诉讼参与问题**

现代刑事诉讼制度是以国家与被告人的关系为中心而建立起来的。而这种法律关系的核心问题就是防止法院的错误定罪，避免被告人受到不公正的定罪。无论是无罪推定，还是程序正义，几乎都是围绕着这一目标而设置的。正因为如此，嫌疑人、被告人作为国家刑事追诉的对象，要在定罪程序中获得较为完善的程序保障。然而，法院的定罪活动一旦完成，被告人一旦从法律上无罪的人被宣告为有罪的人，那些为规范和约束定罪活动所设立的各项程序保障也就失去了发生作用的基础。不仅无罪推定、程序正义的重要性有所降低，而且就连被告人的各项程序保障也都不再发挥作用。在确定刑罚的程序环节上，刑事诉讼关系已经由国家与被告人的关系转化为两种法律关系：一是国家与犯罪人的关系；二是国家与被害人的关系。前者主要体现在被告人即使转化为有罪的人，也应参与法院的量刑过程，以便对最终的量刑结论施加积极的影响。后者则意味着法院应对被害人的利益给予充分的关注，允许其对量刑问题发表本方的观点，从而使量刑结果体现出被害人的自由意志。相对于定罪阶段而言，量刑阶段不应再将被告人的权利保障奉为最重要的价值目标，而应当适度提升被害人的诉讼地位，使国家追诉机构和被害方都对法院的量刑问题拥有同等的影响力。

在定罪与量刑一体化的诉讼程序中，被告人始终是诉讼的中心，防止被告人受到任意定罪属于刑事诉讼程序所要解决的关键问题。正因为如此，对被害人的权利保护始终面临着一种"瓶颈效应"——对被害人的过多保护会对被告人的权利保障造成损害，以至于使被告人受到更为不利的程序对待。而只有将定罪与量刑程序加以分离，被告人与被害人的权利保护才可能得到较为妥当的协调。因为只有在专门的定罪程序中，诸如无罪推定、程序正义、无罪辩护等诉讼理念才可以有实施的空间，被告人的权利保护也才有一席之地，对被害人的诉讼保障也可以保持在适中的位置。而在专门的量刑听证程序中，法院已经对被告人作出有罪裁决，被告人已经被确认为犯罪人，对被告人的程序保护不再属于诉讼的中心问题，不仅无罪推定没有太大的意义，就连诸如证据能力规则、司法证明规则也都失去了发生作用的机会。但是，对于被害人而言，量刑听证程序恰恰为其提供了充分参与量刑决策过程的机会，其诉讼主体地位由此可以得到大大的强化。在这种量刑听证程序中，被害人可以与被告人拥有完全平等的诉讼地位，都既可以对检察官的量刑意见提出质疑，又可以提出本方的独立量刑意见，还可以参与各种量刑事实情节的调查和质证，从而对法官的量刑裁决施加积极的影响。

## 四、定罪与量刑程序分离的立法设想

在论证了定罪与量刑程序分离的理论正当性之后，提出这种程序分离的立法设想就不是一件困难的事了。其实，英美刑事审判制度已经为我们提供了一种可供借鉴的程序分离样本。

首先，应当区分被告人作无罪辩护和自愿认罪的两种情形，并据此设计两套程序体系。对于被告人拒绝认罪或者当庭作无罪辩护的，法庭审判应当明确分为事实裁断——定罪程序与量刑听证程序。而在被告人自愿认罪的案件中，法院适用简易程序或者"认罪案件普通程序"，也就是一种以量刑听证为中心的简易程序，真正需要简化的不是量刑环节，而是事实裁断环节。

其次，定罪与量刑程序分离的典型场合下，法院合议庭首先裁决被告是否构成起诉罪名的问题。为此，通过建立相对完善的证据规则，确立口供自愿法则、传闻证据规则、非法证据排除规则、交叉讯问规则，甚至可以考虑吸收英美证据法的制度设计，建立品格证据规则，使得被告人的前科、劣迹、不良品格以及其他容易导致裁判者对其有罪产生预断的材料，不具有证据能力。这些证据规则只能在定罪程序中适用。在这种事实裁断程序中，各种可能影响定罪公正性或者可能给法官带来预断、偏见的事实信息均不得被允许出现在法庭上。

一旦定罪程序结束，法庭判定公诉方指控的罪名成立，那么，法院要专门组织量刑听证程序。在量刑听证过程中,法院可以委托社会工作者或者社区矫正机构提供专门的社会调查报告,报告人需要出庭作证,当庭陈述该项社会调查报告,然后听取检察官、被害方以及被告人及其辩护人的意见。检察官可以提出量刑建议,并为此充分阐述理由;被害方可以对检察官的量刑建议发表意见,也可以提出独立的量刑意见;被告人及其辩护人也可以对检察官的量刑建议提出质疑,并且提出本方独立的量刑意见。在诉讼各方发表意见的过程中,法官可以组织各方围绕各种量刑事实情节和信息进行辩论,并对适用某一刑罚的可能风险进行必要的评估。最后,法官的量刑裁决必须对各方的量刑意见做出必要的回应,并且详细阐述量刑的理由和根据。在这一方面,近年来的少年司法改革和量刑建议制度改革,可以提供可供借鉴的经验。

最后,根据德国处罚令制度的经验,对于被告人自愿认罪并选择简易程序的案件,可以考虑省略有关定罪问题的法庭审理过程,而将其改造成一种专门的量刑听证程序。按照这一设想,现行的简易程序和普通程序简便审模式,就应当侧重就有罪被告人的量刑问题组织法庭审理程序。而对被告人是否构成犯罪的问题,法官只需要简要地审查检察机关移送的案卷材料,确定被告人的认罪具有自愿性,认定被告人有罪的结论具有合理的事实基础,就可以做出有罪裁断了。只要在审查中发现被告人具有不构成犯罪的可能性,法官就不应继续适用简易程序,而应将案件转化为普通程序——也就是定罪与量刑程序分离的普通程序。

未来的简易程序和被告人"认罪案件的普通程序",应当被改造成为专门的量刑听证程序。具体的制度设计前面已经有过分析,这里不再赘述。不过,笔者需要强调指出的是,目前在简易程序和"认罪案件普通程序"的立法思路上,存在一个值得警惕的误区:定罪程序与量刑程序全部得到简化了。其实,在这些特别程序中,真正需要简化的只应限于定罪程序,量刑程序不仅不应简化,反而应当走向正式化和严格化。假如这种立法思路能得到立法者接受的话,那么,检察官就不应在简易程序中继续放弃出庭支持公诉的职责,而应回到法庭上,参与量刑听证过程。事实上,在一些基层法院的现行少年司法程序中,检察官对于适用简易程序的案件仍然在坚持出庭支持公诉的做法,这其实就说明对于在定罪问题上已没有任何悬念的这类案件,检察官出庭参与量刑决策过程在中国是具有现实基础的。

另外,既然简易程序和"认罪案件普通程序"不再过多地关注事实裁断问题,那么,未来的证据法或者证据规则显然就主要不适用于这些程序之中,也当然不会适用于被告人拒不认罪案件的量刑听证程序之中。让证据法主要适用于未来的专门事实裁断——定罪程序之中,这显然可以为证据法的制定提供更为现实的平台。

## 五、结　　论

本文对于定罪与量刑的程序分离问题做出了一项对策研究。尽管笔者近年来对这种“对策法学”研究提出了很多批评,并倡导引入社会科学的研究方法,但是,对策法学研究本身也并非完全一无是处。既然要参与讨论“中国刑事诉讼往何处去”的问题,那么,我们不可避免地要触及立法对策和改革设想的问题。

中国刑事审判制度历经十余年的改革,至今仍然存在诸多令人困惑的问题。甚至在经历了“审判方式改革”、“司法体制改革”以及“证据立法运动”之后,诸如法庭审判流于形式、法官滥用自由裁量权、证据能力规则难以扎根的问题,至今仍然在相当大的范围内存在着。而迄今为止,几乎所有主流的刑事诉讼理论仍然奠基在无罪推定、程序正义、正当程序、辩护等基本原则之上,对于90%以上的刑事审判活动缺乏基本的解释力。因为在这些刑事审判活动中,被告人都做出了有罪供述,放弃了无罪辩护,也拒绝与国家追诉机构进行“理性的对抗”,结果,不仅无罪推定、程序正义无法适用于这些刑事审判过程,就连那些以证据能力和合法性为基础的证据规则也没有适用的空间和前提。

可以说,中国的刑事审判既存在法院滥用定罪权的问题,也包括法院在量刑上滥用自由裁量权的问题。而考虑到在大多数案件中控辩双方对定罪问题并不存在明显的争议,却对量刑问题具有尖锐冲突的立场,因此,我们有必要将刑事审判制度改革的突破口转移到量刑程序方面。

而在定罪与量刑程序一体化的传统诉讼构造下,法院更为注重定罪问题,量刑其实成为定罪问题的附带问题,就像民事侵权之诉被淹没在刑事诉讼之中那样,量刑程序没有从传统的以定罪为中心的刑事审判程序中独立出来。只有将定罪与量刑在程序上做出分离化的改造,刑事审判制度的改革才能真正突破“瓶颈效应”,而进入“柳暗花明又一村”的境界。这种程序分离一旦成为现实,被告人的无罪辩护将获得新的生命力,公诉权的范围将得到适当的扩大,法官的自由裁量权才可以受到诉权的制约,法官在量刑方面才可以获得更多、更全面的事实信息,刑事被害人的有效参与也才具有可能性。

（2008年第6期）

# 2009 年

# 中国道路与全球价值:刑事诉讼制度三十年

左卫民*



1978~2008年,中国的改革开放取得了经济增长与制度转型的双重奇迹,相应地,解读与分析中国奇迹的特点、原因与发展趋势蔚然已成当下热点。在此背景之下,反思中国刑事诉讼制度的建设,探析30年间其变迁的特点、原因及未来走向,意义重大且深远。

## 一、制度变迁谱系

回顾中国刑事诉讼制度30年的变迁,可以初步厘析出以下方面的基本谱系。

### (一)1979年颁布的刑事诉讼法确立了当代中国刑事诉讼制度的基本结构

在30年乃至整个现当代中国刑事诉讼制度的建设史上,何为最关键的事件?笔者以为,这无疑便是1979年制定了新中国的第一部刑事诉讼法,这部法律的历史地位与价值意义不可磨灭,值得大书特书,其重要性可从以下方面论之。

其一,作为新中国第一部刑事诉讼法,它不仅在形式上是一部较为完善的刑事诉讼法律规范,更为重要的是首次较为系统地规定了刑事诉讼的基本制度,开启了当代中国刑事诉讼法治化历史进程的"闸门"。1979年以前,中国长期处于"无法司法"状态。对此,当时是有争议的,有论者就撰文反驳"人民政府没有法律"的观点。① 执政党在1949年取得政权后,废除了包括刑事诉讼法在内的国民党政府的"六法全书"。从1949~1978年,尽管在1957年之前——尚称常态的共和国初期——间或有涉及刑事诉讼规则的法律零星出台,如《中华人民共和国逮捕拘留条例》(1954年)、《中华人民共和国人民法院组织法》(1954年)等,但刑事诉讼法典却始终没有出台。② 其间,虽然有关领导呼吁"要有法律",

* 作者单位:四川大学法学院。

① 李光灿、王水:"批判人民法律工作中的旧法观点",载武延平、刘根菊等编:《刑事诉讼法学参考资料汇编》(中册),北京大学出版社2005年版,第749页。

② 1957年前的若干刑事诉讼规则值得肯定,如1954年《逮捕拘留条例》规定了检察机关对逮捕的审批权,但在实务中效果如何却很难给予肯定性判断。

但也不得不承认“制定完善的法律，诸如刑法、民法和刑事、民事诉讼法等，需要长期的工作，不可能一下子搞好的”。[①] 于是，1954 年《人民法院组织法》中关于程序的若干规定就成为了刑事诉讼程序的基本规制。尽管 20 世纪 50 年代曾有刑事诉讼条例的草拟，最高人民法院也对 14 个大中城市高中级法院刑事案件审理程序进行了收集、整理并作了初步总结，但诚如董必武所言：“各级法院、各个法院没有共同的诉讼程序，这是事实。”[②]上述零星的刑事诉讼规则在相当程度上是苏联体制影响的产物，与当时新中国全面拷贝苏联制度的背景相关。更令人生疑的是，在“斗争哲学”的弥漫与笼罩下，这些零星的刑事诉讼规则在司法实务中的影响是否普遍与深刻。笔者以为，1979 年前的刑事诉讼在相当程度上是强烈的阶级斗争意识形态对传统司法模式的现代演绎。一方面，当时的刑事诉讼是在立法上废止、理论上批判“六法全书”的基础上对近代中国刑事诉讼模式的改良，如反对忽视调查研究及形式主义调查的“坐大堂式审判”，主张就地审判、巡回审判甚至人民陪审、听众发言制、公审制及注重调解，注重宣教，等等。[③] 另一方面，尽管反对和批判旧法的逼供、骗供、舞弊等司法弊端，但实务中却并不罕见。[④] 由于国家权力在这一时期对社会政治生活的绝对化主导，权力不受约束和控制，个人权利遭受藐视成为这一时期刑事司法的重要特征。正如中共中央在 1979 年所指出的，旧社会遗留下来的封建主义、官僚主义、特权思想、家长制作风严重存在；新中国成立以来对建立和健全社会主义法制长期没有重视，否定法律、轻视法制、以党代政、以言代法、有法不依已成为习惯。[⑤] 针对立法上“无法可依”与司法中“有法也不依”的状况，1979 年所制定的刑事诉讼法涉及了刑事诉讼的所有重要阶段，使大部分重要司法行为实现了法律化与程序化，一套相对完整的程序规范由此形成，尤其是审判程序的规范颇为全面。尽管有不少方面的规定较粗糙，不宜于操作，而且关于侦查行为的规定也较少（除了逮捕行为外，秘密侦查行为几乎未有涉及），但相当一部分条文仍较为明确具

---

① 董必武：“要重视司法工作”（1950 年 7 月 26 日），载武延平、刘根菊等编：《刑事诉讼法学参考资料汇编》（中册），北京大学出版社 2005 年版，第 654 页

② 董必武：“关于收集整理十四个大中城市法院审理民、刑事案件的资料问题”（1955 年 2 月 7 日），载武延平、刘根菊等编：《刑事诉讼法学参考资料汇编》（中册），北京大学出版社 2005 年版，第 837 页。

③ 陈绍禹：“关于目前司法工作的几个问题”（1950 年 7 月 27 日），载武延平、刘根菊等编：《刑事诉讼法学参考资料汇编》（中册），北京大学出版社 2005 年版，第 662 ~ 695 页。

④ 董必武：“进一步加强人民民主法制，保障社会主义建设事业”（1956 年 9 月 19 日），载武延平、刘根菊等编：《刑事诉讼法学参考资料汇编》（中册），北京大学出版社 2005 年版，第 897 页。

⑤ “中共中央关于坚决保证刑法、刑事诉讼法切实实施的指示”（1979 年 9 月 9 日），载武延平、刘根菊等编：《刑事诉讼法学参考资料汇编》（中册），北京大学出版社 2005 年版，第 954 ~ 955 页。

体,刑事诉讼在整体上基本实现了有法可依、依法办案的制度格局。不仅如此,这部刑事诉讼法所确立的基本原则与基本制度,还成为后来刑事诉讼制度变迁的基本路向,接续的很多制度改革要么是在此基础上展开,要么是针对其实施的具体问题而进行。

其二,这部法律也是权力相对型刑事诉讼制度的奠基之作。如果基于纵向的历史纬度观察新中国近60年刑事诉讼制度的变迁,不难发现,以1978～1979年为界点,前后是两种完全不同的刑事诉讼模式:权力绝对型和权力相对型。模式关键性的转换即发生于1978～1979年间,更为具体而言,就是1979年《刑事诉讼法》的出台,它不仅开启了新中国刑事诉讼模式根本转型的历史进程,也奠定了当代刑事诉讼制度的基本架构。

之所以认为这部法律确立了一种权力相对型的诉讼模式,根本原因在于该法的很多条文体现了限制与约束国家权力、保护公民合法权利的精神,如关于侦查中羁押期限和起诉、一审、二审期限的规定;又如,赋予了检察机关逮捕决定权的规定;等等。综观整部法律,我们可以明显发现,它鲜明地体现了对权力的防范与警惕,表现出了遏制各种可能侵犯公民合法权利行为的精神。客观而言,这部法律对当时所能想象到的绝对性国家司法行为的方方面面,都体现出规范与限制的导向。诚如彭真所言,这部法律有五点值得特别注意:公检法三机关分工协作、互相制约;除法定机关外,其余任何机关不得行使这些权力;公检法办案要以事实为依据,以法律为准绳;保护辩护权;严防诬告与伪证;重证据,重调查研究,不轻信口供,严防非法取证。① 上述要点无疑反映了决策者在立法时对历史教训的反思及经验的吸取。比较而言,包括20世纪50年代内部操作规则在内的1979年以前的刑事诉讼规则,都有明显的"左倾"色彩,权力绝对化的色彩浓厚。在诉讼制度规则发生根本性变化的情况下,一种新型的诉讼模式乃至诉讼理念呼之欲出:超越权力绝对型的相对型诉讼模式与理念,这代表了人治化的刑事诉讼开始转向法制(治)型的刑事诉讼。当时立法与司法中的重要口号,如"严格依法办事"等,均表明对"极左"时期理念与做法的反对。还需要注意的是,1979年刑事诉讼法与清末以来的几部刑事诉讼法典均没有直接继承关系,是在彻底抛弃这些曾经的制度模式之后的另起炉灶,是一种全新的制度重构。因此,它是新中国刑事诉讼制度的根本建制行为,是一次"大改",即刑事诉讼制度的整体转型,改革前后的制度结构与价值取向均有很深的断裂性,内涵上具有

① "关于《中华人民共和国刑事诉讼法》(草案)的说明"(1979年6月26日),载武延平、刘根菊等编:《刑事诉讼法学参考资料汇编》(中册),北京大学出版社2005年版,第953页。

强烈的对比性。

应该指出,从1979年到1996年,这部法律的主要内容在实务中基本上得到了贯彻。多年的实践表明,刑事诉讼的人治化得到显著改变,刑事诉讼在相当程度上实现了法治化。当然,这并不排除法律本身在其间所发生的改变,具体实务反对或规避立法某些条文的现象也较为普遍存在,从而使实践在一定程度上背离了立法,如收容审查作为实际上的强制措施大行其道。但就其整体而言,可以认为,中国刑事诉讼制度依此而实现了低度的法治化。



其三,这一法律的统治力、影响力持续至今,且预计还将持续。所谓持续至今,是指这部法律确立了中国近30年刑事诉讼制度的基本结构与诉讼理念:类似"强职权主义"的诉讼模式和打击犯罪优先、兼顾人权保障的司法价值观,对近30年的刑事诉讼立法与司法实践有绝对性的统治力与影响力。无论是1996年刑事诉讼法的修改,还是发生在其间的几次细微调整,都未改变这一基本框架与相关思路,即使有所改变也属局部或实际收效甚微,尽管立法者试图强化或削弱某些因素。更为重要的是,鉴于20世纪70年代末期即已确立的中国社会基本结构与观念变革的方向明确,以及这一变革的历史长程性,我们有理由相信基于这一宏观背景之下的1979年刑事诉讼法的影响必将持续。[①] 就此而言,或许这部法律将成为中国刑事诉讼制度史上的"《拿破仑重罪审理法典》"。《拿破仑重罪审理法典》于1808年颁布实施后,历经长期、多种变动却维持有效,尽管其间修补不断,但整体框架却长期维持,直至150年后的1958年方为新法所取代。而新法在本质上同样在相当程度上保持了1808年法典的基本框架——职权主义模式。在此意义上,1808年《拿破仑重罪审理法典》的影响力至今犹存。[②] 同样,中国1979年刑事诉讼法的基本精神实质是对新中国前30年刑事司法经验教训的反思与总结,在某种程度上也是对近代中国刑事诉讼制度发展的总结,其所确立的以打击犯罪优先、兼顾保护个人权利与以权力行使优先、兼顾限制权力行使的基本观念及结构30年内未有变化,或许未来三四十年内也不会发生根本性的改变。甚至即或在几十年后中国初步实现"富强、民主、文明"后,尽管刑事诉讼制度的理念会更加民主,但基于历史的延续性与路径依赖,基本诉讼结构虽

---

① 胡锦涛在2008年12月18日纪念改革开放30年大会上的讲话或许可作为参考。他指出,2021年、2049年是中国现代化目标实现的两个关键时刻,鉴于刑事诉讼制度与政治结构和社会发展的紧密关系,中国刑事诉讼制度现代化改革也可能是一个长期的历史过程。关于胡锦涛讲话的原文,参见http://news.cctv.com/china/20081218/108634.shtml-58k。

② A. Esmein, Trans by. JohnSimpson, *A History of Continental Criminal Procedure*, The Law Book Exchange, Ltd., 1999.

会发生显著变化,但是否大变也殊难断言。事实上,日本乃至法国在民主政治确定乃至推行几十年上百年后,其刑事诉讼结构仍未发生根本性的转型。中国同样可能如此。

**(二)1996年刑事诉讼法的修改推进与拓展了1979年的立法构架**

对于1996年刑事诉讼法,尽管学界与实务界尚存争议,褒贬不一,但笔者须在此指出,它是当代刑事诉讼制度建设史上仅次于1979年刑事诉讼法的重要法律,它的出台相应地也是中国刑事诉讼制度建设史上仅次于1979年刑事诉讼法出台的重大事件,不能不重彩浓墨地论析。

在很大程度上,1979年刑事诉讼法的主要问题在于立法遭遇实践的反对,包括修正立法形式的反对与实务者对法律规定的规避、扭曲及违反。针对实践的挫折、立法的不彻底性,1996年3月全国人民代表大会以修正案形式通过了新的刑事诉讼法。该法出现的新变化可以从以下方面把握:于理念上,在关注犯罪控制的同时,更加明确了人权保障;于结构上,在借鉴苏东与大陆法系现代审问式诉讼模式的基础上,转向吸收若干对抗制的因素;在具体制度上,规定了在侦查阶段律师介入、控辩双方在庭审中抗辩等一系列反映上述精神的新举措。这些方向性的转变标志着中国刑事诉讼制度建设的深入推进。当然,与1979年刑事诉讼法相比,这次修改未有前次立法的幅度与深度,也未有崭新司法理念的确定与基本结构的变化,这不仅体现于立法形式的修正案方式上,也显现于变革条文(内容)的有限性之中。但因其明确地引入了先前未有的一些新型程序机制,从而进一步巩固与发展了1979年刑事诉讼法的理念与结构,较之前后的变化当属一次较为大型的转变,可界定为“大改”。

当然,对于如何评价这次改革的意义,学界未有统一认识。笔者曾认为这一改革极具革命性,批评1979年刑事诉讼立法的保守性、有限性,但随着时间的推移与自身研究的深入,笔者逐渐意识到不能过于高估这次改革的价值。因为与1979年刑事诉讼法一样,这部法律改革性条款的实践效果并不理想,还遭遇了挑战。对此,笔者在2002年的一篇论文中指出,无论侦查阶段律师介入,还是对抗式的庭审模式,事实上均未得到实践的充分回应。[①] 由此,或许我们更有理由认为1996年刑事诉讼法的实际效果有限,但却巩固了1979年立法的实践效果,这也佐证了1979年刑事诉讼立法的深远意义。

---

① 左卫民:“权利话语/实践的艰难展开——1996年中国刑事诉讼法典修改的反思”,载《中外法学》2002年第4期。

### （三）以连续、不断的“小改”来限制、回应或发展“大改”

在某种程度上，整个中国法治建设都有立法不稳定、修改频繁的特点，刑事诉讼的制度建设也是如此。这便是刑事诉讼法在两次大修改之后紧接着的“小改”。所谓“小改”，是相对于“大改”而言的，是指在大规模的刑事诉讼制度建设与改革之后，立法与司法实务部门针对具体实践中出现的新问题、新情况而作出有限的回应性改革。具体形式表现为立法机关针对个别条文的修改或高层司法实务部门依司法解释等形式就某一程序问题的专项规范。在这些小型的制度改革中，立法与司法实务部门的姿态或许没有“大改”那么张扬，甚至得不到学界的高度赞扬，但却往往是对具体实践的有力回应。此种现象，即制度建构基本成形后的不断修法性调整，构成了中国刑事诉讼制度现代化的重要特征。纵观近30年的刑事诉讼制度建设，“小改”主要也有两个回合。第一次是在1980年前期，主要体现为全国人大常委会作出了若干关于刑事诉讼程序的特别性规定。在1979年刑事诉讼法生效以后，很快就有了《全国人民代表大会常务委员会关于死刑案件核准问题的决定》（1981年）、《全国人民代表大会常务委员会关于迅速审判严重危害社会治安的犯罪分子的程序的决定》（1983年）、《人民法院组织法》的修改（1983年）、《全国人民代表大会常务委员会关于刑事案件办案期限的补充规定》（1984年）等比较重要的修正，对死刑复核权的行使、刑事办案期限、审判组织、速决程序等作出了调整。这些改革基本上是一种限制性的改革，对国家权力行使的自由度有所放松（如死刑复核权的下放），甚至部分修改还加重了对被告人权利的限制（如速决程序限制了上诉与辩护准备时间）。就表面而言，尽管这些修正是对1979年刑事诉讼法的一种“反动”，但在很大程度上是对理想型立法与现实需要的必要折中。所以，这些修正在颁布实施后很快便得到了有效执行，如一审中职业法官合议制的比率达到50%左右，办案期限的顶格运用也非常普遍。此一回合修改后，刑事诉讼法保持了长达十年之久的稳定与不变。

第二回合的“小改”发生于1996年后且持续至今，并有加快与增多的趋势。这一回合的“小改”主要是立法机关与司法实务部门对司法实践所遇到问题的回应，同时也有进一步推动刑事诉讼改革的主旨。因此，这一回合的“小改”基本没有“反动”的意味，一些具体的改革是对1996年刑事诉讼法中矛盾的解决或规则的细化，甚至是进一步的发展。如最高人民法院、最高人民检察院、公安部、国家安全部、司法部、全国人大常委会法制工作委员会《关于刑事诉讼法实施中若干问题的规定》（1998年）、最高人民法院《关于执行〈中华人民共和国刑事诉讼法〉若干问题的解释》（1998年）、《人民检察院刑事诉讼规则》（1997

年)、《公安机关办理刑事案件程序规定》(1998年)等就是司法实务部门依据自己部门的具体情况或单独或联合而出台的。在这一系列的"小改"中,司法实务部门更有主动"出击"的意味,如最高人民法院《关于审理未成年人刑事案件的若干规定》(2001年)、《关于适用简易程序审理公诉案件的若干意见》(2003年)、《关于适用普通程序审理"被告人认罪案件"的若干意见的规定(试行)》(2003年)、《全国人大常委会关于完善人民陪审员制度的决定》(2005年)等,它们回应了中国社会转型中司法所面临的民主参与、诉讼经济化以及未成年人权益的特殊保护等问题。

紧接以上论述,我们有必要探讨"大改"与"小改"之间的关系。对此,有两个耐人寻味之处:一是"大改"之后为何都紧接"小改"?二是两次"大改"与"小改"之间的逻辑联系为何不同,即第一次"小改"为何趋于限制"大改",而第二次"小改"为何趋于发展"大改"?就后一问题而言,笔者认为,这与两次"大改"的结构性变化程度以及当时的社会背景等宏观因素相关。相比于1979年之前的刑事诉讼规范与实践,1979年立法是一种全新的制度结构,与此前体制的异质性鲜明,需要的宏观支持背景与中观、微观的体制性资源更为庞大与全面,从而使得其难为各界所接受并顺利地付诸实施;而1996年立法的结构变化性相对较小,与此前结构的同质性更多,变革所需的宏观支持因素与中、微观资源条件相对更容易获取或创造,因而改革落实到位与进一步改单的社会支持度更高。所以,两次"大改"后的各界反映不一,"小改"的面相不同:由于第一次"大改"显得有些超前,且革命性的因素较多,所以第一回合的"小改"趋于对"大改"的限制;第二次"大改"较好地契合了当时社会政治发展的宏观背景,甚至其具体的改革还落后于社会发展趋势,因此第二回合的"小改"趋于进一步推动同 朝向的"大改",补充有限改革以让其落到实处或推动其进一步发展。就前一个问题而言,笔者以为,这既与立法策略和技术本身相关,也与改革的具体推动者与主导者的不同相连。在前一方面,中国的立法具有超前性、冲撞性、妥协性的特点,而这会影响法律的协调性、可操作性,由此往往在正式的法律出台之后,会出现一些局部性的调整或具体的实施与可操作性规则。在后一方面,"大改"的推动者一般都是学者,主导者则是立法者,而推动与主导"小改"的则是公安机关、检察院以及法院,主体不同,其利益和价值取向也不一致:学者与立法者们掌握着抽象理论的主导权,可以为刑事诉讼制度的发展、变迁带来方向性的指明灯,但他们提供的这盏灯却可能是遥远的星星,并不能很好地为脚下的路照明;司法实务者知道脚下的路如何走,知道如何为社会提供一种暂时的秩序、公平与正义,但也可能过于迷信自己的经验，以至于常常让自己迷失于经验之中①。基于上述释读，"大改"与"小改"的关联性似乎可作如下理解：第一，"大改"是方向性的、全局性的、整体性的；"小改"基本不涉及重大原则制度的改变，往往是对"大改"的一个补充及调整。第二，"大改"是理想型的改革，而"小改"是可操作性的、务实性的改革，两者是不同性质与不同类型的改革。第三，"大改"与"小改"之间的冲突与融合，取决于"大改"本身的正当性、社会的可支撑性以及司法实务者与立法者的认同性。



## 二、制度变迁的动因与基本特征

### （一）制度变迁的动因

转型社会背景当代中国刑事诉讼制度的变革与发展，尤其是两次"大改"，皆与当代中国社会的转型戚戚相关。1979年刑事诉讼法的出台，与当时"拨乱反正"、全面否定"文革"有着直接与紧密的联系。首先，如果说在"文革"以前，中国领导者还没有对刑事诉讼的"无法化"所带来的消极影响有深刻体察的话，那么十年"文革"的浩劫就真真切切地让中国的政治家们感受到了漫无法制给整个国家带来的巨大创伤。正如邓小平事后总结所说："现在关于民主的问题讨论得不够，这个问题很重要，要展开讨论。民主与法制实际上是一件事情。法制确实需要搞，民法、刑法要搞，没搞成。没有法确实不行，没有法他就乱搞。现在是领导人说的话就叫做法，不赞成领导人的说话就叫违法，这种状况不能继续下去了。"②正因为有这样的认识，中共中央在1979年指出，要严格依法办事，要严禁公检法以外的人和机关捕人押人、私设公堂、搜查抄家、限制人身自由和侵犯公民的正当权益。也不允许以各种理由，指令公安、检察机关违法，滥行捕人抓人。严禁公检法机关以侮辱人格、变相体罚，刑讯逼供等非法手段对待违法犯罪人员或被拘留、逮捕、羁押人员。③ 其次，"文化大革命"结束后的一个重要问

---

① 就中国刑事诉讼法学者与司法实务者（包括公安机关、检察机关与法院）对中国刑事法治贡献的分析还很少，而且也缺少体系性，特别是对方的长处容易被学界所忽视，只见己长，只看他短。不过，这种情况在欧陆法律界也有所体现，详细分析参见［比］R. C. 范·卡内冈著：《法官、立法者与法学教授》，薛张敏译，北京大学出版社2006年版；同时请参见［美］苏珊·邓恩著：《姊妹革命——美国革命与法国革命启示录》，上海文艺出版社2003年版。另需指出的是，后一本书虽然是对法国与美国革命的分析，但是其对法国革命中的政治家与知识分子的分析也可借用于分析中国问题。

② 朱佳木著：《我所知道的十一届三中全会》，当代中国出版社2008年版，第67页。

③ "中共中央关于坚决保证刑法、刑事诉讼法切实实施的指示"（1979年9月9日），载武延平、刘根菊等编：《刑事诉讼法学参考资料汇编》（中册），北京大学出版社2005年版，第954～955页。

题就是如何处置“四人帮”,这便引出了对刑法与刑事诉讼法的直接需要。因为审判“四人帮”是面对过去,不能以暴力对暴力,而应以法律审判方式来解决;要使“四人帮”接受法律的制裁,更要留下以法律解决纠纷的遗产。最后也是最为重要的是,突破“两个凡是”的樊笼、确立“实践是检验真理的唯一标准”以及十一届三中全会作出了以经济建设为中心的决议,为1979年刑事诉讼法的出台孕育了根本性的政治与社会背景。在此背景之下,法制迎来了春天,《刑法》、《地方各级人民代表大会和地方各级人民地方政府组织法》、《全国人民代表大会和地方各级人民代表大会选举法》、《人民法院组织法》、《人民检察院组织法》以及《中外合资经营企业法》等纷纷出台。在主导的意识形态与社会政治背景发生根本性转换的情势之下,一部相对完整的刑事诉讼法典破壳是必然之事。1979年刑事诉讼法的出台本身就是推动社会主义民主与法制的重要动力,甚至在当时还是最为重要的部分之一,否则便不可能成为七个首批出台的法律了。可以认为,制定刑事诉讼法本身即代表了社会的进步、民主政治的倡扬以及观念的更新,更何况其中一系列的原则与制度更直接体现了规制国家权力、保护个人权利的指向。

从1979年到1996年,特别是1992年以来,中国的政治与社会结构进一步转型,社会观念与价值形态急剧变化。首先,随着经济体制转轨的深化,政治结构也在发生着改变,民主政治与制约权力的理念进一步被接受。其次,中国公民的生活与1949年以来的历史比较发生了彻底的变化,经济事务成为全体中国人关注的焦点,权利与自由的观念正逐步深入人心。再次,随着苏联解体、东欧剧变,苏联体制在中国的影响更加降低,人权理念在中国的政治生活、法律实践中的正面影响也在不断增强,直至党的十五大确立了依法治国的方略。最后,中国越来越成为“世界之中国”,在法律制度上受法治发达国家的影响,比历史上任何时候都深入与持久。1996年刑事诉讼法正是在这样的背景之下出台的,这也解释了为何1996年的刑事诉讼法在刑事司法法治化建设上比1979年的立法更深入、更广泛。1996年刑事诉讼法实际上是对1979年以来中国政治与社会宏观背景变化的一种正面与积极的回应。

**(二)制度变迁的基本特征**

回顾当代中国刑事诉讼制度30年建设与发展的历程,我们可以总结出以下基本特征。

其一,面向过去,不断总结历史经验。整个30年的历程,在相当程度上是对新中国第一个30年正反两方面经验教训的总结,是对第二个30年中制度建设的成败得失的总结。从1979年刑事诉讼立法总结“文革”的惨痛教训起,至

1996年总结1979年刑事司法实践正反两方面经验教训，逐步确定了中国刑事诉讼的基本理念与制度框架；再根据1996年后刑事诉讼法运作的实践经验，刑事诉讼的具体制度不断得到完善，刑事诉讼的法制化建设逐步深入。在这一意义上，中国当代刑事诉讼的立法，在很大程度上是一种"回顾式"的立法。

值得注意的是，这一特点与市场经济和其他法制建设颇为不同。后者是实践在先，规则制定在后；前者则是直面过去，废旧立新，总结过去的经验教训。这一不断总结历史经验的宏观过程，在两个具体方面展现。一方面，从"无法司法"过渡到了"有法司法"，而且程序的规定日渐细密。在20世纪50年代末期到70年代后期，中国刑事诉讼整体上是"无法"而为；在1979年后，正式的刑事诉讼法则成为司法机关处理刑事案件的基本与主要依据，而且程序规则也逐渐严密与规范。另一方面，刑事诉讼中的国家权力从不受制约到有所制约，并逐渐加强。由于中国几千年专制传统的影响，新中国刑事诉讼中的国家权力并没有从一开始就受到较好的制约与规范，直到1979年刑事诉讼法的出台才有所好转，并随着时间的推移，特别是公民权利应该受到保护的观念日益被接受，权力不受制约的情况逐渐减少，而且制约的细密化程度越来越高。

需要指出的是，"回顾式的立法"往往是一种现实主义的立法，因为它是对过去实践中问题的反思与对成就的肯定，因而带有经验主义的特征，能使新立法具有务实的取向，并减少新立法在面对未来时犯错误的概率。当然，更为重要的是全面总结历史经验教训的做法，能在很大程度上保证新立法的科学与理性。在这一点上，1979年立法做得很好，甚至比1996年的立法要好，后者似乎总结不足，展望与借鉴过多，从而导致两法的现实取向有所差异，实践效果也有差别。

其二，刑事诉讼制度变迁的30年是面向国际、借鉴域外的30年。中国自近代以来就不再是"中国之中国"、"亚洲之中国"，而是"世界之中国"，中国刑事诉讼制度的建设正是在这种背景之下展开。无论是清末民初的刑事诉讼法变革运动，还是从1978年到2008年的30年，都以借鉴域外的制度模式为主轴。就新中国的刑事诉讼制度建设而言，首先是学习与借鉴苏东与德法等大陆法系，在20世纪90年代中后期又吸收英美法系的若干因素。① 笔者以为，这一过程还在进行并将持续，且会有所强化。事实上，1996年刑事诉讼法对域外法治的重视程度远远超过1979年，此后的一系列"小改"也体现了对域外法制的思考、借

① 这在1996年立法前后表现得特别明显。近十余年，中国刑事诉讼变革，无论专职的立法人员、高层司法人士及学者均目光向外，步伐游走五洲四海，多角度、近距离考察域外法制，思考如何借鉴。同样，中国高层在建设社会主义法治时也提出了充分借鉴人类优秀法治文明的主张。

鉴。也许我们不得不承认，中国实务界的部分人士与学界的大部分人士，在某种程度上已经有所“域外化”了，域外法治经验构成了中国法律界人士的知识源泉与宝库；中国立法者、司法者及学者的概念术语、改革举措，在相当程度上取法于域外的理论与法制。在一个日益全球化的时代，在一个中国正成为世界大国的时代，在一个中国不断承认与加入国际公约的时代，刑事诉讼模式的融合趋势在所难免。① 在某种程度上，刑事诉讼法可谓中国法律界中最常借鉴也最关注域外与国际经验，并加以实施的法律了。

应该注意的是，借鉴域外对中国刑事诉讼制度建设的影响是复杂的。首先，它使得中国刑事诉讼法在概念、术语、结构上“脱亚入欧”，从而致使传统法制的因素荡无几存。其次，刑事诉讼制度建设的面相呈多元交混的格局。苏东、大陆与英美乃至新进发展中国家的模式均在立法上有所体现。最后，域外提供的经验对中国司法实践的影响似乎显得不够。西式条文在实践中往往沦为一纸具文，这似乎表明外来式立法的隔异性。

其三，确立并逐渐强化了民主、法治和人权保障的基本价值取向。民主、法制（治）、权利（人权）保护观念的提出并非始于20世纪90年代。其实，自1978年开始，中国刑事诉讼立法便开始将权利保障作为一项基本指导思想，尽管未使用“人权”这类概念。如全国人大规定刑事案件的办案期限，便是本着尽量缩短办案期限、保障公民人身权利的精神。② 1979年刑事诉讼法在注重如何保障社会主义革命事业，强调“刀把子”意义的同时，也强调了分工合作、互相制约的原则，强调了保护公民权利的理念。在1996年刑事诉讼法中，侦查法治、起诉法定以及审判中立等理念，更进一步地体现了民主、法治及人权保障的基本价值取向。这表明当代中国刑事诉讼制度构建的指导思想始终如 ，且更加突出。因此，所谓“观念的大转折”并非始于20世纪90年代，1979年刑事诉讼法才是观念转折的关键时期，尽管1996年刑事诉讼法首次使用了“人权”之类的新词。

当然，这不排除我们如下的见解：1996年刑事诉讼法对上述观念的明确度更高、重视度更大，相对于更为看重犯罪控制的1979年刑事诉讼法，这部法律强化与发展了人权保障的价值，淡化了犯罪控制的取向。还要指出的是，1996年刑事诉讼法的若干改革条文虽然未能在实践层面得到充分展开，但其所契合的价值观念，却在司法实务中和社会上逐渐得到更加广泛的认同，渐渐深入人心，

---

① 左卫民、谢佑平：“刑事诉讼发展的世界性趋势与中国刑事诉讼制度的改革”，载《中国法学》1996年第4期。

② 参见“全国人民代表大会常务委员会关于刑事案件办案期限的补充规定”（1984年），载武延平、刘根菊等编：《刑事诉讼法学参考资料汇编》（中册），北京大学出版社2005年版，第1701页。

并又反过来影响刑事司法实践的方方面面。

其四，立法先行，强调立法的主导作用。30 年改革开放的一个突出特征是先行尝试，后制定政策，尤其是局部实验，后全面推行，这种方式被形象地称为“摸着石头过河”。然而，不同于实践先行、推动政策变化的中国经济体制改革的路向，中国的刑事诉讼法制建设更多的是呈现中央主导、立法先行的格局。在 30 年的刑事诉讼制度的建设与改革中，一直坚持了刑事诉讼立法对刑事法治发展的主导作用。前已论及，两次“大改”都是由立法推动的，而不是通过司法实践推动的，即通过立法者、学者以及司法实务者的共同努力推动着刑事诉讼制度的变迁，而不是仅由司法实务者主导来确定刑事诉讼制度的变革。与此相对应，由于刑事诉讼制度变迁由立法主导，司法实践在整体上表现为对立法的亦步亦趋，虽然也有司法部门首先发起制度改革的情况。究其原因，这或许与法制（治）建设的严肃性、整体性特征相关，也与司法权力分散行使所带来的惨痛历史教训记忆犹新相关（“文革”中曾出现人保组判决死刑案件的事例）。不过，这种在很大程度上具有“立法中心主义”的变革之路，导致了社会各界高度关注高层立法以及具体的法律条文，与此相应，社会各界对变革立法与提出改革建议抱有高度热情。学界早期中的法条研究的流行与晚近的法典拟制运动，均可洞见观瞻。由此，改革历程在相当程度上演化成了立法运动及对立法的研讨活动。

其五，立法过程中不同主体的冲突与妥协。与想象的立法理性不同，中国并未出现一种高度一体化的立法与司法格局，冲突与妥协是中国法制建设中的常见现象。这种冲突与妥协表现为参与制度制定与实施过程中的各种主体，基于不同的利益与观念，在立法层面展开争执与角力，最终导致一种妥协式的条文出现。这在 1996 年刑事诉讼法中表现尤其突出，即一些条文之间的矛盾与冲突（比如诉讼结构的冲突）相当明显。① 另外，在司法实务者之间也有矛盾与冲突，如公检法司在关于律师介入侦查、案卷移送等问题上观点的不一致，便是这种冲突的典型表现。这些冲突与妥协表明，所谓理性、有机、协调的立法图景并不简单存在于现实的立法实践之中，表面上美好的法律总是要受到现实的制约。当然，立法者内部的冲突与妥协是世界各国民主化立法过程之常态，但中国的冲突与妥协与之有所不同：冲突往往并未以理性的方式予以妥善解决，妥协是一种不协调的妥协，从而导致立法的混乱与司法的无所适从。

其六，有限试点性的制度创新。虽然制度改革的总体方向是立法主导与先

① 左卫民：“权利话语/实践的艰难展开——1996 年中国刑事诉讼法典修改的反思”，载《中外法学》2002 年第 4 期。

行，但这并没有完全排除司法实务部门基于实践理性的制度创新。一方面由于立法多以理想立法为想象图景，另一方面也是因为司法实务部门面临犯罪控制的严峻任务，因此，司法实务部门可能会作出一些“反动大改”的局部调整。但与之并行的往往还有“大改”之后推动刑事诉讼制度建设前进的制度创新行为。与中国其他宏观决策与立法类似，中国刑事诉讼制度建设中的立法也时常悖于中国现实，导致具体的制度无法实施或在实施过程中大打折扣。正因为如此，如同中国民间主导的经济改革一样，在中国刑事诉讼制度的建设中出现了新思路与新做法，如司法实务部门的制度创新。这种趋势在1996年刑事诉讼法“大改”之后越来越明显，有限试点与试错的制度发展模式出现了，如最高人民检察院推行的检察引导（指导）侦查制度、同步讯问录音录像制度、人民监督员制度、刑事和解制度，等等。如果这些有限的制度试行或创新的负面效果超过正面效用，则停止试行或限制试行后再观后效，反之就扩大适用，同时限制其负面效应。对于后一种类型的制度创新，很可能在下一次“大改”时上升为正式的刑事诉讼制度。刑事诉讼制度建设的这一特点表明，中国法制（治）建设已经开始像中国经济建设一样，逐渐迈向实践理性，而立法主导式的理性建构开始松动。

不过，仍需指出的是，相较于前述的立法主导与先行特征的突出支配性，试点式创新不仅尚不具有支配性，而且也是晚近若干年内才出现的，其未来之路有待观察。

最后是立法与司法的二元化。回顾中国近30年刑事诉讼制度建设与司法实践，我们可以明显地发现，司法与立法并未完全同步。这除了法律社会学上所说的“行动中法”与“书本上的法”必然会出现一定断裂的通论性原因之外，还与中国刑事诉讼法典化过于理想化的特殊原因有关。在饱尝了“无法司法”的种种苦涩之后，在建构理性的主导下，尤其在很大程度上还以西方法治国家的刑事诉讼制度为借鉴对象的情况下，出现过于理想化的刑事诉讼法典，是较为正常的情况，相应地，这也难免导致操作性实践与理想化的法律之间形成明显的差异。例如，在1979年刑事诉讼法的框架下，法定羁押措施主要是刑事拘留、逮捕，而实践中则主要采用收容审查，以收代羁，以收代侦。有学者称，全国每年收审人数大体占全部未决羁押人员的1/3以上，有些地区更高于这个比例数，收审占全部未决羁押人数半数甚至70%以上。[①] 而在1996年刑事诉讼法的框架下，最为突出的一个表象则是制度上的控辩举证式审判方式与实践中书面化审理的强烈反差。[②]

① 崔敏：“收容审查的历史、现状与思路”，载《中国人民公安大学学报》1993年第1期。

② 详细分析请参见左卫民：“刑事证人出庭作证程序：实证研究与理论阐析”，载《中外法学》2005年第6期。

## 三、既往的经验与教训之反思

当下，针对即将进行的第三次刑事诉讼法“大改”，学界关于如何改革一些“在他们看起来不尽合理的”条文与程序规则的研讨，正方兴未艾，且主流往往期望尽快、尽多地改革。笔者对此不以为意，因为在1979年刑事诉讼立法所确立的基本框架难以动摇的前提下，在1996年刑事诉讼法的改革性条文尚未完全落实的背景下，在中国社会变革的体制性因素已经明确且难以发生大变的格局下，中国2009年（或2010年）刑事诉讼立法，乃至以后的第四次、第五次立法修改势必所改有限。那么，笔者关注什么呢？与近期颇为热烈地回顾、总结与反思30年改革开放一样，笔者认为，也非常有必要总结30年来中国刑事诉讼的制度建设，尤其是要归纳其中最为重要的经验教训，以为未来几十年，特别是后一个30年的制度建设与改革指明方向，提供指引。

首先，从建构理性优先转向兼顾考虑实践理性，这或许是30年来刑事诉讼制度建设最为重要的经验。无论是1979年立法与1996年立法，还是中央司法机关的司法决策，在相当程度上都有强烈的建构理性色彩。然而，实践表明，这种基于规范性论证和设计的改革模式却屡遇挫折，尤其是当建构与推行一种全新的制度机制时更是如此，如1996年刑事诉讼法所确立的对抗式庭审制度因证人普遍不出庭和缺乏对抗式审判所需的全面与深入的知识与技能，而基本上沦为了形式化的条文。反观几乎与之同步的中国经济改革，由于采用了一种基于演进理性的试错机制——无论是自下而上的实践性试错（如家庭联产承包责任制），还是自上而下的政策性试错（如经济特区、财政分级包干），则取得了伟大成就，当然也付出很大的代价。① 两种不同的改革进路，两种不同的结果，能否引起我们对中国刑事诉讼制度建设具体路径的反思呢？过往一味地依靠建构理性，并以西方法治国家的制度为参照样本来推进中国刑事诉讼制度法治化的改革道路，定能达致我们的理想吗？即使能达致，此间的改革成本是否一定最小呢？值得欣慰的是，针对前二十多年过分注重建构理性的立法推进改革模式所出现的问题，近十年来司法实务界尤其是基层司法机构，对试点改革越来越重视，甚至开始为最高司法机关所接受（如最高人民检察院正在推行讯问的录音、

---

① 英国学者戴维·皮林最近在英国的《金融时报》上撰文，将中国的市场化经济体制改革进程概括为“摸”。参见［英］戴维·皮林：“‘摸’论：中国式的渐进改革”，载 http://www.ftchinese.com/story.php?storyid=001023789。

录像措施)。尽管这些“试错式改革”还未成为刑事诉讼改革的主流方式,但笔者希望并相信,鉴于这些方式的实效性,尤其是在中国经济、政治改革中的成功实践,未来的改革可更多、更大范围地采用类似改革方式,包括允许基层司法机关试错,立法与高层司法机关推行有限试点、试验式的立法与司法政策,尽管这种改革方式也有一定的成本代价。事实上,“大改”后针对其施行中问题推行的所谓的“小改”,在很大程度上不也是对错误进行修正或对不合时宜的立法进行调整吗?!

其次,从单向度的政策——执行机制向多角度的互动型政策机制转变。传统中国的政治属于上命下从的威权式体制,这种体制在30年的改革开放中渐渐被打破。回望中国30年的经济体制改革,我们可以发现,具体的改革既不是完全的自发诱导,也不是单纯的政府强制推动,而是通过包括威权式主体与非权威式主体等多元主体共同参与、分担决策,基于试错的实践、不断地认识与反思,先促成普遍意识的形成,进而推动具体改革的展开。尽管经济改革的经验并不完全适用于刑事诉讼的改革,但其中的多方参与机制、决策层与非决策层的上下互动,以及弱化强制推行的制度变迁方式,还是值得借鉴。事实上,中国刑事诉讼领域并不缺少类似可资利用的资源,也不缺少可能的多方参与主体。刑事诉讼学界与司法实务界自不用提,媒介与普通民众对刑事诉讼制度法治化的热情,也不比对经济体制改革的关注要差。试想前些年各界对冤假错案的反思与讨论,各方提出的对策,尤其是对杜绝刑讯逼供所提出的多种举措,这不是明证吗?最近十多年以来,立法者与司法实务者之外的其他主体特别是学者对刑事诉讼制度如何改革的影响越来越大,一种多方参与、各方互动型的制度变迁方式也在实践中悄然兴起,尽管非常微弱,更谈不上是主流。鉴于经济改革领域已经证明了这种多方参与、多角度互动的方式,乃是一种有生命力的制度变迁方式,我们也应当鼓励与推动这种方式在未来成为更加广泛、更为重要的刑事诉讼制度建设机制。因为这种方式的广泛参与性既能聚集集体智慧、发挥各界的积极性,也能铸造出可操作的理性方案。因此,当下中国刑事诉讼制度建设中已经出现的试点实验或改革,可以在更大范围内被强调与运用,“摸着石头过河”同样也应当成为刑事诉讼制度建设与改革的座右铭。根据试点的结果,总结经验、挫折与教训,完善所尝试的改革举措,再试点与实验乃至普遍性立法,则可以成为未来改革的康庄之路。

最后,制度建设考量应该包含综合性与平衡性。如果从立法内容观之,30年建设与改革的成就自然是突出的,但一个必须承认的事实是,部分条文的实践生命力微弱甚或完全沦为具文。究其原因,笔者以为,这在很大程度上与规范拟制的具体考量相关。一般而言,中国法律规范拟制除了会考虑历史经验教训与域外制度样本这两大因素之外,还包括决策者对当下战略任务与未来理想图景的认知。考量多种因素,可以避免制度建设的单面相性、绝对性,实现相对的平衡性,这使刑事诉讼法在相当程度上既具有现实的适应性与可操作性,又具有理想性、发展性以及一定的认同性。但问题是这种多元考虑并未贯彻始终,也未始终平衡,要么过于关注现实,尤其是司法者的能力、资源、利益取向,要么考虑过于理想,特别是理想性域外因素过重,而后者正是部分刑事诉讼法条文沦为形式化条文的重要原因。一旦这种多元化的考量失衡,必然会导致立法的保守与停滞同激进与理想相伴而生,以致形成冲突的面相。这尤以1996年立法及此后的一些改革举措为甚。有鉴于此,未来如何更为充分、全面地考量多种因素,恰如其分地融合不同成分,如何兼顾现实与理想,实在是一个立法者、司法者乃至学者所共同面临的重大问题。循此问题,未来更为重要的命题可能是,如何坚持从本土实际与民族整体、长远利益出发来认知现状的历史延续性与相对正当性,认知中国传统的历史贡献,从而创新性地运用中国本土的司法机制,但又反对固守传统与当代模式中的糟粕,并借鉴与运用域外成功的法治观念与机制。因此,在面对难以逆转的全球化进程与西方的话语霸权及其利益格局时,保持自我的独立思考,并创造性地发展民族的本土资源,是中国刑事诉讼法学者与立法者、司法者光荣而又艰巨的使命。



## 四、未来如何:中国道路与全球价值

近来,一个关于中国改革开放30年讨论所提出的命题——中国道路与全球价值的讨论,正日益热烈。如果说中国改革开放所取得经济与政治成就堪称于此,那么中国刑事诉讼制度建设的30年又是以何种道路走过来的呢?这种道路可否称为独特的"中国道路"呢?它的"全球价值"又在哪里?在笔者看来,这一命题在很大程度上与我们究竟应该如何评价30年中国刑事诉讼的制度建设相关。对此,人们见仁见智,不同的改革思路与改革立场,可能有截然不同的回答。对于秉持西方经典自由主义法治路线的理想主义者来说,中国30年刑事诉讼制度所发生的改变不是太"大",而是太"小",中国刑事诉讼制度的改革完全应该以更快的速度向西方法治国家看齐。依此而论,所谓中国之路当是朝向普适、接轨国际之路。与此相反,实务界的一些人士基于"国情论"与社会秩序的考量,并不完全赞成中国刑事诉讼制度应该朝向西方模式"大步跨越",就此而言,中国道路就是本土的保守型现实之路。对于这两种典型的判断,笔者并不愿意直接予以评论，这不仅是因为笔者反对两分式的决断论，更是因为笔者坚决摒弃“意识形态”式的路数，尤其是在研究对象为一种“历史性事实”时。按照伊格尔斯的观点，每个个体都是最真实、最鲜活的，也是独特的；每个时代都拥有其自身的结构和特点。如果强行把它们划入统一的规则，往往就抹杀了它们最本真的东西。① 在这一意义上，或许我们更应该回到中国刑事诉讼制度建设30年的历史本身之中来寻找它“最本真”的东西。笔者以为，中国刑事诉讼制度建设30年最本真的东西是，中国通过自己较为独特的方法，逐渐摸索出了中国刑事诉讼现代化的中国之路与中国之图景，初步地构建起了刑事诉讼法治化/现代化的初步制度框架与观念基础，为刑事诉讼的进一步改革奠定了良好的基础。

必须承认，如同很多后发性国家的法治化建设策略一样，中国刑事诉讼制度建设的30年，在很大程度上还是借鉴与模仿域外法治发达国家的30年。就制度变迁的成本而言，这本身并没有问题，特别是在全球化的时代中，借鉴与模仿可能就是题中应有之义。但不知我们是否已察觉，域外的观念与机制似乎已经在某种程度上“殖民”了中国学人的理论思维，驱逐了中国传统资源与本土理论，而本应发展出的自己的认知话语与理论解释的思维动力，却被自我流放了。就刑事诉讼而言，我们成功地实现了低度法治，然而在追求高度法治的目标时，我们似乎越来越多地远离本土、拥护国际、拿来甚多、创造甚少，以至于在国际交流中沦为单向度的学习者、接受者，本土制度则沦为被批评对象。因此，所谓的中国道路，似乎并未充分地显示出其独特性与全球价值，反而是在某种程度上成为拷贝域外之路。显然，相较于中国的经济学与经济学人，中国法学与法律人在理论贡献与制度创新上，的确远远不如。在全世界都关注与讨论中国奇迹的时候——他们基本上所指的都是“经济奇迹”，什么时候我们能像法国人为世界献出《拿破仑民法典》及《拿破仑重罪审理法典》、英国人创造“正当程序”、美国人创造“违宪审查”一样，为世界贡献出我们的法治理论与制度呢？如果说我们历史上曾创造出东方式的调解，且受到世人肯定甚至借鉴使用，那么在21世纪里我们又可以作出什么创新呢？

然而无须气馁，如果愿意以一种科学与客观并兼有历史主义的视界来审视中国30年的刑事诉讼制度建设，我们还是能在这一历程中发现一些“中国道路”的端倪，中国市场经济改革的独特策略同样可以在其中觅得：30年中一直就存在，且时下越来越明显的“试点性改革”与“试错性试验”，难道不可以理解成

---

① ［美］格奥尔格·G. 伊格尔斯著：《德国的历史观》，彭刚、顾杭译，译林出版社2006年版，第26~27页。

是一种中国刑事诉讼制度改革的“摸”吗？笔者在上文辨析出来的总结式“大改”及之后伴随的适应式“小改”，这又何尝不是中国刑事诉讼改革中的“中国道路”呢？或许可能有人会认为中国刑事诉讼制度的改革并未取得如同市场经济改革那样耀眼的成绩，所以不大愿意承认抑或接受这种“中国道路”。[①] 但如果肯超越某种在很大程度上已经固化的“新意识形态法学”的研究思路[②]，去客观地认知中国刑事诉讼的话，我们还是不得不承认，虽然30年中国刑事诉讼的制度建设难称高度成功或相当独特，但其一直处于未有停止的摸索之中，且渐有成就。总结过去、摸索试点的现实主义取向的改革之道便是其出彩之处，并已达致低度法治。未来中国刑事诉讼建设的成功之道取决于如何在各种改革的驱动要素之间以及可能的变革之路之中互动，遵循实践理性，充分考量各种复杂因素，渐渐摸索与建设中国式的现代化的刑事诉讼制度图景，经由中度法治达致高度法治。如果能如此，则可为其他国家尤其是发展中国家提供一幅西方图景之外的成功的东方图景。有鉴于此，笔者在此殷切地期望，再过30年，我们可以理直气壮地向世人就中国刑事诉讼制度变迁交出“中国道路与全球价值”的满意答卷。显然，这有待中国刑事诉讼法学人与立法界以及司法实务界的共同努力，而要努力的方向，自不待言。

（2009年第4期）

① 除此之外，笔者以为，还有以下两个方面的原因：一是中国刑事诉讼制度改革所采用路径的独特性，本身可能并不清晰，尤其是在比较借鉴的变革模式的印照之下，这一独特性更显得昏暗；二是刑事诉讼法学界并未如同经济学界那样有意识地去讨论中国刑事诉讼制度变迁的“道路”问题，一种“集体性的无意识”导致了某种程度上的“问题无意识”。

② 关于刑事诉讼法学研究中“新意识形态”的界定与评判，可参见左卫民：“范式转型与中国刑事诉讼制度改革——基于实证研究的讨论”（待刊稿）。

# 2010 年

# 李庄案法理研判

## ——主要从证据学的角度

龙宗智*

笔者需要说明的三点:其一,写这篇文章笔者是有顾虑的。因个人经历,我和重庆市的检察机关与法院有良好的关系与较多的往来,担心文章对相关单位的不利影响,也担心相关人士误解。然而,作为一个希望能对国家法治和对社会负一点责任的学者,作为一个刑事证据法和程序法的研究教学人员,我很希望通过探讨这一典型案件使法律人,包括国家公安司法人员以及律师更为理性,甚至使社会更为理性。如果真能因此案而使法治前进一步,那么,这一案件的发生也许是正面效果大于负面。为此,也许需要打消个人的顾虑,负责任地探讨该案涉及的法理问题。其二,文章初稿形成后,二审于2010年2月2日至3日开庭审理。开庭审而非书面审的审理方式,这是许多人没有想到的。而且6名证人包括关键证人龚刚模出庭作证。应当说,二审法院在保障程序正当化方面做了很大的努力,应当充分肯定。其三,使许多人“大跌眼镜”的是,在一审时高调为自己辩护的李庄在二审开庭时认罪,称“一审判决认定事实清楚、证据确实充分,适用法律正确,撤回上诉理由”。然而,客观的学术分析不应受被告人本人表态的影响,因此,在了解二审的一些情况并对文章作了适当修改后,笔者撰写了本文。

在现代刑事制裁体系中,一切犯罪均以证据证明为定罪处罚之前提,因此系证明之罪,而非自然之罪。对李庄案作法理研判的关键也在于此,即分析控方是否有效地证明了指控的犯罪。① 本文拟对此作一试析,由此考察有罪判决的正当性。② 起诉指控并经一审判决认定的李庄犯罪事实包括以下两个方面:

---

* 作者单位:四川大学法学院。

① 一审庭审时,辩护人虽然作了很大的努力,但遗憾的是,辩护内容枝蔓过多,开掘不够,未能紧紧围绕犯罪构成的证明这一关键问题深入展开质证与辩护说理,因此影响了辩护质量。

② 本文作者并未旁听庭审,也未能阅读案卷材料,按理说缺乏证据分析资格。但好在本案一审审判时关键证人均不出庭,而对他们的证言和其他相关证据判决书作了表述(虽然不够完整)。而且被告人、辩护人的意见以及与案件相关的一些信息在网上与其他媒体上也已经披露。因此初步具备分析条件。而对因资料不足难以作出判断之处,文中也将做出说明。然而,由于作者毕竟没有充分接触证据以及个人的认识局限,证据分析可能存在偏颇与不合理之处,也请读者在阅读时注意。

第一项,伪造证据:教唆龚刚模编造被刑讯逼供的供述,同时指使律师吴家友贿买警察就此作伪证(一审判决所认定犯罪事实的第一段)。

第二项,妨害作证:引诱程琪作龚被敲诈勒索的虚假证言;指示龚刚华安排保利公司员工作伪证,否认龚刚模系该公司实际出资人和控制者。李庄向法院提交了要求龚云飞、龚刚华、程琪等证人出庭作证的申请(一审判决所认定犯罪事实的第二段)。

对以上指控和判决认定的事实的证明作以下分析:



## 一、关于第一项事实的证明

应当承认,要证明李庄编造龚被刑讯逼供的事实这一指控,是十分困难的。本罪系特殊主体,李庄具备身份无疑,而需证明的主要内容,是李庄主观上的犯罪故意和客观上的犯罪行为。由于本案中李庄确有要求龚向法庭声明被刑讯逼供以及要求其他人搜集相关证据的事实(对此李庄也不否认),那么,犯罪能否构成的关键,是在客观上李庄的行为是否属于"编造"事实,同时在主观上,李庄是否具有伪造证据的犯罪故意。而这两点均属"要件事实",因此必须同时证明,否则犯罪不成立。

### (一)现有证据未能有效证明审讯合法,因此难以证明李庄"伪造证据"

应当承认,控方提供的证据,可以说使龚刚模口供获取的合法性得到了相当程度的形式上的证明。所谓"形式上的证明",①是指控方举出了多份证据,来证明对龚的取证是合法的,这些证据相互印证。主要包括:(1)龚本人供述:公安人员合法取证,没有受到刑讯逼供。(2)医检证明。包括①南川看守所出入所健康检查登记与狱医关于在南川看守所关押期间每日巡诊情况的证明,证明在2009年6月19日至8月15日在南川看守所关押期间没有发现龚身体有外伤;②重庆江北看守所临时羁押点看押人员巡诊登记表证明,2009年8月16日至11月21日,江北区看守所的医生每日对临时羁押点巡诊,龚未诉不适,生命体征平稳,一般情况较好;③刘刚等3名医生证言证明,龚在押期间没有受伤。(3)专案组副组长和审讯民警两人的证言,证明依法审讯,没有刑讯逼供。

应当说,上述证据无论从量上还是相互印证性上,可以认为在形式上达到了证明的一般要求。然而,对以上证据的质量的质疑以及反证不容忽视。

---

① 大体上相当于美国法中的"prima facie evidence"("表面上确凿的证据,初步证据")。

1. 龚的口供不排除其虚假可能性。从一般供述逻辑分析，被告人为推翻有罪口供，往往会辩解原供由刑讯逼供等违法手段获得，而承认供述真实及取证合法，则容易被法院作有效证据采纳。然而，由于以下原因，龚的这一供述真实性受到怀疑。

一是利害关系的影响。龚既为所谓"黑老大"，又涉嫌参与故意杀人，在已经形成指控和证据体系之下，他要获得从轻处理（尤其是逃避死刑责任）的唯一机会也许就是争取揭发其他犯罪而立功。而被告人揭发努力为自己辩护的辩护人（在极力为自己的当事人辩护上，李庄应当说超过了普通刑辩律师），无论是通过警察动员，还是自己主动，成为获取生机的重要途径。强烈的求生愿望，可能压过任何道义的顾及。然而，可能受这种重大利害关系影响的陈述，按证据法的一般法理，其可信性不足。

二是供述矛盾的影响。其一是与认罪态度的矛盾。一方面，龚承认取证合法，供述真实；另一方面，他在会见李庄时，以及在后来审判龚案的法庭上，又否认自己原来的重罪供述，否认是"黑老大"，否认参与故意杀人等重罪。那么，人们自然会产生疑问——过去的有罪供述是怎样产生的，是如警方证明所称，每天晚上休息而仅在白天进行7小时合法审讯获得的吗？同时，这种自相矛盾，也使人对其供述真实性产生疑问。其二是龚对李庄教唆行为的陈述存在矛盾，使人怀疑其真实性。例如，龚在面对中央电视台采访时所说的话以及吴家友的证言所表达的意思，与龚的供述笔录和马晓军的书面证词有矛盾。如对李庄如何教唆的，电视访谈时他说李庄眨眼和用眼神示意，①这点正与吴家友证言中称李庄告诉他们教唆龚的方式一致（见一审判决书所载吴家友的证言内容）。但在一份供述笔录中，龚则称李庄走到铁窗边小声教他，而陪同李庄会见的马晓军律师的书面证词，也称李庄小声教龚在庭审时称被刑讯逼供了。龚在教唆方法上的证词不一致，也许被其本人或有关人员注意到了，因此在二审法庭上，龚出庭作证时称，两种方法（眨眼与言辞）都有。龚的有关陈述不一致和不够确定，虽然不能说是重大的证据矛盾，但由于李庄会见时所谓教唆伪证的行为是在陪同会见的几名办案警官的直接监视之下进行，在场监视与电子监控同时实施，律师如

① 视听资料包括合法取证人员制作和提取两种情况。在后一种情况下，视听资料可能是其他主体制作，只要不违反法律的禁止性规定且具备相关性，这些视听资料可以作为刑事案件证据。一般可以作为弹劾证据，在某些情况下可以作为定案依据。如商场的监视录像作为盗窃案犯的定罪依据。本案中的中央电视台电视录像可以作为质疑龚供述真实性的弹劾证据（不过因为电视采访的特殊条件与场景，其质疑能力比较有限）。因此在裁判时可以质疑其相关性与证明力，但否定其证据能力似乎是不妥当的，而一审判决所述理由也难以成立。

何进行教唆伪证不无疑问,[①]而龚的证词矛盾以及有时闪烁其词,不免对其证词真实性产生怀疑。

这里还有必要对龚的法庭作证并接受辩方质证做出评述。一审判决的依据,是龚刚模的书面证词。辩方曾要求其出庭接受质证,对这类要求,控方与法院均以证人不愿意出庭而又不能强制为由予以回绝,同时指出《刑事诉讼法》第157条允许宣读未到庭证人书面证言。应当说,控方与法院的解释在法律上是能够成立的。然而,正是由于不出庭,该指控证据的真实性受到很大的质疑。这除了因为根据传闻证据规则和直接言词原则,要求其证言有争议的证人出庭,是程序公正和保证证言真实性的普遍要求外,还因为本案存在一些特殊的情况,使得证人当庭陈述并接受质证显得更为必要:其一,龚刚模提供了一种"反常证词"。因为被告人指控自己的辩护人是十分反常的,对"反常证据"尤须要求对"原始人证"进行有效质证,而不是仅仅对一纸书面证言发表异议。其二,如前分析,龚对李的指控证言与本人有利害关系,且其陈述存在一些重要的矛盾。其三,龚和其他被羁押证人一样,处于侦控方控制之下,一方面,他具备出庭的条件(只需要依法带上法庭即可,虽然作为重罪罪犯的安全措施麻烦一点);另一方面,他和其他被羁押证人的羁押状态排除了辩方接触的可能性。因此这类证言,是一种"单方证言"。[②] 控方仅仅提供这种"单方证言",在能让证人出庭的情况下未使其出庭,自然使人产生一种怀疑:控诉方担心证人经不起交叉询问的质证检验,从而动摇控诉根据,因此不愿意让证人出庭。正是基于上述三点特殊理由,让龚刚模出庭接受质证,使法庭能够通过质证辩论,通过直接审查"原始人证"判断龚相关陈述的真伪,是十分必要的。而不使其出庭,不免使人有理由怀疑其证言的可靠性。

二审法、检机关为实现程序公正并防止错案,促使龚刚模出庭作证。包括龚在内的6名证人出庭的做法,在目前证人普遍不出庭也没有强制作证即对不出庭作证予以制裁的法律规范支持的情况下,显得难能可贵。然而,从庭审情况看,虽然龚否认其受到刑讯逼供,但其证词的矛盾性仍不能排除。例如,龚对自

---

① 这里还有一个法律问题。几名警官而且是专案组警官在场直接监视的情况下,李庄教唆伪证,如果这一指控成立,就可能存在警官失职,这可以作为李庄的辩护理由。例如,李庄向龚宣读共犯供词,为何在场警察不制止。既然在场执法人员不制止,为何又指控这些行为,因此对此节事实指控与定罪的法律根据也不无疑问。

② 单方证言的准确性,取决于控制取证者的无偏倚即客观性。但现代刑事程序设置的法理前提是承认侦控官员的控诉倾向,而专门设置独立的法院以及严格的审判程序包括法庭质证程序予以抑制和防范。然而,本案中司法独立性与有效质证程序的缺失,使司法的防错功能受到抑制。这种情况下,带有一定偏向的"单方证言"被作为认定事实的依据,裁判的正当性易受到质疑。

己手上伤痕的解释仍然难以自圆其说。而且龚完全否认李庄会见他时还有其他人在场这一显明事实，说“没有看到”，也“没有听到”李庄与在场警察的争执。面对辩护人的质询追问，龚要么回答记不起了，要么一再重复声明“我已经讲得很清楚的，我所讲的都是事实”，要么说“我不想回答这个问题”，甚至一度说“你紧都（方言，意指一直纠缠）这样问，我头昏得很”，以至于李庄本人紧接辩护人的提问要求询问龚时，审判长也不得不宣布休庭。经审判人员在休庭期间做思想工作，龚才又答应在继续开庭时重新回到法庭回答李庄的询问。据旁听庭审的有关专业人士称，庭审的感觉，龚的二审庭审证词（其他出庭作证的证人也类似）不仅不排除事先“培训”（coach）之嫌，而且可能加重了对他曾受到过刑讯逼供的怀疑。

2. 医检记录和相关证言不足以说明龚未遭刑讯，而且与客观证据有矛盾，因此其真实性和证明力不无疑问。因为其一，这些记录和证言的制作和提供主体均为侦查机关附属机构人员或其聘用人员，其中立性与客观性尚存疑问。看守所及看守所人员的中立性问题，是早就被提出而司法改革也准备解决的问题。[①] 正是由于目前体制下看守所不中立，因此在有刑讯逼供的案件，包括一些重大冤案中，基本没有发现刑讯逼供的痕迹被巡诊记录所记载的情况。其二，在重庆短时间大量涉黑嫌疑人员被羁押，医疗巡检是否仔细不无疑问，尤其是在临时羁押场所。[②] 其三，也是更值得注意的是，从重庆法医验伤所出具的司法鉴定报告看，龚左腕有钝性物体擦伤后遗留的伤情，这是可以随时验真的具有客观性的证据。由于这是陈旧伤，而在侦查期间医疗巡检时这些伤情仍应存在，甚至因距伤情形成时间较近而可能更加明显。然而，判决所述有关医检记录均对此未作记载，而有关狱医和医生的证明也称龚未受伤。这些记载与证言岂不与鉴定结论等客观证据相矛盾？

3. 专案组人员提供的证言证明力不足。因为在是否存在刑讯逼供的问题上，专案组人员是当事人，这类证言属于自我证明，其证明效力不足不言而喻。而从统计学角度看，除非是在检察机关立案的刑讯逼供、暴力取证案件中，尚未发现各地的侦查人员在法庭上或庭前提供书面证言承认其本人取供、取证违法的。

---

① 即要求看守所划归司法行政机关管理而不是附属于公安局的预审（审讯）部门，否则不能有效防止刑讯逼供。参见张千帆：“侦押分离实现看守所的法治化”，载《中国周刊》2009年5月5日。

② 龚在南川看守所羁押2月，为何移至江北看守所临时羁押点，没有看到有关证据说明。从有关情况判断，由于已经羁押2月，移到临时羁押点，不一定是因为“押量爆满”，而可能是因为便于侦查讯问。

4. 使用临时羁押场所增大了刑讯逼供的可能性。如前所述，目前的看守所体制不能保持其中立性而有改革必要，但毕竟在普通看守所内，管理比较规范，违法审讯要困难一些。然而，临时设置的羁押点，其软硬件条件均限制了规范化管理，更容易发生侵犯被羁押人权利的情况。这也是质疑审讯合法性的一个原因。据悉，在二审法庭上，负责看守龚刚模的警察吴鹏出庭作证，他在9月底至10月20日期间负责看守龚，当时的看守人员是专案组干警，并非来自江北看守所的民警。而且他们是"俩人一组"轮班不间断看守龚一人。当辩护人追问其"审讯室"与"羁押室"之间的距离时，吴鹏以"没有量过，不知道"为由拒绝回答。因此，令人怀疑审讯、睡觉实为同一房间，而且看守人员的中立性更不成立。

5. 李庄本人辩护词中提到的一些情节，以及控诉方抑制某些证据的行为，可能强化对于审讯合法性的怀疑。李庄在法庭上自我辩护，对龚向他陈述被刑讯逼供的具体情节作了描述，包括如何被刑讯的一些细节，以及律师对其陈述的疑问和龚的回答。其中包括某次刑讯，一位刑侦支队的领导见状如何制止的情节。李庄也提到吴家友律师曾经当着他和马晓军、龚云飞的面说龚被打过，吴认识为其疗伤的两名医生。

应当说，从李庄所说所为判断，李庄出于自身利益也有在法庭上作虚假陈述的可能。但看了李庄的自辩词，依据经验判断，他陈述的事实仍有某种程度的可信性。这是因为其中有一些细节包括涉及的人，如刑侦支队的领导某某，李庄编造比较困难；而且龚刚模左腕的伤情，如果不是龚主动出示并被李庄看到，李庄是难以发现并作为辩护理由的。加之李庄所述内容都是可以检验的。如会见龚的谈话有录像录音来证明，而且在场有多名警察包括专案组成员；吴家友当时的说法可以从吴鹏本人和在场的马晓军、龚刚模二人处求证。李庄也一再要求出示录音录像及证人出庭作证质证。

然而，在另一方面，控方以没有录音录像为由对李庄和辩护律师的举证要求予以否定，这一举证反应可能基于控诉方的某些顾虑，[①]但由于应能举证而不举证，强化了判断者对李庄供述真实性的感觉。证据法上有一条原理：持有证据一方无

---

① 如录音录像出示是否会涉及监视会见律师不合法的问题。然而，这实际上已成为公开的秘密。重庆方面对北京市司法局的明传电报已经明确提到李庄违法的依据是会见录像，而辩方提供的招投标资料也说明看守所具备相关设备和功能，李庄所述在场警察有意让2人离开一些以便录音录像的细节对此也可以印证。如果担心社会影响，也可以采取内部公开的办法，以审查李庄辩词的真伪。而且，在审查起诉阶段和审判准备阶段，律师询问被告人时仍然一直有侦查人员在场，这已经违背刑事诉讼法和律师法有关规定。既然侦查人员在场均已广为知晓，那么又何必隐匿录像资料而不举证呢，因为监视录像的不规范性较之在场监视为轻。可以说，以没有录音录像为由拒绝提供的做法，增强了对李庄辩解中相关情节较为可信的认识。

正当理由不举证的,可以做出对持有证据者不利的推断。[①] 控方在这一关键证据上所持态度,在客观上成为支持李庄供述具有一定程度的真实性及证明力的因素。

6. 龚刚模的手腕伤及其伤情的鉴定结论提供了一种刑讯逼供的可能性,而龚的解释未能合理排除这种可能。一审法院力求公正审判,同意了辩护人对龚刚模的伤情鉴定申请。鉴定结论为"龚刚模左腕部色素沉着、减退区系钝性物体所致擦伤后遗留;龚刚模(除左腕外)未见确切伤情"。应当说,这个结论由于缺乏充分的专家分析意见,并未证明刑讯逼供的形成原因,[②]但在客观上有可能加强人们对可能存在刑讯逼供的怀疑。

在二审开庭龚刚模出庭作证时,经审判长允许,辩护人当场查看其手腕,发现左手手腕及手背上均有伤痕,而且双手手腕均存在间断性的环状伤痕(一审法院鉴定仅确认左手腕伤痕一处)。[③] 当辩护人质问其左手背上的伤是如何形成时,龚说是2009年4、5月份去海南游泳或在沙滩上划伤的;至于手上其他地方则"没有感觉到有什么伤"。龚双手手腕间断性的环状伤痕是入所时正常戴手铐形成,还是刑讯逼供悬吊所致尚有疑问,但不排除刑讯逼供可能性。而龚对伤情形成原因的解释与伤情本身有一定矛盾,且与南川看守所入所检查表及看守所狱医的证言有矛盾(因检查表和证言称其入所时无伤)。因此,刑讯逼供的可能性并未排除。

7. 龚刚模案审判情况对刑讯逼供有所印证。根据《南方周末》的报道,龚刚模涉黑案件在2010年1月5日开审。庭审中,龚刚模虽未承认遭刑讯,却否认指控的主要罪名和事实。而同时,樊齐杭、张孟军、吴川江、李仕军、张茂才、付仕培、杨波等主要被告人均宣称被警方刑讯逼供,也都称存在"几天几夜不让睡觉"等情形。而且樊齐杭所述刑讯逼供的情节与李庄称龚刚模所说的龚被刑讯的情节十分一致。[④] 如果《南方周末》报道属实,[⑤]那么,这在相当程度上可以印证李庄关于会见龚刚模时龚说的话。因为这种关于刑讯逼供情节的相互印证,

---

① 最高人民法院《关于民事诉讼证据的若干规定》第75条体现了这一法理,即"有证据证明一方当事人持有证据无正当理由拒不提供,如果对方当事人主张该证据的内容不利于证据持有人,可以推定该主张成立"。

② 在一审法庭,辩护人认为这一证据能够证明刑讯逼供的存在,应当说根据不足。辩护律师观点不免受辩护立场的影响,但更应当注意法律人只有客观地分析证据,才能真正形成冲击指控的理性力量。否则难免造成虽然你"说得热闹",但行内人尤其是法官心中却不以为然。

③ 这一情节是根据庭审旁听者提供的情况。

④ 冉金、赵蕾:"龚刚模案:刑讯逼供之谜未解",载《南方周末》2010年1月7日。

⑤ 笔者倾向于认为其报道属实或基本属实,不仅是因该报的声誉,也是因为未决案件的报道涉及对司法公正的影响,记者的报道普遍十分谨慎,甚至担心被"追究法律责任"。尤其是在最高人民法院刚出台了《关于人民法院接受新闻媒体舆论监督的若干规定》的背景下(该规定中的第9条关于追究媒体法律责任的规定,被网友戏称为"第9条军规")。

只有两种可能，一是串供以及辩护律师教唆；二是确实存在类似情节。而前一种可能性很小，因为同案被告人分别关押以及庭审时分别讯问的制度，相当程度上可以排除串供和受其他被告影响的可能。而警察陪同会见以及设置监视录像的做法，又使律师教唆龚案中其他被告作伪证成为不可能。而且在李庄等3名律师被抓后，龚案诸辩护律师已如惊弓之鸟，可以说“吃了豹子胆”，也不敢教唆当事人作伪。那么，另一种可能性就很大了。即警方确实采用了不规范的审讯方法，而且因在同一专案组，审讯手法相似，才导致同类供述的产生。

综上所述，控诉方不能以充分证据证明刑讯逼供是编造的，根据现有证据不能在根本上排除就审讯合法性的合理怀疑。因此，伪造证据的指控和定罪的基础存在问题。

据悉，一位教授曾经在一次案件研讨时询问在场的检、法人员，你们真的相信龚刚模没有被刑讯逼供吗？结果是无人回应。这位教授不是证据学方面的学者，但他无意中设定的这个问题，可以说是证据法上的“千古一问”。现代刑事证据法的一般原则是“自由心证”，即法律并不事先规定各个证据的证明力，而诉诸裁判者的自由判断并建立内心确信。因此，“内心确信”，是判断刑事证据的真实性与充分性的主观标准。① 而公认“内心确信”的经典性表述，是法国《刑事诉讼法》第353条的规定：对于判决，“法律只向法官提出一个问题：你是真诚的确信吗？”在中国刑事诉讼中，仅达到“内心确信”的主观标准而未实现证据相互印证的一般要求不足以定罪处刑，但如果司法人员尚无“内心确信”就认定犯罪并处以刑罚，那一定是违背证据法基本要求的，也是不公正的。因为作为专业人士和深入了解案情的司法人员尚无确信，又如何能获得对判决的公信呢？

### （二）现有证据不能证明李庄有制造伪证的犯罪故意

从客观上证明李庄“编造”刑讯逼供事实是认定其制造伪证的第一道证明难题和定罪障碍，而控诉和定罪主体还面临第二道难题和障碍，即证明李庄主观上有制造伪证的故意，应当说实现这一证明目的更加困难。这是因为，如果说对不存在刑讯逼供事实还有前述3组证据予以“形式证明”的话，而对李庄明知为假而故意制造伪证的犯罪故意，证据明显不足。

《刑法》第306条规定的律师伪证罪是故意犯罪，而且为了防止混淆罪与非罪的界限，第306条第2款还以“但书”的形式明确规定：“辩护人、诉讼代理人

① 客观标准是外部的印证性。尤其中国刑事诉讼强调外部印证，形成“印证证明模式”。详见拙文：“映证与自由心证——我国刑事诉讼证明模式初探”，载《法学研究》2004年第2期。

提供、出示、引用的证人证言或者其他证据失实,不是有意伪造的,不属于伪造证据。”可见,第306条特别强调定罪条件是“有意伪造”,而非举证失实。所谓“有意”即有犯罪故意,包括“明知”的意识因素,也包括希望结果发生的意志因素。李庄主动取证,因此意志因素无需证明,关键在“明知”,即明知龚没有被刑讯逼供而“有意”编造该事实。

证明“明知”最简单的方式是被告人的有罪供述。然而,这种供述不容易获得,而且容易被推翻,其来源也容易被质疑。因此,在证据法上主张通过被告人实施的行为以及行为背景和条件等“客观实际情况”来“推断”(infer)其明知。[①] 然而,从本案的事实和证据看,控诉方面未能通过提供有关客观实际情况的证据证明李庄“明知”龚未遭刑讯,而相关证据反而可以证明李庄“有理由认为”[②]可能存在刑讯逼供,或者说李庄对审讯的合法性可能产生“合理怀疑”。[③] 理由如下:

1. 控诉方提供的龚刚模口供、医检书证与证言及侦查人员证言3组证据,其证明目的是审讯合法,但不能证明李庄知道取证合法因而存在制造伪证的犯罪故意。因为其一,李庄会见龚刚模时,龚刚模并未告诉他自己没有遭受刑讯逼

---

① 联合国《打击跨国有组织犯罪公约》第6条第2项、联合国《反腐败公约》第28条等,均规定对“明知”等犯罪主观要素可根据客观实际情况进行推断(注意是“推断”——inference或infer,而非“推定”——presumption)。

② “有理由认为”(reasonably believe)是美国律师行为准则判断律师行为规范正当性的一项重要标准,因为律师不能故意向法庭提供伪证,但只要他“有理由认为”该证据并非伪证,他就能够合法、正当地向法庭提供,而无须考虑该证据在本质上是否真实。参见美国律师协会制定的《美国律师职业行为标准规则》[《ABA Model Rulesof Professional Conduct(2004)》]第3节第3条(a)(3)项等条款的规定。普遍认为,律师行为中有些灰色地带,虽然不一定被标准的职业规范所鼓励,但不能作为违法甚至犯罪行为来处理。例如,律师将明知是虚假的证言提交法庭是违规行为,但如果他并不知其虚假,只是对证言的真实性有所怀疑,而将其提交法庭的行为仍然能被认为并未违反职业规范。甚至权威学者和实际工作者主张,为了有效地保护刑事被告权利,“应允许刑事辩护律师提交被告方自己的证言,而无须考虑它是真是假”。参见[美]皮特·莫瑞:“刑事辩护律师的职业道德”(载江礼华、杨诚主编:《美国刑事诉讼中的辩护》,法律出版社2001年版,第38页。这样做的理由,是在一个允许你指控,也允许我辩护的“相对制度”中,应当给予律师必要的支持,以使他能够与强大的国家力量进行诉讼对抗,从而维护公民的权利。同时,律师不是法官,没有严格意义上的客观义务。参见[美]朗·L. 富勒:“相对制度”,载[美]哈罗德·伯曼编:《美国法律讲话》,陈若桓译,三联书店1988年版,第24~56页。在这里,读者可能会质疑说,上述引文所述系美国情况,中国国情不同,不适用美国法理。然而,在一个同样设置了“相对制度”的司法与诉讼的构架中,基本的制度法理是相通的。在中国,律师不问真假而向法庭提交有利本方当事人证言的做法,虽然不被职业道德规范所鼓励,但并不触犯法律,更不触犯刑法。因为即使按照受到批评的《刑法》第306条的规定,也要求律师伪证罪,必须是主观上“有意”,客观上具有第306条规定的制造伪证的行为才构成。

③ “合理怀疑”的有无,可以作为律师行为的判断标准。亦即律师只要对某一事实主张存在“合理怀疑”,那么通过举证和辩论对其质疑就是正当合法的行为。

供;其二,医检书证和证言均系控方为李庄案审判而提供,无论其真假,李庄在其辩护活动中不能看到;其三,专案组人员的证明也系伪证案中才提供,而且无论其何时提出,这种自我行为证明对辩护律师一般不具备判断价值。因此,可以说控方并未提供李庄在辩护展开时已能够合理地认识到审讯合法并无刑讯逼供的证据。

2. 案件中已存在的部分事实,可以使李庄对审讯的合法性产生"合理的怀疑",或者说他"有理由认为"存在刑讯逼供可能。一是龚过去承认自己是"黑老大"等认罪供述与会见时龚不认罪的对比,据此李庄判断其过去的有罪供述是在逼迫之下承认应当说有一定根据。二是龚的供述与其他部分被告供述的悖反,即龚的供述对己不利,而樊奇杭以及其他某些同案被告的供述反而对龚比较有利。因为同案人通常容易推卸责任予他人,而上述反常情况的产生,也会强化李庄对刑讯逼供可能性的认识。三是会见时,龚刚模陈述被刑讯事实及出示伤情。如果说龚陈述了被刑讯的事实这一情况虽然比较可信但毕竟印证不足的话,龚刚模出示伤情的情节应无疑问。因为除了李庄的陈述外,马晓军、吴家友、龚刚华等人的证词均证实,第一次会见,李庄就告诉龚刚模要求法院作伤情鉴定,如法院不同意则李庄会退庭以示抗议①。这必然是龚已告诉律师他因刑讯逼供致手腕伤痕。而李庄至少在相当程度上相信刑讯致伤,否则不会提出而且强调伤情鉴定。四是关押地点的可质疑性。在由侦查机关掌控的临时羁押点羁押,其不规范审讯的可能性大大高于正规看守所羁押,律师尤其是以刑辩为主业的律师对此应能认识。而在龚刚模案审判中,辩护律师均对临时羁押点的合法性提出质疑也说明了这一点②。

3. 案件的背景信息,也可以增强李庄对审讯合法性的"合理怀疑"。这主要是两方面的背景信息。首先是中国刑事诉讼中存在刑讯逼供的痼疾而且很难克服。从已披露的杜培武、佘祥林等冤案分析,导致冤假错案的第一位的原因是刑讯逼供。而虽然司法机关一再要求制止这一违法行为,甚至最高人民检察院曾展开专项治理工作,但问题很难解决。这是因为中国刑事诉讼制度为其提供了条件。一是因为在刑事诉讼中分工负责,各管一段的体制,侦查具有封闭性和缺乏司法监督的特点,因此为实现侦查效率,不规范的取证方法容易发生而难以抑制;二是违法证据排除规则至今未能有效建立。这与打击犯罪的政策导向和法

① 但是3人的书面证言均未提到龚刚模陈述刑讯致伤的情节,但如无这一情节就不会有李庄要求鉴定的说法,可见书面证言的倾向性。

② 冉金、赵蕾:"龚刚模案:刑讯逼供之谜未解",载《南方周末》2010年1月7日。

律规范欠缺，司法解释规定不合理以及法院不独立有关。因此在侦查实践中，比较容易发生刑讯逼供等违法现象，这已成为法律人尤其是刑辩律师的共识。这无疑可能成为任何一名刑辩律师在判断案情时的"支援意识"。此外是重庆打黑除恶行动的所谓"运动化"以及由此带来的程序不规范问题在业界早有传闻。例如，媒体对有关案件辩护律师称打黑"运动化、扩大化"的报道，已经引起社会尤其是法律从业人员的关注。而一些具体案件的报道也提供了相关信息。如渝北涉黑的陈知益一案审判，26 名被告，有 19 人在法庭上提出被刑讯逼供，而且"黑老大"陈知益等要求法庭当庭验伤。[①] 李庄不一定看过关于陈案的报道，但作为刑辩律师而且赴重庆为"黑老大"辩护的律师，对媒体的相关报道和社会评论不可能全无了解。这方面的信息，也自然会强化李庄关于龚可能遭刑讯的预判。

在这里，控诉方面可能会称，不排除李庄对龚案中有刑讯逼供的认识，但他最多意识到一种可能性而不可能断定存在刑讯逼供，然而他却要求龚对法庭大声宣称受到刑讯，这是否也涉嫌违法。对此需要指出，律师确定取证和辩护方向时，只需要合理地认识到一种可能性，或者说只需要对指控事实产生一种合理的怀疑，就不成立伪证故意。因为，律师在准备法庭辩护时，不能掌握充分的信息，因此对事实不能"确知"，甚至也无须"确知"。即如侦查人员在侦查过程尤其是在侦查初期，也只能认为相关人员"涉嫌"犯罪而不能要求侦查人员"确知"其犯罪一样。

### （三）在未能排除刑讯逼供可能以及未能证明被告犯意的情况下，辩护人让被告翻供及告知被告案件相关信息不能认定为犯罪行为

控诉方还提供了一系列证人证言（书面），可以证明李庄让龚刚模翻供甚至指示他如何翻供。此外，控诉方还将李庄向龚刚模宣读同案人樊奇杭的供述作为指控伪证的事实。鉴于律师的做法本身并不违法，[②]一审判决针对辩护意见指出，不能将其"作为一个独立行为来评价是否合法，"认为"这是李庄教唆龚编造被刑讯逼供的供述，从而达到推翻龚以前供述的目的，属于刑法意义上的伪造证据"。判决书不作孤立评价而将其纳入伪证行为有机构成中认定的做法在技

① 参见中国新闻网 12 月 3 日报道："重庆陈知益涉黑案 19 名被告称遭刑讯逼供"，载 http://news.163.com/09/1203/07/5PJFVC460001124J.html。

② 由于被告人既是证据来源又是辩护主体，律师有权将证据开示中了解的案件信息告知被告人。这在法理上能够确认，也为一些关于证据开示的地方性规定所支持。不过，对于律师向被告人宣读证词与共犯供词虽无禁止性规定，但为防止被告利用信息违背事实推翻原供妨碍审判，并防止被告知悉相关信息后加害证人和有关人员，律师应注意告知被告人案件相关信息的方式与限度。参见韩旭："刑事诉讼中被追诉人及其家属证据知悉权研究"，载《现代法学》2009 年第 5 期。

术上是合理的，但其前提存在问题。因为，无论就李庄让龚翻供还是为此而宣读同案人供述的做法，如作为伪证犯罪事实认定，必须证明龚翻供所述存在刑讯逼供的事实是虚假的，以及证明李庄存在有意作伪证的犯罪故意。然而，如前所述，这两点未获证明，因此，在对审讯合法性有合理怀疑的情况下，让被告人推翻原供包括教他们如何在法庭上翻供并不违法，而向龚宣读他人供词，其妥当性虽然可以根据当时情景和实际需要再议，但并不违背法律的禁止性规定，因此不属于教唆伪证的行为。

**（四）贿买警察作证的说法，不足以构成律师伪证罪以及其他犯罪**

一是因为如果不能排除违法审讯情节以及不能证明被告犯意，即使有贿买警察的意思表示也不构成伪证方面的犯罪，而只能考虑是否构成行贿国家工作人员的犯罪。二是行贿罪以“谋取不正当利益”为构成要件，如果行贿是为了证明一种可能存在的事实，其“不正当利益”要件难以满足。三是从吴家友、马晓军书面证言反映的情况看，李庄要求找办案警察取证，称“花几百万也可以”（或称“也值得”）。如果这一情节属实，可以说反映了李庄贿买证人的意思，这显然具有违法性。但李庄并未具体安排吴家友去从事这一违法行为，也未给予吴资金从事这一活动（据了解吴持有当事人亲属所给予的大额资金，但这是在李庄介入前就已获得），而且根据吴家友、龚云飞在二审法庭上的证词，吴家友当场即回绝了李庄的要求。由于行贿尚未进入着手阶段，难以作为犯罪认定。笔者推测，上述理由应当说也是控方未指控其教唆行贿犯罪的重要原因。

综上所述，第一项事实的指控和裁判的正当性不能成立。

## 二、关于第二项事实的证明

对于裁判认定的第二项事实，笔者认为，裁判存在片面认证，因而事实认定失准，但被告李庄的行为有符合《刑法》第306条犯罪构成之处。分析如下：

**（一）龚刚模被敲诈勒索问题上，李庄妨碍作证的指控尚存疑问**

辩方在法庭上举出龚刚模过去的口供，陈涛、向爱华、张孟军的讯问笔录，以4份材料证明龚被樊奇杭、李明航敲诈的事实，加上被告本人对龚在会见时对他讲被敲诈的辩解（李庄称龚妻程琪“真真切切地告诉我”龚刚模会见时告诉他的被敲诈的事实属实），一共5份证据。但一审判决对李庄的陈述不予引用和评述，而对龚刚模过去的口供则称没有被敲诈的内容，同时认为陈涛等3人的讯问笔录与本案没有关联性。一审判决的这种处理方式似有认证偏向，即对有罪证据均引证其具体内容并予确认，而对辩护证据则语焉不详并且否认其效力。因此,我们无从判断龚的口供中是否有被敲诈的内容,陈涛等3人的笔录是否与本案有关联性。当判决书采取不引证据也不叙述具体理由就否定证据的武断做法时,分析者只能做出一个逆向的推定,即陈涛等人的笔录能够在一定程度上说明龚受到了敲诈,或者说某些时候不情愿地出了钱,而判决书难以否定,因此只有用比较简单的方式去处理。笔者注意到,法官在制作判决时仍然是尽量注意进行裁判说理并展开法官心证过程的,其中对辩方辩护理由的驳斥有一部分也是有根据的,但在否定敲诈勒索的辩护证据问题上,判决未能给出一个使人信服的分析。

而从辩护人辩护意见中反映的情况看,龚案中有证据说明龚有的时候给钱是不情愿的,甚至是被迫的。据法庭调查的情况看,龚在侦查阶段(即李庄介入案件之前)的供述中就有相应的内容。虽然有关证据材料所显示的所谓"敲诈者"与李庄要求作证所指向的敲诈者不太一致。但笔者仍然认为,如果案卷中确有龚不情愿地被要求出钱,即所谓被"敲诈"的材料,即可在一定程度上支持李庄"有理由认为"存在龚被敲诈的事实。在此基础上,李庄要求龚妻就被敲诈问题作证,并无妨碍作证的犯罪故意和犯罪行为。根据现有资料,笔者倾向于作出这种判断,除非有证据能够将其证伪。其实,即使存在这一情节,也不宜看得过重,因它不一定能影响龚案的定罪。因为虽然"盗亦有道",但如系"黑社会"性质组织,"黑吃黑"并非罕见。就是"老大"也不一定有"绝对权威",有时被下面的人以某种缘由敲诈也是可能的。

**(二)就公司实际控制人作证的问题,从目前给出的证据看,李庄有过错**

妨碍作证指控中的第二节事实,是李庄指使龚刚华安排保利公司员工作伪证,否认龚刚模系保利公司的实际出资人和控制者。认定这一事实的依据主要是龚刚模、龚刚华二人的证词,此外,马晓军律师称李庄会见龚刚模时不承认龚有资格将40%的股份给他人的说法,以及证人李小琴、汪凌、陈进喜对龚刚华要求他们否认龚刚模系公司实际控制人的证言,对指控的事实也有一定程度的佐证作用。

应当说,现有证据对李庄是不利的,因为几份证据有一定的印证性,证明李庄教唆龚刚华搜集龚刚模不是公司实际控制人的脱罪证据;同时,无论是控方还是辩方,均未提供否定龚刚模为保利公司实际控制人的材料,因此,李庄如果让龚刚华告诉保利公司员工在警方调查时要说龚刚模与保利公司无关,不是该公司的老板,缺乏合理的根据,即不能达到"有理由认为"龚刚模不是或可能不是实际控制者的要求。在这种情况下,李庄要求龚刚华告诉公司人员称龚刚模不是公司实际控制人,涉嫌触犯《刑法》第306条"律师伪证罪"条款。

也许李庄也意识到这一点,他的自辩词中对这一节事实的态度是否认对龚刚华的教唆,而不是像对其他指控事实那样,强调其取证的合理根据。但李庄对事实的否认，似乎难以有效对抗控方的证据体系。因为在这个问题上控诉证据没有明显的矛盾，而且所证明的事实与全案中李庄的行为方式和行为逻辑没有明显的矛盾，包括龚刚华就作证问题给几名公司人员打招呼从情理上分析也可能是李庄的主意。

李庄及其辩护律师还提出了一些辩护理由，如目前的诉讼阶段证据已固定不可能作伪证、李庄没有接触任何证人不可能作伪证、尚未开庭也没有任何证人出庭作证因此未能妨碍作证等。笔者认为，这些理由难以成立。因为在侦查后阶段，律师均可取证，也可以采取书面证词或申请证人出庭的方式向法庭举证，伪证行为可能发生在庭前准备阶段，也可能发生于法庭。律师虽然没有直接接触证人，但教唆其他对证人有影响力的人去准备虚假证据，也是妨害作证的违法或犯罪行为。按照教唆行为独立性原理，无论被教唆人是否实施了被教唆的罪，不影响教唆犯刑事责任的成立，只影响刑事责任的轻重。①

## 三、根据有证据证明的事实，李庄是否构成犯罪

如前所述，李庄就妨碍作证指控中的第二节事实，涉嫌触犯《刑法》第306条。然而，对该违法行为仍然存在一个罪与非罪的法律评价，即属情节显著轻微不构成犯罪，还是属于构成犯罪但情节轻微为较轻，可以免于处罚或从轻处罚。

笔者认为，构成犯罪有以下主要理由：一是从李庄的违法行为看，虽然仅第二项指控的第二节事实触犯刑法，但其一系列辩护行为也存在与“事实为根据、法律为准绳”原则的不符的行为不规范之处，如在刑讯逼供与翻供问题上有夸张性表示，还有贿买证人的示意等；对“敲诈勒索”问题取证虽非故意作伪证，但缺乏法律人必要的谨慎，以及对实现实体公正的必要关注。因此，综合情节，可将其伪证行为评价为犯罪。二是从社会效果看，律师行为不规范是司法实践中需要进一步解决的一个问题。将李庄的行为评价为犯罪予以惩处，但又从轻处罚甚至免罚，既可规范律师行为，又可避免过于严苛。三是从李庄自己的认罪看，虽然认罪不是定罪条件，但作为一个法律人，应当知晓认罪应是一个有法律意义的行为，也是一个既对自身又对社会负责的行为，尤其在这一案件已经受到广泛社会关注并被视为中国法治进程中标志性事件的情况下。那么，既然李庄认罪，在两可的情况下，也不

① 《中华人民共和国刑法》第29条规定：“教唆他人犯罪的，应当按照他在共同犯罪中所起的作用处罚。教唆不满十八周岁的人犯罪的，应当从重处罚。如果被教唆的人没有犯被教唆的罪，对于教唆犯，可以从轻或者减轻处罚。”

妨参酌其认罪作法律评价，同时考虑事实情节从轻或免于处罚。

另一方面，认为情节显著轻微不构成犯罪，有以下理由：其一，从主观上看，李庄的教唆虽然缺乏合理的根据，但龚刚模对保利公司即使控制，也属“隐名控制”，亦即未获法律确认。辩护律师借此否认其实际控制，有借题发挥的一定根据，因此并非刻意作伪证，其主观违法性不重。其二，这些证据即使提出对于龚刚模的刑事责任影响也十分有限；而且李庄在提交重庆市第一中级人民法院的出庭证人申请中，虽然包括龚刚华和龚云飞，但并不包括龚刚模打了招呼的三名公司人员，涉嫌妨害作证的范围十分有限；同时李庄与龚刚华的行为尚未产生妨碍作证的实际后果。其三，对这一主客观情节轻微的违法作犯罪认定并处罚，似乎显得过于严苛。在目前我国的刑辩工作本身因风险性较大而有诸多障碍的情况下，对李庄的违规行为定罪处罚，不利于刑事辩护的有效展开和健康发展。而律师辩护活动，是实现个案公正的重要条件。而且在我国刑事侦查活动中，经常出现不规范取证，但如无严重后果都不以刑法追究，比较之下，如对李庄这一不规范取证行为追究刑事责任，则显宽严不当，有失司法公正。其四，要看到李庄等律师刑事辩护活动中提出取证不规范问题的积极意义。重庆“打黑”成效显著，但正因为短时期大量案件立案并抓捕大量犯罪嫌疑人并要求及时获取证据提起公诉，整体的执法方式，难以避免程序不规范的问题。而在“司法一体化”倾向突出，检察机关侦查监督难以有效展开，法院对案件程序问题的司法审查以及违法证据排除也难以有效实施的情况下，[①]律师提出取证程序问题，对重庆“打黑”法治化规范化应当说有积极的效用。现代司法与诉讼制度设置的基本意义，就在于国家在行使其刑罚权的时候，有制度与程序防止这种权力的滥用，而律师的刑事辩护就是这种功能的一种体现。而要让程序法治发生作用，需要我们具有一种多元的思维方式以及一种对持异议者的宽容态度。

如果要我个人作出判断，我认为定罪虽然也有一定理由，但考虑到在中国目前加强公民权利保护以及推动司法改革和程序正当化的重要性，为了在一个以集中性为特征的体制中，保证程序的多元性，防止刑事程序成为一种简单的、行政性的、单方面的定罪程序，我仍然倾向于对李庄案作除罪化处理，虽然这可能与司法的实际处理相悖。

（2010年第2期）

---

① 当然，检察与法院功能的受限首先与我国刑事司法制度的缺陷有关，这使司法改革成为必要。

# 我国司法鉴定体制改革的实践探索与系统思考

霍宪丹*



司法鉴定制度是我国司法制度的重要组成部分，是包括侦查权、检察权、审判权在内的司法权和司法行政权分工协作、相互配合、共同维护并促进司法公正的基础平台。司法鉴定在众多证据中已成为最可靠、最有力的证明方法。科学、完善的司法鉴定制度是正确认定案件事实，有效化解社会矛盾，实现社会公平和正义的关键，也是当前深化司法体制和工作机制改革的重点内容之一。[①] 近年来社会高度关注的陕西"周老虎"案、贵州瓮安李树芬案、上海杨佳袭警案、哈尔滨林松岭案和桂林黎朝阳法官案等主要涉及司法鉴定，尤其是司法鉴定意见的可靠性和社会公信力问题。司法鉴定不仅是法律界、法学界感兴趣的问题，同样也是引起社会各界高度关注的社会性问题。

随着科技的日新月异，作为科学证据的司法鉴定在诉讼活动尤其是司法审判中的作用越来越重要，人们普遍期待"科技能为正义说话"。在诉讼活动中，特别是在司法审判中，绝大多数物证中蕴涵的证据信息都需要通过司法鉴定活动将其"提炼"出来，并证实有关专门性问题和案件事实是什么，而认定案件事实的职责在法院，就此而言，司法鉴定对于发现案件事实真相和司法证明具有极端的重要性。[②] 这一点是由其本质属性和基本特点所决定的。从参与诉讼的角度看，应当是鉴定主体的合法性、诉讼地位的中立性和诉讼程序的正当性的统一；从科技实证活动的角度看，应当是仪器设备的专业性、技术方法的成熟性、操作程序的规范性和鉴定人职业性的统一。司法鉴定活动作为一种运用科技方法、专门知识、职业技能和执业经验为诉讼活动提供技术保障和专业化服务的司法证明活动，司法鉴定制度作为司法活动的保障制度以及社会主义司法制度的组成部分，其目前的状况明显与其在证明活动、司法制度中的地位与作用不相适

---

* 作者单位：司法部司法鉴定管理局。

本文受上海市教委重点学科资金项目资助(项目编号：J51102)。

① 张军著：《中国司法鉴定制度改革与完善研究》，中国政法大学出版社2008年版，第1页。

② 徐静村："证据理论革命与司法鉴定——以刑事证据为视角"，载《中国司法鉴定》2008年第1期。

应,需要认真研究,努力解决。

## 一、司法鉴定体制改革的目标要求和社会背景

### (一)体制改革的社会背景

新中国成立以来,为了满足侦查工作和打击敌人的需要,我国逐步建立起一批以刑事侦查为主的刑事侦查技术和检验鉴定机构,为适应加强民主和健全法制的需要,相继在审判机关、公诉机关和高校、科研机构设立了一批法医、物证类鉴定机构。这些机构在侦查、起诉和审判活动中发挥了积极作用。但这些应工作需要发展起来的鉴定机构,与新时期经济社会发展和民主法治建设的新形势、新任务相比,与司法体制、诉讼制度和审判方式改革的客观要求相比,与人民群众的诉讼需求相比,还存在很多不相适应的问题。一是由于我国长期实行超职权主义的诉讼模式,加之受重实体轻程序、重打击轻保护、重配合轻制约等传统司法理念的影响,诉讼参与机关之间在制度安排上还缺少必要的合理分工和权力制约。如侦查职能、起诉职能和审判职能与鉴定职能不分,缺位、错位和越位的现象突出,在执法权、检察权、司法权与鉴定管理权之间存在的冲突和矛盾,严重损害了司法鉴定应有的客观公正和合法中立的本质属性,使其鉴定机构和鉴定人在诉讼中因缺乏应有的中立地位和独立身份而导致的多头鉴定、重复鉴定情况屡见不鲜。二是受计划经济的影响,始终没能建立起全国统一的管理体制,国家立法长期处于空白,致使司法鉴定活动缺乏统一的行业规范、行业准则和行业要求。三是司法鉴定管理工作明显滞后于司法鉴定的发展,导致一些地方鉴定机构多头设置,管理混乱,低水平重复建设与整体投入严重不足的现象并存。四是计划经济体制下形成的部门所有、各搞一套、自成体系的多头管理体制与统一规范管理的客观要求之间存在日益尖锐的矛盾。由此可见,改革我国司法鉴定管理体制成为必然。

我国的司法鉴定体制发端于1993年国家财政部给中央政法委的一份建议报告。之后,在1998年国务院机构改革中又赋予司法部指导面向社会服务的司法鉴定的职能。《行政许可法》颁布后,2004年又经国务院412号令赋予司法部管理司法鉴定机构和司法鉴定人两项行政许可事项。随之中央提出司法体制和工作机制改革的初步意见,2005年2月28日第十届全国人大常委会第十四次会议通过了《关于司法鉴定管理问题的决定》(以下简称《决定》),并于同年10月1日起正式实施。回顾这一发展历程,透过表象的背后可以发现当前我国所处时代的发展和社会变革的背景要求。

（二）体制改革的基本目标和基本内容

中共中央21号文件转发的《关于司法体制改革和工作机制改革初步意见》明确提出了改革司法鉴定体制，“建立统一的司法鉴定管理体制”的基本目标和四项要求。全国人大常委会的《决定》从解决制约司法公正和人民群众反映强烈的问题着手，从行政立法的视角，进一步规范了司法鉴定的管理主体、管理客体和业务范围，规范了诉讼主体、鉴定主体在司法鉴定活动中的若干行为，进一步明确了司法鉴定的概念，合理划定了《决定》的调整范围，揭示了司法鉴定的本质属性，确定了统一管理体制的基本框架和基本内容，确立了侦查职能、起诉职能和审判职能与司法鉴定管理职能相分离的原则，确立了鉴定机构的中立地位和鉴定人依法独立执业的要求，加强了对司法鉴定执业活动的规范管理和监督，从而把司法鉴定纳入到规范化、法制化和科学化的健康发展的轨道上来。

（三）体制改革的预期

司法鉴定体制改革的预期可分为不同层级，共同构成一个统一的整体，并服从系统的最高目标。主要包括以下几个方面的预期：

1. 司法鉴定体制改革的政策预期。政策预期要求明确鉴定范围和管理部门，统一准入条件和标准，规范执业活动，维护鉴定秩序，不断提高司法鉴定的科学性、权威性和公信力，促进并实现鉴定公正，着力解决鉴定过程中的突出问题和管理中的混乱状况。

2. 司法鉴定体制改革的制度预期。制度预期要求通过依法科学配置司法权和司法行政权，合理确立诉讼活动中各诉讼参与机关的鉴定管理职能、任务和分工，理顺国家统一管理与侦查机关的部门管理之间、司法鉴定主管部门的行业管理与技术鉴定主管部门的业务管理之间、行政管理与行业组织自律管理之间的管理关系，并建立起互相配合、互相协调和相互补充、相互衔接的管理机制、工作机制和运行机制，进而在司法鉴定管理和使用之间建立起制度化的有机衔接，最终构建起有中国特色的、适应诉讼需要的、符合宪政要求的、统一的司法鉴定管理体制。

3. 司法鉴定体制改革的价值预期。价值预期要求通过实现鉴定公正与程序公正、实体公正的相互配合和相互促进，适应和满足诉讼活动尤其是公正司法、及时裁判的需要，保障当事人的诉讼权利，为打击犯罪和保障人权，为实现司法公正、提高司法效率、树立司法权威，最终为维护公平正义、社会稳定和构建和谐社会服务。诉讼权是公民的第一人权，鉴定权是公民诉讼权利的一项重要内容，通过制度规定保障当事人鉴定权利的实现，是司法鉴定体制改革的价值目标之一，也是构建和谐社会的应有之义。

## 二、坚持以科学方法推动司法鉴定的健康发展

### (一)司法鉴定管理的现状

司法行政机关自《决定》实施以来,认真贯彻中央司法鉴定体制改革精神和《决定》,以"三大类"管理为基础,以规范管理和基础建设为重点,加大管理力度,规范执业活动,努力推进司法鉴定管理体制的改革和完善,积极发挥职能作用,实现了稳步发展。截止到2008年年底,全国在省级司法行政机关登记公告的鉴定机构有4464家,其中"三大类"2063家;司法鉴定人52,146名,其中"三大类"26,118人(副高职称以上的占63.5%),"三类外"26,028人(副高职以上占37.5%),绝大多数鉴定人已取得所在行业的职业资格证书。2008年,鉴定业务量为约90万件,其中"三大类"为约78万件,公检法部门委托的约占鉴定业务总数的60%。

全国省(区、市)司法厅(局)均已成立了专门的司法鉴定管理机构,17个省(区、市)建立了司法鉴定协会。全国已有175家机构通过认证认可,其中"三大类"通过66家。2009年,29个省(区、市)有1200多家机构参加了2500多项能力验证。组织全国同行专家修改审定《人体损伤程度鉴定标准》、《人体损伤致残程度鉴定标准》等鉴定实践中急需的16项技术标准、技术规范和35项非标方法。建立了投诉统计登记制度、重大违法违纪案件督办制度、投诉定期和不定期通报制度。2008年,全国共受理投诉1205件,占业务量的千分之一,经依法查处,给予行政处罚的67件,行政处理的151件,行业处分的30件。又如,湖北省近三年就撤销或注销鉴定机构66家、鉴定人资格580人,维护了正常的执业秩序。

### (二)当前存在的突出问题及产生的原因

《决定》实施以来,司法鉴定体制改革在克服困难中向前推进,统一管理体制已经确立,管理机构和管理队伍基本形成,管理制度基本建立。但司法鉴定体制改革和管理工作中仍然存在一些困难和问题。这些问题主要集中在以下几个方面:

1."其他类"司法鉴定管理混乱,多套名册共存问题严重。随着经济社会的不断发展,对于诉讼中大量需要的会计类司法鉴定、知识产权类司法鉴定、建筑工程类司法鉴定、涉农类司法鉴定、产品质量类司法鉴定、价格评估类司法鉴定、环境类司法鉴定、文物类司法鉴定等"其他类"司法鉴定,《决定》规定商"两高"确定,由于商"两高"机制难以操作,对这些鉴定类别的管理至今也未明确。实

践中，一些地方的法院对其他类司法鉴定，自行编制名册，搞"册中册"，有的将已进入司法行政机关编制的《国家司法鉴定人和司法鉴定机构名册》的司法鉴定机构排除在外，同时，又将许多未经司法行政部门审核登记，也未进入《国家司法鉴定人和司法鉴定机构名册》的中介机构纳入其名册。

2. 国家对社会司法鉴定机构缺乏必要投入和财政保障。实践证明，社会鉴定机构在维护社会和谐稳定，保障公民诉讼权利，促进司法公正中发挥着不可替代的重要作用。实现司法鉴定机构的可持续发展，需要仪器设备、人员培训、科研项目、认证认可等方面的投入。对于社会司法鉴定机构，由于长期以来国家没有相应的经费投入和财政保障制度，在有些地区已经影响到诉讼活动的正常进行。

3. 多头重复鉴定和久鉴不决现象依然存在。其主要原因为：一是分工原因。侦查机关、起诉机关和审判机关都有权进行或委托进行鉴定。二是当事人的原因。在诉讼活动中，当事人除有权提出重新鉴定外，还有些当事人出于趋利避害的动机，往往就同一鉴定事项多次申请鉴定（刑诉中）或委托鉴定（民诉中）。三是资源配置的原因。目前有不少地区缺少一批高水平的鉴定机构。四是技术管理原因。由于管理体制不统一，导致司法鉴定实施程序、技术标准、技术规范不统一等问题并未得到有效解决，这也是造成重复鉴定、久鉴不决的重要原因之一。五是立法和司法的原因。由于在司法审判活动中，缺少对鉴定次数的限制和对鉴定意见的评价标准和程序，加上法庭举证、质证、认证规则和鉴定人出庭作证制度不完善，导致在审判中有的法官过于依赖鉴定意见，不能有效履行对证据的审查判断职能，难以及时采信。六是鉴定科技条件的原因。由于司法鉴定仪器设备和技术方法不仅受到当代社会科学技术发展水平和工程技术能力的限制，而且还要受各鉴定机构自身经费投入、技术能力和认知水平的制约。

除此之外，还存在"三大类"司法鉴定多头管理问题仍然突出，《决定》的相关配套制度还不完善，影响司法鉴定管理体制改革进程等问题。

**（三）运用科学方法推动司法鉴定实现健康发展**

30 年改革开放的伟大实践表明，只有掌握并运用科学的方法，才能实现真正意义的科学发展。思想解放的过程是从行为活动到思想观念再深入到思维方法的相互交集状态下的双向互动过程。目前，司法鉴定工作仍处于开创阶段，要想实现司法鉴定的科学发展，必须真正掌握并善于运用科学的方法，必须从发展理念、发展战略、发展模式和实现途径上不断实现新转变，取得新进展。

系统方法是实现司法鉴定科学发展的科学手段和有效途径。系统科学是从普遍存在于客观世界的各种复杂系统的结构、层次、功能、性质等侧面去研究整个客观世界的。而建立在运筹学、控制论、信息论和耗散结构论、协同论、突变论等现代科学技术理论成果和解决各种复杂问题实践(如1960年阿波罗登月计划的成功,被公认为系统工程理论和实践成功的典范)基础上的系统科学,也是思维方式转变的产物。学习掌握并在实践中有效运用系统的思维方法和工作方法,将统筹兼顾、全面规划、局部服从全局等原则从朴素的自发性应用提高到在司法鉴定领域中的自觉运用,从日常经验提高到反映司法鉴定组织管理工作客观规律的科学理论,是对司法鉴定管理工作提出的新要求。掌握和自觉运用系统科学辩证法、系统科学认识论和系统科学方法论,才能实现司法鉴定事业又好又快地发展。

## 三、司法鉴定必须主动适应当今时代科学发展的要求

### (一)科学性是司法鉴定的本质属性

实现科学发展是司法鉴定的本质属性。司法鉴定的本质属性就是法律性与科学性的有机统一,实现科学发展是司法鉴定自身发展最直接、最有效、最根本的内在要求。为了保证司法鉴定的可靠性,科学技术人员必须根据科学原理,遵循科学规律,采用科学方法,运用科技装备,开展科学技术实证活动。司法鉴定的科学性主要体现在三个方面:一是客观性。司法鉴定不仅是认定案件事实的基本依据,也是科学认识其他证据的重要方法和手段,司法鉴定是以科学技术为生命的。司法鉴定的实施过程就是一个客观认识、分析判断和得出结果的过程。司法鉴定意见也应当是科学认识的结果。二是专业性。鉴定结论的可靠性取决于它产生的过程和方式,取决于它的专业化、职业化程度和专业技术水平。司法鉴定的专业性,主要指的是专业技术机构的专业技术人员,根据专业技术理论、知识和方法,采用专业技术设备和手段,按照专业技术程序规范和技术标准规范的要求,对专门性问题,进行识别、比较、认定、评判,并得出专业性结论的活动。三是统一性。不仅自然规律、科学原理和技术方法、技术标准具有统一性,而且鉴定程序和鉴定人资质要求上也具有统一性,以此保障鉴定的同一性和可比性。

### (二)实现科学发展是司法鉴定的内在要求

实现科学发展是司法鉴定的内在要求。司法鉴定依据的基本原理和使用的仪器设备、技术方法、技术标准等涉及自然科学、社会科学和工程技术三大领域,所面对的鉴定事项和要求不少具有跨学科、跨领域和综合交叉的特点。为了保证司法鉴定的可靠性,科技人员必须根据科学原理,遵循科学规律,采用科学方法,运用科技装备,才能开展科学技术实证活动。因此,如何通过科学、规范、统

一的管理体制和合理的运行机制，有效整合有限的鉴定资源，发挥最佳效用也是一个必须面对和解决的问题。此外，《决定》所规定的统一管理体制，是在打破以往建立在人、财、物隶属关系基础上的部门或地区所有的体制，而以“行为管理理论”为基础建立起来的。

**（三）司法鉴定必须适应当今时代科学发展的基本要求**

1. 司法鉴定应当满足经济社会发展和民主法治建设的基本要求。改革开放以来，我们党的治党治国的基本理念、基本方略发生了重大转变。党的“十四大”确立了社会主义市场经济体制，党的“十五大”提出了依法治国方略，开始把各行各业纳入到法治的发展轨道，党的“十六大”提出建设小康社会的目标，党的十六届六中全会又提出了建设社会主义和谐社会的指导思想、目标任务和基本原则，提出要全面推进社会主义的经济建设、政治建设、文化建设、社会建设和生态文明建设一体化的协调发展。党的“十七大”提出了推进民主政治建设，深化司法体制改革，加快行政管理体制改革和深化科技管理体制改革等方面的任务，司法鉴定工作更应当如此。

2. 司法鉴定应当适应司法制度尤其是诉讼模式、审判方式和证据规则改革发展的方向和要求。我国的诉讼模式由超职权主义向当事人主义与职权主义相结合转变，在诉讼制度上提出了控审分离、控辩平等和裁判中立等结构性原则。在诉讼活动中应当树立打击犯罪与保障人权并重，实体公正和程序公正并重，公正与效率并重，维护社会秩序与保障人权并重的现代司法观念。在司法鉴定制度上也必须改变法官包揽举证责任、国家包办鉴定事项、政法机关垄断鉴定权力和政法部门各搞一套的状况。刑事诉讼目的、模式和审判方式的转变直接决定了司法鉴定在诉讼中的地位和作用，决定了司法鉴定体制改革的方向和目标。

3. 司法鉴定应当满足司法活动日益复杂化、专业化、综合化发展的需求。随着和谐社会的构建，党委、政府和社会各界越来越多地将各类重大政治、经济和社会问题纳入到法治的轨道上来解决，司法活动中面对的各种法律问题日益专业化、复杂化和综合化。由于没有全知全能的法院和什么都懂的法官，应对各种各样、日益叠加和相互交叉的各类问题，只能通过科学合理的制度设计，充分依靠社会现有的各类专业机构和专业人员，帮助诉讼各方及时、有效地解决司法活动中遇到的各种专业的复杂的和综合性的问题。这恰恰符合高度专业化分工与更加广泛密切的社会协作相统一的社会发展规律的基本要求，同时也顺应了当今国际上诉讼科学化、民主化和文明化的发展潮流。

4. 司法鉴定应当符合司法鉴定基本属性和基本定位的要求。司法鉴定是法律性与科学性的有机统一。建立统一管理体制是为了实现鉴定公正，进而通过实体公正、程序公正与鉴定公正的统一适配和内在协调，促进并实现司法公正。由于司法鉴定既是一种科学技术实证活动，同时也是依法参与诉讼的活动，因此，司法鉴定活动既要遵守司法活动的程序和要求，也要遵循科技工作的客观规律和技术规范。这种双重属性决定了司法鉴定的发展方向、管理体制和管理模式，作为一种客观因素较高的可量化、可检测的技术手段，是一种法定的证据调查方法、一种国家层面的司法证明制度。

**（四）构建司法鉴定科技支撑体系①**

1. 司法鉴定必须不断主动适应科学技术的新发展、新要求。20世纪中叶以来，随着知识社会、信息时代的到来，科学技术对社会的影响，科技发展的社会条件和社会需求都发生了根本性变化，尤其是技术科学、检测手段和实验室的发展，涌现出一大批技术先进、方法可靠和精密度高的检测、检验的技术方法，并运用于公共管理和公共服务的领域。要保证司法鉴定的科学性、权威性，充分有效地发挥司法鉴定的制度功能，一方面要依赖于科技创新发展的牵引和支撑，另一方面也有赖于现有技术的充分运用。这都需要对现有技术发展及潜力的认识，注重技术发展及其综合集成的能力和潜力，以及在可预见程度上对技术开发利用的能力和潜力。

2. 司法鉴定行业与科技行业缺乏应有的制度联系。由于历史和体制的原因，我国司法鉴定实践中目前使用的技术方法大多都是从相关的学科专业领域中转换过来并在司法鉴定应用实践中逐步成型的，只有少量是专门根据司法鉴定的需求研制的。也就是说，我们还没有能从体制上形成科学技术与司法鉴定的双向交流和双值交集的良性互动机制。因此，如何将先进成熟的技术方法及时有效地应用于司法鉴定领域，如何主动适应司法活动的急需，研发综合交叉和复合联用的鉴定专用技术方法，如何及时淘汰过时、落后的技术方法等，都缺乏制度规定和相关机制，这直接影响到司法鉴定的科学性和权威性，关系到司法鉴定能否走上可持续发展的轨道。

3. 构建司法鉴定科技支撑体系。司法鉴定科技支撑体系架构可简要概括为"一个架构、两个领域、六个系统"。(1)"一个架构"，即建立司法鉴定科技支撑体系的系统工程架构。将司法鉴定科技支撑体系的建设，视为一项基于广义的司法鉴定系统（包括司法鉴定管理系统）与其重要环境——广义的科学技术系统（包括科学技术管理系统）之间良性互动关系的系统工程，从系统工程中的

① 中国科协决策咨询课题：《司法鉴定领域科学技术的支撑作用和准入机制研究报告》（2009年10月未刊稿），"绪论"，第2~7页。

"I(输入)→P(处理)→O(输出)过程模型"看待司法鉴定领域的科技要素"进入(准入)—适用—退出(淘汰)"机制。(2)"两个领域"。指广义的司法鉴定系统所包括的两大领域:一是司法鉴定执业活动领域——由专业人员运用科学技术手段直接进行诉讼等领域的事实认定活动;二是司法鉴定管理活动领域——由司法鉴定主管部门对司法鉴定机构和司法鉴定人及其执业活动进行全行业、全过程和动态化管理。(3)"六个系统"("2+4")。在六个系统中,1~4为专门应用系统;5~6为综合应用系统。一是司法鉴定科技信息系统,由用于司法鉴定领域与科学技术领域间双向交流的司法鉴定科技要素供需信息系统及丰富的证据科技信息库构成。二是司法鉴定专家系统,由相关专业的科技专家(科技主体)资质评价管理系统及权威的司法鉴定专家库构成。三是司法鉴定技术装备系统,由司法鉴定技术装备(科技手段)评价管理系统及引入司法鉴定领域的先进、适用的司法鉴定科技装备构成。四是司法鉴定技术规范系统,由司法鉴定技术规范管理系统及完善的司法鉴定技术程序与技术标准库构成。五是司法鉴定业务信息系统(包括司法鉴定业务信息库),用于司法鉴定机构和司法鉴定人进行司法鉴定业务活动,具有综合调用其他相关信息系统的接口。六是司法鉴定管理信息系统(包括司法鉴定管理信息库),用于国家司法鉴定管理机关进行统一的司法鉴定管理活动,具有综合调用其他相关信息系统的接口。

4. 建立完善司法鉴定科技支撑体系的预期。发挥司法鉴定主管部门和科技团体行业主管部门的作用,在优势互补的基础上,从制度上不断促使先进成熟的科学技术运用于司法鉴定领域,及时淘汰落后和不适合的鉴定技术方法,以保证司法鉴定的科学性、可靠性和权威性,并最终实现司法鉴定的可持续发展。一是促使新的科学技术,能够持续不断地通过一定的机制及时进入司法鉴定以及司法证明的领域。二是能够不断过滤、淘汰过时的或可靠程度已不符合或达不到证明要求的技术方法。三是通过建立科技行业对司法鉴定行业的系统化支持的体制机制,可持续地提高科技对促进司法公正、提高司法效率、树立司法权威的贡献率,运用先进成熟的科技手段充分保证鉴定意见的可靠、可信和权威,得以有效发挥其保障司法、服务诉讼、化解矛盾纠纷的功能作用,以期最终建设一个奠基于事实真相之上的诚信而公正的和谐社会。

## 四、司法鉴定科学定位是提高社会管理能力的基础

### (一)司法鉴定的基本定位

司法鉴定意见是一种法定证据,司法鉴定制度是司法活动顺利进行的重要

保障制度之一，司法鉴定管理是司法行政的一项重要工作。正确把握司法鉴定在法治体系中的基本定位，依法履行法律赋予的公共管理和公共服务的职责，是司法鉴定管理工作获得有效性的前提。我们可以从以下三个维度来把握司法鉴定的基本定位。

1. 司法鉴定在证据制度中的定位。司法鉴定的双重属性决定了在实施司法鉴定活动时，既要严格遵守司法活动的诉讼程序和法律规定，也必须遵循科技活动的客观规律和技术规范。这种双重属性决定了司法鉴定作为一种客观因素较高的可量化、可检测的技术手段，在诉讼中尤其是在审判活动中是一种法定证据和证据调查方法，具有直接认定案件事实和判断其他证据的特殊功能及关键作用，这源自于它作为科学证据的本质属性和基本特点而具有的科学性、权威性和公信力的统一。

2. 司法鉴定制度在司法制度中的定位。在"十一五"规划中，司法鉴定曾经与律师、公证、法律援助、经济仲裁等共同作为法律服务纳入了"规范发展商务服务业"一节。党的十六届六中全会的决定中，对司法鉴定的制度定位作出了重大调整，将其与检察监督、刑罚执行、教育矫治、刑事赔偿、司法考试等并列为司法保障制度。由此可知，司法鉴定制度既是司法制度的组成部分，又是维护和促进司法公正，保证司法活动顺利进行的司法保障制度。

3. 司法鉴定管理工作在国家管理中的定位。《决定》所规定的新的管理体制，是建立在跨地区、跨部门基础上的，可分为三个层面：一是国家管理。《决定》赋予了司法行政部门代表国家行使司法鉴定管理的职能，这是一种跨地区、跨部门的全行业、全过程和动态化的管理。二是社会公共管理。司法鉴定是司法保障和司法辅助制度。司法鉴定作为一种诉讼活动，提供的是一种公共产品，具有社会公共属性。三是行政许可管理。依照《决定》规定，鉴定机构和鉴定人必须事前到司法行政机关进行登记，而根据《行政许可法》的规定，登记是一种法律概念，登记管理是一种法律行为。登记是行政许可的五种形式之一，根据《行政许可法》有关"谁许可谁负责，谁登记谁管理"的规定，司法鉴定登记管理既是一种行政许可的行为，也是一种行政管理的行为。

**（二）提高社会管理能力和公共服务水平**

司法鉴定管理是以行为管理为基础，以行业管理为主线，直接管理与间接管理相结合，行政管理与行业协会自律管理相结合，法律手段、行政手段和技术手段相结合的。司法鉴定体制改革后，司法行政机关不能简单依靠过去那种建立在所有制关系基础上的行政命令和直接管理的方法进行管理，必须更新观念，转变思路，改革管理监督和执法方法及手段。具体来说，一是要在现代司法理念指导下,依法管理、依法办事和依法行政,要尽快转变传统管理观念,从直接管理向间接管理转变。二是管理的手段要从单一的行政管理手段向多元(政策、制度、技术)管理手段转变,要在分工专业化和鉴定资源有效配置的背景下,充分发挥政府管理与社会管理和自律管理相结合、相配合的作用。三是司法鉴定体制改革不仅涉及各政法部门间的职能调整和体制改革,而且直接触及利益格局的变化和观念的更新。司法行政机关在履行法定职能时,必须从系统观点出发,坚持局部利益服从整体利益,眼前利益服从长远利益的原则。从民主法治建设和司法体制改革的大局出发,推进司法鉴定体制改革,从政治体制改革的大局出发研究解决问题,从构建和谐社会的角度把握司法鉴定体制改革中遇到的困难和面临的问题。

**(三)司法鉴定人依法独立执业**

司法鉴定人在诉讼中保持中立地位,依法独立执业是保障司法鉴定活动客观公正的内在要求:一是在司法证明活动中,保持中立地位是程序公正的基本要求。二是在进行科学技术活动时,排除主观人为因素的干扰,保持中立性和独立性。三是程序正义的要求,根据"任何人都不能成为自己的法官"的原则要求。四是作为一种证明和评价活动,在当事的第一方和第二方之间,保持其第三方的中立地位是权威性和社会公信力的基本保障。只有第三方评价(由无利益关系和无利害冲突的第三方权威机构作出证明或评价)才具备被普遍接受和采用的基础,所以能够"一个证明,多方使用"。

## 五、完善司法鉴定统一管理的体制和机制

**(一)统一管理的基本规范**

根据中央改革精神和《决定》,统一管理的基本规范主要指以下8个方面:(1)统一的适用范围和主管部门方面的规范要求;(2)统一的准入管理方面的规范要求;(3)统一的名册管理方面的规范要求;(4)统一的执业活动监督管理方面的规范要求;(5)统一的技术管理方面的规范要求;(6)统一的权利、义务方面的规范要求;(7)统一的违规处罚管理的规范要求;(8)统一的管理方面的基本要求。

**(二)统一管理的基本范畴**

司法鉴定是自然科学、社会科学和工程技术的跨学科综合运用,因此,司法鉴定统一管理的制度体系包含三大基本范畴:一是法律规范。如统一的鉴定启动制度、鉴定责任分配制度、举证质证、采信制度和鉴定人出庭制度等。二是行

政规范。如统一的审核登记、名册编制和公告制度、统一的名册管理使用制度、执业类别管理制度和统一的收费管理制度、鉴定机构资质管理评估制度、鉴定质量管理评估制度和鉴定人诚信等级评估制度以及统一的证书管理制度、鉴定人负责制度、鉴定机构管理制度、违规处罚制度等。三是技术规范。统一的司法鉴定程序规范、技术标准规范、技术操作规范以及统一的认证认可制度规范等。此外,还应当包括职业道德、执业纪律、执业行为规则等职业伦理规范。

从实践需要看,统一管理的基本要求是:统一准入条件、统一鉴定名册、统一鉴定事项、统一执业分类、统一实施程序、统一技术标准、统一出庭办法、统一权利义务、统一职业伦理、统一处罚要求。在此基础上,逐步形成司法鉴定统一管理要素的基本架构。

建立统一管理体制、实现统一管理的目的:一是通过准入管理、名册管理、执业管理和处罚管理,维护正常的鉴定秩序和执业环境。二是通过组织制定和颁布统一的道德规范、行为规则和行业要求,规范管理行为和鉴定行为。三是通过统一规范鉴定程序、鉴定方法和鉴定标准,保障司法鉴定机构的中立地位、司法鉴定人的独立身份、司法鉴定程序的公开公平和司法鉴定行为的客观公正。

**(三)完善司法鉴定的三级管理体系**

2006年7月中编办批复同意司法部设立司法鉴定管理局并明确十项职责。2008年7月,在国务院机构改革进一步明确司法部司法鉴定管理职能的同时又赋予了一项新的职能,即负责国家级司法鉴定机构的遴选和管理工作。在统一规范地市一级司法行政机关的管理职责和任务的基础上,建立起分级管理、分类指导的司法鉴定三级(部、省、地)管理体系。

**(四)完善科学合理的工作机制**

以科学发展观为指导,建立完善统一管理的工作机制(包括四个方面的管理关系和与之相适应的工作机制)。这种工作关系可归纳为四个方面:第一种是政府主管部门与行业协会的关系;第二种是司法鉴定行业主管部门与技术鉴定业务主管部门的关系;第三种是国家司法鉴定管理部门与侦查机关管理部门的关系;第四种是司法鉴定管理部门与司法鉴定使用部门的关系。与之相适应的管理机制:一是要建立起行政管理与行业协会管理的相结合管理机制;二是要建立司法鉴定主管部门与其他业务部门相补充的双重管理的工作机制;三是要建立国家司法鉴定行业管理部门与各侦查机关部门管理相配合的管理机制;四是要建立司法行政机关和审判机关之间相衔接的运行机制。

**(五)加强规范化、制度化、科学化建设**

基本制度是完成统一管理体制的关键。主要包括以下内容:一是司法鉴定机构及司法鉴定人的准入登记制度；二是国家司法鉴定机构和司法鉴定人名册管理制度；三是司法鉴定执业类别规范管理制度；四是司法鉴定活动实施程序、技术标准和操作规范制度；五是司法鉴定执业活动监督、检查和评价制度；六是司法鉴定机构的内部规范管理制度；七是司法鉴定收费管理制度；八是司法鉴定继续教育制度。除上述8个方面的基本制度外，对一个完善的管理体制而言，还应当制定其他相关规章制度，如《司法鉴定职业道德基本准则》、《司法鉴定执业行为规则》、《司法鉴定执业活动分类规范》、《司法鉴定机构资质评估办法》、《司法鉴定人诚信等级评估办法》、《司法鉴定人出庭作证办法》，等等。

作为一种国际上广泛采用和公认的技术准入门槛和质量控制体系，在司法鉴定领域推动开展认证认可是提高司法鉴定意见科学性、可靠性的重要保障和实现手段。在司法鉴定领域开展认证认可的目的旨在通过认证认可这一具有国际可比性的公认手段有效促进鉴定机构建立完善质量控制体系，以保证鉴定的科学性和可靠性，逐渐形成既符合国际标准，又符合司法鉴定行业特定要求，适应我国司法鉴定可持续发展需要的认证认可制度和评价机制，为司法鉴定登记管理、质量管理、资质管理、监督管理、分类管理、收费管理和检案管理提供技术支撑和可靠依据。

**（六）加强司法鉴定管理平台建设**

为实施有效的管理，促进司法鉴定的科技进步，需要设立三大支撑平台。

1. 设立司法鉴定行业自律管理的综合平台，即司法鉴定协会。符合司法鉴定管理要求的司法鉴定人员和司法鉴定机构组成全国性和地方性的司法鉴定协会，开展行业自律，加强内部监管；协助政府司法行政部门的监督管理；维护司法鉴定人和司法鉴定机构的合法权益；完善行业自律管理机制，对司法鉴定机构和司法鉴定人的职业道德和执业纪律进行监督检查以及行业处理；参与制定司法鉴定操作规程、技术规范和鉴定标准、司法鉴定机构资质评估标准以及司法鉴定质量、诚信考核办法；组织会员开展学术交流、理论研讨、疑难典型案例分析等活动；组织会员进行继续教育与培训，沟通业务信息，等等。

2. 设立司法鉴定技术支撑平台，即司法鉴定认证、认可和技术标准委员会。设立司法鉴定认证认可委员会，对司法鉴定机构的资质和能力展开认证、认可工作，对司法鉴定人员的诚信等级进行评估，有助于促进司法鉴定机构和司法鉴定人员的业务能力。设立司法鉴定技术标准委员会，由各行业顶尖专家组成，充分运用现有先进科技成果和理论，结合诉讼实践，制定不同类型司法鉴定的技术标准，实现司法鉴定技术标准的规范化、统一化，有助于推动司法鉴定技术的进步，实现诉讼公正。

3. 设立司法鉴定理论与实务研究平台，即设立证据科学与司法鉴定研究学会。研究会主要集中司法鉴定技术专家、诉讼法学、司法制度、证据法学专家，并将法学专家和司法鉴定技术专家整合在一起，通过共同的交流与探讨，推动司法鉴定技术进步，实现司法鉴定活动和诉讼活动的无缝结合。

## 六、转变发展观念，实现司法鉴定行业的可持续发展

### （一）转变发展理念，创新发展思路

以科学发展观为指导，在发展理念上要走出认识上的误区：一是走出重职权鉴定机构轻社会鉴定机构的误区。那种认为职权鉴定机构出具的鉴定结论具有天然的正当性和正确性，而社会鉴定机构出具的鉴定结论难以与国家队相比的认识是完全不符合事实的。如果只限于法医、物证而言，职权鉴定机构经过国家重点投入和长期积累，目前拥有较多的资源。但如果我们把眼光投向经过近60年建设的国家和社会拥有的科技资源，不难发现，从总体上和长远来看，其实力、水平、条件是职权鉴定机构无法相比的。事实上，《决定》实施后的几年，随着大批依托高等院校、科研机构、质检机构、医疗机构等国有优质科技资源建立的社会鉴定机构不仅批量进入传统的法医、物证领域，而且在新兴的鉴定领域，更是占据主体地位，社会鉴定机构的实力正在不断增强，并发挥着主渠道作用。应该说，它们都是我国司法鉴定的重要组成部分，具有平等的诉讼地位，都有共同的追求目标，只是在诉讼中的分工和作用不同而已，两者既相互补充、相互促进又相互竞争、相互制衡。二是走出重刑事案件轻民事案件的误区。由于人们的目光大多都在关注刑事诉讼中的司法鉴定的管理体制改革问题，往往忽略了民事诉讼中的司法鉴定更加广泛地关系到公民合法权益的保护。按照法律和政策规定，侦查机关没有参与解决经济纠纷和民事案件的职能。从近几年发生的群体性事件看，有些地方侦查机关参与这类案件的效果并不好，不仅没有得到当事人的认可，而且还影响到群众对侦查机关的看法。

### （二）努力实现司法鉴定的可持续发展

司法鉴定实现科学发展的基本要求。一是从外部看，司法鉴定必须主动适应我国经济社会发展和建设小康社会、构建和谐社会对民主法治建设提出的新任务、新要求；从内部看，司法鉴定制度必须与司法制度、诉讼制度、审判方式的改革和发展相适应、相协调，并为诉讼活动的顺利进行，特别是为司法审判活动提供可靠的技术保障和优质的专业化服务。二是能否实现可持续发展取决于是否充分发挥司法鉴定制度的功能作用。而功能作用的发挥又取决于司法鉴定的

质量。因此，司法鉴定必须坚持以质量管理为核心，以资质管理为基础，积极推进司法鉴定机构的认证认可，建立完善质量控制体系，最终目标是建立中国特色社会主义司法鉴定制度。

**（三）实现“三大类”和“其他类”司法鉴定的协调发展**

实现“三大类”和“其他类”的协调发展和规范管理，是不断满足诉讼活动、尤其是审判活动的迫切需要。《决定》第2条第4款确定的授权机制，是解决这一问题的法律依据，而诉讼活动的需要则是统一管理的前提。对于《决定》未规定的“其他类”（“三类外”、“第四类”）在诉讼需要与管理上的矛盾日益突出。这个问题的关键，并不在于该不该管（目前都在争着管），而是依据《决定》的立法目的和宗旨，该由谁来管和如何管。当前法律界和法学界已达成普遍共识，即不论是“三大类”还是“其他类”的司法鉴定，法律均没有规定或授予法院司法鉴定的管理权，人民法院也不宜行使管理权，这是由司法权的基本性质和人民法院在诉讼中的中立地位所决定的。因为在刑事诉讼中，实行的是控辩式审判方式，控方负有举证或证明责任，在民事诉讼中，则实行“谁主张，谁举证”的规则。如果法院对此进行管理会出现两难局面：如果法庭未予采信，其后果得由法院承担；如果法院采信了，对于另一方当事人则存在程序上的不公正。此外，还会产生收费的问题。笔者认为，“三大类”鉴定主要与刑事诉讼有关，因此《决定》直接纳入规范管理的范围。而“其他类”的鉴定事项大多适用于民事诉讼，数量大，品种多，一时难以明确范围，但绝不应排除在外，而是应通过确立授权机制，将其纳入规范化、法制化的发展轨道。鉴于司法鉴定管理体制改革与我国司法体制改革是相互适应、相互配合、协调发展的，因此，首要应把“三大类”范围以内的鉴定事项规范管理起来，然后再根据诉讼需要，尤其是司法审判工作的急需、社会发展的急需、当事人诉求的急需，商“两高”确定，逐步增加新的鉴定事项。这个问题的解决主要取决于三个因素：一是是否属于诉讼需要；二是符不符合法制化、规范化的发展方向，不得与《决定》的基本规定相冲突；三是是否符合发展规划和合理布局的要求，应有利于统一管理体制的建立。在这里，必须指出的是，我们没必要也不可能将所有的鉴定活动和鉴定事项都纳入统一管理的范畴。一般说来，拟纳入登记管理范围的鉴定事项除应符合上述条件外，一般还需要具备四个相关因素：(1)行业技术鉴定主管部门是否具有行业管理和指导的职能，是否提出纳入统一管理的要求；(2)有无统一的技术鉴定机构准入和管理办法；(3)有无统一的技术鉴定人的职业资格制度或审核管理认证认可办法；(4)有无统一的技术标准和技术规范。

### (四)实现职权鉴定机构与社会鉴定机构的协调发展

司法鉴定制度是司法制度的重要组成部分,发挥着保障和服务诉讼活动的功能作用。在刑事诉讼中,需处理好侦诉关系、诉审关系、控辩关系。一方面,司法鉴定不仅要保证侦查、起诉工作的正常进行,更要保证司法审判工作的顺利进行;另一方面,司法鉴定既要保证诉讼机关依法正确履行侦查、起诉和审判职能,行使公权力,也要保障被告的诉讼权利,共同促进司法公正、维护公平正义,达到维护国家与社会安定的目的。因此,必须实现职权鉴定机构(技术侦查手段和诉讼证据之间有明显区别)与社会鉴定机构的总体平衡和协调发展。这是因为,两者的诉讼地位是平等的,目的是一致的。从这一点上讲,在刑事诉讼中,职权鉴定机构力量再强大既不应该,也不可能取代社会鉴定机构;职权鉴定机构出具的鉴定意见再可靠,也不能剥夺被告人的鉴定权利。恰恰相反,两者应当既相互补充、相互促进,又相互竞争、相互制衡。

不论职权鉴定机构还是社会鉴定机构都属于《决定》调整的范围,都是为了保证诉讼机关依法履行职能,保障当事人的诉讼权利,促进并实现鉴定公正,维护司法公正和社会公平正义等。两者在诉讼中同样发挥着司法证明的功能作用,只是服务面向和分工不同而已。从国际上看,要实现司法鉴定机构的可持续发展,有五个方面的要求:(1)地位中立化,即在诉讼中具有独立于诉讼机关的中立第三方证明机构的社会地位。(2)规模集约化,即讲究规模效益,发挥高度专业化、职业化的优势。(3)定位公共化,即既要保证公权力运行,又要保障公民的诉讼权利,其提供的公共产品,具有公共属性、公益性质,由公共财政保障。(4)技术高新化,即技术方法、技术装备不断更新,有的甚至引起司法证明方法、制度的革命性变化。(5)运营公司化,即采用公司治理结构,讲究投入产出,打破铁饭碗。

司法鉴定制度的改革是一项长期的工作,既需要诉讼制度、证据制度和行政管理制度的配合,又需要立法、司法以及其他社会活动的支持,更需要涉及司法鉴定的机关在法制统一和维护改革大局上的努力。其改革成果应当不断满足人民群众日益增长的诉讼需求,维护公民的合法权益,维护公平正义,维护和谐稳定的社会秩序。

(2010年第3期)

# 鉴定人与专家证人制度的冲突及其解决

## ——评最高院有关专家证人的相关答复

郭 华*



诉讼活动因遭遇专门性问题衍生了查明事实真相的障碍。立法为消除障碍将拥有专门知识的人作为诉讼参与人安置在诉讼程序之中,并在不同的诉讼模式中形成了各具特色的鉴定人与专家证人制度。无论是鉴定人还是专家证人,作为不同诉讼模式的产物各有利弊。鉴定人制度相对专家证人制度显得有些僵硬,专家证人制度相对鉴定人制度又过于灵活,均在司法实践中因适用效果不太理想而需要改革。大陆法系国家对鉴定人制度的改革主要是缓解其固有的僵硬,旨在降低鉴定人"知识权力"地位给查明事实真相带来风险。其中,日本、意大利在此方面的改革被视为典型的代表。鉴定人制度是职权主义的产物,虽然日本和意大利在对职权主义诉讼模式的改革中吸收了当事人主义的众多因素,但并未移植专家证人制度来替代鉴定人制度,也没有建立鉴定人和专家证人并行的机制,仅仅在鉴定人制度的基础上添加了协助当事人质证鉴定结论的"技术顾问"或者"专家辅助人",这在一定程度上化解与弥补了鉴定人制度的风险与不足。然而,在职权主义还相当强劲的中国,司法机关在此方面的改革却践行了不同于其他职权主义国家诉讼模式的改革思路,2009年12月23日最高人民法院"公布对网民31个意见建议答复情况"(以下简称"建议答复")中公开承认中国法院已经实行了专家证人制度。其具体表述如下:

"专家证人制度在我国施行时间不长,但最高人民法院十分强调要注重发挥专家证人的作用,积极鼓励和支持当事人聘请专家证人出庭说明专门性问题,并促使当事人及其聘请专家进行充分有效的对质,更好地帮助认定专业技术事实。专家证人既可以是外部人员,也可以是当事人内部人员,在涉外案件中还可以是外国专业技术人员。专家证人与事实证人不同,不受举证时限的限制,在二审程序中也可提供。专家证人的说明,有利于法官理解相关证据,了解把握其中

---

* 作者单位:中央财经大学法学院。

本文系司法部"国家法治与法学理论研究项目"(08SFB1005)和上海市教委重点学科司法鉴定项目(J51102)研究的阶段成果。

的技术问题，有的本身不属于案件的证据，但可以作为法院认定案件事实的参考。”①

最高人民法院在“建议答复”中，不仅说明与解释了中国已经实行“专家证人”制度的历史及其功能，而且传达了移植英美法系国家“专家证人”的积极态度与现状。但细致考察“建议答复”的基本内容与内在体系结构，其忽明忽暗的专家证人地位以及作为证据的内部冲突，却令人疑窦丛生。最高人民法院的“建议答复”中认为，“专家证人与事实证人不同，不受举证时限的限制，在二审程序中也可提供……有的本身不属于案件的证据……”从其答复的逻辑结构可以得出结论：在诉讼中存在“不属于案件的证据”的专家证人和“属于案件的证据”的专家证人。随之降临的问题是，专家证人作为参与诉讼的人为什么有的“属于案件的证据”，而有的“不属于案件的证据”以及“不属于案件的证据”的专家证人是否还具有专家证人身份？法院依照何种标准判断“属于案件的证据”的专家证人与“不属于案件的证据”的专家证人？他们在诉讼中的地位如何以及权利义务又该如何安排？移植的专家证人与我国鉴定人在诉讼中如何保持协调？专家证人与鉴定人在职权主义模式下能否共存？对这些问题的理解以及相应的诉讼实践不仅需要相应语境、背景和制度的接纳，而且还需要从概念、含义和规则上予以必要的疏通。否则，空置概念或者摆设不当会陷入“非驴非马”的范畴囚笼，甚至还会因制度的冲突以及诉讼角色的抵触导致诉讼结构的混乱，其运行机制也会因不相衔接致使使用者不知所措。更为严重的是，其有可能影响我国现行司法鉴定制度的改革。本文针对上述的一些疑问，从证据理论、证据制度、鉴定人制度以及两大法系有关鉴定制度或者专家证人制度改革等方面对最高人民法院“建议答复”中有关专家证人问题进行探析，力求对此能够从理论上正本清源，防止带有规范性的“司法指导”造成理论上的混乱和制度上的冲突，使步履维艰的司法鉴定制度改革再度陷入尴尬的境地。

## 一、专家证人与我国证据理论与制度的冲突

最高人民法院“建议答复”认为，有的专家证人“属于案件的证据”。这些属于案件证据的专家证人是否符合我国的证据理论、制度以及证据的基本属性呢？如果不符合，将专家证人作为“案件的证据”是否能够解决因此带来的冲突以及

① 参见2009年12月23日最高人民法院新闻发布会“对网民31个意见建议答复情况”，载http://www.chinanews.com.cn/gn/news/2009/12-23/2034784.shtml。

在理论上与制度上的矛盾?如果这些问题不能得到很好的解决,在证据制度中强行塞进专家证人就会造成证据理论的混乱和出现制度的排斥,还会使司法实践陷入无所适从的困境,导致诉讼应有的稳定性结构被瓦解,程序的安定性遭到重大冲击。有鉴于此,有必要将对专家证人的探讨放置在我国证据理论和制度的背景下进行,使其能够在证据意义上获得较为清晰的答案。

**(一)专家证人与我国证人制度的冲突**

大陆法系国家的证人不同于英美法系国家宽泛的证人,也不同于理论上的“人证”,其特指除当事人以外的了解案件情况向司法机关陈述亲身感知事实的第三人。我国《民事诉讼法》第70条规定:“凡是知道案件情况的单位和个人,都有义务出庭作证。……不能正确表达意志的人,不能作证。”《刑事诉讼法》第48条规定:“凡是知道案件情况的人,都有作证的义务。生理上、精神上有缺陷或者年幼,不能辨别是非、不能正确表达的人,不能作证人。”这些规定表明证人是当事人以外的第三人,而当事人委托的诉讼代理人以及刑事诉讼的辩护人是被排除在外的。从最高人民法院“建议答复”中“积极鼓励和支持当事人聘请专家证人出庭说明专门性问题”的规定来看,当事人聘请的专家证人无论是外部人员还是内部人员,其中立性与作为证人的第三人相比均相去甚远,完全脱离了我国以及大陆法系国家证人所具有的本质含义,在制度上与我国证人制度无法兼容,并因证人规则的无法适用而加剧其在制度上的冲突。

我国诉讼法未对证人“知道案件情况”的方式作出明细化的规定,这似乎给专家证人的移植预留了空间,以致有的学者认为,证人是对案件情况进行证明,这样的情况应当包括科学和技术争点。专家证人的证言有时也未必是纯粹的意见,它可以是根据案件事实作出的符合科学的唯一的推论,因此它可以是事实证词。其实不然,诉讼法之所以将证人作证作为一项法定义务,其背后深藏着证人具有不可替代的法理。“尽管我不能从任何书上找到这一规则,但是它早已由上帝写在每个人的心里。”①专家证人是根据自身的学识和经验或基于自身经历的教育和培训对专门性问题作出意见的,其作出意见的依据是专家拥有的科技知识或特殊经验。具有相同科技知识或特殊经验的人均可以作为专家证人,其不可替代性的证人本质是不存在的。既然如此,专家证人就不存在出庭作证的自然义务,相反在法律上还应当赋予其拒绝的权利,在诉讼中不受拘传,致使重新鉴定制度赖以生成。专家证人的本质在诉讼中是不能将“知道案件情况”作为解释的理论依据的,将其放置在证人制度上必然使其处于尴尬的地位,特别是

① United States v. Nixon, 418U. S. 683, 709(1974).

"建议答复"的"当事人及其聘请专家进行充分有效的对质"中专家证人的"对质权"与最高人民法院《关于民事诉讼证据的若干规定》(以下简称《民事诉讼证据规定》)第55条规定的"证人出庭作证,接受当事人的交叉询问"存在解释上的障碍。按照证人制度的要求,证人是接受质证的主体而非是质证主体,质证主体只能是当事人及其诉讼代理人或者辩护人。"建议答复"中有关专家证人的"对质权"从何而来?其权利的性质是什么?赋予的"对质权"遭遇障碍如何获得救济?这一系列问题必然在诉讼制度中成为难以解释的问题,在证人制度的框架内也难以寻觅到有效的答案,专家证人在职权主义诉讼模式中因制度的排斥难以生存。

**(二)专家证人与我国证据理论的矛盾**

在立法实践中,大陆法系国家有关传闻证据规则或者意见规则不发达的原因之一,是其在证言内容上追求证人对与案件有关的事实的亲自感知或者自身体验。如我国台湾地区"刑事诉讼法"第160条规定:"证人之个人意见或推测之词,不得作为证据。"这种理论不仅在大陆法系国家的证据理论中根深蒂固,而且在司法实践中也被强硬践行。如最高人民法院《民事诉讼证据规定》第57条规定:"出庭作证的证人应当客观陈述其亲身感知的事实。……不得使用猜测、推断或者评论性的语言。"一般情况下,证人不能根据日常生活常识对其感知事实的猜测、推断或者评论作证。因为证人作为普通人不拥有优越于法官在证据上的推断技能,而法官基于长期的职业经验在此方面优于普通人,所以证据理论不允许证人"扩大证据资源"来作证。证人对事实作出的猜测、推断或者评论有可能会失去证言客观性的内核。对当事人来说,推断的证言因属于主观的东西,在法庭质证中不具有实质性意义。对事实的判断属于法官的职权,证人对事实的推断从诉讼制度上侵犯了法官的法定职权。鉴定人在此方面则是可以的,甚至在某些领域对涉及事实的法律问题也可以作出判断。如伤害事实的轻微伤与轻伤的结论、精神疾病鉴定的限制行为能力或者无行为能力的结论。

在实践中,的确存在法官依赖证人的特殊经验或者专门知识获得证据的情况。如医生就病人诊治的情况作证。这种证人在证据理论上被称为"鉴定证人"。尽管其拥有特殊知识与鉴定人相通,但其陈述仍是亲自感知的过去发生的事实,其感知的过去事实并非像鉴定人那样属于制度的选择。鉴定证人不具有证人不可替代的本质特性,但在本质上仍属于证人。鉴定证人可以是对案件事实或者争议事实知晓的"当事人内部的人员"(专家)。然而,他们作为证人无须当事人聘请,这又与最高人民法院"建议答复"的"聘请"在生成程序上存在本质的差异。"建议答复"的专家证人与我国证人理论之间的混乱,不仅有损我国现有的证人制度的体系，也会与我国有关证据理论之间存在难以调和的矛盾。

我国法律在证据分类的封闭性规定上存在一些缺陷，因其证据种类的过分形式化导致有些宜作为独立证据种类的证据（如电子证据）不恰当地被归入其他证据之中，甚至影响了证据功能的发挥。但是，证据种类给各类证据贴上某种标签却能够为当事人与法官清楚地“辨识”证据，为把握不同证据特点以及妥当地使用证据和判断不同证据的证明力奠定了基础，其作用还是利大于弊。“建议答复”将专家证人作为独立的证据形式增加到证据种类中，不仅徒增其他证据种类能够包含的一些内容，在一定意义上侵犯了立法的权限。其中，将专家证言区分为“属于案件的证据”与“不属于案件的证据”本身是一个自相矛盾的对立，尤其是“不属于案件的证据”的专家证人说明“可以作为法院认定案件事实的参考”，与证据理论更加难以调和，由此造成的理论之混淆是不证自明的。

**（三）专家证人与我国鉴定人的紧张**

鉴定人作为“有学识的证人”或“科学的证人”，这在英美法系国家宽泛的证人范围内是有意义的。专家证人与鉴定人在掌握知识程度、范围和结构上几乎不存在差别，均可列入此范围。最高人民法院“建议答复”引入专家证人后，其与鉴定人能否在一个程序中相安无事？对这一问题的回答还依赖对其文本的探索性分析。

从“建议答复”的逻辑可以得出，法官能够自行对专业技术事实问题作出判断的应当自行作出判断，无须求助于鉴定人。这一规定既满足了鉴定“必要性”的基本要求，也有利于法官履行对专业技术事实问题的“守门人”职责。只有对于穷尽其他证据调查方法难以查明的涉案关键专业技术事实才需要委托鉴定，这也符合诉讼经济原则的基本要求，并可以使诉讼减少因鉴定付出不必要的代价。然而，这一看上去明智而务实的做法，却带来了实践操作上的困难。

一是当法官不能自行对专业技术事实问题作出判断时，法官所需采用的“其他证据调查方法”是什么语焉不详。首先，这种“证据调查方法”的启动与《民事诉讼证据规定》中“人民法院调查收集证据”程序的启动明显不同，①故不

---

① 最高人民法院《关于民事诉讼证据的若干规定》第15条、16条、17条规定：“《民事诉讼法》第六十四条规定的‘人民法院认为审理案件需要的证据’，是指以下情形：（一）涉及可能有损国家利益、社会公共利益或者他人合法权益的事实；（二）涉及依职权追加当事人、中止诉讼、终结诉讼、回避等与实体争议无关的程序事项。”“除本规定第十五条规定的情形外，人民法院调查收集证据，应当依当事人的申请进行。”“符合下列条件之一的，当事人及其诉讼代理人可以申请人民法院调查收集证据：（一）申请调查收集的证据属于国家有关部门保存并须人民法院依职权调取的档案材料；（二）涉及国家秘密、商业秘密、个人隐私的材料；（三）当事人及其诉讼代理人确因客观原因不能自行收集的其他材料。”

可能是本法所规定之方法；其次，如果采用的是“向相关领域的专家就专门性问题进行咨询”即“专家咨询”，又因“专家咨询意见只能作为法官认定事实的参考，不能作为证据使用”，而无法归入“证据调查方法”的范围。剩下的也只有“专家证人”了。简言之，只有在选择专家证人仍不能解决“专业技术事实问题”时，才有可能委托鉴定。二是如果鉴定作为诉讼的必要代价成为解决“专业技术事实问题”最后的手段，那么作为最后解决“专业技术事实问题”的鉴定结论是否还需要在法庭上进行质证，在法庭上质证又如何进行，这又是困扰司法实践的一大难题。

法官把在程序中遭遇的“专业技术事实问题”转让给鉴定人来解决，而鉴定人提供的鉴定结论理应回到程序中接受法官的审查与检验。“在法律上法庭不受鉴定结论的束缚，但是有些领域，尤其是自然科学，是如此的复杂和专业，法庭甚至不能完全地理解鉴定人的理由，更不用说评价其可信度了。”①对于当事人亦是如此。对“穷尽其他证据调查方法”后的鉴定结论不仅需要当事人质证，更需要当事人聘请具有专门知识的人协助质证，否则难以达到预设的效果。如果法庭允许当事人聘请专家证人出庭协助质疑鉴定人，却又与最高人民法院“建议答复”中“穷尽其他证据调查方法”不相吻合，同时在法庭上还会造成鉴定人与专家证人的紧张关系和对立局面。一是按照《民事诉讼证据规定》的规定，专家证人可以质疑鉴定人，鉴定人因证据方法的身份属于接受质证的对象，而不能质疑专家证人。一旦被专家证人质疑的鉴定结论存在问题而不能作为证据时，按照“建议答复”有关说明，专家证人的说明则可成为案件的证据。倘若如此，鉴定人的存在本身就是多余的。在这种情况下，仅有专家证人的出庭就能够解决“专业技术事实问题”，法庭委托鉴定就是一种不必要的代价。二是当事人委托专家证人作为当事人协助者，不存在中立性的要求，其说明不可避免地带有一定的偏向性，所以将专家证人质疑的说明作为证据难以在制度上获得合法性的辩护。鉴定人与专家证人同时出庭不仅在证据问题上存在紧张关系，而且还存在理论和制度难以解释的麻烦。如果鉴定人出庭而将专家证人排除之外，鉴定结论就难以得到有效的质证，法庭对鉴定结论的选择适用又会面临着困难与风险。总之，鉴定人与专家证人共存带来证据理论上的抵触与制度适用上的尴尬。

从“建议答复”设立专家证人的目的来看，并非是提高庭审的对抗性或者加强对当事人诉讼权利的保障，而是“有利于法官理解相关证据，了解把握其中的

---

① ［德］托马斯·魏根特著：《德国刑事诉讼程序》，岳礼玲等译，中国政法大学出版社2004年版，第181页。

技术问题”。专家证人在庭审过程中对专门性问题的说明或者对鉴定人的质疑在一定程度上会影响到法官对“专业技术事实问题”判断,在诉讼中也能发挥重要作用。但是,不能因为专家证人的说明对法官判断具有较大的影响就将其视为证据,在民事诉讼中诉讼代理人的代理意见或者刑事诉讼中辩护人的辩护意见也常影响法官对案件事实的判断甚至被法庭接受,却未因此将诉讼代理人或者辩护人作为证人。这一原理对专家证人来说依然适用。



## 二、专家证人制度与鉴定人制度改革的趋向

对最高人民法院“建议答复”的专家证人制度存在的问题,仅仅分析其与我国证据制度的冲突、与证据理论的矛盾和与鉴定人制度的抵触还不足以得出令人信服的结论。因为“每个社会的法律在实质上都面临着同样的问题,但不同的法律制度以极不相同的方法解决这些问题。”①在考察与洞悉最高人民法院“建议答复”对“专业技术事实问题”的多层解决方法时还可以发现其与大陆法系的法国、意大利、俄罗斯等国家在此方面的改革有相似之处。对这些国家在鉴定制度方面的改革进行分析,特别是从域外改革的视角转过来再对最高人民法院的“建议答复”予以评价有可能使获得的答案更为清晰。

### (一)“建议答复”与法国的司法鉴定改革

最高人民法院“建议答复”在专家证人上的解释尤其是鉴定选择适用上的改革,具有递进式多元化解决问题的特点。“建议答复”的具体内容为:“……知识产权案件涉及大量专业技术问题和证据,专业技术事实的查明和认定难度较大。为有效地解决专业技术事实认定问题,人民法院在现行法律的框架下,从知识产权审判实际出发,根据实践需要采取了多种途径和措施,具体包括:1. 司法鉴定……2. 专家证人……3. 专家咨询……4. 专家陪审……”②

最高人民法院“建议答复”在对待“专业技术事实问题”采用了司法鉴定、专家证人、专家咨询和专家陪审等多种方式。从“法官首先应当尽可能自行对事实问题作出判断,只有对于穷尽其他证据调查方法难以查明的涉案关键事实才需要委托鉴定”的逻辑结构和经济学的视角来分析,其适用的顺序应当为专家

---

① [德]K. 茨威格特、H. 克茨著:《比较法总论》,潘汉典等译,贵州人民出版社1992年版,第56页。

② 参见2009年12月23日最高人民法院新闻发布会“对网民31个意见建议答复情况”,载http://www.chinanews.com.cn/gn/news/2009/12-23/2034784.shtml。

咨询、专家证人、专家陪审和司法鉴定。这一递进式顺序与法国在鉴定制度的改革具有相似的面相。

法国实行鉴定人制度，因其鉴定人制度改革颇具特色而被其他国家效仿。法国对案件涉及的专业技术性问题未采取单一的鉴定人模式，而是采用了具有独创性的递进式制度。《法国民事诉讼法典》第232条规定："法官得委派其挑选的任何人，通过验证、咨询或鉴定，以查明应有技术人员协助才能查明的某个事实问题。""验证"适用于专家在其技术知识范围内就涉案事实进行纯技术性的确认，不对其所确认事实进行推导。如伤残等级的确定。这种机制仅具有对专业技术性问题的确认功能。"咨询"是介于验证与鉴定之间的过渡性措施，是指法官就一些不需要复杂调查的技术性问题听取专家意见。除法官指令被咨询专家以书面形式提出书面意见外，一般采用口头进行。其功能重在澄清当事人陈述的专门性问题。"鉴定"是指鉴定人利用一定的仪器设备与技术手段对涉案的专门性问题进行的分析与判断并提交鉴定结论，旨在协助法庭发现专门性问题的真相。当诉讼中遇到技术性问题时，采用何种鉴定方式由法官裁决。一般来说，鉴定方式只能在验证、咨询这两种较为便捷、经济的方法无法满足诉讼需要时方可采用。①

法国基于诉讼经济、诉讼效率的考虑与衡量将鉴定作为解决专门性问题最后手段与我国最高人民法院"建议答复"的出发点是一致的。其中，法国的验证和咨询与我国专家咨询也具有同等的意义。"建议答复"认为，"专家咨询，指由法官向相关领域的专家就专门性问题进行咨询。与鉴定结论不同，专家咨询意见只能作为法官认定事实的参考，不能作为证据使用。与专家证人也不同，专家咨询意见是直接应法官邀请作出，一般持中立立场，而专家证人在实践中往往是为了支持受聘当事人关于技术事实的主张。"尽管"建议答复"的专家咨询意见仅仅作为法官认定事实的参考，但因其程序不透明，"参考"转化为"参照"无法限制，最终实定为"遵照"更是不能排除。这种机制存在两个难以解决的问题：一是专家咨询意见可能存在偏见或者潜在的偏见，未经过正当程序过滤极易造成法官的偏听偏信以及法官对专家咨询意见的过分依赖，将参考意见作为定案的根据也是可能的。二是法官的偏见又有可能导致专家为其"量身定做"咨询意见，在未有当事人参与下，专家与法官暗地交易导致鲜为人知的司法腐败，最终有可能走向制度预期的反面。特别是最高人民法院"建议答复"中"相关领域的专家"规定，因程序的不公开，有可能为伪专家不断地供给法庭网开一面，其

---

① See J. A. Jolowicz, *On Civil Procedure*, Cambridge University Press, 2000, p. 227.

危害尤烈。这些问题在澳大利亚以及我国台湾地区的技术顾问(陪审员)制度中均有显现。澳大利亚有些法官和律师对法官与技术顾问之间交往的程序公正性提出质疑,并建议在当事人及其代理人参与情况下,法官与技术顾问进行非正式的讨论更合适。这些建议是值得我国司法鉴定制度改革考虑的。

然而,法国的改革在采用专家咨询时并未有我国最高人民法院"建议答复"中的专家证人。因为专家咨询完全有能力协助法官解决"一些不需要复杂调查的技术性问题",而复杂的技术性问题只有依靠严格的鉴定制度才能得到满足。我国最高人民法院在专家咨询和鉴定制度中镶嵌的"专家证人",在一定意义上是将职权主义鉴定人和当事人主义专家证人融合,但实质上是一相情愿的纠合,没有任何改革的意义。因为"属于案件的证据"的专家证人意见恰恰是鉴定人应当担当的,而"不属于案件的证据"的专家证人完全可以由专家咨询来完成。这种介于咨询与鉴定之间的专家证人制度也就是一种画蛇添足式的"改革"。专家证人是英美法系国家对抗制诉讼模式的产物,其弊端在起源国也是相当明显的。20 世纪 90 年代英国沃尔夫勋爵的司法改革对其投入了相当的关注,并通过 1999 年《英国民事诉讼法》确立了专家证人对法院的优先职责,意图通过"单一共同专家证人制度"来缓解其缺陷。英国在专家证人制度方面的改革也应当引起我国鉴定制度改革实践的高度关注。

**(二)司法解释的证据规定与意大利的司法鉴定改革**

2001 年最高人民法院对诉讼证据制度进行了改革。《民事诉讼证据规定》第 61 条规定:"当事人可以向人民法院申请由一至二名具有专门知识的人员出庭就案件的专门性问题进行说明。人民法院准许其申请的,有关费用由提出申请的当事人负担。审判人员和当事人可以对出庭的具有专门知识的人员进行询问。经人民法院准许,可以由当事人各自申请的具有专门知识的人员就有关案件中的问题进行对质。具有专门知识的人员可以对鉴定人进行询问。"《关于行政诉讼证据若干问题的规定》(以下简称《行政诉讼证据规定》)第 48 条第 1 款规定:"对被诉具体行政行为涉及的专门性问题,当事人可以向法庭申请由专业人员出庭进行说明,法庭也可以通知专业人员出庭说明。必要时,法庭可以组织专业人员进行对质。"

最高人民法院在证据规定中对鉴定制度的改革与意大利刑事诉讼法的改革相接近。1988 年《意大利刑事诉讼法典》在原有司法鉴定制度上创设了"技术顾问"(专家辅助人)制度,曾被誉为是大陆法系国家司法鉴定制度吸收英美法系国家专家证人制度的一次有益尝试。《意大利刑事诉讼法典》第 220 条、220 条、225 条规定:"当需要借助专门的技术、科学或技艺能力进行调查或者获取材料或评论时，可以进行鉴定。”“法官在任命鉴定人时应当从在专门登记簿上注册或者在具备某一特定学科的专门能力的人员中进行挑选。”“在决定进行鉴定后，公诉人和当事人有权任命自己的技术顾问”，“在国家司法救助法规定的情况和条件下，当事人有权获得由国家公费提供的技术顾问的协助”。技术顾问可以进行以下活动：(1)参加聘任鉴定人的活动并向法官提出要求、评论和保留性意见；(2)参加鉴定工作，向鉴定人提议进行具体的调查工作，发表评论和保留性意见；(3)如果技术顾问是在鉴定工作完成之后任命的，他可以对鉴定报告加以研究，并要求法官允许他询问接受鉴定的人和考查被鉴定的物品和地点。

从意大利对鉴定制度的改革来看，技术顾问是在鉴定人这一诉讼角色产生以后才出现的，其主要功能是借助于技术顾问参与鉴定来促进和保障鉴定的质量。其参与鉴定有利于解决当事人对鉴定的疑虑，尤其是从当事人权利充分、有效行使的层面来确保法院采信的鉴定结论在当事人的技术顾问质证下具有科学性、可靠性和可接受性。这种改革未离开鉴定作为证据服务于法院的核心，也未将技术顾问对专门性问题的说明作为证据，仅仅在维护或者削减鉴定结论的证据证明力上发生作用。2005年俄罗斯刑事诉讼法改革也存在这一倾向。《俄罗斯刑事诉讼法典》将“专家”界定为“具有专门知识……向鉴定人提出问题以及向控辩双方和法院解释其职业权限范围内的问题而被聘请参加诉讼行为的人员”。专家在诉讼中适用回避制度，其专家解释也不是证据。最高人民法院的《民事诉讼证据规定》对“专门知识的人”的规定也体现了上述国家改革的思路，对当事人聘请“专门知识的人”采用“申请”与法院“准许”的程序，在增加当事人主义因素的背景下仍保持职权主义的特色。尽管当事人聘请的“专门知识的人”是当事人权利行使的结果，但因法院职权的介入或者干涉，却有利于保持“专门知识的人”的中立性，能够促进“专门知识的人”独立地对鉴定人进行质疑、不依附当事人而对鉴定结论或者专门性问题发表意见，在庭审质证过程中的质证无论是推翻鉴定结论的效力还是增强鉴定结论的效力均未有作为证据的意旨，但其作用却是积极的。最高人民法院在证据规则上对“专门知识的人”的规定与“建议答复”的专家证人规定相比更具有制度上的改革意义。

## 三、余　论

现代化社会在一些新型案件尤其是知识产权纠纷案件中，传统证据理论和制度使法官查明事实真相出现困难，促使司法机关绕过立法不断探求新的对应措施，这是无可非议的。从2001年最高人民法院的《民事诉讼证据规定》的“当事人可以向法院申请”专家出庭到2002年的《行政诉讼证据规定》的“法庭也可以通知”专家出庭“就案件专门性问题进行说明”，再到2009年“建议答复”有的专家证人可以“作为案件的证据”的变动轨迹，其背后反映着职权主义向当事人主义滑动的态势以及意图以输血式的制度移植来改变僵硬鉴定制度的设想。殊不知，专家证人制度并非孤立的运作形态，其运行依赖一系列相关制度和程序规则的支持，如对抗制的诉讼体制、庭前证据交换制度、交叉询问程序规则、律师强制代理制度等。在这些制度、程序和规则不发达以及职权主义在司法实践中具有强大生命力的中国背景下，司法机关直接移植这一制度必将面临一些理论与制度的障碍，盲目引进有可能因理论与制度的无法接纳继而成为“非马非驴式”的怪物，或者因诉讼角色的混乱而导致法庭成为科技“乱战”的领地，致使司法鉴定制度改革被意义不同的“概念”所淹没。这种移植型的制度改革不仅增添一些无意义的诉讼角色，而且还会因处境的尴尬诱发一些司法的潜规则，实属得不偿失。在司法鉴定制度建设上，法国在移植英美法系国家制度启动制度失败的教训是值得大陆法系国家改革司法鉴定制度反思的。

（2010年第5期）

# 2011 年

# 对我国国家级鉴定机构功能及意义的追问与反省

## ——评我国国家级司法鉴定机构的遴选

郭 华*

## 一、问题的提出

在现代诉讼中,"越来越多的对诉讼程序非常重要的事实现在只能通过高科技手段查明"。[①]"科学和技术已逐渐对现代社会的各个方面施加普遍的影响时,它们的法庭应用就会大大地增加……当社会变得越来越复杂,当知识被进一步分化为越来越细小的晦涩难懂的专门学科时,日常生活的各个领域对专家的依赖也日益增加。"[②]鉴定人作为专家在诉讼活动中就专门性问题提供的结论在案件事实认定中发挥着至关重要的作用,以至于世界各国在司法制度建立中不断分化出与诉讼制度既有联系又有区别的司法鉴定制度或者专家证人制度,旨在借助于制度的力量来保障司法鉴定的质量并为诉讼提供坚实可靠的证据。我国司法鉴定体制改革前的司法鉴定制度因公检法机关"自侦自鉴"、"自诉自鉴"、"自审自鉴"的非制度化体制促发的权力与权力博弈,造成了诉讼实践中的"多头鉴定"、"重复鉴定"等影响诉讼效率与司法公正的问题。为了解决上述问题,2005年2月28日全国人大常委会颁布了《关于司法鉴定管理问题的决定》(以下简称《决定》),并通过确立统一司法鉴定管理体制来化解这些突出的问题。《决定》作为司法鉴定体制改革的专门法律在实施过程中尽管解决了一部分司法鉴定管理中的乱象问题,但因改革后的新体制与现行的相关制度之间不

---

* 作者单位:中央财经大学法学院。

本文是2009年国家社会科学基金一般项目"司法鉴定质量监控研究"(编号:09BFX083)和上海市教育委员会重点学科建设项目(J5 1102)的研究成果之一。

① [美]米尔建·R. 达马斯卡著:《漂移的证据法》,李学军等译,中国政法大学出版社2003年版,第200页。

② [英]麦高伟·杰弗里·威尔逊主编:《英国刑事司法程序》,姚永吉等译,法律出版社2003年版,第234页。

协调，仍存在使所谓“证据之王”的鉴定结论在某些案件中演变为了“是非之王”，并在司法实践中不断诱发与衍生出一些“涉鉴上访”的更为尖锐的社会问题。① 于是，中央又开展了国家级司法鉴定机构的遴选工作，并于2010年10月14日公布了十家“国家级司法鉴定机构”。② 其目的在于解决司法鉴定体制改革中未能解决的影响诉讼效率的“重复鉴定”等问题。然而，基于此种目的进行国家级司法鉴定机构遴选是否具有解决司法鉴定制度改革未能解决的“重复鉴定”、“多次鉴定”的功能，以及遴选国家级司法鉴定机构在司法实践运行中能否达到预期而不致给其本身再次增添新的问题仍是一个无解的命题。尽管这一问题有待于“国家级司法鉴定机构”运行实践的检验，但作为一项制度改革尤其是作为已经付诸实践的措施需要理论予以回答。



## 二、国家级司法鉴定机构不具有解决“重复鉴定”问题的功能

我国司法鉴定制度改革源于“多头管理”尤其是非制度化的权力之间博弈引发的“重复鉴定”等困扰诉讼效率的问题，而《决定》作为改革司法鉴定制度的专门法律，在实施后的6年之久对这些问题的解决未产生多大的成效。这些问题的存在不仅对诉讼活动存在较大的影响，还反过来影响甚至抑制统一司法鉴定管理体制的形成。为此，“中央政法委员会为进一步贯彻落实中央司法鉴定体制改革精神和《决定》……在深入调研的基础上，明确提出了进一步完善司法鉴定管理体制，遴选国家级司法鉴定机构的要求”。③ 并认为，“适时遴选国家级司法鉴定机构，对于解决司法鉴定中存在的突出问题，保障诉讼活动顺利进行，维护司法公正，具有重要意义”。④ 国家级司法鉴定机构作为解决司法鉴定体制

① 对于司法鉴定存在的这些问题，2010年8月25日全国人大常委会委员长吴邦国针对当事人不服鉴定结论长期赴京上访作出专门批示；中央政法委周永康书记曾多次对司法鉴定问题作出专门批示。这一问题不仅仅是法律问题，在一定程度上也成为一个社会问题。

② 2010年遴选的“十家”国家级司法鉴定机构分别是：最高人民检察院司法鉴定中心、公安部物证鉴定中心、北京市公安司法鉴定中心、上海市公安司法鉴定中心、广东省公安司法鉴定中心、北京市国家安全局司法鉴定中心、司法鉴定科学技术研究所司法鉴定中心、法大法庭科学技术鉴定研究所、中山大学法医鉴定中心和西南政法大学司法鉴定中心。

③ 遴选委员会办公室：“关于组织开展国家级司法鉴定遴选工作的情况汇报”，载《司法鉴定工作简报》2010年第19期。

④ 参见《关于进一步完善司法鉴定管理体制——遴选国家级司法鉴定机构的意见》（政法〔2008〕2号）。

改革过程中依然存在的仍相对突出的“重复鉴定”、“多次鉴定”等问题的措施，它是否具有这一功能以及能否担当其重任却需要审视。

在实践中，“重复鉴定”与“重新鉴定”在一定程度上均会表现为“多次鉴定”，根源于“多次鉴定”。① 其存在与当事人（控辩）双方委托进行的鉴定或者职权机关依职权指定多个鉴定机构先后参与鉴定有关。“重新鉴定”是指在诉讼中对作为证据的鉴定结论存在异议，基于诉讼需要以及鉴定的可能性所进行的再次鉴定。这种再次鉴定在一定程度上会导致多次鉴定甚至影响到诉讼效率，但它却是司法鉴定制度不可缺少的组成部分，是发现案件事实真相以及维护当事人合法权益、实现司法公正的制度性措施，属于制度内的一种正常现象。“重复鉴定”是指对同一个专门性问题在不同鉴定机构之间进行的不具有法律意义的“再次鉴定”。它属于司法鉴定制度外的非制度化产物，其不仅造成了司法资源的严重浪费，增大了诉讼的成本，还加重了当事人负担，影响了诉讼效率。从某种意义上说，只要存在多个鉴定机构就存在多次鉴定的可能；只要委托多个鉴定机构进行鉴定就会发生重新鉴定或者重复鉴定的现象。如果将这一问题存在的根源，尤其是产生重复鉴定以及因鉴定出现的上访等问题完全归咎于司法鉴定管理制度，尤其是司法鉴定机构设置问题上，其选择的路径必然是简单地给司法鉴定机构贴上一个带有“级别”的标签。如果按照此种路径进行司法鉴定制度改革，在不久的将来将会在我国形成“国家级”、“省级”以及“普通级”等行政等级化的、具有上下级不同等级效力的司法鉴定机构“官僚”体系。② 这种改革措施在形式上似乎具有解决诉讼中重复鉴定问题的功能，究其实质却并非如此。司法鉴定机构实行等级制度不仅在形式上会遮蔽鉴定制度存在的缺陷，而且还会借助于国家级司法鉴定机构遴选把需要改革的问题隐藏起来，其结果不仅没有解决需要解决的问题，而且在实践中还有可能产生更为复杂甚至更难解决的重复鉴定问题。

1. 司法鉴定管理制度改革并非能够解决鉴定存在的所有问题，仅就司法鉴定管理领域中的问题也不可能完全有效。即使存在所谓的“具有最高的水平、最具有公信力的专业技术人才、最完善的严格管理程序和制度”的国家级司法

① 由于实践中“重新鉴定”与“重复鉴定”多表现为“多次鉴定”，本文采用“多次鉴定”的表达方式是对“重新鉴定”与“重复鉴定”在同一意义上的使用。

② 最高司法机关按照中央司法鉴定体制改革的要求于2010年起草的《关于司法鉴定若干问题的规定》中规定了司法鉴定机构分为“国家级、省级和普通级”等。

鉴定机构,[①]鉴定中存在的有些问题也是不可能彻底解决的。从科学的角度来讲,正确的鉴定结论只有一个。然而,由于科学认识对象的复杂性,其本身时常伴有一些偶然性和随机性因素,尤其是科学并不总是给出确定性,这必然会使采用科学技术进行的鉴定染指一些不确定性的因素。这些鉴定能力的未及和科学技术的不确定因素均会导致同一鉴定事项在不同的鉴定机构之间产生不尽相同的结果。在此种情况下出现的不同鉴定结果具有一定的应然性,且需要制度对其容忍与接纳。如《决定》第10条规定:"……多人参加的鉴定,对鉴定意见有不同意见的,应当注明。"这种"对鉴定意见有不同意见"则是对同一鉴定事项允许存在不同鉴定结论的法律表达。这些问题并非与司法鉴定管理制度完全无关,因为科学与完备的鉴定管理制度是能够减少这些现象的。如果对进入鉴定领域作为鉴定技术的科学知识实行准入制度,保证鉴定所使用的科学知识是成熟的、稳定的和安全的,就可以使鉴定人作出的鉴定结论具有可检验性或者可重复性,从而增加不同鉴定机构对同一鉴定事项得出相互一致结果的概率,在制度层面上还会降低当事人基于权利申请重新鉴定的欲望,进而减少诱发多次鉴定的因素。但是,这些问题的解决却与鉴定机构的级别无关,其解决重复鉴定问题的关键也不在于鉴定机构级别的高低。国家级司法鉴定机构对由此引发的多次鉴定是无能为力的。

2. 司法鉴定制度除了允许因科学本身的问题启动"多次鉴定"外,它在程序上还应当允许基于权利行使产生的多次鉴定。如我国《刑事诉讼法》第121条、第159条规定:"侦查机关应当将用作证据的鉴定结论告知犯罪嫌疑人、被害人。如果犯罪嫌疑人、被害人提出申请,可以补充鉴定或者重新鉴定。""法庭审理过程中,当事人和辩护人、诉讼代理人有权……申请重新鉴定或者勘验。法庭对于上述申请,应当作出是否同意的决定。"这种情况下的多次鉴定是当事人借助于程序来保障自己诉讼权利的重要手段,也是诉讼发现真相及其追求司法实体正义的重要途径。基于权利保障与程序公正的考虑,诉讼制度应当允许此种情况下的"多次鉴定"存在。即使是所有的鉴定结论均是国家级司法鉴定机构作出的鉴定,类似的情况也不会消失。也就是说,国家级鉴定机构对此种情形下的多次鉴定不会产生任何实质性的效用。

在诉讼活动中,当事人常将重新鉴定作为"维护权利、对抗诉求"的手段。一般情况下,鉴定结论不能满足诉讼争议双方的诉求时,即使鉴定结论是准确

---

① "国家级司法鉴定机构遴选委员会办公室负责人就国家级司法鉴定机构遴选工作答记者问",载《法制日报》2010年10月22日。

的、科学的，当事人一方也会基于自己利益的考虑对不利于己的鉴定结论提出“重新鉴定”的要求甚至通过非法定程序进行“重复鉴定”。解决这些问题需要通过制度与程序对重新鉴定的启动条件、程序的规范与限制来实现。由于这些问题与鉴定机构的能力无关，即使所有的鉴定机构均为世界级的，也不能杜绝这种现象的发生。相反，如果国家级司法鉴定机构在鉴定制度中定位不科学，则会在国家级司法鉴定机构之间引发新的、更高层次的“重复鉴定”。这样一来，原来的问题不仅未能得到解决，且为解决这些问题增添一定的难度，引发国家级司法鉴定机构之间的相互“打架”，使“问题的解决制度”转化为“制造问题的制度”，制度改革出现事与愿违的悲剧。

3. 国家级司法鉴定机构实施过程中可能引发新的“重复鉴定”。在我国司法鉴定制度中，严重影响司法鉴定的科学性、客观性和准确性并在一定程度上影响司法公正的问题主要存在于司法鉴定管理方面。[①] 在司法鉴定制度改革中，建立统一司法鉴定管理体制是可以解决一些影响司法公正的鉴定问题的。由于我国在统一司法鉴定管理体制建设过程中保留了侦查机关的鉴定机构，且这些鉴定机构依附于行使追诉职能或者与诉讼存在利害关系的侦查机关，当事人对其不利的鉴定结论必然会因诉讼职能的对立提出重新鉴定申请。一旦侦查机关不允许重新鉴定或者启动的重新鉴定仅仅在侦查机关的鉴定机构中进行，其获得的鉴定结论如果再次不利于当事人时，即使是科学准确的，当事人也会怀疑上级侦查机关在鉴定问题上“官官相护”，在一定程度上还会激发其再次申请重新鉴定的欲望，致使重新鉴定演变为“重复鉴定”。这些问题是鉴定机构性质使然，即使侦查机关的鉴定机构都是国家级的，也不会改变其鉴定机构的性质。而我国的社会鉴定机构尽管在诉讼上具有中立的法律地位，因多数鉴定机构仅由其自己投资而国家不予任何财政支持，[②]仅仅按照市场主体或者社会中介组织进行“入册”登记管理，即使这些鉴定机构内部存在自律的规定，也难以控制有些鉴定机构基于“营利”目的进行不正当竞争，甚至会因利益影响鉴定的质量。在司法鉴定制度改革过程中的职权鉴定机构与社会鉴定机构存在因为利益相互

---

① 参见全国人大内务司法委员会侯宗宾2002年12月23日在第九届全国人民代表大会常务委员会第三十一次会议上“关于《全国人民代表大会常务委员会关于司法鉴定管理问题的决定（草案）》的说明”。

② 据统计，全国的社会鉴定机构国家全额拨款仅占鉴定机构总数的7.8%；自筹自支的占69.3%。在河南、湖南、四川、云南、西藏全部为自筹自支的司法鉴定机构。参见司法部司法鉴定管理局：“2009年度全国法医类、物证类、声像资料类司法鉴定情况统计分析”，载《司法鉴定工作简报》2010年第5期。

敌视的现象,如果均在一定层面存在相同的国家级司法鉴定机构,对存在争议的同一鉴定事项就会在不同性质的国家级鉴定机构之间来回反复进行,促使合法的“重新鉴定”不断向无价值的“重复鉴定”转化,改革的结果与改革的初衷不断远离。

基于以上分析可以看出,遴选国家级司法鉴定机构可以减弱鉴定机构能力不足对鉴定质量带来的影响,其功能多体现在鉴定机构建设的示范性上。如果将其作为解决重复鉴定的措施,不仅不能解决旧存的问题,还会促发制度内的“重新鉴定”演变为需要解决的新问题,致使司法鉴定体制改革陷入“问题循环”的怪圈,最终有可能使司法鉴定管理制度改革取得的成果化为乌有。



## 三、遴选国家级司法鉴定机构可能对司法鉴定改革产生负面影响

司法鉴定机构的“国家级”是对鉴定机构的总体队伍建设、通过国家级认证认可的情况、机构规模、仪器设备配置、工作环境、质量管理、执业经验、重大疑难和特殊复杂案件处理能力、鉴定机构公信力以及科研创新能力等方面进行的综合性评价。实质上,它是指“具有国家级资质的司法鉴定机构”。① 通过国家级鉴定机构的遴选发挥鉴定机构建设中的示范作用,并以此来推动司法鉴定行业整体水平的提高,不断增强司法鉴定的科学性、权威性和社会公信力,切实有效地促进司法公正。② 国家级司法鉴定机构的“资质”仅表明其在特殊的鉴定事项上与其他司法鉴定机构相比具有较强的能力,在一般的鉴定事项与其他鉴定机构没有质的区别。就一般情况而言,资质高的鉴定机构在仪器设备配置、技术力量以及鉴定经验等方面相对优于资质低的鉴定机构,其作出的鉴定结论在多数情况下也会比资质较低的鉴定机构作出的鉴定结论更为可信,但这并不代表其出具的鉴定结论作为证据优于其他鉴定机构的鉴定结论。如果在此问题上对国家级司法鉴定机构与其他鉴定机构的关系处理不科学,则有可能给司法鉴定制度改革带来不应有的负面影响。

1. 遴选国家级司法鉴定机构在制度上会加速司法鉴定机构行政等级化。遴选国家级司法鉴定机构的本意尽管只表明其“资质”能力,但这种“资质”能力

---

① “国家级司法鉴定机构遴选委员会办公室负责人就国家级司法鉴定机构遴选工作答记者问”,载《法制日报》2010年10月22日。

② 同上。

在实践中极易异化为行政等级,尤其是“国家级”这种带有行政色彩的词语以及在我国科技领域还存在行政等级化倾向的环境,更难以避免“资质”能力向行政等级转化。况且,我国的鉴定机构长期存在按照设立鉴定机构的职权机关的行政等级化来判断鉴定机构等级的传统。这种思维定式在司法鉴定制度改革中还未被触动的情形下,国家级司法鉴定机构的遴选必然会强固传统的依赖较高行政级别机关的鉴定机构来解决鉴定争议的观念。如在2008年贵州瓮安李树芬案死因鉴定案件中,当事人对瓮安县公安局鉴定科的李树芬“溺水死亡”鉴定结论不服,则向其上级机关黔南州公安局设立的鉴定机构申请再次鉴定。当当事人对黔南州公安局的鉴定机构的鉴定存在争议时,则委托由贵州公安厅的鉴定机构组织鉴定,导致鉴定争议不断地向上级侦查机关的鉴定机构流动,直至最高机关设立的鉴定机构。在国家级司法鉴定机构出现后,原来可由其他鉴定机构解决的问题而现在因其存在,只有经过它的鉴定才有可能终止。国家级司法鉴定机构在实践中就会成为解决鉴定争议的必经之地或者最终的裁决机构。国家级司法鉴定机构这一颇具吸引力的磁场在诉讼实践中将会不断诱发“多次鉴定”,其本身也成为“重复鉴定”的策源地。原来的鉴定机构之间的“打架”最终变为国家级司法鉴定机构之间的“争斗”,“重复鉴定”、“久鉴不决”等多次鉴定也因此上升到更高层的国家级司法鉴定机构之间的“分歧”,以至于解决纠纷的诉讼不得不暂时搁置诉讼争议本身,转而解决诉讼中新增加的鉴定争议,遴选国家级司法鉴定机构预设的目标也随之成为泡影。

在我国侦查机关的鉴定机构与社会鉴定机构法律地位还不平等尤其是服务范围还不能完全界分的情况下,国家级司法鉴定机构的存在会拉大鉴定机构之间法律待遇不平等的鸿沟,导致鉴定秩序的再次混乱,影响司法鉴定制度的改革。国家级司法鉴定机构的遴选尽管明确了“五个”不变规则,即“国家级司法鉴定机构在诉讼中的法律地位不变、机构性质不变、隶属关系(管理关系)不变、职责任务和服务范围不变”,①以及国家级司法鉴定机构的鉴定人经人民法院通知应当依法出庭作证并接受法庭质证。但是,国家级司法鉴定机构的运行并非会按照改革方的意愿而理性地进行,反而会在遴选的国家级司法鉴定机构的道路上触发“其他级”鉴定机构遴选的愿望与热情,尤其是“各省(区、市)参照中央的做法遴选省(区、市)司法鉴定机构”②以及地市级、县级司法鉴定机构。这样

① “国家级司法鉴定机构遴选委员会办公室负责人就国家级司法鉴定机构遴选工作答记者问”,载《法制日报》2010年10月22日。

② 参见《关于进一步完善司法鉴定管理体制——遴选国家级司法鉴定机构的意见》(政法〔2008〕2号)。

一来,势必促进"国家级"、"省级"和"普通级"这些具有鲜明行政等级色彩的鉴定机构诞生,致使《决定》第5条规定的"各鉴定机构之间没有隶属关系;鉴定机构接受委托从事司法鉴定业务,不受地域范围的限制"的规定不再发生作用。

2. 国家级司法鉴定机构在证据制度上会导致鉴定结论存在预定的效力等级。鉴定结论是否存在效力等级问题一直是困扰理论界和司法界的难题。"虽然在法律上法庭不受鉴定结论的束缚,但是一些领域,尤其是自然科学,是如此的复杂和专业,法庭甚至不能完全地理解鉴定的理由,更不用说评价其可信度了。当几个鉴定人提供了矛盾的鉴定意见时,这一困难就更加突出。目前还尚未找到有效解决这一难题的办法。"①我国基于《决定》设立的鉴定机构因互不隶属,不受属地管辖的限制,也无层级鉴定的等级约束,其出具的鉴定结论均没有预先的证明效力,这是符合科学无等级以及证据无预定效力要求的。然而,国家级司法鉴定机构的出现则会改变这一路径依赖。当国家级司法鉴定机构与其他鉴定机构的鉴定结论作为证据存在不一致时,国家级司法鉴定机构的鉴定结果必然会优于其他鉴定机构鉴定的结果。倘若法庭选择了其他鉴定机构的鉴定结论而没有选择"资质"高的国家级司法鉴定机构的鉴定结论,即使是正确的,也会受到质疑,引发"再次鉴定";如果不加区别地选择了国家级司法鉴定机构的鉴定结论,则存在其鉴定结论具有当然预定效力的嫌疑,而出现违反科学无等级的基本常识。司法鉴定在本质上属于科学技术实证活动,科学是没有等级的,鉴定结论作为证据不应因鉴定主体的学术水平和专业技能水平较高而具有效力等级。

因此,国家级司法鉴定机构的遴选有可能会将鉴定结论的证明力大小的判断转移到依据鉴定机构的级别审查上,鉴定机构的级别成为鉴定结论作为证据效力有无及其强弱的判断依据。仅就一般情况而言,资质高的鉴定部门经办疑难案件多,其鉴定经验相对丰富,仪器设备较好,其鉴定结论相对较为可靠,但这种情况并不必然得出其作出的鉴定结论具有较高的证据效力。因为鉴定结论本身的证据效力与其证明案件事实效力的强弱与鉴定机构的级别无关,仅受制于本身的科学性,与其本身的科学程度有关。无论何种鉴定机构作出的鉴定结论均需要经质证并与其他证据综合判断后,才能确定其证据效力。国家级司法鉴定机构的出现不仅淡化了对鉴定结论的审查判断职责,而且会使其对鉴定结论的审查判断不再具有意义,司法鉴定管理制度改革的结果则对诉讼制度追求的

---

① [德]托马斯·魏根特著:《德国刑事诉讼程序》,岳礼玲、温小洁译,中国政法大学出版社2004年版,第181~182页。

目标受到损害。

在诉讼实践中，国家级司法鉴定机构的遴选除存在上述问题外，还有强化诉讼实践中尤其是法庭对鉴定结论依赖程度的可能。在司法鉴定制度改革之前，我国之所以存在世界上唯一设立鉴定机构的法院，除了职权主义影响和方便其行使职权外，还存在不相信其他鉴定机构的鉴定结论以及不习惯采用质证方式来取舍鉴定结论的习惯，法庭在司法鉴定管理制度改革后仍固守自己编制"册内册"与"册外册"做法则是这一习惯的表征。《决定》取消了法院设立鉴定机构的权力，变相地增加了它对鉴定结论作为证据的积极审查判断职责。然而，国家级司法鉴定机构的出现却为其强化依赖提供了获取的目标，尤其是地方法院面对国家级司法鉴定机构的鉴定结论，更会不加审查地直接采用，法院审查判断鉴定结论的职责也因此克减或者消失。

## 四、深化我国司法鉴定制度改革的基本路径

国家级司法鉴定机构遴选的功能仅仅是在发挥其建设鉴定机构中的示范作用，而不是也不应当作为解决"重复鉴定"等多次鉴定的措施。因此，深化司法鉴定制度改革不应仅仅局限于鉴定机构的"资质"级别上，相反应消除长期以来职权机关设立鉴定机构行政等级化带来的负面影响，解决这些问题的路径应当依靠完善司法鉴定管理制度与诉讼程序增进鉴定结论的可靠性与可信性。其基本的路径为：

一是在司法鉴定管理制度上，深化司法鉴定制度改革应当积极推进统一司法鉴定管理体制的完成，适时修改《决定》，并在此基础上制定《司法鉴定管理法》，借助法律的力量来提高鉴定机构的准入门槛，使其与诉讼证据的高标准相适应，并对鉴定实行全过程、全方位的有效管理，确保司法鉴定"行为公正、程序规范、方法科学、数据准确、结论可靠"。司法鉴定管理制度的改革应注重鉴定质量的控制，从"证实"的层面建立统一的鉴定机构资质认定和认证认可体系、司法鉴定实验室的能力验证体系以及司法鉴定机构质量保证体系，借助于制度的完善来提高鉴定质量，从根源上来减少因鉴定可靠性危机带来的非制度化的"多次鉴定"。

二是在诉讼程序中，借助于诉讼法的修改来规范重新鉴定的条件与程序，将不需要或者不必要的重新鉴定借助诉讼程序予以限制，从程序上有效地减少"重新鉴定"向"重复鉴定"的转化。诉讼法的修改应当为重新鉴定设定一定的实体条件和程序要件，借助于审判程序的质证功能，从"证伪"的层面来过滤不

可靠的鉴定结论。同时，程序设计还应注重改变传统审判模式对鉴定结论的依赖情结，尤其是"鉴定人……从法官的'助手'转变为法官的'主人'"传统做法，充分发挥审判程序检测鉴定结论不可靠性的功能。

深化司法鉴定制度改革应在这两个维度上不断推进，确保"重新鉴定"在正当程序下更富有制度意义，而不应超越制度与程序的意义开辟"非制度化"的道路，以免司法鉴定制度改革因不对路转过来危及整个司法鉴定制度的建设，使整个司法制度为之付出高昂的代价，其改革必然在无功而返的途中不断退却。

(2011年第4期)

# 完善刑事再审程序若干问题的探讨

江必新*



自2008年十一届全国人大再次将《刑事诉讼法》修改纳入本届人大的立法规划之中后，基于刑事诉讼法“人身权利保障法”的特殊性质，社会各界特别是法律界围绕刑事诉讼法再修改问题展开了广泛而热烈的讨论。其中，刑事再审程序的完善，也是重要内容之一。如何完善刑事诉讼法中的刑事再审程序，使我国刑事再审程序的功能得以全面、有效发挥，是必须认真研究、思考的一个重要问题。近年来，全国人大法工委开展刑诉法修改相关研究、论证工作的脚步已明显加快，相信能在一个不长的时间内使包括刑事再审程序完善在内的刑事诉讼法修改取得实质性的进展。

## 一、刑事再审程序完善的必要性

我国现行刑事再审程序的制度设计，由于种种原因，在实践中遇到了很多困难，其中最为核心的表现就是存在“申诉难”与“申诉滥”二者共存的局面。“申诉难”指的是现实中人们通过申诉启动再审程序以纠正错误裁判的目标往往不易实现，具体表现在以下方面：法律上关于再审事由的规定宽泛模糊，申诉立案与再审立案界限不清，当事人申诉立案难；申诉审查时限不明、审查程序不透明，当事人的申诉能否启动再审难以获得及时回复；当事人申诉获准进入再审程序后，最终获得改判的难度也相当大。所谓“申诉滥”，是指对于当事人的申诉毫无限制，只要是人民法院作出的生效裁判，均有可能受到申诉的质疑，无论生效裁判由哪一级法院作出，无论生效裁判作出已过多长时间，无论已作出生效裁判的案件被进行过多少次的再审和反复处理。在缠诉不止的当事人中，有的人甚至还借申诉、上访让法院解决一些与诉讼完全无关的事项，甚至借申诉谋取非法利益。大量滥用申诉权现象的存在，不仅扰乱了正常的申诉秩序和诉讼秩序，浪费了诉讼资源，而且使一些真正有冤屈的当事人得不到及时有效的再审救济。①

---

* 作者单位：中南大学、最高人民法院。

① 在湖南长沙，曾有一起案件，诉讼18年，经过10多次再审，最终又回到一审裁判的结果。参见沈德咏主编：《最新再审司法解释适用与再审改革研究》，人民法院出版社2003年版，第170页。

尤其应当提及的是，一项法院生效裁判可以被反复多次而又几乎不受限制地申诉，这不能不引发社会各界对司法权威的普遍担忧，人们由此对司法的终局性产生疑问，司法解决纷争的应有社会价值正在面临着越来越严峻的挑战。

在一些申诉者看来，刑事再审程序由于透明度不高，申诉与再审之间的关系并不确定，不能及时、有效地纠正存在错误的判决；在原审法官或原审法院看来，刑事再审程序不啻生效裁判既判力的直接破坏者，司法权威的主要损害者；而在社会各界看来，我国刑事再审程序的启动实在限制不严，也有不少案件被以纠错为由而进行再审，缘何“申诉难”与“再审难”的呼声却越来越高，等待递交申诉材料的漫漫长队却在不断壮大，一些被高度关注的案件却旷日持久，难以做出明确的结论。“现行的再审程序制度，似乎是一个让谁也难以满意的怪物”，[①]让各方乃至与之有关的人都为之烦恼。为此，有的论者提出以三审终审制取代现行的两审终审制外加再审程序的诉讼模式。如有学者认为：“审判监督程序在获得司法正当性方面的意义无法与三审程序相提并论，三审程序以其高位性、权威性、程序性、统一性和确定性等特点，可以在纠正法律错误的同时，解决司法判决冲突并矫治由此引起的司法信任危机。”[②]笔者认为，由于再审程序的特殊性，再审程序的特有功能并不能为上诉审所取代，单单依赖建立三审终审制度本身并不能完全解决现行再审程序中所遇到的问题，通过从立法方面进一步完善刑事再审程序，同样可以使刑事再审程序的应有功能得到有效发挥。

之所以说再审程序中的有关问题并不能依靠三审终审制的建立来解决，是因为：

首先，上诉审与再审存在重要区别。上诉审程序所要纠正的是未生效裁判中可能存在的错误，属于普通救济程序，所有案件都可以经历；而再审程序纠正的是生效裁判中存在的错误，是一种特殊的救济程序，不是所有案件都能经历的程序。且两者在启动方式、审理法院、审理方式等方面都存在一定差别。从这些区别可以看出，即使再增加一套上诉程序即实行三审终审制，也不能取代再审程序的功能。[③] 诚然，仅就审判的实体正义本身而言，审级越多显然会越有利于寻求正确裁判。但是，上诉审的纠错功能一般只限于针对上级法院在较短时间内就能够发现的错误，而现实生活中，有的案件的错误往往需要经历一定时间甚至

---

① 沈德咏主编：《最新再审司法解释适用与再审改革研究》，人民法院出版社 2003 年版，第 281 页。

② 傅郁林：“审级制度的建构原理——以民事程序视角的比较分析”，载《中国社会科学》2002 年第 2 期。

③ 陈光中、郑未媚：“论我国刑事审判监督程序之改革”，载《中国法学》2005 年第 2 期。

若干年以后才能为人们所发觉,特别是涉及一些发现新证据的案件。对于这种案件,我们只能通过启动再审程序来予以纠正。况且,国外所实行的三审终审制,第三审往往只涉及法律审,只具有统一法律适用的功能,而对于事实认定问题发生的错误,往往无能为力。从我国国情看,通过移植这种制度来取代再审程序,肯定是行不通的。

其次,在国外一些实行三审终审制的国家,也并非不存在再审程序。如法国普通法院实行三级三审制,但《法国刑事诉讼法典》第3卷第2编专门规定了再审制度;德国普通法院也是实行三级三审,《德国刑事诉讼法典》第4编中规定了再审制度;日本采取的是四级三审制,《日本刑事诉讼法》第4编规定了再审制度。就算在英美法系中,同样有关于类似再审制度的明文规定。如美国联邦及其州法院双重系统皆采取三审终审制,英国的三审终审也是众所周知,而《美国联邦刑事诉讼规则》第33条及《1995年英国刑事上诉法》第2部分中关于刑事案件审查委员会的规定,实际也带有再审的性质。

因此,三审终审并非取代再审程序的神药良方。且从我国地理条件、经济水平、法律传统等因素看,我国建立三审终审制的条件还有待时日。至于还有学者所提关于建立三审终审后再保留"严格限制的"再审,不是在短期内能够实现的方案。

现有刑事再审程序的相关规定已不能完全满足司法实践的需要,在实践中遇到了不少的困难,希冀以三审终审制来解决再审程序存在问题的愿望尚不现实,伴随着刑事诉讼法的再修改,对刑事再审程序进行相应完善,已是势之所需。

## 二、关于刑事再审程序完善的理念

我国刑事再审程序的建立和运行,一直都与党的"实事求是、有错必纠"的工作方针紧密相连。"实事求是、有错必纠"长期指导我国的刑事司法,在刑事诉讼无法典可依,在纠正"冤假错"案的特殊历史阶段,发挥了极其重要的作用。在《刑事诉讼法》已长期实施,法院每年审理百万起刑事案件,刑事申诉大量存在并不断上升的情形下,因为其过于强调"错误存在"方面的"事实",忽略法安定性和资源、效率方面的"事实",而带有一定的片面性,客观上会助长申诉与滥诉,从而不断受到质疑与批评。有学者明确指出,"'有错必纠'追求的是一种理想主义的状态,符合实体正义的要求,但是现代诉讼价值目标是多元的,该项原则在司法实践中由于程序的保障和资源的有限性不可能完全贯彻”。[①] 笔者认为,“实事求是、有错必纠”作为党的政法工作方针,从总体精神上是应予以肯定的,但必须全面考虑相关事实,并分类适用纠错方式。

在进一步的研讨过程中,有学者提出了应树立禁止双重危险和既判力的理念,并提出理念更新是重构我国刑事再审程序的前提。笔者认为,这两个理念与再审程序改革密切相关,但考虑到它们的本来含义,将这两个理念作为我国刑事再审程序改革的理论根基尚不够坚实,且在理解上还应全面把握其内涵要求与发展趋势。

禁止双重危险原则是英美法系中的重要原则,其含义是指任何人都不得因为同一行为而被两次置于危险之中,[②]即国家不得对任何人因同一行为进行重复追诉和惩罚。美国《联邦宪法修正案》第5条规定“任何人不得因同一罪行而两次遭受生命或身体的危险”便是这一原则的具体体现。在大陆法系国家,类似的原则被称为“一事不再理”。虽然最初状态的“一事不再理”更侧重于生效裁判的稳定性、权威性,且其不仅限于刑事领域适用,但其后来已发展成为对公民个人地位稳定及生效裁判效力稳定同等强调的一项重要原则。适用于刑事领域,该原则与禁止双重危险原则异曲同工,其根本意义在于保障刑事被追诉者的权利,使国家在行使刑事追诉权时能保持节制,不使公民因同一罪行受到多次追诉。[③] 以致有学者干脆将一事不再理原则与禁止双重危险原则等同起来,认为它们的区别仅在于适用领域的不同。

需要说明的是,无论是禁止双重危险还是一事不再理原则的确立,与欧美国家特殊的法律文化传统紧密相关。且我们必须知道,从其本来意义上说,目的是禁止对同一犯罪行为进行多次追究、使行为人承担数次追诉和惩罚。而再审程序最多是推翻或否定原来的判决,其实质是改变原来的判决,而不是对行为人给予两次以上的重复惩罚。即使从个别学者所主张的引申意义而言,就算在英美法系国家,禁止双重危险原则也不是绝对的,近年来在适用上都存在一定的例外。英美法系的一些制度,如人身保护令、调卷令、禁审令、履行职务令等,实质上也是对生效裁判的补救措施,在性质上类似于监督程序。英国于2003年通过《刑事司法法》,实际上也对禁止双重危险规则进行了一定的改革。该法规定,对于杀人、强奸、贩毒等29种严重的犯罪,如果发现新的和令人信服的证据证明

---

① 陈光中、郑未媚:“论我国刑事审判监督程序之改革”,载《中国法学》2005年第2期。

② Jerold H. Israel, Yal Kaymisar, Wayne R. Lafave, *Criminal Procedure and the Constitution*, West Publishing Company, 2009, p. 757.

③ 樊崇义著:《刑事诉讼法再修改理性思考》,中国人民公安大学出版社2007年版,第517页。

原无罪判决确实存在错误，允许对被判决人再次追究。在大陆法系国家，这种例外的情形就更加明显，如德国法律除规定了有利于被告人的再审外，还规定了不利于被告人的再审，只是对不利于被告人的再审限定了严格的条件。

既判力概念起源于罗马法，曾广泛适用于刑事、民事、行政诉讼之中。根据学者研究，古老的既判力原则是各国一事不再理、禁止双重危险等原则或者规则的渊源，这些原则或者规则是裁判既判力的不同表现形式。[①] 从既判力的效力内容来看，既判力也有两层含义，一是指终局裁判具有确定力（又称拘束力），即不管是法院还是当事人，都不得对同一案件再次发动诉讼；二是指终局裁判具有执行力，即法院作出的终局裁判具有强制执行力，当事人或者当事人以外的人都不能因为对裁判不服从而拒绝执行。所以，既判力蕴涵于生效裁判之中。按照既判力的要求，生效裁判一经确立，为维护国家司法权的稳定的权威，节省司法资源，就不得轻易启动程序来改变。伴随生效裁判的形成过程，同时形成一个"法的空间"。与社会生活空间的无限开放相比，"法的空间"具有封闭性、自缚性和终结性，一旦形成就不能直接根据现实生活的改变而随意推倒重来。[②] 然而，既判力理论的核心内容是强调"法的安定性"，而与法的安定性相对应的另一概念则为"法的公平性"。法的安定性要求生效裁判不得被随意推翻，但法的公平性则要求推翻明显不公正的生效裁判。"正义的要求和法的安定性的要求，往往反映出法律对立的一面。"[③]面对二者之间的冲突，任何一种简单、绝对的强调都会陷入困境，只有在二者之间寻求合理的价值平衡，才是一种理性、正确的选择。而且，实际上，既判力理念所排除的主要是同一审判主体相互矛盾的判决，其排斥的充其量只能涵盖"轻易"启动程序而改变生效裁判，对于以严格条件和程序规则为前提而进行的错案救济，不应是既判力理念的禁止范围。

笔者认为，"实事求是"、"有错必纠"仍然可以作为设定再审程序的指导思想，但应当作出新的诠释。所考虑的"实事"不能只是某一方面的事实和价值，而应全面考虑相关的事实和价值；所谓"必纠"，不能将改判作为"纠"的唯一方式，应当根据不同性质的错误，综合各种法律效果和社会效果，采取不同的纠正方式和方案。因此，刑事再审程序完善的理念应是多元价值的整合，是一种衡平、综合的价值，是法的公正性、合目的性和法安定性之间的统一，而不应单独强调某一价值。这种理念既要考虑一般预防，又要考虑特殊预防；既要考虑法的正

① 李哲："刑事裁判的既判力研究"，中国政法大学2005年博士学位论文。

② 王亚新著：《社会变革中的民事诉讼》，中国法制出版社2001年版，第42～43页。

③ ［日］三月章著：《日本民事诉讼法》，汪一凡译，五南图书出版有限公司1997年版，第29页。

义性，又要考虑法的安定性；既要考虑公正的价值，又要兼顾效率的价值；既要考虑实体价值，又要兼顾程序价值；既要考虑被告人权利的保障，又要兼顾受害人和社会公众的利益。在这种多元理念的指导下，树立理性纠错的原则。要在设定再审程序的时候，兼顾各种不同的价值，做到公正性、合目的性与法安定性的平衡与统一。

## 三、关于刑事再审程序的启动主体



从世界各国刑事再审启动权行使的情况来看，主要有如下三种模式：一是法院启动型，如法国、德国、日本等。这些国家的检察机关或当事人如果对生效裁判不服，只能向法院提出抗诉或申请，由法院进行审查后决定是否启动再审。二是法院和检察院并列启动型，如俄罗斯和我国。这类国家将检察机关设定为法律监督机关，监督国家法律的统一实施，当事人及其近亲属如果对生效裁判不服，既可以向法院提出申诉，以申请法院主动启动再审；也可以向检察机关申诉，申请检察机关提出抗诉，以启动再审。三是特殊机构启动型，如英国在议会下设"刑事案件审查委员会"（Criminal Cases Review Commission，CCRC），专门负责对有异议的已生效裁判进行审查，以决定是否启动刑事再审程序。[①] 我国所采用的是法院和检察院并列行使启动权模式。近年来，也不断有学者对这一模式提出质疑和批评，认为法院不应主动启动再审，检察机关也只应有再审申请权，其抗诉不应必然导致再审程序的启动，等等。

关于人民法院能否自行决定启动再审程序，主要有以下三种观点：

第一种是肯定说，认为人民法院作为刑事再审程序的提起主体是我国刑事诉讼法明确规定的，这一制度体现了"实事求是、有错必纠"的原则，有利于保证审判的客观性、公正性，应当继续坚持不变。

第二种是否定说，认为法院可以自行启动刑事再审程序不符合"不告不理"的诉讼基本原理，违背了控审分离的基本原则，违背了判决效力基本理论，所以建议完全取消人民法院主动提起再审的权力，未经检察机关或者原审被告人提出再审申请，法院绝对不能自行启动再审程序，而只能被动地接受并审查控辩双方提出的再审申请。[②]

---

① 邓思清："完善我国刑事再审启动程序之构想"，载《当代法学》2004年第3期。

② 陈瑞华著：《刑事诉讼的前沿问题》，中国人民大学出版社1999年版，第503页；范培根："刑事再审程序之改进与完善"，中国政法大学2003年博士学位论文。

第三种是部分肯定说，认为应从我国的实际情况出发，并适当借鉴外国的有关立法，将再审分为有利于被告人的再审和不利于被告人的再审。对于不利于被告人的再审，不能由法院主动提起，而必须由人民检察院抗诉或者被害人方申诉才能提起；对于有利于被告人的再审，可以由法院主动提起。①

从上述三种观点看，似乎第三种观点更为可行。此说不但考虑了人民法院的主动决定再审与相关法律理论、制度的矛盾所在，同时也看到了在一定条件下法院主动再审的意义和作用。

首先，法院在一定条件下的主动再审有利于维护法律统一实施，保障国家、社会和人民利益的统一实现。刑事裁判关系到被告人的生命、自由，关系到社会秩序的恢复、稳定，关系到国家和社会的整体利益。法院作为国家审判机关，通过对各种刑事案件的审理和裁判，不仅使国家的刑事法律得以在社会关系中发生实际的效力，而且能使国家法律统一适用于不同时空条件下发生的各类案件之中，平衡保护国家、社会和人民的利益。完全取消法院的主动再审，也不利于法院的能动司法，保障法律的统一实施。

其次，人民法院一定条件下的主动再审是对被告人权利救济的有效手段。“不告不理”是一审、二审程序启动的基本原则，但再审与一审、二审最大的不同是已经有法院作出的业已生效的裁判存在了。因此，用“不告不理”原则来否定法院的再审启动权是不适当的。刑事生效裁判作出后，代表公权力的检察机关作为刑事诉讼的一方利用抗诉权启动再审程序固然可以，被告人也可以根据法律设定的事由向法院申诉，但法院如通过其他合法手段、渠道获知生效裁判存在错误特别是存在对被告人不利的错误，如果法院坐视不管，显然不符合司法正义的要求，也不符合社会主义制度下的人民法院的特点。而且许多时候，一些生效裁判的错误并不一定为被告人所知，有的被告人甚至已经被执行死刑或已经死亡，如果法院在已经发现错误的情况下不主动提起再审程序纠正错误，被告人的合法权益便难以得到有效保护。

再次，保留人民法院部分再审启动权，亦符合再审程序作为特别救济程序的特点。刑事诉讼作为一种认识活动，对案件事实的认识和客观真相的还原必须经历一个不断深入的过程，不仅需以一定量的司法资源为条件，还需以一定的时间期限作支撑。② 由于司法资源的有限性，以及诉讼手段、诉讼期限的限制等，

① 陈卫东著：《刑事审判监督程序研究》，法律出版社 2001 年版，第 133 页。

② 樊崇义书著：《刑事诉讼法再修改理性思考》，中国人民公安大学出版社 2007 年版，第 520 页。

办案人对于案件事实的认识不够全面甚至出现一些错误都是可能的,也符合人类认识的一般规律,法院所作出的生效裁判在认定事实上发生错误也是不可避免的。因此,对于生效的错误裁判提供救济途径,以实现实体正义,是设置再审程序的目的之一。人民法院主动提起再审,是基于内部审判监督权而作出的自我纠错,尤其对有利于被告人的再审,无论是对被告人行为的错误定性,还是对被告人的错误量刑,抑或是法律上的错误适用,这种纠错是很必要的。

最后,保留人民法院部分再审启动权符合我国现行的刑事诉讼模式。我国的诉讼结构大体上属于大陆法系的职权主义模式,强调法官在整个程序中的主导作用,依职权主动调查证据,主动查明案件事实。职权主义诉讼模式的优点就在于法官充分发挥自身的积极性、主动性,有利于发现案件事实,并且法官的职权发现在某些方面比当事人的自我发现要更具诉讼效率。虽然英美法系当事人主义的诉讼模式亦有其可资借鉴的一些优势,但诉讼模式的选择和改造,往往受各国历史文化传统的制约,且并非任何形式的法院职权运用都与当事人主义背道而驰。①

至于检察机关对于生效裁判的抗诉应否必然启动再审程序,从我国检察机关的性质及其职责看,保留现有规定和做法仍然是必要的。但要考虑与法院再审启动权的分工,以避免重复审查,导致再审秩序的紊乱和司法资源的浪费。

因此,从我国刑事再审程序的由来及其与其他诉讼程序相互关系看,这种模式整体来说是与我国的政权结构形式及民主政治制度相联系、相一致的。在人民法院自身发现其生效裁判存在错误时,取消其自我纠错权显然不当。而检察机关作为法律监督机关,当其发现已生效刑事裁判确有错误时,不能直接通过抗诉来启动再审程序,也不利于其法律监督权的行使。目前情况下,不宜对启动权主体进行颠覆性的改变。可考虑将再审分为有利于被告人的再审和不利于被告人的再审,规定人民法院可主动启动有利于被告人的再审,一般不能主动启动不利于被告人的再审,而检察机关提起对不利于被告人的再审抗诉,也应给予时限上的必要限制。

## 四、关于刑事再审申请的提出

有人将我国刑事再审程序最为主要的特点总结为无限申诉与无限再审,归

① 肖建华:《民事证据法理念与实践》,法律出版社 2005 年版,第 8 页。

纳起来主要是"五无限",即主体无限、时间无限、次数无限、审级无限、理由或条件无限。这种无限申诉与无限再审的制度设计,本意是保障当事人的申诉权,但在适用过程中却导致了令人尴尬的"申诉难"与"申诉滥"并存的局面,并成为长期以来一直困扰人民法院的大难题。如何破解这一难题,已是完善刑事再审程序时无法回避的一个重大问题。

1. 关于申诉与申请再审。《刑事诉讼法》第203条规定,当事人及其法定代理人、近亲属,对已经发生法律效力的判决、裁定,可以向人民法院或者人民检察院提出申诉,但是不能停止判决、裁定的执行。根据该条规定,当事人及其法定代理人、近亲属不能直接启动再审程序,只能向人民法院、人民检察院申诉,且这种申诉只是人民法院、人民检察院启动再审程序的线索来源。然而,在我国民事诉讼法和行政诉讼法中,对于当事人再审请求的提出,均已表述为申请再审。刑事诉讼法将当事人在再审程序启动中的权利定位为申诉,容易产生如下问题:由于申诉并非再审程序中的一个独立的法律概念,可以用于因对某种已经生效的处理决定不服而向有关国家机关提出异议并申述理由的各种情形,因而与信访联系更为密切,以致当事人在向法院申诉的同时,也还向多家机关申诉。这种申诉与信访并无明确界限,因而长时间得不到回应也就在所难免了。① 而对于人民法院来说,由于申诉是公民的一项宪法权利,任何申诉都能进入法院,不受限制,使得人民法院难以应付,最终也很难真正保障当事人的申诉权。② 因此,有人提出应当将刑事再审程序中当事人向人民法院的申诉权改造为申请再审权。这一改变的好处不仅能使刑事与民事、行政三类案件的申诉统一为申请再审,而且有利于"诉访分流"机制的构建,有利于把申请再审案件纳入诉讼程序,并为构建再审申请之诉打下基础,因而其积极意义是不言而喻的。

2. 关于再审申请的主体范围。根据我国《刑事诉讼法》第203条的规定,当事人及其法定代理人、近亲属,是申诉主体。大部分人认为,目前法律规定的申诉主体范围是比较合适的,并不存在所谓再审申诉主体"无限"的问题。因为当事人是刑事诉讼的主体,根据法律规定的理由进行申诉,应为其权利的行使,不能加以剥夺;在其死亡、服刑或属未成年等特定情况下,由法定代理人或者近亲属代为申诉也是很有必要、无可厚非的。而且,这种范围的规定也是世界各国的普遍做法。例如,法国《刑事诉讼法》第623条规定,被判刑人无行为能力时,其

① 最高人民法院《关于执行〈中华人民共和国刑事诉讼法〉若干问题的解释》第297条也规定:"人民法院经审查,对不符合刑事诉讼法第203条规定的申诉,按来信、来访处理。"

② 陈卫东主编:《模范刑事诉讼法典》,中国人民大学出版社2005年版,第589页。

配偶、儿女、父母及其全部继承人或者其明示委托人可以申请再审。俄罗斯《刑事诉讼法》第402条则规定,监督审的申诉主体是被判刑人、被宣告无罪的人、他们的辩护人或法定代理人、被害人、他们的代理人。由上可见,笔者认为,对再审申请的提起进行适当限制,主要应在提起理由、时限以及形式要件等方面进行,而不是对现有申诉的主体范围加以改变。

另外,为了充分保障当事人及其近亲属和法定代理人的权利行使,可考虑结合《律师法》的有关规定,赋予当事人及其近亲属和法定代理人委托律师代理申请再审的权利。

3. 关于申请再审的管辖。《刑事诉讼法》第203条规定,当事人及其法定代理人、近亲属,对已经发生法律效力的判决、裁定,可以向人民法院或者人民检察院提出申诉,但是不能停止判决、裁定的执行。1998年最高人民法院《关于执行〈中华人民共和国刑事诉讼法〉若干问题的解释》第296~301条规定,申诉人可以向原审法院,也可以向上级人民法院申诉。这种申诉审查多重管辖的做法确实可以方便当事人申诉权的行使,但也可能导致不同级别法院之间的权责不清。且有的当事人同时向数个法院申诉,容易形成多头申诉、反复申诉、几级法院同时审理同一申诉的混乱的局面。因此,有人提出应参考民事诉讼法的做法上提一级申诉,即申诉人对已经发生法律效力的判决、裁定,认为有错误的,可以向上一级人民法院申请再审。这种上提一级的管辖制度,对于消除申诉人和社会大众对原审法院管辖申请再审案件公正性的顾虑,增强再审程序的权威性和公正性,确有好处。但是,必须有相关的配套制度作为保障才有可行性,如对再审理由细化和法定化,对申请再审的条件和期限作出一定的限制,实行再审一审终结等。否则,大量的案件涌入上一级法院特别是高级人民法院和最高人民法院,将出现顾此失彼的不利后果。在目前,可以考虑分类处理:对于原裁判未经审委会讨论决定的可由原审法院管辖;原裁判经过审委会讨论决定的,可由上一级法院管辖。

## 五、关于启动刑事再审程序的理由

我国《刑事诉讼法》规定启动刑事再审程序总的理由是生效裁判"确有错误"。依据《刑事诉讼法》第204条的规定,具体包括以下4种情况:一是有新的证据证明原判决、裁定认定的事实确有错误的;二是据以定罪量刑的证据不确实、不充分或者证明案件事实的主要证据之间存在矛盾的;三是原判决、裁定适用法律确有错误的;四是审判人员在审理该案件的时候,有贪污受贿,徇私舞弊,枉法裁判行为的。从上述规定看,只要是"确有错误"的,无论错误大小,人民法院都"应当重新审判",以达到"有错必纠"的要求。对此,笔者认为,即使是从效率原则及司法资源有效配置的原则出发,也无必要对所有存在"错误"的案件都启动再审。再审程序的启动,应主要指向那些对被告人利益或社会公共利益有实际影响的案件。因此,有必要在现有基础上对上述法律规定以司法解释形式做进一步的细化,以增强上述启动理由的可操作性。事实上,最高人民法院2002年9月所发布的《关于规范人民法院再审立案的若干意见(试行)》中,已对此有所作为,但还可更进一步细化。①

值得注意的是,这里所讲的是再审程序启动的理由,由于再审申请主体与启动主体并不同一,因而还有必要思考、探讨以下几个问题:当事人的申请再审理由是否有必要与法院依职权启动再审的理由、检察院再审抗诉的理由一致,再审新证据应如何确立,是否可将程序性事由作为再审申请理由,等等。

## 六、关于申请刑事再审的限制

实践中,一个案件判了之后被申诉,申诉了又判,多次复查、多次再审,反反复复,甚至多达十几次的情形也时有发生。这种情形严重损害了司法权威,造成了大量司法资源的浪费,且不利于保障被告人的合法权利。为了防止"无限申诉、无限再审"的弊端,应对当事人申请再审作出一定的限制。限制可考虑从申请理由、时限及形式要件等方面来进行。其中,期限限制及次数限制应有实质性规定。

规定申请再审的期限是对无限申诉予以限制的重要途径。新修订的《民事诉讼法》对民事申请再审的期限作了一定的限制。我国《刑事诉讼法》以及最高人民法院《关于执行〈中华人民共和国刑事诉讼法〉若干问题的解释》并没有对刑事申诉的期限加以限制。但最高人民法院《关于规范人民法院再审立案的若干意见(试行)》中对此问题做了一定的规定,其第10条指出:"人民法院对刑事

---

① 2002年9月10日公布的最高人民法院《关于规范人民法院再审立案的若干意见(试行)》第7条规定:"对终审刑事裁判的申诉,具备下列情形之一的,人民法院应当决定再审:(1)有审判时未收集到的或者未被采信的证据的,可能推翻原定罪量刑的;(2)主要证据不充分或者不具有证明能力的;(3)原裁判的主要事实依据被依法变更或撤销的;(4)据以定罪量刑的主要证据自相矛盾的;(5)引用法律条文错误或者违反刑法第十二条的规定适用失效法律的;(6)违反法律关于溯及力规定的;(7)量刑明显不当的;(8)审判程序不合法,影响案件公正裁判的;(9)审判人员在审理案件时索贿受贿、徇私舞弊并导致枉法裁判的。"

案件的申诉人在刑罚执行完毕后两年内提出的申诉,应当受理;超过两年提出申诉,具有下列情形之一的,应当受理:(一)可能对原审被告人宣告无罪的;(二)原审被告人在本条规定的期限内向人民法院提出申诉,人民法院未受理的;(三)属于疑难、复杂、重大案件的。不符合前款规定的,人民法院不予受理。"这一规定,与以前申诉无任何期限的规定相比已大有进步,在很大程度上限制了刑事申诉的反复提起,有利于增强生效裁判的稳定性,体现了现代诉讼程序节制性原则。但这一规定仍有缺陷,就是一般期限仍然太长,应限定为 3 个月为宜;有特殊情况(如发现新证据)的则应以再审事由发现之后 3 个月为宜。



最高人民法院《关于规范人民法院再审立案的若干意见(试行)》在申诉次数上也有一定的限制。其中第 15 条规定:上级人民法院对经终审法院的上一级人民法院依照审判监督程序审理后维持原判或者经两级人民法院依照审判监督程序复查均驳回的申请再审或申诉案件,一般不予受理。但申诉人提出新的理由,且符合《中华人民共和国刑事诉讼法》第 204 条……规定条件的,以及原审被告人可能被宣告无罪的除外。第 16 条规定:最高人民法院再审裁判或者复查驳回的案件,再审申请人或申诉人仍不服提出再审申请或申诉的,不予受理。理论界既有再审"一审终结"制的建议,[①]也有采用"二审终结"制的建议。[②] 综合各方意见,可考虑采用除非有新的理由或者被告人可能被宣告无罪,否则实行"一审终结"制的措施。

## 七、关于刑事再审申请的受理

目前,刑事申诉不仅存在"申诉难"的问题,而且存在"申诉滥"以及申诉与信访不分的问题,为了使人民法院全面、及时地审查申请人的再审申请,更好地保障申请人的申请再审权,有必要对申请人的申请再审行为进行必要的规范和引导。最高人民法院原有的司法解释和民事审判监督程序的有关司法解释对此都作了相关的规定。如最高人民法院发布的《关于规范人民法院再审立案的若干意见(试行)》第 5 条规定,再审申请人或申诉人向人民法院申请再审或申诉,应当提交以下材料:(1)再审申请书或申诉状,应当载明当事人的基本情况、申请再审或申诉的事实与理由;(2)原一、二审判决书、裁定书等法律文书,经过人

---

① 陈光中主编:《〈中华人民共和国刑事诉讼法〉再修改专家建议稿与论证》,中国法制出版社 2006 年版,第 638 页。

② 陈卫东主编:《模范刑事诉讼法典》,中国人民大学出版社 2005 年版,第 595 页。

民法院复查或再审的,应当附有驳回通知书、再审判决书或裁定书;(3)以有新的证据证明原裁判认定的事实确有错误为由申请再审或申诉的,应当同时附有证据目录、证人名单和主要证据复印件或者照片;需要人民法院调查取证的,应当附有证据线索。申请再审或申诉不符合前款规定的,人民法院不予审查。最高人民法院《关于刑事再审案件开庭审理程序的具体规定(试行)》第3条规定,以有新的证据证明原判决、裁定认定的事实确有错误为由提出申诉的,应当同时附有新的证据目录、证人名单和主要证据复印件或者照片。需要申请人民法院调取证据的,应当附有证据线索。未附有的,应当在7日内补充;经补充后仍不完备或逾期不补的,应当决定不予受理。因此,不少人认为,在申请受理阶段对再审申请的形式要件作出一定的规定,从而对再审申请的提出进行规范和引导,促使申请提出的有序化。

## 八、关于刑事再审申请的审查

新修订的民事诉讼法和最高人民法院的司法解释确立了申请受理、审查处理、符合条件的再审审理三个阶段,解决了民事诉讼申诉难的问题。在这一点上,刑事再审程序也可考虑借鉴民事诉讼再审程序改革的成果,按照再审诉讼化的要求,对再审申请的审查进行诉讼化改造,以保障当事人的合法权益。再审审查是再审程序的有机组成部分,是确认生效裁判是否存在法定再审事由,以决定是否启动再审程序的审判活动。再审审查程序实质是再审事由是否存在的审理程序,其审理对象是人民法院生效裁判是否具备再审申请人提出的再审事由,目的是决定是否启动再审程序。我国《刑事诉讼法》对再审审查程序没有规定,1998年最高人民法院《关于执行〈中华人民共和国刑事诉讼法〉若干问题的解释》第302条、303条、307条对审查的期限、审查的处理方式、对审查不服的救济作了相应的规定,但其规定不是按照诉讼化的要求设计的,存在审查程序不透明、不规范、不公开等诸多问题,迫切需要进行进一步的完善。

1. 关于审查期限和处理方式。最高人民法院《关于执行〈中华人民共和国刑事诉讼法〉若干问题的解释》第302条规定,人民法院受理申诉后,应当在3个月内作出决定,至迟不得超过6个月。该解释的规定与民事诉讼法的规定一致。决定再审的,以再审程序进行审理,不符合再审条件的,驳回再审申请。所不同的是未指明其“决定”的形式以“裁定”来表现。另外,对于一些特殊的案件,还未规定延长期限的审批程序。

2. 关于审查范围。由于对再审申请进行审查的目的是审视申请再审人所提出的再审事由是否存在依据并符合法定的再审理由,因而并不需要进行全案审查。科学界定对再审申请的审查范围,对于进一步推进再审申请审查的诉讼化改造,提高审查申请再审案件的效率,有着非常重要的意义。

3. 关于审查方式。由于我国刑事诉讼法及相关司法解释对于当事人及其亲属申请再审的申诉如何受理、如何审查、到场人员、具体期限、告知方式等缺乏明确规定,使得这一决定再审或者不再审的过程的透明性严重不足,正当性和公正性受到质疑。对此,随着民事诉讼法修改后对于民事再审申请审查方式的明确,有学者主张对于刑事再审申请的审查也可借鉴民事诉讼法的做法,即只要申请具备法定的形式要件就应立案审查,并将诉讼因素引入审查程序中。但也有不少人认为对于刑事再审申请的审查程序是否完全参照民事申诉的审查还有待进一步研究,但在对刑事再审申请的审查程序中应引入一定程度的直接言词因素几乎无异议。



## 九、关于刑事再审案件的审理

刑事再审程序与同属救济程序的二审程序相比,其主要特点在于,它以生效裁判为特定的审理对象,以平衡法的确定性与真实性之间的矛盾以及协调被告人权益与国家权益之间的关系为目的。[①] 对于刑事再审案件的审理是在发现原有裁判确有错误的基础上进行的,因此,审理过程首先必须有利于纠正错误,而且必须体现再审程序应有的程序价值。“程序价值不是泛指评价法律程序的所有价值标准,而是专指通过程序本身而不是通过程序结果所体现出来的价值内涵。”[②]只有在审理中既保障实体纠错的实现,又体现出程序正义,才不致再审之后“又再审”。

首先,关于审理的方式。再审审理方式不是一个单纯的方式问题,它与再审程序的功能、任务,乃至刑事诉讼的目的、价值密切相关。采取何种再审审理方式,对于再审能否正确查明案件事实,能否彰显程序公正的诉讼价值,具有重大的关系。依照刑事诉讼法的现行规定,如果原来是第一审案件,应当依照第一审程序进行审理;如果原来是第二审案件,或者是上级法院提审的案件,应当依照第二审程序进行审理,但对是否需要采取开庭审理的方式未作专门规定。

---

① 张建良、胡子君:“我国刑事再审事由设置的反思与重构”,载《法学评论》2005年第1期。

② 陈瑞华:“通过法律实现程序正义——萨默斯‘程序价值’理论评析”,载《北大法律评论》1998年第1卷第1辑。

再审案件往往较为复杂，通常在事实认定和法律适用上都有较大的难度，开庭审理对于大多数再审案件的公正、顺利审结是十分必要的。但是，有人主张所有再审案件都应以开庭审理的方式进行，这似乎又过于绝对。因为，对于有的刑事再审案件，开庭审理不仅没有必要，而且没有可能。例如，原判决、裁定认定事实清楚，证据确实、充分，但适用法律错误，量刑畸重的，就没有开庭审理的必要。再如，有的被告人在启动再审后下落不明，甚至已经死亡，有的检察机关对开庭审理不予配合，再审开庭就没有可能。因此，根据现有的诉讼理论和实践，在目前司法资源有限的情况下，可考虑以开庭审理为原则，以不开庭审理为例外。最高人民法院《关于刑事再审案件开庭审理程序的具体规定》第5条规定了开庭审理的情形，①第6条规定了不开庭审理的情形，就是采取这一思路。因此，对于刑事再审案件的审理，应以开庭审理为原则，但也应允许有一些例外。只有这样，才能既考虑到程序公正的价值，又考虑司法实践的具体情况。

另外，对于再审开庭审理的案件，需要以下若干制度予以配套：

一是检察机关派员出庭。检察院派员出庭是刑事再审案件开庭审理的必然要求，也是检察机关监督再审程序的基本途径。实践中，有的检察机关对于人民法院决定再审的案件，不派员出庭参与庭审，使开庭审理无法进行，进而影响了再审的效果。对此，立法应当将其明确为法定职责。

二是被告人需在案。如果原生效裁判是无罪判决，或者生效裁判已经执行完毕，被告人不在案，再审开庭程序则无法进行。为了保障再审开庭的顺利进行，有必要对再审被告人采取一定的强制措施。然而，对于能否采取强制措施、由哪个机关采取强制措施以及被告人的押解职责由谁承担等问题，还有待于进一步研究。最高人民法院《关于刑事再审案件开庭审理程序的具体规定（试行）》第11条规定："人民法院决定再审或者受理抗诉书后，原审被告人（原审上诉人）正在服刑的，人民法院依据再审决定书或者抗诉书及提押票等文书办理提押……"这一规定简单明确，但在实践中，各地的执行并不一致。如有的地方反映，有的省监狱管理局要求中级人民法院向监狱管理局出具再审决定书或者抗诉书的同时，还需出具相关函件，且不能委托基层法院执行。因此，这方面还需要立法作出明确的统一规定。

其次，关于审理的范围。我国刑事诉讼法对于进入再审程序的案件，是否适

① 该条规定：人民法院审理下列再审案件，应当依法开庭审理：(1)依照第一审程序审理的；(2)依照第二审程序需要对事实或者证据进行审理的；(3)人民检察院按照审判监督程序提出抗诉的；(4)可能对原审被告人（原审上诉人）加重刑罚的；(5)有其他应当开庭审理情形的。

用全案审查这一原则并没有明确规定。最高人民法院《关于执行〈中华人民共和国刑事诉讼法〉若干问题的解释》第308条规定:“人民法院按照审判监督程序重审审判的案件,应当对原判决、裁定认定的事实、证据和适用法律进行全面审查。”从司法解释的层面对再审案件的审理范围确立了全面审理的原则。我们认为,根据实事求是、有错必纠的原则,全面审理原则是符合我国再审程序定位的。但再审程序不是一审、二审的简单重复,且按照“不告不理”的理念,再审程序在全面审理的同时,应重点审查抗诉机关提出的抗诉的事项、人民法院裁定再审的事项或者有利害关系的当事人及其法定代理人、近亲属所提出的再审理由。根据最高人民法院《关于刑事再审案件开庭审理程序的具体规定》第7条的规定,人民法院审理共同犯罪案件,如果检察机关抗诉书只是针对部分同案原审被告人或上诉人提起再审,其他未涉及的原审被告人或上诉人可以不出庭参与诉讼。同案原审被告人或上诉人不出庭,很难做到全案审理。这表明司法解释在某种程度上对全案审理原则作出了突破。笔者建议,对刑事再审案件的审理,应该坚持全面审理与重点审理相结合的原则。如果提出抗诉的公诉机关或者申诉的申诉人没有针对某一事实、证据提出再审重审的请求,或者对适用的某一法律条款提出撤销的要求,就应当认为抗诉机关或者申诉人对此没有异议,人民法院在再审审理时就不需要重点审理。这种全面审与重点审相结合的审理原则,既考虑了我国刑事再审程序的特殊性,又考虑了效率的价值。

最后,关于审理的效力。有学者主张,现行刑事再审程序依附于第一审程序和第二审程序的做法抹杀了再审程序与普通程序的区别,既不能体现出再审案件自身的特点,也难以满足再审案件特有的程序需求。因此,应当在包含公正程序基本要求和第一、二审程序基本要素的基础上,构建独立的刑事再审程序。[①]从再审程序特殊的性质和功能看,这种观点不是没有道理的。但审理程序的选择,与案件采用几审终审的制度紧密相连,如果能对再审案件真正实现一审终结,那么,构建独立的再审程序必不可少。

## 十、关于再审能否加刑问题

人民法院对于已经发生法律效力的判决、裁定,在进行再审审理时,能否加重被告人的刑罚?从现行法律规定看,再审过程中,既可以减轻被告人的刑罚,

① 陈卫东:“对刑事审判监督程序改革的思考”,载《审判监督指导》2001年第4卷,第237页。

也可以加重被告人的刑罚。应该说,现行做法在保障被告人权益方面确实存在一定缺陷,以致从理论上讲,因被告人申诉引发的再审以及人民法院主动启动的再审,都可以加重被告人的刑罚。这也与世界各国的通行做法存在较大差距。在不少国家,其法律规定甚至确立了"再审不加刑"原则。如《法国刑事诉讼法》第622条至第626条的规定,只要判决一经生效,即便是事实上有罪的人被错误地无罪开释,也不得对这一错误的无罪判决进行任何变更;但如果无辜的人被错误判刑,即便判决已经生效也可对这种错误进行纠正。[①]《德国刑事诉讼法》第373条规定:"在重新审判中,应当是或者维持原来判决,或者撤销原判对案件另作裁决;仅由受有罪判决人,或者为了他的利益由检察院或者他的法定代理人提请再审的时候,对于原判决在法律对行为的处分种类,刑度方面,不允许作不利于受有罪判决人的变更。"[②]《日本刑事诉讼法》第452条规定:"在再审中,不得宣告重于原判决的刑罚。"[③]

但最高人民法院2001年公布的《关于刑事再审案件开庭审理程序的具体规定(试行)》第8条第1款规定:"除人民检察院抗诉的以外,再审一般不得加重原审被告人(原审上诉人)的刑罚。"较之现有法律规定,该规定已经向前迈进了一大步。但不少人认为,"一般不得"的规定虽然是原则上禁止,但仍然为例外留有余地。从维护公民合法权益及科学确定刑事再审程序的功能角度而言,可考虑在再审程序中确立"非因检察抗诉或受害人及其亲属申诉不加刑"的原则。笔者认为,在研究再审程序中可以加刑的范围或情形时,这一观点确实有其可供参考的重要价值。

(2011年第5期)

① 《法国刑事诉讼法典》,余叔通、谢朝华译,中国政法大学出版社1997年版。
② 《德国刑事诉讼法典》,李昌珂译,中国政法大学出版社1995年版,第136页。
③ 《日本刑事诉讼法》,宋英辉译,中国政法大学出版社2000年版,第99页。

【栏目】 《刑事诉讼法修正案(草案)》中的若干问题研究(一)



# 刑事诉讼中公安机关定位问题之探讨

## ——对《刑事诉讼法修正案(草案)》中“司法机关”规定之商榷

陈光中 *

## 一、问题的提出

8月30日,提交给第十一届全国人大常委会第二十二次会议初审的《刑事诉讼法修正案(草案)》[以下简称《修正案(草案)》]向社会公布征求意见,引起了全社会特别是法律界的高度关注和热议。多数人士既基本肯定《修正案(草案)》的进步,又对其提出了许多修改的建议。其中,刑事诉讼中的公安机关是否为司法机关是热议问题之一。因为1979年7月1日第五届全国人民代表大会第二次会议通过的《刑事诉讼法》全部条文中没有出现“司法机关”一词;1996年3月17日第八届全国人民代表大会第四次会议通过的修正刑事诉讼法中有两个新增的条文即第17条、第38条,出现了包括公安机关在内的“司法机关”一词的规定。如第38条规定:“辩护律师和其他辩护人,不得帮助犯罪嫌疑人、被告人隐匿、毁灭、伪造证据或者串供,不得威胁、引诱证人改变证言或者作伪证以及进行其他干扰司法机关诉讼活动的行为。”此条中的“司法机关”显然包括公安机关及其他进行刑事诉讼的国家专门机关。

* 作者单位:中国政法大学诉讼法学研究院。

本文的写作得到中国政法大学刑事司法学院硕士研究生于增尊的协助。

此次《修正案(草案)》则进一步扩大"司法机关"一词的使用,现共有9条规定中有"司法机关"一词,即第17条、第33条、第42条、第46条、第51条、第61条、第62条、第114条、第272条。其中除第17条、第38条为原有规定外,新增加了7条。这7条中的"司法机关"都包括了公安机关。如第51条第2款规定:"行政机关在行政执法过程中收集的物证、书证等证据材料,经过司法机关核实,可以作为证据使用。"此款的规定显然指工商、税务、环保等行政管理机关在执法过程中发现有犯罪行为并收集到相关的物证、书证后,移送给公安机关要求立案侦查时,公安机关认为该物证、书证审查属实的可以作为犯罪证据使用,并在移送审查起诉、提起公诉时将其移送给检察机关和法院使用。这里的公、检、法都概括称为"司法机关"。又如,第114条规定:"当事人和辩护人、诉讼代理人、利害关系人认为司法机关及其工作人员有下列行为之一,侵犯其合法权益的,有权向该司法机关申诉或者控告:(一)采取强制措施法定期限届满,不依法予以释放、解除或者变更强制措施的;(二)应当退还取保候审保证金不依法退还的;(三)违法采取搜查、查封、扣押、冻结等侦查措施的;(四)应当解除查封、扣押、冻结不依法解除的;(五)阻碍辩护人、诉讼代理人依法履行职责的。受理申诉或者控告的机关应当及时处理。对处理不服的,可以向同级或者上一级人民检察院申诉。人民检察院对申诉应当及时进行审查,必要时可以对有关情况进行调查核实;对于情况属实的,依法予以纠正。"此条所规定的存在侵权行为的司法机关显然首先指公安机关等侦查机关。另外,全国人大常委会法工委负责人所作《修正案(草案)》说明中两次提及的"司法机关"均明确包含法院、检察院和公安机关等国家专门机关,如说:"起草工作秉持中国特色社会主义法治理念……坚持分工负责、互相配合、互相制约的原则,完善刑事诉讼中各司法机关的权力配置,更好地适应诉讼活动的需要。"以上《修正案(草案)》的相关条文和立法部门的说明明确地表示,在刑事诉讼中公安机关等国家专门机关与人民法院、人民检察院一样,其性质都是司法机关。

但笔者认为,《修正案(草案)》把公安机关定性为司法机关的规定是有问题的,至少是不成熟、不慎重的。它不仅与国际通例相左,而且不符合我国宪法规定的中国特色政治体制与司法体制的内涵。

## 二、比较法视野下刑事诉讼中公安机关的定位

西方现代法治国家的政治体制均以三权分立为其思想基础,司法权由法院行使,检察机关大多被认为是行政机关,警察机关无论是行使治安管理权还是行

使刑事诉讼中的侦查权，都被认为是行政机关。但英美法系与大陆法系在对待三机关性质的界定上还存在某些差异。

**(一)英美法系**

英国是世界上最早确立权力的分立与制衡的国家，美国是当今世界上实行三权分立最典型的国家，它们都坚持立法权属于议会，司法权属于法院，行政权属于政府机构。按照《美国宪法》的规定，“立法权，全属合众国的国会”；“行政权力赋予美利坚合众国总统”；“合众国的司法权属于一个最高法院以及由国会随时下令设立的低级法院”。①

英国是现代意义上的警察制度的诞生地，1829 年国会授权内政大臣罗伯特·皮尔组建了大伦敦警察厅，标志着世界上现代警察制度开始建立。当今英国的警察系统由内务部领导，内政大臣是英国警察的最高首长。英国警察最重要的职责之一是犯罪侦查，绝大多数刑事案件的侦查是由警察负责进行的。“警察机关拥有侦查犯罪、逮捕罪犯以及收集定罪所必需的证据等一系列权力，是英国现代刑事司法体系的重要组成部分。”②警察过去还承担着向法院提起公诉的职责，直到 1985 年《犯罪起诉法》颁布后，才由新建立的皇家检察机构承担公诉职能。虽然行使侦查以至起诉职权，警察机关仍然是行政机关，但并不因为其从事刑事司法活动而成为司法机关。

在美国，联邦政府各重要部门都设有自己的执法机构，承担不同案件的侦查任务，如司法部下属的联邦调查局是主要的侦查机构，毒品管理局负责毒品犯罪的侦查；内政部下属的国家公园警察局、总督察署，国防部下属的国防调查署，海军部调查局等诸多机构也都承担与本部门职责直接相关的犯罪侦查任务。在州一级，州内政部负责领导州的警察机构。以上这些机构在侦查犯罪时都以警察身份进行，与检察机关是平行的分工协作关系。警察的侦查行为一方面是行政行为，另一方面是刑事诉讼程序的第一阶段，具有一定的司法属性。“‘刑事诉讼程序’通常分为两部分：侦查阶段与审判阶段。”“当警察根据其本人的观察和线人以及线人提供的信息或者仅仅根据线人提供的信息，相信犯罪活动已经开始着手实施或者已经发生时，刑事侦查活动就开始了。”③

① 参见美国《宪法》第 1 条第 1 款、第 2 条第 1 款、第 3 条第 1 款。

② 麦高伟、杰弗里·威尔逊主编：《英国刑事司法程序》，姚永吉等译，何家弘审校，法律出版社 2003 年版，第 38 页。

③ [美]约书亚·德雷斯勒、艾伦·C. 迈克尔斯著：《美国刑事诉讼法精解》，吴宏耀译，北京大学出版社 2009 年版，第 5~6 页。

### (二)大陆法系

大陆法系国家的法院、检察机关、警察机关的性质、相互关系与英美法系国家大同小异。多数国家的宪法规定司法机关仅指法院,如《德国基本法》第9章第92条规定:“司法权赋予法官,由联邦宪法法院、本基本法规定的联邦法院和各州法院行使。”但有的国家的宪法规定,司法机关包括法院和检察机关,根据法国《宪法》第65条的规定,设立最高司法委员会,由总统担任主席,司法部长为当然副主席。根据《司法组织法典》的规定,法官和检察官都是司法官,由最高司法委员会管理。①《意大利宪法》第104条规定:“司法机关为独立于任何其他权力机关的自主体制。最高司法委员会由共和国总统担任主席。最高法院的首席院长和检察长为最高司法委员会的当然成员……”

至于大陆法系国家的警察,其在国家机构中的地位是行政机关,归行政长官领导,这是没有例外的。德国的警察机构由两部分组成,联邦警察隶属于联邦内务部,州的警察机构由州内务部长领导。《法国国家警察职业道德准则法令》第4条规定:“国家警察按一定的等级制度而组成,归属内政部长管辖。”②日本警察机构分为国家警察机构和地方警察机构。按照《日本警察法》规定,在内阁总理大臣辖下设置国家公安委员会,作为中央警察机构最高权力机关,其下设警察厅。地方警察机构是在都道府县知事领导下的公安委员会,负责管理地方警察。在刑事诉讼领域,与英美法系不同,大陆法系国家的警察在从事刑事侦查工作时受检察官的领导和监督,甚至作为检察机关的辅助人员在其直接指挥下开展侦查工作。由于警察的侦查活动具有一定的司法性质,因此大陆法系国家一般把从事侦查的警察称为司法警察,把侦查机关称为刑事司法警察机关。《法国刑事诉讼法》第14条规定了司法警察的职责:“只要没有开始侦查程序,司法警察依本编所定区分,负责查证违反刑事法律之犯罪行为,搜集犯罪证据,查找犯罪行为人。在已经开始侦查程序的情况下,司法警察执行预审法庭的委派,按照预审法庭的要求办案。”③该法第15条、第16条、第20条规定了司法警察的人员组成,主要包括两类:一是国家警察,由内政部长领导;二是国家宪兵,由国防部长领导。司法警察属于行政机关序列,在刑事诉讼中是与司法机关并列的机关。④

---

① 甄贞主编:《检察制度比较研究》,法律出版社2010年版,第26页。

② 参见“法国国家警察职业道德准则法令”,井致远译,载刘伯祥主编:《外国警察法》,中国法制出版社2007年版,第660页。

③ 《法国刑事诉讼法典》,罗结珍译,中国法制出版社2006年版,第17页。

④ [法]卡斯东·斯特法尼等著:《法国刑事诉讼法精义》,罗结珍译,中国政法大学出版社1999年版,第300页。

意大利和日本对司法警察人员职责的规定与法国大体相同。《意大利刑事诉讼法》第55条规定了司法警察的职能："1. 司法警察应当实施包括主动侦查犯罪，阻止犯罪造成严重的后果，搜寻作案者等行动以及为保护证据而采取一切必要的措施，并且收集其他可能有助于刑事法律适用的材料。2. 执行由司法机关决定或者委托的一切调查活动和其他活动。3. 第1款和第2款中列举的职能由司法警察机构的警官和官员执行。"根据第57条的规定，司法警察组织的警官包括国家警察组织的领导人员、警长、宪兵部队等，司法警察警员包括根据公共安全管理制度被承认具有此种身份的国家警察机构的人员等。《日本刑事诉讼法》第189条规定了一般司法警察职员的侦查权："警察官依照其他法律或者国家公安委员会或都道府县公安委员会的规定，执行司法警察职员的职务。司法警察职员在知悉有犯罪发生时，应即侦查犯人及证据。"

以上所述的西方两大法系国家的三权分立政治体制虽然与我国的政治体制性质不同，但警察机构在刑事诉讼中的行政机关定位，对我国刑事诉讼中公安机关如何定位，仍有参考意义。

## 三、我国刑事诉讼中公安机关的定位问题

对我国刑事诉讼中公安机关性质的界定，需要根据《宪法》所确定的中国特色社会主义政治体制进行两个方面的分析，一是公安机关在国家机构中的一般属性，二是公安机关在刑事诉讼中的定位。这两个有机联系的问题可以从以下几个方面进行考量。

**（一）从《宪法》及有关法律的规定来考量**

我国《宪法》规定的政治体制是人民代表大会制度，其特点是各级人民代表大会是人民行使权力的最高权力机关，各级政府和各级人民法院、人民检察院是行使国家行政权、审判权、检察权的机关，它们都由同级人民代表大会产生，对它负责、受它监督，并被简称为"一府两院"，公安机关则属于国家行政机关中的一个组成部分。《宪法》第85条规定："中华人民共和国国务院，即中央人民政府，是最高国家权力机关的执行机关，是最高国家行政机关。"第89条规定："国务院行使下列职权……（八）领导和管理民政、公安、司法行政和监察等工作……"根据《宪法》所制定的《地方各级人民代表大会和地方各级人民政府组织法》第59条规定："县级以上的地方各级人民政府行使下列职权……（五）执行国民经济和社会发展计划、预算，管理本行政区域内的经济、教育、科学、文化、卫生、体育事业、环境和资源保护、城乡建设事业和财政、民政、公安、民族事务、司法行

政、监察、计划生育等行政工作……”另外国务院制定的《公安机关组织管理条例》第19条明确规定:“公安机关人民警察使用的国家行政编制,实行专项管理。”根据《宪法》和以上两个法律、法规及其他有关规定,我国的公安机关和公安工作无疑是属于行政性质的,其领导机构在中央为国务院下属的公安部,在地方为各级人民政府中设立的公安厅、局。

我国公安机关的工作大多是与维护社会治安有关的行政管理工作,同时又承担大部分刑事案件的侦查任务,公安机关的侦查活动与检察院的追诉、诉讼监督活动、法院的审判活动以及有关部门的一定的执行活动①形成了刑事诉讼的全部活动体系。正因如此,《宪法》第135条明文规定:“人民法院、人民检察院和公安机关办理刑事案件,应当分工负责,互相配合,互相制约,以保证准确有效地执行法律。”《刑事诉讼法》不仅把该条规定作为基本原则加以规定,同时也明确了公安机关在刑事诉讼中的职责分工。根据《刑事诉讼法》第3条的规定,公安机关负责对刑事案件的侦查、拘留、执行逮捕、预审(笔者注:实际上是侦查阶段的最后程序),这就意味着我国公安机关在刑事诉讼中承担以侦查为主的重要诉讼任务。根据《刑事诉讼法》第4条以及其他有关规定,承担侦查任务的还有检察机关、国家安全机关,军队保卫部门、海关缉私部门以及监狱中的侦查组织。在中国的语境下,把诉讼理解为司法活动是合理的,因为侦查不仅是刑事诉讼中的重要组成部分,而且是按《刑事诉讼法》规定的法定程序来进行的,把它与一般行政机关的行为一样定位为行政性质是不合适的。当然,侦查活动不同于审判,也有别于起诉,既是诉讼活动,也明显带有某些行政活动的特征(如要求迅速及时、基本上不公开及受行政首长领导等)。但总体而言,侦查活动还是属于诉讼活动即司法活动的范畴。然而绝不能由此做出这样的推论:凡是在刑事诉讼中从事侦查或者其他诉讼活动的机关都是司法机关。《公安机关组织管理条例》第2条规定:“公安机关是人民民主专政的重要工具,人民警察是武装性质的国家治安行政力量和刑事司法力量,承担依法预防、制止和惩治违法犯罪活动,保护人民,服务经济社会发展,维护国家安全,维护社会治安秩序的职责。”在这个条例中,也只是把人民警察规定为武装性质的国家治安行政力量和刑事司法力量,而没有定位为司法机关。也就是说,把刑事诉讼中的司法机关与行使一定司法权的机关的性质加以区别,而没有混为一谈。同样,我们也不能把司法工作人员与其所在的单位混为一谈,例如我国《刑法》第94条规定:“本法

① 刑事执行工作,大部分属于司法行政性质,如监狱和社区矫正管理;某些工作属于司法性质,如决定监外执行、减刑等。

所称司法工作人员，是指有侦查、检察、审判、监管职责的工作人员。"其中监管人员包括公安机关、国家安全机关以及司法行政部门所属的有关机关（监狱和看守所）中担任监管犯罪嫌疑人、被告人、罪犯职责的人员，还包括在劳动教养场所中担任监管劳教人员职责的人员。① 如果上述各种司法工作人员所在单位都是司法机关，那么不仅公安机关，甚至司法行政机关不都成了司法机关了吗？

**（二）从中央有关重要文件来考量**

再来看一下中央有关重要文件是如何对法院、检察院、公安机关定性的。中国共产党第十五次代表大会报告指出："推进司法改革，从制度上保证司法机关依法独立公正地行使审判权和检察权，建立冤案、错案责任追究制度。"党的"十六大"报告指出："从制度上保证审判机关和检察机关依法独立公正地行使审判权和检察权。完善诉讼程序，保障公民和法人的合法权益。切实解决执行难问题。改革司法机关的工作机制和人财物管理体制，逐步实现司法审判和检察同司法行政事务相分离。"这两个极为权威的文件十分明确地把司法机关定位为审判机关和检察机关，还要求逐步实现司法审判和检察同司法行政事务的分离。党的"十七大"报告中没有明确提司法机关，但强调指出要"保证审判机关、检察机关依法独立公正地行使审判权、检察权"。

党的"十六大"以后，党中央先后发了两个关于加强公安工作和法院、检察院工作的决定。《中共中央关于进一步加强和改进公安工作的决定》（中发〔2003〕13 号）指出："公安机关是人民民主专政的重要工具，是武装性质的国家治安行政力量和刑事司法力量，肩负着打击敌人、保护人民、惩治犯罪、服务群众、维护国家安全和社会稳定的重要使命。"《中共中央关于进一步加强人民法院、人民检察院工作的决定》（中发〔2006〕11 号）指出："人民法院和人民检察院是国家司法机关，是人民民主专政的国家机器的重要组成部分，肩负着贯彻依法治国基本方略的重要使命。"从以上一系列党中央的权威文件中可以清晰地看出，我国的人民法院、人民检察院是司法机关，公安机关既是行政机关又是重要的刑事司法力量。

另外，国务院新闻办公室发布的有关文件中也有关于三机关性质的表述。《中国人权发展 50 年》（1949 年 ~ 1999 年）指出："公安、司法机关依法打击犯罪，保护公民的合法权利不受侵犯。"《保护知识产权行动纲要（2006—2007年）》中提出："公安、司法机关要进一步加大打击力度，加强知识产权刑事司法保护。"这里的司法机关指的是法院和检察院，这是不言而喻的。这两个文件不



① 朗胜主编：《中华人民共和国刑法释义》，法律出版社 2011 年版，第 116 页。

仅面向国内，而且面向国际社会，其文字表述是经过认真斟酌、把握分寸的，它们都用“公安、司法机关”表述公检法，这是很值得我们注意的。

**（三）从法学界的学术观点来考量**

关于我国法院、检察院、公安机关三机关是否定性为司法机关的问题，法学界的学术观点主要分为三派。

第一种是一机关说，认为司法机关仅指法院，这是一种传统的观点，现在仍有学者主张此说。如陈瑞华教授认为，“司法是与裁判有关的国家活动，司法权也就是裁判权”，检察机关只是“带有一定的准司法机构的性质”。[①] 还有学者明确指出：“在我们国家，司法机关就应当是人民法院。”[②]第二种是两机关说，认为在我国司法机关为法院和检察院，公安机关是行政机关，持这种观点的学者比较多。如张文显教授认为：“在我国，按照现行法律体制和司法体制……人民法院和人民检察院便是我国的司法机关，也即我国司法主体……一些人甚至一些领导人将公安机关甚至包括司法行政机关也称为司法机关，所谓‘公、检、法、司’，实际上不符合我国现行法律法制和司法体制，是对司法机关的一种不正确的理解。因为它们属于国家行政机关的组成部分，称之为广义上的‘政法机关’尚可。”[③]王利明教授认为：“依据我国宪法的规定，各级人民法院和人民检察院属于国家司法机关。”[④]徐静村教授认为：“在我国，严格意义上的司法机关是人民法院和人民检察院，公安机关虽然行使部分司法职能，但就其性质而言，仍属于维护社会治安的行政机关。”[⑤]笔者一直主张我国的司法机关为法院、检察院，公安机关是行政机关，并把刑事诉讼中的国家专门机关简称为“公安司法机关”。[⑥]第三种观点是三机关说，认为司法机关包括法院、检察院、公安机关。如程荣斌教授认为：“侦查是特定的司法机关为证实犯罪和查获犯罪人而依法采取的专门调查工作和采取的有关强制性措施。”[⑦]此外，有的学者的观点与前三派有所不同，如陈卫东教授认为检察机关是国家法律监督机关，公安机关是国家行政机关。“公安机关是我国各级人民政府，即国家行政部门的组成部分，受各级人民

---

① 陈瑞华主编：“司法权的性质——以刑事司法为范例的分析”，载《法学研究》2000年第5期。

② 陈界融主编：《证据法学概论》，中国人民大学出版社2007年版，第5页。

③ 张文显主编：《法理学》，法律出版社2007年版，第237页。

④ 王利明著：《司法改革研究》，法律出版社2000年版，第6页。

⑤ 徐静村主编：《刑事诉讼法学》，法律出版社2011年版，第60页。

⑥ 陈光中主编：《中国司法制度的基础理论问题研究》，经济科学出版社2010年版，第14页；陈光中主编：《刑事诉讼法学》，高等教育出版社、北京大学出版社2009年版，第42页。

⑦ 程荣斌主编：《刑事诉讼法》，中国人民大学出版社2005年版，第285页。

政府的领导。因此，在我国，从性质上来讲，公安机关属行政机关，而不是司法机关，这是由其功能、活动程序和组织方式所决定的。”①

笔者之所以坚持主张上述第二种观点，即刑事诉讼中的人民法院、人民检察院是司法机关而公安机关是行政机关，是基于以下几点理由：

第一，根据上述我国《宪法》所规定的政治体制特色和中共中央一系列重要文件对人民法院、人民检察院和公安机关的性质的明确表述。

第二，认为作为司法机关应当具有独立性、中立性、裁判性、权威性等基本属性。我国的人民法院明显具有以上基本属性，是典型的司法机关。检察机关作为《宪法》规定的国家专门法律监督机关，在刑事诉讼中首先具备依法独立行使职权的属性，即《宪法》第 131 条明文规定了检察院依法独立行使检察权，不受行政机关、社会团体和个人的干涉。其次，检察机关在法庭上代表控方，但在审查批捕、审查起诉中对于侦查部门与犯罪嫌疑人两方而言是持客观、中立态度的。最后，检察院对案件的处理决定虽不具备终局裁判的属性，但由于其对刑事诉讼全过程实行法律监督，具有与法院同等的权威性。可见，检察机关在我国可以与法院一样视为司法机关。刑事诉讼中的公安机关的情况却有所不同。它实施侦查和其他诉讼行为受行政机关首长的直接领导，不具有独立性；其担负的追诉犯罪的职责也使其无法保持中立。虽然公安机关在刑事诉讼中的作用很重要，但主要是为后面的起诉、审判做准备，不可能具有权威性。

第三，从刑事诉讼各个阶段来说，不仅起诉与审判活动具有司法性，而且侦查也具有司法性，这里的司法性是从其属于诉讼活动范畴的意义上来说的，也就是说，诉讼活动受诉讼规则的规范，与行政机关的行政活动具有质的区别。但是不能因此认为在刑事诉讼中行使侦查权的主体就是司法机关。如上所述，在刑事诉讼中有权进行侦查的国家机关是多元的，不仅有公安机关、检察机关，还有国家安全机关、军队保卫部门、海关缉私部门、监狱中的侦查组织等。如果行使侦查权的机关都是司法机关，那么以上这些部门都成为司法机关了，这未免使司法机关过于多元化，并必然使司法机关丧失高位性、权威性，从而损害法治精神。

第四，要正确理解《宪法》第 135 条关于“人民法院、人民检察院和公安机关办理刑事案件，应当分工负责，互相配合，互相制约”规定的精神。这个规定固然在一定意义上体现了三机关在刑事诉讼中的同等地位，但是要看到，这个条文是在《宪法》规定人民法院、人民检察院的专节中规定的，应该与宪法中有关法院、检察院以及公安机关在国家机构中的地位、职责的规定结合起来才能准确把

---

① 陈卫东主编：《刑事诉讼法学原理与案例教程》，中国人民大学出版社 2008 年版，第 80 页。

握。还要看到,在现代法治国家,无论是西方国家还是中国,其刑事诉讼结构都是或者都应该是以审判为中心的,只有在非法治国家,才搞侦查中心主义——侦查的结果决定审判的结果。在我国,侦查固然重要,但法院在刑事诉讼中扮演着决定诉讼终局的角色;检察院在审判中起到支持公诉和审判监督的重要作用。既然我国存在一定的侦查中心主义现象,我们就要改变这种现象,从侦查中心主义走向审判中心主义。这次《修正案(草案)》的某些内容(如提高证人、鉴定人出庭率,一定情况下要求警察出庭等)也进一步强化了审判中心主义的构造。因而,我国刑事诉讼中的主要国家专门机关可以客观地列为人民法院、人民检察院、公安机关或者简称为公安、司法机关,但不能概括称为司法机关。

第五,为了保证公安机关完成其维护国家安全和社会治安秩序、保护公民的合法权益的重要任务,我们党和政府采取了一系列强警措施,如加强公安队伍力量、后勤装备、技术手段等,这是完全有必要的;对公安机关领导人的职务进行高配①也是可以理解的。但是,强警不应当改变公安机关在国家机构体制中的固有定位,不能把公安机关升格为司法机关,否则就破坏了我国《宪法》所规定的国家机构的有机统一体制,也有违社会主义法治理念。

## 四、结语与建议

历史的经验值得注意。在古代的封建专制主义时代,司法与行政是不分的,专职办案的司法官吏从属于行政长官。近代资产阶级革命以后,在法治理念的指导下,国家机构中建立了独立的司法机关,同时也创建了从属于行政系统的警察力量。警察尽管承担主要的侦查任务,但不是司法机关本体。在我国社会主义政治体制下,公安机关总体而言属于行政机关,其在刑事诉讼中所进行的侦查活动属于司法活动,从这个意义上说,警察是一种重要的刑事司法力量,但不能因此把负责侦查任务的警察机关定位为司法机关。我国正在建设中国特色社会主义法治国家,司法体制改革的方向是应当使法院和检察院这两个司法机关越来越能依法独立、公正地行使审判权、检察权,而不是让公安机关与司法机关渐行渐近,乃至于三者合为一体,都成为司法机关。果真如此,这种司法体制的改革是进步的体现还是倒退的不祥之兆,就非常值得我们深思并令人担忧了。至少在中国现实的政治体制下,刑事诉讼中公安机关的定位是一个存在着重大争

① 如公安局局长又担任所属政府机关的副职或者担任当地党委的常委。但不宜兼任政法委书记,否则,就可能造成公安局局长实际上领导至少是干预法院、检察院办案的消极后果。

议且十分敏感的复杂问题，因此，不宜在这次刑事诉讼法的修改中贸然将其确认为司法机关。

为此，笔者建议，对《修正案（草案）》中新增加的7个条文按照宪法的规定改为人民法院、人民检察院、公安机关，同样对1996年《刑事诉讼法》中增加的2条有"司法机关"的规定也作回归性修改。譬如，《修正案（草案）》第62条规定："证人因履行作证义务而支出的交通、住宿、就餐等费用及误工损失，应当给予补助。对证人作证的补助，列入司法机关业务经费，由同级政府财政予以保障。"其中的"司法机关"可以改为"人民法院、人民检察院、公安机关"。当然，其中有的条文把司法机关改为法院、检察院、公安机关可能在文字上不太确切、妥帖，那可以另作灵活处理。譬如草案第51条第2款规定："行政机关在行政执法过程中收集的物证、书证等证据材料，经过司法机关核实，可以作为证据使用。"其中"经过司法机关核实"可以改为"经过公安机关、人民检察院或者人民法院核实"。

为了使《刑事诉讼法修正案（草案）》在征求意见后得到更好的修改完善，更符合社会主义法治理念，特撰此文直陈己见，求教于法界同人并供立法部门参考。

（2011年第11期）



# 秘密搜查制度批判

万 毅*

## 一、问题的提出

2011年8月30日，全国人大常委会法制工作委员会网上公布了《刑事诉讼

---

* 作者单位：四川大学法学院。
本文系教育部"新世纪优秀人才支持计划"资助项目（NCET－10－0602）的阶段性成果。

法修正案(草案)》(以下简称《草案》)及草案说明,向社会公开征集意见。[①] 仔细审视《草案》之内容,可以发现,侦查和证据制度方面的一个重大变化,就是《草案》第150条明确授权公安机关在必要时经县级以上公安机关负责人决定,可以实施秘密侦查,并于第151条明确肯定了秘密侦查所获证据的证据能力,由此实现了秘密侦查措施的合法化。

从诉讼法理上讲,基于强制侦查法定原则之要求,所有限制公民人身自由和财产自由的强制性侦查措施均应在得到立法明确授权后,侦查机关方可采用。之前因为我国《刑事诉讼法》对秘密侦查并无明文授权,实践中侦查机关采用秘密侦查措施收集的证据,视同为广义上的"非法证据",[②]不能直接作为证据使用(无证据能力),而必须经过"转化"才能成为呈堂证供、定案根据,这在一定程度上滞碍了侦查机关打击犯罪的功效。基于犯罪高发期打击严重刑事犯罪的实践需要,此次《草案》在第二编第二章第七节后增加一节(即第八节"技术侦查")专门对秘密侦查等特殊侦查手段进行了立法授权,试图解决秘密侦查措施及其所获证据的合法性问题。据此,秘密侦查终于"登堂入室",由一种"见不得光"的隐形侦查手段上升为一项合法的侦查措施,公安机关采用秘密侦查所收集的证据亦无须再经过"转化"即可直接作为证据使用,丰富了公安机关的侦查手段,提升了公安机关打击严重刑事犯罪的能力。

但是,"秘密侦查"本是一个集合概念,涵括了多种隐秘性的特殊侦查措施在内,根据公安部1978年制定的《刑事侦察工作细则》第3条之规定,秘密搜查、密取证据、跟踪监视、使用耳目、技术鉴定等皆可纳入"秘密侦查"的范畴。由于《草案》采取的是概括授权的方式,即将秘密侦查措施整体授权给公安机关,因而上述多种秘密侦查措施实际上一并取得了法律授权。然而,如果说《草案》将跟踪监视、使用耳目(包括线人、卧底、诱惑侦查)、技术鉴定等秘密侦查措施合法化,理论上并不致产生太大争议的话,那么,秘密搜查的合法化,则可能在理论上引发较大争议。这是因为秘密搜查虽然在我国公安侦查工作中长期沿用,但理论界对其合法性和合理性却历来存在认识上的分歧与较大的争议,《草案》将之合法化,可能再次正面激化这一争议。

---

① "《刑事诉讼法修正案(草案)》及草案说明",载 http://www.npc.gov.cn/npc/xinwen/lfgz/2011-08/30/content_1668503.htm。

② 关于广义上的"非法证据"的概念,参见万毅:"解读'非法证据'",载《清华法学》2011年第2期。

## 二、理论界对秘密搜查之争议

所谓秘密搜查，根据权威的《中国公安百科全书》中的定义，指的是"案件正处在侦察或调查阶段，为了搜索证据，背着被告人及其有关人员，深入被告人有关处所进行的搜查。"①由此可见，秘密搜查所谓的"秘密"性，主要是指"背着被告人和有关人员"，即在犯罪嫌疑人和有关人员不知情的情况下实施搜查。从我国侦查实务中秘密搜查的操作模式来看，秘密侦查的"秘密"性，主要应从两个方面理解：一是秘密搜查的全过程（启动、实施和结果）对外保密而不公开。在程序启动上，公安机关实施秘密搜查无须申请搜查证，只需经县（市）级公安局长以上领导内部批准即可。在执行中，公安机关实施秘密搜查前不预先通知犯罪嫌疑人和有关人员到场，在搜查过程中犯罪嫌疑人及有关人员也不得在场。在结果上，公安机关秘密搜查完毕后，不制作搜查笔录，更不得将搜查结果通知犯罪嫌疑人及有关人员；即使发现证据，也不制作扣押笔录，而是采取"密取证据"（秘密拍照、录像等）的方式秘密提取该证据。二是秘密搜查不仅对当事人（犯罪嫌疑人、第三人）、辩护人保密，而且无见证人在场。换言之，秘密搜查的现场，除公安机关的侦查人员外，不准许其他人在场。

"秘密侦查"的概念和所谓"法"源，文本上可见的是公安部1978年制定的《刑事侦察工作细则》，其第10条明确规定："在侦察破案中，根据需要，经县（市）公安局长以上领导批准，可以对重大犯罪嫌疑人进行秘密搜查或者密取证据。"公安部在1979年制定的《关于刑事侦察部门分管的刑事案件及其立案标准和管理制度的规定》第四节"刑事侦察工作的若干规则和文书格式"中再次重申"使用秘密侦察手段必须履行审批手续……秘密搜查由县、市以上公安机关负责人批准"。从肯定侦查实践的角度出发，1979年公安部三局编写的《刑事侦察学》教材将"秘密搜查"列为专章专节论述，此后这一模式为各大高校刑侦院系的《刑事侦查学》教材所沿用。迄今为止各种版本的《刑事侦查学》教材仍无一例外地将"秘密搜查"列为专章专节论述，或者将"公开搜查"与"密搜密取"分为两种搜查模式而分别论述。② 侦查学界公认的权威著述《中国公安百科全书》也专门将"秘密搜查"列为词条作出解释。③

---

① 宋占先主编：《中国公安百科全书》，吉林人民出版社1989年版，第1600页。

② 廖辉池："浅议'秘密搜查'"，载《四川省公安干部管理学院学报》1994年第2期。

③ 宋占先主编：《中国公安百科全书》，吉林人民出版社1989年版，第1600页

然而,秘密搜查所具有的显性违法特征(即明显背离《刑事诉讼法》规定的搜查程序),却使理论界历来对其合法性与合理性存在质疑。比较具有代表性的观点认为,秘密搜查不符合我国《刑事诉讼法》的明文规定,不具有合法性,且因为秘密搜查不允许犯罪嫌疑人及有关人员包括见证人到场,也不制作搜查、扣押笔录,难以保证和证明其所获证据的真实性、合法性,侦查中长期使用秘密搜查更会导致公众对其充满神秘感,容易脱离群众。更有学者尖锐地指出,在秘密搜查中,不仅搜查是否存在合理根据得不到司法审查,搜查过程也得不到中立力量的监督,更为重要的是,被搜查人因为对搜查过程与结果一无所知而丧失了任何司法救济的可能。秘密搜查权具有排斥司法权限制的绝对权力特征,在任何法治国家,这种权力都没有合理存在的宪法根据。①

与此相对,也有部分学者认为秘密搜查作为一种秘密取证方式比公开取证更具灵活性,更有利于打击刑事犯罪,因而肯定秘密搜查的合法性和合理性,其主要理由包括:其一,从合法性角度讲,秘密搜查是公安机关的"侦察"活动,它与《刑事诉讼法》中规定的"侦查"活动含义不完全相同,"侦查活动"中的搜查是公开的搜查,而"侦察"活动中的搜查则是"秘密搜查";其二,从合理性角度讲,刑事罪犯作案的手段狡猾,有的秘密进行,有的混迹于群众之中,有的作案后毁尸灭迹等,目的是要避人耳目,逃脱罪责。这就会给公开收集证据带来困难,而秘密搜查、秘密取证就可以避免这种困难。同时,秘密搜查、秘密取证还可以避免"打草惊蛇",对充分揭露那些长期潜伏的危害国家安全犯罪,以及连续犯、持续犯等,更可以发挥其有力的证明作用。②

除了上述两种针锋相对的观点之外,还有一种介于两者之间的折中观点,即一方面肯定秘密侦查的合理性,另一方面又承认其确实存在合法性问题,进而主张对秘密侦查予以立法化,即"在什么情况下可以采取秘密搜查、秘密搜查的申请、批准以及实施条件、要求、程序等理应受到法律的严格规制"。③ 例如,有学者就指出:"按照搜查的方式不同,搜查可以分为公开搜查和秘密搜查。前者是根据刑事诉讼法的有关规定进行的一种侦查行为,后者是侦查人员在没有搜查证并且被搜查人不知情的情况下进行搜查,目的是先发现犯罪嫌疑人或证据线索,之后再持搜查证进行合法搜查的方法。对于秘密搜查法律没有明文规定,但在实践中是一种经常使用的技术侦查手段,相比公开搜查的监督和制约更少,对

① 邓剑光:"对秘密搜查与秘密拘捕合法性的质疑",载《中国律师》2005年第4期。

② 汪纲翔:"秘密取证的合理性和合法性",载《政治与法律》1989年第5期。

③ 潘利平:"刑事搜查制度研究",四川大学2006年博士学位论文,第39页。

公民个人权益的侵犯更严重。从保障人权的角度应该早日使其程序化、法治化。”①按照该观点，似乎秘密搜查作为一项侦查制度本身的合理性并没有问题，只是因为《刑事诉讼法》对其没有明文授权，才产生了所谓合法性问题。照此逻辑，只要刑事诉讼法在立法上对秘密搜查进行了明文授权，秘密搜查即可在实践中通行无碍。显然，此次《草案》提出的改革方案正是这一逻辑的体现。但问题在于，秘密搜查制度的根本问题究竟是合法性问题，还是合理性问题？如果仅仅是前者，那么通过立法授权即可轻松解决，但如果是后者，则问题就相对比较复杂，远非《草案》简单增设两个法条即可解决的，它关系到秘密搜查作为一种侦查取证方式，是符合刑事诉讼法的内在法理，是否与依法治国理念兼容等深层次问题。

## 三、秘密搜查有违诉讼法理，与依法治国理念不兼容

本文认为，秘密搜查作为一种侦查取证方式，本身不兼容依法治国理念，且违背诉讼法内在法理，《草案》未及深思即匆忙将之合法化，是本次《刑事诉讼法》修改的一大“败笔”。由于秘密搜查在制度设计上的先天缺陷，在可预见的将来，合法化后的秘密搜查可能成为重创公民权利的利器。理由如下：

其一，前提谬误：所谓区分“侦查”与“侦察”的观点不兼容依法治国理念。

支撑秘密搜查合法化和合理性的一个重要理论基础即所谓“侦查”与“侦察”活动二分法。但这一观点明显违背依法治国的基本理念。所谓依法治国，是指公民之间、国家与公民之间以及国家内部领域的关系均受法律调整，其标志是所有国家权力及其行使均受法律的约束。② 在依法治国理念的框架下，是不存在所谓不受法律调整和约束的“法外飞地”的。所有刑事诉讼活动包括搜查等侦查活动，都应当严格按照《刑事诉讼法》规定的程序进行，受《刑事诉讼法》调整和约束，对此不应有任何例外。我国《刑事诉讼法》第3条第2款即明确规定：“人民法院、人民检察院和公安机关进行刑事诉讼，必须严格遵守本法和其他法律的有关规定。”据此，侦查活动应当都是法律活动，侦查之外无“侦察”。换言之，公安机关实施的搜查等侦查活动，都是严格遵守《刑事诉讼法》进行的诉讼法律活动，不应当存在一个《刑事诉讼法》规定的“侦查”之外的“侦察”活动，因而，所谓“侦查活动”中的搜查是公开的搜查，而“侦察”活动中的搜查是

① 刘继雁：“法治视野下的刑事搜查制度研究”，西南政法大学2008年硕士学位论文，第9页。

② ［德］哈特穆特·毛雷尔著：《行政法学总论》，高家伟译，法律出版社2000年版，第106页。

"秘密搜查"的观点,是根本不能成立的。在理论上区分"侦查"与"侦察",认为"侦查"活动(公开搜查)才受《刑事诉讼法》调整,"侦察"活动(秘密搜查)不受《刑事诉讼法》调整的观点,无疑是将"侦察"视作不受法律调整和约束的"法外飞地",这与依法治国的基本理念根本不兼容。

其二,后果严重:秘密搜查制度的合法化可能导致《刑事诉讼法》规定的搜查程序被"架空"。

不得不指出,秘密搜查在程序内容与要求上与《刑事诉讼法》明文规定的搜查程序存在直接的冲突。

一是在程序启动上,《刑事诉讼法》第111条第1款规定:"进行搜查,必须向被搜查人出示搜查证。"而公安机关实施秘密搜查无须申请搜查证,只需经县(市)级公安局长以上领导内部批准即可。

二是在程序执行中,《刑事诉讼法》第112条第1款规定:"在搜查的时候,应当有被搜查人或者他的家属,邻居或者其他见证人在场。"而公安机关实施秘密搜查前不预先通知犯罪嫌疑人和有关人员到场,搜查过程中被搜查人或者他的家属、邻居或者其他见证人也不得在场。

三是在程序终结后,《刑事诉讼法》第113条规定:"搜查的情况应当写成笔录,由侦查人员和被搜查人或者他的家属,邻居或者其他见证人签名或者盖章。如果被搜查人或者他的家属在逃或者拒绝签名、盖章,应当在笔录上注明。"而公安机关实施秘密搜查,在搜查完毕之后,并不制作搜查笔录或其他证明文书。

正是由于秘密搜查在程序内容和要求上与《刑事诉讼法》规定的搜查程序存在直接的冲突,此次《草案》匆忙将秘密搜查合法化,将造成条文之间的"硬性"冲突、导致条文"打架",不仅损害了《刑事诉讼法》的严肃性和权威性,折损了《刑事诉讼法》的效力,并可能导致《刑事诉讼法》规定的搜查程序在实践中被完全"架空"。试想,在《草案》并未对秘密搜查适用的案件范围作出任何限制的情况下,[①]理论上秘密搜查可以适用于所有刑事案件,而面对手续烦琐的公开搜

---

① 尽管《草案》也规定公安机关实施秘密搜查应以"必要时"为限,但何谓"必要时",《草案》并未予以明确,实践中公安机关自可便宜裁量,所以,这一限制性条件有等于无。笔者甚至认为,《草案》对秘密侦查的规定较之公安部1978年制定的《刑事侦察工作细则》还有倒退,因为该细则第10条明确规定秘密侦查针对"重大犯罪嫌疑人"而采用,这至少从秘密搜查适用的案件范围上进行了限制。

查①和相对简便的秘密搜查，公安机关在策略上会如何选择，答案不是一目了然吗！如果公安机关为了规避手续烦琐的公开搜查而一律采用秘密搜查，那么秘密搜查将替代公开搜查在实践中大行其道，《刑事诉讼法》规定的搜查程序也将因此而被"架空"！

其三，基础松动：秘密搜查制度不符合刑事诉讼法的内在法理。

一方面，程序的本质是制约，程序立法上不应"制造"一个不受制约的权力，而秘密搜查正是《草案》"制造"的一个不受任何制约的权力。刑事诉讼法中常见的程序制约机制，包括"以权力制约权力"以及"以权利制约权力"，前者如司法审查机制，后者如控辩对抗机制。然而，秘密搜查作为刑事诉讼中的一项国家公权力，在行使上却几乎没有任何程序性制约：在启动上，秘密搜查不受司法审查，且不实行"令状主义"，无须核发搜查证，程序启动上过于随意、缺乏牵制力量；在执行中，秘密搜查无当事人、辩护人或其他人在场见证，程序缺乏公开性和监督；在结果上，秘密搜查不制作搜查笔录，也不将结果通知当事人，程序不具公开性，也缺乏司法救济途径。虽说《草案》规定秘密搜查必须要经过县级以上公安机关负责人审查、批准，但俗话说得好"刀刃再快也削不到自己的刀背"，这种在公安机关内部进行的行政式审批程序，对秘密搜查能够发挥的制约作用是微乎其微的。秘密搜查这样一个缺乏制约的程序，是不正义的程序，也不符合刑事诉讼法设置和配置权力的基本原理。

另一方面，现代刑事诉讼法尊奉正当程序原则，而正当程序原则要求诉讼程序公开进行并确保当事人对程序的实质性参与。搜查作为一项强制侦查措施，涉及对公民基本人身自由（尤其是隐私权）和财产自由的限制和干预。因此，无论是从程序公开性还是从当事人对程序的实质参与的角度讲，侦查机关实施搜查都应当允许并通知当事人到场，使当事人能见证搜查过程，即使当事人不能到场的，也应当通知第三方作为见证人到场见证搜查过程。这既是张扬程序公开性和司法民主价值的基本要求，也是防止违法侦查和减少争执的实际需要。②

以法国为例，根据《法国刑事诉讼法》第 57 条、59 条、95 条、96 条之规定，虽然没有必要预先通知被搜查人，但进行搜查时被搜查人应当在场。如果被搜查人本人不愿意或者不能到场，可以当面要求其指定一名由其选定的代理人。如

① 为表述方便，暂且借用"公开搜查"这一说法，但要说明的是，笔者并不赞成"公开搜查与秘密搜查"这一分类方法，因为法治视野下的搜查在一定程度上都是公开的，或者过程公开，或者结果公开。

② 执行搜查，可能就财物损失产生争执，当事人或第三方在场，可以在此后发生争执时提供必要的人证。

果被搜查人拒绝指定代理人，预审法官可以从不属于其管辖权限的人员中指定证人，并要求他们参加搜查。参加搜查的证人应当在笔录上签字。在第三人家中进行搜查时，要求主人在现场观看。如该人不在家，或者拒绝在现场，搜查应当有该人的两名直系血亲或姻亲在场时才能进行，如果没有直系血亲或姻亲在场，应当有两名证人在场。这些人都应当在笔录上签字（如果他们拒绝签字，笔录应予记明）。[①]



## 四、境外侦查阶段搜查不公开与我国《草案》中的秘密搜查有本质区别

当然，侦查程序本以查缉罪犯以及查获罪证为目的，在构造上与审判程序自应有所区别：审判程序以公开为原则，以不公开为例外，而在侦查程序中，为防止侦查机关查缉犯罪的行动因公开进行而曝光，导致罪犯知悉后潜逃或湮灭罪证，侦查程序原则上应当秘密、不公开进行，是为“侦查密行”原则或曰“侦查不公开”原则。[②] 正是基于审判程序与侦查程序在目的和构造上的不同，有的国家和地区主张搜查程序是否公开不可一概而论，而应当区分审判中的搜查和侦查中的搜查区别对待：对于审判阶段的搜查而言，因为案情已经公开，证据采集完毕，嫌犯也已到案，案件保密性要求降低，审判中的搜查自无必要再秘密进行；但对于侦查阶段的搜查而言，因为案情尚未公开，嫌犯尚未到案，证据还有待调查，侦查机关的搜查行动一旦公开曝光，犯罪嫌疑人可能潜逃，也可能转移、隐匿、销毁罪证，从而使案件侦破陷入僵局，因此，侦查中的搜查应当对当事人及辩护人保密。当事人、辩护人到场并非搜查的法定程序要件，侦查机关实施搜查未必应当通知当事人、辩护人到场，是否通知其到场，由侦查机关根据侦查之需要而为裁量，若侦查机关认为有必要让当事人或辩护人在场的，可以令其到场。

以日本为例，《日本刑事诉讼法》中的搜查分为审判中的搜查和侦查中的搜查，根据《日本刑事诉讼法》第113条和第142条之规定，审判阶段的搜查，除被告人已受拘禁外，被告人及辩护人有权于搜查时在场，侦查机关实施搜查，应当预先将搜查的时间和场所通知被告人及辩护人；但是侦查阶段的搜查，根据《日

---

① ［法］卡斯东·斯特法尼等著：《法国刑事诉讼法精义》，罗结珍译，中国政法大学出版社1998年版，第575～576页。

② 侦查不公开原则之目的，还在于保障犯罪嫌疑人之名誉与隐私，因为若将侦查之对象与内容公开，将会对犯罪嫌疑人的名誉、隐私或其他权益造成损害。参见林山田著：《刑事程序法》，五南图书出版股份有限公司2004年版，第59页。

本刑事诉讼法》第223条之规定,犯罪嫌疑人、辩护人并没有在场权,侦查机关实施搜查并不会预先通知犯罪嫌疑人及辩护人到场,只是在侦查机关认为必要时,可以令在押的犯罪嫌疑人或者要求没有被逮捕的犯罪嫌疑人到场。①

我国台湾地区"刑事诉讼法"第150条也有相似的规定:"当事人及审判中之辩护人得于搜索或扣押时在场。但被告受拘禁,或认其在场于搜索或扣押有妨害者,不在此限。搜索或扣押时,如认为有必要,得命被告在场。行搜索或扣押之日、时及处所,应通知前两项得在场之人。但有急迫情形时,不在此限。"该条既曰"审判中",当然意味着当事人及辩护人只能在审判中的搜查时在场,而侦查中的搜查则无在场权。对此,其所谓"立法理由书"的解释和说明是:"侦查中关于搜索、扣押、勘验之实施,在于收集证据,发现真实,必须迅速及时为之,如于搜索、扣押或勘验时准许辩护人在场,不仅有损侦查不公开之原则,且亦有碍实施侦查之公务员迅速及时为之,足以影响发现真实。"②

行文至此,有人或许会质疑,既然日本和我国台湾地区侦查中的搜查也不准许当事人及辩护人知晓并在场,这是不是意味着其侦查中的搜查也是一种秘密搜查?答案是否定的,因为日本和我国台湾地区所谓侦查中的搜查虽然也排斥当事人及辩护人在场,但却与我国大陆的秘密搜查制度存在天壤之别,两者区别略述如下:

一是在程序启动上,日本和我国台湾地区的搜查,无论是审判中的搜查还是侦查中的搜查,均奉行司法审查原则和"令状主义",即侦查中的搜查亦应获得中立法院事先核发的搜查证方可实施;而我国大陆的秘密搜查,却是由县(市)级以上公安局长内部审批即可,且无须核发搜查证,既不奉行司法审查原则,也不实行"令状主义"。从程序法理上讲,是否奉行司法审查原则与"令状主义",决定了该搜查程序在启动上是否能够受到有效的制衡与节制。

二是在程序执行中,在日本和我国台湾地区,侦查中的搜查虽不准许当事人及辩护人在场,却要求见证人于搜查时在场。例如,《日本刑事诉讼法》第114条规定:"在有人住居或有人看守之宅邸,建筑物或船舶内,执行查封票或搜索票时,应通知住居的主人或看守人或可以代理他们之人,使其在场。上述之人不能在场时,应使邻居或地方公共团体之人员在场。"③我国台湾地区"刑事诉讼

① 《日本刑事诉讼法》第223条规定不准用第113条及第142条,因此,侦查阶段的搜查、扣押等,犯罪嫌疑人及辩护人之在场权并没有明文保障,亦无预先通知之规定。参见[日]大出良知等编:《刑事辩护》,日本刑事法学研究会译,元照出版有限公司2008年版,第109页。

② 黄荣坚等编:"月旦简明六法",台湾元照出版有限公司2009年版,第七-16页。

③ 《德日刑事诉讼法》,蔡墩铭译,五南图书出版有限公司2003年版,第29页。

法”第148条也规定:“在有人住居或看守之住宅或其他处所内行搜索或扣押者,应命住居人、看守人或可为其代表之人在场;如无此等人在场时,得命邻居之人或就近自治团体之职员在场。”①可见,在日本和我国台湾地区,侦查中的搜查虽排斥当事人及辩护人在场,但该搜查却并非秘密进行,因为有其他相关人员在场见证,搜查仍可谓是公开的搜查,这与我国大陆实行的不仅排斥当事人及辩护人而且不准许见证人在场的全封闭式秘密搜查存在本质区别,不可同日而语。从程序法理上讲,是否有其他人于搜查时在场见证,决定了该搜查程序在执行中是否能够受到有效的监督。

三是在程序终结后,《日本刑事诉讼法》和我国台湾地区的“刑事诉讼法”要求侦查中的搜查实施完毕后应制作搜查笔录或相关证明文书。例如,根据《日本刑事诉讼法》第119条和第120条之规定,在经过搜查后,发现证物或应没收物品的,应当予以扣押,在予以扣押时,应当开列清单,交给物品所有人、持有人、保管人或可以代理之人;搜查后如果并未发现证物或应没收之物品时,依据被搜查人的请求,应交付相应的证明书。② 我国台湾地区《刑事诉讼法》第125条、第132条之一、第139条也有类似规定,搜查完毕之后,申请核发搜查证的人员应当以书面形式将执行结果呈报核发搜查证的法院,如未能执行者,也应叙明事由;经过搜查而未发现应扣押的物品者,应当交付证明书给被搜查人;发现应扣押的物品者,应当予以扣押,扣押应制作收据,详记扣押物之名目,付与所有人、持有人或保管人。③ 而我国大陆的秘密搜查,在实施完毕之后无须制作搜查笔录,未发现证据的,也不会交付被搜查人证明文书,即使发现证据,也不是以扣押的方式制作扣押笔录提取该证据,而是以所谓“密取证据”的方式秘密提取该证据。从程序法理上讲,是否制作搜查、扣押笔录或证明文书,决定了该搜查程序是否依法进行,提取的证据是否真实、来源是否可靠以及当事人是否能据此提请司法救济。

由此可见,在日本和我国台湾地区,侦查中的搜查虽然不准许当事人及辩护人在场,但却并非秘密侦查,由于在程序启动环节奉行司法审查原则和“令状主义”、在程序执行环节允许见证人到场以及在程序终结后要求制作搜查、扣押笔录或相关证明文书,其侦查中搜查程序,仍然是一项受到制约的程序,并未突破正当程序的底限,能够在最低限度上防止违法搜查的出现;而我国大陆的秘密搜

① 黄荣坚等编:“月旦简明六法”,台湾元照出版有限公司2009年版,第七-16页。

② 《德日刑事诉讼法》,蔡墩铭译,五南图书出版有限公司2003年版,第30页。

③ 黄荣坚等编:“月旦科明六法”,台湾元照出版公司2009年版,第七-14、七-15、七-16页。

查，由于没有设置任何程序制约机制，突破了正当程序的底线要求，难以防范违法搜查，极易侵犯人权，缺乏法理合乎性。

尤其应当注意的是，由于正当程序理念的影响日益扩大，对侦查程序公开性以及当事人参与价值的追求日渐成为主流呼声，以侦查不公开原则为由否定当事人及辩护人于搜查时在场的传统观点已经开始松动并正在受到挑战。即便是在奉行这一"立法"模式的日本和我国台湾地区，其学界对于这一做法也是颇有微词的。例如，我国台湾地区学者林永谋即针对该制度明确指出："立法理由系以侦查中之搜索，重在证据之收集，必须迅速及时为之，如许辩护人在场，非特影响及此，且有损于侦查不公开云云……如此之理由，尚不足以服人。"①学者黄朝义也指出："惟此仅规定审判中之辩护人得于搜索或扣押时在场，而审判中行搜索或扣押之机会相当少见，于侦查中更需辩护人之协助，反而于此阶段无法令辩护人到场，实令人难以折服。"②可见，基于正当程序原则而强调侦查程序的公开性和当事人的参与性，正在成为依法治国的潮流和趋势，在这一大背景下，《草案》反而将秘密搜查合法化，固守搜查应当秘密进行、否定侦查公开化的传统立场，无疑是逆潮流而行。

## 五、应通过明文列举方式限定秘密侦查措施的范围

经由前面的分析论证，我们已经可以初步得出结论：程序启动上的"令状主义"、程序执行中见证人在场见证以及程序结果上的笔录制作，是为法治国家合法搜查的三大构成要件，也是确保搜查程序正当性和合法化的底线要求。以此标准衡量，域外法治国家和地区的搜查，实质上都是公开搜查，即使不对当事人及其辩护人公开(不准许其在场)，也会对社会公开(要求其他人在场见证)，并无所谓秘密搜查一说。而我国的秘密搜查制度，在程序启动上无须"令状"(搜查证)、在程序执行中无人在场、在程序结果上不制作笔录，如此"三无"程序，显然已经突破了正当程序的底线要求，实乃世界刑事侦查活动之一大"怪现状"！更为严重的是，对于这样一个"三无"程序，立法上本应对其合法性予以批判、否定，而《草案》却未经充分酝酿、讨论即径直将其合法化，这也可谓是世界刑事诉讼法制改革的一大"怪现状"！

《草案》对"秘密侦查"的概括式授权是问题产生的根源。秘密侦查，本属未

---

① 林永谋主编："刑事诉讼法释论"(上册)，台湾冠顺印刷事业有限公司2007年版，第417页。

② 黄朝义主编："刑事诉讼法"，台湾一品文化出版社2006年版，第220页。

经法律明确定义的模糊概念，理论上对其内涵与外延也未达成共识。对于这样一个内涵与外延相对模糊的概念，《草案》未经重新定义即径直将其法律化，并作为概括授权的基础，过于随意。正是经由这一概念的模糊性，秘密搜查这一原本“见不得光”的侦查手段，未经过滤即“偷渡”进入刑事诉讼法，并摇身一变、堂而皇之地成为一种合法的侦查手段。

基于此，解决问题的思路和方案还得回到问题本身，即从“秘密侦查”的概念和授权方式入手，但是，由于理论研究尚不充分，立法上对“秘密侦查”的概念进行明确界定、作出立法解释的难度较大，因而目前比较可行的方案是在《草案》对“秘密侦查”进行概括授权的基础上，再进行个别授权，即在《草案》第151条之下增设若干条款，将经过过滤、可以合法化的秘密侦查措施如使用耳目（线人）、卧底、诱惑侦查、跟踪监视、秘密录音录像（包括红外线遥感摄像）、秘密拍照等进行列举式规定，并明确规定其各自适用的条件和程序。根据法律保留和强制侦查法定原则，未经立法明文列举、授权的秘密搜查自然即不再具有合法性，由此间接否定了秘密搜查的合法性。

“不择手段、不惜代价地打击犯罪”、“侦查神秘主义”等传统观念，不可能在《刑事诉讼法》修改后一夜消失，即使学界成功“狙击”了《草案》将秘密搜查合法化的冲动，我们也不能保证公安机关在以后的侦查实践中就不会继续沿用秘密搜查打击犯罪。但至少秘密搜查不能合法化，其所获证据就无法依据《草案》第151条直接作为证据使用，我们总算是守住了保障公民权利的最后底线吧！

（2011年第11期）

# 民事诉讼法学

# 1982 年

【栏目】 **解决民事纠纷,有章可循、有法可依**

——上海市法学界同志应本刊邀请热烈讨论民事诉讼法

【编者按】 第五届全国人民代表大会常务委员会审议通过的《中华人民共和国民事诉讼法(试行)》[以下简称《民事诉讼法(试行)》],已经公布了,这是我国法制建设中的一件大事。

本刊编辑部于3月13日邀请上海市法学界部分学者、专家、法学理论工作者和司法实践部门的同志,就这个法典举行讨论会。会上,大家各抒己见,从理论与实践的结合上畅谈了学习法典的体会。因病未能出席的同志,还抱病写了书面发言,派人赶送会场。这些同志的发言,从不同的角度,阐明我国民事诉讼法的基本原则和特点。本刊特开辟这个号栏予以发表(以发言先后为序)。

---

# 民事诉讼法对建设“两个高度文明”的作用

徐盼秋*

全国人大常委会发布第八号令,公布了第一个《民事诉讼法(试行)》,它是我国工作的一项重要建设,对建设社会主义“两个高度文明”起着重要的作用。

下面,我就这个问题谈几点看法。

第一,从它立法的思想和任务来看:全国人大常委会是在总结多年来民事审判工作经验的基础上,针对我国现代化建设中出现的新情况、新问题而立法的。具体地说,通过正确、合法、及时地审理各种民事案件,指导和调整人们的社会主

* 作者单位:上海市法学会。

义民事法律关系,使之向适应生产力的方向发展,它必将推动社会主义新风尚的恢复和发扬,也必将促进我国“两个高度文明”的建设。

第二,从它调整的对象来看:民事诉讼法是调整人民法院、当事人和其他参与人进行民事诉讼活动的行为规则。这对人民法院来说,是审理民事案件的“操作规程”,要求司法人员严格按照法律程序办事,注重司法道德,不徇私情,不拉关系,时刻警惕和抵制外来的“精神污染”。对当事人和其他参与人来说,在行使诉讼权利的过程中,要讲道理,不得无理取闹;要讲事实,不得无中生有;要讲道德,不得损人利己;要讲文明,不得出言不逊。总之,民事诉讼法在保护社会主义公有制和公民的合法权益,维护社会秩序和人民的安定团结等方面,闪耀着社会主义的光辉,反映了广大人民的意志和愿望,是保证“两个高度文明”建设的重要规范之一。

第三,从它诉讼的基本原则来看:民事诉讼法总则里规定的各项基本原则,对建设“两个高度文明”都有着积极的意义。以人民调解原则来说,通过调解,帮助人民息讼解纷,把矛盾解决在基层,消灭在萌芽状态。特别在当前综合治理、整顿社会治安中,人民调解的作用尤为突出,人们一致赞扬人民调解组织是“调解千家事,温暖万人心”的组织,它的工作增强了人民的内部团结,树立了良好的社会主义道德风尚。

第四,从它适用案件的范围来看:我国民事诉讼法是适应民法、婚姻法、经济法、劳动法、行政法等实体法的需要而制定的。对于这些民事案件,能不能得到妥善地处理,对“两个高度文明”的建设,有着极大的影响。以婚姻家庭关系来说,有些人喜新厌旧,不讲道德情理,故意制造离婚纠纷;有些人不尊重子女恋爱婚姻的自主权利,或借以索取钱财;有些人不顾尊老爱幼的传统美德,肆意遗弃老人;有些人猎取遗产,采取不光彩的手段,欺瞒狡诈,妄图满足个人的私欲。人民法院在审理这些案件时,必须扶正祛邪,分清是非,善于疏导。这样,就会使社会的道德面貌大为改观,就会使广大人民群众无后顾之忧地投身于现代化建设。

我们相信,民事诉讼法公布后,由于全国上下,人人学习它、运用它,必能使它在建设社会主义物质文明和精神文明中发挥更大的作用。

(1982 年第 4 期)

# 学好民事诉讼法，正确处理民事纠纷

杨　时*

《民事诉讼法(试行)》，是一部充分体现社会主义民主原则的民事诉讼程序法规。它的任务"是保证人民法院查明事实，分清是非，正确适用法律，及时审理民事案件，确认民事权利义务关系，制裁民事违法行为，保护国家、集体和个人的权益，教育公民自觉遵守法律"。同时也详细规定，诉讼人如何向人民法院递送起诉状，人民法院接到诉讼状之后，在规定的时限内，又如何"分别情况，予以处理"。这就保证做到既便于人民群众"打官司"，又便于人民法院审理案件。

民事诉讼法的公布和实施，对发扬我国司法工作的优良传统，进行法制宣传教育，推动在党委领导下的"综合治理"，维护良好的社会秩序，促进社会安定团结，将起到重要的作用。

由于林彪、"四人帮"的严重破坏，遗留的社会问题很多，人们的法制观念淡薄，某些党风、社会风气不正和道德水准低下，因而出现了大量的人民内部矛盾和纠纷。如果对这些人民内部矛盾和纠纷不重视，处理不及时或者不适当，往往会使矛盾激化，甚至酿成重大的恶性案件，严重地影响社会安宁和团结。据不完全统计，去年上海全市因婚姻、家庭纠纷、房屋纠纷、邻里纠纷等引起的凶杀案件，占全年发生凶杀案总数的75%，其中家庭内部成员互相残杀尤为突出。这就要求我们必须充分认识人民内部矛盾和纠纷的严重性以及解决这些矛盾和纠纷的必要性。因此，人民法院在指导思想上、工作态度上和工作作风上，都要有个较大的转变。要加强对民事和经济纠纷的审判工作的领导，要认真根据民事诉讼法的各项条款规定，花很大的精力来审理。其中特别是对矛盾可能激化的民事纠纷问题，要及时做好调解和疏导工作，防止悲剧的发生。为此，我认为司法人员要认真学习毛主席《关于正确处理人民内部矛盾问题》这部伟大理论著作，以理论指导实践，要依靠组织、依靠群众，并在各方面力量的帮助和支援下，处理好民事和经济纠纷的案件，要继续加强对调解组织的业务指导，帮助他们解决实际中遇到的困难，促使他们继续发挥巨大的作用。司法人员要做好当事人

---

* 作者单位：上海市高级人民法院。

的思想工作,稳定情绪,促使互相谅解,达成协议,争取和好团结。如一时思想工作做不通,调解无效,应及时依法判决,判决以后,仍然要做深入细致的思想工作。这就是我们人民法院在执行民事诉讼法中应尽的职责和应采取的工作态度,也是我们在党委领导下,参与"综合治理"的一个重要组成部分。

(1982 年第 4 期)



# 律师要积极开展民事代理工作

韩学章*

律师是国家的法律工作者,是国家政治、经济领域和社会生活中一支维护法制的力量。根据《律师暂行条例》的规定,接受民事案件当事人的委托,担任代理人参加诉讼,是律师的主要业务之一。有了民事诉讼法,律师在民事案件的代理活动中就有章可循、有法可依了。不仅如此,在律师其他业务活动中,不论是担任机关、企业的法律顾问,自诉案件的代理人,或者接受非诉讼事件当事人的委托参加调解、仲裁活动,以及解答法律询问、代写诉讼文书,都与民事诉讼法有着极其密切的关系。因此,我们每个从事律师工作的同志都必须认真学好它。这对于提高我们的业务水平,做好民事代理和其他业务工作是非常重要的。

民事诉讼法是程序法,主要是规定民事诉讼的基本原则,诉讼制度,诉讼程序和一切诉讼活动的方式、方法,其中对律师工作也作了必要的规定。律师依据民事诉讼法的规定,就可以更好地协助法院查明事实,分清是非,作出正确的判决,同时也能够切实保障当事人按照实体法的规定,充分实现其应有的合法权益。

特别是随着我国现代化建设事业的日益发展,各种经济案件包括对外经济往来中出现的经济纠纷逐步增多,迫切需要律师担任经济纠纷案件的代理工作。过去我们虽有审理民事案件程序制度的有关规定,但因不是正式法律,不能完全满足办理涉外和其他经济案件的需要。民事诉讼法的公布和试行,就可以使律师在这类代理工作中,更加有效地为维护社会主义经济秩序,促进四化建设直接

---

* 作者单位:上海市律师协会。

作出贡献。

民事诉讼法专门列有"调解"一节，在审判程序的各个阶段都贯彻了"着重进行调解"的精神。律师担任民事代理人时，就要主动配合法院相应地把调解工作贯穿在整个代理过程中。代理律师作为当事人合法权益的维护者，当事人一般都乐于接受律师的意见，法院对律师参与调解也非常欢迎，有时还主动请律师做当事人的思想工作。大量事实证明：这样做不仅有利于法院对民事案件的审理，更重要的是能够使人民内部矛盾得到及时处理，从而防止矛盾的激化和转化，对实现安定团结和四化建设起到良好的作用。

我们要学好民事诉讼法，并在民事代理工作中认真贯彻执行，同时在试行期间，还要注意从实践中总结经验，提供立法部门参考，使这一法律更加完善。

（1982年第4期）

# 实体法离不开程序法

黄　道*

我国《民事诉讼法（试行）》已经公布，正在着手宣传等准备工作，并将于今年十月一日开始试行。我觉得对"试行"应有正确的理解，绝不可看成可执行可不执行，认为反正是试行，马虎点也没有关系，何必那么认真，自找麻烦。这种看法是不对的，恰恰相反，应当不折不扣地认真执行，切实依法办理。只有这样才能通过实践的检验，进一步总结经验：哪些确实有效，哪些要补充修改，使之臻于完善。

民事诉讼法是程序法。对实体法和程序法的关系，历来有片面的看法。无论在教学、科研和司法实践中，或多或少、程度不同地存在忽视程序法的倾向，例如有人认为有实体法就行了，程序法是形式、手续，可有可无，还会束缚手脚。这种看法是有害的，有其历史的和认识的根源。

我国古代法律，实体法和程序法不分，历来重实体、轻程序，直至清朝光绪三十三年以后，才有程序法。在国外，制定系统的程序法也是近代的事。

* 作者单位：上海社会科学院法学研究所。

究竟程序法是可有可无,还是非有不可?这个问题已为立法和司法实践作了明确的回答。其实,这里没有什么深奥难懂的道理,搞农业,有操作程序;搞工业,有技术规程;搞运输,有交通规则。这些都是人们常识范围内的事。为了有条不紊地办理民事案件,保证人民法院查明事实,分清是非,正确适用法律,及时审理民事案件,也非有民事诉讼的操作规程(程序法)不可。只有严格遵守民事诉讼法,才能使民事案件有章可循地得到正确审理。实体法与程序法的关系是内容和形式的统一,是辩证地相互依赖、相互制约的。有法必依,就是既要依照实体法,同时又要依照程序法,两者不可偏废。

(1982 年第 4 期)

# 民事调解是我国法制的一个特色

陈天池*

在我国,人民群众自己动手排难解纷的传统早已存在,调解作为民事诉讼的一项制度,也有半个世纪的历史。这个制度在革命和建设事业中,发挥了并将继续发挥它的重要作用。在国内,它是我国人民一件珍贵的“传家宝”,在国际上,它受到许多法律工作者的重视,被誉为“东方经验”。

人民调解委员会在调解民事纠纷中起着显著的作用。1980 年上海市经人民调解组织解决的纠纷为基层法院的收案数的 7 倍。民间调解的优点是:(1)可以发扬人民群众当家做主精神和解决人民内部矛盾的主动性;(2)可以增强人民之间的团结,息讼宁人,避免“一场官司十年仇”;(3)可以推进人民司法建设,使许多纠纷及时就地解决,便于司法机关集中精力解决重大问题。根据民事诉讼法,人民调解委员会调解案件必须依照法律规定,如有违背政策法律的,人民法院应当予以纠正;必须根据自愿原则,采用说服教育的方法,不是民事诉讼的必经程序,当事人不愿调解或调解不成,可以向法院起诉。

民事诉讼法规定,人民法院受理的民事案件,能够调解的,应当调解。这是法院调解,与人民调解委员会进行的民间调解是不同的。法院调解由审判人员

* 作者单位:上海市政治学会。

主持，在查明事实、分清是非的基础上，通过思想教育和法制教育，促使当事人互相谅解，解决争端，自愿达成协议，终结诉讼。由于查明事实，分清是非，那就是有原则的，而不是“和稀泥”。由于是自愿达成协议，那就不允许以强凌弱，使老实人吃亏。调解书送达后，对达成的协议，即具有法律效力。调解未达成协议或者调解书送达前一方翻悔的，人民法院应当进行审判，不应久调不决。

由此可见，我们在民事诉讼中既着重调解，又不拘泥于调解一种方式，把调解代替审判，该判决的应予判决。这样既有助于在调解过程中，提高双方当事人的思想觉悟，促使团结，达成协议后，在执行中减少阻力，又能采取审判的方法及时审结，以保障公民的民事权益，制裁民事违法行为。这是我国民事诉讼法的一大特色。

（1982年第4期）

# 民事诉讼法体现诉讼、审理“两方便”

蒋福元*

人民群众由于民事权益受到侵犯和剥夺，要求人民法院通过行使审判权，按照法律规定的程序进行审理，以保护其合法权益。如何做到既便利当事人的诉讼活动，又便利人民法院审理案件，《民事诉讼法（试行）》总结我国民事审判工作的经验，作了充分的体现和明确的规定。

从民事案件的管辖来看，级别管辖是规定上下级法院的分工，大量的第一审民事案件由基层人民法院管辖。由于基层法院管辖区小，大大便利群众进行诉讼，便于法院就地审理案件，地域管辖是规定各地人民法院对第一审民事案件的管辖分工，它分别案件的不同性质，根据便于诉讼人和审理法院的原则，作出不同的规定，对两个以上法院都有管辖权的，原告可选择其中一个起诉；原告向两个以上法院起诉的，由最先收到起诉状的人民法院受理，此外，人民法院发现受理的案件不属自己管辖时，应当移送有管辖权的人民法院，受移送的法院不得再自行移送。这些都是很有针对性的。过去由于管辖不明确，有的当事人起诉一

* 作者单位：上海市高级人民法院。

年半载，但诉状却在法院间徒劳移送，案件受理还不落实。现在的规定，可以有效地防止当事人告状无门和人民法院间互相扯皮的现象。

这种"两便利"，还反映在民事诉讼法的各项程序中。例如，在普通程序中规定：起诉应当向人民法院递交起诉状，也可以口诉，人民法院根据需要和可能，派出法庭巡回就地开庭。在简易程序中规定：对于简单的民事案件，原告可以口头起诉，基层人民法院或者由它派出的法庭，可以当即审理，用简便方式随时传唤当事人和证人。这就为当事人和其他诉讼参加人提供了很大的方便。

《民事诉讼法（试行）》把便利诉讼和便利审理有机地结合起来，这是社会主义法制与人民利益一致原则的体现，对我们人民法院的民事审理工作提出了新的更高的要求。我们一定要认真学习，抓紧训练干部，增强法制观念，做好各项准备工作，以迎接民事诉讼法的正式实施。

（1982 年第 4 期）

# 坚持群众路线与法制原则的统一

冯尔泰*

对于《民事诉讼法（试行）》的贯彻执行，我认为，首先，必须发扬党的优良传统，坚持群众路线。这一立法的本身，就处处体现便利人民、依靠人民、团结人民、为了人民的群众路线精神；它的最大特点是发扬人民司法工作的优良传统——着重调解和就地办案。我们的法律极易为群众所了解和掌握，而没有什么艰深奥秘之处。这清楚地划清了新旧法律、社会主义法律和资本主义法律的界限。我们必须坚定地站在无产阶级的立场上，有强烈的是非观念，并且有一颗全心全意为人民服务的心，才能执行好法律。否则必然与民事诉讼法的精神格格不入，甚至对群众的疾苦漠不关心，像旧法官中的"推事"一推了事。

其次，必须坚持法制的原则。民事诉讼法规定人民法院对民事案件要依法独立进行审判，不受行政机关、团体和个人的干涉；以事实为根据，以法律为准绳，对诉讼当事人适用法律平等并保障他们平等行使诉讼权利。民事诉讼法强

* 作者单位：上海市人民政府办公厅法制处。

调着重调解，绝不是无原则的“和稀泥”，或者向特权势力低头让步。对那些个人主义严重，斤斤计较私利，在调解过程中软磨硬顶、无理纠缠的人，规定“调解无效的，应当及时判决”，使狡猾者无空子可钻，老实守法的公民，其合法权益得到有效的保护。民事诉讼法还规定了两审终审、公开审判、合议和回避等一系列程序和制度，以利查明事实，分清是非，确认民事权利义务关系，制裁民事违法行为，保护国家、集体、个人的权益。对那些目无法纪、一贯闹无政府主义的人，比如对于无正当理由，经两次合法传唤、拒不到庭的被告，可以拘传，强制其到庭，对发生法律效力的民事判决、裁定、调解协议等，经法院通知当事人在指定期限内应履行其义务而拒不履行的，包括依法应该迁出房屋、退出土地而拒不迁移的公民，法院可以采取扣留、查封、扣押、冻结、变卖其财产的办法来强制执行；对于以隐藏、转移等秘密方式或暴力威胁等公开手段，妨害民事诉讼执行的人，人民法院可以酌情予以训诫、责令具结悔过或者予以罚款、拘留，直至追究刑事责任。这对那些十年内乱以来养成横行不法、蛮不讲理的恶习的人，可以起教育和警戒作用。

(1982年第4期)

# 民事诉讼法对促进国民经济发展的作用

潘念之*

我国社会主义经济建设经过几年来的调整整顿，已经初见成效，工农业生产发展了。这是由于党的正确政策，国家的法制，特别是经济法制起着指导和保证作用。党的三中全会提出发扬民主，加强法制，强调依法办事，执法必严，违法必究，是历史经验的总结，把社会秩序搞好、经济建设搞好的正确方针。

我们的经济工作，虽然总的说来是有成绩的。但是有些工作特别是对经济计划和经济合同的执行不够认真，有的不完全执行，有的甚至完全不执行。其中除有少数坏人营私舞弊、投机倒把、骗取钱财是属刑事案件以外，大量的是企业与企业、企业与个人的民事纠纷，需要通过民事诉讼解决。我国民事诉讼法的公

* 作者单位：上海社会科学院法学研究所。

布，为适时地解决这些纠纷创造了条件。通过民事诉讼法的宣传和试行，必将增强人民的法制观念，对待大量的民事纵纷，特别是经济合同的纠纷，就会做到有章可循，有法可依。

《民事诉讼法(试行)》第13条规定:"机关、团体、企业事业单位对损害国家、集体或者个人民事权益的行为，可以支持受损害的单位或个人向人民法院起诉。"第20条第2款规定:"对企业事业单位、机关、团体提起的民事诉讼，由被诉单位所在地人民法院管辖。"第44条第2款规定:"企业事业单位、机关、团体可以作为民事诉讼的当事人，由这些单位的主要负责人作为法定代表人。"第167条规定:"仲裁机构的裁决发生法律效力后，一方当事人不履行的，对方当事人可以向有管辖权的人民法院申请执行。"第167条第1款规定:"申请执行的期限……双方是企业事业单位、机关、团体的为六个月。"第179条规定:"执行企业事业单位、机关、团体的存款，由银行、信用合作社根据人民法院的协助执行通知书划拨或者转交。"等等。此外，《民事诉讼法(试行)》针对我国对外经济事务的发展，还对涉外尽事诉讼程序作了特别规定。《民事诉讼法(试行)》的这些规定，对合同的履行起保障的作用。一旦合同遭到破坏，受损害的一方就有法可依，可以提起诉讼，有法院受理，能得到公正判决，并得以强制执行。这样，既可以使受损害的一方免受损害，又可使合同起到经济工作的杠杆作用。

(1982年第4期)

# 排除干扰，严格实施民事诉讼法

曹漫之*

法律是统治阶级意志的表现，民事诉讼法是国家的基本法律之一。它具有鲜明的阶级性。《民事诉讼法(试行)》第2条就明确指出:人民法院审理民事案件，首先要查明事实，分清是非。这是立法的主导思想，就是实事求是原则，实事求是是马列主义的灵魂，也是共产党人的党性，是我们各项工作取得伟大胜利的根本保证。民事案件由于当事人双方容易各持己见，往往比刑事案件复杂，在审

* 作者单位:《法学》月刊社。

理中要更加强调实事求是。其次，要正确适用法律，除严格依法办事外，还要强调政策在法律实施中的指导作用。

为了树立法律权威，必须加强法制教育（包括审判活动在内），使广大人民养成自觉遵守法律的习惯。同时必须强调法律的强制性，使真理和正义得到维护和发展，也有助于促使人们养成遵守法律的自觉性。通常所说的强制有多种形式，例如道德舆论上指责批评的强制作用，行政上的强制，等等。对于民事案件来说，在执行法律强制作用的同时，应加强社会的道德舆论的指责批评。在一般的情况下，舆论上指责批评的作用往往大于法律的强制作用。同时也必须看到只有在强调法律的强制作用的过程中加强舆论指责批评，才能使法律更有力贯彻执行。否则，司法人员费了很大力气，查明了事实，作出了判决，却得不到执行，法律就成了一纸空文。

要实行"在法律面前人人平等"的原则。目前由于社会上存在不正之风，在审理民事案件中，原被告双方为了自己的利益往往都大造舆论，互相指责并竭力夸大对方"通路子"，向法院施加压力，或者贬低司法人员，以干扰人民法院独立行使审判权，企图以此达到有利于他的判决，在有关财产关系的诉讼案件中，特别明显，这是不许可的。在法律面前人人平等的原则，在出庭作证问题上也有反映，有的国家干部法制观念不强，当法院通知他出庭作证时，往往感到非常不痛快，甚至拒绝出庭。《民事诉讼法（试行）》第61条规定："凡是知道案件情况的人，都有义务出庭作证。有关单位的负责人应当支持证人作证。证人确有困难不能出庭的，经人民法院许可，可以提交书面证言。"也应该得到切实执行。

（1982年第4期）

# 1983 年

# 执行程序中也要注重调解

王叔平*

《民事诉讼法(试行)》第6条规定:"人民法院审理民事案件,应当着重进行调解,调解无效的,应当及时判决。"这说明,着重调解是我国民事诉讼制度的一项基本原则。这一原则应当贯穿于民事诉讼程序的始终,不但应当贯穿在审理过程中,而且还应当贯穿在执行程序中。

首先,《民事诉讼法(试行)》第170条规定:"执行员接到申请执行书或者移交执行书,应当在十日内了解案情,并通知被执行人在指定期限内履行。逾期不执行的,强制执行。"审判实践中,执行员在了解案情过程中,通知被执行人在指定期限内履行时,应先做调解工作,推动被执行人自觉履行。如余信文诉余信武继承案,当事人系兄弟关系,为继承一栋房屋发生争议。经法院调解无效,即行判决。被告不服,上诉驳回。被告仍不服,拒绝执行判决。原告怕事情闹大,未敢依判决内容改变房屋原状。执行员在争取双方当事人所在单位的支持后,再一次进行调解,使双方在执行问题上达成了协议。以后执行中,原、被告均未发生纠纷。

对于经济合同纠纷案件的执行问题,应针对诉讼主体都是法人这一特点,依靠该单位的党组织或主管部门进行调解工作,宣传民事诉讼法和经济合同法的有关规定,促使法人自觉履行。如武昌县纸坊制漆厂诉该县黄穴公社陈沱交易所欠款案,经调解达成了协议。在履行期间交易所支付了大部分欠款后,余下部分拖延不付。人民法院主动与公社党委联系,说明了该案执行情况,宣传了有关法规,引起了党委重视,派一名党委成员配合进行调解工作,使交易所还清了债款。

其次,《民事诉讼法(试行)》第182条第1款第3项规定,被执行人短期内无偿付能力的,人民法院可依法裁定中止执行。但是,经过执行员的调解,取得申请执行人同意延期执行,则可收到更好的效果。如董冬生诉胡爱仙离婚案。离婚后,胡应偿还董已支付的债款200元。由于胡确实经济困难,不能按期履行,执行员便先动员胡主动向对方说明原因,请求延期,取得谅解,随后再通知双

* 作者单位不详。

方到庭落实,结果都很满意。

再次,《民事诉讼法(试行)》第177条第1款规定:“强制迁出房屋或者强制退出土地,由院长签发公告,通知被执行人在指定的期限内履行。逾期不履行的,由执行员强制执行。”审判经验表明,在发出公告后,执行人员还可抓紧时机做好调解工作,尽量争取被执行人自觉履行,而不动用强制执行措施。如刘大华、刘大葵、刘大藻诉刘大茂房屋产权纠纷案。原被告系兄弟关系,为析产发生诉讼,法院多次调解未能达成协议。判决后,被告不服,上诉又经驳回。但被告对终审判决拒不执行,一直拖了九个多月。法院依据民诉法有关规定,令其在指定日期内搬出,而被执行人仍不置理。执行员便邀请公社、大队、生产队对被执行人及其家属做工作,进一步宣传法律,严肃指出抗拒执行的法律后果,使他们认识坚决拒不执行判决的错误。后来,被告在两个多小时内自行全部搬出。

最后,即使在强制执行的实施阶段及善后阶段,也以采取灵活的措施进行调解为宜。审判实践告诉我们,到了非用强制执行措施不能实施判决时,当事人双方之间的矛盾往往比较尖锐。这时,执行员在工作中更应谨慎,想方设法缓和矛盾,切忌使用粗暴的方式,以免带来恶果。如鲜文印诉邓忠俊损害赔偿案,在一次争吵中邓打伤鲜,鲜用去医疗费200元,诉至法院,要求赔偿。经法院调解不成后,判令邓于指定日期内向鲜付清上述款项。邓不服,上诉驳回,邓拒不执行判决,其父还扬言要杀人拼命。法院在摸清被执行人的财产状况后,经慎重研究,在公社党委和公安派出所的支持下,决定强制执行。执行时,执行员预定计划是赶走被执行人的一头肥猪和抬走一部分准备营建新房屋用的材料,然而当被执行人及其家属提出赶一头肥猪,下余以瓷瓦作抵后,执行员考虑到这与执行目的并无矛盾,且可照顾其家庭需要,还可缓和强制执行中的紧张气氛,就同意了这一要求,使强制执行顺利进行。随后,执行员又找申请执行人做工作,根据案情指出他们也有缺点,要他们主动与被执行人搞好团结。接着,又与管理区和大队干部一起,召开被执行人的家庭会,帮助他们从中吸取教训,再次进行守法教育。被执行人的父亲说:“一是对没硬赶过年猪满意,二是对没抬材料满意,三是对我本人教育满意。不然,我这火暴脾气一发,真不知闹出什么事来。”

总之,在执行程序的各个环节都应注意进行调解。这是因为民事案件都属于人民内部财产、婚姻、身份等方面的纠纷,而主要的又是财产纠纷,其执行的对象大都是物,而不是人。根据这样的性质与特点,在民事判决执行中贯彻着重调解原则,有利于判决执行,有利于人民内部团结,有利于维护安定团结的政治局面,有利于“四化”建设。

当然,着重调解并不否定在必要情况下进行强制执行。这两者相辅相成,目的一致,都是维护法律的尊严和保障当事人的权益。

(1983年第10期)

# 1984年

# “执行程序中也要注重调解”的提法不妥

## ——与王叔平同志商榷

金信年*



《法学》1983年第10期王叔平同志在“执行程序中也要注重调解”(以下简称“王文”)一文中主张调解“不但应贯穿在审理过程中,而且还应当贯穿在执行程序中”。对此,我们有不同看法。我们认为“着重调解”这一民事诉讼的基本原则,只能适用于审理过程中,而不适用于执行程序中。

第一,《民事诉讼法(试行)》第6条规定:“人民法院审理民事案件,应当着重进行调解,调解无效的,应当及时判决。”这一规定,很明显,指的是民事案件的审理阶段(包括一审、二审及再审)。而到了执行阶段,法律则再无法院进行调解的规定。《民事诉讼法(试行)》第181条只规定:“在执行中,双方当事人自行和解达成协议的,执行员应当将协议内容记入笔录,由双方当事人签名或盖章。”可见,在执行阶段,双方当事人可以和解。但“调解”与“和解”二者概念不同,前者是在法院主持下进行的诉讼活动,后者是当事人双方自愿协商,解决他们之间的争议。法院在执行程序中再进行调解,是于法无据的。

第二,民事审理阶段与执行阶段虽同属诉讼程序,但各有任务,不能混为一谈。前者在于保护和确定当事人之间的民事权利义务关系,为此,就得由法院作出判决,或由法院主持,经当事人双方自愿达成协议作出调解,后者是保证生效法律文书的实施、当事人民事权利的实现,为此,除当事人按生效法律文书自觉履行或双方自行和解外,只能依靠法院强制执行。

第三,如果到了执行阶段,再由法院进行调解,则必然出现如下的混乱:(1)程序上的混乱;(2)处理结果的混乱,如执行中调解达成的协议,与原生效法律文书内容不一致,究以何者为准;(3)使生效的法律文书失去严肃性与稳定性。

此外,“王文”引用《民事诉讼法(试行)》第182条“被执行人短期内无偿付能力的,人民法院可依法裁定中止执行”之规定,说“经过执行员的调解,取得申请人同意延期执行,则可收到更好的效果。”其实,这并不能认为是“调解”,而是

---

* 作者单位:华东政法学院(现华东政法大学)。

法院根据执行中存在的实际情况，所采取的一种具体措施。如果把它看做“调解”，这是对条文的误解。

至于“王文”又谈道“即使在强制执行的实施阶段及善后阶段，也以采取灵活的措施进行调解为宜”，并举例说，执行员于强制执行中按照被执行人及其家属的要求，改变原定抬走房屋材料的执行计划为以砖瓦作抵，其实这并不是什么“调解”，而是执行员在不改变执行目的的情况下所做的变通措施，至于以后又做好被执行人工作，使双方当事人“搞好团结”，实际上该案已经了结，也就谈不上什么“调解”了，这不过是说明执行员工作的深入细致罢了。

综观“王文”，其本意乃是说明执行程序中也要进行思想教育，执行员该对当事人做好疏导工作，这样，有利于生效法律文书的执行，有利于当事人间的团结。这是可取的。因此，顾名思义，以改为执行程序中也要注重疏导工作（或思想工作）较为妥当。

（1984年第3期）

# 析涉外民事案件的司法协助

苏一正*

随着我国同各国经济、贸易等交往的发展,人员来往日益频繁,涉外民事案件不断增多,作为国际民事诉讼中的一种必要的司法协助越来越显示出它的积极意义。

所谓司法协助,是指两国法院根据其本国缔结或参加的国际条约,或按照互惠原则,应对方的请求,代为进行某些特定的诉讼行为的一种制度。进行司法协助,是以另一国的委托为前提的,所以又叫司法委托。司法协助一般是通过国内立法、双边条约或国际公约来规定的,其基本内容各国规定不尽相同,大致上有广狭两义:狭义的仅指协助进行诉讼文书的送达、传询证人、搜集证据等;广义的则包括承认和执行外国法院的判决和仲裁机构的裁决等。我国基于广义上的认识,并参考了国际上的一般做法,在《民事诉讼法(试行)》中对司法协助作了以下几个方面的规定:

## 一、司法协助的一般规定

我国《民事诉讼法(试行)》第202条规定:"根据中华人民共和国缔结或者参加的国际条约,或者按照互惠原则,人民法院和外国法院可以互相委托,代为一定的诉讼行为。外国法院委托的事项同中华人民共和国的主权、安全不相容的,予以驳回;不属于人民法院职权范围的,应当说明理由,退回外国法院。"外国法院哪些委托事项同我国主权、安全不相容,我国《民事诉讼法(试行)》未作列举,也未作限制性规定,可由人民法院根据具体事项灵活掌握。譬如,以中华人民共和国为被告,委托向我国领导人送达文书,这就有损我国主权;再如,委托我国人民法院调查的证据涉及我国军事秘密,这就与我国安全不相容。这些,我们应坚决拒绝。另外,外国法院委托的事项超出人民法院职权范围的,也不予接受,但退回外国法院应说明理由,这是符合国际惯例的。

* 作者单位不详。

## 二、关于外国法院承认与执行我国人民法院判决、仲裁机构裁决的规定

我国《民事诉讼法（试行）》第203条规定："中华人民共和国人民法院发生法律效力的判决，或者仲裁机构确定的裁决，申请人要求强制执行的，如果被申请人或者他的财产不在我国领域内，人民法院可以根据我国缔结或者参加的国际条约，或者按照互惠原则，委托外国法院协助执行。"据此，要求外国法院协助执行判决或仲裁裁决，必须具备四个基本条件：第一，判决或仲裁裁决是已发生效力的终局判决或裁决；第二，必须是申请人提出强制执行的请求；第三，被申请人或者申请执行的财产不在我国领域内；第四，根据我国与被请求执行国之间的条约规定，或按互惠原则提出。

请求外国法院执行我国人民法院的判决或仲裁机构的裁决，由人民法院按照一定途径向外国法院提出委托。在国际上，委托的提出一般可通过以下三个途径：

1. 外交途径。法院把委托书交给本国的外交部，由外交部交给被请求国的外交机关，再由该国外交机关转交请求国的管辖法院。这种方式虽然手续比较复杂，时间比较长，但在两国之间没有司法协助条约的情况下，是唯一可行的方式。

2. 领事途径。法院把委托书寄给本国驻在被请求国的领事，再由领事交给驻在国的管辖法院。这种方式在国际条约中较多采用。

3. 法院途径。由法院直接把委托书寄给被请求国的法院。这种方式最迅速、方便，但一般只有在两国间有司法协助条约的情况下才采用。

## 三、关于我国人民法院承认和执行外国判决、裁决的规定

我国《民事诉讼法（试行）》第204条规定："中华人民共和国法院对外国法院委托执行的已经确定的判决、裁决，应当根据中华人民共和国缔结或者参加的国际条约，或者按照互惠原则进行审查，认为不违反中华人民共和国法律的基本准则或者我国国家、社会利益的，裁定承认其效力，并依照本法规定的程序执行。否则，应当退回外国法院。"据此条规定可以看出：

第一，我国人民法院承认和执行外国的判决或裁决，必须符合以下五个条件：(1)委托法院的所在国与我国缔结有关于相互承认和执行对方的判决、裁决的双边条约，或者我国与该外国都参加了关于相互承认外国判决、裁决的国际公约，或者存在互惠关系。即必须我国法院有承认和执行外国判决、裁决的义务。(2)外国的判决、裁决必须是已经确定的终局判决、裁决。(3)必须经过外国法院的委托。如果当事人直接向人民法院申请执行，或者外国其他官方机构向人民法院提出的委托，我们不应接受。(4)外国的判决、裁决不违反我国法律的基本准则。我国人民法院是根据我国法律办事的，违反了我国法律的基本精神的委托，当然不能接受。(5)不违反我国国家、社会利益。人民法院是社会主义国家的审判机关，维护国家、社会利益是它的神圣职责，外国的判决、裁决若有损我国国家、社会利益，人民法院不予执行，这是完全合理的，也是符合国际上的一般惯例的。

第二，对外国的判决、裁决，人民法院应进行审查，如果符合上述条件，用裁定（一般应用书面裁定）承认其效力，然后依照我国民事诉讼法所规定的程序执行。当然，只有具有执行内容的判决、裁决才发生执行问题，如果是确定之诉（如确定亲子关系）或变更之诉（如离婚判决）则不发生执行问题。

执行外国法院判决的方式，根据一般的国际实践和国内立法规定，原则上都适用履行地国的程序法的规定，但各国所采用的程序有所不同。法国、西德、捷克斯洛伐克等国，在承认和执行外国判决之前，先对该判决进行审查，如果符合本国规定的条件的，即由法院发给执行令，按照执行本国法院判决的程序予以执行。英美等国则采取重新判决的方式，即对一般的外国民事判决不直接执行，而是把它作为向执行地国法院重新提起诉讼的根据，经审查后，如未发现与当地法律、公共秩序有抵触之处，则由当地法院作出一个与其内容相同的判决，然后按一般的程序予以执行。从法律形式看，它执行的是本国法院的判决而不是外国法院的判决。另外，有的国家还执行一种特殊的登记程序，即外国法院作出的判决，由有关当事人在作出判决后的一定时间内到被申请执行国的法院进行登记，登记后就按照执行当地法院的判决的程序予以执行。我国从实际出发，不采取一些国家所采用的重新作出判决的方式，或发布执行令或登记的方式，而是通过裁定的方式承认和执行外国的判决、裁决，这样，简便明确，易于实施，具有明显的优越性。

除上述规定外，根据我《民事诉讼法（试行）》第205条的规定，外国法院委托我国人民法院或者我国人民法院委托外国法院送达、协助执行的法律文书，以及委托代为一定诉讼行为的委托书,必须附送受托国文字的译本。这样,既是相互尊重对方主权,又能保证文书内容的确切执行。

(1984 年第 10 期)

# 1985 年

# 民事立案的条件不应太苛刻

金中元*



在加强我国法制建设的进程中、民事审判工作日益发挥其职能作用,人们的民事法制观念和法制信任感在不断增强,群众的诉讼权利和财产权益越来越广泛地受到法律保护。但目前有些审判机关,由于人力不足,或其他原因,对民事立案,出现了种种较为苛刻的条件。例如:(1)“不清不立”(即事实不清楚,证据不充分,不予立案)。(2)“不结不立”(即积案不结,新案暂不受理)。(3)“不调不立”(即未经调委会调解的不予立案)。(4)“无人不立”(即民庭人员少,限制收案)。(5)“选择管辖不立”(即当事人可在两地法院诉讼的,相互推诿,不予立案)。总括上述种种不立案的原因,归根到底,是某些审判机关出于主观困难的考虑,而非严格依法办事。结果造成了群众“告状无门”、“告状难”的困境,往往会因此而引起矛盾激化和转化。这不利于社会治安,同时也不符合宪法赋予人民群众的诉讼权利的规定,更谈不上认真贯彻民诉法中的“两便原则”。

我们认为,是否立案的真正标准,应是《民事诉讼法(试行)》第81条的几种规定。符合规定的就应当立案,不符合规定的,则不予立案。本文拟就该条文中的几项立案要件作些探讨。

1. 关于有直接利害关系问题。是指原告人与案件的诉讼标的有直接的利害关系。它包括原告人为自己的民事权益和依法受自己所保护的人的民事权益提起诉讼。在实际中,与案件没有直接利害关系的人为他人利益提起诉讼的情况经常出现。例如,无独立请求权的第三人,进行社会干预的机关、团体、单位,行政机关直接向法院移送案件;以及其他协助当事人起诉的人,等等。对那些与案件有直接利害关系的人起诉,并符合其他立案条件的,法院当然应当接受起诉,立案受理。即便对那些与案件没有直接利害关系的人起诉,法院也不能不加分析地把它们一概推出不管,而只是不要把这些单位和个人列为案件的原告人。法院应当查明真正的原告人是谁,为什么不自己来告状。有些当事人的权益虽然受到严重侵害,但由于他不懂诉讼知识,或处于某种压力之下不能起诉,因而引起社会干预或由其他人代为起诉,这种当事人尤其需要法律及时予以保护。

* 作者单位不详。

例如,被告李某,因有外遇,长期虐待妻子。今年春节前夕,矛盾明显激化,居委会调解不成即为该女向法院起诉,法院当天立案,经审理很快结案,消除了治安隐患,及时保护了妇女的合法权益。

2. 关于具体的诉讼请求问题。根据原告人起诉所要求的目的和内容不同,在诉讼理论上将诉分为三类,即确认之诉、给付之诉和变更之诉。“具体的诉讼请求”包括:原告人请求法院查明且确认他与被告人之间是否存在一定的法律关系,作出肯定或否定的判决,如确认继承关系、收养关系、合同关系等;原告人要求法院通过审判,责令被告人给付财物或履行义务,如赔偿、债务、赡养等;原告人请求法院变更或消灭某种法律关系,如离婚、析产、解除收养关系等。对这种分类,群众受当前法律知识的局限,不一定明白,对具体的诉讼请求一时说不清,只能笼统陈述,如果接待人员不细心、不耐烦,往往简单拒诉。这种情况,尤其在家庭纠纷和恋爱纠纷中颇为常见。但在社会上,民事纠纷激化酿成重大刑事案件的,这两类纠纷所占比例不小。如恋爱纠纷中有的是共同存款、共同购置的财物分割,有的是“流产”的费用承担,有的是私生子的抚养责任或者是确认亲子关系,也有的是事实婚姻引起的重婚问题,等等。由于当事人诉状中表达不清具体诉求,往往被拒绝受理。所以,对群众的诉讼要看类别、总体、实质,不能苛刻挑剔,求全责备,使这些群众告状困难。

3. 关于具体的事实根据问题。在诉讼中的事实通常包括案情事实和证据事实两个方面。当事人提供案情事实一般问题不大,但提供证据事实往往不充分或提不出。比如损害赔偿纠纷中,无旁观者在场,当事人只能提出何时何地何人把他打伤,或把家里东西砸坏,但提出何人听见、何人证明、有何凭证就困难。原告起诉有没有事实根据,只能在起诉以后的审理过程中才能查明,而不应在未经调查和审理以前就要求原告提供完整而确凿的证据。当立案后,经调查确实没有事实根据的,用裁定驳回起诉。原告对裁定不服有上诉权。这样就使当事人的诉讼权利得到了保障。

4. 关于管辖问题。《民事诉讼法(试行)》第 20 条以及第 21 ~ 31 条关于管辖的规定都体现了“两便”原则。在执行管辖规定中,往往户籍所在地法院与居所地法院理解不一,造成拒诉或互相推诿,不利于切实保障当事人的诉讼权利。一个城市作为一个整体,凡户籍在外地的,在本市居住一年以上,诉讼时作为被告的最后居住地,法院应当立足于全市角度予以受理。如被告跨省市流动居住,仍然由户籍地法院受理。如果在审理案件期间,当事人的户籍迁移,或者居所地变更的,受诉人民法院应当继续审理,不应移送。对户籍在本市某区、县,但由于子女等分散在各区、县,被告虽离户籍地一年以上,但因在子女等处轮流居住,而在哪里都住不满一年的,一般应允许原告人在被告户籍地或居所地法院进行选择,告到哪里哪里受理,不必循着被告居住行踪,依次移送,互相推诿。

为了搞好立案,不仅要端正对立案的认识,还要简化立案手续,实行便民措施。过分强调严格把住立案关,审批层次过多,立案手续烦琐,逐级批准的做法,是不符合社会主义法制原则的。

立案是人民法院民事审判工作和自诉刑事审判工作的第一道工序,我们应该树立全心全意为群众服务的法制观念,严格执行民事诉讼法的规定,建立健全民事法律制度,开创民事审判工作的新局面。

(1985年第9期)

# 1990 年

# “着重调解”的提法应予修改
## ——对民事诉讼调解制度的再探讨

郑齐祥* 吴彤章** 陈国华***

我国的民事诉讼调解制度已有四十多年的发展历史。其起源于抗日民主根据地的人民司法制度,即“深入群众,调查研究,调解为主,就地解决”的民事审判工作“十六字方针”。十一届三中全会以后诉讼调解制度也进一步得到了发展,1982年颁布的《中华人民共和国民事诉讼法(试行)》,在总结和发展三十年民事审判工作经验的基础上,明确规定了人民法院审理案件“应当着重进行调解”,民事诉讼法试行7年来,调解作为民事审判的一个重要方式,发挥了十分重要的作用:

1. 符合“和为贵”、“让为贤”的中国传统文化和道德准则的要求,达成的协议容易被群众接受。

2. 有利于钝化社会矛盾,促进社会的安定团结。

3. 有利于弥补至今仍存在民事法律体系不完善的缺陷。在法规不完善,判决方式的运用受到限制的情况下,调解方式也就以其特有的灵活性填补了这一空白。

4. 有利于简化诉讼程序,方便群众诉讼,提高审判工作效率,减少讼累。

5. 充分体现了当事人的自由处分权,当事人可以最大限度地决定自己的权益。

6. 有利于执行。双方当事人自愿达成的调解协议在执行阶段后遗症较少。

然而,通过7年来的司法实践,民事诉讼法规定的着重调解原则也带来了一些弊端,主要表现在:

1. 久调不决。由于长期以来强调“调解为主”的思想影响,一些审判人员往往重调解、轻判决,不重视审理期限和工作效率。对调解不成的案件也拖着不判,一味调解。

2. “和稀泥”。对事实一时查不清的案件,有的承办人员怕麻烦,就采取“和

---

* 作者单位不详。

** 作者单位不详。

*** 作者单位不详。

稀泥”的方式,匆匆调解结案。

3. 违法调解。虽无调解可能,也变相强迫调解,或者以损害一方当事人(特别是过错方)的利益勉强调解结案。

4.“一条腿走路”,精于调解,疏于判决。有的审判人员由于长期热衷于调解,不熟悉判决程序,往往影响了判决这一重要审判方式的运用。

随着人们对这些弊端认识的逐渐深入,对民事诉讼法规定的“着重调解”原则就产生分歧的看法。一种观点认为,着重调解原则作为民事诉讼法的基本原则在司法实践中起到了很大的作用,应予继续坚持。至于出现的一些弊端主要是执行中出现的偏差,可通过提高审判人员的业务素质来予以纠正。另一种观点认为,着重调解原则虽然具有一些优点,但出现了不少弊端,产生弊端的原因主要是现行调解制度本身造成的。故应强调判决的作用,限制调解方式的运用。这种观点可以称为“消极调解”的观点。持这一观点的同志以当事人处分原则为出发点,认为诉讼调解只应由当事人提出申请为前提,法院不应依职权主动调解。

我们认为,对民事诉讼法的这一基本原则的考察和评估,不应该简单地就事论事,把出现弊端的原因片面归结于某一个具体方面,而应将其放到整个民事诉讼活动的大系统中去衡量、比较,和与之配套的一系列审判工作制度、思想观念,以及人员素质等因素结合在一起进行综合分析,才能得出较为合理的结论。现行诉讼调解制度(即着重调解原则)在司法实践中出现的弊端不是诉讼调解制度本身的原因造成的,不是诉讼调解制度本来固有的。主要是法律规定过于抽象而导致在执行这一制度过程中出现了偏差。因为现行法律规定的“着重调解”这一原则的提法不能体现其内涵,而导致人们对这一基本原则的主要理解的片面。“着重”的字面含义就是“侧重”、“强调”的意思,因而往往只看字面,不看内涵,认为“着重调解”与过去的“调解为主”两个提法的含义变化不大,指导思想上仍把调解作为民事审判的主要方式,甚至把调解视为诉讼的必经程序,往往以调解率的高低来衡量审判人员办案水平高低。为此,导致部分审判人员不顾案件情况,不问有无调解可能,一味调解,拖、压、卡等一些不应有的现象因而产生。

由“调解为主”转变到“着重调解”,这本身就是认识上的一个进步,正是由于意识到了调解为主容易导致的偏向,在制定新中国第一部民事诉讼法时,立法者才根据审判实践经验,规定为“着重调解原则”但是由于“着重”与“为主”词义相近,仅仅是字面上的变换,因而并未能准确体现现行调解制所要求的“尽可能调解”的基本内涵,加上法条叙述上的高度概括而带来的抽象化,在实际工作中往仍然被理解为“偏重”,形成“调解为主,判决为辅”的片面观念,不仅没能克服以往的弊端,反而由于立法上作了规定,而变得愈加肯定,这显然不符合立法原意,也为立法者所始料不及。

对上面谈到的基于处分权而提出的“消极调解”的观点,我们认为不妥。不能把当事人的处分权和人民法院的审判权截然分开,从而否定诉讼调解的国家干预原则。在民事诉讼当事人特别是大量的农民法律知识缺乏、农村基层组织的影响力较前减弱的客观情况下,必须实行国家干预原则,由法院主持调解。完全由当事人行使处分权,则会使诉讼调解名存实亡,这不但在法律不健全、判决受到限制的情况下不可取,而且不符合审判工作实际,容易引起讼累,影响社会安定和人民内部的团结。

基于以上认识,为了进一步探讨改进和完善现行诉讼调解制度,我们提出几点思考意见,供大家讨论、参考。

1. 改“着重调解原则”为“积极调解原则”。7年来的实践显示了现行诉讼调解制度的重要作用,不正视其优越性而完全予以否定是不切实际的。然而,7年来的实践也暴露了一些不容忽视的弊端,因此全盘肯定也是不可取的,必须既看到这一制度体现出的优越性,又正视这一制度容易产生弊端的根源,提出解决问题的办法。我们的思路是,针对目前“着重调解”的提法容易被误解为“调解为主”的缺陷,应修改《民事诉讼法(试行)》第6条为“人民法院审理民事案件,应当积极进行调解。调解无效的,应当及时判决。”将着重调解改为“积极调解”。因为“积极”只指“促进”、“努力争取”、“热心”等含义,在语气程度上、内容范围上都与“着重”、“为主”等词明显有差异,避免了误解,有利于准确把握这一制度的内涵。当然,也可以改成“可以进行调解”等其他能够避免产生歧义和误解的提法,但无论何种提法都应准确体现现行调解制度的应有内涵,使人们能够清楚地认识到调解是民事案件的性质决定的,体现了人民司法制度的优良传统,应在民事诉讼中予以保留和坚持。同时,也应使人们了解,一方面,对民事案件尽可能用调解方法解决,调解无效应及时判决;另一方面,对一些不适宜调解的案件也应转变观念及时判决,迅速解决纠纷。如适用特别程序的民事案件,精神病人的配偶要求离婚的案件等。从而便于实践工作中能够准确领会,正确运用,进一步增强法条的科学性和可操作性。

2. 改进和建立相应的业务保障制度。除了对法条的修改完善以外,对一些与调解有关联的工作制度应予建立,对一些实践证明容易产生弊端的工作制度应加以改进,具体主要为:

(1)建立民事案件办案期限制度。目前,在我国的诉讼法体系中,只有《刑事诉讼法》和已公布的《行政诉讼法》中明确规定审理期限，而《民事诉讼法（试行》）中目前尚无此项规定，实践中虽然一些地区内部规定了期限，但缺乏立法上的统一规定，因而不但仍然出现积案增多，一二年未结的“胡子案件”增多的现象，而且随着商品经济的发展，容易引起执法上的混乱，给跨地区经济交往带来不便。因此，在各地实际已有试行的基础上，在修改民诉法的过程中应考虑建立民事案件办案期限制度，具体作出规定，使《民事诉讼法（试行）》第 6 条规定的“调解无效，应当及时判决”的“及时”有一个明确的尺度和标准，杜绝“久调不决”的现象。

（2）改进民事审判工作的考核标准。强调效益观念和诉讼经济原则，不以“调解率”和单纯的“结案率”来衡量审判人员的工作实绩，以保障审判工作的正常开展。

（3）改进审判业务制度，明确合议庭的地位，特别是对重大、疑难案件的审判权行使方式上的决定权。完善合议庭内部制约机制，达到既能抵制社会干扰，又能防止内部违法调解的目的。

3. 着力提高审判干部的业务素质，除业务知识的提高外，从实际工作要求出发，还要着重提高审判干部的审判技能。具体到民事审判工作，一个重要的方面就是要强化对判决和调解这两种重要审判方式的运用水平，努力使每个审判人员都能做到不仅会调解，而且会判决，从而全面提高业务水平，从整体上改善执法能力。

4. 针对不同的诉讼程序的特点，规定不同的调解方法。二审和再审案件，应着重就当事人有争议的部分进行调解，双方无争议的，应视为已达成协议，不必再进行调解和认定。同时强调当事人的举证责任，提高工作效率，增强科学性。这样，也会在一定程度上缓和由于一审判决增多给二审造成的压力，避免二审由于压力大而要求调解，从而保证办案质量，形成审判工作的良性循环。

（1990 年第 2 期）

# 1991年

# 正确认识、执行《民法通则》与《民事诉讼法》

## ——在“《民法通则》颁布五周年、《民事诉讼法》公布施行座谈会”上的讲话

张友渔*

## 一

在《民法通则》颁布5周年,修改补充后的《民事诉讼法》公布施行的今天召开座谈会,以期经过研究讨论,进一步正确认识与执行这两个法是很有意义的。

这两个法是根据十一届三中全会以来党的方针、政策与现行宪法的规定,适应社会主义初级阶段的需要,从实际出发制定和修订的,是能够执行的。有人以为《民法通则》的内容不够完备,需要进一步制定民法典,修改补充后的《民事诉讼法》的内容也还不够完备,需要进一步修改补充。我认为这种意见不完全恰当。法律是为了解决实际问题的,制定法律、修订法律都必须从实际出发,从本国的实际出发,而不能从想象出发,也不能是外国有什么,我们就得有什么。所谓完备也是因时、因地、因具体情况的不同而不同。完备没有绝对的标准,也没有一成不变的内容,今天认为完备了,明天就可能认为不完备了。只要能够解决实际存在的问题,就可以说是完备了。

从实际出发,什么是实际?我认为包括两个方面,一是当前的实际,二是最近将来的实际,就是看准了将来发展的方向,而不是脱离实际的“空想”般的“超前”。就现在来说,所谓实际就是正处在社会主义初级阶段的中国的实际。

从实际出发,一是要有需要,二是要有可能。所谓可能,是指你做了工作后产生的可能,不是坐等可能。条件不成熟,要创造条件争取可能。我赞成彭真过去说的话:“制定法律应当是成熟一个制定一个,成熟一条制定一条。”修改法律也是一样,“可改的改,可改可不改的不必改”。

从实际出发,是根据实际情况,把好的肯定下来加以发展,把不好的改掉。不是认为存在即是真理,从而迁就实际,原封不动。《民法通则》施行5年以来,

---

* 第一、二、三、六届全国人大代表,第六届全国人大常委会委员。

成效显著。现在基本上仍然适用。为了适应具体情况的变化,可以在《民法通则》的原则下制定单行法或法规,分别解决一些具体问题。现在废止《民法通则》,另外制定民法典条件还不成熟,实际上也没有必要。因为社会、经济情况正在不断发展,党和国家的政策方针也有待于总结实践经验,不可能由民法典作出全面的、具体的硬性规定。当然,《民法通则》的个别条文不是不可以考虑修改,但不是当务之急。

修改补充后的《民事诉讼法》,比原来试行的民事诉讼法增加了 65 条,并作了许多处重要修改,应当说是比较完备了。有些问题的解决条件还不成熟,不可能作出规定或作出硬性规定,这不属于完备不完备的问题。



## 二

关于修改补充后的《民事诉讼法》的基本原则、主要内容、修改过程,王汉斌同志都已讲得很清楚。我现在只就讨论过程中争论比较多的几个问题发表一些个人意见。

1. 关于机关、团体、公民以至检察机关对损害国家、集体或者个人民事权益的行为可否主动(不是受委托)径向法院起诉的问题

有人主张可以,有人主张不可以。修改补充后的《民事诉讼法》第 15 条规定:"机关、社会团体、企业事业单位对损害国家、集体或者个人民事权益的行为,可以支持受损害的单位或者个人向人民法院起诉。"只说可以支持起诉,而不是径自起诉,也没有提其他公民以及检察机关是否可以径自起诉。这样规定是恰当的。因为:

(1)民事纠纷在不构成犯罪的情况下是人民内部矛盾,应当本着互让互谅的原则,经过和解或调解谋得解决,避免矛盾激化,巩固社会安定团结,不宜轻易诉诸法院,别人更不应插手挑起诉讼。

(2)民事纠纷一般属于损害个人权益问题,不是都直接关系到国家、社会利益,当事人有权自己处分民事权利,有权决定打不打官司,"与本案无直接利害关系的人"非经委托,不能越俎代庖提起诉讼。当然,权益受损害的人在被阻挠、被压制或其他原因不能起诉的情况下,其所属机关、团体、企业事业单位可给予支持,使其能达到起诉目的。

(3)人民检察院是国家法律监督机关,有权对民事审判活动实行法律监督,但只是监督,即对法院的不当判决或裁定有权按照审判监督程序提出抗诉,而不是直接参与审判活动,更不是作为当事人直接参加诉讼活动。依照我国的法制

体系,检察院的具体业务,除对审判活动进行监督外,主要是对损害国家、社会利益的违法犯罪行为,代表国家提起公诉。对于主管机关该管而不管的,造成国家损失的还可以追究渎职罪。这属于刑事诉讼范围,可以根据刑法、刑事诉讼法提起公诉,过去也是这样做的,不必在民事诉讼法中有所规定。

(4)资本主义国家也有在法律中规定检察机关可以对民事纠纷提起诉讼的。但主要是适用于涉及国家利益的情况和某些特殊情况,而不是一般民事纠纷都适用。例如,美国法典规定:民事案件涉及联邦利益时,检察官可提起诉讼或为联邦政府辩护,具体包括有关税收、土地、环境保护等方面。英国法律规定检察长起诉的案件,首先是涉及皇室权益的民事案件。另外还有确认婚生子女和非婚生子女的合法身份等特殊案件。

(5)特别是从我国的实际出发,在今天,社会治安急待整顿,经济犯罪、刑事犯罪还须继续"严打",贪污、腐化、行业不正之风还没有刹住的情况下,检察院的工作重点应当放在刑事案件方面。事实上,刑事案件方面的工作还忙不过来,不宜再增加民事案件方面的负担。将来管不管,如何管可以在下一步再作决定。当然,现在预作考虑,以至进行试点活动是可以的。

2. 关于法院办案要不要着重调解问题。

对于解决人民内部矛盾实行调解制度,这是我国在民主和法制方面的重要创造性建设。调解制度分两个层次,第一层次是调解委员会的调解,这是基本的、主要的,它是在诉讼前进行调解、解决问题,可以减少诉讼案件,甚至消灭诉讼案件;第二层次是法院在审判前,先开调解庭进行调解,达成协议,解决问题,可以避免采用判决方式,做到缓和以致消灭当事人之间的矛盾。原试行的《民事诉讼法》规定"人民法院审理的民事案件,能够调解的,应当在查明事实、分清是非的基础进行调解,促使当事人互相谅解,达成协议",表现了着重调解的精神,这是恰当的。在这次讨论过程中,有人认为法院是审判机关,不应着重调解。因此修改补充后的《民事诉讼法》把这条修改为"人民法院审理民事案件,根据当事人自愿的原则,在事实清楚的基础上,分清是非,进行调解"。特别增加了"根据当事人自愿的原则"一句,删掉了"促使当事人互相谅解,达成协议"一句,冲淡了"着重调解"的精神,这是后退。因为事实上,双方当事人不可能一开始就"自愿调解",需要经过法院劝说、引导。我们只应当要求"调解达成协议,必须双方自愿、不得强迫,调解协议的内容不得违反法律规定",不必要求开始进行调解双方就自愿。

3. 关于对待申诉的问题。

给予诉讼当事人以对已发生法律效力的判决、裁定进行申诉的权利,是纠正法院错判、保护诉讼当事人利益的一种办法,不是完全不可取的。但对申诉的条件、时限、次数等必须有明确规定。法院对合乎规定的可以受理,对不合乎规定的可以不受理,不是一切申诉都要受理,并且对不受理的申诉可以明文驳回,也可以置之不理。否则同上诉有何分别?同上诉一样处理,岂不成了三审终审制?修改补充后的《民事诉讼法》规定了申诉的条件、时限和范围,这是恰当的。否则好像是保护诉讼当事人的利益,实则是纵容无理取闹的人长期诉讼,妨碍法院正常工作,损害其他诉讼有关人的利益,扰乱社会秩序,破坏社会主义法制。对申诉者本身来说也费时并耗费钱财,并无好处。有人以为《民事诉讼法》规定申诉限在判决、裁定发生法律效力后二年内提出为时过短,建议延长。这是不对的。一般诉讼都有时效,申诉反能没有?如果判决、裁定发生效力后确定的社会关系,特别是财产关系,允许在二年后无限期地因申诉而变动,必将引起大混乱。

4. 关于诉前保全、先行给付的问题。

为了保护作为原告的一方当事人的利益,解决执行难的问题,规定诉讼保全、先行给付是可以的。但执行不当,就会发生损害作为被告的另一方当事人的利益。因此,修改补充后的《民事诉讼法》特别规定了申请人提此申请的条件、提起诉讼的期限,以及为了防止申请错误以致另一方当事人遭受损失,申请人在提出请时必须提供担保等,法院必须严格按照这些规定执行。最好尽量少采取诉前保全、先行给付的措施。对转移财产的可以用其他方法来解决,拒不执行的,可以叫他破产,或依法惩处。

以上意见讲得很不充分,还可能有错误,只供研究参考。

(1991 年第 6 期)

# 1996 年

# 浅谈举证时限的设立

赵争平*

我国《民事诉讼法》和最高法院的司法解释对有关当事人举证时间限制方面没有作出规定。为此,在审判实践中,不少法院根据自己的情况,自行决定各种各样的当事人举证的具体时间期限,这在当事人法律意识特别是诉讼法律意识不高或诉讼法律知识缺乏的情况下,是有效果的。因为当事人胜诉心切,法院要求他们怎样做,一般都会按照要求想方设法地去做的。实际上,这种做法是不妥的。首先,当事人就其主张向法院提供证据,是维护他自己实体权益的一项诉讼权利,在无法律规定的情况下,法院的这种做法,变相地限制了当事人的诉讼权利。其次,最高人民法院《关于适用〈中华人民共和国民事诉讼法〉若干问题的意见》(以下简称《意见》)第76条规定:"人民法院对当事人一时不能提交证据的,应根据具体情况,指定其在合理期限内提交。当事人在指定期限内提交确有困难的,应在指定期限届满之前,向人民法院申请延期。……"这个规定虽在一定程度上解决了当事人因不定期障碍一时不能提交证据的问题,但却未涉及延期届满后当事人仍不能提交是否可以再次延期的问题。因此,当事人可据此不断地申请延期,虽然使案件迟迟不能了结,但不能说他违法。最后,法律对法院不采纳当事人超过举证期限所提供的证据的做法持否定的态度。当事人不服一审裁判,提出上诉后可向二审法院提供一审法院未采纳的证据或新的证据。二审法院并不能不予采纳,经过核实、认定后,要么全部或部分改判;要么以原判决认定事实不清,证据不足等理由,裁定撤销原判决,发回重审。理由很简单,法律并未规定当事人举证的时限,各个法院对举证期限的自行规定是无效的。在审判监督程序中也是这样,《民事诉讼法》第179条就把"有新的证据,足以推翻原判决、裁定的"作为法院应当再审的条件。

这些现象的存在,不仅拖延了诉讼,损害了对方当事人的权益,主要是极不合理地将一审、二审裁判的效力置于不稳定地位,影响法院审判程序和审判人员积极性的充分发挥。

---

* 作者单位:佛山市中级人民法院。

## 一、设立当事人举证时限的理论和实践依据

首先,随着市场经济的建立与发展,社会经济生活的节奏加快,经济、效益为人们所追求的价值目标,这些反映到诉讼中,就要求快速、高效的诉讼过程。如前所述,在审判实践中,诉讼的延滞往往是举证活动的拖沓造成的。因此,设立举证时限,已成为客观需要,代表着民事审判方式改革的发展方向。

其次,举证时限的设立,有利于促使当事人在时限规定的时间内履行提供证据的责任。有了举证时限,当事人必须在规定的期间内完成举证活动,否则将失去提供证据的权利或负担某种不利的法律后果。这样,便会形成时间上的压力,促使当事人在规定的时限内进行举证活动。从诉讼心理学上看,每个当事人都不希望因未能提供证据或不提供证据而败诉,都会积极地提供所能提供的证据。可以说,谋求胜诉为当事人的举证活动提供了内在的动力;那么,举证时限的存在则使当事人的举证活动有了外在的压力。动力和压力并存,会使当事人更为主动、及时地向法院提供证据。

再次,举证时限的设立,有利于保护对方当事人的合法权益。拖延诉讼会增加对方当事人的讼累,使对方当事人不得不参加本来完全可以避免的多次诉讼。这对于对方当事人来说,显然是不公平的。有了举证时限,可以在客观上很大程度地防止和消除延误举证行为。

又次,举证时限与法院审限相结合,为法院如期结案提供可靠的保障。为加快诉讼,新民诉法增设了审限,这就要求审判人员提高办案效率。而这仅靠法院的单方面的努力,没有当事人的积极配合,是不足以保证法院在审限期内审结案件。从诉讼实际情况看,当事人之间关于案件事实方面的争议远远多于法律方面的争议,诉讼中用于查明案件事实的时间也大大超过用于解决法律争议的时间。举证的拖延,往往造成诉讼的延滞。设立举证时限,使之与审限相互配合,使当事人的举证行为和法院的诉讼行为都有明确的时间要求可遵循,就可为法院如期审结提供可靠的保障。

最后,有国外的立法例可参考,从外国民诉法的立法看,不少国家对当事人举证的期限作了规定,如日本、德国等。这些规定在诉讼实践中已得到证实,举证时限的设立对促使当事人如期完成举证活动,防止诉讼延滞起到了积极作用。

## 二、关于设立举证时限的若干问题

### (一)举证时限终时问题

当事人向法院提交证据最迟不得晚于何时,即是举证时限的终点应确定在何时,这是设立举证时限所要解决的首要的关键性问题。它不能像审限、上诉期限那样用规定一定的天数或月数的方式来解决,而要根据当事人举证活动和法院审理活动的特点来加以确定。从审判实践看,当事人举证行为往往不是一次完成的。原告从起诉时起,被告从答辩时起,第三人从参诉时起,都开始向法院举证,以证明其主张了。开庭前,当事人在接受法律询问时,可进一步补充证据,进入庭审阶段后,当事人依据民事诉讼法,可以提出新的证据。这一般是在法庭调查阶段实施的。进入法庭辩论阶段后,当事人仍被允许提出新证据,但此时应中止辩论,恢复法庭调查,待对提出的新证据进行质证、查证后继续进行辩论。一旦进入法庭评议和宣判阶段,就不应该再允许当事人提出新的证据。因为这一阶段法庭无从再对证据进行询查核实,对方当事人也无从对新的证据进行质证。因此,除特殊情况外将举证时限的终点确定在第一审法庭辩论终止是合适的、恰当的。

从一些设立举证时限的国家和地区的立法例看,也是这样做的。我国台湾地区"民事诉讼法"第196条规定:"攻击或防御方法,得于言词辩论终结前提出之。"《日本民事诉讼法》第137条规定:"攻击或防御方法,除另有规定外,可以在言词辩论终结前提出。"《德国民事诉讼法》第29条规定:"在作为判决基础的言词辩论终结后,再不能提出攻击和防御方法……"《法国民事诉讼法》第450条亦规定:"在辩论截止后,当事人不得呈交任何支持其辩论中所发表的意见的申明……"

### (二)怎样解决举证中的不定期障碍的问题

在诉讼中,当事人可能因存在某种障碍而不能及时向法院提供证据,而且这种障碍是否会消除以及在何时消除当时均无法确定。这种障碍就叫不定期障碍。如证人出国一时无法与之联系,持有重要书证的人下落不明等均属举证中可能出现的不定期障碍。对此,法院应该待障碍消除后再进行审理并下裁判,还是舍弃该证据而依现有证据作出裁判?最高人民法院在《意见》第76条中有规定:"人民法院对当事人一时不能提交证据的,应根据具体情况,指定其在合理期限内提交。当事人在指定期限内提交确有困难的,应在指定期限届满之前,向人民法院申请延期……"这在一定程度上可解决不定期障碍的问题,但并未真正解决问题。因为该规定并未涉及延期届满当事人仍不能提交是否可再次延期的问题。笔者认为，对是否准许再次延期，要考虑这个延期是否会过分地延滞诉讼。如果将导致诉讼的过分延滞，法院应作出不允许延期的决定，依据现有证据对案件作出裁判。

**（三）法院能否采纳二审或再审中提出原先因重大过错未举出的证据问题**

我国《民事诉讼法》第179条将“有新的证据，足以推翻原判决、裁定的”作为法院应对当事人申请进行再审的情形之一。鉴于上面的情况，笔者认为，应对“新的证据”的认可加以严格限制，使其与举证时限制度协调一致。可加些限制条件如：(1)必须是当事人善意提供的；(2)该证据在一审、二审期间不可能提供出来的。比如当事人记不清书证、物证当时放何处，又无旁证，后在清理家什或搬家拆迁时偶然发现了的证据属此类。又如被宣告失踪或被宣告死亡的证人又重现，所提供的证言亦属此类。

对当事人提出新的证据，应恢复法庭调查和法庭辩论。同时，为公平起见，法院让该当事人承担由此而支出的诉讼费用，这与设立举证时限的目的是一致的。但是，如果当事人出于恶意，在二审或再审中提出原告因重大过错未举出的证据，笔者认为，法院可不考虑采纳该证据。因为：(1)我国已有有关的司法解释，即申请延长的规定，这足以弥补不能及时举证所带来的不利。(2)借鉴民法上的诉讼时效和占有时效的原理，法律不保护懈于行使自己权利的人的权利。这样做，虽使二审或再审作出的与案件事实本身的真实情况不相符合，但却是公平的，既体现了诉讼经济、效益原则，使诉讼得以顺利进行，又保护了对方当事人的合法权益，稳定社会经济关系。(3)这样做能够对因故意或重大过失耽搁举证时限的当事人（特别是对那些自恃证据在手，就是不向法院提供，抱着“看你法院敢判我败诉？”心理的人）起到有效的惩戒作用，并使其他人引以为戒，使举证时限对当事人有较强的约束力。

**（四）解决好与举证时限相关的问题**

第一，对当事人实施举证行为的认定。即法院视当事人在什么情况下已实施了举证行为。(1)当事人将证据直接交给法院；(2)当事人向法院提出证据或者说明书证、物证、视听资料的所在之处，这要求当事人把这些证据的所在之处、所要证明的事实等向法院说明；(3)向法院提出请求鉴定或勘验的申请，并在申请中详细说明需要鉴定或勘验的事项，以及通过鉴定、勘验能证明哪些案件事实。

第二，分清当事人举证的范围。首先要分清双方当事人之间的举证范围。一般来说，是“谁主张，谁举证”。比如凡主张权利或法律关系存在的当事人，就对产生该权利或法律关系的法律事实负举证责任，而不用再对存在阻碍该权利或法律关系发生的事实进行举证了。这个举证责任则应由对方当事人来承担。而对特殊情况，即我国民法通则规定的几种特殊侵权案件，则是举证责任倒置。其次要分清当事人与法院之间举证与调查收集证据的范围。一般来说，除了《民事诉讼法》和最高人民法院《意见》第 73 条中列举应由法院调查收集的证据外，其余的证据皆由当事人负责提供。但法院要对那些不知或缺乏怎样收取、提供证据的当事人予以必要的指导和适当的帮助。

第三，完善伪证的防治措施。当事人举证，就是要举“真”证，而不能举“伪”证；否则，不但影响办案质量，易生错案，而且会使诉讼延滞，达不到让当事人举证以及设立举证时限的目的。因此，在设立举证时限的同时，还要完善伪证防治的措施。首先，应建立具结制度，这是防止伪证产生的前提。具结制度与宣誓一样，是用以使当事人、证人对其证据的真实性和可信性的担保形式，其核心是以法律责任约束当事人的举证行为，把当事人的举证行为纳入法律约束的轨道。其次，严格处罚制度。这是减少伪证的必要措施。一旦发现当事人搞伪证，就要视其情节轻重，予以严肃处理，使伪证现象受到有效的遏制。

（1996 年第 3 期）

# 谈民事审判方式的改革

王怀安*



关于民事审判方式改革,早在1989年第14次全国法院工作会议上,任建新院长就提出要抓公开审判,以后第15次、第16次会议都把公开审判上升为审判方式的改革问题。

民事审判方式改革改到哪里去,就是解决一个庭审功能的问题。过去一些好的传统要肯定、要发扬,如强调对人民负责、强调便利群众、强调实事求是、强调民事审判要做思想工作、强调调解,这些是我们的优良传统,不是改革的方面。但是,在新的时期、新的情况下如何运用这些好传统?是不是应当有所发展?现在看起来原有的一些方式方法不利于发挥庭审功能。例如,比较突出的一个问题就是我们过去习惯于把案子搞得差不多才来开庭,或者说是先定后审。这就向我们提出一个问题:是搞清楚案情才开庭,还是用开庭来搞清楚案情?这算不算是一个转变?我看是转变。现在好多地方都在考虑改变过去那种叫做"当事人动嘴、法官跑断腿、磨破嘴"的审判方式。有的地方归纳过去的做法叫做"四步骤"。第一步是询问原告和被告,第二步是下去跑腿调查、收集证据,第三步是打通思想、进行调解,调解不成了才是第四步:开庭审理。整个过程花的时间较长,法官花的劳动量较大,花的经费也较多,还容易造成当事人和法官的对立情绪,透明度不高,办案过程中找法官的人也多。这种做法不科学,还能不能找出一种做法比这种更高明一些?现在大家讨论的一个问题,就是不要庭前这一大堆的活动,直接开庭。有的地方叫"一步到庭"。法院收到原告诉状以后就送给被告要他提出答辩,答辩以后就一步开庭,原告,被告在庭前都不跟法官讲案情,要讲就三家见面在庭上讲。有的也叫"三强调",强调直接开庭,强调当事人举证,强调放权。

1. 强调直接开庭。现在全国各地法院都在探讨这个问题。开始提出这个问题的时候,有的法院有点担心,搞这个改革有"四怕":一怕当事人举证不可靠,二怕一步开庭乱套,三怕审委会放权没依靠,四怕追究错案,责任跑不掉。但经过试验,结果都很漂亮。有一个案子,从收到答辩状到开庭审理仅3天,庭审

---

* 作者单位:最高人民法院。

一个半小时就解决了。一步到庭，让当事人在庭上举证、质证，对簿公堂，调动当事人的积极性，法官听证，抓关键证据，双方讲得差不多了，法官鉴证采证。那些搞清楚的事实就认定，站不住脚的证据就在庭上淘汰了，当事人输得明明白白，赢得堂堂正正。当然，一步到庭，并不是所有的案件一庭就能解决问题的，也不是所有案件都由当事人举证、法官不查证就判得了的。有的法院根据实践结果统计，有75%的案件凭当事人举证和庭审质证便一次性解决了，真正要法官下去调查的不到10%。有的法院得出这样的经验，就是庭审前的调查不如庭审后的调查准确性高，他们赞成法官不搞庭前调查，搞庭后调查可以减少无效劳动。调解也有经验，除简易案件可以在庭前调解以外，一般案件在审后调解比庭前调解好，也符合法律的要求，即在事实清楚、是非分明的基础上进行调解。所以，一步到庭发挥了庭审的作用，解决了很大的问题。凡是发挥庭审功能作用好的法院都出现了几个好现象：第一，减轻了法官的劳动强度；第二，减少了经费开支；第三，缩短了办案的周期；第四，提高了办案人员的办案定额；第五，减少了法官同当事人的对立，增强了当事人对法官的信任程度。看起来，用这种庭审方式来搞清事实、核实证据、分清是非、打通思想、明确责任，比用庭前那个法官“跑腿”、“磨嘴皮”、“搞得差不多再开庭”的方法要先进。这样做，更重要的意义，还在于落实了“公开审理”的宪法原则。

2. 举证责任问题。打官司究竟由谁举证，大前提要搞清楚。举证是当事人的责任，这是国际上通用的准则。举证在法律上来说是属于当事人的诉讼权，鉴定证据、认定证据是属于法官的审判权。过去我们对诉讼权和审判权没有划清，举证也让法官背起来了。所以法律上规定“谁主张，谁举证”，把举证责任还给当事人，法官负责鉴定证据、认定证据。这一条要确定，否则就会乱套，把诉讼权与审判权混淆。但这也不是绝对的。当事人举不了证的，不可能举证的，我们还要赋予法官一定的职权来调查。对中国审判方式的特点，有的法院总结了这样三句话：凡是当事人能举证的，一定要他举证；凡是当事人可能举证的，尽量要他举证；凡是当事人不可能举证的，不要苛求他举证。这种做法，比我们过去包揽一切的办法好。另外，举证之前还要对当事人做点指导举证的工作。现在有许多当事人缺乏举证的法律意识，这就需要加以指导。法官也不能搞绝对中立，本来受害者是受侵害的，对方是不正义的，但他就不懂举证，如果我们一推了之，他在庭审中就会因举不出证据而败诉。我对庭前指导举证有两句话：法官既不能袖手旁观，也不能给当事人出谋划策。庭上有三个问题要处理好，先是举证，举证后是质证，而后是法官确认证据。只举证，不质证，就会搞得糊里糊涂，质证后法官不确认证据，也是糊里糊涂。庭上质证法官要有业务水平，审核证据要层次分明,抓住要害,避开枝节。审核证据搞得好的往往都经过辩论。质证的"质"就是辩。证据要按事实,通过核实,经过举证、质证。已经搞清的证据,法官要当庭表态,予以认定;没有把握的,经合议庭合议后再认定;经合议后仍无把握的,可在下次开庭时再定。逐个认定证据就像剥画皮,认定一个证据,就像剥掉一张皮,一层一层剥开,剥到最后真相就出来了。所以,举证、质证、确认证据搞好了,就为认定案件事实打下了基础。

3. 适当放权的问题。过去许多案件审判员不能自己做主,审完了都要向院长、庭长汇报,甚至还有个分工,叫做"事实由法官负责,法律由领导负责"。这两者之间,有些时候事实搞不清,适用法律也搞不清。现在提出要适当放权,建立审判员或者是合议庭的责任制。有人说,放权有危险,一怕审判员的素质不高,放了以后会捅娄子;二怕现在不正之风逞凶,担心审判人员顶不住、搞鬼。过去什么案件都要领导批,审判员的担子不重、责任心不强,这种制度怎能提高审判员的素质?我们过去的做法实际上就是说审判员不负责任。现在真的把担子压上去,那审判员就得提高自己的审判水平了。这里有个问题,是提高素质以后再来改革,还是在改革中提高素质?就像过去打仗,是先学会打仗再来打仗,还是在战争中学会战争?世界上许多国家(包括发达国家、第三世界和非洲国家)法院审判人员的职权都比我们大,难道只有外国法官的素质才高?我们中国的法官就不聪明?当然,我们的制度与国外不一样,外国实行的是法官独立进行审判,我们实行的是法院独立进行审判。但我们法律规定的是重大、疑难案件的权才收到审委会。现在审委会收的权太多了,不是重大、疑难的就应该放下去。据那些放了权的法院反映,他们有这样的感觉:改革可以促进干部素质的提高,干部素质的提高反过来促进改革的深化,形成良性循环。在这个事情上要解放一点思想,不要怕。放权也是逐步放的,有的提出"因人而放、因案而放"。因人放权,不是所有审判员,而是政治素质好、独立办案能力强、审判作风正派、业务能力精的审判员,先把权放给这部分人,他可以对职权范围内的案件当庭去处理,签发法律文书,这样办案速度也加快了。因案放权,不是所有的案件都放权,有哪几种不放权,我看这样放权也没有危险性。另外还有制度监督,院长发现判得不对,可以提交审判委员会决定,通过审判监督程序予以纠正。还可以通过错案追究制进行监督。有人担心放权会引起不正之风冲击审判员,我的意见,如果审判员要搞鬼,就是你院长、庭长批也没用。相反,你现在采取公开审理的办法,他不容易搞鬼。有的法院感到,公开审理有助于抵制不正之风,现在说情风反而少了。为什么少了?一是因为我们采取一步到庭,当庭结案。当事人要说情也来不及,二是因为公开开庭审理的,道理清清楚楚,也找不出多少借口。加强法官责任制，领导也腾出手了，可以从案卷堆、听汇报、开会中解脱出来，搞点调查研究。领导最好的调查，就是在第一线调查，参加庭审旁听。

关于强化庭审功能，可归纳出六句话，就是要核实证据、查清事实、分清是非、明确责任、讲清道理、公正判决。即要做到事实清、道理明、判决公。这样，就可以树立法院的权威。

（1996年第5期）

# 民事二审审判方式改革若干问题探讨

陈福民[*]

民事审判方式改革是健全和完善具有中国特色社会主义审判制度的一项重要内容,民事二审审判方式改革是整个民事审判方式改革中不可缺少的重要一环,对于加强民事一审、二审审判方式之间的衔接和配套,巩固民事一审审判方式改革的成果,更好地实现民事二审的审判职能具有重要意义。目前,民事一审审判方式的改革已经取得一定的实践经验和理论研究成果,而民事二审在这方面尚属起步阶段。本文拟就民事二审审判方式改革中遇到的若干突出问题略陈管见,以期引起法学界和司法实践界的关注。

## 一、民事二审中当事人的举证责任

如何确定和强化民事二审中当事人的举证责任?这是民事二审审判方式改革需要解决的最重要的问题之一。通常,根据我国民事诉讼"谁主张,谁举证"的原则,一审原告对其诉讼请求首先承担举证责任。一审判决后,如原告提起上诉,应对其上诉请求继续负举证责任。如被告提起上诉,在二审中应该由谁承担举证责任呢?这是二审审判方式改革遇到的一个难点,这不仅关系到程序问题,而且关系到实体问题。对此,一种观点认为,应由上诉人(原审被告)对自己的上诉请求承担举证责任。理由是一审判决后,被告不服而提起上诉,理应对自己的上诉主张进行举证并承担责任。另一种观点认为,仍应由原审原告(被上诉人)负举证责任。理由是本案诉讼是由原告提起的,原告的诉讼请求是法院审理的范围,一审虽然确认了原告的举证,并作了原告胜诉的判决,但被告上诉后,一审判决未生效,二审主要是在原审原告诉讼请求的范围内进行审理。在二审中原审原告虽是被上诉人,仍应对其一审的诉讼请求在二审中继续负举证责任。上述问题涉及对当事人举证责任分担的确定。目前我国民事诉讼法律对此未作出具体明确的规定,是一个值得探讨和亟待解决的问题。

根据我国《民事诉讼法》的规定,笔者基本倾向于第二种观点。《民事诉讼

---

* 作者单位:上海市第一中级人民法院。

法》第 64 条第 1 款规定:"当事人对自己提出的主张,有责任提供证据。"在一审中,首先由原告对其诉讼请求承担举证责任,这是毫无异议的。但是,原告举证后,如已证实自己的诉讼请求,被告对其反驳原告的主张负有举证责任。一审根据原、被告各自的举证,确认原告已完成举证责任,依法作出被告败诉的判决。如果被告不服,依法提起上诉,目前二审审判实践中的通常做法是要求上诉人对自己的上诉请求负举证责任,被上诉人则不再举证,二审往往根据上诉人的举证是否成立作出驳回或支持上诉请求的判决。但是,这种做法存在一个问题,即忽略了对一审确认原告举证责任正确与否的审查。如果一审认定举证责任有错,二审不予审查,而是将举证责任完全确定在上诉人身上,如上诉人无法举证,则判决维持原判,就会发生由于二审审判方式中确定举证责任的错误,最终导致实体上的判决错误。一审、二审既是一个完整的诉讼过程,又是一个完整的审判过程。二审不仅要针对上诉范围进行审理,同时还要对一审的判决进行监督。因此,必须对一审作出判决的事实基础即确认当事人的举证责任而认定的事实是否正确进行审查。在二审中,首先应审查上诉人对其上诉请求的举证,其次,作为原审原告的被上诉人还应对其诉讼请求进一步举证,如其在二审中不举证或举不出新的证据,二审应根据双方当事人在一审、二审中各自举证的情况,审查一审对当事人举证责任的认定是否正确,最终确定当事人各自应承担的举证责任,然后依法作出驳回或支持上诉请求的判决。

我国民事诉讼的模式既不是完全的职权主义,又不是完全的当事人主义。当前,我国审判方式改革的一个重要内容是强化当事人的举证责任,改变以往由法官包揽调查取证的弊病。当事人提起诉讼,主张自己的权利,理应负责举证。因为,作为民事法律关系的当事人,他们对相互之间权利义务发生、变更、解除的事实最清楚,这一点体现了当事人主义的内容。但是,根据我国的国情及法制建设的现状,对于当事人主观上确实无法取证的,法院应进行查证,不过,查证的范围是法定的、有限的,是对当事人举证的补充,而不是由法院来承担一部分举证责任。法院主动查证的目的是查明事实,进一步补充确定当事人的举证责任,以便法院最后作出公正判决,这一点体现了职权主义的内容。在民事二审审判方式改革中,正确确定法院主动查证的范围、时间,对于提高二审办案效率是有积极意义的。我们既要克服法官包揽一切的纯职权主义的做法,又要防止法官不作任何必要的调查,全凭当事人、代理人举证来断案的纯当事人主义的做法。

在民事二审审判方式改革中,还应进一步加强公开开庭中质证这一重要环节。当庭质证应由合议庭主持,在当事人举证后,围绕所举证据是否客观、真实、合法、关联等问题相互进行对质。既要克服举而不质,又要避免质而不明,应进一步强化庭审功能,真正做到证据在庭上举,在庭上质,事实在庭上明。通过质证,辩明谁的证据具有证明效力,谁的证据缺乏证明效力,为合议庭的当庭认证打下基础。

## 二、民事二审中的当庭认证

民事二审中的认证,是目前二审审判方式改革中遇到的突出问题,也是强化庭审功能的关键。认证是指人民法院的审判人员在庭审中,对经过举证、质证的证据是否具有客观真实性、内容和形式合法性以及与案件的关联性予以认定的一种审判活动,是对证据是否具有证明效力予以认定的一种审判行为。

公开审理是人民法院审理民事案件的基本形式,通过开庭,查明事实,分清责任。但是,以往通常的做法是合议庭对事实当庭不予认定,待休庭后经合议庭评议,才认定事实作出处理结论。这种做法不完全符合审判的公开性原则,因为合议庭的认证即确定判决的基本依据是在庭后作出的,庭上未公开体现,即使少数当庭判决或以后公开宣判的案件,也仅仅宣读判决书,对合议庭如何认定事实的说明往往过于简单,当事人和社会群众对法院为何这样判决往往不清楚、不理解。这种传统的审判方式由于缺少当庭认证这一环节,致使法院如何查明事实、判断是非、认定责任的过程缺乏必要的公开性和透明度。二审审判方式改革对公开审理案件推行当庭认证,是审判活动贯彻公开、公正、简便、高效原则的一种好方式。经过公开开庭举证、质证和认证作出判决,力求做到胜诉者赢得堂堂正正、败诉者输得明明白白、旁听者听得清清楚楚、法院审判公公正正。

如何进行认证?具体来说,可考虑以下几个方面:

第一,认证的内容。认证即认定证据,最基本的内容是对证据是否具有证明效力作出认定,实际上也是对当事人举证责任的确认。合议庭当庭认证的证据应当作为以后判决的事实依据。如果当庭认证只认定证据的某一性质如客观真实性,那么,这种认证既无多大实际意义,又可能与判决依据发生矛盾。

第二,认证的方式。认证的方式主要有三种,应根据每一案件的具体情况由合议庭来决定。一是逐一认证,即对当庭列举的证据逐个质证后,逐个予以认证。通常是对那些案情简单、证据较少、相对独立的案件适用一证一质一认的方式。二是阶段认证,即根据案件发生的几个阶段或将案件分为几个方面的内容,对一个阶段或一个方面的几个证据,当庭举证质证后,集中予以认证,这类案件案情比较复杂,证据较多,且相互之间有一定的联系。三是综合认证,即全部证据当庭举证、质证后,最后统一予以认证,这类案件很复杂或类型新,当事人逐一举证、质证后，一时难以分别认定。

第三，认证的程序。在民事二审中，必须经过合议庭合议后由审判长或审判员予以认证，即每一证据经过质证后，合议庭每一成员对这一证据是否具有证明效力表示个人意见，根据合议庭少数服从多数的评议规则和案件的具体情况，最后由审判长或审判员一人代表合议庭作出予以认定或不予以认定的决定。对于认证中发生的失误，也应依照一定的程序予以纠正。在庭审结束前发现的，应重新质证和认证，纠正前面作出的错误认证。在庭审结束后发现的，应重新开庭质证和认证，纠正前次庭审作出的错误认证。在判决后发现的，应依法予以纠正。

第四，认证的表述。当庭认证是人民法院行使审判权的一个组成部分，认证的语言必须规范，应体现严谨、明确、法律化的特点。一般有三种表述：一是肯定式认证，二是否定式认证，三是搁置式认证，即暂不认定。

## 二、民事二审中当事人列举新证据问题

目前，民事二审审判方式改革中遇到的一个突出问题是，当事人在一审中不举证，而在二审中举证，导致一审案件被二审改判或发回重审。对此，二审应如何处理？笔者认为，可从两个方面考虑：

第一，应当逐步强化当事人的举证责任。我国《民事诉讼法》对当事人举证期限未作出限制规定，当事人在一审中未举证的，一审判决后，在二审中还可举证，即使二审作出终审判决，当事人还可提出证据申请再审，人民法院必须依照“以事实为根据，以法律为准绳”的原则，有错必纠，在二审中甚至在再审中，根据查明的证据来纠正一审或二审的判决。针对这种情况，应当强化当事人在一审、二审中的举证责任。当事人在一审中不举证、举证不力或举证不能，一审法院又无法查证的，该当事人应当对其在一审中的举证情况承担相应的法律责任。二审法院认定一审法院依据当时查明的事实作出该当事人败诉的判决是正确的，二审中除根据该当事人的举证依法予以改判外，对于一审判决的诉讼费仍应由该当事人承担，对该当事人在上诉期间的可得利益不予保护。对方当事人为此多支付了其他诉讼费用，有权在二审中要求该当事人予以补偿。对此类案件，法院内部考核不应以错案追究一审的责任。同样，在审判监督程序中发生此类情况，也应考虑照此处理。这样，既有利于督促当事人依法行使举证权利、履行举证义务，又有利于维护人民法院依法行使审判权，维护法律权威。

第二，应当健全有关当事人举证的立法，明确规定当事人的举证期限。从长远来看，为了真正实现民事诉讼制度“公开、公正、简便、高效”的目标，必须从中

国的国情出发,逐步建立和完善我国的证据制度。证据制度是民事诉讼中一项很重要的制度,我国民事诉讼法律对此虽作了相应的规定,但这些规定还不够具体、明确,尚未形成一套完整的制度,致使法院审判在实际操作中遇到许多困难。为此,建议立法部门在总结审判实践经验的基础上,根据中国的国情并借鉴世界各国证据制度的有益经验,对民事诉讼中当事人的举证责任、责任的分担、举证的范围、举证的期限等作出详细的规定。在举证期限上,可考虑规定当事人有义务在一审庭审终结前提供证据。在规定的举证期限内难以举证的,应向一审法院提出延期举证的书面申请,合议庭对此予以审查,决定是否同意延期。合议庭不同意延期或在延期的时间内仍不能举证的,应认定当事人在一审中不能依法提供证据。一审法院依职权进行查证也无法查明的,应由该当事人承担相应的法律责任。同时,还应规定,在哪些情况下,当事人在一审中不举证即视为对自己权利的放弃。例如,当事人无正当理由一审不应诉的或者当事人无正当理由在一审中不举证,一审法院也无法查证等。当事人对一审判决不服,在二审中再举证的,二审法院应当对一审法院确定当事人的举证期限和认定当事人举证责任予以审查,如经审查一审判决是正确的,应以该当事人放弃举证直接判决驳回上诉;如一审判决有错误,应依法予以纠正。这样做,既有利于保护当事人的举证权利,又有利于强化当事人的举证责任,也有利于人民法院依法公正及时地审理民事案件。

(1996 年第 11 期)

# 1997 年

# 对于引进对抗制论说的质疑

傅郁林*



## 引　言

80年代以来,以实现程序正当性、司法民主化和诉讼高效率为总体目标的民事审判制度改革层层深入,以《中华人民共和国民事诉讼法》颁行为标志,民事诉讼程序制度在重新分配当事人与法官的诉讼职能与责任方面,朝着"当事人主导主义"方向迈出了坚实的步伐。然而,始于90年代中期的庭审方式改革,却将理论与实践导入引进英美"对抗制"的轨道。自此,围绕对抗制的运行方式、操作规程、运作环境等问题的论战旷日持久,以至于在硝烟中人们似乎已经忘却了问题的本源:引进对抗制与实现改革的总体目标有无必然联系?换言之,体现市场经济下意思自治、责任自负理念的"当事人主义"的诉讼原则,是否以"对抗制"程序结构为唯一技术载体?倘若答案是否定的,那么,"法律制度的差异与法律移植的成本成正比而与成活率成反比"的命题是否应予充分重视,并经成本与收益的定性分析选取效益最大化方案?更为重要的是,倘对庭审结构背后的诉讼法理缺乏认识,舍"当事人主义"现代民诉法之共同法理之本,而求"当事人主义"(adversary system,译为"对抗制")之询问方式之末,岂不是以巨大代价买椟还珠?

综观引进对抗制的各派论说,大都建立在同一个错误的前提之下:把我国计划体制与某种传统影响下的统治模式结合而生的"国家全能主义"与大陆法系"当事人主义"原则下的"职权主义"混为一谈,故而将"职权主义"的庭审方式诊断为我国民诉制度下权力膨胀、效率低下综合征之病源,于是开出了引进对抗制以保障当事人主体性、制约法官职能越位之"药方"。本文将从质疑这一诊断开始,重新分析我国民事审判制度之病理、病源,开出庭审制度改革的"药方";为标本兼治,作者将以较多的笔墨探究附着于庭审制度之上并制约其运作的审判制度、司法制度以及与司法相关的制度环境。

---

* 作者单位:北京大学法律系。

## 一、我国民主审判制度弊端之“病源”

“任何诉讼制度都无法免除蕴含某种内在矛盾的宿命。”①司法民主与诉讼效率的内在矛盾，是两大法系设计和改进程序的具体技术构成的动因，目的在于在具体案件的正义实现与增大社会整体规模上的正义实现之间寻求平衡。然而程序的正当性是民主与效率指标浮动之恒定中轴。德国的“职权主义”干预并未招致对其司法正义性的批评，反以其诉讼高效之特色受到一些英美法学者的推崇。② 然而两大法系民事诉讼程序趋同化的发展，表现为对庭审前程序加强职权干预以提高诉讼效率；而庭审方式上的借鉴或移植，被认为是成本最高而收益最低的尝试，因为这种技术构成与其说铸入了司法观念，不如说是历史习惯的沉淀。“在这一领域里，法律条文的改变常常并不能使司法实践中也随之发生所期待的变化。”③而陪审制度作为形成对抗制与职权主义庭审结构差异的最大因素，也使相互引进的倡导者们望而却步。于是，各国把更多的眼光投向各自的审前准备程序。在两种制度的关联中寻找诉讼目的的确切位置似乎是更为有效的努力。

与之相反，我国民事审判制度兼具缺乏民主与效率低下这两大具有内在矛盾的病症，程序正当性受到司法恣意与腐败的侵蚀，因而不能以任何单纯的技术指标的改变来调整民主与效率之间的平衡。除非找到我国“职权主义”的庭审结构何以不能具有大陆法“职权主义”的庭审功能的根本原因，从两大法系能以不同程序结构实现程序正义的现象背后寻找抗体，否则，便无法治愈这一综合征。或许我们能从下面对两种“职权主义”的不同内涵中找到病源。

### （一）大陆法系的“职权主义”庭审制度④

“职权主义”内涵的多元性，导致引进对抗制的论说中对大陆法系职权主义庭审制度的诸多定位偏差。

---

① 谷口安平著：《程序的正义与诉讼》，王亚新、刘荣军译，中国政法大学出版社 1996 年版，第 17 页。

② 参见 John C. Reitz 在他的论文 Why We Probably Cannot Adopt the German Advantage in Civil Procedure 中转述的 JohnLongbein 等学者的观点，载于 75*Iowa Law Review*，4：987（1990）。

③ 参见 John C. Reitz，前引书；谷口安平著：《程序的正义与诉讼》，王亚新、刘荣军译，中国政法大学出版社 1996 年版，第 31 页。

④ 为表达方便，本文所指“庭审制度”包括庭审前准备程序，而“庭审方式”或“庭审结构”专指开庭审理阶段的技术性设置。

首先，定位标准的偷换，混淆了"职权主义"作为庭审结构之狭义概念与作为诉讼法理的广义概念，从而抹杀了现代资本主义民事诉讼法程序建设中蕴涵的"当事人主义"共同法理。"职权主义"作为对抗制程序结构的对义语，是以庭审期间询问方式之差异为标准的，而且这种提法多见于英美法内部而鲜见于大陆法学理或判例中。① 倡导者主张引进对抗制是以此为标准的；"职权主义"作为"当事人主义"诉讼原则的对义语，是以当事人的诉讼地位为定位标准的，在此法制原则下的"询问制"形成与"辩论主义"的对立，专指中世纪封建专制下把当事人作为审判对象而非诉讼主体的审判制度。在这个意义上，询问制已不代表任何资本主义国家诉讼程序的特点，而大陆法系"职权主义"的批判者是以此为标准的。

近代资产阶级革命以来，"当事人主义"的诉讼法理已植根于两大法系的诉讼制度中，超越于庭审过程而渗透于包括庭审制度在内的每一个程序制度。其体现的方式在三大诉讼法系中各有不同，在法国以当事人在程序和实体权利上的"对审防御"贯彻"处分权主义"，在德国以言词辩论的庭审程序贯彻"当事人主导原则"，在美国以对抗制的集中审理方式贯彻"当事人主义"。其共同原则是，当事人主张事实和提出证据，法院据以认定并适用法律。这一角色定位表明，法官在本质上是消极主义的，法官的能动作用受当事人提出的主张约束而局限于诉讼程序的推动上。德国的民事诉讼法禁止法官于当事人请求范围外进行裁判，或拒绝当事人不争或自认的事实、已舍弃的权益或认诺的请求作为裁判的依据；禁止法官主动调查当事人未提出的事实或证据(《德国民事诉讼法》第228条、306条、308条、331条)；②而法国的法官依"裁判契约说"理论下的民事诉讼法，只能依双方当事人的"委托"从事裁判，③法律"把支配诉讼的责任交给原告和被告的原则，应当由他们保证已开始的诉讼的进行"。④ 尽管自1935年以来，立法机构不止一次地试图授予法官更多的诉讼行为的主动权，1958年进一步把监督诉讼进展的任务委托给法官，但这些努力没有使法院的权力有明显的变化。何以如此，无非是法制传统与诉讼观念使然。所以，我们在研究庭审方式的技术结构时，不去探究其中的诉讼法理，"照葫芦画瓢"却不问葫芦里装的什么药，即

---

① 沈达明编著：《英美证据法》，中信出版社1996年版，第282页；白绿铉著：《美国民事诉讼法》，经济日报出版社1996年版，第1页。

② 谢怀栻译：《德意志联邦共和国民事诉讼法》，法律出版社1984年版，第184页

③ 白绿铉著：《美国民事诉讼法》，经济日报出版社1996年版，第5页。

④ [苏]阿·阿·多勃罗沃斯基著：《苏维埃民事诉讼》，李衍译，法律出版社1985年版，第39页。

使将这些药装在对抗制的瓶子里，药效也不会因此改变。

其次，一些引进"对抗制"的论说笼统地将大陆法系的庭审制度以"职权主义"一言概之，仅以庭上询问方式为定位标准，割裂了庭审程序与其准备程序之间的内在逻辑联系，忽略了大陆法系各国在程序设置上的技术性差异，不利于准确找出我国审判制度病源发生的具体环节。从技术设置上，法国与德国对庭审前准备程序与庭审程序的侧重不同。法国将处分权主义灌铸在庭审前的准备程序中，在此阶段，由当事人进行送达、传唤、收集证据和传递证据（包括出示书面证据和证人证言、申请）确定争点，颇像英美的诉答和证据开示程序；在当事人充分准备确定争点和证据业经双方当事人传递的基础上，法官于庭上依职权询问方式收集证据，庭审阶段在全部诉讼程序结构中的比重显得微不足道，仅平均持续 20 分钟左右。对法官权力的制约，除赋予当事人以整个诉讼过程中有权提出妨诉抗辩，从而从根本上保证当事人以不予受理之请求方式实现在当事人适格、诉讼利益、诉讼时效、不变期间、既判事项等方面的程序权利，而且未经庭前传递的书证不得作为证据之规定，已将法官"职权主义"调查的权限限制于当事人请求之范围内；法国实行书面证据优先的原则，一方面加强了这种制约，另一方面使法庭上当事人之间的相互询问与辩论没有太大的实质意义。

德国的程序结构中省去了开庭前的准备程序，将确定争点和传递证据的过程纳入直接庭审过程，当事人在法官的引导下以"口头辩论"或曰"言词辩论"的方式，一边整理要件事实一边质证，以法官的职权主义询问为主，当事人之间也相互询问并询问证人（《德国民事诉讼法》第 397 条），所以准确地说，德国的庭审方式是对抗制（亦称"辩论制"）与"询问制"的结合，体现了"当事人主导主义"或"辩论主义"原则（Verhandlurgs - maxime 或者 Verhanlungsgrundsatz，直译为"辩论"）①口头辩论程序实质是当事人通过交换他们的不同意见来自主地形成审理对象及诉讼结果的过程。其实，德国法官的"职权主义"性质更多地体现在，相对于法国、英美法官有更多的程序推进权，即实行所谓"职权进行主义"，送达、管辖、指定期日等均由法官依职权进行。而庭审制度对法官权力的限制，一方面，来自当事人处分权主义——在决定起诉、撤诉、和解等直接涉及实体权利的事项上由当事人决定；另一方面，以严格的程序法规则对法官询问的事实和证据之范围和方式予以明定，不得超出当事人请求的范围。

总之，法国与德国的"职权主义"询问都受"当事人主义"诉讼原则制约，实

---

① 谷口安平著：《程序的正义与诉讼》，王亚新、刘荣军译，中国政法大学出版社 1996 年版，第 23 页。

现了法官在当事人请求的事实与证据范围内进行职权探知的角色功能。而庭审功能的有效发挥,依赖于审前当事人的充分准备。基于这个共识,法国加强了庭审前准备程序的职权主义管理,而德国加强了职权主义管理下的庭审前准备。经1976年改革后的德国庭审制度,已分为审前准备和主辩论期两个阶段,从而在程序的技术构造上接近法国模式。庭审前阶段是当事人自主性与自律性得以充分体现的最重要阶段,而法官于任何一方当事人之外与另一方发生接触者既不可能亦无必要,因为无论法官于庭审前或庭审中做主持人,争点的确定与证据的传递、质证都是在双方当事人之间进行。在此条件下,法官的询问即便有心证之影响,亦是在公开的程序中为当事人共知。而由于法官的法定职责只是在当事人确定的范围内认定事实和适用法律,庭上主动介入案情除了澄清当事人的真实意思之外,并无角色利益的内在驱使。而这种适当的沟通对保障诉讼顺利进行,加快诉讼进程是必要的。

**(二)我国的"职权主义"庭审制度**

"职权主义"在我国诉讼制度中兼具本质与形式两方面内涵:以当事人的诉讼地位为标准,我国属于苏联模式。在计划体制下形成的"国家全能主义"诉讼法理与市场经济体制下"意思自治、责任自负"的现代西方资本主义基本法理相对立;对合法原则和客观真实原则为核心的诉讼功能,与处分权原则和形式真实原则核心功能相对立;集中体现于法官与当事人职能与责任的分配上,我国的法官担任着当事人权利"保护人"的角色,这不同于消极的西方法官只能作为两个诉讼主体的中间人。即使在修改后的民事诉讼法中增加了诉讼法"保护当事人诉讼权利"之功能,当事人仍未成为主导诉讼的诉讼主体。关于法院在诉讼中居于主导和指挥的地位、与当事人之间构成扇形结构之学理解释,在教科书中俯拾皆是。这些解释准确反映了民事诉讼法程序制度现状。且不说"支持诉讼原则"(或社会干预原则)仍公然干预着当事人起诉权的自主与自律;和解与撤诉等处分实体权利的程序处分权仍在合法原则下受法官职权主义的支配;也不说提起再审程序的主体中当事人的角色微不足道,而检察院和各级法院的审判监督权在体现实事求是、有错必纠的原则时,其职权调查已超越当事人请求保护的范围;而共同诉讼制度赋予法官依职权追加必要当事人的权限,从诉讼主体、诉讼请求到被追加人的程序权利都控制在"职权主义"之下;单单是民事诉讼法修改中加进的"人民检察院有权对民事审判活动实行法律监督"的基本原则,已耐人寻味。制约司法职权主义的改革思路,不是建立当事人自主权利对法院职权的制约机制,而是加强国家机关对当事人权利的"保护",只不过是国家的职能控制权在不同司法机关中进行了重新分配。而加强保护的同时,也意味着对被保护人主体性和自律性的干预。这种与追求司法民主化和审判权独立的改革目标背道而驰的“基本原则”，难道不对包括庭审制度在内的每一个具体程序发生“指导作用”吗？

在程序结构的技术设置上，我国更接近法国模式，即以庭审前准备程序为主体结构，而庭审阶段主要是采集证据和进行辩论，但辩论一般是象征性的。然而由于当事人与法官角色职能的本质不同，决定了各主体运作行为的内容与方式都与法国模式相去甚远。庭审前的准备中虽然法官已不必像民诉法修改以前那样全面收集证据，但是“审判人员必须认真审核诉讼材料，调查必要的证据”，或委托调查；在实践中还要制作庭审提纲以确定争点，便于在庭审阶段有的放矢。与此同时，法官负责德国“职权进行主义”下一切程序事项，如送达、传唤、确定日期等。在由法官而不是当事人确定争点和传递证据，并实行与当事人各方及证人的单独接触的基础上开庭审理，法官的询问不啻带有明显心证倾向。无法视而不见的案情事实和证据在头脑里驱之不走，法官实在不能自拔非为有意为职权干预也；心证中掺入情感成分亦顺理成章。与此相应，当事人既不能以庭审前直面对方的程序获得信息并确定要件事实，对法官当庭“出示”的书证、证言事先一无所知，又有法官代劳收集必要证据，何不进行些幕后活动，刺探案情和法官心证，至少亦能联系一下感情获得胜诉之信心。于是，庭审前准备程序似专为法官个别会晤当事人和证人而设置，庭审前诉讼民主之缺乏直接破坏庭审程序保障功能。同时，法官身兼数任，既包揽程序事项又为事实证据劳神费心，效率低下，亦非个人之过；而法官精力不能集中于法律适用，在司法行政考绩制度下追求结案率或为免发回重审、错案追究之命运，强行调解、草草结案而不注重法律制度建设，亦从另一方面侵蚀程序之正当性。

可见，我国审判制度的“职权主义”与大陆法系之“职权主义”之本质不同，在于后者奉行的“当事人主义”诉讼法理抑制着权力的膨胀，当事人的主导地位使法官职权无法越位。因而，实行司法民主化为治本之方；于病源发生之环节而言，对庭审前准备阶段进行“当事人主义”改造，增强当事人自主性与自律性，减轻法官的责任与负担，乃为提高诉讼效率之治表方案。

## 二、对抗制“疗法”的成本分析

法律移植的成功率受法律文化传统及社会政治经济因素的制约，庭审制度与整套司法制度的相关性决定引进对抗制庭审结构必同时引进配套制度，改造制度环境，这方面已有学者作过精辟论述。[①] 尽管法律文化和习惯传统因素远比本文提到的具体制度对引进对抗制的收益大小有着更为深刻的影响，但限于篇幅，本文仅就对抗制运作中不可或缺的配套制度做粗略的成本分析。诸如法官人事制度、多元的诉讼程序制度、庭审前准备程序制度及证据制度等，虽为引进对抗制之必需，但作为推行大陆法系“当事人主义”原则下职权主义庭审方式必付之成本，本文放入改革配套措施中论述。这里谈谈引进对抗制模式的两个额外成本：

### （一）陪审团审判制度

陪审团制度是英美法国家实行“对抗制”交叉询问方式的原因，没有陪审团制度，对抗制的庭审结构既不可能进行，更无推行的必要。因为在诉答程序和证据开示程序中，书证业经相互传递、证人亦交互与律师见面，有时还在律师事务所进行预演，只是这些双方在庭审前已经了解的证据须在一定的竞技场所，以特定的方式向法官陪审团作出表演，以影响陪审团对案情事实的心证，以便其在法官的法律指示下做出符合正义的裁判。为此发明了交叉询问的证明方式，由双方律师按一套精巧的规则向证人询问与反问——对抗制庭审结构中最重要的证据是证人证言，这与我国的证据法传统差别很大。然而陪审团审判制度却是由于英国独特的历史背景下形成的特殊法律文化产品，在推行司法队伍专业化的现代法制社会，美国甚至不少学者倡议废除陪审制，只是鉴于习惯和传统的根深蒂固而沿用至今。倘若为了引进对抗制庭审方式而引进陪审团制度，无疑是东施效颦。

### （二）强制律师代理制度

对抗制询问方式的运作，不仅靠一套精巧严密的程序规范和证据规则保障，而且有赖于庭审前律师的大量职业性活动。特别是证据开示程序中，律师不仅要应用法律知识和技能确定争点——这是案件能够进入陪审团审判的开庭程序的前提，而且享有取证、传递证据及于庭审前会见对方证人等法定权利，很难想像这些权利赋予一般公民的效果。而没有庭审前达成共识，庭审中交叉询问寸步难行。因此，对抗制与证据开示程序及律师强制代理制度是无法脱离的。日本基于本国的社会经济状况在从德国引进民诉制度时，未同时引进律师代理制，依赖于“职权主义”庭审方式下法官的职权询问，还能解决在诉讼三方主体之间沟通和达成法律共识的难题；而从美国引进对抗制时，鉴于律师对引进证据开示

---

① 贺卫方、张志铭、朱苏力等关于对抗制的论述，载《法学研究》1995年第4期；另参见这三位学者“关于司法改革的对话”，载《公共论丛》1996年第2卷。

程序的决定性意义，日本只能舍弃证据开示程序。而实践证明，这种断章取义的制度移植使对抗制询问方式的运作困难重重，法官不得不通过行使释明权来保证澄清事实，特别是在没有律师的案件中，法官甚至不得不充当双方当事人的“代理人”①。释明权的频繁行使已经使对抗制失去了本义；而被迫放弃庭审前的证据开示程序，既使当事人的程序保障受到威胁，又使诉讼效率受到影响。可以说，没有律师强制代理制度，便无法引进对抗制。

然而，依我国的经济状况，既没有德国的律师保险制度，也不可能仿效美国的律师收费制度，那么律师的收入与对抗制下律师的职责之落差，可能导致律师以非正当手段转嫁诉讼的经济负担，导致律师伦理的进一步恶化；而律师的收入过高，则必使很大一部分当事人在诉讼成本与程序利益之间难以平衡，对诉讼方式解决争端望而却步迫使其求助于法外手段实现实质正义，如果改革的结果是减少很大一部分当事人获取司法资源的机会，具体案件中程序正义的实现以大规模地牺牲社会正义为代价，那么制度变迁的成本是不是高于收益？

这里还有必要提及一个居然被引进对抗制倡导者忽略的数字：在美国，以对抗制庭审方式审理的案件仅占总数的5%，而95%以上的诉讼案件通过和解和替代诉讼解决纠纷程序处理了；日本经开庭审理的案件亦仅占90%。② 这个数字不仅使对抗制引进的成本相对于收益范围成倍数增长，而且考虑到我国调解程序中的程序保障现状，不免对这种替代程序的配套引进心有余悸。

## 三、构建“当事人主导主义”庭审制度之成本

如前所述，德国“当事人主义”原则下的“职权主义”庭审结构即“当事人主导主义”庭审制度，当为我国民事审判制度改革的效益最大化方案。实践中这一方案已开始尝试，歪打正着倒也收到了一定疗效，只是在法理上张冠李戴把功劳计在了引进对抗制的账上。③ 若不加以澄清，恐改革“深化”下去会加重“对抗制”的剂量，误了诊治。故必强调改革后庭审功能发挥作用的效力源于“辩论主义”，而庭审前准备阶段的省略或改进，采“一步到庭”之方式，恰为德国模式。然参照德国1976年改革后的模式，我国庭审制度改革的基本思路是：杜绝法官

① 谷口安平著：《程序的正义与诉讼》，王亚新、刘荣军译，中国政法大学出版社1996年版，第23页。

② 同上。

③ 王柏山、宋纯新主编：《辩论式审判方式操作实务》，人民法院出版社1996年版。

"携卷调查"和在双方当事人会晤前与任何一方单独接触;法院除进行程序上的事务外不接触案件材料,而这些纯程序性的事务在司法人员分流后由执达员进行;开庭前召开审前会议,由法院主持双方当事人和律师交换书证和整理争议焦点,并由当事人选择审理程序,法院据此确定开庭期日并组成合议庭;庭审采法官引导下相互辩论的方式进行质证,对法官询问的方式和范围由法律明确具体规定。庭审辩论集中于庭审前形成的争点,且不得以未经传递的书证突袭取胜。

看来改革的重点是在庭审前准备程序中注入当事人主义的法理,而将德国的"当事人主导主义"庭审结构下的辩论主义纳入我国已驾轻就熟的审判制度框架,增加技术上可操作性及减少对配套制度改革的依赖性,显然大大地节省了制度变迁的成本。然而,无论实行哪一种现代民事审判模式,建立以实现司法民主与效率高效为目标的正当程序,以下几个方面配套改革都是无法节省的成本。

**(一)实行诉讼程序分流、赋予当事人程序选择权**

现代社会国民价值多元化和纠纷种类多样化的特点,特别是我国制度转型中形成不同层次的司法预期,要求民事审判在程序结构的技术设置上贯彻程序保障多元化的原则。一方面当事人处分权原则赋予当事人在实体或程序利益之间进行自主选择的权利,同时诉讼经济的原则亦要求对不同的案件给予不同的司法投入。兼顾诉讼权利与诉讼效率,则程序分流势在必行。

目前我国适用简易程序和督促程序,一定程度上减轻了普通程序的压力,但选择程序主要依职权决定,当事人没有自主权。而对不同案件调解、撤诉与判决适用相同程序,一方面,使开庭审理的案件过多、时间过长,合议庭法官调动频繁,疲于应付,影响诉讼效率和案件的庭审质量;另一方面,对当事人的和解权与撤诉权施丁如裁判案件同等的职能主义干预,当事人处分权得不到充分实现。此外,程序混用,法官公开心证的方式和时间无法明确,影响到程序保障的正当性。凡此种种,导致当事人对程序制度内容及运作乃至结果依赖度、信服度和接纳度降低,是自动执行率低、诉讼解决纠纷功能萎缩的重要原因。如实行程序分流并赋予当事人程序选择权,按其自己的司法预期决定选择程序利益或实体利益,则诉讼的多元功能得以实现。对于申请开庭审理的案件,可实行律师强制代理制,以保障庭审功能充分发挥;对申请和解的案件,据当事人双方的请求可不公开审判,类似于目前实行的庭外和解的情形。只是庭外和解协议不具法定执行效力,一旦反悔则造成司法资源浪费。然而必须明确的是,处分权主义须贯彻始终,在程序的技术设置上可作两个保障:其一,程序选择权贯穿始终,和解不成随时可申请庭审,并不得以和解程序的记录作为庭审判决的证据;庭审后亦可再申请和解。其二,程序选择权以双方庭前会议中传递证据和确定争点为前提。

在此前提下,法官无法垄断案情信息,即便于和解中公开心证,也为双方当事人所共知,法官只能从法律上对当事人施加影响,使各方预测结果做出自主选择。

**(二)实行人员分流、实现司法人员专业化**

推行"当事人主导主义"的庭审制度意味着法官的职责由查明事实转向适用法律,对法官的法律专业素质提出更高的要求;一方面,以前凭谙熟调解技巧的法官在这种庭审制度中难有用武之地,另一方面,法官需要从单纯程序性事务工作中脱身。审判权独立的趋势亦要求从体制上为提高法官个人素质创造制度环境。然以现有状况,改变法院人员结构恐难为财政预算所接受,因此在维持现有编制的前提下实行人员分流,或为效益最大化选择。通过全国性统一考试,及现有人员按法官、书记官、执行官、执达官等系列重新编排,实行各成一体的考核晋升制度,使司法人员专业化分工如医生、护士之分一样自然。

总之,上述"分流"措施,都是为了保证当事人与法官诉讼职能与责任分流之畅行。治愈我国诉讼制度民主与效率兼乏综合征,须注入"当事人主义"诉讼法理之抗体;而保障德国模式的"当事人主导主义"的庭审结构的功能发挥,有赖于向庭审前准备程序这一"重灾区"注入当事人"处分权主义",建立多种程序结构,加强和解制度的深入研究,将是围绕庭审制度为核心的民事审判制度改革的更大课题。引进"对抗制"的论战可以休矣!

(1997 年第 12 期)

# 1998年

# 我国仲裁裁决撤销程序若干法律问题之剖析

## ——兼谈裁决撤销程序的立法完善

陈治东*



仲裁裁决撤销程序是指，仲裁裁决存在法律规定的情形，由当事人申请并经法院审查核实，判决或裁定予以撤销、使之归于无效的一种特殊程序。

对仲裁裁决采用撤销程序进行司法监督，是我国1995年9月1日起生效的《中华人民共和国仲裁法》（以下简称《仲裁法》）新建立的一项仲裁制度。

《仲裁法》生效后，我国仲裁机构作出裁决后，法院可以通过撤销裁决和不予执行两种程序对裁决进行司法监督，形成了"双重监督"。由于我国立法方面的不足，在《仲裁法》生效后短短的数年间，这些缺陷迅速地膨胀，致使此新设的司法监督程序演变成制约我国仲裁制度，尤其是影响我国涉外仲裁制度声誉的实质性障碍。本着完善我国仲裁制度、维护中国涉外仲裁的国际声誉的精神，笔者通过对立法原则和具体制度的分析以及司法实践的考察，提出若干修订我国《仲裁法》的建议。

## 一、我国增设仲裁裁决撤销程序的立法背景及其评析

在《仲裁法》的起草过程中，对于是否应该设立裁决撤销程序，我国有关部门及专家存在截然相反的意见。但是，最终赞成设立撤销程序的意见占上风。在1994年第八届全国人民代表大会常务委员会第九次会议审议《中华人民共和国仲裁法（草案）》时，全国人大常委会法制工作委员会主任顾昂然作了该草案的说明，其第5点指出："法院对仲裁的监督方式，主要表现在两个方面，一是不予执行，一是撤销裁决。不予执行的程序，民事诉讼法已有规定。规定申请撤销裁决的程序，有利于保护当事人的合法权益，减少仲裁工作中的失误，美国、德

---

* 作者单位：华东政法学院（现华东政法大学）。

国、法国、日本等许多国家都有这样的程序。”[①]显然,“有利于保护当事人的合法权益,减少仲裁工作中的失误”,即主要是加强对仲裁一裁终局权力的监督,防止仲裁权的滥用,是我国《仲裁法》增设裁决撤销程序的根本宗旨。就立法精神而言,该法强调的是公平合理,使当事人的合法权益不至于仲裁机构的失误而受到损失。

可是,我国在起草仲裁法过程中片面地强调了法院对仲裁的司法监督权,而忽视了对法院自身的监督,也忽视了由仲裁机构和仲裁员特点所决定的自律精神及行为规范对公正仲裁的深刻影响。

我国引入裁决撤销制度的理由之一,便是许多国家的立法均设有此项制度,因此我国也应当照此办理。问题在于,立法者忽视了我国与其他发达国家截然不同的国情:

考察许多国家的法律制度可知,各国立法对仲裁员的任职资格基本上仅要求具有完全的行为能力及未受刑事处罚等,而要成为法官,则规定了极为严格的法律学历、经历、道德品质等种种条件。例如,美国的法官必须从获得法律博士学位(J. D.)、通过律师资格考试、从事法律工作至少满 7 年以上的人士中遴选。在这些国家,法院受理案件的数量与法官的个人收入及法院的办案条件不挂钩,保证了法院不至于为了增加诉讼标的费收入而与仲裁机构争案件的管辖权,以法官的高素质来保证相对公正地对由普通人进行的仲裁行使司法监督权,特别是普通法系国家的法官,可以通过一系列具体案件归纳出指导整个国家法院处理仲裁事务的普遍原则,如关于“可仲裁性”的扩大解释、公共秩序的限制适用、有缺陷的仲裁协议之完善,等等。

中国的国情是,《仲裁法》对仲裁员的资格规定了世界上绝无仅有的、极其严格的条件(见《仲裁法》第 13 条),而目前地方法院的法官受教育程度却普遍尚未达到大学本科水平,并且毫无法律学习或工作背景的人员还在源源不断地进入各级法院;政府的财政不能保证法院工作的必需开支,法官的相应报酬需要通过办案收入来补充,迄今不能做到“收、支两条线”。这样,1995 年《仲裁法》中的某些缺陷,如撤销程序没有相对人、法院裁定撤销一裁终局、不得上诉等,成为某些地方法院滥用司法监督权、曲解法律精神,继而偏袒一方当事人利益的“护身符”。我们的立法精神是“保护当事人合法权益,减少仲裁工作的失误”,而对于法院在司法监督时的失误,却无法依据该法加以纠正,立法宗旨就难以

---

① 全国人大常委会法制工作委员会民法室、中国国际经济贸易仲裁委员会秘书局编著:《中华人民共和国仲裁法全书》,法律出版社 1995 年版,第 152 页。

实现。

考虑到我国涉外仲裁机构所作的仲裁裁决也将承受中国法院的双重司法监督,撤销裁决的程序已经在某种程度上嬗变为败诉方可随意加以利用,特别是阻碍中国当事人在胜诉后申请外国法院承认及执行裁决的可资利用的一种手段。这一后果恐怕是我国的立法者在引入撤销仲裁裁决程序时始料未及的。如果对撤销程序的运用不加限制,或者地方法院轻率从事,必将使包括中国国际经济贸易仲裁委员会在内的所有中国仲裁机构沦为基层法院的地位。

## 二、撤销仲裁裁决的具体制度及其剖析

我国撤销仲裁裁决的程序遵循内外有别的二元制度,在撤销裁决的理由方面也区别对待。

### (一)当事人举证的撤销仲裁裁决的理由

依照《仲裁法》第58条的规定,如果当事人能够举证证明,国内仲裁裁决有下列情形之一的,可以被人民法院裁定撤销:

第一,没有仲裁协议的;

第二,裁决的事项不属于仲裁协议的范围或者仲裁委员会无权仲裁的;

第三,仲裁庭的组成或者仲裁的程序违反法定程序的;

第四,裁决所根据的证据是伪造的;

第五,对方当事人隐瞒了足以影响公正裁决的证据的;

第六,仲裁员在仲裁该案时有索贿受贿、徇私舞弊、枉法裁决行为的。

《仲裁法》对于涉外仲裁裁决的撤销,并未直接载明具体的撤销理由,而是在该法第70条规定:"当事人提出证据证明涉外仲裁裁决有民事诉讼法第二百六十条第一款规定的情形之一的,经人民法院组成合议庭审查核实,裁定撤销。"

经该法所援引的《民事诉讼法》第260条第1款规定的可以撤销裁决的情形包括:

第一,当事人在合同中没有订有仲裁条款或者事后没有达成书面仲裁协议的;

第二,当事人没有得到指定仲裁员或者进行仲裁的通知,或者由于其他不属于被申请人负责的原因未能陈述意见的;

第三,仲裁庭的组成或者仲裁的程序与仲裁规则不符的;

第四,裁决的事项不属于仲裁协议的范围或者仲裁机构无权仲裁的。

从上述国内仲裁与涉外仲裁关于撤销裁决的理由可知，对于国内仲裁裁决，人民法院可以依据证据的缺陷予以撤销；而撤销涉外仲裁并不包含事实和证据方面的理由。所以，就涉外仲裁裁决的这一规定，是符合当前世界各国的普遍趋势的。

然而，立法者一方面以美、德、法、日等国的仲裁法载有撤销程序作为我国亦应增设裁决撤销程序的理由，说明在立法时注意了吸取外国的立法经验；然而在另一方面，在设立这一程序时，我国又将许多国家都已废弃的法院对仲裁裁决进行实体审查的做法保留下来了。综观大陆法系和普通法系主要国家的仲裁法或者民事诉讼法，如大陆法系的代表国家，《法国民事诉讼法典》第1482~1485条，《德国民事诉讼法典》第1041~1043条，《奥地利民事诉讼法典》第595~596条，《瑞士联邦国际私法》第190~191条，《意大利民事诉讼法典》第829~830条，都载有关于撤销裁决的规定。普通法系的代表国家，如美国《联邦仲裁法》第10条，澳大利亚《新南威尔士商事仲裁法》(1984年)第42条，亦规定了裁决撤销制度。[①] 仔细分析这些规定所包含的法院可以撤销裁决的情形，几乎均属于程序性的缺陷，而非实体性问题。值得一提的是，联合国国际贸易法委员会《国际商事仲裁示范法》体现了现代国际商事仲裁的基本精神，世界上已有数十个国家或地区以此为蓝本制定或修改本国或本地区的仲裁法。[②] 为了说明问题，笔者将该示范法涉及撤销裁决的条款全文引证如下：

第34条　申请撤销作为对仲裁裁决唯一的追诉

(2)仲裁裁决只有在下列情况下才可以被第6条规定的法院撤销：

(A)提出申请的当事一方提出证据证明：

(a)第7条所指的仲裁协议的当事一方欠缺行为能力；或根据当事各方所同意遵守的法律，或未订明有任何这种法律，则根据本国法律，上述仲裁协议是无效的；或

(b)未将有关指定仲裁员或仲裁程序的事情适当地通知提出申请的当事一方，或该方因其他理由未能陈述其案情；或

(c)裁决处理了不是提交仲裁的条款所考虑的或不是其范围以内的争议，或裁决包括有对提交仲裁以外的事项作出的决定，但如果对提交仲裁的事项所作的决定与对未提交仲裁事项所作的决定能分开的话，只可以撤销包括有对未提交仲裁的事项作出决定的那一部分裁决；或

---

① 参见《中华人民共和国仲裁法全书》中有关各国仲裁立法。

② 郭寿康、赵秀文主编：《国际经济贸易仲裁法》，中国法制出版社1995年版，第30~31页。

(d)仲裁庭的组成或仲裁程序与各方的协议不一致,除非这种协议与当事各方不能背离的本法的规定相抵触,或当事各方并无此种协议,则与本法不符。

稍加分析就可知道,该示范法规定的可以撤销仲裁裁决的理由中,根本不包含对实体事项的审查。遗憾的是,我国在起草《仲裁法》时仅引进了裁决撤销程序(实质是增加了法院的审查权),却抛弃了该示范法的精髓,即法院不对仲裁裁决进行实体审查。相比之下,我国在20世纪90年代中期所制定的《仲裁法》落后于1985年所通过的《国际商事仲裁示范法》。

**(二)由法院认定的撤销仲裁裁决的情形**

对于国内仲裁裁决,《仲裁法》第58条第3款又规定:"人民法院认定该裁决违背社会公共利益的,应当裁定撤销。"依据这一规定,若法院经过审查后认为裁决违背了我国的社会公共利益,可以裁定撤销裁决。可是,尽管在《民事诉讼法》第260条第2款也有同样"社会公共利益"的规定,但是在《仲裁法》第70条中并未引用该款。这是否意味着我国法院对涉外仲裁裁决进行司法审查时,不会以"社会公共利益"作为撤销裁决的理由?若从法理的角度分析,答案显然是肯定的。因为《仲裁法》第58条仅对撤销国内仲裁裁决的情形作出规定,关于涉外仲裁裁决应予以撤销的情形是通过该法第70条援引《民事诉讼法》第260条第1款来解决的,法律并未引用《民事诉讼法》第260条第2款,在此条件下,《民事诉讼法》第260条第2款的规定只能适用于不予执行涉外仲裁裁决,而不能适用于撤销裁决。

不过,若依据《仲裁法》第65条"涉外经济贸易、运输和海事中发生的纠纷的仲裁,适用本章规定(系指第七章)。本章没有规定的,适用本法其他有关规定",似乎可以依据此条规定,在处埋涉外仲裁裁决的撤销时,适用第58条第3款的"社会公共利益"原则。从立法技术分析,《仲裁法》在如此重要的事项上不作明确规定,立法过于原则的弊端可见一斑。考虑到我国地方法院曾经在执行我国涉外仲裁裁决时错误地解释《民事诉讼法》第237条的规定("在中华人民共和国领域内进行的涉外民事诉讼,适用本编规定。本编没有规定的,适用本法其他有关规定"),认为虽然该法第260条第1款没有规定法院可以对中国的涉外仲裁裁决进行实体审查,但是根据《民事诉讼法》第237条之规定,可以适用该法的其他规定,因此,可以适用专门处理国内仲裁的《民事诉讼法》第217条的规定,以事实问题为由,拒绝执行我国涉外仲裁裁决。① 这一适用法律的根本

---

① 《人民法院案例选》民事、经济、知识产权、海事、民事诉讼程序卷(下),人民法院出版社1997年第1版,第2157~2159页。

性错误固然与法官的法律素质低下有关,但立法的不明确也是原因之一。现在,《仲裁法》在此问题上又犯了同样的毛病,正如该法在关于"涉外仲裁"的规定上语焉不详,采用"可以"等非规范的立法语言,产生了许多不确定因素,导致整个中国涉外仲裁制度的一次大震动。

**(三)撤销仲裁裁决的程序性规定**

1. 当事人申请撤销仲裁裁决的期限。《仲裁法》第59条规定,当事人申请撤销仲裁裁决,应当自收到仲裁裁决书之日起6个月内提出。

对于此6个月的期限,有的学者认为,这是"为了减少和正确解决当事人之间的纠纷,稳定社会经济秩序,促进社会主义经济建设"。

当前世界各国的仲裁立法中的司法监督之基本精神是保证当事人以仲裁方式解决其争议,若法律规定的提起撤销裁决的期限过长,将使裁决的法律效力长期处于不确定状态,不利于维护合法当事人的利益。所以,各国法律规定的提起撤销程序的期限相对于裁决承认及执行的期限而言,要短得多。例如,1996年《英国仲裁法》第70条规定,申请撤销的期限为裁决作出之日起28天内,而当事人申请承认及执行裁决的期限是6年;《法国民事诉讼法典》第1505条规定的期限为通知裁决及其执行许可后的1个月内;《比利时司法法典》第1707条规定的申请期为裁决通知之日起3个月内;《荷兰仲裁法》第1064条规定,撤销申请可在裁决一旦具有既判力时3个月内提出,超过此期限申请权即告取消;美国《联邦仲裁法》第12条规定,撤销裁决的期限为仲裁裁决提交或者送达后3个月内,而对于承认及执行裁决的期限长达3年。①

两相对照,我国《仲裁法》规定的提出撤销裁决的期限过长,而根据《民事诉讼法》第219条的规定,胜诉方申请执行的期限也是6个月。这一规定显然不利于保护当事人(主要是胜诉方)的利益,也是与立法宗旨背道而驰的。尤其是我国涉外仲裁机关作出对我国公司企业有利的仲裁裁决后,一旦我国胜诉方依据1958年《纽约公约》向外国法院申请承认及执行裁决时,在长达6个月的期间裁决的效力处于不确定状态,在此期限内,外国败诉方随时可以向我国人民法院申请撤销裁决,以图拖延和妨碍在其本国所提起的执行程序。

2. 人民法院作出裁定的期限

依照《仲裁法》第60条之规定,法院应当在受理撤销裁决申请之日起2个月内作出撤销裁决或者驳回申请的裁定。这一期限属于法定期限,而且该法未规

---

① 参见《中华人民共和国仲裁法全书》中有关各国立法;Ronald Bernstein et, *Handbook of Arbitration Practice*, Sweet & Maxwell, 1998.

定法院可以延长该期限；换言之，如果法院作出撤销裁定或者驳回裁定的日期超过此期限，该项法院裁定本身就应属无效。从法律角度分析，对当事人提出申请的要求是在收到裁决书之日起的6个月内，逾期则丧失此项权利；对法院而言，要求法院作出裁定的期限是在受理申请之日起的2个月内，否则将使一方当事人遭受损失。

**（四）申请撤销裁决及裁定撤销裁决的法律效力**

《仲裁法》第64条规定，一方当事人申请执行裁决，另一方当事人申请撤销裁决的，人民法院应当裁定中止执行程序。换言之，在两种程序并行时，撤销程序优越于执行程序。在实践中，即使执行程序发生于外国时，受理执行裁决的外国法院通常也不会执行效力尚有疑问的裁决。事实上，在《仲裁法》生效后，香港高等法院已经产生了因中国境内的撤销裁决程序而中止正在进行的承认及执行程序的案例。①

另外，我国法院作出撤销裁决的裁定，就意味着我国仲裁机构所作出的裁决无效，在此情况下，外国法院将以裁决被我国人民法院撤销而拒绝承认及执行我国涉外仲裁机构的裁决。

总而言之，我国法院作出的撤销中国涉外仲裁机构裁决的裁定，必然产生域外效力。正是此缘故，我国人民法院对于当事人申请撤销裁决应谨慎从事。

## 三、中国撤销仲裁裁决程序的实践及其评述

撤销仲裁裁决的程序在中国仅短短3年的历史，增设这一新程序是否能够达到全国人大常委会审议《仲裁法》草案时所追求的目标尚有待检验。不过，就是在这短短3年间，我国某些地方法院在审理当事人的撤销裁决申请时所作出的若干裁定，表明我国仲裁界和法学理论界在起草仲裁法过程中所表现出来的担忧，并非杞人忧天。

自《仲裁法》于1995年9月1日生效至1997年11月，据中国国际经济贸易仲裁委员会秘书局不完全的统计，我国法院已经裁定撤销2项涉外裁决、裁定中止撤销程序、通知仲裁庭重新仲裁的涉外裁决有6件（实际上法院已认定裁决应

① 郭晓文："中国涉外仲裁裁决撤销制度中存在的问题及其立法完善"，载陈安主编：《国际经济法论丛》（第1卷），法律出版社1998年版，第412页。

予以撤销，只要仲裁庭不愿重新仲裁，其结果便是裁决被撤销）。[①] 如此之多仲裁裁决被撤销，实为罕见。其中两件已裁定撤销的仲裁案，均由中国国际经济贸易仲裁委员会深圳分会作出，被广东省深圳市中级人民法院裁定撤销的。由此引发了我国仲裁界和法学理论界就法院对待涉外仲裁的基本态度、人民法院是如何适用《仲裁法》以及《民事诉讼法》处理撤销程序等一系列程序原则问题的广泛关注。为了彻底检讨我国撤销仲裁裁决制度的根本问题，以求得清楚的答案，笔者不得不耗费笔墨，介绍案情及法院裁定的具体内容，并以此作为法理研究的基础。

**（一）撤销涉外仲裁裁决的实例**

1993年，香港振裕染印织造有限公司（以下简称振裕公司）与我国内地广城印染有限公司（以下简称广城公司）签订《承包经营合同》，因发生争议，广城公司提请中国国际经济贸易仲裁委员会深圳分会仲裁，仲裁庭依多数意见于1996年7月1日作出广城公司胜诉的裁决。败诉方振裕公司于1996年8月7日向深圳市中级法院提出撤销裁决的申请。其申请的理由之一称：

仲裁委员会在申请人（仲裁程序的申请人广城公司——笔者注）未按规定预缴仲裁费的情况下，接受并审理其请求，既违反法律和仲裁规则之规定，亦有失公允。仲裁申请人（即广城公司）在仲裁过程中几经变更和增加仲裁请求，但仲裁委员会秘书处仅在其提起仲裁时预缴了人民币785,481元，此后并没有要求申请人补缴仲裁费。仲裁庭在手续不完备的情况下审理了申诉人（即广城公司）增加的仲裁请求，并在裁决书中作出了裁决。这种情况违反了《仲裁法》第76条“当事人应当按照规定缴纳仲裁费用”的规定，并违反了《仲裁规则》第14条第4项的规定，即申诉人提出仲裁申请时应“按照仲裁委员会制定的仲裁费用表的规定预缴仲裁费。”深圳市中级人民法院于1996年8月受理了败诉方撤销裁决的申请，经过长达6个多月的审理，直至1997年2月18日作出裁定，采纳了撤销程序之申请人的前述理由，该裁定称：“本院认为，申诉人向深圳分会提出仲裁申请时按请求数额缴纳了仲裁费。此后，申诉人数次变更仲裁请求，并明确增加请求数额共计1839.2万元人民币。申诉人对增加的请求并未缴纳仲裁费，仲裁庭亦未责令其缴纳。根据《中华人民共和国仲裁法》、1994年《仲裁规则》以及《仲裁委员会收费办法》的有关规定，仲裁庭对增加的请求依法不予审

① 赵健：“关于撤销裁决程序的几个问题”，载中国国际经济贸易仲裁委员会等主办：《仲裁与法律通讯》1998年第1期。裁定中止撤销程序、通知仲裁庭重新仲裁的6件，意味着法院认为仲裁裁决存在应予以撤销的因素，如果仲裁庭拒绝重新仲裁，法院将裁定撤销。

查,但该案仲裁庭却对此进行了审理并作出了裁决。此行为超出了仲裁申请的范围,申请人据此要求本院撤销该案仲裁裁决,符合法律规定,本院应予支持……根据《中华人民共和国民事诉讼法》第260条第1款第4项、《中华人民共和国仲裁法》第70条的规定,拟裁定如下:撤销中国国际经济贸易仲裁委员会深圳分会〔96〕深国仲字第54号裁决。"①

笔者感到,深圳法院的此项撤销裁定或许仅是个案,然而,"麻雀虽小,五脏俱全",这一典型案例确实产生许多值得深思的地方。

**(二)撤销仲裁裁决的若干程序性问题之剖析**

1. 撤销程序是否存在相对人问题

在深圳市中级人民法院审理香港振裕公司作为申请人所提起的撤销程序中,仅有申请人一方当事人,而没有被申请人作为程序中的相对人。从我国《仲裁法》的相关条款来看,也找不到有关相对人的规定。众所周知,在一般的民事诉讼中,当事人不服一审判决的上诉,尽管是针对法院判决而言,但在司法程序中则由一审程序的相对人作为上诉的相对人。然而,在对撤销仲裁裁决的案件进行审理时,却完全没有相对人,无论仲裁委员会还是仲裁的另一方当事人,都不是撤销程序的当事人,它们甚至不属于法定证人。受理申请的法院仅凭申请人之一面之词和单方面举证,就可以作出裁定,失之偏颇也就在所难免。

另外,根据我国《民事诉讼法》之规定,法院在诉讼中需认定的证据,必须经过当事人的质证,未经质证之证据不得予以采信。这是任何法治国家的基本诉讼原则。可是在撤销程序中因为没有相对人,就不必经过质证环节。在撤销程序缺乏相对人的情况下,肯定对法院全面准确地认定事实真相和作出正确裁定,产生不可忽视的负面影响。

2. 撤销程序的期限问题

《仲裁法》第59条和第60条分别规定了当事人申请撤销裁决的期限(收到裁决书之日起6个月)以及法院作出裁定的期限(受理申请后2个月)。法律上的期限并非仅针对当事人而言,诉讼法属于指导当事人和法院处理诉讼事宜的强行法范畴。当事人超过诉讼时效一天,就丧失了诉权或者胜诉权;在仲裁程序中,仲裁庭逾期作出裁决可以构成人民法院撤销该裁决的理由。既然如此,在法律非常明确具体地规定了人民法院作出裁定的期限(而且法律未规定法院可以延长此期限)的前提下,深圳市中级人民法院在逾期4个多月后再作出的裁定,其效力何在,普通读者谅必是不言而喻的。通过深圳市中级人民法院的这项裁

① 深圳市中级人民法院(1997)深中法经二初字第050号民事裁定书。

定,我国《仲裁法》规定的"人民法院应当在受理撤销裁决申请之日起两个月内作出撤销裁决或者驳回申请的裁定"之规定也就形同虚设,成了一纸空文。

3. 撤销程序不当的司法救济问题

深圳市中级人民法院的逾期裁定撤销了有关的涉外仲裁裁决,对仲裁的胜诉方当事人广城公司而言,此项裁定对其实体权益的损失十分巨大。可是在现行的中国法律制度中,该方当事人却无法通过正常的法律程序寻求任何补救措施。其原因就在于,《仲裁法》未允许当事人对法院的裁定向上一级法院进行上诉。我国最高人民法院于 1997 年 4 月 23 日发布了《关于人民法院裁定撤销仲裁裁决或驳回当事人申请后能否上诉问题的批复》①,其明确规定,对法院作出的撤销裁决的裁定,不得上诉。

再者,基于现行仲裁法不允许在撤销程序中存在相对人,广城公司根本不属于撤销程序的当事人一方,也就与该裁定书毫无关系,根本没有理由就一份"与己无关"的法律文书提起其他诉讼程序。

《仲裁法》确立撤销裁决的程序是为了"有利于保护当事人的合法权益,减少仲裁工作中的失误",可是,对于法院不当裁定造成当事人的合法权益的损害,当事人却无法获得救济,显然有违立法者初衷。

假如我国法律引入撤销裁决程序的宗旨确如前面所述,那么必须明了的一点是:整个仲裁制度的基本精神是当事人的意思自治,撤销裁决仅是在极端情况下予以适用的特殊司法手段,法院对仲裁行使司法监督权的基本点,在于使仲裁得以解决当事人之间的纠纷,并通过相应的执行程序实现裁决规定的当事人的权利义务。正是基于这种考虑,一些国家为了维护仲裁的权威性,作了与我国法律截然相反的规定:当事人向法院申请执行一项仲裁裁决,凡是法院判决该裁决应予以执行,此项判决不得再上诉;反之,若法院驳回当事人强制执行裁决之申请,则允许当事人上诉。例如,《德国民事诉讼法典》第 1042 条规定:"对宣告裁决可执行的申请,无须初步口头听审即可以命令方式作出决定……对宣告令可以提出异议,如提出异议,宣告裁决可执行的决议应由判决决定,该判决不得上诉……对驳回强制执行令申请的决定,可立即提出上诉。"再如,《法国民事诉讼法典》第 1488 条、1489 条(处理国内仲裁)和 1504 条(处理国际仲裁)分别规定:给予执行许可的命令不得以任何方式上诉;拒绝给予执行许可的命令可在通知后 1 个月内上诉;国际仲裁在法国作出的仲裁裁决可按第 1502 条规定的理由提起撤销之诉。执行该裁决的命令不得以任何方式上诉。两相对照,我国立法精

① 法复〔1997〕5 号。

神之差距一目了然。

世界各国司法制度对于民事诉讼都规定了至少两个审级，当事人不服法院的判决（裁定、命令等），有权上诉。各国立法之所以规定若干审级，就在于法院行使管辖权属于国家的强行管辖，而不是仲裁的自愿管辖；法院不可能不出错，故必须通过上一级法院的上诉程序来纠正下一级法院的错误。现在，我国法律却剥夺了当事人的上诉权，实际就意味着法院对仲裁的监督权永远是正确的，上诉是多此一举的。否则不准上诉的规定就令人难以理解了。当然，鉴于法律不允许相对人的出现，即使法律规定有上诉程序，受撤销裁定影响的另一方当事人仍与此无关，仍然无法通过上诉程序来改变撤销裁决之裁定的错误。

**（三）撤销仲裁裁决的理由和司法审查的范围**

深圳市中级人民法院撤销〔96〕深国仲结字第54号裁决书的唯一理由是：仲裁委员会少收了仲裁费，违反了《民事诉讼法》第260条第1款第4项之规定。[①]

姑且不论仲裁委员会是否有“应该收但少收了仲裁费”这一事实。笔者认为，对深圳市中级人民法院裁定的依据进行分析，无法在仲裁费与法律规定的情形之间建立何种联系。《民事诉讼法》第260条第1款第4项规定的原文为：“裁决的事项不属于仲裁协议的范围或者仲裁机构无权裁决的。”这项规定包含两种情形：其中的“仲裁机构无权裁决的”，系指法律规定的不能交付仲裁解决的事项，亦即裁决的事项不具备可仲裁性。鉴于所述之仲裁案审理了两家公司就承包合同所产生的纠纷，符合我国《仲裁法》第2条关于“平等主体的公民、法人和其他组织之间发生的合同纠纷和其他财产权益纠纷，可以仲裁”的规定，不存在我国《仲裁法》第3条所规定的不得交付仲裁的问题，显然不能适用法律的这一部分。这样，《民事诉讼法》第260条第1款第4项只剩下“裁决的事项不属于仲裁协议的范围”可作为深圳市中级人民法院裁定撤销裁决的唯一理由。可是，稍加分析即可知道这种理由显然不能成立。

众所周知，深圳法院认定“此行为（即法院所称的仲裁庭对于未缴仲裁费的仲裁请求进行的审理——作者注）超出了仲裁申请的范围”，与法律所称“裁决的事项不属于仲裁协议的范围”的性质大相径庭。在此，该项法院裁定本身偷换了一个重要的概念，以“裁决超出了仲裁申请的范围”替换了法律规定的“裁决的事项不属于仲裁协议的范围”。

裁决超出仲裁申请的范围，表示仲裁庭对于当事人未在仲裁申请书中提出

① 深圳市中级人民法院（1997）深中法经二初字第050号民事裁定书。

的事项进行了审理并作出裁决。例如,仲裁申请人仅请求违约方支付违约金,但仲裁庭除了就违约金请求作出裁决外,还裁决终止当事人之间的合同,而申请人并未要求仲裁庭裁决终止合同。显然,这属于仲裁裁决超出了仲裁申请的范围。判断仲裁庭是否超越仲裁申请的范围的标志,是当事人仲裁申请书中的仲裁请求事项(claims)。若仲裁庭就仲裁申请书所提出的请求(包括补充的请求及变更的请求)进行审理,就未超越仲裁申请(至于其中一项或数项请求事项属于法律规定的不能以仲裁方式解决的,则另当别论)。

然而,法律规定的"裁决的事项不属于仲裁协议的范围",系指仲裁庭审理的争议并非属于当事人双方之间仲裁协议所约定的争议,此时的判断标准应是当事人之间的仲裁协议(arbitration agreement),即应考察仲裁协议约定哪些争议可以交付仲裁,哪些争议不可交付仲裁解决。假如仲裁协议仅规定中外合资经营企业合同纠纷可以交付仲裁,而与此同时当事人又签订了一份技术转让协议,但该协议未约定仲裁条款。当事人一方在就合资合同争议提请仲裁的同时,将违反技术转让协议的争议一并提出仲裁请求。在此情况下,若仲裁庭受理了案件并对技术转让协议有关的争议作出裁决,尽管裁决的所有事项确实在申请人的仲裁申请(仲裁申请书)范围之内,但因合资合同的仲裁协议不能涵盖技术转让协议争议,这才属于法律所规定的"裁决的事项不属于仲裁协议的范围"的情形。在本案中,深圳市中级人民法院之所以认定中国国际经济贸易仲裁委员会深圳分会的该项裁决书应予以撤销,就在于仲裁庭审理了据称为"未缴纳仲裁费的补充请求事项";而按照该法院之〔1997〕深中法经二初字第050号民事裁定书认定的事实,没有一句话说明:仲裁申请人广城公司提出的补充请求事项被排斥在《承包经营合同》的仲裁条款之外。这就说明,法院无法认定《承包经营合同》之仲裁条款已排除了补充请求事项有关的争议。

其次,按照深圳市中级人民法院的上述逻辑,即使仲裁庭审理的补充仲裁请求涉及的争议的性质不属于仲裁协议所约定之争议,只要当事人缴纳了这部分仲裁费或者仲裁庭责令当事人缴纳了相应的仲裁费,这些争议就纳入了仲裁协议的范围之内,此项裁决也就不应该裁定撤销了。这样,深圳法院将仲裁费与仲裁协议所涵盖的范围联系起来,将仲裁费视为决定仲裁协议范围的标志,人们寻遍我国《仲裁法》和《民事诉讼法》,也无从找出可以支持该项裁定的规定。

再次,深圳中级法院的裁定认为,仲裁委员会应该收取而未收相应的仲裁费,违反了中国国际经济贸易仲裁委员会之1994年《仲裁规则》以及《仲裁委员会收费办法》的有关规定。关于《仲裁委员会收费办法》,是国务院法制局为新组建的国内各地区仲裁委员会拟订并由国务院办公厅印发的,并不适用于处理涉外仲裁的中国国际经济贸易仲裁委员会。若基于《中国国际经济贸易仲裁委员会仲裁规则》的规定,法院只能得出与其结论完全相反的结论。该规则第58条明确规定:"仲裁庭有权在仲裁裁决中裁定双方当事人最终应向仲裁委员会支付的仲裁费和其他费用。"这就表明,只要在合理的范围之内,仲裁庭具有确定仲裁费数额及分担的自由裁量权(正如我国法院的诉讼中也存在的诉讼费减免等做法)。仲裁庭考虑到仲裁申请人已经缴纳了785,481元人民币(这绝对不是一笔小数)仲裁费,而其变更仲裁请求时提出了有前提条件的选择性仲裁请求。仲裁庭认为其后来的选择性变更请求的前提条件并未出现,并未加大争议的金额,而仲裁庭在其裁决书中分别以"不属本案的管辖范围"和"不属于申诉人和被诉人之间的法律关系"等为由,予以驳回。所以,不另行增加仲裁费无疑是在情理之中,亦符合《仲裁规则》第58条之规定。在此情况下仲裁庭的行为何错之有?

最后,假定仲裁委员会"少收仲裁费"确实可以构成法院撤销裁决的理由,那么,深圳市中级人民法院就无法解释其在受理同样的撤销涉外仲裁裁决申请时,为何该法院收取的诉讼费相差如此悬殊。本案裁定书的最后一行为:"本案受理费人民币200元由振裕公司负担。"同样是深圳市中级人民法院,该院以〔1996〕深中法经二初字第078号民事裁定书撤销了中国国际经济贸易仲裁委员会深圳分会〔96〕深国仲结字第122号仲裁裁决,而该裁定书的最后规定:"本案受理费人民币15,510元,由申请人海中宝公司承担。"[①]比较两宗均被深圳中级法院撤销的案件,前者涉及的争议标的比后者大得多,按法院认定的争议标的为9978万元人民币。然而,法院对前案收取受理费200元;而对后者收取15,510元,二者相差75倍,从深圳市中级人民法院的裁定书中似乎无从判断其收取200元是合理的,或者收取15,510元是不合理的。

**(四)撤销裁决的合理性考虑**

在所引用的案例中,深圳市中级人民法院以所谓的"应该收取但是少收了仲裁费"为理由,裁定全部撤销一项涉及将近1亿元争议金额的涉外仲裁裁决。即使是从法院认定的事实中,也难以发现仲裁庭对于当事人已全部缴纳仲裁费的那部分的仲裁请求所作之裁决有任何瑕疵;换言之,当事人依据有效仲裁协议提出了多项仲裁请求,仲裁庭对已经缴纳仲裁费的大部分请求所作的裁决,毫无《民事诉讼法》第260条第1款所列举的应予以撤销的情形,应视为有效的裁决。

① 关于对该撤销案的评析,参见郭晓文:"中国涉外仲裁裁决撤销制度中存在的问题及其立法完善",载陈安主编:《国际经济法论丛》(第1卷),法律出版社1998年版。

基于公平合理的原则,对这部分裁决,理所应当予以保留。可是,深圳法院将可以分割的裁决部分一并撤销。退一万步说,即使法院认定"少收"仲裁费确实可以构成撤销裁决的理由,这一裁定的合理性仍值得深思。前述《国际商事仲裁示范法》第 34 条第 2 款 A 项规定:"裁决处理了不是提交仲裁的条款所考虑的或不是其范围以内的争议,或裁决包括有对提交仲裁以外的事项作出的决定,但如果对提交仲裁的事项所作的决定与对未提交仲裁的事项所作出的决定能分开的话,只可以撤销包括有对未提交仲裁的事项作出决定的那一部分裁决。"这项规定再清楚不过地阐明了区别对待裁决、只撤销不符合法律的部分裁决的公平合理的精神。可是我国的《仲裁法》在引进裁决撤销程序的同时,却将此有利于平等保护当事人利益的原则搁置一边,未免令人遗憾。其结果是,使法院可以不顾已经认定裁决的绝大部分并无不当之处的前提下,撤销整个裁决。如果说,深圳市中级人民法院认为仲裁庭"少收"仲裁费作出仲裁裁决是损害了本案的败诉方利益的话,那么,法院撤销整个裁决则使已经遭受巨额损害的仲裁申请人(胜诉方)雪上加霜,损失更加惨重。

综上所述,这一简单的案件暴露了我国《仲裁法》撤销裁决制度的诸多不完善之处。然而,立法中的缺陷与我国一些地方法院的执法水平相结合,使得立法中本来细微的缺陷极度扩张了。笔者无意"一叶障目,不及其余",将此案看做一种普遍的司法实践。实际上,我国一些法院通过严格执行《仲裁法》的规定,对维护涉外仲裁的权威性发挥了重要的作用,北京市第二中级人民法院〔1996〕二中经初字第 83 号民事裁定书便是这方面有典型意义的案例。法院对于当事人提出的申请撤销中国国际经济贸易仲裁委员会上海分会的〔96〕沪贸仲字第 038 号裁决书,在正确地分析了仲裁当事人之一的双重身份(既是合资企业的总经理,又是个人投资者)基础上,认定裁决书针对其不同身份作出的裁决,未违反法律;申请人提出的裁决违反社会公共利益,于法无据。故驳回当事人提出的撤销裁决之申请。①

然而,笔者同样认为,撤销仲裁裁决是比拒绝执行裁决更为严厉的一种监督程序,这一程序对仲裁制度所产生的影响远大于拒绝执行裁决的程序。② 如果这一程序被不当使用,既可以构成地方保护主义的行之有效的手段,也可以成为外国的败诉方阻碍中国胜诉方执行我国涉外仲裁裁决的手段。一国司法制度和

---

① 转引自中国国际经济贸易仲裁委员会:《仲裁研究所简报》1996 年第 3 卷第 3 期。

② 郭晓文:"中国涉外仲裁裁决撤销制度中存在的问题及其立法完善",载陈安主编:《国际经济法论丛》(第 1 卷),法律出版社 1998 年版,第 417 页。

仲裁制度的公正、廉洁和高效,被视为一国投资环境优越的重要评价因素。总结我国司法实践中暴露出来的立法方面的缺陷和不足,及时修改《仲裁法》,改进撤销裁决司法审查制度,已经刻不容缓。

## 四、最高人民法院关于撤销裁决的报告制度

鉴于我国《仲裁法》立法上的疏漏要通过法律修订方式予以修改须耗费时日,司法实践中发生的随意撤销我国涉外仲裁裁决对我国涉外仲裁制度产生了严重的负面影响,损害了我国40多年由几代人努力才建立起来的涉外仲裁的国际信誉。为了严格执行我国《仲裁法》和《民事诉讼法》,保障诉讼和仲裁活动依法进行,我国最高人民法院及时地于1998年4月23日向全国各省、自治区、直辖市高级人民法院,解放军军事法院发布了《关于人民法院撤销涉外仲裁裁决有关事项的通知》(以下简称《通知》),规定了人民法院受理当事人提出的撤销我国涉外仲裁裁决的申请时,如果认为应撤销的话,必须向上一级法院报告,直至最高人民法院,并对向上一级法院报告的期限作出明确的规定。[①]

我国最高人民法院基于该《通知》建立了撤销涉外仲裁裁决的报告制度,这一报告制度与其1995年所发布的处理涉外仲裁裁决和外国仲裁裁决执行事宜的报告制度一样,弥补了我国仲裁立法之不足。尤其是第2条,规定了报告的明确期限,使之与《仲裁法》第60条关于作出裁定的期限相呼应,对维护司法统一性及当事人的权益,维护我国涉外仲裁机构的声誉和提高我国涉外仲裁在国际上的地位,均有积极意义。然而,该《通知》并非立法机关所制定的法律,尽管在一定范围内有助于克服地方法院随意撤销裁决的不当行为,但它并未给当事人提供任何救济。既然我国最高人民法院在发现实施法律中的问题后能够立即以法院内部通知的方式加以弥补,为何身负立法和解释法律重任的全国人大常委会迄今为止从未作出过一项法律解释?"依法治国"所依据的法律必须是相对完善的法律,而不是漏洞百出的法律。考虑到我国《仲裁法》生效至今不足3年,即从涉外仲裁、撤销裁决等诸多问题上产生许多令人深思的问题,从完善我国社会主义法制的角度考虑,必须通过立法机关对《仲裁法》进行修订和整合,才能使我国的仲裁制度进一步走向现代化和国际化。

---

① 法发〔1998〕40号,转引自中国国际经济贸易仲裁委员会:《仲裁研究所简报》1998年第5卷第3期。

## 五、关于完善和整合我国撤销仲裁裁决程序的立法建议

一国的仲裁制度是根植于一国的法律制度之上的,仲裁制度的完善和现代化很大程度上依赖于一国法律制度的健全。瑞典之所以成为各国当事人愿意选择的仲裁地点,与瑞典法院的支持分不开的。英国之所以在现代的国际商事仲裁(除了海事仲裁)中落伍,与长期以来坚持法院对仲裁实行全面监督不无关系,鉴于此,英国也在其1996年仲裁法中对法院的司法监督权作出了实质性的变革。为了使中国的仲裁制度不断完善和发展,笔者谨不揣冒昧,提出下述修订法律的建议。因本文仅讨论裁决的撤销程序,故就立法建议而言,亦仅限于此,而不涉及诸如"涉外仲裁"等另一些亟待解决的问题。

### (一)关于撤销仲裁裁决的理由

我国《仲裁法》采取的是国内仲裁与涉外仲裁有别的做法,对于涉外仲裁给予更宽松的条件,无疑这是符合目前的实际需要的,也与我国所承担的国际义务相适应的。然而,为了实现国内仲裁和涉外仲裁最终统一,目前除了仍应维持涉外仲裁机构的专门授权制外,对于撤销裁决的条件应该采用内外一致的做法,即国内仲裁亦不再进行实体问题的审查,这是国内各地仲裁委员会的强烈呼声。我国《仲裁法》一方面对仲裁员的资格提出极高的条件,另一方面却又使仲裁裁决承受程序和实体两方面司法监督,显然是自相矛盾的。

### (二)缩短提出撤销程序的期限,以保护胜诉方当事人的合法利益

我国《仲裁法》规定了当事人提出撤销仲裁裁决的期限是收到仲裁裁决之日起6个月;而根据我国《民事诉讼法》第219条之规定,法人机构提出执行仲裁裁决的期限也仅仅6个月。与各主要国家的立法相比较,我国立法对撤销程序规定的期限过长,而对申请执行的期限则相当苛刻,不利于保护胜诉方当事人的利益。特别是我国涉外仲裁的一方当事人为外国公司企业,一旦我国公司企业在涉外仲裁中胜诉,常常需要到外国去申请承认及执行。过长的申请撤销期限,无疑使我国涉外仲裁裁决的终局效力大打折扣,使裁决在长达6个月的期间处于不确定状态,影响胜诉方权益的实现。是故,应当大大缩短当事人申请撤销仲裁裁决的期限。即使考虑到涉外仲裁的特殊性,其最长的期限也不应超过2个月。

### (三)增加撤销程序的当事人,避免偏听一面之词

撤销仲裁裁决,不论基于程序性理由抑或实体性理由,都是对一项已决案件的否定,对当事人的利益至关重要。现行制度中既没有相对人,更不需要经过严

格的证据质证过程,偏听一面之词在所难免。

由于《仲裁法》及《民事诉讼法》所规定的应予撤销仲裁裁决的理由是复杂多样的,在许多情况下若没有另一方当事人的陈述和辩论,以及必要情况下提供仲裁委员会的证据,是难以判断撤销的理由是否成立的。因此,撤销仲裁裁决的程序中必须增加相对人。

**(四)对法院裁定驳回撤销申请不得上诉,裁定撤销可以上诉**

现行法律将法院作出的裁定视为终局的,不论法院认定裁决应予撤销抑或驳回撤销之申请,当事人均不得上诉。如果仲裁委员会作出之裁决,在撤销程序中仍然受到法院的支持(即法院裁定驳回当事人的撤销申请),显然再发生失误的可能性微乎其微了。然而,法院以各种理由裁定撤销仲裁裁决,表明法院与仲裁委员会在实体事项(现行的国内仲裁)和程序事项(国内仲裁和涉外仲裁)的公正性和合法性存在根本分歧,这一分歧孰是孰非,必须有更高的权威来加以评判。

因此,为了平衡公平和效率,笔者建议,应吸收德国和法国在执行程序上的有益做法:如果法院裁定驳回当事人撤销裁决之请求,意味着经过“一裁一审”,有关仲裁裁决是合法的,故该项裁定不得上诉;反之,若法院裁定撤销裁决,则当事人有权在法律规定的期限内上诉。当前基于最高人民法院《通知》的法院内部报告制度,固然对遏制地方法院不当处理涉外仲裁裁决的撤销程序有积极意义,但它并不构成我国诉讼制度的一部分,也不能适用于国内仲裁。从健全司法制度角度出发,我国上级法院对下级法院的监督和控制似应通过上诉程序来实现。当然在修订《仲裁法》时,也可以将此项报告制度纳入《仲裁法》之中,以便更慎重地处理涉外仲裁有关的事宜。

**(五)严格限制法院作出裁定的期限**

我国法院“重实体,轻程序”的思潮由来已久,上述深圳市中级人民法院的裁定即表明了这一点。鉴于撤销仲裁裁决的程序将产生域外效力,现行法律规定法院应该在受理申请之日起2个月内作出裁定是合适的。问题在于,按现行的法律即使法院不遵守此项期限的规定,亦不承担任何的法律后果,对受损害的当事人亦无法提供任何司法救济。因此,从中国的国情考虑,在修订《仲裁法》时应当规定法院“必须”在2个月的期限内作出裁定,以及超越此期限的相应法律责任。

(1998年第11期)

# 1999 年

# 代位权确立了民诉法怎么办
## ——债权人代位诉讼初探

吴英姿*

债权人以诉讼方式行使代位权即产生债权人代位诉讼。早在1804年《法国民法》就确立了债权人代位权及代位诉权。① 日本、德国、西班牙及我国台湾地区"民法"亦有此类规定。过去我国民法未就债权人代位权加以规定,代位诉讼在立法和实践中未被认可。目前,理论界对债权人代位权的研究正逐步深入和成熟,并为立法机关所接受。如果说最高人民法院《关于适用〈民事诉讼法〉若干问题的意见》第300条规定的"代位执行制度",率先使债权人代位权在强制执行实践中得以运用,那么,1999年3月15日通过的《中华人民共和国合同法》(以下简称《合同法》)则是首次在法律上正式确立了债权人代位权。该法第73条第1款规定:"因债务人怠于行使其到期债权,对债权人造成损害的,债权人可以向人民法院请求,以自己的名义代位行使债务人的债权,但该债权专属于债务人自身的除外。"这一规定表明,债权人必须通过法院(即以代位诉讼形式)行使代位权。可以预见,代位诉讼将被广泛运用。因此,加紧对代位诉讼的研究实属当务之急。

## 一、债权人代位诉讼的特征

债权人代位诉讼,是指取得代位权的债权人以自己的名义向债务人之债务人(以下简称第三人)主张债务人的权利而提起的诉讼。代位诉讼是直接诉讼的对称(债务人对第三人提起的诉讼即为直接诉讼)。债权人代位诉讼、直接诉讼均适用普通程序,而不适用特别程序。债权人代位诉讼的诉讼法律关系、诉讼结果的归属及诉讼标的等方面均有不同于直接诉讼之处,具体表现在以下四个方面:

1. 原告是依法取得代位权的债权人(以下简称代位权人)。代位权人以自

---

* 作者单位:南京大学法学院。

① 《法国民法》第1166条规定:"债权人得行使债务人的一切权利和诉权。"

己的名义起诉，代债务人（被代位人）行使权利。

2. 以第三人为被告。代位权的实质是债权人代替债务人向第三人主张权利。因此，债权人代位诉讼的被告是被代位人的债务人，即第三人。

3. 原告请求法院加以确认和保护的是被代位人的权益。尽管原告启动代位诉讼的最终目的是排除权利实现的障碍，确保自己的债权利益得以实现，但在诉讼请求中并不包括任何代位人自己的实体权利。

4. 诉讼产生的实体法效果直接归属于被代位人。被告应向被代位人为给付，不能直接向代位人（即原告）为给付。



## 二、债权人的代位诉权

原告提起诉讼的前提是依法享有诉权。诉权是法律赋予民事主体保护自己的民事权利启动、推进和终结民事诉讼程序的根据。传统诉权理论认为，民事法律关系主体在其权益受到侵害，或发生权争议时，具有进行诉讼的权利，即只有争议的民事法律关系的主体享有诉权，其他人无权就该争议事项提起诉讼。就债权债务关系而言，根据债权相对性规则，债权仅发生在特定的债权人与债务人之间。债权人只能向自己的债务人行使权利，无权要求债权关系以外的第三人向自己履行债务。在债权人代位诉讼中，原告（债权人）请求法院加以确认和保护的是债务人与第三人的债权关系。既然原告并非该债权关系的主体，其诉权从何而来？在于法律对债权人代位权的规定：法律为防止因债务人怠于行使对第三人的权利给债权人的债权带来危害，允许债权人代位债务人向第三人行使权利。其后果是使债权在特定情况下超越债权的相对性规则，发生对外效力。正是债权的这种对外效力，使债权人能够排除“非诉讼标的主体”这一诉讼障碍，取得代债务人行使诉讼的权利。

代位诉权包括如下法律含义：(1)代位权人（债权人）对被代位人（债务人）与第三人之间的权利义务关系本无诉权，是基于代位权的行使，从而在法律上视为享有诉权。(2)代位诉权的内容以被代位人诉权为基础，不能超越被代位人的诉权内容。(3)代位诉权依赖于被代位人诉权而存在。被代位人诉权丧失时，代位诉权因失去存在基础而归于消灭。但代位诉权具有相对独立性，当被代位人抛弃诉权时，不影响代位诉权之存在。

## 三、债权人代位诉讼的诉讼标的

债权人代位诉讼的实质是代位权人代被代位人向第三人行使权利。代位诉讼原告请求法院裁判的是被代位人与第三人之间的债权债务关系,而不是代位权人与被代位人之间的债权债务关系,故债权人代位诉讼的诉讼标的是被代位人与第三人之间的民事法律关系,不包括代位权人与被代位人之间的权利义务关系。

有争议的是:债权人代位权之成立与否是不是代位诉讼的诉讼标的?有学者认为,债权人代位诉讼存在两个诉讼标的:一是债权人代位权之成立与否;二是被代位人与第三人的权利义务关系。①

笔者认为,债权人代位权成立与否不属于债权人代位诉讼的诉讼标的。首先,代位权是债权的保全权能,并非对债务人和第二人的请求权。债权人取得代位权的结果仅仅是获得了保全其债权的可能性或手段。法院对代位权成立与否的判断对被代位人和第三人并不发生实体法上的效果。其次,代位权成立与否并非债权人代位诉讼本身所要解决的争议事项,即债权人提起代位诉讼并不是为了证明代位权的存在。最后,代位权成立的意义在于:债权人取得代位债务人提起诉讼,向第三人主张权利的资格或曰权能。因此,代位权是债权人诉权产生的前提,也是代位诉讼成立的前提。从性质上讲,是代位诉讼原告适格的必要条件,即起诉条件之一。法院对债权人代位权成立与否审查判断的结果是决定是否受理代位诉讼的依据。债权人在起诉时就应当对成立代位权诸要件的事实向法院提供证据加以证明。债权人代位权不成立的,法院应以起诉不符合条件为由不予受理。

## 四、被代位人在诉讼中的诉讼地位

代位诉讼一旦成立,便取得直接诉讼的效果。被代位人有权参加代位诉讼,但不能就同一诉讼标的,依同一诉讼理由另行起诉。因为:(1)如果允许被代位人另行起诉,法院就同一诉讼标的成立两个案件并审理,易导致对同一实体权利义务关系的矛盾判决。即使两个判决结果相同,何时发生实体法上的效力又会

① 杨建华著:《民事诉讼法问题研析》,台湾三民书局股份有限公司1994年版,第361页。

不同。这不利于维护判决的严肃性,也不利于当事人权利之保护。(2)如果允许被代位人另行起诉,使第三人就同一权利义务事项受多重追索,显然过于苛刻。(3)如果允许被代位人另行起诉,在两个判决结果不同的情形,当事人执行哪一个?若让当事人选择,自然均选择有利于己的判决执行。然无论允许哪一方当事人选择,对于对方当事人而言都是不公平的,甚至导致执行不够。可见,允许被代位人另行起诉,无论在理论上还是在实践中都是行不通的。被代位人既然不能另行起诉,只能参加已开始的代位诉讼,那么其诉讼地位如何?就代位权人所主张的是被代位人的权利而言,似乎应列被代位人为原告;就代位权人提起诉讼是因为被代位人怠于行使权利而言,似乎又应将被代位人列为被告。也有人提出应将被代位人列为无独立请求权第三人。① 笔者以为,被代位人在代位诉讼中的地位可以因案而异,甚至不一定是诉讼参加人。因为债权人行使代位权是直接向第三人主张权利,理论上无须被代位人的辅助。第三人应诉也无须征求被代位人的意见。代位诉讼没有被代位人也可以发生、进行和完成。所以,被代位人并非当然的诉讼法律关系主体。在代位诉讼实践中,被代位人如果参加诉讼,其诉讼地位可能有如下情形:

1. 为原告。被代位人自愿参加原告一方进行诉讼,支持债权人行使权利。

2. 为被告。被代位人认为原告无必要起诉或起诉不当,有损自身利益的,参加被告一方进行诉讼。

3. 为有独立请求权第三人。被代位人认为代位权人与第三人恶意串通,以诉讼加害自身利益的,可以有独立请求权第三人身份参加诉讼,维护自身合法权益。

4. 为证人。被代位人参加诉讼仅为提供证据,协助法院查明案件事实,不主张任何实体权利的,实为证人身份。

## 五、债权人代位诉讼判决效力之扩张性

判决的效力及于诉讼当事人。在被代位人参加诉讼成为当事人的情形下,代位诉讼判决的效力当然及于被代位人。但在被代位人未参加诉讼,或未以当事人身份参加诉讼的情形下,代位诉讼判决的效力是否及于被代位人?我国台湾地区学者对此有不同见解:(1)效力不及于被代位人说。此说认为确定判决

① 李霞:"代位执行的适用条件及其立法完善",载《法学杂志》1997 年第 5 期。

仅在当事人间发生效力。因为被代位人既非诉讼当事人,故不受判决之拘束。(2)效力及于被代位人说。理由是:代位权人对第三人起诉,属于法定的诉讼担当,代位权人乃为被代位人而为当事人,在实体法上行使代位权所生效果,应归属被代位人,其确定判决的效力当然及于债务人;否则,代位诉讼无任何意义。(3)代位权人胜诉其判决效力始及于被代位人说。其主要理由是:代位权行使的目的在于增加被代位人财产,代位人败诉时,既不能增加被代位人财产,则不应对他生效。且代位权人与被代位人之间原有对立的利害关系,有关证据资料为被代位人所详悉和持有。如果因代位权人未主张或未举证而败诉、令债务人受既判力之拘束,显非公平。[①] 笔者倾向于第二种观点。

判决的效力具有相对性,其范围仅及于诉讼当事人。法律原则上不允许任何人都受自己并未参与的诉讼结果的拘束。当事人不得以对自己生效的确定判决向任何其他第三人主张判决的拘束力。据此,代位诉讼的判决对未参加诉讼的被代位人当不发生效力。但是,判决效力的相对性并不意味着判决不产生任何对外效力。在特定情况下,法律为保障判决的确定统一性,保障判决所确认的权利得以实现,承认判决在一定条件下对当事人以外的特定第三人生效,理论上称为判决效力的扩张性。债权人代位诉讼的判决效力及于未参加诉讼的被代位人就是判决效力扩张的典型例子。

认为代位诉讼判决效力扩张及于被代位人的主要理由是:(1)债权人提起的代位诉讼与债务人提起的直接诉讼尽管其形式上的当事人不同,但债权人系代位债务人进行诉讼,其实质当事人是相同的。(2)代位诉讼的诉讼标的是债务人与第三人的权利义务关系,对此,债务人不得另行起诉,显然受既判力拘束。(3)代位诉讼所生实体法效果直接由债务人承担,这也是判决效力及于被代位人的表现。(4)代位诉讼原告是否胜诉,不影响诉讼结果的归属。债权人起诉是因为债务人怠于行使权利之故,即使原告败诉,债务人本身亦属有过错。有时正是因为债务人的过错(如不及时行使权利导致时效期间届满等)成为原告败诉的主要原因。所以由被代位人承担败诉风险亦不过分。

肯定代位诉讼判决效力及于被代位人,就应当赋予被代位人上诉权。理由有三:(1)要被代位人接受判决的约束,而不赋予他上诉权是不公平的。(2)代位人代位行使的仅是被代位人对第三人的权利,不包括被代位人对未生效裁判的上诉权。(3)判决处理的是被代位人的实体权利,且不允许他另行起诉,再否

① 杨建华著:《民事诉讼法问题研析》,台湾三民书局股份有限公司1994年版,第365~366页。

定其上诉权将不利于保护其合法权益。一审判决在认定事实和处理权利义务关系上是否公平、正确,被代位人较原告更有强烈感受,也更有可能上诉。因此,被代位人应当享有上诉权。为确保被代位人行使上诉权,还应当规定代位人起诉后有义务向被代位人为诉讼告知。被代位人不知起诉事宜,原告又未为告知,影响被代位人上诉权行使的,可以认定原告未尽善良管理人的注意义务。被代位人因此遭受损害的,得请求赔偿。



## 六、调解、和解、反诉的限制

### (一)调解、和解原则上不宜作为代位诉讼案件处理方式

因为代位诉讼的原告诉权派生于被代位人诉权,原告行使的是被代位人的权利,原告不仅应尽到善良管理人的注意义务,而且原则上只能行使权利,不得擅自处分权利。行使权利是使权利的内容得到实现。处分权利是将权利转让、抛弃,或使之受限制。任何一种处分方式都可能是违背被代位人意志的。如果允许原告随意处分被代位人的权利,不仅易损害被代位人,甚至第三人的利益,而且会造成对交易秩序的破坏。故代位诉讼原告的处分权应当是有限的。凡涉及实体权利的处分权,原告不宜实施。与对方当事人和解或达成调解协议,实际上是将部分实体权利放弃的结果,即一种处分权利的方式。被代位人参加代位诉讼,自愿与对方和解或达成调解协议,只要于代位人权利的实现无碍,理论上是可以的。但被代位人未参加诉讼的场合,代位人不得与对方和解,或达成调解协议。

### (二)代位诉讼的被告原则上不能反诉

从理论上讲,代位诉讼的被告与直接诉讼的被告在诉讼地位上并无二致,应当享有直接诉讼被告所享有的,包括反诉在内的一切诉讼权利。然而,因代位诉讼原告的特殊性,在实务中被告向原告提起反诉时可能出现复杂情况:由于原告只是代位行使权利,无法代为履行义务,在被代位人不参加诉讼的场合,反诉的诉讼程序实际上不可能进行。即便追加被代位人参加诉讼,把反诉与代位诉讼合并审理,很可能致案情复杂化,不符合诉讼效率的要求。故笔者认为代位诉讼不能反诉,应告知被告另行起诉。

(1999年第4期)

# 论我国民事诉讼标的理论的基本框架

李 龙*



如果说在我国司法实践中，忽视诉讼标的理论、对诉讼标的的认识和处理存在模糊和混乱，从某种意义上讲是可以理解的话，那么，在我国民事诉讼法学体系中回避了作为20世纪大陆法系民事诉讼理论焦点的诉讼标的理论的论争，却是令人百思不得其解的了。在司法实践中，由来已久、根深蒂固的"重实体，轻程序"的观念，使法院和当事人只关心作为裁判结果的实体问题的公正，至于如何取得这种公正结果的过程被忽略了。因而在我国民事诉讼实践中，法院和当事人并不深究包括诉讼标的在内的任何程序问题。无论如何粗糙的程序法院都可以"跟着感觉"作出案件的裁判。① 然而，民事诉讼法学界如何能够在缺乏诉讼标的理论的前提下，展开民事诉讼理论的研究？如何能在没有系统的诉讼标的理论的情况下，合理解释民事诉讼的诸多理论问题？随着国家法制建设的进一步深入，法院和当事人必然会关注诉讼程序的公正性，必然会对诉讼程序提出规范化、精密化的要求，因此，重新认识诉讼标的理论的价值，努力构建与我国民事诉讼实践相适应的诉讼标的理论体系，是迫切的、意义十分重大的任务。

## 一、构建诉讼标的理论应当考虑的因素

在我国，简简单单地引进一整套较为完备的诉讼标的理论，甚至根据某种诉讼标的理论在民事诉讼法中确立相应的条文都是不困难的。困难的是，如何构建一种与我国公民的法律意识和法官素质相适应的理论体系，如何使构建的诉讼标的理论与现有的其他理论问题相协调，怎样使构建的诉讼标的理论在司法实践中能够有效的应用。笔者以为，在我国当前的形势下，构建诉讼标的理论体系，应当考虑以下因素：

### （一）应当考虑我国当前的诉讼模式

在我国构建诉讼标的理论首先应该对民事诉讼运行过程中法院和当事人的

---

* 作者单位：西南政法大学。

① 张卫平："论诉讼标的及识别标准"，载《学院研究》第19卷第4期。

地位和作用进行考察,使选择的诉讼标的理论与之相适应。所谓诉讼模式,实际上是对法官和当事人以及其他诉讼参与人在民事诉讼中的关系的认识。基于对大陆法系民事诉讼的宏观考察,学者们通常将民事诉讼模式区分为“当事人主义”和“职权主义”。如果在民事诉讼中,当事人的处分权起着主导作用,对民事诉讼的发生、发展、变更起着决定性的作用,那么这种诉讼模式就叫当事人主义。相反,法院的职权在民事诉讼中起着决定性作用的叫职权主义。对于当前我国民事诉讼模式的评价和定位,学术界有不同的看法。学者们对于苏联的绝对职权主义的诉讼模式均持批判的态度,认为苏联对大陆法系民事诉讼的改造直接针对其两个基本原则——辩论原则和充分原则。结果完全“抽掉了辩论原则的内核,对充分原则则予以实质上的否定”;“辩论程序的空洞化和由此最终导致的整个民事诉讼程序的空洞化、轻视诉讼程序公正、轻视诉讼程序的主体权而致诉讼程序的主体客体化是原苏联诉讼模式的结构性缺陷”。① 但是,改革旧的诉讼模式,对我国的民事诉讼模式如何定位,在学术界争论较大。通说的观点是,当事人主义体现了民事诉讼的本质,当事人主义是大陆法系和英美法系民事诉讼的必然选择,因此我国应该建立当事人主义的诉讼模式。笔者基本同意这种观点。在当事人主义的诉讼模式下,应当充分尊重当事人的处分权,法官在诉讼中应该成为真正的中间裁判者,因此,在当事人主义的诉讼模式下的诉讼标的理论,不能加重法院的负担,不能扩大法院的非裁判功能而使法院退化为职权主义模式下的“父母官”。诉讼标的完全应该由当事人提出,当事人可以将诉讼标的任意处分,法官只对当事人提出的诉讼标的进行审理裁判,不得依职权变更诉讼标的,扩大诉讼标的范围。

**(二)应当考虑我国现有的民事诉讼理论体系**

我国现行的民事诉讼理论体系作为一种历史的产物,不能全盘否定。我国的民事诉讼理论体系是在继承了我国历史上民事诉讼理论的合理成分,继承和发扬了新民主主义革命时期的优良传统,适应我国一定时期的经济基础和政治制度对民事诉讼的内在要求,吸收了外国民事诉讼理论(主要是包括苏联在内的大陆法系国家的民事诉讼理论)的优秀成果建立起来的。我国现有民事诉讼理论中的相当部分是可以继承和发扬的,在相当长的一段时间内对于我国民事诉讼实践的指导作用仍然是不能否认的。我国现行的民事诉讼理论中尽管没有

① 张卫平:“民事诉讼基本模式:转换与选择之依据”,载 1996 年诉讼法学年会论文;张卫平:“大陆法系民事诉讼与英美法系民事诉讼——两种诉讼体制比较分析”,载《法学评论》1996 年第 4 期;张卫平:“绝对职权主义的理性认知——原苏联民事诉讼基本模式分析”,载《现代法学》1996 年第 4 期。

系统的、完整的、科学的诉讼标的理论体系,甚至没有一个科学的、统一的诉讼标的的概念,但是我国民事诉讼法学中关于诉讼标的理论的若干零碎的观点、概念仍然在一定程度上指导着民事诉讼的实践,也在一定程度上影响着人民法院审判人员和当事人的思维。

根据邓小平的"软着陆"思想,我国社会主义改革应该走一条"渐进式"的改革道路。我国的法制建设也应该走一条"渐进式"的改革道路,因此,笔者认为,我国诉讼标的理论的改造也应该走"渐进式"的改革道路。打碎现有的民事诉讼理论体系,建立新的、科学的理论体系,"从头再来",固然是解决我国民事诉讼理论积弊的一种似乎一劳永逸的方法,但是作为一个发展中国家,一个不愿经受大的动荡的、在相当长的时期内将处于初级阶段的社会主义的国家,这种选择是不合时宜的。据此,我们所选择的诉讼标的理论应该能够与我国现有的民事诉讼理论体系容易融合,而不需要长时间的"磨合期"。不能因为诉讼标的理论的构建使整个民事诉讼理论体系全部混乱,从而给司法实践带来无所适从的困难。基于这种考虑,我们构建的民事诉讼标的理论应该首先继承和发扬现有的理论观点中合理的部分,在不对现有的理论体系做大的变革的前提下,形成具有中国特色的、科学的、系统的诉讼标的理论。

**(三)应当考虑民事诉讼的基本目的**

民事诉讼的目的是民事诉讼理论的前提和出发点,民事诉讼的目的制约着民事诉讼模式、诉讼原则与诉讼制度,等等。因此,我们构建民事诉讼的理论体系不能背离民事诉讼的基本目的,不能减损民事诉讼的基本功能。关于民事诉讼的目的,有的学者指出,现代民事诉讼价值的多元化和相对性,决定了民事诉讼目的的多重性。较为合理的思路是在各种冲突的价值观念中找到一个平衡点。追求真实应当作为民事诉讼目的的一个方面,但不宜无条件地列为民事诉讼运作的唯一、首要目的;同时,民事诉讼目的应当符合"当事人目的"。[①] 也有学者主张,民事诉讼的目的是解决民事纠纷。其认为,民事诉讼目的是体现司法制度总目的的具体目的。而民事诉讼程序的启动和运行有赖于人民法院对审判权和当事人对请求权的行使。当今世界职权主义与当事人主义交错的民事诉讼构造的重要特征也正表现为既要顾及当事人选择民事诉讼制度的目的,也要尊重设立民事诉讼的一方即国家利益与目的,由于当事人请求权和法院审判权指向的都是民事纠纷,故解决民事纠纷正是民事诉讼制度的目的所在。[②] 其实,大

① 江伟:"市场经济与民事诉讼法学的使命",载《现代法学》1996年第3期。

② 刘荣军:"论民事诉讼的目的",1996年诉讼法学年会论文。

陆法系民事诉讼法学界,关于民事诉讼目的的观点无外乎三种学说:(1)权利保护说,即民事诉讼的目的是保护公民的民事实体法上的权利;(2)私法维持说,即民事诉讼的目的是维持私法的秩序,确保私法的实效性;(3)纠纷解决说,即民事诉讼目的是合理地解决民事纠纷。笔者赞同权利保护说。

既然民事诉讼是以保护公民私权和维护私法秩序为目的,那么法院的裁判对象(诉讼标的)自然离不开实体法上的权利。为了实现民事诉讼的目的,法院应该对实体权利作出公平、正当的裁判。显然从这种观点出发构建民事诉讼标的理论,实体法学说是其必然归属。如果民事诉讼是以解决民事纠纷为目的,那么为了实现纠纷一次解决的目标,自然不允许在请求权竞合的情况下出现多个诉并存的情况。另外,既然民事诉讼是以解决纠纷为目的,那么当事人之间的息讼止纷和法院裁判的稳定性和权威性就是衡量这种目的是否实现的标准。这就要求诉讼标的的外延更大,那么这种既判力的范围就应该更为宽泛。可见,以这种诉讼目的出发构建民事诉讼标的理论必然是诉讼法学说(新诉讼标的理论)。

**(四)应当考虑我国当事人的法律意识和法官的素质**

理论研究本身并不是目的,无论理论具有何种程度的超前性,其最终归宿仍然是指导民事诉讼实践。在构建民事诉讼标的理论时,必须考虑实践这一理论的主体:当事人和法院。随着市场经济体制的建立,公民的权利意识增强,发生纠纷以后寻求民事诉讼救济的欲望随之增强,在诉讼中,对公正裁判实现程序的公正性要求也增强了。但是,法律意识的增强并不意味着法律水平的普遍提高、诉讼技能的全民性增长。在构建诉讼标的理论时,不得不考虑我国公民中十亿农民的现实,选择与他们提起诉讼的能力与习惯相适应的理论。我国目前的法官队伍,从其来源构成来看,总体素质不容乐观。因此,在我国目前的当事人的法律意识和法官素质的情况下,只能选择便于双方当事人起诉和防御、法院裁判的实体法学说。

## 二、我国民事诉讼标的基本理论框架

无论是我国台湾地区,还是日本的民事诉讼法学界,在诉讼标的理论问题上尽管存在新旧诉讼标的理论之分,但通说的观点还是旧实体法学说。即使在德国,诉讼法学说(新诉讼标的理论)虽然占据了通说地位,但是诉讼法领域回到实体法领域的学说(新实体法学说)也很有市场。笔者认为,我国目前的民事诉讼标的理论应该基本定位在实体法学说。当然,这种实体法学说应当对传统的旧实体法学说稍加修正。在此基础上,结合我国实践,按照不同的诉讼类型,对诉讼标的的概念和识别标准进行描述。

**(一)我国民事诉讼标的理论的基本构思**

1. 我国的诉讼标的理论应当继承现有的并没有完全过时的理论观点,即以实体法律关系和实体法上的权利的主张来定义和识别诉讼标的。不过,需要特别说明的是,这里的实体法律关系或者实体法上的权利并非客观存在的法律关系和权利,而是一种被原告所主张的法律关系或者实体法上的请求权。因为,在诉讼刚刚开始时,原告必须向法院表明诉讼标的,此时,其实体法上的权利存在与否无法确定。即使原告主张的实体法律关系或者请求权被法院否认,其诉讼标的并不丧失,不受影响。

这一观点与我国现行民事诉讼法教材和大多数民事诉讼理论专著中的观点基本相同,大多数民事诉讼法学者对此有认同感。这一观点与我国现存的其他民事诉讼理论也容易协调,在司法实践中,也容易为法院和当事人所接受。

2. 旧实体法学说本身所具有的其他诉讼标的理论

流派所不具有的理论优势是我国民事诉讼法理论非常需要的,甚至是我国民事诉讼理论和实践不能缺少的。

(1)旧实体法学说便于法院的裁判。诉讼标的既然是原告人在诉讼程序中所提出的、实体法上的权利,那么在充分尊重当事人处分权的"当事人主义"的诉讼模式下,法院只需就当事人提出的实体法律关系或者实体权利主张进行审理裁判。这样,法院审理的范围非常明确而且特定,诉讼程序的进行也非常顺利而流畅。

(2)便于当事人的攻击防御。诉讼标的既然是限于具体而且特定的实体法上的权利或法律关系,双方当事人的攻击防御,只需集中在原告已经主张的权利或法律关系上,原告没有主张的实体法权利或法律关系,都可以不予理会。如果原告就起诉时没有主张的权利或法律关系,在诉讼过程中再进行主张,则构成诉的变更或者追加(即构成诉讼标的的变更或者追加)。在此种情况下,除具备法定条件的以外,法院和被告完全可以不予同意。可见,在旧实体法学说理论下,当事人攻击防御的目标集中,诉讼行为不会顾此失彼。在我国公民法律意识不高,法律水平和诉讼技能都比较欠缺的情况下,采用旧实体法学说,可以避免诸多法律概念和理论的困扰,也可以避免因法律知识的欠缺导致败诉的情况。因此,这种学说是与我国的公民法律意识和法律知识水平相适应的。

(3)既判力的客观范围明确。民事判决的既判力客观范围的认定,是以诉讼标的在确定的、终局的判决中经法院裁判的对象为限,未经法院判决的诉讼标的,不发生任何既判力。按照旧实体法学说,法院的裁判,是以原告主张的具体的、特定的权利或法律关系作为其诉讼标的,法院裁判的既判力也应仅仅及于这一项已经经过裁判的权利或法律关系。可见,旧实体法学说的既判力范围明确,不容易产生争执。诉讼标的旧实体法学说无论是对于法院还是当事人来讲都是非常容易理解和掌握的理论,与既判力理论一起引入我国民事诉讼立法和实践(在我国现行的民事诉讼法中没有既判力概念)中也不会有大的困难。

3. 旧实体法学说之所以受到攻击,仅仅是因为在民事实体法上的请求权竞合,使诉讼标的为复数。由于在请求权竞合的情况下实际上当事人只能请求一次给付,但是当事人有多个请求权可供主张,这就导致了一系列的理论和实践问题。具体而言,旧实体法学说在理论上受到最大的攻击主要有相互联系的两条,这两条也是旧实体法学说的理论缺陷的集中体现:一是在请求权竞合的情况下,一个诉讼案件会存在多数诉讼标的的问题;二是当事人受法律知识的局限,当事人提出的主张经常会使纠纷不能在一次诉讼中得到一次解决的问题。其实,旧实体法学说的缺陷只体现在给付之诉中,请求权竞合时,在其他情况下是不存在缺陷的。在司法实践中,当事人只要不是神经有问题,就不会在请求权竞合的情况下法院判决满足了其中一个给付以后再就其他竞合的请求权另行起诉;另外,如果法院驳回了原告提出的竞合的请求权中的一个,又不允许原告另行起诉,那么原告的合法权益就无法寻求诉讼救济了。因此,我们不能因为旧实体法学说存在这一方面的缺陷就抛弃整个具有诸多合理成分的理论。

实际上,旧实体法学说的上述理论上的缺陷的存在,并没有使大多数持这一学说的学者抛弃这一理论体系。这一学说在理论界和实务界的长时间通说地位,使人们已经习惯接受这一理论观点,再由于新诉讼标的理论(诉讼法学说)自身理论上的不完美性和难以克服的缺陷,使旧实体法学说在理论上的统治地位至今仍然没有被其他学说取代。当然,旧实体法学说的学者们几乎也都看到了这一理论观点的缺陷,并都无一例外地试图从具体诉讼实务中加以完善。新实体法学说正是在对旧实体法学说扬弃以后产生的一种较为完善的理论体系。

4. 在不同种类的诉讼中,诉讼标的虽然都离不开实体法律关系或者实体权利的主张,但是主张的内容有所不同。因此,对于给付之诉、确认之诉和变更之诉(形成之诉)的诉讼标的概念和识别标准应该在实体法学说的基础上分别界定。另外,从不同的审级来看,第一审程序、第二审程序和再审程序的诉讼功能完全不同,当事人争议的内容也有所不同,因此在第二审、再审两个审级中,当事人提出的诉讼标的应与第一审有明显的区别,应该分别定义和识别。

**(二)我国民事诉讼标的理论的基本内容**

笔者所构建的民事诉讼标的理论,如图1、图2、图3所示:

- 诉的要素
  - 诉的主观要素：当事人
  - 诉的客观要素：诉讼标的：实体法律关系或者实体权利的主张
  - （诉的本质要素）

图1

- 诉讼标的理论
  - 第一审之诉的诉讼标的
    - 给付之诉的诉讼标的：新实体法学说
    - 确认之诉的诉讼标的：旧实体法学说
    - 变更之诉的诉讼标的：旧实体法学说
  - 第二审之诉的诉讼标的
    - 撤销、变更原判之诉的诉讼标的：实体法律关系或者权利的主张
    - 发回重审之诉的诉讼标的：诉的声明
    - 驳回起诉之诉的诉讼标的：诉的声明
  - 再审之诉的诉讼标的：实体法律关系或者权利的主张

图2

- 多数诉讼标的
  - 诉的合并
    - 诉的主体的合并：共同诉讼
    - 诉的客体的合并：诉讼标的的合并
      - 单纯的合并
      - 预备的合并
      - 选择的合并
      - 竞合的合并
  - 诉的变更
    - 诉的追加：诉讼标的的追加
    - 诉的变更：诉讼标的的变更

图3

1. 诉的要素理论

诉的要素就是诉的构成要素，即诉的各种组成部分，这些部分决定了诉的内容，并且是诉与诉之间相互区别的依据，同时诉的要素也是法院审查诉的依据。关于诉的要素，我国民事诉讼理论完全继承了苏联学者的观点，即通说的观点认为：诉的要素包括诉讼标的和诉的理由（二要素说）。实际上，关于诉的构成要素我国民事诉讼法学界很少有人深入的思考过，诉的理由并不能使一个诉讼特定化，此诉与彼诉的最本质的区别并不在于原告提出诉的理由。因此，诉讼标的理论的构建首先应该改造我们从苏联引进的僵化的诉的要素的观点，引进在大陆法系具有通说地位的诉的构成要素的观点。即将诉的要素划分为：主观要素

和客观要素[①]（见图1），主观要素就是当事人，客观要素就是诉讼标的，诉的客观要素才是诉的本质要素。诉讼标的是指原告向法院提出的实体法律关系或者实体权利的主张。

2. 不同种类的诉讼的诉讼标的

按照实体法学说，我国民事诉讼标的仍然可以定义为：原告向法院提出的民事法律关系或者权利的主张。但是，在给付之诉中，识别实体权利或者法律关系的单复数的问题上，不能简单地以实体法上的规范多少为标准。笔者认为，在请求权竞合的情况下，应该采纳德国拉伦茨教授的“请求权规范竞合说”，在一项民事违法行为产生多种请求权的时候，应该区分：请求权并合（anspruchshaufung）、“真正的请求权竞合”、单一请求权等多种情况，对不同情况分别对待，如下表所示：

<table>
<tr><td>行为事实涉及的几个法律条文存在互相排除适用的关系</td><td colspan="2">根据法律规定的目的及精神，参照特别规定排除一般规定，补充规定补充基本规定的原则予以考虑</td><td>诉讼标的为一个</td></tr>
<tr><td rowspan="3">行为事实涉及的几个法律条文之间没有互相排除适用的关系存在</td><td rowspan="2">这些竞合的法律条文所要达到的法律效果同一</td><td>从发生法律效果的原因事实或者法律的立法精神来看，几个法律条文所追求的给付目的都是基于同一个请求基础或者理由</td><td>诉讼标的为一个（请求权基础为多数）</td></tr>
<tr><td>几个法律条文追求的给付目的虽然相同，但是数个法律条文所规定的请求权可以同时并存而且可以分别进行处分</td><td>诉讼标的为一个，权利人可以通过选择行使请示权、交叉援引法律规则、在法律规定允许的范围内转让或者处分某些请求权来解决（真正的请求权竞合）</td></tr>
<tr><td colspan="2">这些竞合的法律条文所要达到的法律效果不同（请求权并合）</td><td>诉讼标的有多个，在同一诉讼中主张会产生诉的合并的问题</td></tr>
</table>

① 有的学者将诉的要素分广义的诉的要素和狭义的诉的要素，广义的诉的要素包括诉的主观要素和诉的客观要素，狭义的诉的要素只包括诉的客观要素即诉讼标的。参见江伟主编：《中国民事诉讼法专论》，中国政法大学出版社1998年版，第98页。

第一,如果同一事实涉及的几个法律条文存在互相排除适用的关系,当事人和法院只能适用其中一条,其他的法律条文应当排除。而法律条文之间是否存在互相排除适用的关系可以从法律的明文规定,以及法律的立法精神进行观察。有明文规定自然好办,没有明文规定的场合,可以根据法律规定的目的及精神,参照特别规定排除一般规定,补充规定补充基本规定的原则予以考虑。可见,当遇到有法律条文互相排除适用的情形,应当按照法律竞合说的理论予以解决。

第二,如果违法行为涉及的几个法律条文之间没有互相排除适用的关系存在,也就是说,每一个法律条文之间都有同等的机会时,此时就要看这些竞合的法律条文所要达到的法律效果是否同一。如果由同一事实所产生的许多法律效果不同,那么由这些不同的法律效果所产生的请求权就能同时并存且一并主张。例如,甲偷走了乙的一只母羊,乙既可以向甲请求返还母羊,还可以请求乙返还因非法占有母羊所获得的利益(如小羊羔或者羊奶)。这两者之间各自独立,既可以分别主张,也可以合并主张,不存在所谓的请求权竞合的问题,这种法律条文的竞合,在学理上叫做“请求权并合”,这种现象在诉讼中形成的所谓诉的客观合并,不发生诉讼标的同一与否的问题。①

第三,在违法行为涉及的几个法律条文之间没有互相排除适用的关系存在,同时这些竞合的法律条文所要达到的法律效果又是同一的,即请求权的内容或者给付目的是同一时,又可以分为两种情况:一种情况是从发生法律效果的原因事实或者法律的立法精神来看,几个法律条文所追求的给付目的都是基于同一请求基础或者理由。因为在通常情况下,同一个请求可以由几个不同的基础或理由加以支持,所以这种情形被称为“请求权基础为多数”或称为“请求权法条竞合”,②此时权利人只拥有一个独立的请求权,只不过支持这一个请求权的基础有几个而已。另一种情况是几个法律条文追求的给付目的虽然相同,但是数个法律条文所规定的请求权可以同时并存而且可以分别进行处分,这种情况才是真正的“请求权法条竞合”。对于这种情况的请求权竞合,权利人可以通过选择行使请求权、交叉援引法律规则、在法律规定允许的范围内转让或者处分某些请求权来解决。

按照民事诉讼的目的,诉讼标的无论如何也不能离开实体法律关系,因此,关于诉讼法学说企图建立一个脱离实体法律关系的纯粹诉讼法的诉讼标的概念

① 参见拉伦茨(Larenz),a,a. o 20IVS. 269f。

② 参见拉伦茨(Larenz),a,a. o 20IVS. 270ff. Georgiades a a. o. 161V, 17 , 18. S. 163FF。

的观点，笔者是不敢苟同的。只是新实体法学说本身也并非完美无缺。例如，就同一事实关系的同一目的的请求权，有时在实体法上还存在多个请求权可供主张，也即在同一目的下竞合的请求权仍然无法统合，此时原告如何行使请求权？如何合并主张一个实体法上请求权，这本身就是民法所要解决的问题。对同一目的请求的请求权竞合实体法上应该如何统合这一问题，在理论上和立法上没有定论之前，笔者以为，从保护原告的合法权益出发，仍然应该适用旧实体学说，以实体法法律关系或者实体法上的权利作为诉讼标的，在请求权竞合的场合，应该允许原告在法庭辩论终结前，随时提出诉的变更或者追加而无须征得对方当事人的同意，同时赋予法官以较大的释明权。① 在有竞合请求权存在而原告没有合并主张的情况下，应该加以释明，让原告合并主张，这同样可以实现"一个纠纷一次解决"的目标。赋予法官释明权，让人民法院的法官依职权对当事人释明有关案件的实体法上的权利义务关系，对我国法院的法官来讲，应该是轻车熟路、乐于承担的事情。

对于确认之诉，从本质上讲是原告请求法院对某种出于争议状态的民事实体法律关系或者实体权利予以确认，在这种诉讼中当事人争议的、法院确认的均不涉及给付问题。同时确认之诉也不会涉及请求权竞合问题，因为原告不会将竞合的民事法律关系提交法院确认。因此，对于确认之诉以旧实体法学说来定义和识别诉讼标的，并无不妥。

变更之诉，本质上是原告请求法院改变或者消灭其与对方当事人现存的民事法律关系或者在双方当事人之间建立新的民事法律关系。在这类诉讼中，仍然应该采纳旧实体法学说定义和识别诉讼标的，以实体法上的形成权（即权利人可以依一方当事人的意思表示而形成法律关系的权利）来定义和识别诉讼标的，一个形成权就构成一个诉讼标的。

在当事人主义的原则下，诉讼标的由当事人主张，在第二审程序和再审程序中，当事人主张的内容与第一审程序有本质的不同，因此对这两种程序的诉讼标的应该单独进行研究。在第二审程序中，如果上诉人提出的上诉是撤销、变更原判之诉，那么这种诉的诉讼标的仍然是当事人主张的实体法律关系或者实体权利；如果上诉人提出的是发回重审之诉，或者驳回起诉之诉，那就应该采用诉讼法学说的"一分肢说"，即以诉的声明来定义和识别诉讼标的。在再审之诉中，无论申请再审的当事人根据什么样的理由启动再审程序，实质上都必须对争议

① 在我国虽然没有释明权的概念，但是在民事诉讼法中，实际上也规定了人民法院告知当事人权利义务的权利和义务。

的实体法律关系或者实体权利进行主张，因而再审之诉的诉讼标的应该以实体法学说为基础，依不同的诉讼类型，按照实体法律关系或者实体权利的主张来定义和识别诉讼标的。

3. 多数诉讼标的

诉的客观的合并，实际上是若干个独立的诉的合并，也即若干个独立的诉讼标的的合并。普通共同诉讼、有独立请求权第三人参加诉讼、被告提出反诉当然是诉的合并，而且既是诉的客观的合并又是诉的主观的合并，我们所说的客观的合并，是指同一原告对同一被告于同一诉讼程序中主张两个以上的诉讼标的，由法院在同一诉讼程序中裁判。诉的合并不是诉讼请求（诉的声明）的合并。

单纯的诉的合并，是指法院基于诉讼经济的考虑将本应该分开审理的几个诉讼标的合并审理；竞合的诉的合并，是指在给付之诉和变更之诉中，原告就竞合的几个诉讼标的在同一诉讼程序中向法院主张，要求法院裁判；预备的诉的合并，是指原告为了预防诉讼不成立而败诉，故按顺序提出几个诉讼标的，要求法院依顺序裁判；选择的诉的合并，是指原告在同一诉讼程序以单一的声明，主张两个以上的独立的给付请求权或者形成权作为诉讼标的，请求法院选择其中一个诉讼标的加以裁判，作出同一内容的给付判决或者同一法律关系的形成判决。

诉的变更和追加，既不是诉讼请求的变更和追加，也不是诉的理由的变更和追加，而是诉的要素的变更和追加。诉的主观要素和诉的客观要素其中之一发生变更就构成诉的变更，追加其中一个要素就构成诉的追加。诉讼标的变更和追加，就是实体法上的请求权或者法律关系的主张的变更或者追加。

4. 既判力的理论

原告提出的诉讼标的在法院判决确定以后，当事人不得就同一诉讼标的另行起诉，法院也不得受理同一诉讼标的的诉讼，这就是既判力。在我国民事诉讼法中，应当引入既判力的概念及理论，在既判力理论上，笔者以为，应该以旧实体法学说为基础。法院确定判决的既判力只及于纳入诉讼的作为诉讼标的的实体法律关系或者实体法上的请求权，不及于没有作出判决的民事法律关系；法院对法律关系的一部分作出判决的，其确定判决的既判力只及于该法律关系的一部分；判决理由原则上没有既判力。

（1999年第7期）

# 关于我国民事再审制度的反思及改良意见

顾　韬*



## 一、我国民事再审程序特点及存在问题分析

### (一)绝对的客观真实与程序利益的矛盾

根据诉讼法有关理论,程序法的价值可分为内在价值(即自身价值)和外在价值(即工具价值)。民事诉讼的内在价值亦称目的性价值,体现在程序的公正、自由和效益上。民事诉讼程序的外在价值(即程序工具价值),是指实现民事诉讼程序外在目的之手段或工具。它是人们据以评价和判断一项民事诉讼程序,在保护民事权利、维护法律秩序以及解决纠纷方面是否有用和有效的标准。① 在民事再审程序中,它主要体现在实现实体的公正,保障任何一项民事裁判都必须符合客观事实和法律适用正确两个标准。

纵观诉讼制度的发展史,始终存在程序的内在价值与外在价值的冲突与协调的过程。从理论上讲,民事诉讼程序的公正性能够保障裁判结果的公正性。但由于实践中各种非程序因素及程序本身科学性的影响,有时公正的程序并不必然产生公正的结果,这样就产生了程序的内、外价值的相互协调问题。在这一问题上,由于受传统法律文件及苏联、东欧立法理论的影响,我国民事诉讼理论及司法界一直是强调程序的外在价值,即绝对工具论,认为诉讼以客观真实为唯一目的,因为"任何审判权,按其观念和实质来说,都应该是探求真理,恢复真实和保护真实。只有以保护真实的,即存在于诉讼程序以外并且不以诉讼程序为转移的实体权利作为自己任务的审判权,才可能是真实的公正"。② 这一思想在民事再审程序中表现得尤为突出,立法者鉴于再审程序是保障实体权利的最后

---

* 作者单位:江苏省高级人民法院研究室。

① 肖建国:"程序效益论",载陈光中、江伟主编:《诉讼法论丛》(第2卷),法律出版社1998年版。

② [苏]M-A顾尔维奇:《诉权》,康宝田、沈其昌译,中国人民大学出版社1958年版。

一道屏障，在再审程序中尽力突出程序的工具性价值，力图追求实体上的绝对公正。审判实践中一直提倡的“实事求是，有错必纠”也正是这一思想的反映。对此，笔者想阐述一点看法：实体绝对公正的目标能否真正实现？实体绝对公正的前提即是事实的绝对真实，按照唯物论的观点，事实的绝对真实只能发生在事实产生的过程中，事后的任何试图再现的努力只能是相对的，尽量接近事实本身的。正如有学者指出的那样，“在诉讼中所再现的只是法律意义上的事实，而非原始状态的实际事实”。[①] “审判上所能达到的只能是形式真实，而不可能是事实真实。”[②]因此，我国民事再审程序中，立法者追求个案实体绝对公正的诉讼目的实际上很难实现，相当一批案件的处理结果可能并不符合绝对的客观真实。但在这种指导思想之下，在民事再审程序中过于追求实体上的利益，扩张程序的工具价值，必然造成程序的内在价值功能的萎缩，对当事人程序利益造成冲击。造成程序利益与实体利益，程序的外在价值与内在价值不可避免的冲突，最终付出的只能是程序利益的牺牲。但由于追求个案的绝对公正，而牺牲整个民事诉讼体系的程序利益，那又是得不偿失的，所以，这种牺牲与所取得的成果之间并不是对称的，在这里立法者似乎陷入了两难境地，解决这一困境的唯一办法就是更新我国民事诉讼的诉讼目的。

**（二）司法部门职能的扩张与当事人处分权行使的矛盾**

私法所调整的对象是平等主体之间的权利义务关系。依据私法自治的原理，只要不涉及损害国家利益、公共利益和他人的合法权益，当事人可以在私权的范围内行使其权利，包括决定是否提起诉讼，向哪些主体主张权利，主张什么权利等。应该说，这些权利的行使在私法中是由当事人自行决定的，法院不得随意干预。但由于我国民事再审程序超职权模式的影响，法院及相关机关，恰恰在这些方面被赋予了相当大的权力，法院、检察院可以在当事人未提出申请的情况下主动依职权引发再审程序（参见《民事诉讼法》第177条、第185条）；法院可以超越当事人的诉讼请求对案件进行全面审查（起码在立法上对此并无禁止性规定）；法院可以自行追加案件的当事人（参见《最高人民法院关于适用〈中华人民共和国民事诉讼法〉若干问题的意见》第211条）。立法上做这样的规定日的在于给法院纠正裁判一切可能存在错误的机会，事实上，我们也不能排除一些裁判或裁判所涉及的部分内容确有错误存在的可能。但问题在于，如果当事人对此并未提出异议，这就说明绝大多数当事人对这些裁判的结果是接受的，或者虽

① 柴发邦主编：《体制改革与完善诉讼制度》，中国人民公安大学出版社1991年版。

② 徐国栋：“论我国民法典的认识基础”，载《法学研究》1992年第6期。

觉不满意,但从各种因素考虑(如诉讼成本因素),权衡利弊,决定放弃再审请求权的行使。而此时法院、检察院若强行予以干预,岂不是构成对当事人处分权的侵犯,有违“私权自治”的民法原则?

从实际需要来看,我国民事再审程序中的一些过强的职权性规定也无太大存在必要。以监督途径为例,目前我国由于法院自身监督和检察院抗诉提起再审的,几乎百分之百是由当事人申请或向其反映而引起的。[①] 靠法院、检察院自身主动检查、搜集材料而引发再审的情况微乎其微,而且在目前审判人员数量普遍不足的情况下,实际操作亦有较大难度。因此,笔者认为,既然民诉法规定的引发再审程序的三种方法实际上绝大多数都源于当事人申请,那么在当事人尚有再审申请权期间,法院自身监督和检察院抗诉监督制度存在的必要性确实有待商榷。这里需要说明的是,有人曾以法国等大陆法系国家也存在检察官参与民事诉讼的规定为例来论证我国民事检察制度存在的合理性。例如,法国《民事诉讼法》第421条规定:“检察官可以作为主要当事人进行诉讼,或者作为共同当事人参与诉讼。”持这种观点的显然是忽视了法国民事监督的特殊性,把法国民事监督的个别监督当成了全面监督,把特殊当成了一般。[②] 实际上,在法国,检察官只能对涉及公共秩序、具有社会性的案件参与诉讼。例如,确定亲子关系的案件、未成年人监护的案件等。反观我国现行的民事检察监督机制,无论在工作范围上,还是在工作职权上,比前者所带的职能主义色彩无疑要浓厚得多。

**(三)宽泛的再审条件与当事人的诉讼权利、实体权利得到实质保护欠缺的矛盾**

在追求“绝对真实”的诉讼目的的指导下,我国《民事诉讼法》在再审条件方面作了极为宽泛的规定,力图为再审申请人创造最有利的申请案件再审条件,但这样做的后果同时也忽视了相对方当事人的诉讼权益,造成双方当事人诉讼权利的一种不平衡状态。同时由于超职权主义色彩的渗入,法院的主导地位过于突出,双方当事人的诉讼权利同时又都受到一种压制。造成一种再审申请人诉讼权利形式上的宽泛和实质上并不能得到有效行使的尴尬局面,也形成申请再审案件的数量激增,给法院工作带来较大压力的不利局面。

1. 发现新的证据可以申请再审。《民事诉讼法》第179条规定:“当事人的申请符合下列情形之一,人民法院应当再审:(一)有新的证据,足以推翻原判、

① 景汉朝、卢子娟:“论民事审判监督程序之重构”,载《法学研究》1999年第1期。

② 张卫平、陈刚编著:《法国民事诉讼法导论》,中国政法大学出版社1997年版。

裁定的……”也就是说，当事人可以在诉讼的任何一个阶段提出新的证据。用新的证据来引发再审程序，甚至最终获得诉讼的胜利，即证据随时提出主义。随着审判方式改革工作的进一步深化，这种做法的弊端也暴露得越来越多。首先，它违背了二审终审原则，二审终审的含义应包括案件的证据有两次经当事人质证，法院认证的机会。再审中，一方当事人提供一审、二审均未出示的新证据申请再审，法院判决、裁定后，该证据即为终审证据。这显然剥夺了对方当事人对这部分新证据两审质证的权利，而对方当事人所提供的全部证据，再审申请人都享受了两审质证的权利，这是很不公平的。[①] 其次，这很可能助长当事人恶意隐瞒证据，待申请再审时再将新证据突然抛出，搞“诉讼袭击”这种不良现象的滋生，最起码很容易使当事人对证据的收集有所懈怠，反正证据在任何时间提出都是法律所允许的。最后，不符合诉讼效率和效益的原则，举证没有任何期限的限制无疑会大大拖延诉讼的进程，导致“诉累”现象的产生，增加法院及当事人为诉讼所支付的成本。试想，如果当事人为诉讼所花的成本（不仅包括金钱，也包括时间、精力甚至情感）超出其通过诉讼所能获得的利益，那么依靠诉讼来解决纠纷对他而言又有何实际意义？

2. 再审无次数限制。我国《民事诉讼法》对再审的次数并无任何限制性规定，也就是说说再审是无次数限制的。立法者在这里显然认为“多一次审理、案件质量就多一层保障”。其实这种做法存在较多弊端：(1)对法院判决、裁定的稳定性、权威性构成极大破坏。众所周知，法院裁决是解决纠纷的最后一种社会救济途径，而再审程序则是这种救济途径本身的最后一道屏障。这就需要再审裁决具有比一般法院裁决更强的稳定性、权威性。这样才能尽快使当事人之间的权利义务确定下来，恢复正常的流通。立法者追求个案公正的理想无疑是可以理解的，但这要靠从一审、二审的审判质量抓起，而不能仅仅是简单地增加再审的次数。(2)容易给当事人造成诉累，由于任何一方当事人在终审裁决2年内可以无数次地提出再审申请，那么相对方当事人在2年内则始终处于一种不稳定状态，形成事实上的诉累，这对其权利的正常行使无疑形成了巨大威胁，对其来说显然是不公平的。

3. 我国现行的民事再审程序一方面存在再审条件和范围过宽的问题，而另一方面又存在对申诉人诉讼权利保护不力的问题，这是由于程序的设计在某些方面欠缺科学性所致。

(1)审级不合理。《民事诉讼法》规定，当事人可以向原审法院或其上一级

---

① 景汉朝、卢子娟：“论民事审判监督程序之重构”，载《法学研究》1999年第1期。

法院申请再审。但是在实际的审判实践中，当事人欲行再审申请，必须先向原审法院提出，再向上级人民法院提出，直至最高人民法院，逐层申请、不得越级申请。这样做的本意是为了减轻上级法院的工作压力，但同时却忽视了对当事人权利的实际保护。稍具常识的人均可想到，由上级法院纠正错案与由作出错判的法院自己纠正相比，前者显然要容易得多。这种审级的划分，最终并不能达到减轻上级法院工作压力的效力，绝大多数问题最终还得由上级法院来解决。同时也增加了当事人与法院本身的无谓的重复劳动，扩大了诉讼成本。

(2)“先定后审”现象的存在。在法院自身监督提起再审程序的规定中，提起再审的前提均是对原判决、裁定“发现确有错误”(参见《民事诉讼法》第170条)。这里存在一个问题，尚未进行再审，何以知道原判决、裁定确有错误，显然，这里在案件尚未提出再审前，法官已对案件进行了实质审查。同样，在由当事人申请再审的相关规定中，也存在类似问题。例如，《民事诉讼法》第179条规定：“当事人的申请符合下列情形之一的，人民法院应当再审……(二)原判决、裁定认定事实的主要证据不足的；(三)原判决、裁定适用法律确有错误的……”《民事诉讼法》还规定，当事人对发生法律效力的调解书提出证据证明调解违反自愿原则或调解协议的内容违反法律的，也是“经人民法院审查属实的”应当再审。那么怎么样的情形才算得上“主要证据不足”、“适用法律确有错误”呢？怎么才能对当事人的申请依据“审查属实”？这里显然不是当事人能说了算的，这些宽泛的规定无疑为法院在决定是否受理再审申请时即对案件进行实质审查提供了极好的依据，这也是“先定后审”现象存在的直接原因。应该讲，“先定后审”的危害性是极大的，首当其冲的是当事人的诉讼权利受到压制、侵犯，其次容易引发“暗箱操作”、“幕后交易”的现象产生，使人们对司法的公正性产生怀疑，因此必须予以纠正。

综上所述，笔者认为，我国的民事再审程序制度在追求“绝对真实”的理念支配下，法院、检察院等司法机关被赋予了巨大的职权，立法者希望借此能达到个案的全部公正。理想无疑是美好的，但理想与现实毕竟存在不少的差距，实际的情况与立法者的意图无疑有着较大的出入。绝对的实体利益并未完全实现，但程序利益却被作为代价而付出了牺牲。过于扩张程序工具价值的做法导致程序在制定过程中对其自身所应有的价值——公正、自由、效益的漠视，审判实践中当事人的诉权与诉讼权利也受到了一定的压制。把这些问题仅仅归咎于部分法官在审判过程中操作不当，素质不高是不够的，问题的根源应该说是出在制度本身的某些不合理之处。因此，对民事再审制度进行改良已成为当务之急。

## 二、对我国民事再审程序的改良建议

### (一)指导思想:重新确立诉讼目的

如前文所述,民事诉讼不应无条件地将追求所谓客观真实作为唯一目的,民事诉讼目的应当“合当事人目的”,[①]在这个意义上,民事诉讼所要发现的真实,应当是当事人所依赖的事实,是当事人所选择的真实。笔者认为,民事诉讼的目的首先应是确保当事人程序利益的实现,确保程序内在价值的完全实现,确保当事人在公正的氛围中行使其权利,这样是比较符合客观实际的,也是真正有利于实体的客观公正的。

1. 在程序的价值取向上,将程序的内在价值放在优先地位。这并不意味着对程序工具价值的摒弃,相反只有程序内在价值得以充分实现,才能保证程序工具价值的正常发挥。那种为了实现实体利益,而不惜以牺牲程序本身为代价的做法无疑是将两者之间的关系本末倒置了。在当前“重实体,轻程序”之风气仍相当强烈的情况下,将程序的内在价值放在首要地位显得尤为迫切。我们一方面要为诉讼行为创造一个公正、自由的环境;另一方面也要注意诉讼效益的问题,应该承认,这一问题过去一直重视得不够,民事再审程序也一直存在诉讼效益低下的窘境。这一状况在当前各类纠纷日益增多的情况下必须予以改变,这就要求立法者在程序公正的基础上,合理选择程序规则,分配权利和义务,以利于社会资源配置效益的最大化。

2. 凸显法院居中裁判地位,使当事人的诉讼权利得以充分实现。淡化法院职能,凸显其居中裁判地位,不仅有利于当事人诉讼权利的实现,同时对减轻法院工作负担,克服“先定后审”现象,消灭司法人员的主观妄断和滥用职权等问题,以及树立法院公正形象也是大有裨益的。

### (二)关于具体制度的构想

1. 名称问题

我国司法界一直将审判监督程序与再审程序等同而言,立法上,《民事诉讼法》再审一章的命名是“审判监督程序”。笔者认为,这两者还是有所区别的。所谓审判监督程序,是指享有审判监督权的法定机关、组织和人员行使监督权,对人民法院生效裁判的失误进行监督的程序。[②] 既包括法院的自身监督,也包

---

① 江伟主编:《民事诉讼法专论》,中国人民大学出版社2005年版。

② 章武生:“再审程序若干问题研究”,载《法学评论》1995年第1期。

括检察院的抗诉监督。而再审程序则是人民法院对已生效的裁判再次审理的程序。再审程序除由监督机关发起外,同时还包括由当事人申请再审而引发。因此,审判监督程序只是与当事人申请再审并列的一种发动再审程序的方式,是再审程序的一个重要组成部分,不能与再审程序画等号。实践中将两者混为一谈,其结果突出了法定机关的监督权,而当事人的申请再审的诉权则被有意无意地撇在一边。造成不少人心目中认为,只有法定机关才有权提起再审,当事人的申请再审和申诉一样,只是提供和发现错案的线索,而非发动再审程序的方式,这在深层次上实际上是职权主义色彩的反映。因此,笔者主张,应将我国《民事诉讼法》有关再审内容的第16章的章名更改为"再审程序",这也是本文一直避免提及"审判监督程序"的原因所在。

2. 提起再审的途径问题

关于提起再审的途径问题,笔者认为,从诉讼自由价值的角度出发,在立法上应赋予当事人相当的自主权,在一般情况下,应由当事人自己决定是否提起再审。

(1)在当事人有权申请再审的期限内,任何机关、组织及其成员均无权自行引发再审程序,除非由当事人自己提出再审请求。否则,即使法院裁判确有错误,再审程序也无法启动。这是对当事人在私法范围内的处分权的应有尊重。

(2)在已超过申请再审的法定期限后,法院、检察院可以通过自身监督和抗诉监督途径对案件提起再审,但前提是必须由当事人提出申诉,因为此时当事人已无法通过自身手段,主动、直接地发动再审程序。

(3)作为例外的规定,在涉及公法秩序、具有危害公序良俗性质的案件上,法院、检察院可以在没有当事人提出再审申请的情况下,自行发动再审程序。

3. 再审条件的问题

针对前文所提及的我国民事诉讼再审条件过宽和实际操作中当事人诉讼权利又未能得到切实保障的矛盾,笔者建议在再审条件上一方面应防止权利的滥用;另一方面也要从诉讼自由和诉讼效益的角度出发,给当事人创造一个公正的诉讼环境,注意对社会秩序稳定的保护,同时进一步淡化法院职能,使其处于居中裁判的地位。

(1)发现新的证据不能作为提起再审的条件。根据举证时效制度的原理,终审后发现新的证据不得作为提起再审的条件,这也是世界大多数国家在立法上的做法。否则,不仅不利于相对方当事人合法权益的保护,也违背了诉讼效率和诉讼效益原则。

(2)无纠正可能和无纠正必要的裁决不得提起再审。从维护法院裁判的权威性和社会关系的稳定性角度出发，有些案件虽然在裁判上确有错误，但已实际履行，无纠正可能或错误属于微小瑕疵，无纠正必要，对此类案件若提起再审，其结果使本已确定的社会关系再次处于一种动荡状况，并很可能使善意的第三人利益受到损失，其结果是得不偿失。

（3）再审条件的确定。笔者认为，我国《民事诉讼法》规定的当事人申请再审条件过于宽泛，表面上看起来赋予了当事人许多权利，但实际操作起来却又有较大难度。因此，有必要进一步细化再审条件。具体可以考虑以下几个方面：一是原判决、裁定适用法律确有错误的，这里的“错误”，应是指运用实体法的错误，而这种错误，又确实造成了案件的错误处理。如果案件实体法尽管适用有误，但处理结果是妥当、公平的，则不宜再审。因为再审程序是一种特殊的救济程序，它所解决的是衡平当事人之间严重的权利义务的不对等，如果案件的处理结果不失公正，尽管在适用法律上存在一定瑕疵，也不足以引起再审程序的发动。二是案件认定的事实方面。笔者认为，这里所讨论的事实只能囿于一审、二审所涉及的事实，不能超出此范围而提供所谓“新的事实”。立法上须对怎样才算符合原审所承认的证据应推翻的情形作出细致严格的规定，以便于实际操作，如证据系被伪造、变造，证人有作伪证行为，裁判依据的鉴定结论被否认，裁判所依据的其他裁判被撤销，本案裁判与其他已生效的相关裁判相互矛盾等。三是在原来的审理过程中出现的违反法定程序的情况。我国《民事诉讼法》对此的规定是“人民法院违反法定程序，可能影响案件正确判决、裁定的”人民法院应当再审。由于“可能影响案件正确判决、裁定”的空间太大，在实践中较难把握，应将其具体化，如审判人员违反回避原则的，缺席判决不当的等。

另外还有两个问题在这里应予考虑，一是法院对当事人的再审申请只作形式审查，不能进行实质审查。当事人的再审申请只要符合法律规定的形式要件，就必须启动再审程序。以“适用法律确有错误”为例，法官只需在原判决认定事实的基础上，以当事人的申请理由为范围，对原裁决所适用法律作法律技术上的分析，而无须对其他方面进行审查，否则又会再次陷入“先定后审”的泥淖，也影响了对当事人应有的诉讼权利和实体权利的保护。二是对不符合再审条件的申请，应当裁定不予受理。在实践中，对于不符合再审条件的申请，法院一般以书面通知的形式予以驳回。笔者认为这样做是不妥的，这实际上是照搬了对申诉的处理方式。申诉是当事人享有的一项民主权利，对无理申诉用通知驳回是恰当的。而申请再审是当事人享有的一项诉讼权利，是诉讼程序上的问题。对诉讼程序上的问题，应当使用裁定，通知根本不属于法院在执行审判职务中所作判定的范畴，因此用通知驳回当事人的申请是不妥的。

4. 审级问题

再审应一律由终审法院的上一级法院受理,最高法院终审的案件仍由最高法院进行再审。这对于减轻当事人诉讼负担、保障再审案件的质量是必要的。同时,由于对申请再审的条件和范围作了限制,实践中申请再审的案件会大为减少,从工作量上考虑,上级法院也是可以承受的。

5. 再审次数问题。已经经过再审程序的案件不得再次申请再审,即一个案件再审的次数只有一次。如果对再审的次数不加限制,那么,一个案件就极可能会被无限地进行多次重复性的审理。这对诉讼成本无疑是巨大的浪费,对社会秩序的稳定也是一种破坏。我们必须清楚地认识到:案件的质量与审理的次数之间并没有任何因果关系,审理次数越多,并不代表案件质量就有了保证。

6. 处理好申诉的问题。一种观点认为,民诉法赋予当事人申请再审权后,申诉已被申请再审所取代,申诉已无存在必要。这显然是有失偏颇的,混淆了申请再审与申诉这两个不同的概念。申请再审是当事人的诉权,而申诉则是宪法所赋予的公民的一项民主权利,是绝对不能随便剥夺的。当事人在无法申请再审的情况下,可以通过申诉的途径来恢复自己所希望达到的权利义务上的衡平。但我们也应该充分认识到,申诉只是为接受申诉的法院和检察院提供审查生效裁判是否有误的线索,并不直接引发再审程序。此外,在立法上可考虑到对申诉的主体、理由,费用作出必要的限制,防止无理缠诉现象的发生。

7. 再审程序的法官配备问题。再审程序是审判的最后一道保障程序,审判人员须在比一审、二审更高的角度去分析问题、解决问题。这对法官的业务素质、政治素质提出了更高的要求,但在实践中,由于各方原因,对申诉庭的工作仍然缺乏应有的重视,不少人认为申诉庭的工作仅仅是听听老百姓的情况反映,从事一些信访接待工作。因此在人员配备上参差不齐,缺少业务骨干。这种局面应该予以扭转,需要由一批资深法官来组成再审案件合议庭,以保证案件质量。

(1999 年第 12 期)

# 2000年

# 论民事再审事由审查程序的法定化

张卫平*



根据《民事诉讼法》第177条第1款的规定，各级人民法院院长对本院已经发生法律效力的判决、裁定，发现确有错误，认为需要再审的，应当提交审判委员会讨论决定。该条第2款又规定，最高人民法院对地方各级人民法院已经发生法律效力的判决、裁定，上级人民法院对下级人民法院已经发生法律效力的判决、裁定，发现确有错误的，有权提审或者指令下级人民法院再审。第178条规定，当事人对已经发生法律效力的判决、裁定，认为确有错误的，可以向原审人民法院或上一级人民法院申请再审，但不停止判决、裁定的执行。从上述法律规定来看，再审程序的启动是以判决、裁定已经发生法律效力，并确有错误为前提的。只有生效判决、裁定，确有错误的，即具有再审事由的，再审的审理程序才能被启动。人民法院通过再审程序对原判决是否正确作出裁判。问题在于，再审的提起要求已经生效的判决、裁定确有错误。现在暂且把何谓“确有错误”以及再审事由的问题放在一边，首先应当认识到，原判决、裁定是否确有错误，即是否具有再审事由，有一个法院发现和确认的过程，即使当事人申请再审，也由于不能直接启动再审，而存在由法院对当事人申请再审是否有理，进行审查确认的问题。从审判监督程序的法的结构来看，《民事诉讼法》对再审的审判程序作出了规定，却没有对再审事由的审查和初步确认的程序加以规定。因此，本文将这种结构称为“一阶结构”。

我们将一审程序与再审程序作一个比较，就可以发现，《民事诉讼法》和最高人民法院的司法解释对一审程序的相应阶段有比较详细的规定。这其中包括了起诉的条件、起诉状的基本框架、人民法院对当事人起诉不予受理的处理、人民法院立案或不予受理裁定的时限规定及救济手段（不服裁定的可以上诉）。笔者比较的意图并不在将一审的起诉审查程序的规定移植于再审制度，而是认为，作为一个完整的再审制度，在法律规范方面应当有认识、确认再审事由的法的程序。现行再审制度的缺陷之一就是在法的结构上欠缺认识和确认再审事由的程序。我国《民事诉讼法》第186条规定：“人民检察院提出抗诉的案件，人民

* 作者单位：清华大学法学院。

法院应当再审。”这样，我国再审的主体虽然只有一个即人民法院，但提起再审程序的主体却有两个，这一点与世界上大多数国家的再审制度都有不同。虽然检察院提出抗诉的，人民法院应当再审，不需要法院对其再审事由进行审查和确认，但并不意味着不需要对再审事由的审查。检察院虽然是法律监督机构，但检察院同样也是被动地进行法律监督，不可能主动对民事案件中已经发生法律效力的判决和裁定进行审查。也是从判决、裁定的利害关系人或其他渠道获得抗诉信息的，（这里应当注意关照民事诉讼的特殊性，即当事人对自己实体权利和诉讼权利享有处分权。民事诉讼领域应当与民法规范领域在某些基本点上保持一致性，如私权自治。所以，民事诉讼利害关系人所提供的所谓错判信息是不宜作为抗诉的根据）。因此，也存在对来源于利害人或社会其他渠道的抗诉信息进行审查确认的问题。在这种场合，对再审事由的审查不过是主体的变化而已。

笔者之所以认为在“法的”结构上欠缺这一程序，是因为在司法实践中，实际存在这种再审事由的发现、确认程序。只是这种程序没有被完全规范化、统一化，没有上升为一种法的、有刚性约束的结构。将其称为制度化，还不够准确，因为，在许多法院，发现再审事由的过程具有比较固定的行政操作流程，也有比较具体的内容规定，但不能说已经法定化。

尽管从理论上讲发现和确认再审事由（一般意义上所说的原判决、裁定有错误）的主体是法院，但实际上，如果利害关系人不向法院申诉，仅由法院主动去发现再审事由几乎是不可能的，法院也没有这种主动发现的制度机制。法院作出裁判时，对裁判的事实和法律依据的正确是不会持怀疑态度，对裁判的肯定性使法院不可能主动对已经发生法律效力的确定判决和裁定进行审查。上级法院也不可能主动对原法院的判决、裁定进行审查。因此，法院实际上只能是消极地确认当事人提出的再审事由。

由于目前关于再审事由审查确认的程序没有规范化，因此，各地法院的具体做法、程序有所不同。其基本做法是：（1）当事人向原审法院提出申诉的，由原审法院告审庭对当事人的申诉进行审查。（2）当事人向上级法院提出申诉的，首先将当事人的申诉材料直接转给原审法院处理。对原审法院的处理不服，再向上级法院申诉的，由上级法院相应的业务庭进行审查。（3）当事人向最高人民法院申诉的，也同样是将当事人的申诉材料转给原审法院处理，当事人对原审法院处理不服向最高法院再次提出申诉的，由最高法院相应的业务庭中的申诉组审查。

无论以上述哪一种方式申诉，法院对申诉审查处理的程序大体是：首先，由法院或业务庭指定的法官或书记员负责对当事人提出的申诉状进行审查。认为没有理由的，即没有发现原判明显错误的，通常是口头告知申诉人，该申诉不成立，并说明理由。认为有理由的，报业务庭的有关领导，请求调卷进行调查，目的在于进一步对再审事由加以确认。调卷报告应当写明调卷的理由，主要是指明原判决、裁定的疑点。同意调卷进行调查的，审查人员可以阅览与原判决、裁定有关的法律文书和诉讼文书以便发现和确认再审事由。也可以询问当事人，对当事人进行调查。通过调查认为原判决没有错误的，同样是以口头方式告知当事人申诉不能成立。如果发现原判确有错误，有审查人提出予以再审的报告，送告审庭或业务庭领导批准。领导批准后报主管副院长，主管副院长同意的，将提交审判委员会讨论是否提起再审。也有的法院（如海南）实行申诉立案、由审监庭听证复查的再审前审查制度。

检察院提出抗诉的案件与法院提起再审的案件相比要少得多。各地检察院对利害关系人要求抗诉的审查程序也不统一。一般程序是：利害关系人（绝大多数是案件的当事人）向检察院申诉的，由检察院民事行政检察庭或厅指定检察人员对申诉人的申诉进行审查。认为申诉无理的告知申诉人。但这种告知以及方式法律都没有规定，不具有义务性。认为有理的，报领导批准，再报检察委员会讨论决定是否提出抗诉。比较而言，法院对申诉的审查在程序上可能更规范和复杂一些。

再审事由审查程序的非法定化具有以下缺陷：（1）法院和检察院对再审事由的审查不具有透明性，是不公开的。这就违背了程序公开的一般原则。由于审查的不公开，导致了审查程序的神秘和灰色，容易滋生司法腐败。程序的不公开容易让负责审查的司法人员设“租”，导致“寻租”的发生。在司法实践中，通过拉关系等手段启动再审程序的事经常发生。尤其是在司法无序的社会现实中，即使欲达到的目的和行为的动机是正当或道德的，但由于各种原因为了实现这一目的不得不实施不道德的行为和手段。（2）由于程序的非法定化，必然使审查程序不能统一和规范，给当事人的申诉造成困难，使错误的判决、裁定不能得到有效的纠正。（3）既然《民事诉讼法》给予了当事人申诉权，就要求法院在审查申诉时有一个符合正义基本要求的程序。程序公开、充分陈述、程序法定等正义要求就应当在申诉审查程序中得到体现。如果没有一整套完善和公开的“在阳光下”的申诉审查制度，一旦作出再审决定，并停止原判决的执行，也难以让被申诉的当事人接受。

我国再审制度的建构主要参照了苏联等东欧国家和日本的再审制度模式。这些国家的再审制度模式的一个共同特点之一就是没有法定的再审事由审查程序。在长期的司法实践中，有的国家已经意识到没有再审前的审查程序，只有再审审理程序,其再审制度是不完善的。日本于1996年对实施了近百年的《民事诉讼法》进行了世纪性修改。其中再审制度中最大的修改就是将过去的"一阶结构"改为"二阶结构"。原《民事诉讼法》规定了本案再审的这一个阶段,修改以后,日本《民事诉讼法》将再审事由的审查程序纳入法定的阶段,构成再审制度的"二阶结构"。这一改革具有重要意义。在日本,有关民事诉讼法修改的许多内容往往在学术界、司法界和律师界三方中难以统一,但在再审制度构造的这种改革方面三方却几乎是一致同意。①



我国《民事诉讼法》基于职权主义模式的体制要求,没有将再审程序的启动与当事人的申诉直接联系起来,不是将当事人的申诉看成一种引发本案再审程序的再审之诉。法院和检察院可以独立发现和启动再审程序。而大陆法系的国家一般都把当事人的申诉作为一种再审之诉,如果该当事人具体的再审之诉符合再审程序启动条件的,法院就应当开始本案的再审程序。随着我国民事诉讼体制改革的发展,实际上我国传统的民事诉讼模式正由职权主义(法官主导)向当事人主义(当事人主导)的方向转变,而且,应当承认法院实际上不会主动发现再审事由这样一个现实,因此,承认当事人的再审诉权,建立以再审之诉为基础的再审诉讼制度是可行的。

作为再审事由审查程序或再审审查程序的规范结构,应当考虑以下构架:

1. 规范当事人的申诉状。由于目前我国民事诉讼法对申诉文书的内容没有加以规范,因此,实践中当事人的申诉状(书)在内容上很不统一。影响了法院对申诉事由的审查。再审制度的目的和运作效率考虑,申诉状(书)应该具有以下基本内容:(1)当事人及法定代理人;(2)原判决或裁定的裁判内容(要点);(3)要求再审的意思表示;(4)不服原判决或裁定的理由。

2. 受理当事人申诉的法院。现行的再审制度没有对受理申诉的法院加以规定,导致当事人申诉的无序。当事人既可以向最高法院申诉,也可以向原审法院申诉。这种申诉的"发散性"无疑将导致法院答复的多样化,由于对法院的认识和对事实认识的个体差异性将使法院之间对同一问题的答复客观上存在差异,往往会损伤法院整体的司法权威性。是否可考虑设置这样的规定,申诉人只能在原审法院和上一级法院中选择其中一个作为申诉法院。避免申诉的发散性。

3. 明确法院中具体的审查机构,如告诉申诉庭。

---

① [日]竹下守夫、青山善充、伊藤真等关于日本新《民事诉讼法》的座谈连载第26回,载日本《法学家》1998年11月15日,总1145期。

4. 申请再审和提起再审的有效期限。按照《民事诉讼法》的规定，当事人提出申诉的时限为2年(第182条)。但《民事诉讼法》却没有规定法院提起再审的时限，应当说是一个缺陷。给当事人的申诉设定时限，仅仅以防止缠讼为理由，是不能成立的。因为，当事人完全没有理由而长期申诉的毕竟只是极少数。如果数量很大的话，只能说明审判质量确有问题。再审时效的理由应当是裁判的稳定性。如果是这一理由的话，那么，法律也就应当为法院提起再审也设定同样时限。

5. 再审事由。我国《民事诉讼法》第179条规定了当事人申诉时，人民法院应当提起再审的5种再审事由：(1)有新的证据，足以推翻原判决、裁定的。(2)原判决、裁定认定事实的主要证据不足的；(3)原判决、裁定适用法律确有错误的；(4)人民法院违反法定程序，可能导致影响案件正确判决、裁定的；(5)审判人员在审理该案件时有贪污受贿、徇私舞弊、枉法裁判行为的。笔者认为，《民事诉讼法》关于上述再审事由的规定有不足之处。例如，关于再审事由(1)。问题在于，如果证据失权制度合法化，①则现行《民事诉讼法》所规定的这一再审事由就不够准确。不对何谓“新的证据”加以界定，就可能与证据失权制度相冲突。在证据失权制度化后，对“新的证据”的限制可以是，当事人在法律规定的时间或诉讼阶段无正当理由而没有提出来的证据除外。也就是说，即使是原来没有提出来的证据，且也能够推翻原判决、裁定，但由于已经法定的失权原因，而不能成为有效的证据，当事人就不能在申诉中以新的证据理由要求提起再审。关于再审事由的分析和论证是一个十分复杂的问题，限于本文的主题，笔者不在此展开。笔者认为从程序正义的角度考虑，还应补充以下事由作为再审事由：(1)违反法律规定，没有给予当事人陈述或答辩的机会。(2)违反专属管辖。(3)作为法院裁判依据的证据没有经过当庭质证。(4)作为法院裁判依据的证据属于违法证据。这里主要强调的不是证据本身的真实性问题，而是证据取得的违法性。(5)无诉讼行为能力的当事人没有通过法定代理人直接进行诉讼。(6)应当回避的法官没有回避。

6. 法院对申诉的审查期限。

7. 再审事由的调查程序。

8. 驳回申诉的方式及理由。一般宜用裁定予以驳回。

9. 经审查符合提起再审条件的，法院裁定提起再审。并将该裁定通知原判决或裁定的当事人。

---

① 张卫平：“论民事诉讼中失权的正义性”，载《法学研究》1999年第6期。

10. 作出停止原判决或裁定效力的裁定。

11. 对再审裁定的复议。在民事诉讼中,当事人或诉讼参与人对法院作出的裁判不服的,《民事诉讼法》规定了上诉和复议两种途径。例如,法院驳回管辖异议的裁定不服的,可以提起上诉。在民事诉讼中任意扩大当事人可上诉裁定的范围,当然是不妥当的,不过,在《民事诉讼法》中适当扩大复议的范围是值得考虑的。如果要在我国民事诉讼程序中更多地反映程序正义,提升程序的正义含量,扩大可复议的范围是一种必要的方法。不仅对一些决定可以申请复议,也可以对一些裁定申请复议。为了体现程序正义,少量地牺牲诉讼的效率是值得的。对于提起再审的决定对涉及被申诉人实体权利的大问题,就应当设置复议,允许其提出异议。

(2000 年第 2 期)

# 2001 年

# 法庭调查与辩论:分与合之探究

张卫平*

每一个律师或曾经做过律师的人在出庭进行诉讼时,都知道当审判长宣布开庭后,将按照《民事诉讼法》第120条的规定,例行以下公事:核对当事人、宣布案由、宣布审判人员、书记员名单、当事人诉讼权利与义务、询问当事人是否申请回避等。然后,审判长会大声宣布:"现在进行法庭调查"。此时,庭审便进入了实质阶段。而每一个律师和法官也当然知道"庭审分为法庭调查"和"法庭辩论"两个阶段。在逻辑顺序上,法庭调查在先,法庭辩论在后。当法庭调查结束之后,庭审将自然进入法庭辩论阶段。从1983年《民事诉讼法》(试行)开始施行起至今,适用普通程序的民事案件都是通过这种庭审方式审理并做出判决的(在庭审前终结的除外)。然而,将庭审分为法庭调查和法庭辩论两个阶段,并分别进行是合理的吗?对此,笔者在长期的教学与诉讼实务过程中一直存有疑问。该疑问存于心中,如鲠在喉,现借此一吐为快,并作引玉之砖。

## 一、庭审的现行构造

在法庭审理结构上,《民事诉讼法》虽然没有直接规定,首先是法庭调查,然后是法庭辩论,但由于《民事诉讼法》关于开庭审理这一节的条款顺序是按照审理的时间和人们所理解的内在逻辑顺序安排的,即关于法庭调查的条文规定在前(第124条),关于法庭辩论的条文在后(第127条)。因此,法庭调查就当然前置于法庭辩论阶段。实践中的做法也是首先进行法庭调查,认为法庭调查结束之后,才进入法庭辩论。

按照《民事诉讼法》第124条的规定,法庭调查按照下列顺序进行:(1)当事人陈述;(2)告知证人的权利义务,证人作证,宣读未到庭证人证言;(3)出示书证、物证和视听资料;(4)宣读鉴定结论;(5)宣读勘验笔录。第125条规定,当事人在法庭上可以提出新的证据。当事人经法庭许可,可以向证人、鉴定人、勘验人发问。从《民事诉讼法》的规定和民事诉讼的实务来看,法庭调查的主要事

* 作者单位:清华大学法学院。

项包括以下内容：

1. 当事人陈述案情。首先由原告陈述自己的诉讼请求、事实主张、适用法律的观点以及证据。然后由被告人陈述自己的抗辩事实、抗辩的法律理由以及相应的证据。有第三人参加诉讼的，如果是有独立请求权的第三人时，由该第三人陈述提起第三人独立之诉的请求、请求事实、法律依据以及相应的证据。系无独立请求权的第三人时，由该第三人陈述参加诉讼的理由以及证据。被法院通知参加诉讼的，也可以陈述不应参加的理由。

2. 法官询问。法官询问是法官向当事人和证人进行调查的一种方式。法庭调查的一个重要内容就是法官直接向当事人、证人询问有关案件的情况。

3. 质证和认证。按照审判方式改革以前的庭审方式，法官在庭审的调查阶段一般会要求当事人集中提出证据、安排证人作证、宣读鉴定结论和勘验笔录。合议庭可以直接认定证据，并且不需要当庭对证据的效力加以认定。因此，也就没有必要对证据进行质证。审判方式改革以后，审判规范要求对证据进行质证和认证，这样，当事人提出证据的行为就与质证、认证的行为联系起来。当事人提出证据时将有可能同时予以质证和认证。

从法律对法庭调查的规定来看，设定法庭调查的任务和目的在于，通过当事人双方的陈述、法官对当事人、证人的询问、当事人出示证据、质证、认证，从而全面揭示案件事实，为法庭辩论奠定基础。

从庭审的现行构造来看，法庭辩论应当是法庭调查的逻辑发展程序。依照一般教科书的观点，法庭辩论的主要任务是，通过当事人双方及其诉讼代理人的口头辩论和质证，进一步查明案件事实，分清是非责任，对双方有争议的事实问题和法律问题各自陈述自己的主张，并反驳对方的主张，使法院通过双方对立观点的辩论，发现案件真实和实体正义的所在，以便做出公正的裁判。

按照《民事诉讼法》第 127 条的规定，法庭辩论应按以下顺序进行：(1)原告及其代理人发言。(2)被告及其代理人答辩。(3)有第三人的，由第三人及其诉讼代理人发言或答辩。(4)互相辩论。辩论中的发言顺序仍然按照以上顺序进行。按照要求，法庭辩论应当紧紧围绕案件的争议事实和法律问题进行。法院应当保障当事人各方充分地行使辩论权，调动当事人各方的积极性，并引导当事人正确行使辩论权，保证辩论能够围绕案件争议，对于不正当的发言予以制止。

## 二、法庭调查和法庭辩论分立的问题点

将法院开庭审理的程序分为调查和辩论两个彼此不能重合的阶段，其基本

认识是基于案件事实本身与人们对案件事实的认识问题和法律认识问题的分离及其可能性。这种分离的哲学基础是,案件事实是客观的,关于案件事实的认识以及与该事实相关法律问题的认识是主观的。客观和主观是彼此不同的两个世界。既然两者是可以分开的,且人们对案件事实的认识和法律适用的认识都是在案件事实被揭示之后。因此,只有首先将案件事实开示出来,厘清事实关系,才能进一步厘清人们对案件实际情况的事实的认识和法律上认识。诉讼纠纷的发生和存在,一个主要原因是当事人之间对案件认识上的不一致。当事人利益的对立,认识角度、知识体系、认识环境的差异,也就导致了当事人对案件事实和法律上的不同认识。从探明事实真相和厘清法律问题的机理来讲,也就需要通过双方之间的相互辩论才能使裁判者充分获得关于案件的信息,并实现公正的裁判。(当然,辩论程序的设置不仅仅是为了使裁判者获得裁判的信息,还在于体现给予当事人充分陈述,对等陈辩,公开质辩的程序正义方面。)问题在于,在开庭审理中能够将事实的开示、探明与厘清事实和法律上的认识的所谓辩论区分开来吗?

事实上,有的案件在庭审中是很难将两者简单地加以区分开来的。首先,让我们来分析一下法庭上当事人之间辩论的内容。当事人的辩论内容应当是案件中所涉及的争议问题,这一点没有疑问。案件争议的问题包括了两个大的方面:事实上的争议和法律上的争议。事实上的争议,又主要包括了双方对某事实存在与否、此事实还是彼事实以及事实的范围、大小等问题。例如,损害赔偿诉讼中,双方当事人关于损害事实是否存在、损害事实与加害行为的因果关系、损害事实程度等事实问题的争议。而法律上的争议,则主要指法律适用的问题。实质上,法律上的适用问题是当事人关于与案件事实对应的法律认识问题。例如,如何理解特定案件的诉讼时效,法律关系的性质,法律构成的要件,等等。

在法庭调查阶段,人们期望能够将案件的事实揭示出来,而不涉及事实问题和法律问题的争议。但实际上在许多情况下,人们很难摆脱事实与关于事实,以及事实与法律问题的纠缠。在损害赔偿的诉讼中,被请求人的行为是否加害行为、为何种侵权行为,不仅只关涉行为的时间、地点、行为方式和过程,同时也涉及当事人各方对该行为性质的评价问题。就行为的事实要素与对行为的评价而言,两者可以分开,关于该行为性质的评价的法律争议可以放在法庭辩论中来辩驳,但在揭示有关行为的时间、实施的地点、行为方式和过程等这些事实时,就往往不能排除双方当事人在这些问题上的争议。而有的事实本身就直接表现为法律认识,如关于过失问题。“过失”既可以看作为对事实的表述,也可以视为是关于事实的法律表述。在损害赔偿案件中,“过失”是损害赔偿的法律构成要件事实，尽管可以把它看做抽象的要件事实。但同时，“过失”又是关于某种事实状况的法律评价。“过失”作为一种事实状态虽然是指行为人的过于自信或疏忽大意的心理状态，但何谓“过于自信”，何谓“疏忽大意”，仍然是一种人们的评价，这种评价涉及相关的法律理论问题。

一般认为，法庭调查的目的是揭开案件的事实，即掀开罩在案件事实之上的面纱。这里所谓的“事实”，准确地讲应当是指“案件的实际情况”。一般理解为不依赖于人们意识而独立存在的“外在”或“自在”事实。然而，从认识论的意义上讲，“事实”是人们对事物实际情况的一种陈述。事实作为对事物感性呈现的一种断定和陈述，必须是为人们所能直接或间接观察到的，然后，由主体的概念所接受，由主体判断而被陈述出来的。事实作为对事物事实即情况的一种陈述或判断，按其内容而言是事物的实际情况，即客观的；按其形式而言是一种陈述或判断，即一种知识形式。因而，一切事实都必然是主观与客观、感性（经验的东西）与理性的统一与结合。① 因此，人们的认识（知识或理论）对事实具有渗透性，事实不可能将人们的认识（知识和理论）完全剥离出去。孤立于人的认识、经验之外的，亦即没有进入人的认识领域的客观事物，只是一种纯粹的“自在之物”，不可能成为认识主体所把握的事实。② 人们对案件实际情况的揭示总是在某种特定的认识环境和认识理念指导下进行的。于是，在哲学的深层认识中，我们也无法找到在揭示案件事实时，将人们的认识从中加以排除的认识论依据。

法庭辩论中一个很重要的事项就是双方当事人提出证据，对证据进行质证和认证。质证是双方当事人对证据的真实性、证据的效力、证据事实与案件的关联性方面进行质辩的过程。然而，关于证据的质辩，实质上就是关于案件事实，甚至法律问题的辩论。对于原告而言，提出的证据都是围绕原告的诉讼请求和阐明法律理由的事实。对于被告而言，提出的证据则是关于反驳原告诉讼请求和法律理由的事实。庭审中的案件事实几乎就是由这些证据事实组成的，因此，关于证据的质辩也就是关于案件事实问题的辩论，不可能将关于证据问题的辩论与案件事实问题的辩论区分开来。而且，也同样不能将证据辩论中的事实问题与关于证据的法律问题加以区分。

在庭审的事件中，我们所见到的情形往往是在法庭调查阶段，双方当事人就开始对事实问题以及相关的法律问题进行辩论。这时，审判长会提醒双方当事人：现在是法庭调查阶段，不是辩论阶段，不要现在进行辩论，到了法庭辩论阶

① 彭猗涟著：《事实论》，上海社会科学出版社1996年版，第71页、79～81页。

② 同上，第61页。

段，自然会让双方充分辩论。此时，当事人往往会指出，如果这一问题不能进行辩论，便不能进行证据调查，即使进行调查也会偏离方向。例如，在一宗涉及股权争议的行政案件中，原告以经济案件向某高级法院起诉，法院也已受理。在法庭调查中，原告首先陈述自己的主张，要求确认股权，赔偿损失，并提出了证明自己主张的事实及理由。对此，被告人代理人抗辩指出，本案系行政诉讼案件，不是经济案件，并提出相关的事实和法律依据。当审判长宣布进行法庭调查，原告陈述后，被告便与对方就案件的性质问题展开了激烈的辩论。由于法院是按照经济案件来受理的，案件的法庭调查便受到法院这一法律认识的左右，调查也就要围绕股权的存在与否和损害赔偿法律关系是否成立进行。被告一方则不会同意就这些事实问题进行调查，必然要求首先对案件性质问题进行辩论。此种情况下，如果将法庭调查与法庭辩论分立，就不能使案件性质尽早得以解明。当然，该法院也可以围绕案件的争点进行调查和辩论。将案件的性质也作为其中一个争点。但按照现行的庭审结构，会将案件中所有争点的调查集中起来进行，然后对所有争点的事实问题和法律问题进行辩论。这样一来，必然打破案件的内在逻辑。因为在这一案件中，案件的性质问题是属于前提性争点问题。如果不解决这一问题，其他争点的调查和辩论都可能是徒劳的。从逻辑上，应当是首先围绕案件的事实进行调查和辩论，然后对股权存在与否、损害的有无或大小的问题进行调查和辩论。因此，对有的案件，从逻辑和方便审理的角度，就应当是调查辩论—辩论调查，也可能是辩论调查—调查辩论这样的过程。

不仅法庭调查中会涉及事实问题和法律问题的争议，而且在法庭辩论中也同样会涉及事实未明，而又需要对事实进行调查的情形。按照法庭调查与法庭辩论构架的设想，辩论是在法庭调查中对案件事实充分揭示的基础上进行的，因此，法庭辩论只是围绕已经揭示的事实基础上的辩论。但事实上，由于法庭辩论中所关于法律问题的辩论与事实的内在联系，因此，在法庭辩论中当事人双方在辩论中就可能因为提出新的观点，而又将涉及新的事实。当事人一旦提出新的法律主张，就自然会提出新的事实或证据。由于提出新的事实或证据，就需要对这些事实进行调查，对新提出的证据进行质证活动。在这种情况下，法庭就只能终结已经开始的法庭辩论程序，而重开已经结束的法庭调查。笔者经历过四五次审判长已宣布终结法庭辩论后，不久又重开法庭调查的事情。这种情况使法庭常常处于十分尴尬的境地。

## 三、消解庭审调查与辩论的分立

以上笔者指出目前民事诉讼法以及民事诉讼实务中将法庭调查与法庭辩论分立的做法不仅在理论上难以自圆，在诉讼实务中也难以操作。而反观大陆法系和英美法系国家的民事诉讼，也没有在庭审中将案件的调查与辩论分立的做法。

在大陆法系国家，如德国、法国、日本等，都实行的是言词辩论原则。所谓言词辩论，是指在公开的法庭上，采用言词的方式在受诉法院面前实施诉讼行为的程序。① 基于言词原则的基本要求，大陆法系国家都将重要诉讼行为的实施放置于能够面对法院和当事人的空间。因此，法国、德国、日本等都建立了所谓"言词辩论期日"制度。所谓"言词辩论期日"，是指法院指定的进行言词辩论的期日，"言词辩论期日"相当于我国民事诉讼中庭审期间。根据辩论原则和言词辩论原则的要求，所有作为裁判依据的主要事实必须从当事人言词辩论过程中产生，因此，"言词辩论期日"也就成为诉讼的核心阶段和过程。言词辩论原则适用于当事人的辩论和证据调查。应当注意的是，尽管在大陆法系国家的民事诉讼中也有所谓的证据调查程序，并与当事人辩论加以区分。但大陆法系民事诉讼的证据调查概念与我国民事诉讼法和实务中的证据调查概念有很大的不同。大陆法系的证据调查主要是根据当事人的申请，由法院委托鉴定人对案件所涉及的事实问题进行鉴定、查对文书的真伪、进行勘验。证据调查实际作用是对当事人声明的证据进行核实，认定当事人主张的证据的真实性。

在德国，对案件的实质审理在"主要期日"里进行。一旦进入"主要期日"也就进入了言词辩论阶段。在"主要期日"里，当事人的诉讼行为都是属于广义上的辩论行为，包括陈述、提出证据、对争点的辩论，并不将对案件事实的法庭询问和对证据的质证、认证与当事人关于事实问题和法律问题的辩论加以区分。②

在法国，民事诉讼程序分为事前程序、辩论程序、合议程序和判决程序。事前程序中，主要是对争点和证据进行整理。为辩论程序做准备。辩论程序是民事诉讼的核心程序，原告关于诉讼请求的陈述、有关的证据评价，被告的抗辩以

---

① [日]三月章著：《民事诉讼法》，弘文堂1985年版，第413~414页。

② [德]狄特・克罗林庚著：《德国民事诉讼法律与实务》，刘汉富译，法律出版社2000年版，第391~404页。

及双方之间关于各焦点的辩论都将在该程序中进行。①

在日本，也同样没有将法庭审理分为法庭调查和辩论两个阶段。日本所谓的证据调查和法庭的辩论程序，都是在专门的期日和场所中进行。在证据调查的期日里，当事人双方也可以对证据问题进行辩论。而在言词辩论期日里，当事人双方将对案件的事实问题和法律问题进行辩论，也包括对证据的评价问题。我国之所以将法庭审理分为法庭调查和法庭辩论，也许与误解了大陆法系国家的证据调查与事实审中言词辩论有关。

英美法系的民事诉讼的庭审一般是指在法庭的事实审程序。庭审的过程，就是证据调查和辩论的混合的过程。以美国联邦民事诉讼为例，在庭审之前，美国民事诉讼有一系列的庭审前的准备性程序，最主要的是证据开示（discover）。证据开示只是当事人双方提出证据，并不涉及证据效力的认定。关于证据是否会被采用，当事人的主张是否会被认可将在庭审中解决。在庭审程序中，事实提出和关于事实问题和法律问题的辩论是交叉或穿插进行的。

针对我国现行的调查与辩论分立的庭审构造，笔者认为，这种构造过于僵化，硬性地割裂了事实的调查与事实问题、法律问题辩论的关联性。因此，将法庭对案件的调查与当事人之间的辩论分立是不妥当的。有必要在今后修改《民事诉讼法》中加以调整，改变现行法中法庭调查与法庭辩论分立的做法，不再将庭审分为法庭调查和法庭辩论两个阶段。

庭审的主要功能应当是在法官的主持下，围绕诉讼标的和争点，当事人双方充分陈述主张和理由（有第三人的，也包括第三人对自己主张的陈述）。对提出的证据进行质证，以辨明案件事实和法理。在庭审的程序方面，仍然按照《民事诉讼法》第123条的规定，进行有关的准备事项，然后进入庭审的实质阶段。关于庭审中的具体方式可分以下几种：其一，先是原告陈述，并提出证据，再是被告陈述，并提出证据，然后双方当事人对提出的证据进行质证。其二，在当事人双方陈述完以后，当事人双方各自提出证据并予以质证。在提出证据和质证的过程中，当事人之间或当事人与第三人之间就可以围绕诉讼标的和争点，实施相关事实问题和法律问题的辩论。在一个案件中可能有若干争点，当事人的陈述、提出证据、质证以及辩论将围绕各个争点，并按照各个争点的逻辑联系进行，分别对各争点进行调查和辩论。总之，庭审不应当拘泥于某种固定的格式。设有预备庭或准备庭制度的，在庭审准备阶段就已经将诉讼争点加以整理。因此，无须

① 张卫平、陈刚著：《法国民事诉讼法导论》，中国政法大学出版社1997年版，第222页、218～220页。

在庭审中对争点问题进行整理,当事人可以直接围绕争点进行辩论和质证。在我国的诉讼体制下,还难以推行交叉询问制度,询问只能是法官职权询问的方式,辅以当事人询问。法官在审理中,可随时向当事人、第三人、证人等进行询问,经法官同意时,当事人可以询问证人和对方当事人。法官在庭审中的基本作用主要是控制庭审的顺利进行,引导当事人正确地进行辩论。

(2001 年第 4 期)

# 2002年

# 简易程序与民事纠纷的类型化解决

章武生* 吴泽勇**



近年来，由于法院受理的案件数量大幅度增长，而法院人员编制相对稳定，积案过多成为法院系统非常突出的一个问题。为解决或者缓解案件数量与法官人手的矛盾，各地法院采取了各种各样的“简易化”措施，以节约个案审理的时间，在相同的时间内审结更多的案件。但由于缺乏必要的立法和理论指导，各地的“简易程序”事实上处于一种各行其是的无序状态。显然，这种状况对我国的法治化建设是不利的。要统一各地简易程序的改革步伐，首先就要统一人们对简易程序基本问题的认识。作为民事诉讼法学者，起码应当在以下两个问题上作出明确的回答：其一，为什么要采用简易程序？其二，哪些案件可以采用简易程序？在笔者看来，这两个问题可以归结为一个问题，即简易案件的类型化问题。之所以要采用简易程序，是因为某些类型的案件适宜以简易方式解决；而简易程序的适用范围，应当限于这类适宜以简易方式解决的案件。基于这种思路，本文对简易、小额案件的类型化解决问题进行初步的探讨，并期待学界同人的批评指正。

## 一、纠纷解决与民事诉讼制度的机能

按照法社会学派的观点，法律的主要作用在于通过对个人行为的安排，社会利益的保护，提供一种庞德所言的“通过法律的社会控制”。作为法社会学派的创始人，庞德这样表述他对法律的基本看法：“为了理解当下的法律，我满足于这样一幅图景，即在付出最小代价的条件下尽可能地满足人们的各种要求。我愿意将法律看成这样一种社会制度，即在通过政治组织的社会对人们的行为进行安排而满足人们的需求为条件而尽可能地满足社会需求——即产生于文明社会生活中的要求、需要和期望——的社会制度。”①付出最小的代价，满足人们尽

---

* 作者单位：复旦大学法学院。

** 作者单位：复旦大学法学院。

① 转引自［美］E. 博登海默著：《法理学：法律哲学与法律方法》，邓正来译，中国政法大学出版社1999年版，第147页。

可能多的要求,法律正是作为这样一个社会工程发挥着作用。

这个社会工程包括了许多的环节,如立法、司法、行政以及对法律的认知、遵从和信仰,等等。其中,通过解决个别社会冲突保护当事人利益、协调各种社会需求的诉讼制度,无疑具有重要的位置。因为,人们的需求是多样的,它因主体、环境的不同而呈现变动不居的样态。不同的需求在有限的时间、空间和资源环境中共存,难免产生碰撞,而这种碰撞如果不能以个人、群体自身的力量化解,就可能以诉讼的形态提交到国家的法律面前。对国家的法律来说,它也正是通过一个人具体纠纷的处理,将国家倡导的价值和行为模式宣示给民众,进而实现有限资源在无限需求中的合理配置。

基于类似的思路,我们把通过诉讼的纠纷解决也看做一种特定的需求,那么,在关于诉讼的需求与国家诉讼制度解决纠纷的能力之间也存在一种"社会工程"。为了使这个社会工程更好的运转,人们面临着以下课题:其一,将诉讼的需求限制在一定范围内。如果任由这种需求无限的膨胀,那么无论是多么功能强大的诉讼制度,也不免陷入崩溃。其二,提高国家诉讼制度的纠纷解决能力。其三,将现有的诉讼资源在各种需求中合理的配置,以达到其纠纷解决效益的最大化。

至于第一个问题,也就是诉讼效率的问题,很大程度上并不是学者和立法者的理性设计所能左右的。在从农业社会走向工业社会,从人治国家走向法治国家的进程中,诉讼的大量增加是不可避免的。虽然目前许多法院都面临着"积案如山"的困扰,但依靠增加接近诉讼的难度来降低诉讼率,并不是明智的选择。众所周知,由于传统以及制度本身的原因,一般中国人仍视诉讼为畏途,除非万不得已,是不愿跨进法院大门的。诉讼的增多或许多多少少反映了人们法制观念的转变;但它更多的反映了社会本身的转型——在这种转型过程中,社会的流动性增强,传统社区、团体凝聚力减弱,价值观多元化,人的主体意识增强,所有这些,都使必须用法律手段解决的纠纷越来越多。因此,在这样的社会潮流中,制度设计者应该做的不是压制诉讼,而是对可能演化成诉讼的纠纷进行一定的"疏导"——比如,创建各种替代性纠纷解决方式,发挥某些传统纠纷解决方式的作用,等等。只有人们发现了更简便、易行的纠纷解决办法,诉讼案件急速增长的趋势才可能得到遏制。

第二方面、第三方面是诉讼法学者真正有所作为的领域。如果说国家司法制度纠纷解决机能的状况还与司法权在国家权力中的地位以及国家对司法的投入有关——其实在一个具体的国家和一个具体的时期,这两点都是固定的,那么,现有司法资源的利用效率,则主要与诉讼制度的设置相关。诉讼法学者应研究这样的问题:在现有的司法资源条件下,如何尽可能地增强诉讼制度解决纠纷的机能;以及如何将这有限的司法资源在各类纠纷中有效的配置,以达到一种纠纷解决效果的"最优化",即所谓"社会整体正义"的最大化。①

对法学家而言,这两个问题实质上是一个问题,即通过制度的设计来提高司法制度解决纠纷能力,以便纠纷解决在数量和质量上均达到比较令人满意的程度。在这个问题上,我们说法学家扮演着一种"社会工程学家"的角色,他们应像工程学家那样具有对事物结构的敏感,像工程学家那样具有缜密的思维,能时时留意影响整个工程的每一具体要素的变化。

基于这样的视角,提出纠纷解决类型化的课题应是水到渠成。人类几千年的生产经验告诉我们,对纷繁复杂的工作进行专业化分工,将有利于此项工作更好的完成。在现代社会中,有了刑事诉讼与民事诉讼的区分,并通常在法院设置了专门的庭室,由固定的人员来处理某一类案件。但这还不够。现代社会的高度复杂化对纠纷解决机制的专业化提出了新的挑战,它要求我们在民事案件中做进一步的划分,按照其中各类案件的特点和需要,设置专门的诉讼制度加以处理。

## 二、简易、小额案件的类型特征

按照纠纷类型对法院审判程序进行的分类,首先是诉讼程序与非讼程序两种。二者的主要区别在于诉讼标的是否涉及实体上的争议,如存在实体争议,属于诉讼程序,反之则属于非讼程序。与诉讼程序相比,非讼程序在对处分权主义、辩论主义、诉讼公开主义的适用等方面有所保留;而一定程度上提倡了职权干预主义、职权探知主义、书面主义等。② 复杂的民事案件,依据简单的标准一分为二,非此即彼,未免失之简单。③ 也就是说,即便在归入诉讼案件的民事争议中,实际上仍可按实体争议的种类、案件的复杂程度以及涉及案件标的金额的大小,做出进一步的划分。

简易、小额诉讼程序的设计正是出于这种考虑。一般而言,适宜以简易方式

① 小岛武司提出的"整体正义"的概念颇具启发意义。小岛武司指出:"社会各个角落是否都能达到适当的救济,正义的总量——也称整体正义,是否能达到令人满意的标准,这才是衡量一国司法水准高低的真正尺度。"参见[日]小岛武司著:《司法制度的历史与未来》,汪祖兴译,法律出版社2000年版,第35页。

② 江伟著:《民事诉讼法学原理》,中国人民大学出版社1999年版,第721页。

③ 同上,第731页。

审理的案件至少应具有以下三种特点之一：

**（一）案情简单，用简易程序足以处理的案件**

虽然这个社会正面临着越来越多的诉讼，甚至有人已经发出了诉讼爆炸的惊呼，但事实上，并非每一个案件都复杂到了必须用正规的普通程序来审理的程度。比如，某些债务纠纷，双方当事人对债权债务关系并无任何分歧，原告也能举出确凿有力的证据；某些离婚案件，夫妻双方均同意离婚，只是在财产划分上存在争议，等等。类似的案件在司法实务中有很多。对这些案件，法官用简单的"三段论"逻辑便足以做出判决，完全没有必要花费更多的时间，走完一个又一个冗长的诉讼环节。确有某些案件可以用简单的程序妥善地处理，这是简易、小额诉讼程序得以存在的基本依据。

笔者曾就简易程序的公正价值作论述。[①] 从纠纷的类型化解决的角度，可以对此话题作进一步的引申。如果把民事诉讼制度的基本目标看做纠纷解决，那么适当的公正度则是该目的得以实现的条件之一。贝勒斯指出，争执的解决有两个层次的含义：一种是行动上的解决；另一种是心理意义上的解决。法院的判决常常是仅仅从行动上解决了争执。[②] 虽然这么说，但一种诉讼制度能在多大程度上从心理上解决纠纷——让即便是败诉的当事人也心悦诚服地接受判决，这是评价其优劣的一个标准。能否做到这一点，与一种程序的公正性有关。而现代诉讼制度的同度烦琐，其基本的理由便是为了使诉讼更公正，以便当事人在一般情况下能够接受判决；唯有如此，法院作为官方的纠纷处理机构，才能长久地维持其权威地位。这种公正不仅是实体上的，同时也是程序上的——而且两者是相辅相成、不可分离的；从实体上看，只有经过了谨慎的庭前准备、证据调查、庭审辩论，案情才可能弄清楚；从程序上看，由于经过了一个又一个体现着人类理性和当事人程序主体性的程序环节，当事人即便对最后的判决并不认同，通常也无可奈何而只能甘心接受判决。但是，这两个方面的要求，都有一个共同的前提，那就是案情足够复杂。对简单的案件，既没有必要用复杂的程序去查明事实——因为案情本身是简单的；败诉当事人一般也不会因为程序过于简单而觉得自己的程序保障权受到了侵害——因为是非很清楚，"没什么好说的"。如果从"妥当地解决纠纷"这样一个功利化的角度出发，可以说，程序公正发挥作用的领域更多地集中在事实很难弄清，仅凭事实说话难以服人的场合；而简单案件

① 章武生："民事简易程序中的公正与效率"，载《诉讼法学研究》（第1卷），中国法制出版社2001年版，第272～282页。

② 前引［美］迈克尔·贝勒斯：《法律的原则》，张文显译，中国大百科全书出版社1996年版，第21～22页。

不在其中。

**(二)虽然情节未必简单,但对简捷、迅速审理有特殊要求的案件**

国家设置司法制度,是为了满足公民、法人和其他社会主体化解纠纷,保护自身权利的需要。因此,无论从哪个角度,最大限度地满足当事人要求都应成为程序设置的一个基本理念。而当事人的要求是多样的。虽然普通程序因其程序保障的完备性而成为现代民事诉讼程序的典范,但并非所有案件的当事人都愿意忍受这种程序高昂的诉讼费用和漫长的诉讼周期。事实上,还有某些案件,由于其案件类型的特殊性,过于冗长的诉讼周期成为妥善处理纠纷的大忌。比如,在破产清算过程中发生的涉及破产财产归属的经济纠纷案件中,如果按普通程序处理,可能大大延误破产案件处理的进程;在共同海损案件中,如果不尽快就海损造成的权利义务纠纷作一了断,双方的利益都可能受到损害;在请求抚养费用的案件中,如不尽快审理,被抚养人的基本生活都可能受到威胁。其他如本票价款追索案件,确定股票价格案件等,都对简单、快速的审判有着超乎寻常的要求。① 除了这些典型案件外,复杂的社会生活肯定还造就了许多其他要求简速裁判的案件。比如,在现实中,当事人涉讼的利益可能是有期限的,即只有在一定的时期内实现,才对其具有实质性的意义。对这种案件,如果全都适用普通程序审理,就未必利于当事人权益的保护。

与第一类案件相比,这一类案件的特征是其对简捷审理的特殊要求。但这些案件中也有区别。这种区别表现在要求快速审判的主体不同。某些案件是出于公益的考虑,要求简速判决,如关于破产财产的纠纷案件;某些案件则是出于双方当事人的要求,如在共同海损案件中经常出现这种情况;某些案件则是从原告的角度,对简速判决有特殊的要求,如请求抚养费用的案件。由于这些不同,各类案件适用简易程序的法理基础也有所差别,相应的,在程序安排上也可考虑不同的设计。

**(三)诉讼金额较小,“不值得”使用普通程序的案件**

以诉讼标的金额为主要标准来界定简易、小额诉讼程序的适用范围,这是国外立法的通例。对此可能提出的挑战是:一个诉讼金额对不同的当事人,有着不同的含义,因此以诉讼金额来界定简易、小额程序的适用范围,对穷人有失公平。但正如我国台湾地区学者邱联恭所说的,在诉讼上追求权利与在社会上通过交易行使权利是不同的,因为除本案原、被告外,还有成千上万的人正在或即将利

① 这里列举的几类典型案件,参见邱联恭:《程序制度机能论》,台湾三民书局股份有限公司1996年版,第83~87页。

用法院。所以，不能为了某一个案件的审理花费过多的劳力、时间和金钱，从而阻碍了其他案件进入诉讼程序。① 为此，各国民事诉讼制度中均采纳了所谓的“费用相当性原则”，即根据案件金额对纠纷做出分类，分别适用繁简不同的程序，以保持案件重要性与诉讼耗费的基本相当。② 根据这一原则，当事人的程序权利受到一定的限制，如不能将 5 万元的债务请求分成数次起诉；不能越过法律规定的小额诉讼程序而选择使用普通程序，等等。

关于在小额案件中适用简易程序的理论依据，前文的分析事实上多有涉及。比如，从效益的角度，它是一个司法效益最大化的问题；从公正的角度，它是一个个别公正与整体公正的协调问题。而从纠纷的类型化解决的角度，其更直接的依据是程序设置的费用相当性原则。无论是就司法效益的维护，还是就社会整体公正的维持，都没有理由在数额很小的案件中使用耗费很高的普通程序。

## 三、简易、小额纠纷的类型化处理

从纠纷的类型化特征出发，我们归纳了应适用简易程序的三类案件：简单案件、强烈要求快速审判的案件以及小额案件。虽然这三类案件都要求审理以简易、迅速的方式进行，但每类案件适用简易程序的理论依据并不相同。我们说，对案件进行类型化处理，是因为案件本身有应该适用简易程序的正当化理由；既然这些理由不同，在程序的设计方式上自然也应体现出某些差别。

对于第一类案件，即案情简单的案件，应适用法官职权裁量的法理，由法官决定是否使用简易程序。案情是否简单，这必然涉及对一个案件的主观判断问题，而法官作为代表国家行使审判权的人，应享有此种判断的权力。当然，为使法官的裁量有章可循，不致过分随意，由立法列举若干类型的简单案件让法官参考，也是必要的。同时，当事人作为案件的直接利害关系人，对案情简单与否有着最真切的了解，因此应赋予其提出异议的权利，即对法官认为案件应适用简易程序的判断，任何一方当事人都可以提出自己的反对意见。对该意见，法院审查合理的，应裁定对案件适用普通程序；反之，仍适用简易程序。

对于案情不一定复杂，但却强烈要求简速审理的案件，应做进一步的具体分

① 邱联恭著：《司法现代化与程序法》，台湾三民书局股份有限公司 1992 年版，第 277 ~ 278 页。

② 同上，第 319 ~ 321 页。这里所说的“费用”，应该是指诉讼中的资源耗费，而不单指应由当事人负担的诉讼费用。

析。一个民事案件可能涉及三种利益:原告利益、被告利益和公共利益。相应地,要求案件快速审理的主体也就有三种可能。在共同海损案件中,可能是原、被告双方均要求快速审理,对此类案件,法律无须专门规定,只要赋予当事人合意选择程序的权利即可。只要双方当事人一致要求适用简易程序,法院无须审查,即可适用简易程序。因为这里体现了当事人处分权的原理。另外一些案件,可能是出于公益的考虑,必须运用简单、快捷的方式加以处理,如关于破产财产的纠纷、关于股票价格确认的纠纷,等等。在这类案件中,是适用简易程序还是普通程序,实际上是一个当事人利益与社会公共利益的衡平问题。为保护市场经济的正常运转,可考虑在一定条件下对其中的某些案件强制适用简易程序。还有一类案件,只是原告要求快速审理,被告并没有这种要求,如要求抚养费用的案件、涉及原告期限利益的案件。在这类案件中,利益的衡平主要发生在双方当事人之间。因此,在制度设计上,应给对方选择程序的机会,同时辅以相应的措施,对故意利用普通程序拖延时间的被告施以惩罚。比如,可规定,在这类案件中,原告可提出适用简易程序的请求,对此请求,如被告无异议则适用简易程序。被告如提出异议,则适用普通程序;但适用普通程序审理后被告如果败诉,则要承担原告因此付出的额外损失——如诉讼费用、期限利益过期带来的损失等。在某种意义上,这可以看做对被告滥用程序选择权的一种惩罚。

至于因案件涉及金额较小而不值得用普通程序审理的案件,应由法律规定强制适用简易程序。因为对这类案件而言,采用简易程序是避免司法资源的浪费,维护大多数当事人利益的要求。这种要求在法律上和道德上都应优于当事人的个别程序权利。因此,这已经超出了当事人选择的范围。当事人只能对自己的实体和程序利益做出处分,而无权就国家司法资源的整体配置做出处分。

除了在程序提起方面的差别外,在程序规程上,三类案件也应有所区别。这三类案件中,简易程序的适用只有在小额案件具有绝对的正当性,而在其他两类案件中,都只具有相对的合理性,因此,可考虑对小额案件与简单案件、强烈要求快速审理的案件安排简易程度不同的程序来进行处理。也就是说,小额案件的审理程序应是最简单的,在这里,诉讼资源的节省是主要的制度目标。而对案情简单的案件和强烈要求简速审理的案件,则可安排相对正规的程序,只是在各个程序环节之间的间隔应尽量缩短,同时略去某些不太必要的环节,以便整个程序更紧凑、更省时。这是因为,这两类案件或者诉讼标的较大,或者案情并不复杂,都有给当事人相对完善的程序保障的必要。在立法上,这类程序可以是对普通程序的适当简化,而未必非要设置专门的特殊程序。

需要说明的是,这里的分析只是初步的。这种分析的目的主要是为简易程序的适用提供一种理论上的依据——这种依据的立足点便是纠纷的类型化处理。至于类型化到什么程度,那又涉及由具体国情决定的制度设计的可行性问题,而不仅仅是一个合理性的问题。

(2002 年第 1 期)

# 2004 年

# 民事证据规则司法解释若干问题研究

王利明*

最高人民法院2001年12月6日制定了《关于民事诉讼证据的若干规定》(以下简称《规则》),该解释总结了目前现有各级各地人民法院的证据规则的经验,弥补了现行《民事诉讼法》有关证据制度的缺陷。该规则作为我国民事证据法的主要渊源,其颁行对于保障司法公正、提高司法效率、推动司法改革具有重要意义。该规则也是完善我国有关证据方面的民事实体法和程序法的重要规则。《规则》的颁布具有积极现实意义,但还存在一些值得商榷之处,笔者通过认真学习和研究,拟不揣浅陋,对该规则提几点意见和建议。

## 一、《规则》的制定是必要的、及时的

从总体上来看,我国现行《民事诉讼法》对提出证据的主体选择的仍然是"以法官依职权收集和调查证据为主、当事人举证为辅"的方式,从而不能很好地适应程序公正和裁判公正的要求。尤其是《民事诉讼法》以及有关的法律在证据制度方面规定得十分简单,进而导致在具体的民事案件中,一些基本的证据规则仍然缺乏,无法适应社会经济生活的发展与保障司法公正的需要。在这种情形下,我国各级人民法院先后开展了民事审判方式的改革,改革的措施也大多围绕民事证据规则的运用而展开,如强化质证、实行举证时限、庭前交换证据等。《规则》正是在总结这些经验的基础上,对法院在审判工作中所使用的证据的基本规则做出了规定,笔者认为,该规则的制定是必要的,其内容对于保障司法公正和提高诉讼效率将发挥重要作用。所谓"以事实为根据",无非"以证据为根据",[①]因此,证据规则的不合理和不完善很难保障司法的独立、公正以及案件真

* 作者单位:中国人民大学法学院。

① 在诉讼活动中如何正确地理解"以事实为根据"的含义,值得探讨。过去我们一直认为,所谓"以事实为根据",是指自法官在亲自调查取证的基础上所认定的确凿无误的事实,才是裁判所依据的事实。诉讼的目的就是要发现客观真实。任何时候只要裁判结果与事实不符,就必须按"有错必纠"的原则消除裁判中产生的错误。对此,必须认识到,诉讼中认定的事实要靠证据来证明。在绝大多数案件中,由证据所认定的事实基本上都反映了或接近客观真实。

相的发现。针对实践中因为缺乏证据规则而出现一些司法不公的现实问题,该规则的出台确有助于增进司法独立和保障司法公正。这具体表现在:

第一,确立了一套较为合理的审查判断证据、准确认定案件事实的证据规则,从而弥补了司法实践中法官在审查判断证据方面因缺乏必要的基本规则,而导致的对证据审查、认定的任意性和不确定性。由于缺乏证据规则,给法官的自由裁量权留下过大的空间,并且极大妨碍了法官对案件事实的认定和作出公正的裁判。尽管从总体上说,绝大多数法官能正确地运用自由裁量权,但由于少数素质极低的法官利用因证据制度的不完善而获得自由裁量权来谋取私利,就足以造成冤假错案。例如,个别法官帮助一方当事人聘请鉴定人而否定另一方当事人的主张,甚至造假证据、造假案,在事实认定方面"翻手为云,覆手为雨",很大程度上是钻了证据制度不完善的空子。《规则》最大的意义就是在民事证据制度方面建立了一套基本的证据法规则,确立了当事人举证、质证、人民法院认证的原则及有关举证责任倒置、免证、自认的规则,确立了法院调查、收集证据的范围和程序,规范了举证时限和证据交换,确定了质证和证据审核、认定的详细规则,这就填补了我国证据制度的空白,为法官审理案件、认定事实提供了可供操作和适用的规则。同时,在法官不遵守这些规则之时,当事人、律师可以根据证据法对法官的行为进行评价,上级法院或上诉审法院依据证据法对下级法院或一审法院实行监督,从而形成一整套对法官在证据的运用、采纳方面的有效的制约体系。这就有助于保证司法的公正,防止肆意裁判与枉法裁判。

《规则》确定了证据证明力的判断规则,这既有利于法官准确地认定事实,同时也是对法官自由裁量权的限制。因为在缺乏证据规则的情况下,事实上完全采用的是自由判断的方式,而该规则详细规定了证据的审核认定规则,尤其是关于证据的证明力的判断规则,有助于保障司法的公正。

第二,明确了法官依职权主动收集和调查证据的范围及程序。《民事诉讼法》第64 条第2 款规定:"当事人及其诉讼代理人因客观原因不能自行收集的证据,或者人民法院认为审理案件需要的证据,人民法院应当调查收集"。由于该条对于造成当事人及其诉讼代理人不能收集的证据的"客观原因"并没有作明确具体的解释,尤其是对法院认为确有必要收集的情况没有作出严格的限制,从而这一条款在实践中往往被过分扩大解释,法官因此而享有了主动收集调查证据的极大的权限。由于法官在调查取证的过程中,必然要与当事人一方进行单独接触,这就很难避免法官接受当事人的吃请,更何况个别法官缺乏应有的职业道德和素质,难免在与当事人的接触中,发生权钱交易、徇私枉法现象。由于法官通常不会抛弃自己辛苦获得的证据而接受当事人的证据,即使当事人对法院的证据提出质疑,只要不是双方否认,则法官便有取舍证据的自由。① 如果法官受到了来自于各方面的干预以及人情的影响,则法官的调查取证也将会对一方当事人明显不公。② 正是为了解决实践中出现的这些问题,《规则》通过对《民事诉讼法》第64条第2款人民法院调查收集证据的情形作进一步的解释,明确了人民法院调查收集证据的范围和条件。③ 同时,《规则》在法院调查取证的程序方面,也做了较为合理的规定,这是十分必要的。

第三,完善了证人出庭制度。在审判实践中,由于证人出庭率低是影响事实的认定和法院裁判的一个重要问题。证人出庭作证率低的状况不仅影响到了证人证言的运用及采纳,更重要的是对我国当前进行的民事审判方式的改革形成了极大障碍。如果证人不出庭,当事人不能当庭对证人进行发问和质证,更不可能在此基础上对证人的证言展开充分的辩论。在大多数民事案件中,由于证人证言是证明案件事实最重要的证据之一,如果证人不能出庭作证,对事实的辩论将会缺乏可靠的依据,甚至是无的放矢,公开审判的功能因此会大打折扣。如果证人不能出庭,质证的作用就很难得到充分的发挥。从根本上说,证人出庭率低直接影响到审判的公开、公正。证人不出庭,直接决定案件事实的证据不能得到质证,法官在庭外的调查难免会形成"暗箱操作",甚至与当事人一方合作对付另一方当事人。此外,还可能使各种伪证不能得到及时的揭露,从而不能切实保障司法程序与裁判的公正。因此,《规则》第56条严格限定了《民事诉讼法》第70条规定的"证人确有困难不能出庭"的情形,并在第四部分质证的规则中对证人出庭的问题作了详细的规定。这对于提高证人出庭率、保障司法公正是有益的。

第四,明确了民事诉讼中的证明要求和证明标准。由于所谓"以事实为依据",实际上是以证据为根据,诉讼中的事实都要靠证据来证明,但诉讼中认定的事实并不一定是客观上存在的事实,在程序公正、公开的条件下,民事诉讼中查明案件时不可能使每一个被认定的事实都与已经发生的客观事实完全一样,但民事纠纷又必须依法及时解决,法官不能因当事人举证证明的事实不能完全达到客观真实的程度,驳回原告的请求。然而当事人举证所证明的事实,其真实性达到何种程度,才能够达到定案的依据,长期以来一直缺乏有关证明要求证明

---

① "民事司法的公正及其制度保障",载《法学前沿》(第3辑),法律出版社1999年版,第32页。

② 张卫平:"民事诉讼基本模式转换与选择之根据",载《现代法学》1996年第6期。

③ 参见《最高人民法院副院长曹建明在公布〈最高人民法院关于民事诉讼证据的若干规定〉新闻发布会上的讲话》。

标准的规则,以至于法官在实际的操作中所掌握的标准各不一样,这也在无形之中给法官以极大的自由裁量权。《规则》第 73 条引入了优势证据法则,要求在民事诉讼证据无法达到确实充分,所证明的事实不能达到完全排除其他可能性的情况下,只有按照"高度概然性"的证明标准作出判断,这就明确了民事诉讼中的证明要求和证明标准。如果通过证明力的比较,仍无法对待证事实作出认定,待证事实仍处于真伪不明的状态,审判人员应当依据举证责任的分配规则作出裁判,由承担举证责任的一方当事人承担不利后果,这完全符合民事诉讼的特点和规律。①



此外,《规则》的制定还有助于提高司法效率。在司法领域,公正与效率是不可分割的。因此,提高司法效率是全面实现司法公正的必要条件。按照程序正义的要求,程序也应当及时终结,裁判时间不可遥遥无期,因为任何迟来的正义都可能构成非正义。诉讼时间的拖延对诉讼当事人一方或双方会形成极大的损失和浪费。而按照现行《民事诉讼法》的规定,当事人可以在诉讼的任何阶段不断提出新证据,有些当事人将本应在一审中提出的证据故意留待二审甚至在审判监督程序中提出,造成案件被发回重审,从而使案件久拖不决,或者已审结的案件被推翻重审,这不仅造成了诉讼迟延,也是司法资源的重大浪费,对判决的既判力及司法的权威性更是致命伤。当事人在一审中不提出证据而在二审中提出证据,法院根据二审中提出的证据进行判决时可能使一审法院付出资源白白浪费。同理,当事人在一审或二审中不提出证据而在审判监督程序中提出证据,将使一审、二审法院付出的资源被无端耗费。因此,证据的提出如无时间的限制将根本违背诉讼效率的原则,所以《规则》对《民事诉讼法》第 125 条和第 179 条"新的证据"进行解释,规定了举证时限。对于与举证时限关系密切的证据交换问题,也作了比较详细的规定。这也有利于庭前确定证据方法、确定事实争点,切实提高审判效率。

《规则》的制定之所以是十分及时的,一方面,因为该规则适应了司法改革和司法实践的需要,完成了各地证据规则的全国统一。无论是实体的公正还是程序的公正,都要求证据规则的统一。然而,自审判方式改革以来,不仅各地的高级人民法院为适应审判方式改革的需要,大都制定了自己的证据规则,而且一些中级人民法院甚至区县人民法院也制定了有关的证据规则,这些规则差异较大,有的甚至在同一省市内部各中级、基层法院的证据规则都不一致,从而极大

---

① 最高人民法院民一庭编:《民事诉讼证据司法解释及相关法律规范》,人民法院出版社 2002 年版,第 35 页。

地妨碍了司法的统一性。此外,各地甚至各级法院分别制定不同的证据规则,也不利于保障当事人诉权的行使。所以规则的制定至少在法院内部将民事证据法律制度统一起来,这对于实现司法的统一也是必要的。另一方面,《规则》及时总结了审判方式改革的成果,并有助于进一步深化司法改革的关键。民事审判方式改革作为司法改革的一个有机组成部分,在全国各地已普遍展开,而各地都在探索试验,其做法各有不同,由于各级各地法院的做法又千差万别,从而极大地影响了民事审判方式改革的效果,造成了某些当事人对改革措施的怀疑与不信任。民事审判方式改革进行到现在,证据制度的完善已成为改革的"瓶颈"。规则通过规范举证时限、质证、认证等制度,有利于促进审判方式改革的深入发展。

在证据立法程序启动较慢、《民事诉讼法》暂时难以修改、民法典一时难以出台的情况下,最高人民法院从提高司法的公正和效率出发,制定关于证据的司法解释,也符合了办案的实际需要。《规则》的制定不仅丰富了我国民事证据法的渊源,而且也为制定民事证据法提供了有利有益的资料与经验。未来的民事证据法应该是在广泛吸取该证据规则的基础上,尽快出台。

## 二、对《规则》中不足之处的几点浅见

### (一)关于举证责任倒置的规则

所谓举证责任倒置,指法律基于对受害人的保护等原因考虑,将本应由提出主张的一方当事人(通常是原告),对其主张的事实,不直接承担举证责任,而应当由反对的一方就某种事实的存在或不存在负举证责任,如果反对的一方不能就此举证证明则要承担败诉后果的风险。从我国法律对举证责任倒置规定来看,《民法通则》曾经在"民事责任"一章中通过规定特殊的侵权行为责任对举证责任倒置问题做了较为详细的规定。最高人民法院于1992年7月通过的《关于适用〈中华人民共和国民事诉讼法〉若干问题的意见》第74条规定,以下案件可以实行证明责任的倒置:(1)因产品制造方法发明专利引起的专利侵权诉讼;(2)高度危险作业致人损害的侵权诉讼;(3)因环境污染引起的损害赔偿诉讼;(4)建筑物或者其他设施以及建筑物上的搁置物、悬挂物发生倒塌、脱落、坠落致人损害的侵权诉讼;(5)饲养的动物致人损害的侵权诉讼;(6)有关法律规定由被告承担举证责任的。2001年12月6日,最高人民法院制定了《规则》,为了进一步完善举证责任倒置的制度,该规则第4条规定具体列举了八种举证责任倒置的情况,规则第5条、第6条进一步对合同纠纷和劳动争议中的倒置问题作

出了规定。该规则的上述规定,较之于以前关于举证责任倒置的规定有几点变化:第一,扩大了举证责任倒置的范围,不仅将原来实体法已经规定的倒置情形在该条中进一步作出了规定,而且还增加了因为医疗行为引起的侵权诉讼的倒置情形,有关合同纠纷中的举证责任倒置问题,劳动争议中的举证责任倒置问题等。第二,对一些特殊侵权责任中的倒置内容更加细化,并作出了界定,明确了在实行举证责任倒置的情况下,反对的一方即倒置承受者一方所应当反证证明的内容,也就是究竟该“倒什么”、“置什么”,这比以前关于举证责任倒置的规定更具有可操作性。这些规定是完善我国有关证据方面的民事实体法和程序法的重要规则。但对该规则中所确立的有关举证责任倒置规则,有如下问题值得进一步讨论:

第一,关于医疗纠纷诉讼,《规则》第 4 条第 8 款规定:“因医疗行为引起的侵权诉讼,由医疗机构就医疗行为与损害结果之间不存在因果关系及不存在医疗过错承担举证责任。有关法律对侵权诉讼的举证责任有特殊规定的,从其规定。”笔者认为,该条规定将因果关系和过错完全倒置给医疗机构,对于保护患者的利益是十分有利的,从这个意义上说,该规则对保护公民的合法权益具有积极的意义。但该条规定将因果关系倒置给医院,容易给人产生一种误解,似乎原告就初步的因果关系的问题都不必要举证,而应当由被告反证证明因果关系不存在。但没有因果关系就不能确定行为人,即作为诉讼主体的被告都无法确定。事实上,在医疗纠纷案件中,原告到法院起诉,至少要证明损害行为与后果存在事实上的因果关系,也就是说,被告的行为对原告的损害具有原因力。一方面,其必须证明其遭受了实际损害;另一方面,该损害是被告行为引起,这一点是不能倒置的,否则,作为诉讼主体之被告资格如何确定?例如,在医疗事故中,原告首先要证明损害是在作为被告的医院中产生的,是在医疗过程中发生。至于医院是否具有过错,则应由医院举证证明。这种因果关系不一定是直接的因果关系,可能只是一种间接的因果关系,比较遥远,但绝不是说,因果关系不需要证明。《规则》第 4 条第 8 款规定容易使人产生误解,正因为如此,该规则颁布以后,在医疗服务系统引起了很大反响,社会各界众说纷纭,也与这种容易导致误解的解释不无关系。①

第二,《规则》第 4 条第 6 款规定:因缺陷产品致人损害的侵权诉讼,由产品的生产者就法律规定的免责事由承担举证责任。此处仅仅只是规定了对产品责任诉讼,应当由生产者负举证责任。但事实上产品责任不限于生产者的责任,根

---

① “众说纷纭医患诉讼新规”,载《京华时报》2002 年 4 月 4 日。

据《民法通则》第122条，在产品因存在缺陷而造成他人财产或人身损害的，产品的销售者也应当承担侵权责任。受害人既可以要求生产者也可以要求销售者承担产品责任，当然，也可以要求其二者共同承担责任。但在受害人选择销售者承担侵权责任时，如何确定举证责任的分配呢？按照上述规定，其本意是对于销售者不实行举证责任倒置，则显然是不恰当的，因为销售者的责任和生产者的责任并没有本质区别。这样规定，其结果却将产品销售者的主体资格排除在外，限制了诉求主体范围，与实体法规定相矛盾。

第三，关于合同纠纷中的举证问题。《规则》第5条第1~2款规定："在合同纠纷案件中，主张合同关系成立并生效的一方当事人对合同订立和生效的事实承担举证责任；主张合同关系变更、解除、终止、撤销的一方当事人对引起合同关系变动的事实承担举证责任。对合同是否履行发生争议的，由负有履行义务的当事人承担举证责任。"这一观点实际上是受到了罗森贝克规范说的影响。罗森贝克认为，应当区分权利发生的规范和权利妨害的规范，对权利发生，应当由原告举证；对权利妨害，由被告举证。对罗森贝克的这一理论的采纳，便形成了上述解释。笔者认为，这一解释有一定的道理，但是不完全：一方面，主张合同关系成立并生效的一方当事人对合同订立和生效的事实承担举证责任；主张合同关系变更、解除、终止、撤销的一方当事人对引起合同关系变动的事实承担举证责任。这实际上就是一个谁主张、谁举证的问题，这种规定从效果上看并没有太大的现实意义。另一方面，"对合同是否履行发生争议的，由负有履行义务的当事人承担举证责任"。笔者认为，这一规定是值得商榷的。因为我国的合同责任并非单一的严格责任，在《合同法》中尽管总则规定了严格责任，可是分则中却有大量的条款规定了过错责任，这就决定了对不履行合同的责任很难完全实行举证责任倒置。尤其需要指出的是，在对合同履行发生争议的情况下，原告首先要证明自己已经履行了合同，然后，再证明被告是否违反了履行义务。合同关系大多是双务合同，需要双方同时或异时作出履行，有履行义务的一方不履行未必就构成违约，关键在于其是否有相应的抗辩权。如果一方连自己是否履行了合同都无法证明，如何能够要求对方作出履行？因此，不能简单地说，"对合同是否履行发生争议的，由负有履行义务的当事人承担举证责任"。还应当看到，在某些特殊的情况下，如果合同规定的是不作为的义务，也不好说是应当由未履行义务的一方来承担举证责任。此时，原告本身就应当负有证明对方违反不作为义务的举证责任。最后，由于实体法的某些规定有待于进一步完善，因此，《规则》中根据实体法的规定所作出的有关倒置的规定，仍有待于进一步改进。例如，关于建筑物倒塌致人损害的责任，该规则第4条第4款照搬了《民法通则》第126条的规定,这本身并没有什么不妥之处,但问题在于《民法通则》第126条的规定作为严格责任的规定是不恰当的。因为过错的范围非常广泛,在建筑物或者其他设施以及建筑物上的搁置物、悬挂物发生倒塌、脱落、坠落造成他人损害的,其所有人或者管理人只要证明其已尽到注意义务,主观上没有过错就可以免责,这显然不利于保护受害人的利益。所以,对抗辩事由,也就是举证责任倒置的内容要做进一步的限定。一般来说,只有在因不可抗力或者受害人自身的原因或第三人的原因造成损害时,所有人或管理人才能够被免除责任。例如,大风将墙吹倒致人损害,所有人或管理人虽然没有过错,但还要承担责任。因为大风将墙吹倒是意外事件,不属于不可抗力,不能因此而使所有人或管理人免责。此外,关于共同危险等并不属于特殊侵权的范畴,实体法尚未作出规定,是否应当将其规定在证据法中适用举证责任倒置,值得研究。

第四,由法院根据公平和诚信原则来实行举证责任倒置,是值得商榷的。根据《规则》第7条的规定,"在法律没有具体规定,依本规定及其他司法解释无法确定举证责任承担时,人民法院可以根据公平原则和诚实信用原则,综合当事人举证能力等因素确定举证责任的承担"。这就是说,举证责任倒置并不一定以法律的直接规定为依据,根据具体案情的需要,法官可以根据公平原则和诚实信用原则,综合当事人举证能力等因素确定举证责任的承担,所以,举证责任倒置的采用仍然属于法官自由裁量权的范围。学者对此解释为,由于目前我国立法规定不健全,"在这种情况下,一个有良知的法官不能以无法律规定为由拒绝裁判,而是像立法者那样,为当事人创设一种'准据法'……法官在确定举证责任分配规则的同时,也在宣示一种新的实体法规范"。①

笔者认为,将举证责任倒置的采用完全视为法官自由裁量权的范围的观点,并不妥当。举证责任倒置不仅仅是一个证据法上的证明责任分配的问题,而且与当事人在实体法上的权利义务密切相关。这主要是因为,举证责任倒置与侵权法中的严格责任在内容上是基本相通的。近代民法确立了过错责任的基本原则,无过错则无责任,根据"谁主张,谁举证"原则,过错的事实应由主张损害赔偿的受害人负举证责任。但现代社会,随着生产力的高度发展以及科学技术的进步,危险程度不断增加,事故损害频繁发生,不仅对侵权法提出了尖锐的挑战,使侵权法的某些价值发生了"急剧的变化"(abrupt change)。当代侵权行为法适应社会的需要获得了空前的发展,同时在侵权法和证据法上都提出了一个如何

---

① 李国光主编:《最高人民法院〈关于民事诉讼证据的若干规定〉的理解与适用》,中国法制出版社2002年版,第105页。

对危险责任以及事故责任中的受害人进行有效的救济和全面的保护问题，举证责任倒置正是适应这一需要而产生的，若不确认举证责任倒置规定，在某些特殊的民事案件中，如环境污染问题、产品责任问题、道路交通事故等侵权纠纷案件中，可能会造成极不公正、极不合理的结果。尤其应当看到，实行举证责任倒置，通过将因果关系或过错的举证负担置于接近事故源的一方承担，也能够有效地促使举证责任被倒置的当事人一方积极采取措施，预防和控制损害的发生。严格责任的严格性表现在两个方面：一是采取举证责任倒置的办法，即受害人在遭受损害以后，就行为人是否有过错或因果关系的问题，受害人不负举证责任而将此证明负担倒置给行为人。二是对行为人反证证明的事由进行严格的限制。法律上对行为人证明自己没有过错的事由是有严格限定的，即行为人只有在证明损害是由于受害人的过错、第三人的行为和不可抗力造成的损害时才能被免除其责任。这种限制也可以说是对于"倒置"的事由的限制。正是因为实现了举证责任倒置，且对倒置的事由在法律上有严格的限制，因此责任才是严格的。从这个意义上说，严格责任与举证责任倒置是相通的，严格责任必须要通过举证责任倒置才能体现其责任的严格性，而举证责任倒置最终的目的就是落实严格责任。可见，举证责任倒置关系到实体权利义务的享有和实现，且是落实严格责任的基本途径，因此，举证责任倒置不完全是一个证据法上的问题，更是一个实体法上的问题。严格责任作为过错责任的例外，必须通过法律明确规定，不能由法官自由裁量，因为举证责任的分配是当事人实体权利义务的行使与承受，如果允许法官对举证责任倒置进行自由裁量，无疑允许法官未经审判就决定当事人一方胜诉或败诉。

在我国，明确举证责任倒置必须由法律规定，具有较为现实的意义。一方面，有利于贯彻《立法法》的精神。举证责任的分配是基本民事法律制度，属于立法权事项。但在目前立法不完善的情况下，司法机关也并非完全不能填补这项法律空白，然而司法解释权对此应慎重行使。另一方面，考虑到目前我国法官整体素质并不是太高，允许法官可以根据公平原则和诚信原则实行举证责任倒置，将使法官享有极大的自由裁量的权力，使其在具体案件中可以自由分配举证责任，自由地决定倒置的内容，其结果将使当事人对司法缺少了应有的可预知性，裁判的公正很难得到保障。一旦法官不适当地行使甚至滥用其自由裁量权，其后果不堪设想。

**（二）关于自认**

一般认为自认是指在诉讼过程中，一方当事人就对方当事人主张对其不利事实予以承认的声明或表示。由于民事诉讼涉及的是当事人之间的私权争议，当事人对自身的民事权利有权作出处分,这种处分只要不违背法律具体明确规定,即是合法的,在法律上即是当然有效的当事人作出自认,就可视为当事人处分或放弃其某种权利的行为。正因如此,自认具有极强的证明力,在自认的情况下,法官无须对方当事人另外举证,也不需要借助于其他证据就可直接认定被当事人自认的事实。在这一点上,民事证据规则和刑事证据规则是完全不同的。

涉及自认规则主要有《规则》第 8 条、第 74 条等规定,就其规定在自认的构成、效力、范围、排除事项等问题上都值得讨论,主要如下:

第一,关于自认的范围,一般认为自认范围仅限于承认对自己不利的事实,而该规则采广义自认说,即凡是对当事人一方陈述事实,他方明确表示承认,不论是有利事实或不利事实皆可成为自认对象。例如,《规则》第 8 条规定:"诉讼过程中,一方当事人对另一方当事人陈述的案件事实明确表示承认的,另一方当事人无需举证……"《规则》第 74 条规定:"诉讼过程中,当事人在起诉状、答辩状、陈述及其委托代理人的代理词中承认的对己方不利的事实和认可的证据,人民法院应当予以确认,但当事人反悔并有相反证据足以推翻的除外。"一方对另一方的陈述表示承认,作为自认有一定的道理。因为,另一方当事人的陈述在通常情况下对自己是不利的,将自认扩大到对承认另一方当事人陈述的案件事实是有一定的道理,但将自认的范围扩大到对己方不利的事实和认可的证据则是不妥当的,因为自认仅限于对事实的承认而不包括对证据的承认。因为,一方面,对证据的认可,属于法官的权限而不属于当事人的权限,两者不能混淆。另一方面,即使当事人承认某个证据是真实的(如承认收据是真实的),法官也应当进一步审查判断该证据,并确定该证明的事实的真实性。

第二,关于自认是否包括默认。按照《规则》第 8 条的规定,自认并不限于明示自认,而"对一方当事人陈述的事实,另一方当事人既未表示承认也未否认,经审判人员充分说明并询问后,其仍不明确表示肯定或者否定的,视为对该项事实的承认"。该条承认默示的自认构成准自认。笔者认为,由于自认具有较强的拘束力,经过自认的事实可以直接作为定案的根据,所以对自认的形式应当作出限定,自认的形式原则上仅限于明示的承认,不应包括默示的承认。例如,在诉讼中,当事人一方对他方陈述,特别是不利于己的陈述,沉默不语,既不表示肯定,也不表示否定,或顾左右而言他,在此情况下就不能认为当事人作出了自认。从民法上说,自认本身就是当事人实施的单方法律行为,而当事人作出某种法律行为必须要将其内心真实意思表露于外部。而在当事人没有对某种事实作出肯定或否定的回答时,无法得知当事人内心的真实意思究竟是什么,法官也不能简单地得出其真实意思就是承认的结论。所以在此情况下,法官仍应当继续查清案件的事实。

第三，自认必须是当事人的真实意思的表达。在司法实践中，当事人在作出自认以后，经常出尔反尔，以至于许多法官根本不相信当事人所作出的各种陈述。这主要是因为我国缺乏一整套完善的自认规则特别是缺乏关于自认的撤销规则所致。笔者认为，当事人在作出自认以后，其自认已经产生了拘束力，除非当事人能够举证证明其作出自认行为是受到了欺诈、胁迫和重大误解的结果，并请求法院撤销其先前的自认，如果法院认为不构成上述情形，则自认仍应继续有效，当事人不能予以推翻。《规则》第8条规定："当事人在法庭辩论终结前撤回承认并经对方当事人同意，或者有充分证据证明其承认行为是在受胁迫或者重大误解情况下作出且与事实不符的，不能免除对方当事人的举证责任。"此款只规定了当事人本人对自认的撤销，应当说是比较合理的。但是，《规则》第74条规定："诉讼过程中，当事人在起诉状、答辩状、陈述及其委托代理人的代理词中承认的对己方不利的事实和认可的证据人民法院应当予以确认，但当事人反悔并有相反证据足以推翻的除外。"该条规定与《规则》第8条的规定之间前后矛盾。按照第8条，除非出现了对方同意或受胁迫或者重大误解情况下，否则是不能撤回自认的。而按照第74条，即使出现了上述情况，当事人也可以反悔，撤回其自认。事实上，如果允许当事人可以随意撤回自认，自认制度将丧失其重要意义。

**(三)关于免证的范围**

尽管"谁主张，谁举证"是一般的原则，但法律为了减轻当事人的举证责任，规定当出现某些特殊情形下，当事人可以无须举证，这就是所谓免证的问题。《规则》第9条规定："下列事实，当事人无需举证证明：(一)众所周知的事实；(二)自然规律及定理；(三)根据法律规定或者已知事实和日常生活经验法则能推定出的另一事实；(四)已为人民法院发生法律效力的裁判所确认的事实；(五)已为仲裁机构的生效裁决所确认的事实；(六)已为有效公证文书所证明的事实。前款(一)、(三)、(四)、(五)、(六)项，当事人有相反证据足以推翻的除外。"《规则》第9条规定的免证的范围实际上包括两类：一是所谓司法认知，是指对于众所周知的、无证自明的事实和自然规律等，无须当事人举证，法官可以直接认定。二是法律上与事实上的推定，事实上的推定属于法官的自由心证范围内心证的事项，也是法官的一种职权行为。它是在当事人对基础事实举证基础上，由法官依据一定法则直接作出判断，而免除当事人对推定事实的举证负担。关于《规则》第9条的规定，有以下几点值得讨论：

第一，《规则》第9条所规定的有关司法认知的事项，应当允许当事人提出异议。也就是说,如果一方就司法认知事项提出免证申请,并且提供了必要的证据时,法院应当决定是否就申请事项采用司法认知。但当一方当事人就有关事项申请司法认知时,可允许对方当事人提出异议并对此进行辩论。法院在裁判作出前的任何诉讼阶段都可以采用司法认知。对此,需要在规则中予以明确。

第二,关于推定,推定可分为两种情况:一是根据法律的明确规定而作的推定。法律关于推定的规定,主要体现在实体法中。例如,《合同法》第47条第2款中规定:“相对人可以催告法定代理人在一个月内予以追认。法定代理人未作表示的,视为拒绝追认。”依据法律的规定作出推定,也是法官所应尽的职责。二是法院依据自由裁量权在特定情况下进行推定。实行推定的基础和理由是,已知的事实和未知的事实之间存在高度的因果关系或逻辑关系,证明未知事实很困难,而证明已知事实较容易,从而根据已知事实推断出未知事实的存在或真伪,这样可以减轻当事人的举证负担和便于法官认定事实。《规则》第9条第1款第3项规定,“根据法律规定或者已知事实和日常生活经验法则能推定出的另一事实”,该条规定即被认为是推定概念规定。但问题在于,该规则将推定作为免证事由,这是值得商榷的,因为一方面,即使是法律上的推定,当事人也可举证证明推定的事实不存在,从而否定法律上的推定,因此举证责任仍然存在;另一方面,事实上的推定更没有排除当事人的举证负担。因为事实推定法官是根据一般的社会经验和生活经验所进行的推定,因为待证事实(未知事实)难以证明、基础事实真实可靠;[①]因此法官根据一般的社会经验和生活经验可以认为,基础事实与待证事实之间具有高度的盖然联系。然而事实推定毕竟只是对盖然联系的推定,应当允许当事人反证予以推翻,所以事实的推定都是可以被推翻的推定,正是这一原因,事实的推定仍然需要当事人举证,而不能将其放入免证的范围。

第三,根据该条第2款,“前款(一)、(三)、(四)、(五)、(六)项,当事人有相反证据足以推翻的除外”。这一规定本身是值得商榷的,一方面,免证范围就是指无须当事人举证的事由。该《规则》第9条第1款已对此作出规定,但第9条第2款又规定可以有相反的证据予以推翻,这本身是自相矛盾的。另一方面,像众所周知的事实等也不能被推翻,尤其是第9条第1款第4~5项,更不能被推翻。根据该条第2款,只要当事人对人民法院、仲裁机构已经发生效力的判决或裁定所认定的事实,也有权通过提出相反的证据来推翻。这一规定显然是值得商榷的,因为从程序上讲,如何推翻本身就是问题,按照现行法律规定,如果要推

① 陈朝阳:“民事推定证据制度的完善”,载《中国律师》1999年第12期。

翻已经发生效力的裁判文书，需要通过再审程序来进行。如果当事人可以对生效的裁判文书所认定的事实举证推翻，从而否定生效裁判的既判力，将使裁判失去稳定性和可执行性。以反证推翻生效裁判的行为性质，将会损害判决的既判力，与其这样规定，不如不规定为好。所以，笔者认为，当事人即使有相反的证据，也不能够轻易地推翻人民法院、仲裁机构已经发生效力的判决或裁定所认定的事实。

第四，关于事实自证，应当在免证事实中作出规定。因为事实的发生本身是显而易见的表明了某种结果的存在，在任何人看来，事实和结果之间都具有一种直接的逻辑联系。这就没有必要进一步要求当事人举证。例如，某人在人行道上开车撞伤行人，事实本身就已证明了行为人的过错，不需要受害人就此举证。再如，医生做手术时，将手术刀遗留在病人的身体内，这也不需要就医院是否有过错的问题进行举证，因为事实本身就已经证明了一切。在英美法中采取了“事实本身证明”（Res ipsa loquitur）的原则，以避免原告举证的困难。依据这一原则，若损害事实的发生，是由于被告所致，而事情经过只有被告能够得知，原告无从知晓，原告仅能证明事实之发生，而不能证明发生的原因，在此情况下，可认为事实本身已推定被告有过失的可能，该案无须由法官审核，可以交由陪审员裁决。但是，被告如果能够对此提出疑问，则原告对于被告的过失仍不能免除举证之责。大陆法的证据规则也采纳了事实自证的规定。上述经验值得借鉴，为此，我们应当区分可以推翻的推定和不可推翻的推定，事实本身证明属于不可推翻的推定，可以放入免证的范围。

此外，关于免证的范围还需要区分，哪些是需要当事人申请，由法官认定的，哪些不需要当事人申请，而应当直接由法官认定的事实，区分这两种情况是必要的。因为如果需要当事人提出申请，在当事人没有提出申请的情况下，法官可以不考虑免证的事由的存在，但对于强制的司法认定，如涉及自然定律、法律、法规等的认定，不待当事人申请，法院就有义务主动审查，确定是否可以免除当事人的举证责任。

**（四）人民法院调查收集证据**

《民事诉讼法》第64条第2款的规定对于造成当事人及其诉讼代理人不能收集的证据的“客观原因”并没有作明确具体的解释，《规则》在《民事诉讼法》的基础上，根据审判实践经验，在第15条中将“人民法院认为审理案件需要的证据”明确为两种情形：一是涉及可能有损国家利益、社会公共利益或者他人合法权益的事实；二是与诉讼实体内容无关的诉讼程序事项。同时，在第17条中规定了当事人及其诉讼代理人可以向人民法院申请调查收集证据的三种情况，通过上述规定，极大地减少了法院依职权调查取证的范围。问题在于在我国现有的司法实践中，由于许多当事人还不能够聘请律师，法律援助制度还正在落实之中，而公民知法、懂法的诉讼能力普遍较弱，在此情况下，完全免除法院查证的责任，也与国情不符。但是，从第15条和第16条的规定来看，法院可以很轻易地推卸其全部查证责任，从而完全不承担任何查证责任。因为，第15条规定的法院查证的两种情况，即涉及可能有损国家利益、社会公共利益或者他人合法权益的事实，或涉及依职权追加当事人、中止诉讼、终结诉讼、回避等与实体争议无关的程序事项。前者涉及社会公共利益，在民事案件中极少出现，且过于抽象，很难界定。后者属于程序事项，本来就应当由法院调查取证。在实践中，涉及有关婚姻、收养、亲子关系的案件、公告公民失踪、死亡等非讼案件大都需要由法官主动查证。至于第17条规定的当事人及其诉讼代理人可以申请人民法院调查收集证据的几种情况，一方面，其标准比较含糊；另一方面，由于缺少程序保障，使该规定难以落实。如果法院拒绝调查取证，当事人没有相应的救济手段。因此，我们建议，应当适当扩大法院调查取证的范围。例如，对当事人缺乏诉讼能力等情况，法院应当负有调查取证的职责；同时，对于当事人及其诉讼代理人申请人民法院调查收集证据的情况，应当建立程序的保障机制，即法院在拒绝根据当事人的申请调查取证的情况下，当事人是否可以向法院申请复议，甚至向上一级法院提出中间上诉，从而使当事人申请查证的权利得到保障。尤其是根据现行《民事诉讼法》和该规则的规定，当事人及其诉讼代理人没有充分的调查取证权，如果法院也拒绝查证，当事人就承担举证责任，这就不利于保护公民的诉权。

此外，为了防止法官滥用查证的权力，对法官主动依职权所收集调查的证据也应当实行质证。

**（五）关于证据的审核认定**

1. 关于证据能力

《规则》第68条规定："以侵害他人合法权益或者违反法律禁止性规定的方法取得的证据，不能作为认定案件事实的依据。"该条属于非法证据的排除规则，较之于原先私自录音录像，不能成为证据的司法解释，应当说是一个进步。也就是说，它在一定程度上扩大了当事人的举证能力。根据该规定，以侵害他人合法权益和违反法律的禁止性规定的方法取得的证据，不能作为证据使用。

但是，"侵害他人合法权益"的概念仍然是十分抽象和宽泛的。一方面，"合法权益"的概念是很广泛的，因为它不完全是法律上类型化的权利，需要由法官根据个案来判断和确定，这也给法官较大的自由裁量权。另一方面，"侵害他人合法权益"是否构成侵权是不确定的，如果确已构成侵权行为，则应当按照侵权的规定和要件来判断,但此处所说的"侵害他人合法权益"并不一定构成侵权。例如,可能行为人的行为并没有造成损害,或者其具有抗辩事由等,但正因为这一概念并不等同于侵权,由此其伸缩性和任意性更大。例如,实践中出现的聘请私人侦探跟踪、盯梢、拍照,是否构成侵害他人合法权益,完全由法官自由裁量。笔者认为,民事证据的排除应当严格限定在如下四种情况:第一,以犯罪的手段或方法获取的;第二,以法律明令禁止的方法或手段获取的;第三,以违背善良风俗的手段或方法获取的;第四,有提出证据负担的一方当事人,在诉讼期间,故意或因重大过失行为而未提出的。

2. 关于证明力的判断规则

《规则》第77条确立了证据证明力的判断规则,这是十分必要的。对证明力的判断规则不仅是对法官自由心证的限制,也是对法官在审核认定方面的裁量权的制约。在我国目前法官整体队伍仍然不高的情况下,确立证明力的判断规则对于法官正确认证和认定证据是必要的。但该条规则仍有以下几点需要斟酌:

第一,《规则》第77条第1项规定,"国家机关、社会团体因职权制作的公文书证的证明力,一般大于其他书证"。此处提及的"社会团体"应有限定。因为在我国由于社会团体的类型很多,许多属于纯民间社会团体,并不依法享有一定的职权,其制作的公文不应属于公文书,该文书的证明力比其他社会团体制作的公文未必就有更强的证明力。因此社会团体依职权制作的公文书应改为"社会团体依法定职权所制作的公文书证"。

第二,《规则》第77条第2项规定,"物证、档案、鉴定结论、勘验笔录或者经过公证、登记的书证其证明力一般大于其他书证、视听资料和证人证言"。此处提及物证等证明力一般大于视听资料,并不完全妥当,因为视听资料包括录音资料、录像资料等,如果为原件,其证明力应高于物证,至少与物证具有同等的证明力。

第三,上述规则仅适用于单个证据的比较,而不应适用于系列证据的综合判断,尤其是在适用上述证据出现矛盾时,则不应适用。例如,某个机关的公文书证为复印件,虽然为书证,但为同样的间接证据或传来证据,则不应适用上述规则。

**(六)关于举证时限**

证据随时提出主义的弊端是明显的。因为允许当事人随时提出证据可能会违背两审终审所设定的目标。如果当事人一方在一审中只提出部分证据甚至不提出证据,那么一审根据当事人所提出的证据而作出的判决自然应成为二审的审查对象。但是,如果当事人在二审中提出新的证据,那么二审据此所作出的判决,实际上又成为一审,由于我国没有三审制度,则此种判决中部分内容使二审在实质上成了一审,受此不利判决的当事人却再也不可能提出上诉。证据的随时提出主义造成了诉讼资源的浪费。因为当事人在一审中不提出证据而在二审中提出证据,法院根据二审中提出的证据进行判决时可能使一审法院付出资源白白浪费。同理当事人在一审或二审中不提出证据而在审判监督程序中提出证据,将使一审、二审法院付出的资源被无端耗费。尤其是证据的提出没有时间限制,很可能被当事人滥用。实践中某些当事人对部分证据故意在一审中不提供,而留在二审提出,从而导致二审更改一审的判决或者案件被发回重审。这不仅使一审法院的公正审判活动受到人为的妨碍,也给另一方当事人造成了损害。此外,"证据随时提出主义"容易造成诉讼的突袭,破坏诚实信用、公平诉讼的原则。正是针对证据随时提出主义所存在的缺陷,最高人民法院的司法解释专门规定了举证时限,以克服证据随时提出主义的缺陷。应当说,举证时限制度的引入对确保司法的公正和效率是有重大的积极意义的,但问题在于由于举证时限的规定与民事诉讼法确立的证据随时提出主义截然不同,这就提出了一个问题,即司法解释能否完全改变作为基本法的民事诉讼法所确立的原则?

应当承认,举证时限制度明显改变了《民事诉讼法》关于当事人可随时提出证据的基本原则,实际上对《民事诉讼法》规定的二审程序和再审程序都已经作出了实质性的改变:按照《民事诉讼法》的规定,当事人在二审和再审程序中都可以提出新的证据,甚至可以以新的证据的提出作为启动再审程序的法定事由。但根据《规则》第34条,"当事人应当在举证期限内向人民法院提交证据材料,当事人在举证期限内不提交的,视为放弃举证权利。对于当事人逾期提交的证据材料,人民法院审理时不组织质证。但对方当事人同意质证的除外。当事人增加、变更诉讼请求或者提起反诉的,应当在举证期限届满前提出"。实际上,当事人在规定期限内没有举证,已经不可能再次提出证据,或者说即使提出来也不能作为证据使用,这样就根本不可能在二审或再审中提出,也不能以此作为发动再审的依据。这就限制了二审和再审的范围。尽管关于举证时限的这一规定,对提高司法效率、保证司法公正有一定的积极意义,但在基本法律没有修改以前,就以司法解释来实质性地改变《民事诉讼法》的基本制度,这就明显违反了《立法法》的规定,显然已经超越了司法解释的应有权限。尽管司法解释主要是对法院的裁判行为作出的规范,但实际上已经对当事人的诉讼权利作出了重大的限制,应当通过基本法的修改或法律解释来完成,通过司法解释来作出修改,在程序上存在问题。尤其应当看到,在该规定中规定了举证时限以后,将会出现一个在法律实践中遇到的难题,即原告以《民事诉讼法》为依据要求提出证据,而被告以司法解释为依据以对方提出证据已过举证时限为由而提出异议,此时法官也不能以司法解释为依据宣告《民事诉讼法》无效。其结果将使法律成为自由心证的对象,造成法官各行其是。出现了这种情况,应当如何处理,我们不得而知。更何况,规定当事人举证期限以后,如果当事人在举证期限内不提交的,视为放弃举证权利,这也过于苛刻。例如,在有关房屋确权的诉讼中,一方提交房产证的时间超过了举证期限,但超过的时间并不长,即使该房产证是真实的,法院对此也不予认定,并要判决具有合法的房产证的一方不能享有权利,这恐怕与保护实体法保护民事权利的目的和宗旨不符合,也与物权法上的公示原则是违背的。

根据《规则》第35条的规定,“诉讼过程中,当事人主张的法律关系的性质或者民事行为的效力与人民法院根据案件事实作出的认定不一致的,不受本规定第三十四条规定的限制,人民法院应当告知当事人可以变更诉讼请求。当事人变更诉讼请求的,人民法院应当重新指定举证期限”。笔者认为,该规定较值得商榷,法院可以根据案件的事实作出与当事人主张不一致的认定,是可能发生的,但要区分具体情况:第一,在一方当事人基于违约、侵权请求提起诉以后,法官的裁判如果可能会与当事人的请求不一致,当事人一方认为买卖合同,而法官认为违反了租赁或承揽合同,或当事人认为对方侵害了其姓名权,而法官认为侵害了名誉权,这并没有变更请求权,而只适用法律依据不同,依适用哪一个法律规则完全属于法官的权限,不需要告知当事人变更。第二,当事人主张违约,或变更排除合同等请求,而法官经过审查,认为合同无效,也不需当事人变更请求,因为主动审查合同的效力是法律赋予法官的权限,也是法院裁判权的范围。例如,一方主张合同有效,要求被告承担违约责任,但法院经过审查,认定合同无效,在此情况下要求原告变更诉讼请求,必须就无效来提出请求,这显然是不妥当的。法院依据现行实体法的规定,可以依职权直接宣告合同无效,并要求恢复原状、赔偿损失,而不必要求当事人另行变更诉讼请求,当然,法院依职权作出裁判必须要符合法律规定的情况和程序。第三,法院依职权要求当事人变更诉讼请求,并要当事人重新举证,也不符合《民事诉讼法》第13条规定的处分原则。是否变更诉讼请求,完全是当事人的权利,不能让法院强人所难,而且如果法院强行要求当事人变更诉讼请求,是否可以保证当事人在变更后必然胜诉?如果不胜诉,将由谁承担败诉后果?第四,在发生违约责任和侵权责任竞合的情况下,《合同法》第122条规定:“因当事人一方的违约行为,侵害对方人身、财产权益的,受损害方有权选择依照本法要求其承担违约责任或者依照其他法律要求其承担侵权责任。”这就明确要求由当事人作出选择,而不能由法官代替当事人选择,如果原告选择违约,则法官不得要求原告将违约的请求变更为侵权,否则与《合同法》第122条的规定是完全不符合的。

《规则》第42条规定:“当事人在一审程序中提供新的证据的,应当在一审开庭前或者开庭审理时提出。当事人在二审程序中提供新的证据的,应当在二审开庭前或者开庭审理时提出;二审不需要开庭审理的,应当在人民法院指定的期限内提出。”《规则》第43条规定:“当事人举证期限届满后提供的证据不是新的证据的,人民法院不予采纳。当事人经人民法院准许延期举证,但因客观原因未能在准许的期限内提供,且不审理该证据可能导致裁判明显不公的,其提供的证据可视为新的证据。”《规则》第44条第1款规定:“《民事诉讼法》第一百七十九条第一款第(一)项规定的‘新的证据’,是指原审庭审结束后新发现的证据。”当事人在再审程序中提供新的证据的,应当在申请再审时提出,这与前面的规定也是相互矛盾的。例如,第41条规定的“新发现的证据”,其内涵无法判断,完全由法官自由裁量。第41条规定的一审和二审中提出的新证据,也没有明确的界限,缺乏可操作性和合理的可预见性,完全由法官自由裁量。如果允许当事人也可以随时提出新发现的证据,这样举证时限的规定也就毫无意义了。

关于举证时限的延长问题,按照《规则》第33条的规定,由法院指定举证期限的,指定的期限不得少于30日,这仅仅规定了一个下限,但没有规定最长的时限,这就实际上否定举证时限的法定性和确定性。而根据《规则》第36条的规定,延长举证时限完全由法院来自由决定。也就是说,法院认为多长时间合适就可以确定多长时间,而对于延长的条件、次数和最长期限也没有作出限定,这样就把延长完全作为法官自由裁量的范围。上述两条规定实际上是将《民事诉讼法》的证据随时主义改变为法官的指定提出主义,把当事人的诉讼权利纳入了法官的自由裁量权的范畴,在我国目前法官队伍整体素质不高、司法不公现象仍然比较严重的情况下,这样极大扩充法官的权限与审判方式改革的目标也不完全符合,是否将产生适得其反的效果,是令人担忧的。

**(七)关于证据交换规则**

证据交换规则是《民事诉讼法》所没有规定的新的制度。根据《民事诉讼法》的规定,当事人并没有交换证据的义务,而只有向法院提供证据的责任,因此规则规定这一内容是缺乏基本法律的根据的。如果法官要求当事人进行交换,而当事人依据《民事诉讼法》的规定予以拒绝,这种抗辩是否能够成立,在法律上如何认定,则不无疑问。

问题的关键在于,《规则》第38条规定:“交换证据的时间可以由当事人协商一致并经人民法院认可,也可以由人民法院指定。人民法院组织当事人交换证据的,交换证据之日举证期限届满。当事人申请延期举证经人民法院准许的,证据交换日相应顺延。"此处关于"交换证据之日举证期限届满"的规定进一步扩大了法官的权限。一方面,因为交换证据的时间完全是由法官决定的,那么在多长时间内交换,也要由法官决定,如果没有在规定期限内交换,就视为放弃举证权利,即导致证据失效。这样,法官完全可以左右当事人的举证行为和时间要求问题。另一方面,《规则》第33条规定的最低举证时限可以通过交换证据的期限来予以改变,这就使当事人的举证时限更不能得到保障。而一旦举证时限没有保证,其后果又将导致证据失效,这就使当事人的诉讼权利失去了必要的保障。

《规则》对于庭前交换证据时是否有必要确立争议点没有作出规定,事实上,对一些复杂疑难的案件应当通过庭前交换证据,以明确争议点,确定哪些问题已经没有争议,哪些问题是争议的焦点。对没有争议的问题,则不必要在开庭时进一步的举证或辩论,对于有争议的问题,可以在开庭时展开说明、举证或辩论,这对于提高庭审的效率是十分必要的。

**(八)关于质证制度**

所谓质证,是指当事人双方在法庭上出示了各种证据以后,应当在法庭的主持下,相互对双方所出示的证据进行对质核实,以确认证据的证明力。[①] 可见当庭质证是法定的必要程序。《规则》关于质证的规定有如下问题值得探讨:

第一,《规则》第48条规定:"涉及国家秘密、商业秘密和个人隐私或者法律规定的其他应当保密的证据不得在开庭时公开质证。"对国家秘密、商业秘密和个人隐私在开庭时公开质证,有一定的道理,但对此也应做进一步限定,如侵害个人隐私的案件,一般是未经同意公开披露他人的私人生活的秘密,既然已经公开,在开庭时不公开质证也没有意义,尤其是在开庭时对于侵害个人隐私造成损害后果的证明不公开质证,便很难确定损害后果,而且对此质证也不会进一步暴露受害人的隐私,因此应当属于质证的范围。同理,对商业秘密造成损害后果也应公开质证。

第二,《规则》第49条规定:"对书证、物证、视听资料进行质证时,当事人有权要求出示证据的原件或者原物。但有下列情况之一的除外:(一)出示原件或者原物确有困难并经人民法院准许出示复制件或者复制品的;(二)原件或者原物已不存在,但有证据证明复制件、复制品与原件或原物一致的。"该条规定在特殊情况下可以出示复制件或者复制品,但问题在于出示的复制件或者复制品

① 《民事诉讼法》第66条规定:"证据应当在法庭上出示,并由当事人互相质证……"

其证明力是否等同于原件的证明力,或低于原件的证明力? 这些仍需明确。

第三,《规则》第 50 条规定:"质证时,当事人应当围绕证据的真实性、关联性、合法性,针对证据证明力有无以及证明力大小进行质疑、说明与辩驳。"该条规定对于证据的真实性、关联性、合法性应当进行质证是必要的,但该条认为证据证明力大小也属于质证的范畴,笔者认为不完全妥当。因为证明力的大小完全是法官审查判断的权限,属于认证的范畴,而不是质证的对象。

第四,《规则》第 55 条规定:"证人应当出庭作证,接受当事人的质询。证人在人民法院组织双方当事人交换证据时出席陈述证言的,可视为出庭作证。"该条规定主要是考虑到目前我国实践中证人的出庭率比较低,一些证人不愿意公开出庭作证,但愿意在不公开的场所出席作证。规定这一条是有利于扩大证人证言的质证范围和证据来源,但在理论上存在的问题是,庭前交换证据和开庭在性质上是不同的,庭前交换证据不具有质证功能,在此阶段也不能实行质证,不能将庭前交换证据和开庭在性质上混淆。

**(九)关于鉴定制度**

《规则》关于鉴定的规定,与《民事诉讼法》的规定不符。主要表现在两方面:

一是第 61 条引入了专家证人的概念。《规则》第 61 条规定:"当事人可以向人民法院申请由一至二名具有专门知识的人员出庭就案件的专门性问题进行说明。人民法院准许其申请的,有关费用由提出申请的当事人负担。审判人员和当事人可以对出庭的具有专门知识的人员进行询问。经人民法院准许,可以由当事人各自申请的具有专门知识的人员就有案件中的问题进行对质。具有专门知识的人员可以对鉴定人进行询问。"但《民事诉讼法》关于证据的种类中并没有规定专家证人,这就在没有基本法律依据的情况下创造了一种新的证据形式。应当说,《规则》的规定是合理的、必要的,引入专家证人制度确有利于法庭查证和认定事实,笔者多年来也一直呼吁我国的证据立法应当引入专家证人制度。但问题在于,在民事诉讼法没有修改之前,司法解释能否增设新一类证据,是值得研究的。另外,《规则》中规定"专门知识"的范围太广,应当仅限于对案件事实具有专门领域的知识,而不包括法律问题的专门知识,因为对法律问题,不应当要求当事人聘请专家证人。

二是第 28 条规定当事人可以申请鉴定,这与《民事诉讼法》的规定不符。《规则》第 28 条规定:"一方当事人自行委托有关部门作出的鉴定结论,另一方当事人有证据足以反驳并申请重新鉴定的,人民法院应予准许。"但根据《民事诉讼法》的规定,鉴定人应当由法院聘请。严格地说,《规则》的规定是合理的。

因为完全由法院聘请鉴定人,这很难保证法院独立、公正的地位。因为,在鉴定结论对案件结果起决定作用的时候,鉴定人的选择权极为重要,由法院保有此种权利,则法官想偏袒一方,甚至希望枉法裁判就变得容易。实践中出现的个别法官造假案、颠倒黑白、混淆是非,确与法官享有对鉴定人的聘请权有关。《规则》的这一规定也是合理的、必要的,但问题在于,司法解释能否修改《民事诉讼法》的规定,也是不无疑问的。

《规则》第 28 条规定存在值得商榷之处。该条承认一方当事人可自行委托有关部门作出鉴定结论,这是必要的,但对该鉴定结论的效力的规定却不完全妥当,因为根据该规定,另一方当事人必须有证据足以反驳并申请重新鉴定的,才能得到法院的允许,这对于限制当事人随意推翻鉴定结论有一定的作用,但我们应当看到,一方当事人自行委托有关部门所作出的鉴定与法院委托有关部门作出鉴定或双方当事人通过达成协议委托有关部门作出鉴定在性质上是有区别的,一方委托有关部门作出的鉴定并没有法院的监督,另一方也没有要求回避的机会,此种鉴定结论的证明力类似与专家证人的证明力,应当允许另一方对此提出异议,并重新鉴定。所以,笔者认为,只要另一方有证据反驳并有理由重新申请鉴定的,法律就应当允许,而不一定要达到“足以反驳”的程度。

总之,在立法程序启动较慢、法律修改极为困难、立法解释极少的情况下,最高人民法院从办案的实际出发,制定该证据规则,其积极意义是不可低估的。但由于缺乏立法依据,许多规定仍有值得商榷之处。为此,我们呼吁,应当尽快制定并出台民事证据法。

(2004 年第 1 期)

# 论电子证据的独立性

常　怡[*]王　健[**]

## 一、引　言

电子证据作为我国证据法学研究中比较新的课题,起步才短短几年。最初,其研究力度明显不够,仅散见于一些学术论文中。随着研究的深入,有关电子证据的论文数量、质量都大有提升和改观,出现了专门研究此问题的著作。至今,电子证据作为一种独立的证据形式出现在《中华人民共和国民事证据法》的专家建议稿中(以下简称专家建议稿),大有可能正式登上我国证据立法的历史舞台。电子证据与1982年在《中华人民共和国民事诉讼法(试行)》中首次出现的视听资料一样,从其出现之日起,它的证据资格、证明力、所含种类,无一不存在争议。该争议所表达出的深刻含义在于:作为一名研究诉讼法的学者,究竟应该怎样面对高科技、新技术对我们提出的挑战,即我们应该用什么样的态度来应对诉讼法中出现的与自然科学相联系的此类新课题。培根在《新工具》中告诫人们:"若有人以方术和科学会被滥用到邪恶、奢侈等目的为理由而加以反对,请人们不要为这种说法所动。"因此,对于电子证据这一类课题的研究,一定要与时俱进,排斥和回避都是要不得的。本文基于国内外学者对于电子证据研究的已有成果,综合分析,横向比较,提出自己的一些看法,以期与各位同人商榷,共同解决电子证据的法律定位问题。

## 二、固守和创新——对我国电子证据定位的评述

目前在电子证据研究过程中,争论的最为激烈的恐怕是电子证据的定位问题,即电子证据究竟有无必要作为一种单独的证据种类而存在,若没有这个必要,那么电子证据到底应归于现有证据种类中的哪一类。目前,此问题的回答可以说是众说纷纭、莫衷一是,人们先后提出了"视听资料说"、"书证说"、"物证

* 作者单位:西南政法大学。

** 作者单位:西南政法大学。

说"、"鉴定结论说"、"混合证据说"和"独立证据说"多达6种观点。前期争论趋于保守，主要集中在前两种观点上，理论上也无太多新意；后期争论有所创新，表现为后两种观点也有了较多学者支持。笔者认为，定位问题是电子证据研究中最重要、最核心的问题之一，不容回避。故本文先对各类学说逐一分析、比较，并分别提出自己的看法。

**（一）视听资料说**

电子证据属于视听资料的范畴，早期几乎为通说，且至今仍为大多数学者所接受，这恐怕与视听资料的历史成因大有关系。在我国第一部诉讼法，即1979年《刑事诉讼法》中，没有将视听资料作为一种独立的证据，但是后来为了解决录音、录像等新型证据材料的归类问题，在1982年《民事诉讼法（试行）》首次规定了视听资料这一新的证据种类，并把录音、录像、计算机存储资料等划归其中。这也就是为什么目前仍有许多学者支持将电子证据视为视听资料之一种的主要原因。

另外，有学者还总结了以下几点理由予以支持：如电子证据与视听资料一样可显示为"可读形式"，因而也是"可视"的；视听资料与电子证据在存在形式上有相似之处；存储的视听资料及电子证据均需借助一定的工具或以一定的手段转化为其他形式后才能被人们直接感知；两者的正本与复本均没有区别；把电子证据归于视听资料最能反映它的证据价值；等等。①

针对视听资料说，也有学者予以反对。其理由为：法律上将视听资料与其他证据相区分，强调的是以声音和图像而非文字内容证明案件的真实情况，将电子证据中文字的"可视"和视听资料中的"可视"混在一起没有充分的理由；将电子证据视为视听资料不利于电子证据在诉讼中充分发挥证据的作用。②

有学者认为上述观点存在片面与不足。依照前者，在电子商务活动中当事人通过E-mail、EDI方式而签订的电子合同竟属于连续的声像来发挥证明作用的视听资料，显然有些牵强；对于后者，简单依据《民事诉讼法》第69条就断定"视听资料系间接证据，故主张电子证据系视听资料将面临重大法律障碍"，显然过于轻率。③

也有学者认为，将电子证据归入视听资料的范畴，无异于削足适履，并不符

① 李学军："电子数据与证据"，载《证据学论坛》（第2卷），中国检察出版社2001年版，第444~445页；魏士廪著：《电子合同法理论与实务》，北京邮电大学出版社2001年版，第130页。

② 同上。

③ 刘品新："论电子证据的定位——基于中国现行证据法律的思辨"，载《法商研究》2002年第4期。

合联合国《电子商务示范法》的精神;倘若按此主张立法,我国在司法实践中将会碰到许多与各国不相吻合、不相适用的法律问题。①

我们认为,在我国《民事诉讼法》现有证据分类基础上,将电子证据纳入视听资料的范畴,虽未给予电子证据独立的证据地位,但至少肯定了其存在的合法性,也算"相对合理主义"在证据法中的具体表现。视听资料在立法上的出现本身就包含了允许与电子技术相关的证据罗列其中的含义,这是特定历史条件下立法的特定考虑。司法实践中也是按照这一思路来贯彻执行的。但是,如果站在对民事证据单独立法的新环境下来考虑,我们认为很有必要将电子证据与视听资料重新区分,以减少视听资料内涵中的混乱性,解决视听资料和电子证据两者的关系问题。

**(二)书证说**

电子证据与书证的相同之处就在于两者都以表达的思想内容来证明案件的事实情况。有鉴于此,有学者提出了"电子证据系书证",该观点在国外的立法实践论证和国内众多学者的推波助澜下,其声势已盖过"视听资料说",并似乎已被众多学者所接受。

支持者认为:普通的书证与电子证据均能记录完全的内容;电子证据通常也是以其代表的内容来说明案件中的某一问题,且必须输出、打印到纸上(当然也可显示在屏幕上),形成计算机打印材料之类的书面材料后,才能被人们看见、利用,因而具有书证的特点。我国《合同法》第 11 条规定:"书面形式是指合同书、信件及数据电文(包括电报、电传、传真、电子数据交换和电子邮件)等可以有形地表现所载内容的形式。"据此也可以推断出电子证据系书证的一种;各国立法上尝试的功能等价法亦在填平传统书面形式与电子证据之间的鸿沟。②

针对书证说,反对者认为:外国法律文件的规定,不能成为在我国进行简单类比类推的当然理由;书面形式并不等同于书证,某一事物若属于书面形式则不一定得出其就是书证,如勘验笔录、鉴定结论等;主张电子证据应归为书证很难解决法律对书证"原件"的要求问题;功能等同法,是立法者为了保证电子数据在国际范围内具有法律效力而采取的一种对某些国家来说将勉为其难但对电子证据来说易于接受的要求和做法,并不能解决电子证据的定性问题;"书证说"

① 沈木珠:"论电子证据的法律效力",载《河北法学》2002 年第 2 期。

② 张西安:"论计算机证据的几个问题",载《人民法院报》2000 年 11 月 7 日;李学军:"电子数据与证据",载《证据学论坛》(第 2 卷),中国检察出版社 2001 年版,第 445 ~ 446 页。

难以圆满回答计算机声像资料、网络电子聊天资料的证明机制问题。[①]

我们认为,虽然人们直接读取的电子证据是由文字、符号、图表等表达形式组成,但是在机器中都只能是以"0"或"1"的机器语言编写,亦即是说,我们在电子证据中所看到的文字、符号、图表其实与书证中的文字、符号、图表并不相同,前者实际上经过了一个复杂的转化,转换后的表达形式能否就直接与书证的表达形式画上等号,恐怕值得思考。国外的相关立法大都能够较好解决这一问题,是因为它们对于书证原件的要求进行了变通,如美国采取了扩大原件内涵的解决办法,加拿大《统一电子证据法》则采取了置换原件的方法。总之,要在我国现有证据体系基础上承认电子证据系书证,至少也要制定出一套可行的证据规则来配套实施,如传闻规则、最佳证据规则等。

**(三)物证说**

在我国,主张电子证据系物证的学者不多。有学者指出,物证有狭义物证与广义物证之分。狭义物证是以其存放的地点、外部特征及物证特性等起证明作用的物品和物质痕迹。广义的物证是指一切实物证据。电子证据属于广义物证的范围。[②] 也有人指出,电子证据在不需要鉴定的情况下属于书证,"但有时也可能需要鉴别其真伪,故也可能成为物证"。[③]

我们认为,仅仅因为"有时可能需要鉴别其真伪",就认为这种情况下电子证据系物证恐有不妥。因为包括书证、证人证言、视听资料等有时也需要鉴别其真伪,若单单以这种需要作为证据种类划分的依据,实难服人。有人引用外国学者奥恩·凯西在《数字证据与计算机犯罪》一书中的表述来支持物证说,并认为其颇具说服力。奥恩·凯西说:"数字证据是物证(physical evidence)的一种。尽管数字证据不像其他形式的物证(如指印、DNA、兵器、计算机组件等)那样有形,它仍然属于物证。"其理由是:其一,"数字证据是由能借助特定工具和技术加以收集并分析的各种磁性物质和电脉冲物质形成的";其二,"许多法庭都承认,这种无形物可作为证据扣押"。正是基于这两点理由,他得出了这一结论。

我们认为,上述说法仍不具说服力:其一,数字证据需"借助特定工具和技术加以收集分析"是不争的事实,但作为大都采取模拟信号通信的视听资料,难道就不需要借助特定工具和技术加以收集分析吗?且电脉冲也并非电子证据所

---

① 刘品新:"论电子证据的定位——基于中国现行证据法律的思辨",载《法商研究》2002年第4期;魏士廪著:《电子合同法理论与实务》,北京邮电大学出版社2001年版,第129页;沈木珠:"论电子证据的法律效力",载《河北法学》2002年第20卷第2期。

② 刘广三著:《计算机犯罪论》,中国人民大学出版社1999年版,第196页。

③ 徐立根主编:《物证技术学》(第2版),中国人民大学出版社1999年版,第759页。

独有物质,视听资料的形成中也可能形成电脉冲;其二,数字证据"可作为证据扣押",进而认为其与物证有相似性。笔者认为,电子证据能否认定为无形物暂且不论,但是把能被法庭扣押作为物证的独有特性,恐显武断,因为书证也能被法庭扣押。

**(四)鉴定结论说**

将电子证据归为鉴定结论,这是极少数学者的看法。它主要是从转换的角度得出的结论。

例如,有的学者认为:"如果法院或诉讼当事人对电子数据的可信性有怀疑,可以由法院指定专家进行鉴定,辨明其真伪,然后由法院确定其能否作为认定事实的根据。"①

对此,反对者认为:"根据我国法律的规定,鉴定是具有专门知识或专门技能的人,接受委托或聘请,对案件中某些专门性问题进行分析、判断的一种诉讼活动,其得出的结论意见即鉴定结论。鉴定的目的是解决案件中某些关系是否存在、某些事实或现象的真伪、某些事实的有无、某些事实的程度及某些事实的因果等,而这些需要鉴定的关系、事实或现象等通常已是可采用的证据,只是还需要以鉴定的方式判断其是否可采信。"在电子证据被许可采用之前,是不存在对可信度进行判断的问题的;换言之,只有在电子证据已被采用的前提下,才需要专家就其真伪进行分析判断,才需要法院依据专家的鉴定结论确定其是否能作为认定事实的根据。因此,"鉴定结论说"有其不妥之处。②

我们认为,电子证据需要鉴定,主要是针对其真实性方面来说的。其涉及的主要是司法审查方面的问题。鉴定的使用并不能改变电子证据的本身属性。故我们赞同反对者的意见。

**(五)混合证据说**

"混合证据说"认为,电子证据是若干传统证据的组合,而非独立的一种新型证据,也非传统证据中的一种。有学者将电子证据分为四类,即书证、视听资料、勘验检查笔录和鉴定结论证据。③

该类学者认为,电子证据基本有如下三种形式:(1)计算机输入、存储、处理(包括统计、综合、分析)、输出的数据;(2)按照严格的法律及技术程序,利用计算机模拟得出的结果;(3)按照严格的法律及技术程序,对计算机及其系统进行

---

① 冯大同主编:《国际货物买卖法》,对外贸易教育出版社 1993 年版,第 293 页。

② 李学军:"电子数据与证据",载《证据学论坛》(第 2 卷),中国检察出版社 2001 年版,第 446 页。

③ 蒋平著:《计算机犯罪问题研究》,商务印书馆 2000 年版,第 253 ~ 254 页。

测试得出的结果。在此基础上,他还陈述了其分类的理由。

另有学者认为:"在我国一时还难以通过证据立法对证据的'七分法'进行修正的情况下,将其分别归为电子物证、电子书证、电子视听资料、电子证人证言、电子当事人陈述、关于电子证据的鉴定结论以及电子勘验检查笔录无疑是最合理的选择。"①

我们认为,针对第一种观点,有明显不足之处:首先,将电子证据分为上述三种形式,恐欠周延。从技术角度出发,无论是利用计算机模拟得出的结果还是测试得出的结果,都必须经过计算机处理,应属计算机处理得出的数据,即分类(1)本身就包含了分类(2)、(3),至少这三种分类在外延上存在交叉;其次,该理论以输出形式来区分书证与视听资料的做法也欠妥当。法律规定的证据种类,是立法时由立法者根据证据的存在和表现形式对证据所做出的划分。② 而这里用输出形式来划分书证和视听资料,与我国立法本意有明显偏差。针对第二种观点,我们认为,将电子证据划分到七种传统证据中去,可能有使各种现有证据种类互相交叉、造成现有证据体系更加混乱之嫌,且必将增加对电子证据归类认知的难度,难被各类诉讼主体所接受。

但是,我们必须承认,"混合证据说"在不改变现有证据分类的基础上,比较巧妙地处理了电子证据的定位问题,因而颇具理论价值。从现行民事证据分类基础上来评价"混合证据说",我们认为它比"视听资料说"更显合理,思路也更显精巧,但在司法实践中具体可操作性欠佳。

**(六)独立证据说**

鉴于电子证据种类划分的复杂性和其本身的特殊性,并参考国外的电子证据立法,有学者提出将电子证据作为一种独立的证据种类,以适应电子证据在司法中的日趋增长的新形势。

但是,反对者认为:"电子证据同7种传统的证据相比,并未创造一种全新的证明机制,如果说有所不同则仅是外在形式的不同。'独立证据说'虽然在一定程度上是为了强调电子证据的重要性,但难免有过于轻率之嫌。"③我们认为,我国现有证据是否完全按照证明机制来进行的分类,值得思考。在下文中我们将详细阐述我们对该类学说的看法。

---

① 刘品新:"论电子证据的定位——基于中国现行证据法律的思辨",载《法商研究》2002年第4期。

② 何家弘主编:《新编证据法学》,法律出版社2000年版,第111页。

③ 刘品新:"论电子证据的定位——基于中国现行证据法律的思辨",载《法商研究》2002年第4期。

## 三、进步与不足——对专家建议稿有关电子证据部分的思考

2000年8月12日至13日，全国人大法工委民法室、最高人民法院、最高人民检察院、人民大学、北京大学和清华大学等单位的专家学者在北京研讨《中华人民共和国民事证据法（草案）》初稿时，就有专家提出了要将电子证据作为一种新的证据种类的意见。会后的倾向性意见是，《民事证据法》的体例应当包括书证、物证、视听资料、证人证言、当事人陈述、鉴定结论、勘验笔录和电子数据。

2003年1月18日至1月20日，中国人民大学民商法研究中心和广州市中级人民法院联合举办的民事证据法专家稿研讨会第四次会议于在广州举行。来自中国人民大学法学院、中国政法大学、西南政法大学、中山大学法学院、南京大学法学院等国内法学院校的专家学者以及广州市法院系统的法官们参与讨论了中国人民大学法学院汤维建教授主笔修改的《中华人民共和国民事证据法》（专家建议稿——第四稿）的相关规定。电子证据的独立性在该草案中得到了体现。

我们认为，在承认电子证据独立性的前提下，对电子证据的立法安排可能有三：(1)鉴于电子证据研究的极端复杂性，从现有研究成果来看，对电子证据及其相关制度还很难做出妥善解决，故先对电子证据做原则性规定，细节性问题留待以后再以司法解释等形式予以具体化；(2)电子证据的出现和发展主要源于电子商务的发展，为了不影响我国民事证据立法的进度和严密性，最好将电子证据问题留给电子商务法去解决，在涉及电子证据的运用时，直接适用电子商务特别法；(3)对电子证据在民事证据立法中暂不做过多规定，待研究成果丰富和时机成熟时，考虑颁布一部电子证据的专门法典。

从民事证据法专家建议稿第四稿的规定来看，对电子证据体例安排可能基于上述第二种考虑。我们发现，该专家建议稿在证据种类划分时，给予了电子证据独立的证据地位。但是，其对电子证据却并未像其他证据形式那样给予专章阐述，而只是在视听资料一章一笔带过。该专家建议稿第4条（证据种类）中："证据有以下形式……（四）电子证据……"在第二编分则中，专设第十章"视听资料"对视听资料的定义与种类、原件、替代品、复制品、数据电文证据的提供、证明、对视听资料和数据电文的调查等各个方面作出了规定。最后在第215条（电子商务）规定："本章的规定，并不影响有关电子商务的特别法的适用。"

笔者认为，在视听资料的专章规定中，用相当篇幅来介绍数据电文，而没有提及总则中明确规定有的电子证据，这样的体例安排令人费解，有使视听资料、

电子证据、数据电文三个概念更加纠缠不清之嫌。实际上视听资料肯定不能等同于数据电文,数据电文也并非电子证据,三者最多在内涵上存在交叉。例如,联合国国际贸易委员会(UNCITRAL)1996年12月16日通过的《电子贸易示范法》(Model Law on Electronic Commerce)第2条规定:"数据电文是指经由电子手段、光学手段或类似手段生成、发送、接受或储存的信息。这些手段包括但不限于电子数据交换、电子邮件、电报、电传或传真。"为了解释这一定义,《电子商务示范法实施指南》以三个自然段的篇幅,对数据电文做了详细的注释,其内容如下:(1)"数据电文"的概念并不仅限于通信,它还意在包括计算机生成的、准备用于通信的记录。(2)条文中"类似手段"一词,旨在反映《电子贸易示范法》并不仅仅应用于现存通信技术环境的事实,它还为可预见的技术发展提供保障。(3)数据电文定义,还意在包括其废除或修改的情况。[①] 可见,数据电文不应该等同于电子证据,更不等同于传统意义上的视听资料。针对《合同法》第11条"书面形式是指合同书、信件和数据电文(包括电报、电传、传真、电子数据交换和电子邮件)等可以有形地表现所载内容的形式"的规定,国内许多学者依此认为这是合同法中对电子证据的有关规定,甚至有不少人将"数据电文"和"电子证据"作等同处理,笔者认为,这是对两者概念之异同缺乏深入研究而作出的错误判断。

笔者也并不赞同将电子证据的绝大部分留给以后的《电子商务法》、《电子签名法》等法律作出规定,而只是在新的《民事证据法》中一笔带过的做法。原因有二:

第一,从法律适用分析,《民事证据法》较之《电子商务法》、《电子签名法》更具普遍性和一般性。电子证据适用于侵权、合同、劳资等各种纠纷,在现实生活中已趋于大众化,而绝非电子商务中所涉纠纷之独有。作为在网络普及率相对较低的中国的普通公民,无论是在现在以及不远的将来,和电子商务打交道的可能性并不会太大,至于电子签章、电子认证等,离大家更加遥远。如果电子证据的绝大部分都留待电子商务的有关立法予以解决,实际上虚无化了电子证据的存在,使电子证据作为一种远离普通大众的"贵族"证据形式脱离了实际生活。而《民事证据法》作为一般法,应用于各种民事纠纷,为普通大众所熟悉。电子证据立于其中,必能促进其自身的运用和发展。

第二,从法律地位来看,《民事证据法》属于一般法,而《电子商务法》、《电子

① Guide to Enactment of the UNCITRAL Model Law on Electronic Commerce, paras, 30 - 32. 转引自吕国民:"数据电文的法律问题研究",载《网络经济与法律论坛》2002年版第1卷,第43页。

签名法》属于特别法。电子证据作为一独立的证据形式,其概念和内涵、证据能力、证明力等应在一般法中有所体现,而特别法中仅需对电子证据之特别情形做特殊规定。这应符合传统立法体例与模式。譬如电子签章的问题,在一般法中就不应该着墨太多,否则必然使《民事证据法》臃肿且缺乏原则性,也不符合一般法简洁性和指导性等诸多要求。

笔者认为,我国的电子证据立法,反映在《民事证据法》中,应至少对电子证据的概念和内涵(或所涉及的相关概念和内涵)、可采性、证明力以及相应的证据规则做原则性规定,当然这些并不一定要像书证、物证、证人证言等那样详细阐述,但至少也应该设专章做比较详尽的说明,以体现对电子证据的非歧视性。并且笔者认为,《民事证据法》若真的要将电子证据提高到一种独立证据的地位,必须从概念和内涵上廓清电子证据和视听资料、数据电文的关系。因为数据电文本身并不是一种独立的证据形式,所以在证据立法中可不予提及,只需在电子证据一章的最后规定:“若电子商务的特别法对电子证据有特殊规定,适用该特别法。”



## 四、反思与重构——电子证据与视听资料的关系

我们认为,要树立电子证据的独立地位,必须消除传统观念对该问题的羁绊。那么,重塑电子证据与视听资料的关系显得尤为重要。

自从1982年《民事诉讼法(试行)》首次赋予视听资料独立地位以来已有二十余年,视听资料似乎也成了“口袋”证据,大家已习惯于将各种与高科技密切相关的材料归于其中,使视听资料的外延越来越宽。故笔者认为,确有必要对视听资料概念和内涵重新界定,用新的理念和思维来看待传统证据类型,以顺应时代的需要。

专家建议稿中的视听资料是指“以录音带、录像带、光盘、电脑和其他科学技术设备储存的电子音像信息证明案件事实的证据”。该定义的形式要件是“录音带、录像带、光盘、电脑和其他科学技术设备储存的电子音像信息”,而实质要件是能“证明案件事实”,亦即是说,上述形式要件和实质要件相结合,就构成了视听资料。这个概念几乎是视听资料传统定义的翻版。在审判实践中,受视听资料传统定义的影响,已经出现了不少错误的认识,如一些同志将“多媒体示证”这一新的证据出示形式中出现的证据当做视听资料看待。还有同志错误地认为,公安机关在讯问犯罪嫌疑人,询问被害人、证人时的录音、录像也是视听资料,因为它们均能“证明案件事实”且是“录音带、录像带、光盘、电脑和其他科

学技术设备储存的电子音像信息”,满足了视听资料定义中的实质要件和形式要件之要求。

而对于视听资料的种类,专家建议稿中认为应包括:“(一)录音资料;(二)录像资料;(三)电子计算机存储的资料;(四)其他音像资料。”即视听资料包括了电子计算机存储的资料,而并未区分这种存储的资料的来源和原始目的。这令我们有理由相信,EDI和电子邮件中的有关资料,只要存储在电子计算机中(这种存储是难以避免的),也属于视听资料的范畴。这与学者和国外立法中基本上公认的电子证据种类存在交叉,故笔者认为,最好将“电子计算机存储的资料”这一项去掉,视听资料中需要由计算机存储的那一部分,可以划归为“其他音像资料”一项中去针对视听资料这个称谓。也有学者指出,“严格来说,视听资料这个名称并不严谨,因为它同其他证据种类的划分标准是不一致的。其他证据种类均是以证据的存在和表现形式作为其命名的根据,而视听资料却是以人们对这类证据的感受方式而命名的。如果从人们对证据的感受方式来看,几乎所有的证据都可以称为视听资料,所以有些学者认为,视听资料以称为‘音像资料’或‘音像证据’为宜”。[①] 笔者赞同该观点,并认为,在《民事证据法》中首先就应重新认真审视“视听资料”这一提法,以“音像资料”取代之为宜。这样做的好处是,在名称上对视听资料范畴作了收缩性解释,即可以从表面上将电子证据从传统视听资料的范畴中删除。

我们认为,视听资料可以从新界定为:“视听资料,是指采用先进科学技术,真实再现案件原始图像、音响的一种证据。”这样界定的好处,我们认为;其一,它将与计算机紧密联系的电子证据从视听资料里分离出去,为两者的独立存在铺平了道路,且并未排除涉及电子计算机的“图像、音响”类视听资料的适用;其二,有效区分了视听资料与其他证据形式,将视听资料的本质特征表述为“真实再现案件原始图像、音响”。这样,即使采取图像、音响的多媒体技术编辑、演示的证据结合,由于其并不能再现案件的“原始图像、音响”,故不应视为视听资料。

综上所述,要保障电子证据的独立性,首先要从概念、内涵,甚至称谓上廓清其与视听资料盘根错节的关系。如果不能做到这一点,也就难谈电子证据的法律地位,这一点极为重要。

① 陈一云著:《证据学》,中国人民大学出版社2001年版,第304页。

## 五、对电子证据概念和内涵的界定

要对电子证据概念做准确表述确实相当困难。从国外立法实践来看,较少有国家对其做一单独完整的定义,而是倾向于阐述其外围概念来侧面界定电子证据本身。① 笔者认为,此种做法有其合理之处。我们知道,对任何事物作一准确界定都有其困难之处,而集法律性和技术性于一身的电子证据也不例外。电子信息技术的生命与灵魂就在于其不断地发展和创新,从而促使作为电子证据技术基础的一系列概念,如计算机、电子、信息等都在飞快发生着从概念到本质的变化,要让一个不停变化的事物与视稳定性为生命的法学相结合,做再多的努力恐也是差强人意。故笔者认为,对电子证据不宜做概念界定,应重在把握其内涵,即处理好"哪些证据材料应归为电子证据"这一命题,才是关键之所在。并且对其内涵的界定也应有所限制,要考虑这种内涵的界定即使在科技飞速发展的今天和明天,在相当长的一段时间内也能尽量避免与视听资料、书证、物证等传统证据形式的外延过多的交叉。笔者认为,从我国诉讼法的证据体系来看,从狭义上理解电子证据应更为适宜,即界定范围应为与电子计算机紧密联系的那类证据。而不能像某些学者所主张的那样,将所有与计算机相关的证据都纳入电子证据的范畴。我们知道,计算机在很多场合都仅仅是以工具的形式存在,如借助计算机可以将视听资料、证人证言转化为电子版本存储、展示,我们不能说因为计算机在此情况下的使用就使原证据形式转化成了电子证据,实际上它们仍然是视听资料、证人证言。

我们认为,对电子计算机有关的信息,应视其来源和输入、存储、处理、输出的目的,从两个方面来理解、把握电子证据的内涵:(1)电子证据的原始生成以电子计算机为必需之手段;②(2)电子证据的收集、审查必须以电子计算机相关专业知识为依托。从这两个层面理解,我们认为,EDI、电子邮件、BBS 上的留言、电子聊天记录等应属电子证据范畴。因为:首先,它们的产生以电子计算机使用为必需,没有计算机的使用,EDI 根本不可能存在,电子邮件也不可能产生,

---

① 例如,美国《统一电子交易法》、《国际国内电子签章法》等都只是对"电子"、"电子记录"、"电子签名"等概念做了界定。加拿大《统一电子证据法》也是通过对"数据"、"电子记录"、"电子记录系统"三个术语的定义对电子证据进行界定。澳大利亚《电子交易法 1999 年》通过对电子通信、信息、信息系统的定义对电子证据做出类似规定。

② 其当然地包括了计算机网络,如 Internet、Intranet,因为计算机网络技术的产生、发展以计算机为必须前提。

电子聊天记录之类也无从谈起。并且,要想真正保持它们的原始状态,也几乎离不开电子计算机。其次,上述电子证据的收集、审查极具专业性,若不能正确采集、认定,必将影响案件的事实认定。例如,用电子邮件发出的要约、承诺来签订合同,电子邮件发送、接收的时间不同肯定会影响合同成立和生效的时间。一旦对合同生效时间发生争议,对电子邮件发送、接受时间的认定就显得至关重要,而要准确认定这点,非专业人士很难做到。又如,某人在BBS上用自己的网名发帖子,揭露其同事隐私,从而发生诉争,那么原告怎么证明该BBS上的留言就是被告所为呢?即怎样证明网络中的某人就是现实生活中的此人?这都是很复杂的问题,不借助于计算机和网络知识是不可能妥善解决的。总之,我们不能用传统的证据收集、审查制度来套用电子证据的收集、审查制度;否则,电子证据就变得真的难以认定了。

同样道理,对于与电子证据存在混淆的"电子类视听资料"、"电子类证人证言"等就容易区分了。一件视听资料证据,基于各类原因使用了电子计算机,只要这种使用并不是该视听资料生成所必需的,那么其仍然只能算是视听资料。比如,数字类摄影设备(包括数码相机、数字摄影头等),由于现在大多数数码相机使用了芯片,已类似于一台微型计算机(但并非我们对电子证据定位中所指的电子计算机),具有如剪接、旋转、翻面等一些简单的图片处理功能,不借助电子计算机也能独立生成和存储影像,这时电子计算机也仅充当一个图片深加工的角色,这类数字摄影设备的摄制内容就不应作为电子证据看待。而反观数字摄像头,由于其大都只具有输入图像这一简单功能,要生成一个固定内容,必须借助与电子计算机等设备,故其生成的影像资料应视为电子证据。现在再考察检察、公安机关广泛使用的多媒体示证方式,由于计算机的使用只是为了将各种证据进行编排,便于示证,各种证据的原始生成肯定不以计算机为必备要件,其采集、审查手段也未发生任何变化,故并未改变原证据的性质,不应视为电子证据。

总之,我们认为电子证据只能做狭义理解,其道理类似于对"物证"、"书证"采取限制性解释一样,否则各种证据形式必将发生内涵上的交叉,从而引起新的混乱。

## 六、结　　语

随着21世纪的到来,人们走进了一个电子化、信息化的崭新时代。这对于我们法律规范的现代化提出了更高的要求。① 法学作为社会科学的重要分支，理应注意与自然科学的紧密结合，法学研究者也应更多地关注社会的不断进步的给我们提出的新课题。电子商务、计算机犯罪、电子政务等新事物不断涌现，在民事诉讼法领域，出现了在线调解、在线仲裁等新的纠纷处理形式，这无一不需要我们去研究、去规范。

人类是否会如某些学者预言那样进入电子证据时代，尚需观望。但是我们完全有理由相信，电子证据作为一种新型的证据种类，在将来的司法实践中一定会发挥更大的作用，甚至进而引起整个证据形式的重点向电子证据偏移。我们希望在不久的将来，我国的电子证据的研究和立法能够走在世界的前列！

（2004 年第 3 期）



① 法律规范的现代化，是指法律规范作为法律的主要表现形式，它必须集中体现现时代人类社会文化发展的最新和最高成果。参见张文显主编：《法理学》，法律出版社 1997 年版，第 222 页。

# 民事诉讼非法证据排除规则刍议

汤维建*



## 一、民事诉讼非法证据排除规则的理论根据与立法状况

证据的合法性是证据的"三属性"之一,缺乏证据的合法性,该所谓证据便不能成为认定案件事实的根据,也就是要受到排除,不得使用。毫无疑问,赋予证据以合法性的品格和要求,乃是时代进步的表现,也是诉讼文明的表征。证据的合法性具有多方面的含义,其中有一层重要甚至是核心的含义便是证据来源的合法性,也就是收集证据的方法、手段和程序的合法性。由这层含义的合法性,派生出一条著名的证据规则:非法证据排除规则。

如果当事人提供的证据,是通过非法手段收集到的,就失去了被接受成为认定案件事实的资格,即不具有可采性。我国《民事诉讼法》没有明确规定非法证据排除规则,但原则和精神还是存在的。比如,《民事诉讼法》第50条第3款规定:"当事人必须依法行使诉讼权利";第64条第2款规定:"当事人及其诉讼代理人因客观原因不能自行收集的证据,人民法院应当调查收集"。显而易见,《民事诉讼法》之所以规定在当事人及其诉讼代理人在收集证据遇到法律上或其他客观上的障碍时,转而诉求法院启动职权调查证据,其中便隐含着禁止当事人及其诉讼代理人非法取证的意思。基此精神,最高人民法院1995年在给河北省高级人民法院的批复中,曾对民事诉讼中非法证据排除规则作出过完整表述。该批复这样解释:"证据的取得必须合法,只有经过合法途径取得的证据才能作为定案的根据。"尽管此一司法解释对非法证据的判断标准没有作出合理规定,因而在实践操作中存在一定滞碍,但毫无疑问,它对形成和发展我国民事诉讼中的非法证据排除规则起了极大的推动作用。为了进一步完善和健全我国民事诉讼中的非法证据排除规则,最高人民法院2002年实施的《关于民事诉讼证据的若干规定》第68条规定:"以侵害他人合法权益或者违反法律禁止性规定的方法取得的证据,不能作为认定案件事实的依据。"较之前一个司法解释而论,后者所确立的非法证据排除规则,无疑更具有合理性和现实性。

* 作者单位:中国人民大学法学院。

## 二、民事与刑事非法证据排除规则的比较

就非法证据排除规则的产生时间而言，刑事诉讼中的非法证据排除规则要先于民事诉讼。但非法证据排除规则一经在民事诉讼中形成后，便对非法证据排除规则的原始目的和价值取向产生了改观的作用，推动了非法证据排除规则的发展步伐，使之进入到了更高的法治境界。①

民事诉讼非法证据排除规则与刑事诉讼非法证据排除规则有许多差异，主要表现在：(1)规范的主体不同。刑事诉讼中，非法证据排除规则所规范的主体是行使侦查权的公权力机构；而在民事诉讼中，非法证据排除规则所规范的主体则是行使私权利的民事主体。(2)规范的行为有所区别。刑事诉讼中，非法证据排除规则既制约获得被告人口供的行为，也调整获得其他实物证据的行为；在民事诉讼中，非法证据排除规则主要调整获得实物证据的行为。(3)构成非法的标准不同。刑事诉讼中，所谓"非法"，主要是从获得证据的程序违法性来判断的，如在没有获得搜查证的情况下收集证据或者在没有获准的情况下便窃听他人通话等；民事诉讼中，所谓"非法"，则主要取决于行为本身的实体违法性，如偷窃证据、抢夺证据等。(4)后果不同。刑事诉讼中违背法律程序收集证据，除证据受到排除外，就是对行为主体施加纪律制裁或行政制裁，严重的构成犯罪。民事诉讼中采取非法手段收集证据，除证据受到排除外，其行为主体还要受到民法或刑法上的责任追究。② 可见，民事诉讼中非法证据排除规则是一种相对刑事诉讼证据排除规则更加严格、更加明确，从而更加应当得到规定的司法准则。

## 三、民事诉讼非法证据的判断标准

民事诉讼非法证据是民事主体通过侵害他人合法权益的方法方式所获取的证据。其非法性的根本特征在于所实施的取证行为侵害了他人的合法权益。我国最高人民法院对民事诉讼非法证据设定了两个判断标准：其一，看取证行为本

① 有学者指出，证据非法的成因在于收集程序的非法治化。参见魏健："非法证据：前提、认定机制及排除"，载《河北法学》2003 年第 1 期。刑事诉讼是如此，民事诉讼也是如此。

② 英国长期以来局限于；分法的思维，认为非法行为可以受到制裁，而非法证据可以使用，并因此得出这样一个不免有些荒谬的结论：不管你如何得到的证据，即使是偷来的，也可以作为证据采纳。参见杨宇冠著：《非法证据排除规则研究》，中国人民公安大学出版社 2002 年版，第 166 页。这个观点显然没有看到非法取证对法治化的危害性，因而不断受到现代司法实践的质疑。

身是否侵害了他人合法权益；其二，看取证行为本身是否违反了法律禁止性规定。[①] 侵害他人合法权益不一定违反法律的禁止性规定，但违反法律的禁止性规定则一定侵害了他人的合法权益。因此，民事诉讼中非法证据排除的根本性标准在于：收集该特定证据的手段与结果是否对他人的合法权益造成了侵害。

诚然，"侵害他人合法权益"是一个含糊笼统的抽象标准，难以落实和操作，但应当明确的是，"侵害他人合法权益"是确定证据非法性的底线，没有侵害他人合法权益，便不构成非法证据。当然，这并不意味着取证行为只要"侵害他人合法权益"，就构成了非法证据。是否构成需要排除的非法证据，还要看该取证行为中的违法因素是否达到了"重大非法"或"严重违法"的程度。换句话说，如果当事人的取证过程中仅涉及轻微的非法因素，则相关的证据无须加以排除。具体而言，民事诉讼中非法证据的排除应当具备以下要件：(1)从主体上说，非法证据的收集者必须是当事人、诉讼代理人或者受当事人委托、聘请、指使的人。如果非法证据的收集者与当事人无关，则当事人对该证据的收集和使用就不具有非法性。(2)从客观行为来看，当事人及其相关主体所实施的收集证据的行为已经触犯了现行法的规定，其行为因之而具有了违法性。正是因为其行为具有了违法性，立法和司法才对它作出否定性评价，从而才有排除该证据的可能。至于非法取证行为是发生在诉前还是诉中，则在所不问。(3)从行为的后果上说，实施该行为的后果是取得了与本案有关的重要证据或关键证据。如果没有取得相关证据，则也不构成非法取证行为。(4)从侵害的客体上看，非法取证行为既侵害了诉讼外的通常合法权益，又侵害了诉讼中的特殊合法权益。因此，非法取证行为应当产生双重法律后果：一方面，该行为构成了侵权或者犯罪；另一方面，该行为触犯了诉讼中程序公正的利益。凡具备了以上四个要件，非法证据便得以构成。某一项证据只要被认定为属于"非法证据"，就产生了双重法律责任：一方面，收集该证据的非法行为构成了侵权或犯罪行为，因而产生了侵权责任或刑事责任；另一方面，因该非法行为所收集的证据也触犯了诉讼中的程序正义利益，因而导致了排除使用该非法证据的后果。同一个行为触犯了诉讼外和诉讼中的双重法律规定，因而产生了双重法律后果。

## 四、民事诉讼中应受排除的非法证据

如果当事人收集证据的行为违法性达到了严重或重大的程度，则应排除对

① 参见最高人民法院2002年司法解释《关于民事诉讼证据的若干规定》第68条。

该证据的使用。这主要包括三种情形:(1)采用刑事违法行为所收集的证据,应当予以排除。比如,采取抢劫、盗窃、抢夺、侵犯他人住宅等暴力方式所获得的证据;采用非法限制他人的人身自由、威胁、恐吓、打击报复等方法所收集的证据,应受排除。实践中常见的诸如买断相对方职员、盗窃企业重要文件、盗窃他人保险柜获取的证据、未经允许破门而入实施的所谓"捉奸举证",等等,均属此列。《关于民事诉讼证据的若干规定》第8条规定,当事人如果有证据表明其自认是在对方威胁的情况下做出的,则可以撤回,这也是基于取证行为的刑事违法性所作出的规定。(2)采用侵犯他人人格权、隐私权、商业秘密权等重要民事权益的方式所收集的证据。比如,在他人住房或卧室内安装窃听器、摄像机、对他人的通话实施监听、用高倍望远镜偷窥他人住房内或工作室内的隐私、擅自开拆他人信函或其他邮寄物品等收集证据、未经企业许可越墙偷拍企业有关情况,等等。(3)违背法律禁止性规定所收集的证据。这里的"法律"应当从广义上理解,包括宪法、法律、行政法规、地方性法规以及司法解释等一切具有法律效力的规范性文件。违反《国家保密法》、违反公序良俗、采用有伤风化的方式所收集的证据,如侵入、破坏他人祖庙收集证据、未经许可拍摄他人裸露的照片,等等,均属于这类情形。

立法除了应列举性规定以上非法取证行为并对其证据予以强制性排除外,还应赋予法官以自由裁量权对证据的合法性进行个案中的判断,从而决定是否采纳具有一定程度违法性的非法证据。之所以要做出如此规定,其主要的原因就在于非法证据的判别标准本身比较含糊、抽象,需要借助个案具体情节将之具体化,这便需要发挥法官的主观能动性和司法创造性。同时,制定法本身不可避免地会存在缺陷和滞后性,需要司法者灵活司法予以补充。司法者所面临的非法证据,如果不属于上述明定情形,则需要运用裁量模式对非法证据的可采性予以判断并决定取舍。司法者在裁量决定是否采纳具有非法因素的非法证据时,应当遵循以下原则:(1)以重大违法为判断标准。如前所述,非法证据的排除是一种加重责任,也是一种双重责任,因而并不是所有的带有违法因素的非法证据均需要加以排除。如果当事人在收集证据的过程中仅仅只有轻微的违法性,或者只有局部的程序瑕疵,则该证据不必受到排除。(2)以利益衡量为判断方法。以非法方式收集的证据虽然具有违法性,但结合案件中的各种因素予以综合权衡,如果得出的结论是舍去该项证据的弊端或负面效应更大于采用该证据的不利影响,则可以采纳该非法证据。这些因素包括:案件的重要性;被告违法行为的严重性;收集证据的违法行为的严重程度;当事人可以选择的收集证据的方式,也即,除这种非法方式外,是否还有其他的合法方式或违法程度较低的方式可以采用;司法者采纳这种非法证据所可能导致的示范效应或社会导向作用,等等。按照上述两项原则,司法者如果认为该特定的非法证据虽然不属于法律明定的强制排除之列,但却可以归结于重大违法收集证据的范畴,则应排除该证据的使用。这是一方面。另一方面,如果非法证据不属于重大违法范畴,而属于一般违法或轻微违法的范围,那么,是否排除该项证据由法官综合各种因素权衡决定。换言之,即使非法证据的违法性没有达到重大违法的程度,司法者视具体情形也可以斟酌排除。

## 五、非法取证的法律后果

非法取证是一个综合行为,它一经实施,便同时触犯多个法律规范,并由此引发多重法律后果,主要包括实体法上的后果和证据法上的后果。实体法上的后果表现为行为者对实体法律责任的承担;证据法上的后果表现为证据受到排除或限制。由于非法证据中包含的违法性因素不同,其所产生的法律后果以及相互间的连带关系也不尽一致。具体而言,非法证据的后果主要有这样几种组合形式:(1)承担刑事责任,证据必定受到排除。因违法犯罪所取得的证据,不仅要受到刑事法上的制裁,同时也应在证据法上产生不利后果。如果容忍该类证据的可采性,则必有放纵犯罪之嫌疑。(2)承担民事侵权责任,证据一般要受到排除。如果收集证据的违法行为属于严重的侵权行为,其后果应兼及证据的排除使用。如果属于一般的侵权行为,则侵权责任应予构成,而相关证据可以采纳。(3)轻微的侵权行为,如果侵权责任未能构成,则证据不受排除,但应当对其使用施加限制。比如,限制在一定范围内使用、一次性使用、秘密使用,等等。至于其程序设置,可以分两种情况处理:其一,如果在民事诉讼中对于证据的合法性判断涉及刑事责任的追究,审理民事案件的司法者则应中止程序之进行,将与非法证据有关的刑事案件报送给刑事侦查机关先行处理。其二,如果属于侵权责任事项,则告知当事人可以另行起诉。如果当事人不予起诉,也不影响审理本案的法院对非法证据做出明确判断,从而排除其使用。

## 六、几种特殊取证行为的合法性问题

### (一)关于"陷阱取证"

所谓"陷阱取证",是指采取诱惑他人侵权或犯罪的方式收集证据。"陷阱取证”包括动机形成型和机会提供型两种类型。比如在盗版软件侵权诉讼中，如果被告人本来没有盗版侵权的意图，而在原告所提供的利益诱惑下才临时起意，实施了盗版软件的行为，此种行为所转成的证据材料，便是应予排除的非法证据；反之，如果被告一直实施盗版软件的行为，当事人苦于无证据可举，迫于无奈采用购买盗版软件的方式而取证，则此种证据收集行为便不存在违法因素，故而其证据也不受排除。

**（二）关于“偷拍偷录”**

当事人向法院提交的视听资料，有可能是基于偷拍偷录而形成的。广义上的偷拍偷录是指未经利害关系人的同意而私自拍录，它具体包括两种情形：一是未经利害关系人同意但也未侵害其合法权益的私自拍录，比如，一方要建房而另一方无理妨碍、双方斗殴而被拍录，等等，便属此类。二是未经利害关系人同意但又侵害了相对方合法权益的私自拍录，这种类型的私自拍录，乃是真正意义上的偷拍偷录。狭义上的偷拍偷录，指的就是这种情形。偷拍偷录区别于私拍私录的关键之处就在于这种行为是否造成了相对方合法权益的损害。以损害相对方合法权益为特征的偷拍偷录，就其本质而言，乃是一种侵权行为。根据前述分析，基于侵权行为所收集的证据，若属情节严重，是要受到排除的。与偷拍偷录一样，跟踪盯梢也是一种民间侦查手段，它只要没有侵害他人合法权益，也具有合法性。

**（三）关于“私人侦探”**

根据1993年公安部发布的《关于禁止开设“私人侦探所”性质的民间机构的通知》，任何单位和个人开办的各种形式的“民事事务调查所”、“安全事务调查所”等私人侦探性质的民间机构都是违法的，被明令禁止的“业务范围”包括：受理民间民事、经济纠纷，追讨债务，查找亲友，安全防范技术咨询以及涉及个人隐私方面的调查，等等。《刑法》第284条也规定，非法使用窃听、窃照等专用器材，造成严重后果的，处2年以下有期徒刑、拘役或管制。但是，2002年10月，国家工商总局、商标局调整了商标分类注册的范围，将“侦探公司”列入新的《商品和服务商标注册区分表》之中。可见，虽然其审批手续较为严格，但无疑工商管理部门已经将它合法化。事实上，即使明确的“侦探公司”尚未出现，要取得合法登记也较困难，但在各种名目的信息咨询、信息调查公司中，私人侦探的业务实际上是存在的，这是大家都知道的一个不争的事实。对于私人侦探所收集的证据，要进行合法性判断。若其行为侵害了有关人的合法权益或者违反了法律的强制性规定，则该特定证据便属于违法收集的证据，应受排除，不得作为认定案件事实的根据；反之，若私人侦探收集证据的行为本身是合法的，则不因其收集主体为当事人或利害关系人以外的私人侦探而受到排除。

(四)关于“测谎证据”

众所周知,测谎仪在刑事诉讼中的运用已日趋普遍,①但是在民事诉讼中能否运用测谎仪,到目前尚未见定论。民事诉讼中能否使用测谎仪,这个问题的答案取决于对测谎仪的性质认识。测谎仪实际上是一种心理测量技术,在当事人进行陈述时,运用这种仪器,可以通过对陈述者的陈述时的生理参数变化的测试,判断出该陈述者是在说实话还是在说谎话。可见,测谎仪的运用实际上是由两个部分构成的:一是当事人陈述;二是对当事人的生理反应进行科学鉴定。无论是当事人陈述还是鉴定结论,在民事诉讼中都是证据的法定表现形式,测谎仪的使用只是将二者结合起来了。可见,只要当事人本人同意使用测谎仪,其合法性就无须怀疑;反之,若当事人不愿意使用测谎仪,法院则不能违背其意志而强行使用,否则即构成对人权的侵犯。因此,民事诉讼中并不排斥对测谎仪的使用,使用测谎仪对当事人陈述的真实性进行判断,是科学证据和法官自由心证的结合。事实上,虽然民事诉讼法对此至今尚无明文规定,但实践毕竟走在了立法的前头,司法实务中,法官在双方当事人同意下使用测谎仪,作为对当事人陈述真实性的判断,已经不是一件罕见的稀奇之事了。因此,民事诉讼立法应当紧跟形势发展之需要,通过法律规范或司法解释的形式来确认测谎仪使用的合法性,并采取具体步骤,引导和规范对它的使用,使之能够真正发挥科学鉴定证据的作用。

(2004年第5期)

① 最高人民检察院1999年9月发布的《关于CPS多道心理测试鉴定结论能否作为诉讼证据使用问题的批复》就刑事诉讼中的测谎仪使用作出如下解释:CPS多道心理测试(俗称测谎)鉴定结论与刑事诉讼法规定的鉴定结论不同,不属于刑事诉讼法规定的证据种类。人民检察院办理案件,可以使用CPS多道心理测试鉴定结论帮助审查、判断证据,但不能将CPS多道心理测试鉴定结论作为证据使用。认可测谎鉴定结论作为审查判断证据的功用,实际上便认可了它的合法性。

# 2005 年

# 民事诉讼审前准备程序的正当化

吴泽勇*

以审前证据交换为中心的审前准备程序改革,是这几年民事审判方式改革中的一个新热点。正如实证研究显示的,在诉讼程序中明确区分审前准备与开庭审理,在实务界已成为一种普遍趋势。尤其是最近开展的"大立案"改革,更是展现了将这一区分在制度上稳定下来的前景。① 同时我们也看到,关于审前准备程序,在认识上还存在误区,实务中也有一些做法不尽合理。本文从审前准备程序的一般原理出发,对我国审判方式改革实践中出现的几种审前准备程序模式作了考察,并在此基础上,就我国审前准备程序的正当化构建提出了若干思路。

## 一、为什么需要"审前准备程序"

当我们开始对审前准备程序的讨论时,实际上就隐含了这样一个判断,即将民事诉讼程序划分为审前和审理阶段是必要的。这种必要性体现在哪些方面?或者说,为什么需要一个相对集中的准备阶段?

事实上,并不是所有的诉讼形态中都存在这样的两个划分阶段。一个可以举出的例子是我国传统的民事诉讼程序。虽然按照现行《民事诉讼法》,在民事诉讼开庭审理之前也有一个"审理前的准备",但这并不构成上述意义上的审前准备程序。因为,在传统的民事审判方式中,"由于开庭审理没有得到充分的重视,法官办案的主要精力放在了开庭之外询问当事人、调查取证以及背对背或面对面的反复调解等活动上,一般情况下大部分案件的处理都结束在注意阶段。……既然开庭审理本身实际上发挥的作用十分有限,从而被置于无足轻重的位置,以开庭作为前提,只是为这种审理做准备的程序自然也失去了重要性"。② 这也就是说,在我国传统的"调解型"或者"超职权主义"的审判模式中,

---

* 作者单位:河南大学法学院。

① 王亚新:"关于中级法院民事一审程序运作状况的调查报告",2002年8月北京"比较民事诉讼法国家研讨会"论文。

② 王亚新:"民事诉讼准备程序研究",载《中外法学》2000年第2期。

并没有严格意义上的审前准备程序的位置。另一个例子是大陆法系的传统民事诉讼程序。在德国，直到1976年的修订民事诉讼法典，先前关于准备程序的规定并未在诉讼实践中扎根，有准备而无准备程序的审理结构一直位于主导地位。日本的情形与此类似，直到20世纪80年代之前，实务上占主导地位的仍是“准备+开庭→准备+开庭……”的审理结构。事实上，德国是在20世纪70年代中后期，日本是在20世纪80年代之后，那种明确设置审前准备阶段的做法才逐渐在实务中确立下来。而现在，这种“准备程序+主要期日开庭”的审理结构已经开始支配这两个国家的民事诉讼。①

严格区分审前准备与开庭审理的诉讼结构仅仅在英美法系存在，这种传统的形成与其陪审团作为事实裁判者的诉讼结构有着密切关联。陪审团有两个基本特征：其一，裁判者是法律方面的外行；其二，裁判者人数众多。由于陪审团是外行，所以人们相信，只有公开的法庭才是他们获得案件信息的正当渠道。由于陪审团人数众多，多次、连续的开庭显然是不可能的，因此集中审理成了水到渠成的选择；既然审理是集中的，那么为了避免所谓的“突袭判决”，就一定要保障当事人在开庭之前有机会提出自己所有的攻击、防御办法。因此我们看到，完备到甚至有些臃肿的证据开示制度成为英美民事诉讼的一大特色。

但是，无论是在大陆法系的诉讼制度改革还是我国正在进行的民事审判方式改革中，强化审前准备与开庭审理的两阶段划分都成了共同的趋势。那么，是什么原因导致了这样一种趋势呢？

在我国，审前准备程序的兴起反映了民事诉讼程序正当化机制的转变。在传统民事审判方式下，无论大多数以调解结案的一般案件，还是未能调解结案而上报到上级领导最后以集体决策方式决定的案件，都有一个共同的特征，那就是开庭审理过程被架空，或者说被形式化。因为在这两种结案方式中，纠纷处理结果的正当性都不是来自当庭的举证、辩论和判决。从理论上说，前一种结案方式的正当性主要来自当事人对调解意见的同意，后一种结案方式的正当性则来自法院内部的民主决策。而事实上，这两种正当化机制都是以对裁判者的高度信任为前提的。随着这种信任的不复存在，原有的正当化策略难以为继，于是人们对庭审过程投入了越来越多的关注。表面上看，改革审判方式、充实庭审过程，这只是一种审理技术的改造，但究其深层原因，它反映了人们对一种新的正当化机制的追求。通过当事人当庭的对抗和裁判者独立作出的判决来处理案件，是现代西方民事诉讼程序的基本机理，而诉讼主体的明确分工和自负其责，是这种

① 王亚新：“民事诉讼准备程序研究”，载《中外法学》2000年第2期。

“对抗与判定”的诉讼结构的主要正当性源泉。① 为了将纠纷解决的重心由庭外转移到庭上，人们首先想到的是尽量减少法官与当事人在庭外的单方接触，为此，以加快开庭日期，防止暗箱操作为核心的“一步到庭”、“直接开庭”在许多法院试行。但是正如我们后来看到的，没有开庭前的准备，开庭审理常常不得要领，根本达不到预期的效果。这时候，如果还是靠首先进行庭外的询问、调查等方式来了解案情，等有了把握再来开庭，那等于又回到了原来的“先定后审”的老路。“一步到庭”、“直接开庭”的行不通说明了审前准备的必要性，而对一种新型正当化机制的追求又让我们不愿回到过去那种庭外的，以非正式的询问、调查和了解为主要内容的审前准备。这样，实际上就只有一条路可走，那就是建立一种正式的、有比较充分程序保障的审前准备程序，以便既为开庭审理做好准备，又不至于回到被我们否定的传统做法中去。

我国的审判方式改革的经验只回答了问题的一半，即建立一种正式的审前准备程序对于“对抗与判定”式的民事诉讼结构是必要的，但问题还有另一半——为什么这种审前准备程序必须是集中的？德国和日本的改革实践正好可以帮助我们理解这后一半的问题。在传统德国和日本的民事诉讼程序中，一连串的开庭构成了诉讼过程的主体。在这样的诉讼结构中，相对于达成判决的最后一次庭审，我们未必不可以把先前的历次开庭看做这最后一次庭审的准备。这种准备都以公开、对席的开庭方式进行，因此它们在程序保障方面应该是无可非议的。但是什么原因导致了这样的诉讼结构最终也向着一种明确划分审前与审理两个阶段的诉讼结构转变呢？主要原因是诉讼的拖延。虽然在每次开庭之前当事人也要做一些准备，但当事人对这种庭外的准备活动显然缺乏紧迫感，到了开庭时只能或由于诉讼策略的考虑而仅仅提出部分主张和证据，导致无法进行充分的辩论和审理，结果法官不得不重新设定庭外准备的时间，间隔性地多次开庭。② 可见，诉讼效率的要求使德国和日本最终放弃了传统的诉讼结构，转而追求一种明确划分审前准备程序与审理程序的诉讼结构。

综上可知，审前准备程序存在的必要性可以从两个方面得到解释：首先，现代民事诉讼程序的正当化机制要求审前的准备活动必须满足一些最低限度的程序保障；其次，现代社会对纠纷解决的效率要求，使得审前准备必须以一种有利于诉讼早日终结的方式进行。

① 关于“对抗与判定”诉讼结构的提出和解说，参见王亚新著：《对抗与判定：日本民事诉讼的基本结构》，清华大学出版社2002年版，第三章。

② 王亚新：“民事诉讼准备程序研究”，载《中外法学》2000年第2期。

## 二、我国审前准备程序改革的三种模式

按照现行《民事诉讼法》的规定，民事诉讼审理前的准备工作主要包括法律文书和诉讼文书的送达，告知当事人诉讼权利、义务及合议庭的组成，法官审核诉讼资料、调查收集必要的证据，通知必要的共同诉讼人参加诉讼。按照这些规定，审前准备与开庭审理在功能上的划分还是比较清楚的。但正如前文指出的，由于开庭审理本身并没有成为判决形成的主要场合，为开庭做准备的审前准备活动在构造上并未获得作为一个独立的诉讼阶段的位置。20 世纪 90 年代中期以后，在各地法院推行的审判方式改革中，审前准备与开庭审理的两阶段划分得到了一定的强调，许多法院都就单独的审前准备程序的构建进行了尝试。根据来自法院系统的零星报道，这类审前程序大致包括以下几种情形：

第一种模式是由立案庭负责案件的审前准备活动。这就是所谓的"大立案"模式。作为"立审分离"的主要实现方式，这一模式首先于 1998 年在山东省寿光县试行，并在 1999 年 8 月最高人民法院于吉林省召开的立案工作座谈会上作为改革经验向全国推广。目前，这一模式已经在全国法院广泛推行。① 按照山东省寿光县人民法院的做法，"凡进入法院的涉诉案件都必须通过立案庭统一立案，立案庭对审判流程实行全方位的跟踪管理，统一对排期、送达、开庭、结案、归档等环节进行组织、监督、协调、管理，进行全程监督，将案件全过程纳入系统的管理机制"。② 另根据 2000 年 10 月广东省高级人民法院颁布的《广东法院案件审理流程管理规程》，立案庭的工作主要包括"审查立案、文书送达、证据交换、调查取证、排期开庭、评议宣判、结案归档、督促管理"，也就是说，除了审判，其他的事全由立案庭来办。③ 其他地区的做法与此大致相同。④ 从相关报道中，我们看到，在"大立案"的模式下，立案庭实际上承担着案件受理、流程管理、审前准备和审判监督等多重职责，而不仅仅是立案一个方面。事实上，已经有人提出"立案庭"的称谓不符合其实际的职能，不如改称"准备程序庭"，但显然这一称谓也不能涵盖立案庭的所有职责范围。

---

① 李岩："司法改革，取得突破"，载《人民日报》2002 年 10 月 16 日。

② 同上。

③ "粤法院昨起全面推行改革"，载《广州日报》2000 年 10 月 26 日。另参见李宜航、林洁："广东法院：'大立案'踢开审判'暗箱'"，载《羊城晚报》2000 年 10 月 25 日。

④ 于栋修："审判流程管理：司法改革的有益探索"，载《人民司法》2000 年第 4 期；刘岚、冯建波："山东'大立案'带来大变化"，载《人民法院报》2000 年 12 月 14 日。

虽然就本文的论题而言，可以将“大立案”的改革举措作为我国民事诉讼审前准备程序改革的一种模式来加以论述，但是根据相关的报道，强化审前准备却并非这一改革的本来目的。这一改革的初衷主要在于以下几个方面：首先是规范立案审查制度，解决当事人告状难的问题。根据有关报道，“大立案”的改革在这一环节应该说已经取得了较好的效果。比如在山东，“一般案件的立案在半小时内就可完成，立案效率比以前提高了十几倍，许多人大代表和执法监督员反映，‘告状难’问题已得到解决”。[①] 其次是强化审判管理，提高诉讼效率。山东法院的实践证明，凡是实行审判流程管理的法院，无一不提高了审判效率，缩短了审判周期。1999年全省法院收案57.6万件，审限内结案56.3万件，结案率比“大立案”实行以前的1996年增加6个百分点。1999年全省法院超审限案件比上年下降34.7%。[②] 最后是通过“立审分离”，避免审判人员的暗箱操作，保障司法公正。有一个关于“大立案”的报道这样写道：“通过建立审判流程管理制度，将审判管理工作与庭审裁判工作分开，减少或杜绝了庭审法官在庭审前接触当事人的机会，有利于强化法院内部的监督机制，打消当事人认为存在‘暗箱操作’的疑虑；通过庭前核对诉讼请求和当事人提交的证据，杜绝了实体裁判超出原诉请求和防止在举证程序上不公正的问题；将排定主审法官或独任法官程序化、公开化，改变了以往随意性大的做法；通过增加审判管理工作和庭审工作的透明度，增强当事人举证的自觉性，从诉权和程序上保障了裁判的公正性。”[③]

正是出于这样的初衷，在“大立案”的模式下，审前准备活动并没有得到实质性的充实。从有关报道中，我们看到，在立案庭的各项职责里，文书送达、证据交换和调查取证一般被认为是审前准备的主要内容。但如果从严格意义上来看，却只有后两项属于典型意义上的审前准备，即西方一般称为“证据整理”的活动。而在有关报道中，却很少看到有关西方民事诉讼审前准备的另一个组成部分——“争点整理”的介绍。并且为了达到在审前隔离审判人员与当事人的目的，这些活动均由立案人员负责进行。因此，作为一种审前准备活动的模式，“大立案”的基本特征表现在：首先，审前准备的内容主要是证据整理，而很少涉及争点整理；其次，审判法官在审前准备活动中完全不介入，而由立案人员和当事人负责准备。这种分离的一个理论依据是，审前准备活动属于审判管理活动，

① 刘岚、冯建波：“山东‘大立案’带来大变化”，载《人民法院报》2000年12月14日。

② 李岩锋：“人民法院五年改革成就综述”，载中国法院网。

③ “粤法院昨起全面推行改革”，载《广州日报》2000年10月26日。

而不是审判活动。①

第二种模式是在立案庭之外，设置专门的“准备庭”负责审前准备活动。在这种模式下，民事诉讼全过程被划分为立案、准备和庭审三个阶段，分别由立案庭、准备庭和审判庭负责。在立案庭完成立案和送达之后，诉讼材料被送交准备庭。准备庭接下来依照以下顺序进行审前准备：

“审查诉讼材料，确认符合立案条件后，于即日或次日确定出庭的书记员（全院书记员由该庭集中管理）；对规定不由立案庭排期的案件（即原告提出诉前保全申请、被告3人以上不能同时送达、被告下落不明需公示送达的案件），确定首次开庭时间及地点，并负责送达；接收被告答辩状；通知诉讼参与人出庭，通知双方当事人庭前交换证据；执行诉前保全，原告请求调查、勘验、鉴定、评估、审计的，也由该庭完成。上述工作完成后，在规定的时间内将案卷移交审判庭。”②

这种模式与第一种模式的区别在于它把审前准备从立案庭的工作范围中划分出来，由专门的准备庭来进行。从审判流程管理的角度来看，这种模式无疑比第一种模式更具体也更科学。但是，就审前准备的内容以及审判法官在准备活动中的介入程度而言，这种模式与第一种模式并无本质区别。事实上，即便在第一种模式下，有一些法院也在立案庭内设立了专门的小组来负责审前准备活动。比如在山东济宁市的改革中，立案庭下设立了立案审查组、庭前准备组、案件评查组、信访复查组和综合指导组5个小组，其中“庭前准备组”的任务即就开庭审理进行准备。③ 进行了这类划分的第一种模式与专门设立准备庭的第二种模式之间的区别显然就更小了。

第三种模式是由审判庭负责审前准备，但一般不是由审判法官本人从事审前准备活动，而是交由助理法官或者法官助理进行。比如，在青岛市中级人民法院，法官被分为主审法官和助理法官，而助理法官的职责就包括在主审法官的指导下完成开庭前的一切准备活动（包括法律文书的送达、调查、勘验、鉴定、调解等）。在北京市分房山区人民法院，法官助理被定位为法官助手，其职责主要就是协助法官进行审前准备活动。审判业务庭在确定某个案件的承办法官后，将该案件移交给该法官的助理，案件即进入庭前准备阶段。在此阶段，法官助理负

① “立案庭负责审查立案，同时又负责组成审查庭审的相关材料，并准备庭审工作，所做的是带有行政色彩的管理工作，对案件无裁判权。”参见曲也直：“完善审判管理的核心——分权制衡，权责统一”，载《人民司法》2000年第7期。

② 韩元恒、丁立辛：“建立‘大管理’体系，促进司法公正与效率——河北省泊头市人民法院推行审判流程管理的调查”，载《人民司法》2001年第6期。

③ 于栋修：“审判流程管理：司法改革的有益探索”，载《人民司法》2000年第4期。

责以下审前准备活动：初步审查与送达、指导当事人举证、采取财产保全或证据保全措施、组织证据交换、根据当事人审前或依职权调查收集证据、以法官名义进行调解、排定开庭日期。其中多数活动要在法官的指导下进行；并且在审前准备结束后，要向法官简要汇报庭前准备的情况。在广州海事法院、上海市浦东新区人民法院，法官助理也都承担着类似的职责。①

与前两种模式明显不同的是，第三种模式并不排斥法官在审前阶段的介入。从这一点来看，这种模式与改革前的传统做法有一定的延续性。但与传统做法不同的是，这种模式将审判工作人员进行了特定的划分，把审前准备之类的辅助性工作交给法官助理或者助理法官来做。如果说这几种模式都是为了实现审前准备与庭审程序的某种分离，那么前两种模式主要是通过机构的分离来实现这一目的，而第三种模式是通过审判工作人员的内部分工来实现该目的。由于法官助理或者助理法官仍然要在法官指导下工作，这种分工的意义主要在于提高司法资源配置的效率，而不像前两种模式那样，将法官从审前阶段完全隔离开来。

由于传统审判方式的延续，在不少法院，那种审前准备与开庭审理之间并无清楚划分的传统审前准备模式一定还在相当程度上存在。但长远来看，起码在中级以上级别法院中，这应该是一种逐渐被取代的模式。而真正成为未来审前准备程序模型的，基本上只会在上述三种模式或其变种中产生。

## 三、我国审前准备程序构建的若干问题

以上改革举措的提出，源自审判实践中特定的问题或危机，而这些举措的推行，也都在一定范围内和一定程度上解决了问题或者化解了危机，这些都毋庸多说。但是必须看到，由于立法的局限或者认识的偏差，其中的许多改革举措都存在这样或那样的误区。只有对此保持足够的清醒，进一步的改革才可能沿着比较正确的方向展开。以下从三个方面讨论我国审前准备程序改革中存在的问题。

### （一）审前准备的主体

如果按照西方民事诉讼的一般理论，将审前准备程序定位为整理证据和争点的程序，那么在我国，就当事人应该成为准备活动的主要承担者，应该已没有

① 佛法研："法官助理与法官员额问题研究"，载《人民司法》2002年第8期。

异议。但很显然,仅仅当事人个人的证据收集活动不能构成完整的审前准备。既然案件提交到了法院,并且预计要以判决的方式来处理,那么法院在审前准备中承担相应的职责也是理所当然的。但是,法院应以何种方式介入审前准备?或者说,是由审判法官来指导审前准备,还是由非审判人员从事这一工作?在这一点上的不同选择,决定了上述三种模式的关键性差别所在。

无论是第一种模式还是第二种模式,都是由审判法官之外的人员来负责审前准备的。并且,为了避免当事人与合议庭成员在庭外的接触,这两种模式都强调了要尽量缩短确定合议庭与合议庭开庭审理之间的时间,一般是法定的最短期限——3天。如前文已经提到的,这样的安排有两个依据:其一,就必要性而言,只有准备人员与审判人员的完全分离,才能避免法官与当事人在审前的接触以及由此带来的庭外"暗箱操作";其二,就合理性而言,审前准备与立案、送达、案件排期等活动一样,属于行政性的审判管理活动,可以由审判法官之外的人进行。但是我们早要稍加斟酌,就可以发现这两方面的理由都不能成立。首先,所谓的"立审分离"并不能杜绝法官与当事人的私下接触。一方面,从指定合议庭到开庭之间仍有3天,而3天的时间对于那些想找关系而又确实"有门道"的当事人来说也许就足够了;另一方面,我国现行体制并不要求一次开庭就作出判决,而且对于比较复杂的案件来说这也是不可能的。而只要不能在一次开庭中作出判决,那么通过立案庭或者准备庭负责审前准备工作来隔断法官与当事人庭前接触的努力也就失去了意义。① 其次,由非审判人员负责审前准备活动不符合审判活动的规律。在由不同机构负责审前准备和开庭审理的模式下,我们可以设想两种可能的结果。一种结果是,负责审前准备的立案庭或准备庭确实进行了比较充分的证据和争点整理,而案件也比较简单,以至于审判法官可以直接依据他们提供的诉讼资料来对案件作出判断。另一种结果是,负责审前准备的立案庭或准备庭在组织当事人进行初步的证据交换和证据整理后,就将案件移交给审判法官。在这种情况下,如果案情足够复杂,那么随着诉讼的展开,法官免不了还要进行一轮又一轮的证据调查和争点整理。在第一种情形下,案件的审理并没受到太大影响。但是,法官要把所有的案卷阅读一遍,并在法庭上把所有的证据和争点整理过程回放一遍之后,才能获得对案件比较完整的认识。这明显不符合诉讼效率的要求;在第二种情形下,由于开庭前的准备活动对案件审理并不具有决定性意义,准备活动在开庭之后仍在进行,所谓的审前准备与开庭审理的分立,也就完全失去了意义。

---

① 李勇:"立审及立案机制的建立和完善",载《人民司法》2000年第12期。

如果不是那么绝对地看待审前与庭审的"分立",我们就可以发现,法官在审前阶段一定程度的参与更有利于他对案件事实的认识,而这种逐渐形成的认识不仅比简单的阅读案卷和开庭审理更符合案件的真实,同时也减少了不必要的重复,更符合诉讼效率的要求。从比较法的资料来看,强调法官在审前阶段的介入几乎可以说是西方国家民事诉讼制度改革的共同趋势。而导致这一趋势的,正是诉讼效率的要求。法官在审前阶段的介入不仅可以有效地推动诉讼的进程,及早确定开庭的日期,而且在对案情有了相当的了解之后,还可能考虑以和解或其他的替代性解决方式来化解纠纷。

因此,就审前准备的主体而言,上面介绍的第三种模式也许更合理一些。但这并不是说"大立案"的改革就一无是处。"大立案"的核心在于加强审判流程管理,而基于这一目标的许多举措对于确立一种科学、高效的诉讼流程无疑是有价值的。只是这些举措应当把自己适用的范围限制在立案以及流程管理方面,在涉及审判活动的审前准备甚至审判监督方面,则一定要按照审判活动的规律进行。

### (二)审前准备的充实化

到目前为止的审前准备程序改革,主要停留在将审前准备与开庭审理分立的阶段。分立固然是构建一种审前程序的重要方面,但并不是唯一的方面,甚至不是最重要的方面。就审前准备与开庭审理之间的功能定位而言,审前准备程序的主要目的是使案件达到适宜开庭审理的程度,以便保证开庭审理的连贯性和充实性。那么什么样的状态算是适宜开庭审理呢?这种状态应该符合两个方面的要求:一是当事人争议的焦点已经清楚,开庭审理只需围绕这些争点来进行;二是双方用来证明自己主张的证据已经得到充分的收集、提交和整理,开庭时只需围绕这些证据来进行质证和辩驳。只有达到了这两方面的标准,开庭审理才不会因为新主张或新证据的提出而中断。为此,西方国家民事诉讼审前准备程序向来包含两个主要的内容,即争点整理和证据整理,日本《民事诉讼法》甚至直接将其审前准备程序称为"争点和证据整理程序"。

在我国已经进行的审前准备程序改革中,在争点整理和证据整理方面均存在一定缺陷,这些缺陷的存在很大程度上影响了审前准备程序的充实性。在争点整理方面,"大立案"模式的缺陷表现得更明显一些。在有关立案庭职能的介绍中,我们很少看到有关争点整理内容,这是很正常的。在"大立案"的模式下,立案庭负责着全院所有案件从立案到流程管理,再到证据交换、证据收集,甚至还包括审后监督的除开庭审理之外的所有工作,在这种情况下,要立案人员就每一个案件进行争议焦点的归纳整理,的确勉为其难。而在上述的由法官负责审前准备的第三种模式中,可以推测这一工作应该开展得更好一些。

在证据整理方面的问题也许更严重。根据有关的调查和来自法院系统的调研文章来看,当事人之间的证据交换加上特定情况下的证据调查,似乎是目前大多数民事案件审前准备活动的主要内容。前文已经提到,在近年来中级法院审判方式的改革中,最明显的一个转变是当事人举证逐步取代了法官的主动查证。但是应该看到,这很大程度上只是法院面对积案过多而不得不做的选择,而与此相关的保障当事人调查证据的制度却远未确立起来。审前准备程序的一个主要的工作就是让当事人提出各自的证据,以便法院对这些证据加以整理,为将来开庭审理时的证据审查做好准备。在西方国家,为了使当事人有可能充分完成举证责任,一般都有相当发达的保障当事人收集证据的制度。比如,在美国的证据开示程序中,当事人可以直接向对方当事人请求证据。在日本和德国,当事人如果需要某项证据而该证据又不在自己手中,其可以直接向法院提出证据申请,由法院发出证据提出命令来收集证据。如果需要鉴定、勘验的,法官还可以直接指派有关人员进行。而我国现行《民事诉讼法》并没有这方面的规定。最高人民法院《关于民事诉讼证据的若干规定》第 17 条就当事人申请人民法院调查收集证据作了规定,按该规定,“符合下列条件之一的,当事人及其诉讼代理人可以申请人民法院调查收集证据:(一)申请调查收集的证据属于国家有关部门保存并须人民法院依职权调取的档案材料;(二)涉及国家秘密、商业秘密、个人隐私的材料;(三)当事人及其诉讼代理人确因客观原因不能自行收集的其他材料。”在实际的效用上,这一规定似乎类似于国外的证据申请制度。但是考虑到这一规定是作为法院调查取证(而不是当事人的证据方法)加以规定的,而我国法院现在正处在强调当事人举证、限制法院调查取证的潮流当中,这一规定在实践中的作用尚值得怀疑。正如我们所知道的,发现真实虽然不是民事诉讼的唯一目的,但却是民事诉讼所有功能得以实现的一个基础。在现代“对抗与判定”的民事诉讼基本结构中,对真实的发现主要依赖于当事人的充分举证。由于当事人收集证据的手段相当有限,庭审的对抗性就将受到影响,而这无疑会制约法官对争议事实的全面掌握,从而降低判决在实体上的说服力。

制约审前程序充实化的另一个因素是证据失权制度的缺乏。如果证据总是可以留到开庭之后才提交,那么在审前阶段就很难完成所有的证据整理任务,而案件进入开庭阶段后,也不得不因为新证据的提出而一再中断。按照我国现行《民事诉讼法》第 125 条的规定,当事人在开庭期间仍可以提出新的证据。现在看来,这一规定成了构建审前准备程序的一大障碍。由于这一规定的存在,《规定》虽然也就“举证期限”作了规定(第 33 ~ 36 条),但却又不得不留下一个很大的口子。按照《规定》第41条的解释，一审中的新证据是指"当事人在一审举证期限届满后新发现的证据"以及"当事人确因客观原因无法在举证期限内提供，经人民法院准许，在延长的期限内仍无法提供的证据"。由于这一解释的重心在于强调新证据是"确因客观原因无法在举证期限内"提供的证据，我们不妨把它看做一种限制性的解释。但《规定》第43条却又放宽了要求，按照该条的但书，"当事人经人民法院准许延期举证，但因客观原因未能在准许的期限内提供，且不审理该证据可能导致裁判明显不公的，其提供的证据可视为新的证据"。如果说"客观原因"尚且可以找到一些可操作性的标准，因此可望在一定程度上限制超期举证的话，那么"可能导致裁判不公"标准则大大削弱了这种限制。举证期限的规定本质上追求的是一种程序上的公正，这种公正通过超过一定期限不能举证所导致的失权效应体现了出来。而这里的"裁判不公"显然指的是裁判在"实体"上的不公。一般说来，只要一个证据可能带来不同的裁判结果，那么与采用这个证据的裁判相比，不采用该证据得到的裁判就只能被认为是不公的。在这个意义上可以说，"可能导致裁判不公"的标准使举证期限这一制度基本上失去了意义。《规定》中之所以会出现这样的自相矛盾，归根结底还是因为《民事诉讼法》第125条的存在。

**（三）审前准备的限度**

强调审前准备的充实化，绝不意味着审前程序可以无限制地扩张。审前准备无论怎样扩张，还是要服务于开庭审理的最终目的。如果什么都拿到审前来做了，那么又会导致另一个误区：庭审的空洞化和形式化。那么，审前准备的限度在哪里呢？或者说，哪些工作是必须留到开庭审理阶段做，而不能在审前阶段就完成的呢？

将法官获得案件信息的主要场所放在法庭上，这是现代民事诉讼一般原理的要求。因为人们相信，只有通过"公开、对席、口头、直接"的开庭审理，当事人之间的平等对抗才能成为决定诉讼结果的实质性因素，裁判者的恣意则可以被限制到最低范围。而庭审之前的证据和争点整理活动，说到底，只是为了使这种对抗更加高效和有序地进行，而不是取代法庭上的对抗。这也就是说，审前准备最终要服务于法庭上的实质性对抗，那么，不得削弱这种对抗，就成了审前准备活动的一个底线。为此，对于当事人提出的主张和证据，法官不能在审前准备阶段进行实质性审查。

对于法院依职权进行的调查取证，也必须在开庭审理时接受当事人的质证。但是，只要法官较多地介入了审前准备活动，那么其对案情形成初步的判断通常是不可避免的，因为"所谓对争点和证据的整理，事实上往往很难与形成对争点和论据的判断截然区别开来”。① 这事实上也正是法官介入审前准备的意义所在，因为它一方面提高了诉讼的效率，另一方面也有利于案件在早期以和解之类的方式终结。这无疑是一个矛盾，这一矛盾也恰恰反映了诉讼程序的正当性与效率性之间永远存在的紧张关系。

从国外民事诉讼准备程序的制度实践中，可以归纳出解决这一矛盾的两种思路。一种思路是，运用类似开庭的方式来进行审前的证据调查和争点整理，如日本新《民事诉讼法》规定的“用于准备的口头辩论”。由于这种准备程序本身就是以有保障的开庭方式进行的，因此关于法官过早对争点和证据形成判断的担忧就显得没有必要了。但是这种准备程序不仅成本比较高，而且淡化了审前准备与开庭审理的区分，如果不加控制，很容易回到那种“准备+开庭→准备+开庭……”的老路上去。② 另一种思路是，根据证据的不同种类，确定相应的审查方式。比如在日本新《民事诉讼法》中，虽然所有的证据都要在开庭审理时接受辩论，但在实际上，书证和物证的审查很大程度上已成为准备程序或准备活动的一环；而在证人证言方面，则严格坚持在开庭审理阶段集中听取的原则。③ 这样做的一个理论根据是：书证和物证都可以以实物的形式存在和再现，因此即便法官在审前形成了判断，开庭时候的质证和辩论仍足以对此种判断构成约束；证人证言的可靠性更加依赖个人观察、认知、记忆的能力和诚挚的态度，因而也更具不确定性和可操作性，为了尽可能地剔除或减少这种不确定或可操作的因素，最好的办法就是证人在法庭上接受可能因其证人证言遭受不利的当事人的反问和对质了。④

（2005 年第 1 期）

① 王亚新：“民事诉讼准备程序研究”，载《中外法学》2000 年第 2 期。

② 王亚新著：《对抗与判定：日本民事诉讼的基本结构》，清华大学出版社 2002 年版，第 149 页。

③ 同上，第 48 ~ 49 页。

④ 同上，第 51 页。

# 2006年

# 协议管辖在互联网案件中的合理适用

李 智*



## 一、协议管辖——互联网案件管辖权确定的有益补充

在物理世界的传统案件中，协议管辖作为一种对管辖权确定相对明确的方式，已越来越被广泛的采用，协议管辖适用案件的范围也越来越广。比如，1999年《海牙公约草案》第4条第1款中设定的协议管辖的范围是，"任何一项与特定法律关系有关的，已发生或可能发生的争议"。① 这也充分体现了当今国际社会对当事人意思自治的尊重和放松限制的趋势；在对协议管辖是否具有排他性的看法上，也体现了上述的趋势，1999年《海牙公约草案》确立了当事人协议排他的效力，只有当事人的约定才能破除这一效力，对于它的限制只是不得与消费者合同管辖、个人雇佣合同管辖以及专属管辖相冲突。而且，排他性的规定实际上也排除了不方便法院原则及与不方便法院原则相类似的原则的适用。② 可以说，在物理世界的传统案件中，协议管辖的突出作用越来越被各国及国际社会所重视，对其限制也在不断放松中，协议管辖已成为解决国际民事案件管辖权争议的重要选择。

互联网案件管辖权确定目前遇到的最现实和难以解决的问题是：互联网的超国界性、虚拟性给以地域为基础的传统管辖规则适用带来的冲击。因为，在互联网环境下，物理世界中最基础的因素如当事人的身份和地理位置变得难以寻找。在这种状况下，协议管辖理所当然地体现出其在管辖权确定上所具有的确定性和可预见性的优势。对互联网案件的适用，同时又伴随着协议管辖良好的发展趋势，似乎协议管辖应成为互联网案件管辖权确定的主流方式；或者说，协议管辖似乎应成为解决互联网案件管辖困境的一剂猛药。但综观物理世界中协

---

* 作者单位：厦门大学国际经济法研究所。

① 原文如下："Any dispute which has arisen or may arise in connection with a particular legal relationship."See Preliminary Draft Con - vention on Jurisdiction and Foreign Judgments in Civil and Commercial Matters Article 4.

② Haines, Avril D, *Choice of Court Agreements in International Litigation: Their Use and Legal Problems to Which They Give Risein the Context of the Internet Text*, http://www.hcch.net/general.

议管辖从限制到逐步放宽的过程,其实际上体现的是各国司法利益逐步平衡的过程,是各国司法利益在国际层面协调的结果。而在互联网环境下,各国互联网技术和电子商务发展不均衡,使在互联网案件的法院选择问题上,更需要面对和解决的是各国互联网技术发展不均衡所造成的各国之间、网络运营商与用户之间所存在的矛盾,简单地适用协议管辖,无疑会增大上述矛盾。在这种状况下,协议管辖尚不足以成为解决互联网管辖权争议的主要方式,而应将其作为一种有效的补充,在对其进行合理限制的情况下,充分发挥其有利的作用。应该说,这是协议管辖在互联网案件适用中的正确定位。



## 二、互联网案件中协议管辖有效性的判断

在传统民商事案件中,出于公平、公共秩序、"以原被告"及法院地利益等方面的考虑,对协议管辖进行了相应的限制和有效性判断,并形成了一系列的考量依据。在涉网案件管辖权的确定中,将协议管辖定位为具有补充作用,必然要面对协议管辖与其他管辖形式的协调问题。同时,根据互联网本身的特点以及发展现状,协议管辖在涉网案件中,应是规范之下的合理适用,而面对各国及参与者对网络技术资源占有的不平衡所带来的法律地位的不平等,必然要对涉网案件协议管辖进行限制和有效性判断。结合互联网技术的特点,在对涉网案件协议管辖规则的制定以及对协议管辖内容进行有效性判断时,所考虑的因素和内容与传统案件在相近的同时,也存在差别。

### (一)协议形式的有效性判断

对协议形式的有效性判断,在互联网环境下更有其特殊意义。无纸化是互联网技术的重要表现形式,体现在协议的形成上也往往是超越了书面形式的要求,而更多地采用电子形式。因此,对协议形式多样化的认可及对书面协议形式之外的其他协议形式的有效性判断,也成为确定涉网案件协议管辖效力的重要内容。

1. 选择法院协议的形式要求

对于协议管辖的形式要求,目前多数国家认为应宽松对待。就1999年《海牙公约草案》来看,它所要求的最终条件也是往宽松的方向发展。该公约第4条第2款为管辖协议设定了四种有效形式:书面形式;任何其他联系方式,且该方式能提供可获取的信息,使其日后能被引用;当事人双方通常遵守的惯例;当事人双方知道或应该知道,并在特定贸易或商务合同中双方所通常遵守的惯例。公约既没有依一些国家的主张,赋予当事人决定协议方式的自主权,更没有因循

传统，将协议效力严格限于书面这一种形式，而是在书面形式要求的基础上，放宽了对书面形式的理解，认可了更多的能够体现当事人意思的表现形式。完全由当事人自主决定协议形式，会使这一问题失去法律的规约，而且不可避免地会与各国国内法的要求产生冲突。而将协议形式有效性仅限于书面形式的做法，随着交通、通信技术的发展，各国跨国交易的增多，早已为许多国家认为不适应现代科技和现代交易的发展，特别是不符合互联网时代无纸化交流的趋势。所以，在互联网案件中，纯粹意义上的书面形式一定程度上是很难实现的，对涉网案件中协议管辖条款的严格书面形式要求，完全不符合这种交流方式的特征。

因此，在涉网案件中，选择法院协议的形式有效性审查应结合技术特点和要求，对协议选择形式的要求应更加宽松。形式上不能单纯要求书面，要适应技术发展的需要。在选择法院协议往往是在线形成的情况下，协议内容以及协议达成记录的保存、日后获取和引用，应成为涉网案件中协议选择条款形式有效性审查的重点。只要能提供出可供日后查询的记录形式，在互联网案件中，即可认为符合基本的选择法院协议的形式要求。此时，对于协议的存在，网络服务商负有举证的责任，即使是在用户主张或否认选择法院条款的情况下，对条款存在与否的举证责任，也应归于网络服务商，其有义务证实争议发生时，争议双方之间是否订立了其服务条款中的选择法院协议及其内容。在技术上，网络服务商应提供可供日后查询的难以更改的存储、查询等技术支持，以符合法律上证明的要求。

2. 选择协议条款的明确性要求

对于选择协议条款是否明确，在进行形式审查时，主要是看两个方面的因素：一是协议订立的要求以及订立协议可能产生的法律后果是否明示；二是协议本身的物理状态是否明晰，是否会轻易被协议人忽略。

在美国 Groff v. America Online, Inc. 案中，法院确认了原告通过点击接受被告网站所提供的选择法院条款的有效性。法院认为，在用户进入被告的系统之前，他必须点击接受被告的服务协议；而且这个点击的要求是明确的，原告绝对应该看到这个协议并进行接受的点击，而其以看不到或读不到进行抗辩，不应得到支持。[①] 在美国 Bruce G. Forrest v. Verizon Communications Inc. and Verizon Internet Services, Inc. 案中，法院认为，通过滚动文件（scrollbar），原告可以看到

---

① Groff v. America Online, Inc., No. C. A. No. PC 97－0331, 1998 W L 307001 (R. I. Superior Ct., May 27, 1998), http://www.phillipsnizer.com/library/cases/lib_case389.cfm, 2005－12－10.

选择法院条款,被告已提供了充足的条件,以提示原告选择法院条款的存在,[①]因此,法院确定选择法院条款是应该得到执行的。在美国 De John v. TV Corporation International, et al. 案中,法院也确认了原被告双方所达成的选择法院条款的有效性。法院认为,原告通过点击"我同意"键接受了与被告之间合同中的选择法院条款,而用户在进行登记时,协议条款就在"我同意"键的上方,足以使原告看到并充分了解,因此,法院驳回了原告在所选择法院之外的法院起诉的请求。[②]

从上述对涉网案件协议管辖有效性的判断上来看,在协议条款明确性的判定上,在对上述两方面因素进行审查时,一般应进行如下内容的考量:首先,对于用户在线接受选择法院条款的要求是明确的,用户受到充分的提示,以获知订立选择法院条款的必要性和可能的法律后果。即在用户实施网络行为时,对于选择法院条款的接受,是一个有充分认识的自主行为,而不是模糊的、暗示的或者是被捆绑在其他行为之内的行为。其次,协议形式和内容是很容易获知和清晰的,不易被用户忽略和难以辨明。比如,告知协议内容所在的页面或位置应突出和清晰,如同书的封面;协议内容应清晰明了,既容易辨明又容易理解。此处,可以借提单背面管辖条款的表现形式来进行说明。但对于提单背面管辖条款的性质,众说纷纭,其中就有观点认为,从提单背面载明的管辖条款来看,大多体现了承运人的利益,而违反了公平的原则。在形式上的表现就是,未采取合理的方式提请对方注意免除或者限制其责任的条款,也未对条款进行相应的解释;管辖条款以小字形式出现在提单背面,一般情况下,在没有任何提示时是不会被注意的。[③] 虽然这只是对于提单背面管辖条款争议的一个看法,但实际上也是出于对协议形式明确性而提出的意见。类似的,涉网案件中的管辖协议也应进行这方面的考虑,协议内容应位置突出、内容明确、字迹清晰。最后,对于协议存在的告知以及对于协议内容的获知,只需要用户具备基本的网络技术手段即可以完成。比如,上文所述案例中登录页面即会发现,或通过简单的 scrollbar 技术即可浏览页面,而不需要特有的专业技术才能获知。否则,容易使用户因为技术上的劣势而忽略或无法真实意识到自身对协议的接受。在这种情况下,应视为没有

---

① Bruce G. Forrest v. Verizon Communications Inc. and Verizon Internet Services, Inc., 805 A. 2d1007(Dist. of Columbia Courtof Appeals, August 29, 2002), http://www. phillipsnizer. com/library/cases/lib_case389. cfm, 2005-12-10.

② DeJohn v. TV Corporation International, et al., 245 F. Supp. 2d 913 (C. D. Ⅲ. 2003), http://www. phillipsnizer. com/li-brary/topics/click_wrap. cfm, 2005-12-10.

③ 郑志华:"提单背面管辖条款的性质",载《人民法院报》2005 年 11 月 30 日。

为用户提供对协议充分意识和了解的充分条件，并因此会影响到协议的效力，这样的要求，也是对于当事人技术拥有不平等地位的一种平衡。

**(二)选择法院协议实质有效性判断**

在对待选择法院协议实质有效性的问题上，也存在着宽严两种态度，涉及是否对当事人的选择进行实质性的限制，或限制到何种程度的问题。诸如，所选法院是否须与案件有实质联系，以及何种程度的联系为实质联系；在协议选择法院的范围上是否进行限制以及如何限制；是否排除其他依国内法行使的管辖权；等等。主张对当事人选择进行相应限制的国家认为，适当限制可方便审理过程中的取证、适用法律等行为；主张减少限制的国家则认为：减少限制可以保证法院的中立性和公正性，可以保障当事人选择的充分自由；被选法院可以不方便管辖为由，拒绝管辖以实现管辖的便利性；过分限制对法院的选择，会破坏协议管辖最重要的优点，即管辖的可预见性。

如上所述，随着国际交往和国际交易的增多，对协议管辖的利用越来越频繁，这样也有利于减少各国间的法律冲突。协议管辖的增多，提出了放宽对实质有效性审查的要求，但目前尚难在国际范围内形成一个趋势或共识。因为管辖协议实质有效的审查内容涉及各国法律的实质性规定，使实质性有效判断很难像协议形式有效性要求那样，摆脱国内法的规定。各国出于公共秩序、公平、公正等方面的考虑，对协议有效性进行审查，而这些考量因素又因为各国规定不尽相同且难以协调，从而对协议管辖的实质有效性判断的结果产生差异。比如，纵然不考虑其他影响协议管辖效力的因素，就协议管辖最基本的限制——专属管辖来看，各国有关专属管辖的规定差别也很大。所以，有关协议管辖实质有效性的判断，国际社会虽然也在做宽松要求的努力和尝试，但还存在一个各国协调的过程。在选择法院是否必须要与案件有联系的问题上，1999年《海牙公约草案》对此未作明确规定，看来是采用了某些国家的建议，将此问题留给各国国内法解决。① 在涉网案件中，由于各国网络发展的不平衡，网络行为对于各国法律的影响以及各国处理涉网案件的能力也各有不同，使涉网案件协议管辖实质性有效审查的标准更加难以协调。因此，对于涉网案件中协议管辖实质有效性的判断，只能在目前规则的基础上，结合网络案件的特征进行合理的审查。

然而，总起来说，由于跨国行为的增多，协议管辖的重要性受到越来越多的重视和保护，虽然遇到各国国内法规定的障碍，尚不能实现完全意义的自由选

---

① 沈涓："存异以求同，他石可攻山——评海牙《民商事管辖权和外国判决公约》(草案)并比较中国相关法律"，载 http://www.iolaw.org.cn/lawtheory.asp。

择，但国际上对协议管辖有效性的审查还是趋于宽松。例如，1999年《海牙公约草案》中虽然没有对当事人所选法院是否必须与案件存有联系的问题作出明确的规定，但根据公约第4条的规定，并没有对选择法院提出与任一方当事人、争议存在联系的要求，而是将选择的权利交给当事人；除该条第3款的限制性规定外，由当事人自己根据第1款的规定进行协议选择合理性的判断。① 在涉网案件中，虽然会面临着网络资源占有不平衡的问题，但对涉网案件管辖确定性的要求则更为突出。由于互联网跨国性的特点，使协议管辖在涉网案件管辖权确定中有其不可比拟的优势，也促使涉网案件对协议管辖的充分利用。在这种条件下，涉网案件中协议管辖适用的总趋势仍应是在保证公正的前提下，减少对选择协议的限制，以实现管辖的确定性和明确性。

1. 排除所选择法院与案件实质联系要求

对于网络案件中协议管辖所选择法院是否必须与案件存有联系的问题，结合协议管辖本身和互联网案件的特点，可以作出否定的答复。首先，当事人意思自治的核心是个人自由，限制太多，便无自由可言。既然已有了专属管辖优先于协议管辖的限制，就足以维护根本的国家司法权益，不必再将当事人的选择框限于国籍、住所这样狭窄的范围。其次，确如前述一些国家的观点，由一个除了握有司法管辖权之外与案件再无其他联系的法院来审理案件，其中立性或许有助于提高结果的公正性。② 再次，与当事人选择准据法一样，一旦当事人选择了一国法院审理他们之间争议，该国法院就与案件有了实质联系。如果当事人在法律关系产生之初，就已达成选择法院的协议，那么，被选择的法院自始便与法律关系具有联系。争议产生时，被选法院更与争议有直接联系，因为它的意义专为解决争议而存在，当事人的选择创设了被选法院与案件之间不可分割的联系，也就是说，被选法院与案件的联系可以由当事人的选择而创设。③ 最后，结合网络行为本身特点来看，由于网络的超国界性以及虚拟性，使当事人的身份和地理位置难以确定，选择法院是否与当事人或案件本身有联系，在选择法院之初判断存在困难。而且，由于互联网的全球性，在任何地区均可以登录网站并实施网络行为，同样，在所选择法院地也很容易登录争端所涉及的网站，因此，很难确定所选择的法院地与网络行为完全没有关联。所以，在互联网案件中，对于所选择法

① Nygh, Peter & Pocar, Fausto, Report in the Preliminary Draft Convention on Jurisdiction and Foreign Judgments in Civil and Commercial Matters(R), *Preliminary Document* No. 11 of August 2000. 42.

② 沈涓："存异以求同，他石可攻山——评海牙《民商事管辖权和外国判决公约》（草案）并比较中国相关法律"，载 http://www.iolaw.org.cn/lawtheory.asp。

③ 同上。

院，除专属管辖之外，可以排除关联性的要求。

2. 选择法院协议的非排他性要求

考虑到各国网络技术和网络经济发展的不平衡，以及网络服务商与用户地位的不对等，在目前的一般情况下，互联网案件中的协议管辖不应是完全排他的。一方面，可以参照1999年《海牙公约草案》的规定，保证各国专属管辖以及出于对消费者等弱势交易主体的保护而制成的管辖规则的适用，对与之相冲突的协议管辖条款予以排除；另一方面，因保护本国公共秩序、基于不方便管辖原则及其类似原则以及出于公平的考虑，确定协议管辖无效或放弃管辖的行为，也应得到支持。同时，在一定程度上，协议管辖的非排他性也有助于保证选择法院协议的形成当事人真实意思表示，网络服务商为保证其所提供的选择法院协议有效并得到执行，无论在形式还是在内容上，会提供更能体现双方真实意思的选择法院协议。

3. 依对网站的利用程度进行有效性判断

用户登录网站时与服务商签订服务协议并接受选择法院条款，该条款的有效性也可以通过用户对该网站的利用程度进行判断。比如，用户频繁使用某网站，在形式上就可以得出其对该网站的服务条款内容应该是相对了解的结论；将"滑动范围"标准适用于协议管辖，对用户通过网站实施交易或进行交流的行为进行分析，可以判断其对网站的接受程度，并以此作为管辖权确定标准。

在美国Cairo，Inc. v. Cross Media Services Inc. 案中，加利福尼亚州法院就驳回了原告在伊利诺伊州起诉的动议。法院认为，被告在网站上明确告知网站用户与运行者之间的协议，而且明确告知协议之中包含了选择加州法院为争端解决法院的法院选择条款。原告多次利用被告的网站，通过网站进行交易，其应该知道和了解法院选择条款的存在和内容，因此，该条款应是有效的，并应得到执行。①

在美国Robert Novak，d/b/a Pets Warehouse and Petswarehouse. com v. Overture Services，Inc. ，etal. 案中，法院认为，用户通过滚动窗口可以明确地看到和了解服务协议，其中包含有选择法院条款，因此，这个协议管辖条款应是有效的，该案应由约定的加利福尼亚州法院管辖，除非证明它是不合平和不合理的。另外，法院在实体条件认定上，认为被告Google并没有通过网站实施侵权行为，它只是提供了一个平台，并不是言论和信息的提供和发布者。而对于另两

---

① Cairo，Inc. v. Crossmedia Services Inc. ，No. C04 - 04825（JW）（N. D. Ca. ，April 1，2005），http://www. phillipsnizer. com/library/cases/lib_case389. cfm.

个被告，Biochemics Inc. d/b/a Doctordog. com and John Holdefehr，法院驳回了他们有关管辖权的异议。法院认为，被告 Biochemics Inc. d/b/a Doctordog. com 在纽约州运营了一个网站，并通过它销售了 6000 美元的商品给纽约州的居民；被告 John Holdefehr 则与纽约州的公司签订了商业合同，而诉讼的原因则是由此合同引起的。① 在这个案件中，法院除了对选择法院条款进行形式审查外，对于被告的行为也进行了审查。在审查过程中，被告通过网站实施的行为和对网站的利用程度受到了重视，法院运用了“滑动范围”标准，考虑到了被告网络行为的特征，从而得出其认为最合理的管辖地。

4. 协议管辖中消费者权利、义务的设定

出于对消费者的保护，选择法院协议的内容与消费者合同纠纷管辖规则的规定不能存在冲突，否则协议管辖条款有可能无效而得不到执行。这个立法趋势在欧盟和海牙国际私法会议的立法行为中得到认可。在互联网环境下，考虑到电子商务全球性的特征，这种规定更应得到体现。一方面，从管辖选择的形式上，可以进一步完善“逆向选择方式”，②将选择权交给消费者，并要求网络服务商提供更多的可供选择的法院地；另一方面，消费者也可以根据法律的规定，在起诉时选择法院。但赋予消费者选择法院权利的同时，也要注意对商家利益的保护，防止消费者对选择权的滥用。否则会使商家面临在全球被诉的局面，而且这种局面往往是被动的。作为消费者，其在通过某网站进行交易或实施网络行为时，应有提供真实身份和地理位置等基本信息的义务。否则，应由消费者承担相应的法律责任，包括有可能会影响对协议管辖条款有效性和可执行力的审查和判断。比如，如果消费者隐瞒自己的真实身份和地理位置，网络服务商可以以此提起抗辩，要求排除消费者所在地法院管辖。此举一方面有利于网络服务商明了消费者所在地，从而判断自己可能招致诉讼之地；另一方面也是为网络案件管辖权的确定，提供更多的可以寻找的连结因素。或许有人提出，此种方法仍无法解决消费者对于协议管辖接受的被动性，用户为了利用网站仍会接受协议，或网络服务商为了避免在某地被诉，而禁止该地消费者的进入。但从商业的角度考虑，网络服务商或电子商务的商家对于网络的利用，其目的就是利用网络的全球性、便利性，出于商业目的，他们绝不会因噎废食，最终会在此种法律条件下，

---

① Robert Novak, d/b/a Pets Warehouse and Petswarehouse. com v. Overture Services, Inc., et al., Civ. 02 – 5164 (DRH) (WDW) (E. D. N. Y., Mar. 25, 2004), http://www. phillipsnizer. com/library/cases/lib_case343. cfm.

② 逆向选择方式，即将选择法院条款中选择法院的权利交给用户，由用户提出所选择的法院，由网络服务商进行选择的选择法院的形式。

努力完善自身技术以合理地承担法律风险。诸如在更多的地区设立服务器、建立分公司等,更多地了解消费者所在地的法律,并努力避免和减少诉讼。因此,通过对协议管辖有效性的判断,合理设定网络服务商和消费者的义务,从而合理分配法律风险,刺激商家和消费者共同寻找合理的协议管辖形成方式。



## 三、小　结



协议管辖以当事人意思自治为基础,通过司法主权对当事人意思自治的尊重,使司法管辖权在当事人的意思自治之下得到合理的分配,其优势在传统案件中已得到充分体现,尤其在实现管辖权的确定性、可预见性以及减少管辖冲突、使判决得到承认与执行方面,更充分展现了其价值。但毋庸置疑,选择法院协议的形成永远是当事方博弈的过程,在多数情况下,都存在协调和妥协,存在强势、弱势的区别。所以,无法保证此类选择是当事人真实意思的体现,弱势的当事方往往会为了达到交易目的,而被迫接受强势方提出的选择法院条款。因此,协议管辖在涉网案件中适用的主要问题应是:如何对协议管辖进行合理地限制,如何使选择法院协议体现当事人的真实意思。于是,对协议管辖形式和有效性的审查也逐渐形成了一系列的判断标准,虽然各国标准不一、方式不同,但总的趋势仍是趋于宽松。在形式明确并充分考虑各国公共秩序、公平、公正及专属管辖的基础上,尽量尊重当事人的意思自治和自我选择。

在涉网案件管辖权确定中遇到的最紧迫问题是,互联网的超国界性和虚拟性所带来的传统连结因素的难以寻找和辨别,在这种情况下,协议管辖所具有的管辖权确定性的特点,就显得更为重要和突出。但作为一种新兴事物,互联网技术和交易方式存在在世界范围内各国发展严重不平衡的问题,而且互联网的跨国性特征给各国的主权带来一定的冲击。因此,在法律层面上,涉网案件管辖权问题尚无法像传统法律问题一样,在国际层面得到充分的认识和讨论,形成系统的结论就更加困难。如果出于管辖权的难以确定,而对协议管辖简单地全盘接受,不可避免地会使互联网技术和经济强国在本已强势的基础上,使其强势地位得到完全的确立。体现在交流和交易中,网络服务商和用户之间也存在对网络技术掌握不对等的矛盾,用户出于对网络利用的需要,往往被迫接受网站服务条款,包括选择法院条款。因为网络服务商往往是网络发达国家的公司,他们所选择的法院往往也就是网络发达国家的法院,过分适用协议管辖可以预见的结果就是,加大了上述的矛盾和不平衡。因此,对于协议管辖,虽然它的确定性对涉网案件管辖权的行使帮助极大,但尚不能成为唯一或主流的管辖权确定方法,它应是一种重要的补充方式。而且通过对协议管辖的限制,通过对网络服务商和用户设定相应的义务,使他们采取更合理的选择法院方式,并通过这种协调来寻找真正的身份和地理位置,为其他管辖方法的确定提供帮助。另外,通过对弱势方的保护,对各国管辖权的尊重,结合网络案件的特点对协议管辖进行相应的限制,尽量消除和减少因技术资源占有不均所带来的矛盾,从而在法律层面上实现公平和合理,这也应是协议管辖所要实现的最终目标。

（2006年第9期）

# 确立我国涉外民商事管辖权的考量因素

袁发强*



我国现行《民事诉讼法》在规定人民法院诉讼案件管辖权时，笼统地以地域管辖为标准划分法院管辖权，过分着眼于被告住所与法院地之间的联系。①在涉外诉讼管辖方面，仅以财产权益案件作为例外。这种着眼于人民法院系统内部管辖分工的立法模式忽视了涉外民商事案件管辖权的特殊性，限制了我国法院对具有涉外因素民商事案件的管辖，不利于我国司法主权在对外交往中的充分行使，应当在修改民事诉讼法之际予以重构和完善，以适应我国国际地位增强的形势需要。笔者认为，在规定我国法院管辖涉外民商事案件的依据时应对以下几个问题进行考量，适当扩张我国法院对涉外民商事案件的管辖权。

## 一、确立涉外民商事案件管辖权依据与国内民商事案件管辖权依据的不同价值追求

涉外民商事案件管辖权与国内民商事案件管辖权的确立依据体现着不同的价值追求。就国内案件而言，管辖权问题只是在国内不同地域、不同级别的法院之间进行分配，其所体现的价值目标是方便当事人诉讼、避免对一方当事人形成诉累及对司法资源进行合理配置等。其中，避免给被告造成不必要的诉累是主要考量因素。而涉外案件管辖权则是充分实现国家司法主权的重要途径，体现的价值目标是国家司法主权在国际社会中的维护和便利当事人诉讼。可见，涉外案件管辖权和国内案件管辖权的依据有着不完全相同的价值追求。

涉外案件管辖权指一国司法机关审判含有涉外因素案件的权限。②确立这种权限要考虑两方面的因素：一是内国司法机关与外国司法机关之间的权限划

* 作者单位：华东政法学院（现华东政法大学）。

① 指1991年4月8日经全国人民代表大会通过并公布实施的《中华人民共和国民事诉讼法》。虽然在该法中设专篇专章规定了涉外民事诉讼程序及涉外案件管辖的特殊规定，但简短几条难以涵盖涉外民商事案件管辖的特点，仍然局限于管辖的地域标准。

② 谢石松："论国际民事案件中的管辖权问题"，载《中山大学学报》（社会科学版）1996年增刊。

分;二是方便当事人获得司法救济。前者因涉及国家主权问题,各国在制定民事诉讼法时往往会适当扩张本国的管辖权,以维护本国的国家利益。因此,在规定本国对涉外民商事案件的管辖依据时是积极的。但各国在扩张本国司法管辖权之后,可能会引发管辖权的冲突。这种冲突激烈到一定程度会成为顺利解决国际民商事争议的阻碍,妨碍国际民商事交往的正常进行,同时也给无限扩张司法管辖权的国家带来沉重的司法负担。因此,现代各国在扩张本国司法管辖权的同时,开始注意适当自我限制管辖权。这主要表现为非方便法院原则和解决平行诉讼的协调等问题开始进入司法实践领域。① 由此看来,便利当事人诉讼是涉外案件管辖权确立依据中的原始因素,本国司法主权的实现是确立涉外案件管辖权的积极因素。二者结合起来成为确立涉外案件管辖权的综合考量因素。

国家主权的行使和便利当事人诉讼在实践中的表现有时互相矛盾,有时是相互一致的。例如,当各国都严格限制本国涉外案件管辖权时,就可能出现国际民商事管辖权的消极冲突,②出现案件管辖的落空,这样也是与方便当事人诉讼的原则相违背的。如果不能全面理解这两个价值追求的相互关系,就难以解释目前各国尚未就司法管辖权达成协调意见的缘由。③ 各国国内立法在规定涉外案件管辖权时首先考虑的不是国际社会对管辖权的协调,而是本国司法主权的实现,这是毫无疑问的。方便当事人诉讼原则只是对实现司法主权的微调,是一国司法主权的自我克制。

对本国司法管辖权任意扩大或无限扩大虽然是不好的,有时会被称为"司法沙文主义",④但只要一国注重维护本国对涉外民商事案件的司法管辖权,就不可避免地会产生管辖权冲突。这是国际民商事法律冲突的正常现象,大可不必因为存在管辖权冲突而非难各国司法主权的充分行使。

一国司法管辖权的实现大体上可以通过两种途径:一是规定本国司法机关处理涉外案件的管辖范围;这通常是在当事人没有协议选择的情况下确定的管辖依据。这种管辖依据表现为涉外民商事案件中的当事人、争议的法律关系或标的、争议的财产、或争议本身同本国存在一定的联系或利益关系。二是允许当

---

① 王薇:"国际民事诉讼中的'过度管辖权'问题",载《法学评论》2002 年第 4 期。

② 王淑敏、王秀芬:"论国际民商事诉讼管辖权的消极冲突",载《当代法学》2004 年第 6 期。

③ 海牙国际私法会议曾就各国民商事管辖权和外国判决的承认与执行问题长时间地组织讨论,并出台了公约草案,但未能取得统一的效果。最近又开始起草协议选择管辖权公约,以期获得突破。See Draft on Exclusive Choice of Court Agreement, Work Doc. No. 110E, May 2004, Hague Conference on Private International Law.

④ "司法沙文主义"的提法,参见李双元著:《中国与国际私法统一化进程》(修订版),武汉大学出版社 1998 年版,第 129 页。

事人以协议方式获得本国司法管辖权。

就案件当事人、争议的法律关系或标的、争议的财产而言，其与一国的联系一般是通过地域联系标准为管辖依据的，即当案件当事人一方或双方与受理案件的法院所属国存在一定的联系时，该国立法规定本国法院有管辖权。这种管辖权不是排他的、独占的，可能与另一国司法管辖权发生冲突。之所以称这种管辖权之间的冲突为正常现象，是因为国际民商事案件往往并不仅仅与一个国家存在地域联系，还可能与另一国或数国存在地域联系。最密切联系原则从来就不是确立涉外案件管辖权的依据，而仅仅是法律选择的方法之一。各国在确立本国涉外案件管辖权时，往往要求案件与本国存在"适当"的联系。最低联系原则仅存在于美国一些州的法院司法实践中，以"长臂管辖权"为代表的最低联系原则虽早已受到各国批评，但似乎在跨国网络案件中获得了新生。①

从理论上讲，涉外民商事案件(或称国际民商事案件)与国内民商事案件一样，都是民商事活动的参与人在行使私权的过程中发生的争议或纠纷。当事人寻求国家司法公权力的救济，是通过合法手段解决私权争议的最后途径，而不是首要途径。现代各国立法趋势一般都允许当事人协议选择争议解决方式，如仲裁或替代性争议解决机制等，这表明国家对私权争议的解决不是主动干预，而是被动介入。因此，非方便法院原则的目的在于公平对待案件当事人各方，便利于案件的顺利解决，防止一方当事人利用或滥用国家司法管辖权达到有利于自己一方的案件处理结果。正因为如此，非方便法院原则是在内国法院根据本国立法享有管辖权基础之上的自我约束，而不是各国立法对本国管辖权的自我限制，是为司法实践中拒绝管辖某一具体涉外案件留出的最后渠道。这是根据非方便法院原则排除本国法院管辖的前提。② 如果说在立法层面需要考虑非方便法院原则的话，也应该是作原则性的规定，而不是否定法院对某类涉外案件的管辖权。

由于现代社会国际交往的复杂性，一个国际民商事法律关系或争议常常与多个国家间存在一定的联系。过于强调案件与某一国之间地域联系的紧密程度存在两个方面的问题：一方面，很难确定案件与某一国之间存在最紧密的联系，

① 在跨国网络案件管辖问题上，因网络的虚拟性，使传统的地域管辖标准遇到技术认定的障碍，这使各国在按照适当联系标准确定管辖权时不得不作广义解释。这本身也是司法管辖权扩张的一种表现。这种扩张不完全是为了避免管辖权的落空，也是各国司法主权在虚拟空间的竞争。

② 近些年来，研究"非方便法院原则"的文章很多，有些文章在论及"非方便法院原则"对我国的影响时，主张以此从立法上适当限制我国涉外管辖权的行使是不妥的。这种观点混淆了立法与司法的关系。

就好像难以找到唯一的"本座"一样。本座理论好像很完美,但缺乏实践操作性。另一方面,过于强调这种地域联系又会违背便利当事人诉讼原则。从某种意义上说,对于国际民商事案件,便利当事人诉讼的要求比国内案件还要重要。诉讼的困难会阻碍国际民商事正常交往。在现实中,按照原告就被告的住所或国籍等因素而到被告国家起诉的案件虽然是传统的情况,但绝不是主要情况。在现代跨国民商事案件中,原告就被告不是国家行使涉外案件管辖权的主要依据。当事人意思自治或案件与本国的联系都是行使涉外管辖权的依据。即使是在原告就被告原则下,更多的也是适用原告就被告原则的变形形式,扩大被告的地域因素,如居所、惯常居所、营业所、代表机构或分支机构所在地,等等。

如果案件争议本身同法院地国存在一定的利益联系,或政策导向因素,法院地国也可能行使司法管辖权,如儿童抚养案件、消费者权益保护案件、劳动争议案件、产品质量纠纷案件、海事海商案件、网络争议案件,等等。在对这些案件的管辖问题上,有些虽然仍采用传统的地域联系标准,但改变了地域联系的主体,如根据原告所在地确定管辖权(如儿童抚养案件和消费者权益保护案件等);有些是拟制地域管辖,如网络争议案件;有些是强调本国利益,如东道国对于在本国投资的案件规定专属管辖权;有些仅仅是以方便当事人诉讼为目的的管辖标准,如海事海商案件、劳动争议案件;等等。这些案件虽然以方便当事人诉讼为表面目的,实际上却与国家司法主权的扩张一致。导致管辖权冲突的案件也往往与方便当事人诉讼的借口有关。这正是目前国际社会难以从各国立法层面化解管辖权冲突的原因,因此只能通过司法层面由各国以非方便法院的方法进行自我约束和克制。

可见,便利当事人诉讼是涉外民商事案件与国内民商事案件管辖依据的共同因素,而有效配置司法资源,避免对一方当事人形成诉累是确立国内司法管辖权依据时考虑的主要因素,而不是确立涉外民商事案件管辖依据时所要考虑的主要因素。维护国家司法主权是确立涉外民商事案件管辖权依据时需要特别考虑的。一国对涉外民商事案件管辖权的适当扩张不仅是正常的,产生冲突也是难免的,因为这一考量因素与便利当事人诉讼的目标在理论上是一致的。司法实践中的管辖权冲突只能通过非方便法院原则在实践中进行自我克制,而不是立法上的管辖权排除。

## 二、涉外民商事管辖权与国际民商事管辖权的定位思考

目前,使用"国际民商事管辖权"一词似乎成为时髦。从学术研究的角度,

站在国际社会层面这样思考各国管辖权的协调是可行的；但如果是站在内国角度，看待中国对于涉外民商事案件的管辖权限，则更应当立足于国内司法机关对涉外案件的处理权限。在看待有关民商事案件管辖权的中国立法与司法实践时，“立足本国”与“立足国际”具有不同的意义。

从目前学术研究的状况看，许多学者从协调国际民商事管辖权冲突的角度对中国现有立法提出了批评。有的学者认为，我国民事诉讼法没有在国内案件中将合同签订地作为管辖依据，而在涉外案件管辖中规定了合同签订地，这“显然有扩大内国法院管辖权的意思，因此很难说是不过度的”。[①] 笔者以为，这样理解有失偏颇。从某种意义上说，这种态度不是解决有关管辖权冲突的建设性态度，而是试图消除管辖权冲突的态度。当然，如果能消除管辖权冲突固然很好，但以为本国法院放弃对一定涉外案件的管辖权就能消除管辖权冲突未免有失天真。正如前文中所说的，当今世界许多扩张自己对于涉外民商事案件管辖权的国家常常是在便利当事人诉讼和维护本国司法管辖权的主张下进行的。因此，协调管辖权冲突的有效途径应当是各国通过国际协调来解决，而不是某一国单方面放弃管辖权。

当我们站在“国际”角度时，难免会产生类似萨维尼的法律关系本座说的法律普遍主义。这种平等对待各国法律的法律普遍主义虽然饱含了消除管辖权冲突的良好愿望，但却是不切实际的乌托邦。

涉外管辖权意味着一个主权国家对具有涉外因素案件的管辖权；而国际管辖权则是站在国际层面，均衡各国管辖权的冲突。定位不同，立法中需要考虑的因素也不完全一样。当我们在谈论涉外案件管辖权时，考虑的是国家主权在司法层面的体现。这种体现本身就是宣示本国对于涉外案件的管辖权限，具有针对性和相对性。[②] 这种针对性和相对性表现在与涉外案件有关的国家之间管辖权的分配上。这种分配不完全是一种地域范围或领土范围的分配，而是以地域联系为因素的分配。通过这种管辖权的分配，国家司法主权得以在国际层面体现。从某种意义上说，是国家主权的对外延伸，是超越领土范围的主权体现。因此，各国扩张本国司法管辖权是国家实现司法主权的自然表现。当然，这种扩张也应当有一定的限度，这个限度就是涉外案件与内国是否有适当的联系，而不是“紧密联系”，更不是“最低联系”。

如果要求涉外案件必须与内国具有紧密联系，那么虽然避免了与他国司法

① 李旺主编:《涉外民商事案件管辖权制度研究》,知识产权出版社 2004 年版,第 13 页。

② 刘卫翔:“国际民事管辖权的根据及限制”,载《比较法研究》1996 年第 4 期。

管辖权的冲突,但同时又会给国际民商事诉讼的当事人带来不便。例如,两个偶然到中国来旅游的外国人在旅行途中签订了一份商业合同,该商业合同的履行地不在中国,也不在当事人中任何一方的住所地国,两个当事人分属不同国家。在旅行结束前,其中一方反悔,告诉另一方他要撤销合同。难道另一方不能在中国法院立即提起诉讼,要求对方实际履行合同吗?按照前述学者的观点,合同签订地与中国只有偶然联系,不是充分联系,那么中国法院受理这个案件就是“过度”扩大本国法院管辖权了。[①] 可是,如果要求当事人必须到外国去诉讼就一定合理吗?充分联系只是一种主观的判断,在没有结合到具体案件时是难以先下结论的。

当然,如果法院地仅仅与涉外案件具有最低联系或者毫无关联的联系是不应该行使管辖权的。过去,不仅美国出现过“长臂管辖权”问题,大陆法系的德国也曾出现过过度管辖的情况。德国《民事诉讼法》第23条规定:“关于对在德国无住所的人的财产法上请求的诉讼,该人的财产所在地法院或诉讼请求标的物所在地法院有裁判管辖权……”从某种意义上说,这并不是针对动产诉讼的特别规定,它还包括了不动产在内。而且德国诉讼法上的这条规定有很大的模糊性,它既包含了对作为请求标的物的物权诉讼,也包含对债权方面的财产诉讼。只是由于被告人的财产在德国,不论该财产是否是争议本身所涉及的物,德国法院均有管辖权。

可见,过度的管辖权不仅对当事人造成不便,而且也是对他国司法主权造成侵犯或妨碍。问题的关键是:在目前情况下,我们是应该主要通过立法方式自我缩小涉外案件管辖权,还是仅在立法上原则规定非方便法院规则,进行司法实践中的自我克制。这反映了涉外管辖权理念和国际管辖权理念的定位思考问题。笔者以为,在修改和完善《我国民事诉讼法》时,不应仅仅考虑国际社会呼吁自我克制的潮流,更应该看到我国涉外管辖权行使的实际情况,适当扩张我国涉外民商事案件管辖权。

就目前世界各国的司法实践来看,当法院在某具体案件中作出不予管辖的裁决时,经常引用的不是本国法律规定无管辖权的理由,而是非方便法院原则。不论这种非方便法院的决定是否基于对外国管辖权的“礼让”,[②]或者认为某外国法院是“最合适的法院”等原因,[③]都没有否认本国法院拥有管辖权。这就充

① 李旺主编:《涉外民商事案件管辖权制度研究》,知识产权出版社2004年版,第13页。

② 转引自李双元、谢石松著:《国际民事诉讼法概论》,武汉大学出版社2001年版,第318页。

③ 同上。

分说明了国家主权因素的作用，说明定位本国涉外管辖权和定位国际管辖权协调的不同。我们不能仅凭善良愿望而从立法上放弃本国司法主权在涉外案件管辖权中的充分体现。

## 三、涉外管辖权与国家法律、政策的体现

根据最高人民法院的统计数据，自2001年1月至2005年6月，我国各级人民法院和海事法院共受理一审涉外商事海事案件63765件，其中涉港澳台案件22579件，占35.4%。到目前为止，共审结67347件，其中涉港澳台案件23436件，占结案总数的34.8%。[①] 从上述统计数据分析，我国在四年半(2001年1月至2005年6月)的时间里，审理涉外(不包括涉港澳台)民商事案件41186件，平均每年不到1万件。如果再去掉海事海商涉外案件，普通涉外民商事案件将更少。如果再去掉普通民事涉外案件，如涉外婚姻、继承和抚养案件，纯粹的涉外商事案件所剩无几。而在这几年间，外商在华投资大幅增加，我国对外贸易总额从2001年的5096.5亿美元发展到2005年年底的14221.2亿美元，[②]位居世界第三位。可以看出，我国法院受理的涉外民商事案件不是多了，而是还不够。除当事人通过协议选择仲裁方式解决争议的案件外，还有很多案件没有进入我国法院。虽然这其中原因很多，但至少表明我国法院还没有达到受理涉外案件饱和以至于过于挤占我国司法资源的情况，也表明我国法院受理涉外案件的数量与我国对外经济贸易大国的地位是不相称的。在思考我国涉外民商事管辖权是否需要适当扩张的问题时，我们应当考虑以下几个方面的因素：

### (一)涉外管辖权的行使是扩张国家主权、更多参与国际事务的体现

如前所述，涉外案件管辖权是一国审理具有涉外因素案件的权限。换句话说，从国际层面看，是不同国家法院对于具有国际因素案件的管辖权的分配。正是由于这种分配关系，才引起了各国对于涉外民商事案件管辖的竞争。这种竞争是国家主权实现的竞争，是国家对于国际民商事交往影响力的竞争。因此，一国在确定本国涉外民商事管辖权时会考虑到本国参与国际民商事交往的密切程度、经济发展水平、本国在国际社会的实际影响力等因素。[③] 从历史角度看，美

① 有关数据引自新闻“法院涉外审判增强外国投资者信心”，载http://news.sina.com.cn/c/2006-03-20/10429393684.shtml。

② 有关数据引自“中国对外贸易形势报告(2006年春季)”，载http://www.mofcom.gov.cn/aarticle/Nocategory/200604/20060402015036.html。

③ 刘卫国：“论国际民事管辖权的立法趋势”，载《法商研究》2001年第1期。

国在建国初期一段时期内,并没有像今天这样扩大自己的管辖权,即使是在跨州案件的管辖上,也没有以最低联系作为衡量标准。所谓肯塔基长臂管辖权方法是在20世纪50年代以后才通过司法实践发展出来的。[①] 英国则相反,早期英国法院的管辖权是很大的,在英国,"英格兰法院受理案件的权利,最初取决于被告能在英格兰被送达国王的传票"。[②] 因此,"一个从巴黎飞往伦敦并打算当天返回的法国人,能被送达一个由该法国人引起的要求偿还债务给原告并在巴黎偿付的诉讼的传票"。[③] 这种任意扩大的管辖权直到20世纪60年代以后才有所改变。从这些例证可以看出,一国对于涉外民商事案件管辖权的扩张是与该国在国际社会中的影响力分不开的。

**(二)涉外管辖权与国家对外经济交往增强、国家法律和对外政策实现之间的关系**

随着我国经济发展,我国参与国际经济合作的事务越来越多,人们对外交往也越来越频繁。目前,我国自改革开放以后留学外国,或在外国长期居住生活的人不下数百万人。我国企业开始收购外国企业,进入外国市场。与此同时,外国来华学习,经商而长期居住在中国的人也不下百万人。在此情况下,我国有必要适当扩张本国涉外民商事案件管辖权,以维护本国人在外国的合法利益,同时及时处理外国在华人员的民商事争议和纠纷。

从最高人民法院统计数据看,近年来我国法院每年处理的涉外案件中,海事海商案件和投资案件居重要比例。这说明我国法院处理的其他涉外案件还很少。这与我国目前对外开放的深度和广度并不适应。除海事海商案件,协议选择我国法院管辖,或者在没有协议选择的情况下,按照我国诉讼法规定应该由我国法院管辖的案件微乎其微。以至于我们很难找到有关法律适用和法律选择方法的国际私法案例。

国家政策和利益的体现不是简单的经济利益问题,还包括一国的法律和体现在法律内容中的国家政策取向。就管辖权与国际私法的关系而言,管辖权是法律选择适用的前提。世界各国法院在程序法问题上是原则适用法院地的程序法,同时按照法院地国的冲突规范进行法律选择(在当事人没有协议选择准据法时)。因此,我国法院对于涉外案件的管辖权决定了我国程序法、冲突法和实

---

① 黄进主编:《国际私法》,法律出版社2005年版,第171页。

② [英]J. H. C. 莫里斯主编:《戴西和莫里斯论冲突法》(上),李双元等译,中国大百科全书出版社1998年版,第268页。

③ 同上。

体法在涉外民商事关系中的适用。①

### （三）涉外管辖权与我国司法资源的合理使用问题

在自我克制本国对于涉外民商事案件的管辖权问题上，非方便法院原则适用的理由之一是，对于与法院地国没有适当联系的案件进行管辖，不仅可能对当事人一方参与公平、合理的诉讼不方便，同时也是对本国司法资源的不合理使用。这个问题在中国现实情况来看，并不明显。一方面，如前所言，我国法院现在实际审理的涉外案件并不多；另一方面，从我国现行立法和司法解释来看，我国并没有过度管辖涉外案件。由于审理水平和质量的原因，国内一些法院在受理涉外案件时常常表现出过于谨慎的态度。同时，为了确保办案质量，我国目前还实行了对涉外案件的集中管辖制度。② 这些都说明，在目前情况下，我国法院在处理涉外民商事案件的管辖问题时并未追求管辖权的过分扩张，而是着重办案质量。

对外而言，司法资源是否合理使用取决于涉外案件与法院地国是否具有适当联系或合理联系；对内而言，是国内不同法院之间的分工问题。适当联系并不要求涉外案件争议一定要发生在法院地国，或引发争议的主要事实发生在法院地国。这是最密切联系的要求，而不是适当联系的要求。

总体说来，涉外管辖权扩张的动因在于国家利益、政策的驱动，在于国家欲通过对涉外案件的管辖实现国家参与管理国际民商事活动的目的。管辖权是否过度以是否便利当事人诉讼，是否有利于涉外民商事争议的解决为衡量标准，而不是以是否会引起管辖权冲突为标准。

## 四、我国涉外管辖权扩张与限制管辖权公约的关系

一些学者从国际社会为协调国际民商事管辖权冲突的努力得出结论认为，当前国际社会的趋势是对各国涉外管辖权进行限制，以减少冲突或减轻冲突的程度。这种看法并不一定错，但以此认为我国民事诉讼立法应当删除部分现有涉外案件管辖权依据，并加入非方便法院原则的立法条文则有失偏颇。这种只看国际社会努力趋向，不看中国立法与司法实践现实的做法是不利于我国涉外审判实践的。即使要“削足适履”的话，也得看具体的“足”是否比“履”大才行。

① 这方面的文章很多，如刘卫翔：“国际民事管辖权的根据及限制”，载《比较法研究》1996 年第 4 期；谢石松：“论国际民事案件中的管辖权问题”，载《中山大学学报》（社会科学版）1996 年增刊，等等。

② 参见最高人民法院法〔2002〕5 号司法解释《关于涉外民商事案件诉讼管辖若干问题的规定》，及法〔2004〕265 号最高人民法院《关于加强涉外商事案件诉讼管辖工作的通知》。

从国际社会的立法情况看，1968年欧洲《关于民商事裁判管辖权及裁判执行的公约》(《布鲁塞尔公约》)和1971年《民商事外国判决的承认与执行公约附加议定书》是已经生效的有关管辖权约束的国际立法。这两个公约的成员国主要集中在欧洲，且成员国数量有限。1992年开始讨论的海牙《国际民商事管辖权和判决承认与执行公约》(草案)主要是为了解决因管辖权冲突而影响判决的跨国承认与执行问题。该公约草案列入禁止管辖清单的管辖依据主要包括：基于国籍而行使的管辖权、基于原告住所地或居所地而行使的管辖权、基于被告在所在国有与案件争议无关的财产而取得的管辖权、原被告临时出现在所在国而取得的管辖权等11项。① 这些被列入禁止管辖清单的管辖权依据造成了过度管辖权的现象，因而就这类管辖权依据而形成的民商事判决难以得到被承认执行国的支持。虽然历经多年努力，这个公约仍然是无疾而终，因各国之间存在巨大分歧而难以达成一致。② 自2003年开始，海牙国际私法会议转而讨论《法院选择协议公约》，大大缩小原公约草案的范围，仅仅涉及协议选择法院的管辖问题。③ 虽然如此，我国部分学术观点却将这些影响力极其有限的公约和公约草案的内容视为国际社会的主流趋势，并以此为依据评判我国涉外管辖权依据是否过度，未免过于轻率。

最引起学者异议的是《民事诉讼法》第243条，该条规定："因合同纠纷或者其他财产权益纠纷，对在中华人民共和国领域内没有住所的被告提起的诉讼，如果合同在中华人民共和国领域内签订或者履行，或者诉讼标的物在中华人民共和国领域内，或者被告在中华人民共和国领域内有可供扣押的财产，或者被告在中华人民领域内设有代表机构，可以由合同签订地、诉讼标的物所在地、可供扣押财产所在地、侵权行为地或者代表机构住所地人民法院管辖。"基于此，一些学者认为，我国立法存在过度管辖权的规定，表现在以下几点：(1)我国对内没有采取合同签订地作为管辖标准，而在涉外案件中采用合同签订地标准有随意扩张管辖权之嫌。(2)仅以可供扣押的财产所在地作为管辖依据，如果无限制地使用，也可能构成过度管辖。(3)对于诉讼案件与在我国的代表机构之间没有任何联系的外国被告行使管辖权也会构成过度。④

---

① Hague Conference on Private International Law, Work. Doc. No. 144E, 20 November 1998.

② 胡斌、田妮："十字路口的海牙管辖权公约——《海牙民商事管辖权和外国判决公约》谈判情况介绍"，载《中国国际私法与比较法年刊》(2002年卷)，法律出版社2002年版，第541~562页。

③ "中国与海牙国际私法会议"，载http://www.fmprc.gov.cn/chn/wjb/zzjg/tyfls/wjzdtyflgz/zgyyggjjghgjhy/t86092.htm。

④ 李旺主编：《涉外民商事案件管辖权制度研究》，知识产权出版社2004年版，第12页。相同观点还可参见刘春梅："浅议涉外商事纠纷司法管辖权的扩充与限制"，载《学术交流》2003年第10期。

从我国民事诉讼立法关于涉外管辖规定在司法实践中的效果看，我国尚未出现过度管辖的实际案例。我国《民事诉讼法》第23条虽然规定了原告住所地或经常居住地法院的管辖权，但对于不在中国境内居住的被告而言，只能是就有关身份关系的诉讼进行管辖，而不是针对一切争议的。[①] 至于以可供扣押的财产所在地作为管辖依据，主要是在海事争议中基于扣船而行使的管辖权。1991年我国《民事诉讼法》通过时，还没有专门规定涉外海事诉讼的管辖权问题，直到1999年才有了我国《海事诉讼特别程序法》。[②] 事实上，我国目前很少在海事诉讼以外单凭可供扣押的财产在中国而行使管辖权。就外国法人在中国境内设立的代表机构而言，即使争议不是因该代表机构本身的活动引起的，只要争议与该外国法人的正常业务活动有关，我国行使管辖权就是合适的。如果要求争议一定要与代表机构本身的活动有关，就可能限制我国国民对外国法人的诉讼。例如，某外国公司的产品长期在中国销售，但基于规避管辖权和中国法律的原因，该公司在华代表机构本身并不代表公司签订销售合同，而是负责联系订单和从事售后服务，那么中国公民针对该外国公司产品提起的诉讼就不能由中国法院管辖吗？如果以地域联系标准衡量，该外国法人不仅通过销售产品，而且通过建立联系机构和售后服务机构与中国建立了适当的联系，而不是最低的联系，中国法院就可以取得管辖权。

诚然，我国民事诉讼立法有关涉外案件管辖权的规定还过于简单，仅从理论上的可能性方面进行分析，可能会被认为难以防止实践中出现过度管辖的问题。因此，需要在修改《民事诉讼法》时对此进行修改，规定这些管辖权依据的适用条件和适用范围，避免被司法实践滥用的可能，但这绝不应该被理解为根据国际社会限制过度管辖权的立法趋势而进行自我限制的需要，而是澄清立法的适用范围，并在澄清的同时，根据现实需要适当扩张我国涉外民商事案件管辖权。

## 五、需要适当扩张的管辖权标准

笔者认为，在确立涉外案件与我国的地域联系时应以适当联系为原则，通过修改民事诉讼立法，对现有的管辖权依据进行细化处理，明确不同管辖依据的适

① 参见1991年《中华人民共和国民事诉讼法》第23条第1款。

② 例如，中国1999年《海事诉讼特别程序法》中第二章“管辖”第6条中规定，“因海事担保纠纷提起的诉讼，由担保物所在地、被告住所地海事法院管辖”。这样，对于以船舶作为担保物的纠纷，船舶可以到达的任何一港口所在地国，都有可能因该船舶偶然停靠在该国港口而取得管辖权。

用条件,但对各管辖权依据项下的地域连结点作扩大化解释。通过这种方法,一方面提高我国立法水平,增强实践中的可操作性,避免过度管辖权的嫌疑;另一方面,也有利于实际扩张涉外案件的管辖权,方便当事人解决民商事争议。

例如,在以原告住所或居所与我国的地域联系标准中,详细列明身份关系争议的范围,以及适用此管辖依据的条件。从立法上看,这似乎是在限制原告住所标准的适用范围,但从我国司法实践角度看,则可能会实际增加我国法院受理此类涉外案件的可能性。



对于合同签订地标准,应该规定适用范围为与合同的订立或解释有关的争议。对于侵权行为地标准作扩大化解释,针对网络侵权、媒体侵权的特点,将侵权结果发生地也考虑在内,同时对侵权行为地作扩大化解释。

就财产所在地管辖权依据而言,不能限制在争议财产的范围内,而应当规定与争议有关的财产所在地,这样便利于实践中根据实际情况灵活掌握。同时,取消单独以可供扣押财产所在地为连结点的管辖标准。

对于在我国设立了业务代表机构的外国法人,就其业务活动产生的争议或纠纷,只要该争议与外国法人在我国的业务活动有关,即使该争议并非由该代表机构本身直接引起,我国法院也应享有管辖权。例如,外国公司直接向中国销售产品,但通过代表机构进行联络或服务活动,针对销往中国的产品,如果原告在中国法院起诉,那么中国法院就有管辖权。

## 六、小　　结

确立我国涉外民商事案件管辖权依据不能简单以国际社会正在自我限制的趋向为理由而缩小我国涉外管辖权范围。修改完善我国民事诉讼立法中有关涉外案件管辖权依据,应充分考虑各种因素,结合我国对外交往扩大的实际情况,以及充分实现我国司法主权的利益,适当扩张我国对于涉外案件的管辖权。这种扩张与国际管辖权冲突的协调并不是绝对对立的,而是可以通过完善立法进行协调的。正值修改《民事诉讼法》之际,我们应当将我国涉外管辖权的适当扩张和国际管辖权冲突的协调放在同样重要的位置来思考。

(2006年第12期)

# 2007 年

# 诉讼调解:时下势态的分析与思考

张卫平*



诉讼调解制度是我国现行民事诉讼中的一项重要制度,是民事诉讼程序中解决当事人之间民事争议的一种方法,在民事审判方式改革兴起之前就被着重加以强调。在积极倡导民事审判改革的一段时间里,诉讼调解在相当大的程度上被淡化,相应地,通过判决解决争议(判决结案)的比例大幅度上升。21世纪初,人们又开始“怀念”起调解制度,包括人民调解和诉讼调解,在民事诉讼领域,由于社会和谐政治形势的加温,使诉讼调解得到了强势反弹,调解结案的比例已经远远超过20世纪90年代以前。这几年,一些在诉讼调解方面走在前列的基层法院几乎是以每年5%以上甚至10%的幅度在提高诉讼调解的结案率,调解结案率已经超过60%,个别法院甚至已经超过70%,从而成为诉讼调解的“先进”(当然,有的法院调解结案率的提高不过是单纯统计数据上的变化而已)。中级法院的诉讼调解结案率也达到30%或40%以上。调解结案率、“调撤率”已经成为衡量一个法院,尤其是基层法院工作业绩的一个“硬指标”,调解结案率高对工作业绩具有“加分”因素,是非常重要,甚至是最重要的“量化”指标。调解结案率同时也是衡量一个审判员业务工作的一个“硬指标”,调解结案率高的审判员不但可以得到更多的奖金,也可以在职务晋升方面处于优势,各种荣誉也会随之而来,形成一种“马太效应”。在这种激励机制之下,诉讼调解进一步加热升温,如何提高法院的调解结案率成为各地法院重点研究的问题,几乎每一个基层法院都将诉讼调解以及相关问题作为最重要的调研项目(许多调研项目的设计具有明显强调调解的预设目的)和课题,以示对调解的重视。有些法院为了激励诉讼调解的运用,还展开了各种竞赛活动(如诉讼调解技能比赛),法院内部有审判员之间的比赛,不同地区的法院也形成了追求高调解率的竞赛。可以说,诉讼调解本身也已经成为一种政治活动,而不单纯是一种纠纷解决方式。当下诉讼调解的强势反弹实在地反映出我国司法和法治进程中的转型特色,反映了转型时期司法的特点,有许多值得我们认真分析、思考之处。

* 作者单位:清华大学法学院。

## 一、诉讼调解的"U"型演变及原因分析

一切现实的存在都有其历史的缘由,诉讼调解也不例外。尽管其他国家和地区也存在类似我国诉讼调解的制度(如和解制度),但相比较而言,我国对诉讼调解更为重视,虽然在不同时期、不同阶段,重视的程度有所差异。

追溯遥远的历史,可以发现民间调解在解决争议方面一直发挥着十分重要的作用,而这一传统由于契合了中国人特有的心理和行为方式,从而延续下来,并被吸收进司法制度中,成为中国司法解决争议的一种重要方法和手段。这种演变的一个重要标志是作为我们现行民事司法制度重要历史继承部分的"马锡五审判方式"的确立。著名的"马锡五审判方式"作为一种司法裁判方式被认为是对我国传统的民间纷争解决方式的直接继承和发扬。[①] 这一方式最主要的特点是,纠纷解决的裁判者直接深入到纷争现场,了解纷争形成的过程,调查收集有关纷争的证据,并在此过程中对当事人双方进行说服教育,最终化解(审判与调解相结合)纠纷。马锡五审判方式虽然是当时人们对马锡五[②]在陕甘宁边区从事司法裁判工作特点的概括,但实际上是对当时司法裁判方式的概括。马锡五的裁判工作方式最典型和最集中地反映了当时这种审判方式的特点。所以人们将其称为"马锡五审判方式"。其中"着重调解"被视为"马锡五审判方式"的最基本特点之一,是这种审判方式的主要标志。这种审判方式由于与当时的社会情境和政治要求具有内在的适应性,因此成为一种模范的司法行为模式。这种模式在中华人民共和国成立以后被进一步延续下来,并在1982年的民事诉讼法中得到体现。

1979年起草《中华人民共和国民事诉讼法(试行)》时,制定者就特别强调"面向实际、面向群众、充分考虑工人、农民的需要,十亿人民的需要,从便利人民群众进行诉讼,便利人民法院办案的基本思想出发,总结民事审判工作中的历史经验,把一些行之有效的经验系统化、条文化,写入民事诉讼法的条文。"[③]这里所指的"行之有效的经验"主要就是指"马锡五审判方式"。1982年《民事诉讼法(试行)》第6条规定:"人民法院审理民事案件,应当着重进行调解;调解无

---

① 张希坡著:《马锡五审判方式》,法律出版社1983年版,第22~25页。

② 马锡五,生于1899年1月8日,陕西省保安县人。1935年参加中国共产党,1943年任陇东专员时兼任陕甘宁边区高等法院陇东分庭庭长,1946年任陕甘宁边区高等法院院长。

③ 柴发邦主编:《民事诉讼法教程》,法律出版社1983年版,第51页。

效的，应当及时判决。”该条规定的“应当着重调解”就集中反映了《民事诉讼法（试行）》对传统审判方式的承继。在以后《民事诉讼法（试行）》实施的几年中，诉讼调解依然被作为解决民事争议的重要方式。20世纪80年代末，随着改革的扩展和推进，与当时的政治气氛相适应，在司法审判领域中的改革也开始升温，民事审判方式改革作为中国社会改革的一个组成部分在全国推广开来。同时，改革开放后民众权利意识的提高以及利益格局变化的影响，导致民事案件大量增加，[①]法院面临很大审判压力，依照原有的着重调解的审判方式审理案件，无法及时解决积案问题，此外，受外国民事审判制度和严格执法要求的影响，人们在意识上比较强调民事判决的作用，诉讼调解的运用逐渐被弱化。在民事审判方式改革中，举证责任制度的推行又为弱化诉讼调解、强化裁判解决提供了制度支持。过去对于案件事实不清的情形，通常是通过诉讼调解加以处理，以避免裁判事实依据的缺失问题。在推行举证责任制度以后，法院就可以在案件事实不清时，利用举证责任风险承担机制直接作出裁判。更重要的是在观念上，过去重视诉讼调解的审判方式被视为传统审判方式的一个特点，因此，民事审判方式改革作为一种以改革传统审判方式为己任的改革活动也就自然会淡化诉讼调解。

1988年召开的全国第14次审判工作会议正式启动了民事审判方式改革行驶的“列车”。在这次会议上，作为审判方式改革的“中心工作”，主要包括强调当事人的举证责任、调整诉讼调解与判决的相互关系等事项。[②] 所谓“调整诉讼调解与判决的相互关系”，其实质就是弱化诉讼调解在民事诉讼中的地位，强调的是“该调则调，当判则判”。民事审判方式改革的这种认识在1991年的《民事诉讼法》中得到了明确的体现。《民事诉讼法》第9条规定：“人民法院审理民事案件，应当根据自愿和合法的原则进行调解；调解不成的，应当及时判决。”在法条表述上不再使用“着重”二字。《民事诉讼法》实施以后，民事程序得到了进一步完善，尤其是在最高人民法院《民事诉讼证据的若干规定》出台后，由于证据规则方面更加细化，民事诉讼程序的刚性特征也得以强化，基于上述综合因素，在民事诉讼中，诉讼调解结案率大幅度降低，在许多法院，诉讼调解结案率已经不到10%，二审案件诉讼调解结案率就更低。

进入21世纪后，调解又开始受到重视，诉讼调解也渐渐热起来，形成了明显

① 人民法院一审民事案件受案数：1981年673926件；1986年989409件；1993年2089257件；1995年2718533件。参见《中国法律年鉴》1982年、1987年、1994年、1996年。

② 参见《最高人民法院公报》1988年第3期。

的"U"型回归态势。分析诉讼调解再兴的原因,主要有以下几点:

1. 受国外纠纷解决方式变化的影响。实际上在20世纪八九十年代,国外已经开始关注纠纷解决的ADR,包括所谓司法ADR,①强调纠纷解决的弹性化和多样化。② 由于时滞的原因,国外的这种发展趋势在21世纪初期才被作为一种"西方意识"影响到我国,引起了学术界和实务界的重视,③简化诉讼程序,强调诉讼解决的替代性方法是一种解构原有审判方式的时髦,一种期望回归传统的认识逐渐强烈起来。同时,外国法理论中的批判法学、后现代法学理论对"守法主义者"④对法的确定性、唯一性认识的批判也影响了中国学术界,从而强化了人们对"民间法"、"习惯法"的自然偏好,强化了对传统纠纷解决方式回归的价值崇拜。

2. 实体法、程序法的"刚性"以及实体法的缺失。法治的发展要求人们越来越多地依照法的规则实施其行为,无论是在实体法领域,还是程序法领域都日益显现出形式主义的刚性特征。这种刚性化特征与我国社会传统的行为方式和人治方式呈某种程度的抵触和对抗状态;同时,尽管立法在大量增加,但由于立法资源运用的不当以及法律运用的方式、方法的不当(如不能正确地运用法律规定的原则和精神,而是一味追求法条的直接规定和对应),因此不能有效地使用法律资源,实体法规定的缺失依然突出,人们期望通过诉讼调解的方式灵活地处理纠纷,通过当事人的处分行为遮蔽实体法依据上的尴尬。在程序法方面,则由于存在程序规则体系的不完善、规则本身的不合理问题,一方面,强化了程序规则的刚性特征;另一方面,因为法官自由裁量运用的不当或滥用,又导致程序刚性的反面——裁量的随意性,从而极大地冲击了裁判的权威性,减低了裁判结果对当事人以及社会不满的吸收,影响了结果的正当性。

---

① 关于司法ADR的内涵,人们有多种认识。一种观点是,司法ADR是以法院为主持机构或者受法院指导,但与诉讼程序不同的,具有准司法性质的诉讼外纠纷解决的一种制度。参见章武生著:《民事简易程序研究》,人民大学出版社2002年版,第292页。

② 范愉著:《非诉纠纷解决机制研究》,中国人民大学出版社2000年版,第18~27页;章武生著:《民事简易程序研究》,人民大学出版社2002年版,第292页;张卫平著:《探究与构想》,人民法院出版社2003年版,第327页以下。

③ [美]朱迪丝·施克莱著:《守法主义——法、道德和政治审判》,彭亚楠译,中国政法大学出版社2005年版,第1~24页。我国在20世纪80年代也曾有过类似国外司法ADR的做法,即一些法院设立的"经济诉讼调解中心",但没有得到学界的认可,运作不久便被取消。

④ 在一些国外的学者看来,守法主义(legalism),是指一种伦理态度,把是否遵行规则当做判断道德行为的标准。将道德关系视为由规则确定的权利义务关系。法律职业者,包括法官和律师也将"守法主义"作为政治意识形态。守法主义强调法与政治、道德的分离,强调法律规则自身的逻辑性。在批评者看来,守法主义者过于僵化地看待法律实现与政治环境的关系。

3. 民事审判方式改革受阻，促成了诉讼调解的回归。民事审判方式改革是以传统审判方式为对象的，但民事审判方式改革并没有取得完全颠覆传统审判方式的预期结果。受制于现行法律规定的制约和司法体制的约束而无法向纵深推进，民事审判方式改革进程受到阻碍，审判方式改革已经没有多少发展的空间和余地，改革从民事审判程序以及审判方式上转向了法院运行体制和制度方面，并逐渐虚化和概念化。人们已经对审判方式改革产生了心理上的"审美疲劳"，回归传统审判也就成了一种自然的心理状态。

4. 审判责任追究机制强化了法官的"避错"心理，使法官在审判中尽可能回避直接通过裁判解决纠纷。裁判解决纠纷需要法官在裁判文书上明确写明裁判的事实根据和法律根据，如果法官在认定事实和适用法律上有错误时，则被认为是审判上有错误，属于"错判"。"错判"对法官的奖金、晋升、荣誉称号的获得都有消极影响。与裁判不同，诉讼调解结案的，不需要法官给出明确的法律根据和理由，因为调解处理是当事人之间的自由处分，无须明确实体权利义务。由于纠纷的处理不再根据实体法的规定，因此作为裁判基础和前提的案件事实也同样被模糊和淡化，虽然法律条文上也规定，诉讼调解要在查明事实的基础上，但实际上案件事实的清晰化必然妨碍诉讼调解的成功率，查明事实的要求就自然在实践中被淹没了。正是由于诉讼调解在本质上是当事人自由处分的结果，不是法官的裁判行为，因此，在法官责任追究制的背景下，法官当然会趋利避害，尽可能促成调解的达成，所以这一制度背景是调解结案率虚高的一个重要因素。

2004年以后，诉讼调解随着政治形势的变化而进一步升温，如同2006年我国股市一样。基于抑制国内社会关系冲突的社会需要，高层决策机构提出了建立和谐社会的政治口号。建立和谐社会成为近期基本的政治要求和策略，对这一政治要求的落实被理解为在司法领域中"复兴"民事诉讼调解，调解作为解决纠纷的一种方式被视为和谐社会实现的具体方式。在人们的认识中，似乎离和谐社会建构要求"最近"的制度就是诉讼调解制度。司法与政治形势的密切联系以及权力结构中司法的特定地位使任何政治形势的要求都会直接在司法领域中得到反映，也必须得以反映。不仅在民事纠纷领域中诉讼调解重新被提到了非常高的地位，刑事诉讼中的调解也在这种背景下被强势推出，成为人们议论的重点问题之一。实际上，人们对民事诉讼中诉讼调解的重视不仅仅是一种解决民事纠纷的法律技术手段的需求，也是满足当下的政治需求，是一种政治行为，诉讼调解不再是单纯的解决纠纷的方式。正是由于这种特定的政治态势，使诉讼调解在法律上的实效性和规范性问题居于次要地位，社会效果或政治效果成为人们追求的第一目标。

## 二、强化诉讼调解的问题点

不可否认的现实是,在时下的民事诉讼中,诉讼调解已经成为一种被强化的态势,人们在观念和心理上已经把诉讼调解率的提高和诉讼调解的运用作为一种实践中的强势命令,作为一种对司法行为的政治性要求,这种政治性要求又由于传统意识的沁润,①进一步强化了命令的强制性。我国司法机关和法官在社会转型时期(从人治向法治转型的时期)所具有的非单一品行(行政的、政治的和司法的复合品行)也使得司法机关必须具有实现特定政治性要求的职能,法官具有完成此项任务的职责。司法机关为了满足这种政治和司法的双重要求,为提高调解结案率必然要出台相应的措施,以保证和刺激诉讼调解的贯彻和实施。这种理念上的强化和心理上的强烈暗示也导致人们在解决纠纷过程中的行为偏好和价值取向,提高调解结案率成为一种主要的价值追求。如此一来,所谓"该调则调,当判则判"就沦为一句没有实际意义的空话,案件的审理又自然回到了"着重调解"的时代,且大有过之而无不及。

在法律规定上,诉讼调解的基本原则是当事人自愿,其基本法理是当事人对自己权利的自由处分,没有当事人的自愿,任何调解的达成都是非正当的。当然,我们不能说现在民事诉讼中的调解都是在违背当事人意愿的情形下达成的,但十分清楚和不可否认的是,在目前这样的司法环境中,强制调解的情形必然会高频率发生,强制调解难以避免。如同在"文革"时期,尽管在表面上谁也没有否定"不重出身,重在个人表现"的提法,但在当时的形势下"重出身"是无法避免的。虽然在最高人民法院《关于法官的行为规范》第37条第2项中明确规定:"坚持自愿、合法原则,能调则调,当判则判,判调结合,案结事了"。但该条第1项也同时规定:"增强调解意识,坚持将调解贯穿于民事诉讼全过程,充分发挥诉讼调解在解决纠纷中的作用"。"增强"和"充分"在特定的语境下都可能成为强化诉讼调解的"指令",在强调诉讼调解的形势压力下,该条规定很容易被"意会"为尽量调解,而背离"言传"的"能调则调,当判则判"。该条第3项规定:"讲究方式方法,提高诉讼调解能力",在同样的语境下也同样容易成为一种补强性"指令","讲究方式方法"可能被误认为是规避强制调解的"艺术"处理。尤其是在强化诉讼调解具有了政治意义时,其他的限制都会形同虚设。再加上我们

---

① 在我国的传统意识上,政治性任务往往具有高于其他任何任务的性质,往往被视为最高命令。

已经给定的其他制度（如法官责任追究制），强制调解就是一种“高度盖然性”的结果，而一旦调解成为一种强制性的处置纠纷的方式，也就导致这种方式正义性的丧失。

现在的问题在于，调解结案成了一种民事司法的目的，而不是解决纠纷的手段，调解率成了一种外在的衡量审判工作的一项指标，在这一指标的驱动之下，审判人员自然会营造出一个有利于实现这一指标的环境。比较典型的是，审判人员通过“背靠背”（这种方式通过司法解释得到了法律上的认可）的方式促成调解。在背靠背的情况下，为了促成调解，审判人员通过向当事人分别传递不同的信息，从而形成一种“囚徒困境”。例如，在被告不在场时告知原告，“被告拥有相当的理由，如果直接裁判，你所主张的权利未必能够实现”；相反，原告不在场时，会告知被告，“你不应该坚持你的抗辩，应当适度承认原告的主张，如果不如此直接作出裁判将对你更为不利”。这也可能是案件的实情，但也可能是一种“艺术处理”。“背靠背”的最大问题在于人为地形成了一种诉讼中“囚徒困境”，在这样的“囚徒困境”中，当事人博弈的“纳什均衡”就是让步，让步，[①]因为给定原告让步的情况下，被告的最优战略是让步（被告的让步，表现为对原告权利主张在一定程度上的承认）；给定被告让步的情况下，原告的最优战略也是让步，在审判人员营造出来的“囚徒困境”中，当事人选择让步总比不让步好。在“囚徒困境”的经典范例中，警察抓住了两个嫌疑犯，并将其分别关押进行审讯，两个嫌疑犯的行为选择是：抵赖或坦白（其组合是以下四种情形：甲抵赖，乙坦白；甲坦白，乙抵赖；双方抵赖；双方坦白），他们之间博弈的“纳什均衡”是（坦白，坦白），在这一范例中，警察制造这一困境的目的就是希望两个嫌疑犯都能够坦白。但民事诉讼的目的并不是当事人的让步，审判人员与原被告之间的关系也不应当是警察与嫌疑犯的关系，民事诉讼的主要目的就是确认和实现当事人之间的权利义务。当事人之间的和解应当是在没有附加外部条件的情况下，当事人根据案件情况和当事人之间既有的关系所进行的博弈选择。时下的调解成了人为营造出来的一个只能将让步作为最优战略的“囚徒困境”。“背靠背”作为一种手段是以促成调解为目的，只要以促成调解为目的，“囚徒困境”也就是其必然结果。

强化调解态势的直接后果之一是导致人们法律虚无主义意识的扩展和蔓延。司法实践中存在的这种强化调解的态势，使法官不得不尽量想办法提高调

① 关于“囚徒困境”以及博弈论，参见张维迎著：《博弈论与信息经济学》，上海三联书店、上海人民出版社1998年版，第14～17页。

解结案率,使自己能够在审判工作的“业绩”上得到有利的评价。调解技术的强调也就成了如何将“强制”转化为“自愿”的技术和艺术。调解结案也就成了一种具有高度可能性的预期结果。众所周知,调解结案的一般结果是权利人的权利“打折”。强化调解的结果必然给义务人无须充分履行义务这样的有利预期,即不充分,甚至不履行义务,却不会导致因此而带来的法律后果,通过调解总能够免去部分义务不履行的责任。这样一来,这种强化调解的态势必然极大地挫伤权利人的维权意识,消解义务人充分履行义务的意识。在我国,原本法律就难以得到严格执行,时下由于诉讼调解的强化,法律规定被进一步“软化”和“虚无”,也就必然导致法律虚无主义的蔓延,对于刚开始强调法治的国家而言,其消极面是显而易见的。

法律文本本身只是纸面上的法律,法律所规定的权利义务只是一种抽象的权利义务,只有在现实冲突和纠纷解决中才能真正显现它的实在性。诉讼裁判具有使法律规范具体化、明晰化的作用,强化调解的消极后果在于降低了裁判使法律规范的具体化、明晰化的作用,其更大的消极后果是淡化了人们行为规范化的意识和交易行为的规则化。在法治社会中,法的规则强调的是人们行为的规范化。在人们的交往尤其是交易关系中,大量的法律规范就是为了规范人们的行为,保障和保证交易安全和稳定。交往主体没有按照法律的要求实施行为时纠纷就可能发生,交往主体行为的实施(作为或不作为)也许是主体对法律规范认识的偏差或故意违反或规避法律,裁判的作用就在于判定该行为的合法性或违法性与否,正是通过若干裁判的结果使抽象的法律规范具体化,成为具体行为的规范要求。一味调解的结果必将是模糊裁判的具体化作用,淡化人们行为的规范意识。我们知道,诉讼调解本身具有模糊证据的作用,因为证据最主要的功能就是作为裁判的事实依据,通过调解解决纠纷,自然会减低证据在明晰事实方面的作用。而在民事交往中许多证据就是行为规范的反映,轻视证据的结果也将导致人们漠视民事行为的规范化。如在借贷关系以及其他诸多民事合同关系交往中,为了保证交易安全要求某些特定的行为具有法律规定的形式,并要求人们有意识地保留证据,如借条、欠条、各种合同文本(合同成立、变更、中止、撤销等),如果不强调裁判,不强调通过证据规则来解决纠纷,人们交往行为的规范意识也必然淡化。法治社会的一个特征就是规则化和形式化。诉讼调解可以柔化法律规则化和形式化所带来的一些弊端,但这种作用依然只是一种次要的和补充性的,强化调解并将其上升为主导方式是其主要问题之所在。

强化调解也将影响裁判水平的提高,由于可以通过调解将事实认定和法律适用的问题模糊化,因此也就导致法官无须在诉讼中努力地查明事实,追究事实的真相。在法律适用方面也不需要探究法律规定的精神、法律适用的最佳状态和法律适用的科学性。很难想象，在没有了追求法律适用最佳状态动力的情况下，法官的司法水平还能提高。这种情形也将反过来影响我国的立法水平，因为立法的完善总是通过实践中对公正的不断追求来推动的，没有了实践的要求，法律规定被虚无化以后，法律的完善也将受到影响。其连锁反应当然是法学研究，尤其是法解释方面的理论研究会受到极大的影响，因为法学研究的目的之一就是探讨法律规则本身的正义性和法律规则适用中的正义性，即实体正义和程序正义的问题。在实体正义被模糊以后，法学研究也将失去动力。

## 三、回归应有状态的思考

诉讼调解的应有状态应当是不言自明的，即诉讼调解应当是根据每一个案件的实际情况，充分尊重当事人的意愿对调解处理和裁判处置予以选择，而不是违背当事人的意愿强制调解。在实践中由于促成调解已经成为一道强势命令，因此尽管法律有自愿调解原则的规定，法官也会通过各种变相的强制实现这一命令。调解主体和裁判主体的同一性使这种强制变得更加容易，拟制的裁判结果成了一种法官与当事人讨价还价的砝码。可以认为，我们现在的诉讼调解的势态不是一种理性的状态，因此，必须回到理性所要求的状态。

要回归到诉讼调解的应有状态和定位，最重要的就是消解诉讼调解的意识强制，并进而解构满足这种强化意识形成的相关制度。要做到这一基本点，就必须充分地认识到诉讼调解与社会和谐并不能直接划等号，社会和谐的达成与诉讼调解的结案率之间并没有直接联系。社会和谐的实现不能成为强势调解的直接命令，因为任何强制达成的调解都是对社会和谐的破坏。社会和谐要求的是人与人之间社会关系的正常化和合理化，而法律和伦理道德规范是衡量、规范这种社会关系正常化、合理化的基本尺度。法律规定既是社会和谐的尺度，也是社会和谐的保障，因此实现法律的规定，也就有利于社会和谐的实现。从这种意义上讲，裁判处理纠纷是实现法律，使法律实在化的基本方式，而且是主要的形式和手段。因此裁判解决纠纷是实现和谐社会的重要方法和手段，而不能说只有诉讼调解才是实现社会和谐的方式。将调解结案与判决结案对立起来的二元认识本身就是一种错误的认识。

我们不否认诉讼调解解决纠纷有其柔性的特征，能够避免特定情形下情理与法律规定之间的不协调，甚至存在法律规定的不合理，尤其是当事人之间在资源分配、机会获得不平等，知识占有不均衡的情况下，通过权利人的让步化解纠纷,有助于当事人之间关系协调发展,实现长期的互利局面,从而达成社会局部关系的稳定。但司法裁判的原则是坚持司法的公正性,司法公正性的本质就是充分实现实体法和程序法规范,这些规范是每一个民事主体行为的尺度。在私法领域中,只有在当事人自愿的前提下对自己权利的处分才是正当的;只有充分实现和尊重当事人的权利才能满足法律的要求,才能真正地实现社会局部的和谐,从而促成社会整体的和谐。忽视案件基本事实,抛弃法律的规定而一味追求调解结案无疑是对法治的伤害,以事实为根据,以法律为准绳的司法基本要求将成为一句空话。要回归诉讼调解的应有定位,必须首先坚持法院在民事诉讼中的基本定位,即中立、消极地进行事实认定和裁判,这是法院作为司法机关的基本定位和应有的性质。法院没有必要,也不能将自己的意志强加给当事人,法院没有自己的意志和利益,只有法律。法院可以引导当事人实施诉讼行为,告知当事人诉讼行为的利害关系,但法院不能代替当事人作出价值判断,当事人行为的后果是由当事人自己承担的,当事人有自己的理性思考,有自己的理性预期和利害考量。"司法能动主义"①是现在西方法学和实务中时髦的理念,但我们应当看到这种意识的特定语境,脱离西方司法的语境来看待所谓司法能动的积极意义是有害的。尤其是在我国容易受到外界政治形势影响的情况下强调司法的能动性更是有害的。

要实现诉讼调解的正确定位,一个很重要的方面就是防止和消除司法政策对政治口号的简单对应,将宏观的政治要求简单化和庸俗化,从而防止进一步扭曲司法的应有特性。将某一时期的政治要求简单对应,忽视特定领域运作规律,以满足特定的形势要求是我国长期存在的问题。由于司法过于依附于政治,因此在变化频繁的政治情境下,也就必然发生司法领域中的"跟风现象",凸显司法的不稳定性。在当下司法人员司法职业化品格"稀薄化",而政治化品格强化的情况下,进一步使司法活动变得很容易泛政治化,成为"形势秀"的牺牲品。作为调整司法活动的司法政策当然要考虑社会形势的发展。例如,在存在大量拖欠农民工工资的现实情况下,司法机关应当考虑如何更有效地使农民工的权利得到救济,从司法技术方面对其权利救济给予关照。但也应当注意的是,司法政策的考量必须首先坚持司法的基本要求,坚持法治的基本要求,而不是盲目地跟随、简单对应政治形势的要求。这样才能真正发挥法治对社会稳定和发展的基本作用,在正常的外部体制环境下,只要坚持了司法的公正性,农民工的权利

---

① 关于"司法能动主义",参见[美]克里斯托夫·沃尔夫著:《司法能动主义——自由的保障还是安全的威胁》,黄金荣译,中国政法大学出版社 2005 年版,第 1 ~ 14 页。

救济在司法制度上是没有问题的，问题出在外部体制环境上。现在的外部环境限制了司法在权利救济方面的实效性。

司法应当与政治形势保持一定程度的隔离，因为法的稳定性以及法与政治的区分，要求司法也必须具有以法为中心而不是以易变的政治形势和社会意识为中心。虽然任何司法都不可避免地受到政治形势和社会意识不断变化的影响，不可能与政治形势和社会意识完全隔离，也不应该完全隔离，但司法应当尽可能保持相对的隔离或分离，法律价值体系与政治形势的要求和时下的社会意识是有差异的，正是因为法律保持了与社会环境的相对独立性，才使法律形成了一种对社会变异的制约，使社会的发展和运行维持在法律给定的轨道和框架之内。虽然“批判法学”和反守法主义的理论批评“守法主义”，总是把法与政治、法与道德严格区分开来，是一种简单化的做法，是画地为牢，①但这种批评依然不能否认法与政治、法与道德之间的区别，以及必须区别的重要意义。尤其是在我国过去强调人治的时代，政治意识形态替代了法律对社会的规范作用，虽然现在我国社会正在逐步地向法治转换，但过去人治中的强烈政治意识约束依然十分浓厚，依然影响着社会转型中法治观念的形成。在这种情况下，司法更应该强调与政治形势和社会意识保持相对的隔离，从而推动法治社会的发展。也只有保持了司法与政治形势、政治活动的这种相对隔离，才能够保证法律的实施不至于受后者的影响，导致社会运行的不稳定状态。如果我们没有注意到这一点，除了诉讼调解以外，我们还有可能在司法的其他方面受到外界政治形势和社会意识变动的影响，导致司法制度的变形。

如果做到了司法活动与政治形势非简单的对应，不把调解解决纠纷这种方式简单地对应为达成社会和谐的手段，那么我们自然就不会将诉讼调解和调解结案率的高低作为一种硬性的指标来要求，也将大大减低强制调解发生的概率。现实中，诉讼调解的强化完全是因为我们错误地理解了诉讼调解与社会和谐的关系，从而发出了错误的指令，而这种指令又形成一种普遍的强势要求，导致我们不得不满足这种要求。即使知道这种强调调解的非理性，也依然无法摆脱，现代心理学的试验已经证明，指令对人们理性认识的扭曲作用是非常明显的。

在强化诉讼调解的司法政策形成的过程中，被人们抽象出来的所谓中庸文化心理成了这一司法政策非常重要的理由，诉讼调解的强化被认为契合了国人普遍的文化心理状态，也就自然地被认为符合中国国情。这种以非常抽象的一

---

① ［美］朱迪丝·施克莱著：《守法主义——法、道德和政治审判》，彭亚楠译，中国政法大学出版社2005年版，第2～3页。

般概括作为具体案件中具体当事人心态的做法是很有问题的，在心理学和行为经济学的理论上。中庸和单极化都是人们的一种行为心理。① 从总体上看，国人可能更偏好于中庸，但这只是非常抽象的概括和比较，根本无法对应具体案件中的当事人心态。案件的审理总是具体的，以这种抽象的文化心理描述作为具体指令的依据显然并不妥当。

另外，我国高度行政化的司法体制也强化了司法行为非司法化的特征。作为非行政化的司法应当是保持法官司法的独立性，法官只服从法律，正是法官在司法活动中的独立性，才使法官能够按照法律的要求，根据每一个案件的具体情况作出正确的事实认定，并正确地适用法律。而行政化的司法体制要求按照行政化运作方式，遵循的是上下级之间命令与服从的规则，忽视了法官在个案审判上的独立性，使法官成为自上而下的抽象指令的贯彻者，从而偏离适用法律的基本要求。行政化的体制很容易调动组织因素强化指令的执行，如各种考评和组织评价机制的建立。其中所谓的法官"错案追究制"，就是与司法行政化密切联系的一种制度，这种制度错误地将一般意义上的"对"与"错"的对应关系运用在了司法活动中，限制了法官按照司法活动的规律进行司法活动，②也因此强化了法官通过调解规避"错判"的心理趋势。所以，弱化司法的行政化，实现司法体制的非行政化依然是我国司法体制改革的十分重要的内容。

前几年在民事诉讼法学领域，理论界强调民事诉讼体制转型，强调民事诉讼体制应当树立当事人主导的观念，不断弱化法院的职权干预，这无疑是一条正确的思路。民事诉讼体制这一转型思路反映了体制对民事诉讼应有特性的关照。但由于民事诉讼法尚未修改，体制转型基本处于观念层面。在特定的环境中，由于我们对国外不同情境下民事诉讼发展趋势的错位理解，使现行体制中的干预意识又有所抬头和强化。目前的调解强势已经使法院对当事人处分的干预几乎走到了极端，民事诉讼的基本原则之一——处分原则再次面临被架空的危险。毫无疑问，这种强势干预与民事诉讼的基本特性也是背离的。这充分反映了我国司法体制和民事诉讼体制在社会转型中的过渡性特征，虽然这种过渡性无法避免，但过渡性不是我们的积极追求，我们所追求的依然是司法体制和民事诉讼体制与其基本特性的一致性和契合。过渡性所反映的毕竟只是特定环境下的扭曲形态，尽管是现实的，但并非现实的就一定是合理的。因此，坚持民事诉讼体

① 董志勇编著：《行为经济学》，北京大学出版社 2005 年版，第 49 ~ 51 页。

② 对于一般的工作，我们可以使用"错误"与"正确"这样一对概念范畴予以评价，但对于司法审判这种特殊的具有专业技术性、程序性的法律适用活动，就应当使用"违法"与"合法"这样的对立范畴来加以评价，而不是采用含义模糊、不确定的"错误"、"正确"这样的概念。

制的转型，是防止诉讼调解非自愿性的体制作业；同时，也只有消除了调解的非自愿性，才能表明民事诉讼体制转型的成功。

诉讼调解的强化与我们的司法技术、司法观念也有一定的关系。如本文前述所言，诉讼调解的强化与人们认为纠纷解决中依据的缺失——法律依据的缺失和事实依据的缺失——有直接关系。从逻辑上讲，裁判不能没有法律依据和事实依据，为了避免必须裁判和裁判无依据之间的尴尬，调解结案无疑是一个好的选择。但我们也应当意识到，法律依据的缺失和事实不清只是相对的，在许多情况下，或者说绝大多数情况，纠纷的解决都是有法律依据的，对于事实不清的状态也有许多能够实现相对正义裁判的法律技术。只不过人们对法律依据的认识存在偏差，还不能正确理解法律和运用法律，还没有能够掌握处理和应对事实问题的法律技术。

在法律适用方面，从我国的情形来看，属于法院审判权管辖的争议案件，理论上都应该有裁决该案件的法律依据。因为既然是法律上的争议，就应当有解决该法律上争议的法律根据，但实际情况却并非如此简单。法律上的争议是一种抽象的表述，从民事诉讼的角度看，只要涉及民事权利义务的争议，都应当属于法院民事审判权行使的范围，而裁决是一种具体的司法行为，需要找到能够直接运用的法律根据，抽象的、原则性的法律是没有说服力的。但现实情形是，我们在司法中过于僵化和教条地看待法律的根据，要求法律适用必须要有非常明确具体的规定，否定法官对法律规定的逻辑推理引导出裁决的法律根据。法律不可能对社会上发生和没有发生的每一种情形加以规定，否认法官适用法律的逻辑推理是不合理和不现实的。当然，加强法律适用的统一性是必要的，要保证法律适用的统一性，公开案例并通过案例促成法律适用的统 性应该是一个有效途径。

在裁决的事实依据方面，事实不清、事实难以认定是司法实践中经常遇到的问题。但这些情形下并非不能实现裁决的公正性，在法律技术上，通过经验法则的事实推定、正确适用证明责任规则和证明标准都可以实现民事裁判的公正性，而不是 味使司法裁决让位于诉讼调解。自由裁量本身是裁判实现实体正义的必需，没有自由裁量，裁判便不能做到根据个案具体情况具体处理，但自由裁量必须是有条件和有限制的，经验法则就是一种限制，法官的自由裁量必须遵循经验法则。法律上的推定之所以可以免除当事人的证明责任，就是因为某一经验法则反映了前提事实与推定事实之间的高度盖然性联系。由于经验法则作为一种人们对日常生活现象的一般认识和习惯，不可能也没有必要予以明文规定，因此需要法官正确地理解经验法则并加以运用。现实中，司法腐败以及法官素质的问题导致了对法官的不信任从而影响了自由裁量的运用。证明责任规则是解决当案件的主要事实真伪不明时法官如何裁判的一种法律技术规则，但由于司法实践中人们对证明责任规则适用条件的误识，导致证明责任规则也同样存在被滥用的情形。证明责任规则适用的一个基本条件应当是：在法官对所有的证据方法都已经穷尽以后，仍然不能做出该事实的存在与否的判断时，才能适用证明责任的规则。然而许多案件并没有穷尽证据方法，法官没有对事实进行充分的证据调查，便简单地适用证明责任规则，这自然会引发当事人对裁判结果的不满。因此，正确适用证明责任规则，完善证明责任规则的体系和证明责任分配的合理性对于提高裁判的正义性具有很重要的意义。

（2007 年第 5 期）

# 2008年

# 法院调解结案率须当慎定

赵 钢*



众所周知，在我国的各类审判尤其是民事审判活动中，由于法院调解制度乃系建立在充分尊重双方当事人的意愿及通过合意解决纠纷的基础之上，契合了中华传统文化中的“和为贵”理念，且常常能够有效地完成对涉讼民事案件的“柔性”解决，故其历来颇受青睐，而且也确实取得了不可否认的诉讼效果和社会效果，因而成为我国民事诉讼的一个突出特点乃至亮点。对此，无疑应该给予积极的肯定和高度的评价。

但是，笔者也注意到，这些年来，特别是随着2004年9月16日最高人民法院《关于人民法院民事调解工作若干问题的规定》（以下简称《调解规定》）的施行，以及2007年3月1日最高人民法院《关于进一步发挥诉讼调解在构建社会主义和谐社会中积极作用的若干意见》（以下简称《调解意见》）的提出，由于不少地方的法院并没有能够正确地理解和贯彻执行上述司法解释与司法文件的精神实质，故而显有失当地把诉讼调解推崇到了无以复加的高度，将其确定为各级法院办理民事案件的主要方式。其突出表现之一就是根据案件审级的不同和受诉法院的级别差异，分别确定了60%、70%甚至高达80%的调解结案率！并将其落实结果与法官考评、年终奖惩以及评先评优等直接挂钩，仿佛不如此就不能体现他们的积极努力和工作成效。

其实，在审判工作中人为地事先确定调解结案率的做法并非今日之“创新”，而是早已有之。尤其是在计划经济时代的民事诉讼中，①由于长期实行的是“依靠群众、调查研究、调解为主、就地解决”的十六字审判方针，且根本没有民事诉讼立法的调整与规制，故法院调解即成为当时办理民事案件的“至上”方式。在此背景下，法院调解结案率的高低自然成为衡量法官乃至法院民事审判工作质量好坏的最主要标准。到了从计划经济向市场经济转轨变型时期，虽然我国已经有了民事诉讼法典即1982年出台的《中华人民共和国民事诉讼法（试行）》，但由于历史的惯性，与原先的“调解为主”并无本质差异的“着重调解”仍

* 作者单位：武汉大学法学院。

① 从民事审判的角度而言，这一时期是指从1949年新中国成立后到1982年《中华人民共和国民事诉讼法（试行）》出台之前的33年。

然被确定为法定的基本原则,并在实际审判工作中得到大力推行。因此,法院调解结案率的高低依然是衡量审判工作质量好坏的一个重要指标。此后,随着社会转型的加快、改革的深化以及审判理念的逐步更新,1991年经修订出台的我国现行《民事诉讼法》摒弃了"着重调解"的既有原则,转而确立了"自愿、依法调解"的基本原则。这样一来,法院调解结案率也就在一段时间内不再成为我国民事审判实践中的一个"敏感"问题了。然而,由于近几年来民事审判工作中法院调解结案率的"强力反弹"与再度"受宠",使我们不得不去再次审视其诸多弊害。

首先,在民事审判工作中人为地事先确定调解结案率,乃是脱离实际的主观唯心主义的突出表现。①这是因为,法院调解有其自身的适用范围和前提条件,不同的民事案件在是否具备"调解可能性"上并不相同,甚至差异极大。因此,法官也好,法院也罢,均应依照诉讼调解的法定要求,针对不同案件的具体情况,审慎地决定是否或者能否对之进行调解。而通过院长、副院长们"踱方步"、"拍脑袋"事先确定下来的调解结案率,尤其是在各个法院之间经过相互"攀比"并"层层加码"后确定下来的调解结案率,除直接导致了民事审判工作中主观唯心主义的大膨胀、大爆发、大流行之负面影响外,根本就无丝毫的可取之处!

其次,在民事审判工作中人为地事先确定调解结案率,极易导致法官违背当事人意愿而强迫(包括直接强迫与变相强迫)调解和违法调解。原因在于,尽管我国现行《民事诉讼法》要求"人民法院审理民事案件,应当根据自愿和合法的原则进行调解",但是由于脱离实际且高不可攀的调解结案率的"紧逼"与"压迫",必将使法官们出于"争先"、"创优 "、晋职、晋级等利己考虑,而不得不去"积极落实"经过层层分解后具体到人的调解结案指标。这样一来,双方当事人是否愿意进行调解,以及对案件的调解是否符合法律的规定(包括诉讼法的规定和实体法的规定),也就很难是其优先考虑并严加恪守的事情了。然而,从长远来看,由于这样的调解过程与调解结果往往埋下了"战端再起"的种种隐患,故其到底是促进了和谐社会的构建还是影响了和谐社会的构建其实是不难得知的。

另外,在民事审判工作中人为地事先确定调解结案率,还会导致诉讼效率低下,从而极大地浪费司法资源。具体来说,法官们为了"积极落实"分解到自己

① 其实,类似的问题还有最高人民法院对全国各高级人民法院每年受理第一审民事案件和经济纠纷案件数量"指标"的人为限制。具体参见最高人民法院于1999年4月9日下发的《关于各高级人民法院受理第一审民事案件、经济纠纷案件问题的通知》。

身上的调解结案指标，必将不遗余力地对案件进行调解，而不大会去认真考虑案件本身是否具备调解解决的可能性。如此一来，反复调解、"久调不决"这些在原来"调解为主"和"着重调解"时代常见的弊端也就不可避免地重现了，而"马拉松式"的法院调解显然是以牺牲诉讼效率和浪费司法资源为代价的，其结果必将是得不偿失。

最后，在民事审判工作中人为地事先确定调解结案率，终将使民事诉讼机制走向异化。我们知道，从某种意义上讲，民事诉讼的本质特征即在于以既判力为后盾，依法对案件所涉纠纷的强制性解决，且这一本质特征在世界各国的民事诉讼中概莫能外。因此，人为地事先确定调解结案率，无异于将法院调解"供奉"到了优先于依法裁判的"显赫"地位，而对于那些无理缠讼的恶意当事人而言，法官们为了落实调解结案率而反复进行的"耐心调解"，客观上也就具有了主动"示弱"的成分，甚至成为极少数恶意缠讼的当事人借机讨价还价、"敲诈"法院的"筹码"。①

通过以上分析，笔者确信，在民事审判工作中人为地事先确定调解结案率的弊端是显而易见的。当然，仍有人会坚持认为，"如果没有调解结案率在背后起着鞭策作用，即有可能使得民事审判实践中的法院调解成为难以推行的软任务，同时也就不能完成诉讼调解对于构建社会主义和谐社会的促进作用"。对此，笔者认为，如果果真存在这种看法，那么仍然是因为没有能够正确理解并依法处理好调解与裁判的相互关系，以及二者与构建社会主义和谐社会之间的应然关系。申言之，也即简单化、标签化地认为，更多的调解结案，即能促进和谐社会之构建；而更多的裁判结案，则将导致相反的结果。殊不知，从一般意义上来讲，法院调解与法院裁判都是人民法院行使民事审判权的具体方式，本身并无优劣之分与好坏之别，就像真正在当事人自愿与合法基础上进行的法院调解能够化解纠纷并促进和谐社会之构建一样，严格依法作出的公正裁判也完全可以达到同样的目的。②正是因为如此，最高人民法院才在《调解意见》中将"能调则调、当判则判、调判结合、案结事了"明确确定为新时期我国民事审判工作的指导方针。③

有必要说明的是，笔者并非绝对不赞成对于"法院调解结案率"这个概念的

① 据悉，某地甚至还曾出现过法院自掏腰包"平息"诉讼的极端案例，俗称"花钱买稳定"。对此看似天方夜谭，实则令人慨叹万分！

② 从一定意义上说，那种害怕作出裁判以后败诉一方当事人会继续缠讼因而改用调解结案的法官，如果不是对自己所作裁判正确性的"信心不足"，便是对对方当事人的不负责任，以及对国家法律的有欠恭敬。

③ 参见《调解意见》第一大部分的第2条。

确立与继续使用，但是，所谓的“法院调解结案率”，只能是在每一个审判年度结束以后经过司法统计程序“事后”得出的客观数据，以供相关的工作分析之用，而绝不能是人为地对之加以事先确定并予以“强制”推行。也正是基于这个角度，笔者强烈主张，当前意义上的法院调解结案率须当慎定，而且最好是不定。道理很简单，因为它是一柄高悬于民事审判工作之上的“达摩克利斯之剑”！

（2008 年第 3 期）

# 2009年

# 民事执行中的检法关系问题
## ——民事执行检察监督法理基础的另一种视角

肖建国*

## 一、问题的提出

从2001年立法机关议制定《中华人民共和国民事强制执行法》开始，民事执行制度的建构问题就成为民诉法学界、法院和检察院等实务部门关注的焦点问题之一。在庞大的民事强制执行法体系中，人民检察院究竟居于何种地位、扮演什么角色，在制度设计上是否容许检察监督权的存在等问题，一直争论纷纭，莫衷一是。在学术界，如同对民事审判检察监督所形成的歧见一样，对民事执行的检察监督依然能听到不同的声音；在实务界，检察机关对民事执行检察监督的热情和渴望化作了一篇篇似曾相识的鼓吹执行监督的论文和推动制度入法的实际行动，①而有学者则表达了对病急乱投医的担忧，认为目前的"执行难"、"执行乱"如同牛奶中掺入了三聚氰胺，检察监督这剂"处方"不仅对问题牛奶于事无补，反而会加剧病情，使问题牛奶变成被添加了"敌敌畏"、"砒霜"的毒奶。② 在2007年10月28日通过的《关于修改〈中华人民共和国民事诉讼法〉的决定》中，立法机关权衡再三，出于慎重考虑，最终没有将民事执行检察监督写进民事诉讼法修正案里。

立法机关的这一决策并非没有一点道理。到目前为止，理论和实务界关于民事执行检察监督的必要性和合法性论证大都集中于权力制衡理论（权力需要制约，没有约束的权力必然产生腐败）、宪法规定（《宪法》第129条规定，检察监督权是检察机关应当享有并行使的权力）、民诉法原则（《民事诉讼法》第14条规定，检察院有权对民事审判活动实行法律监督）上，根本没有触及民事执行制度的内核。这种论证方式看似理由"充分"，结论"正确"，实则机械教条，缺乏打动人心的内在力量，容易招致检察机关谋求部门利益、扩张部门权力的误解和指

---

* 作者单位：中国人民大学法学院。

本文系作者主持的教育部优秀青年教师资助项目《中国民事强制执行法律制度研究》的阶段性成果。

① 谢文英："代表建议修改民事诉讼法增加民事执行检察监督"，载《检察日报》2008年3月17日。

② 赵晋山、黄文艺："如何为民事执行监督开'处方'"，载《法制日报》2007年8月14日。

责,难以让决策者准确地识别检察机关的动机究竟是追求正义的执行制度,还是人为地挑起检法两家的权力之争。因此,目前的论证不具有震撼人心的道德力量,它既不能说服别人,也不能说服论证者自己。尤其是1991年《民事诉讼法》确立检察院对生效民事裁判的抗诉制度后,抗诉程序在实际运作上并未取得预期的效果;相反,由于先天的理论准备和实践经验不足,立法对民事抗诉的规定过于笼统,加上检察机关在民事检察监督方面人手不够、民事法律素养参差不齐等诸多原因,十多年的民事抗诉实践一路曲曲折折,走了很多弯路,有成绩也有教训。截至今天,关于民事抗诉的社会评价依然备受争议、褒贬不一,有的说"监督一案,局面大变",而有的说"监督一案,破坏一片"。① 关于检察机关对民事审判活动的监督效果,究竟是监督一案 ,改变了局面呢,还是监督一案,破坏一大片呢?民事抗诉在哪些领域取得了成功的经验,在哪些领域又有反面的教训呢?笔者注意到,这些问题尚缺乏客观、公允、认真、严肃、脚踏实地的实证调查和评估分析报告。正因为如此,在说服立法者方面,往往理由空洞、苍白,有隔靴搔痒之感,不易获得立法者的认同。

基于上述问题,我国要建构民事执行检察监督制度,客观上需要更有说服力和穿透力的强势论证。在理论上让立法者心悦诚服,在制度设置上既符合民事执行的规律,又具有现实可操作性。而这样的论证必定是建立在洞悉民事执行制度的原理、程序构造和运作的精髓基础之上的,而非外围的"打擦边球"式的说教。考虑到民事执行检察监督是中国语境下用于缓和"执行难"问题的一剂猛药,根植于我国特殊的宪政体制、司法环境,域外也不存在真正意义上的"民事执行检察监督",②但这些学者据以得出结论的法律依据是2000年8月的《俄

① 赵晋山、黄文艺指出:民事审判监督制度的某些弊端给我们提供了一个引以为戒的例证 。正如学者所述,民事再审程序在某种程度上已经成为一些人借以拖延时间或者反复缠诉的工具。根源就在于我国检察机关在各种现实因素的作用下,在相当程度上已成为个案当事人诉讼权利的代理人,而脱离了检察机关作为公共利益代表参与或"监督"民事诉讼的原本定位。一旦民事执行检察监督制度建立,可以预见,在效果上可能只是给少数人增加了一个可供选择的玩弄法律游戏的机会。参见赵晋山、黄文艺:"如何为民事执行监督开'处方'",载《法制日报》2007年8月14日。

② 关于域外是否存在民事执行检察监督问题,学界的观点不一。学者过去多以法国 、俄罗斯为例证认为,检察院不仅有权监督民事审判,亦有权监督民事执行。但如果仔细考察法国的《法国民事执行程序法》第11条、12条、19条、39条、40条的规定,就会发现法国民事执行中的检法关系并非真正的"监督"关系,而系"协助"关系。当然,如果把检察官对民事执行活动的协助(如协助查明被执行人的责任财产)理解为广义上的"监督",那么说法国有民事执行检察监督制度也未尝不可。一些学者排除了法国而明确指出检察机关对法院民事执行活动享有监督权的只有一个国家,即俄罗斯联邦共和国。参见刘信业:"论检察机关对民事执行活动的监督",载《人民检察》2007年第6期;黎蜀宁:"论检察机关对民事执行活动的法律监督 ",载《现代法学》2003年第6期。

罗斯联邦民事诉讼法》第428条、431条关于"执行监督"的法律条款,但该规定被2002年11月14日联法第137号《关于施行〈俄罗斯联邦民事诉讼法典〉的联邦法律》所修正。原《民事诉讼法》中第428条、431条末款检察长可以对相关执行裁定提出单独上诉和抗诉的权力被司法警察法、民事执行法及上述137号修正法所取消,检察长对民事执行的监督权也不复存在。因此,俄罗斯现在已经取消了民事执行检察监督制度。[①] 因此,在缺乏比较法上的经验借鉴之下,阐释我国民事执行检察监督制度的法理基础,无疑会面临更大的挑战。

## 二、民事执行检察监督的法理基础:从民事执行法律关系角度的论证

民事执行是执行法院采取强制执行措施以实现生效法律文书(执行依据)所载明的执行债权的活动。与民事审判相似,主要涉及三方主体:执行法院、申请执行人、被执行人。在民事执行程序中,申请执行人与执行法院、执行法院与被执行人、申请执行人与被执行人之间分别发生三种执行法律关系。其中,申请执行人与执行法院间的关系,称为申请关系,即在执行程序的启动上,申请人具备申请执行要件时,即有强制执行请求权,执行法院有依其申请而实施执行的义务;执行法院与被执行人之间的关系,称为干预关系,即执行法院应依法定程序,强制被执行人履行义务,被执行人也有容忍强制执行的义务;至于申请执行人与被执行人之间,则产生强制执行的直接法律关系。[②] 申请关系和干预关系为公法关系,申请人与被执行人间的关系则为私法关系。

需要强调的是,在民事执行法律关系中,用于调整申请执行人与执行法院、申请执行人与被执行人之间关系的法律规则,与民事审判法律关系中调整原告与法院、原告与被告之间关系的准则,具有高度的一致性,二者一体适用不告不理、消灭时效等权利保护的制度。如果说在涉及国家利益、社会公共利益和公序良俗的案件中检察机关有权提起民事诉讼以确认发生争议的民事权利关系的话,[③]那么,在公益维权主体缺位的情况下,检察机关作为公共利益的代表同样

---

① 黄金龙、黄文艺:"域外没有民事执行检察监督",载《人民法院报》2007年8月24日。

② 杨与龄著:《强制执行法论》,中国政法大学出版社2002年版,第11~12页。

③ 检察机关在民事法领域的应有功能是维护公益,其方式既可以为介入具有公益因素的民事案件,也可以是监督民事诉讼本身,因为后者即已具备公益色彩。参见邵明著:《民事诉讼法学》,中国人民大学出版社2007年版,第188~189页;肖建国:"民事公益诉讼的基本模式研究——以中、美、德三国为中心的比较法考察",载《中国法学》2007年第5期。

有责任启动民事执行程序、参与民事执行程序以督促生效法律文书中所确认的民事权利获得最终实现。例如,在弱势群体权利的强制实现、判决中的刑事罚金和没收财产等公法上债权[①]的强制实现方面,当实际权利主体不知、不敢或怠于启动执行程序时,检察机关就应积极介入,发挥检察监督职能,申请法院执行、申请参与分配,并且监督执行程序的进行。

然而,在民事执行法律关系中,法院与被执行人之间关系的准则却与审判法律关系中法院与被告之间的关系有天壤之别,这表现在:民事执行的单向性与审判的多向性、互动性,民事执行的不平等性与审判的平等性,民事执行主体的主动性与审判主体的中立性,民事执行的形式化与审判活动的实体判断性,民事执行的强制性与审判的和平性,民事执行的职权主义与审判的当事人主义,民事执行的效率取向与审判的公正取向等。民事执行的特殊性、审执分立的必要性以及强制执行立法的可能性,也都维系在法院与被执行人之间关系所决定的价值判断和制度安排之上。[②] 建立在法院与被执行人之间关系基础上的审执分立理论,是解决大陆法系国家民事执行中实体与程序、公正与效率、权利保护与程序保障之间悖论的一把钥匙,也是阐释我国民事执行检察监督法理基础的关键。

民事执行与民事审判的差异性原理和审执分立的客观要求,塑造了独特的民事执行程序构造和程序机制,民事审判中诸多原则(如中立、平等、辩论、调解等)和制度(如两审、管辖、当事人等)无法适用于民事执行,因此,传统民事诉讼法在审判程序之外专门设置了一套以迅速实现生效文书确定的实体权利为导向、兼顾程序利益保护的执行程序制度体系,其法典化的形态,可以是民事诉讼法典中的执行程序篇(如德国、意大利、西班牙、中国等),也可以是单行的民事执行法典(如法国、奥地利、瑞典、俄罗斯、日本、韩国等)。但是,问题在于:其一,以实现实体权利为导向的民事执行制度如何能妥当地保护当事人、利害关系人的程序利益,避免因违法或不当执行行为而害及当事人、利害关系人实体权利的实现和保护?具体而言,在审执分立的前提下,传统民事诉讼法对瑕疵执行行

---

① 公法上的债权,是指中央或地方政府在履行职责过程中形成的以中央或地方政府为债权人的债权债务关系。公法上的债权,就其形成过程来看,既可以依法律、行政法规的规定产生,也可基于行政机关的行政处理和行政处罚决定而产生,还可在司法程序中由人民法院通过裁判而产生。比如,税款、滞纳金、行政罚款、诉讼费用等。公法上债权这一概念广泛盛行于行政法学之中。但我国行政法学界目前尚未引入公法上债权理论,当前立法机关正在起草的《中华人民共和国行政强制法》也未使用公法上债权这一概念。参见胡建淼主编:《行政强制法研究》,法律出版社 2003 年版,第 38 ~58 页;肖建国:“论财产刑执行的理论基础——基于民法和民事诉讼法的分析”,载《法学家》2007 年第 2 期。

② 肖建国:“审执关系的基本原理研究”,载《现代法学》2004 年第 5 期。

为的执行救济制度是否周延，能否无须检察权介入即可足以保护当事人、利害关系人的合法权益？其二，民事执行程序涵摄了数量众多、类型不同的参与主体，他们的实体权利和实体利益都需要经由执行程序加以确认和协调，然而，在信用机制失灵、社会保障体系匮乏、实体法律缺位或冲突的背景下，无须检察权介入，完全由法院充当复杂利益关系平衡器角色能否妥当地协调各种冲突的利益关系？对这两个问题的深度剖析，将为民事执行检察监督法理基础的阐释提供崭新的视角。

如前所述，一方面，民事执行不同于民事审判的根本之点在于，民事执行性质上为非讼程序，大量的执行行为属于事务性工作，非常琐碎、具体，包括财产查找、查封、扣押、冻结等控制性执行措施，以及强制拍卖、变卖、以物抵债、分配价款等处分性执行措施。执行行为同时又受法律规定的执行程序、手段和方式方法的制约，违反之则构成瑕疵执行行为。其中，违反法定执行程序和方法的执行行为，称为违法执行行为；执行债权不存在或已经消灭、抵消而进行执行，或者案外第三人有阻止法院对执行标的物进行执行的实体权利的，属于不当执行行为。对于瑕疵执行行为的救济，传统民事执行理论分别采用了执行异议、案外人异议、参与分配异议、债务人异议之诉、案外人异议之诉、许可执行之诉、参与分配异议之诉（执行程序终结前）和国家赔偿请求、优先受偿之诉、侵权损害赔偿之诉、不当得利返还之诉（执行程序终结后）来解决，[①]没有为执行检察监督提供埋论和制度上的支持。

笔者认为，传统民事强制执行法通过设置申请执行人、其他债权人、被执行人、第三人、执行法院、诉讼法院等主体之间的互动机制，看似提供了一个相对封闭的、逻辑自足的、无须外界干预和检察监督的执行制度体系，然而，事实上，包括瑕疵执行行为的救济在内的诸多强制执行程序制度的安排，由于建立在近代自由主义民事诉讼法理念基础之上，执行程序的运转主要依靠执行当事人来推动，执行程序的合法性、妥当性也主要依靠执行当事人、利害关系人的同意或反对的意思表示来验证，因而属于单纯依赖执行当事人、利害关系人的自治来监督执行的近代观念。在民法理念由追求形式正义转向实现实质正义、社会公共利益和弱势群体利益的法律保护普遍被置于一个极为重要位置的背景之下，这种制度设计自然存在着这样和那样的不足，客观上需要从内部强化执行分权基础

① 陈荣宗著：《强制执行法》，三民书局1995年版，第141页以下；林升格著：《强制执行法理论与实务》，台湾五南图书出版有限公司1983年版，第229页以下；赖来焜著：《强制执行法总论》，台湾元照出版有限公司2007年版，第500页以下；肖建国："民事诉讼法执行编修改的若干问题探讨：以民事强制执行救济制度的适用为中心"，载《法律适用》2008年第4期。

上的民事执行权的职权行使,从外部引入并强化作为公益代表的检察机关的法律监督。例如,在执行当事人恶意串通,利用民事执行程序的合法形式掩盖其损害国家利益、社会公共利益的执行案件中,检察机关有权代表公益向执行法院提交异议函,对执行法院收到异议函后作出的裁定有不同意见的,有权向执行法院的上一级法院提起执行抗告。又如,执行当事人恶意串通,利用虚假民事诉讼的裁判作为执行依据申请执行,损害国家、集体、他人合法权益的,检察机关有权依据《民事诉讼法》第204条规定对通过诉讼欺诈获取的生效法律文书提起抗诉,以排除该执行依据的执行力。再如,当执行法院根据《物权法》上的物权公示原则将登记在被执行人名下的国有资产作为执行标的进行执行时,如果检察机关发现不动产登记有误,有权向不动产登记机构提出异议登记,向执行法院提交执行异议函,依照《民事诉讼法》第202条规定的程序,为维护国有资产而采取相应的执行救济措施。

另一方面,民事执行的时间、场所、环境不同于审判。民事审判是在一个预先设计好的封闭环境中进行的:庄严的法庭、高高的审判台、法袍、法槌等道具,足以使进入法庭者心怀敬意,产生心灵上的震撼。而民事执行的环境却是执行机构所难以预知的,也是无法控制的。民事执行行为多发生在被执行人住所地或财产所在地,可能产生许多突发事件,异地执行时执行人员的人身安全都难以保障;至于往返奔波、风餐露宿、风雨兼程也是家常便饭,更不用说要千方百计寻找、调查被执行人下落、被执行人的财产线索,协调与方方面面的关系了。作为法院司法活动的最后一个环节,民事执行是与社会发生碰撞最为激烈的一个领域,各种参与主体的程序利益和实体利益交织在一起,需要合理地平衡和保护。具体而言,民事执行程序涵摄了不同类型的参与主体,除申请执行人、被执行人、执行法院外,还有评估拍卖变卖机构、执行标的物买受人或拍定人、执行标的物上的担保物权人或用益物权人、租赁权人、协助执行人以及案外第三人、标的物优先购买权人、参与分配债权人、其他利害关系人等。各主体之间的利益关系纵横交错、颇为复杂,归纳起来,不外乎两大层次:一是执行法院所维系的国家执行权的权威性,执行行为的可信赖性,公信力与其他利益主体的私人利益之间的关系;二是各执行关涉主体间的私人利益关系。以法院的强制拍卖为例。在强制拍卖中,执行机构基于法律赋予的固有执行权限对被执行人的财产实施查封扣押措施,剥夺被执行人对其财产的处分权,由执行机构对查封扣押物进行强制性拍卖变价,并将价金分配给执行债权人。法院执行机构的此类权力并非来自债权人的授予,而是国家权力体系中一项独立的司法强制权;法院执行机构依公权力所进行的拍卖行为,不仅应当取信于拍卖关系人,还应当取信于案外第三人和一般社会大众,拍定人因信赖执行机构的行为而实施付款并申请移转拍卖物所有权的,执行机构应妥善保护此等人的信赖利益,维护强制拍卖程序的安定性,并赋予拍卖的效果以公信力。由于法院执行权的权威性、执行行为的公信力是民事执行制度赖以生存的根本,权威性和公信力的丧失无疑会颠覆整个执行程序,因而强制执行的权威性和公信力,是执行程序的基石,事关公共利益,不可小视。故第一层次的利益衡量实质上体现了公共利益与私人利益之间的关系调整。[①] 除了执行机构与拍卖程序各参与人之间第一层次的利益关系外,强制拍卖中还存在执行债权人、执行债务人与拍定人,[②]以及拍定人与案外第三人、[③]拍卖物上他物权人[④]之间的第二层次利益关系。

鉴于公共利益相对于私人利益的优先性,执行法院在与被执行人、协助执行人以及案外第三人等发生的民事执行法律关系中居于毋庸置疑的优越地位,因此,第一层次的利益衡量形成了以执行法院为中心的一系列制度安排,如法院有权对被执行人财产采取直接执行措施,以及必要时可采取搜查、限制出境、拘留、公布债务人名单、限制债务人高消费、命令协助执行等间接执行手段或辅助执行手段。

但是,正是由于第一层次的利益衡量奉行执行法院优越主义,使私人利益的

---

① 肖建国:"强制拍卖中的利益衡量与制度设计——以强制拍卖的性质和效力为中心的研究",载《北京科技大学学报》(社会科学版)2004 年第 4 期。

② 强制拍卖为公法上的处分行为,执行机构违背债务人的意思而强制性处分债务人之财产,拍定人非由前手而是原始取得拍定物所有权,因此拍定人无瑕疵担保请求权。参见吴光陆著:《强制执行法拍卖性质之研究》,台湾五南图书出版有限公司 1987 年版,第 20~24 页。

③ 当案外第三人的财产被当成债务人财产而被拍卖时,要认定拍定人取得拍卖物所有权,但应当给案外第三人提供恰当的事后救济手段。如基于对拍卖价金的物上代位关系,向执行债权人、债务人或执行机构行使请求权。参见王泽鉴著:《民法学说与判例研究》(第 1 册),中国政法大学出版社 1998 年版,第 466~469 页;钱国成:"债权行为与物权行为之关系",载《台大法律学刊》第 3 期。

④ 查封拍卖之前,在拍卖物上设定法定优先权、担保物权(如抵押权、质权、留置权)和用益物权的权利人,其权利不受查封的影响。但此类物上负担于拍卖后,是否仍能有效存在于拍卖物之上,不仅关涉他物权人的利益,也关涉拍定人的利益。对于拍卖物上负担的处理,有两种对立的立法政策,即承受主义和消灭主义。前者指拍卖物上的负担继续存在,由拍定人承受,不因拍卖而消灭;后者是指物上负担因拍卖而归于消灭,拍定人取得无任何负担的拍卖物。考虑到处理拍卖物上负担的艰巨性,各国很少采用整齐划一的立法政策,往往两种或三种并用,以合理协调和平衡拍定人和拍卖物上他物权人的利益。如德国采用的是"剩余主义+承受主义"的立法模式,瑞士区分物上负担的具体类型,对于担保物权采"剩余主义+承受主义",对于用益物权采承受主义;日本采双轨制的立法政策,视具体情形分别采"剩余主义+消灭主义"和"剩余主义+承受主义"两种模式。参见史尚宽著:《物权法论》,中国政法大学出版社 2000 年版,第 291~283 页;陈荣宗:"法院之拍卖对于不动产上各种负担之处理",载《举证责任分配与民事程序法》,台湾大学法律丛书 1984 年印,第 246~258 页;赵金山:"强制执行程序中的拍卖问题研究",载沈德咏主编:《强制执行法起草与论证》,中国法制出版社 2002 年版,第 341 页。

保护让位于公共利益，由此带来两个方面的法律问题：一是正当性基础问题；二是过度强制问题。就前者而言，在我国这样一个司法权威总体评价低下的国家，按照执行法院优越主义的传统理论设置民事执行制度，由执行法院来合理平衡发生冲突的各种复杂利益关系，未必能够带来令人心服口服的正当化效应。尤其是在法院司法不公、司法腐败的指责下，由执行法院独享复杂利益关系的平衡器角色尽管符合近代以来民事强制执行法的基本原理，但在我国当前形势下很可能成为执行法院不能承受之重。因此，执行程序中对于复杂利益关系的调整，如果能够适当发挥检察机关的职能，检、法两家携手共同捍卫执行行为的权威性和公信力，那么对于解决目前执行权威正当性不足，缓和执行不公的批评会有所裨益。另外，在执行当事人、利害关系人的程序参与权保障不足的情况下，如果任由执行法院采取搜查、限制出境、拘留、公布债务人名单等执行手段和方法，限制或剥夺被执行人、协助执行人、其他程序参与人的人格权、自由权、住宅权、生存权等基本人权的话，那么就会违反比例原则，①出现过度强制的问题。为此，笔者认为，人民检察院作为法律监督机关，对于民事执行中涉及的公民基本人权的保障、法律的强制性规定和禁止性规定的遵守等重大法律问题，有权进行监督，对严重侵犯人权的执行行为，有权通知执行法院予以撤销、解除或者纠正，并且要求执行法院限期答复。



## 三、民事执行检察监督的目的与限度

如前所述，在民事执行法律关系之外，由于检察机关的介入，而形成了非常独特的执行检察监督法律关系。关于民事执行检察监督的目的，杨荣新教授归纳为三点：支持、纠错和共进。其中，支持是检察监督的首要任务。作为监督机关的人民检察院，应积极支持被监督单位的工作。被监督单位在某项工作上出现了问题、犯了错误，进行监督的检察机关首先应了解情况，支持被监督单位做

---

① 比例原则源自法治国原则这一具有宪法位阶的原则，包括适当性原则、必要性原则和衡量性原则三项内容，可以用于约束立法、行政、司法机关，避免国家机关公权力的行使逾越边界或沦为恣意。而这一上位原则对于下位规范如民法、刑法和行政法等领域，应当都可以适用。但就强制执行法而言，因强制执行是债权人按照执行依据，申请执行机构对债务人施加强制力，强制其履行义务以满足债权人私法上请求权的程序。强制执行程序中的国家行为，一并涉及债权人和债务人两个主体，其与比例原则适用于国家与行为对象的双向关系有所不同。故而，德国理论和实务界，就比例原则能否适用于执行程序，一直存在不同见解，但主流观点认为比例原则可以有限适用于民事执行程序。参见姜世明著：《民事程序法之发展与宪法原则》，台湾元照出版有限公司2003年版，第295～300页。

好此项工作。这样既帮助被监督单位完成了任务,又有利于双方的沟通与合作。如果只将检察机关的监督界定为纠错,会给人一种居高临下的感觉,不利于监督与被监督间的和谐与沟通,从而妨碍检察监督的顺利进行。因此,重新认识检察监督的目的是十分必要的。①

笔者完全赞同杨荣新教授将支持法院执行作为检察监督首要目标的观点。民事执行检察监督不能简单理解为我令你行的单向制约和纠错,而是监督之中有支持和合作,在当前语境中支持和合作对于执行监督的内涵更加重要。如前所述,执行权威匮乏、执行正当性受质疑目前正困扰着法院执行工作,在被执行人以主动还债为耻、以逃避执行为荣,以配合执行为耻、以暴力抗法为荣的心理作用下,民事"执行难"现象愈演愈烈。可想而知,具有执行力的生效法律文书如不能获得执行,不仅直接使债权人的合法权益落空,使当事人之间扭曲的法律关系进一步扭曲、变形,而且极大地损害了法院生效裁判的权威性和公信力,使法院经由公正的审判程序作出的确定裁判变成了一纸具文(在民间被贬为"法律白条")。"执行难"发展到极致,就演变为"暴力抗法"、暴力抗拒执行等严重危害社会秩序的现象。因此,"执行难"问题不解决,轻言之,必将损及人民法院的司法权威,也会使十多年来的民事审判成果付诸东流;重言之,则将危害整个社会的良性运转,破坏社会经济秩序,摧毁社会信用制度,给来之不易的改革开放事业蒙上一层阴影,在加入 WTO 的背景下,更容易损害中国在国际社会的形象。在这种形势下,检察机关监督工作的重点,不是助长恶意逃债之风的蔓延,也不是削弱人民法院的司法公信力,而是支持和帮助法院搞好执行工作,排除外界对法院执行工作的干扰和阻挠,纯化市场经济秩序和信用机制,与法院一道共同构筑公正、高效、权威的司法共同体。应当说,在民事执行领域,检法两家荣辱与共,二者具有共同的理想、共同的目标、共同的追求;检法关系只有放在这样的高度来认识,民事执行检察监督才有出路,才能制定出符合中国国情,真正能够化解"执行难",同时有别于外国民事执行理论的、具有创新精神的中国民事强制执行法。

目前,开展民事执行检察监督试点的一些地方,人民检察院支持法院依法执行的做法取得了很好的社会效果。② 有些法院主动邀请检察机关介入"难办"案

---

① 杨荣新:"略论强制执行的检察监督",载《人民检察》2007 年第 13 期。

② 河南省郑州市检察院开展民事执行检察监督的试点表明:从 2003 年到 2005 年 5 月,郑州市检察院民行部门对法院执行活动进行监督 52 件,其中,接受法院邀请进行现场监督的 27 件,超过了执行监督案件的 50%。参见郑州市检察院民行处:"开展民事行政执行检察监督的实践与建议",载《中国检察官》2005 年第 6 期。

件的执行程序,希望检察机关向执行当事人、其他参与人做一些解释说服工作,缓解被执行人或相关参与人的抵触情绪,对试图抗拒执行的当事人形成威慑效应,从而预防和抑制可能的暴力抗法行为的发生,保障执行程序的顺利进行。实践证明,本着有利于执行、友好于执行、友善于执行宗旨的支持法院执行的检察监督,可以为检法两家营造合作而非对抗的氛围,通常受到被监督者的执行法院的欢迎,容易成为人民检察院实施执行检察监督的突破口。建议最高检察院以此为契机,广泛总结试点经验后,向全国推广,并力争与最高法院专门就检察机关支持法院执行工作达成共识。这样,以点带面,从支持执行发展到有限纠错,最终可以彻底打开执行检察监督的局面。

还需要强调一点的是,在纠错的意义上,检察机关的执行检察监督因受到民事执行效率价值的制约以及检察监督作用范围的限制,而必须奉行克制、谦抑原则。毕竟,执行检察监督的法理基础在于纠正传统民事执行程序设置所固有的缺陷,因而在制度定位上,检察机关执行检察监督的纠错功能只能限于传统民事执行制度的查漏补缺方面,而不能无视民事执行程序自身的规律和基本构造,颠覆既有的民事执行制度,全部推倒重来。这种观念,恰恰是法律虚无主义在作祟。遵循有限监督、适度监督原则,一方面,要尽量慎用对执行裁定的抗诉制度,①笔者认为,执行裁定虽在外观上为裁定书形式,但其内核仍然为法院的执行行为,考虑到民事诉讼法对于违法和不当执行行为已经规定了相应的救济程序,因此,该司法解释规定不得抗诉的原则是正确的,但是对于现行法执行救济所无法覆盖的某些执行裁定,司法解释应当规定经由抗诉救济的例外情形。另一方面,要严格把握执行检察监督的作用范围。前者是因为,执行程序中法院作出的查封、扣押、冻结、拍卖、变卖、以物抵债、分配、异议、中止执行、终结执行、不予执行、管辖权异议、追加或变更执行当事人等裁定,基本上为程序问题的裁定,如有瑕疵,可适用民事诉讼法所规定的相应的救济手段,检察机关应当尊重执行法院的民事执行权,将检察监督限定在法律规定的救济框架内;同时,对于侵犯国家利益、社会公共利益或者违反法律的强制性、禁止性规定的执行裁定,检察

① 1995年8月10日,最高人民法院给广东高级人民法院《关于对执行程序中的裁定的抗诉不予受理的批复》(法复〔1995〕5号)指出:“根据《中华人民共和国民事诉讼法》的有关规定,人民法院为了保证已发生法律效力的判决、裁定或者其他法律文书的执行而在执行程序中作出的裁定,不属于抗诉的范围。因此,人民检察院针对人民法院在执行程序中作出的查封财产裁定提出抗诉,于法无据,人民法院不予受理。”对于这个司法解释,一些学者和检察官提出了质疑,认为该解释有违反民诉法之嫌疑,并且主张开放检察机关对法院作出的执行裁定的抗诉制度。参见孙加瑞:“检察机关实施民事执行监督之程序设计”,载《人民检察》2007年第13期;贾一锋、王功杰:“试论民事执行检察监督制度的构建”,载《人民检察》2008年第1期。

机关可以直接通知执行法院纠正，没有必要通过提起抗诉进行冗长复杂、费时费力、劳民伤财、严重影响执行效率的再审程序。例如，按照《民事诉讼法》的规定，对于不动产的查封，执行法院要履行包括送达查封裁定书、制作查封清单、在查封物贴上封条、向不动产登记机关送达协助执行通知书、办理查封登记等在内的法定手续。如果执行法院未送达查封裁定书，或者没有办理查封登记手续而构成了《民事诉讼法》第202条的违法执行行为，此际，若执行行为有损害公益之嫌符合执行检察监督要求的，则人民检察院可以通知执行法院送达查封裁定书，或者补办查封登记手续，而根本不必对该查封裁定书提起抗诉；同理，如果执行法院查封的不动产属于被执行人及其所扶养家属生活所必需的、没有设立抵押的居住房屋，依法进入了强制拍卖变价程序后，检察机关认为该房屋性质上为法定豁免执行的财产，法院的执行行为侵害了被执行人及其所扶养家属的基本生存权，从而也构成了《民事诉讼法》第202条的违法执行行为的话，那么，检察机关照样可以通过通知执行法院纠正（撤销或解除）违法执行行为的方式进行检察监督，也没有必要对该查封裁定书提起抗诉。检察机关通知法院纠正违法执行行为，应当成为民事执行检察监督的常规方式，这种方式迅速、省时、快捷，符合民事执行追求效率的取向，值得提倡。

关于执行检察监督的作用范围，也应遵循谦抑原则，其中，下列领域笔者认为确有引入执行检察监督的必要：（1）在查找被执行人的责任财产方面，除了目前规定的被执行人报告财产、申请人说明被执行人财产状况以及执行法院调查外，可以借鉴法国立法例，由检察机关充分发挥其强大的调查权，查找被执行人可供执行的财产或财产线索。（2）在民事执行行为涉嫌非法侵害了被执行人、相关程序参与人的人格权、自由权、住宅权、生存权等基本人权时，检察机关有权随时介入执行程序，通知执行法院纠正违法执行行为，以保障人权。（3）对被执行人有财产可供执行，而执行法院迟迟不采取相应执行措施的消极执行行为，检察机关可以行使执行监督权，通知执行法院纠正违法执行行为。

（2009年第3期）

# 财产保全功能有效实现的障碍及对策

洪冬英*

财产保全是保障民事诉讼当事人私权实现的重要程序,有别于审判程序和执行程序。保障当事人民事权利的实现是财产保全制度存在的理由,而有效实现财产保全的功能,对于解决当前"执行难"的困境,维护司法权威有着显而易见的作用。但当前财产保全程序在运行中遇到一些问题:一是财产保全措施采取后到终局判决执行时,当事人发现保全措施落空;二是法院在财产保全裁定的作出与实施过程中也有一些障碍无法逾越。这些问题致使财产保全的功能无法有效实现。为此,本文拟对统一诉前财产保全与诉讼中财产保全的适用条件、平衡财产保全范围与执行标的有限原则、完善协助执行机制等问题进行讨论,以保障财产保全功能的实现,完善财产保全制度。



## 一、保障民事权利实现是财产保全制度的功能定位

财产保全的功能究竟是什么?①虽然有"措施说"、"便利执行说"、"权益担保说"、"临时救济说"等,但并不全面。

笔者认为,财产保全的功能在于保护私权,即是民事私权(从狭义的角度而言,是保护债权)实现的保障制度。其理由如下:第一,从财产保全与民事诉讼目的的关系分析。在德、日等大陆法系国家和地区中,存在权利保护说(私权保护说)、维护法律秩序说(维护私法秩序说)、纠纷解决说、程序保障说、权利保障说、多元说、搁置说等不同观点 。而在此基础上,我国学者也提出了纠纷解决说、利益保障说、双重目的说、多重目的说等。但笔者同意:"在现代民主和法治

---

* 作者单位:华东政法大学。

① 关于财产保全的概念在权威的教材中的表达也有明显区别。例如,有的认为财产保全是指人民法院根据利害关系人或当事人的申请,或必要时依职权对一定财产采取特殊保护措施,以保证将来生效判决有得以实现的物质保障的法律制度。参见常怡主编:《民事诉讼法学》,中国政法大学出版社2008年版,第214页;有的认为财产保全是指人民法院在诉讼开始前或诉讼过程中,为使利害关系人的合法权益免受难以弥补的损害或使将来的生效判决得以顺利执行,而依申请或依职权对有关财产采取的强制性保护措施,参见田平安主编:《民事诉讼法学》,中国政法大学出版社2007年版,第134页。

社会中,国家设置民事诉讼程序制度的目的就在于为当事人提供充分的、完善的程序保障,并在这种保障之下实现制定法所确立的权利义务关系和法秩序,因此民事诉讼的目的应当既包括实体目的,也包括程序性目的,应当是以此为基础的多个目的的统一。"①在民事诉讼中,既要保护债权人的私权实现,同时也要保证程序正当。因此,"盖私权之实现,于义务人不履行义务时,须强制其履行,为避免债务人于债权人取得执行名义,声请强制执行前,处分或隐匿可供强制执行之财产或变更请求标的物之现状,法律特设以国家权力限制债务人处分或变更其财产之程序,期能保全债权人权利之实现"。所以,财产保全作为民事诉讼程序的组成部分,其当然应当服从民事诉讼的目的——保障私权实现,同时遵守程序法则。第二,从财产保全的起源而言,在大陆法系,财产保全制度源于罗马统治者在法律诉讼时期所规定的扣押之诉 ,即债权人为保证自身权益免遭不虞,可以不待判决而直接扣押债务人的财产。另外,裁判官在判决前也可以先行扣押;②在英美法系,财产保全源自最早在伦敦中心商业区使用的"对外查封法",即如果不能在法院管辖权内找到被告,诉状一经发出,原告就能立即扣押被告的任何财产,不管是钱还是物,只要是在法院管辖权以内发现的都可以扣押。③ 据此,不难得出结论,无论在大陆法系还是在英美法系,财产保全制度均是为保护债权人权利实现而设的。"现代社会之法律思想,已经由传统之事后损害赔偿制裁之救济方法,进入以事前预防损害及实现权利之保护措施。" ④

财产保全制度及程序的设计,就在于事先采取措施,预防生效裁判的不能执行。财产保全程序有其自身特点。从形式而言,民事诉讼程序主要分成审判程序与执行程序 ,财产保全程序既不属于审判程序也不属于执行程序,如日本更是颁布了《民事保全法》的单行法,德国著名民事诉讼法学家尧厄尼希将保全程序视为与审判程序、执行程序相并列的第三类程序。⑤ 所以,财产保全程序具有独立性。在立法上,日本有单行法的先例,而我国曾将其置于普通程序中,现规定在总则中,之所以能如此移动,是因为其具有独立性。而将其安排在总则中应当是更合适,因其在所有诉讼程序均适用。在适用规则方面,财产保全具有自身独特的规定,区别于审判程序与执行程序。而在以仲裁解决债权债务纠纷过程中,需要财产保全也可向法院提起。从具体适用而言,财产保全程序又不是独立

① 江伟主编:《民事诉讼法专论》,中国人民大学出版社 2005 年版,第 61 ~ 63 页。

② 江平、米健著:《罗马法基础》,中国政法大学出版社 2004 年版,第 441 页。

③ [英]丹宁勋爵著:《法律的正当程序》,李克强等译,法律出版社 1999 年版,第 150 ~ 151 页。

④ 陈荣宗、林庆苗著:《民事诉讼法》,台湾三民书局股份有限公司 1996 年版,第 882 ~ 883 页。

⑤ 江伟主编:《民事诉讼法专论》,中国人民大学出版社 2005 年版,第 256 页。

的，即不能脱离审判程序（或仲裁程序）与执行程序而存在。财产保全程序不是一个自给自足独立存在的程序 。财产保全程序是为确保私权实现而存在，即是为了保障本案判决的最终实现，是一种保障性的手段或方法，必须依赖本案的诉讼程序而存在；虽然在诉讼程序开始之前可以提起诉前的财产保全，但申请人必须在法定期间内起诉，否则保全措施即解除，保全程序终结。从内容而言，财产保全程序与审判程序、执行程序不可分割又有所区别。审判程序确定私权，而执行程序实现私权。在财产保全程序中由两个程序组成：财产保全裁定的取得和财产保全执行的实施。财产保全裁定的作出是审判权的行使，应当遵循不告不理的原则，但我国规定诉讼中的财产保全，法院可以依职权采取，足见强职权主义诉讼模式留下的印迹；同时，裁判应当在查明事实的基础上作出，但在作出财产保全裁定过程中，并未完全遵循此原则，由于财产保全的目的在于保障债权人的私权，故法院对于当事人或是利害关系人的申请，做相对宽松的审查，[①]裁定作出后给予被申请人的救济途径是仅只允许申请复议一次，但复议期间不停止裁定的执行。

## 二、提供担保不应当成为诉前财产保全的必要条件

财产保全程序不是一个自给自足独立存在的程序，它不能脱离审判程序和执行程序而存在。亦即财产保全程序的存在原则上需要有诉的存在为前提，在我国，财产保全分为诉讼中财产保全与诉前财产保全。诉前财产保全是指在紧急情况下，由利害关系人在起诉前或申请仲裁前申请法院采取应急性的保全措施，目的是保护利害关系人不致遭受无法弥补的损失。按照现行法律规定，法院采取诉前保全措施后的15天内，利害关系人不起诉的话，保全措施即被撤销。但这一规定在实务的理解上往往会产生分歧，重复起诉、提供担保与诉前财产保全的关联性如何把握。如因债务纠纷，甲诉乙于A法院，A法院经甲申请已采取财产保全措施，诉讼程序在进行过程中。后甲感觉在A法院诉讼的种种不利

---

① 基于财产保全是民事私权实现保障的功能定位，在申请财产保全时，债权人应提出能够即时调查的证据来释明，但不一定要求法官相信申请人的胜诉机会超过50%。如果不能就请求提出释明，而就债务人可能受到的损害，愿意提供法院所定的担保，也可以补充释明的不足。法院在认为不足补充释明的欠缺时，有权裁定驳回假扣押的申请。至于债权人所主张的请求是否确实存在，只能在诉讼中解决，所以只做内容上审查，即只是从有无释明或者能否提供担保代替释明的观点来看，并非真的在实质上对请求有无理由来进行判断。参见杨春华："财产保全的功能界定与思考"，载《政法论坛》2007年第2期。

情形,欲撤诉换其他有管辖权的B法院起诉,但考虑到撤诉会使财产保全的裁定撤销,故甲未经撤诉,先至B法院起诉并申请了财产保全(因种种原因,甲该系列行为得以实现),待B法院的财产保全裁定生效并采取措施后,甲向A法院申请撤诉。后在B法院诉讼过程中,乙提出异议,认为甲行为属于重复起诉,B法院不应该受理。那么,本案中甲是否属于重复起诉?财产保全与重复起诉有何关系?

禁止重复起诉源于民事诉讼法的既判力理论。①既判力理论无论在大陆法系还是在英美法系国家均受到足够的重视。既判力理论源于罗马法,一般认为既判力是大陆法系国家民事诉讼法上的固有概念,从比较法上看,英美法国家也以"Res judicata"表示既判力,依据《布莱克法律大词典》的解释,"Res judicata"是指"已判决的事项或案件。其效力规则是有完全事物管辖权的法院作出的终局判决对当事人及其利害关系人的权利具有决定作用,同时该判决绝对地阻止他们就同一请求和诉因再行起诉"。关于既判力与禁止重复起诉的法理,可以从下述两个方面讨论:从实体法角度来说,确定判决使当事人之间的实体权利或法律关系得以确定,在此之后,无论是当事人还是法院,都应当遵从判决的实体确定力,以维护判决的权威性;从诉讼法角度而言,为实现和维护国家裁判权的统一判断,后诉法院不应再次受理和审判已经确定判决裁判过的事项,即应当受一事不再理原则的约束。据此可以得出,重复起诉成立的前提是已有一个生效裁判的存在。在现实中,当事人重复起诉的一个极大动因是不满已经获得的裁判,希望通过另一个审判获得有利的裁判,但根据上述既判力理论,严禁当事人重复起诉,获得两个裁判。②

就上文所提及的案例而言,甲尚未获得一个生效裁判,只是主观判断在A法院诉讼的不利,在没有撤诉的情况下又向B法院起诉,所以不具备重复起诉成立的前提。同时,甲的行为在法律上是被许可的,只是当原告向两个以上有管辖权的人民法院起诉的,由最先立案的人民法院管辖;两个以上人民法院都有管辖权的诉讼,先立案的人民法院不得将案件移送给另一个有管辖权的人民法

① 既判力的概念包括:一方面,从当事人的处分权与个案的正当性的角度,对于判决所确认的权利或法律关系,当事人和法院必须尊重其内容,当事人和法院不得提出相异主张或作出相矛盾的判决;另一方面,从维护公共利益与法的安全性考虑,为限制当事人滥用诉讼制度,应禁止当事人和法院就既判事项再行起诉和重复审判。参见常怡主编:《比较民事诉讼法》,中国政法大学出版社2002年版,第229页。

② 既判力问题在实践中受到忽视的另一种表现是,对于同一事件,不同的法院先后作出相互矛盾的判决,或者对于相互具有牵连关系的两个案件,后诉法院完全抛开前诉法院的判决而作出与其存在冲突的判决。参见江伟主编:《民事诉讼法专论》,中国人民大学出版社2005年版,第61~63页。

院。立案前发现其他有管辖权的人民法院已先立案的,不得重复立案。案中,甲的行为没有违反法律,而B法院由于信息掌握问题(包括甲的故意隐瞒,此涉及诚信诉讼问题,不在本文讨论),不知A法院已立案,进而重复立案,并采取了财产保全措施。同时,甲的目的并不在于获得两个裁判,而在于在B法院采取财产保全措施之前保证对乙的财产保全不落空,所以在应当先撤诉后起诉时选择了先起诉后撤诉这一有违常理的做法。所以,甲的行为不应认定为重复起诉。甲为什么会作出如此选择呢?原因来自于甲担心撤诉后至后诉中采取财产保全中的空档留给乙恶意转移财产的机会。为什么甲在向B法院起诉前不申请诉前财产保全?这就是本文所要讨论的核心问题,即财产担保是否应当成为诉前财产保全的必要条件。

一般认为,诉前财产保全的司法价值在于:由于从债权人起诉到法院受理需要一段时间,法律就有必要赋予利害关系人在情况紧急时,请法院及时保全可能被转移的财产的权利。但我国现行制度规定申请人提供担保是法院作出财产保全裁定的必要条件。规定提供担保的原因主要是因为防止申请人恶意滥用保全程序,或者因申请人错误申请而给被申请人造成损失,但如果针对滥用程序,则提供担保不是唯一途径,可以通过其他惩罚措施予以控制;对于错误申请而导致的赔偿,不是所有的损失都能用金钱赔偿的,也不是损失就一定在担保金额范围内,故目前关于担保的要求及数额过于刚性,也正是如此,本案中甲会想方设法谋求诉讼中的财产保全,规避诉前财产保全中的财产担保要求。笔者认为,在此种情形下,如果不将提供担保成为诉前财产保全的必要条件,统一诉前财产保全和诉讼中财产保全的做法,就可以避免上述情形的出现。换言之,通过赋予法院一定的自由裁量权,根据具体情况(申请人胜诉的可能性和采取保全措施是否给被申请人带来损害)责令申请人提供担保,以克服现在的僵局。主要理由如下:第一,从本质上讲,诉前财产保全与诉讼中的财产保全都是财产保全,区别就在于申请的时间不一。而现行规定诉前财产保全是"应当"提供担保,而诉讼中财产保全是"可以责令"提供担保,从规定可见,申请人提供担保不是财产保全适用的必要条件;同时,两种财产保全均可能存在保全错误的情形,但在是否提供担保上立法却予以不同对待,不利于平等保护当事人的合法权益。第二,从世界各国来看,除我国外,几乎没有一个国家要求必须提供担保,提供担保既不是作出保全裁定的必要条件,也不是充分条件。大陆法系国家把债权人的担保作为释明不能时的辅助条件,而并非作为申请假扣押的先决条件。第三,《民事诉讼法》对诉前担保和诉讼中担保予以区别对待的情形,已被特别法突破,也不适应现代的立法趋势,我国海事诉讼特别程序法对此已作出了不同的规定,即申请人诉前申请海事保全请求或者海事强制令的，法院可以要求提供担保，而不是必须提供担保。





## 三、财产保全范围的扩展与执行标的有限原则的平衡

财产保全有其法定的范围与对象。在我国，根据现行法律，申请财产保全的理由是：因当事人一方的行为或者其他原因，使判决不能执行或者难以执行；申请诉前财产保全必须情况紧急，不立即申请财产保全将会使其合法权益受到难以弥补的损害。在司法实务中，财产保全的功能更多的时候被界定为是一种执行辅助措施，由于财产保全裁定的执行性及判决生效后与执行的关系，必须符合执行的基本原则，即只有对将来可供执行的财产进行保全才有意义。执行标的有限原则是我国执行制度的基本原则，从保护人权和社会安定的角度出发，在采取执行措施时，必须保护被执行人的利益。①

财产保全范围在立法上有所限制，我国《民事诉讼法》第94条规定，财产保全限于请求的范围，或者与本案有关的财物。这在数额和保全对象上均作了规定。“限于请求的范围”是对于数额范围的限制，即在诉讼保全过程中，不得超过当事人的诉讼请求范围。体现在价值上，财产保全应与申请人权利请求或诉讼请求的金额基本相符，不得以财产保全为借口对被申请人的大量财产进行查封、扣押或冻结。这是处分原则的体现与要求，一方面，当事人提出财产保全的数额必须受到诉讼请求数额的限制；另一方面，也对法院的职权构成合理制约，在当事人作为权利主体对其请求的事项和范围作了明确的限定时，人民法院应当予以尊重，既不扩大其范围，也不附加不合理的限制。“与本案有关的财物”是对于对象范围的限制。需要提出的是，最高人民法院的司法解释相对于民事诉讼法的规定，对财产保全范围作了进一步限制，根据最高人民法院《关于适用〈中华人民共和国民事诉讼法〉若干问题的意见》规定，人民法院对债务人到期的收益可以采取财产保全措施；根据最高人民法院《关于在经济审判工作严格执行〈中华人民共和国民事诉讼法〉的若干问题》规定，人民法院采取财产保全措施，保全的范围应当限于当事人争议的财产，或者被告的财产。但目前这些规定在适用中仍然存在问题。

---

① 按此原则要求，当被执行人无财产可供执行时，不得开始执行程序；当其财产不足以履行生效法律文书中所规定的义务时，也只能在有限的财产范围内执行；当执行财产时，不得涉及被执行人人身；当采取执行措施时，还得考虑被执行人和其所供养的家属的生产和生活等。

其一，如司法实践中有此案例：债权人甲起诉债务人乙，请求还款50万元。鉴于对胜诉后权利实现的保障，甲向法院提出财产保全。现乙的财产主要有两处房产，分别价值50万元与70万元。按照司法解释的规定，法院对乙的其中一套房产采取了保全措施。在诉讼过程中，乙将没有保全的另一套房产出售并转移了所售房款。该案以甲胜诉结案，后乙迟迟没有履行还款义务。甲向法院申请强制执行。已被采取保全措施的房产现由乙及家人居住，但因执行标的有限原则，不得对该房产采取强制执行措施。致使先前的保全措施没有起到任何作用，财产保全制度在此案中形同虚设。很显然，由于现行法律规定的财产保全的数额与对象的限制，以及在执行中对被执行人的执行标的的有限原则，致使债务人乙在诉讼过程中轻松利用漏洞恶意逃债。

其二，上述保全对象的限制，从“与本案有关的财物”扩展到“债务人到期的收益”及“当事人争议的财产，或者被告的财产”，是一个渐次明确的过程，但此范围过于狭小，基本上局限于已有的、有形的、静止的财物。即使是“债务人到期的收益”，也只是现有财产，而非财产权。司法解释除了其适用效力上的刚性不足的缺陷外，其内容仍旧规定得过于原则和笼统，如此规定不利财产保全功能的实现，需要进一步予以明确和细化。

由此，财产保全的范围应当有所调整。首先，应当突破“与本案有关的财物”的限制，财产保全是为了保障将来生效判决的实现进而保障私权，而可以申请财产保全的诉必须是给付之诉，尽管法律没有明确规定，但一般是金钱给付之诉，或者是可以转换为金钱给付之诉。所以，针对金钱给付之诉的保障，其范围应当及于债务人的一般财产，当债务人某项财产不足保全请求的价额时，就应当允许对债务人的其他财产采取保全措施。其次，从财产的种类上讲，应当突破“财物”的限制，法律上的财产是具有直接经济内容的权利，包括物权、债权、知识产权、继承权、经营自主权和物质帮助权等，这些财产可以直接或间接地成为有形的财物。所以保全的财产可以是动产也可以是不动产，既可以是有形财产也可以是无形财产及债务人对于第三人的金钱债权、债务人基于债权或物权可以请求第三人交付或转移动产或不动产的权利、商标权专用权、专利权以及著作权等其他财产权。具体如金钱、股份、证券、保险金、汇票、汽车、船只、飞机、货物、写字间设备、首饰、绘画或所有权（如是信托受益人）等。① 最后，对债务人的必要保护及执行标的有限原则的要求，在扩展财产保全范围的同时，一方面，要

---

① 沈达明、冀宗儒编著：《1999年英国〈民事诉讼规则〉诠释》，中国法制出版社2005年版，第115～116页。

完善必要的救济途径,如设立担保制度、赔偿制度和异议制度以保障债务人的合法权益;另一方面,规定禁止财产保全的财产,因为被保全的财产必须是将来可供执行的财产,如前述缺陷一所举案例中应当考虑到债务人可能采取的行为,而应当有针对性地采取措施。

## 四、协助执行是财产保全功能有效实现的关键

财产保全程序包括保全裁定的取得和裁定的执行。保全执行有别于终局裁判的执行,保全裁定的执行,特点在于控制性,以控制债务人的自由处分为目的。采取保全措施后,债权人并未得到任何实体上的权利,受限制的仅是债务人的自由处分权,这也决定了保全执行有其独特之处:第一,执行措施的限制性。如对动产的执行中,生效裁判的执行可以采取查封、扣押、变卖、拍卖等措施,而财产保全裁定的执行仅仅是为了保障将来生效裁判的执行,因此,其执行措施必须按照保全裁定的宗旨进行,不可以采取处分性措施的做法,上述变卖、拍卖等措施均不得采用。[①] 第二,执行措施的持续性。保全裁定的措施采取后持续的状态时间较长,一般持续至生效裁判的执行或是债务人提供充足担保。由于采取的措施主要有查封、扣押、冻结或者法律规定的其他方法,[②] 所以,除了法院采取措施外,在所持续的时间内,更需要有相关部门的密切配合,才能真正实现财产保全的功能。

通过上述对保全执行的措施控制性和持续的时间性分析,可以认为,协助执行在该程序中具有举足轻重的意义,某种程度而言,协助执行是财产保全功能得以有效实现的关键。但在司法实践中,保全执行遭遇了来自不同部门的阻力,有关职能部门缺乏配合,影响了保全措施的及时采取,特别如某些部门的工作人员基于利益的考虑,给被申请人通风报信,协助被申请人转移财产,致使保全措施无法采取。针对这一情况,修改后的《民事诉讼法》特别加强了协助执行制度实施的力度。对负有协助执行义务的单位,拒绝或者妨碍人民法院调查取证的;拒

---

① 诚如我国台湾学者指出的:“系禁止债务人对于假扣押、假处分之标的物实施处分,以保全本案诉讼裁判对标的物之执行为目的。故债务人就已实施假扣押或假处分之标的物所为之处分,对于债权人为无效……所谓禁止债务人处分,仅有禁止债务人为自由处分之效力,并不排除执行法院依法实施之强制执行”。

② 法律规定的其他方法主要体现为对季节性商品、鲜活、易腐烂变质以及其他不宜长期保存的物品采取保全措施时,可以责令当事人及时处理,由法院保存价款;必要时,法院可予以变卖,保存价款。

不协助查询、冻结或者划拨存款的；拒不协助扣留被执行人的收入、办理有关财产权证照转移手续、转交有关票证、证照或者其他财产的；其他拒绝协助执行的行为的，人民法院除可以责令其履行协助义务，还可以对其主要负责人或者直接责任人员处以罚款直至拘留等强制措施，甚至还可以向监察机关或者有关机关提出予以纪律处分的司法建议。从现状看，一方面，立法强化了协助执行义务的具体措施，使之更具有操作性和严肃性。另一方面，法院也应当主动构建协助执行网络，如近年来上海高院与人民银行、中国银联、上海资信公司以及房地产、保监等部门先后签订协助执行纪要，基本解决了法院在查控被执行人银行存款、房产、有价证券等财产方面的困难。



## 五、余　　论

除上述对财产保全的保全功能实现中的若干问题进行了讨论外，还涉及财产保全功能实现的另一个重要方面，即保全的对象。目前财产保全制度的对象一般仅限于金钱给付之诉，没有将行为纳入保全制度中，使其保障民事权利的功能大受限制。故近年来，关于我国民事诉讼法设立行为保全制度的呼声较高。从我国保全制度的立法史上考察，早在1950年《诉讼程序试行通则》就曾规定"暂先处置"包括行为保全的内容，但是在此后的一系列法律、条例都将行为排除在保全对象之外。1988年1月26日发布的最高人民法院《关于贯彻执行〈中华人民共和国民法通则〉若干问题的意见（试行）》第162条规定，在诉讼中遇有需要停止侵害、排除妨碍、消除危险的情况时，人民法院可以根据当事人的申请或者依职权先行作出裁定。1992年在最高人民法院《关于审理专利纠纷案件若干问题的解答》中明确规定人民法院认为必要时，可责令被告停止侵权行为或采取其他制止侵权损害继续扩大的措施，虽然这一规定名为"财产保全"，但是其保全内容却是直接针对被告的行为。现行法律中与行为保全相关的制度主要有海事强制令制度和诉前临时禁令。① 行为保全有别于财产保全,具有不可替代性。行为保全的作用在于及时控制损害事态的继续发展,避免因审理案件需较长时间而使损害后果扩大。随着从事后损害赔偿救济向事前防范方向转变的法律理念的发展,保全制度也应从传统的以确保执行为唯一目的、以财产为唯一保全对象向既确保裁判得以执行又能暂时满足和保护当事人权利,既能针对被申请人财产又能针对一定行为的方向转变,这其实也符合针对"即发侵犯"和"正在侵犯"行为保全制度得以产生的根本原因。财产保全制度为保障民事权利而设立、运行,建立行为保全制度将更加有利于民事保全功能的实现。

(2009 年第 3 期)

① 2000 年 7 月 1 日开始施行的《海事诉讼特别程序法》第四章规定的海事强制令制度具有行为保全性质,海事请求人可以在起诉前或诉讼中申请海事法院责令被申请人实施特定作为或者不作为的规定,突破了民事诉讼程序中保全的客体仅限于财产的局限。2000 年 8 月 25 日,修订后的新《专利法》第 61 条规定:"专利权人或者利害关系人有证据证明他人正在实施或者即将实施侵犯其专利权的行为,如不及时制止将会使其合法权益受到难以弥补的损害,可以在起诉前向法院申请采取责令停止有关行为和财产保全的措施……"随后修订的《商标法》和《著作权法》也分别在第 57 条和第 49 条作了类似的规定。最高人民法院于 2001 年 6 月 5 日通过了《关于对诉前停止侵犯专利权行适用法律问题的若干规定》,2001 年 12 月 25 日又通过了《关于诉前停止侵犯商标专用权行为和保全证据适用问题的解释》。

# 民事再审制度功能实现的路径思考

王信芳*

2008年4月1日实施的新修订的《民事诉讼法》虽然不是全面性的法典创制,但对我国民事诉讼程序的复位和重塑,对人民法院审判工作的影响则是深远的。从深层次波及来看,对位于诉讼程序链尾端的再审制度的改造,势必反过来以新的再审标准影响位阶在先的两审终审制度。笔者认为,民诉法修正案实施后须防止两种倾向:既要防止片面以再审的有限纠错性为借口,将维护生效裁判既判力、司法权威与满足人民群众的再审纠错要求对立起来;又要防止将案结事了的重责过分后移至再审程序,割裂再审制度与前道工序的关系,不适当地放大再审的制度容量,忽视再审制度与其他程序及化解矛盾工作机制和方法之间的联动效应。再审制度的变革是牵一发而动全身的改革举措,它是人民法院的再审工作乃至整个民、商事审判工作面对的更大课题。笔者以此为论题,分析在民诉法修正案框架内,寻求再审制度功能真正实现的辩证统一之道。

## 一、民事再审制度功能的理论审视

### (一)《民事诉讼法》修订前民事再审功能的弱化和异化

《民事诉讼法》修订前的民事审判监督程序,被称为"似乎是一个让谁也难以满意的怪物"。① 有观点从再审有限性和维护裁判既判力的角度出发,认为我国再审制度存在的根本问题是再审主体无限、次数无限、审级无限、管辖无限、理由无限等。然而,从对再审的功能分析来看,民诉法修订前的再审制度的突出问题则是功能弱化和异化。从法理上看,一个案件经过两级法院审理后即为终结,对已经发生法律效力的裁判的纠错,当事人只能通过审判监督程序获得救济。这与裁判的一般规律相契合。过多的启动再审必将损害已经发生法律效力的裁判的稳定性与权威性。但值得关注的是:我们在强调有限再审、有限纠错的同时,更应看到再审固有的补救功能反而在实践中被弱化,"再审难"和"申诉难"

---

* 作者单位:上海市第二中级人民法院。

① 沈德咏:"谈审判监督工作与审判监督改革",载沈德咏主编:《最新再审司法解释适用与再审改革研究》,人民法院出版社2003年版,第116页。

成为制约司法公正的瓶颈,也成为人民群众反映强烈的司法民生问题。与此同时,法院内部片面强调二审改判发回率的质量效率指标导向,导致二审的纠错和监督功能弱化,实际使再审承载了过多的上诉审的功能,导致再审功能异化。此外,修订前的民诉法虽然规定了当事人申请再审的权利,但由于缺乏程序性的具体规定,未明确当事人申请再审的诉权性质,使再审的功能无法正常发挥,出现"申诉难"的问题。于是,许多当事人在冲击再审紧闭之门甚至借助检察院公权力抗诉无望后,只能不断上访、缠访,加剧了游离于诉讼体制外的涉讼信访的矛盾。再审进入了无限再审和再审纠错无门的困境。

**(二)对民事再审制度功能的复位思考**

应当说,此次《民事诉讼法》修订对再审制度作大范围修改的直接动因是为回应社会公众反应强烈的"申诉难"、"申请再审难"的诉求,尤其是申请再审"上提一级"的制度改革,使得民诉法修正案实施初期,申请再审数量呈迅速增长态势。笔者统计了上海两个中级法院在《民事诉讼法》修正案实施后的3个月即2008年4~6月申请再审案件数,数量同比2007年4~6月增长了171%,申请再审率同比从4.51%升至13.01%(见下表)。

**上海两个中级法院民事诉讼法修订前后被申请再审情况对比表**

| | 两个中院二审民、商事案件审结数(件) | 两个中院民、商事案件被申请再审数(件) | 民、商事案件申请再审率(件) |
|---|---|---|---|
| 2008年4~6月 | 4597 | 598 | 13.01% |
| 2007年4~6月 | 4901 | 221 | 4.51% |

这样的现实,促使我们必须进一步深入考虑再审制度的功能问题。再审制度在民事诉讼法律程序甚至在社会主义民主法治建设中,到底应当发挥怎样的功能呢?笔者认为,确立再审在整个诉讼程序链中的角色定位,是对民事再审制度功能合理定位的前提和基础;理顺再审工作中维护司法权威与满足司法需求的辩证关系,则是对民事再审制度功能合理定位的关键。

1. 确立通过再审制度反向提升诉讼前道工序审判质量的思路

再审程序本质上是一种补救程序,是为了补救的需要而存在。作为补救的再审,一般不否认正常程序已有的正确性,是在承认、认可以前基础上的"补",是在以前无法"为"或难以"为"的前提下出现新情况新问题而对原审进行纠正,这种补救针对的只是正常程序无法"为"或难以"为"的情形,绝不是排除正常程序的能“为”而不“为”。[①] 基于此，应以《民事诉讼法》修改作为对再审制度进行功能复位和功能整合的契机，将《民事诉讼法》修正案所蕴涵的纠错本质功能予以复位，那就是：以再审这一后道工序反向促进“生产”生效裁判的前道工序的质量，从而建立一套以两审终审制为基础，再审改判和纠错为补充和保障的机制。要使再审成为前道工序的质量标准和程序补救，同时发挥好缓释社会矛盾的最后关口作用。

2. 树立通过再审工作将维护司法权威与满足司法需求辩证统一的理念

实践中，有观点将维护司法权威与人民群众对再审纠错的司法需求对立起来，认为再审势必对于裁判的既判力产生一定的损耗，不能因为实现个案正义去损害司法权威。笔者认为，维护司法权威与解决“申诉难”之间是契合与统一的。

一方面，我们不能在维护司法权威与维持裁判既判力上简单画上等号。应认识到司法权威得以树立的深层根基不在于司法裁判既判力的自我维系，而在于司法裁判对社会正义的实现程度，对人民群众司法需求的满足程度。如果缺失正义性的裁判的既判力被强行维系，只会侵蚀民众对司法信任的基础，最终损害司法权威。从这一点而言，“须树立维持正确的裁判是维护司法权威，依法纠正错误的裁判也是维护司法权威的理念”。[②] 而裁判对于正义的实现，不应仅停留在形式正义，更应关注实质正义，[③]要善于通过形式正义来实现、来表达实质正义。而实质正义的实现才是社会稳定和谐的基石。

另一方面，我们更要认识到，再审纠错是司法体制内的补救，错误裁判在法院内部得不到纠正，势必转而进入正规诉讼体制外的涉讼信访渠道。所以，再审纠错不仅不会影响司法权威，反而可以通过法院体制内的自我纠错树立司法公信，使人民群众对司法体制生成公正的司法产品产生信任感，因此，再审制度给法院提供了通过自我纠错恢复司法公信的机会。

在明确了民事再审制度的功能定位之后，我们就要探讨再审制度功能的实现路径。笔者认为，就民事再审制度功能的实现路径而言，应树立整体观念，而不应仅停留在再审层面。让整个诉讼程序的前道工序各自功能完善、分工明确并与再审工序实现协调运作，才是治本之道。

---

① 刘本荣：“再审程序的固有功能及其启示”，载 http://www.hilaw.cn。

② 吕伯涛：“改革再审制度解决申诉难问题”，载《求是》2007 年第 19 期。

③ 郑成良著：《法律之内的正义——一个关于司法公正的法律实证主义解读》，法律出版社 2002 年版，第 172～176 页。

## 二、实现路径之一:强化两审终审制度的基础作用

强化两审终审制度的基础作用,提高一、二审的质量,可以达到减少申请再审的自然流量的目的。对此,最高人民法院苏泽林副院长提出:“原审必须注意不能出现该条(《民事诉讼法》修正案第 179 条)所列举的情形,以避免案件被再审纠正。由此,该条规定的这些再审事由,其实是对原审的一个提示,不能犯这样的错误。”①因此,在《民事诉讼法》修正案给定的条件下,对整个民、商事审判工作进行必要的调试,同时辅以制度创新,使之与再审规定彼此协调,相得益彰是再审制度功能实现的基础路径。在尺度调整上,应关口前移,把住一、二审质量。

### (一)一审程序保障司法正义的基础性作用应进一步强化

为实现在一审程序中解决民事争议并加快程序进程的目标,必须特别重视一审程序的强化,解决一审错误裁判“欠债”、二审甚至再审“偿债”的诉讼结构性缺陷。强化一审程序应侧重如下改革措施:一是法官以导诉释明推进诉讼职责的强化。一审法官负有释明法律的义务。具体包括请求权基础的释明义务,尤其是在法律关系竞合的情形下,将法院的相关法律意见告知当事人,让当事人选择不同的请求权基础。还包括法官心证的开释义务,这将使当事人更有效率地把握诉讼的进程,并且更容易接受裁判结果。二是诉讼调解、和解理念的强化。调解、和解工作对案结事了发挥着重要的作用,应鼓励依法自愿调解、和解,实事求是地提高调解、和解结案率,鼓励法官努力达成一个双方都可以接受的纠纷解决结果,减少用裁判的刚性方式来解决民事纠纷,并减少案件的上诉率,提高一审服判息讼率。

### (二)二审“可改可不改的一般不改”的尺度应当修正

《民事诉讼法》修正案实施后,二审这一关口变得更为紧要,因为二审作出的裁判犹如产品被封箱打包并贴上了既判力的“封条”,其如果不能保证已“打包”的司法产品的质量,再行“开箱”修复的成本要比“打包”之前先行修复的成本大许多。过去有些中级法院对于二审案件采取“可改可不改的,一般不改”的原则性尺度,当然这对于尊重一审法官的裁量权,维护裁判的稳定性有一定益处,也是对一审法院和法官背负的改判发回率考核指标和错案追究压力的某种

① 苏泽林:“民事诉讼法修正后审判监督工作的方向与任务”,载最高人民法院编:《审判监督指导》(2007 年第 2 辑),人民法院出版社 2008 年版,第 56 页。

缓释。但是在当前的社会背景下,法院更应当把当事人合法权益和社会正义的实现放在首要位置,把案结事了放在突出地位,缓释法院内部压力只能放在次要的位置。对于二审而言,如果一审判决虽然不违法,但不利于服判息诉,而二审如果在法律范围内的改动能够起到更好的社会效果,更能促使服判息诉的,二审应作适当的改动。不妨这样比喻,即把个案的实质正义范围看成"一定半径的面",如果一审裁判虽然落在了这一半径区内,但离"圆心"仍有一定距离,二审可以进行改动使裁判离实质正义的"圆心"更近一些;而到了再审,就不宜作这样的改动了。当然,在修正二审对一审的改、发尺度的同时,对于衡量审判质量和评价是否"错案"的标准也要进一步科学化,不能笼统地以改判发回率来评价一个法院或法官的审判质量。

### (三)一、二审对举证期限的掌握应与保护辩论权相结合,关注事实真相的发现

司法实践的统计表明,当前当事人不服裁判的主要原因是对裁判的事实认定不服,而不是对法律适用不服。①《民事诉讼法》修正案第 179 条列举的 13 项再审事由中第 1 ~5 项均涉及对生效裁判认定事实的推翻。可见,相对于法律适用的争议,裁判对事实真相的偏离而导致实质正义的缺失更难以令中国老百姓接受。《民事诉讼法》修正案没有将 2002 年最高人民法院《关于民事诉讼证据的若干规定》(以下简称《证据规定》)中有关举证期限、"新的证据"的定义等规定吸收进来,可见立法对于证据失权制度仍处于观望状态。当然,这并不等于《证据规定》的有效性被否定,但是,《民事诉讼法》修正案实施后,一审、二审要穷尽证据,审慎适用证据失权制度,对于证据失权的尺度把握须有所调整,尤其是要将举证期限与保护当事人的辩论权结合起来看待。

《民事诉讼法》修正案规定的 13 项再审事由中的第 10 项是"违反法律规定,剥夺当事人辩论权利的"。对于辩论权的剥夺,除了诸如未送达传票就作缺席判决这种明显的而在司法实践中却不多见的情形外,更易被忽略的便是就裁判依据的主要事实和证据并未赋予对方当事人再举证反驳的权利。司法实践中应避免这样的现象:甲方举证后以为证据充分,而乙方提出了新的反驳理由及相关证据,甲方针对新的理由再进行反驳并寻找证据时已经超过举证期限而未被采纳;或者甲方自以为乙方反驳的理由和证据不能成立而怠于再举证,法官未作

① 有法官曾对 2006 年上海市第二中级人民法院二审改判、发回的原因进行统计,因法律适用错误被改、发的仅占 12.8%,这反过来说明大多数案件当事人上诉均系对原审认定的事实不服。参见徐子良:"法院查证权的重新审视和定位",载《法学》2008 年第 3 期。

必要释明便判令甲方败诉;或者法官在裁判中抛开乙方对甲方的反驳理由,而自行给出理由判令甲方败诉,甲方接到判决后认为一审法官的理由也不能成立,再行举证却被二审认为超过举证期限。这些现象都是对证据规则的误读,不仅妨害了对事实真相的发现,而且如果败诉方嗣后所举证据涉及的是案件主要事实,则也是对败诉方辩论权的剥夺。

## 三、实现路径之二:优化再审本体机制

### (一)完善再审申请审查和再审审理过程中的正义保障

《民事诉讼法》修正案对民事审判监督程序进行了二阶架构:第一阶为再审申请审查程序;第二阶为再审审理程序,以此完成对审判监督程序的改造和重塑。因此,优化再审本体机制,使通过再审程序能够维护或修复社会正义;在第一阶的再审审查过程中主要体现为程序正义的保障,在第二阶的再审审理过程中主要体现为实体正义的保障。

1. 再审申请审查过程中的程序正义保障。就再审本身的制度而言,再审申请审查首先应符合程序公正,实现简便高效。当前,在再审申请的审查范围上应包括:再审申请人是生效裁判文书列明的当事人;受理法院是原审法院的上一级法院;申请再审的裁判属于法律和司法解释允许申请再审的生效裁判;申请再审的事由符合法律规定。在审判组织上,应组成合议庭审查申请再审的案件;在审查方式上,可以根据申请再审事由、审查阶段和案件具体情况采取多种方式,如审查当事人提交的再审申请书、书面意见材料的书面审查方式,审阅原审卷宗的书面审查方式,询问当事人方式,组织当事人听证方式等。实践中,听证一般应适用于提出新证据,可能推翻原裁判的,或以原裁判认定的基本事实缺乏证据证明为由申请再审的;或原裁判认定的事实的主要证据是伪造的等情形。如果决定再审的,一般应由上一级法院再审,下列案件不应指令原审法院再审:因违反法律规定,管辖错误提起再审的;因审判人员贪污受贿,徇私舞弊,枉法裁判行为提起再审的;原审法院审判委员会讨论决定的案件;再审申请人在原审法院诉讼路途不便的等。

2. 再审审理过程中的实体正义保障。裁定再审案件的审理程序是最后的纠错程序,其裁判的质量直接关系到案件最终质量,因此,裁判的职业思维要尽量与大众思维相结合:在事实认定上以法律真实为最低目标,最大限度地穷尽证据材料,发现客观事实;在法律适用上实现形式合理性和实质合理性的统一,统一办案的法律和社会效果,统一正义评价的内部标准和外部标准;在现实生活中

探索塑造公众认同判决的方法和途径,尤其需要强调的是在证明方法上,要准确把握民事案件高度盖然性的证明标准。《证据规定》第73条确立了民事案件的高度盖然性证明标准。但司法解释没有对证明标准进行层次的划分,实践中出现两种倾向:一是在未穷尽证据的情况下,滥用优势证据规则;二是民事案件证明标准刑事化,设置过高的证明标准,使当事人可望而不可即。这两种倾向在再审案件的证明标准的把握上都是应避免的。同时,不能因为要维护原审裁判的既判力就将再审案件的证明标准调高于一审、二审,三者应是一致的。



### (二)适度通过再审统一法律适用

《民事诉讼法》修正案颁布后,有学者认为,"新民诉法及级别管辖调整新标准实施后,民事诉讼审级制度将从二审终审逐步演变为事实上的三审终审,并最终向着有限三审终审制度过渡和渐进"。[①] 笔者并不完全赞同这一观点,因为我国的再审和域外的"三审"有着本质区别;但另一方面,改革后的再审制度确实为上级法院统一司法尺度,实现"同案同判"提供了一定程度的有利条件。

1. 再审不是"三审"。再审制度与三审制度的本质区别在于两种制度的基本功能不同。无论大陆法系还是英美法系,域外的三审几乎都是法律审,其基本功能为统一法律适用。所谓有限三审是因为只有那些在法律适用上有普遍指导意义或判例意义的案件才会被三审法院(通常是级别较高的法院甚至最高法院)纳入视野而予以受理,其余案件不会进入三审。而再审制度为大陆法系所特有,其基本功能在于通过依法纠正明显不符合正义要求的生效裁判,在使当事人获得应有的权利救济的同时,修复非正义裁判对司法公信力造成的损害,进而重塑司法权威。我国的再审制度同样具有这一基本功能,只不过此次修法所处的社会背景,使我国的再审制度在发挥这一基本功能的同时,还需担负起将终审后仍不能平息的涉诉信访矛盾尽量纳入诉讼体系来进一步"消化"的政治任务。只要操作得当,通过再审程序化解矛盾与再审制度自有功能的发挥并不冲突,可以互相促进。

2. 适度发挥再审统一法律适用的作用。"在德、日、法等国,民事诉讼法规定了第三审这一专门用来纠正法律适用错误的程序,因而在再审事由中就不再包括'适用法律确有错误'",[②]而我国,因为不实行三审制度,故而在《民事诉讼法》修正案第179条保留了"适用法律确有错误"这一再审事由。又因为此次修

---

① 王庆丰:"新民事诉讼法实施对民事审判工作格局的影响及对策",载《人民司法·应用》2008年第9期。

② 李浩:"再审的补充性原则与民事再审事由",载《法学家》2007年第6期。

法后再审"上提一级",大多数申请再审的案件由高级人民法院甚至最高人民法院审查,这在客观上为上级法院发挥统一法律适用的功能提供了较过去更多的案例资源和便利条件。因此,笔者认为,在我国二审终审制度的情况下,在不影响再审发挥依法纠错本质功能的前提下,对于在申请再审案件中发现的确有普遍法律适用指导意义的典型案例,上级法院可以通过再审程序统一司法尺度。但由于此类案件的原审往往是在法律适用尺度不明的情况下作出生效裁判,通过再审途径虽能起到统一司法尺度的正面效果,但如果再审因此改判对于原审法院不免有点"冤",对裁判既判力也是一次损耗,故在实践中应当十分谨慎,一般应符合以下几个条件:(1)该案确属具有普遍指导意义的典型案例;(2)只有最高人民法院或高级人民法院有权进行此类再审,中级人民法院的再审不能适用;(3)此类案件进入再审后只能由再审法院自行审理,不能交下级法院审理;(4)此类案件得出的法律适用结论一般应经过审判委员会讨论;(5)此类案件再审后应通过公报或通报等形式公开法律适用理由,发挥案例指导或示范效果。

## 四、实现路径之三:多层次、多渠道最大化实现再审阶段的矛盾化解

法院司法能力的提升和当事人法律意识的提升是一个长期的过程,在相当长的一段时期内,仍会有相当数量的案件在终审判决后矛盾依然难以平息。在《民事诉讼法》修改前,由于申请再审的渠道不通畅,导致大量终审后仍未能化解的矛盾流入诉讼体系外的信访渠道;《民事诉讼法》修改后,尽可能地将这部分矛盾从信访渠道回流至诉讼体系内的申请再审渠道来解决,这本身是一种进步。但是,对于申请再审的案件,如果只是生硬地依照再审事由进行审查,简单机械地裁定驳回申请或进入再审,忽略在整个再审申请审查和再审阶段的矛盾化解工作,则无论对于解决"申诉难"还是维护司法权威都将难有裨益。根据修订的《民事诉讼法》之规定,并结合以往各地审判实践的经验,申请再审阶段的矛盾化解主要可通过以下几种途径:

### (一)判后答疑

判后答疑是指案件当事人或利害关系人对法院作出的生效裁判存有疑问,初次就证据采信、事实认定和法律适用等向法院提出异议或申请再审,作出生效裁判的法官或其他法官依一定程序,给予必要的释明,促使其服判息诉的制

度。[①] 近几年,判后答疑制度在各地法院得到了积极探索,虽然理论界对于判后答疑这一改革探索存有争议,但是,从纠纷解决的务实角度,判后答疑制度"是我们现阶段司法环境下为吸收当事人不满所能采取的最为现实的选择"。[②] 判后答疑应成为稀释对生效裁判不满的第一道"过滤器"。而配合《民事诉讼法》的修订,可对答疑主体进行扩展。以往的判后答疑一般由作出生效裁判的合议庭法官或该法院的其他法官来操作,但《民事诉讼法》修正案实施后,败诉当事人往往不找原审法院"讨说法",而直接向上一级法院申请再审。对此,上级法院的法官在对再审申请进行形式审查时,如果发现再审申请的理由系对裁判内容或法律的误解,可以直接对申请人进行答疑,如果申请人经答疑后撤回申请,则无须立案。这样又可以"过滤"一批并无太大意义的申请再审案件,避免不必要的司法资源消耗。

**(二)司法建议**

有些案件败诉方利益的受损是由于当地有关部门的政策导致,而这种利益受损有时候还无法通过诉讼获得救济,或者虽然通过诉讼却难以在法律上获得支持,但在情理上又需获得有关部门的帮助。此时法院作出生效裁判后,为促使败诉方息诉息访,可向有关部门发出司法建议,建议调整政策或给予一定的经济帮助。而《民事诉讼法》修订将申请再审上调一级后,不仅原审法院可以在判后发出司法建议,上级法院在再审审查过程中发现有这类情形时,也可以向当地有关部门发出司法建议。由于再审法院级别较高,受下级法院所在当地部门干预的可能性较小,其发出的司法建议往往权威性更强,收到的效果也会更好。例如,对于中级法院所在地级市制定的拆迁补偿标准的合理性问题,中级法院在审理拆迁补偿纠纷时往往难以违背,也很难向同级政府发出司法建议,但如果省高院在再审中对此发出司法建议,就有可能收到不一样的效果,从而在不改变生效裁判的情况下使申请人的合理诉求得到更好的满足。

**(三)调解或和解[③]**

在《民事诉讼法》修订前,许多法院就已非常重视在申诉复查和再审过程中的调解和解工作。例如,2004年起,作为最高人民法院再审改革的试点,广东高级人民法院于同年10月制定了《再审诉讼暂行规定》,降低再审门槛,凡可能有

---

① 姜启波:"论法官判后答疑",载《法律适用》2006年第8期。

② 郭小冬:"判后答疑——涉诉信访的现实解决路径及其规范",载张卫平、齐树洁主编:《司法改革论评》2007年第6辑,厦门大学出版社2007年版,第188页。

③ 严格说来,调解是在法院主持下进行,和解则由当事人自行协商,但司法实践中的和解工作大多也由法官介入,在不便出具调解书的情况下,达成一致后则由当事人签订和解协议并撤诉。

错的案件皆可再审,2005年,该院受理的再审案件同比上升30%。但由于在降低再审门槛的同时强化了再审中的调解和解工作,广东高级人民法院2006年再审案件的调解和解率达到了76.4%,收到了很好的效果。① 正如最高人民法院苏泽林副院长所说的,"要注重再审的调解工作。要时刻牢记,通过再审纠正原判的错误,只是我们目标的一个方面,更重要的是要彻底有效地解决当事人之间的纠纷,化解社会矛盾。尤其是在原判存在的瑕疵没有达到必须予以改判的程度时,更要充分发挥再审调解的作用"。②

不容忽视的是,《民事诉讼法》修正案有关程序和期限的规定给申请再审阶段调解和解工作的开展造成瓶颈。过去,申诉复查无审限规定,这被外界批评为是导致"申诉难"的重要因素。但这种批评却忽视了另一面的实际情况,那就是由于申诉复查无审限制约,有相当一部分在一、二审中难以化解的矛盾,在申诉复查阶段,通过复查法官的耐心调解,多方协调,各方当事人反倒达成了和解协议,或者申诉人息诉服判,在不影响既判力的同时真正做到了案结事了。有民、商事审判经验的法官都有这样的体会,有相当一部分民、商事纠纷,若要真正消除对立,平息纷争,是需要"磨"一段时间的,有时候时间能够冲淡怨气,使当事人冷静下来。因此,一些案件在一、二审中,法官迫于审限和结案指标的压力,调解不成只能判决,而在申诉复查或再审过程中却达成了调解或和解。然而,《民事诉讼法》修正案规定法院在收到再审申请书之日起5日内需立案审查,审查期限3个月,特殊情况需延长的由本院院长批准。据此,一般情况下审查法官在3个月内必须作出驳回或提起再审的裁定。加之再审申请上提一级后,高级人民法院甚至最高人民法院面临大量的申请再审案件,如果"死掐"3个月的期限,无论时间还是办案的人力精力,都很难利用这3个月的审查期限来做大多数案件的调解和解工作。虽然少部分案件可能进入再审,可在再审中进行调解,但大多数案件的结果是裁定驳回,而裁定驳回未必就能息诉息访,最后这部分矛盾仍会转化成信访矛盾。

如何突破上述瓶颈,笔者认为,我们不妨借鉴最高法院于2004年8月通过的《关于人民法院民事调解工作若干问题的规定》第4条第1款中"双方当事人申请庭外和解的期间,不计入审限"这一规定的思路,可通过《民事诉讼法》修正案的司法解释作这样的规定:"上级法院在再审申请审查过程中,经当事人同

① "76.4%的再审案件调解、和解结案率是如何来的——广东高院再审案件调解、和解工作纪实",载《中国审判》2007年第3期。

② 苏泽林:"民事诉讼法修正后审判监督工作的方向与任务",载最高人民法院编:《审判监督指导》(2007年第2辑),人民法院出版社2008年版,第60页。

意，案件可交由原审法院或其他下级法院主持调解（或和解）工作，或交其他有关机构进行调解（和解），调解（和解）期间不计入再审申请审查期限。”这一制度设计系基于以下几点考虑：第一，给案件在再审申请审查过程中的调解和解工作留出相对宽裕的时间，有利于调解和解工作的顺利开展。第二，有利于一定程度上分流上级法院审查再审申请的办案压力，合理分配上、下级法院的审判资源，来共同化解申请再审案件的矛盾。第三，有些案件的调解需当地有关部门的配合，原审法院与当地有关部门相对更加熟悉，而上级法院在交办调解的同时可以视情况附相关司法建议书（可以不公开），阐明上级法院的观点和意见。这样，将原审法院与当地部门的熟悉度和上级法院的权威性结合在一起，促请有关部门予以支持，使案件达成调解和解。第四，交“有关机构主持调解（和解）”，系考虑将 ADR 机制引入申请再审阶段。第五，交下级法院或有关机构调解和解的，需经当事人同意，这符合民事诉讼中当事人对程序的处分原则，并不侵犯当事人的程序权利。第六，如果下级法院调解不成，上级法院仍应依法作出审查裁定，不能久调不决。

## 五、结　　语

应该看到，对民事再审制度的改革，还有许多问题需要加以研究，包括如何协调当事人申请再审制度与法院依职权自我纠错、检察权抗诉纠错的关系；如何辩证看待裁判既判力与再审制度的关系；如何既通过规范再审解决当事人申请再审的权利保障不足问题，又防止当事人滥用申请再审权，无限再审、申诉；如何不断完善申请再审的程序规则设计，完善审理期限、审理方式、裁判形式和再审二阶分段的程序衔接；再审制度对不同审级法院的民事案件带来的审理态势变化及法院审级间如何衔接；再审标准对法院内部的管理带来的影响和管理机制的调整（如各地法院正在推行的质量效率评估体系、院庭长指导监督与合议庭独立办案的关系、案例指导制度的建立和运作），等等。总之，2008 年《民事诉讼法》修订对再审制度改革的影响是深远的，对人民法院公正高效权威的审判提出了更高的要求，对人民法院如何更好地关注民生、提供司法保障提出了更高的要求。同时，也必将为今后全面修订《民事诉讼法》提供有益的实践探索和技术支撑。

（2009 年第 10 期）

# 2011 年

# 论《民事诉讼法》全面修改的主要议题

## ——纪念《法学》复刊30周年·名家论坛(三)

汤维建*





《民事诉讼法》修改在即,有人欢呼,有人犹豫,更多的人则是在期盼。欢呼者之所以欢呼,因为《民事诉讼法》从1991年全面修订、取代1982年《民事诉讼法》(试行)后,除2007年针对再审程序和执行程序进行"小型修补"外,迄今未曾做出大的修改,诚可谓20年不变。而如今《民事诉讼法》被立法机关提上议事日程,而且有了时间表,要快速地将它修改完毕,并有望在明年隆重推出,其喜悦心情正如久旱逢甘霖,难以抑制。然而同时,也有人频频发出顾虑之声。顾虑者之所以顾虑,其缘由在于为《民事诉讼法》修改所做的理论准备是否充分。目前所见,《民事诉讼法》的专家建议稿以及对于修改的重点问题研究,似显薄弱。笔者则期盼《民事诉讼法》修改能够从容地收取最大、最佳、最实的效果。

笔者认为,《民事诉讼法》的此时修改可以说是千头万绪,其小修乎?大修、中修乎?目前还难定论。有鉴于《民事诉讼法》修改一次实属不易,笔者的期盼性定位乃是:保中修,争大修,小修要不得。为此,笔者认为,此次《民事诉讼法》修改,有以下主要议题需要讨论和解决。

## 一、处理好诉权与审判权的关系

诉权是当事人诉讼权利的总和,其相对应的范畴为审判权。诉权和审判权是诉讼中的一对矛盾范畴,它们之间既有统一性的关系,也有对立性或冲突性的关系。就其统一性关系而言,诉权和审判权共同服务于民事纠纷的化解,二者缺一不可,相互作用,各有机能,从不同的角度,以相异的内容,致力于纠纷解决的共同目标。就其对立性关系而言,诉权和审判权是对诉讼权利资源的共享和分配,关系到对诉讼程序的控制权的大小分割,二者之间形成了此消彼长的紧张关系。其结果是,诉权大,则审判权小;反之,审判权大,则诉权小。二者呈反相关状态。在它们的统一性关系和对立性关系之间,对立性关系是矛盾的主要方面,

* 作者单位:中国人民大学法学院。

对立性关系决定统一性关系。因此,诉讼立法要处理的一对主要矛盾就是诉权和审判权的对立性关系。由此形成了两大诉讼模式:以诉权为中心的诉讼模式和以审判权为中心的诉讼模式,此外也有大量的介于二者之间的诉讼模式。前者即为当事人主义诉讼模式,后者则为职权主义诉讼模式。我国民事诉讼模式长期以来采取后一模式,即职权主义诉讼模式。职权主义诉讼模式有诸多弊端,如审判权过大,诉权受到不应有的制约和压抑;当事人的诉讼积极性难以调动,法院的能动性过强;诉讼程序缺乏民主色彩,也缺乏基本的活力;当事人沦为诉讼客体,成为被纠问的对象;诉讼的结果难以获得当事人以及社会的认同;诉讼公正程度较低,等等。此外,随着诉讼案件的激增,法院的审判负担日益沉重。有鉴于此,职权主义诉讼模式日益不能适应现实诉讼的需要,与司法现实相脱节,因此需要改造和转型。改造或转型的基本路径就是弱化法院的职权主义因素和色彩,同时强化当事人主义的因素和比重。为了实现此一转变,需要加强当事人的诉权内涵,扩大诉权的外延,使之能够对审判权产生应有的制约,从而大致能够适应现实需要,这便表现为诉权对审判权的制约机制。构建诉权对审判权的制约机制,使诉权发挥作用的领域得以扩大,同时使审判权的支配和控制领域相应地缩小,从而使审判权的功能保持在为诉权提供服务的范围内,就成为民事诉讼法修改的一条主要线索。从 1982 年试行《民事诉讼法》至今,《民事诉讼法》的修法思路主要就是构建诉权对审判权的制约机制,本次《民事诉讼法》修改应当沿用 1991 年修改《民事诉讼法》时所持的指导理念,就是将当事人的诉权高高举起,以诉权保障为基本的修法思路。

在本次《民事诉讼法》修改中,最为重要的乃是强化三个领域的诉权,即起诉权的强化保障、取证权的强化保障、申诉权的强化保障,分别解决实践中存在的起诉难、取证难和申诉难。

**(一)关于起诉权的保障**

关于起诉权的保障,主要涉及的问题如下:

1. 关于起诉的条件。这主要涉及对《民事诉讼法》第 108 条的修改。对于该条,理论界普遍认为,该条为当事人起诉所设定的门槛过高,具体表现在对原告资格的要求过高。依本条规定,原告必须与本案有直接利害关系,就排除了公益诉讼,排除了不具有直接利害关系但具有诉讼实施权的其他适格原告。而且,是否有直接利害关系,属于实体判断事项,应当在诉讼经过后才得出结论,而在起诉时就要对此加以明确,有颠倒诉讼因果关系之嫌,也为立案法官任意排除适格原告提供了立法借口。西方国家的立法一般不对原告资格在起诉时提出要求,而采取当事人任意确定主义。比如,《德国民事诉讼法》第 253 条规定:“诉状仅需表明当事人即可，对于当事人与本案究属何种关系，并无具体描述和限定。”

2. 如何设置对起诉条件的审查程序。《民事诉讼法》第112条规定：“人民法院收到起诉状或者口头起诉，经审查，认为符合起诉条件的，应当在7日内立案，并通知当事人。”这里的“经审查”在程序上是阙如的，立法未加明定。一般认为，这里的“审查”，就是法院依职权进行单边审查，而不需要听取当事人双方的辩论意见。这种审查在性质上显属行政化程序。这种诉讼内容行政化处理的程序安排显然是滞后的，不利于对当事人诉讼权利的保障，也不利于法院作出正确的裁定，因此应当加以改造。改造的基本思路乃是将行政化程序改为诉讼化程序。诉讼化程序的基本特征在于当事人的参与和平等对抗。据此，法院对于当事人的起诉是否符合条件，应当开庭审查，听取当事人的辩论意见。

3. 法院对于当事人的起诉，既不予受理，也不作出裁定，应当如何处理？按照《民事诉讼法》第112条的规定，人民法院通过对当事人起诉的审查，如果认为不符合起诉条件的，应当在7日内裁定不予受理；原告对裁定不服的，可以提出上诉。就立法而论，原告的起诉权是受审级制度保障的，据此，原告对裁定不服的，可以向上级法院继续寻求司法救济。但是这样一种规定在实践中被严重扭曲了。法院既不受理原告的起诉，也不作出裁定，实际上就否定了原告的双重诉权：一方面否定了原告的起诉权；另一方面否定了原告的上诉权，致使原告诉讼乏门，投诉无路。相对于法院对当事人在诉讼过程中其他诉讼权利的限制或剥夺而言，对当事人起诉权的限制乃至剥夺，其情形是最为严重的，因为这就从根本上否定了当事人的司法救济权。因此，对于此种情形，立法应当寻求对策。笔者认为，在此种情形下，原告只有向检察院寻求监督救济，由检察院审查后向法院提出支持起诉，对于检察院的支持起诉，法院必须受理。

**（二）关于取证权的保障**

《民事诉讼法》第64条第2款规定：“当事人及其诉讼代理人因客观原因不能自行收集的证据，或者人民法院认为审理案件需要的证据，人民法院应当调查收集。”第65条第1款规定：“人民法院有权向有关单位和个人调查取证，有关单位和个人不得拒绝。”第116条规定：“审判人员必须认真审核诉讼材料，调查收集必要的证据。”对于何为上述条款中的“不能自行收集的证据”、“审理案件需要的证据”和“必要的证据”,最高法院司法解释对此作出了限定性规定。①

与此同时,当事人的举证责任受到了强调和强化。最高人民法院《关于民事诉讼证据的若干规定》第2条规定:“当事人对自己提出的诉讼请求所依据的事实或者反驳对方诉讼请求所依据的事实有责任提供证据加以证明。没有证据或者证据不足以证明当事人的事实主张的,由负有举证责任的当事人承担不利后果。”第3条规定:“人民法院应当向当事人说明举证的要求及法律后果,促使当事人在合理期限内积极、全面、正确、诚实地完成举证。”

与当事人负有沉重的举证责任形成对照,当事人的举证手段在《民事诉讼法》以及最高法院的司法解释中却没有得到应有的重视。当事人除了向法院申请调查取证外,其他的取证权并无明确规定。这样就形成了举证责任与取证手段之间的脱节,从而导致举证难或取证难现象。为此,司法实践创设出了诸如“调查令”的制度。然而“调查令”制度由于缺乏立法的明文依据,其效果在实践中并不良好。因此,在本次《民事诉讼法》修改中,应当将当事人取证权的保障问题列入重要议题加以考虑。笔者认为,可以将“调查令”试行后的成功经验上升为立法规定。

**(三)关于申诉权的保障**

《民事诉讼法》第178条规定:“当事人对已经发生法律效力的判决、裁定,认为有错误的,可以向上一级人民法院申请再审。”这就是当事人所享有的申请再审权,其本质也就是申诉权。当事人的申诉权有赖于正当程序的保障,然而目前立法对申诉权的程序保障之规定极为薄弱,当事人对此过程几无参与权和申辩权。尤其是,其申诉权极易遭受来自法院审判权的侵害,对此,当事人的申诉救济权几乎形同虚设。

关于申诉权的保障,各国立法例大致有三种:一是设立宪法法院,由宪法法



---

① 最高人民法院《关于民事诉讼证据的若干规定》(2002年4月1日)第15条规定:“《民事诉讼法》第六十四条规定的‘人民法院认为审理案件需要的证据’,是指以下情形:(一)涉及可能有损国家利益、社会公共利益或者他人合法权益的事实;(二)涉及依职权追加当事人、中止诉讼、终结诉讼、回避等与实体争议无关的程序事项。”这是人民法院依职权调查取证的情形。此外,当事人在法定情形下也可以申请人民法院调查取证。根据该规定第17条:“符合下列条件之一的,当事人及其诉讼代理人可以申请人民法院调查收集证据:(一)申请调查收集的证据属于国家有关部门保存并须人民法院依职权调取的档案材料;(二)涉及国家秘密、商业秘密、个人隐私的材料;(三)当事人及其诉讼代理人确因客观原因不能自行收集的其他材料。”依此规定,当事人负担提供证据的主要责任,人民法院仅负担提供证据的次要责任。

院保障当事人的申诉权,纠正法院的错误裁判行为。①二是建立再审之诉,由当事人向法院行使再审诉权,由法院处理再审之诉。三是加强检察监督,由检察院担负起保障当事人申诉权的任务。这三种立法例,第一种设立宪法法院在我国目前尚不现实,即便设立宪法法院,其效果如何也不容乐观。第二种再审之诉,在我国目前《民事诉讼法》的立法构架以及司法环境下,是无法从根本上解决申诉难或者再审难的,其效果即便有也非常有限。只有第三种路径才是可选择的、有效果的现实之路。这是因为,检察院是我国《宪法》所规定的专门的法律监督机关,它对法院审判的监督具有强势的法定效果,能够胜任对当事人申诉权的保障任务。因此,笔者主张,当事人如果认为法院的生效裁判确有错误,应当向检察院提出申诉,同时立法对此申诉程序予以合理构建。

## 二、处理好检察监督权与审判权的关系

检察机关是《宪法》所规定的法律监督机关,是专司法律监督权的国家权力机关,而且它与法院一样,被《宪法》赋予了司法权能——只不过,其司法权能的具体表现乃是检察监督权。在本次《民事诉讼法》修改中,对于检察监督的诉讼参与,应主要在两个层面予以规范和完善。第一个层面是基本原则,应修改现行《民事诉讼法》关于该项基本原则的表述,改为"人民检察院对于民事诉讼活动实施法律监督"。这就表明,检察机关对民事诉讼的监督不仅仅针对法院的审判权,而且还指向当事人的诉权及其运作过程,这是由诉讼模式逐渐向当事人主义转化所提出的必然要求。第二层面是检察监督在《民事诉讼法》分则中的体现,主要表现在以下方面:

第一,检察机关对于民事诉讼的诉前监督。主要表现为三种形态:督促起诉、支持起诉和提起民事公益诉讼。提起公益诉讼不仅具有对守法过程的一般监督意义,同时还具有对审判权的特殊监督意味。因为,公益诉讼往往难以获得法院审判权的立案受理,这对公益诉权的保障是一个障碍。由检察机关提起公益诉讼,人民法院应当予以立案受理;不仅立法应作如此规定,而且在监督权的救济机制上也应有相应的规范。可以说,相对于公民个人、社会团体乃至行政机关提起公益诉讼而言,检察机关提起公益诉讼更有保障,更有可能进入司法审判

① 宪法法院是为监督和保障宪法实施而设立的专门机构,1920年首创于奥地利,其后,捷克斯洛伐克和西班牙等国相继设立。第二次世界大战后,许多国家也设立了宪法法院。具有代表性的国家有联邦德国、意大利等。宪法法院职权广泛,其中违宪审查是其最基本的职能。

领域。因此,本次《民事诉讼法》修改应当规定检察机关提起公益诉讼的制度。不过,在提起公益诉讼的诸多主体中,检察院应当是最后保护屏障,只有在其他适格主体均放弃诉权,而检察院督促起诉也不见效的情况下,检察院才能亲自提起公益诉讼。此外,还要在概念上区分民事公益诉讼和民事公诉。检察机关除有权提出民事公益诉讼外,还应有权提出特殊的私益诉讼,如私益性的群体诉讼、弱者保护诉讼、流浪汉被撞亡无人提出的侵权损害赔偿诉讼等,检察机关应保留提出诉讼的权力。

第二,检察机关对审判过程的诉中监督。审判过程的合法性是确保其审判结果正确性或正当性的前提条件。在审判过程中,法院的审判行为如有违法之处,而当事人依靠其诉权又未能获得应有的程序救济,此时应允许检察监督介入。检察监督的介入,可以有效地保障司法审判过程的合法性和正当性。本次《民事诉讼法》修改应当确定三个方面的内容:其一,检察机关能够对哪些诉讼重点环节实施监督。比如,管辖权是否正当的监督、回避制度是否真正落实的监督、公开审判是否切实开展的监督,等等。对于当事人未提出上诉,但检察院认为有必要提出上诉的,可以抗诉。因此,检察院抗诉的期间就要比当事人上诉的期间稍长。其二,检察机关介入民事诉讼实施诉中监督的程序机制。比如,当事人在何种情况下可以申请检察机关进行诉中监督,检察院在何种情况下应当依职权介入民事诉讼过程,法院在何条件下可以邀请检察院介入民事诉讼实施监督,等等。其三,检察机关实施诉中监督所可能采取的形式或方法。比如,提出检察建议,发出检察意见,等等。

第三,检察机关对于审判结果的诉后监督。在法院生效裁判作出后,如果生效裁判确有错误,包括实体错误和重大的程序错误,检察机关可以进行法律监督。目前立法所明确规定的检察监督制度就是这一制度。实践证明,此制度能够对法院的司法审判起到一定的监督制约作用,它可以反向地对司法审判过程的正当化与合法化起保障作用。当然,此制度尚需根据实践经验进一步予以健全和完善,使其能够更为充分地展示其应有的监督功能。在本次《民事诉讼法》修改中,除继续完善抗诉后的程序机制外,还要着重明确同级抗诉的问题,也就是对于终局判决,除特殊情况外,由同级检察院向同级法院提出抗诉实施法律监督。

第四,对执行的检察监督。对生效裁判以及其他有效法律文书的强制执行是人民法院行使的除审判权以外的又一重要权力,此一权力的运作也会产生背离立法规定甚至出现严重违法情形,因而也同样需要检察监督的介入。

## 三、处理好社会参与权与审判权的关系

司法的社会化是现代社会的国家司法尤其是民事司法体现出来的重要特征，现代司法应当敞开法院大门，广泛地吸纳社情民意，使司法的结果满足社会发展的客观需要，并且由此拉近司法与社会的关系，使社会产生对与司法的信赖感。社会参与权就是现代司法中出现的又一权力要素，这就产生了社会参与权与审判权的关系问题。

社会参与权包括的范围较为广泛，我国立法所规定的支持起诉原则，以及在我国司法改革中出现的所谓评议团、人大代表听百案，还有西方国家所实行"法庭之友"等制度，均属此范围。但在种种社会参与权中，最为重要的、也是诉讼体制内的社会参与权，就是人民的陪审权。我国人民陪审员制度所确立的就是人民的陪审权。

人民陪审员制度对司法审判的民主化建设发挥了重要作用，但是该制度存在着严重弊端，集中表现在人民陪审员"陪而不审"的形式主义之中。人民陪审员制度的形式主义弊端与其制度构建模式有密切关联。从其民主化色彩来说，它与英美法系国家的陪审团制度相似；就其组织形态而论，它又与大陆法系国家的参审制有类似之处。然而正是因其混合形式的缘故，我国人民陪审员制度在民主性和技术性两方面均未能发挥其应有作用。因此之故，我国的人民陪审员制度应当进行结构性调整。其基本思路乃是构建二元化的陪审制，具体是指：将单一的人民陪审员制度划分为两种类型：一种类型是人民陪审团制度；另一种类型是专家陪审制度。前者旨在追求其诉讼民主的价值目标，后者则以发挥其司法技术性价值为主要制度目标。在具体的运作上，前者由当事人选择适用，属于当事人的诉权范畴，后者由人民法院裁量适用，属于法院审判权的作用领域。构建人民陪审员制度的二元机制，可望有效克服目前该制度存在的诸多弊端，从而焕发出该制度的新活力。本次《民事诉讼法》修改能否修改陪审制度呢？笔者认为是可以的。因为，陪审制是一种诉讼制度，既然属于诉讼制度，《民事诉讼法》就可以对它进行设计、建构和修改。

## 四、处理好调解权与审判权的关系

调解在《民事诉讼法》中的定位是一个有争议的问题，具体包括：调解是否

为基本原则,该基本原则应如何表述?调解的"三原则"是否还有必要继续维持?需要作何种修改才能适应现时代的需要?调解与审判的关系是并行性关系,还是阶段性关系?调解是贯彻始终的吗?调解与和解的关系如何?等等。对此,笔者提出以下观点:

其一,调解作为一个基本原则是要保留的。保留调解的基本原则的意义是:表明调解在我国的重要地位,对调解的运作给予指导和宏观规范。

其二,调解的"三原则"要作适当修改。合法原则应改为"不违反法律禁止性规定的原则"。因为,合法与不违法在民事法律领域的意义是不相同的。合法要求的是完全符合法律规定,而在民事调解中这显然是不现实的;不违法是指不违反强制性规定,而这是国家干预原则在调解中的表现,这个原则是应该有的,尤其在我国,其必要性更大。自愿原则应有例外:在有些民事诉讼案件中,应实行强制调解——调解前置主义。查明事实、分清是非的原则应当取消,理由是:此原则是审判的原则,而非调解的原则;调解并非仅仅发生在查明事实、分清是非的情形下;有时,恪守此原则,恰好与调解制度的初衷相悖;当事人自愿原则凌驾于该原则之上,如果当事人自愿,则分清是非的原则就无须适用。

其三,调解与审判的关系应当合理地确定:调解应当与审判适当分离,调解应当确定在开庭审理之前;在开庭审理之后,当事人可以和解,但不能调解。这就使和解制度得到了独立的确认,从而与调解制度相并行。除非得到双方当事人的同意,调解的法官与审判的法官应当分离。实践证明,调审合一模式已经走到了死胡同,其弊端重重,最终导致的是双重否定:既否定了调解制度的本质——自愿,调审合一模式必然导致的"以判压调",最终取消了自愿原则,也否定了审判制度的本质——公正,在调解中所产生的偏见和偏颇,难以避免地会对公正审判产生影响。只有实行调审分离模式,才能消除调审合一模式中的积弊,才能使调解原则回归本原,也才能使审判制度恰当运行,同时也能将融化在调解中的和解制度解救出来,成为一项独立的诉讼制度。这样就形成了调解、和解与审判的三足鼎立制度格局。

其四,规定委托调解制度。法院认为审理案件有必要,或者当事人一方提出申请,经法院认可,则可将案件委托人民调解组织等社会组织实行调解,调解达成有效结果后,法院制作调解书加以确认;调解若未达成有效结果,法院则继续行使调解权或审判权。委托调解制度是作为公力救济的法院审判导入社会力量解决纠纷所形成的必要制度,是司法与社会沟通的制度性桥梁,值得立法采纳。

其五,规定诉调对接制度。诉讼外的调解,包括人民调解、行政调解等,如果当事人提出申请,请求人民法院行使审判权加以确认,则人民法院应当通过形式审查加以确认。经司法确认后的非诉讼调解，具有与法院诉讼调解一样的法律效力，即具有强制执行力。《人民调解法》已对此加以确认，①《民事诉讼法》修改时所需要做的就是在人民调解协议的司法确认制度之外，认可其他社会调解的司法确认效力。比如，商业组织的调解结果，经双方当事人的请求，法院完全可以进行司法确认，使之产生与生效裁判相类似的法律效力。

其六，规定检调对接制度。检察机关对申诉案件进行和解，达成的协议，应递送人民法院加以核定。经核定后的检察和解，具有取代生效裁判的效力。

其七，对于各种调解，包括人民调解、行政调解、仲裁调解、诉讼调解、检察调解以及其他法定的社会调解，应当就其共性问题制定统一的"民事调解法"加以规范。

以上各种调解以及调解与审判的衔接机制，就构成了中国特色的ADR制度体系。本次《民事诉讼法》修改，应当就此大作笔墨，构建好此一体系。

## 五、处理好执行权与审判权的关系

执行权与审判权的关系涉及三个层面的问题：一是执行体制改革；二是执行程序单列；三是执行权的内涵分离。

所谓执行体制改革，就是对执行权的运作载体和运作机理进行优化构建，目前在我国，其本质问题表现为执行权与审判权的统合问题。执行权与审判权的关系在我国最早表现为审执合一模式，1982年《民事诉讼法》（试行）所确立的模式就是此种模式，此后变更为以审附执模式，1991年修订《民事诉讼法》所设立的就是此种模式，目前执行体制改革所致力构建的乃是审执并行模式。然而这里的并行模式也有内置式与外挂式之分，目前还处在内置式并行状态。但实践表明，内置式并行模式仍不畅通与彻底，而需要进而改变为外挂式并行模式。在外挂式并行模式中，法院回归于宪法所确立的审判机关的本原，而执行权则从审判权领域退出，在广义的司法权范畴构架内，归属于司法行政权的作用领域。这样改革有两个好处：对法院而言，其可以专心致志地搞好审判，而不再受执行

① 《人民调解法》第33条规定："经人民调解委员会调解达成调解协议后，双方当事人认为有必要的，可以自调解协议生效之日起三十日内共同向人民法院申请司法确认，人民法院应当及时对调解协议进行审查，依法确认调解协议的效力。人民法院依法确认调解协议有效，一方当事人拒绝履行或者未全部履行的，对方当事人可以向人民法院申请强制执行。人民法院依法确认调解协议无效的，当事人可以通过人民调解方式变更原调解协议或者达成新的调解协议，也可以向人民法院提起诉讼。"

的羁绊;对于执行体制的优化而言,包括刑事执行、行政执行和民事执行在内的全部国家执行权,可以统一行使,从而产生出执行合力,使执行资源得到更加合理的配置。与此同时,还有助于强化对执行权行使过程的制约和监督,尤其是能够合理地构建出包括行政诉讼在内的司法监督机制,由此改变目前存在的对执行监督乏力的制度构建状态。笔者认为,将执行权从法院分离出去,应成为我国司法改革的下一个重点目标之一,唯其如此,才能谈得上从根本上破解执行难的问题。



所谓执行程序单列,指的是执行程序应当从《民事诉讼法》所构建的程序体系中分化而出,另行制定独立的《强制执行法》加以调整和规范。执行程序之所以要单列,其原因主要在于:其一,执行程序与审判程序所体现的基本法理是有性质上的区别的。执行程序更类似于行政程序,审判程序则是典型的司法程序,它们所能共享的程序法理非常稀薄,将它们合在一起规定,不可能形成一个对它们都能够同时适用的程序总则。因而即便规定在同一部法律中,其实也仅是机械的拼凑,不具有实质意义。其二,执行程序所产生的控权力度在逐步加大,其细密性程度也日益提升,因而其所需要的法条也日益增多,将它依然置于《民事诉讼法》中加以规定,势必制约其条文的扩充。其三,《民事诉讼法》将来的发展趋势必然是日益分化,不仅强制执行程序要单独立法,而且还有其他较多的程序,因其性质的缘故,也要逐步分离,呈众多的单独立法之势。如民事证据法、人事诉讼程序法、民事调解法、非讼程序法,等等。这是大势所趋,也是我们在构建中国特色社会主义法律体系过程中进行程序法制建设所不能不做出的理性抉择。强制执行程序单独立法,仅仅标志着它先行了一步而已。

本次《民事诉讼法》修改除了需要将强制执行程序分离而出,单独制定强制执行法外,还需要考虑对执行权进一步进行权力分离,即将执行实施权和执行裁决权分离开来。执行实施权的运作程序由分离而出的《强制执行法》加以规范,执行裁决权的运作程序则仍由《民事诉讼法》加以调整。其内容具体包括:执行裁决权的启动程序、执行裁决权的决断程序、执行裁决权的救济程序、执行裁决权与执行实施权的衔接程序,等等。有鉴于执行裁决权的特殊性质和独立属性,笔者建议在其行使的组织机构上采用独立审判庭的模式,建立"执行审判庭",并将执行审判庭从执行机构中分离出来,这样就做到了执行实施权和执行裁判权的更加彻底的分离,为执行实施权从法院分离出去,另行构建独立的执行体制做好准备。

由上可见,《民事诉讼法》的修改在我国的表现与西方国家有很大的区别。在我国主要是宏观的权力配置型修改,而在西方则主要是微观的技术修补型修改。《民事诉讼法》修改中的权力配置所环绕的轴心是审判权,其基本的思路乃是对审判权的制约和监督。通过诉权与审判权的关系调整,将构建出一个相对合理的诉讼体制——这是对审判权的第一次削权。以陪审权为主要内容的社会参与权的有效强化乃是对审判权的第二次削权。将执行权从大一统的审判权中分离而出,乃是对审判权的第三次削权。将调解权与审判权分离开来运转,防止以模糊的调解权掩盖清晰的审判权,乃是对审判权的第四次削权。最后,将审判权纳入检察监督的轨道,则可以视为是对审判权的第五次,也是最终一次削权。由此可见,我国的《民事诉讼法》修改,不仅是过去和现在,而且在将来相当一段历史时期内,都是以对审判权的限缩和控权为圭臬和鹄的。

(2011 年第 8 期)

# 论我国司法鉴定人出庭质证制度的完善

杜志淳　廖根为*



在诉讼过程中司法鉴定人起着重要的作用，其出具的鉴定意见（结论）属于法定的证据种类之一，可以为审判结果的公正提供有力保障。鉴定意见的科学性和作为一种证据的性质决定了对鉴定意见证据的质证有赖于司法鉴定人出庭。从我国立法和司法发展情况看，我国现有法律已经确定了司法鉴定人出庭质证的法定义务，但在司法实践中，司法鉴定人出庭质证的情况仍不容乐观。

从我国现有法律规定看，《全国人民代表大会常务委员会关于司法鉴定管理问题的决定》（以下简称《决定》）第11条规定，在诉讼中，当事人对鉴定意见有异议的，经人民法院依法通知，司法鉴定人应当出庭质证。这一规定已明确了当事人对鉴定意见有异议时司法鉴定人应当出庭参加质证的制度。另外，在《决定》、最高人民法院《关于行政诉讼证据若干问题的规定》、最高人民法院《关于执行〈中华人民共和国刑事诉讼法〉若干问题的解释》、《人民检察院鉴定规则（试行）》中还具体规定了司法鉴定人出庭接受质证的程序，例如，出庭接受询问的司法鉴定人，法庭应当核实其身份、与案件及当事人的关系，并告知其有如实说明鉴定情况的法律义务以及做虚假鉴定应当承担的法律责任；司法鉴定人应当出庭宣读鉴定结论；向司法鉴定人发问，应当先由要求传唤的一方进行，发问完毕后，对方经审判长准许，也可以发问。

然而在司法实践中，我国司法鉴定人不出庭、不愿意出庭参加质证、不敢出庭参加质证的现象仍然比较普遍。据有关资料统计，目前我国法院在审理的案件中有30%～40%的案件会涉及专门性问题。而据有关调研报告显示，在上海市、青岛市和呼和浩特市中级人民法院随机调阅的所有法院案卷中，没有1起案件有司法鉴定人出庭接受质证的记录。各司法主体从总体上说是支持司法鉴定人出庭质证的，这一比例甚至超过了75%。这充分说明各司法群体皆认识到司法鉴定人出庭的必要性，同时也反映出司法鉴定人不出庭对现行的刑事诉讼制

* 作者单位：华东政法大学。

本文受上海市教委重点学科（J51102）、国家社科基金一般项目（06BFX051）、上海市教委科研创新项目（10YS152）资金资助。

度产生了消极的影响。① 与一般证人不同,司法鉴定人不出庭除了基于自身安全因素外,还存在更深层次原因。只有分析司法鉴定人出庭质证率低的原因,并构建一套鼓励和引导司法鉴定人出庭质证的机制,将司法鉴定人出庭质证率控制在合理范围内,才能真正落实司法鉴定人出庭质证的制度,提高司法鉴定的权威性和维护司法公正。

## 一、司法鉴定人出庭质证的必要性

司法鉴定人出庭参加质证,对其出具的鉴定意见的合法性和科学性等有关问题接受诉讼双方当事人和审判人员的询问,不仅是司法鉴定人的法定义务,也是实现审判程序公正、审判结果公正的需要和必然要求。从司法鉴定活动的特点看,司法鉴定具有法律性和科学性统一的最基本和最本质的特点。② 从这两方面特点上也可看出司法鉴定人出庭质证的必要性。

### (一)从科学性角度看司法鉴定人出庭质证的必要性

司法鉴定具有科学性,但这并不表明司法鉴定意见具有预定的客观科学性,不需要经过质证程序便可以直接采纳。因为司法鉴定科学性质不同于科学研究本身,司法鉴定活动所依据的材料和信息是有限的,且作出判断的时间也是有限制的,不可能像科学研究一样能作出"绝对客观"的结论。在司法鉴定活动中,鉴定人经常需要使用一定的仪器和设备进行检测,并在检测基础上利用其专门知识和特殊经验进行分析判断。鉴定所依据的仪器和设备的功能和质量标准、实验或检测结果的记录和观察方法以及作出判断所依据的科学知识和个人经验等决定着鉴定意见的可靠程度。虽然鉴定意见与一般证人证言相比,具有更高的可靠性,但由于司法鉴定活动受制于法律时限规定和解决事实问题的要求,司法鉴定人实际上难以作出绝对完美且毫无争议的判断,其可靠性受制于科学技术水平以及知识经验的成熟、稳定和可靠程度等因素,所以鉴定意见本身也可能存在缺陷。具体到某个鉴定意见而言,它是否科学、客观,还需要司法机关认真审查才能确定其证明力。

在司法实践中,司法鉴定人由于受各种主客观条件的限制,难以在鉴定活动中穷尽所有可能的技术手段去检验鉴定材料并作出客观结论。以对鉴定材料的

---

① 汪建成:"我国刑事司法鉴定制度实证调研报告",载《中外法学》2010年第2期。

② 张军主编:《中国司法鉴定制度改革与完善研究》,中国政法大学出版社2008年版,第25页。

真实性鉴定事项为例，目前伪造的手法和技术不断翻新，如照片可以通过计算机软件进行编辑和处理，录音资料通过软件可以进行语音合成和编辑等，而且伪造手法也各有不同。如果在检验过程中，忽视了某一方面信息的检查，很容易将伪造的证据误认为是真实的。例如，在对语音资料完整性检验时，有些材料使用了掐头去尾的剪辑手法，如果不对原始设备和语音文件形成情况检查，极易作出错误的判断。这种因司法鉴定程序存在缺陷和不足而导致结果缺陷的证据，法官或者当事人很难通过文书中的内容发现，司法鉴定人只有出庭质证，才可以及时发现鉴定过程中可能存在的错误和缺陷，提升自己的认识能力，及时纠正错误的鉴定意见，保障实体公正。在科学技术日新月异的今天，司法鉴定人不可能成为全能的专家，即使在自己所从事的领域也不一定能及时适应新发展和快速更新知识，其出具的鉴定意见如不经过质证，案件事实可能难以查明。



### （二）从法律性角度看司法鉴定人出庭质证的必要性

从司法鉴定活动的法律性看，司法鉴定程序、司法鉴定意见的运用都应符合法律的规定。司法鉴定人出庭质证不仅是司法鉴定人应尽的法律义务，也是当事人实现平等诉讼权利的需要，而且是法官审查司法鉴定意见的必然要求。

从契约的角度看，司法鉴定人接受委托人的委托，就案件中的专门性问题出具鉴定意见，应该为其可靠性负责，当鉴定意见不明时，理应就其鉴定意见的形成、依据、可靠性等进行说明并接受质证。从现有法律规定看，司法鉴定人出庭质证制度在多部法律中均有明确规定，而在审查是否需要启动重新鉴定程序时，多数重新鉴定的法定要件的查明依赖司法鉴定人出庭。因而法院如果启动重新鉴定程序，司法鉴定人出庭质证是重新鉴定的前置条件。① 没有司法鉴定人的出庭质证，法官无法对司法鉴定意见进行实质性审查。从当事人角度看，当事人对不利于自己的鉴定意见提出质疑，并申请司法鉴定人出庭质证，是当事人的一项法定权利。如果司法鉴定人不出庭质证，那么当事人的这项合法权利将无法真正实现，双方当事人的平等地位也无法切实得到保障，程序正义便难以真正实现。从证据审查角度看，司法人员在诉讼活动中对收集的证据进行分析研究、鉴别真伪，确定其与案件事实的客观联系和证明作用，进而对案件事实做出结论的活动依赖证据审查。② 但只有基于质证基础上的证据审查判断，才有可能全面了解鉴定意见中可能存在的问题，法官才可以就鉴定意见是否真实可靠、是否需

---

① 常林："论司法鉴定改革中的十大问题"，载何家弘主编：《证据学论坛》（第13卷），法律出版社2007年版，第175页。

② 崔敏主编：《刑事证据理论研究综述》，中国人民公安大学出版社1990年版，第229页。

要重新鉴定等做出科学和公正的判断。因此，鉴定意见只有经过质证才能被采信。

在司法实践中，很多案件争议的焦点问题常常是司法鉴定意见所涉及的事实问题，鉴定意见对于案件事实的最终认定极其重要，这些证据如果没有司法鉴定人出庭质证，当事人很难服从，法官也很难判断鉴定意见的科学性和合法性，导致案件的事实部分争议很大，司法裁判权威受影响。因此，司法鉴定虽然解决的是诉讼中的专门性问题，但这一问题是否科学解决需要通过一定的方式来取得诉讼双方乃至审判者的认可，司法鉴定人出庭将为冲突双方架起沟通的桥梁，更加有利于专门性问题的解决和案件事实的明晰。①

## 二、司法鉴定人出庭质证率低的原因

司法鉴定人不出庭质证，出庭质证率低有深层的原因，与我国现有的国情、法律制度和文化水平有着密切的联系。笔者认为，司法鉴定人不出庭参加质证主要有以下几个方面原因。

### （一）法官过于“迷信”司法鉴定意见

司法鉴定人未接收到任何出庭参加质证的通知是其出庭质证率低的重要原因之一。这一现象也从一个侧面反映了鉴定意见相对于其他包含言词内容的证据，更加客观、科学和令人信服。但并非在所有未启动出庭质证程序的案件中，当事人对鉴定意见均不存在异议。实践中，也有很多案件是因为法官过于相信鉴定意见的可靠性、科学性，在对鉴定意见未加严格审查或者未充分听取当事人意见的情况下，就将其作为定案的依据，这种做法剥夺了当事人对鉴定意见要求行使质证的权利，甚至导致案件事实审查错误。上海某鉴定中心曾经为一租赁合同纠纷案件涉及的声像资料出具了一份司法鉴定意见书，该案鉴定事项是要对语音模糊的录音对话中某当事人所说的话是“对”还是“不对”进行语音鉴定。该鉴定中心根据声纹图分析发现图谱中反映出两个字的语音符合“不对”语音声纹图，于是出具了当事人在某一时间所说的话为“不对”的鉴定意见。双方当事人对该司法鉴定结论争议很大，但并未申请司法鉴定人出庭，法官也未告知当事人可以申请司法鉴定人出庭质证。司法鉴定意见是该案中关键的证据，案件最后在双方对事实有较大争议的情况下进行了判决。后来发现在案件中司法鉴

① 陈飞翔、叶树理：“完善鉴定人出庭制度的若干思考”，载《法学研究》2007年第3期。

定人出具的鉴定意见本身是没有问题的，但法官和当事人对鉴定事项和鉴定意见的理解是有偏差的。在该司法鉴定中，鉴定意见作出的依据是语音学原理，其本身是没有问题的，但从整个录音对话内容看，当事人所表达的意思实际上都是与“对”相关的，即从语义上说，应倾向于“对”的意思，这也正是双方当事人对案件事实争议所在。如果法官通知司法鉴定人出庭质证，那么司法鉴定意见如何形成，所能起到的证明作用等问题便十分清晰。

**（二）司法鉴定人的出庭质证意识不强**

司法鉴定人出庭质证的意识也是影响司法鉴定人出庭质证的一个重要因素。司法鉴定人接受有关机关委托就专门问题提出司法鉴定意见，理应按照委托人或者申请人的要求参加质证，以证明其鉴定程序合法、鉴定意见科学。但很多司法鉴定人只愿出具书面的鉴定意见，不愿在法庭“抛头露面”，出庭意识较淡薄。在司法实践中，司法鉴定人的出庭意识较淡薄常有以下几种表现形式。

第一种是司法鉴定人对自己出具的鉴定意见过于自信，而忽视作为鉴定人的法律责任。有人认为，自己出具的鉴定意见严格按照技术规范操作，得出的鉴定意见正确、科学，因而认为没有必要接受质证，不配合庭审参加质证。特别对于有一定知名度的专家，有时候还拒绝受理曾经要求出庭参加质证的法院的司法鉴定委托。

第二种是司法鉴定人认为鉴定意见一经出具，便与自己无任何责任了。有人认为，鉴定意见一经出具，法院是否采纳鉴定意见就与司法鉴定人没有任何关系了。他们认为，鉴定意见只能代表鉴定人的个人意见，法院是否采纳其鉴定意见属于法院的权力，与自己也无任何利害关系，自己的出庭与否不能决定案件的最终判决。

第三种是司法鉴定人对出庭质证有一定意识，但不愿在工作中抽出宝贵时间。这类司法鉴定人通常是兼职司法鉴定人，他们除了从事司法鉴定工作外，还有其他专职工作。虽然他们不排斥出庭参加质证，但如果出庭质证与他们的专职工作发生冲突，他们一般不愿意积极调整他们的工作时间。除非法院安排的庭审质证时间与其专职工作时间不冲突，否则难以当庭接受质证。

上述几种典型情形实际上反映出司法鉴定人对司法鉴定活动的法律性质缺乏应有的认识。如果鉴定人对司法鉴定在整个诉讼程序中的地位和作用不能正确认识，也就不能真正领悟到司法鉴定人出庭参加质证对于实现案件审判的实体公正、程序公正的意义，从而也不会自觉出庭参加质证。

**（三）庭审质证流于形式，缺乏有质量的质证内容**

司法鉴定人出庭参加质证的目的是检验司法鉴定意见及其形成过程是否符

合法律规定、是否客观科学。如果质证流于形式,那么该质证反而降低了诉讼效率,无助于保障司法公正。从我国有关计算机和声像资料方面的司法鉴定出庭质证内容看,很多时候质证双方缺乏有意义的、有质量的质证内容,这也是司法鉴定人不愿出庭的原因之一。司法鉴定人在很多质证程序中,花费大量的时间和精力参加法庭调查和质证,但是在质证程序中,质证人对鉴定技术和方法缺乏专门知识,无法提出有实质意义的问题。根据笔者统计,声像资料和计算机类司法鉴定人参加质证程序被提问题主要集中于以下三类:

第一类被提问题通常与案件程序和实质内容均无重大关系。案件当事人虽然不认可司法鉴定人的鉴定意见,但是又无法或不知道如何提出怀疑理由。当司法鉴定人解释了鉴定过程、使用的技术和方法等内容时,当事人由于不了解鉴定程序和相关专业知识,无法提出有意义的质证问题,使质证只是一种程序,没有多少实质意义。

第二类问题通常集中于司法鉴定人资质问题上。在这一类质证问题中,当事人希望通过否定司法鉴定人的资格从而可以排除鉴定意见书的可采性或者申请重新鉴定。但大多数鉴定意见书附件中已经载明司法鉴定人的司法鉴定资质证书,或明确注明了其执业证书的编号。而且司法鉴定人的管理机构一般在其网站中开通了可以通过互联网络查询司法鉴定人是否有资质、是否违纪以及取得资质的时间等信息的渠道。这些信息渠道一般都是通畅的,通过查询便可以确定司法鉴定人的资质,除非当事人提供其他证据证明司法鉴定人缺乏能力或者没有资质。但在一般情况下,当事人无法提出有实质意义的证据否定司法鉴定人取得的执业资格,使质证缺乏实质性内容。

第三类问题主要集中于司法鉴定的具体程序上。当事人希望通过对司法鉴定程序合法性的质证,以确定鉴定意见的可信性。这一质证的思路是很好的,但必须具备判断司法鉴定程序合法性的能力。当司法鉴定人就鉴定的过程、使用的技术、采用的方法回答了当事人的质证时,许多当事人却无法判断鉴定程序是否合法、使用的技术是否规范、采用的方法是否得当,而将大量的质证程序花费在司法鉴定基础知识问题上,实际上变成了司法鉴定人的一堂科普课,缺乏带质证性质的问题。由于质证程序过于简单,司法鉴定人出庭质证实际上是司法鉴定人在法庭上的说明,缺乏实质性的质证内容。

如果司法鉴定人出庭质证内容的质量不高,司法鉴定人便不积极准备出庭材料或者不愿意参加质证程序。因而,在一定程度上也会影响当事人行使质证权。因此,提高质证质量,特别是一些新领域司法鉴定意见的质证质量,将有助于提高司法鉴定人的出庭质证率,也有助于查明案件事实维护司法公正。

### (四)缺乏保护出庭司法鉴定人的配套措施

我国法律对司法鉴定人的人身安全保护缺乏明确的规定。在司法实践中,更加缺乏一种长期对司法鉴定人人身安全保护的完整机制。在刑事案件中,司法鉴定人出具的鉴定意见一般对案件审理结果有着实质的意义,可能直接关系到犯罪嫌疑人有罪或无罪、罪轻或罪重的判决。因此,司法鉴定人出庭参加质证显得尤其重要。然而,司法鉴定人因易受到犯罪嫌疑人或被害人家属的威胁、恐吓、报复而不敢或不愿出庭参加质证的现象也十分突出。而且,这种人身或财产安全方面的威胁相较于一般证人而言,更加严重。司法鉴定人由于长期从事鉴定工作以及在鉴定意见书中必须签名和盖章,其个人信息更容易被暴露。案件当事人很容易获得司法鉴定人的家庭住址、工作单位、家庭成员等个人隐私信息。如果没有建立起保护司法鉴定人人身安全的保护措施,司法鉴定人很难避免犯罪嫌疑人及其近亲属、被害人的有意报复。因此,在一些重大的刑事案件中,司法鉴定人一般不愿意接受委托单位的司法鉴定请求。即使接受了委托,司法鉴定人也不敢或不愿意出庭参加质证。

## 三、司法鉴定人出庭质证制度配套机制构建

司法鉴定人出庭质证是我国法治建设的要求,是司法改革的必然方向。笔者认为,要完善司法鉴定人出庭质证制度,必须从两大方面着手:第一,必须从思想上提高对鉴定意见的认识和加强出庭参加质证的意识;第二,必须通过一定的配套机制来保障司法鉴定人出庭质证。而配套机制的构建和完善,既要有消极措施,也要有积极措施。笔者认为,可以分别通过法律保障机制、技术保障机制、社会和商业保险机制进行完善。

### (一)司法鉴定人出庭的法律保障机制

从我国现有法律规定看,已经明确规定了司法鉴定人出庭的义务,然而对司法鉴定人出庭涉及的人身安全、家庭成员安全缺乏具有可操作性的安全保障措施。司法鉴定人出庭质证的义务与获得人身安全的权利是相对应的,若没有完善的法律保护机制,司法鉴定人的出庭质证制度便难以真正得以落实。

1. 司法鉴定人出庭的消极措施

没有法定的事由,司法鉴定人不出庭质证,应该承担相应的法律责任。我国虽然也规定了司法鉴定人不出庭质证的惩罚性措施,但主要限于行政处罚性质,且规定较笼统。例如,《决定》规定,司法鉴定人经人民法院依法通知,拒绝出庭质证的,由省级人民政府司法行政部门给予停止从事司法鉴定业务 3 个月以上

1年以下的处罚;情节严重的,撤销登记。这些惩罚措施的规定过于笼统,未能细分拒绝出庭的不同情形,特别是未注意到刑事诉讼领域和民事诉讼领域不出庭质证引起的后果差异。笔者认为,在法律中应区分民事诉讼和刑事诉讼领域中不出庭质证的惩罚措施。在民事诉讼中,除了上述惩罚措施外,还应增加对鉴定机构的惩罚措施以及建立起相应的赔偿制度。鉴定机构作为司法鉴定人的直接管理单位,应该对其从业人员的行为承担相应的民事责任。因为鉴定机构应意识到鉴定人出庭质证的重要性,在司法鉴定管理过程中,应该自觉地加强此方面的管理,且有能力承担因司法鉴定人无法定事由不出庭参加质证引起的风险。因此,对于因为司法鉴定人不出庭质证引起重新鉴定的损失,应该由其从业的鉴定机构适当赔偿。而对于刑事诉讼,司法鉴定人不出庭质证可能会使犯罪事实无法查明,犯罪嫌疑人的合法权利可能因此无法得到保障,因此应该完善司法鉴定人强制出庭质证的措施。

2. 司法鉴定人出庭的积极措施

对于威胁、侮辱、恐吓司法鉴定人的行为若缺乏有效的保障措施,将难以消除司法鉴定人出庭质证的心理障碍。[①] 我国缺乏有效的庭上和庭外保护机制,也是司法鉴定人不愿出庭参加质证的一个重要原因。对司法鉴定人出庭质证的法律保护不应依照对一般证人的保护措施。从易受侵害的时间看,一般证人参加质证时易受侵害的时间往往在出庭前,而对司法鉴定人的威胁或侵害行为则往往在鉴定意见书出具以后以及庭审结束以后。因此,对于司法鉴定人出庭参加质证的司法保护应延伸到法庭之外,应对司法鉴定人实行全面保护原则。在司法鉴定人的申请下,根据可能遭受危害的不同情形应实施不同程度的保护措施,如对于发生威胁、恐吓司法鉴定人的情形,依司法鉴定人申请应立即实施保护,必要时还需要更加全面的保护,如可将司法保护的对象扩展至司法鉴定人的亲属,保护时间也可延至犯罪嫌疑人出狱后等。除了对司法鉴定人实施积极的人身安全保护措施外,在刑事法中还需对威胁、恐吓、打击报复司法鉴定人及其亲属的犯罪嫌疑人实施更加严厉的惩罚措施,以增加犯罪成本。

### (二)司法鉴定人出庭质证的技术保障机制

司法鉴定人不愿出庭质证,除了受传统文化和现有法律环境影响外,还需要考虑经济成本问题。有些时候鉴定人不出庭质证是由于出庭不便造成的,并非鉴定人个人不愿意出庭质证。而通过改变现有的出庭质证机制,可以在一定程度上改善司法鉴定人出庭率低的问题。例如,可以通过现代科学技术手段,拓展

① 潘星容:"保障鉴定人出庭质证制度的构建",载《中国司法鉴定》2009年第4期。

现有的物理审判空间，将物理审判空间延伸至互联网中，通过虚拟方式消除路途遥远、不便出庭因素；或者通过现代录像技术对司法鉴定人的人像或语音进行技术处理，消除司法鉴定人心理上害怕出庭的问题。

利用现代录像技术，那些路途遥远、出庭不便的司法鉴定人可以对所涉司法鉴定证据的整个鉴定过程进行描述，并就鉴定意见形成的依据进行详细的阐述，同时可以展示鉴定过程中相关的鉴定资料、图片、录像，从而使法官有机会了解整个鉴定的形成过程，能够对鉴定过程是否科学、客观做出判断。这在一定程度上可以克服法官和当事人无法对鉴定意见是否客观做出评价的缺陷。

解决鉴定意见的质证问题，不能仅仅采用现代录像技术，还需要利用计算机网络技术。通过互联网技术、语音处理技术、图像处理技术等科学技术可以使司法鉴定人不出庭也可以参加质证程序。这些技术中最关键的便是实时视听传输技术。采用实时视听传输技术相当于拓展了法庭空间。在庭审质证程序中，司法鉴定人可以不出庭，但是在开庭时需要使用计算机网络与法庭的虚拟审判庭连接，当传司法鉴定人出庭质证时，司法鉴定人与虚拟审判庭实际连接，在司法鉴定人计算机上能够显示庭审的实况。同时，在法庭的大屏幕上也能显示司法鉴定人的情况。如果案件特殊，需要保护司法鉴定人隐私时，法院在核实了司法鉴定人的身份后，在法庭大屏幕上可以对司法鉴定人的五官进行技术处理，使犯罪嫌疑人或者被害人无法识别司法鉴定人的真实面容，必要时还可以对司法鉴定人的声音进行技术处理，但可以在法庭法官控制的计算机上显示其照片。实时视听技术中的通信信息是可以双向传输的，法庭上法官和当事人的质询可以准确无误地传输到司法鉴定人的计算机上，司法鉴定人对质询的回答也可以及时地传输到法庭的大屏幕和音响设备中。通过这种技术鉴定意见在法庭中就可以得到质证。这为我国司法鉴定人出庭质证难的问题提供了一种较为合理的解决方案。通过技术手段，司法鉴定人虽然没有实际出庭，但其参加了质证程序，能够对其所涉及的司法鉴定相关问题作出回答，因而也符合对鉴定意见审查的要求。

利用实时视听传输技术可以减少因司法鉴定人出庭而增加的诉讼成本。按照国家发改委、司法部印发的《司法鉴定收费管理办法》第 13 条规定，司法鉴定人在人民法院指定日期出庭质证发生的交通费、住宿费和误工补贴，不属于司法鉴定收费范围，由人民法院按照国家规定标准代为收取后交付司法鉴定机构。使用实时视听技术当事人可以减少司法鉴定人因出庭而发生的交通费用和住宿费用，司法鉴定人也减少了花费在路途上的时间，减少了误工补贴。利用实时视听技术也可以解决因交通过于不便或司法鉴定人行动不便而带来的现实困难。

司法鉴定人只要随身携带能够联网的计算机，就可以在工作场所、家中等场所参加法庭质证，无须因行动或交通不便而烦恼。利用实时视听技术还可以解决司法鉴定人害怕出庭质证的担忧，因为技术上完全可以解决司法鉴定人害怕被当事人认出的风险。这有利于弘扬社会正气，打击违法犯罪行为。最后，利用实时视听技术在一定程度上有利于保障司法鉴定人的人身安全。我国尚未有对司法鉴定人人身安全保护的完善措施，由于司法鉴定人不同于国家公务人员，在出庭过程中更易遭受不法分子的人身攻击，这种远程质证在一定程度上可以保障其安全。

**（三）司法鉴定人出庭质证的保险机制**

司法鉴定人出庭质证还应该引入并完善相关保险机制，因为无论是技术手段还是法律制度都不能消除司法鉴定人出庭质证可能引起的不利因素。只有建立事后的补救制度，才能提高司法鉴定人出庭质证的积极性，增加司法鉴定人鉴定疑案、大案的信心，从而也有助于司法鉴定活动的公开、公正、科学乃至司法体制的完善。笔者认为，将社会保险和商业保险机制引入司法鉴定领域，是对司法鉴定人出庭质证产生不利后果的一种有效的补救措施。

司法鉴定人不愿出庭质证的一项重要原因便是担心自己的隐私泄露、人身受到伤害。与司法活动中其他诉讼参与者相比，他们的人身一旦受到伤害，将会遭受巨大的损失。通常情况下，这些损失一般只能通过向加害者索取民事赔偿或者在丧失劳动力的情况下，通过现有的社会保险机制获取有限的生活保障。笔者认为，应该将司法鉴定这种特殊高风险的职业活动纳入社会保险体系，作为专门的保险类别，通过强制保险机制，提高鉴定人在鉴定活动中可能产生的风险抵抗能力。强制保险机制是指通过法律和行政法规的规定，强制要求特定主体依法参加保险的制度。国家通过立法建立一种保险制度，将因司法鉴定活动直接或间接引起的司法鉴定人人身和财产安全损失纳入强制保险机制中，确保司法鉴定机构必须强制投保，使司法鉴定活动领域有足够的保险保障，用以弥补司法鉴定人受到伤害或财产损失时，无法从加害者处获取足够赔偿而引起的损失。应通过引入保险机制，发挥保险的经济补偿和社会管理功能，消除或减轻鉴定人因出庭质证带来的不利因素。

除了强制保险体制外，还可以鼓励鉴定机构或鉴定人将鉴定活动纳入普通的商业保险机制中，无论鉴定人自身的财产和安全损失，还是鉴定人在司法鉴定活动中因当事人的因素而遭受的损失均可以引入保险制度，这样将大大降低司法鉴定人的执业风险，因而相应地会增强司法鉴定人出庭质证的信心，有利于改善当前司法鉴定人出庭质证率低的现象。

## 四、结　　论

司法鉴定人出庭质证率低是当前司法鉴定领域中的普遍现象。这一问题的产生有其复杂的社会原因和历史背景。要想改变我国当前司法鉴定人出庭质证率低的现状,要从我国的国情出发,结合我国的法律传统,充分利用法律手段、技术手段和保险机制,既从正面鼓励鉴定人出庭质证,又从侧面惩罚鉴定人无故不出庭质证;同时建立起保障鉴定人出庭质证的激励和保障机制,以解决当前司法鉴定人出庭质证率低的现状,不断改革、完善和落实司法鉴定人出庭质证制度。

（2011 年第 7 期）

# 编　后　记

为保证校对质量，采用反复校对、交换校对、文字稿与电子稿同步校对等方法，在力求保证作者原意情况下，统一格式，规范脚注，纠正文字及标点差错，仍难避免还存在错误与遗漏，期待得到作者与读者的指正及谅恕。

感谢王俊民教授、洪冬英副教授及刑事诉讼法专业硕士研究生张健、聂超、傅锐、张锦娟、孙语、张永丹、靳丰倩、蒋振兴对校对工作付出的辛勤劳动！

杜志淳

2012 年 4 月 17 日

# 领取稿费告知

尊敬的各位作者：

值华东政法大学建校60周年、《法学》创刊56周年之际，华东政法大学《法学》月刊社出版了《法学的历史》文丛，旨在以文献的方式反映新中国法制建设的进程以及法学理论的发展。为此，选萃了《法学》月刊自1956年创刊以来刊登的具有代表性的、能够反映当期现实问题和理论研究水平的文章。您的文章被我们选用，但由于各方面原因，我们无法与您直接取得联系，希望看到此通知后联系我们，以便发放您的稿费。具体事项如下：

1. 请告知您的信息，具体包括：(1)作者姓名；(2)文章名；(3)文章发表的卷名。可直接到杂志社领取稿费。如需要邮寄稿费的，为防止冒领，请将个人身份证号、收款账户、联系电话予以告知我刊。

2. 稿费的发放标准为每千字10元。

3. 杂志社地址：上海市万航渡路1575号华东政法大学六三楼《法学》月刊社。邮政编码：200042。联系电话：021－62071924。联系人：过纯益 汪池洲

感谢您的大力支持！

华东政法大学《法学》月刊社
2012年7月8日

**图书在版编目(CIP)数据**

法学的历史. 第13卷,诉讼法卷:1981年~2011年/杜志淳主编. —北京:法律出版社,2012.9

ISBN 978-7-5118-3665-6

Ⅰ.①法… Ⅱ.①杜… Ⅲ.①法学史—世界—文集②诉讼法—文集 Ⅳ.①D909.1-53②D915.04-53

中国版本图书馆CIP数据核字(2012)第139641号



**责任编辑**/陈 妮 **装帧设计**/李 瞻

**出版**/法律出版社 **编辑统筹**/财税出版分社
**总发行**/中国法律图书有限公司 **经销**/新华书店
**印刷**/北京中科印刷有限公司 **责任印制**/吕亚莉

**开本**/720毫米×960毫米 1/16 **印张**/52.25 **字数**/906千
**版本**/2012年9月第1版 **印次**/2012年9月第1次印刷

**法律出版社**/北京市丰台区莲花池西里7号(100073)
**电子邮件**/info@lawpress.com.cn **销售热线**/010-63939792/9779
**网址**/www.lawpress.com.cn **咨询电话**/010-63939796

**中国法律图书有限公司**/北京市丰台区莲花池西里7号(100073)
**全国各地中法图分、子公司电话:**
**第一法律书店**/010-63939781/9782 **西安分公司**/029-85388843 **重庆公司**/023-65382816/2908
**上海公司**/021-62071010/1636 **北京分公司**/010-62534456 **深圳公司**/0755-83072995

**书号:**ISBN 978-7-5118-3665-6 **定价:**188.00元